2002 ED.

MW00592313

CARS✦PARTS

ULTIMATE
COLLECTOR CAR
PRICE GUIDE
1900-1991

Compiled by Cars & Parts Magazine

Published by
Amos Press Inc.
911 Vandemark Road • PO Box 482
Sidney, Ohio 45365

Publishers of
Cars & Parts Magazine
The Voice of the Collector Car Hobby Since 1957

and

Cars & Parts Corvette

Library of Congress Cataloging-in-Publication Date
ISBN 1-880524-45-7

Other books published by Cars & Parts Magazine:

Automobiles of America

Corvette: American Legend, The Beginning
Corvette: American Legend, 1954-55 Production
Corvette: American Legend, 1956 Racing Success
Corvette: American Legend, 1957 — Fuel Injection/283 V-8
Corvette: American Legend, 1958-60 Production

Pictorial History of Chevrolet, 1929-1939
Pictorial History of Chevrolet, 1940-1954
Pictorial History of Chevrolet, 1955-1957
Pictorial History of Chevrolet, 1958-1960

Ford Country, Volume 1
Ford Country, Volume 2

Salvage Yard Treasures of America

How To Build A Dune Buggy

The Resurrection of Vicky
Peggy Sue — 1957 Chevrolet Restoration
Suzy Q. Restoring a '63 Corvette Sting Ray

Catalog of American Car ID Numbers 1950-1959
Catalog of American Car ID Numbers 1960-1969
Catalog of American Car ID Numbers 1970-1979

Catalog of Chevelle, Malibu & El Camino ID Numbers 1964-1987
Catalog of Corvette ID Numbers 1953-1993
Catalog of Mustang ID Numbers 1964$^{1/2}$-1993
Catalog of Pontiac GTO ID Numbers 1964-1974
Catalog of Thunderbird ID Numbers 1955-1993
Catalog of Camaro ID Numbers 1967-1993
Catalog of Firebird ID Numbers 1967-93
Catalog of Oldsmobile 442, W-Machines & Hurst/Olds Numbers 1964-91

Catalog of Chevy Truck ID Numbers 1946-1972
Catalog of Ford Truck ID Numbers 1946-1972

Catalog of Chevy V-8 Engine Casting Numbers 1955-1993

TABLE OF CONTENTS

When I was first asked to edit the seventh edition of the *Cars & Parts Ultimate Price Guide*, I was, to say the least, quite honored. Having followed the collector-car market as an independent observer rather than a professional dealer has allowed me to watch what prices are doing from several fronts.

The most publicized transactions take place on the auction floor, but in reality these account for only about 20 percent of the total annual sales in the old-car market. Most of the sales in this hobby are transacted by private individuals, the way it should be in a hobby with people-to-people contact. *Cars & Parts*, the voice of the hobby for more than 45 years, realizes how important it is for a person buying a car to get to know with whom they are dealing, and acquire an appreciation for the history attached to their rolling pride and joy.

There are a number of dealers that specialize in everything from muscle cars to classics, and from highly exotic sports cars to the more contemporary former "everyday" vehicles that are now falling into the spectrum of collector cars. In many ways, these are the real experts of values, as they deal with them everyday and they have to know the right values, both wholesale and retail, to stay in business.

With more than 30 years of involvement in the collectibles market, I have found the hardest thing to do is to place a value on someone else's treasure, be it an original painting by Picasso, or an original sports car from Pegaso. In preparing the seventh edition of the *Ultimate Price Guide,* dozens of resources were consulted.

We wanted to check and double-check on the offering of important models, as well as unique options or special packages offered by the factory that might have a dramatic effect on the value of a vehicle.

Unfortunately, it's not possible in a guide such as this to cover all of the options available on every car. With today's very active muscle-car market, the goal was to try and note as many high-performance options as possible. Research was conducted on various desirable options in other postwar cars

making notations regarding air-conditioning and other rare options so that they could be included wherever they would have an impact.

The more popular options have a wide range of add-on values depending on the model involved. For example, factory air-conditioning on some cars is only worth an extra $2,000, but on others it could bring $5,000, and still others might warrant an adjustment of up to $10,000. An optional radio, such as the Wonder Bar so popular with Chevys in the 1950s, might add $750 to a car's value, while on other models such a deluxe radio might be worth just $100 extra. Keep in mind, however, that if any of these options need rebuilding, one must factor in that cost. In instances where you'd add $2,000 to the value of a car with air conditioning, it may also cost you that much to make it work.

In instances where an expensive and rare option that was originally delivered on a car is missing, do a little research and find out what it would cost to add the option to the car you are considering. For example, adding a fuel injection system could run an extra $5,000 to $8,000, or even more. If the car is documented as a real fuelie, it could inflate the market price by $10,000 or more. Or if it's a real Cobra Jet 429, or a genuine Hemi, it could easily add $10,000-$20,000, or even $100,000 to the car's value. A word of caution here: one must make sure, as much as is possible, that such high-dollar cars are legitimate, and not counterfeit. Check ID guides, consult with experts on the particular marque being considered, decode tags, and ask to see documentation (such as original purchase agreements from the selling dealer, warranty plates, window stickers, factory invoices, service records), *BEFORE* you spend big money.

Unlike a great novel, any Price Guide is rarely if ever read from cover-to-cover. However, when you need details on a specific marque, model or body style, you need a one-stop information source, and that is what this book will provide.

In order to give you an easier volume with

which to work, we have consolidated a number of years within certain models. As an example, a 1946 Chrysler Town and Country convertible is valued about the same as its 1947 and 1948 counterparts. In addition, a number of imported or sports cars where the same series was offered for several years, are also valued about the same. In these cases, the listings have been consolidated to provide a clearer and easier-to-read volume.

Most important of all, remember that this is a "guide." It only helps determine an approximate value, with the real price being settled between the buyer and seller. The variables that go into collectible prices can be wide ranging. A 1957 Chevrolet convertible in perfect condition may sell for $75,000 in Florida, only to be sold the following week in California for $85,000. The best a "guide" can do is come somewhere in between these two prices.

One area that this guide does not address is modified vehicles, those cars and trucks that are in altered form. Hot rods, street machines, pro-street or customized cars have too many variables and each car represents an individual expression.

Another area not covered deals with minor American makes, such as King Midget, Davis, or Playboy, to name a few, due to the very limited numbers produced, the difficulty of pinpointing a value on them, and minimal interest. Obscure foreign makes, such as Bizzarini, Goliath, and Jowett, to name a few, are also not included for similar reasons.

Personally, I believe this seventh edition of the *Cars & Parts Ultimate Price Guide* presents values that are closer to the collector-car market than any other guide available. However, when trying to put a value on a car that you are selling, look at it objectively. Review the 1-to-6 rating scale and see where your car really fits. As a buyer, use this guide to help you realize just what you are purchasing, first with condition, and then with specific models and body styles. Keep in mind, however, that some vehicles may require major work to return them to

stock condition. This could cost thousands or even tens of thousands of dollars. When establishing a value on a car, remember to take into account what it would take in terms of work (done by yourself or others) and money required to get that car into the condition you want.

One of the most difficult determinations to make is a value for an all-original car. There's simply no way a thoroughly original, low-mileage car can be classified in number 1 condition. You have to take into account the results of deterioration over time and exposure to the elements, even if it has been garaged and pampered since it was new. In fact, it would be tough for an original car 25-years-old or older to score high enough to become a number 2.That said, it is certainly possible for an all-original car to have the same value as, or even more than, a number 1 condition vehicle. Some allowance must be made for the car's originality. As the saying goes, a car can be restored several times, but it's original only once. The condition of most such cars will fall between a number 4 (driver) and a 2 (show), with the extra credit given for their originality at each level, thus a totally original, condition 2 car being valued as a number 1.

For any collectible, the guide depends on input from those who use it. Readers are invited to contact the publisher and express their opinions of the guide. A concerted effort has been made to include all factory models of the makes listed, however, if an omission is found, or if a model is listed that may not have ever been produced, we would like to hear about them also.

Today, the collector-car hobby is more exciting than ever. With the introduction starting in the early 1990s of new super-performance and specialty vehicles, new and young enthusiasts are entering the market. This guide has been expanded to include some of these hot collectibles, and will continue to expand as time moves on.

— *Phil Skinner*

CONDITION CODES

The following condition codes are as explicit as possible, but huge gaps still exist between some of these ratings and the reader will have to develop a discerning eye to separate one from another, especially at the top end. Again, these are presented as a guide.

1. CONCOURS:

Restored to perfection. A 100-point car with no deductions for non-originality, condition, function, cosmetics, etc. A show car that is driven only in or out of an enclosed trailer. This is true concours quality, the type of car that routinely appears at the Pebble Beach Concours, Meadow Brook Concours, Eastern U.S. Concours, etc. This car is correct right down to the last nut, bolt and washer. It needs absolutely nothing. In a regional show featuring 500 cars, there might be three or four true concours quality machines present, while even the best of show at a local event with 250 cars might not be concours. This is the type of car that wins its junior and senior firsts at Hershey and then is invited to Pebble Beach, Meadow Brook, etc. These cars are arely seen in regional or local shows.

2. SHOW:

Professionally restored to high quality. About 90 to 95 points, with only very minor flaws. Would win a trophy every time out in local, regional and most national competition, and would likely be a best of show candidate at most area events. Needs no major work (body, paint, interior, trim, mechanics, etc.), but may lack a few minor details, such as correct components (date codes, etc.), and may not be 100 percent detailed under the hood, on the chassis, and so on. Would need nothing to ride, drive, show or enjoy with complete confidence. Generally, though, it takes a major effort to move a number 2 car to a number 1 car, often as much as $10,000 in professional labor alone. A number 2 car is frequently trailered, occasionally driven, regularly freshened by an experienced detailer.

3. STREET/SHOW:

An older but still presentable restoration, or a solid, clean original car with no major obvious cosmetic or mechanical flaws. A car that is driven to shows, only trailered when traveling great distances, entered in local and national events but not especially competitive on the national circuit. In terms of point value, about an 80 to 89 on most recognized judging scales. A car that needs very little to drive, show and enjoy. Of the 400 cars registered for a local show, some 250 of them would fall into this category, on the average.

4. DRIVER:

A collectible car that is driven regularly, even daily, but kept in top notch condition mechanically, and pretty decent cosmetically. Would have a nice, straight body with no major visible rust, would be fully functional, but could need a new interior, a new windshield, some new tires, even a paint job, etc. Would be judged in the 70 to 79 bracket, good enough to win a trophy now and then in a local show. A 20/20 car, one that is presentable with flaws that don't show at 20 feet or 20 mph. Probably clean but not detailed under the hood. All equipment is operational, though.

5. RESTORABLE:

A project car that may be driveable but needs about everything, — from body and paint work to a new interior and mechanical overhaul — to be show quality. Could be a daily driver, or a car stored in a barn for years, but must be relatively complete and restorable without an unreasonable amount of work and expense. Might not even be driveable, but should at least be towable or rolling.

6. PARTS CAR:

Not restorable. Too far gone in terms of deterioration or stripping, but too good to send to the crusher and recycle into a new Escort. Must have a good percentage of major parts present that would be usable with rebuilding and refinishing. With some newer cars, this could be a car that has been badly damaged in an accident and is only partially there.

All Purpose	A-P	Hatchback	Htchbk
All Weather	AW	Indy Pace Car	IPC
Auxiliary Seats	A/S	Landau	Lan
Biarritz	Biartz	Landaulet	Lndlt
Brougham	Brghm	Liftback	Lbk
Business	Bus	Locke	Lke
Cabriolet	Cabrlt	Long Wheelbase	lwb
Carriole	Ca'ole	Metropolitan	Metro
Carry All	C-A	Overdrive	OD
Cavalier	Cav	Park Avenue	Park Ave
Center	Cntr	Passenger	Pass
Center Door Sedan	Cntr dr sdn	Phaeton	Phtn
Close Coupled	C.C.	Rally Sport	RS
Collapsible	Clpsble	Roadster	Rdstr
Commercial	Coml	Royal	Roy
Compartment	Comp	Rumble Seat	RS
Continental	Cont	Runabout	Rnbt
Convertible	Conv	Sedan	Sdn
Country	Ctry	Sedan Delivery	Sed Del
Country Squire	CS	Seville	Sev
Coupe	Cpe	Short Wheelbase	Swb
Crown	Crw	Special	Spl
Delivery	Del	Speedster	Spdstr
Deluxe	Dlx	Sport	Spt
Derham	Der	Sportsman	Sptman
Dietrich	Dtrch	Standard	Std
Doctor's Model	Dr's Mdl	Station Wagon	Sta Wgn
Double	DBL	Steel	Stl
Door	Dr	Super Sport	SS
Drophead	Dhd	Torpedo	Tor
Dual Cowl	DC	Tourabout	Trbt
Executive	Exec	Touring	Tr
Express	Exp	Town	Twn
Fastback	Fstbk	Traveler	Trav
Formal	Frml	Trunk	Trk
Four Wheel Drive	4wd	Utility	Uty
Front Wheel Drive	FWD	Victoria	Vic
Gran Turismo	GT	Wagon	Wgn
Hardtop	Hdtp	Window	Win

PRICE GUIDE CLASSIFICATIONS:

1. CONCOURS: Perfection. At or near 100 points on a 100-point judging scale. Trailered; never driven; pampered. Totally restored to the max and 100 percent stock.

2. SHOW: Professionally restored to high standards. No major flaws or deviations from stock. Consistent trophy winner that needs nothing to show. In 90 to 95 point range.

3. STREET/SHOW: Older restoration or extremely nice original showing some wear from age and use. Very presentable; occasional trophy winner; everything working properly. About 80 to 89 points.

4. DRIVER: A nice looking, fine running collector car needing little or nothing to drive, enjoy and show in local competition. Would need extensive restoration to be a show car, but completely usable as is.

5. RESTORABLE: Project car that is relatively complete and restorable within a reasonable effort and expense. Needs total restoration, but all major components present and rebuildable. May or may not be running.

6. PARTS CAR: Deteriorated or stripped to a point beyond reasonable restoration, but still complete and solid enough to donate valuable parts to a restoration. Likely not running, possibly missing its engine.

AMERICAN AUSTIN-BANTAM
1930 – 1941

1930 American Austin roadster

1941American Bantam Riviera

	6	5	4	3	2	1
1930 American Austin-Bantam						
4-cyl., 15 hp, 75" wb						
2-dr Rdstr	650	1700	3000	5900	10200	14700
2-dr Cpe	400	1200	1900	3800	6600	9600
2-dr Del Cpe	400	1200	2000	4000	6900	10000
1931 American Austin-Bantam						
4-cyl., 15 hp, 75" wb						
2-dr Rdstr	650	1700	3000	5900	10200	14700
2-dr Cpe	400	1200	1900	3800	6600	9600
2-dr Bus Cpe	400	1200	1900	3800	6600	9600
2-dr Cabrlt	550	1550	2600	5200	9000	12800
2-dr Dlx Cpe	400	1200	2000	4000	6900	10000
1932 American Austin-Bantam						
4-cyl., 15 hp, 75" wb						
Rdstr	650	1700	3000	5900	10200	14700
Bus Cpe	400	1200	1900	3800	6600	9600
Spl Bus Cpe	450	1250	2100	4200	7200	10500
Cpe	400	1200	1900	3800	6600	9600
Cabrlt	550	1550	2600	5200	9000	12800
Std Cpe	400	1200	1950	3900	6800	9900
Del Cpe	400	1200	2000	4000	6900	10000

	6	5	4	3	2	1
1933 American Austin-Bantam						
4-cyl., 15 hp, 75" wb						
Rdstr	650	1700	3000	5900	10200	14700
Bus Cpe	400	1200	1900	3800	6600	9600
Spl Bus Cpe	450	1250	2100	4200	7200	10500
Cpe	400	1200	2000	4000	6900	10000
1934-1935 American Austin-Bantam						
4-cyl., 15 hp, 75" wb						
Rdstr	550	1550	2600	5200	9000	12800
Bus Cpe	400	1200	1900	3800	6600	9600
Std Cpe	400	1200	1950	3900	6800	9900
Del Cpe	400	1200	2000	4000	6900	10000
1938 American Bantam						
Model 60, 4-cyl., 13 hp, 75" wb						
Rdstr	550	1400	2400	4800	8300	11800
Spl Rdstr	600	1600	2700	5400	9300	13500
Dlx Rdstr	600	1600	2800	5600	9700	14000
Cpe	400	1200	1900	3800	6600	9600
Bus Cpe	400	1150	1850	3700	6400	9300
Master Cpe	400	1200	1900	3800	6600	9600
Dlx Cpe	400	1200	2000	4000	6900	10000
4-pass Spdstr	650	1750	3100	6200	10700	15400
Sta Wgn	550	1500	2500	5000	8700	12300
1939 American Bantam						
Model 60, 4-cyl., 20 hp, 75" wb						
Std Cpe	400	1050	1700	3400	5900	8500
Std Rdstr	550	1550	2600	5200	9000	12800
Spl Cpe	400	1100	1800	3600	6200	9100
Spl Rdstr	600	1600	2800	5600	9700	14000
Spdstr	650	1800	3200	6400	11000	15900
Del Cpe	400	1200	1900	3800	6600	9600
Del Rdstr	650	1750	3100	6200	10700	15400
Del Spdstr	700	1900	3400	6800	11700	16900
Sta Wgn	550	1500	2500	5100	8800	12500
1940/1941 American Bantam						
Model 65, 4-cyl., 22 hp, 75" wb						
Std Cpe	400	1050	1700	3400	5900	8500
Master Cpe	400	1100	1800	3600	6200	9100
Master Rdstr	550	1550	2600	5200	9000	12800
Conv Cpe	550	1550	2650	5300	9100	13000
Conv Sdn	600	1600	2700	5400	9300	13500
Sta Wgn	550	1500	2500	5100	8800	12500

AMERICAN
MOTORS
1958 – 1987

1958 Rambler Ambassador

1969 Javelin

	6	5	4	3	2	1
1958						
Rambler American, 6-cyl., 100" wb						
2-dr Bus Cpe	300	800	1300	2600	4600	6600
Rambler American Deluxe/Super, 6-cyl., 100" wb						
2-dr Sdn	350	850	1400	2800	4900	7100
Rambler 6 Deluxe/Super, 6-cyl., 108" wb						
4-dr Sdn	350	850	1400	2800	4900	7100
4-dr Ctry Club Hdtp	350	900	1500	2900	5200	7400
4-dr Cross Ctry Sta Wgn	350	900	1500	2900	5200	7400
Rambler 6 Custom, 6-cyl., 108" wb						
4-dr Sdn	350	900	1500	3000	5300	7600
4-dr Cross Ctry Sta Wgn	350	950	1550	3100	5500	7900
Rambler Rebel Deluxe/Super, 8-cyl., 108" wb						
4-dr Sdn	350	900	1500	3000	5300	7600
4-dr Sta Wgn	350	950	1550	3100	5500	7900
Rambler Rebel Custom, 8-cyl.						
4-dr Sdn	350	900	1500	3000	5300	7600
4-dr Ctry Club Hdtp	350	950	1550	3100	5500	7900
4-dr Cross Ctry Sta Wgn	350	950	1550	3100	5500	7900
Rambler Ambassador Super/Custom, 8-cyl.						
4-dr Sdn	350	1000	1600	3200	5700	8100
4-dr Hdtp	400	1100	1800	3500	6100	8900
4-dr Cross Ctry Sta Wgn	400	1100	1800	3500	6100	8900
4-dr Cross Ctry Hdtp StaWgn	400	1100	1800	3600	6200	9100

	6	5	4	3	2	1
1959						
Rambler American, 6-cyl., 100" wb						
2-dr Bus Cpe	300	800	1300	2600	4600	6600
Rambler American Deluxe/Super, 6-cyl., 100" wb						
2-dr Sdn	350	850	1400	2800	4900	7100
2-dr Sta Wgn	350	900	1500	2900	5200	7400
Rambler 6 Deluxe/Super, 6-cyl., 108" wb						
4-dr Sdn	350	850	1400	2800	4900	7100
4-dr Ctry Club Hdtp	350	900	1500	2900	5200	7400
4-dr Cross Ctry Sta Wgn	350	900	1500	2900	5200	7400
Rambler 6 Custom, 6-cyl., 108" wb						
4-dr Sdn	350	900	1500	3000	5300	7600
4-dr Cross Ctry Sta Wgn	350	950	1550	3100	5500	7900
Rambler Rebel Super/Custom, 8-cyl., 108" wb						
4-dr Sdn	350	900	1500	3000	5300	7600
4-dr Ctry Club Hdtp	350	950	1550	3100	5500	7900
4-dr Cross Ctry Sta Wgn	350	950	1550	3100	5500	7900
Rambler Ambassador Super, 8-cyl., 117" wb						
4-dr Sdn	350	1000	1600	3200	5700	8100
4-dr Cross Ctry Sta Wgn	400	1050	1700	3300	5800	8300
Rambler Ambassador Custom, 8-cyl., 117" wb						
4-dr Sdn	350	1000	1600	3200	5700	8100
4-dr Hdtp Ctry Club	400	1100	1800	3500	6100	8900
4-dr Hdtp Sta Wgn	400	1100	1800	3500	6100	8900
4-dr Cross Ctry Hdtp StWgn	400	1100	1800	3600	6200	9100
1960						
Rambler American Deluxe/Super, 6-cyl., 100" wb						
2-dr Bus Cpe	350	900	1500	2900	5200	7400
2-dr Sdn	350	900	1500	3000	5300	7600
4-dr Sdn	350	900	1500	3000	5300	7600
2-dr Sta Wgn	350	950	1550	3100	5500	7900
Rambler American Custom, 6-cyl., 100" wb						
2-dr Sdn	350	900	1500	3000	5300	7600
4-dr Sdn	350	900	1500	3000	5300	7600
2-dr Sta Wgn	350	950	1550	3100	5500	7900
Rambler 6 Deluxe/Super, 6-cyl., 108" wb						
4-dr Sdn	350	900	1500	3000	5300	7600
6-pass Sta Wgn	350	900	1500	3000	5300	7600
8-pass Sta Wgn	350	1000	1600	3200	5700	8100
Rambler 6 Custom, 6-cyl., 108" wb						
4-dr Sdn	350	900	1500	3000	5300	7600
4-dr Hdtp Sdn	350	950	1550	3100	5500	7900
6-pass Sta Wgn	350	950	1550	3100	5500	7900
8-pass Sta Wgn	400	1050	1700	3300	5800	8300
Rambler Rebel Super/Custom, 8-cyl., 108" wb						
4-dr Sdn	350	950	1550	3100	5500	7900
4-dr Hdtp Sdn	350	1000	1600	3200	5700	8100
6-pass Sta Wgn	350	1000	1600	3200	5700	8100
8-pass Sta Wgn	400	1050	1700	3400	5900	8500
Ambassador 8 w/Super, 8-cyl., 117" wb						
4-dr Sdn	350	1000	1600	3200	5700	8100
6-pass Sta Wgn	400	1050	1700	3300	5800	8300
8-pass Sta Wgn	400	1100	1800	3500	6100	8900
Ambassador 8 Custom, 8-cyl., 117" wb						
4-dr Sdn	350	1000	1600	3200	5700	8100
4-dr Ctry Club Hdtp	400	1100	1800	3500	6100	8900
6-pass Sta Wgn	400	1050	1700	3300	5800	8300
8-pass Sta Wgn	400	1100	1800	3500	6100	8900
4-dr Ctry Club Hdtp Sta Wgn	400	1100	1800	3500	6100	8900

	6	5	4	3	2	1

1961

Rambler American Deluxe/Super, 6-cyl., 100" wb

	6	5	4	3	2	1
2-dr Bus Cpe	300	800	1350	2700	4700	6900
4-dr Sdn	350	850	1400	2800	4900	7100
2-dr Sdn	350	850	1400	2800	4900	7100
4-dr Sta Wgn	350	900	1500	2900	5200	7400
2-dr Sta Wgn	350	850	1400	2800	4900	7100

Rambler American Custom/Custom 400, 6 cyl., 100" wb

	6	5	4	3	2	1
2-dr Sdn	350	900	1500	2900	5200	7400
4-dr Sdn	350	850	1400	2800	4900	7100
2-dr Conv	400	1200	2000	4000	6900	10000
2-dr Sta Wgn	350	900	1500	2900	5200	7400
4-dr Sta Wgn	350	900	1500	2900	5200	7400
4-dr 400 Sdn	350	900	1500	2900	5200	7400
2-dr 400 Conv	450	1250	2050	4100	7100	10300

Rambler Classic Deluxe/Super/Custom 6, 6-cyl., 108" wb

	6	5	4	3	2	1
4-dr Sdn	350	900	1500	2900	5000	7200
6-pass Sta Wgn	350	900	1500	2900	5200	7400
8-pass Sta Wgn	350	950	1550	3100	5500	7900
4-dr "400" Sdn	350	900	1500	3000	5300	7600

Ambassador 8 Deluxe/Super/Custom, 8-cyl., 117" wb

	6	5	4	3	2	1
4-dr Sdn	350	900	1500	3000	5100	7300
4-dr "400" Sdn	350	900	1500	2900	5200	7400
4-dr 6-pass Sta Wgn	350	950	1550	3100	5500	7900
4-dr 8-pass Sta Wgn	400	1050	1700	3300	5800	8300

1962

Rambler American Deluxe/Custom, 6-cyl., 100" wb

	6	5	4	3	2	1
2-dr Bus Cpe	300	650	1100	2200	3800	5400
2-dr Sdn	300	700	1200	2400	4100	5900
4-dr Sdn	300	650	1150	2300	3900	5800
2-dr Sta Wgn	300	700	1200	2400	4100	5900
4-dr Sta Wgn	300	750	1250	2500	4400	6200

Rambler America "400", 6-cyl., 100" wb

	6	5	4	3	2	1
2-dr Sdn	300	700	1200	2400	4100	5900
4-dr Sdn	300	700	1200	2400	4100	5900
2-dr Conv	450	1250	2050	4100	7100	10300
4-dr Sta Wgn	300	750	1250	2500	4400	6200

Rambler Classic Deluxe/Custom, 6-cyl., 108" wb

	6	5	4	3	2	1
2-dr Sdn	300	700	1200	2400	4100	5900
4-dr Sdn	300	750	1200	2400	4100	5900
4-dr Custom Sta Wgn	300	700	1200	2400	4100	5900
5-dr Custom Sta Wgn	300	750	1250	2500	4400	6200

Rambler Classic "400" 6-cyl., 108 wb

	6	5	4	3	2	1
4-dr Sdn	300	750	1250	2500	4400	6200
2-dr Sdn	300	800	1300	2600	4600	6600
4-dr Sta Wgn	300	800	1350	2700	4700	6900

Rambler Ambassador Deluxe/Custom , 8-cyl., 108" wb

	6	5	4	3	2	1
2-dr Sdn	300	700	1200	2400	4100	5900
4-dr Sdn	300	700	1200	2400	4100	5900
4-dr Sta Wgn	300	800	1300	2600	4600	6600
2-dr Sdn	300	700	1200	2400	4100	5900
4-dr Sdn	300	700	1200	2400	4100	5900
4-dr Sta Wgn	300	800	1300	2600	4600	6600

Rambler Ambassador "400", 8-cyl., 108" wb

	6	5	4	3	2	1
2-dr Sdn	300	800	1300	2600	4600	6600
4-dr Sdn	300	750	1250	2500	4400	6200
4-dr Sta Wgn	300	800	1300	2600	4600	6600
5-dr Sta Wgn	350	850	1400	2800	4900	7100

	6	5	4	3	2	1

1963

Rambler American 220/330, 6-cyl., 100" wb
	6	5	4	3	2	1
2-dr Bus Sdn	300	650	1100	2100	3600	5100
2-dr Sdn	300	650	1100	2200	3800	5400
4-dr Sdn	300	650	1100	2100	3600	5100
2-dr Sta Wgn	300	650	1100	2100	3600	5100
4-dr Sta Wgn	300	650	1100	2200	3800	5400

Rambler American 440, 6-cyl., 100 wb
	6	5	4	3	2	1
2-dr Sdn	300	650	1150	2300	3900	5700
4-dr Sdn	300	650	1100	2200	3800	5400
2-dr Hdtp	300	700	1200	2400	4100	5900
2-dr 440-H Hdtp	300	800	1350	2700	4700	6900
2-dr Conv	400	1200	2000	4000	6900	10000
4-dr Sta Wgn	300	700	1200	2400	4100	5900

Rambler Classic 550/660, 6-cyl., 112" wb
	6	5	4	3	2	1
2-dr Sdn	300	650	1100	2200	3800	5400
4-dr Sdn	300	650	1100	2100	3600	5100
4-dr 6-pass Sta Wgn	300	650	1100	2200	3800	5400
4-dr 8-pass Sta Wgn	300	700	1200	2400	4100	5900

Rambler Classic 6, 770, 6-cyl., 112 wb
	6	5	4	3	2	1
4-dr Sdn	300	650	1150	2300	3900	5700
2-dr Sdn	300	700	1200	2400	4100	5900
4-dr Sta Wgn	300	800	1300	2600	4600	6600

Ambassador 800/880, 8-cyl.. 112" wb
	6	5	4	3	2	1
2-dr Sdn	300	650	1150	2300	3900	5700
4-dr Sdn	300	650	1100	2200	3800	5400
4-dr 880 Sta Wgn	300	700	1200	2400	4100	5900

Ambassador 990, 8-cyl., 112" wb
	6	5	4	3	2	1
4-dr Sdn	300	650	1150	2300	3900	5700
2-dr Sdn	300	700	1200	2400	4100	5900
4-dr Sta Wgn	300	750	1250	2500	4400	6200
5-dr Sta Wgn	300	800	1350	2700	4700	6900

1964

Rambler American 220/330, 6-cyl., 106" wb
	6	5	4	3	2	1
2-dr Sdn	300	650	1100	2200	3800	5400
4-dr Sdn	300	650	1100	2100	3600	5100
4-dr Sta Wgn	300	700	1200	2300	4000	5600

Rambler American 440, 6-cyl., 106" wb
	6	5	4	3	2	1
4-dr Sdn	300	650	1100	2200	3800	5400
2-dr Hdtp	300	700	1200	2400	4100	5900
2-dr 440-H Hdtp	300	800	1350	2700	4700	6900
2-dr Conv	450	1250	2150	4300	7400	10700

Rambler Classic 6 550/660, 6-cyl., 112" wb
	6	5	4	3	2	1
2-dr Sdn	300	650	1100	2200	3800	5400
4-dr Sdn	300	650	1100	2100	3600	5100
4-dr Sta Wgn	300	650	1100	2200	3800	5400

Rambler Classic 6 770, 6-cyl., 112" wb
	6	5	4	3	2	1
2-dr Sdn	300	650	1100	2200	3800	5400
4-dr Sdn	300	650	1100	2200	3800	5400
2-dr Hdtp	350	850	1400	2800	4900	7100
2-dr Typhoon Hdtp	400	1150	1850	3700	6400	9300
4-dr Sta Wgn	300	650	1100	2200	3800	5400

Rambler Ambassador 990, 8-cyl., 112" wb
	6	5	4	3	2	1
4-dr Sdn	300	700	1200	2400	4100	5900
2-dr Hdtp	350	850	1400	2800	4900	7100
2-dr 990-H Hdtp	350	900	1500	3000	5300	7600
5-dr Sta Wgn	300	650	1150	2300	3900	5700

V8 option add 10%

	6	5	4	3	2	1
1965						
American 220/330, 6-cyl., 106" wb						
2-dr Sdn	300	650	1100	2200	3800	5400
4-dr Sdn	300	650	1100	2200	3800	5400
4-dr Sta Wgn	300	750	1300	2400	4000	5600
American 440, 6-cyl., 106" wb						
4-dr Sdn	300	650	1150	2300	3900	5700
2-dr Hdtp	300	800	1350	2700	4700	6900
2-dr 440-H Hdtp	350	850	1400	2800	4900	7100
2-dr Conv	450	1250	2050	4100	7100	10300
Classic 550/660, 6-cyl., 112" wb						
2-dr Sdn	300	650	1100	2200	3800	5400
4-dr Sdn	300	650	1100	2100	3600	5100
4-dr Sta Wgn	300	700	1200	2400	4100	5700
Classic 770, 6-cyl., 112" wb						
4-dr Sdn	300	650	1100	2200	3800	5400
2-dr Hdtp	300	700	1200	2400	4100	5900
2-dr 770-H Hdtp	350	850	1400	2800	4900	7100
2-dr Conv	400	1200	2000	4000	6900	10000
4-dr Sta Wgn	300	650	1150	2300	3900	5700
Marlin, 6-cyl., 112" wb						
2-dr Fstbk Hdtp	400	1050	1700	3300	5800	8300
			V-8 add 10%			
Ambassador, 6-cyl., 116" wb						
2-dr 880 Sdn	300	700	1200	2400	4100	5900
4-dr 880/990 Sdn	300	650	1150	2300	3900	5700
4-dr 880/990 Sta Wgn	300	700	1200	2400	4100	5900
2-dr 990 Hdtp	300	750	1250	2500	4400	6200
2-dr 990-H Hdtp	350	850	1400	2800	4900	7100
2-dr 990 Conv	450	1250	2050	4100	7100	10300
			V8 option add 10%			
1966						
American , 6-cyl., 106" wb						
4-dr 220/440 Sdn	300	700	1200	2350	3750	5300
2-dr 220/440 Sdn	300	750	1300	2400	3950	5600
4-dr 220/440 Sta Wgn	300	750	1300	2400	3950	5600
2-dr 440 Conv	350	1000	1650	3300	5800	8200
2-dr 440 Hdtp	300	800	1300	2600	4600	6600
2-dr 440 Rogue Hdtp	350	900	1500	3000	5300	7600
Classic, 6-cyl., 112" wb						
4-dr 550/770 Sdn	300	650	1100	2150	3800	5600
2-dr 550/770 Hdtp Cpe	300	750	1250	2500	4400	6200
2-dr 770 Conv	400	1050	1700	3400	5900	8500
4-dr 550/770 Sta Wgn	300	650	1100	2200	3800	5400
Rebel, 6-cyl., 112" wb						
2-dr Hdtp	350	950	1550	3100	5500	7900
Marlin, 6-cyl., 112" wb						
2-dr Fstbk Cpe	400	1050	1700	3300	5800	8300
Ambassador 880/990, 6-cyl., 116" wb						
2-dr 880 Sdn	300	650	1150	2300	3900	5700
4-dr 880/990 Sdn	300	700	1200	2350	4000	5600
4-dr 880 Sta Wgn	300	700	1200	2400	4100	5900
2-dr 990 Hdtp Cpe	300	800	1350	2700	4700	6900
2-dr 990 Conv	450	1250	2050	4100	7100	10300
4-dr 990 Sta Wgn	300	650	1150	2300	3900	5700
DPL (Diplomat), 6-cyl., 116" wb						
2-dr Hdtp Cpe	350	950	1550	3100	5500	7900
			V8 option add 10%			

	6	5	4	3	2	1

1967

American 220/440, 6-cyl., 106" wb

	6	5	4	3	2	1
2-dr 220/440 Sdn	300	650	1100	2200	3800	5400
4-dr 220/440 Sdn	300	600	1000	2050	3600	5200
2-dr 440 Hdtp Cpe	300	650	1150	2300	3900	5700
4-dr 220/440 Sta Wgn	300	650	1100	2200	3800	5400

American Rogue, 106" wb

	6	5	4	3	2	1
2-dr Rouge Hdtp Cpe	350	900	1500	2900	5200	7400
2-dr Rouge Conv	450	1250	2150	4300	7400	10700

Rebel 550/770, 6-cyl., 114" wb

	6	5	4	3	2	1
2-dr 550 Sdn	300	650	1100	2200	3800	5400
4-dr 550/770 Sdn	300	650	1150	2300	3900	5600
2-dr 770 Hdtp Cpe	350	700	1200	2400	4100	5900
4-dr 550/770 Sta Wgn	300	650	1150	2300	3900	5700

Rebel SST, 8-cyl., 114" wb

	6	5	4	3	2	1
2-dr Hdtp Cpe	300	800	1350	2700	4700	6900
2-dr Conv	550	1450	2450	4900	8500	12000

Marlin, 6-cyl., 118" wb

	6	5	4	3	2	1
2-dr Fstbk Cpe	400	1050	1700	3300	5800	8300

Ambassador 880/990, 6-cyl., 118" wb

	6	5	4	3	2	1
2-dr 880 Sdn	300	650	1100	2200	3800	5400
4-dr 880/990 Sdn	300	650	1100	2300	3900	5600
2-dr 990 Hdtp Cpe	350	850	1400	2800	4900	7100
4-dr 880/990 Sta Wgn	300	700	1200	2400	4100	5900
2-dr DPL Hdtp Cpe	350	950	1550	3100	5500	7900
2-dr DPL Conv (8-cyl.)	450	1250	2050	4100	7100	10300

V8 option add 10%

1968

American 220/440, 6-cyl., 106" wb

	6	5	4	3	2	1
2-dr 220 Sdn	300	650	1100	2200	3800	5400
4-dr 220/440 Sdn	300	650	1100	2200	3800	5400
4-dr Sta Wgn	300	650	1150	2300	3900	5700

Rogue, 6-cyl., 106" wb

	6	5	4	3	2	1
2-dr Hdtp Cpe	400	1050	1700	3300	5800	8300

Rebel 550/770, 6-cyl./8-cyl., 114" wb

	6	5	4	3	2	1
2-dr Hdtp Cpe	300	800	1300	2600	4600	6600
4-dr Sdn	300	650	1100	2200	3800	5400
2-dr 550 Conv	400	1200	2000	4000	6900	10000
4-dr Sta Wgn	300	650	1150	2300	3900	5700

Rebel SST, 6-cyl./8-cyl., 114" wb

	6	5	4	3	2	1
2-dr Hdtp Cpe	300	800	1300	2600	4600	6600
2-dr Conv	500	1350	2350	4700	8100	11500

Ambassador, 6-cyl./8-cyl., 118" wb

	6	5	4	3	2	1
2-dr Hdtp Cpe	300	750	1250	2500	4400	6200
4-dr Sdn	300	650	1100	2200	3800	5400

Ambassador DPL/SST, 6-cyl./8-cyl., 118" wb

	6	5	4	3	2	1
2-dr DPL Hdtp Cpe	350	850	1400	2800	4900	7100
2-dr SST Hdtp Cpe	350	950	1600	3200	5700	8000
4-dr DPL Sdn	300	650	1150	2300	3900	5700
4-dr SST 4-dr Sdn	350	750	1250	2500	4400	6300
4-dr DPL Sta Wgn	350	750	1250	2350	4500	6500

Javelin, 6-cyl./8-cyl., 109" wb

	6	5	4	3	2	1
2-dr Fstbk	400	1200	1950	3900	6800	9900
2-dr SST Fstbk	500	1300	2250	4500	7700	11000

AMX, 8-cyl., 97" wb

	6	5	4	3	2	1
2-dr Spt Cpe	650	1800	3250	6500	11200	16100

V8 option add 10%
"GO" pkg. (Javelin only) add 20%
Big Bad pkg. (AMX and Javelin only) add 25%
Craig Breedlove pkg. (AMX only) add 30%

	6	5	4	3	2	1
1969						
Rambler, 6-cyl., 106" wb						
4-dr Sdn	300	650	1100	2200	3800	5400
2-dr Sdn	300	650	1100	2200	3800	5400
Rambler 440, 6-cyl., 106" wb						
4-dr 440 Sdn	300	650	1150	2300	3900	5700
2-dr 440 Sdn	300	650	1150	2300	3900	5700
Rambler Rogue, 6-cyl., 106" wb						
2-dr Rouge Hdtp Cpe	400	1050	1700	3300	5800	8300
2-dr Hurst S/C Hdtp Cpe	650	1700	3000	5900	10200	14700
Rebel, 6-cyl., 114" wb						
2-dr Hdtp Cpe	300	700	1200	2400	4100	5900
4-dr Sdn	300	650	1100	2100	3600	5100
4-dr Sta Wgn	300	650	1100	2200	3800	5400
2-dr SST Hdtp Cpe	300	750	1250	2500	4400	6200
4-dr SST Sdn	300	650	1100	2200	3800	5400
4-dr SST Sta Wgn	300	650	1150	2300	3900	5700
AMX, 8-cyl., 109" wb						
2-dr Fstbk Cpe	700	1900	3350	6700	11500	16500
Javelin, 6-cyl., 109" wb						
2-dr Fstbk Cpe	400	1200	1950	3900	6800	9900
Javelin SST, 8-cyl., 109" wb						
2-dr Fstbk Cpe	500	1350	2300	4600	8000	11300
Ambassador, 6-cyl./8-cyl., 122" wb						
4-dr Sdn	300	650	1100	2200	3800	5400
Ambassador DPL/SST, 8-cyl., 122" wb						
2-dr DPL Hdtp Cpe	300	800	1300	2600	4600	6600
4-dr DPL Sdn	300	650	1150	2300	3900	5700
4-dr DPL Sta Wgn	300	650	1150	2300	3900	5700
4-dr SST Sdn	300	650	1150	2300	3900	5700
2-dr SST Hdtp Cpe	350	950	1550	3100	5500	7900
4-dr SST Sta Wgn	300	700	1200	2400	4100	5900
V-8 option add 10%						

"GO" pkg. (Javelin only) add 20 %
Big Bad pkg. (AMX and Javelin only) add 30%

	6	5	4	3	2	1
1970						
Gremlin, 6-cyl., 96" wb						
2-dr 2-pass Sdn	300	650	1000	2000	3500	4900
2-dr 4-pass Sdn	300	650	1100	2100	3600	5100
Hornet, 6-cyl., 108" wb						
4-dr Sdn	300	600	1000	1900	3300	4600
2-dr Sdn	300	600	1000	1900	3300	4600
4-dr SST Sdn	300	650	1000	2000	3500	4900
2-dr SST Sdn	300	650	1000	2000	3500	4900
Rebel, 6-cyl./8-cyl., 114" wb						
2-dr Hdtp Cpe	300	650	1150	2300	3900	5700
4-dr Sdn	300	650	1000	2000	3500	4900
4-dr Sta Wgn	300	650	1100	2100	3600	5100
Rebel SST, 6-cyl./8-cyl., 114" wb						
2-dr SST Hdtp Cpe	300	800	1350	2700	4700	6900
4-dr SST Sdn	300	650	1100	2100	3600	5100
4-dr SST Sta Wgn	300	650	1100	2200	3800	5400
Rebel "The Machine", 8-cyl., 114" wb						
2-dr Hdtp Cpe	600	1600	2800	5600	9700	14000
AMX, Series 30, 8-cyl., 97" wb						
2-dr Fstbk Cpe	700	1850	3300	6600	11300	16300
Javelin, 6-cyl./8-cyl., 109" wb						
2-dr Fstbk Cpe	400	1100	1800	3600	6200	9100
Javelin SST, 6-cyl./8-cyl., 109" wb						
2-dr Fstbk Cpe	450	1250	2200	4400	7600	10900

	6	5	4	3	2	1
Ambassador, 6-cyl./8-cyl., 122" wb						
4-dr Sdn	300	650	1100	2100	3600	5100
Ambassador DPL, 8-cyl., 122" wb						
2-dr Hdtp Cpe	300	750	1250	2500	4400	6200
4-dr Sdn	300	650	1100	2200	3800	5400
4-dr Sta Wgn	300	650	1150	2300	3900	5700
Ambassador SST, 8-cyl., 122" wb						
2-dr Hdtp Cpe	300	800	1350	2700	4700	6900
4-dr Sdn	300	650	1150	2300	3900	5700
4-dr Sta Wgn	300	750	1250	2500	4400	6200

V-8 option add 10%
Mark Donohue edition (Javelin only) add 5%
"GO" pkg. (Javelin only) add 20%
Big Bad pkg. (AMX and Javelin only) add 30%
Trans Am (Javelin only) add 10%

1971

	6	5	4	3	2	1
Gremlin, 6-cyl., 96" wb.						
2-dr 2-pass Sdn	250	600	900	1800	3100	4400
2-dr 4-pass Sdn	300	600	950	1900	3200	4600
Hornet, 6-cyl., 108" wb.						
2-dr Sdn	300	600	950	1900	3200	4600
4-dr Sdn	300	600	950	1900	3200	4600
Hornet SST, 6-cyl., 108" wb						
2-dr Sdn	300	650	1000	2000	3500	4900
4-dr Sdn	300	650	1000	2000	3500	4900
4-dr Sta Wgn	300	650	1100	2100	3600	5100
Hornet SC/360, 8-cyl., 108" wb.						
2-dr Spt Sdn	400	1100	1800	3600	6200	9100
Javelin, 6-cyl./8-cyl., 109" wb						
2-dr Fstbk Cpe	300	650	1100	2100	3600	5100
2-dr SST Fstbk Cpe	300	800	1350	2700	4700	6900
Javelin AMX, 8-cyl., 109" wb						
2-dr Fstbk Cpe	450	1250	2050	4100	7100	10300
GO pkg. add 15%						
Matador, 6-cyl./8-cyl., 114" wb (cpe), 118" wb. (sdn/wgn)						
2-dr Hdtp Cpe	300	650	1100	2100	3600	5100
4-dr Sdn	300	600	950	1900	3200	4600
4-dr Sta Wgn	300	650	1000	2000	3500	4900
Ambassador DPL/SST 6-cyl./8-cyl., 122" wb						
4-dr DPL Sdn	300	650	1100	2100	3600	5100
4-dr SST Sdn	300	650	1100	2200	3800	5400
2-dr SST Hdtp Cpe	300	700	1200	2400	4100	5900
4-dr SST Sta Wgn	300	700	1200	2400	4100	5900

Ambassador SST Broughams add 10%
401 V-8 option add 10%
"GO" pkg. (Javelin only) add 15%

1972

	6	5	4	3	2	1
Gremlin, 6-cyl/8-cyl., 96" wb						
2-dr Sdn	250	600	850	1700	2900	4100
Hornet SST, 6-cyl./8-cyl., 108" wb.						
2-dr Sdn	250	550	800	1600	2800	3900
4-dr Sdn	250	550	800	1600	2800	3900
Sptabt	250	600	850	1700	2900	4100
Matador, 6-cyl./8-cyl. 114" wb (cpe), 118" wb (sdn/wgn)						
2-dr Hdtp Cpe	300	600	950	1900	3200	4600
4-dr Sdn	250	550	800	1600	2800	3900
4-dr Sta Wgn	250	600	850	1700	2900	4100

	6	5	4	3	2	1
Javelin, 6-cyl./AMX 8-cyl., 109" wb.						
2-dr SST Fstbk Cpe	350	900	1500	2900	5200	7400
2-dr AMX Fstbk Cpe	400	1150	1850	3700	6400	9300
Ambassador SST, Series 80, 8-cyl., 122" wb.						
2-dr Hdtp Cpe	300	650	1150	2300	3900	5700
4-dr Sdn	300	650	1100	2100	3600	5100
4-dr Sta Wgn	300	700	1200	2400	4100	5900

SST prices for Brougham add 10%
"GO" pkg. (Javelin only) add 30%
V-8 option add 10%
401 V-8 add 20%
401-Police V-8 add 30%

1973

	6	5	4	3	2	1
Gremlin, 6-cyl./8-cyl., 96" wb.						
2-dr Sdn	250	600	850	1700	2900	4100
Hornet, 6-cyl./8-cyl., 108" wb						
2-dr Sdn	250	550	800	1600	2800	3900
4-dr Sdn	250	550	800	1600	2800	3900
2-dr Htchbk	250	600	850	1700	2900	4100
Sptabt	250	600	850	1700	2900	4100
Javelin, 6-cyl./8-cyl., 109" wb						
2-dr Fstbk Cpe	300	650	1150	2300	3900	5700
Javelin AMX, 8-cyl., 109" wb.						
2-dr Fstbk Cpe	400	1050	1700	3400	5900	8500
Matador, 6-cyl./8-cyl., 114" wb (cpe), 118" wb. (sdn/wgn)						
2-dr Hdtp Cpe	250	600	850	1700	2900	4100
4-dr Sdn	250	500	750	1500	2600	3600
4-dr Sta Wgn	250	550	800	1600	2800	3900
Ambassador Brougham, 8-cyl., 122" wb.						
2-dr Hdtp Cpe	250	600	900	1800	3100	4400
4-dr Sdn	250	550	800	1600	2800	3900
4-dr Sta Wgn	300	600	950	1900	3200	4600

"GO" pkg (Javelin only) add 10%'
V-8 option add 10%

1974

	6	5	4	3	2	1
Gremlin, 6-cyl./8-cyl., 96" wb.						
2-dr Sdn	250	600	850	1700	2900	4100
Hornet, 6-cyl./8-cyl.						
2-dr Sdn	250	500	750	1500	2600	3600
4-dr Sdn	250	500	750	1500	2600	3600
2-dr Htchbk	250	550	800	1600	2800	3900
4-dr Sta Wgn	250	550	800	1600	2800	3900
Javelin, 6-cyl./8-cyl., 108" wb.						
2-dr Fstbk Cpe	300	650	1100	2200	3800	5400
Javelin AMX, 8-cyl., 108" wb.						
2-dr Fstbk Cpe	400	1050	1700	3300	5800	8300
Matador, 6-cyl./8-cyl., 114" wb (cpe), 118" wb. (sdn/wgn)						
2-dr Cpe	250	600	850	1700	2900	4100
2-dr Sdn	250	550	800	1600	2800	3900
4-dr Sdn	250	500	750	1500	2600	3600
4-dr Sta Wgn	250	550	800	1600	2800	3900
2-dr Brougham Cpe	250	600	850	1700	2900	4100
2-dr "X" Cpe	250	600	900	1800	3100	4400
Ambassador Brougham, Series 80, 8-cyl., 122" wb.						
4-dr Sdn	250	550	800	1600	2800	3900
4-dr Sta Wgn	300	650	1000	2000	3500	4900

Oleg Cassini pkg. add 10%
Levi pkg. (Gremlin-X only) add 10%
GO pkg. add 10%
V-8 option add 10%

	6	5	4	3	2	1

1975

Gremlin, 6-cyl./8-cyl. 96" wb.

	6	5	4	3	2	1
2-dr Sdn	250	600	850	1700	2900	4100

Hornet, 6-cyl./8-cyl. 108" wb.

	6	5	4	3	2	1
4-dr Sdn	250	500	750	1500	2600	3600
2-dr Sdn	250	500	750	1500	2600	3600
2-dr Htchbk	250	550	800	1600	2800	3900
4-dr Sta Wgn	250	550	800	1600	2800	3900

Pacer, 6-cyl., 100" wb.

	6	5	4	3	2	1
2-dr Sdn	250	600	850	1700	2900	4100
2-dr "X" Spt Sdn	300	600	950	1900	3200	4600
2-dr D/L Dlx Sdn	300	600	950	1900	3200	4600

Matador, 6-cyl./8-cyl. 114" wb (cpe), 118" wb. (sdn/wgn)

	6	5	4	3	2	1
2-dr Cpe	250	550	800	1600	2800	3900
4-dr Sdn	250	500	750	1500	2600	3600
4-dr Sta Wgn	250	550	800	1600	2800	3900

Levi pkg. add 10%
Oleg Cassini pkg. add 10%

1976

Gremlin, 6-cyl./8-cyl., 96" wb

	6	5	4	3	2	1
2-dr Sdn	250	500	750	1500	2600	3600
2-dr Custom Sdn	250	550	800	1600	2800	3900

Hornet, 6-cyl./8-cyl.,108" wb.

	6	5	4	3	2	1
2-dr Sdn	250	500	750	1400	2400	3400
4-dr Sdn	250	500	750	1400	2400	3400
2-dr Htchbk	250	500	750	1500	2600	3600
4-dr Sptabt Wgn	250	500	750	1500	2600	3600

Pacer, 6-cyl., 100" wb.

	6	5	4	3	2	1
2-dr Htchbk	350	700	1500	2500	3900	5500

Matador, 6-cyl./8-cyl., 114" wb (cpe), 118" wb. (sdn/wgn)

	6	5	4	3	2	1
2-dr Cpe	250	500	750	1500	2600	3600
4-dr Sdn	250	500	750	1400	2400	3400
4-dr Sta Wgn (8-cyl.)	250	500	750	1500	2600	3600

Bicentennial pkg. (Pacer) add 15%
Brougham pkg. (Matador) add 10%

1977

Gremlin, 4-cyl./6-cyl., 96" wb.

	6	5	4	3	2	1
2-dr Sdn	250	500	750	1500	2600	3600
2-dr Custom Sdn	250	550	800	1600	2800	3900

Hornet, 6-cyl./8-cyl., 108" wb.

	6	5	4	3	2	1
2-dr Sdn	250	500	750	1400	2400	3400
4-dr Sdn	250	500	750	1400	2400	3400
2-dr Htchbk	250	500	750	1500	2600	3600
4-dr Sptabt Wgn	250	500	750	1500	2600	3600

Pacer, 6-cyl., 100" wb.

	6	5	4	3	2	1
2-dr Sdn	350	650	1200	2350	3800	5400
Sta Wgn	300	600	900	1800	3100	4400

Matador, 6-cyl./8-cyl., 114" wb (cpe), 118" wb. (sdn/wgn)

	6	5	4	3	2	1
2-dr Cpe	250	500	750	1500	2600	3600
4-dr Sdn	250	500	750	1400	2400	3400
4-dr Sta Wgn	250	500	750	1500	2600	3600

360 V-8 option add 10%
AMX pkg. add 10%
Barcelona pkg. (Matador) add 10%
Levi pkg. add 10%

	6	5	4	3	2	1

1978

Gremlin, 4-cyl./6-cyl., 96" wb.
	6	5	4	3	2	1
2-dr Sdn	250	500	750	1500	2600	3600
2-dr Custom Sdn	250	550	800	1600	2800	3900

Concord, 6-cyl./8-cyl., 108" wb.
2-dr Sdn	200	400	600	1200	2100	3000
4-dr Sdn	200	400	600	1200	2100	3000
2-dr Htchbk	200	450	650	1300	2200	3200
4-dr Sta Wgn	200	450	650	1300	2200	3200

Pacer, 6-cyl./8-cyl., 100" wb.
2-dr Sdn	250	600	850	1700	2900	4100
4-dr Sta Wgn	300	600	900	1800	3100	4400

AMX, 6-cyl./8-cyl. 108" wb
2-dr Htchbk	300	650	1100	2200	3800	5400

Matador, 6-cyl./8-cyl., 114" wb (cpe), 118" wb (sdn/wgn)
2-dr Cpe	250	500	750	1400	2400	3400
4-dr Sdn	250	450	650	1300	2200	3200
4-dr Sta Wgn	250	500	750	1400	2400	3400

360 V-8 option add 10%
Barcelona pkg. add 10%

1979

Spirit, 6-cyl., 96" wb.
	6	5	4	3	2	1
2-dr Htchbk	200	400	550	1100	2000	2900
2-dr Sdn	200	400	550	1100	2000	2900
2-dr DL Htchbk	200	400	600	1200	2100	3000
2-dr DL Sdn	200	400	600	1200	2100	3000
2-dr Limited Htchbk	200	450	650	1300	2200	3200
2-dr Limited Sdn	200	450	650	1300	2200	3200

Concord, 8-cyl., 108" wb
2-dr Sdn	200	400	600	1200	2100	3000
4-dr Sdn	200	400	600	1200	2100	3000
2-dr Htchbk	200	400	600	1200	2100	3000
4-dr Sta Wgn	200	400	600	1200	2100	3000
2-dr DL Sdn	200	450	650	1300	2200	3200
4-dr DL Sdn	200	450	650	1300	2200	3200
2-dr DL Htchbk	200	450	650	1300	2200	3200
4-dr DL Sta. Wgn	200	450	650	1300	2200	3200
2-dr Limited Sdn	200	450	650	1300	2200	3200
4-dr Limited Sdn	200	450	650	1300	2200	3200
4-dr Limited Sta Wgn	250	500	750	1400	2400	3400

Pacer, 8-cyl., 100" wb.
2-dr DL Htchbk	300	550	800	1600	2800	3900
2-dr DL Sta Wgn	300	600	850	1700	2900	4100
2-dr Limited Htchbk	300	600	850	1700	2900	4100
2-dr Limited Sta Wgn	300	600	900	1800	3100	4400

AMX, 8-cyl., 108" wb.
2-dr Htchbk	300	650	1150	2300	3900	5700

Small block option deduct 10%

1980

Spirit, 6-cyl., 96" wb.
	6	5	4	3	2	1
2-dr Htchbk	200	400	550	1100	2000	2900
2-dr Sdn	200	400	550	1100	2000	2900
2-dr DL Htchbk	200	400	600	1200	2100	3000
2-dr DL Sdn	200	400	600	1200	2100	3000
2-dr Htchbk Ltd	200	450	650	1300	2200	3200
2-dr Sdn Ltd	200	450	650	1300	2200	3200

	6	5	4	3	2	1
Concord, 6-cyl., 108" wb.						
2-dr Sdn	200	400	600	1200	2100	3000
4-dr Sdn	200	400	600	1200	2100	3000
4-dr Sta Wgn	200	400	600	1200	2100	3000
4-dr DL Sdn	200	450	650	1300	2200	3200
2-dr DL Sdn	200	450	650	1300	2200	3200
4-dr DL Sta Wgn	200	450	650	1300	2200	3200
2-dr Sdn Ltd	200	450	650	1300	2200	3200
4-dr Sdn Ltd	200	450	650	1300	2200	3200
4-dr Sta Wgn Ltd	250	500	750	1400	2400	3400
Pacer, 6-cyl., 100" wb.						
2-dr DL Htchbk	300	550	800	1600	2800	3900
2-dr DL Sta Wgn	300	600	850	1700	2900	4100
2-dr Htchbk Ltd	300	600	850	1700	2900	4100
2-dr Sta Wgn Ltd	300	600	900	1800	3100	4400
AMX, 6-cyl., 108" wb.						
2-dr Htchbk	300	700	1200	2400	4100	5900
Eagle 4WD, 6-cyl., 109.3" wb.						
2-dr Sdn	200	450	650	1300	2200	3200
4-dr Sdn	200	400	600	1200	2100	3000
4-dr Sta Wgn	300	550	800	1600	2800	3900
4-dr Sdn Ltd	300	550	800	1600	2800	3900
2-dr Sdn Ltd	250	500	750	1400	2400	3400
4-dr Sta Wgn Ltd	300	600	850	1700	2900	4100

Small block option deduct 10%

1981

	6	5	4	3	2	1
Spirit, 4-cyl./6-cyl., 96" wb.						
2-dr Htchbk	200	350	500	1000	1900	2700
2-dr Sdn	200	350	500	1000	1900	2700
2-dr DL Htchbk	200	400	550	1100	2000	2900
2-dr DL Sdn	200	400	550	1100	2000	2900
Concord, 6-cyl., 108" wb.						
2-dr Sdn	200	400	600	1200	2100	3000
4-dr Sdn	200	400	600	1200	2100	3000
4-dr Sta Wgn	200	400	600	1200	2100	3000
4-dr DL Sdn	200	400	650	1300	2200	3200
2-dr DL Sdn	200	400	650	1300	2200	3200
4-dr DL Sta Wgn	200	400	650	1300	2200	3200
2-dr Sdn Ltd	200	400	650	1300	2200	3200
4-dr Sdn Ltd	200	400	650	1300	2200	3200
4-dr Sta Wgn Ltd	250	500	750	1400	2400	3400
Eagle 50 4WD, 4-cyl./6-cyl., 109.3" wb.						
2-dr Htchbk SX4	200	400	600	1200	2100	3000
2-dr Kammback	200	400	550	1100	2000	2900
2-dr DL Htchbk SX4	250	500	750	1400	2400	3400
2-dr DL Kammback	200	400	650	1300	2200	3200
Eagle 30 4WD, 4-cyl./6-cyl., 109.3" wb.						
2-dr Sdn	200	400	650	1300	2200	3200
4-dr Sdn	200	400	600	1200	2100	3000
2-dr LTD Sdn	250	500	750	1400	2400	3400
4-dr LTD Sdn	300	550	800	1600	2800	3900
4-dr Sta Wgn	300	550	800	1600	2800	3900
4-dr LTD Sta Wgn	300	600	850	1700	2900	4100

Small block option deduct 10%

1982

	6	5	4	3	2	1
Spirit, 6-cyl., 96" wb.						
2-dr Htchbk	200	400	550	1100	2000	2900
2-dr Sdn	200	400	550	1100	2000	2900

	6	5	4	3	2	1
2-dr DL Htchbk	200	400	600	1200	2100	3000
2-dr DL Sdn	200	400	600	1200	2100	3000
Concord, 6-cyl., 108" wb.						
2-dr Sdn	200	400	600	1200	2100	3000
4-dr Sdn	200	400	600	1200	2100	3000
4-dr Sta Wgn	200	400	600	1200	2100	3000
2-dr DL Sdn	200	450	650	1300	2200	3200
4-dr DL Sdn	200	450	650	1300	2200	3200
4-dr DL Sta Wgn	200	450	650	1300	2200	3200
2-dr Ltd Sdn	200	450	650	1300	2200	3200
4-dr Ltd Sdn	200	450	650	1300	2200	3200
4-dr Ltd Sta Wgn	250	500	750	1400	2400	3400
Eagle 50 4WD, 4-cyl. 109.3" wb.						
2-dr Htchbk SX4	200	400	600	1200	2100	3000
2-dr Kammback Sdn	200	400	550	1100	2000	2900
2-dr DL Htchbk SX4	250	500	750	1400	2400	3400
2-dr DL Kammback Sdn	200	450	650	1300	2200	3200
Eagle 50 4WD, 6-cyl., 109.3" wb.						
2-dr Htchbk SX4	200	450	650	1300	2200	3200
2-dr Kammback Sdn	200	400	600	1200	2100	3000
2-dr DL Htchbk SX4	250	500	750	1500	2600	3600
2-dr DL Kammback Sdn	250	500	750	1400	2400	3400
Eagle 30 4WD, 4-cyl., 109.3" wb.						
2-dr Sdn	200	450	650	1300	2200	3200
4-dr Sdn	200	400	600	1200	2100	3000
4-dr Sta Wgn	300	550	800	1600	2800	3900
2-dr Ltd Sdn	250	500	750	1400	2400	3400
4-dr Ltd Sdn	300	550	800	1600	2800	3900
4-dr Ltd Sta Wgn	300	600	850	1700	2900	4100
Eagle 30 4WD, 6-cyl., 109.3" wb.						
2-dr Sdn	250	500	750	1500	2600	3600
4-dr Sdn	250	500	750	1400	2400	3400
4-dr Sta Wgn	300	600	900	1800	3100	4400
2-dr Ltd Sdn	300	550	800	1600	2800	3900
4-dr Ltd Sdn	300	600	900	1800	3100	4400
4-dr Ltd Sta Wgn	300	600	950	1900	3200	4600

Small block option deduct 10%

1983

	6	5	4	3	2	1
Spirit, 6-cyl., 96" wb.						
2-dr DL Htchbk	200	400	550	1100	2000	2900
2-dr GT Htchbk	200	400	550	1100	2000	2900
Concord, 6-cyl., 108" wb.						
4-dr Sdn	200	400	600	1200	2100	3000
4-dr Sta Wgn	200	400	600	1200	2100	3000
4-dr DL Sdn	200	450	650	1300	2200	3200
4-dr DL Sta Wgn	200	450	650	1300	2200	3200
4-dr Ltd Sta Wgn	250	500	750	1400	2400	3400
Eagle 50 4WD, 4-cyl. 109.3" wb.						
2-dr Htchbk SX4	200	450	650	1300	2200	3200
2-dr DL Htchbk SX4	250	500	750	1500	2600	3600
Eagle 50 4WD, 6-cyl., 109.3" wb.						
2-dr Htchbk SX4	250	500	750	1400	2400	3400
2-dr DL Htchbk SX4	300	550	800	1600	2800	3900
Eagle 30 4WD, 4-cyl., 109.3" wb.						
4-dr Sdn	200	450	650	1300	2200	3200
4-dr Sta Wgn	300	600	850	1700	2900	4100
4-dr Ltd Sta Wgn	300	600	900	1800	3100	4400
Eagle 30 4WD, 6-cyl., 109.3 " wb.						
4-dr Sdn	250	500	750	1500	2600	3600
4-dr Sta Wgn	300	600	950	1900	3200	4600
4-dr Ltd Sta Wgn	300	650	1000	2000	3500	4900

	6	5	4	3	2	1
1984						
Eagle 30, 4WD, 4-cyl., 109.3" wb.						
4-dr Sdn	250	500	750	1400	2400	3400
4-dr Sta Wgn	300	600	900	1800	3100	4400
4-dr Ltd Sta Wgn	300	600	950	1900	3200	4600
Eagle 30 4WD, 6-cyl., 109.3"						
4-dr Sdn	300	550	800	1600	2800	3900
4-dr Sta Wgn	300	650	1000	2000	3500	4900
4-dr Ltd Sta Wgn	300	650	1100	2100	3600	5100
1985						
Eagle 30, 4WD, 6-cyl., 109.3" wb						
4-dr Sdn	300	600	850	1700	2900	4100
4-dr Sta Wgn	300	650	1100	2100	3600	5100
4-dr Ltd Sta Wgn	300	650	1100	2200	3800	5400
1986						
Eagle, 4WD, 6-cyl., 109.3" wb						
4-dr Sdn	300	600	950	1900	3200	4600
4-dr Sta Wgn	300	650	1150	2300	3900	5700
4-dr Ltd Sta Wgn	300	700	1200	2400	4100	5900
1987						
Eagle, 4WD, 6-cyl., 109.3" wb						
4-dr Sdn	300	650	1100	2100	3600	5100
4-dr Sta Wgn	300	750	1250	2500	4400	6200
4-dr LTD Sta Wgn	300	800	1300	2600	4600	6600

1961 Rambler American

1966 AMC Marlin

1969 AMC SC/Rambler Hurst

1969 AMC AMX

AUBURN
1903 – 1936

1911 Auburn

1934 Auburn cabriolet

	6	5	4	3	2	1
1903-1905						
Model A, 1-cyl., 12 hp, 78" wb						
Rnbt	1200	3750	6250	12500	22000	31100
Tr	1200	3750	6250	12500	22000	31100
Model B, 2-cyl., 18 hp, 92" wb (1905 only)						
Tr	1100	3550	5900	11800	20800	29400
1906						
Model C, 2-cyl., 24 hp, 94" wb						
Tr	1100	3550	5900	11800	20800	29400
1907						
Model D, 2-cyl., 24 hp, 100" wb						
Tr	1100	3550	5900	11800	20800	29400
1908						
Model G, 2-cyl., 24 hp, 100" wb						
Tr	1100	3550	5900	11800	20800	29400
Model H						
Tr	1200	3750	6250	12500	22000	31100
Model K						
Rnbt	1200	3850	6400	12800	22550	32000
1909						
Model B, 4-cyl., 30 hp, 106" wb						
Tr	1100	3550	5900	11800	20800	29400

	6	5	4	3	2	1
Model C						
Tr	1200	3850	6400	12800	22550	32000
Model D						
Rnbt	1250	3950	6600	13200	23250	32900
Model G, 2-cyl., 24 hp, 100" wb						
Tr	1200	3750	6250	12500	22000	31100
Model H						
Tr	1200	3750	6250	12500	22000	31100
Model K						
Rnbt	1100	3550	5900	11800	20800	29400

1910

	6	5	4	3	2	1
Model B, 4-cyl., 30 hp, 106" wb						
Tr	1200	3750	6250	12500	22000	31100
Model C						
Tr	1150	3600	6000	12000	21150	30000
Model D						
Rnbt	1200	3750	6250	12500	22000	31100
Model G, 2-cyl., 24 hp, 100" wb						
Tr	1100	3500	5800	11600	20450	28900
Model H						
Tr	1150	3600	6000	12000	21150	30000
Model K						
Rnbt	1200	3750	6250	12500	22000	31100
Model R, 4-cyl., 40 hp, 116" wb						
Tr	1200	3800	6350	12700	22400	31700
Model S						
Rdstr	1200	3800	6350	12700	22400	31700
Model X						
Tr	1150	3650	6100	12200	21500	30500

1911

	6	5	4	3	2	1
Model F, 4-cyl., 30 hp						
Tr	150	3600	6000	12000	21150	30000
Model G, 2-cyl., 24 hp, 100" wb						
Tr	1100	3500	5800	11600	20450	28900
Model K						
Rnbt	1150	3600	6000	12000	21150	30000
Model L, 4-cyl., 30 hp						
Tr	1150	3600	6000	12000	21150	30000
Model M, 4-cyl., 40 hp						
Rdstr	1200	3750	6250	12500	22000	31100
Model N						
Tr	1200	3750	6250	12500	22000	31100
Model T						
Tr	1150	3600	6000	12000	21150	30000
Model Y						
Tr	1150	3600	6000	12000	21150	30000

1912

	6	5	4	3	2	1
Model 30L, 4-cyl., 30 hp, 112" wb						
Tr	1150	3700	6200	12400	21850	30900
Rdstr	1150	3600	6000	12000	21150	30000
Model 35L, 115" wb						
Tr	1100	3500	5800	11600	20450	28900
Model 40H, 4-cyl., 40 hp						
Tr	1150	3600	6000	12000	21150	30000
Model 40M						
Rdstr	1150	3600	6000	12000	21150	30000

	6	5	4	3	2	1
Model 40N						
Tr	1200	3750	6250	12500	22000	31100
Model 6-50, 6-cyl., 50 hp, 135" wb						
Tr	1200	3850	6400	12800	22550	32000
1913						
Model 33L, 4-cyl., 25 hp, 112" wb						
Tr	1200	3750	6300	12600	22200	31400
Model 37L, 4-cyl., 33 hp						
Rdstr	1150	3650	6100	12200	21500	30500
Model 40A, 4-cyl., 40 hp						
Rdstr	1200	3850	6400	12800	22550	32000
Model 40L, 4-cyl., 40 hp, 122" wb						
Tr	1300	4000	6700	13400	23600	33400
Model 45, 6-cyl., 45 hp, 130" wb						
Tr	1300	4000	6700	13400	23600	33400
Model 45B, 6-cyl, 45 hp, 130" wb						
Rdstr	1200	3850	6400	12800	22550	32000
Cpe	1050	3350	5600	11200	19700	28000
Twn Cpe	1100	3500	5800	11600	20450	28900
Model 50, 6-cyl., 50 hp, 135" wb						
Tr	1300	4100	6800	13600	23950	34000
1914						
Model 4-40, 4-cyl., 40 hp, 120" wb						
4-40 Tr	1150	3600	6000	12000	21150	30000
4-40 Rdstr	1100	3500	5800	11600	20450	28900
4-40 Cpe	950	3000	5000	10000	17700	24900
Model 4-41						
4-41 Tr	1200	3750	6250	12500	22000	31100
4-41 Rdstr	1100	3550	5900	11800	20800	29400
Model 6-45, 6-cyl., 45 hp, 130" wb						
6-45 Rdstr	1150	3700	6200	12400	21850	30900
Model 6-46, 6-cyl., 46 hp, 135" wb						
6-46 Tr	1250	3950	6600	13200	23250	32900
1915						
Model 4-36, 4-cyl., 36 hp, 114" wb						
4-36 Tr	1150	3600	6000	12000	21150	30000
4-36 Rdstr	1100	3500	5800	11600	20450	28900
Model 4-43, 4-cyl., 43 hp, 120" wb						
4-43 Tr	1150	3700	6200	12400	21850	30900
4-43 Rdstr	1150	3600	6000	12000	21150	30000
Model 6-40, 6-cyl., 50 hp, 126" wb						
6-40 Tr	1250	3950	6600	13200	23250	32900
6-40 Rdstr	1200	3850	6400	12800	22550	32000
Model 6-47, 6-cyl., 47 hp						
6-47 Tr	1200	3850	6400	12800	22550	32000
6-47 Rdstr	1200	3750	6250	12500	22000	31100
1916						
Model Union 4-36, 4-cyl., 36 hp, 112" wb						
4-36 Tr	1250	3950	6600	13200	23250	32900
Model 4-38, 4-cyl., 38 hp, 116" wb						
4-38 Tr	1200	3750	6250	12500	22000	31100
4-38 Rdstr	1150	3600	6000	12000	21150	30000
Model 6-38, 6-cyl., 38 hp, 120" wb						
6-38 Tr	1200	3850	6400	12800	22550	32000
6-38 Rdstr	1200	3750	6250	12500	22000	31100

	6	5	4	3	2	1
Model 6-40A, 6-cyl., 40 hp, 126" wb						
6-40A Tr	1300	4100	6800	13600	23950	34000
6-40A Rdstr	1250	3950	6600	13200	23250	32900
1917						
Model 4-36, 4-cyl., 36 hp, 112" wb						
4-36 Tr	1050	3350	5600	11200	19700	28000
4-36 Rdstr	1000	3200	5400	10800	19000	26900
Model 6-39, 6-cyl., 39 hp, 120" wb						
6-39 Tr	1100	3500	5800	11600	20450	28900
6-39 Rdstr	1050	3350	5600	11200	19700	28000
Model 6-44, 6-cyl., 44 hp, 131" wb						
6-44 Tr	1150	3600	6000	12000	21150	30000
6-44 Rdstr	1100	3500	5800	11600	20450	28900
1918						
Model 6-39, 6-cyl., 39 hp, 120" wb						
6-39 Spt Tr	1000	3200	5400	10800	19000	26900
6-39 Sdn	700	1900	3400	6800	11700	16900
6-39B Tr	1000	3100	5200	10400	18400	26000
6-39E Rdstr	1000	3100	5200	10400	18400	26000
Model 6-44, 6-cyl., 44 hp, 131" wb						
6-44 Tr	1000	3100	5200	10400	18400	26000
6-44 Spt Tr	1000	3200	5400	10800	19000	26900
6-44 Conv Sdn	1000	3100	5200	10400	18400	26000
6-44 Sdn	750	2150	3600	7200	12400	18000
1919						
Model 6-39, 6-cyl., 39 hp, 120" wb						
6-39 Cpe	650	1800	3200	6400	11000	15900
6-39 Sdn	700	1900	3400	6800	11700	16900
6-39H Tr	1000	3100	5200	10400	18400	26000
6-39K Spt Tr	1000	3200	5400	10800	19000	26900
6-39R Rdstr	1000	3100	5200	10400	18400	26000
1920						
Model 6-39, 6-cyl., 55 hp, 120" wb						
6-39 Sdn	750	2300	3800	7600	13100	18900
6-39H Tr	1000	3100	5200	10400	18400	26000
6-39K Spt Tr	1000	3200	5400	10800	19000	26900
6-39R Rdstr	1000	3200	5400	10800	19000	26900
6-39S Cpe	800	2400	4000	8000	13900	19900
1921						
Model 6-39, 6-cyl., 55 hp, 120" wb						
6-39 Cpe	800	2400	4000	8000	13900	19900
6-39 Sdn	750	2300	3800	7600	13100	18900
6-39 Cabrlt	1050	3350	5600	11200	19700	28000
6-39H Tr	1000	3100	5200	10400	18400	26000
6-39K Spt Tr	1050	3350	5600	11200	19700	28000
6-39R Rdstr	1050	3350	5600	11200	19700	28000
1922						
Model 6-51, 6-cyl., 55 hp, 121" wb						
6-51 Cpe	800	2500	4200	8400	14800	20900
6-51 Sdn	800	2400	4000	8000	13900	19900
6-51 Spt Brghm	800	2500	4200	8400	14800	20900
6-51H Spt Tr	1100	3500	5800	11600	20450	28900

	6	5	4	3	2	1
6-51R Rdstr	1100	3500	5800	11600	20450	28900
6-51S Tr	1050	3350	5600	11200	19700	28000

1923

Model 6-43, 6-cyl., 50 hp, 114" wb
6-43 Tr	1150	3600	5950	11900	21000	29700
6-43 Sdn	750	2300	3800	7600	13100	18900
6-43 Chesterfield	900	2750	4600	9200	16200	22900

Model 6-51, 6-cyl., 58 hp, 121" wb
6-51 Tr	1150	3600	6000	12000	21150	30000
6-51 Spt Tr	1200	3850	6400	12800	22550	32000
6-51 Sdn	800	2400	4000	8000	13900	19900
6-51 Brghm	800	2500	4200	8400	14800	20900
6-51 Phtn	1200	3750	6250	12500	22000	31100

Model 6-63, 6-cyl., 63 hp, 121" wb
6-63 Tr	1150	3600	6000	12000	21150	30000
6-63 Spt Tr	1150	3700	6200	12400	21850	30900
6-63 Sdn	750	2300	3800	7600	13100	18900
6-63 Brghm	800	2400	4000	8000	13900	19900

1924

Model 6-43, 6-cyl., 50 hp, 114" wb
6-43 Tr	1100	3500	5800	11600	20450	28900
6-43 Spl Tr	1150	3600	6000	12000	21150	30000
6-43 Spt	1100	3550	5900	11800	20800	29400
6-43 Cpe	800	2400	4000	8000	13900	19900
6-43 Sdn	750	2300	3800	7600	13100	18900
6-43 English Coach	750	2300	3800	7600	13100	18900

Model 6-63, 6-cyl., 60 hp, 122" wb
6-43 Tr	1150	3600	6000	12000	21150	30000
6-43 Spt Tr	200	3850	6400	12800	22550	32000
6-43 Sdn	800	2400	4000	8000	13900	19900
6-43 Sdn (124" wb)	800	2450	4100	8200	14400	20500
6-43 Brghm	800	2500	4200	8400	14800	20900

1925

Model 6-43, 6-cyl., 50 hp, 114" wb
6-43 Tr	1300	3800	6500	13700	23550	31500
6-43 Cpe	1000	2700	4500	9000	16100	23500
6-43 2-dr Sdn	750	2300	3800	7600	13100	18900
6-43 4-dr Sdn	800	2400	4000	8000	13900	19900
6-43 Phtn	1250	4100	6800	13600	25750	34100
6-43 Spt Phtn	1300	4200	7000	13900	26150	36000

Model 6-63, 6-cyl., 63 hp, 122" wb
6-63 Phtn	1300	4000	6700	13400	23600	33400
6-63 Spt Phtn	1350	4150	6900	13800	24300	34500
6-63 Sdn	800	2350	3900	7800	13500	19500
6-63 Sdn (124" wb)	800	2400	4000	8000	13900	19900
6-63 Brghm	800	2450	4100	8200	14400	20500

Model 8-88, 8-cyl., 63 hp, 124" wb
8-88 Spt Tr	1350	4200	7000	14000	24650	34900
8-88 2-dr Brghm	800	2450	4100	8200	14400	20500
8-88 4-dr Sdn	800	2350	3900	7800	13500	19500

1926

Model 4-44, 4-cyl., 42 hp, 120" wb
4-44 Tr	1200	3850	6400	12800	22550	32000
4-44 Rdstr	1250	3950	6600	13200	23250	32900
4-44 Cpe	900	2900	4900	9800	17300	24500
4-44 4-dr Sdn	900	2800	4700	9400	16500	23400

	6	5	4	3	2	1
Model 6-66, 6-cyl., 56 hp, 121" wb						
6-66 Tr	1350	4200	7000	14000	24650	34900
6-66 Rdstr	1400	4300	7200	14400	25350	35900
6-66 Brghm	900	2800	4700	9400	16500	23400
6-66 4-dr Sdn	900	2900	4900	9800	17300	24500
6-66 Wanderer Sdn	950	3050	5100	10200	18000	25400
6-66 7-pass Sdn	950	3000	5000	10000	17700	24900
Model 8-88, 8-cyl., 70 hp, 129" wb (7-pass sdn 146" wb)						
8-88 Tr	1450	4450	7400	14800	26050	36900
8-88 Rdstr	1500	4550	7600	15200	26750	38000
8-88 5-pass Sdn	900	2900	4850	9700	17100	24200
8-88 Wanderer Sdn	950	3050	5100	10200	18000	25400
8-88 7-pass Sdn	950	3000	5050	10100	17900	25100
8-88 Brghm	900	2900	4900	9800	17300	24500
8-88 7-pass Sdn	1000	3200	5350	10700	18900	26700

1927

	6	5	4	3	2	1
Model 6-66A, 6-cyl., 55 hp, 120" wb						
6-66A Tr	1200	3800	7100	14800	26350	38000
6-66A Rdstr	1600	4800	8000	16000	28150	40000
6-66A Sdn	900	2900	4900	9800	17300	24500
6-66A Spt Sdn	1000	3100	5200	10400	18400	26000
6-66A Cabrlt	1200	3850	6400	12800	22550	32000
6-66A Wanderer Sdn	1000	3150	5300	10600	18700	26500
Model 8-77, 8-cyl., 62 hp, 124" wb						
8-77 Tr	1400	4250	7100	14200	25000	35400
8-77 Rdstr	1450	4400	7300	14600	25700	36500
8-77 Sdn	950	3050	5100	10200	18000	25400
8-77 Spt Sdn	1000	3150	5300	10600	18700	26500
8-77 Wanderer Sdn	1000	3200	5400	10800	19000	26900
8-77 Cabrlt	1250	3950	6600	13200	23250	32900
Model 8-88, 8-cyl., 90 hp, 130" wb (Tr & 7-pass sdn 147" wb)						
8-88 Tr	1550	4650	7800	15600	27450	38900
8-88 Rdstr	1600	4800	8000	16000	28150	40000
8-88 Cpe	1050	3300	5500	11000	19300	27500
8-88 Sdn	900	2900	4900	9800	17300	24500
8-88 Spt Sdn	950	3050	5100	10200	18000	25400
8-88 4-dr Sdn	900	2850	4800	9600	16900	24000
8-88 Wanderer Sdn	1050	3300	5500	11000	19300	27500
8-88 Cabrlt	1250	3900	6500	13000	22900	32500
8-88 Tr	1600	4800	8000	16000	28150	40000
8-88 7-pass Sdn	950	3050	5100	10200	18000	25400

1928 FIRST SERIES (August 1, 1927)

	6	5	4	3	2	1
Model 6-66, 6-cyl., 55 hp, 120" wb						
6-66 Rdstr	1600	4800	8000	16000	28150	40000
6-66 Sdn	900	2900	4900	9800	17300	24500
6-66 Spt Sdn	950	3050	5100	10200	18000	25400
6-66 Cabrlt	1550	4650	7800	15600	27450	38900
Model 8-77, 8-cyl., 62 hp, 125" wb						
8-77 Rdstr	1650	4900	8200	16400	28850	41000
8-77 Sdn	950	3050	5100	10200	18000	25400
8-77 Spt Sdn	1000	3150	5300	10600	18700	26500
8-77 Cabrlt	1550	4700	7900	15800	27800	39400

1928 SECOND SERIES (January 1, 1928)

	6	5	4	3	2	1
Model 76, 6-cyl., 54 hp, 120" wb						
76 Rdstr	1850	5450	9200	18400	32350	45900
76 Sdn	1000	3150	5300	10600	18700	26500
76 Spt Sdn	1050	3300	5500	11000	19300	27500
76 Cabrlt	1800	5250	8800	17600	30950	43900

	6	5	4	3	2	1
Model 88, 8-cyl., 88 hp, 125" wb						
88 Rdstr	2150	6250	10600	21200	37250	53000
88 Sdn	1000	3150	5300	10600	18700	26500
88 Spt Sdn	1050	3300	5500	11000	19300	27500
88 Spdstr	3500	10350	17400	34800	61100	86900
88 Cabrlt	1800	5250	8800	17600	30950	43900
88 Phtn	2050	6000	10100	20200	35500	50400
Model 115, 8-cyl., 115 hp, 130" wb						
115 Tr	2300	6800	11500	23000	40400	57500
115 Rdstr	2300	6650	11200	22400	39350	55900
115 Sdn	1050	3400	5700	11400	20100	28500
115 Spt Sdn	1100	3550	5900	11800	20800	29400
115 Cabrlt	2000	5850	9900	19800	34800	49500
115 Vic	1100	3550	5900	11800	20800	29400

1929 FIRST SERIES (August 1, 1928)

	6	5	4	3	2	1
Model 76, 6-cyl., 76 hp, 120" wb						
76 Tr	1900	5650	9500	19000	33400	47500
76 Rdstr	2000	5800	9800	19600	34450	49000
76 Sdn	1000	3150	5300	10600	18700	26500
76 Spt Sdn	1050	3300	5500	11000	19300	27500
76 Cabrlt	1900	5500	9300	18600	32700	46400
76 Vic	1150	3700	6200	12400	21850	30900
Model 88, 8-cyl., 88 hp, 125" wb						
88 Tr	2700	8000	13500	27000	47400	67400
88 Rdstr	3100	9200	15500	31000	54400	77400
88 Sdn	1000	3150	5300	10600	18700	26500
88 Spt Sdn	1050	3300	5500	11000	19300	27500
88 Phtn	2700	8100	13600	27200	47800	67900
88 Spdstr	4050	12050	20300	40600	71300	101300
88 Cabrlt	2800	8300	14000	28000	49200	69900
88 Vic	1250	3950	6600	13200	23250	32900
88 7-pass Sdn	1050	3350	5600	11200	19700	28000
Model 115, 8-cyl., 125 hp, 130" wb						
115 Rdstr	3300	9800	16500	33000	57900	82400
115 Sdn	1000	3150	5300	10600	18700	26500
115 7-pass Sdn	1050	3350	5600	11200	19700	28000
115 Spt Sdn	1050	3300	5500	11000	19300	27500
115 Phtn	3200	9500	16000	32000	56200	79900
115 Cabrlt	2750	8200	13800	27600	48500	68900
115 Spdstr	4700	13950	23450	46900	82400	117100
115 Vic	1300	4100	6800	13600	23950	34000
Model 125, 8-cyl., 125 hp, 120" wb						
125 Spdstr	4900	14550	24500	49000	86000	122300

1929 SECOND SERIES (January 1, 1929)

	6	5	4	3	2	1
Model 6-80, 6-cyl., 70 hp, 120" wb						
6-80 Tr	2500	7400	12500	25000	43900	62400
6-80 Sdn	1000	3150	5300	10600	18700	26500
6-80 Spt Sdn	1050	3300	5500	11000	19300	27500
6-80 Cabrlt	2400	7000	11800	23600	41450	59000
6-80 Vic	1100	3500	5800	11600	20450	28900
Model 8-90, 8-cyl., 100 hp, 125" wb						
8-90 Tr	3150	9300	15700	31400	55100	78400
8-90 Sdn	1050	3300	5500	11000	19300	27500
8-90 Spt Sdn	1050	3400	5700	11400	20100	28500
8-90 Phtn	3500	10400	17500	35000	61500	87400
8-90 7-pass Sdn	1100	3550	5900	11800	20800	29400
8-90 Spdstr	4700	14000	23500	47000	82500	117300
8-90 Cabrlt	3100	9150	15400	30800	54100	76900
8-90 Vic	1300	4100	6800	13600	23950	34000

	6	5	4	3	2	1
Model 120, 8-cyl., 125 hp, 130" wb						
120 Sdn	1050	3400	5700	11400	20100	28500
120 Spt Sdn	1100	3550	5900	11800	20800	29400
120 7-pass Sdn	1150	3700	6200	12400	21850	30900
120 Phtn	3600	10650	17950	35900	63000	89600
120 Cabrlt	3400	10100	17000	34000	59700	84900
120 Spdstr	5300	15750	26500	53000	93100	132300
120 Vic	1400	4250	7100	14200	25000	35400
1930						
Model 6-85, 6-cyl., 70 hp, 120" wb						
6-85 Sdn	1050	3400	5700	11400	20100	28500
6-85 Spt Sdn	1100	3550	5900	11800	20800	29400
6-85 Phtn	3200	9500	15950	31900	56000	79600
6-85 Cabrlt	3100	9200	15450	30900	54300	77100
Model 8-95, 8-cyl., 100 hp, 125" wb						
8-95 Sdn	1150	3650	6100	12200	21500	30500
8-95 Spt Sdn	1200	3750	6300	12600	22200	31400
8-95 Cabrlt	3300	9750	16450	32900	57800	82100
8-95 Phtn	3400	10050	16950	33900	59500	84600
8-95 Phtn Sdn	2700	8000	13450	26900	47200	67100
Model 125, 8-cyl., 125 hp, 130" wb						
125 Sdn	1200	3750	6300	12600	22200	31400
125 Spt Sdn	1250	3950	6600	13200	23250	32900
125 Cabrlt	3250	9700	16300	32600	57200	81400
125 Phtn Sdn	2850	8450	14200	28400	49900	70900
1931						
Model 8-98, 8-cyl., 98 hp, 127" wb (7-pass sdn 136" wb)						
8-98 2-pass Cpe	1200	3850	6400	12800	22550	32000
8-98 2-dr Brghm	1150	3600	5950	11900	21000	29700
8-98 4-dr Sdn	1150	3650	6100	12200	21500	30500
8-98 Cabrlt Conv	3450	10250	17250	34500	60600	86100
8-98 Spdstr	4700	13950	23500	47000	82500	117300
8-98 Phtn Sdn	3700	10950	18450	36900	64800	92100
8-98 7-pass Sdn	1200	3750	6250	12500	22000	31100
Model 8-98A, 8-cyl., Custom, 127" wb (7-pass sdn 136" wb)						
8-98A 2-pass Cpe	1450	4400	7350	14700	25900	36700
8-98A 2-dr Brghm	1300	4050	6750	13500	23800	33700
8-98A 4-dr Sdn	1350	4150	6950	13900	24500	34700
8-98A Cabrlt Conv	3900	11600	19500	39000	68500	97400
8-98A Spdstr	4700	13950	23500	47000	82500	117300
8-98A Phtn Sdn	4300	12900	22500	38300	66200	94000
8-98A 7-pass Sdn	1400	4350	7250	14500	25500	36200
1932						
Standard Eight Model 8-100, 8-cyl., 100 hp, 127" wb (7-pass sdn 136" wb)						
8-100 2-pass Cpe	1500	4500	7500	15000	26400	37500
8-100 4-pass Cpe	1500	4550	7600	15200	26750	38000
8-100 2-dr Brghm	1350	4150	6950	13900	24500	34700
8-100 4-dr Sdn	1400	4250	7100	14200	25000	35400
8-100 Cabrlt	4250	12650	21300	42600	74800	106300
8-100 Spdstr	5200	15400	25950	51900	91100	129600
8-100 Phtn	4350	12900	21700	43400	76200	108300
8-100 7-pass Sdn	1550	4650	7750	15500	27300	38700
Custom Eight Dual Ratio Model 8-100A, Ratio, 127" wb (7-pass sdn 136" wb)						
8-100A 2-pass Cpe	1600	4850	8100	16200	28500	40500
8-100A 2-dr Brghm	1450	4400	7300	14600	25700	36500
8-100A 4-dr Sdn	1500	4500	7500	15000	26400	37500
8-100A Cabrlt	5250	15600	26250	52500	92200	131100

	6	5	4	3	2	1
8-100A Spdstr	5800	17200	28950	57900	101700	144500
8-100A Phtn Sdn	5550	16500	27800	55600	97600	138800
8-100A 7-pass Sdn	1650	4900	8250	16500	29000	41200
Standard Twelve Model 12-160, 12-cyl., 160 hp, 133" wb						
12-160 2-pass Cpe	1900	5650	9500	19000	33400	47500
12-160 2-dr Brghm	1450	4400	7300	14600	25700	36500
12-160 4-dr Sdn	1500	4500	7500	15000	26400	37500
12-160 Cabrlt	5850	17350	29200	58400	102500	145800
12-160 Spdstr	6200	18400	30950	61900	108700	154500
12-160 Phtn Sdn.	6100	18100	30450	60900	106900	152000
Custom Twelve Dual Ratio Model 12-160A, 12-cyl., 160 hp, 132" wb						
12-160A Cpe	2300	6650	11250	22500	39500	56100
12-160A 2-dr Brghm	1650	4950	8300	16600	29200	41500
12-160A 4-dr Sdn	1700	5050	8500	17000	29900	42500
12-160A Cabrlt	6300	18700	31450	62900	110400	157000
12-160A Spdstr	6700	19850	33450	66900	117500	167000
12-160A Phtn Sdn	6600	19600	32950	65900	115700	164500

1933

Standard Eight, Model 8-101, 8-cyl., 100 hp, 127" wb (7-pass sdn 136" wb)						
8-101 2-pass Cpe	1350	4150	6900	13800	24300	34500
8-101 2-dr Brghm	1100	3550	5900	11800	20800	29400
8-101 4-dr Sdn	1150	3650	6100	12200	21500	30500
8-101 Cabrlt	3300	9750	16450	32900	57800	82100
8-101 Spdstr	4200	12450	20950	41900	73600	104600
8-101 Phtn	3500	10350	17450	34900	61300	87100
8-101 7-pass Sdn	1200	3850	6450	12900	22700	32200
Custom Eight Dual Ratio, Model 8-101A, 8-cyl., 100 hp, 127" wb (7-pas sdn 136" wb)						
8-101A 2-pass Cpe	1500	4600	7700	15400	27100	38500
8-101A 2-dr Brghm	1200	3750	6300	12600	22200	31400
8-101A 4-dr Sdn	1250	3900	6500	13000	22900	32500
8-101A Cabrlt	3500	10400	17500	35000	61500	87400
8-101A Spdstr	4800	14250	23950	47900	84100	119600
8-101A Phtn	3600	10600	17800	35600	62500	88900
8-101A 7-pass Sdn	1350	4150	6900	13800	24300	34500
Salon Eight, Model 8-105, 8-cyl., Salon Dual Ratio, 100 hp, 127" wb						
8-105 2-dr Brghm	1450	4400	7300	14600	25700	36500
8-105 4-dr Sdn	1350	4150	6900	13800	24300	34500
8-105 Cabrlt	4300	12750	21450	42900	75300	107100
8-105 Spdstr	5000	14800	24950	49900	87600	124600
8-105 Phtn	4100	12200	20500	41000	72000	102300
Standard Twelve, Model 12-161, 12-cyl., 160 hp, 133" wb						
12-161 2-pass Cpe	1700	5050	8500	17000	29900	42500
12-161 2-dr Brghm	1500	4500	7500	15000	26400	37500
12-161 4-dr Sdn	1500	4600	7700	15400	27100	38600
12-161 Cabrl	5250	15600	26250	52500	92200	131100
12-161 Spdstr	5500	16350	27500	55000	96600	137300
12-161 Phtn Sdn	5600	16600	27900	55800	98000	139300
Custom Twelve, Model 12-161A, 12-cyl., Custom Dual Ratio, 160 hp, 133" wb						
12-161A 2-pass Cpe	1900	5500	9300	18600	32700	46400
12-161A 4-pass Cpe	1900	5600	9450	18900	33200	47200
12-161A 2-dr Brghm	1650	4950	8300	16600	29200	41500
12-161A 4-dr Sdn	1800	5300	8950	17900	31500	44700
12-161A Cabrlt	5650	16800	28250	56500	99200	141000
12-161A Spdstr	6100	18100	30500	61000	107100	152300
12-161A Phtn	5900	17550	29500	59000	103600	147300
Salon Twelve, Model 12-165, 12-cyl., Salon Dual Ratio, 160 hp, 133" wb						
12-165 2-dr Brghm	1800	5300	8900	17800	31300	44400
12-165 4-dr Sdn	1850	5400	9100	18200	32000	45500
12-165 Cabrlt	5950	17700	29750	59500	104500	148500

	6	5	4	3	2	1
12-165 Spdstr	6200	18400	31000	62000	108900	154800
12-165 Phtn	6300	18700	31500	63000	110600	157300

1934

Standard Six, Model 652X, 6-cyl., 85 hp, 119" wb

	6	5	4	3	2	1
652X 2-dr Brghm	900	2800	4700	9400	16500	23400
652X 4-dr Sdn	900	2900	4900	9800	17300	24500
652X Conv Cabrlt	2600	7800	13200	26400	46350	65900

Custom Dual Ratio Six, Model 652Y, 6-cyl., 119" wb

	6	5	4	3	2	1
652Y 2-dr Brghm	1450	4400	7300	14600	25700	36500
652Y 4-dr Sdn	1400	4250	7100	14200	25000	35400
652Y Conv Cabrlt	3050	9100	15300	30600	53700	76400
652Y Phtn	3300	9750	16450	32900	57800	82100

Standard Eight, Model 850X, 8-cyl., 100 hp, 126" wb

	6	5	4	3	2	1
850X 2-dr Brghm	1500	4500	7500	15000	26400	37500
850X 4-dr Sdn	1450	4400	7300	14600	25700	36500
850X Conv Cabrlt	3300	9750	16450	32900	57800	82100

Custom Eight, Model 850Y, Custom Dual Ratio, 115 hp, 126" wb

	6	5	4	3	2	1
850Y 2-dr Brghm	1700	5050	8500	17000	29900	42500
850Y 4-dr Sdn	1850	5400	9100	18200	32000	45500
850Y Conv Cabrlt	5900	17550	29500	59000	103600	147300
850Y Phtn	5800	17250	29000	58000	102100	145000

Salon Twelve, Model 1250, 12-cyl., Salon Dual Ratio, 160 hp, 133" wb

	6	5	4	3	2	1
1250 2-dr Brghm	1800	5350	9000	18000	31650	45000
1250 4-dr Sdn	1900	5500	9250	18500	32500	46100
1250 Cabrlt	6100	18100	30500	61000	107100	152300
1250 Phtn Sdn	6300	18750	31500	63000	110900	157500

1935

Standard, Model 6-653, 6-cyl., 85 hp, 120" wb

	6	5	4	3	2	1
6-653 2-pass Cpe	1450	4400	7300	14600	25700	36500
6-653 2-dr Brghm	1350	4150	6900	13800	24300	34500
6-653 4-dr Sdn	1300	4000	6700	13400	23600	33400
6-653 Cabrlt	2800	8400	14100	28200	49500	70400
6-653 Phtn	3300	9800	16500	33000	57900	82400

Custom Six, Dual Ratio, Model 6-653, 6-cyl., 85 hp, 127" wb

	6	5	4	3	2	1
6-653 2-pass Cpe	1500	4600	7700	15400	27100	38500
6-653 2-dr Brghm	1400	4250	7100	14200	25000	35400
6-653 4-dr Sdn	1350	4150	6900	13800	24300	34500
6-653 Cabrlt	3050	9100	15300	30600	53700	76400
6-653 Phtn	3400	10100	17000	34000	59700	84900

Salon Six, Dual Ratio, Model 6-653, 6-cyl., 85 hp, 127" wb

	6	5	4	3	2	1
6-653 2-pass Cpe	1550	4700	7900	15800	27800	39400
6-653 2-dr Brghm	1450	4400	7300	14600	25700	36500
6-653 4-dr Sdn	1500	4500	7500	15000	26400	37500
6-653 Cabrlt	3300	9800	16500	33000	57900	82400
6-653 Phtn	3600	10650	17950	35900	63000	89600

Standard Eight, Model 8-851, 8-cyl., 115 hp, 127" wb

	6	5	4	3	2	1
8-851 2-pass Cpe	1600	4850	8100	16200	28500	40500
8-851 2-dr Brghm	1500	4500	7500	15000	26400	37500
8-851 4-dr Sdn	1500	4600	7700	15400	27100	38500
8-851 Cabrlt	3200	9500	15950	31900	56000	79600
8-851 Phtn	3300	9750	16450	32900	57800	82100

Custom Eight Dual Ratio, Model 8-851, 115 hp, 127" wb

	6	5	4	3	2	1
8-851 2-pass Cpe	1650	4950	8300	16600	29200	41500
8-851 2-dr Brghm	1500	4600	7700	15400	27100	38500
8-851 4-dr Sdn	1550	4700	7900	15800	27800	39400
8-851 Cabrlt	3250	9650	16200	32400	56900	80900
8-851 Phtn	3400	10100	17000	34000	59700	84900

	6	5	4	3	2	1

Salon Eight Dual Ratio, Model 8-851, 115 hp, 127" wb

	6	5	4	3	2	1
8-851 2-pass Cpe	1650	4900	8200	16400	28850	41000
8-851 2-dr Brghm	1500	4550	7600	15200	26750	38000
8-851 4-dr Sdn	1550	4650	7800	15600	27450	38900
8-851 Cabrlt	3600	10650	17950	35900	63000	89600
8-851 Phtn	3600	10650	17950	35900	63000	89600
8-851 7-pass Sdn	1700	5000	8350	16700	29400	41700

Supercharged Eight Dual Ratio, Model 8-851, 8-cyl., 150 hp, 127" wb

	6	5	4	3	2	1
8-851 2-pass Cpe	1800	5350	9000	18000	31650	45000
8-851 4-dr Sdn	1750	5100	8600	17200	30250	43000
8-851 2-dr Brghm	1900	5600	9400	18800	33050	47000
8-851 Cabrlt	4000	11950	20100	40200	70600	100300
8-851 Spdstr	10500	25600	39900	76000	132500	185000
8-851 Phtn	4100	12200	20500	41000	72000	102300

1936

Standard Six, Model 6-654, 6-cyl., 85 hp, 120" wb

	6	5	4	3	2	1
6-654 2-pass Cpe	1500	4500	7500	15000	26400	37500
6-654 2-dr Brghm	1450	4400	7300	14600	25700	36500
6-654 4-dr Sdn	1400	4250	7100	14200	25000	35400
6-654 Cabrlt	3050	9100	15300	30600	53700	76400
6-654 Phtn	3150	9400	15800	31600	55500	78900

Custom Six, Custom Dual Ratio

	6	5	4	3	2	1
6-654 2-pass Cpe	1550	4700	7900	15800	27800	39400
6-654 2-dr Brghm	1450	4400	7300	14600	25700	36500
6-654 4-dr Sdn	1500	4500	7500	15000	26400	37500
6-654 Cabrlt	3250	9650	16200	32400	56900	80900
6-654 Phtn	3500	10450	17600	35200	61800	87900

Salon Six, Salon Dual Ratio

	6	5	4	3	2	1
6-654 2-pass Cpe	1600	4850	8100	16200	28500	40500
6-654 2-dr Brghm	1500	4500	7500	15000	26400	37500
6-654 4-dr Sdn	1500	4600	7700	15400	27100	38500
6-654 Cabrlt	4450	13200	22200	44400	78000	110800
6-654 Phtn	4600	13650	23000	46000	80800	114800

Standard Eight, Model 8-852, 8-cyl., 115 hp, 127" wb

	6	5	4	3	2	1
8-852 2-pass Cpe	1650	4950	8300	16600	29200	41500
8-852 2-dr Brghm	1500	4600	7700	15400	27100	38500
8-852 4-dr Sdn	1550	4700	7900	15800	27800	39400
8-852 Cabrlt	4850	14400	24200	48400	85000	120800
8-852 Phtn	5000	14800	24950	49900	87600	124600

Custom Eight, Custom Dual Ratio, 8-cyl.

	6	5	4	3	2	1
8-852 2-pass Cpe	1750	5200	8700	17400	30600	43500
8-852 2-dr Brghm	1550	4700	7900	15800	27800	39400
8-852 4-dr Sdn	1600	4850	8100	16200	28500	40500
8-852 Cabrlt	5100	15150	25500	51000	89600	127300
8-852 Phtn	5200	15400	25900	51800	91000	129300

Salon Eight, Salon Dual Ratio, 8-cyl.

	6	5	4	3	2	1
8-852 2-pass Cpe	1800	5300	8900	17800	31300	44400
8-852 2-dr Brghm	1600	4850	8100	16200	28500	40500
8-852 4-dr Sdn	1650	4950	8300	16600	29200	41500
8-852 Cabrlt	5200	15450	26000	52000	91300	129800
8-852 Phtn	5400	16000	26950	53900	94600	134500

Supercharged Eight, Supercharged Dual Ratio, 150 hp, 8-cyl., 127" wb

	6	5	4	3	2	1
8-852 Cpe	2000	5800	9800	19600	34450	49000
8-852 2-dr Brghm	1900	5500	9300	18600	22700	46400
8-852 4-dr Sdn	1800	5350	9000	18000	31650	45000
8-852 Cabrlt	5350	15900	26750	53500	93900	133500
8-852 Spdstr	6700	19850	33450	66900	117500	167000
8-852 Phtn	5250	15600	26250	52500	92200	131100

AVANTI II
1965 – 1991

	6	5	4	3	2	1
1965-1972						
Avanti II, 8-cyl., 109" wb						
2-dr Spt Cpe	900	2750	4600	9200	16200	22900
1973-1975						
Avanti II, 8-cyl., 109" wb						
2-dr Spt Cpe	800	2500	4200	8400	14800	20900
1976-1978						
Avanti II, 8-cyl., 109" wb						
2-dr Spt Cpe	850	2550	4300	8600	15100	21500
1979-1982						
Avanti II, 8-cyl., 109" wb						
2-dr Spt Cpe	900	2750	4600	9200	16200	22900
1983-1985						
Avanti II, 8-cyl., 109" wb						
2-dr Spt Cpe	900	2800	4700	9400	16500	23400
1987-1989						
Avanti, 8-cyl., 109" wb						
2-dr Spt Cpe	1150	3600	6000	12000	21150	30000
2-dr Conv Cpe	1600	4800	8000	16000	28150	40000
2-dr Luxury Cpe (117" wb)	1200	3750	6300	12600	22200	31400
1990						
8-cyl., 109" wb						
2-dr Spt Cpe	1350	4150	6900	13800	24300	34500
2-dr Conv Cpe	1900	5500	9390	18600	32700	46400
4-dr Sdn (116" wb)	1150	3600	6000	12000	21150	30000
1991						
8-cyl., 109" wb						
2-dr Conv Cpe	2000	5800	9600	19600	34450	49000

BUICK
1905 – 1991

1908 Buick

1930 Buick

	6	5	4	3	2	1

(Buick production started with the 1904 model year with the Model B, however, no known examples exist today)

1905

Model C, 2-cyl., 22 hp, 89" wb

	6	5	4	3	2	1
Tr	1900	5300	8400	16500	31600	42500

1906

2-cyl., 22 hp

	6	5	4	3	2	1
Model F Tr	1900	4900	7900	15900	29300	42500
Model G Rdstr	1900	5300	7700	15500	28900	41500

1907

2-cyl., 89" wb

	6	5	4	3	2	1
Model F Tr	1900	5300	8900	17800	31300	44400
Model G Rdstr	1900	5300	8700	15500	28900	43500

4-cyl., 29 hp

	6	5	4	3	2	1
Model D Tr	1850	4900	7900	15900	29300	42500
Model H Tr	1850	4900	7900	15900	29300	42500
Model K Rdstr (107" wb)	1700	5100	8100	16000	28600	43000
Model S Rdstr	1750	4500	8300	16400	29100	43500

1908

2-cyl., 22 hp, 92" wb

	6	5	4	3	2	1
Model F Tr	1900	5300	8900	17800	31300	44400
Model G Rdstr	1900	5300	8700	15500	28900	43500

	6	5	4	3	2	1
4-cyl., 30 hp						
Model D Tr (123" wb)	1850	4850	7900	15900	29300	42500
Model S Rdstr (107" wb)	1750	4500	8300	16400	29100	43500
Model 5, 4-cyl., 40 hp, 108" wb						
Tr	1800	5300	8900	17800	31300	44400
Model 10, 4-cyl., 30 hp, 88" wb						
Tr	1550	4700	7900	15800	27800	39400

1909

	6	5	4	3	2	1
2-cyl., 22 hp, 92" wb						
Model F Tr	1750	5200	8700	17400	30600	43500
Model G Rdstr	1900	5600	9400	18800	33050	47000
Model 6, 4-cyl., 40 hp, 113" wb						
Rdstr	1800	5300	8950	17900	31500	44700
Model 7						
Tr (122" wb)	1750	5200	8750	17500	30800	43700
Model 10, 4-cyl., 22 hp, 92" wb						
Tr	1750	5100	8550	17100	30100	42700
Rdstr	1750	5200	8750	17500	30800	43700
Toy Tonn	1700	5050	8450	16900	29700	42200
4-cyl., 133 hp, 112" wb						
Model 16 Tr	1750	5200	8750	17500	30800	43700
Model 16 Rdstr	1800	5300	8950	17900	31500	44700
Model 17 Tr	1750	5200	8750	17500	30800	43700

1910

	6	5	4	3	2	1
2-cyl., 22 hp, 92" wb						
Model F Tr	1500	4550	7600	15200	26750	38000
Model G Rdstr	1450	4450	7400	14800	26050	36900
Model 14, 2-cyl., 14 hp, 90" wb						
Rdstr	1450	4400	7300	14600	25700	36500
Model 10, 4-cyl., 22 hp, 92" wb						
Tr	1350	4150	6900	13800	24300	34500
Rdstr	1350	4150	6900	13800	24300	34500
Toy Tonn	1350	4150	6900	13800	24300	34500
Model 19, 4-cyl., 30 hp, 105" wb						
Tr	1600	4850	8100	16200	28500	40500
Model 16, 4-cyl., 33 hp, 112" wb						
Tr	1500	4600	7700	15400	27100	38500
Rdstr	1550	4700	7900	15800	27800	39400
Toy Tonn	1500	4600	7700	15400	27100	38500
4-cyl., 22 hp, 122" wb						
Model 6 Rdstr	1650	4950	8300	16600	29200	41500
Model 7 Tr	1750	5200	8700	17400	30600	43500
Model 41, 4-cyl.						
Limo	1550	4650	7750	15500	27300	38700

1911

	6	5	4	3	2	1
Model 14, 2-cyl., 14 hp, 79" wb						
Rdstr	1300	4050	6750	13500	23800	33700
Model 21, 4-cyl., 29 hp, 110" wb						
Tr	1350	4150	6900	13800	24300	34500
Rdstr	1400	4250	7100	14200	25000	35400
Model, 4-cyl., 26 hp, 100" wb						
Model 26 Rdstr	1400	4250	7100	14200	25000	35400
Model 27 Tr (106" wb)	1300	4000	6700	13400	23600	33400
4-cyl., 22 hp						
Model 32 Rdstr (90" wb)	1350	4150	6950	13900	24500	34700
Model 33 Tr (100" wb)	1300	4000	6700	13400	23600	33400

	6	5	4	3	2	1
4-cyl., 33 hp, 116" wb						
Model 38 Rdstr	1500	4550	7600	15200	26750	38000
Model 39 Tr	1550	4700	7900	15800	27800	39400
Model 41 Limo (112" wb)	2200	6500	10950	21900	38500	54700

1912

	6	5	4	3	2	1
4-cyl., 26 hp, 108" wb						
Model 28 Rdstr	1300	4100	6800	13600	23950	34000
Model 29 Tr	1350	4200	7000	14000	24650	34900
4-cyl., 22 hp						
Model 34 Rdstr (91" wb)	1250	3950	6600	13200	23250	32900
Model 35 Tr (102" wb)	1300	4100	6800	13600	23950	34000
Model 36 Tr (102" wb)	1300	4100	6800	13600	23950	34000
Model 43, 4-cyl., 33 hp, 116" wb						
Tr	1400	4250	7100	14200	25000	35400

1913

	6	5	4	3	2	1
4-cyl., 22 hp, 105" wb						
Model 24 Rdstr	1350	4150	6900	13800	24300	34500
Model 25 Tr	1400	4250	7100	14200	25000	35400
4-cyl., 26 hp, 108" wb						
Model 30 Rdstr	1200	3800	6350	12700	22400	31700
Model 31 Tr	1250	3950	6550	13100	23100	32700
Model 40, 4-cyl., 40 hp, 115" wb						
Tr	1350	4150	6950	13900	24500	34700

1914

	6	5	4	3	2	1
4-cyl., 22 hp, 105" wb						
Model B-24 Rdstr	1250	3950	6600	13200	23250	32900
Model B-25 Tr	1300	4100	6800	13600	23950	34000
4-cyl., 112" wb						
Model B-36 Rdstr	1350	4150	6900	13800	24300	34500
Model B-37 Tr	1400	4250	7100	14200	25000	35400
Model B-38 Cpe	1200	3800	6350	12700	22400	31700
Model B-55, 6-cyl., 48 hp, 130" wb						
Tr	1400	4250	7100	14200	25000	35400

1915

	6	5	4	3	2	1
4-cyl., 22 hp, 106" wb						
Model C-24 Rdstr	1300	4000	6700	13400	23600	33400
Model C-25 Tr	1350	4150	6900	13800	24300	34500
4-cyl., 37 hp, 112" wb						
Model C-36 Rdstr	1350	4150	6900	13800	24300	34500
Model C-37 Tr	1400	4250	7100	14200	25000	35400
6-cyl., 55 hp, 130" wb						
Model C-54 Rdstr	1400	4250	7100	14200	25000	35400
Model C-55 Tr	1450	4400	7300	14600	25700	36500

1916

	6	5	4	3	2	1
6-cyl., 45 hp., 115" wb						
Model D-44 Rdstr	1300	4000	6700	13400	23600	33400
Model D-45 Tr	1350	4150	6900	13800	24300	34500
Model D-46 Conv Cpe	1150	3650	6100	12200	21500	30500
Model D-47 Sdn	850	2700	4550	9100	16000	22700
6-cyl., 55 hp, 130" wb						
Model D-54 Rdstr	1400	4250	7100	14200	25000	35400
Model D-55 Tr	1450	4400	7300	14600	25700	36500

	6	5	4	3	2	1

1917

4-cyl., 35 hp, 106" wb

	6	5	4	3	2	1
Model D-34 Rdstr	1200	3850	6450	12900	22700	32200
Model D-34 Tr	1300	4000	6650	13300	23400	33100
Model D-35 Tr	1300	4000	6650	13300	23400	33100

6-cyl., 45 hp, 115" wb

	6	5	4	3	2	1
Model D-44 Rdstr	1300	4000	6700	13400	23600	33400
Model D-45 Tr	1350	4150	6900	13800	24300	34500
Model D-46 Conv Cpe	1150	3650	6100	12200	21500	30500
Model D-47 Sdn	850	2700	4550	9100	16000	22700

1918

4-cyl., 35 hp, 106" wb

	6	5	4	3	2	1
Model E-34 Rdstr	1100	3500	5850	11700	20600	29100
Model E-35 Tr	1150	3600	6000	12100	21300	30200
Model E-37 Sdn	850	2650	4450	8900	15700	22300

6-cyl., 60 hp, 118" wb (Models E-49 & E-50, 124" wb)

	6	5	4	3	2	1
Model E-44 Rdstr	1150	3600	6000	12100	21300	30200
Model E-45 Tr	1200	3800	6300	12500	21800	31100
Model E-46 Cpe	1100	3400	5700	11300	19700	28200
Model E-47 Sdn	850	2700	4550	9100	16000	22700
Model E-49 Tr 7-pass	1200	3850	6450	12900	22700	32200
Model E-50 Sdn 7-pass	900	2800	4700	9400	16500	23400

1919

6-cyl. 60 hp, 118" wb (Models H-49 & H-50, 124" wb)

	6	5	4	3	2	1
Model H-44 Rdstr	1100	3500	5850	11700	20600	29100
Model H-45 Tr	1150	3600	6000	12100	21300	30200
Model H-46 Cpe	900	2900	4850	9700	17100	24200
Model H-47 Sdn	800	2400	4050	8100	14200	20200
Model H-49 Tr 7-pass	1200	3750	6250	12500	22000	31100
Model H-50 Sdn 7-pass	800	2500	4250	8500	15000	21200

1920

6-cyl., 60 hp, 118" wb (Models K-49 & K-50, 124" wb)

	6	5	4	3	2	1
Model K-44 Rdstr	1100	3500	5850	11700	20600	29100
Model K-45 Tr	1000	3250	5450	10900	19100	27200
Model K-46 Cpe	850	2650	4450	8900	15700	22300
Model K-47 Sdn	750	2200	3650	7300	12600	18200
Model K-49 Tr	1050	3400	5700	11300	19700	28100
Model K-50 Sdn	750	2300	3850	7700	13300	19200

1921

6-cyl., 60 hp, 118" wb (Models 21-49 & 21-50, 124" wb)

	6	5	4	3	2	1
Model 21-44 Rdstr	1100	3600	5900	11700	20400	29100
Model 21-45 Tr	1050	3400	5700	11300	19700	28100
Model 21-46 Cpe	650	1800	3250	6500	11200	16100
Model 21-47 Sdn	650	1700	3000	6100	10600	15200
Model 21-48 Cpe	700	2000	3450	6900	11900	17200
Model 21-49 Tr 7-pass	1100	3600	5900	11700	20400	29100
Model 21-50 Sdn	650	2000	3300	6500	11300	16100

1922

4-cyl., 35-40 hp, 109" wb

	6	5	4	3	2	1
Model 22-34 Rdstr	1000	3300	5500	10900	19000	27100
Model 22-35 Tr	1000	3200	5300	10500	18300	26100
Model 22-36 Cpe	650	1700	3000	6100	10600	15200
Model 22-37 Sdn	550	1600	2700	5300	9200	13100

	6	5	4	3	2	1
6-cyl., 60 hp, 118" wb (Models 48, 49, 40, 50, 50L, 54, and 55 124" wb)						
Model 22-44 Rdstr	1100	3600	5900	11700	20400	29100
Model 22-45 Tr	1050	3400	5700	11300	19700	28100
Model 22-46 Cpe	650	1800	3250	6500	11200	16100
Model 22-47 Sdn	600	1800	2900	5700	9900	14100
Model 22-48 Cpe	750	2200	3700	7200	12700	18100
Model 22-49 Tr	1100	3600	5900	11700	20400	29100
Model 22-50 Sdn	700	2100	3500	6900	12000	17100
Model 22-50L Limo	1200	3900	6400	12400	23200	31500
Model 22-54 Spt Rdstr	1150	3800	6100	11900	20600	29300
Model 22-55 Spt Tr	1100	3600	5900	11500	19900	28400

1923

4-cyl., 35 hp, 109" wb						
Model 23-34 Rdstr	900	3000	4900	9700	16900	24100
Model 23-35 Tr	900	3000	4900	9700	16900	24100
Model 23-36 Cpe	650	1800	3250	6500	11200	16100
Model 23-37 Sdn	600	1800	2900	5700	9900	14100
Model 23-38 Tr Sdn	650	1700	3000	6100	10600	15200
Model 23-39 Spt Rdstr	950	3100	5100	10100	17600	25100
6-cyl., 60 hp, 118" wb (Models 50, 54, & 55 124" wb)						
Model 23-41 Tr Sdn	650	1800	3250	6500	11200	16100
Model 23-44 Rdstr	1000	3200	5300	10500	18300	26100
Model 23-45 Tr	950	3100	5100	10100	17600	25100
Model 23-47 Sdn	650	1750	3150	6300	10900	15700
Model 23-48 Cpe	750	2150	3600	7200	12400	18000
Model 23-49 Tr 7-pass	1000	3200	5300	10500	18300	26100
Model 23-50 Sdn	750	2200	3700	7300	12700	18100
Model 23-54 Spt Rdstr	1000	3300	5500	10900	19000	27100
Model 23-55 Spt Tr	1050	3400	5700	11300	19700	28100

1924

4-cyl., 35 hp, 109" wb						
Model 24-33 Cpe	700	2100	3500	6900	12000	17100
Model 24-34 Rdstr	1000	3200	5300	10500	18300	26100
Model 24-35 Tr	1000	3300	5500	10900	19000	27100
Model 24-37 Sdn	650	1700	3000	6100	10600	15200
Master Series 40 6-cyl., 70 hp, 120" wb						
Model 24-41 Dbl Service Sdn	700	1900	3350	6700	11500	16500
Model 24-44 Rdstr	1000	3300	5500	10900	19000	27100
Model 24-45 Tr	1050	3400	5700	11300	19700	28100
Model 24-47 Sdn	650	1800	3250	6500	11200	16100
Master Series 40 6-cyl., 70 hp, 128" wb						
Model 24-48 Cpe	750	2200	3650	7300	12600	18200
Model 24-49 Tr 7-pass	1100	3600	5900	11700	20400	29100
Master Sereies 50 6-cyl., 70 hp, 128" wb						
Model 24-50 Sdn	750	2400	3900	7700	13400	19100
Model 24-50L Limo	850	2700	4500	8900	15500	22100
Model 24-51 Brghm Sdn	800	2500	4100	8100	14100	20100
Model 24-54 Spt Rdstr	1050	3400	5700	11300	19700	28100
Model 24-54C Cabrlt Cpe	1000	3300	5500	10900	19000	27100
Model 24-55 Spt Tr	1100	3600	5900	11700	20400	29100
Model 24-57 Twn Car	800	2600	4300	8500	14800	21100

1925

Standard 6 Series, 6-cyl., 50 hp, 114.3" wb						
Model 25-20 2-dr Sdn	750	2150	3600	7200	12400	18000
Model 25-21 Dbl Service Sdn	750	2250	3750	7500	13000	18700
Model 25-24 Rdstr	950	3100	5100	10100	17600	25000
Model 25-24 Spt Rdstr	1000	3200	5300	10500	18300	26100

	6	5	4	3	2	1
Model 25-24A Encl Rdstr	1000	3300	5500	10900	19000	27000
Model 25-25 Tr	950	3100	5100	10100	17600	25100
Model 25-25A Encl Tr	1000	3200	5300	10500	18300	26100
Model 25-26 Dbl Service Cpe	800	2400	4000	8000	13900	19900
Model 25-27 4-dr Sdn	750	2250	3700	7400	12800	18500
Model 25-28 Cpe	800	2450	4150	8300	14600	20700
Master 6 Series, 6-cyl., 70 hp, 120" wb						
Model 25-40 2-dr Coach	750	2200	3650	7300	12600	18200
Model 25-44 Rdstr	1000	3300	5500	10900	19000	27100
Model 25-44A Enc Rdstr	1050	3400	5700	11300	19700	28100
Model 25-45 Tr	1050	3400	5700	1300	19700	28100
Model 25-45A Encl Tr	1100	3600	5900	1700	20500	29100
Model 25-47 4-dr Sdn	750	2250	3750	7500	13000	18700
Model 25-48 Cpe	800	2500	4250	8500	15000	21200
Model 25-49 Tr	1100	3450	5750	11500	20300	28700
Model 25-49A Encl Tr	1150	3600	5950	11900	21000	29700
Model 25-50 Sdn	800	2500	4250	8500	15000	21200
Model 25-50L Limo	850	2650	4450	8900	15700	22300
Model 25-51 Brghm Sdn	900	2750	4600	9200	16200	22900
Model 25-54 Spt Rdstr	1050	3400	5700	11300	19700	28100
Model 25-54C Cabrlt Cpe	1100	3600	5900	11700	20400	29100
Model 25-55 Spt Tr	1100	3600	5900	11700	20400	29100
Model 25-57 Twn Sdn	950	2950	4950	9900	17500	24700

1926

Standard 6 Series, 6-cyl., 60 hp, 114" wb

	6	5	4	3	2	1
Model 20 2-dr Sdn	750	2300	3850	7700	13300	19200
Model 24 Rdstr	1000	3200	5300	10500	18300	26100
Model 25 Tr	1000	3300	5500	10900	19000	27100
Model 262-pass Cpe	900	2750	4650	9300	16400	23100
Model 27 4-dr Sdn	800	2400	4050	8100	14200	20200
Model 28 4-pass Cpe	850	2650	4450	8900	15700	22300
Master 6 Series, 6-cyl., 75 hp, 120" wb						
Model 40 2-dr Sdn	850	2650	4450	8900	15700	22300
Model 44 Rdstr	1000	3300	5500	10900	19000	27100
Model 45 Tr	1050	3400	5700	11300	19700	28100
Model 47 4-dr Sdn	900	2750	4650	9300	16400	23100
Model 48 2-dr 4-pass Cpe.	900	2900	4850	9700	17100	24200
Model 49 4-dr 7-pass Sdn	950	3000	5050	10100	17900	25100
Master 6 Series, 6-cyl., 75 hp, 128" wb						
Model 50 7-pass Sdn	950	3000	5050	10100	17900	25100
Model 51Brghm Sdn	900	2900	4850	9700	17100	24200
Model 54 Spt Rdstr	1050	3400	5700	11300	19700	28100
Model 54C Ctry Club Cpe	950	3000	5050	10100	17900	25100
Model 55 Spt Tr	1150	3600	5950	11900	21000	29700
Model 58 2-dr 4-pass Cpe	900	2900	5100	10400	18400	26000

1927

Standard 6 Series, 6-cyl., 63 hp, 114" wb

	6	5	4	3	2	1
Model 20 2-dr Sdn	750	2250	3750	7500	13000	18700
Model 24 Spt Rdstr	1100	3200	5300	10500	18300	26100
Model 25 Spt Tr	1100	3300	5500	11000	19000	27000
Model 26 2-pass Cpe	850	2650	4450	8900	15700	22300
Model 265 Ctry Club Cpe	850	2700	4550	9100	16000	22700
Model 27 4-dr Sdn	800	2400	4050	8100	14200	20200
Model 28 4-pass Cpe	900	2750	4650	9300	16400	23100
Model 29 Brghm	800	2500	4250	8500	15000	21200
Master 6 Series, 6-cyl., 77 hp, 120" wb						
Model 40 2-dr Sdn	800	2400	4050	8100	14200	20200
Model 47 4-dr Sdn	800	2500	4250	8500	15000	21200
Model 48 4-pass Cpe	900	2750	4650	9300	16400	23100

	6	5	4	3	2	1

Master 6 Series, 6-cyl., 77 hp, 128" wb

	6	5	4	3	2	1
Model 50 7-pass Sdn	850	2650	4450	8900	15700	22300
Model 51 Brghm	900	2750	4650	9300	16400	23100
Model 54 Spt Rdstr	1200	3600	5900	11700	20400	29100
Model 54C Cntry Club Cpe	950	3000	5050	10100	17900	25100
Model 54CC Conv Cpe	1050	3300	5500	11100	19500	27700
Model 55 Spt Tr	1200	3700	6100	12100	21100	30100
Model 58 5-pass Cpe	900	2900	4850	9700	17100	24200

1928

Standard 6 Series, 6-cyl., 63 hp, 114" wb

	6	5	4	3	2	1
Model 20 2-dr Sdn	750	2200	3650	7300	12600	18200
Model 24 Rdstr	1100	3200	5300	10500	18300	26100
Model 25 Tr	1100	3300	5500	10900	19000	27100
Model 26 2-pass Cpe	800	2400	4050	8100	14200	20200
Model 26S Cntry Club Cpe	800	2500	4250	8500	15000	21200
Model 27 4-dr Sdn	750	2300	3850	7700	13300	19200
Model 28 2-dr 4-pass Cpe	800	2500	4250	8500	15000	21500
Model 29 Brghm	800	2400	4050	8100	14200	20200

Master 6 Series, 6-cyl., 77 hp, 120" wb

	6	5	4	3	2	1
Model 40 2-dr Sdn	750	2300	3850	7700	13300	19200
Model 47 4-dr Sdn	800	2400	4050	8100	14200	20200
Model 48 4-pass Cpe	800	2500	4250	8500	15000	21200

Master 6 Series, 6-cyl., 77 hp, 128" wb

	6	5	4	3	2	1
Model 51 5-pass Brghm	950	2900	4550	9100	16500	23300
Model 54 Dlx Spt Rdstr	1200	3700	6100	12100	21100	30100
Model 54C Cntry Cub Cpe	1000	3150	4950	9500	17000	24000
Model 54CC Conv Cpe	1050	3300	5500	11100	19500	27700
Model 55 Dlx Spt Tr	1200	3800	6300	12500	21800	31000
Model 58 5-pass Cpe	800	2500	4350	8800	15400	21900

1929

Series 116, 6-cyl., 74 hp, 116" wb

	6	5	4	3	2	1
Model 20 2-dr Sdn	650	1700	3000	6100	10600	15200
Model 25 Spt Tr	1200	3700	6100	12100	21100	30100
Model 26 Bus Cpe	750	2200	3650	7300	12600	18200
Model 26S RS Spt Cpe	800	2400	4050	8100	14200	20200
Model 27 4-dr Sdn	650	1800	3250	6500	11200	16100

Series 121, 6-cyl., 90 hp, 121" wb

	6	5	4	3	2	1
Model 41 Cnty Clb Sdn	750	2100	3550	7100	12300	17700
Model 44 Spt Rdstr	1200	3800	6300	12500	21800	31100
Model 46 Bus Cpe	750	2300	3850	7700	13300	19200
Model 46S RS Spt Cpe	800	2500	4250	8500	15000	21200
Model 47 4-dr Sdn	700	2000	3450	6900	11900	17200
Model 48 4-pass Cpe	800	2400	4050	8100	14200	20200

Series 129, 6-cyl., 90 hp, 129" wb

	6	5	4	3	2	1
Model 49 7-pass Tr	1200	3700	6100	12100	21100	30100
Model 50 7-pass Sdn	800	2500	4250	8500	15000	21200
Model 50L Imp. Limo	850	2650	4450	8900	15700	22300
Model 51 Spt. Sdn	800	2400	4050	8100	14200	20200
Model 54CC Dlx Conv Cpe	1250	3950	6550	13100	23100	32700
Model 55 Spt Tr	1300	4050	6750	13500	23800	33700
Model 57 4-dr Sdn	800	2400	4050	8100	14200	20200
Model 58 5-pass Cpe	850	2650	4450	8900	15700	22300

1930

Series 40, 6-cyl., 80.5 hp, 118" wb

	6	5	4	3	2	1
Model 40 2-dr Sdn	750	2100	3550	7100	12300	17700
Model 44 Spt Rdstr	1300	4000	6700	13400	23600	33400
Model 45 Phtn	1350	4150	6900	13800	24300	34500

	6	5	4	3	2	1
Model 46 Bus Cpe	800	2450	4150	8300	14600	20700
Model 46S RS Cpe	900	2850	4750	9500	16700	23700
Model 47 4-dr Sdn	750	2200	3650	7300	12600	18200
Series 50, 6-cyl., 99 hp, 124" wb						
Model 57 4-dr Sdn	750	2200	3650	7300	12600	18200
Model 58 Cpe	800	2500	4250	8500	15000	21200
Series 60, 6-cyl., 99 hp, 132" wb						
Model 60 7-pass Sdn	800	2400	4050	8100	14200	20200
Model 60L Limo	800	2500	4250	8500	15000	21200
Model 61 4-dr Sdn	750	2300	3850	7700	13300	19200
Model 64 Spl Rdstr	1450	4400	7350	14700	25900	36700
Model 64C RS Spl Spt Cpe	950	3050	5150	10300	18200	25700
Model 68 5-pass Cpe	900	2850	4750	9500	16700	23700
Model 69 7-pass Phtn	1450	4400	7300	14600	25700	36500
Marquette, Series 30, 6-cyl., 67.5 hp, 114" wb						
Model 30 2-dr Sdn	650	1750	3150	6300	10900	15700
Model 34 Rdstr	1050	3400	5650	11300	19900	28200
Model 35 Phtn	1150	3600	5950	11900	21000	29700
Model 36 Bus Cpe	750	2250	3750	7500	13000	18700
Model 36S RS Spl Cpe	800	2450	4150	8300	14600	20700
Model 37 4-dr Sdn	650	1800	3250	6500	11200	16100

1931

	6	5	4	3	2	1
Series 50, 8-cyl., 77 hp, 114" wb						
Model 50 2-dr Sdn	750	2250	3700	7400	12800	18500
Model 54 Spt Rdstr	1400	4300	7200	14400	25350	35900
Model 55 Phtn	1450	4450	7450	14900	26200	37200
Model 56 Bus Cpe	850	2700	4550	9100	16000	22700
Model 56C RS Conv Cpe	1450	4400	7350	14700	25900	36700
Model 56S RS Spl Cpe	900	2850	4750	9500	16700	23700
Model 57 4-dr Sdn	800	2350	3900	7800	13500	19500
Series 60, 8-cyl., 90 hp, 118" wb						
Model 64 Spt Rdstr	1450	4450	7450	14900	26200	37200
Model 65 Phtn	1500	4550	7650	15300	26900	38200
Model 66 Bus Cpe	900	2850	4750	9500	16700	23700
Model 66S RS Spl Cpe	950	2950	4950	9900	17500	24700
Model 67 4-dr Sdn	800	2450	4100	8200	14400	20500
Series 80, 8-cyl., 104 hp, 124" wb						
Model 86 Cpe	1000	3250	5450	10900	19100	27200
Model 87 4-dr Sdn	850	2650	4450	8900	15700	22300
Series 90, 8-cyl., 104 hp, 132" wb						
Model 90 7-pass Sdn	950	3050	5150	10300	18200	25700
Model 90L 4-dr Limo	1000	3200	5350	10700	18900	26700
Model 91 5-pass Sdn	950	2950	4950	9900	17500	24700
Model 94 Spt Rdstr	1850	5400	9100	18200	32000	45500
Model 95 7-pass Phtn	1800	5300	8900	17800	31300	44400
Model 96 5-pass Cpe	1200	3750	6250	12500	22000	31100
Model 96C Conv Cpe	1750	5200	8700	17400	30600	43500
Model 96S Cnty Clb Cpe	1150	3650	6100	12200	21500	30500

1932

	6	5	4	3	2	1
Series 50, 8-cyl., 82.5 hp, 114" wb						
Model 55 Spt Phtn	1500	4600	7800	15500	25500	37800
Model 56 Bus Cpe	850	2550	4350	8700	15300	21700
Model 56C RS Conv Cpe	1650	4900	8250	16500	29000	41200
Model 56S RS Spl Cpe	850	2700	4550	9100	16000	22700
Model 57 4-dr Sdn	750	2300	3800	7600	13100	18900
Model 57S Spl Sdn	800	2400	4050	8100	14200	20200
Model 58 Vic Cpe	900	2850	4750	9500	16700	23700
Model 58C Conv Phtn	1600	4850	8100	16200	28500	40500

	6	5	4	3	2	1
Series 60, 8-cyl., 90/96 hp, 118" wb						
Model 65 Spt Phtn	1800	4900	8100	16200	27200	39500
Model 66 Bus Cpe	900	2800	4700	9400	16500	23400
Model 66C RS Conv Cpe	1700	5050	8450	16900	29700	42200
Model 66S RS Spl Cpe	900	2900	4900	9800	17300	24500
Model 67 4-dr Sdn	800	2500	4200	8400	14800	20900
Model 68 Vic Cpe	950	2950	4950	9900	17500	24700
Model 68C 2-dr Conv Phtn	1750	5200	8750	17500	30800	43700
Series 80, 8-cyl., 104/113 hp, 126" wb						
Model 86 Vic Traveler Cpe	950	3000	5050	10100	17900	25100
Model 87 4-dr Sdn	850	2650	4450	8900	15700	22300
Series 90, 8-cyl., 104/113 hp, 134" wb						
Model 90 7-pass Sdn	1150	3650	6100	12200	21500	30500
Model 90L Limo	1200	3850	6450	12900	22700	32200
Model 91 Club Sdn	1200	3750	6250	12500	22000	31100
Model 95 Spt Phtn	2000	5900	9950	19900	35000	49700
Model 96 Vic Cpe	1300	4050	6750	13500	23800	33700
Model 96C RS Conv Cpe	2050	6050	10250	20500	36000	51200
Model 96S RS Cnty Clb Cpe	1300	4000	6700	13400	23600	33400
Model 97 5-pass Sdn	1150	3650	6100	12200	21500	30500
Model 98 2-dr Conv Phtn	2050	6000	10100	20200	35500	50400

1933

	6	5	4	3	2	1
Series 50, 8-cyl., 83/86 hp, 119" wb						
Model 56 Bus Cpe	800	2400	4050	8100	14200	20200
Model 56C RS Conv Cpe	1200	3850	6450	12900	22700	32200
Model 56S RS Spt Cpe	800	2500	4250	8500	15000	21200
Model 57 4-dr Sdn	750	2300	3850	7700	13300	19200
Model 58 Vic Cpe	900	2850	4750	9500	16700	23700
Series 60, 8-cyl., 91/97 hp, 127" wb						
Model 66C RS Conv Cpe	1200	3850	6450	12900	22700	32200
Model 66S RS Spt Cpe	900	2800	4700	9400	16500	23400
Model 67 4-dr Sdn	850	2650	4450	8900	15700	22300
Model 68 Conv Phtn	1300	4000	6700	13400	23600	33400
Model 68C Vic Cpe	1000	3250	5450	10900	19100	27200
Series 80, 8-cyl., 105/113 hp, 130" wb						
Model 86 Vic Cpe	1150	3650	6100	12200	21500	30500
Model 86C RS Conv Cpe	1450	4450	7450	14900	26200	37200
Model 86S RS Spt Cpe	1100	3550	5900	11800	20800	29400
Model 87 4-dr Sdn	900	2900	4900	9800	17300	24500
Model 88C Conv Phtn	1550	4700	7900	15800	27800	39400
Series 90, 8-cyl., 105/113 hp, 138" wb						
Model 90 7-pass Sdn	1100	3500	5800	11600	20450	28900
Model 90L Limo	1300	4000	6700	13400	23600	33400
Model 91 Club Sdn	1150	3650	6100	12200	21500	30500
Model 96 Vic Cpe	1400	4350	7250	14500	25500	36200
Model 97 4-dr Sdn	1050	3350	5600	11200	19700	28000

1934

	6	5	4	3	2	1
Special Series 40, 8-cyl., 93 hp, 117" wb						
Model 41 4-dr Sdn w/tk	800	2400	4000	8000	13900	19900
Model 46 Bus Cpe	800	2450	4150	8300	14600	20700
Model 46S RS Spt Cpe	850	2700	4550	9100	16000	22700
Model 47 4-dr Sdn	800	2500	4250	8500	15000	21200
Model 48 2-dr Tr Sdn w/tk	750	2300	3800	7600	13100	18900
Series 50, 8-cyl., 88 hp, 119" wb						
Model 56 Bus Cpe	900	2900	4850	9700	17100	24200
Model 56C Conv Cpe	1450	4450	7450	14900	26200	37200
Model 56S RS Spt Cpe	1000	3100	5250	10500	18600	26200
Model 57 4-dr Sdn	800	2500	4200	8400	14800	20900
Model 58 Vic Cpe w/tk	1050	3300	5500	11100	19500	27700

	6	5	4	3	2	1
Series 60, 8-cyl., 100 hp, 128" wb						
Model 61 Club Sdn	900	2850	4800	9600	16900	24000
Model 66C RS Conv Cpe	1500	4600	7700	15400	27100	38500
Model 66S Spt Cpe	1000	3250	5450	10900	19100	27200
Model 67 4-dr Sdn	850	2600	4400	8800	15500	21900
Model 68 Vic Cpe w/tk	1100	3450	5750	11500	20300	28700
Model 68C Conv Phtn w/tk	1450	4450	7450	14900	26200	37200
Series 90, 8-cyl., 116 hp, 136" wb						
Model 90 7-pass Sdn	1000	3100	5250	10500	18600	26200
Model 90L Limo	1050	3350	5600	11200	19700	28000
Model 91 Club Sdn w/tk	1000	3250	5450	10900	19100	27200
Model 96C RS Conv Cpe	1700	5050	8450	16900	29700	42200
Model 96S RS Spt Cpe	1000	3250	5450	10900	19100	27200
Model 97 5-pass Sdn	950	3000	5050	10100	17900	25100
Model 98 Vic Cpe	1150	3600	6000	12100	21300	30200
Model 98C Conv Phtn w/tk	1550	4700	7850	15700	27600	39100

1935

	6	5	4	3	2	1
Special, 8-cyl., 93 hp, 117" wb						
Model 41 4-dr Sdn	800	2400	4000	8000	13900	19900
Model 46 Conv Cpe	1300	4100	6850	13700	24100	34200
Model 46C Bus Cpe	850	2650	4450	8900	15700	22300
Model 46S RS Spt Cpe	900	2900	4850	9700	17100	24200
Model 47 4-dr Tr Sdn	800	2500	4250	8500	15000	21200
Model 48 2-dr Tr Sdn	800	2400	4000	8000	13900	19900
Super, 8-cyl., 88 hp, 119" wb						
Model 56 Conv Cpe	1400	4250	7100	14200	25000	35400
Model 56C Bus Cpe	900	2750	4600	9200	16200	22900
Model 56S Spt Cpe	900	2850	4800	9600	16900	24000
Model 57 4-dr Sdn	800	2500	4250	8500	15000	21200
Model 58 Vic Cpe	1000	3100	5250	10500	18600	26200
Century, 8-cyl., 100 hp, 128" wb						
Model 61 Club Sdn	900	2850	4800	9600	16900	24000
Model 66C Conv Cpe	1450	4400	7350	14700	25900	36700
Model 66S Spt Cpe	1000	3250	5450	10900	19100	27200
Model 67 4-dr Sdn	850	2600	4400	8800	15500	21900
Model 68 Vic Cpe	1050	3400	5650	11300	19900	28200
Model 68C Phtn Conv	1400	4300	7150	14300	25200	35700
Limited, 8-cyl., 136" wb						
Model 90 4-dr 7-pass Sdn	1000	3100	5250	10500	18600	26200
Model 90L Limo	1050	3350	5600	11200	19700	28000
Model 91 Club Sdn	1000	3250	5450	10900	19100	27200
Model 96C Conv Cpe	1450	4450	7450	14900	26200	37200
Model 96S Spt Cpe	1150	3600	5950	11900	21000	29700
Model 97 4-dr Sdn	950	3000	5050	10100	17900	25100
Model 98 Vic Cpe	1100	3500	5850	11700	20600	29100
Model 98C Phtn Conv	1500	4550	7650	15300	26900	38200

1936

	6	5	4	3	2	1
Special, 8-cyl., 93 hp, 118" wb						
Model 41 4-dr Sdn	800	2350	3950	7900	13700	19700
Model 46 Bus Cpe	850	2550	4350	8700	15300	21700
Model 46C Spt Cpe	850	2700	4550	9100	16000	22700
Model 46S Conv Cpe	1350	4150	6950	13900	24500	34700
Model 48 Vic Cpe	800	2400	4050	8100	14200	20200
Century, 8-cyl., 120 hp, 122" wb						
Model 61 4-dr Sdn	900	2850	4800	9600	16900	24000
Model 66C Spt Cpe	950	3050	5150	10300	18200	25700
Model 66S Conv Cpe	1450	4400	7350	14700	25900	36700
Model 68 2-dr Vic Cpe	850	2700	4550	9100	16000	22700

	6	5	4	3	2	1
Roadmaster, 8-cyl., 120 hp, 131" wb						
Model 80C Phtn Conv	1350	4200	7000	14100	24800	35100
Model 81 4-dr Sdn	950	3000	5050	10100	17900	25100
Limited, 8-cyl., 120 hp, 138" wb						
Model 90 8-pass Sdn	1000	3250	5450	10900	19100	27200
Model 90 8-pass Limo	1150	3600	6000	12100	21300	30200
Model 91 4-dr Sdn	1000	3100	5250	10500	18600	26200
Model 91F Frml Sdn	1050	3350	5600	11200	19700	28000

1937

	6	5	4	3	2	1
Special, 8-cyl., 100 hp, 122" wb						
Model 40C Phtn Conv	1600	4750	7950	15900	28000	39700
Model 41 4-dr Sdn Tr w/tk	800	2400	4050	8100	14200	20200
Model 44 2-dr Sdn	800	2400	4050	8100	14200	20200
Model 46 Bus Cpe	800	2450	4150	8300	14600	20700
Model 46C Conv Cpe	1650	4950	8300	16600	29200	41500
Model 46S Spt Cpe	850	2550	4350	8700	15300	21700
Model 47 4-dr Sdn	800	2400	4050	8100	14200	20200
Model 48 2-dr Sdn Tr w/tk	750	2300	3850	7700	13300	19200
Century, 8-cyl., 130 hp, 126" wb						
Model 60C Phtn Conv	1700	5050	8450	16900	29700	42200
Model 61 4-dr Sdn Tr w/tk	850	2650	4450	8900	15700	22300
Model 64 2-dr Sdn	800	2500	4250	8500	15000	21200
Model 66C Conv Cpe	1800	5250	8800	17600	30950	43900
Model 66S Spt Cpe	900	2850	4750	9500	16700	23700
Model 67 4-dr Sdn	850	2650	4450	8900	15700	22300
Model 68 2-dr Sdn Tr w/tk	800	2500	4250	8500	15000	21200
Roadmaster, 8-cyl., 130 hp, 131" wb						
Model 80C Phtn Conv	1650	4950	8300	16600	29200	41500
Model 81 4-dr Sdn Tr w/tk	900	2750	4600	9200	16200	22900
Model 81C Frml Sdn	900	2850	4800	9600	16900	24000
Limited, 8-cyl., 130 hp, 138" wb						
Model 90 4-dr 8-pass Sdn w/tk	1050	3150	5350	10900	19200	27000
Model 90L Limo	1250	3800	6150	12200	21400	30100
Model 91 6-pass Sdn w/tk	1000	2950	5300	10300	17800	26500
Model 91F Frml Sdn	1300	3400	5950	11800	21200	29900

1938

	6	5	4	3	2	1
Special, 8-cyl., 107 hp, 122" wb						
Model 40C Phtn Conv	1700	5050	8450	16900	29700	42200
Model 41 4-dr Tr Sdn	800	2500	4250	8500	15000	21200
Model 44 2-dr Spt Sdn	800	2400	4050	8100	14200	20200
Model 46 Bus Cpe	800	2450	4150	8300	14600	20700
Model 46C Conv Cpe	1750	5100	8550	17100	30100	42700
Model 46S Spt Cpe	850	2550	4350	8700	15300	21700
Model 47 4-dr Spt Sdn	800	2500	4250	8500	15000	21200
Model 48 2-dr Tr Sdn	800	2400	4050	8100	14200	20200
Century, 8-cyl., 141 hp, 126" wb						
Model 60C Phtn Conv	1750	5200	8700	17400	30600	43500
Model 61 4-dr Tr Sdn	900	2750	4600	9200	16200	22900
Model 66C Conv Cpe	1850	5450	9200	18400	32350	45900
Model 66S Spt Cpe	900	2900	4850	9700	17100	24200
Model 67 4-dr Spt Sdn	850	2650	4450	8900	15700	22300
Model 68 2-dr Tr Sdn	850	2700	4550	9100	16000	22700
Roadmaster, 8-cyl., 141 hp, 133" wb						
Model 80C Phtn Conv	1850	5400	9100	18200	32000	45500
Model 81 4-dr Tr Sdn	1000	3200	5350	10700	18900	26700
Model 81F Frml Sdn	1000	3250	5450	10900	19100	2720z
Model 87 4-dr Spt Sdn	950	3050	5150	10300	18200	25700

	6	5	4	3	2	1
Limited, 8-cyl., 141 hp, 140" wb						
Model 90 4-dr 8-pass Tr Sdn	1100	3600	5900	11800	20800	29400
Model 90L Limo	1200	3850	6450	12900	22700	32200
Model 91 6-pass Tr Sdn	1050	3350	5600	11200	19700	28000

1939

	6	5	4	3	2	1
Special, 8-cyl., 107 hp, 120" wb						
Model 41 Conv Cpe	1850	5400	9100	18200	32000	45500
Model 41C Spt Phtn	1700	5050	8450	16900	29700	42200
Model 46 Bus Cpe	850	2700	4550	9100	16000	22700
Model 46CSpt Cpe	900	2850	4750	9500	16700	23700
Model 46S 2-dr Tr Sdn	800	2500	4250	8500	15000	21200
Model 48 4-dr Tr Sdn	800	2500	4250	8500	15000	21200
Century, 8-cyl., 141 hp, 126" wb						
Model 61 4-dr Tr Sdn	900	2750	4650	9300	16400	23100
Model 61C Spt Phtn Conv	1900	5600	9450	18900	33200	47200
Model 66C Conv Cpe	1900	5650	9550	19100	33600	47700
Model 66S Spt Cpe	1200	3200	5450	11100	19400	27400
Model 68 2-dr Tr Sdn	1000	3050	5150	9900	17200	24100
Roadmaster, 8-cyl., 141 hp, 133" wb						
Model 80C Spt Phtn	2050	5950	10000	20100	35300	50100
Model 81 4-dr Tr Sdn	1000	3100	5250	10500	18600	26200
Model 81C Phtn	2000	5900	9950	19900	35000	49700
Model 81F Frml Sdn	1050	3400	5650	11300	19900	28200
Model 87 4-dr Spt Sdn	1000	3100	5250	10500	18600	26200
Limited, 8-cyl., 140" wb						
Model 90 8-pass Tr Sdn	1050	3400	5700	11400	20100	28500
Model 90L 8-pass Limo	1000	3250	5450	10900	19100	27200
Model 91 4-dr 6-pass Tr Sdn	1150	3650	6100	12200	21500	30500

1940

	6	5	4	3	2	1
Special, 8-cyl., 107 hp, 121" wb						
Model 41 4-dr Tr Sdn	850	2650	4450	8900	15700	22300
Model 41C Phtn Conv	1850	5400	9100	18200	32000	45500
Model 46 Bus Cpe	850	2650	4450	8900	15700	22300
Model 46C Conv Cpe	1900	5500	9250	18500	32500	46100
Model 46S Spt Cpe	900	2850	4750	9500	16700	23700
Model 48 2-dr Tr Sdn	800	2500	4250	8500	15000	21200
Super, 8-cyl., 141 hp, 121" wb						
Model 51 4-dr Tr Sdn	800	2500	4250	8500	15000	21200
Model 51C 4-dr Phtn Conv.	2000	5800	9700	19300	34500	47000
Model 56C Conv Cpe	2000	5700	9500	19100	34200	46800
Model 56S Spt Cpe	950	3000	5050	10100	17900	25100
Model 59 6-pass Estate Sta Wgn	2000	5550	9250	17500	28300	38500
Century, 8-cyl., 141 hp, 126" wb						
Model 61 4-dr Tr Sdn	850	2700	4550	9100	16000	22700
Model 61C Phtn Conv	1900	5600	9450	18900	33200	47200
Model 66 Bus Cpe	1000	3100	5250	10500	18600	26200
Model 66C Conv Cpe	1950	5700	9650	19300	33900	48100
Model 66S Spt Cpe	1000	3250	5450	10900	19100	27200
Roadmaster, 8-cyl., 141 hp, 126" wb						
Model 71 4-dr Tr Sdn	950	3000	5000	10100	17900	25100
Model 71C Phtn Conv.	2200	5900	9000	20500	33800	46000
Model 76C Cpe Conv.	2300	6100	9300	21700	34500	48500
Model 76S Spt Cpe	1050	3400	5650	11300	19900	28200
Limited Series 80, 8-cyl., 141 hp, 133" wb						
Model 80C Spt Phtn Conv	2000	5900	9950	19900	35000	49700
Model 81 4-dr Tr Sdn	1150	3650	6100	12200	21500	30500
Model 81C Fstbk Phtn	1950	5750	9700	19400	34100	48400
Model 81F Frml Sdn	1200	3750	6250	12500	22000	31100

	6	5	4	3	2	1
Model 87 Spt Sdn	1050	3350	5600	11200	19700	28000
Model 87F Frml Spt Sdn	1200	3850	6450	12900	22700	32200
Limited Series 90, 8-cyl., 141 hp, 140" wb						
Model 90 4-dr 8-pass Tr Sdn	1200	3750	6250	12500	22000	31100
Model 90L 4-dr 8-pass Limo	1200	3850	6450	12900	22700	32200
Model 91 4-dr 6-pass Tr Sdn	1200	3850	6450	12900	22700	32200

1941

	6	5	4	3	2	1
Special Series 40A, 115 hp, 8-cyl., 118" wb						
Model 44 Bus Cpe	800	2500	4250	8500	15000	21200
Model 44C Conv Cpe	1750	5200	8750	17500	30800	43700
Model 44S Spt Cpe	850	2650	4450	8900	15700	22300
Model 47 4-dr Sdn Tr	800	2350	3950	7900	13700	19700
Special Series 40B, 115 hp, 8-cyl., 121" wb						
Model 41 4-dr Sdn	800	2500	4250	8500	15000	21200
Model 41SE 4-dr Sdn	850	2650	4450	9000	16900	23500
Model 46 Bus Cpe	900	2750	4650	9300	16400	23100
Model 46S 2-dr Sdnt	900	2900	4850	9700	17100	24200
Model 46SE 2-dr Sdnt	950	2950	4950	9900	17500	24700
Model 49 6-pass Sta Wgn	1300	4100	6850	13700	24100	34200
Super Series 50, 8-cyl., 125 hp, 121" wb						
Model 51 4-dr Tr Sdn	850	2650	4450	8900	15700	22300
Model 51C Phtn Conv	2150	6200	10450	10900	36700	52100
Model 56 Bus Cpe	900	2850	4750	9500	16700	23700
Model 56C Conv Cpe	2000	5800	9750	9500	34300	48700
Model 56S Spt Cpe	950	2950	4950	9900	17500	24700
Century Series 60, 8-cyl., 165 hp, 126" wb						
Model 61 4-dr Tr Sdn	900	2900	4850	9700	17100	24200
Model 66 Bus Cpe	950	3000	5050	10100	17900	25100
Model 66S 2-dr Sdnt	1000	3200	5350	10700	18900	26700
Roadmaster Series 70, 8-cyl., 165 hp, 126" wb						
Model 71 4-dr Tr Sdn	950	2950	4950	9900	17500	24700
Model 71C 4-dr Phtn Conv	2300	6650	11200	22400	39350	55900
Model 76C Conv Cpe	2250	6600	11100	22200	39000	55500
Model 76S Spt Cpe	1000	3250	5450	10900	19100	27200
Limited Series 90, 8-cyl., 165 hp, 139" wb						
Model 90 8-pass Tr Sdn	1300	4200	6950	13900	24300	34700
Model 90L Limo	1350	4200	7000	14100	24800	35100
Model 91 4-dr 6-pass Tr Sdn	1050	3350	5600	11200	19700	28000
Model 91F Frml Sdn	1150	3700	6200	12400	21850	30900

1942

	6	5	4	3	2	1
Special Series 40A, 8-cyl., 110 hp, 118" wb						
Model 44 Uty Cpe	750	2200	3650	7300	12600	18200
Model 44C Conv Cpe	1300	4000	6650	13300	23400	33100
Model 47 4-dr Sdn Tr	750	2150	3600	7200	12400	18000
Model 48 2-dr Bus Sdnt	750	2250	3750	7500	13000	18700
Model 48S 2-dr Fam Sdnt	800	2500	4250	8500	15000	21200
Special Series 40B, 8-cyl., 110 hp, 121" wb						
Model 41 4-dr Sdn Tr	750	2150	3600	7200	12400	18000
Model 41SE 4-dr Sdn Tr	750	2250	4050	7550	13000	18900
Model 46 3-pass Bus Sdnt	800	2400	4050	8100	14200	20200
Model 46S Fam Sdnt	750	2250	3700	8400	12800	18500
Model 46SSE Fam Sdnt	850	2550	4350	8700	15300	21700
Model 49 Estate Sta Wgn	1250	3950	6550	3100	23100	32700
Super Series 50, 8-cyl., 118 hp, 124" wb						
Model 51 4-dr Sdn Tr	750	2200	3650	7300	12600	18200
Model 56C Conv Cpe	1350	4150	6950	13900	24500	34700
Model 56S 2-dr 6-pass Sdnt	850	2650	4450	8900	15700	22300

	6	5	4	3	2	1
Century, Series 60, 8-cyl., 165 hp, 126" wb						
Model 61 4-dr Sdn	750	2300	3850	7700	13300	19200
Model 66S 2-dr Sdnt	900	2750	4650	9300	16400	23200
Roadmaster Series 70, 8-cyl., 129" wb						
Model 71 4-dr Sdn Tr	850	2700	4550	9100	16000	22700
Model 76C Conv Cpe	1700	5050	8450	16900	29700	42200
Model 76S 2-dr Sdnt	950	2950	4950	9900	17500	24700
Limited Series 90, 8-cyl., 139" wb						
Model 90 8-pass Sdn Tr	900	2750	4600	9200	16200	22900
Model 90L Limo	950	2950	4950	9900	17500	24700
Model 91 4-dr 6-pass Sdn Tr	850	2550	4350	8700	15300	21700
Model 91F Frml Sdn	950	3000	5050	10100	17900	25100

1946-1948

	6	5	4	3	2	1
Special Series 40, 8-cyl., 110/115 hp, 121" wb						
Model 41 4-dr Sdn	700	1900	3350	6700	11500	16500
Model 46S 2-dr Sdnt	800	2400	4050	8100	14200	20200
Super Series 50, 8-cyl., 110/115 hp, 124" wb						
Model 51 4-dr Sdn	750	2250	3700	7400	12800	18500
Model 56C Conv Cpe	1650	4950	8300	16600	29200	41500
Model 56S 2-dr Sdnt	800	2500	4250	8500	15000	21200
Model 59 Estate Sta Wgn	1600	4750	7950	15900	28000	39700
Roadmaster Series 70, 8-cyl., 144 hp, 129" wb (Model 79 1947-48 only)						
Model 71 4-dr Sdn	850	2550	4350	8700	15300	21700
Model 76C Conv Cpe	2000	5850	9850	19700	34600	49200
Model 76S 2-dr Sdnt	950	2950	4950	9900	17500	24700
Model 79 Estate Sta Wgn	1700	5050	8450	16900	29700	42200

1949

	6	5	4	3	2	1
Special, 8-cyl., 115 hp, 121" wb						
Model 41 4-dr Sdn	750	2100	3550	7100	12300	17700
Model 46S 2-dr Sdnt	800	2500	4250	8500	15000	21200
Super , 8-cyl., 115 hp, 121" wb						
Model 51 4-dr Sdn	800	2400	4000	8000	13900	19900
Model 56C Conv Cpe	1700	5050	8450	16900	29700	42200
Model 56S 2-dr Sdnt	850	2550	4300	8600	15100	21500
Model 59 Estate Sta Wgn	1350	4150	6950	13900	24500	34700
Roadmaster, 8-cyl., 144 hp, 129" wb						
Model 71 4-dr Sdn	900	2750	4600	9200	16200	22900
Model 76C Conv Cpe	1950	5700	9950	19300	33900	48100
Model 76R 2-dr Riviera Hdtp	1200	3850	6450	12900	22700	32200
Model 76S 2-dr Sdnt	900	2900	4850	9700	17100	24200
Model 79 Estate Sta Wgn	1600	4850	8100	16200	28500	40500

1950

	6	5	4	3	2	1
Special, 8-cyl., 120/128 hp, 121 1/2" wb						
41 4-dr Sdn Tr						
43 4-dr Sdn	600	1650	2850	5700	9900	14200
46 Bus Cpe	650	1700	3000	5900	10200	14700
46S 2-dr Sdnt	650	1800	3250	6500	11200	16100
Special Deluxe, 8-cyl., 120/128 hp, 121 1/2" wb						
41D 4-dr Sdn Tr	650	1700	3000	6100	10600	15200
43D 4-dr Sdn	600	1600	3200	600	10300	14800
46D 6-pass Sdnt	700	2000	3450	6900	11900	17200
Super , 8-cyl., 124/128 hp, 121 1/2" wb (Model 56R 126" wb)						
51 4-dr Sdn	650	1800	3200	6400	11000	15900
52 4-dr Riviera Sdn	650	1800	3250	6500	11200	16100
56C Conv Cpe	1450	4450	7450	14900	26200	37200
56R 2-dr Riviera Hdtp	850	2550	4350	8700	15300	21700
56S 2-dr Riviera Cpe	700	2000	3450	6900	11900	17200
59 6-pass Sta Wgn	1300	4100	6850	13700	24100	34200

	6	5	4	3	2	1

Roadmaster, 8-cyl., 152 hp, 126" wb (model Riviera Hdtps 130" wb)

	6	5	4	3	2	1
71 4-dr Sdn	700	2000	3450	6900	11900	17200
72 4-dr Riviera Sdn	750	2100	3550	7100	12300	17700
72R 4-dr Riviera Dlx Sdn	750	2200	3650	7300	12600	18200
75R 2-dr Riviera Hdtp	1100	3500	5850	11700	20600	29100
76C Conv Cpe	1700	5050	8450	16900	29700	42200
76S 2-dr Sdnt	800	2500	4250	8500	15000	21200
76R 2-dr Riviera Dlx Hdtp	850	2650	4450	8900	15700	22300
79 Estate Sta Wgn	1400	4250	7100	14200	25000	35400
79R Estate Dlx Sta Wgn	1550	4550	7600	15200	26750	38000

1951

Special, 8-cyl., 120/128 hp, 121 1/2" wb

	6	5	4	3	2	1
41 4-dr Sdn	550	1500	2500	5100	8800	12500
41D 4-dr Dlx Sdn	600	1600	2800	5600	9700	14000
45R 2-dr Riviera Hdtp	850	2550	4350	8700	15300	21700
46S Spt Cpe	600	1650	2850	5700	9900	14200
46S Conv Cpe	1200	3850	6450	12900	22700	32200
48D 2-dr Dlx Sdn	600	1600	2800	5600	9700	14000

Super, 8-cyl., 124/128 hp, 121 1/2" wb

	6	5	4	3	2	1
51 4-dr Sdn	650	1750	3150	6300	10900	15700
52 4-dr Riviera Sdn	650	1800	3250	6500	11200	16100
56C Conv Cpe	1300	4050	6750	13500	23800	33700
56R 2-dr Riviera Hdtp	900	2900	4850	9700	17100	24200
56S 2-dr Sdnt	750	2200	3650	7300	12600	18200
59 6-pass Estate Sta Wgn	1350	4150	6950	13900	24500	34700

Roadmaster, 8-cyl., 152 hp, 126" wb (Rivera Sdn 130.25" wb)

	6	5	4	3	2	1
72R 4-dr Riviera Sdn (130" wb)	750	2100	3550	7100	12300	17700
76C Conv Cpe	1550	4650	7750	15500	27300	38700
76R 2-dr Riviera Hdtp	1050	3400	5650	11300	19900	28200
76MR 2-dr Riviera Dlx Hdtp	1050	3300	5500	11100	19500	27700
79R Estate Sta Wgn	1400	4350	7250	14500	25500	36200

1952

Special, 8-cyl., 120/128 hp, 121 1/2" wb

	6	5	4	3	2	1
41 4-dr Sdn	550	1500	2500	5100	8800	12500
41D 4-dr Dlx Sdn	600	1600	2800	5600	9700	14000
45R 2-dr Riviera Dlx Hdtp	850	2550	4350	8700	15300	21700
46S Spt Cpe	600	1650	2850	5700	9900	14200
46C Dlx Conv Cpe	1200	3850	6450	12900	22700	32200
48D 2-dr Dlx Sdn	600	1600	2800	5600	9700	14000

Super, 8-cyl., 124/128 hp, 121 1/2" wb (Rivera Sdn 125.5" wb)

	6	5	4	3	2	1
52 4-dr Riviera Sdn	650	1800	3250	6500	11200	16100
56C Conv Cpe	1300	4050	6750	13500	23800	33700
56R 2-dr Riviera Hdtp	900	2850	4750	9500	16700	23700
59 6-pass Estate Sta Wgn	1300	4100	6850	13700	24100	34200

Roadmaster, 8-cyl., 170 hp, 126" wb (Rivera Sdn 130" wb)

	6	5	4	3	2	1
72R 4-dr Riviera Sdn	750	2100	3550	7100	12300	17700
76C Conv Cpe	1600	4750	7950	15900	28000	39700
76R 2-dr Riviera Hdtp	1050	3300	5500	11100	19500	27700
79 Estate Sta Wgn	1400	4300	7150	14300	25200	35700

1953

Special, 8-cyl., 125/130 hp, 121 1/2" wb

	6	5	4	3	2	1
41D 4-dr Sdn	650	1700	3000	5900	10200	14700
45R 2-dr Riviera Hdtp	850	2550	4350	8700	15300	21700
46C Conv Cpe	1350	4150	6950	13900	24500	34700
48D 2-dr Sdn	650	1700	3000	6000	10400	14900

	6	5	4	3	2	1
Super, 8-cyl., 164/170 hp, 121 1/2" wb (Rivera Sdn 125.5" wb)						
52 4-dr Riviera Sdn	650	1750	3150	6300	10900	15700
56C Conv Cpe	1500	4550	7650	15300	26900	38200
56R 2-dr Riviera Hdtp	950	3000	5050	10100	17900	25100
59 Estate Sta Wgn	1550	4650	7750	15500	27300	38700
Roadmaster, 8-cyl., 164/170 hp, 121 1/2" wb (Rivera Sdn 125.5" wb)						
72R 4-dr Riviera Sdn	750	2100	3550	7100	12300	17700
76R 2-dr Riviera Hdtp	1100	3500	5850	11700	20600	29100
76X Skylark Spt Conv	3200	9300	16500	31000	54500	72500
79R Estate Sta Wgn	2000	5250	8450	19500	30500	42500

1954

	6	5	4	3	2	1
Special, 8-cyl., 143/150 hp, 122" wb						
41D 4-dr Sdn	550	1500	2500	5100	8800	12500
48C Conv Cpe	1400	4300	7150	14300	25200	35700
46R 2-dr Riviera Hdtp	900	2750	4650	9300	16400	23100
48D 2-dr Sdn	550	1500	2500	5100	8800	12300
49R Estate Sta Wgn	650	1700	3000	5900	10200	14700
Century, 8-cyl., 177/182 hp, 122" wb						
61 4-dr Sdn	600	1600	2750	5500	9500	13800
66C Conv Cpe	1700	5050	8450	16900	29700	42200
66R 2-dr Riviera Hdtp	1000	3100	5250	10500	18600	26200
69 Estate Sta Wgn	650	1750	3150	6300	10900	15700
Super, 8-cyl., 177/182 hp, 127" wb						
52 4-dr Sdn	550	1500	2500	5100	8800	12500
56C Conv Cpe	1450	4450	7450	14900	26200	37200
56R 2-dr Riviera Hdtp	900	2850	4750	9500	16700	23700
Roadmaster, 8-cyl., 200 hp, 127" wb						
72R 4-dr Riviera Sdn	600	1600	2750	5500	9500	13800
76C Conv Cpe	1700	5050	8450	16900	29700	42200
76R 2-dr Riviera Hdtp	1100	3500	5850	11700	20600	29100
Skylark, 8-cyl., 200 hp, 122" wb						
100 Spt Conv	3000	8900	15000	30000	52700	74900

1955

	6	5	4	3	2	1
Special, 8-cyl., 188 hp, 122" wb						
41 4-dr Sdn	550	1500	2500	5100	8800	12500
43 4-dr Riviera Hdtp	700	2000	3450	6900	11900	17200
46R 2-dr Riviera Hdtp	950	2950	4950	9900	17500	24700
46C Conv Cpe	1650	4900	8200	16400	28850	41000
48 2-dr Sdn	550	1500	2500	5100	8800	12500
49 Estate Sta Wgn	650	1750	3150	6300	10900	15700
Century, 8-cyl., 236 hp, 122" wb						
61 4-dr Riviera Sdn	600	1600	2750	5500	9500	13800
63 4-dr Riviera Hdtp	750	2200	3650	7300	12600	18200
66C Conv Cpe	1750	5200	9000	17400	30600	43500
66R 2-dr Riviera Hdtp	1000	3250	5450	10900	19100	27200
69 Estate Sta Wgn	700	1900	3350	6700	11500	16500
Super, 8-cyl., 236 hp, 127" wb						
52 4-dr Sdn	600	1600	2750	5500	9500	13800
56C Conv Cpe	1850	5400	9200	18100	21800	44500
56R 2-dr Riviera Hdtp	1000	3100	5250	10500	18600	26200
Roadmaster, 8-cyl., 236 hp, 127" wb						
72 4-dr Sdn	650	1750	3150	6300	10900	15700
76C Conv Cpe	1900	5600	9450	18900	33200	47200
76R 2-dr Riviera Hdtp	1100	3500	5850	11700	20600	29100

	6	5	4	3	2	1

1956

Special, 8-cyl., 220 hp, 122" wb

	6	5	4	3	2	1
41 4-dr Sdn	550	1500	2500	5100	8800	12500
43 4-dr Riviera Hdtp	750	2100	3550	7100	12300	17700
46C Conv Cpe	1700	5000	8350	16700	29400	41700
46R 2-dr Riviera Hdtp	950	3000	5050	10100	17900	25100
48 2-dr Sdn	550	1500	2500	5100	8800	12500
49 Sta Wgn	650	1750	3150	6300	10900	15700

Century, 8-cyl., 255 hp, 122" wb

	6	5	4	3	2	1
63 4-dr Riviera Hdtp	600	1600	2750	5500	9500	13800
63D 4-dr Riviera Dlx Hdtp	750	2300	3850	7700	13300	19200
66C Conv Cpe	1800	5250	8850	17700	31100	44100
66R 2-dr Riviera Hdtp	1000	3250	5450	10900	19100	27200
69 6-pass Estate Sta Wgn	700	1900	3350	6700	11500	16500

Super, 8-cyl., 255 hp, 127" wb

	6	5	4	3	2	1
52 4-dr Sdn	600	1600	2750	5500	9500	13800
53 4-dr Riviera Hdtp	800	2500	4250	8500	15000	21200
56C Conv Cpe	1600	4850	8150	16300	28700	40800
56R 2-dr Riviera Hdtp	1000	3100	5250	10500	18600	26200

Roadmaster, 8-cyl., 255 hp, 127" wb

	6	5	4	3	2	1
72 4-dr Sdn	650	1700	3000	5900	10200	14700
73 4-dr Riviera Hdtp	900	2750	4650	9300	16400	23100
76C Conv Cpe	1900	5500	9250	18500	32500	46100
76R 2-dr Riviera Hdtp	1050	3400	5650	11300	19900	28200

1957

Special, 8-cyl., 240 hp, 122" wb

	6	5	4	3	2	1
41 4-dr Sdn	500	1350	2350	4700	8100	11500
43 4-dr Riviera Hdtp	700	2000	3450	6900	11900	17200
46C Conv Cpe	1600	4750	7950	15900	28000	39700
46R 2-dr Riviera Hdtp	900	2900	4850	9700	17100	24200
48 2-dr Sdn	500	1350	2350	4700	8100	11500
49 4-dr Sta Wgn	750	2100	3550	7100	12300	17700
49D 4-dr Riviera Sta Wgn	900	2900	4850	9700	17100	24200

Century, 8-cyl., 300 hp, 122" wb

	6	5	4	3	2	1
61 4-dr Sdn	550	1500	2500	5100	8800	12500
63 4-dr Riviera Hdtp	750	2250	3750	7500	13000	18700
66C Conv Cpe	1700	5050	8450	16900	29700	42200
66R 2-dr Riviera Hdtp	1000	3250	5450	10900	19100	27200
69 4-dr Hdtp Caballero Wgn	950	3050	5100	10200	18000	25400

Super, 8-cyl., 300 hp, 127.5" wb

	6	5	4	3	2	1
53 4-dr Riviera Hdtp	800	2350	3950	7900	13700	19700
56C Conv Cpe	1600	4850	8150	16300	28700	40800
56R 2-dr Riviera Hdtp	1000	3250	5450	10900	19100	27200

Roadmaster, 8-cyl., 300 hp, 127.5" wb

	6	5	4	3	2	1
73 4-dr Rivera Hdtp	800	2450	4150	8300	14600	20700
73A 4-dr Riviera Dlx Hdtp	850	2350	4350	8700	15300	21900
76A 2-dr Riviera Dlx Hdtp	1100	3500	5850	11700	20600	29100
76R 2-dr Riviera Hdtp	1050	3400	5650	11300	19900	28200
76C Conv Cpe	1750	5200	8750	17500	30800	43700
75 4-dr Hdtp "75" Riviera	900	2500	4550	9000	16000	24200
75A 2-dr Hdtp "75" Riviera	1200	3700	6150	12500	22500	32300

1958

Special, 8-cyl., 250 hp, 122" wb

	6	5	4	3	2	1
41 4-dr Sdn	450	1250	2150	4300	7400	10700
43 4-dr Riviera Hdtp	600	1600	2750	5500	9500	13800
46C Conv Cpe	1100	3450	5750	11500	20300	28700
46R 2-dr Riviera Hdtp	800	2400	4050	8100	14200	20200
48 2-dr Sdn	450	1250	2150	4300	7400	10700

	6	5	4	3	2	1
49 4-dr Sta Wgn	500	1350	2350	4700	8100	11500
49D 4-dr Hdtp Riviera Wgn	700	2000	3450	6900	11900	17200
Century, 8-cyl., 300 hp, 122" wb						
61 4-dr Sdn	500	1350	2350	4700	8100	11500
63 4-dr Riviera Hdtp	650	1700	3000	5900	10200	14700
66C Conv Cpe	1150	3650	6150	12300	21700	30700
66R 2-dr Riviera Hdtp	900	2750	4650	9300	16400	23100
69 4-dr Hdtp Caballero Wgn	750	2250	3750	7500	13000	18700
Super, 8-cyl., 300 hp, 128" wb						
53 4-dr Riviera Hdtp	900	2900	4850	9700	17100	24200
56R 2-dr Riviera Hdtp	850	2550	4350	8700	15300	21700
Roadmaster, 8-cyl., 300 hp, 128" wb						
73 4-dr Riviera Hdtp	700	1900	3350	6700	11500	16500
76C Conv Cpe	1350	4200	7000	14100	24800	35100
76R 2-dr Riviera Hdtp	950	2950	4950	9900	17500	24700
Limited, 8-cyl., 300 hp, 128" wb						
750 4-dr Riviera Hdtp	800	2350	3950	7900	13700	19700
755 2-dr Riviera Hdtp	1100	3450	5750	11500	20300	28700
756 Conv Cpe	1850	5400	9100	18200	32000	45500

1959

LeSabre, 8-cyl., 250 hp, 123" wb						
4-dr Sdn	450	1250	2150	4300	7400	10700
4-dr Hdtp	550	1500	2500	5100	8800	12500
2-dr Sdn	450	1250	2200	4400	7600	10900
2-dr Hdtp	650	1750	3150	6300	10900	15700
Conv Cpe	1100	3450	5750	11500	20300	28700
4-dr Sta Wgn	550	1500	2500	5100	8800	12500
Invicta, 8-cyl., 325 hp, 123" wb						
4-dr Sdn	500	1350	2350	4700	8100	11500
4-dr Hdtp	600	1600	2750	5500	9500	13800
2-dr Hdtp	700	1900	3350	6700	11500	16500
Conv Cpe	1200	3800	6350	12700	22400	31700
4-dr Sta Wgn	600	1600	2750	5500	9500	13800
Electra, 8-cyl., 325 hp, 126" wb						
4-dr Sdn	550	1500	2500	5100	8800	12500
4-dr Hdtp	650	1700	3000	5900	10200	14700
2-dr Cpe	750	2250	3750	7500	13000	18700
Electra 225, 8-cyl., 325 hp, 126" wb						
4-dr Riviera Hdtp	600	1600	2750	5500	9500	13800
4-dr Hdtp 4W	650	1700	3000	5900	10200	14700
Conv Cpe	1350	4150	6950	13900	24500	34700

1960

LeSabre, 8-cyl., 250 hp, 123" wb						
4-dr Sdn	450	1250	2150	4300	7400	10700
4-dr Hdtp Sdn	550	1500	2500	5100	8800	12500
2-dr Sdn	450	1250	2200	4400	7600	10900
2-dr Hdtp Cpe	700	1900	3350	6700	11500	16500
Conv Cpe	1150	3600	5950	11900	21000	29700
6-pass Sta Wgn	500	1350	2300	4600	8000	11300
8-pass Sta Wgn	550	1400	2400	4800	8300	11800
Invicta, 8-cyl., 325 hp, 123" wb						
4-dr Sdn	500	1350	2350	4700	8100	11500
4-dr Hdtp Sdn	600	1600	2750	5500	9500	13800
2-dr Hdtp Cpe	750	2100	3550	7100	12300	17700
Conv Cpe	1200	3850	6450	12900	22700	32200
6-pass Sta Wgn	550	1500	2500	5000	8700	12300
8-pass Sta Wgn	550	1550	2600	5200	9000	12800

	6	5	4	3	2	1
Electra, 8-cyl., 325 hp, 126" wb						
4-dr Sdn	650	1700	3000	5900	10200	14700
4-dr Hdtp Sdn	650	1750	3150	6300	10900	15700
2-dr Hdtp Cpe	750	2250	3750	7500	13000	18700
Electra 225, 8-cyl., 325 hp, 126" wb						
4-dr Sdn	650	1750	3150	6300	10900	15700
4-dr Hdtp Sdn	700	1900	3350	6700	11500	16500
Conv Cpe	1350	4200	7000	14100	24800	35100

1961

	6	5	4	3	2	1
Special, 8-cyl., 155 hp, 112" wb						
4-dr Sdn	400	1200	1950	3900	6800	9900
Spt Cpe	450	1250	2150	4300	7400	10700
6-pass Sta Wgn	450	1250	2050	4100	7100	10300
8-pass Sta Wgn	450	1250	2150	4300	7400	10700
Special Deluxe, 8-cyl., 155 hp, 112" wb						
4-dr Sdn	450	1250	2050	4100	7100	10300
6-pass Sta Wgn	500	1350	2350	4700	8100	11500
Skylark Cpe (185 hp)	500	1350	2350	4700	8100	11500
LeSabre, 8-cyl., 250 hp, 123" wb						
4-dr Sdn	450	1250	2150	4300	7400	10700
4-dr Hdtp Sdn	500	1350	2350	4700	8100	11500
2-dr Sdn	450	1250	2150	4300	7400	10700
2-dr Hdtp Cpe	550	1500	2500	5100	8700	12300
Conv Cpe	900	2900	4850	9700	17100	24200
6-pass Sta Wgn	500	1350	2300	4600	8000	11300
8-pass Sta Wgn	550	1400	2400	4800	8300	11800
Invicta, 8-cyl., 325 hp, 123" wb						
4-dr Hdtp Sdn	500	1350	2350	4700	8100	11500
2-dr Hdtp Cpe	600	1600	2750	5500	9500	13800
Conv Cpe	1000	3100	5250	10500	18600	26200
Electra, 8-cyl., 325 hp, 126" wb						
4-dr Sdn	500	1300	2250	4500	7700	11000
4-dr Hdtp Sdn	500	1350	2350	4700	8100	11500
2-dr Hdtp Cpe	550	1500	2500	5100	8800	12500
Electra 225, 8-cyl., 325 hp, 126" wb						
4-dr Riviera Sdn	550	1450	2450	4900	8500	12000
Conv Cpe	1150	3650	6100	12200	21500	30500

1962

	6	5	4	3	2	1
Special, 6-cyl., 135 hp, 112.1" wb						
4-dr Sdn	450	1250	2050	4100	7100	10300
2-dr Cpe	500	1300	2250	4500	7700	11000
Conv	700	1900	3350	6700	11500	16500
6-pass Sta Wgn	450	1250	2100	4200	7200	10500
8-pass Sta Wgn	450	1250	2200	4400	7600	10900
Special Deluxe, 8-cyl., 155 hp, 112.1" wb						
4-dr Sdn	450	1250	2150	4300	7400	10700
Conv	750	2250	3750	7500	13000	18700
6-pass Sta Wgn	500	1350	2350	4700	8100	11500
Skylark, 8-cyl., 185 hp, 112.1" wb						
2-dr Hdtp	500	1300	2250	4500	7700	11000
Conv	800	2500	4250	8500	15000	21200
LeSabre, 8-cyl., 280 hp, 123" wb						
4-dr Sdn	450	1250	2150	4300	7400	10700
4-dr Hdtp	500	1350	2350	4700	8100	11500
2-dr Sdn	450	1250	2150	4300	7400	10700
2-dr Hdtp Cpe	600	1600	2750	5500	9500	13800
Invicta, 8-cyl., 280 hp, 123" wb						
4-dr Hdtp Wildcat	550	1350	2350	4700	8100	11500
2-dr Hdtp	650	1700	3000	5900	10200	14700

	6	5	4	3	2	1
Wildcat 2-dr Hdtp	650	1750	3150	6300	10900	15700
Conv Cpe Wildcat	950	2950	4950	9900	17500	24700
6-pass Sta Wgn	500	1350	2300	4600	8000	11300
8-pass Sta Wgn	550	1400	2400	4800	8300	11800
Electra 225, 8-cyl., 325 hp, 126" wb						
4-dr Sdn	450	1250	2150	4300	7400	10700
4-dr Riviera Hdtp	550	1500	2500	5100	8800	12500
4-dr Hdtp	600	1600	2750	5500	9500	13800
2-dr Hdtp	700	1900	3350	6700	11500	16500
Conv Cpe	1150	3650	6100	12200	21500	30500

1963

Special, 6-cyl., 135 hp, 112" wb						
4-dr Sdn	450	1250	2050	4100	7100	10300
2-dr Cpe	450	1250	2100	4200	7200	10500
Conv Cpe	650	1700	3000	5900	10200	14700
6-pass Sta Wgn	450	1250	2100	4200	7200	10500
8-pass Sta Wgn	450	1250	2200	4400	7600	10900
Special Deluxe, 6-cyl., 135 hp, 112" wb						
4-dr Sdn	450	1250	2100	4200	7200	10500
6-pass Sta Wgn	500	1300	2250	4500	7700	11000
Skylark, 8-cyl., 200 hp, 112" WB						
2-dr Hdtp	550	1450	2450	4900	8500	12000
Conv	700	2000	3450	6900	11900	17200
LeSabre, 8-cyl., 280 hp, 123" wb						
4-dr Sdn	450	1250	2100	4200	7200	10500
2-dr Spt Cpe	500	1350	2350	4700	8100	11500
2-dr Sdn	450	1250	2050	4100	7100	10300
2-dr Hdtp	600	1600	2750	5500	9500	13800
6-pass Sta Wgn	450	1250	2100	4200	7200	10500
8-pass Sta Wgn	450	1250	2200	4400	7600	10900
Conv Cpe	800	2400	4050	8100	14200	20200
Invicta, 8-cyl., 325 hp, 123" wb						
6-pass Sta Wgn	550	1450	2450	4900	8500	12000
Wildcat, 8-cyl., 325 hp, 123" wb						
4-dr Hdtp	550	1450	2450	4900	8500	12000
2-dr Spt Cpe	650	1700	3000	5900	10200	14700
Conv Cpe	900	2850	4750	9500	16700	23700
Electra 225, 8-cyl., 325 hp, 126" wb						
4-dr Sdn	450	1250	2050	4100	7100	10300
4-dr Hdtp Pillarless	500	1350	2350	4700	8100	11500
4-dr Hdtp Sdn	550	1450	2450	4900	8500	12000
2-dr Spt Cpe	650	1750	3150	6300	10900	15700
Conv	950	3000	5050	10100	17900	25100
Riviera, 8-cyl., 325 hp, 117" wb						
Hdtp Cpe	850	2400	4350	8100	13400	19500

1964

Special, 6-cyl., 155 hp, 115" wb						
4-dr Sdn	400	1100	1800	3500	6100	8900
2-dr Cpe	400	1100	1800	3600	6200	9100
2-dr Conv	650	1700	3000	5900	10200	14700
6-pass Sta Wgn	400	1150	1850	3700	6400	9300
Special Deluxe, 6-cyl., 155 hp, 115" wb						
4-dr Sdn	400	1100	1800	3600	6200	9100
2-dr Cpe	400	1150	1850	3700	6400	9300
6-pass Sta Wgn	400	1200	1950	3900	6800	9900
Skylark, 6-cyl., 155 hp, 115" wb						
4-dr Sdn	400	1150	1850	3700	6400	9300
2-dr Spt Cpe	400	1200	1950	3900	6800	9900
Conv Cpe	750	2100	3550	7100	12300	17700

	6	5	4	3	2	1
Skylark Sport Wagons, 8-cyl., 210 hp, 120" wb						
6-pass Sta Wgn	400	1200	1900	3800	6600	9600
9-pass Sta Wgn	400	1200	2000	4000	6900	10000
9-pass Cus Sta Wgn	400	1200	1950	3900	6800	9900
6-pass Cus Sta Wgn	450	1250	2050	4100	7100	10300
LeSabre, 8-cyl., 325 hp, 123" wb						
4-dr Sdn	400	1200	2000	4000	6900	10000
4-dr Hdtp	450	1250	2050	4100	7100	10300
2-dr Spt Cpe	600	1600	2750	5500	9500	13800
Conv	800	2350	3950	7900	13700	19700
9-pass Sta Wgn	500	1300	2250	4500	7700	11000
6-pass Sta Wgn	450	1250	2150	4300	7400	10700
Wildcat, 8-cyl., 340 hp, 123" wb						
4-dr Sdn	400	1200	2000	4000	6900	10000
2-dr Spt Cpe	550	1450	2450	4900	8500	12000
2-dr Hdtp	650	1750	3150	6300	10900	15700
Conv Cpe	800	2500	4250	8500	15000	21200
Electra 225, 8-cyl., 340 hp, 126" wb						
4-dr Sdn	450	1250	2050	4100	7100	10300
4-dr Hdtp Pillarless	500	1300	2250	4500	7700	11000
4-dr Hdtp	500	1350	2350	4700	8100	11500
2-dr Spt Cpe	650	1700	3000	5900	10200	14700
Conv	850	2700	4550	9100	16000	22700
Riviera, 8-cyl., 340 hp, 117" wb						
Hdtp Cpe	750	2100	3550	7100	12300	17700

Add 20% for GS V-8 option

1965

	6	5	4	3	2	1
Special, 8-cyl., 210 hp, 115" wb						
4-dr Sdn	350	900	1500	2900	5200	7400
4-dr Dlx Sdn	400	1050	1700	3400	5900	8500
2-dr Ntchbk Cpe	350	900	1500	2900	5200	7400
Conv	650	1700	3000	5900	10200	14700
6-pass Sta Wgn	400	1050	1700	3300	8500	8300
6-pass Dlx Sta Wgn	400	1100	1800	3500	6100	8900
Skylark, 8-cyl., 210 hp, 115" wb						
4-dr Sdn	400	1100	1800	3500	6100	8900
2-dr Ntchbk Cpe	400	1100	1800	3600	6200	9100
2-dr Spt Cpe	450	1250	2050	4100	7100	10300
Conv	700	2000	3450	6900	11900	17200

6-cyl deduct 15%
Skylark Gran Sport Series add 25%

	6	5	4	3	2	1
Sport Wagon, 210 hp, 8-cyl., 120" wb						
6-pass Sta Wgn	400	1150	1850	3700	6400	9300
9-pass Sta Wgn	400	1200	1950	3900	6800	9900
Cus 6-pass Sta Wgn	400	1200	1900	3800	6600	9600
Cus 9-pass Sta Wgn	400	1200	2000	4000	6900	10000
LeSabre, 8-cyl., 210 hp, 123" wb						
4-dr Sdn	350	950	1550	3100	5500	7900
Cus 4-dr Sdn	350	1000	1600	3200	5700	8100
4-dr Hdtp	350	1000	1600	3200	5700	8100
Cus 4-dr Hdtp	400	1100	1800	3500	6100	8900
2-dr Spt Cpe	400	1200	1900	3800	6600	9600
Cus 2-dr Spt Cpe	500	1300	2250	4500	7700	11000
Cus Conv	650	1750	3150	6300	10900	15700
Wildcat, 8-cyl., 325 hp, 126" wb						
4-dr Sdn	400	1050	1700	3400	5900	8500
Dlx 4-dr Sdn	400	1100	1800	3600	6200	9100
Cus 4-dr Hdtp	400	1200	1950	3900	6800	9900
4-dr Hdtp	400	1100	1800	3600	6200	9100
Dlx 4-dr Hdtp	400	1200	1900	3800	6600	9600

	6	5	4	3	2	1
2-dr Spt Cpe	550	1500	2500	5100	8800	12500
Dlx 2-dr Spt Cpe	550	1550	2650	5300	9100	13000
Cus 2-dr Spt Cpe	600	1600	2750	5500	9500	13800
Dlx Conv	700	2000	3450	6900	11900	17200
Cus Conv	800	2350	3950	7900	13700	19700
Electra 225, 325 hp, 8-cyl., 126" wb						
4-dr Sdn	400	1100	1800	3600	6200	9100
Cus 4-dr Sdn	400	1100	1800	3600	6200	9100
4-dr Hdtp	400	1200	2000	4000	6900	10000
Cus 4-dr Hdtp	450	1250	2050	4100	7100	10300
2-dr Spt Cpe	550	1550	2650	5300	9100	13000
Cus 2-dr Spt Cpe	500	1350	2350	4700	8100	11500
Cus Conv	750	2100	3550	7100	12300	17700
Riviera, 8-cyl., 325 hp, 117" wb						
2-dr Hdtp	650	1750	3150	6300	10900	15700

GS V-8 option add 25%

1966

	6	5	4	3	2	1
Special, 8-cyl., 210 hp, 115" wb						
4-dr Sdn	350	850	1400	2800	4900	7100
Dlx 4-dr Sdn	350	900	1500	2900	5200	7400
2-dr Cpe	350	900	1500	2900	5200	7400
Dlx 2-dr Cpe	350	900	1500	3000	5300	7600
Dlx 2-dr Spt Cpe	400	1050	1700	3400	5900	8500
Conv	650	1750	3150	6300	10900	15700
6-pass Sta Wgn	350	900	1500	2900	5200	7400
Dlx 6-pass Sta Wgn	350	900	1500	3000	5300	7600
Skylark, 8-cyl., 210 hp, 115" wb.						
4-dr Hdtp	350	900	1500	3000	5300	7600
2-dr Cpe	350	950	1550	3100	5500	7900
2-dr Spt Cpe	400	1100	1800	3600	6200	9100
Conv	750	2100	3550	7100	12300	17700

6-cyl deduct 10%

	6	5	4	3	2	1
Skylark Gran Sport, 325 hp, 8-cyl., 115" wb						
2-dr Cpe	650	1700	3000	5900	10200	14700
2-dr Spt Cpe	650	1700	3000	6100	10600	5200
Conv	900	2850	4750	9500	16700	23700
Sport Wagon, 220 hp, 8-cyl., 120" wb						
6-pass Sta Wgn	350	950	1550	3100	5500	7900
9-pass Sta Wgn	400	1050	1700	3300	5800	8300
Cus 6-pass Sta Wgn	350	1000	1600	3200	5700	8100
Cus 9-pass Sta Wgn	400	1050	1700	3400	5900	8500
LeSabre, 8-cyl., 210 hp, 123" wb						
4-dr Sdn	350	850	1400	2800	4900	7100
Cus 4-dr Sdn	350	900	1500	3000	5300	7600
4-dr Hdtp Sdn	350	1000	1600	3200	5700	8100
Cus 4-dr Hdtp Sdn	350	1000	1600	3200	5700	8100
2-dr Hdtp Cpe	400	1200	1950	3900	6800	9900
Cus 2-dr Hdtp Cpe	450	1250	2050	4100	7100	10300
Cus Conv	750	2100	3550	7100	12300	17700
Wildcat, 8-cyl., 325 hp, 126" wb						
4-dr Sdn	350	900	1500	3000	5300	7600
4-dr Hdtp Sdn	400	1050	1700	3400	5900	8500
Cus 4-dr Hdtp Sdn	350	950	1550	3100	5500	7900
2-dr Hdtp Cpe	500	1300	2250	4500	7700	11000
Cus 2-dr Hdtp	500	1350	2300	4600	8000	11300
Conv	750	2250	3750	7500	13000	18700
Cus Conv	800	2350	3950	7900	13700	19700

Wildcat Gran Sport add 25%

	6	5	4	3	2	1
Electra 225, 8-cyl., 325 hp, 126" wb						
4-dr Sdn	400	1050	1700	3400	5900	8500

	6	5	4	3	2	1
Cus 4-dr Sdn	400	1050	1700	3400	5900	8500
4-dr Hdtp Sdn	400	1100	1800	3600	6200	9100
Cus 4-dr Hdtp Sdn	400	1200	1900	3800	6600	9600
2-dr Hdtp Cpe	500	1350	2350	4700	8100	11500
Cus 2-dr Hdtp Cpe	550	1450	2450	4900	8500	12000
Cus Conv	800	2450	4150	8300	14600	20700
Riviera, 8-cyl., 340 hp, 119" wb						
2-dr Spt Cpe	550	1500	2500	5100	8800	12500

GS pkg add 10%
360 hp V8 option add 20%

1967

	6	5	4	3	2	1
Special, 8-cyl., 210 hp, 115" wb						
4-dr Sdn	350	850	1400	2800	4900	7100
Dlx 4-dr Sdn	350	850	1400	2800	4900	7100
2-dr Cpe*	350	900	1500	2900	5200	7400
Dlx 2-dr Hdtp	400	1050	1700	3300	5800	8300
Sta Wgn	350	850	1400	2800	4900	7100
Dlx Sta Wgn	350	850	1400	2800	4900	7100

6-cyl deduct 10%
*California GS pkg add 20%

	6	5	4	3	2	1
Skylark, 8-cyl., 210 hp. 115" wb (GS models 340 hp)						
4-dr Sdn	350	850	1700	2800	4900	7100
4-dr Hdtp	350	900	1500	2900	5200	7400
2-dr Cpe	350	950	1550	3100	5500	7900
GS 400 2-dr Cpe	650	1750	3150	6300	10900	15700
2-dr Hdtp	400	1100	1800	3500	6100	8900
GS 340 2-dr Hdtp Cpe	550	1550	2650	5300	9100	13000
GS 400 2-dr Hdtp	650	1800	3250	6500	11200	16100
Conv	700	1850	3300	6600	11300	16300
GS 400 Conv	950	2950	4950	9900	17500	24700
Sport Wagon, 8-cyl., 220 hp, 120" wb						
Cus 6-pass Sta Wgn	300	800	1350	2700	4700	6900
Cus 9-pass Sta Wgn	350	900	500	2900	5200	7400
LeSabre, 8-cyl., 220 hp, 123" wb						
4-dr Sdn	350	850	1400	2800	4900	7100
Cus 4-dr Sdn	350	900	1500	2900	5200	7400
4-dr Hdtp	350	900	1500	2900	5200	7400
Cus 4-dr Hdtp	350	900	1500	3000	5300	7600
2-dr Hdtp	400	1050	1700	3400	5900	8500
Cus 2-dr Hdtp	400	1100	1800	3600	6200	9100
Cus Conv	650	1750	3150	6300	10900	15700
Wildcat, 8-cyl., 360 hp, 126" wb						
4-dr Sdn	350	900	1500	3000	5300	7600
4-dr Hdtp	350	950	1550	3100	5500	7900
Cus 4-dr Hdtp	350	900	1500	3000	5300	7600
2-dr Hdtp	450	1250	2050	4100	7100	10300
Cus 2-dr Hdtp	450	1250	2150	4300	7400	10700
Conv	700	1850	3300	6600	11300	16300
Cus Conv	750	2250	3750	7500	13000	18700
Electra 225, 8-cyl., 360 hp, 126" wb						
4-dr Sdn	350	900	1500	3000	5300	7600
Cus 4-dr Sdn	350	950	1550	3100	5500	7900
4-dr Hdtp	350	950	1550	3100	5500	7900
Cus 4-dr Hdtp	400	1050	1700	3300	5800	8300
2-dr Spt Cpe	450	1250	2150	4300	7400	10700
Cus 2-dr Spt Cpe	500	1300	2250	4500	7700	11000
Cus Conv	800	2450	4150	8300	14600	20700
Riviera Series , 8-cyl., 360 hp, 119" wb						
Hdtp Cpe	750	1800	3050	5750	9700	13200

GS pkg add 10%

	6	5	4	3	2	1

1968

Special Deluxe, 8-cyl, 230 hp., 116" wb, (Cpe 112" wb)

	6	5	4	3	2	1
4-dr Sdn	300	800	1350	2700	4700	6900
2-dr Cpe	300	800	1350	2700	4700	6900
Sta Wgn (V-8)	300	800	1350	2700	4700	6900

Skylark, 8-cyl., 230 hp, 116" wb, (2-dr Hdtp 112" wb)

	6	5	4	3	2	1
4-dr Sdn	300	800	1350	2700	4700	6900
Cus 4-dr Sdn	300	800	1350	2700	4700	6900
2-dr Hdtp	350	900	1500	3000	5300	7600
Cus 2-dr Hdtp	350	950	1550	3100	5500	7900
Cus 4-dr Hdtp	350	850	1400	2800	4900	7100
Cus Conv	650	1750	3150	6300	10900	15700

Special & Skylark; 6-cyl deduct 10%
California GS add 20%

Sport Wagon, 8-cyl., 230 hp, 121" wb

	6	5	4	3	2	1
4-dr 6-pass Sta Wgn	300	800	1350	2700	4700	6900
4-dr 9-pass Sta Wgn	350	900	1500	2900	5200	7400

GS 350, 8-cyl., 280 hp 112" wb

	6	5	4	3	2	1
2-dr Hdtp	600	1600	2750	5500	9500	13800

GS 400, 8-cyl., 340 hp.,112" wb

	6	5	4	3	2	1
2-dr Hdtp	650	1800	3250	6500	11200	16100
Conv	900	2850	4750	9500	16700	23700

LeSabre, 8-cyl., 230 hp, 123" wb

	6	5	4	3	2	1
4-dr Sdn	350	850	1400	2800	4900	7100
Cus 4-dr Sdn	350	850	1400	2800	4900	7100
4-dr Hdtp Sdn	350	900	1500	3000	5300	7600
Cus 4-dr Hdtp Sdn	350	900	1500	3000	5300	7600
2-dr Hdtp	400	1150	1850	3700	6400	9300
Cus 2-dr Hdtp	400	1200	1950	3900	6800	9900
Cus Conv	700	1850	3300	6600	11300	16300

Wildcat, 8-cyl., 360 hp, 126" wb

	6	5	4	3	2	1
4-dr Sdn	350	900	1500	2900	5200	7400
4-dr Hdtp	350	900	1500	3000	5300	7600
Cus 4-dr Hdtp	350	950	1550	3100	5500	7900
2-dr Hdtp	450	1250	2050	4100	7100	10300
Cus 2-dr Hdtp	450	1250	2150	4300	7400	10700
Cus Conv	750	2250	3750	7500	13000	18700

Electra 225, 8-cyl., 360 hp, 126" wb

	6	5	4	3	2	1
4-dr Sdn	350	950	1550	3100	5500	7900
Cus 4-dr Sdn	350	950	1550	3100	5500	7900
4-dr Hdtp	350	1000	1600	3200	5700	8100
Cus 4-dr Hdtp	400	1050	1700	3300	5800	8300
2-dr Hdtp	450	1250	2150	4300	7400	10700
Cus 2-dr Hdtp	500	1350	2350	4700	8100	11500
Cus Conv	800	2450	4150	8300	14600	20700

Riviera, 8-cyl., 360 hp, 119" wb

	6	5	4	3	2	1
2-dr Hdtp Cpe	700	1650	2950	5600	9600	13,100

GS pkg add 10%

1969

Special, 8-cyl, 230 hp, 116" wb, (2-dr models 112" wb)

	6	5	4	3	2	1
4-dr Sdn	300	750	1250	2500	4400	6200
2-dr Cpe	300	750	1250	2500	4400	6200
4-dr 6-pass Sta Wgn	300	750	1250	2500	4400	6200
4-dr 9-pass Sta Wgn	300	800	1350	2700	4700	6900

Skylark, 8-cyl, 230 hp, 116" wb (2-dr models 112" wb)

	6	5	4	3	2	1
4-dr Sdn	300	750	1250	2500	4400	6200
Cus 4-dr Sdn	300	800	1300	2600	4600	6600
2-dr Hdtp	350	900	1500	2900	5200	7400

	6	5	4	3	2	1
Cus 2-dr Hdtp	400	1050	1700	3400	5900	8500
Cus 4-dr Hdtp	300	800	1350	2700	4700	6900
Cus Conv	650	1700	3000	5900	10200	14700

6-cyl deduct 10%
California GS add 20%

GS 350 , 8-cyl., 280 hp, 112" wb

	6	5	4	3	2	1
2-dr Hdtp	600	1650	2850	5700	9900	14200

GS 400, 8-cyl., 340 hp, 112" wb

	6	5	4	3	2	1
2-dr Hdtp	700	1900	3350	6700	11500	16500
Conv	850	2550	4350	8700	15300	21700

Stage I V8 option add 15%

Sport Wagon, 8-cyl., 121" wb

	6	5	4	3	2	1
4-dr 6-pass Sta Wgn	300	800	1350	2700	4700	6900
4-dr 9-pass Sta Wgn	350	900	1500	2900	5200	7400

LeSabre, 8-cyl., 230 hp, 123.2" wb

	6	5	4	3	2	1
4-dr Sdn	300	800	1300	2600	4600	6600
Cus 4-dr Sdn	300	800	1300	2600	4600	6600
4-dr Hdtp	300	800	1350	2700	4700	6900
Cus 4-dr Hdtp	300	800	1350	2700	4700	6900
2-dr Hdtp	350	1000	1600	3200	5700	8100
Cus 2-dr Hdtp	400	1050	1700	3300	5800	8300
Cus Conv	650	1700	3000	5900	10200	14700

Wildcat , 8-cyl., 360 hp, 123.2" wb

	6	5	4	3	2	1
4-dr Sdn	350	850	1400	2800	4900	7100
4-dr Hdtp	350	900	1500	2900	5200	7400
Cus 4-dr Hdtp	350	900	1500	2900	5200	7400
2-dr Hdtp	400	1150	1850	3700	6400	9300
Cus 2-dr Hdtp	400	1200	1900	3800	6600	9600
Cus Conv	650	1750	3150	6300	10900	15700

Electra 225, 8-cyl., 360 hp, 126.2" wb

	6	5	4	3	2	1
4-dr Sdn	300	800	1350	2700	4700	6900
Cus 4-dr Sdn	350	850	1400	2800	4900	7100
4-dr Hdtp	300	800	1350	2700	4700	6900
Cus 4-dr Hdtp	350	900	1500	2900	5200	7400
2-dr Hdtp	400	1200	1950	3900	6800	9900
Cus 2-dr Hdtp	450	1250	2050	4100	7100	10300
Cus Conv	800	2350	3950	7900	13700	19700

Riviera, 8-cyl., 360 hp, 119" wb

	6	5	4	3	2	1
Hdtp Cpe	450	1250	2200	4400	7600	10900

1970

Skylark, 8-cyl., 260 hp, 116" wb, (2-dr models 112" wb)

	6	5	4	3	2	1
2-dr Cpe	300	800	1300	2600	4600	6600
4-dr Sdn	300	750	1250	2500	4400	6200
'350' 4-dr Sdn	300	800	1300	2600	4600	6600
Cus 4-dr Sdn	300	800	1300	2600	4600	6600
'350' 2-dr Hdtp	400	1050	1700	3300	5800	8300
Cus 2-dr Hdtp	400	1100	1800	3500	6100	8900
Cus 4-dr Hdtp	300	800	1350	2700	4700	6900
Cus Conv	750	2250	3700	7400	12800	18500

6-cyl deduct 15%

Gran Sport, 8-cyl., 315 hp, 112" wb

	6	5	4	3	2	1
2-dr Hdtp	650	1750	3150	6300	10900	15700

GS 455, 8-cyl., 350 hp, 112" wb

	6	5	4	3	2	1
2-dr Hdtp	1250	3650	5200	9700	14600	22500
Conv	1450	4650	7700	13300	22200	35500

Stage I add 25%
Stage II add 40%

	6	5	4	3	2	1
GSX, 8-cyl., 315 hp, 112" wb						
2-dr Hdtp	1450	4450	7450	14900	26200	37200
2-dr Cpe	1400	4350	7250	14500	25500	36200

Stage I 350 hp add 25%
Stage II 400 hp add 40%

	6	5	4	3	2	1
Sport Wagon, 8-cyl., 260 hp, 116" wb						
6-pass Sta Wgn	300	800	1350	2700	4700	6900
9-pass Sta Wgn	350	900	1500	2900	5200	7400
LeSabre, 8-cyl., 260 hp, 124" wb ('455' models 370 hp)						
4-dr Sdn	300	700	1200	2400	4100	5900
Cus 4-dr Sdn	300	750	1250	2500	4400	6200
Cus 455 4-dr Sdn	300	800	1350	2700	4700	6900
4-dr Hdtp	300	750	1250	2500	4400	6200
Cus 4-dr Hdtp	300	800	1300	2600	4600	6600
Cus 455 4-dr Hdtp	350	850	1400	2800	4900	7100
2-dr Hdtp	400	1050	1700	3300	5800	8300
Cus 2-dr Hdtp	400	1100	1800	3500	6100	8900
Cus 455 2-dr Hdtp	400	1200	1900	3800	6600	9600
Cus Conv	600	1650	2850	5700	9900	14200
Estate Wagon, 8-cyl., 370 hp, 124" wb						
6-pass Sta Wgn	350	850	1400	2800	4900	7100
9-pass Sta Wgn	350	900	1500	3000	5300	7600
Wildcat Custom, 8-cyl., 370 hp, 124" wb						
4-dr Hdtp	300	800	1300	2600	4600	6600
2-dr Hdtp	400	1100	1800	3500	6100	8900
Conv	650	1750	3150	6300	10900	15700
Electra 225, 8-cyl., 370 hp, 127" wb						
4-dr Sdn	300	750	1250	2500	4400	6200
Cus 4-dr Sdn	300	800	1300	2600	4600	6600
4-dr Hdtp	350	950	1550	3100	5500	7900
Cus 4-dr Hdtp	350	1000	1600	3200	5700	8100
2-dr Hdtp	400	1150	1850	3700	6400	9300
Cus 2-dr Hdtp	400	1200	1950	3900	6800	9900
Cus Conv	800	2350	3950	7900	13700	19700
Riviera, 8-cyl., 370 hp, 119" wb						
Hdtp Cpe	400	1200	1950	3900	6800	9900

GS pkg add 10%
455 Stage I V-8 add 20%

1971

	6	5	4	3	2	1
Skylark, 8-cyl., 230 hp, 116" wb, (2-dr models 112" wb)						
4-dr Sdn	300	650	1150	2300	3900	5700
Cus 4-dr Sdn	300	650	1150	2300	3900	5700
2-dr Cpe	300	650	1150	2300	3900	5700
2-dr Hdtp	300	800	1350	2700	4700	6900
Cus 2-dr Hdtp	350	950	1550	3100	5500	7900
Cus 4-dr Hdtp	300	700	1200	2400	4100	5900
Cus Conv	650	1700	3000	5900	10200	14700

6-cyl deduct 15%

	6	5	4	3	2	1
GS, 8-cyl., 260 hp, 112" wb						
2-dr Hdtp	700	1900	3400	6900	11800	18500
Conv	1000	2900	5550	9900	17800	24500

GS-455 add 20%
GSX pkg add 20%
Stage I add 40%

	6	5	4	3	2	1
Sport Wagon, 8-cyl., 230 hp, 116" wb						
6-pass Sta Wgn	300	650	1150	2300	3900	5700
LeSabre, 8-cyl., 230 hp, 124" wb						
4-dr Sdn	300	650	1000	2000	3500	4900
Cus 4-dr Sdn	300	650	1100	2100	3600	5100
4-dr Hdtp	300	650	1100	2100	3600	5100

	6	5	4	3	2	1
Cus 4-dr Hdtp	300	650	1100	2200	3800	5400
2-dr Hdtp	300	750	1250	2500	4400	6200
Cus 2-dr Hdtp	300	800	1300	2600	4600	6600
Cus Conv	600	1600	2800	5600	9700	14000
Centurion, 8-cyl. 315 hp, 127" wb.						
4-dr Hdtp	300	650	1150	2300	3900	5700
2-dr Hdtp	300	700	1200	2400	4100	5900
Conv	650	1700	3000	5900	10200	14700
Estate Wagon, 8-cyl., 124" wb						
6-pass Sta Wgn	300	700	1200	2400	4100	5900
9-pass Sta Wgn	300	800	1300	2600	4600	6600
Electra 225, 8-cyl., 127" wb						
4-dr Hdtp	300	700	1200	2400	4100	5900
Cus 4-dr Hdtp	300	750	1250	2500	4400	6200
2-dr Hdtp	300	750	1250	2500	4400	6200
Cus 2-dr Hdtp	300	800	1300	2600	4600	6600
Riviera, 8-cyl., 315 hp, 122" wb.						
2-dr Hdtp	550	1400	2400	4100	6900	10100

1972

	6	5	4	3	2	1
Skylark, 8-cyl., 150 hp, 116" wb (2-dr models 112" wb)						
2-dr Cpe	300	650	1150	2300	3900	5700
4-dr Sdn	300	650	1150	2300	3900	5700
'350' 4-dr Sdn	300	650	1150	2300	3900	5700
Cus 4-dr Sdn	300	650	1150	2300	3900	5700
2-dr Hdtp	300	750	1250	2500	4400	6200
'350' 2-dr Hdtp	350	900	1500	2900	5200	7400
Cus 2-dr Hdtp	350	950	1550	3100	5500	7900
Cus 4-dr Hdtp	300	700	1200	2400	4100	5900
Cus Conv	650	1700	3000	5900	10200	14700
GS, 8-cyl., 190 hp, 112" wb						
2-dr Hdtp	600	1650	2850	5700	9900	14200
Conv	800	2400	4050	8100	14200	20200

GS-455 add 20%
GSX pkg add 30%
Stage I add 40%

	6	5	4	3	2	1
Sportwagon, 8-cyl., 150 hp, 116" wb						
6-pass Sta Wgn	300	650	1150	2300	3900	5700
LeSabre, 8-cyl., 150 hp, 124" wb						
4-dr Sdn	300	650	1000	2000	3500	4900
Cus 4-dr Sdn	300	650	1100	2100	3600	5100
4-dr Hdtp	300	650	1100	2100	3600	5100
Cus 4-dr Hdtp	300	650	1100	2200	3800	5400
2-dr Hdtp	300	750	1250	2500	4400	6200
Cus 2-dr Hdtp	300	750	1250	2500	4400	6200
Cus Conv	600	1600	2800	5600	9700	14000
Estate Wagon, 8-cyl., 225 hp, 127" wb						
6-pass Sta Wgn	300	650	1150	2300	3900	5700
9-pass Sta Wgn	300	750	1250	2500	4400	6200
Centurion, 8-cyl., 225 hp, 124" wb						
4-dr Hdtp	300	650	1150	2300	3900	5700
2-dr Hdtp	300	700	1200	2400	4100	5900
Conv	650	1700	3000	5900	10200	14700
Electra 225, 8-cyl., 225 hp, 127" wb						
4-dr Hdtp	300	700	1200	2400	4100	5900
Cus 4-dr Hdtp	300	750	1250	2500	4400	6200
2-dr Hdtp	300	750	1250	2500	4400	6200
Cus 2-dr Hdtp	300	800	1300	2600	4600	6600
Riviera, 8-cyl., 250 hp, 122" wb						
2-dr Hdtp	550	1400	2400	4100	6900	10100

GS pkg add 10%

	6	5	4	3	2	1

1973

Apollo, 6-cyl./8-cyl., 111" wb

	6	5	4	3	2	1
4-dr Sdn	250	500	750	1500	2600	3600
2-dr Sdn	300	600	850	1700	2900	4100
Htchbk	300	600	900	1800	3100	4400

Century 350, 8-cyl., , 2-dr 112" wb, 4-dr 116"

	6	5	4	3	2	1
'350' 2-dr Hdtp Cpe	300	600	950	1900	3200	4600
Regal 2-dr Hdtp Cpe	300	650	1150	2300	3900	5700
Luxus 2-dr Hdtp Cpe	300	650	1000	2000	3500	4900
'350' 4-dr Hdtp Sdn	300	600	900	1800	3100	4400
Luxus 4-dr Hdtp	300	600	950	1900	3200	4600
'350; 4-dr 6-pass Sta Wgn	300	600	900	1800	3100	4400
'350' 4-dr 9-pass Sta Wgn	300	650	1000	2000	3500	4900
Luxus 4-dr 6-pass Wgn	300	600	950	1900	3200	4600
Luxus 4-dr 9-pass Wgn	300	650	1100	2100	3600	5100

Gran Sport pkg add 10%
455 V8 270 hp option add 20%

LeSabre, 8-cyl., 124" wb

	6	5	4	3	2	1
4-dr Sdn	300	600	900	1800	3100	4400
4-dr Hdtp Sdn	300	600	950	1900	3200	4600
2-dr Hdtp Cpe	300	650	1100	2200	3800	5400

LeSabre Custom, 8-cyl., 124" wb

	6	5	4	3	2	1
4-dr Sdn	300	600	950	1900	3200	4600
4-dr Hdtp	300	650	1000	2000	3500	4900
2-dr Hdtp	300	700	1200	2400	4100	5900

Estate Wagon, 8-cyl., 127" wb

	6	5	4	3	2	1
4-dr 6-pass Sta Wgn	300	650	1150	2300	3900	5700
4-dr 9-pass Sta Wgn	300	750	1250	2500	4400	6200

Centurion, 8-cyl., 124" wb

	6	5	4	3	2	1
4-dr Hdtp	300	650	1000	2000	3500	4900
2-dr Hdtp	300	650	1100	2200	3800	5400
Conv	600	1600	2750	5500	9500	13800

Electra 225, 8-cyl., 127" wb

	6	5	4	3	2	1
2-dr Hdtp	300	650	1100	2200	3800	5400
Cus 2-dr Hdtp	300	650	1150	2300	3900	5700
4-dr Hdtp	300	650	1150	2300	3900	5700
Cus 4-dr Hdtp	300	700	1200	2400	4100	5900

Riviera, 8-cyl., 122" wb

	6	5	4	3	2	1
2-dr Spt Cpe	500	1250	2100	4000	6700	9500

455 V8 260 hp option add 10%

1974

Apollo, 6-cyl./8-cyl., 111" wb

	6	5	4	3	2	1
4-dr Sdn	250	500	750	1500	2600	3600
2-dr Sdn	300	600	850	1700	2900	4100
2-dr Htchbk	300	600	900	1800	3100	4400

6-cyl deduct 10%

Century, 8-cyl., 116" wb, 2-dr 112" wb

	6	5	4	3	2	1
2-dr Hdtp Cpe	300	600	900	1800	3100	4400
Luxus 2-dr Hdtp Cpe	300	600	950	1900	3200	4600
Regal 2-dr Hdtp Cpe	300	650	1100	2200	3800	5400
4-dr Hdtp Sdn	300	600	850	1700	2900	4100
Luxus 4-dr Hdtp Sdn	300	600	900	1800	3100	4400
Regal 4-dr Hdtp	300	650	1000	2000	3500	4900
4-dr 6-pass Sta Wgn	300	600	850	1700	2900	4100
4-dr 9-pass Sta Wgn	300	600	950	1900	3200	4600
Luxus 6-pass Sta Wgn	300	600	900	1800	3100	4400
Luxus 9-pass Sta Wgn	300	650	1000	2000	3500	4900

GS-455 pkg add 10%
GS-455 Stage I pkg add 20%

	6	5	4	3	2	1
LeSabre, 8-cyl., 123" wb						
4-dr Sdn	300	600	900	1800	3100	4400
Luxus 4-dr Sdn	300	600	950	1900	3200	4600
2-dr Hdtp	300	650	1100	2200	3800	5400
Luxus 2-dr Hdtp	300	700	1200	2400	4100	5900
4-dr Hdtp	300	600	950	1900	3200	4600
Luxus 4-dr Hdtp	300	650	1000	2000	3500	4900
Luxus Conv	500	1350	2300	4600	8000	11300
Estate Wagon, 8-cyl., 127" wb						
4-dr 6-pass Sta Wgn	300	650	1150	2300	3900	5700
4-dr 9-pass Sta Wgn	300	750	1250	2500	4400	6200
Electra 225, 8-cyl., 127" wb						
2-dr Hdtp	300	650	1100	2200	3800	5400
Cus 2-dr Hdtp	300	650	1150	2300	3900	5700
Limited 2-dr Hdtp	300	750	1250	2500	4400	6200
4-dr Hdtp	300	650	1150	2300	3900	5700
Cus 4-dr Hdtp	300	700	1200	2400	4100	5900
Limited 4-dr Hdtp	300	800	1300	2600	4600	6600
Riviera, 8-cyl., 122" wb						
2-dr Hdtp	350	1000	1600	3200	5700	8100

GS pkg add 10%
455 V8 Stage I option add 20%

1975

	6	5	4	3	2	1
Skyhawk, 6-cyl., 97" wb						
2-dr 'S' Htchbk	200	450	650	1300	2200	3200
2-dr Htchbk	200	500	750	1450	2400	3500
Apollo, 6-cyl./8-cyl., 111" wb						
4-dr Sdn	250	500	750	1500	2600	3600
4-dr 'SR' Sdn	300	550	800	1600	2800	3900
Skylark, 6-cyl./8-cyl., 111" wb						
'S' Ntchbk Cpe	200	450	650	1300	2200	3200
Cpe	250	500	750	1500	2600	3600
2-dr Htchbk	300	550	800	1600	2800	3900
'SR' Cpe	300	550	800	1600	2800	3900
2-dr 'SR' Htchbk	300	600	850	1700	2900	4100
Century, 6-cyl./8-cyl., 2-dr 112" wb, 4-dr 116" wb						
2-dr Hdtp Cpe	300	550	800	1600	2800	3900
2-dr Cus Hdtp	300	550	800	1600	2800	3900
4-dr Sdn	250	500	750	1500	2600	3600
4-dr Cus Sdn	250	500	750	1500	2600	3600
4-dr 6-pass Sta Wgn	250	500	750	1500	2600	3600
4-dr 9-pass Sta Wgn	300	600	850	1700	2900	4100
4-dr Cus 6-pass Sta Wgn	300	550	800	1600	2800	3900
4-dr Cus 9-pass Sta Wgn	300	600	900	1800	3100	4400

Special V-6 cpe deduct 10% from base cpe
Free Spirit Colonade Indy T-top add 25%

	6	5	4	3	2	1
Regal, 6-cyl./8-cyl., 2-dr 112" wb, 4-dr 116" wb						
2-dr Cpe	300	550	800	1600	2800	3900
4-dr Sdn	250	500	750	1500	2600	3600
6-cyl deduct 10%						
LeSabre, 8-cyl., 124" wb						
4-dr Sdn	300	600	900	1800	3100	4400
4-dr Hdtp	300	600	950	1900	3200	4600
2-dr Cpe	300	650	1000	2000	3500	4900
LeSabre Custom, 8-cyl., 124" wb						
4-dr Sdn	300	600	950	1900	3200	4600
4-dr Hdtp	300	650	1000	2000	3500	4900
2-dr Hdtp Cpe	300	650	1100	2100	3600	5100
Conv	500	1350	2300	4600	8000	11300

	6	5	4	3	2	1
Estate Wagon, 8-cyl., 127" wb						
4-dr 6-pass Sta Wgn	300	650	1100	2100	3600	5100
4-dr 9-pass Sta Wgn	300	650	1150	2300	3900	5700
Electra 225, 8-cyl., 127" wb						
2-dr Cus Hdtp Cpe	300	650	1000	2000	3500	4900
2-dr Ltd Hdtp Cpe	300	650	1100	2100	3600	5100
4-dr Cus Hdtp	300	650	1100	2100	3600	5100
4-dr Ltd Hdtp	300	650	1100	2200	3800	5400
Riviera, 8-cyl., 122" wb						
2-dr Hdtp	300	800	1350	2700	4700	6900

1976

	6	5	4	3	2	1
Skyhawk, 6-cyl., 97" wb						
'S' 2-dr Htchbk Cpe	200	450	650	1300	2200	3200
2-dr Htchbk	200	500	700	1400	2350	3400
Skylark, 6-cyl./8-cyl., 111" wb						
2-dr 'S' Cpe	200	450	650	1300	2200	3200
2-dr Cpe	250	500	750	1500	2600	3600
2-dr 'SR'Cpe	300	550	800	1600	2800	3900
2-dr Htchbk	300	550	800	1600	2800	3900
2-dr 'SR' Htchbk	300	600	850	1700	2900	4100
4-dr Sdn	250	500	750	1500	2600	3600
4-dr 'SR' Sdn	250	500	750	1500	2600	3600
Century, 6-cyl./8-cyl., 116", 2-dr 112" wb						
2-dr Special cpe	250	500	750	1500	2600	3600
4-dr Sdn	250	500	750	1500	2600	3600
4-dr Cus Sdn	250	500	750	1500	2600	3600
2-dr Hdtp Cpe	300	550	800	1600	2800	3900
2-dr Cus Hdtp Cpe	300	550	800	1600	2800	3900
4-dr 6-pass Cus Sta Wgn	250	500	750	1500	2600	3600
4-dr 9-pass Cus Sta Wgn	300	600	850	1700	2900	4100
Regal, 6-cyl./8-cyl., 116" wb, 2-dr 112" wb						
4-dr Sdn	250	500	750	1500	2600	3600
2-dr Hdtp Cpe	300	550	800	1600	2800	3900
LeSabre, 6-cyl., 124" wb						
4-dr Sdn	300	550	800	1600	2800	3900
4-dr Cus Sdn	300	600	850	1700	2900	4100
2-dr Hdtp Cpe	300	600	900	1800	3100	4400
2-dr Cus Hdtp Cpe	300	600	950	1900	3200	4600
4-dr Hdtp	300	600	850	1700	2900	4100
4-dr Cus Hdtp	300	600	900	1800	3100	4400
Estate, 8-cyl., 127" wb						
4-dr 6-pass Sta Wgn	300	650	1100	2100	3600	5100
4-dr 9-pass Sta Wgn	300	650	1150	2300	3900	5700
Electra 225, 8-cyl., 127" wb						
2-dr Hdtp Cpe	300	600	950	1900	3200	4600
Cus 2-dr Hdtp Cpe	300	600	950	1900	3200	4600
4-dr Hdtp	300	650	1000	2000	3500	4900
Cus 4-dr Hdtp	300	650	1000	2000	3500	4900
Riviera, 8-cyl., 122" wb						
2-dr Hdtp Spt Cpe	300	700	1200	2400	4100	5900

1977

	6	5	4	3	2	1
Skyhawk, 6-cyl., 97" wb						
'S' 2-dr Htchbk	200	450	650	1300	2200	3200
2-dr Htchbk	200	450	650	1300	2200	3200
Skylark, 6-cyl./8-cyl., 110" wb						
2-dr 'S' Cpe	200	450	650	1300	2200	3200
2-dr Cpe	250	500	750	1500	2600	3600
2-dr 'SR' Cpe	300	550	800	1600	2800	3900

	6	5	4	3	2	1
2-dr Htchbk	300	550	800	1600	2800	3900
2-dr 'SR' Htchbk	300	600	850	1700	2900	4100
4-dr Sdn	250	500	750	1500	2600	3600
4-dr 'SR' Sdn	250	500	750	1500	2600	3600
Century, 6-cyl./8-cyl., 116" wb, 2-dr 112" wb						
4-dr Sdn	250	500	750	1500	2600	3600
4-dr Cus Sdn	250	500	750	1500	2600	3600
2-dr Hdtp Spl Cpe	300	550	800	1600	2800	3900
2-dr Hdtp Cpe	300	550	800	1600	2800	3900
2-dr Cus Hdtp Cpe	300	550	800	1600	2800	3900
6-pass Cus Sta Wgn	250	500	750	1500	2600	3600
9-pass Cus Sta Wgn	300	600	850	1700	2900	4100
Regal, 6-cyl./8-cyl., 116" wb, 2-dr 112" wb						
4-dr Sdn	250	500	750	1500	2600	3600
2-dr Hdtp Cpe	300	550	800	1600	2800	3900
LeSabre, 6-cyl./8-cyl., 116" wb						
2-dr Cpe	200	450	650	1300	2200	3200
2-dr Cus Hdtp Cpe	200	450	650	1300	2200	3200
2-dr Cus Hdtp Spt Cpe	250	500	750	1400	2400	3400
4-dr Sdn	200	450	650	1300	2200	3200
4-dr Cus Sdn	200	450	650	1300	2200	3200
Estate Wagon, 8-cyl., 116" wb						
6-pass Sta Wgn	250	500	750	1400	2400	3400
9-pass Sta Wgn	300	550	800	1600	2800	3900
Electra 225, 8-cyl., 119" wb						
2-dr Hdtp Cpe	250	500	750	1400	2400	3400
2-dr Ltd Hdtp Cpe	250	500	750	1400	2400	3400
4-dr Sdn	250	500	750	1500	2600	3600
4-dr Ltd Sdn	250	500	750	1500	2600	3600
Riviera, 8-cyl., 116" wb						
2-dr Hdtp Spt Cpe	300	650	1100	2100	3600	5100

1978

	6	5	4	3	2	1
Skyhawk, 6-cyl., 97" wb						
2-dr 'S' Htchbk	200	450	650	1300	2200	3200
2-dr Htchbk	200	450	650	1300	2200	3200
Skylark, 6-cyl./8-cyl., 111" wb						
2-dr 'S' Cpe	200	450	650	1300	2200	3200
2-dr Cpe	250	500	750	1400	2400	3400
2-dr Cus Cpe	250	500	750	1500	2600	3600
2-dr Htchbk	250	500	750	1500	2600	3600
2-dr Cus Htchbk	300	550	800	1600	2800	3900
4-dr Sdn	250	500	750	1400	2400	3400
4-dr Cus Sdn	250	500	750	1400	2400	3400
Century, 8-cyl., 108" wb						
2-dr Spl Hdtp Cpe	300	550	800	1600	2800	3900
2-dr Cus Hdtp Cpe	300	550	800	1600	2800	3900
2-dr Spt Hdtp Cpe	300	600	850	1700	2900	4100
2-dr Ltd Hdtp Cpe	300	600	850	1700	2900	4100
4-dr Spl Sdn	250	500	750	1500	2600	3600
4-dr Cus Sdn	250	500	750	1500	2600	3600
4-dr Ltd Sdn	300	550	800	1600	2800	3900
6-pass Spl Sta Wgn	250	500	750	1500	2600	3600
6-pass Cus Sta Wgn	250	500	750	1500	2600	3600
Regal, 6-cyl./8-cyl., 108" wb						
2-dr Cpe	300	550	800	1600	2800	3900
2-dr Spt Cpe	300	600	850	1700	2900	4100
2-dr Ltd Cpe	300	600	850	1700	2900	4100
LeSabre, 6-cyl./8-cyl., 116" wb						
2-dr Cpe	200	450	650	1300	2200	3200
2-dr Spt Cpe	250	500	750	1400	2400	3400

	6	5	4	3	2	1
2-dr Cus Cpe	200	450	650	1300	2200	3200
4-dr Sdn	200	450	650	1300	2200	3200
4-dr Cus Sdn	200	450	650	1300	2200	3200
Estate Wagon, 8-cyl., 116" wb						
6-pass Sta Wgn	250	500	750	1400	2400	3400
Electra, 8-cyl., 119" wb						
2-dr 225 Cpe	250	500	750	1400	2400	3400
2-dr Ltd Cpe	250	500	750	1400	2400	3400
2-dr Pk Ave Cpe	250	500	750	1500	2600	3600
4-dr 225 Sdn	250	500	750	1500	2600	3600
4-dr Ltd Sdn	250	500	750	1500	2600	3600
4-dr Pk Ave Sdn	300	600	850	1700	2900	4100
Riviera, 8-cyl., 116" wb						
2-dr Cpe	300	650	1100	2100	3600	5100

V-6 deduct 10%

1979

	6	5	4	3	2	1
Skyhawk, 6-cyl., 97" wb						
2-dr 'S' Htchbk	200	450	650	1300	2200	3200
2-dr Htchbk	200	450	650	1300	2200	3200
Skylark, 6-cyl./8-cyl., 111" wb						
2-dr 'S' Cpe	200	450	650	1300	2200	3200
2-dr Cpe	250	500	750	1400	2400	3400
2-dr Cus Cpe	250	500	750	1500	2600	3600
2-dr Htchbk	250	500	750	1500	2600	3600
4-dr Sdn	250	500	750	1400	2400	3400
4-dr Cus Sdn	250	500	750	1400	2400	3400
Century, 8-cyl., 108" wb						
2-dr Spl Hdtp Cpe	300	550	800	1600	2800	3900
2-dr Cus Hdtp Cpe	300	550	800	1600	2800	3900
2-dr Spt Hdtp Cpe	300	600	850	1700	2900	4100
4-dr Spl Sdn	250	500	750	1500	2600	3600
4-dr Cus Sdn	250	500	750	1500	2600	3600
4-dr Ltd Sdn	300	550	800	1600	2800	3900
6-pass Spl Sta Wgn	250	500	750	1500	2600	3600
6-pass Cus Sta Wgn	250	500	750	1500	2600	3600
Regal 6-cyl/8-cyl., 108" wb						
2-dr Cpe	300	600	850	1700	2900	4100
2-dr Spt Trbo Cpe (V-6)	300	650	1000	2000	3500	4900
2-dr Ltd Cpe (V-8)	300	600	900	1800	3100	4400

6-cyl when available or optional deduct 10%

	6	5	4	3	2	1
LeSabre, 6-cyl./8-cyl., 116" wb						
2-dr Cpe	200	450	650	1300	2200	3200
2-dr Ltd Cpe	200	450	650	1300	2200	3200
2-dr Spt Trbo Cpe	300	650	1000	2000	3500	4900
4-dr Sdn	200	450	650	1300	2200	3200
4-dr Ltd Sdn	200	450	650	1300	2200	3200
6-pass Estate Sta Wgn (V-8)	250	500	750	1400	2400	3400

6-cyl when available or optional deduct 10%

	6	5	4	3	2	1
Electra, 8-cyl., 119" wb						
2-dr 225 Cpe	250	500	750	1400	2400	3400
2-dr Ltd Cpe	250	500	750	1400	2400	3400
2-dr Pk Ave Cpe	250	500	750	1500	2600	3600
4-dr 225 Sdn	250	500	750	1500	2600	3600
4-dr Ltd Sdn	250	500	750	1500	2600	3600
4-dr Pk Ave Sdn	300	600	850	1700	2900	4100
Riviera, 6-cyl/8-cyl., 114" wb						
2-dr 'S' Cpe (V-8)	300	600	850	1700	2900	4100
2-dr Cpe (V-6)	300	600	850	1700	2900	4100

	6	5	4	3	2	1

1980

Skyhawk, 6-cyl., 97" wb

	6	5	4	3	2	1
2-dr 'S' Htchbk	200	450	650	1300	2200	3200
2-dr Htchbk	200	450	650	1300	2200	3200

Skylark, 4-cyl./6-cyl., 105" wb

	6	5	4	3	2	1
2-dr Cpe	200	400	550	1100	2000	2900
2-dr Ltd Cpe Ltd	200	400	600	1200	2100	3000
2-dr Spt Cpe	200	450	650	1300	2200	3200
4-dr Sdn	200	400	550	1100	2000	2900
4-dr Ltd Sdn Ltd	200	400	600	1200	2100	3000
4-dr Spt Sdn	200	450	650	1300	2200	3200

4-cyl deduct 20%

Century, 6-cyl./8-cyl., 108" wb

	6	5	4	3	2	1
2-dr Cus Cpe	300	550	800	1600	2800	3900
2-dr Spt Cpe	300	600	850	1700	2900	4100
4-dr Cus Sdn	250	500	750	1500	2600	3600
4-dr Ltd Sdn	250	550	850	1700	2800	3700
6-pass Sta Wgn	250	500	750	1500	2600	3600
6-pass Estate Sta Wgn	300	550	800	1600	2800	3900

Regal 6-cyl/8-cyl., 108" wb

	6	5	4	3	2	1
2-dr Cpe	300	600	800	1600	2800	3900
2-dr Spt Trbo Cpe (V-6)	300	650	1000	2000	3500	4900
2-dr Ltd Cpe (V-8)	300	600	850	1700	2900	4100

6-cyl when available or optional deduct 10%

LeSabre, 6-cyl./8-cyl., 116" wb

	6	5	4	3	2	1
2-dr Cpe	200	450	650	1300	2200	3200
2-dr Ltd Cpe	200	450	650	1300	2200	3200
2-dr Spt Trbo Cpe	300	650	1000	2000	3500	4900
4-dr Sdn	200	450	650	1300	2200	3200
4-dr Ltd Sdn	200	450	650	1300	2200	3200
6-pass Estate Sta Wgn (V-8)	250	500	750	1400	2400	3400
9-pass Estate Sta Wgn (V-8)	300	550	800	1600	2800	3900

6-cyl when available or optional deduct 10%

Electra, 8-cyl., 119" wb

	6	5	4	3	2	1
2-dr Ltd Cpe	250	500	750	1400	2400	3400
2-dr Pk Ave Cpe	250	500	750	1500	2600	3600
4-dr Ltd Sdn	250	500	750	1500	2600	3600
4-dr Pk Ave Sdn	300	600	850	1700	2900	4100
4-dr 6-pass Estate Sta Wgn	300	550	800	1600	2800	3900
4-dr 9-pass Estate Sta Wgn	300	600	900	1800	3100	4400

Riviera, 6-cyl/8-cyl., 114" wb

	6	5	4	3	2	1
2-dr 'S' Cpe (V-6)	250	500	750	1500	2600	3600
2-dr Cpe (V-8)	300	600	850	1700	2900	4100

1981

Skylark, 4-cyl./6-cyl., 105" wb

	6	5	4	3	2	1
2-dr Cpe	200	400	550	1100	2000	2900
2-dr Ltd Cpe	200	400	600	1200	2100	3000
2-dr Spt Cpe (V-6)	200	450	650	1300	2200	3200
4-dr Sdn	200	400	550	1100	2000	2900
4-dr Ltd Sdn	200	400	600	1200	2100	3000
4-dr Spt Sdn (V-6)	200	450	650	1300	2200	3200

Century, 6-cyl./8-cyl., 108" wb

	6	5	4	3	2	1
4-dr Sdn	250	500	750	1500	2600	3600
4-dr Sdn Ltd	250	500	750	1500	2600	3600
6-pass Sta Wgn	250	500	750	1500	2600	3600
6-pass Estate Sta Wgn	300	550	800	1600	2800	3900

Regal, 6-cyl./8-cyl., 108" wb

	6	5	4	3	2	1
2-dr Cpe	300	550	800	1600	2800	3900
2-dr Cpe Spt Trbo	300	650	1000	2000	3500	4900
2-dr Cpe Ltd	300	600	850	1700	2900	4100

	6	5	4	3	2	1
LeSabre, 6-cyl./8-cyl.						
2-dr Cpe	200	450	650	1300	2200	3200
2-dr Ltd Cpe Ltd	200	450	650	1300	2200	3200
4-dr Sdn	200	450	650	1300	2200	3200
4-dr Ltd Sdn	200	450	650	1300	2200	3200
6-pass Estate Sta Wgn	250	500	750	1400	2400	3400
Electra, Limited, 6-cyl./8-cyl., 119" wb, Wgn 116" wb						
2-dr Ltd Cpe	250	500	750	1400	2400	3400
2-dr Pk Ave Cpe	250	500	750	1500	2600	3600
4-dr Ltd Sdn	250	500	750	1500	2600	3600
4-dr Pk Ave Sdn	300	600	850	1700	2900	4100
6-pass Estate Sta Wgn	300	550	800	1600	2800	3900
Riviera, 8-cyl., 114" wb						
2-dr Cpe	300	600	850	1700	2900	4100
2-dr Cpe Turbo T Type	250	500	750	1400	2400	3400

Diesel deduct 20%
V-6 deduct 10%

1982

	6	5	4	3	2	1
Skyhawk Limited/Custom, 4-cyl., 101" wb						
2-dr Cus Cpe	200	350	500	1000	1900	2700
2-dr Ltd Cpe	200	400	550	1100	2000	2900
4-dr Cus Sdn	200	350	500	1000	1900	2700
4-dr Ltd Sdn	200	400	550	1100	2000	2900
Skylark, 4-cyl./6-cyl.						
2-dr Cpe	200	400	550	1100	2000	2900
2-dr Ltd Cpe	200	400	600	1200	2100	3000.
2-dr Spt Cpe	200	450	650	1300	2200	3200
4-dr Sdn	200	400	550	1100	2000	2900
4-dr Ltd Sdn	200	400	600	1200	2100	3000
4-dr Spt Sdn	200	450	650	1300	2200	3200
Regal, 6-cyl., 108" wb						
2-dr Ltd Cpe	300	600	850	1700	2900	4100
2-dr Spt Cpe Trbo	300	650	1100	2100	3600	5100
2-dr Cpe Ltd	300	600	900	1800	3100	4400
4-dr Ltd Sdn	250	500	750	1400	2400	3400
4-dr Sdn Ltd	250	500	750	1500	2600	3600
4-dr Estate Sta Wgn	250	500	750	1500	2600	3600
Century Custom/Limited, 4-cyl./6-cyl.						
2-dr Cus Cpe	250	500	750	1500	2600	3600
2-dr Ltd Cpe	250	500	750	1500	2600	3600
4-dr Cus Sdn	250	500	750	1500	2600	3600
4-dr Ltd Sdn	250	500	750	1500	2600	3600
LeSabre Custom/Limited, 8-cyl., 116" wb						
2-dr Cus Cpe	200	450	650	1300	2200	3200
2-dr Ltd Cpe	200	450	650	1300	2200	3200
4-dr Cus Sdn	200	450	650	1300	2200	3200
4-dr Ltd Sdn	200	450	650	1300	2200	3200
6-pass Estate Sta Wgn	250	500	750	1400	2400	3400
Electra, Limited, 6-cyl./8-cyl., 119" wb, Wgn 116" wb						
2-dr Ltd Cpe	250	500	750	1400	2400	3400
2-dr Pk Ave Cpe	250	500	750	1500	2600	3600
4-dr Ltd Sdn	250	500	750	1500	2600	3600
4-dr Pk Ave Sdn	300	600	850	1700	2900	4100
6-pass Estate Sta Wgn	300	500	800	1600	2800	3900
Riviera, 6-cyl/8-cyl., 114" wb						
2-dr Cpe	250	500	750	1500	2600	3600
2-dr Cpe T Type (Turbo V-6)	250	500	750	1400	2400	3400
2-dr Conv	650	1750	3100	6200	10700	15400

Diesel deduct 20%
V-6 deduct 10%

	6	5	4	3	2	1

1983

Skyhawk Custom/Limited, 4-cyl., 101" wb

	6	5	4	3	2	1
2-dr Cpe T Type	200	400	550	1100	2000	2900
2-dr Cus Cpe	200	350	500	1000	1900	2700.
2-dr Ltd Cpe	200	400	550	1100	2000	2900
4-dr Cus Sdn	200	350	500	1000	1900	2700
4-dr Ltd Sdn	200	400	550	1100	2000	2900
4-dr Sta Wgn	200	400	550	1100	2000	2900
4-dr Cus Sta Wgn	200	350	500	1000	1900	2700

Skylark Custom/Limited, 4-cyl./6-cyl.

	6	5	4	3	2	1
2-dr Cus Cpe	200	400	550	1100	2000	2900
2-dr Ltd Cpe Ltd	200	400	600	1200	2100	3000
2-dr Cpe T Type	250	500	750	1400	2400	3400
4-dr Cus Sdn	200	400	550	1100	2000	2900
4-dr Ltd Sdn Ltd	200	400	600	1200	2100	3000

Century Custom/Limited, 4-cyl./6-cyl.

	6	5	4	3	2	1
2-dr Cus Cpe	300	550	800	1600	2800	3900
2-dr Ltd Cpe	300	550	800	1600	2800	3900
2-dr Cpe T-type	300	550	800	1600	2800	3900
4-dr Cus Sdn	300	550	800	1600	2800	3900
4-dr Ltd Sdn	300	550	800	1600	2800	3900
4-dr Sdn T-type	300	550	800	1600	2800	3900

Regal, 6-cyl.

	6	5	4	3	2	1
2-dr Cpe	300	600	850	1700	2900	4100
2-dr Ltd Cpe	300	600	900	1800	3100	4400
2-dr Cpe T-type	300	650	1100	2200	3800	5400
4-dr Sdn	250	500	750	1400	2400	3400
4-dr Ltd Sdn	250	500	750	1500	2600	3600
4-dr Estate Sta Wgn	250	500	750	1400	2400	3400

LeSabre Custom/Limited, 6-cyl./8-cyl., 116" wb

	6	5	4	3	2	1
2-dr Cus Cpe	200	450	650	1300	2200	3200
2-dr Ltd Cpe	200	450	650	1300	2200	3200
4-dr Cus Sdn	200	450	650	1300	2200	3200
4-dr Ltd Sdn	200	450	650	1300	2200	3200
6-pass Estate Sta Wgn	250	500	750	1400	2400	3400

Electra Limited, 6-cyl./8-cyl., 119" wb, Wgn 116" wb

	6	5	4	3	2	1
2-dr Ltd Cpe	250	500	750	1400	2400	3400
2-dr Pk Ave Cpe	250	500	750	1500	2600	3600
4-dr Ltd Sdn	250	500	750	1500	2600	3600
4-dr Pk Ave Sdn	300	600	850	1700	2900	4100
6-pass Estate Sta Wgn	300	550	800	1600	800	3900

Riviera, 6-cyl/8-cyl., 114" wb

	6	5	4	3	2	1
2-dr Cpe	250	500	750	1500	2600	3600
2-dr Conv	700	1900	3350	6700	11500	16500
2-dr T Type Turbo (V-6)	250	500	750	1400	2400	3400

20th Anniv Ed. Add 20%
6-cyl deduct 10%
Diesel deduct 20%

1984

Skyhawk Custom

	6	5	4	3	2	1
2-dr Cus Cpe	200	350	450	1000	1800	2600
2-dr Ltd Sdn	200	400	550	1100	2000	2900
4-dr Cus Sdn	200	350	450	1000	1800	2600
4-dr Ltd Sdn	200	400	550	1100	2000	2900
4-dr Cus Sta Wgn	200	350	450	1000	1800	2600
4-dr Ltd Sta Wgn	200	400	550	1100	2000	2900
2-dr Sdn T-type	200	400	550	1100	2000	2900

Skylark Custom, 4-cyl./6-cyl.

	6	5	4	3	2	1
2-dr Cus Cpe	200	400	550	1100	2000	2900
2-dr Ltd Cpe	200	400	600	1200	2100	3000

	6	5	4	3	2	1
2-dr Sdn T-type	250	500	750	1400	2400	3400
4-dr Cus Sdn	200	400	550	1100	2000	2900
4-dr Ltd Sdn	200	400	600	1200	2100	3000
Century Custom/Limited, 4-cyl./6-cyl.						
2-dr Cus Cpe	300	600	850	1700	2900	4100
2-dr Ltd Sdn	300	600	850	1700	2900	4100
2-dr Cpe T-type	300	600	850	1700	2900	4100
4-dr Cus Sdn	300	600	850	1700	2900	4100
4-dr Ltd Sdn	300	600	850	1700	2900	4100
4-dr Sdn T-type	300	600	850	1700	2900	4100
4-dr Cus Sta Wgn	300	600	850	1700	2900	4100
4-dr Ltd Sta Wgn Estate	300	600	850	1700	2900	4100

Olympiad Editions add 10%

Regal, 6-cyl., 108" wb

	6	5	4	3	2	1
2-dr Cpe	300	600	900	1800	3100	440
2-dr Cpe T-type	300	700	1200	2400	4100	5900
2-dr Cpe T-type Grand Nat'l	800	2500	4200	8400	14800	20900
2-dr Ltd Sdn	300	600	950	1900	3200	4600
4-dr Sdn	250	500	750	1500	2600	3600
4-dr Ltd Sdn	300	550	800	1600	2800	3900
LeSabre Custom/Limited , 6-cyl./8-cyl., 116" wb						
2-dr Cus Cpe	200	450	650	1300	2200	3200
2-dr Ltd Sdn	200	450	650	1300	2200	3200
4-dr Cus Sdn	200	450	650	1300	2200	3200
4-dr Ltd Sdn	200	450	650	1300	2200	3200
Electra Limited, 6-cyl./8-cyl., 119" wb, Wgn 116" wb						
2-dr Cpe	250	500	750	1400	2400	3400
2-dr Pk Ave Sdn	250	500	750	1500	2600	3600
4-dr Sdn	250	500	750	1500	2600	3600
4-dr Pk Ave Sdn	300	600	850	1700	2900	4100.
6-pass Estate Sta Wgn	300	600	850	1700	2900	4100
Riviera, 6-cyl./8-cyl, 114" wb						
2-dr Cpe	300	550	800	1600	2800	3900
2-dr Cpe T-type	250	500	750	1500	2600	3600
2-dr Conv	750	2250	3750	7500	13000	18700

Olympiad editions add 10%
6-cyl deduct 10%
Diesel deduct 20%

1985

Skyhawk Custom/Limited, 4-cyl., 101" wb

	6	5	4	3	2	1
2-dr Cus Cpe	200	400	550	1100	2000	2900
2-dr Ltd Cpe	200	400	600	1200	2100	3000
2-dr Ltd T Type Cpe	200	400	600	1200	2100	3000
4-dr Cus Sdn	200	400	550	1100	2000	2900
4-dr Ltd Sdn	200	400	600	1200	2100	3000
4-dr Cus Sta Wgn	200	400	550	1100	2000	2900
4-dr Ltd Sta Wgn	200	400	600	1200	2100	3000.
Skylark, 4-cyl./6-cyl., 105" wb						
4-dr Cus Sdn	200	400	600	1200	2100	3000
4-dr Ltd Sdn	200	450	650	1300	2200	3200
Century Custom/Limited , 4-cyl./6-cyl., 105" wb						
2-dr Cus Cpe	300	600	900	1800	3100	4400
2-dr Ltd Cpe	300	600	900	1800	3100	4400
2-dr Cpe T-type	300	600	900	1800	3100	4400
4-dr Cus Sdn	300	600	900	1800	3100	4400
4-dr Ltd Sdn	300	600	900	1800	3100	4400
4-dr Sdn T-type	300	600	900	1800	3100	4400
4-dr Cus Sta Wgn	300	600	900	1800	3100	4400
4-dr Estate Sta Wgn	300	600	950	1900	3200	4600

	6	5	4	3	2	1
Regal, Somerset, Limited , T-type 4-cyl./6-cyl., 103" wb						
2-dr Cpe	300	600	950	1900	3200	4600
2-dr Somerset Cus Cpe	300	550	800	1600	2800	3900
2-dr Somerset Ltd Cpe (V-6)	300	600	850	1700	2900	4100
2-dr Ltd	300	650	1000	2000	3500	4900
2-dr T Type Turbo Cpe	300	800	1350	2700	4700	6900
2-dr Grand National Cpe	850	2600	4400	8800	15500	21900
LeSabre Custom/Limited, 6-cyl./8-cyl., 116" wb						
2-dr Cus Cpe	250	500	750	1400	2400	3400
2-dr Ltd Cpe	250	500	750	1400	2400	3400
4-dr Cus Sdn	250	500	750	1400	2400	3400
4-dr Ltd Sdn	250	500	750	1400	2400	3400
4-dr Estate Sta Wgn (V8)	300	600	900	1800	3100	4400
Electra, 6-cyl., 111" wb, Wgn 116" wb						
2-dr Sdn	250	500	750	1500	2600	3600
2-dr Pk Ave Sdn	300	550	800	1600	2800	3900
2-dr T-type Cpe	300	550	800	1600	2800	3900
4-dr Sdn	300	550	800	1600	2800	3900
4-dr Pk Ave Sdn	300	600	900	1800	3100	4400
4-dr T-type Sdn	300	600	850	1700	2900	4100
4-dr Estate Sta Wgn (V8)	300	600	950	1900	3200	4600
Riviera, 8-cyl., 114" wb						
2-dr cpe	300	600	950	1900	3200	4600
2-dr T-type cpe	250	500	750	1500	2600	3600
2-dr Conv	850	2550	4300	8600	15100	21500

Diesel deduct 20%

1986

	6	5	4	3	2	1
Skyhawk Custom/Limited, 4-cyl., 101" wb						
2-dr Cus Cpe	200	400	600	1200	2100	3000
2-dr Ltd Cpe	200	450	650	1300	2200	3200
2-dr T-Type Cpe	200	450	650	1300	2200	3200
2-dr T-Type Htchbk	200	450	650	1300	2200	3200
3-dr Spt Htchbk	200	400	600	1200	2100	3000
4-dr Cus Sdn	200	400	600	1200	2100	3000
4-dr Ltd Sdn	200	450	650	1300	2200	3200
4-dr Cus Sta Wgn	200	400	600	1200	2100	3000
4-dr Ltd Sta Wgn	200	450	650	1300	2200	3200
Skylark, 4-cyl./6-cyl., 103" wb						
4-dr Sed Custom	300	600	850	1700	2900	4100
4-dr Sdn Ltd	300	600	900	1800	3100	4400
Somerset, 4-cyl./6-cyl., 103" wb						
2-dr Cpe Ltd	300	600	900	1800	3100	4400
2-dr Custom Cpe	300	600	850	1700	2900	4100
2-dr Cpe T-Type	300	650	1100	2100	3600	5100
Century Custom/Limited, 4-cyl./6-cyl., 105" wb						
2-dr Cus Cpe	300	650	1100	2100	3600	5100
2-dr Ltd Cpe	300	650	1100	2100	3600	5100
4-dr Cus Sdn	300	650	1100	2100	3600	5100
4-dr Ltd Sdn	300	650	1100	2100	3600	5100
4-dr T-type Sdn	300	650	1100	2100	3600	5100
4-dr Cus Sta Wgn	300	650	1100	2100	3600	5100
4-dr Estate Sta Wgn	300	650	1100	2200	3800	5400
Regal, 6-cyl./8-cyl., 108" wb						
2-dr Cpe	300	650	1100	2200	3800	5400
2-dr Cpe Ltd	300	650	1150	2300	3900	5700.
2-dr T-type Cpe	350	950	1550	3100	5500	7900
2-dr Grand National	900	2750	4600	9200	16200	22900
LeSabre Custom/Limited, 111" wb, Wgn 116" wb						
2-dr Cus Cpe	300	600	850	1700	2900	4100
2-dr Ltd Cpe	300	600	900	1800	3100	4400

	6	5	4	3	2	1
4-dr Cus Sdn	300	600	950	1900	3200	4600
4-dr Ltd Sdn	300	650	1000	2000	3500	4900
4-dr Estate Sta Wgn (V-8)	300	650	1000	2000	3500	4900
Electra, 111" wb, 116" wb						
2-dr Cpe	300	600	900	1800	3100	4400
2-dr Pk Ave Cpe	300	600	950	1900	3200	4600
4-dr Sdn	300	600	950	1900	3200	4600
4-dr Pk Ave Sdn	300	650	1100	2200	3800	5400
4-dr Pk Ave T Type sdn	300	650	1000	2000	3500	4900
4-dr Estate Sta Wgn (V8)	300	650	1150	2300	3900	5700
Riviera, 6-cyl., 108" wb						
2-dr Cpe	300	800	1300	2600	4600	6600
2-dr Cpe T-Type	300	800	1350	2700	4700	6900

1987

Custom Skyhawk, 4-cyl., 101" wb

	6	5	4	3	2	1
2-dr Cus Cpe	250	500	750	1400	2400	3400
2-dr Ltd Cpe	250	500	750	1500	2600	3600
3-dr Cus Spt Htchbk	250	500	750	1400	2400	3400
4-dr Cus Sdn	250	500	750	1400	2400	3400
4-dr Ltd Sdn	250	500	750	1500	2600	3600
4-dr Cus Sta Wgn	250	500	750	1400	2400	3400
4-dr Ltd Sta Wgn	250	500	750	1500	2600	3600
Somerset, 4-cyl./6-cyl., 103" wb						
2-dr Cus Cpe	300	650	1000	2000	3500	4900
2-dr Cpe Ltd	300	650	1100	2100	3600	5100
Skylark, 4-cyl./6-cyl., 103" wb						
4-dr Cus Sdn	300	650	1100	2100	3600	5100
4-dr Sdn Ltd	300	650	1100	2200	3800	5400
Century custom/Limited, 4-cyl./6-cyl., 105" wb						
2-dr Cus Cpe	300	650	1100	2100	3600	5100
2-dr Ltd Cpe	300	650	1100	2200	3800	5400
4-dr Cus Sdn	300	650	1100	2200	3800	5400
4-dr Ltd Sdn	300	650	1150	2300	3900	5700
4-dr Cus Sta Wgn	300	650	1100	2200	3800	5400
4-dr Estate Ltd Sta Wgn	300	650	1150	2300	3900	5700
Regal, 6-cyl/8-cyl ., 108" wb						
2-dr Cpe	300	750	1250	2500	4400	6200
2-dr Cpe Ltd	300	800	1300	2600	4600	6600
2-dr Cpe Turbo T-Type	450	1250	2150	4300	7400	10700
2-dr Cpe Grand Nat'l	950	2950	4950	9900	17500	24700
2-dr Cpe GNX	1600	4750	7950	15900	28000	39700

V-8 models add 15%

LeSabre Custom/Limited, 6-cyl., 111" wb

	6	5	4	3	2	1
2-dr Cus Cpe	300	650	1000	2000	3500	4900
2-dr Cus Cpe T-Type	300	650	1100	2100	3600	5100
2-dr Ltd Cpe	300	650	1100	2100	3600	5100
4-dr Cus Sdn	300	650	1000	2000	3500	4900
4-dr Cus Sdn	300	650	1100	2200	3800	5400
4-dr Ltd Sdn	300	650	1150	2300	3900	5700
4-dr Estate Sta Wgn (V8)	300	650	1100	2200	3800	5400
Limited Electra/Park Avenue, 6-cyl., 111" wb						
2-dr Pk Ave Cpe	300	650	1100	2200	3800	5400
4-dr Electra Sdn	300	650	1100	2200	3800	5400
4-dr Pk Ave Sdn	300	800	1300	2600	4600	6600
4-dr Pk Ave T-Type Sdn	300	700	1200	2400	4100	5900
4-dr Electra Estate Sta Wgn (V8)	300	800	1300	2600	4600	6600
Riviera, 6-cyl., 108" wb						
2-dr Cpe	350	900	1500	2900	5200	7400
2-dr Cpe T-Type	350	900	1500	3000	5300	7600

	6	5	4	3	2	1

1988

Skyhawk, L-4
	6	5	4	3	2	1
4-dr Sdn	300	550	800	1600	2800	3900
2-dr Cpe	300	550	800	1600	2800	3900
2-dr S/E Cpe	300	600	850	1700	2900	4100
4-dr Sta Wgn	300	550	800	1600	2800	3900

Skylark Custom, L-4
	6	5	4	3	2	1
2-dr Cpe	300	650	1150	2300	3900	5700
4-dr Sdn	300	650	1150	2300	3900	5700

Skylark Limited, L-4/6-cyl.
	6	5	4	3	2	1
2-dr Cus Cpe	300	750	1250	2500	4400	6200
2-dr Ltd Cpe	300	700	1200	2400	4100	5900
4-dr Cus Sdn	300	750	1250	2500	4400	6200
4-dr Ltd Sdn	300	700	1200	2400	4100	5900

6-cyl add 10%

Century Custom, 4-cyl./6-cyl.
	6	5	4	3	2	1
2-dr Cus Cpe	300	750	1250	2500	4400	6200
2-dr Ltd Cpe	300	800	1300	2600	4600	6600
4-dr Cus Sdn	300	800	1300	2600	4600	6600
4-dr Ltd Sdn	300	800	1350	2700	4700	6900
4-dr Cus Estate Sta Wgn	300	800	1350	2700	4700	6900
4-dr Ltd Estate Wgn	300	800	1350	2700	4700	6900

Regal Custom/Limited, 6-cyl.
	6	5	4	3	2	1
2-dr Cus Cpe	300	800	1300	2600	4600	6600.
2-dr Ltd Cpe	300	800	1350	2700	4700	6900

LeSabre, Custom/Limited/T-type, 6-cyl.
	6	5	4	3	2	1
2-dr Cpe	300	700	1200	2400	4100	5900
2-dr Ltd Cpe	300	750	1250	2500	4400	6200
2-dr T-type Cpe	300	800	1350	2700	4700	6900
4-dr Cus Sdn	300	800	1350	2700	4700	6900
4-dr Ltd Sdn	350	850	1400	2800	4900	7100
4-dr Estate Wgn	300	800	1350	2700	4700	6900

Electra Limited, 6-cyl., FWD
	6	5	4	3	2	1
4-dr Ltd Sdn	300	800	1350	2700	4700	6900
4-dr Pk Ave Sdn	350	950	1550	3100	5500	7900
4-dr T-type Sdn	350	900	1500	2900	5200	7400
4-dr Electra Wgn	350	900	1500	2900	5200	7400

Riviera, 6-cyl., FWD
	6	5	4	3	2	1
2-dr Cpe	400	1050	1700	3400	5900	8500
2-dr T-Type Cpe	400	1100	1800	3600	6200	9100

Reatta, 6-cyl., FWD
	6	5	4	3	2	1
2-dr Cpe	500	1350	2300	4600	8000	11300

Small block option deduct 10%

1989

Skyhawk, L-4
	6	5	4	3	2	1
4-dr Sdn	300	600	950	1900	3200	4600
2-dr Cpe	300	600	950	1900	3200	4600
2-dr S/E Cpe	300	650	1000	2000	3500	4900
4-dr Sta Wgn	300	600	950	1900	3200	4600

Skylark Custom, L-4/V-6
	6	5	4	3	2	1
2-dr Cus Cpe	300	800	1300	2600	4600	6600
2-dr Ltd Cpe	300	800	1350	2700	4700	6900
4-dr Cus Sdn	300	800	1350	2700	4700	6900
4-dr Ltd Sdn	350	850	1400	2800	4900	7100

Century Custom, 4-cyl./6-cyl.
	6	5	4	3	2	1
2-dr Cus Cpe	350	850	1400	2800	4900	7100
4-dr Cus Sdn	350	900	1500	2900	5200	7400
4-dr Ltd Sdn	350	950	1550	3100	5500	7900
4-dr Cus Estate Sta Wgn	350	900	1500	3000	5300	7600
4-dr Ltd Estate Wgn	350	950	1550	3100	5500	7900

	6	5	4	3	2	1
Regal Custom/Limited, 6-cyl.						
2-dr Cus Cpe	350	900	1500	3000	5300	7600.
2-dr Ltd Cpe	350	950	1550	3100	5500	7900
LeSabre, Custom/Limited/T-type 6-cyl.						
2-dr Cpe	350	900	1500	2900	5200	7400
2-dr Ltd Cpe	350	900	1500	2900	5200	7400
2-dr T-type Cpe	350	950	1550	3100	5500	7900
4-dr Cus Sdn	350	950	1550	3100	5500	7900.
4-dr Ltd Sdn	350	1000	1600	3200	5700	8100
4-dr 9-pass Estate Sta Wgn	350	950	1550	3100	5500	7900
Electra Limited/Park Avenue, 6-cyl., FWD						
4-dr Sdn	350	950	1550	3100	5500	7900
4-dr Pk Ave Sdn	400	1100	1800	3600	6200	9100
4-dr Pk Ave Ultra Sdn	450	1250	2150	4300	7400	10700
4-dr T-type Sdn	400	1050	1700	3300	5800	8300
4-dr 9-pass Estate Sta Wgn	400	1050	1700	3300	5800	8300
Riviera, 6-cyl.						
2-dr Cpe	450	1250	2050	4100	7100	10300
Reatta, 6-cyl.						
2-dr Cpe	600	1600	2700	5400	9300	13500

1990

	6	5	4	3	2	1
Skylark, Custom/GranSport/Luxury Ed. L-4/V-6						
2-dr Cpe	350	900	1500	3000	5300	7600
2-dr Cus Cpe	350	900	1500	3000	5300	7600
2-dr GS Cpe	350	1000	1600	3200	5700	8100
4-dr Sdn	350	900	1500	3000	5300	7600
4-dr Cus Sdn	350	950	1550	3100	5500	7900
4-dr LE Sdn	350	950	1550	3100	5500	7900
Century Custom, 4-cyl./6-cyl.						
2-dr Cus Cpe	400	1100	1800	3600	6200	9100
4-dr Cus Sdn	400	1150	1850	3700	6400	9300
4-dr Ltd Sdn	400	1200	2000	4000	6900	10000
4-dr Cus Sta Wgn	400	1200	1950	3900	6800	9900
4-dr Ltd Sta Wgn	400	1200	1950	3900	6800	9900
Regal Custom/Limited, 6-cyl.						
2-dr Cus Cpe	400	1200	1950	3900	6800	9900
2-dr Ltd Cpe	400	1200	2000	4000	6900	10000
LeSabre, Custom/Limited, 6-cyl.						
2-dr Cpe	400	1150	1850	3700	6400	9300
2-dr Ltd Cpe	400	1200	1900	3800	6600	9600
4-dr Cust Sdn	400	1200	2000	4000	6900	10000
4-dr Ltd Sdn	450	1250	2050	4100	7100	10300
9-pass Estate Sta Wgn	400	1200	1950	3900	6800	9900
Electra Limited/Park Avenue/T-type, 6-cyl.						
4-dr Ltd Sdn	400	1150	1850	3700	6400	9300
4-dr Pk Ave Sdn	450	1250	2150	4300	7400	10700
4-dr Pk Ave Ultra Sdn	550	1500	2500	5000	8700	12300
4-dr T-type Sdn	400	1200	1950	3900	6800	9900
Riviera, 6-cyl.						
2-dr Cpe	600	1600	2800	5600	9700	14000
Reatta, 6-cyl., FWD						
2-dr Cpe	650	1800	3200	6400	11000	15900
2-dr Conv	850	2550	4350	8700	15300	21700

Small block option deduct 10%

1991

Skylark, Custom/Gran Sport/Luxury Ed. L-4/V-6), 103.4" wb

	6	5	4	3	2	1
2-dr Cpe	400	1050	1700	3400	5900	8500
2-dr Cus Cpe	400	1050	1700	3400	5900	8500
2-dr GS Cpe	400	1150	1850	3700	6400	9300
4-dr Sdn	400	1050	1700	3400	5900	8500
4-dr Cus Sdn	400	1100	1800	3500	6100	8900
4-dr LE Sdn	400	1100	1800	3600	6200	9100
Century Custom/Limited, 4-cyl./6-cyl., 104.8" wb						
2-dr Cus Cpe	450	1250	2050	4100	7100	10300
4-dr Cus Sdn	450	1250	2100	4200	7200	10500
4-dr Ltd Sdn	500	1300	2250	4500	7700	11000
4-dr Cus Sta Wgn	450	1250	2200	4400	7600	10900
4-dr Ltd Sta Wgn	500	1300	2250	4500	7700	11000
Regal Custom/Limited, 6-cyl., 107.5" wb						
2-dr Cus Cpe	500	1350	2300	4600	8000	11300
2-dr Ltd Cpe	500	1350	2350	4700	8100	11500
4-dr Cus Sedan	550	1450	2450	4900	8500	12000
4-dr Ltd Sedan	550	1500	2500	5000	8700	12300
LeSabre, Custom/Limited, 6-cyl., 110.8" wb						
2-dr Cpe	450	1250	2200	4400	7600	10900
LeSabre Custom, 6-cyl., 110.8" wb						
2-dr Ltd Cpe	500	1300	2250	4500	7700	11000
4-dr Ltd Sdn	500	1350	2350	4700	8100	11500
4-dr Ltd Sdn	550	1400	2400	4800	8300	11800
Roadmaster Estate Wagon, 8-cyl., 115.9" wb						
9-pass Sta Wgn	800	2400	4050	8100	14200	20200
Riviera, 6-cyl., 108.0" wb						
2-dr Cpe	700	1900	3350	6700	11500	16500
Reatta, 6-cyl., FWD, 98.5" wb						
2-dr Cpe	750	2250	3750	7500	13000	18700
2-dr Conv	950	3000	5000	10000	17700	24900

1931 Buick

1937 Buick Century

1950 Buick Roadmaster

1970 Buick GSX

CADILLAC
1903 – 1991

1903 Cadillac Model A Runabout

1949 Cadillac Coupe de Ville

	6	5	4	3	2	1
1903						
Model A, 1-cyl., 9.7 hp, 72" wb						
Rnbt	1500	4550	7650	15300	26900	38200
Tonn Rnbt	1550	4700	7850	15700	27600	39100
1904						
Model A, 1-cyl., 8.5 hp, 72" wb						
Rnbt	1450	4450	7450	14900	26200	37200
2-pass Del	1450	4450	7450	14900	26200	37200
Tonn Rnbt	1500	4550	7650	15300	26900	38200
Model B, 1-cyl., 8.5 hp, 76" wb						
Rnbt	1500	4550	7650	15300	26900	38200
Tr	1550	4700	7850	15700	27600	39100
4-pass Surrey	1550	4700	7850	15700	27600	39100
1905						
Model B, 1-cyl., 9 hp, 76" wb						
4-pass Tr	1500	4550	7650	15300	26900	38200
4-pass Surrey	1550	4700	7850	15700	27600	39100
Model D, 4-cyl., 30 hp, 110" wb						
2-dr 5-pass Tr	1600	4850	8100	16200	28500	40500
Model E, 1-cyl., 9 hp, 74" wb						
2-pass Rnbt	1450	4450	7450	14900	26200	37200
Model F, 1-cyl., 9 hp, 76" wb						
2-dr Tr	1400	4250	7100	14200	25000	35400
2-pass Del	1400	4250	7100	14200	25000	35400

	6	5	4	3	2	1

1906

Model H, 4-cyl., 30 hp, 100" wb

	6	5	4	3	2	1
2-dr 5-pass Rnbt	1400	4350	7250	14500	25500	36200
2-dr 5-pass Tr	1450	4450	7450	14900	26200	37200
2-dr 5-pass Cpe	1350	4200	7000	14100	24800	35100

Model K, 1-cyl., 10 hp, 74" wb

Vic Rnbt	1350	4200	7000	14100	24800	35100

Model L, 4-cyl., 40 hp, 110" wb

7-pass Tr	1550	4700	7850	15700	27600	39100
Limo	1450	4450	7450	14900	26200	37200

Model M, 1-cyl., 10 hp, 76" wb

2-dr Vic Tr	1400	4350	7250	14500	25500	36200

1907

Model G, 4-cyl. 20 hp, 100" wb

	6	5	4	3	2	1
2-pass Rnbt	1350	4200	7000	14100	24800	35100
5-pass Tr	1400	4350	7250	14500	25500	36200
3-pass Rnbt	1300	4100	6850	13700	24100	34200

Model H, 4-cyl. 30 hp, 102" wb

2-pass Rnbt	1400	4350	7250	14500	25500	36200
2-dr Cpe	1350	4200	7000	14100	24800	35100
Tr	1450	4450	7450	14900	26200	37200
Limo	1400	4350	7250	14500	25500	36200

Model K, 1-cyl., 74" wb

Vic Rnbt	1300	4000	6650	13300	23400	33100
w/Vic top	1300	4100	6850	13700	24100	34200

Model M, 1-cyl., 76" wb

2-dr Tr	1300	4100	6850	13700	24100	34200
2-dr Vic Tr	1350	4150	6950	13900	24500	34700
2-dr Cpe	1200	3750	6300	12600	22200	31400
2-pass Del	1300	4100	6800	13600	23950	34000

1908

Model G, 4-cyl. 20 hp, 100" wb

	6	5	4	3	2	1
3-pass Rnbt	1350	4200	7000	14100	24800	35100
2-dr 5-pass Limo	1300	4050	6750	13500	23800	33700
2-dr Tr	1400	4350	7250	14500	25500	36200

Model H, 4-cyl. 30 hp, 102" wb

Tr	1500	4550	7650	15300	26900	38200
Limo	1300	4100	6850	13700	24100	34200

Model M, 1-cyl., 10 hp, 76" wb

2-pass Del	1300	4100	6800	13600	23950	34000

Model S, 1-cyl., 10 hp, 82" wb

Rnbt	1300	4100	6850	13700	24100	34200
Vic Rnbt	1350	4150	6900	13800	24300	34500

Model T, 1-cyl., 10 hp, 82" wb

2-dr Tr	1350	4200	7000	14100	24800	35100
2-dr Vic Tr	1400	4300	7150	14300	25200	35700
2-dr Cpe	1200	3850	6450	12900	22700	32200
2-pass Del	1350	4200	7000	14100	24800	35100

1909

Model 30, 4-cyl., 30 hp, 106" wb

Rdstr	1350	4200	7000	14100	24800	35100
Demi Tonn	1400	4350	7250	14500	25500	36200
Tr	1450	4450	7450	14900	26200	37200

	6	5	4	3	2	1

1910

Model 30, 4-cyl., 30 hp, 110" wb

	6	5	4	3	2	1
4-pass Demi Tonn	1550	4700	7850	15700	27600	39100
5-pass Tr	1450	4450	7450	14900	26200	37200
2-3 pass Rdstr	1500	4550	7650	15300	26900	38200
Limo (120" wb)	1350	4200	7000	14100	24800	35100

1911

Model 30, 4-cyl., 32 hp, 116" wb

	6	5	4	3	2	1
2-3 pass Rdstr	1500	4550	7650	15300	26900	38200
5-pass Demi Tonn	1550	4700	7850	15700	27600	39100
5-pass Tr	1600	4800	8000	16100	28300	40200
3-pass Cpe	1400	4350	7250	14500	25500	36200
4-dr 5-pass Tr	1750	5100	8550	17100	30100	42700
3-dr 4-pass Torp	1700	5050	8450	16900	29700	42200
7-pass Limo	1450	4450	7450	14900	26200	37200

1912

Model 30, 4-cyl., 40 hp, 116" wb

	6	5	4	3	2	1
2-pass Rdstr	1750	5150	8650	17300	30400	43200
4-pass Phtn	1800	5250	8850	17700	31100	44100
5-pass Tr	1850	5400	9000	18100	31800	45200
4-dr 4-pass Torp	1750	5200	8750	17500	30800	43700
4-pass Cpe	1450	4450	7450	14900	26200	37200
7-pass Limo	1550	4700	7850	15700	27600	39100

1913

Model 30, 4-cyl., 40-50 hp, 120" wb

	6	5	4	3	2	1
2-pass Rdstr	1750	5150	8650	17300	30400	43200
4-pass Phtn	1800	5250	8850	17700	31100	44100
4-pass Torp	1850	5400	9000	18100	31800	45200
5-pass Tr	1900	5500	9250	18500	32500	46100
6-pass Tr	1900	5600	9450	18900	33200	47200
4-pass Cpe	1400	4350	7250	14500	25500	36200
7-pass Limo	1550	4700	7850	15700	27600	39100

1914

Model 30, 4-cyl., 40 hp, 120" wb

	6	5	4	3	2	1
2-pass Rdstr	1800	5250	8850	17700	31100	44100
4-pass Phtn	1850	5400	9000	18100	31800	45200
5-pass Tr	1900	5500	9250	18500	32500	46100
7-pass Tr	1900	5600	9450	18900	33200	47200
Lan Cpe	1450	4450	7450	14900	26200	37200
Encl dr Limo	1550	4700	7850	15700	27600	39100
Limo	1600	4800	8000	16100	28300	40200

1915

Type 51, 8-cyl., 60 hp, 122" wb

	6	5	4	3	2	1
4-pass Rdstr	1900	5500	9250	18500	32500	46100
2-dr Salon Phtn	1900	5600	9450	18900	33200	47200
7-pass Tr	1950	5700	9650	19300	33900	48100
3-pass Cpe Lan'let	1400	4350	7250	14500	25500	36200
5-pass Tr	1900	5600	9450	18900	33200	47200
2-dr Sdn	1350	4200	7000	14100	24800	35100
7-pass Limo	1600	4800	8000	16100	28300	40200
Berl Limo	1700	5050	8450	16900	29700	42200

	6	5	4	3	2	1

1916

Type 53, 8-cyl., 60 hp, 122" wb

	6	5	4	3	2	1
Rdstr	1850	5400	9000	18100	31800	45200
5-pass Tr	1900	5500	9250	18500	32500	46100
7-pass Tr	1900	5600	9450	18900	33200	47200
2-dr 4-pass Cpe	1400	4350	7250	14500	25500	36200
5-pass Brghm	1350	4200	7000	14100	24800	35100
7-pass Limo	1600	4800	8000	16100	28300	40200
Berl Limo	1700	5050	8450	16900	29700	42200
4-pass Salon Phtn	1900	5600	9450	18900	33200	47200
2-dr Vic	1400	4300	7200	14400	25350	35900

1917

Type 55, 8-cyl., 60 hp, 125" wb

	6	5	4	3	2	1
2-pass Rdstr	1850	5400	9000	18100	31800	45200
Club Rdstr	1900	5500	9250	18500	32500	46100
7-pass Conv Tr	1800	5250	8850	17700	31100	44100
4-pass Cpe	1350	4200	7000	14100	24800	35100
4-pass Vic Conv	1400	4350	7250	14500	25500	36200
5-pass Brghm	1350	4200	7000	14100	24800	35100
7-pass Limo	1500	4550	7650	15300	26900	38200
7-pass Imperial Limo	1600	4800	8000	16100	28300	40200
7-pass Lan'let	1700	5050	8450	16900	29700	42200
4-dr 7-pass Tr	1900	5650	9550	19100	33600	47700
4-dr 4-pass Phtn	1900	5600	9450	18900	33200	47200

1918

Type 57, 8-cyl., 60 hp, 125" wb

	6	5	4	3	2	1
2-pass Rdstr	1800	5250	8850	17700	31100	44100
4-pass Phtn	1850	5400	9000	18100	31800	45200
7-pass Tr	1750	5150	8650	17300	30400	43200
4-pass Vic	1700	5050	8450	16900	29700	42200

Type 57, 8-cyl., 60 hp, 132" wb

	6	5	4	3	2	1
5-pass Brghm	1300	4100	6850	13700	24100	34200
Limo	1350	4200	7000	14100	24800	35100
Town Limo	1400	4350	7250	14500	25500	36200
Lan'let	1500	4550	7650	15300	26900	38200
Twn Lan'let	1600	4800	8000	16100	28300	40200
Imperial Limo	1550	4700	7850	15700	27600	39100
7-pass Brghm	1350	4150	6950	13900	24500	34700
7-pass Sub	1200	3850	6450	12900	22700	32200

1919

Type 57, 8-cyl., 60 hp, 125" wb

	6	5	4	3	2	1
2-pass Rdstr	1800	5250	8850	17700	31100	44100
4-pass Phtn	1850	5400	9000	18100	31800	45200
7-pass Tr	1750	5150	8650	17300	30400	43200
4-pass Vic	1700	5050	8450	16900	29700	42200

Type 57, 8-cyl., 60 hp, 132" wb

	6	5	4	3	2	1
5-pass Brghm	1300	4100	6850	13700	24100	34200
Limo	1350	4200	7000	14100	24800	35100
Town Limo	1400	4350	7250	14500	25500	36200
Lan'let	1500	4550	7650	15300	26900	38200
Twn Lan'let	1600	4800	8000	16100	28300	40200
Imperial Limo	1550	4700	7850	15700	27600	39100
7-pass Brghm	1350	4150	6950	13900	24500	34700
7-pass Sub	1200	3850	6450	12900	22700	32200

	6	5	4	3	2	1

1920-1921

Type 59, 8-cyl., 60 hp, 125" wb

	6	5	4	3	2	1
2-pass Rdstr	1650	4900	8250	16500	29000	41200
4-pass Phtn	1700	5050	8450	16900	29700	42200
4-pass Vic	1200	3850	6450	12900	22700	32200
5-pass Sdn	1200	3750	6250	12500	22000	31100
2-pass Cpe	1200	3850	6450	12900	22700	32200

Type 59, 8-cyl., 60 hp, 132" wb

	6	5	4	3	2	1
7-pass Tr	1600	4800	8000	16100	28300	40200
7-pass Sub	1200	3750	6250	12500	22000	31100
7-pass Limo	1350	4200	7000	14100	24800	35100
7-pass Twn Brghm	1400	4350	7250	14500	25500	36200
7-pass Imperial Limo	1450	4450	7450	14900	26200	37200

1922-1923

Type 61, 8-cyl., 72 hp, 132" wb

	6	5	4	3	2	1
2-pass Rdstr	1500	4550	7650	15300	26900	38200
4-pass Phtn	1550	4700	7850	15700	27600	39100
7-pass Tr	1500	4550	7650	15300	26900	38200
2-pass Cpe	1200	3750	6250	12500	22000	31100
4-pass Vic	1200	3850	6450	12900	22700	32200
5-pass Cpe	1100	3500	5850	11700	20600	29100
5-pass Sdn	1050	3350	5600	11200	19700	28000
7-pass Sub	1300	4000	6650	13300	23400	33100
7-pass Limo	1300	4100	6850	13700	24100	34200
5-7 pass Imperial Limo	1350	4200	7000	14100	24800	35100
5-pass Landau Sdn	1400	4350	7250	14500	25500	36200

1924

V-63, 8-cyl., 72 hp, 132" wb

	6	5	4	3	2	1
2-pass Rdstr	1550	4700	7900	15800	27800	39400
5-pass Phtn	1700	5050	8450	16900	29700	42200
7-pass Tr	1500	4600	7700	15400	27100	38500
4-pass Vic	1150	3650	6100	12200	21500	30500
2-pass Cpe	1100	3550	5900	11800	20800	29400
5-pass Sdn	1150	3600	6000	12000	21150	30000
7-pass Sub	1100	3550	5900	11800	20800	29400
5-7 pass Limo	1050	3350	5600	11200	19700	28000
5-7 pass Twn Brghm	1050	3400	5700	11400	20100	28500
7-pass Imperial Sub	1100	3500	5800	11600	20450	28900
Lan Sdn	1100	3550	5900	11800	20800	29400

1925

V-63, 8-cyl., 72 hp, 132" wb

	6	5	4	3	2	1
2-pass Rdstr	1550	4700	7900	15800	27800	39400
5-pass Phtn	1700	5050	8450	16900	29700	42200
7-pass Tr	1500	4600	7700	15400	27100	38500
4-pass Vic	1150	3650	6100	12200	21500	30500
2-pass Cpe	1100	3550	5900	11800	20800	29400
5-pass Sdn	1150	3600	6000	12000	21150	30000
7-pass Sub	1100	3550	5900	11800	20800	29400
5-7 pass Limo	1050	3350	5600	11200	19700	28000
5-7 pass Twn Brghm	1050	3400	5700	11400	20100	28500
7-pass Imperial Sub	1100	3500	5800	11600	20450	28900
Lan Sdn	1100	3550	5900	11800	20800	29400

Custom Models, 8-cyl., 72 hp, 132" wb

	6	5	4	3	2	1
2-pass Cpe	1050	3400	5700	11400	20100	28500
5-pass Cpe	1100	3550	5900	11800	20800	29400
5-pass Sdn	1100	3500	5800	11600	20450	28900

	6	5	4	3	2	1
7-pass Sub	1050	3400	5700	11400	20100	28500
7-pass Imp Sub	1100	3500	5800	11600	20450	28900

1926

Series 314-Standard, 8-cyl., 87 hp, 132" wb

2-pass Cpe	1400	4250	7100	14200	25000	35400
4-pass Vic	1450	4400	7300	14600	25700	36500
5-pass Brghm	1400	4250	7100	14200	25000	35400
5-pass Sdn	1050	3300	5500	11000	19300	27500
7-pass Sdn	1050	3400	5700	11400	20100	28500
7-pass Imp Sdn	1050	3300	5500	11000	19300	27500

Series 314-Custom, 8-cyl., 87 hp, 138" wb

2-pass Rdstr (132" wb)	3450	10300	17300	34600	60900	86500
7-pass Tr	3450	10300	17300	34600	60900	86500
4-pass Phtn	3550	10550	17700	35400	62300	88500
5-pass Cpe	1850	5400	9100	18200	32000	45500
5-pass Sdn	1500	4600	7700	15400	27100	38500
7-pass Sub	1550	4700	7900	15800	27800	39400
7-pass Imperial Sdn	1750	5200	8700	17400	30600	43500

1927

Series 314 Standard., 8-cyl., 87 hp, 132" wb

2-pass Spt Cpe	1600	4750	7950	15900	28000	39700
2-pass Cpe	1450	4400	7350	14700	25900	36700
5-pass Sdn	1050	3400	5700	11400	20100	28500
7-pass Sdn	1100	3550	5900	11800	20800	29400
4-pass Vic	1500	4500	7550	15100	26600	37700
5-pass Spt Sdn	1150	3650	6150	12300	21700	30700
5-pass Brghm	1100	3450	5750	11500	20300	28700
4-pass Sdn (138" wb)	1100	3550	5900	11800	20800	29400
7-pass Imperial (138" wb)	1150	3650	6100	12200	21500	30500

Series 314-Custom, 138" wb

2-pass Rdstr	3050	9100	15300	30600	53900	76500
4-pass Phtn	3300	9800	16450	32900	57900	82200
4-pass Spt Phtn	3450	10300	17300	34600	60800	86400
Dual Cowl Phtn	3600	10700	18000	36000	63200	89900
7-pass Tr	3200	9600	16100	32200	56700	80500
2-pass Conv Cpe	2350	6950	11700	23400	41100	58400
5-pass Cpe	1650	4950	8300	16600	29200	41500
5-pass Sdn	1200	3750	6300	12600	22200	31400
7-pass Sub	1250	3900	6500	13000	22900	32500
7-pass Imperial Sdn	1300	4000	6700	13400	23600	33400
Cabrlt Cpe	2200	6800	11700	23400	41100	58400
Cabrlt Sdn	2000	5850	9900	19800	34800	50000
Cabrlt Sub	2100	5900	10000	20000	35000	52000
Cabrlt Imperial	4400	13050	21900	43000	77200	109750

Fleetwood Bodies

Limo Brghm	1700	5050	8500	17000	29900	42500
Twn Brghm	1800	5300	8950	17900	31500	44700
Trans Cabrlt	1950	5750	9700	19400	34100	48400
Town Cabrlt (Opera seat) Brunn	2000	5850	9900	19800	34800	49500
Sdn Lan Town Cabrlt	1300	4000	6700	13400	23600	33400
Willoughby Town Cabrlt	1500	4500	7500	15000	26400	37500

1928

Series 341, Fisher Custom Line, 8-cyl., 95 hp, 140" wb

2-4 pass Rdstr	4250	12650	21300	42600	75000	106500
7-pass Tr	4350	12900	21700	43400	76400	108500
5-pass Phtn	4400	13150	22100	44200	77800	110500

	6	5	4	3	2	1
5-pass Spt Phtn	4450	13250	22300	46600	78500	111500
2-4 pass Conv RS	3850	11500	19300	38600	67900	96500
2-pass Cpe	1550	4700	7900	15800	27800	39400
5-pass Cpe	1450	4400	7300	14600	25700	36500
5-pass Twn Sdn	1350	4150	6900	13800	24300	34500
5-pass Sdn	1300	4000	6700	13400	23600	33400
7-pass Sdn	1350	4150	6900	13800	24300	34500
5-pass Imp Sdn	1400	4250	7100	14200	25000	35400
5-pass Imperial Cabrlt	4000	11850	19950	39900	70200	99800
7-pass Imperial Sdn	2400	7050	11950	23900	42000	59700
7-pass Imperial Cabrlt	4400	13050	21950	43900	77300	109800
Series 341, Fleetwood Line, 8-cyl., 95 hp, 140" wb						
5-pass Sdn	1500	4500	7500	15000	26400	37500
5-pass Cabrlt Sdn	4200	12550	21100	42200	74300	105500
5-pass Imp Sdn	4400	13050	21900	43800	77100	109500
7-pass Sdn	1550	4700	7900	15800	27800	39400
5-pass Imp Cabrlt	4400	13150	22100	44200	77800	110500
7-pass Imp Cabrlt	4500	13400	22500	45000	79200	112500
7-pass Trans Twn Cabrlt	4400	13050	21900	43800	77100	109500
7-pass Trans Limo Brghm	3000	9000	15100	30200	53200	75500

1929

	6	5	4	3	2	1
Series 341-B, 8-cyl., 95 hp, 140" wb						
2-4 pass Rdstr	4400	13150	22100	44200	77800	110500
4-pass Phtn	4600	13650	22950	45900	80800	114800
4-pass Spt Phtn	5000	14800	24900	49800	87600	124500
7-pass Tr	4000	11950	20100	40200	70800	100500
2-4 pass Conv Cpe	4000	11950	20100	40200	70800	100500
2-4 pass Cpe	2800	8250	13900	27800	48900	69500
5-pass Cpe	2150	6200	10500	21000	36900	52400
5-pass Imp Lan Cabrlt	2450	7150	12100	24200	42500	60400
5-pass Sdn	1700	5050	8500	17000	29900	42500
7-pass Sdn	1650	4950	8300	16600	29200	41500
5-pass Twn Sdn	1750	5200	8700	17400	30600	43500
5-pass Imp Sdn	1800	5250	8800	17600	30950	43900
7-pass Imperial Sdn	1800	5300	8900	17800	31300	44400
Fleetwood Custom Line, 8-cyl., 140" wb						
5-pass Sdn	1700	5050	8500	17000	29900	42500
5-pass Sdn Cabrlt	4600	13750	23100	46200	81300	115500
5-pass Imp Sdn	2000	5850	9900	19800	34800	49500
7-pass Sdn	2000	5800	9800	19600	34450	49000
7-pass Imp Sdn	2050	6000	10150	20300	35700	50700
5-pass Imp Cabrlt	4000	11800	19900	39700	69850	99300
7-pass Trans Twn Cabrlt	4000	11850	19900	39800	70000	99500
7-pass Trans Limo Brghm	3000	9000	15100	30200	53200	77500
5-pass Club Cabrlt	4200	12550	21100	42200	74300	105500
5-pass A/W Phtn	5050	15050	25300	50600	89100	126500
5-pass A/W Imperial Phtn	5100	15100	25400	50800	89200	126800

1930

	6	5	4	3	2	1
Fisher Custom Line, Series 353, 8-cyl., 95 hp, 140" wb						
2-4 pass Conv Cpe	4400	13150	22100	44200	77800	110500
2-4 pass Cpe	2850	8500	14300	28600	50300	71500
5-pass Twn Sdn	1700	5050	8500	17000	29900	42500
4-dr Sdn	1650	4950	8300	16600	29200	41500
7-pass Sdn	1750	5200	8700	17400	30600	43500
7-pass Imperial Sdn	2000	5900	9950	19900	35000	49700
5-pass Cpe	2100	6100	10300	20600	36200	51500
Fleetwood Line, Series 353, 8-cyl., 95 hp, 140" wb						
2-4 pass Rdstr	5050	15050	25300	50600	89100	126500

	6	5	4	3	2	1
5-pass Sdn	1800	5300	8950	17900	31500	44700
5-pass Sdn Cabrlt	4400	13050	21900	43800	77100	109500
5-pass Imperial	2000	5900	9950	19900	35000	49700
5-pass Imp Sdn Cabrlt	4450	13200	22200	44400	78000	110800
5-pass Sedanette	1800	5300	9000	18000	31750	45000
7-pass Sdn	1800	5300	8950	17900	31500	44700
7-pass Imperial Sdn	2000	5900	9950	19900	35000	49700
7-pass Twn Cabrlt	5100	15200	25500	51000	89800	127500
7-pass Limo Brghm	4900	14500	24300	48600	85500	121500
5-pass A/W Phtn	5600	16600	27950	55900	98200	139500
Fleetwood Custom Line, Series 452, V-16, 165 hp, 148" wb						
2-4 pass Rdstr	13400	39800	67000	134000	235300	334500
5-pass A/W Phtn	14400	42800	72000	144000	252900	359500
A/W Phtn	14600	43400	73000	146000	256400	364400
2-4 pass Conv Cpe	13400	39800	67000	134000	235300	334500
2-4 pass Cpe	5000	14950	25100	50200	88400	125500
5-pass Cpe	5000	15000	25200	50300	88500	125750
5-pass Club Sdn	4800	14200	23900	47800	84100	119500
5-pass Sdn	4800	14200	23900	47800	84100	119500
7-pass Imp	5150	15300	25800	51500	90600	128900
5-7 pass Imp Cabrlt	11400	33900	57000	114000	200200	284600
7-pass Sdn	5000	14950	25100	50200	88400	125500
7-pass Imp Sdn	5150	15300	25750	51500	90600	128700
7-pass Twn Cabrlt	11600	34450	58000	116000	203700	289600
7-pass Limo Brghm	8100	24050	40500	81000	142200	202200
7-pass Twn Brghm	8100	24050	40500	81000	142200	202200
5-pass Twn Panel Brghm	8400	24950	42000	84000	147500	209700
Madame X Models						
A/W Phtn	15900	47200	79500	159000	279000	397000
Conv	15000	44600	75000	150000	263400	374400
Cpe	7700	22850	38500	77000	135200	192200
5-pass OS Imp	6900	20500	34500	69000	121200	172200
5-pass Imp	6700	19900	33500	67000	117600	167200
Twn Cabrlt 4312	13400	39800	67000	134000	235300	334500
Twn Cabrlt 4320	13200	39200	66000	132000	231800	329500
Twn Cabrlt 4325	13200	39200	66000	132000	231800	329500
Limo Brgm	9900	29400	49500	99000	173800	247100

1931

	6	5	4	3	2	1
Fisher Bodies, Series 355, 8-cyl., 95 hp, 134" wb						
2-4 pass Cpe	3000	9000	15100	30200	53200	75500
5-pass Cpe	2950	8750	14700	29400	51700	73500
5-pass Sdn	1800	5300	8950	17900	31500	44700
5-pass Twn Sdn	1900	5500	9300	18600	32700	46400
7-pass Sdn	1950	5750	9700	19400	34100	48400
7-pass Imp Limo	2000	5900	9950	19900	35000	49700
Fleetwood Bodies, Series 355, 8-cyl., 95 hp, 134" wb.						
2-4 pass Rdstr	5450	16200	27250	54500	95700	136000
2-4 pass Conv Cpe	5450	16250	27350	54700	96000	136500
7-pass Tr	5500	17000	28500	57500	101000	142000
5-pass Phtn	5800	17300	29100	58200	102400	145500
5-pass A/W Phtn	6300	18700	31500	63000	110600	157300
Series 370, V-12., 135 hp, 140" wb						
2-4 pass Rdstr	9200	27350	46000	92000	161500	229700
5-pass Phtn	9200	27350	46000	92000	161500	229700
2-4 pass Conv Cpe	8600	25550	43000	86000	151000	214700
5-pass A/W Phtn	9400	27900	47000	94000	165100	234600
2-4 pass Cpe	5800	17200	28950	57900	101700	144500
5-pass Cpe	5550	16550	27850	55700	98000	139200
5-pass Sdn	4800	14200	23900	47800	84100	119500
5-pass Twn Sdn	5000	14950	25100	50200	88400	125500

	6	5	4	3	2	1
Series 370, V-12., 135 hp, 143" wb						
7-pass Sdn	5400	16100	27100	54200	95400	135500
Imperial Sdn	5600	16600	27900	55800	98200	139500
Series 452A, V-16., 165 hp, 148" wb						
2-4 pass Rdstr	14800	43950	74000	148000	259900	369400
5-pass Phtn	15500	46050	77500	155000	272200	386900
5-pass A/W Phtn	15300	45450	76500	153000	268700	381900
2-4 pass Cpe	5300	15750	26500	53000	93100	132300
2-pass Spl Cpe	5600	16700	28100	56200	98700	140300
5-pass Cpe	5300	15750	26500	53000	93100	132300
2-4 pass Conv Cpe	15000	44550	75000	150000	263400	374400
5-pass Club Sdn	6700	19950	33500	67000	117900	167500
5-pass Sdn	3800	11350	19100	38200	67200	95500
7-pass Sdn	4000	11850	19900	39800	70000	99500
5-7 pass Imp	4000	11850	19900	39800	70000	99500
5-pass Sdn Cabrlt	12600	37400	63000	126000	221200	314500
5-7 pass Twn Cabrlt	12800	38000	64000	128000	224800	319500
5-7 pass Limo Brghm	9400	27900	47000	94000	165100	234600
5-7 pass Twn Brghm	9600	28500	48000	96000	168600	239600
Madame X, V-16, 165 hp, 148" wb						
5-7 pass Imp Cabrlt	12600	37400	63000	126000	221200	314500
5-pass Sdn Cabrlt	12600	37400	63000	126000	221200	314500
5-7 pass Imp Cabrlt	12800	38000	64000	128000	224800	319500
5-pass Sdn	3800	11350	19100	38200	67200	95500
5-pass Club Sdn Imp	4200	12500	21000	42000	73700	104800
5-7 pass Imp	4200	12500	21000	42000	73700	104800
5-pass Imp	4200	12550	21100	42200	74300	105500
7-pass Imp	4400	13050	21900	43800	77100	109500
5-pass Imp Lan	4400	13100	22000	44000	77300	109800

1932

	6	5	4	3	2	1
Series 355B, 8-cyl., 115 hp, 134" wb						
2-pass Rdstr	4750	14100	23700	47400	83400	118500
2-pass Conv	4100	12200	20500	41000	72200	102500
2-pass Cpe	2000	5900	9950	19900	35000	49700
5-pass Sdn	1600	4850	8100	16200	28500	40500
Fisher Line, Series 355, 8-cyl., 115 hp, 140" wb						
5-pass Phtn	4300	12800	21500	43000	75700	107500
5-pass Spl Phtn	4300	12800	21500	43000	75700	107500
5-pass Spt Phtn	4500	13400	22500	45000	79200	112500
5-pass A/W Phtn	4500	13400	22500	45000	79200	112500
5-pass Cpe	2200	6450	10900	21800	38300	54400
5-pass Spl Sdn	1650	4950	8300	16600	29200	41500
5-pass Twn Sdn	1700	5050	8500	17000	29900	42500
7-pass Imp Sdn	1800	5300	8900	17800	31300	44400
7-pass Sdn	1600	4800	8000	16000	28150	40000
Fleetwood Bodies, Series 355, 8-cyl., 115 hp, 140" wb						
5-pass Sdn	1800	5300	8900	17800	31300	44400
5-pass Twn Cpe	2300	6700	11300	22600	39700	56400
7-pass Sdn	2000	5900	9950	19900	35000	49700
7-pass Limo	2300	6750	11400	22800	40050	57000
5-pass Twn Car	4200	12550	21100	42200	74100	105300
7-pass Twn Cabrlt	4350	12900	21750	43500	76400	108600
Limo Brghm	2600	7750	13100	26200	46000	65500
Series 370-B, V-12., 135 hp, 134" wb						
2-pass Rdstr	7700	22900	38500	77000	135500	192500
2-pass Conv Cpe	7300	21700	36500	73000	128500	182500
2-pass Cpe	2800	8250	13900	27800	48900	69500
5-pass Sdn	2000	5850	9900	19800	34800	49500

	6	5	4	3	2	1
Fisher Bodies						
5-pass Phtn	7600	22600	38000	76000	133400	189700
5-pass Spl Phtn	7900	23450	39500	79000	138700	197200
5-pass Spt Phtn	8300	24700	41500	83000	145700	207200
5-pass A/W Phtn	8100	24050	40500	81000	142200	202200
5-pass Cpe	3000	9450	15900	31800	56000	79500
5-pass Spl Sdn	3000	9000	15100	30200	53200	75500
5-pass Twn Sdn	2600	7750	13100	26200	46000	65500
7-pass Sdn	2700	8050	13500	27000	47500	67500
7-pass Imperial	2800	8250	13900	27800	48900	69500
Fleetwood Bodies						
5-pass Sdn	3400	10150	17100	34200	60200	85500
5-pass Twn Cpe	3500	10400	17500	35000	61600	87500
7-pass Sdn	3100	9200	15500	31000	54600	77500
7-pass Limo	3400	10150	17100	34200	60200	85500
5-pass Twn Cabrlt	8900	26450	44500	89000	156300	222200
7-pass Twn Cabrlt	9100	27050	45500	91000	159800	227200
Limo Brghm	7100	21100	35500	71000	125000	177500
Series 452-B, V-16., 165 hp						
Fisher Bodies, 143" wb.						
2-pass Rdstr	12500	37100	62500	125000	219500	312000
2-pass Conv Cpe	11000	32700	55000	110000	193200	274600
2-pass Cpe	8400	25000	42000	84000	147800	210000
5-pass Std Sdn	7200	21400	36000	72000	126700	180000
Fisher Bodies, 149" wb.						
5-pass Phtn	14000	41600	70000	140000	245800	349500
5-pass Spl Phtn	14200	42200	71000	142000	249300	354500
5-pass Spt Phtn	14000	41600	70000	140000	245800	349500
5-pass A/W Phtn	14200	42200	71000	142000	249300	354500
Fleetwood Bodies, 149" wb.						
5-pass Sdn	8400	25000	42000	84000	147500	209700
7-pass Limo	9400	27900	47000	94000	165100	234600
5-pass Twn Cpe	9600	28500	48000	96000	168600	239600
7-pass Sdn	9200	27300	46000	92000	161500	229700
7-pass Twn Cabrlt	14000	41600	70000	140000	245800	349500
5-pass Twn Cabrlt	13800	41000	69000	138000	242300	344500
7-pass Limo Brghm	9000	26700	45000	90000	158000	224700

1933

	6	5	4	3	2	1
Series 355C, 8-cyl., 115 hp, 134" wb						
Fisher Bodies						
2-pass Rdstr	4500	13400	22500	45000	79200	112500
2-pass Conv Cpe	3850	11500	19300	38600	67900	96500
2-pass Cpe	1800	5300	8900	17800	31300	44400
Fisher Bodies, 140" wb.						
5-pass Phtn	4100	12200	20500	41000	72200	102500
5-pass A/W Phtn	4300	12800	21500	43000	75700	107500
5-pass Cpe	1850	5400	9100	18200	32000	45500
5-pass Sdn	1750	5200	8700	17400	30600	43500
5-pass Twn Sdn	1800	5300	8900	17800	31300	44400
7-pass Sdn	1850	5400	9100	18200	32000	45500
Imperial Sdn	1950	5750	9700	19400	34100	48400
Fleetwood Line, 140" wb.						
5-pass Sdn	1800	5300	8900	17800	31300	44400
7-pass Sdn	1850	5400	9100	18200	32000	45500
7-pass Limo	1950	5750	9700	19400	34100	48400
5-pass Twn Cabrlt	4050	12050	20300	40600	71500	101500
7-pass Twn Cabrlt	4250	12600	21200	42400	74600	106000
7-pass Limo Brghm	2450	7250	12300	24600	43200	61500

	6	5	4	3	2	1
Series 370C, V-12, 135 hp,						
Fisher Bodies, 134" wb.						
2-pass Rdstr	4900	14550	24500	49000	86200	122500
2-pass Conv Cpe	4650	13850	23300	46600	82000	116500
2-pass Cpe	2950	8750	14700	29400	51700	73500
Fisher Bodies, 140" wb.						
5-pass Phtn	4800	14300	24000	48000	84500	120000
5-pass A/W Phtn	4900	14550	24500	49000	86200	122500
5-pass Cpe	3100	9200	15500	31000	54600	77500
5-pass Sdn	2600	7750	13100	26200	46000	65500
5-pass Twn Sdn	2600	7750	13100	26200	46000	65500
7-pass Sdn	2450	7250	12300	24600	43200	61500
7-pass Imperial Sdn	2700	8050	13500	27000	47500	67500
Fleetwood Line, 140" wb.						
5-pass Sdn	2700	8050	13500	27000	47500	67500
7-pass Sdn	2700	8050	13500	27000	47500	67500
7-pass Limo	2800	8300	13950	27900	49100	69800
5-pass Twn Cabrlt	4800	14300	24000	48000	84500	120000
7-pass Twn Cabrlt	4900	14550	24500	49000	86200	122500
7-pass Limo Brghm	3200	9450	15900	31800	56000	79500
Series 452-C, 16-cyl., 165 hp						
Fleetwood Bodies, 149" wb						
2-4 pass Conv Cpe	10400	30900	52000	104000	182600	259600
A/W Phtn	10600	31500	53000	106000	186100	264600
5-pass Sdn	7400	22000	37000	74000	130200	185000
7-pass Sdn	7400	22000	37000	74000	130200	185000
5-pass Twn Cabrlt	9200	27300	46000	92000	161500	229700
7-pass Twn Cabrlt	9000	26700	45000	90000	158000	224700
7-pass Limo	7600	22600	38000	76000	133800	190000
7-pass Limo Brghm	7600	22600	38000	76000	133800	190000
5-pass Twn Cpe	7100	21100	35500	71000	125000	177500
7-pass Imperial Cabrlt	9400	27900	47000	94000	165100	234600

1934

Model 355D

Fisher Bodies, Series 10, 8-cyl., 130 hp, 128" wb.

	6	5	4	3	2	1
2-pass Conv Cpe	3050	9050	15250	30500	53700	76200
5-pass Conv Sdn	3150	9350	15750	31500	55400	78800
2-pass Twn Cpe	1800	5300	8900	17800	31300	44400
5-pass Twn Cpe	1550	4700	7900	15800	27800	39400
5-pass Sdn	1500	4500	7500	15000	26400	37500
5-pass Twn Sdn	1550	4650	7750	15500	27300	38700
Fisher Bodies Series 20, 136" wb.						
2-pass Conv Cpe	3300	9800	16500	33000	58100	82500
5-pass Conv Sdn	3400	10100	17000	34000	59800	85000
2-pass Cpe Spt	1900	5500	9300	18600	32700	46400
5-pass Sdn	1500	4500	7500	15000	26400	37500
5-pass Twn Sdn	1550	4650	7750	15500	27300	38700
7-pass Sdn	1800	5300	8900	17800	31300	44400
7-pass Imperial Sdn	2000	5850	9900	19800	34800	49500
Fleetwood Bodies w/straight windshield, Series 30, 8-cyl., 130 hp, 146" wb						
5-pass Sdn	1550	4700	7900	15800	27800	39400
5-pass Twn Sdn	1600	4850	8100	16200	28500	40500
7-pass Sdn	1650	4950	8300	16600	29200	41500
7-pass Limo	1750	5200	8700	17400	30600	43500
5-pass Imperial Cabrlt	3750	11100	18700	37400	65800	93500
7-pass Imperial Cabrlt	3900	11600	19500	39000	68500	97400
Fleetwood Bodies w/modified "v" windshield, Series 30, 8-cyl., 130 hp, 146" wb						
4-pass Conv Cpe	3500	10400	17500	35000	61600	87500
Aero Cpe	3200	9450	15900	31800	56000	79500
4-pass Cpe	2200	6450	10900	21800	38300	54400

	6	5	4	3	2	1
5-pass Spl Sdn	1800	5300	8900	17800	31300	44400
5-pass Spl Twn Sdn	1850	5400	9100	18200	32000	45500
5-pass Conv Sdn Imp	3800	11350	19100	38200	67200	95500
7-pass Spl Sdn	1900	5500	9300	18600	32700	46400
7-pass Spl Limo	1950	5750	9700	19400	34100	48400
5-pass Twn Cabrlt	3800	11350	19100	38200	67200	95500
7-pass Twn Cabrlt	3900	11600	19500	39000	68600	97500
5-pass Spl Imperial Cabrlt	3900	11600	19500	39000	68600	97500
7-pass Spl Imperial Cabrlt	4000	11900	20000	40000	70400	100000
5-pass Limo Brghm	3000	8900	15000	30000	52800	75000

Series 370D,
Fleetwood Bodies w/straight windshield, V-12., 150 hp, 146" wb

	6	5	4	3	2	1
5-pass Sdn	2200	6500	10950	21900	38500	54700
5-pass Twn Sdn	2250	6600	11150	22300	39200	55700
7-pass Imperial Sdn	2400	7050	11900	23800	41800	59500
7-pass Sdn	2300	6750	11400	22800	40050	57000
5-pass Imperial Cabrlt	4250	12600	21200	42400	74600	106000
7-pass Imperial Cabrlt	4300	12850	21600	43200	76000	108000

Fleetwood Bodies w/modified "V" windshield, V-12, 150 hp, 146" wb

	6	5	4	3	2	1
4-pass Conv Cpe	3950	11750	19750	39500	69500	98800
4-pass Cpe	2550	7500	12700	25400	44600	63500
5-pass Spl Sdn	2250	6600	11100	22200	39000	55500
5-pass Spl Twn Sdn	2300	6800	11500	23000	40400	57500
5-pass Conv Sdn Imp	4500	13400	22500	45000	79200	112500
7-pass Spl Sdn	2400	7050	11900	23800	41800	59500
7-pass Spl Limo	2600	7700	13000	26000	45650	65000
5-pass Twn Cabrlt	4250	12650	21250	42500	74800	106200
7-pass Twn Cabrlt	4300	12800	21500	43000	75700	107500
5-pass Spl Imperial Cabrlt	4400	13100	22000	44000	77400	110000
7-pass Spl Imperial Cabrlt	4700	14000	23500	47000	82700	117500
7-pass Limo Brghm	3100	9200	15400	30800	54100	76900

Series 452D,
Fleetwood Bodies w/straight windshield, V-16., 185 hp, 154" wb

	6	5	4	3	2	1
5-pass Sdn	5800	17300	29100	58200	102400	145500
5-pass Twn Sdn	6000	17850	30000	60000	105600	150000
7-pass Sdn	6000	17850	30000	60000	105600	150000
7-pass Limo	6150	18300	30750	61500	108200	153800
5-pass Imp Cabrlt	7900	23500	39500	79000	139000	197500

Fleetwood Bodies w/modified "V" windshield, V-16., 185 hp, 154" wb

	6	5	4	3	2	1
4-pass Conv Cpe	8400	25000	42000	84000	147500	209700
Aero Cpe	7500	22300	37500	75000	131700	187200
4-pass Cpe	9400	27900	47000	94000	165100	234600
5-pass Spl Sdn	8600	25600	43000	86000	151000	214700
5-pass Spl Twn Sdn	6150	18300	30750	61500	108200	153800
5-pass Conv Sdn Imp	9100	27050	45500	91000	160200	227500
7-pass Spl Sdn	5950	17700	29750	59500	104700	148800
7-pass Spl Limo	6300	18750	31500	63000	110900	157500
5-pass Twn Cabrlt	7700	22850	38500	77000	135200	192200
7-pass Twn Cabrlt	7800	23150	39000	78000	137000	194700
5-pass Spl Imperial Cabrlt	8100	24050	40500	81000	142200	202200
7-pass Spl Imperial Cabrlt	8300	24650	41500	83000	145700	207200
7-pass Limo Brghm	6700	19950	33500	67000	117900	167500

1935

Model 355D, 8-cyl., 130 hp,
Fisher Bodies, Series 10, 128" wb

	6	5	4	3	2	1
2-4 pass Conv Cpe	3050	9100	15300	30600	53900	76500
5-pass Conv Sdn	3150	9350	15700	31400	55300	78500
2-4 pass Cpe	1800	5300	8900	17800	31300	44400
5-pass Twn Cpe	1550	4700	7900	15800	27800	39400

	6	5	4	3	2	1
5-pass Sdn	1500	4500	7500	15000	26400	37500
5-pass Twn Sdn	1550	4650	7750	15500	27300	38700
Fisher Bodies, Series 20, 136" wb.						
2-4 pass Conv Cpe	2850	8500	14250	28500	50200	71200
5-pass Conv Sdn	2750	8200	13750	27500	48400	68800
2-4 pass Cpe	2150	6200	10500	21000	36900	52400
5-pass Sdn	1650	4950	8300	16600	29200	41500
5-pass Twn Sdn	1700	5050	8500	17000	29900	42500
7-pass Sdn	1800	5350	9000	18000	31650	45000
7-pass Imperial Sdn	2000	5850	9900	19800	34800	49500
Fleetwood Bodies w/straight windshield, Series 30, 146" wb.						
5-pass Sdn	1550	4700	7900	15800	27800	39400
5-pass Twn Sdn	1600	4850	8100	16200	28500	40500
7-pass Limo	1650	4950	8300	16600	29200	41500
7-pass Sdn	1750	5200	8700	17400	30600	43500
5-pass Imperial Cabrlt	3750	11150	18750	37500	66000	93800
7-pass Imperial Cabrlt	3850	11450	19250	38500	67800	96200
Fleetwood Bodies w/modified "V" windshield, Series 30, 146" wb.						
4-pass Conv Cpe	3500	10400	17500	35000	61600	87500
4-pass Cpe	2150	6200	10500	21000	36900	52400
5-pass Spl Sdn	1750	5200	8750	17500	30800	43700
5-pass Spl Twn Sdn	1800	5350	9000	18000	31650	45000
5-pass Conv Sdn Imp	3900	11600	19500	39000	68600	97500
7-pass Spl Sdn	1900	5500	9300	18600	32700	46400
7-pass Spl Limo	1950	5750	9700	19400	34100	48400
5-pass Twn Cabrlt	3850	11450	19250	38500	67800	96200
7-pass Twn Cabrlt	3950	11750	19750	39500	69500	98800
5-pass Spl Imperial Cabrlt	3950	11750	19750	39500	69500	98800
7-pass Spl Imperial Cabrlt	4000	11900	20000	40000	70400	100000
7-pass Limo Brghm	3000	8900	15000	30000	52800	75000
Series 370D, V-12, 150 hp,						
Fleetwood Bodies w/straight windshield, 146" wb						
5-pass Sdn	2250	6550	11000	22000	38650	55000
5-pass Twn Sdn	2300	6650	11250	22500	39500	56100
7-pass Sdn	2300	6800	11500	23000	40400	57500
7-pass Limo	2400	7100	12000	24000	42150	59900
5-pass Spl Imperial Cabrlt	4250	12650	21250	42500	74800	106200
7-pass Spl Imperial Cabrlt	4350	12950	21750	43500	76600	108800
Fleetwood Bodies w/modified "V" windshield, 146" wb						
5-pass Spl Sdn	2300	6650	11250	22500	39500	56100
5-pass Spl Twn Sdn	2350	6950	11750	23500	41300	58700
7-pass Spl Sdn	2400	7100	12000	24000	42150	59900
7-pass Spl Limo	2650	7850	13250	26500	46500	66100
5-pass Spl Imperial Cabrlt	4400	13100	22000	44000	77400	110000
7-pass Spl Imperial Cabrlt	4750	14150	23750	47500	83600	118800
5-pass Twn Cabrlt	4250	12650	21250	42500	74800	106200
7-pass Twn Cabrlt	4300	12800	21500	43000	75700	107500
4-pass Conv Cpe	3900	11600	19500	39000	68600	97500
4-pass Cpe	2500	7400	12500	25000	43900	62400
5-pass Conv Sdn Imp	4500	13400	22500	45000	79200	112500
7-pass Limo Brghm	3850	11450	19250	38500	67800	96200
Series 452D, 16-cyl., 185 hp, 154" wb						
Fleetwood Bodies w/straight windshield 154" wb.						
5-pass Sdn	5800	17250	29000	58000	102100	145000
5-pass Twn Sdn	6000	17850	30000	60000	105600	150000
7-pass Sdn	6000	17850	30000	60000	105600	150000
7-pass Limo	6200	18450	31000	62000	109100	155000
5-pass Imperial Cabrlt	7600	22600	38000	76000	133800	190000
7-pass Imperial Cabrlt	7800	23200	39000	78000	137300	195000

	6	5	4	3	2	1

Fleetwood Bodies w/modified "V" windshield, 154" wb.

	6	5	4	3	2	1
4-pass Cpe	9200	27300	46000	92000	161500	229700
5-pass Spl Sdn	9000	26700	45000	90000	158000	224700
5-pass Spl Twn Sdn	6200	18450	31000	62000	109100	155000
7-pass Spl Sdn	6000	17850	30000	60000	105600	150000
7-pass Spl Limo	6350	18900	31750	63500	111800	158800
5-pass Twn Cabrlt	7500	22300	37500	75000	131700	187200
7-pass Twn Cabrlt	7700	22900	38500	77000	135200	192200
5-pass Imperial Cabrlt	7900	23500	39500	79000	138700	197200
7-pass Imperial Cabrlt	8100	24100	40500	81000	142200	202200
7-pass Limo Brghm	6800	20200	34000	68000	119700	170000
4-pass Conv Cpe	8600	25600	43000	86000	151000	214700
5-pass Conv Sdn Imp	9200	27300	46000	92000	161500	229700

1936

Series 60, 8-cyl., 125 hp, 121" wb

	6	5	4	3	2	1
2-pass Conv Cpe	2500	7400	12500	25000	43900	62400
2-pass Cpe	1100	3550	5900	11800	20800	29400
7-pass Tr Sdn	900	2800	4700	9400	16500	23400

Series 70, 8-cyl., 135 hp, 131" wb
Fleetwood Bodies

	6	5	4	3	2	1
2-pass Conv Cpe	2800	8300	14000	28000	49200	69900
2-pass Cpe	1150	3650	6100	12200	21500	30500
5-pass Conv Sdn	2900	8600	14500	29000	50900	72400
5-pass Tr Sdn	1050	3300	5500	11000	19300	27500

Series 75, 8-cyl., 135 hp, 138" wb
Fleetwood Bodies

	6	5	4	3	2	1
5-pass Sdn	1500	4500	7500	15000	26400	37500
5-pass Tr Sdn	1550	4650	7800	15600	27450	38900
5-pass Conv Sdn	3100	9200	15500	31000	54400	77400
5-pass Fml Sdn	1500	4500	7500	15000	26400	37500
5-pass Twn Sdn	1550	4650	7750	15500	27300	38700
7-pass Sdn	1550	4700	7900	15800	27800	39400
7-pass Tr Sdn	1700	5050	8500	17000	29900	42500
7-pass Imperial Sdn	1750	5200	8750	17500	30800	43700
7-pass Imperial Tr Sdn	1800	5300	8900	17800	31300	44400
7-pass Twn Car	2000	5850	9900	19800	34800	49500

Series 80, V-12, 150 hp, 131" wb
Fleetwood Bodies

	6	5	4	3	2	1
2-pass Conv Cpe	3300	9800	16500	33000	57900	82400
5-pass Conv Sdn	3400	10100	17000	34000	59700	84900
2-pass Cpe	1800	5300	8900	17800	31300	44400
Tr Sdn	1650	4950	8300	16600	29200	41500

Series 85, V-12, 150 hp, 138" wb
Fleetwood Bodies

	6	5	4	3	2	1
5-pass Sdn	1700	5050	8500	17000	29900	42500
5-pass Tr Sdn	1750	5200	8700	17400	30600	43500
5-pass Twn Sdn	1900	5650	9500	19000	33400	47500
5-pass Conv Sdn	3100	9200	15500	31000	54600	77500
5-pass Fml Sdn	1900	5500	9250	18500	32500	46100
5-pass Twn Sdn	1900	5650	9500	19000	33400	47500
7-pass Sdn	1900	5500	9300	18600	32700	46400
7-pass Tr Sdn	1900	5650	9500	19000	33400	47500
7-pass Imp Sdn	2000	5850	9900	19800	34800	49500
7-pass Imp Tr Sdn	2050	6050	10250	20500	36000	51200
7-pass Twn Car	2400	7050	11900	23800	41800	59500

Series 90, V-16, 180 hp, 154" wb
Fleetwood Bodies

	6	5	4	3	2	1
5-pass Conv Sdn	5800	17250	29000	58000	101800	144800
5-pass Twn Sdn	3850	11400	19200	38400	67600	96000
7-pass Sdn	3900	11650	19600	39200	69000	98000

	6	5	4	3	2	1
7-pass Imp Cabrlt	5700	16950	28500	57000	101100	142300
7-pass Twn Cabrlt	6100	18100	30500	61000	107100	152300

1937

Series 60, 8-cyl., 124" wb
Fisher Bodies
2-pass Conv Cpe	2300	6800	11500	23000	40400	57500
5-pass Conv Sdn	2400	7100	12000	24000	42150	59900
2-pass Cpe	1100	3550	5900	11800	20800	29400
5-pass Tr Sdn	950	2950	4950	9900	17500	24700

Series 65, 8-cyl., 131" wb
Fisher Body
| 5-pass Tr Sdn | 1000 | 3150 | 5300 | 10600 | 18700 | 26500 |

Series 70, 8-cyl., 131" wb
Fleetwood Bodies
2-pass Conv Cpe	2500	7400	12500	25000	43900	62400
5-pass Conv Sdn	2600	7700	13000	26000	45650	65000
2-pass Spt Cpe	1250	3900	6500	13000	22900	32500
5-pass Tr Sdn	1100	3450	5750	11500	20300	28700

Series 75, 8-cyl., 138" wb
Fleetwood Bodies
5-pass Tr Sdn	1200	3750	6300	12600	22200	31400
5-pass Twn Sdn	1250	3900	6500	13000	22900	32500
5-pass Conv Sdn	2900	8600	14500	29000	50900	72400
5-pass Fml Sdn	1350	4150	6900	13800	24300	34500
7-pass Tr Sdn	1500	4550	7600	15200	26750	38000
7-pass Imperial Tr Sdn	1450	4400	7300	14600	25700	36500
7-pass Twn Car	2600	7700	13000	26000	45650	65000

Fisher Bodies-Business Cars
| 7-pass Spl Tr Sdn | 1500 | 4500 | 7500 | 15000 | 26400 | 37500 |
| 7-pass Spl Imp Tr Sdn | 1800 | 5300 | 8900 | 17800 | 31300 | 44400 |

Series 85, V-12, 138" wb
Fleetwood Bodies
5-pass Tr Sdn	1800	5350	9000	18000	31650	45000
5-pass Twn Sdn	1900	5500	9250	18500	32500	46100
5-pass Conv Sdn	3300	9800	16500	33000	57900	82400
7-pass Imperial Tr Sdn	2200	6350	10750	21500	37800	53700
7-pass Twn Car	2950	8800	14750	29500	51800	73600
5-pass Frml Sdn	1950	5700	9600	19200	33750	47900
7-pass Tr Sdn	1900	5650	9500	19000	33400	47500

Series 90, V-16, 154" wb
Fleetwood Bodies
5-pass Conv Sdn	6300	18750	31500	63000	110900	157500
2-pass Cpe	4400	13050	21900	43800	77100	109500
7-pass Sdn	4050	12100	20300	40600	71500	101500
7-pass Limo	4300	12800	21500	43000	75700	107500
7-pass Twn Cabrlt	6400	19050	32000	64000	112600	160000

1938

Series 60, 8-cyl., 124" wb
2-pass Conv Cpe	2400	7100	12000	24000	42150	59900
5-pass Conv Sdn	2500	7400	12500	25000	43900	62400
2-pass Cpe	1100	3550	5900	11800	20800	29400
5-pass Tr Sdn	1050	3400	5700	11400	20100	28500

Series 60 Fleetwood Special, 8-cyl., 127" wb
| 5-pass Tr Sdn | 1350 | 4150 | 6900 | 13800 | 24300 | 34500 |

Series 65, 8-cyl., 132" wb
5-pass Tr Sdn	1100	3550	5900	11800	20800	29400
5-pass Tr Sdn Div	1400	4250	7100	14200	25000	35400
5-pass Conv Sdn	2900	8600	14500	29000	50900	72400

	6	5	4	3	2	1
Series 75, 8-cyl., 141" wb						
Fleetwood Bodies						
2-pass Conv Cpe	2950	8800	14750	29500	51800	73600
5-pass Conv Sdn	3100	9200	15500	31000	54400	77400
2-pass Cpe	1800	5300	8900	17800	31300	44400
5-pass Cpe	1700	5050	8500	17000	29900	42500
5-pass Tr Sdn	1350	4150	6900	13800	24300	34500
5-pass Tr Div Sdn	1400	4350	7250	14500	25500	36200
5-pass Twn Sdn	1400	4250	7100	14200	25000	35400
5-pass Fml Sdn	1400	4250	7100	14200	25000	35400
7-pass Fml Sdn	1550	4700	7900	15800	27800	39400
7-pass Tr Sdn	1500	4500	7500	15000	26400	37500
8-pass Tr Sdn	1500	4600	7700	15400	27100	38500
8-pass Imp Tr Sdn	1600	4800	8000	16000	28150	40000
7-pass Twn Car	2300	6650	11250	22500	39500	56100
Series 90, V-16, 141" wb						
Fleetwood Bodies						
2-pass Conv Cpe	4250	12650	21250	42500	74800	106200
5-pass Conv Sdn	4350	12950	21750	43500	76600	108800
2-pass Cpe	3000	9000	15100	30200	53200	75500
5-pass Cpe	3100	9300	15600	31200	54900	78000
5-pass Tr Sdn	2800	8350	14000	28000	49300	70000
5-pass Tr Div Sdn	3000	8900	15000	30000	52700	74900
5-pass Twn Sdn	2850	8500	14300	28600	50300	71500
7-pass Tr Sdn	3000	8850	14900	29800	52400	74500
7-pass Imperial Tr Sdn	3150	9350	15750	31500	55400	78800
5-pass Fml Sdn	3150	9350	15750	31500	55400	78800
7-pass Fml Sdn	3250	9650	16250	32500	57200	81200
7-pass Twn Car	3850	11500	19300	38600	67900	96500

1939

	6	5	4	3	2	1
Series 61, 8-cyl., 26" wb						
2-4 pass Conv Cpe	2700	8000	13500	27000	47400	67400
5-pass Conv Sdn	2900	8600	14500	29000	50900	72400
2-4 pass Cpe	1100	3550	5900	11800	20800	29400
5-pass Tr Sdn	1000	3150	5300	10600	18700	26500
Series 60 Fleetwood Special, 8-cyl., 127" wb						
5-pass Sdn	1550	4700	7900	15800	27800	39400
Series 75, 8-cyl., 141" wb						
Fleetwood Bodies						
2-4 pass Conv Cpe	3200	9500	16000	32000	56200	79900
5-pass Conv Sdn	3300	9800	16500	33000	57900	82400
2-4 pass Cpe	1350	4150	6900	13800	24300	34500
5-pass Cpe	1400	4300	7200	14400	25350	35900
5-pass Tr Sdn	1250	3900	6500	13000	22900	32500
5-pass Tr Div Sdn	1300	4050	6750	13500	23800	33700
5-pass Twn Sdn	1350	4150	6900	13800	24300	34500
5-pass Fml Sdn	1400	4250	7100	14200	25000	35400
7-pass Fml Sdn	1500	4500	7500	15000	26400	37500
7-pass Tr Sdn	1450	4400	7300	14600	25700	36500
7-pass Imperial Sdn	1500	4500	7500	15000	26400	37500
8-pass Bus Tr Sdn	1350	4150	6900	13800	24300	34500
8-pass Tr Imp Sdn	1550	4700	7900	15800	27800	39400
Twn Car	1650	4900	8250	16500	29000	41200
Series 90, V-16, 141" wb						
Fleetwood Bodies						
2-4 pass Conv Cpe	4100	12200	20500	41000	72000	102300
5-pass Conv Sdn	4500	13350	22500	45000	79000	112300
2-4 pass Cpe	3450	10250	17250	34500	60700	86200
5-pass Cpe	3350	9950	16750	33500	59000	83800
5-pass Tr Sdn	2800	8250	13900	27800	48900	69500

	6	5	4	3	2	1
5-pass Twn Sdn	2900	8600	14500	29000	50900	72400
5-pass Tr Div Sdn	2900	8600	14500	29000	50900	72400
7-pass Tr Sdn	2900	8600	14500	29000	50900	72400
7-pass Imperial Tr Sdn	3000	8900	15000	30000	52800	75000
5-pass Fml Sdn	3000	8900	15000	30000	52800	75000
7-pass Fml Sdn	3050	9050	15250	30500	53700	76200
Twn Car	3600	10650	17900	35800	63000	89500

1940

Series 62, 8-cyl., 129" wb

	6	5	4	3	2	1
2-dr Conv	2900	8600	14500	29000	50900	72400
2-4 pass Cpe	1150	3650	6100	12200	21500	30500
5-pass Tr Sdn	850	2650	4500	9000	15900	22500

Series 60 Fleetwood Special, 8-cyl., 127" wb

	6	5	4	3	2	1
5-pass Tr Sdn	1500	4500	7500	15000	26400	37500
5-pass Div Sdn	1600	4850	8100	16200	28500	40500
5-pass Twn Car	2000	5850	9900	19800	34800	49500

Series 72, 8-cyl., 138" wb
Fleetwood Bodies

	6	5	4	3	2	1
5-pass Tr Sdn	1500	4500	7500	15000	26400	37500
5-pass Tr Div Sdn	1550	4650	7750	15500	27300	38700
7-pass Sdn	1600	4750	7950	15900	28000	39700
7-pass Bus Tr Sdn	1500	4500	7500	15000	26400	37500
7-pass Imperial Sdn	1600	4800	8000	16000	28150	40000
7-pass Bus Imperial Tr	1550	4700	7850	15700	27600	39100

Series 75, 8-cyl., 141" wb
Fleetwood Bodies

	6	5	4	3	2	1
2-4 pass Conv	3300	9800	16500	33000	57900	82400
5-pass Conv Sdn	3400	10100	17000	34000	59700	84900
2-4 pass Cpe	2250	6600	11100	22200	39000	55500
5-pass Cpe	2200	6500	10950	21900	38500	54700
5-pass Tr Sdn	2150	6200	10500	21000	36900	52400
7-pass Tr Sdn	2200	6350	10700	21400	37600	53500
7-pass Twn Sdn	2400	7050	11900	23800	41800	59500
5-pass Fml Sdn	2200	6450	10900	21800	38300	54400
7-pass Fml Sdn	2300	6700	11300	22600	39700	56400
7-pass Imp Twn Sdn	2300	6650	11200	22400	39350	55900
7-pass Twn Car	2550	7500	12700	25400	44600	63500

Series 90, V-16, 141" wb
Fleetwood Bodies

	6	5	4	3	2	1
2-4 pass Conv Cpe	4650	13850	23250	46500	81800	116200
5-pass Conv Sdn	4750	14150	23750	47500	83600	118800
2-4 pass Cpe	3450	10250	17250	34500	60700	86200
5-pass Cpe	3350	9950	16750	33500	59000	83800
5-pass Tr Sdn	3300	9750	16400	32800	57700	82000
5-pass Tr Div Sdn	3300	9800	16500	33000	58000	82500
7-pass Tr Sdn	3350	9950	16750	33500	59000	83800
7-pass Imperial Sdn	3350	9950	16750	33500	59000	83800
5-pass Fml Sdn	3500	10400	17500	35000	61600	87500
7-pass Fml Sdn	3500	10400	17500	35000	61600	87500
5-pass Twn Sdn	3600	10700	18000	36000	63400	90000
7-pass Twn Car	3600	10700	18000	36000	63400	90000

1941

Series 61, 8-cyl., 150 hp, 126" wb

	6	5	4	3	2	1
2-dr Cpe	850	2700	4550	9100	16000	22700
2-dr Cpe Dlx	900	2850	4750	9500	16700	23700
4-dr Sdn Tr	800	2500	4250	8500	15000	21200
4-dr Dlx Sdn	950	2950	4950	9900	17500	24700

	6	5	4	3	2	1
Series 62, 8-cyl., 150 hp, 126" wb						
2-4 pass Dlx Conv	2500	7400	12500	25000	43900	62400
5-pass Dlx Conv Sdn	2600	7650	12900	25800	45300	64400
2-4 pass Cpe	1050	3400	5700	11400	20100	28500
2-4 pass Dlx Cpe	1150	3600	5950	11900	21000	29700
4-dr Tr Sdn	750	2250	3700	7400	12800	18500
4-dr Dlx Tr Sdn	800	2350	3900	7800	13500	19500
Series 63, 8-cyl., 126" wb						
4-dr Sdn Tr	950	3050	5100	10200	18000	25400
Series 60 Fleetwood Special, 8-cyl., 150 hp, 126" wb						
4-dr Sdn	1500	4600	7700	15400	27100	38500
4-dr Div Sdn	1650	4950	8300	16600	29200	41500
Series 67, 8-cyl., 150 hp, 138" wb						
4-dr 5-pass Sdn Tr	850	2700	4550	9100	16000	22700
4-dr 5-pass Div Sdn	900	2850	4750	9500	16700	23700
4-dr 7-pass Sdn Tr	850	2700	4550	9100	16000	22700
4-dr 7-pass Sdn Imperial	950	2950	4950	9900	17500	24700
Series 75, 8-cyl., 150 hp, 136" wb						
Fleetwood Bodies						
4-dr 5-pass Tr Sdn	900	2850	4750	9500	16700	23700
4-dr 5-pass Div Sdn	950	2950	4950	9900	17500	24700
4-dr 7-pass Tr Sdn	950	3000	5000	10000	17700	24900
4-dr 7-pass Imp Tr Sdn	950	3050	5100	10200	18000	25400
4-dr 9-pass Bus Tr Sdn	900	2900	4900	9800	17300	24500
4-dr Bus Imp Sdn	900	2800	4700	9400	16500	23400
4-dr 5-pass Fml Sdn	950	3050	5100	10200	18000	25400
4-dr 7-pass Fml Sdn	950	3050	5100	10200	18000	25400
Series 75, 8-cyl., 150 hp, 139" wb						
4-dr 5-pass Sdn	900	2850	4750	9500	16700	23700
4-dr 5-pass Div Sdn	950	2950	4950	9900	17500	24700
7-pass Sdn	950	3000	5050	10100	17900	25100
7-pass Imp Sdn	950	3050	5150	10300	18200	25700
Factory air cond. add 40%						

1942

	6	5	4	3	2	1
Series 61, 8-cyl., 150 hp, 126" wb						
2-dr Club Cpe	900	2850	4750	9500	16700	23700
4-dr Sdn	750	2250	3750	7500	13000	18700
Series 62, 8-cyl., 150 hp, 129" wb						
2-dr Club Cpe	950	2950	4950	9900	17500	24700
2-dr Dlx Club Cpe	1000	3100	5250	10500	18600	26200
5-pass Dlx Conv Cpe	1800	5350	9000	18000	31650	45000
4-dr Sdn	750	2250	3750	7500	13000	18700
4-dr Dlx Sdn	800	2350	3950	7900	13700	19700
Series 63, 8-cyl., 150 hp, 126" wb						
4-dr Sdn	750	2250	3750	7500	13000	18700
Series 60 Fleetwood Special, 8-cyl., 133" wb						
4-dr Sdn	900	2850	4750	9500	16700	23700
4-dr Imperial Sdn	950	2950	4950	9900	17500	24700
Series 67, 8-cyl., 150 hp, 139" wb						
4-dr 5-pass Sdn	750	2300	3800	7600	13100	18900
4-dr 5-pass Sdn Div	850	2600	4400	8800	15500	21900
4-dr 7-pass Sdn	800	2400	4000	8000	13900	19900
4-dr 7-pass Sdn Imperial	850	2600	4400	8800	15500	21900
Series 75, 8-cyl., 150 hp, 136" wb						
Fleetwood Bodies						
4-dr 5-pass Sdn	900	2750	4600	9200	16200	22900
4-dr 7-pass Sdn	850	2550	4350	8700	15300	21700
4-dr 5-pass Fml Sdn	950	2950	4950	9900	17500	24700
4-dr 7-pass Fml Sdn	950	3050	5150	10300	18200	25700
4-dr 5-pass Imp Sdn	850	2600	4400	8800	15500	21900

	6	5	4	3	2	1
4-dr 7-pass Imp Sdn	900	2850	4750	9500	16700	23700
4-dr 9-pass Bus Sdn	850	2550	4350	8700	15300	21700
4-dr 9-pass Bus Imp	850	2700	4550	9100	16000	22700

1946-1948

Series 61, 8-cyl., 150 hp, 126" wb
2-dr Club Cpe	950	3000	5050	10100	17900	25100
4-dr Sdn	800	2350	3950	7900	13700	19700

Series 62, 8-cyl., 150 hp, 129" wb
5-pass Conv	2000	5900	9950	19900	35000	49700
2-dr Club Cpe	1000	3100	5250	10500	18600	26200
4-dr 5-pass Sdn	800	2450	4100	8200	14400	20500

Series 60 Fleetwood Special, 8-cyl., 150 hp, 133" wb
4-dr 6-pass Sdn	850	2650	4500	9000	15900	22500

Series 75 Fleetwood, 8-cyl., 150 hp, 136" wb
4-dr 5-pass Sdn	950	2950	4950	9900	17500	24700
4-dr 7-pass Sdn	950	3050	5150	10300	18200	25700
4-dr 7-pass Imp Sdn	1150	3600	5950	11900	21000	29700
4-dr 9-pass Bus Sdn	950	3050	5150	10300	18200	25700
4-dr 9-pass Bus Imp	1050	3300	5500	11000	19300	27500

1949

Series 61, 8-cyl., 160 hp, 126" wb
2-dr Club Cpe	1000	3100	5250	10500	18600	26200
4-dr Sdn	850	2550	4350	8700	15300	21700

Series 62, 8-cyl., 160 hp, 126" wb
4-dr 5-pass Sdn	900	2850	4750	9500	16700	23700
2-dr Club Cpe	1000	3250	5450	10900	19100	27200
2-dr Cpe DeV Hdtp	1150	3650	6100	12200	21500	30500
5-pass Conv	1850	5400	9100	18200	32000	45500

Series 60 Fleetwood Special, 8-cyl., 160 hp, 133" wb
4-dr 5-pass Sdn	1000	3100	5200	10400	18400	26000

Series 75 Fleetwood, 8-cyl., 160 hp, 136" wb
4-dr 5-pass Sdn	950	3050	5150	10300	18200	25700
4-dr 7-pass Sdn	1000	3200	5350	10700	18900	26700
4-dr 7-pass Imp Sdn	1150	3650	6150	12300	21700	30700
4-dr 9-pass Bus Sdn	1000	3200	5350	10700	18900	26700
4-dr 9-pass Bus Imp	1100	3450	5750	11500	20300	28700

1950

Series 61, 8-cyl., 160 hp, 122" wb
4-dr 5-pass Sdn	750	2200	3650	7300	12600	18200
2-dr Hdtp Cpe	900	2750	4650	9300	16400	23100

Series 62, 8-cyl., 160 hp, 126" wb
4-dr 5-pass Sdn	750	2250	3750	7500	13000	18700
2-dr Club Cpe	900	2900	4900	9800	17300	24500
2-dr Cpe DeV Hdtp	1000	3100	5250	10500	18600	26200
5-pass Conv	1800	5250	8850	17700	31100	44100

Series 60 Fleetwood Special, 8-cyl., 160 hp, 130" wb
4-dr Sdn	900	2850	4750	9500	16700	23700

Series 75 Fleetwood, 8-cyl., 160 hp, 146.75" wb
4-dr 7-pass Sdn	950	2950	4950	9900	17500	24700
4-dr 7-pass Imp	1000	3200	5350	10700	18900	26700

1951

Series 61, 8-cyl., 160 hp, 122" wb
4-dr 5-pass Sdn	750	2200	3650	7300	12600	18200
2-dr Hdtp Cpe	900	2750	4650	9300	16400	23100

	6	5	4	3	2	1
Series 62, 8-cyl., 160 hp, 126" wb						
4-dr 5-pass Sdn	750	2250	3750	7500	13000	18700
2-dr Club Cpe	900	2900	4900	9800	17300	24500
Cpe DeV (2-dr Hdtp)	1000	3100	5250	10500	18600	26200
5-pass Conv	1750	5200	8750	17500	30800	43700
Series 60 Fleetwood Special, 8-cyl., 160 hp, 130" wb						
4-dr Sdn	900	2850	4750	9500	16700	23700
Series 75 Fleetwood, 8-cyl., 160 hp, 146.75" wb,						
4-dr 7-pass Sdn	950	2950	4950	9900	17500	24700
4-dr 7-pass Imp	1000	3200	5350	10700	18900	26700

1952

	6	5	4	3	2	1
Series 62, 8-cyl., 190 hp, 126" wb						
4-dr 5-pass Sdn	750	2250	3750	7500	13000	18700
2-dr Club Cpe	850	2700	4550	9100	16000	22700
2-dr Cpe de DeV Hdtp	1000	3200	5350	10700	18900	26700
2-dr Conv	1800	5250	8850	17700	31100	44100
Series 60 Fleetwood, 8-cyl., 190 hp, 130" wb						
4-dr Sdn	900	2850	4750	9500	16700	23700
Series 75 Fleetwood, 8-cyl., 190 hp, 147" wb						
4-dr Sdn	950	2950	4950	9900	17500	24700
4-dr Imp Sdn	1000	3200	5350	10700	18900	26700

1953

	6	5	4	3	2	1
Series 62, 8-cyl., 210 hp, 126" wb						
4-dr Sdn	750	2100	3550	7100	12300	17700
2-dr Cpe	1100	3500	5850	11700	20600	29100
2-dr Cpe DeV Hdtp	1200	3850	6450	12900	22700	32200
2-dr Conv	1900	5500	9250	18500	32500	46100
Eldorado Spt Conv	6100	16500	31500	52500	87500	125000
Series 60 Fleetwood, 8-cyl., 210 hp, 130" wb						
4-dr Sdn	1100	3450	5750	11500	20300	28700
Series 75 Fleetwood, 8-cyl., 210 hp, 147" wb,						
4-dr 8-pass Sdn	1150	3650	6100	12200	21500	30500
4-dr Imp Sdn	1250	3950	6550	13100	23100	32700

Factory air cond add 20%

1954

	6	5	4	3	2	1
Series 62, 8-cyl., 230 hp, 129" wb						
4-dr Sdn	750	2100	3550	7100	12300	17700
2-dr Hdtp	1000	3250	5450	10900	19100	27200
2-dr Cpe DeV Hdtp	1150	3650	6100	12200	21500	30500
2-dr Conv	1900	5500	9250	18500	32500	46100
Eldorado Spt Conv	2600	7700	13000	26000	45650	65000
Series 60 Fleetwood, 8-cyl., 230 hp, 133" wb						
4-dr Sdn	950	3000	5050	10100	17900	25100
Series 75 Fleetwood, 8-cyl., 230 hp, 150" wb						
4-dr 8-pass Sdn	1100	3450	5750	11500	20300	28700
4-dr 8-pass Imp Sdn	1150	3650	6150	12300	21700	30700

Factory air cond add 15%

1955

	6	5	4	3	2	1
Series 62, 8-cyl., 250 hp, 129" wb						
4-dr Sdn	750	2100	3550	7100	12300	17700
2-dr Hdtp	1050	3400	5650	11300	19900	28200
2-dr Cpe DeV Hdtp	1150	3650	6100	12200	21500	30500
2-dr Conv	1750	5200	8750	17500	30800	43700
Eldorado Conv	2500	7350	12450	24900	43700	62100

	6	5	4	3	2	1
Series 60 Fleetwood, 8-cyl., 250 hp, 133" wb						
4-dr Sdn	950	3000	5050	10100	17900	25100
Series 75 Fleetwood, 8-cyl., 150" wb,						
4-dr 8-pass Sdn	1100	3450	5750	11500	20300	28700
4-dr 8-pass Imp Sdn	1150	3650	6150	12300	21700	30700

Factory air cond add 10%

1956

	6	5	4	3	2	1
Series 62, 8-cyl., 285 hp, 129" wb						
4-dr Sdn	750	2100	3550	7100	12300	17700
2-dr Hdtp	950	3050	5150	10300	18200	25700
4-dr Sdn DeV Hdtp	850	2700	4550	9100	16000	22700
2-dr Cpe DeV Hdtp	1150	3600	6000	12100	21300	30200
2-dr Conv	1800	5350	9000	18000	31650	45000
Eldo Sev (2-dr Hdtp)	1450	4450	7450	14900	26200	37200
Eldo Biarritz Conv	2500	7350	12450	24900	43700	62100
Series 60 Fleetwood, 8-cyl., 285 hp, 133" wb						
4-dr Sdn	950	3000	5050	10100	17900	25100
Series 75, 8-cyl., 150" wb, Fleetwood						
4-dr 8-pass Sdn	1100	3450	5750	11500	20300	28700
4-dr 8-pass Imp Sdn	1150	3650	6150	12300	21700	30700

Factory air cond add 10%

1957

	6	5	4	3	2	1
Series 62, 8-cyl., 300 hp, 130" wb						
4-dr Hdtp	600	1600	2750	5500	9500	13800
2-dr Hdtp	950	2950	4950	9900	17500	24700
Cpe DeV (2-dr Hdtp)	1000	3250	5450	10900	19100	27200
Sdn DeV (4-dr Hdtp)	800	2350	3950	7900	13700	19700
Conv	1900	5500	9250	18500	32500	46100
Series 62, Eldorado, 8-cyl., 300 hp, 129.5" wb						
Sev (2-dr Hdtp)	1050	3300	5500	11000	19300	27500
Biarritz Conv	2700	8000	13450	26900	47200	67100
Brghm 4-dr Hdtp	1700	5050	8450	16900	29700	42200
Fleetwood 60 Special, 8-cyl., 300 hp, 133" wb						
4-dr Hdtp	800	2350	3950	7900	13700	19700
Series 75, Fleetwood, 300 hp, 150" wb						
4-dr 9-pass Sdn	800	2450	4150	8300	14600	20700
4-dr 9-pass Imp Sdn	850	2700	4550	9100	16000	22700

Factory air cond add 10%

1958

	6	5	4	3	2	1
Series 62, 8-cyl., 310 hp, 130" wb						
4-dr Hdtp	500	1350	2350	4700	8100	11500
4-dr Ext. 6-pass Sdn	550	1500	2500	5100	8800	12500
4-dr Sdn DeV	650	1700	3000	5900	10200	14700
2-dr Hdtp Cpe	850	2650	4450	8900	15700	22300
Cpe DeV	950	2950	4950	9900	17500	24700
2-dr Conv	1900	5500	9250	18500	32500	46100
Series 62, Eldorado, 8-cyl., 310 hp, 130" wb (Brghm 126" wb)						
Sev (2-dr Hdtp)	1050	3300	5500	11000	19300	27500
Biarritz Conv	2700	8000	13450	26900	47200	67100
Brghm 4-dr Hdtp	1700	5050	8450	16900	29700	42200
Fleetwood 60 Special, 8-cyl., 310 hp, 133" wb						
4-dr Sdn	800	2350	3950	7900	13700	19700
Series 75, Fleetwood, 150" wb						
4-dr 9-pass Sdn	750	2250	3750	7500	13000	18700
4-dr 9-pass Imp Sdn	800	2450	4150	8300	14600	20700

Factory air cond add 10%

	6	5	4	3	2	1
1959						
Series 62, 8-cyl., 325 hp, 130" wb						
4-dr 4-win Hdtp Sdn	650	1750	3100	6200	10700	15400
4-dr 6-win Hdtp	550	1700	2900	5800	10000	14000
2-dr Hdtp	850	2650	4450	8900	15700	22300
2-dr Conv	2600	7650	12950	25900	45500	64700
Series 62 DeVille, 8-cyl., 325 hp, 130" wb						
Cpe (2-dr Hdtp)	1000	3150	5300	10600	18700	26500
4-dr 4-win Hdtp	750	2300	3850	7700	13300	19200
4-dr 6-win Hdtp	750	2100	3550	7100	12300	17700
Series 62, Eldorado, 8-cyl., 325 hp, 130" wb						
Brghm 4-dr Hdtp	1400	4300	7150	14300	25200	35700
Sev 2-dr Hdtp	1450	4450	7450	14900	26200	37200
Biarritz Conv	3700	10950	18450	36900	64800	92100
Fleetwood 60 Special, 8-cyl., 325 hp, 130" wb						
6-pass Sdn	950	2950	4950	9900	17500	24700
Fleetwood Series 75, 8-cyl., 325 hp, 150" wb						
4-dr 9-pass Sdn	1000	3150	5300	10600	18700	26500
4-dr Imperial Sdn	1100	3450	5750	11500	20300	28700

Factory air cond add 10%
Bucket seats add 15%

1960						
Series 62, 8-cyl., 325 hp, 130" wb						
4-dr 4-win Hdtp	600	1600	2800	5600	9700	14000
4-dr 6-win Hdtp	550	1550	2600	5200	9000	12800
2-dr Hdtp	800	2500	4200	8400	14800	20900
2-dr Conv	1550	4700	7900	15800	27800	39400
Series 62 DeVille, 8-cyl., 325 hp, 130" wb						
4-dr 4-win Sdn	650	1700	3000	6000	10400	14900
4-dr 6-win Sdn	600	1600	2800	5600	9700	14000
2-dr Hdtp	900	2750	4600	9200	16200	22900
Series 64/69, Eldorado, 8-cyl., 325 hp, 130" wb						
Brghm 4-dr Hdtp	1350	4200	7000	14000	24650	34900
Sev 2-dr Hdtp	1400	4350	7250	14500	25500	36200
Biarritz Conv	2800	8300	13950	27900	49000	69600
Fleetwood 60 Special, 8-cyl., 130" wb						
4-dr 6-pass Hdtp	900	2800	4700	9400	16500	23400
Fleetwood Series 75, 8-cyl., 150" wb						
4-dr 9-pass Sdn	900	2900	4850	9700	17100	24200
4-dr Limo	950	3000	5050	10100	17900	25100

Factory air cond add 10%
Bucket seats add 15%

1961						
Series 62, 8-cyl., 325 hp, 130" wb						
4-dr 4-win Hdtp	450	1250	2100	4200	7200	10500
4-dr 6-win Hdtp	450	1250	2050	4100	7100	10300
2-dr Hdtp	650	1750	3150	6300	10900	15700
2-dr Conv	1200	3800	6350	12700	22400	31700
Series 63 DeVille, 8-cyl., 325 hp, 130" wb						
4-dr 4-win Hdtp	450	1250	2100	4200	7200	10500
4-dr 6-win Hdtp	450	1250	2050	4100	7100	10300
4-dr Twn Sdn	450	1250	2050	4100	7100	10300
2-dr Hdtp Cpe DeV	750	2250	3750	7500	13000	18700
2-dr Eldo Biarritz Conv	1400	4250	7100	14200	25000	35400
Fleetwood 60 Special, 8-cyl., 325 hp, 130" wb						
4-dr 6-pass Hdtp	650	1700	3000	5900	10200	14700

	6	5	4	3	2	1
Series 75, Fleetwood, 8-cyl., 325 hp, 150" wb						
9-pass Sdn	700	1900	3350	6700	11500	16500
9-pass Imperial Sdn	800	2500	4250	8500	15000	21200

Factory air cond add 10%
Bucket seats add 10%

1962

	6	5	4	3	2	1
Series 62, 8-cyl., 325 hp, 130" wb						
4-dr 4-win Hdtp	450	1250	2100	4200	7200	10500
4-dr 6-win Hdtp	450	1250	2050	4100	7100	10300
4-dr Twn Sdn	450	1250	2050	4100	7100	10300
2-dr Hdtp	650	1750	3150	6300	10900	15700
2-dr Conv	1200	3850	6450	12900	22700	32200
Series 62 DeVille, 8-cyl., 325 hp, 130" wb						
4-dr 4-win Hdtp	450	1250	2200	4400	7600	10900
4-dr 6-win Hdtp	500	1350	2350	4700	8100	11500
4-dr Hdtp Park Ave	500	1300	2250	4500	7700	11000
Cpe DeV (2-dr Hdtp)	750	2200	3650	7300	12600	18200
Series 63, Eldorado, 8-cyl., 325 hp, 130" wb						
Biarritz Conv	1450	4450	7450	14900	26200	37200
Series 60 Special, 8-cyl., 325 hp, 130" wb						
4-dr 6-pass Hdtp	650	1750	3150	6300	10900	15700
Fleetwood 75 Series, 8-cyl., 325 hp, 150" wb						
4-dr 9-pass Sdn	700	1900	3350	6700	11500	16500
4-dr 9-pass Limo	800	2450	4150	8300	14600	20700

Factory air cond add 10%

1963

	6	5	4	3	2	1
Series 62, 8-cyl., 325 hp, 130" wb						
4-dr 4-win Hdtp	400	1150	1850	3700	6400	9300
4-dr 6-win Hdtp	400	1100	1800	3600	6200	9100
2-dr Hdtp Cpe	500	1350	2350	4700	8100	11500
2-dr Conv	1150	3600	5950	11900	21000	29700
Series 62, DeVille, 8-cyl., 325 hp, 130" wb						
4-dr 4-win Hdtp	400	1200	1950	3900	6800	9900
4-dr 6-win Hdtp	400	1200	1950	3900	6800	9900
4-dr Hdtp Park Ave	400	1200	1900	3800	6600	9600
Cpe DeV (2-dr Hdtp)	650	1700	3000	5900	10200	14700
Series 63, Eldorado, 8-cyl., 325 hp, 130" wb						
Biarritz Spt Conv	1350	4150	6950	13900	24500	34700
Series 60 Special, 8-cyl., 325 hp, 130" wb						
4-dr 6-pass Hdtp	550	1550	2600	5200	9000	12800
Fleetwood 75 Series, 8-cyl., 325 hp, 150" wb						
4-dr 9-pass Sdn	650	1700	3000	5900	10200	14700
4-dr 9-pass Limo	750	2200	3650	7300	12600	18200

Factory air cond add 10%

1964

	6	5	4	3	2	1
Series 62, 8-cyl., 340 hp, 130" wb						
4-dr 4-win Hdtp	400	1200	1950	3900	6800	9900
4-dr 6-win Hdtp	400	1200	1900	3800	6600	9600
2-dr Hdtp Cpe	600	1600	2750	5500	9500	13800
Series 62, DeVille, 8-cyl., 340 hp, 130" wb						
4-dr 4-win Hdtp	400	1200	2000	4000	6900	10000
4-dr 6-win Hdtp	400	1200	1950	3900	6800	9900
Cpe (2-dr Hdtp)	650	1750	3150	6300	10900	15700
2-dr Conv	1000	3250	5450	10900	19100	27200
Series 63, Eldorado, 8-cyl., 340 hp, 130" wb						
2-dr Spt Conv	1200	3750	6250	12500	22000	31100

	6	5	4	3	2	1
Series 60 Special, 8-cyl., 340 hp, 130" wb						
4-dr 6-pass Sdn	600	1600	2750	5500	9500	13800
Fleetwood 75 Series, 8-cyl., 340 hp, 150" wb						
4-dr 9-pass Sdn	650	1700	3000	5900	10200	14700
4-dr 9-pass Limo	750	2100	3550	7100	12300	17700

Factory air cond add 10%

1965

	6	5	4	3	2	1
Calais, 8-cyl., 340 hp, 129.5" wb						
4-dr Sdn	400	1200	1900	3800	6600	9600
4-dr Hdtp	400	1200	1950	3900	6800	9900
2-dr Hdtp	500	1350	2350	4700	8100	11500
DeVille, 8-cyl., 340 hp, 129.5" wb						
6-pass Sdn	400	1200	1950	3900	6800	9900
4-dr Hdtp	450	1250	2050	4100	7100	10300
2-dr Hdtp	600	1600	2750	5500	9500	13800
2-dr Conv	850	2650	4450	8900	15700	22300
Series 60 Special, 8-cyl., 340 hp, 156" wb						
4-dr 6-pass Sdn	550	1450	2450	4900	8500	12000
Fleetwood Eldorado, 8-cyl., 129.5" wb						
2-dr Conv	1100	3450	5750	11500	20300	28700
Fleetwood 75, 8-cyl., 340 hp, 150" wb						
4-dr 9-pass Sdn	600	1650	2900	5800	10000	14500
4-dr 9-pass Limo	700	2050	3500	7000	12100	17400

60-Special Brougham add 10%
Factory air cond add 10%

1966

	6	5	4	3	2	1
Calais, 8-cyl., 340 hp, 129.5" wb						
4-dr Sdn	400	1200	1900	3800	6600	9600
4-dr Hdtp	400	1200	1950	3900	6800	9900
2-dr Hdtp	500	1350	2350	4700	8100	11500
DeVille, 8-cyl., 340 hp, 129.5" wb						
4-dr Sdn	400	1200	1950	3900	6800	9900
4-dr Hdtp	400	1200	2000	4000	6900	10000
2-dr DeV Hdtp	600	1600	2750	5500	9500	13800
2-dr Conv	800	2450	4100	8200	14400	20500
Fleetwood Eldorado, 8-cyl., 340 hp, 129.5" wb						
2-dr Conv	1000	3100	5250	10500	18600	26200
Fleetwood 60 Special, 8-cyl., 340 hp, 133" wb						
4-dr Sdn	450	1250	2150	4300	7400	10700
4-dr Brghm Sdn	450	1300	2250	4450	7650	11500
Fleetwood 75, 8-cyl., 340 hp, 150" wb						
4-dr Sdn	600	1600	2750	5500	9500	13800
4-dr Limo	700	1900	3350	6700	11500	16500

1967

	6	5	4	3	2	1
Calais, 8-cyl., 340 hp, 129.5" wb						
4-dr Hdtp	400	1200	1950	3900	6800	9900
2-dr Cpe	500	1300	2250	4500	7700	11000
4-dr Sdn	400	1200	1900	3800	6600	9600
DeVille, 8-cyl., 340 hp, 129.5" wb						
4-dr Hdtp	450	1250	2050	4100	7100	10300
2-dr Cpe DeV	550	1500	2500	5100	8800	12500
2-dr Conv	800	2400	4000	8000	13900	19900
4-dr Sdn	400	1200	1950	3900	6800	9900
Fleetwood Eldorado, 8-cyl., 340 hp, 120" wb						
2-dr Hdtp	550	1500	2500	5100	8800	12500

	6	5	4	3	2	1
Fleetwood 60 Special, 8-cyl., 340 hp, 133" wb						
4-dr Sdn	450	1250	2150	4300	7400	10700
4-dr Brghm Sdn	450	1300	2250	4450	7650	11500
Fleetwood 75, 8-cyl., 340 hp, 150" wb						
4-dr Sdn	500	1300	2250	4500	7700	11000
4-dr Limo	550	1450	2450	4900	8500	12000

1968

	6	5	4	3	2	1
Calais, 8-cyl., 375 hp, 129.5" wb						
4-dr Hdtp	400	1200	1950	3900	6800	9900
2-dr Cpe	500	1300	2250	4500	7700	11000
DeVille, 8-cyl., 375 hp, 129.5" wb						
4-dr Sdn	450	1250	2050	4100	7100	10300
4-dr Hdtp	450	1250	2100	4200	7200	10500
2-dr Cpe DeV	550	1500	2500	5100	8800	12500
2-dr Conv	750	2300	3850	7700	13300	19200
Fleetwood Eldorado, 8-cyl., 375 hp, 120" wb						
2-dr Hdtp	550	1500	2500	5100	8800	12500
Fleetwood 60 Special, 8-cyl., 375 hp, 133" wb						
4-dr Sdn	450	1250	2150	4300	7400	10700
4-dr Brghm Sdn	450	1300	2250	4450	7650	11500
Fleetwood Series 75, 8-cyl., 375 hp, 149.8" wb						
4-dr Sdn	450	1250	2200	4400	7600	10900
4-dr Limo	550	1400	2400	4800	8300	11800

1969

	6	5	4	3	2	1
Calais, 8-cyl., 375 hp, 129.5" wb						
4-dr Hdtp	350	900	1500	2900	5200	7400
2-dr Hdtp	400	1050	1700	3300	5800	8300
DeVille, 8-cyl., 129.5" wb						
4-dr Sdn	350	900	1500	2900	5200	7400
4-dr Hdtp	350	950	1550	3100	5500	7900
2-dr Hdtp	400	1050	1700	3300	5800	8300
2-dr Conv	750	2250	3700	7400	12800	18500
Fleetwood Eldorado, 8-cyl., 375 hp, 120" wb						
2-dr Hdtp	500	1350	2350	4700	8100	11500
Fleetwood 60 Special, 8-cyl., 375 hp, 133" wb						
4-dr Sdn	400	1100	1800	3500	6100	8900
4-dr Brghm	400	1150	1850	3700	6400	9300
Fleetwood Series 75, 8-cyl., 149.8" wb						
4-dr Sdn	400	1200	1900	3800	6600	9600
4-dr Limo	450	1250	2050	4100	7100	10300

1970

	6	5	4	3	2	1
Calais, 8-cyl., 375 hp, 129.5" wb						
4-dr Hdtp	350	900	1500	2900	5200	7400
2-dr Hdtp	400	1050	1700	3300	5800	8300
DeVille, 8-cyl., 129.5" wb						
4-dr Sdn	350	900	1500	2900	5200	7400
4-dr Hdtp	350	950	1550	3100	5500	7900
2-dr Hdtp	400	1050	1700	3300	5800	8300
2-dr Conv	750	2250	3700	7400	12800	18500
Fleetwood Eldorado, 8-cyl., 375 hp, 120" wb						
2-dr Hdtp	500	1350	2350	4700	8100	11500
Fleetwood 60 Special, 8-cyl., 375 hp, 133" wb						
4-dr Sdn	400	1100	1800	3500	6100	8900
4-dr Brghm	400	1150	1850	3700	6400	9300
Fleetwood Series 75, 8-cyl., 149.8" wb						
4-dr Sdn	400	1200	1900	3800	6600	9600
4-dr Limo	450	1250	2050	4100	7100	10300

	6	5	4	3	2	1
1971						
Calais, 8-cyl., 130" wb						
4-dr Hdtp	350	900	1500	3000	5300	7600
2-dr Hdtp	400	1050	1700	3400	5900	8500
DeVille, 8-cyl., 130" wb						
4-dr Hdtp	350	1000	1600	3200	5700	8100
2-dr Cpe	400	1100	1800	3600	6200	9100
Fleetwood 60 Special, 8-cyl., 133" wb						
4-dr Brghm	400	1050	1700	3400	5900	8500
Fleetwood 75, 8-cyl., 151.5" wb						
4-dr 6-pass Sdn	400	1100	1800	3500	6100	8900
4-dr Limo	400	1150	1850	3700	6400	9300
Fleetwood Eldorado, 8-cyl., 126.3" wb						
2-dr Hdtp	450	1250	2150	4300	7400	10700
2-dr Conv	700	2000	3450	6900	11900	17200
1972						
Calais, 8-cyl., 130" wb						
4-dr Hdtp	350	900	1500	3000	5300	7600
2-dr Hdtp	400	1050	1700	3400	5900	8500
DeVille, 8-cyl., 130" wb						
4-dr Hdtp	350	1000	1600	3200	5700	8100
2-dr Cpe	400	1100	1800	3600	6200	9100
Fleetwood 60 Special, 8-cyl., 133" wb						
4-dr Brghm	400	1050	1700	3400	5900	8500
Fleetwood 75, 8-cyl., 151.5" wb						
4-dr 6-pass Sdn	400	1100	1800	3500	6100	8900
4-dr Limo	400	1150	1850	3700	6400	9300
Fleetwood Eldorado, 8-cyl., 126.3" wb						
2-dr Hdtp	450	1250	2050	4100	7100	10300
2-dr Conv	700	2000	3450	6900	11900	17200
1973						
Calais, 8-cyl., 130" wb						
2-dr Hdtp	350	900	1500	2900	5200	7400
4-dr Hdtp	350	850	1400	2800	4900	7100
Deville, 8-cyl., 130" wb						
2-dr Cpe	350	950	1550	3100	5500	7900
4-dr Sdn	350	900	1500	2900	5200	7400
Fleetwood 60S, 8-cyl., 133" wb						
4-dr Brghm Sdn	350	950	1550	3100	5500	7900
Fleetwood Eldorado, 8-cyl., 126.3" wb						
2-dr Hdtp	400	1150	1850	3700	6400	9300
2-dr Conv	700	2000	3450	6900	11900	17200
Fleetwood 75, 8-cyl., 151.5" wb						
4-dr Sdn	400	1050	1700	3400	5900	8500
4-dr Limo	400	1100	1800	3600	6200	9100
1974						
Calais, 8-cyl., 130" wb						
2-dr Hdtp	350	850	1400	2800	4900	7100
4-dr Hdtp	300	800	1350	2700	4700	6900
DeVille, 8-cyl., 130" wb						
2-dr Hdtp	350	900	1500	2900	5200	7400
4-dr Hdtp	300	800	1350	2700	4700	6900
Fleetwood Brougham, 8-cyl., 133" wb						
4-dr Sdn	350	850	1400	2800	4900	7100
Fleetwood Eldorado, 8-cyl., 126" wb						
2-dr Hdtp	400	1050	1700	3300	5800	8300
2-dr Conv	700	2000	3450	6900	11900	17200

	6	5	4	3	2	1
Fleetwood 75, 8-cyl., 151.5" wb						
4-dr Sdn	400	1050	1700	3400	5900	8500
4-dr Limo	400	1100	1800	3600	6200	9100

1975

	6	5	4	3	2	1
Calais, 8-cyl., 130" wb						
2-dr Hdtp	350	900	1500	2900	5200	7400
4-dr Hdtp	350	850	1400	2800	4900	7100
DeVille, 8-cyl., 130" wb						
2-dr Hdtp	300	800	1300	2600	4600	6600
4-dr Hdtp	300	750	1250	2500	4400	6200
Fleetwood Brougham, 8-cyl., 133" wb						
4-dr Sdn	300	800	1300	2600	4600	6600
Fleetwood Eldorado, 8-cyl., 126.3" wb						
2-dr Hdtp	400	1050	1700	3300	5800	8300
2-dr Conv	700	2000	3450	6900	11900	17200
Fleetwood 75, 8-cyl., 151.5" wb						
4-dr Sdn	400	1050	1700	3400	5900	8500
4-dr Limo	400	1100	1800	3600	6200	9100

1976

	6	5	4	3	2	1
Seville, 8-cyl., 114.3" wb						
4-dr Sdn	300	600	850	1700	2900	4100
Calais, 8-cyl., 130" wb						
4-dr Hdtp	300	700	1200	2400	4100	5900
2-dr Hdtp	300	750	1250	2500	4400	6200
DeVille, 8-cyl., 130" wb						
4-dr Hdtp	300	650	1150	2300	3900	5700
2-dr Hdtp	300	700	1200	2400	4100	5900
Eldorado, 8-cyl., 126.3" wb						
2-dr Cpe	400	1050	1700	3300	5800	8300
2-dr Conv	800	2350	3950	7900	13700	19700
Brougham 60 Special, 8-cyl., 133" wb						
4-dr Sdn	300	700	1200	2400	4100	5900
4-dr Talisman Sdn	400	850	1400	2800	4700	6700
Seventy-Five, 8-cyl., 151.5" wb						
4-dr Sdn	350	900	1500	3000	5300	7600
4-dr Limo	350	1000	1600	3200	5700	8100

1977

	6	5	4	3	2	1
Seville, 8-cyl., 114.3" wb						
4-dr Sdn	300	600	850	1700	2900	4100
DeVille, 8-cyl., 121.5" wb						
4-dr Sdn	300	600	900	1800	3100	4400
2-dr Cpe	300	550	800	1600	2800	3900
Eldorado, 8-cyl., 126.3" wb						
2-dr Cpe	300	650	1150	2300	3900	5700
			Biarritz pkg add 10%			
Brougham, 8-cyl., 121.5" wb						
4-dr Sdn	300	650	1000	2000	3500	4900
Seventy-Five, 8-cyl., 144.5" wb						
4-dr Sdn	300	800	1300	2600	4600	6600
4-dr Frml Sdn	350	850	1400	2800	4900	7100
			D'Elegance pkg add 10%			

1978

	6	5	4	3	2	1
Seville, 8-cyl., 114.3" wb						
4-dr Sdn	300	600	850	1700	2900	4100
			Elegante pkg add 10%			

	6	5	4	3	2	1

DeVille, 8-cyl., 121.5" wb
	6	5	4	3	2	1
4-dr Sdn	300	600	900	1800	3100	4400
2-dr Cpe	300	550	800	1600	2800	3900

Eldorado, 8-cyl., 126.3" wb
	6	5	4	3	2	1
2-dr Cpe	300	650	1150	2300	3900	5700

Biarritz pkg add 10%

Brougham, 8-cyl., 121.5" wb
	6	5	4	3	2	1
4-dr Sdn	300	650	1000	2000	3500	4900

Seventy-Five, 8-cyl., 144.5" wb
	6	5	4	3	2	1
4-dr Sdn	300	800	1300	2600	4600	6600
4-dr Frml	350	850	1400	2800	4900	7100

D'Elegance pkg add 10%
Diesel deduct 10%

1979

Seville, 8-cyl., 114.2" wb
	6	5	4	3	2	1
4-dr Sdn	300	600	850	1700	2900	4100

Elegante pkg add 10%

DeVille, 8-cyl., 121.5" wb
	6	5	4	3	2	1
4-dr Sdn	300	600	900	1800	3100	4400
2-dr Cpe	300	550	800	1600	2800	3900

Eldorado, 8-cyl., 114" wb
	6	5	4	3	2	1
2-dr Cpe	300	600	950	1900	3200	4600

Biarritz pkg add 10%

Brougham, 8-cyl., 121.5" wb
	6	5	4	3	2	1
4-dr Sdn	300	650	1000	2000	3500	4900

Fleetwood, 144.5" wb
	6	5	4	3	2	1
4-dr Sdn	300	800	1350	2700	4700	6900
4-dr Frml Sdn	350	900	1500	2900	5200	7400

D'Elegance pkg add 10%
Diesel deduct 10%

1980

Seville, 8-cyl., 114.3" wb, FWD
	6	5	4	3	2	1
4-dr Sdn	300	600	850	1700	2900	4100

Elegante pkg add 10%

DeVille, 8-cyl., 121.5" wb
	6	5	4	3	2	1
4-dr Sdn	300	600	900	1800	3100	4400
2-dr Cpe	300	550	800	1600	2800	3900

Eldorado, 8-cyl., 114" wb, FWD
	6	5	4	3	2	1
2-dr Cpe	300	600	950	1900	3200	4600

Biarritz pkg add 10%

Brougham, 8-cyl., 121.5" wb
	6	5	4	3	2	1
4-dr Sdn	300	650	1000	2000	3500	4900
2-dr Cpe	300	600	950	1900	3200	4600

Fleetwood, 8-cyl., 144.5" wb
	6	5	4	3	2	1
4-dr Sdn	300	800	1350	2700	4700	6900
4-dr Frml	350	900	1500	2900	5200	7400

D'Elegance pkg add 10%
Diesel deduct 10%

1981

Seville, 8-cyl., 114" wb, FWD
	6	5	4	3	2	1
4-dr Sdn	300	600	850	1700	2900	4100

DeVille, 8-cyl., 121.4" wb
	6	5	4	3	2	1
4-dr Sdn	300	600	950	1900	3200	4600
2-dr Cpe	300	600	850	1700	2900	4100

Eldorado, 8-cyl., 114" wb, FWD
	6	5	4	3	2	1
2-dr Cpe	300	600	950	1900	3200	4600

Biarritz pkg add 10%

	6	5	4	3	2	1
Brougham, 8-cyl., 121.4" wb						
4-dr Sdn	300	650	1000	2000	3500	4900
2-dr Cpe	300	600	950	1900	3200	4600
Fleetwood, 8-cyl., 144.5" wb						
4-dr Sdn	300	800	1350	2700	4700	6900
4-dr Frml Sdn	350	900	1500	2900	5200	7400

D'Elegance pkg add 10%
Diesel deduct 10%
V-6 deduct 10%

1982

	6	5	4	3	2	1
Cimarron, 4-cyl., 101.2" wb, Fwd						
4-dr Sdn	200	350	500	1000	1900	2700
Seville, 8-cyl., 114" wb, FWD						
4-dr Sdn	300	600	900	1800	3100	4400
DeVille, 8-cyl., 121.4" wb						
4-dr Sdn	300	600	950	1900	3200	4600
2-dr Cpe	300	600	850	1700	2900	4100
Eldorado, 8-cyl., 114" wb, FWD						
2-dr Cpe	300	650	1000	2000	3500	4900
Brougham, 8-cyl., 121.4" wb						
4-dr Sdn	300	650	1000	2000	3500	4900
2-dr Cpe	300	600	950	1900	3200	4600
Fleetwood, 8-cyl., 144.5" wb						
4-dr Sdn	300	800	1350	2700	4700	6900
4-dr Frml Sdn	350	900	1500	2900	5200	7400

V8-6-4 deduct 10%
Diesel deduct 10%

1983

	6	5	4	3	2	1
Cimarron, 4-cyl., 101.2" wb, FWD						
4-dr Sdn	200	400	550	1100	2000	2900
Seville, 8-cyl., 114" wb						
4-dr Sdn	300	600	900	1800	3100	4400
DeVille, 8-cyl., 121.5" wb						
4-dr Sdn	300	600	950	1900	3200	4600
2-dr Cpe	300	600	850	1700	2900	4100
Eldorado, 8-cyl., 114" wb						
2-dr Cpe	300	650	1000	2000	3500	4900
Brougham, 8-cyl., 121.5" wb						
4-dr Sdn	300	650	1000	2000	3500	4900
2-dr Cpe	300	600	950	1900	3200	4600
Fleetwood, 8-cyl., 144.5" wb						
4-dr Sdn	300	800	1350	2700	4700	6900
4-dr Frml Sdn	350	900	1500	2900	5200	7400

V8-6-4 deduct 10%
Diesel deduct 10%

1984

	6	5	4	3	2	1
Cimarron, 4-cyl., 101.2" wb, FWD						
4-dr Sdn	200	400	600	1200	2100	3000
Seville, 8-cyl., 114" wb						
4-dr Sdn	300	600	950	1900	3200	4600
DeVille, 8-cyl., 121.5" wb						
4-dr Sdn	300	650	1000	2000	3500	4900
2-dr Cpe	300	600	900	1800	3100	4400
Eldorado, 8-cyl., 114" wb, FWD						
2-dr Cpe	300	650	1000	2000	3500	4900
2-dr Conv	700	1900	3350	6700	11500	16500

	6	5	4	3	2	1
Fleetwood Brougham, 8-cyl., 121.5" wb						
4-dr Sdn	300	650	1000	2000	3500	4900
2-dr Cpe	300	600	950	1900	3200	4600
Fleetwood Limo, 8-cyl., 144" wb						
4-dr Sdn	350	850	1400	2800	4900	7100
4-dr Frml Sdn	350	900	1500	3000	5300	7600
			V8-6-4 deduct 10%			
			Diesel deduct 10%			

1985

	6	5	4	3	2	1
Cimarron, 6-cyl., 101.2" wb, FWD						
4-dr Sdn	250	500	750	1400	2400	3400
			4-cyl. deduct 10%			
Seville, 8-cyl., 114" wb, FWD						
4-dr Sdn	300	650	1100	2100	3600	5100
DeVille, 8-cyl., 110.8" wb, FWD						
4-dr Sdn	300	650	1000	2000	3500	4900
2-dr Cpe	300	600	900	1800	3100	4400
Eldorado, 8-cyl., 114" wb, FWD						
2-dr Cpe	300	650	1100	2200	3800	5400
2-dr Biarritz Conv	750	2200	3650	7300	12600	18200
Fleetwood, 8-cyl., 110.8" wb						
4-dr Sdn	300	600	950	1900	3200	4600
2-dr Cpe	300	600	950	1900	3200	4600
Fleetwood Brougham, 8-cyl., 121.5" wb, FWD						
4-dr Sdn	300	650	1100	2100	3600	5100
2-dr Cpe	300	650	1000	2000	3500	4900
Fleetwood Limo, 8-cyl., 134.4" wb						
4-dr Sdn	350	900	1500	2900	5200	7400
Frml Sdn	350	950	1550	3100	5500	7900
			Diesel deduct 20%			
			V8-6-4 deduct 10%			

1986

	6	5	4	3	2	1
Cimarron, 6-cyl., 101.2" wb, FWD						
4-dr Sdn	300	550	800	1600	2800	3900
			4-cyl deduct 10%			
Seville, 8-cyl., 108" wb, FWD						
4-dr Sdn	400	1100	1800	3500	6100	8900
DeVille, 8-cyl., 110.8" wb, FWD						
2-dr Cpe	300	650	1150	2300	3900	5700
4-dr Sdn	300	650	1000	2000	3500	4900
Fleetwood, 8-cyl., 110.8" wb, FWD						
2-dr Cpe	300	650	1150	2300	3900	5700
4-dr Sdn	300	650	1000	2000	3500	4900
Fleetwood 75 Limo, 8-cyl., 134.4" wb						
4-dr Sdn	400	1050	1700	3400	5900	8500
4-dr Frml Sdn	400	1100	1800	3600	6200	9100
Fleetwood Brougham, 8-cyl., 121.5" wb						
4-dr Sdn	300	750	1250	2500	4400	6200
Eldorado, 8-cyl., 108" wb, FWD						
2-dr Cpe	350	900	1500	2900	5200	7400

1987

	6	5	4	3	2	1
Cimarron, 101.2" wb, FWD						
4-dr Sdn, 6-cyl.	300	600	950	1900	3200	4600
			4-cyl deduct 10%			
Seville, 8-cyl., 108" wb						
4-dr Sdn	400	1200	2000	4000	6900	10000

	6	5	4	3	2	1
DeVille, 8-cyl., 110.8" wb						
4-dr Sdn	300	750	1250	2500	4400	6200
2-dr Cpe	300	650	1150	2300	3900	5700
Fleetwood, 8-cyl. 110.8" wb (60-Special 115.8" wb)						
4-dr Sdn d'Elegance	350	900	1500	2900	5200	7400
4-dr Sdn, 60 Special	350	900	1500	2900	5200	7400
Eldorado, 8-cyl., 108" wb						
2-dr Cpe	400	1050	1700	3300	5800	8300
Brougham, 8-cyl., 121.5" wb						
4-dr Sdn	350	900	1500	2900	5200	7400
Fleetwood 75 Series, 8-cyl., 134.4" wb						
4-dr Limo	400	1200	1900	3800	6600	9600
4-dr Frml Sdn	400	1200	2000	4000	6900	10000
Allante, 8-cyl., 99.4" wb						
2-dr Conv	850	2600	4400	8800	15500	21900

1988

	6	5	4	3	2	1
Cimarron, 6-cyl., FWD						
4-dr Sdn	300	650	1100	2100	3600	5100
Seville, 8-cyl., FWD						
4-dr Sdn	550	1550	2600	5200	9000	12800
DeVille, 8-cyl., FWD						
4-dr Sdn	450	1250	2050	4100	7100	10300
2-dr Cpe	400	1200	1950	3900	6800	9900
Fleetwood, 8-cyl., FWD						
4-dr Sdn d'Elegance	500	1300	2250	4500	7700	11000
4-dr Sdn 60-Special	500	1300	2250	4500	7700	11000
Eldorado, 8-cyl., FWD						
2-dr Cpe	500	1350	2300	4600	8000	11300
Brougham, 8-cyl.						
4-dr Sdn	400	1050	1700	3300	5800	8300
Allante, 8-cyl., FWD						
2-dr Conv	950	3050	5100	10200	18000	25400

1989

	6	5	4	3	2	1
Seville, 8-cyl., FWD						
4-dr Sdn	650	1700	3000	6100	10600	15200
DeVille, 8-cyl., FWD						
4-dr Sdn	550	1400	2400	4800	8300	11800
2-dr Cpe	500	1350	2300	4600	8000	11300
Fleetwood, 8-cyl., FWD						
4-dr Sdn	550	1550	2600	5200	9000	12800
2-dr Cpe	550	1500	2500	5100	8800	12500
4-dr Sdn 6-Special	550	1550	2650	5300	9100	13000
Eldorado, 8-cyl., FWD						
2-dr Cpe	600	1600	2750	5500	9500	13800
Brougham, 8-cyl.						
4-dr Sdn	400	1200	1950	3900	6800	9900
Allante, 8-cyl., FWD						
2-dr Conv	1100	3500	5800	11600	20450	28900

1990

	6	5	4	3	2	1
Seville, 8-cyl., FWD						
4-dr Sdn	750	2150	3600	7200	12400	18000
4-dr Tr Sdn	800	2400	4050	8100	14200	20200
DeVille, 8-cyl., FWD						
4-dr Sdn	600	1600	2800	5600	9700	14000
2-dr Cpe	600	1600	2700	5400	9300	13500

	6	5	4	3	2	1
Fleetwood, 8-cyl., FWD						
4-dr Sdn	650	1700	3000	6100	10600	15200
2-dr Cpe	650	1700	3000	6000	10400	14900
4-dr Sdn 6-Special	650	1750	3150	6300	10900	15700
Eldorado, 8-cyl., FWD						
2-dr Cpe	650	1800	3200	6400	11000	15900
Brougham, 8-cyl.						
4-dr Sdn	600	1600	2700	5400	9300	13500
Allante, 8-cyl., FWD						
2-dr Conv	1250	3950	6600	13200	23250	32900
2-dr Hdtp Conv	1550	4650	7800	15600	27450	38900

1991

	6	5	4	3	2	1
Seville, 8-cyl., 108" wb						
4-dr Sdn	800	2500	4200	8400	14800	20900
4-dr Tr Sedan	900	2800	4700	9400	16500	23400
DeVille, 8-cyl., 110.8" wb						
4-dr Sdn	700	2050	3500	7000	12100	17400
2-dr Cpe	700	1900	3400	6800	11700	16900
Fleetwood, 8-cyl., 113.8 wb						
4-dr Sedan	750	2300	3800	7600	13100	18900
2-dr Cpe	750	2250	3750	7500	13000	18700
Eldorado, 8-cyl., 108" wb						
2-dr Cpe	750	2300	3800	7600	13100	18900
Fleetwood Sixty Special, 8-cyl., 113.8" wb						
4-dr Sdn	800	2350	3900	7800	13500	19500
Fleetwood Brougham, 8-cyl., 121.5" wb						
4-dr Limo	650	1800	3200	6400	11000	15900
Allante, 8-cyl., 99.4" wb						
2-dr Conv	1500	4500	7500	15000	26400	37500
2-dr Hdtp Conv	1550	4650	7800	15600	27450	38900

1928 Cadillac Town Cabriolet

1936 Cadillac Series 60 convertible coupe

1954 Cadillac Eldorado Special convertible

1962 Cadillac Series 62 coupe

CHANDLER
1914 – 1929

1914 Chandler Six

1926 Chandler

	6	5	4	3	2	1
1914						
Model 14, 6-cyl., 27 hp, 120" wb						
5-pass Light 6 Tour	600	1650	2850	5700	9900	14200
3-pass Limo	550	1400	2400	4800	8300	11800
3-pass Cpe	500	1350	2300	4600	8000	11300
2-pass Rdstr	600	1600	2750	5500	9500	13800
5-pass Sdn	500	1300	2250	4500	7700	11000
1915						
Model 15-B, 6-cyl., 27 hp, 122" wb						
5-pass Tr	650	1700	3000	5900	10200	14700
Limo	550	1400	2400	4800	8300	11800
Sdn	500	1350	2300	4600	8000	11300
Rdstr	600	1650	2850	5700	9900	14200
Cpe	550	1400	2400	4800	8300	11800
Cabrlt	550	1450	2450	4900	8500	12000
1916						
Type 16-Six, 6-cyl., 27 hp, 122" wb						
7-pass Tr	650	1750	3150	6300	10900	15700
Rdstr	650	1700	3000	5900	10200	14700
Limo	550	1400	2400	4800	8300	11800
Sdn	450	1250	2050	4100	7100	10300
Conv Sdn	600	1600	2700	5400	9300	13500
Cpe	550	1400	2400	4800	8300	11800
Cabrlt	550	1500	2500	5100	8800	12500

	6	5	4	3	2	1
1917						
Type 17, 6-cyl., 27 hp 123" wb						
4-pass Rdstr	700	1900	3350	6700	11500	16500
7-pass Tr	750	2200	3650	7300	12600	18200
Conv Cpe	600	1600	2700	5400	9300	13500
Conv Sdn	600	1650	2850	5700	9900	14200
Limo	550	1400	2400	4800	8300	11800
1918						
Type 18, 6-cyl., 30 hp, 123" wb						
4-pass Rdstr	700	1900	3350	6700	11500	16500
7-pass Tr	750	2200	3650	7300	12600	18200
Dispatch Car	600	1600	2750	5500	9500	13800
Conv Cpe	600	1600	2700	5400	9300	13500
Conv Sdn	600	1650	2850	5700	9900	14200
Limo	550	1400	2400	4800	8300	11800
1919						
Type 19, 6-cyl., 30 hp, 123" wb						
4-pass Rdstr	700	1900	3350	6700	11500	16500
7-pass Tr	750	2200	3650	7300	12600	18200
4-pass Disp Car	550	1550	2600	5200	9000	12800
4-pass Cpe	450	1250	2150	4300	7400	10700
7-pass Sdn	550	1400	2400	4800	8300	11800
Limo	600	1600	2700	5400	9300	13500
4-pass Spt	650	1750	3100	6200	10700	15400
Conv Cpe	650	1700	3000	5900	10200	14700
1920						
Model 20, 6-cyl., 30 hp, 123" wb						
7-pass Sdn	550	1400	2400	4800	8300	11800
4-pass Rdstr	700	2000	3450	6900	11900	17200
4-pass Disp	550	1550	2600	5200	9000	12800
7-pass Tr	750	2200	3650	7300	12600	18200
4-pass Cpe	550	1500	2500	5100	8800	12500
7-pass Limo	600	1650	2850	5700	9900	14200
1921-1922						
Model 20, 6-cyl., 45 hp, 123" wb						
5-pass Tr	750	2200	3650	7300	12600	18200
2-pass Rdstr	750	2150	3600	7200	12400	18000
4-pass Chummy Road	500	1350	2350	4700	8100	11500
2-pass Spl Road	750	2250	3750	7500	13000	18700
7-pass Tr	750	2300	3850	7700	13300	19200
4-pass Royal Dispatch	600	1650	2850	5700	9900	14200
4-pass Cpe	550	1450	2450	4900	8500	12000
5-pass Metro Sdn	550	1500	2500	5100	8800	12500
7-pass Sdn	500	1350	2300	4600	8000	11300
1923						
Model 32-A, 6-cyl., 45 hp, 123" wb						
2-pass Rdstr	750	2150	3600	7200	12400	18000
5-pass Tr	750	2200	3650	7300	12600	18200
7-pass Tr	750	2300	3850	7700	13300	19200
4-pass Royal Disp	600	1650	2850	5700	9900	14200
4-pass Chummy Sdn	500	1350	2350	4700	8100	11500
5-pass Metropolitan Sdn	550	1500	2500	5100	8800	12500
7-pass Limo	600	1650	2850	5700	9900	14200
7-pass Sdn	550	1500	2500	5000	8700	12300

	6	5	4	3	2	1

1924

Model 32-A, 6-cyl., 45 hp, 123" wb

	6	5	4	3	2	1
4-pass Chummy Rdstr	750	2150	3600	7200	12400	18000
3-pass Comrade Rdstr	800	2350	3900	7800	13500	19500
5-pass Tr	750	2200	3650	7300	12600	18200
7-pass Tr	750	2300	3850	7700	13300	19200
4-pass Royal Disp	600	1650	2850	5700	9900	14200
4-pass Chummy Sdn	500	1350	2350	4700	8100	11500
5-pass Chummy Spl Sdn	550	1400	2400	4800	8300	11800
4-dr 5-pass Spl Sdn	550	1500	2500	5100	8800	12500
4-dr 5-pass Sdn	550	1450	2450	4900	8500	12000
5-pass Metropolitan Sdn	550	1500	2500	5100	8800	12500
7-pass Sdn	550	1500	2500	5000	8700	12300
7-pass Limo	600	1650	2850	5700	9900	14200
7-pass Town Car	650	1700	3000	5900	10200	14700

1925

Model 33, 6-cyl., 55 hp, 123" wb

	6	5	4	3	2	1
5-pass Tr	800	2350	3950	7900	13700	19700
7-pass Tr	800	2400	4050	8100	14200	20200
4-pass Spl Rdstr	800	2350	3950	7900	13700	19700
3-pass Comrade Rdstr	800	2400	4000	8000	13900	19900
4-pass Royal Dispatch	700	1900	3350	6700	11500	16500
5-pass Chummy Sdn	550	1500	2500	5100	8800	12500
5-pass Chummy Dlx Sdn	550	1550	2600	5200	9000	12800
4-dr 5-pass Sdn	550	1450	2450	4900	8500	12000
5-pass Metropolitan Sdn	550	1500	2500	5100	8800	12500
7-pass Sdn	550	1450	2450	4900	8500	12000
7-pass Limo	650	1700	3000	5900	10200	14700

1926

Model 35, 6-cyl., 55 hp, 124" wb

	6	5	4	3	2	1
2-4 pass Comrade Rdstr	700	2050	3500	7000	21200	17400
4-pass Royal Dispatch	650	1800	3250	6500	101200	16100
5-pass Spt Tr	700	2000	3450	6900	11900	17200
7-pass Tr	700	1900	3350	6700	11500	16500
7-pass Limo	600	1650	2850	5700	9900	14200
5-pass Brghm	550	1550	2650	5300	9100	13000
7-pass Dlx Sdn	550	1500	2500	5100	8800	12500
5-pass Metropolitan Sdn	550	1450	2450	4900	8500	12000
5-pass 20th Century Sdn	500	1350	2350	4700	8100	11500
7-pass Berline Sdn	550	1550	2650	5300	9100	13000

1927

Series 31-A, Standard Six, 6-cyl., 45 hp

	6	5	4	3	2	1
5-pass Sdn	500	1350	2300	4600	8000	11300
5-pass Dlx Sdn	550	1400	2400	4800	8300	11800
3-pass Cpe	550	1450	2450	4900	8500	12000
3-pass Dlx Cpe	550	1500	2500	5100	8800	12500
5-pass Tr	650	1800	3200	6400	11000	15900
5-pass Dlx Tr	700	1900	3350	6700	11500	16500
2-4 pass Rdstr	750	2150	3600	7200	12400	18000

Series 43, Special Six, 6-cyl., 60 hp

	6	5	4	3	2	1
5-pass Sdn	550	1450	2450	4900	8500	12000
5-pass Dlx Sdn	550	1500	2500	5100	8800	12500
3-pass Cpe	550	1500	2500	5100	8800	12500
3-pass Dlx Cpe	600	1600	2700	5400	9300	13500
5-pass Tr	700	2000	3450	6900	11900	17200
5-pass Spt Tr	750	2250	3700	7400	12800	18500

	6	5	4	3	2	1
Series 35, Big Six, 6-cyl., 65 hp						
2-4 pass Comrade Rdstr	750	2250	3750	7500	13000	18700
5-pass Spt Tr	700	1900	3350	6700	11500	16500
7-pass Tr	650	1800	3250	6500	11200	16100
5-pass 20th Century Sdn	500	1350	2350	4700	8100	11500
5-pass Metro Sdn	550	1450	2450	4900	8500	12000
5-pass Metro Dlx Sdn	550	1500	2500	5100	8800	12500
7-pass Sdn	500	1350	2350	4700	8100	11400
7-pass Dlx Sdn	600	1600	2800	5600	9700	14000
4-pass Cpe	550	1550	2600	5200	9000	12800
3-pass Dlx Cpe	600	1600	2750	5500	9500	13800
Series 37Royal Eight, 8-cyl., 80 hp						
5-pass Sdn	550	1550	2600	5200	9000	12800
7-pass Dlx Sdn	600	1600	2700	5400	9300	13500
4-pass Cpe	650	1700	3000	5900	10200	14700
3-pass Ctry Club Cpe	650	1750	3100	6200	10700	15400
7-pass Tr	950	3000	5050	10100	17900	25100
5-pass Tr	1000	3100	5250	10500	18600	26200
2-4 pass Rdstr	1150	3600	5950	11900	21000	29700

1928

	6	5	4	3	2	1
Series 131 Special Invincible Six, 6-cyl., 55 hp., 109" wb						
5-pass Tr	800	2450	4150	8300	14600	20700
2-4 pass Rdstr	900	2850	4750	9500	16700	23700
3-5 pass Cabrlt	1000	3250	5450	10900	19100	27200
5-pass Sdn	550	1400	2400	4800	8300	11800
3-pass Cpe	600	1650	2850	5700	9900	14200
5-pass Dlx Cpe	650	1700	3000	6100	10600	15200
Series 35-A, Big Six, 6-cyl., 83 hp						
5-pass Metropolitan Sdn	600	1650	2900	5800	10000	14500
7-pass Berline Sdn	700	1850	3300	6600	11300	16300
4-pass Cpe	750	2100	3550	7100	12300	17700
3-pass Ctry Club Cpe	700	1900	3400	6800	11700	16900
7-pass Sdn	650	1800	3250	6500	11200	16100
Royal Six Sdn	700	1900	3350	6700	11500	16500
7-pass Tr	950	2950	4950	9900	17500	24700
Series 37A/137 Royal Eight, 8-cyl., 124" wb.						
7-pass Tr	1150	3600	5950	11900	21000	29700
4-pass Cpe	800	2400	4050	8100	14200	20200
3-pass Ctry Club Cpe	800	2350	3900	7800	13500	19500
5-pass Sdn	750	2100	3550	7100	12300	17700
7-pass Sdn	750	2200	3650	7300	12600	18200
5-pass Sdn Dlx	750	2250	3750	7500	13000	18700
2-4 pass Cabrlt	900	2900	4850	9700	17100	24200
7-pass Berline	750	2250	3750	7500	13000	18700

1929

	6	5	4	3	2	1
Model 65, 6-cyl., 55 hp, 109" wb						
5-pass Tr	900	2900	4850	9700	17100	24200
5-pass Sptrdstr	1050	3400	5650	11300	19900	28200
2-4 pass Cpe	750	2300	3800	7600	13100	18900
5-pass Sdn	750	2100	3550	7100	12300	17700
4-pass Cpe	800	2400	4050	8100	14200	20200
5-pass Dlx Sdn	750	2200	3650	7300	12600	18200
2-4 pass Cabrlt	800	2500	4200	8400	14800	20900
Big Six, 83 hp, 124" wb						
7-pass Tr	1100	3450	5750	11500	20300	28700
5-pass Metropolitan Sdn	800	2350	3900	7800	13500	19500
4-pass Cpe	800	2400	4050	8100	14200	20200
4-pass Ctry Club Cpe	800	2450	4100	8200	14400	20500

	6	5	4	3	2	1
4-pass Cabrlt	900	2900	4850	9700	17100	24200
7-pass Sdn	750	2250	3700	7400	12800	18500
7-pass Berline	750	2300	3800	7600	13100	18900
Royal 75, 8-cyl., 80 hp, 118" wb						
5-pass Brghm	850	2550	4350	8700	15300	21700
2-pass Cpe	800	2450	4150	8300	14600	20700
2-4 pass Cpe	850	2550	4350	8700	15300	21700
5-pass Sdn	750	2250	3700	7400	12800	18500
5-pass Dlx Sdn	800	2350	3900	7800	13500	19500
Royal 85, 8-cyl., 95 hp, 124" wb						
7-pass Tr	1150	3600	5950	11900	21000	29700
5-pass Sdn	850	2600	4400	8800	15500	21900
3-pass Ctry Club Cpe	850	2700	4550	9100	16000	22700
4-pass Cpe	850	2600	4400	8800	15500	21900
5-pass Dlx Sdn	950	2950	4950	9900	17300	24500
2-4 pass Cabrlt	800	2400	4050	8100	14200	20200
7-pass Sdn	850	2550	4350	8700	15300	21700
7-pass Berline	850	2650	4500	9000	15900	22500

1914 Chandler Six

1929 Chandler 75

PRICE GUIDE CLASSIFICATIONS:

1. CONCOURS: Perfection. At or near 100 points on a 100-point judging scale. Trailered; never driven; pampered. Totally restored to the max and 100 percent stock.

2. SHOW: Professionally restored to high standards. No major flaws or deviations from stock. Consistent trophy winner that needs nothing to show. In 90 to 95 point range.

3. STREET/SHOW: Older restoration or extremely nice original showing some wear from age and use. Very presentable; occasional trophy winner; everything working properly. About 80 to 89 points.

4. DRIVER: A nice looking, fine running collector car needing little or nothing to drive, enjoy and show in local competition. Would need extensive restoration to be a show car, but completely usable as is.

5. RESTORABLE: Project car that is relatively complete and restorable within a reasonable effort and expense. Needs total restoration, but all major components present and rebuildable. May or may not be running.

6. PARTS CAR: Deteriorated or stripped to a point beyond reasonable restoration, but still complete and solid enough to donate valuable parts to a restoration. Likely not running, possibly missing its engine.

CHECKER
1960 – 1982

1961 Checker Superba Special

Checker Marathon

	6	5	4	3	2	1
1960-1963						
Checker Superba Standard, 6-cyl., 120" wb						
4-dr Sdn	500	1350	2950	5500	8900	12300
4-dr Sta Wgn	500	1600	3400	5900	9200	12900
Checker Superba Special, 6-cyl., 120" wb						
4-dr Sdn	500	1600	3400	5900	9200	12900
4-dr Sta Wgn	500	1900	3750	6200	9800	13900
			Factory Taxi pkg w/accessories add 30%			
1964-1967						
Checker Marathon, 6-cyl., 120" wb						
4-dr Sdn	500	1350	2950	5500	8900	12300
4-dr Sta Wgn	500	1600	3400	5900	9200	12900
			Factory taxi pkg w/accessories add 30%			
1968-1971						
Marathon Series, 6-cyl. 120" wb						
4-dr Sdn	500	1350	2950	5500	8900	12300
4-dr Del Sdn	500	1700	3600	6100	9600	13900
4-dr Sta Wgn	500	1600	3400	5900	9200	12900
			Factory taxi pkg w/accessories add 30%			
			1970-71 with V8 add 10%			
1972-1974						
Marathon Series, 6-cyl./8-cyl., 120" wb						
4-dr Sdn	500	1350	2700	5000	8600	11500

	6	5	4	3	2	1
4-dr Del Sdn	500	1600	3400	5900	8800	12700
4-dr Sta Wgn	500	1400	3050	5450	8700	12100

Factory taxi pkg with accessories add 30%
V8 add 10%

1975-1982

Marathon Series, 6-cyl./8-cyl., 120" wb

	6	5	4	3	2	1
4-dr Sdn	450	1250	2500	4600	8300	11000
4-dr Del Sdn	500	1550	3050	5500	8700	12500

Factory taxi pkg with accessories add 30%
V8 add 10%

PRICE GUIDE CLASSIFICATIONS:

1. CONCOURS: Perfection. At or near 100 points on a 100-point judging scale. Trailered; never driven; pampered. Totally restored to the max and 100 percent stock.

2. SHOW: Professionally restored to high standards. No major flaws or deviations from stock. Consistent trophy winner that needs nothing to show. In 90 to 95 point range.

3. STREET/SHOW: Older restoration or extremely nice original showing some wear from age and use. Very presentable; occasional trophy winner; everything working properly. About 80 to 89 points.

4. DRIVER: A nice looking, fine running collector car needing little or nothing to drive, enjoy and show in local competition. Would need extensive restoration to be a show car, but completely usable as is.

5. RESTORABLE: Project car that is relatively complete and restorable within a reasonable effort and expense. Needs total restoration, but all major components present and rebuildable. May or may not be running.

6. PARTS CAR: Deteriorated or stripped to a point beyond reasonable restoration, but still complete and solid enough to donate valuable parts to a restoration. Likely not running, possibly missing its engine.

CHEVROLET
1912 – 1991

1940 Chevrolet

1957 Chevrolet Bel Air SPort Coupe

	6	5	4	3	2	1
1912-1913						
Model C 6-cyl., 40 hp, 120" wb						
Tr	1200	3900	6700	14000	25000	34000
1914						
Series H2, 4-cyl., 104" wb						
Ryl Mail Rdstr	850	2650	4500	9000	15900	22500
Series H4, 4-cyl., 24 hp, 104" wb						
Baby Grd Tr	900	2750	4600	9200	16200	22900
Series C, 6-cyl., 40 hp, 120" wb						
Tr	1000	3150	5300	10600	18700	26500
Series L, 6-cyl., 35 hp, 112" wb						
Tr	1200	3750	6300	12600	22200	31400
1915						
Series H2, 4-cyl., 106" wb						
Rdstr	800	2450	4100	8200	14400	20500
Series H4, 4-cyl., 24 hp, 104" wb						
Tr	850	2650	4500	9000	15900	22500
Series H3, 4-cyl., 106" wb						
2-pass Rdstr	900	2850	4750	9500	16700	23700
Series L, 6-cyl., 30 hp, 112" wb						
Tr	1150	3650	6100	12200	21500	30500
1916						
Series 490, 4-cyl., 25 hp, 102" wb						
5-pass Tr	750	2250	3750	7500	13000	18700
2-pass Rdstr	750	2200	3650	7300	12600	18200

	6	5	4	3	2	1
Series H2, 4-cyl., 106" wb						
Rdstr	700	2000	3450	6900	11900	17200
Torp Rdstr	750	2250	3750	7500	13000	18700
Series H4, 4-cyl., 106" wb						
Tr	800	2500	4250	8500	15000	21200

1917

	6	5	4	3	2	1
Series F5, 4-cyl., 102" wb						
Rdstr	700	2000	3450	6900	11900	17200
Tr	750	2200	3650	7300	12600	18200
Series 490, 4-cyl., 24 hp, 108" wb						
Tr	650	1800	3250	6500	11200	16100
AW Tr	700	1900	3350	6700	11500	16500
Series D2, 8-cyl., 55 hp, 120" wb						
Rdstr	950	2950	4950	9900	17500	24700
Tr	1000	3100	5250	10500	18600	26200

1918

	6	5	4	3	2	1
Series 490, 4-cyl., 24 hp, 102" wb						
Rdstr	650	1800	3250	6500	11200	16100
5-pass Tr	700	2000	3450	6900	11900	17200
Cpe	350	1000	1600	3200	5700	8100
Sdn	300	800	1350	2700	4700	6900
Series FA, 4-cyl., 108" wb						
Rdstr	700	2000	3450	6900	11900	17200
Tr	750	2200	3650	7300	12600	18200
Sdn	350	1000	1600	3200	5700	8100
Series D, 8-cyl., 55 hp,120" wb						
4-pass Rdstr	950	2950	4950	9900	17500	24700
5-pass Tr	1000	3100	5250	10500	18600	26200

1919

	6	5	4	3	2	1
Series 490, 4-cyl., 24 hp, 102" wb						
2-passRdstr	550	1500	2500	5100	8800	12500
5-pass Tr	600	1650	2850	5700	9900	14200
4-pass Cpe	350	950	1550	3100	5500	7900
5-pass Sdn	300	800	1350	2700	4700	6900
Series FB, 4-cyl., 35 hp, 110" wb						
2-pass Rdstr	650	1700	3000	6100	10600	15200
5-pass Tr	650	1800	3250	6500	11200	16100
2-pass Cpe	400	1100	1800	3500	6100	8900
5-pass Sdn	400	1050	1700	3300	5800	8300

1920

	6	5	4	3	2	1
Series 490, 4-cyl., 24 hp, 102" wb						
2-pass Rdstr	550	1500	2500	5100	8800	12500
5-pass Tr	600	1600	2700	5400	9300	13500
3-pass Cpe	400	1100	1800	3500	6100	8900
5-pass Sdn	400	1050	1700	3300	5800	8300
Series FB, 4-cyl., 35 hp, 110" wb						
2-pass Rdstr	650	1700	3000	6100	10600	15200
5-pass Tr	650	1800	3250	6500	11200	16100
Cpe	400	1200	1950	3900	6800	9900
Sdn	400	1150	1850	3700	6400	9300

1921

	6	5	4	3	2	1
Series 490, 4-cyl., 25 hp, 102" wb						
2-pass Rdstr	700	2000	3450	6900	11900	17200
5-pass Tr	700	2000	3450	6900	11900	17200

	6	5	4	3	2	1
3-pass Cpe	400	1100	1800	3500	6100	8900
5-pass Sdn	400	1150	1850	3700	6400	9300
Series FB, 4-cyl., 35 hp, 110" wb						
2-pass Rdstr	750	2100	3550	7100	12300	17700
5-pass Tr	750	2200	3650	7300	12600	18200
Cpe	400	1200	1950	3900	6800	9900
Sdn	400	1150	1850	3700	6400	9300

1922

	6	5	4	3	2	1
Series 490, 4-cyl., 25 hp, 102" wb						
2-pass Rdstr	700	2000	3450	6900	11900	17200
5-pass Tr	750	2200	3650	7300	12600	18200
4-pass Cpe	400	1200	1950	3900	6800	9900
2-pass Uty Cpe	400	1150	1850	3700	6400	9300
5-pass Sdn	400	1100	1800	3500	6100	8900
Series FB, 4-cyl., 35 hp, 110" wb						
2-pass Rdstr	700	2000	3450	6900	11900	17200
5-pass Tr	750	2250	3700	7400	12800	18500
4-pass Cpe	400	1200	1950	3900	6800	9900
4-pass Sdn	400	1100	1800	3500	6100	8900

1923

	6	5	4	3	2	1
Superior B, 4-cyl., 25 hp, 103" wb						
2-pass Rdstr	700	2000	3450	6900	11900	17200
5-pass Tr	750	2250	3700	7400	12800	18500
4-pass Sdnt	400	1150	1850	3700	6400	9300
4-dr Sedanette	400	1150	1850	3700	6400	9300
2-pass Uty Cpe	400	1200	1950	3900	6800	9900

Series M copper-cooled models Add 100 percent

1924

	6	5	4	3	2	1
Superior F, 4-cyl., 25 hp, 103" wb						
2-pass Rdstr	700	2000	3450	6900	11900	17200
5-pass Tr	750	2250	3700	7400	12800	18500
2-4 pass Cpe	400	1150	1850	3700	6400	9300
4-pass Cpe	400	1100	1800	3500	6100	8900
5-pass 2-dr Coach	400	1050	1700	3300	5800	8300
5-pass Sdn	400	1050	1700	3300	5800	8300
5-pass Dlx Tr	750	2300	3850	7700	13300	19200
5-pass Dlx Sdn	400	1100	1800	3500	6100	8900
4-pass Dlx Cpe	400	1100	1800	3600	6200	9100

1925

	6	5	4	3	2	1
Superior K, 4-cyl., 25 hp, 103" wb						
2-pass Rdstr	800	2500	4250	8500	15000	21200
5-pass Tr	850	2650	4450	8900	15700	22300
2-4 pass Cpe	400	1200	1950	3900	6800	9900
5-pass Coach	400	1100	1800	3500	6100	8900
5-pass Sdn	400	1100	1800	3500	6100	8900

1926

	6	5	4	3	2	1
Superior V, 4-cyl., 26 hp, 103" wb						
2-pass Rdstr	800	2500	4250	8500	15000	21200
5-pass Tr	850	2650	4450	8900	15700	22300
2-pass Cpe	450	1250	2150	4300	7400	10700
5-pass Coach	400	1200	1950	3900	6800	9900
5-pass Sdn	400	1200	1950	3900	6800	9900
5-pass Lan Sdn	450	1250	2050	4100	7100	10300

	6	5	4	3	2	1

1927

Capitol AA, 4-cyl., 26 hp, 103" wb

	6	5	4	3	2	1
2-pass Rdstr	800	2500	4250	8500	15000	21200
2-4 pass Tr	850	2650	4450	8900	15700	22300
2-pass Cpe	450	1250	2100	4200	7200	10500
5-pass Coach	400	1200	1950	3900	6800	9900
5-pass Sdn	400	1200	1950	3900	6800	9900
5-pass Lan Sdn	450	1250	2050	4100	7100	10300
2-4 pass Cabrlt	700	2000	3450	6900	11900	17200
5-pass Imperial Lan	650	1700	3000	5900	10200	14700

1928

National AB, 4-cyl., 107" wb

	6	5	4	3	2	1
2-pass Rdstr	850	2550	4350	8700	15300	21700
5-pass Tr	900	2750	4650	9300	16400	23100
2-pass Cpe	450	1250	2150	4300	7400	10700
5-pass Coach	450	1250	2050	4100	7100	10300
5-pass Sdn	450	1250	2050	4100	7100	10300
2-4 pass Cabrlt	750	2200	3650	7300	12600	18200
5-pass Imperial Lan	650	1700	3000	5900	10200	14700
2-4 pass Spt Cabrlt Conv	800	2350	3950	7900	13700	19700

1929

International AC, 6-cyl., 46 hp, 107" wb

	6	5	4	3	2	1
2-pass Rdstr	900	2900	4850	9700	17100	24200
5-pass Phtn	950	3000	5050	10100	17900	25100
2-pass Cpe	600	1600	2750	5500	9500	13800
2-4 pass Spt Cpe	650	1700	3000	5900	10200	14700
5-pass Coach	450	1250	2150	4300	7400	10700
5-pass Sdn	450	1250	2150	4300	7400	10700
5-pass Imperial Sdn	550	1450	2450	4900	8500	12000
5-pass Lan Conv	800	2500	4250	8500	15000	21200
2-4 pass Spt Cabrlt Conv	850	2650	4450	8900	15700	22300

1930

Universal AD, 6-cyl., 30 hp, 107" wb

	6	5	4	3	2	1
2-pass Rdstr	950	3000	5050	10100	17900	25100
2-4 pass Spt Rdstr	1000	3100	5250	10500	18600	26200
5-pass Phtn	1000	3250	5450	10900	19100	27200
2-pass Cpe	600	1600	2750	5500	9500	13800
2-4 pass Spt Cpe	650	1700	3000	5900	10200	14700
5-pass Club Sdn	550	1450	2450	4900	8500	12000
5-pass Spl Sdn	500	1350	2350	4700	8100	11500
5-pass Sdn	500	1300	2250	4500	7700	11000
5-pass Coach	450	1250	2200	4400	7600	10900

1931

Independence, Model AE, 6-cyl., 50 hp, 109" wb

	6	5	4	3	2	1
2-pass Rdstr	1100	3500	5850	11700	20600	29100
2-4 pass Spt Rdstr	1200	3750	6250	12500	22000	31100
2-4 pass Cabrlt	1050	3300	5500	11100	19500	27700
5-pass Phtn	1100	3500	5850	11700	20600	29100
5-pass Lan Phtn	1050	3400	5650	11300	19900	28200
5-pass Coach	500	1350	2350	4700	8100	11500
2-4 pass 3-win Cpe	700	1900	3400	6800	11700	16900
2-pass 5-win Cpe	650	1750	3150	6300	10900	15700
5-pass Cpe	700	1900	3350	6700	11500	16500
2-4 pass Spt Cpe	750	2100	3550	7100	12300	17700
5-pass Sdn	550	1450	2450	4900	8500	12000
5-pass Spl Sdn	600	1600	2750	5500	9500	13800

	6	5	4	3	2	1

1932

Confederate, Model BA Standard, 6-cyl., 109" wb

	6	5	4	3	2	1
2-pass Rdstr	1300	4000	6650	13300	23400	33100
5-pass Phtn	1300	4050	6750	13500	23800	33700
5-pass Lan Phtn	1250	3950	6550	13100	23100	32700
2-pass 3-win Cpe	750	2100	3550	7100	12300	17700
2-pass 5-win Cpe	750	2250	3750	7500	13000	18700
2-4 pass Spt Cpe	800	2350	3950	7900	13700	19700
5-pass Cpe	750	2250	3750	7500	13000	18700
5-pass Coach	550	1500	2500	5100	8800	12500
5-pass Sdn	600	1600	2750	5500	9500	13800

Model BA Deluxe, 6-cyl., 109" wb

	6	5	4	3	2	1
2-4 pass Spt Rdstr	1300	4100	6850	13700	24100	34200
5-pass Lan Phtn	1350	4150	6950	13900	24500	34700
2-4 pass Cabrlt	1200	3850	6450	12900	22700	32200
2-pass 3-win Cpe	750	2250	3750	7500	13000	18700
2-pass 5-win Cpe	800	2350	3950	7900	13700	19700
2-4 pass Spt Cpe	800	2450	4150	8300	14600	20700
5-pass Cpe	800	2350	3950	7900	13700	19700
5-pass Coach	650	1700	3000	5900	10200	14700
5-pass Spl Sdn	650	1750	3150	6300	10900	15700

1933

Mercury, Series CC, 6-cyl., 107" wb

	6	5	4	3	2	1
2-pass Cpe	550	1500	2500	5100	8800	12500
2-4 pass Rmbl Seat Cpe	600	1600	2750	5500	9500	13800
5-pass C'ch	400	1200	1950	3900	6800	9900

Master Eagle, Series CA, 6-cyl., 110" wb

	6	5	4	3	2	1
2-pass Spt Rdstr	1100	3500	5850	11700	20600	29100
5-pass Phtn	1150	3600	6000	12100	21300	30200
2-pass Cpe	550	1500	2500	5100	8800	12500
2-4 pass Spt Cpe	600	1600	2750	5500	9500	13800
5-pass Coach	400	1200	2000	4000	6900	10000
5-pass Twn Sdn	450	1250	2050	4100	7100	10300
5-pass Sdn	450	1250	2050	4100	7100	10300
2-4 pass Conv	1050	3400	5650	11300	19900	28200

1934

Standard, Series DC, 6-cyl., 107" wb

	6	5	4	3	2	1
5-pass Sdn	400	1200	1950	3900	6800	9900
2-4 pass Spt Rdstr	1000	3100	5250	10500	18600	26200
5-pass Phtn	1000	3250	5450	10900	19100	27200
2-pass Cpe	550	1500	2500	5100	8800	12500
5-pass Coach	400	1150	1850	3700	6400	9300

Master, Series DA, 6-cyl., 112" wb

	6	5	4	3	2	1
2-4 pass Spt Rdstr	1000	3250	5450	10900	19100	27200
2-pass Cpe	600	1600	2750	5500	9500	13800
2-4 pass Spt Cpe	650	1700	3000	5900	10200	14700
5-pass Coach	400	1200	1950	3900	6800	9900
5-pass Twn Sdn	450	1250	2150	4300	7400	10700
5-pass Sdn	450	1250	2050	4100	7100	10300
2-4 pass Cabrlt	950	3050	5150	10300	18200	25700
5-pass Spt Sdn	550	1450	2450	4900	8500	12000

1935

Standard, Series EC, 6-cyl., 107" wb

	6	5	4	3	2	1
2-4 pass Spt Rdstr	850	2650	4450	8900	15700	22300
5-pass Phtn	950	2950	4950	9900	17500	24700
2-pass Cpe	550	1450	2450	4900	8500	12000

	6	5	4	3	2	1
5-pass Coach	450	1250	2050	4100	7100	10300
5-pass Sdn	450	1250	2100	4200	7200	10500
Master Deluxe, Series ED/EA, 6-cyl., 113" wb						
2-pass 5-W Cpe	550	1500	2500	5100	8800	12500
2-4 pass Spt Cpe	550	1550	2650	5300	9100	13000
5-pass Coach	500	1300	2250	4500	7700	11000
5-pass Sdn	500	1300	2250	4500	7700	11000
5-pass Spt Sdn	500	1350	2300	4600	8000	11300
5-pass Twn Sdn	450	1250	2200	4400	7600	10900

1936

Standard, 6-cyl., 109" wb

	6	5	4	3	2	1
2-pass	550	1450	2450	4900	8500	12000
5-pass Sdn	450	1250	2050	4100	7100	10300
5-pass Spt Sdn	450	1250	2100	4200	7200	10500
5-pass Coach	450	1250	2050	4100	7100	10300
5-pass Twn Sdn	500	1350	2300	4600	8000	11300
5-pass Cabrlt	750	2200	3650	7300	12600	18200
Master Deluxe, 6-cyl., 113" wb						
2-pass 5-W Cpe	550	1550	2650	5300	9100	13000
2-4 pass Spt Cpe	600	1650	2850	5700	9900	14200
5-pass Coach	450	1250	2150	4300	7400	10700
5-pass Sdn	450	1250	2200	4400	7600	10900
5-pass Twn Sdn	450	1250	2150	4300	7400	10700
5-pass Spt Sdn	450	1250	2200	4400	7600	10900

1937

Master, 6-cyl., 112" wb

	6	5	4	3	2	1
4-pass Cabrlt	1100	3450	5750	11500	20300	28700
2-pass Cpe	600	1600	2750	5500	9500	13800
5-pass Coach	500	1350	2350	4700	8100	11500
5-pass Twn Sdn	550	1450	2450	4900	8500	12000
4-dr 5-pass Sdn	500	1350	2350	4700	8100	11500
4-dr 5-pass Spt Sdn Tr	500	1350	2350	4700	8100	11500
Master Deluxe, 6-cyl., 112" wb						
2-pass Cpe	600	1650	2850	5700	9900	14200
5-pass Spt Cpe	650	1700	3000	6100	10600	15200
5-pass Coach	450	1250	2100	4200	7200	10500
2-dr 5-pass Twn Sdn	450	1250	2100	4200	7200	10500
5-pass Sdn	450	1250	2100	4200	7200	10500
4-dr 5-pass Spt Sdn	450	1250	2100	4200	7200	10500

1938

Master, 6-cyl., 112" wb

	6	5	4	3	2	1
4-pass Cabrlt	1150	3600	5950	11900	21000	29700
2-pass Cpe	600	1600	2750	5500	9500	13800
5-pass Coach	500	1350	2350	4700	8100	11500
5-pass Twn Sdn	500	1350	2350	4700	8100	11500
5-pass Sdn	500	1350	2350	4700	8100	11500
5-pass Spt Sdn	500	1350	2350	4700	8100	11500
Master Deluxe, 6-cyl., 112" wb						
2-pass Cpe	600	1650	2850	5700	9900	14200
4-pass Spt Cpe	650	1700	3000	6100	10600	15200
5-pass Coach	500	1350	2350	4700	8100	11500
5-pass Twn Sdn	550	1400	2400	4800	8300	11800
5-pass Sdn	500	1350	2350	4700	8100	11500
5-pass Spt Sdn	550	1400	2400	4800	8300	11800

	6	5	4	3	2	1

1939

Master 85, 6-cyl. 112" wb

	6	5	4	3	2	1
2-pass Cpe	600	1600	2750	5500	9500	13800
5-pass Coach	450	1250	2200	4400	7600	10900
5-pass Twn Sdn	500	1300	2250	4500	7700	11000
5-pass Sdn	450	1250	2200	4400	7600	10900
5-pass Spt Sdn	500	1300	2250	4500	7700	11000
8-pass Sta Wgn	900	2850	4750	9500	16700	23700

Master Deluxe, 6-cyl., 112" wb

	6	5	4	3	2	1
2-pass Cpe	600	1650	2850	5700	9900	14200
5-pass Spt Cpe	650	1700	3000	5900	10200	14700
5-pass Coach	550	1400	2400	4800	8300	11800
2-dr 5-pass Town Sdn	550	1450	2450	4900	8500	12000
5-pass Sdn	550	1400	2400	4800	8300	11800
4-dr 5-pass Spt Sdn	500	1300	2250	4500	7700	11000
8-pass Sta Wgn	850	2650	4450	8900	15700	22300

1940

Master 85, 6-cyl., 113" wb

	6	5	4	3	2	1
2-pass Bus Cpe	650	1700	3000	5900	10200	14700
2-dr 5-pass Twn Sdn	500	1300	2250	4500	7700	11000
4-dr 5-pass Spt Sdn	500	1300	2250	4500	7700	11000
8-pass Sta Wgn	1000	3100	5250	10500	18600	26200

Master Deluxe, 6-cyl., 113" wb

	6	5	4	3	2	1
2-pass Bus Cpe	650	1700	3000	6100	10600	15200
4-pass Spt Cpe	650	1750	3150	6300	10900	15700
2-dr 5-pass Town Sdn	500	1350	2350	4700	8100	11500
4-dr 5-pass Spt Sdn	500	1350	2350	4700	8100	11500

Special Deluxe, 6-cyl., 113" wb

	6	5	4	3	2	1
2-pass Cpe	650	1750	3150	6300	10900	15700
4-pass Spt Cpe	650	800	3250	6500	11200	16100
2-dr 5-pass Twn Sdn	550	1450	2450	4900	8500	12000
4-dr 5-pass Spt Sdn	550	1450	2450	4900	8500	12000
6-pass Conv	1350	4150	6950	13900	24500	34700
8-pass Sta Wgn	1100	3450	5750	11500	20300	28700

1941

Master Deluxe, 6-cyl., 90 hp, 116" wb

	6	5	4	3	2	1
Bus Cpe	600	1600	2750	5500	9500	13800
5-pass Spt Cpe	600	1650	2850	5700	9900	14200
2-dr Twn Sdn	500	1300	2250	4500	7700	11000
4-dr Spt Sdn	450	1250	2200	4400	7600	10900

Special Deluxe, 6-cyl., 90 hp, 116" wb

	6	5	4	3	2	1
2-pass Bus Cpe	650	1700	3000	5900	10200	14700
5-pass Spt Cpe	650	1750	3150	6300	10900	15700
2-dr Twn Sdn	550	1450	2450	4900	8500	12000
4-dr Spt Sdn	550	1450	2450	4900	8500	12000
4-dr Fleetline Sdn	550	1500	2500	5100	8800	12500
5-pass Cabrlt	1300	4100	6850	13700	24100	34200
8-pass Sta Wgn	1400	4300	7150	14300	25200	35700

1942

Master Deluxe, 6-cyl., 90 hp, 116" wb

	6	5	4	3	2	1
2-pass Bus Cpe	550	1550	2650	5300	9100	13000
5-pass Cpe	600	1600	2750	5500	9500	13800
2-dr Twn Sdn	500	1300	2250	4500	7700	11000
4-dr Spt Sdn	500	1350	2300	4600	8000	11300

Special Deluxe, 6-cyl., 90 hp, 116" wb

	6	5	4	3	2	1
2-pass Cpe	600	1600	2750	5500	9500	13800
5-pass Cpe	600	1650	2900	5800	10000	14500

	6	5	4	3	2	1
2-dr Twn Sdn	500	1350	2350	4700	8100	11500
4-dr Spt Sdn	500	1350	2350	4700	8100	11500
5-pass Cabrlt	1400	4300	7150	14300	25200	35700
8-pass Sta Wgn	1450	4450	7450	14900	26200	37200
Fleetline, 6-cyl., 90 hp, 116" wb						
2-dr Aero	550	1450	2450	4900	8500	12000
4-dr Spt Master	550	1400	2400	4800	8300	11800

1946-1948

	6	5	4	3	2	1
Stylemaster, 6-cyl., 90 hp, 116" wb						
2-pass Bus Cpe	600	1650	2850	5700	9900	14200
5-pass Spt Cpe	650	1700	3000	5900	10200	14700
2-dr Twn Sdn	500	1350	2350	4700	8100	11500
4-dr Spt Sdn	500	1350	2350	4700	8100	11500
Fleetmaster, 6-cyl., 90 hp, 116" wb						
5-pass Spt Cpe	650	1700	3000	5900	10200	14700
2-dr Twn Sdn	550	1450	2450	4900	8500	12000
4-dr Spt Sdn	550	1450	2450	4900	8500	12000
5-pass Conv	1300	4100	6800	13600	23950	34000
8-pass Sta Wgn	1400	4350	7250	14500	25500	36200
Fleetline, 6-cyl., 90 hp, 116" wb						
2-dr Aero	600	1600	2750	5500	9500	13800
4-dr Spt Master	550	1500	2500	5100	8800	12500

1949

	6	5	4	3	2	1
Styleline Special, 6-cyl., 90 hp, 115" wb						
3-pass Bus Cpe	500	1350	2350	4700	8100	11500
6-pass Spt Cpe	550	1450	2450	4900	8500	12000
2-dr Sdn	450	1250	2150	4300	7400	10700
4-dr Sdn	450	1250	2200	4400	7600	10900
Fleetline Special, 6-cyl., 90 hp, 115" wb						
2-dr Sdn	450	1250	2200	4400	7600	10900
4-dr Sdn	450	1250	2200	4400	7600	10900
Styleline Deluxe, 6-cyl., 90 hp, 115" wb						
6-pass Spt Cpe	550	1500	2500	5100	8800	12500
2-dr Twn Sdn	450	1250	2200	4400	7600	10900
4-dr Spt Sdn	500	1300	2250	4500	7700	11000
8-pass Wood Wgn	1000	3100	5250	10500	18600	26200
8-pass Steel Wgn	650	1700	3000	5900	10200	14700
5-pass Conv Cpe	1300	4000	6650	13300	23400	33100
Fleetline Deluxe, 6-cyl., 90 hp, 115" wb						
2-dr Sdn	550	1450	2450	4900	8500	12000
4-dr Sdn	550	1450	2450	4900	8500	12000

1950

	6	5	4	3	2	1
Styleline Special, 6-cyl., 92 hp, 115" wb						
3-pass Bus Cpe	500	1350	2350	4700	8100	11500
6-pass Spt Cpe	550	1450	2450	4900	8500	12000
2-dr Sdn	450	1250	2150	4300	7400	10700
4-dr Sdn	450	1250	2200	4400	7600	10900
Fleetline Special, 6-cyl., 92 hp, 115" wb						
2-dr Sdn	450	1250	2200	4400	7600	10900
4-dr Sdn	450	1250	2200	4400	7600	10900
Styleline Deluxe, 6-cyl., 92 hp, 115" wb						
6-pass Spt Cpe	550	1500	2500	5100	8800	12500
5-pass Conv Cpe	1300	4000	6650	13300	23400	33100
2-dr Sdn	450	1250	2200	4400	7600	10900
4-dr Sdn	500	1300	2250	4500	7700	11000
8-pass Sta Wgn	650	1700	3000	5900	10200	14700
6-pass Bel Air Cpe	750	2300	3850	7700	13300	19200

	6	5	4	3	2	1
Fleetline Deluxe, 6-cyl., 92 hp, 115" wb						
2-dr Sdn	550	1450	2450	4900	8500	12000
4-dr Sdn	550	1450	2450	4900	8500	12000
1951						
Styleline Special, 6-cyl., 92/105 hp, 115" wb						
3-pass Bus Cpe	550	1450	2450	4900	8500	12000
6-pass Spt Cpe	550	1500	2500	5000	8700	12300
2-dr Sdn	450	1250	2200	4400	7600	10900
4-dr Sdn	450	1250	2200	4400	7600	10900
Styleline Deluxe, 6-cyl., 92/105 hp, 115" wb						
6-pass Spt Cpe	600	1600	2750	5500	9500	13800
2-dr Sdn	500	1350	2300	4600	8000	11300
4-dr Sdn	500	1350	2300	4600	8000	11300
2-dr Hdtp Bel Air	750	2250	3750	7500	13000	18700
5-pass Conv Cpe	1200	3850	6450	12900	22700	32200
8-pass Sta Wgn	550	1550	2650	5300	9100	13000
Fleetline Special, 6-cyl., 92/105 hp, 115" wb						
2-dr Sdn	450	1250	2050	4100	7100	10300
4-dr Sdn	400	1200	2000	4000	6900	10000
Fleetline Deluxe, 6-cyl., 92/105 hp, 115" wb						
2-dr Sdn	550	1500	2650	5400	8900	12500
4-dr Sdn	500	1350	2350	4700	8100	11500
1952						
Styleline Special, 6-cyl., 92-105, 115" wb						
3-pass Bus Cpe	550	1450	2450	4900	8500	12000
6-pass Spt Cpe	550	1500	2500	5000	8700	12300
2-dr Sdn	450	1250	2200	4400	7600	10900
4-dr Sdn	450	1250	2200	4400	7600	10900
Styleline Deluxe, 6-cyl., 92-105 hp, 115" wb						
6-pass Spt Cpe	600	1600	2750	5500	9500	13800
2-dr Sdn	500	1350	2300	4600	8000	11300
4-dr Sdn	500	1350	2300	4600	8000	11300
2-dr Hdtp Bel Air	750	2250	3750	7500	13000	18700
2-dr Conv Cpe	1200	3850	6450	12900	22700	32200
8-pass Sta Wgn	550	1550	2650	5300	9100	13000
Fleetline Deluxe, 6-cyl., 92-105 hp, 115" wb						
2-dr Sdn	500	1350	2350	4700	8100	11500
1953						
Special 150, 6-cyl., 108-115 hp, 115" wb						
3-pass Bus Cpe	450	1250	2150	4300	7400	10700
6-pass Club Cpe	450	1250	2200	4400	7600	10900
2-dr Sdn	400	1200	2000	4000	6900	10000
4-dr Sdn	400	1200	1950	3900	6800	9900
6-p Sta Wgn (Hndymn)	550	1500	2500	5100	8800	12500
Deluxe 210, 6-cyl., 108-115 hp, 135" wb						
6-pass Club Cpe	550	1500	2500	5100	8800	12500
2-dr Sdn	500	1300	2250	4500	7700	11000
4-dr Sdn	500	1300	2250	4500	7700	11000
2-dr Hdtp	800	2350	3950	7900	13700	19700
2-dr Conv	1300	4050	6750	13500	23800	33700
6-p Sta Wgn (Hndymn)	600	1600	2750	5500	9500	13800
8-p Sta Wgn (Twnsmn)	600	1650	2850	5700	9900	14200
Bel Air, 6-cyl., 108-115 hp, 115" wb						
2-dr Sdn	550	1450	2450	4900	8500	12000
4-dr Sdn	550	1450	2450	4900	8500	12000
2-dr Spt Cpe	800	2450	4150	8300	14600	20700
2-dr Conv	1550	4650	7750	15500	27300	38700

	6	5	4	3	2	1

1954

Special 150, 6-cyl., 115-125 hp, 115" wb

	6	5	4	3	2	1
2-dr Uty Sdn	400	1200	1950	3900	6800	9900
2-dr Sdn	400	1200	2000	4000	6900	10000
4-dr Sdn	400	1200	1950	3900	6800	9900
6-pass Sta Wgn	550	1500	2500	5100	8800	12500

Deluxe 210, 6-cyl., 115-125 hp, 115" wb

	6	5	4	3	2	1
2-dr Sdn	500	1300	2250	4500	7700	11000
2-dr Sdn Delray	550	1500	2500	5100	8800	12500
4-dr Sdn	500	1300	2250	4500	7700	11000
6-p Sta Wgn (Hndymn)	600	1600	2750	5500	9500	13800

Bel Air, 6-cyl., 115-125 hp, 115" wb

	6	5	4	3	2	1
2-dr Sdn	550	1500	2500	5000	8700	12300
4-dr Sdn	550	1450	2450	4900	8500	12000
2-dr Spt Cpe	800	2450	4150	8300	14600	20700
2-dr Conv	1600	4750	7950	15900	28000	39700
8-p Sta Wgn (Hndymn)	650	1750	3150	6300	10900	15700

Power steering add $400

1955

150, 8-cyl., 115" wb

	6	5	4	3	2	1
2-drUty Sdn	450	1250	2050	4100	7100	10300
2-dr Sdn	550	1450	2450	4900	8500	12000
4-dr Sdn	450	1250	2200	4400	7600	10900
6-pass Sta Wgn	550	1450	2450	4900	8500	12000

210, 8-cyl., 115" wb

	6	5	4	3	2	1
2-dr Sdn	500	1350	2350	4700	8100	11500
2-dr Delray Cpe	550	1500	2500	5100	8800	12500
4-dr Sdn	450	1250	2150	4300	7400	10700
2-dr Spt Cpe	950	2950	4950	9900	17500	24700
2-dr Sta Wgn (Twnsmn)	550	1450	2450	4900	8500	12000
4-dr Sta Wgn (Hndymn)	550	1500	2500	5100	8800	12500

Bel Air, 8-cyl., 115" wb

	6	5	4	3	2	1
2-dr Sdn	600	1650	2850	5700	9900	14200
4-dr Sdn	550	1550	2650	5300	9100	13000
2-dr Hdtp	1500	4500	7500	15000	26400	37500
2-dr Conv	2300	6800	11450	22900	40200	57200
2-dr Nomad Wgn	1550	4650	7750	15500	27300	38700
4-dr Sta Wgn	700	2000	3450	6900	11900	17200

Power-Pack add 20%
6-cyl deduct 20%

1956

150, 8-cyl., 115" wb

	6	5	4	3	2	1
2-dr Uty Sdn	400	1200	1950	3900	6800	9900
2-dr Sdn	500	1350	2350	4700	8100	11500
4-dr Sdn	400	1200	2000	4000	6900	10000
6-p Sta Wgn (Hndymn)	550	1450	2500	5000	8500	12000

210, 8-cyl., 115" wb

	6	5	4	3	2	1
2-dr Sdn	500	1300	2250	4500	7700	11000
2-dr Sdn Delray	600	1600	2750	5500	9500	13800
4-dr Sdn	450	1250	2150	4300	7400	10700
4-dr Hdtp	650	1700	3000	5900	10200	14700
2-dr Hdtp	950	2950	4950	9900	17500	24700
2-dr Sta Wgn (Hndymn)	550	1250	2550	5100	8900	12000
4-dr Sta Wgn (Twnsmn)	550	1500	2850	5900	9750	13500
9-p Sta Wgn (Beauville)	650	1750	3050	6500	12500	17000

Bel Air, 8-cyl., 115" wb

	6	5	4	3	2	1
2-dr Sdn	650	1700	3000	5900	10200	14700
4-dr Sdn	600	1600	2750	5500	9500	13800

	6	5	4	3	2	1
4-dr Hdtp	750	2250	3750	7500	13000	18700
2-dr Hdtp	1300	4050	6750	13500	23800	33700
2-dr Conv	2400	7050	11950	23900	42000	59700
2-dr Nomad Wgn	1500	4500	7500	15000	26400	37500
4-dr Sta Wgn (Twnsmn)	700	2400	3950	8100	12800	19500

Power Pack add 10%
2 X 4-bbl add 20%
6-cyl. Deduct 20%

1957

Special 150, 8-cyl., 115" wb
	6	5	4	3	2	1
2-dr Sdn	550	1500	2500	5100	8800	12500
2-dr Uty Sdn	450	1250	2150	4300	7400	10700
4-dr Sdn	450	1250	2200	4400	7600	10900
2-dr Sta Wgn	750	1900	3400	6500	11000	14800

Special 210, 8-cyl., 115" wb
	6	5	4	3	2	1
2-dr Del Ray Cpe	600	1600	2750	5500	9500	13800
2-dr Hdtp Cpe	1150	3600	5950	11900	21000	29700
2-dr Sdn	550	1450	2450	4900	8500	12000
4-dr Sdn	500	1350	2350	4700	8100	11500
4-dr Hdtp	650	1700	3000	5900	10200	14700
2-dr Sta Wgn (Hndymn)	750	1750	3200	5800	10000	13500
4-dr Sta Wgn (Twnsmn)	750	1700	3050	6100	10500	15000
9-p Sta Wgn (Beauville)	850	1950	3600	7200	13200	17500

Bel Air, 8-cyl., 115" wb
	6	5	4	3	2	1
2-dr Hdtp Spt Cpe	2100	4550	9250	16500	29500	41200
2-dr Sdn	650	1800	3250	6500	11200	16100
2-dr Conv	3100	9200	15450	30900	54300	77100
4-dr Sdn	650	1700	3000	5900	10200	14700
4-dr Hdtp	800	2350	3950	7900	13700	19700
6-p Sta Wgn (Twnsmn)	1000	2500	3950	8200	15300	23500
6-pass Nomad	1700	5050	8500	17000	29900	42500

2X4-bbl add 20%
Fuel Injection add 25%
Factory air cond. add 15%
6-cyl deduct 20%

1958

Delray, 6-cyl./8-cyl.; 118" wb
	6	5	4	3	2	1
2-dr Sdn	400	1200	1950	3900	6800	9900
2-dr Uty Sdn	400	1150	1850	3700	6400	9300
4-dr Sdn	400	1200	1900	3800	6600	9600
2-dr Yeoman Wgn	450	1250	2100	4200	7200	10500
4-dr Yeoman Wgn	450	1250	2200	4400	7600	10900

Biscayne, 6-cyl./8-cyl.; 118" wb
	6	5	4	3	2	1
2-dr Sdn	450	1250	2050	4100	7100	10300
4-dr Sdn	400	1200	1950	3900	6800	9900
4-dr 6-pass Brookwood Wgn	450	1300	2400	4800	8400	14500
4-dr 9-pass Brookwood Wgn	500	1350	2500	5000	8700	15000

Bel Air, 6-cyl./8-cyl.; 118" wb
	6	5	4	3	2	1
2-dr Hdtp	800	2350	3950	7900	13700	19700
2-dr Sdn	500	1350	2350	4700	8100	11500
4-dr Hdtp	550	1500	2500	5100	8800	12500
4-dr Sdn	500	1300	2250	4500	7700	11000
2-dr Impala Spt Cpe	1350	4150	6950	13900	24500	34700
2-dr Impala Conv	2500	7350	12450	24900	43700	62100
4-dr Nomad Sta Wgn	700	2000	4200	8500	13800	19500

Fuel injection add 35%
348 4-bbl add 15%   348 w/3X2-bbl add 30%
Factory air cond. add $2000
6-cyl deduct 20%

	6	5	4	3	2	1

1959

Biscayne, 6-cyl./8-cyl.; 119" wb

2-dr Sdn	400	1150	1850	3700	6400	9300
2-dr Uty Sdn	400	1100	1800	3500	6100	8900
4-dr Sdn	400	1100	1800	3600	6200	9100
2-dr Brookwood Wgn	400	1200	1950	3900	6800	9900
4-dr Brookwood Wgn	450	1250	2050	4100	7100	10300

Bel Air, 6-cyl./8-cyl.; 119" wb

2-dr Sdn	400	1200	1900	3800	6600	9600
4-dr Hdtp	500	1300	2250	4500	7700	11000
4-dr Sdn	400	1150	1850	3700	6400	9300
4-dr Parkwood Wgn	450	1250	2050	4100	7100	10300
4-dr 9-p Kingswood Wgn	450	1250	2150	4300	7400	10700

Impala,6-cyl./8-cyl., 119" wb

4-dr Sdn	400	1200	1950	3900	6800	9900
4-dr Hdtp	550	1500	2500	5100	8800	12500
4-dr Nomad	600	1600	2750	5500	9500	13800
2-dr Hdtp	950	2950	4950	9900	17500	24700
2-dr Conv	1800	5300	8950	17900	31500	44700

348 4-bbl V-8 add $15%   348 3X2-bbl add 30%
Fuel-injection add 35%
Factory air cond add 15%
6-cyl deduct 20%

1960

Biscayne, 6-cyl./8-cyl., 119" wb

2-dr Sdn	400	1100	1800	3500	6100	8900
2-dr Uty Sdn	400	1050	1700	3300	5800	8300
4-dr Sdn	400	1050	1700	3400	5900	8500

Bel Air, 6-cyl./8-cyl., 119" wb

2-dr Hdtp	550	1550	2650	5300	9100	13000
2-dr Sdn	400	1100	1800	3600	6200	9100
4-dr Hdtp	450	1250	2050	4100	7100	10300
4-dr Sdn	400	1050	1700	3400	5900	8500

Impala, 6-cyl./8-cyl., 119" wb

2-dr Hdtp	850	2650	4450	8900	15700	22300
4-dr Hdtp	500	1350	2350	4700	8100	11500
4-dr Sdn	400	1200	1950	3900	6800	9900
Conv	1300	4050	6750	13500	23800	33700

Station Wagons, 8-cyl., 119" wb

6-pass Brookwood	400	1200	1900	3800	6600	9600
9-pass Brookwood	400	1200	2000	4000	6900	10000
9-pass Kingswood	450	1250	2050	4100	7100	10300
6-pass Parkwood	450	1250	2100	4200	7200	10500
6-pass Nomad	450	1250	2150	4300	7400	10700

Corvair, 6-cyl., 108" wb

500 4-dr Sdn	350	900	1500	2900	5200	7400
700 4-dr Sdn	350	900	1500	3000	5300	7600
500 2-dr Club Cpe	350	950	1550	3100	5500	7900
700 2-dr Club Cpe	350	1000	1600	3200	5700	8100
Monza 900 2-dr Club Cpe	450	1250	2200	4400	7600	10900

348 V-8 add 15%   348 w/3X2-bbl add 25%
Factory air add 15%
6-cyl (exc. Corvair) deduct 20%
Biscayne Fleetmaster deduct 10%

1961

Biscayne, 6-cyl./8-cyl., 119" wb

4-dr Sdn	350	1000	1600	3200	5700	8100
2-dr Sdn	400	1050	1700	3300	5800	8300

	6	5	4	3	2	1
2-dr Uty Sdn	350	950	1550	3100	5500	7900
9-pass Brookwood	400	1200	1900	3800	6600	9600
6-pass Brookwood	400	1100	1800	3600	6200	9100
Bel Air, 6-cyl./8-cyl., 119" wb						
2-dr Hdtp	750	2250	3750	7500	13000	18700
2-dr Sdn	400	1100	1800	3500	6100	8900
4-dr Hdtp	400	1200	1950	3900	6800	9900
4-dr Sdn	400	1050	1700	3300	5800	8300
6-pass Parkwood Wgn	400	1200	1900	3800	6600	9600
9-pass Parkwood Wgn	400	1200	2000	4000	6900	10000
Impala, 6-cyl./8-cyl., 119" wb						
2-dr Hdtp	800	2500	4250	8500	15000	21200
2-dr Sdn	400	1100	1800	3600	6200	9100
4-dr Hdtp	500	1300	2250	4500	7700	11000
4-dr Sdn	400	1100	1800	3500	6100	8900
6-pass Nomad Wgn	450	1250	2100	4200	7200	10500
9-pass Nomad Wgn	450	1250	2200	4400	7600	10900
2-dr Conv	1150	3650	6150	12300	21700	30700
Corvair, 6-cyl., 108" wb						
500 2-dr Club Cpe	350	950	1550	3100	5500	7900
700 2-dr Cpe	400	1050	1700	3300	5800	8300
Monza 900 2-dr Cpe	400	1200	1900	3800	6600	9600
500 4-dr Sdn	350	900	1500	2900	5200	7400
700 4-dr Sdn	350	900	1500	3000	5300	7600
Monza 900 4-dr Sdn	350	1000	1600	3200	5700	8100
500 Lakewood 4-dr Sta Wgn	350	950	1550	3100	5500	7900
700 Lakewood 4-dr Sta Wgn	350	1000	1600	3200	5700	8100
Corvair "95", 6-cyl., 95" wb						
6-dr Greenbrier Sta Wgn	400	1050	1700	3400	5900	8500

Super Sport pkg add 40%
348 V-8 add 20%   348 w/tri-power add 30%
409 V-8 add 40%   4-speed add 20%
Factory air add 15%
6 cyl (exc Corvair) deduct 15%

1962

	6	5	4	3	2	1
Biscayne, 6-cyl./8-cyl., 119" wb						
2-dr Sdn	400	1050	1700	3300	5800	8300
4-dr Sdn	350	1000	1600	3200	5700	8100
6-pass Sta Wgn	400	1200	1900	3800	6600	9600
Bel Air, 6-cyl./8-cyl., 119" wb						
2-dr Hdtp	800	2400	4000	8000	13900	19900
2-dr Sdn	400	1100	1800	3500	6100	8900
4-dr Sdn	400	1050	1700	3400	5900	8500
6-pass Sta Wgn	450	1250	2050	4100	7100	10300
9-pass Sta Wgn	450	1250	2150	4300	7400	10700
Impala, 6-cyl./8-cyl., 119" wb						
2-dr Hdtp	800	2450	4150	8300	14600	20700
4-dr Hdtp	500	1350	2350	4700	8100	11500
4-dr Sdn	400	1150	1850	3700	6400	9300
6-pass Sta Wgn	450	1250	2200	4400	7600	10900
9-pass Sta Wgn	500	1350	2300	4600	8000	11300
2-dr Conv	1200	3800	6350	12700	22400	31700
Chevy II 4-cyl./6-cyl., 110" wb						
100 2-dr Sdn	350	950	1550	3100	5500	7900
300 2-dr Sdn	400	1050	1700	3300	5800	8300
Nova 400 2-dr Sdn	400	1100	1800	3500	6100	8900
100 4-dr Sdn	350	900	1500	2900	5200	7400
300 4-dr Sdn	350	950	1550	3100	5500	7900
Nova 400 4-dr Sdn	400	1050	1700	3300	5800	8300

	6	5	4	3	2	1
Nova 400 2-dr Spt Cpe	550	1550	2650	5300	9100	13000
Nova 400 2-dr Conv	650	1800	3250	6500	11200	16100
100 4-dr 6-pass Wgn	400	1150	1850	3700	6400	9300
300 4-dr 9-pass Wgn	400	1200	1950	3900	6800	9900
Nova 400 4-dr 6-pass Wgn	450	1250	2050	4100	7100	10300
Corvair, Series 500, 6-cyl., 108" wb						
500 2-dr Club Cpe	350	1000	1600	3200	5700	8100
700 2-dr Club Cpe	400	1050	1700	3400	5900	8500
Monza 2-dr Club Cpe	400	1200	2000	4000	6900	10000
Monxa Spyder 2-dr Club Cpe	450	1250	2050	4100	7100	10300
700 4-dr Sdn	350	950	1550	3100	5500	7900
Monza 4-dr Sdn	400	1050	1700	3300	5800	8300
Monza 2-dr Conv	500	1350	2350	4700	8100	11500
Monza Spyder 2-dr Conv	550	1500	2500	5100	8800	12500
700 Lakewood 6-pass Sta Wgn	400	1050	1700	3300	5800	8300
Monza Lakewood 6-pass Sta Wgn	400	1050	1700	3400	5900	8500

409-380 hp V8 add 30%
409-409 hp add 40%
4-speed trans add 20%
Super Sport add 20%
Factory air add 15%
6-cyl on Chevy II add 15%
6-cyl (exc Corvair & Chevy II/Nova) deduct 15%

1963

	6	5	4	3	2	1
Biscayne, 6-cyl./8-cyl., 119" wb						
2-dr Sdn	350	900	1500	2900	5200	7400
4-dr Sdn	350	850	1400	2800	4900	7100
6-pass Wgn	400	1050	1700	3300	5800	8300
Bel Air, 6-cyl./8-cyl., 119" wb						
2-dr	350	950	1550	3100	5500	7900
4-dr Sdn	350	900	1500	3000	5300	7600
6-pass Sta Wgn	400	1050	1700	3400	5900	8500
9-pass Sta Wgn	400	1100	1800	3600	6200	9100
Impala, 6-cyl./8-cyl., 119" wb						
2-dr Hdtp Cpe	800	2450	4150	8300	14600	20700
4-dr Hdtp	450	1250	2150	4300	7400	10700
4-dr Sdn	400	1100	1800	3500	6100	8900
6-pass Sta Wgn	400	1200	2000	4000	6900	10000
9-pass Sta Wgn	450	1250	2100	4200	7200	10500
2-dr Conv	1250	3950	6550	13100	23100	32700
Chevy-II Series 100, 4-cyl./6-cyl., 110" wb						
100 2-dr Sdn	300	800	1300	2600	4600	6600
300 2-dr Sdn	350	850	1400	2800	4900	7100
100 4-dr Sdn	300	700	1200	2400	4100	5900
300 4-dr Sdn	300	800	1300	2600	4600	6600
Nova 400 4-dr Sdn	350	900	1500	2900	5200	7400
Nova 400 2-dr Hdtp Cpe	550	1500	2500	5100	8800	12500
Nova 2-dr Conv	700	2000	3450	6900	11900	17200
100 4-dr 6-pass Sta Wgn	350	950	1550	3100	5500	7900
300 4-dr 9-pass Sta Wgn	400	1050	1700	3400	5900	8500
Nova 400 4-dr 6-pass Sta Wgn	400	1100	1800	3500	6100	8900
Corvair, 6-cyl., 108" wb						
500 2-dr Club Cpe	350	1000	1600	3200	5700	8100
700 2-dr Club Cpe	400	1050	1700	3400	5900	8500
Monza 900 2-dr Club Cpe	400	1200	2000	4000	6900	10000
Monza Spyder 2-dr Club Cpe	450	1250	2050	4100	7100	10300
700 4-dr Sdn	350	950	1550	3100	5500	7900

	6	5	4	3	2	1
Monza 900 4-dr Sdn	400	1050	1700	3300	5800	8300
Monza 900 2-dr Conv	500	1350	2350	4700	8100	11500
Monza Spyder 2-dr Conv	550	1500	2500	5100	8800	12500

409-400 hp V8 add 20%
409-425 hp V8 add 40%
Factory air add 15%   4-speed add 10%
Super Sport pkg add 20%   6- cyl on Chevy II add 15%
6-cyl (exc Corvair & Chevy II/Nova) deduct 15%;

1964

	6	5	4	3	2	1
Biscayne, 6-cyl./8-cyl., 119" wb						
2-dr Sdn	350	900	1500	3000	5300	7600
4-dr Sdn	350	900	1500	2900	5200	7400
6-pass Sta Wgn	350	1000	1600	3200	5700	8100
Bel Air, 6-cyl./8-cyl., 119" wb						
2-dr Sdn	350	950	1550	3100	5500	7900
4-dr Sdn	350	900	1500	3000	5300	7600
6-pass Sta Wgn	400	1100	1800	3500	6100	8900
9-pass Sta Wgn	400	1150	1850	3700	6400	9300
Impala, 6-cyl./8-cyl., 119" wb						
4-dr Sdn	400	1050	1700	3300	5800	8300
4-dr Hdtp Sdn	450	1250	2050	4100	7100	10300
2-dr Hdtp Cpe	800	2350	3950	7900	13700	19700
2-dr Conv	1200	3750	6250	12500	22000	31100
6-pass Sta Wgn	450	1250	2100	4200	7200	10500
9-pass Sta Wgn	450	1250	2200	4400	7600	10900
Impala SS, 6-cyl., 8-cyl., 119" wb						
2-dr Hdtp Cpe	900	2850	4750	9500	16700	23700
2-dr Conv	1450	4450	7450	14900	26200	37200
Chevy II, 110" wb						
100 2-dr sdn	300	800	1350	2700	4700	6900
Nova-400 2-dr sdn	350	950	1550	3100	5500	7900
100 4-dr Sdn	300	800	1350	2700	4700	6900
Nova-400 4-dr Sdn	350	900	1500	2900	5200	7400
Nova 400 2-dr Hdtp Cpe	400	1150	1850	3700	6400	9300
Nova SS 2-dr Hdtp .	600	1600	2750	5500	9500	13800
Nova SS 2-dr Hdtp V8 (283)	700	2000	3450	6900	11900	17200
100 6-pass Sta Wgn	400	1050	1700	3400	5900	8500
Nova-400 6-pass Sta Wgn	400	1050	1700	3400	5900	8500
Chevelle, 6-cyl./8-cyl., 115" wb						
300 2-dr Sdn	350	900	1500	2900	5200	7400
300 4-dr Sdn	350	850	1400	2800	4900	7100
Malibu 4-dr Sdn	350	900	1500	2900	5200	7400
Malibu 2-dr Spt Cpe	700	1900	3350	6700	11500	16500
Malibu 2-dr Conv	1000	3250	5450	10900	19100	27200
300 2-dr Sta Wgn	400	1100	1800	3500	6100	8900
300 4-dr Sta Wgn	400	1150	1850	3700	6400	9300
Malibu 4-dr 6-pass Sta Wgn	400	1050	1700	3400	5900	8500
Malibu 4-dr 8-pass Sta Wgn	400	1100	1800	3600	6200	9100
Corvair, 6-cyl., 108" wb						
500 2-dr Club Cpe	400	1050	1700	3300	5800	8300
Monza 2-dr Club Cpe	400	1200	2000	4000	6900	10000
Monza Spyder 2-dr Cpe	450	1250	2200	4400	7600	10900
700 4-dr Sdn	350	1000	1600	3200	5700	8100
Monza 4-dr Sdn	400	1050	1700	3400	5900	8500
Monza 2-dr Conv	500	1300	2250	4500	7700	11000
Monza Spyder 2-dr Conv	550	1550	2600	5200	9000	12800

409-400 hp V8 add 20%   409-425 hp V8 add 40%
Factory air add 15%   4-speed add 10%
Malibu SS pkg add 20%   6- cyl on Chevy II add 15%
6-cyl (exc Corvair & Chevy II/Nova) deduct 15%

	6	5	4	3	2	1

1965

Biscayne, 6-cyl./8-cyl., 119" wb

	6	5	4	3	2	1
2-dr Sdn	350	900	1500	2900	5200	7400
4-dr Sdn	350	850	1400	2800	4900	7100
6-pass Sta Wgn	350	900	1500	3000	5300	7600

Bel Air, 6-cyl./8-cyl., 119" wb

	6	5	4	3	2	1
2-dr Sdn	350	900	1500	3000	5300	7600
4-dr Sdn	350	900	1500	2900	5200	7400
6-pass Sta Wgn	400	1050	1700	3300	5800	8300
9-pass Sta Wgn	400	1100	1800	3500	6100	8900

Impala, 6-cyl./8-cyl., 119" wb

	6	5	4	3	2	1
2-dr Hdtp	700	1900	3350	6700	11500	16500
4-dr Hdtp	400	1200	2000	4000	6900	10000
4-dr Sdn	400	1050	1700	3400	5900	8500
6-pass Sta Wgn	400	1100	1800	3500	6100	8900
9-pass Sta Wgn	400	1150	1850	3700	6400	9300
2-dr Conv	900	2900	4850	9700	17100	24200

Impala SS, 6-cyl./8-cyl., 119" wb

	6	5	4	3	2	1
2-dr Hdtp	750	2250	3750	7500	13000	18700
2-dr Conv	1150	3600	5950	11900	21000	29700

Chevy II, 110" wb

	6	5	4	3	2	1
100 2-dr Sdn	350	850	1400	2800	4900	7100
100 4-dr Sdn	300	800	1300	2600	4600	6600
Nova 4-dr Sdn	350	900	1500	3000	5300	7600
Nova 2-dr Hdtp	550	1550	2650	5300	9100	13000
Nova SS 2-dr Spt Cpe .	650	1700	3000	5900	10200	14700
100 4-dr Sta Wgn	350	900	1500	3000	5300	7600
Nova 4-dr Sta Wgn	400	1050	1700	3400	5900	8500

Chevelle 300, 6-cyl./8-cyl., 115" wb

	6	5	4	3	2	1
300 2-dr Sdn	350	900	1500	2900	5200	7400
300 Dlx 2-dr Sdn	350	900	1500	3000	5300	7600
300 4-dr Sdn	300	800	1350	2700	4700	6900
300 Dlx 4-dr Sdn	350	850	1400	2800	4900	7100
Malibu 4-dr Sdn	350	900	1500	3000	5300	7600
Malibu 2-dr Hdtp	700	1900	3350	6700	11500	16500
SS 2-dr Hdtp	850	2700	4550	9100	16000	22700
Malibu 2-dr Conv	900	2900	4850	9700	17100	24200
SS 2-dr Conv	1300	4000	6650	13300	23400	33100
300 2-dr 6-pass Sta Wgn	400	1050	1700	3400	5900	8500
300 Dlx 4-dr 6-pass Sta Wgn	400	1100	1800	3500	6100	8900
Malibu 4-dr 6-pass Sta Wgn	400	1100	1800	3600	6200	9100

Corvair 500, 6-cyl., 108" wb

	6	5	4	3	2	1
500 2-dr Hdtp Cpe	350	950	1550	3100	5500	7900
Monza 2-dr Hdtp Cpe	400	1150	1850	3700	6400	9300
Corsa 2-dr Hdtp Cpe	400	1200	1950	3900	6800	9900
500 4-dr Hdtp Sdn	350	850	1400	2800	4900	7100
Monza 4-dr Hdtp Sdn	350	900	1500	3000	5300	7600
Monza 2-dr Conv	500	1350	2350	4700	8100	11500
Corsa 2-dr Conv	550	1500	2500	5100	8800	12500

396-325 hp V8 add 20%   396-425 hp add 40%
409 –340 hp add 20%   409-400 hp add 40%
4-speed add 10%   Factory air add 10%
6-cyl deduct 15%
Chevelle L-79 327 V8 add 25%
Chevelle-Nova 6-cyl deduct 15%

1966

Biscayne, 6-cyl./8-cyl., 119" wb

	6	5	4	3	2	1
2-dr Sdn	350	900	1500	3000	5300	7600
4-dr Sdn	350	900	1500	2900	5200	7400
6-pass Sta Wgn	350	950	1550	3100	5500	7900

	6	5	4	3	2	1
Bel Air, 6-cyl./8-cyl., 119" wb						
2-dr Sdn	350	950	1550	3100	5500	7900
4-dr Sdn	350	900	1500	3000	5300	7600
6-pass Sta Wgn	400	1050	1700	3300	5800	8300
9-pass Sta Wgn	400	1100	1800	3500	6100	8900
Impala, 6-cyl./8-cyl., 119" wb						
2-dr Hdtp	750	2250	3750	7500	13000	18700
4-dr Hdtp	450	1250	2050	4100	7100	10300
4-dr Sdn	350	1000	1600	3200	5700	8100
6-pass Sta Wgn	400	1200	2000	4000	6900	10000
9-pass Sta Wgn	450	1250	2100	4200	7200	10500
2-dr Conv	950	3000	5050	10100	17900	25100
Impala SS, 6-cyl./8-cyl., 119" wb						
2-dr Hdtp	850	2550	4350	8700	15300	21700
2-dr Conv	1150	3600	5950	11900	21000	29700
Caprice, 8-cyl., 119" wb						
4-dr Hdtp	550	1500	2500	5100	8800	12500
2-dr Cpe	750	2200	3650	7300	12600	18200
6-pass Sta Wgn	450	1250	2200	4400	7600	10900
9-pass Sta Wgn	500	1350	2300	4600	8000	11300
Chevelle 300, 6-cyl./8-cyl., 115" wb						
300 2-dr Sdn	350	900	1500	2900	5200	7400
300 Dlx 2-dr Sdn	350	950	1550	3100	5500	7900
300 4-dr Sdn	300	800	1350	2700	4700	6900
300 Dlx 4-dr Sdn	350	900	1500	2900	5200	7400
Malibu 4-dr Sdn	350	900	1500	3000	5300	7600
Malibu 2-dr Hdtp	700	2000	3450	6900	11900	17200
SS 2-dr Hdtp	1000	3200	5350	10700	18900	26700
Malibu 4-dr Hdtp	350	1000	1600	3200	5700	8100
Malibu 2-dr Conv	950	2950	4950	9900	17500	24700
SS 2-dr Conv	1350	4150	6950	13900	24500	34700
300 Dlx 6-pass Sta Wgn	350	1000	1600	3200	5700	8100
Malibu 6-pass Sta Wgn	350	950	1550	3100	5500	7900
Chevy II, 110" wb						
100 2-dr Sdn	350	900	1500	2900	5200	7400
100 4-dr Sdn	300	750	1250	2500	4400	6200
Nova 4-dr Sdn	300	800	1350	2700	4700	6900
Nova 2-dr Hdtp	400	1200	1950	3900	6800	9900
Nova SS 2-dr Hdtp	700	2000	3450	6900	11900	17200
100 6-pass Sta Wgn	350	900	1500	3000	5300	7600
Nova 6-pass Sta Wgn	350	950	1550	3100	5500	7900
Corvair, 6-cyl., 108" wb						
500 2-dr Hdtp Cpe	350	900	1500	2900	5200	7400
Monza 2-dr Hdtp Cpe	400	1150	1850	3700	6400	9300
Corsa 2-dr Hdtp Cpe	400	1200	2000	4000	6900	10000
500 4-dr Hdtp	300	800	1350	2700	4700	6900
Monza 4-dr Hdtp	350	900	1500	3000	5300	7600
Monza 2-dr Conv	500	1350	2350	4700	8100	11500
Corsa 2-dr Conv	550	1550	2600	5200	9000	12800

396-325 hp V8 add 30%   427-390 hp V8 add 35%
427-425 hp add 40%   4-speed add 10%
6-cyl deduct 15%   Chevelle 396-350 V8 add 30%
Chevelle 396-2275 hp add 40%
Nova L-79 327-350 hp add 75%
Chevelle/Nova 6-cyl deduct 15%

1967

	6	5	4	3	2	1
Biscayne, 6-cyl./8-cyl., 119" wb						
2-dr Sdn	350	900	1500	2900	5200	7400
4-dr Sdn	350	850	1400	2800	4900	7100
6-pass Sta Wgn	350	950	1550	3100	5500	7900

	6	5	4	3	2	1
Bel Air, 6-cyl./8-cyl., 119" wb						
2-dr Sdn	350	950	1550	3100	5500	7900
4-dr Sdn	350	900	1500	3000	5300	7600
9-pass Sta Wgn	400	1100	1800	3600	6200	9100
Impala, 6-cyl./8-cyl., 119" wb						
4-dr Sdn	350	1000	1600	3200	5700	8100
2-dr Hdtp	600	1600	2750	5500	9500	13800
SS 2-dr Hdtp	750	2300	3850	7700	13300	19200
4-dr Hdtp	400	1100	1800	3500	6100	8900
2-dr Conv	900	2850	4750	9500	16700	23700
SS Conv	1050	3300	5500	11100	19500	27700
6-pass Sta Wgn	400	1150	1850	3700	6400	9300
9-pass Sta Wgn	400	1200	1950	3900	6800	9900
Caprice, 8-cyl., 119" wb						
4-dr Hdtp	550	1500	2500	5000	8700	12300
2-dr Hdtp	650	1800	3250	6500	11200	16100
6-pass Sta Wgn	450	1250	2050	4100	7100	10300
9-pass Sta Wgn	450	1250	2150	4300	7400	10700
Chevy II "100",110" wb						
"100" 2-dr Sdn	300	800	1300	2600	4600	6600
"100" 4-dr Sdn	300	700	1200	2400	4100	5900
Nova 4-dr Sdn	350	850	1400	2800	4900	7100
Nova 2-dr Hdtp Cpe	550	1450	2450	4900	8500	12000
Nova SS 2-dr Hdtp	700	2000	3450	6900	11900	17200
"100" 6-pass Sta Wgn	350	850	1400	2800	4900	7100
Nova 6-pass Sta Wgn	350	1000	1600	3200	5700	8100
Malibu, 6-cyl./8-cyl., 119" wb						
2-dr Hdtp	650	1700	3000	5900	10200	14700
4-dr Hdtp	400	1100	1800	3500	6100	8900
4-dr Sdn	350	900	1500	3000	5300	7600
6-pass Sta Wgn	350	1000	1600	3200	5700	8100
2-dr Conv	850	2700	4550	9100	16000	22700
Chevelle, 6-cyl./8-cyl., 115" wb						
300 2-dr Sdn	350	900	1500	3000	5300	7600
300 Dlx 2-dr Sdn	350	950	1550	3100	5500	7900
300 4-dr Sdn	350	850	1400	2800	4900	7100
300 Dlx 4-dr Sdn	350	900	1500	2900	5200	7400
SS-396 2-dr Hdtp	1100	3450	5750	11500	20300	28700
SS-396 2-dr Conv	1300	4050	6750	13500	23800	33700
300 Dlx 6-pass Sta Wgn	400	1050	1700	3400	5900	8500
Concours 6-pass Sta Wgn	400	1150	1850	3700	6400	9300
Camaro, 6-cyl./8-cyl., 108" wb						
2-dr Hdtp Cpe	750	2100	3550	7100	12300	17700
2-dr Conv	1150	3600	5950	11900	21000	29700
Corvair, 6-cyl., 108" wb						
"500" 2-dr Hdtp Cpe	350	900	1500	3000	5300	7600
Monza 2-dr Hdtp Cpe	400	1200	1900	3800	6600	9600
500 4-dr Hdtp	350	850	1400	2800	4900	7100
Monza 4-dr Hdtp	350	950	1550	3100	5500	7900
Monza 2-dr Conv	550	1400	2400	4800	8300	11800

Full-size 396-325 add 15%
Full-size 427-385 hp add 30%
4-speed add 15%
Chevelle 327-325 hp add 25%   4-speed add 15%
Camaro RS add 15%   Camaro SS add 25%
Camaro Z-28 add 60%   4-speed (exc Z-28) add 10%
Pace Car pkg add 25%

1968

	6	5	4	3	2	1
Biscayne, 6-cyl./8-cyl., 119" wb						
2-dr Sdn	300	750	1250	2500	4400	6200

	6	5	4	3	2	1
4-dr Sdn	300	700	1200	2400	4100	5900
6-pass Sta Wgn	300	800	1300	2600	4600	6600
Bel Air, 6-cyl./8-cyl., 119" wb						
2-dr Sdn	300	800	1300	2600	4600	6600
4-dr Sdn	300	750	1250	2500	4400	6200
6-pass Sta Wgn	300	800	1350	2700	4700	6900
9-pass Sta Wgn	350	900	1500	2900	5200	7400
Impala, 6-cyl./8-cyl., 119" wb						
4-dr Sdn	300	800	1350	2700	4700	6900
4-dr Hdtp	350	1000	1600	3200	5700	8100
2-dr Hdtp	500	1300	2250	4500	7700	11000
2-dr Cus Hdtp	450	1250	2150	4300	7400	10700
2-dr Conv	850	2700	4550	9100	16000	22700
6-pass Sta Wgn	400	1050	1700	3400	5900	8500
9-pass Sta Wgn	400	1100	1800	3600	6200	9100
Caprice, 8-cyl., 119" wb						
4-dr Hdtp	400	1100	1800	3500	6100	8900
2-dr Cpe	500	1350	2350	4700	8100	11500
6-pass Sta Wgn	400	1100	1800	3600	6200	9100
9-pass Sta Wgn	400	1200	1900	3800	6600	9600
Chevy II Nova, 4-cyl./6-cyl./8-cyl., 111" wb						
2-dr Sdn	350	900	1500	2900	5200	7400
4-dr Sdn	300	800	1350	2700	4700	6900
Malibu, 6-cyl./8-cyl., 2-dr 112" wb, 4-dr 116" wb						
Malibu 2-dr Hdtp Cpe	550	1500	2500	5100	8800	12500
Malibu 4-dr Hdtp	350	900	1500	2900	5200	7400
Malibu 4-dr Sdn	300	800	1300	2600	4600	6600
Malibu 6-pass Sta Wgn	350	900	1500	2900	5200	7400
Malibu 2-dr Conv	850	2700	4550	9100	16000	22700
Chevelle 300, 6-cyl./8-cyl., 112" wb/116" wb (4-dr sdn, wagons)						
"300" 2-dr Cpe	300	700	1200	2400	4100	5900
"300 Dlx " 2-dr Cpe	300	750	1250	2500	4400	6200
"300 Dlx " 4-dr Sdn	300	700	1200	2400	4100	5900
"300 Dlx " 2-dr Hdtp	350	950	1550	3100	5500	7900
"SS-396" 2-dr Hdtp	950	2950	4950	9900	157500	24700
"SS-396" 2-dr Conv	1200	3750	6250	12500	22000	31100
"300" 6-p Nomad	300	750	1250	2500	4400	6200
"300 Dlx Nomad " 6-p Sta Wgn	300	800	1350	2700	4700	6900
Concours Cus 6-pass Sta Wgn	350	950	1550	3100	5500	7900
Camaro, 6-cyl./8-cyl., 108" wb						
2-dr Hdtp Cpe	650	1700	3000	5900	10200	14700
2-dr Conv	1000	3250	5450	10900	19100	27200
Corvair 500, 6-cyl., 108" wb						
"500" 2-dr Hdtp Cpe	350	900	1500	3000	5300	7600
Monza 2-dr Hdtp Cpe	400	1200	1900	3800	6600	9600
Monza 2-dr Conv	550	1400	2400	4800	8300	11800

Camaro RS add 15%   SS-350 add 25%
Z-28 add 40%   SS-396 add 40%
Full-size 427-425 hp add 30%
All models factory air add 10%
4-spd (exc Z-28) add 10%
6-cyl deduct 15%

1969

	6	5	4	3	2	1
Biscayne, 6-cyl./8-cyl., 119" wb						
2-dr Sdn	300	650	1100	2200	3800	5400
4-dr Sdn	300	650	1000	2000	3500	4900
4-dr 6-pass Sta Wgn	300	650	1100	2100	3600	5100
Bel Air, 6-cyl., 8-cyl., 119" wb						
2-dr Sdn	300	650	1150	2300	3900	5700
4-dr Sdn	300	650	1000	2000	3500	4900

	6	5	4	3	2	1
4-dr 6-pass Sta Wgn	300	650	1100	2200	3800	5400
4-dr 9-pass Sta Wgn	300	700	1200	2400	4100	5900
Impala, 6-cyl., 8-cyl., 119" wb						
2-dr Hdtp	400	1200	1950	3900	6800	9900
2-dr Frml Hdtp	400	1200	1900	3800	6600	9600
4-dr Hdtp	350	850	1400	2800	4900	7100
4-dr Sdn	300	650	1150	2300	3900	5700
6-p Sta Wgn Kingswood	300	700	1200	2400	4100	5900
9-p Sta Wgn Kingswood	300	800	1300	2600	4600	6600
2-dr Conv	750	2250	3750	7500	13000	18700
Caprice, 8-cyl., 119" wb						
4-dr Hdtp Spt Sdn	350	950	1550	3100	5500	7900
2-dr Cus Cpe	400	1200	1950	3900	6800	9900
6-p Sta Wgn Kingswood	300	800	1300	2600	4600	6600
9-p Sta Wgn Kingswood	350	850	1400	2800	4900	7100
Chevelle 300 Deluxe, 2-dr, 112" wb; 4-dr, 116" wb						
4-dr Sdn	300	650	1000	2000	3500	4900
2-dr Hdtp Spt Cpe	350	950	1550	3100	5500	7900
2-dr Cpe	300	650	1150	2300	3900	5700
Nomad 6-pass	300	700	1200	2400	4100	5900
6-pass Grnbr Sta Wgn	300	650	1150	2300	3900	5700
9-pass Grnbr Sta Wgn	300	750	1250	2500	4400	6200
6-p Concours Sta Wgn	300	800	1300	2600	4600	6600
9-p Concours Sta Wgn	350	850	1400	2800	4900	7100
Malibu, 6-cyl./8-cyl., 2-dr, 112"; 4-dr, 116" wb						
2-dr Hdtp Cpe	550	1450	2450	4900	8500	12000
4-dr Hdtp	300	750	1250	2500	4400	6200
4-dr Sdn	300	650	1150	2300	3900	5700
6-pass Estate Wgn	300	700	1200	2400	4100	5900
9-pass Estate Wgn	300	800	1300	2600	4600	6600
2-dr Conv	800	2350	3950	7900	13700	19700
Camaro, 6-cyl./8-cyl., 108" wb						
2-dr Hdtp Cpe	650	1800	3250	6500	11200	16100
Conv	950	3000	5050	10100	17900	25100
Nova, 4-cyl./6-cyl./8-cyl., 111" wb						
2-dr Cpe	300	750	1250	2500	4400	6200
4-dr Sdn	300	650	1100	2200	3800	5400
Corvair 6-cyl., 108" wb						
"500" 2-dr Hdtp Cpe	400	1100	1800	3500	6100	8900
Monza 2-dr Hdtp Cpe	450	1250	2150	4300	7400	10700
Monza 2-dr Conv	550	1550	2650	5300	9100	13000

Camaro Pace Car SS add 20%
Z-28 pkg add 50%   RS pkg add 15%
SS-396 add 20%   L-1 427 V8 add 200%
4-spd (exc Z-28 add 10%
Full size 427-385 hp add 20%
Chevelle 396-375 hp add 20%
4-spd add 10%

1970

	6	5	4	3	2	1
Biscayne, 8-cyl., 119" wb						
4-dr Sdn	300	650	1000	2000	3500	4900
6-pass Brkwd Wgn	300	650	1100	2100	3600	5100
Bel Air, 8-cyl., 119" wb						
4-dr Sdn	300	650	1100	2100	3600	5100
6-pass Twnsmn Wgn	300	650	1100	2200	3800	5400
9-pass Twnsmn Wgn	300	700	1200	2400	4100	5900
Impala, 8-cyl., 119" wb						
4-dr Sdn	300	650	1150	2300	3900	5700
2-dr Hdtp Cpe	400	1100	1800	3600	6200	9100

	6	5	4	3	2	1
2-dr Cus Cpe	400	1050	1700	3400	5900	8500
4-dr Hdtp	350	900	1500	3000	5300	7600
6-pass Kngswd Wgn	350	850	1400	2800	4900	7100
9-pass Kngswd Wgn	350	900	1500	3000	5300	7600
2-dr Conv	650	1700	3000	5900	10200	14700
Nova, 4-cyl./6-cyl./8-cyl.						
2-dr Cpe	300	700	1200	2400	4100	5900
4-dr Sdn	300	650	1100	2100	3600	5100

SS add 25%
SS 396 add 40%

	6	5	4	3	2	1
Caprice, 8-cyl., 119" wb						
4-dr Hdtp	400	1050	1700	3300	5800	8300
2-dr Hdtp	400	1200	1950	3900	6800	9900
6-pass Sta Wgn	350	850	1400	2800	4900	7100
9-pass Sta Wgn	350	900	1500	3000	5300	7600
Chevelle, 6-cyl./8-cyl., 2-dr, 112" wb; 4-dr, 116" wb						
2-dr Hdtp	350	900	1500	2900	5200	7400
4-dr Sdn	300	650	1150	2300	3900	5700
6-pass Nomad Sta Wgn	300	750	1250	2500	4400	6200
6-p Grnbr Sta Wgn	300	650	1100	2100	3600	5100
9-p Grnbr Sta Wgn	300	650	1150	2300	3900	5700
Chevelle Malibu, 6-cyl./8-cyl., 2-dr, 112" wb; 4-dr 116" wb						
4-dr Sdn	300	700	1200	2400	4100	5900
2-dr Hdtp	500	1300	2250	4500	7700	11000
4-dr Hdtp	300	800	1300	2600	4600	6600
2-dr Conv	800	2350	3950	7900	13700	19700
4-dr Nomad Sta Wgn	300	800	1350	2700	4700	6900
6-pass Sta Wgn	300	700	1200	2400	4100	5900
9-pass Sta Wgn	300	800	1300	2600	4600	6600
Concours Est. 6-pass Sta Wgn	300	800	1350	2700	4700	6900
Concours Est 9-pass Sta Wgn	350	900	1500	2900	5200	7400
Camaro, 6-cyl./8-cyl., 108" wb						
2-dr Hdtp Cpe	550	1500	2500	5100	8800	12500

RS add 10%   *SS 350 add 15%*
SS 396 Add 40%   *Z/28 add 70%*

	6	5	4	3	2	1
Monte Carlo, 8-cyl., 116" wb						
2-dr Hdtp Cpe	600	1600	2750	5500	9500	13800

LS-5 454 V8 add 15%
LS-6 454 add 25%
6-cyl deduct 15%
Nova/Chevelle SS-396-350 add 20%
SS396-375 add 40%

1971

	6	5	4	3	2	1
Biscayne, 6-cyl./8-cyl., sdn 122" wb, sta wgn 125" wb						
4-dr Sdn	300	650	1000	2000	3500	4900
6-pass Brkwd Wgn	300	650	1100	2100	3600	5100
Bel Air, 6-cyl., 8-cyl., sdn 122" wb, sta wgn 125" wb						
4-dr Sdn	300	650	1100	2100	3600	5100
6-pass Wgn	300	650	1100	2200	3800	5400
9-pass Twnsma Wgn	300	700	1200	2400	4100	5900
Impala, 6-cyl./8-cyl., sdn 122" wb, sta wgn 125" wb						
4-dr Sdn	300	650	1100	2200	3800	5400
2-dr Hdtp	400	1050	1700	3400	5900	8500
2-dr Cus Cpe	400	1100	1800	3500	6100	8900
4-dr Hdtp	300	800	1300	2600	4600	6600
2-dr Conv	650	1700	3000	6100	10600	15200
9-pass Kngswd Wgn	300	650	1150	2300	3900	5700
6-pass Kngswd Wgn	300	750	1250	2500	4400	6200

	6	5	4	3	2	1
Caprice, 6-cyl./8-cyl., sdn 122" wb, sta wgn 125" wb						
4-dr Hdtp	300	800	1350	2700	4700	6900
2-dr Cus Sdn	400	1050	1700	3400	5900	8500
6-p Kngswd Est Wgn	300	700	1200	2400	4100	5900
9-p Kngswd Est Wgn	300	800	1300	2600	4600	6600
Monte Carlo, 8-cyl., 112" wb						
2-dr Hdtp Cpe	550	1550	2650	5300	9100	13000
Nova, 6-cyl./8-cyl., 111" wb						
2-dr Cpe	300	650	1150	2300	3900	5700
4-dr Sdn	300	650	1000	2000	3500	4900
Camaro, 6-cyl./8-cyl., 108" wb						
2-dr Hdtp Cpe	500	1300	2250	4500	7700	11000
Chevelle, 6-cyl./8-cyl., 2-dr Hdtp 112" wb, 4-dr sdn 116" wb, sta wgn 125" wb						
2-dr Hdtp Cpe	450	1250	2150	4300	7400	10700
4-dr Sdn	300	650	1150	2300	3900	5700
6-pass Nomad Wgn	300	800	1350	2700	4700	6900
9-pass Grnbr Wgn	350	900	1500	2900	5200	7400
Malibu 4-dr Sdn	300	700	1200	2400	4100	5900
Malibu 2-dr Hdtp	650	1750	3150	6300	10900	15700
Malibu 4-dr Hdtp	400	1050	1700	3300	5800	8300
Malibu 2-dr Conv	800	2500	4250	8500	15000	21200
Malibu Est 6-p Sta Wgn	350	850	1400	2800	4900	7100
Malibu 9-p Sta Wgn	350	900	1500	3000	5300	7600
Concours Est 6-pass Sta Wgn	350	900	1500	2900	5200	7400
Concours Est 9-pass Sta Wgn	350	950	1550	3100	5500	7900
Vega, 97" wb						
2-dr Cpe	300	600	950	1900	3200	4600
2-dr Sdn	300	650	1000	2000	3500	4900
2-dr 4-pass Wgn	300	650	1100	2100	3600	5100

Chevelle: Heavy Chevy pkg add 25%
SS-454 add 20%   4-speed add 20%

Camaro: RS add 10%   SS add 15%
Z/28 add 50%   4-spd (exc Z-28) add 20%

Nova: SS-350 add 20%
Rally pkg add 25%

1972

	6	5	4	3	2	1
Biscayne, 6-cyl./8-cyl., sdn 122" wb, sta wgn 125" wb						
4-dr Sdn	300	600	950	1900	3200	4600
Brkwd Wgn	300	650	1100	2100	3600	5100
Bel Air, 6-cyl./8-cyl.						
4-dr Sdn	300	650	1000	2000	3500	4900
4-dr 6-p Wgn	300	650	1100	2200	3800	5400
4-dr 9-pass Twnsmn Wgn	300	700	1200	2400	4100	5900
Impala, 6-cyl./8-cyl., sdn 122" wb, sta wgn 125" wb						
2-dr Hdtp	350	900	1500	3000	5300	7600
2-dr Cus Cpe	350	1000	1600	3200	5700	8100
4-dr Hdtp	300	750	1250	2500	4400	6200
4-dr Sdn	300	650	1100	2100	3600	5100
4-dr 6-p Kngswd Wgn	300	650	1100	2200	3800	5400
4-dr 9-p Kngswd Wgn	300	700	1200	2400	4100	5900
2-dr Conv	600	1650	2850	5700	9900	14200
Caprice, 6-cyl./8-cyl., sdn 122" wb, sta wgn 125" wb						
4-dr Sdn	300	650	1100	2200	3800	5400
2-dr Cus Cpe	400	1050	1700	3300	5800	8300
9-p Sta Wgn	300	700	1200	2400	4100	5900
6-p Sta Wgn	300	800	1300	2600	4600	6600
Camaro, 6-cyl./8-cyl., 108" wb						
2-dr Hdtp Cpe	500	1350	2350	4700	8100	11500

	6	5	4	3	2	1
Monte Carlo, 8-cyl.						
2-dr Cpe	550	1500	2500	5100	8800	12500
Nova, 6-cyl./8-cyl., 111" wb						
2-dr Cpe	300	650	1100	2200	3800	5400
4-dr Sdn	300	650	1000	2000	3500	4900
Chevelle, 6-cyl./8-cyl.. 2-dr Hdtp 112" wb, 4-dr sdn 116" wb, sta wgn 125" wb.						
2-dr Hdtp Cpe	600	1650	2850	5700	9900	14200
4-dr Sdn	300	650	1150	2300	3900	5700
6-pass Nomad Wgn	300	800	1350	2700	4700	6900
6-pass Grnbr Wgn	350	850	1400	2800	4900	7100
9-pass Grnbr Wgn	350	900	1500	3000	5300	7600
Malibu 4-dr Sdn	300	700	1200	2400	4100	5900
Malibu 4-dr Hdtp	400	1050	1700	3300	5800	8300
Malibu 2-dr Hdtp	700	1900	3350	6700	11500	16500
Malibu 2-dr Conv	850	2700	4550	9100	16000	22700
Malibu 6-p Sta Wgn	350	850	1400	2800	4900	7100
Malibu 9-p Sta Wgn	350	900	1500	3000	5300	7600
Concours Est. 6-pass Sta Wgn	350	900	1500	2900	5200	7400
Concours Est. 9-pass Sta Wgn	350	900	1500	3000	5300	7600
Vega, 4-cyl., 97" wb						
2-dr Cpe	300	600	950	1900	3200	4600
2-dr Sdn	300	600	900	1800	3100	4400
2-dr Wgn	300	650	1100	2100	3600	5100

Chevelle: Heavy Chevy pkg add 25%
SS-454 add 20%   4-speed add 20%

Camaro: RS add 10%   SS add 15%
Z/28 add 50%   4-spd (exc Z-28) add 20%

Nova: SS-350 add 20%   Rally pkg add 25%

1973

	6	5	4	3	2	1
Bel Air, 6-cyl./8-cyl., sdn 122" wb, sta wgn 125" wb						
4-dr Sdn	300	650	1100	2100	3600	5100
6-p Sta Wgn	300	650	1100	2100	3600	5100
9-p Sta Wgn	300	650	1150	2300	3900	5700
Impala, 8-cyl., sdn 122" wb, sta wgn 125" wb						
2-dr Cpe	300	800	1300	2600	4600	6600
2-dr Cus Cpe	300	800	1350	2700	4700	6900
4-dr Hdtp	300	650	1150	2300	3900	5700
4-dr Sdn	300	650	1100	2200	3800	5400
6-p Sta Wgn	300	650	1100	2200	3800	5400
8-p Sta Wgn	300	700	1200	2400	4100	5900
Caprice Classic, sdn 122" wb, sta wgn 125" wb						
4-dr Sdn	300	650	1100	2200	3800	5400
4-dr Hdtp	300	800	1350	2700	4700	6900
2-dr Cus Cpe	350	900	1500	3000	5300	7600
2-dr Conv	650	1800	3250	6500	11200	16100
6-p Sta Wgn	300	750	1250	2500	4400	6200
9-p Sta Wgn	300	800	1350	2700	4700	6900
Nova, 6-cyl./8-cyl., 111" wb						
2-dr Htchbk	300	650	1100	2100	3600	5100
Cus 2-dr Htchbk	300	650	1100	2200	3800	5400
2-dr Cpe	300	650	1100	2200	3800	5400
Cus 2-dr Cpe	300	650	1150	2300	3900	5700
4-dr Sdn	300	650	1000	2000	3500	4900
Cus 4-dr Sdn	300	650	1100	2100	3600	5100
Chevelle Deluxe, 6-cyl./8-cyl., 2-dr 112" wb, 4-dr 116" wb.						
Dlx 4-dr Sdn	300	650	1100	2200	3800	5400
Dlx 2-dr Cpe	300	650	1150	2300	3900	5700
Malibu 4-dr Sdn	300	650	1150	2300	3900	5700
Malibu 2-dr Cpe	300	750	1250	2500	4400	6200

	6	5	4	3	2	1
Dlx 4-dr 6-pass Sta Wgn	300	650	1100	2200	3800	5400
Dlx 4-dr 8-pass Sta Wgn	300	700	1200	2400	4100	5900
Malibu 4-dr 6-pass Sta Wgn	300	650	1150	2300	3900	5700
Malibu 4-dr 8-pass Sta Wgn	300	750	1250	2500	4400	6200
Malibu Est 4-dr 6-pass Sta Wgn	300	700	1200	2400	4100	5900
Malibu Est 4-dr 8-pass Sta Wgn	300	800	1300	2600	4600	6600
Laguna 4-dr Sdn	300	650	1150	2300	3900	5700
Laguna 2-dr Cpe	350	900	1500	2900	5200	7400
Laguna 6-pass Sta Wgn	300	650	1150	2300	3900	5700
Laguna 9-pass Sta Wgn	300	750	1250	2500	4400	6200
Laguna Est 6-pass Sta Wgn	300	700	1200	2400	4100	5900
Laguna Est 8-pass Sta Wgn	300	800	1300	2600	4600	6600
Monte Carlo, 6-cyl./8-cyl., 112" wb						
2-dr Hdtp Cpe	300	800	1350	2700	4700	6900
2-dr Hdtp Cpe "S"	350	850	1400	2800	4900	7100
2-dr Hdtp Cpe Lan	350	900	1500	3000	5300	7600
Camaro, 6-cyl./8-cyl., 108" wb						
2-dr Cpe	500	1300	2250	4500	7700	11000
Vega, Series V, 6-cyl./8-cyl., 97" wb						
2-dr Htchbk	300	600	950	1900	3200	4600
2-dr Sdn	300	600	900	1800	3100	4400
2-dr 4-pass Sta Wgn	300	650	1000	2000	3500	4900

Camaro RS pkg add 10%
LT-type pkg add 10%   Z-28 add 30%
Nova SS pkg add 20%   50-175 hp add 15%
Monte Carlo 454 V8 add 20%   All models 4-speed add 15%

1974

	6	5	4	3	2	1
Bel Air, 8-cyl., sdn 122" wb, sta wgn 125" wb						
4-dr Sdn	300	650	1000	2000	3500	4900
6-p Sta Wgn	300	600	950	1900	3200	4600
9-p Sta Wgn	300	650	1100	2100	3600	5100
Impala, 8-cyl., sdn 122" wb, sta wgn 125" wb						
2-dr Cpe	300	750	1250	2500	4400	6200
2-dr Cus Cpe	300	800	1300	2600	4600	6600
4-dr Hdtp	300	650	1150	2300	3900	5700
4-dr Sdn	300	650	1000	2000	3500	4900
6-p Sta Wgn	300	650	1000	2000	3500	4900
9-p Sta Wgn	300	650	1100	2200	3800	5400
Caprice Classic, 8-cyl., sdn 122" wb, sta wgn 125" wb						
4-dr Sdn	300	650	1100	2100	3600	5100
4-dr Hdtp	300	700	1200	2400	4100	5900
2-dr Cus Cpe	350	850	1400	2800	4900	7100
2-dr Conv	650	1750	3150	6300	10900	15700
6-pass Sta Wgn	300	650	1100	2100	3600	5100
9-pass Sta Wgn	300	650	1150	2300	3900	5700
Nova, 6-cyl./8-cyl., 111" wb						
2-dr Htchbk	300	650	1100	2100	3600	5100
2-dr Cpe	300	650	1000	2000	3500	4900
4-dr Sdn	300	650	1000	2000	3500	4900
Malibu, 6-cyl./8-cyl., 2-dr 112" wb, 4-dr 116"						
4-dr Sdn	300	650	1100	2100	3600	5100
2-dr Cpe	300	650	1150	2300	3900	5700
4-dr 6-pass Sta Wgn	300	600	950	1900	3200	4600
4-dr 8-pass Sta Wgn	300	650	1100	2100	3600	5100
Classic 4-dr Sdn	300	650	1000	2000	3500	4900
Classic 2-dr Cpe	300	650	1150	2300	3900	5700
Classic 2-dr Lan Cpe	300	650	1100	2100	3600	5100
Classic 6-pass Sta Wgn	300	600	950	1900	3200	4600
Classic 9-pass Sta Wgn	300	650	1100	2100	3600	5100

	6	5	4	3	2	1
Classic Est. 6-pass Sta Wgn	300	650	1000	2000	3500	4900
Classic Est. 9-pass Sta Wgn	300	650	1100	2200	3800	5400
Laguna Type-S 2-dr Cpe	400	1050	1700	3300	5800	8300
Camaro, 6-cyl 8-cyl., 108" wb						
2-dr Hdtp Cpe	400	1100	1800	3500	6100	8900
Monte Carlo, 8-cyl., 122" wb						
2-dr Hdtp "S" Cpe	300	700	1200	2400	4100	5900
2-dr Hdtp Lan Cpe	300	800	1350	2700	4700	6900
Nova, 6-cyl./8-cyl.						
4-dr Sdn	300	650	1000	2000	3500	4900
2-dr Cpe	300	650	1000	2000	3500	4900
2-dr Htchbk	300	650	1100	2100	3600	5100
Nova Custom, 6-cyl./8-cyl., 111" wb						
4-dr Sdn	300	650	1100	2100	3600	5100
2-dr Cpe	300	650	1100	2100	3600	5100
2-dr Htchbk	300	650	1100	2200	3800	5400
Vega, 4-cyl., 97" wb						
2-dr Htchbk	300	600	900	1800	3100	4400
2-dr Ntchbk	300	600	900	1800	3100	4400
2-dr 4-pass Sta Wgn	300	650	1000	2000	3500	4900
2-dr Panel Wgn	300	600	950	1900	3200	4600
2-dr Estate Wgn	300	650	1000	2000	3500	4900

Camaro: LT-pkg add 10%
Z-28 pkg add 10%   4-speed add 10%

Nova: Custom models add 10%
Spirit of America models add 15%

1975

	6	5	4	3	2	1
Bel Air, 8-cyl., sdn 122" wb, sta wgn 125" wb						
4-dr Sdn	300	600	950	1900	3200	4600
6-p Sta Wgn	300	600	900	1800	3100	4400
9-p Sta Wgn	300	650	1000	2000	3500	4900
Impala, 8-cyl., sdn 122" wb, sta wgn 125" wb						
2-dr Cpe	300	650	1150	2300	3900	5700
2-dr Cus Cpe	300	700	1200	2400	4100	5900
2-dr Lan Cpe	300	800	1350	2700	4700	6900
4-dr Hdtp	300	650	1100	2100	3600	5100
4-dr Sdn	300	650	1000	2000	3500	4900
6-p Sta Wgn	300	600	950	1900	3200	4600
9-p Sta Wgn	300	650	1100	2100	3600	5100
Caprice Classic, 8-cyl., sdn 122" wb, sta wgn 125" wb						
4-dr Sdn	300	650	1000	2000	3500	4900
4-dr Hdtp	300	650	1100	2200	3800	5400
2-dr Cus Cpe	300	800	1300	2600	4600	6600
2-dr Lan Cpe	300	800	1300	2600	4600	6600
2-dr Conv	650	1800	3250	6500	11200	16100
6-pass Sta Wgn	300	650	1150	2300	3900	5700
9-pass Sta Wgn	300	750	1250	2500	4400	6200
Nova, 6-cyl., 8-cyl., 111" wb						
2-dr "S" Cpe	300	600	950	1900	3200	4600
4-dr Sdn	300	600	950	1900	3200	4600
2-dr Cpe	300	600	950	1900	3200	4600
2-dr Htchbk	300	650	1000	2000	3500	4900
Cus 4-dr Sdn	300	650	1000	2000	3500	4900
Cus 2-dr Cpe	300	650	1000	2000	3500	4900
Cus 2-dr Htchbk	300	650	1100	2100	3600	5100
LN 4-dr Sdn	300	650	1100	2100	3600	5100
LN 2-dr Cpe	300	650	1100	2100	3600	5100
Malibu, 6-cyl./8-cyl., 2-dr 112" wb, 4-dr 116"						
4-dr Col Sdn	300	600	900	1800	3100	4400
2-dr Col Cpe	300	650	1000	2000	3500	4900

	6	5	4	3	2	1
6-pass Wgn	300	600	900	1800	3100	4400
9-pass Wgn	300	650	1000	2000	3500	4900
Classic 4-dr Col Sdn	300	600	950	1900	3200	4600
Classic 2-dr Col Cpe	300	650	1100	2100	3600	5100
Classic 2-dr Lan Cpe	300	650	1150	2300	3900	5700
Classic 9-pass Wgn	300	650	1000	2000	3500	4900
Classic 6-pass Wgn	300	600	900	1800	3100	4400
Classic Est 9-pass Wgn	300	650	1100	2100	3600	5100
Classic Est 6-pass Wgn	300	600	950	1900	3200	4600
Laguna Type S-3 2-dr Col Cpe	400	1050	1700	3400	5900	8500
Camaro, 6-cyl./8-cyl., 108" wb						
2-dr Hdtp Cpe	350	900	1500	2900	5200	7400
2-dr Hdtp LT	350	900	1500	3000	5300	7600
Monte Carlo, 8-cyl., 122" wb						
2-dr Hdtp "S" Cpe	300	800	1350	2700	4700	6900
2-dr Hdtp Lan Cpe	350	900	1500	2900	5200	7400
Monza, 4-cyl., 97" wb						
2-dr Htchbk "S"	300	600	900	1800	3100	4400
2-dr Htchbk 2 + 2	300	600	950	1900	3200	4600
2-dr "S" Cpe	300	600	850	1700	2900	4100
Vega, 4-cyl., 97" wb						
2-dr Htchbk	300	600	900	1800	3100	4400
2-dr Cpe	300	600	900	1800	3100	4400
2-dr Cpe LX	300	600	900	1800	3100	4400
4-pass Sta Wgn	300	650	1000	2000	3500	4900
4-pass Estate Wgn	300	650	1000	2000	3500	4900
Panel Wgn	300	650	1000	2000	3500	4900

Vega Cosworth pkg add 25%
Vega GT pkg add 10%   Monte Carlo 454 V8 add 20%
Camaro RS add 25%   LT pkg add 10%
All models (exc Vega Cosworth) 4-speed add 10%

1976

	6	5	4	3	2	1
Impala, 8-cyl., 122" wb, Sta Wgn 125" wb						
2-dr Cus Cpe	300	650	1100	2100	3600	5100
2-dr Lan Cpe	300	650	1150	2300	3900	5700
4-dr Spt Sdn	300	600	900	1800	3100	4400
4-dr Spt Sdn "S"	300	600	950	1900	3200	4600
4-dr Sdn	300	600	850	1700	2900	4100
2-seat Sta Wgn	300	600	900	1800	3100	4400
3-seat Sta Wgn	300	650	1000	2000	3500	4900
Caprice, 122" wb, Sta Wgn 125" wb						
4-dr Spt Sdn	300	600	900	1800	3100	4400
2-dr Classic Cpe	300	750	1250	2500	4400	6200
2-dr Classic Lan Cpe	300	800	1300	2600	4600	6600
4-dr Classic Sdn	300	600	950	1900	3200	4600
2-seat Estate Wgn	300	600	950	1900	3200	4600
3-seat Estate Wgn	300	650	1100	2100	3600	5100
Nova, 6-cyl./8-cyl., 111" wb						
2-dr Htchbk	300	600	950	1900	3200	4600
2-dr Cpe	300	600	950	1900	3200	4600
4-dr Sdn	300	600	900	1800	3100	4400
Nova Concours, 6-cyl./8-cyl., 111" wb						
Concours 2-dr Htchbk	300	650	1000	2000	3500	4900
2-dr Cpe	300	600	950	1900	3200	4600
4-dr Sdn	300	600	950	1900	3200	4600
Malibu, 6-cyl./8-cyl., 2-dr 112" wb 4-dr, 116" wb						
2-dr Cpe	250	500	750	1500	2600	3600
2-dr Cpe Classic Lan	300	600	850	1700	2900	4100
4-dr Sdn	250	500	750	1400	2400	3400
Classic Sdn	250	500	750	1500	2600	3600

	6	5	4	3	2	1
Classic Cpe	300	550	800	1600	2800	3900
Laguna Cpe	400	1050	1700	3300	5800	8300
3-seat Sta Wgn	300	600	900	1800	3100	4400
2-seat Sta Wgn	300	550	800	1600	2800	3900
2-seat Classic Sta Wgn	300	600	850	1700	2900	4100
3-seat Classic Sta Wgn	300	600	950	1900	3200	4600
2-seat Estate Sta Wgn	300	600	900	1800	3100	4400
3-seat Estate Sta Wgn	300	650	1000	2000	3500	4900
Monte Carlo, 8-cyl., 116" wb						
2-dr Cpe "S"	300	650	1100	2200	3800	5400
Lan Spt Cpe	300	700	1200	2400	4100	5900
Camaro, 6-cyl./8-cyl., 108" wb						
2-dr Cpe	350	900	1500	2900	5200	7400
Monza, 4-cyl., 97" wb						
2-dr Htchbk 2 + 2	300	600	850	1700	2900	4100
2-dr Town Cpe	300	600	850	1700	2900	4100
Vega, 4-cyl., 97" wb						
2-dr Htchbk	300	600	950	1900	3200	4600
2-dr Sdn	300	600	900	1800	3100	4400
2-seat Sta Wgn	300	600	950	1900	3200	4600
2-seat Estate Wgn	300	600	950	1900	3200	4600
Chevette, 4-cyl., 94" wb						
2-dr Htchbk	150	300	450	900	1800	2600
Scooter Htchbk	150	300	450	900	1800	2600

Vega Cosworth pkg add 25%
Vega GT pkg add 10%
Camaro RS add 25%
LT pkg add 10%
All models (exc Vega Cosworth) 4-speed add 10%

1977

	6	5	4	3	2	1
Impala, 6-cyl./8-cyl., 116" wb						
2-dr Custom Cpe	300	550	800	1600	2800	3900
4-dr Sdn	250	500	750	1400	2400	3400
2-seat Sta Wgn	250	500	750	1500	2600	3600
3-seat Sta Wgn	300	600	850	1700	2900	4100
Caprice Classic, 6-cyl./8-cyl., 116" wb						
2-seat Sta Wgn	250	500	750	1500	2600	3600
3-seat Sta Wgn	300	600	850	1700	2900	4100
2-dr Cpe	300	600	900	1800	3100	4400
4-dr Sdn	300	550	800	1600	2800	3900
Nova, 6-cyl./8-cyl., 111" wb						
2-dr Htchbk	300	550	800	1600	2800	3900
2-dr Cpe	300	550	800	1600	2800	3900
4-dr Sdn	250	500	750	1500	2600	3600
Concours 2-dr Htchbk	300	600	850	1700	2900	4100
Concours 2-dr Cpe	300	600	850	1700	2900	4100
Concours 4-dr Sdn	300	550	800	1600	2800	3900
Malibu, 6-cyl./8-cyl., 112" wb; 4-dr 116" wb						
2-dr Cpe	250	500	750	1500	2600	3600
4-dr Sdn	250	500	750	1400	2400	3400
2-seat Sta Wgn (8-cyl.)	250	500	750	1500	2600	3600
3-seat Sta Wgn (8-cyl.)	300	600	850	1700	2900	4100
Malibu Classic, 6-cyl./8-cyl., 112" wb; 4-dr 116" wb						
Classic 4-dr Sdn	250	500	750	1500	2600	3600
Classic 2-dr Cpe	300	550	800	1600	2800	3900
Classic 2-dr Lan Cpe (8-cyl.)	300	600	900	1800	3100	4400
Classic 2-seat Sta Wgn (8-cyl.)	300	550	800	1600	2800	3900
Classic 3-seat Sta Wgn (8-cyl.)	300	600	900	1800	3100	4400
Camaro, 6-cyl., 108" wb						
2-dr Spt Cpe	300	800	1300	2600	4600	6600

	6	5	4	3	2	1
Monte Carlo, 8-cyl., 116" wb						
2-dr S Spt Cpe	300	650	1000	2000	3500	4900
Lan Spt Cpe	300	650	1100	2200	3800	5400
Monza, 4-cyl., 97" wb						
2+2 Htchbk	300	550	800	1600	2800	3900
2-dr Twn Cpe	300	550	800	1600	2800	3900
Vega, 4-cyl., 97" wb						
2-dr Htchbk	250	500	750	1400	2400	3400
2-dr Sdn	250	500	750	1400	2400	3400
2-seat Sta Wgn	250	500	750	1500	2600	3600
2-seat Estate Wgn	250	500	750	1500	2600	3600
Chevette, 4-cyl., 94"wb						
2-dr Htchbk	150	300	450	900	1800	2600
Scooter Htchbk	150	300	450	900	1800	2600

Camaro Z-28 add 25%
RS pkg add 10%   LT pkg add 10%
Vega GT pkg add 15%
All models 4-speed add 10%

1978

	6	5	4	3	2	1
Impala, 6-cyl./8-cyl., 116" wb						
2-dr Cpe	250	500	750	1400	2400	3400
2-dr Lan Cpe	250	500	750	1500	2600	3600
4-dr Sdn	200	450	650	1300	2200	3200
2-seat Sta Wgn	250	500	750	1500	2600	3600
3-seat Sta Wgn	300	600	850	1700	2900	4100
Caprice Classic, 6-cyl./8-cyl., 116" wb						
2-seat Sta Wgn	250	500	750	1500	2600	3600
3-seat Sta Wgn	300	600	850	1700	2900	4100
2-dr Cpe	300	550	800	1600	2800	3900
Lan Cpe	300	600	850	1700	2900	4100
4-dr Sdn	250	500	750	1500	2600	3600
Nova, 6-cyl./8-cyl., 111" wb						
2-dr Htchbk	300	550	800	1600	2800	3900
2-dr Cpe	300	550	800	1600	2800	3900
4-dr Sdn	250	500	750	1500	2600	3600
Cus 2-dr Cpe	300	600	850	1700	2900	4100
Cus 4-dr Sdn	300	550	800	1600	2800	3900
Malibu, 6-cyl./8-cyl., 108" wb						
2-dr Cpe	250	500	750	1400	2400	3400
4-dr Sdn	200	450	650	1300	2200	3200
2-seat Sta Wgn	250	500	750	1400	2400	3400
Classic 4-dr Sdn	250	500	750	1400	2400	3400
Classic 2-dr Spt Cpe	250	500	750	1500	2600	3600
Classic Lan Cpe	300	550	800	1600	2800	3900
Classic 2-seat Sta Wgn	250	500	750	1500	2600	3600
Camaro, 6-cyl./8-cyl., 108" wb						
Spt Cpe	300	750	1250	2500	4400	6200
Rally Spt Cpe	300	800	1300	2600	4600	6600
Spt Cpe Type LT	300	800	1350	2700	4700	6900
Rally Spt Cpe Type LT	350	850	1400	2800	4900	7100
Z/28 Cpe (8-cyl.)	350	950	1550	3100	5500	7900
Monte Carlo, 6-cyl./8-cyl., 108" wb						
2-dr Spt Cpe	300	600	850	1700	2900	4100
Lan Spt Cpe	300	600	900	1800	3100	4400
Monza, 6-cyl., 97" wb						
2-dr Cpe	250	500	750	1500	2600	3600
2+2 Htchbk	250	500	750	1500	2600	3600
Sta Wgn	250	500	750	1400	2400	3400
Estate Wgn	250	500	750	1500	2600	3600

	6	5	4	3	2	1
Spt 2-dr Cpe	300	600	850	1700	2900	4100
Spt 2-dr "S" Htchbk	300	550	800	1600	2800	3900
Spt 2+2 Htchbk	300	600	850	1700	2900	4100
Chevette, 4-cyl., 94" wb						
2-dr Htchbk	150	300	450	900	1800	2600
4-dr Htchbk (97" wb)	200	350	500	1000	1900	2700
Scooter Htchbk Sdn	150	300	450	900	1800	2600

Camaro Z-28 add 25%
LT pkg add 15%   RS pkg add 15%
All models 4-speed add 10%

1979

	6	5	4	3	2	1
Impala, 6-cyl./8-cyl., 116" wb						
2-dr Cpe	250	500	750	1400	2400	3400
2-dr Lan Cpe	250	500	750	1500	2600	3600
4-dr Sdn	200	450	650	1300	2200	3200
4-dr 2-seat Sta Wgn	250	500	750	1500	2600	3600
4-dr 3-seat Sta Wgn	300	600	850	1700	2900	4100
Caprice Classic, 6-cyl./8-cyl., 116" wb						
4-dr 2-seat Sta Wgn	250	500	750	1500	2600	3600
4-dr 3-seat Sta Wgn	300	600	850	1700	2900	4100
2-dr Cpe	300	550	800	1600	2800	3900
2-dr Lan Cpe	300	600	850	1700	2900	4100
4-dr Sdn	250	500	750	1500	2600	3600
Malibu, 6-cyl./8-cyl., 108" wb						
4-dr Sdn	200	450	650	1300	2200	3200
2-dr Cpe	250	500	750	1400	2400	3400
2-seat Sta Wgn	250	500	750	1400	2400	3400
Classic 4-dr Sdn	250	500	750	1400	2400	3400
Classic 2-dr Cpe	250	500	750	1500	2600	3600
Classic 2-dr Lan Cpe	300	550	800	1600	2800	3900
Classic 4-dr Wgn	250	500	750	1500	2600	3600
Nova, 6-cyl./8-cyl., 111" wb						
2-dr Htchbk	300	550	800	1600	2800	3900
2-dr Cpe	300	550	800	1600	2800	3900
4-dr Sdn	250	500	750	1500	2600	3600
Cus 2-dr Cpe	300	600	850	1700	2900	4100
Cus 4-dr Sdn	300	550	800	1600	2800	3900
Camaro, 6-cyl./8-cyl., 108" wb						
Spt Cpe	300	650	1150	2300	3900	5700
Berlinetta Cpe	300	750	1250	2500	4400	6200
Monte Carlo, 6-cyl./8-cyl., 108" wb						
2-dr Spt Cpe	300	600	850	1700	2900	4100
2-dr Lan Spt Cpe	300	600	900	1800	3100	4400
Monza, 4-cyl., 97" wb						
2+2 Htchbk	250	500	750	1500	2600	3600
2-dr Cpe	250	500	750	1500	2600	3600
Sta Wgn	250	500	750	1400	2400	3400
Spt 2+2 Htchbk Cpe	250	500	750	1500	2600	3600
Chevette, 4-cyl., 94" wb						
2-dr Htchbk	150	300	450	900	1800	2600
4-dr Htchbk	200	350	500	1000	1900	2700
2-dr Scooter Htchbk	150	300	450	900	1800	2600

Camaro Z-28 pkg add 25%
Rally Sport pkg add 15%

1980

	6	5	4	3	2	1
Chevette, 4-cyl., 94" wb						
2-dr Htchbk Scooter	150	300	450	900	1800	2600
2-dr Htchbk	150	300	450	900	1800	2600
4-dr Htchbk (97" wb)	200	350	500	1000	1900	2700

	6	5	4	3	2	1
Citation, 4-cyl./6-cyl., 105" wb						
4-dr Htchbk	200	400	550	1100	2000	2900
2-dr Htchbk	200	400	550	1100	2000	2900
2-dr Cpe	200	400	550	1100	2000	2900
2-dr Club Cpe	200	400	550	1100	2000	2900
Monza, 4-cyl., 97" wb						
2-dr Htchbk 2+2	250	500	750	1500	2600	3600
2-dr Htchbk Spt 2+2	250	500	750	1500	2600	3600
2-dr Cpe	250	500	750	1500	2600	3600
Malibu, 6-cyl./8-cyl., 108" wb						
4-dr Sdn	200	450	650	1300	2200	3200
2-dr Spt Cpe	250	500	750	1400	2400	3400
2-seat Sta Wgn	250	500	750	1400	2400	3400
Classic 4-dr Sdn	250	500	750	1400	2400	3400
Classic 2-dr Spt Cpe	250	500	750	1500	2600	3600
Classic 2-dr Lan Cpe	300	550	800	1600	2800	3900
Classic 2-seat Sta Wgn	250	500	750	1500	2600	3600
Camaro, 6-cyl./8-cyl., 108" wb						
2-dr Spt Cpe	300	650	1100	2100	3600	5100
2-dr RS Cpe	300	650	1150	2300	3900	5700
2-dr Berlinetta Cpe	300	650	1100	2200	3800	5400
Monte Carlo, 8-cyl., 108" wb						
2-dr Spt Cpe	300	600	850	1700	2900	4100
2-dr Lan Cpe	300	600	900	1800	3100	4400
Impala, 6-cyl./8-cyl., 116" wb						
4-dr Sdn	200	450	650	1300	2200	3200
2-dr Spt Cpe	250	500	750	1400	2400	3400
4-dr 2-seat Sta Wgn	250	500	750	1500	2600	3600
4-dr 3-seat Sta Wgn	300	600	850	1700	2900	4100
Caprice Classic, 8-cyl., 116" wb						
4-dr Sdn	250	500	750	1500	2600	3600
2-dr Cpe	300	550	800	1600	2800	3900
2-dr Lan Cpe	300	600	850	1700	2900	4100
4-dr 2-seat Sta Wgn	250	500	750	1500	2600	3600
4-dr 3-seat Sta Wgn	300	600	850	1700	2900	4100

Camaro 4-speed add 15%
Z-26 pkg add 30%
Camaro 6-cyl deduct 15%

1981

	6	5	4	3	2	1
Chevette, 4-cyl., 94" wb						
2-dr Htchbk Scooter	150	300	450	900	1800	2600
2-dr Htchbk	150	300	450	900	1800	2600
4-dr Htchbk (97" wb)	200	350	500	1000	1900	2700
Citation, 4-cyl./6-cyl., 105" wb						
4-dr Htchbk	200	400	550	1100	2000	2900
2-dr Htchbk	200	400	550	1100	2000	2900
Malibu, 6-cyl./8-cyl., 108" wb						
4-dr Sdn	200	450	650	1300	2200	3200
2-dr Spt Cpe	250	500	750	1400	2400	3400
2-seat Sta Wgn	250	500	750	1400	2400	3400
Classic 4-dr Sdn	250	500	750	1400	2400	3400
Classic 2-dr Spt Cpe	250	500	750	1500	2600	3600
Classic 2-dr Lan Cpe	300	550	800	1600	2800	3900
Classic 2-seat Sta Wgn	250	500	750	1500	2600	3600
Camaro, 6-cyl./8-cyl., 108" wb						
2-dr Spt Cpe	300	650	1100	2100	3600	5100
2-dr Berlinetta Cpe	300	650	1100	2200	3800	5400
Monte Carlo, 6-cyl./8-cyl.						
2-dr Spt Cpe	300	600	850	1700	2900	4100
2-dr Lan Cpe	300	600	900	1800	3100	4400

	6	5	4	3	2	1
Impala, 6-cyl./8-cyl., 116" wb						
4-dr Sdn	200	450	650	1300	2200	3200
2-dr Spt Cpe`	250	500	750	1400	2400	3400
2-seat Sta Wgn	300	550	800	1600	2800	3900
3-seat Sta Wgn	300	600	900	1800	3100	4400
Caprice Classic, 6-cyl./8-cyl., 116" wb						
4-dr Sdn	250	500	750	1500	2600	3600
2-dr Cpe	300	550	800	1600	2800	3900
2-dr Lan Cpe	300	600	850	1700	2900	4100
2-seat Sta Wgn	250	500	750	1500	2600	3600
3-seat Sta Wgn	300	600	850	1700	2900	4100

Camaro Z-28 pkg add 30%
Camaro/Monte Carlo 6-cyl deduct 15%

1982

	6	5	4	3	2	1
Chevette, 4-cyl., 94" wb						
2-dr Htchbk	150	300	450	900	1800	2600
4-dr Htchbk (97" wb)	200	350	500	1000	1900	2700
2-dr Scooter Htchbk	150	300	450	900	1800	2600
4-dr Scooter Htchbk	200	350	500	1000	1900	2700
Cavalier, 4-cyl., 101" wb						
2-dr Cpe	200	400	550	1100	2000	2900
2-dr Htchbk Cpe	200	400	550	1100	2000	2900
4-dr Sdn	200	400	550	1100	2000	2900
4-dr Sta Wgn	200	400	550	1100	2000	2900
Cavalier Cadet, 4-cyl., 101" wb						
2-dr Cpe	200	350	500	1000	1900	2700
4-dr Sdn	200	350	500	1000	1900	2700
4-dr Sta Wgn	200	350	500	1000	1900	2700
Cavalier CL, 4-cyl., 101" wb						
4-dr Sdn	200	400	550	1100	2000	2900
2-dr Cpe	200	400	550	1100	2000	2900
2-dr Htch	200	400	550	1100	2000	2900
4-dr Sta Wgn	200	400	550	1100	2000	2900
Citation, 4-cyl./6-cyl., 105" wb						
4-dr Htchbk	200	400	550	1100	2000	2900
2-dr Htchbk	200	400	550	1100	2000	2900
2-dr Cpe	200	400	550	1100	2000	2900
Malibu Classic, 6-cyl./8-cyl., 108" wb						
4-dr Sdn	200	450	650	1300	2200	3200
2-seat Sta Wgn	250	500	750	1400	2400	3400
Celebrity, 4-cyl./6-cyl., 105" wb						
4-dr Sdn	250	500	750	1500	2600	3600
2-dr Cpe	250	500	750	1500	2600	3600
Camaro, 4-cyl./6-cyl./8-cyl., 101" wb						
2-dr Spt Cpe	300	650	1100	2100	3600	5100
2-dr Berlinetta Cpe	300	650	1100	2200	3800	5400
2-dr Z/28 Cpe	300	800	1300	2600	4600	6600
Monte Carlo, 6-cyl./8-cyl., 108" wb						
2-dr Spt Cpe	300	600	850	1700	2900	4100
Impala, 6-cyl./8-cyl., 116" wb						
4-dr Sdn	200	450	650	1300	2200	3200
2-seat Sta Wgn	300	600	850	1700	2900	4100
3-seat Sta Wgn	300	600	950	1900	3200	4600
Caprice Classic, 6-cyl./8-cyl., 116" wb						
4-dr Sdn	300	550	800	1600	2800	3900
2-dr Spt Cpe	300	600	850	1700	2900	4100
3-seat Sta Wgn	300	600	850	1700	2900	4100

Camaro Z-28 pkg add 15%
Z-28 pkg w/ Indy Pace Car add 25%
All models 4-cyl or 6-cyl option deduct 15%

	6	5	4	3	2	1

1983

Chevette, 4-cyl., 94" wb

	6	5	4	3	2	1
2-dr Htchbk	150	300	450	900	1800	2600
4-dr Htchbk (97" wb)	200	350	500	1000	1900	2700
2-dr Scooter Htchbk	150	300	450	900	1800	2600
4-dr Scooter Htchbk	200	350	500	1000	1900	2700

Cavalier, 4-cyl., 101" wb

	6	5	4	3	2	1
2-dr Cpe	200	400	550	1100	2000	2900
4-dr Sdn	200	400	550	1100	2000	2900
4-dr Wgn	200	400	550	1100	2000	2900
CS 4-dr Sdn	200	400	550	1100	2000	2900
CS 2-dr Cpe	200	400	550	1100	2000	2900
CS 2-dr Htchbk	200	400	550	1100	2000	2900
CS 4-dr Sta Wgn	200	400	550	1100	2000	2900

Citation, 4-cyl./6-cyl., 105" wb

	6	5	4	3	2	1
4-dr Htchbk	200	400	550	1100	2000	2900
2-dr Htchbk	200	400	550	1100	2000	2900
2-dr Cpe	200	400	550	1100	2000	2900

Malibu Classic, 6-cyl./8-cyl., 108" wb

	6	5	4	3	2	1
4-dr Sdn	200	450	650	1300	2200	3200
2-seat Sta Wgn	250	500	750	1400	2400	3400

Celebrity, 4-cyl./6-cyl., 105" wb

	6	5	4	3	2	1
4-dr Sdn	300	550	800	1600	2800	3900
2-dr Cpe	300	550	800	1600	2800	3900

Camaro, 4-cyl./6-cyl./8-cyl., 101" wb

	6	5	4	3	2	1
2-dr Spt Cpe	300	650	1100	2100	3600	5100
2-dr Berlinetta Cpe	300	650	1100	2200	3800	5400
2-dr Z/28 Cpe	300	800	1300	2600	4600	6600

Monte Carlo, 6-cyl 8-cyl., 108" wb

	6	5	4	3	2	1
2-dr Spt Cpe	300	600	900	1800	3100	4400
2-dr Spt Cpe SS	300	750	1250	2500	4400	6200

Impala, 6-cyl./8-cyl., 116" wb

	6	5	4	3	2	1
4-dr Sdn	200	450	650	1300	2200	3200

Caprice Classic, 6-cyl./8-cyl., 116" wb

	6	5	4	3	2	1
4-dr Sdn	300	550	800	1600	2800	3900
3-seat Sta Wgn	300	600	850	1700	2900	4100

Camaro Z-28 pkg add 20%
Z-28 w/CFI V8 add 30%
5-speed add 10%
Monte Carlo Diesel deduct 25%
6-cyl deduct 10%

1984

Chevette, 4-cyl., 94" wb

	6	5	4	3	2	1
2-dr Htchbk	150	300	450	900	1800	2600
4-dr Htchbk	200	350	500	1000	1900	2700

Chevette CS, 4-cyl., 94" wb

	6	5	4	3	2	1
2-dr Htchbk	150	300	450	900	1800	2600
4-dr Htchbk	200	350	500	1000	1900	2700

Cavalier, 4-cyl., 101" wb

	6	5	4	3	2	1
4-dr Sdn	200	400	550	1100	2000	2900
4-dr Sta Wgn	200	400	550	1100	2000	2900
Type-10 2-dr Cpe	200	400	600	1200	2100	3000
Type-10 2-dr Htchbk	200	400	600	1200	2100	3000
Type-10 2-dr Conv	300	600	900	1800	3100	4400
"CS" 4-dr Sdn	200	400	600	1200	2100	3000
"CS" 4-dr Sta Wgn	200	400	600	1200	2100	3000

Citation II, 4-cyl./6-cyl., 105" wb

	6	5	4	3	2	1
4-dr Htchbk	200	400	550	1100	2000	2900
2-dr Htchbk	200	400	550	1100	2000	2900
2-dr Cpe	200	400	550	1100	2000	2900

	6	5	4	3	2	1
Celebrity, 4-cyl./6-cyl., 105" wb						
4-dr Sdn	300	600	850	1700	2900	4100
2-dr Cpe	300	600	850	1700	2900	4100
2-seat Sta Wgn	300	600	850	1700	2900	4100
Camaro, 6-cyl./8-cyl., 101" wb						
2-dr Cpe	300	650	1100	2200	3800	5400
2-dr Berlinetta Cpe	300	650	1150	2300	3900	5700
Monte Carlo, 6-cyl./8-cyl., 108" wb						
2-dr Cpe	300	600	900	1800	3100	4400
2-dr Cpe SS (8-cyl.)	350	850	1400	2800	4900	7100
Impala, 6-cyl./8-cyl., 116" wb						
4-dr Sdn	200	450	650	1300	2200	3200
Caprice Classic, 6-cyl./8-cyl., 116" wb						
4-dr Sdn	300	550	800	1600	2800	3900
2-dr Spt Cpe	300	550	800	1600	2800	3900
3-seat Sta Wgn (8-cyl.)	300	600	850	1700	2900	4100

Camaro Z-28 w/5.0 HO V8 add 25%
5-speed add 10%
Celebrity Eurosport add 10%   All models diesel deduct 15%

1985

	6	5	4	3	2	1
Chevette, 4-cyl., 94" wb						
4-dr Htchbk (97" wb)	200	350	500	1000	1900	2700
2-dr Htchbk	150	300	450	900	1800	2600
Spectrum, 4-cyl.						
4-dr Htchbk	125	250	400	800	1700	2500
2-dr Htchbk	125	250	400	800	1700	2500
Nova, 4-cyl.						
4-dr Htchbk	250	500	750	1400	2400	3400
Cavalier, 4-cyl., 101" wb						
4-dr Sdn	200	400	550	1100	2000	2900
4-dr Wgn	200	400	550	1100	2000	2900
Cavalier CS, 4-cyl., 101" wb						
4-dr Sdn	200	400	600	1200	2100	3000
4-dr Wgn	200	400	600	1200	2100	3000
Cavalier Type 10, 4-cyl., 101" wb						
2-dr Cpe	200	400	600	1200	2100	3000
2-dr Htchbk	200	400	600	1200	2100	3000
Conv Cpe	300	600	900	1800	3100	4400
Citation II, 4-cyl./6-cyl., 105" wb						
4-dr Htchbk	200	400	550	1100	2000	2900
2-dr Htchbk	200	400	550	1100	2000	2900
Celebrity, 4-cyl./6-cyl., 105" wb						
4-dr Sdn	300	600	850	1700	2900	4100
2-dr Cpe	300	600	850	1700	2900	4100
2-seat Sta Wgn	300	600	850	1700	2900	4100
Camaro, 6-cyl./8-cyl., 101" wb						
2-dr Spt Cpe	300	650	1100	2200	3800	5400
2-dr Berlinetta Cpe	300	650	1150	2300	3900	5700
Monte Carlo, 6-cyl./8-cyl., 108" wb						
2-dr Spt Cpe	300	650	1000	2000	3500	4900
2-dr Cpe SS (8-cyl.)	350	900	1500	3000	5300	7600
Impala, 6-cyl./8-cyl., 116" wb						
4-dr Sdn	200	450	650	1300	2200	3200
Caprice Classic, 6-cyl./8-cyl., 116" wb						
4-dr Sdn	300	550	800	1600	2800	3900
2-dr Cpe	300	550	800	1600	2800	3900
3-seat Sta Wgn (8-cyl.)	300	600	850	1700	2900	4100

Camaro Z-28 pkg add 30%
IROC-Z-28 pkg add 40%   5-speed add 10%
Celebrity Eurosport add 10%   All models diesel deduct 15%

	6	5	4	3	2	1

1986

Chevette, 4-cyl., 94" wb
	6	5	4	3	2	1
2-dr Htchbk CS	200	350	500	1000	1900	2700
4-dr Htchbk CS	200	400	550	1100	2000	2900

Spectrum, 4-cyl.
	6	5	4	3	2	1
4-dr Htchbk	150	300	450	900	1800	2600
2-dr Htchbk	150	300	450	900	1800	2600

Nova, 4-cyl., 96" wb
	6	5	4	3	2	1
4-dr Sdn	300	550	800	1600	2800	3900
4-dr Htchbk	300	550	800	1600	2800	3900

Cavalier, 4-cyl., 101" wb
	6	5	4	3	2	1
2-dr Cpe	200	400	600	1200	2100	3000
4-dr Sdn	200	400	600	1200	2100	3000
4-dr Sta Wgn	200	400	600	1200	2100	3000

Cavalier CS, 4-cyl., 101" wb
	6	5	4	3	2	1
2-dr Htchbk	200	450	650	1300	2200	3200
4-dr Sdn	200	450	650	1300	2200	3200
4-dr Sta Wgn	200	450	650	1300	2200	3200

Cavalier RS, 4-cyl., 101" wb
	6	5	4	3	2	1
2-dr Cpe	250	500	750	1400	2400	3400
2-dr Htchbk	250	500	750	1400	2400	3400
4-dr Sdn	250	500	750	1400	2400	3400
4-dr Sta Wgn	250	500	750	1400	2400	3400
2-dr Conv Cpe	300	650	1000	2000	3500	4900

Camaro, 6-cyl./8-cyl., 101" wb
	6	5	4	3	2	1
2-dr Spt Cpe	300	700	1200	2400	4100	5900
2-dr Berlinetta Cpe	300	750	1250	2500	4400	6200

Celebrity, 4-cyl./6-cyl., 105" wb
	6	5	4	3	2	1
2-dr Cpe	300	600	950	1900	3200	4600
4-dr Sdn	300	600	950	1900	3200	4600
2-seat Sta Wgn	300	600	950	1900	3200	4600

Monte Carlo, 6-cyl./8-cyl., 108" wb
	6	5	4	3	2	1
2-dr Spt Cpe	300	650	1150	2300	3900	5700
2-dr Cpe LS	350	800	1300	2800	4700	6300
2-dr Cpe SS	400	1050	1700	3300	5800	8300
2-dr Aerocpe SS	450	1250	2100	4200	7200	10500

Caprice, 6-cyl./8-cyl., 116" wb
	6	5	4	3	2	1
4-dr Sdn	300	550	800	1600	2800	3900

Caprice Classic, 6-cyl./8-cyl., 116" wb
	6	5	4	3	2	1
2-dr Cpe	300	600	850	1700	2900	4100
4-dr Sdn	300	600	900	1800	3100	4400
Brougham 4-dr Sdn	300	600	950	1900	3200	4600
3-seat Sta Wgn	300	600	950	1900	3200	4600

Camaro Z-28 pkg add 30% *IROC-Z-28 pkg add 40%*
5-speed add 10%
Celebrity Eurosport add 10%
Cavalier Z-24 pkg add 30%

1987

Sprint
	6	5	4	3	2	1
4-dr Htchbk	200	350	500	1000	1900	2700
2-dr Htchbk	150	300	450	900	1800	2600
2-dr Htchbk ER	150	300	450	900	1800	2600
2-dr Htchbk Turbo	200	400	550	1100	2000	2900

Chevette
	6	5	4	3	2	1
4-dr Htchbk CS	200	400	600	1200	2100	3000
2-dr Htchbk CS	200	400	550	1100	2000	2900

Spectrum
	6	5	4	3	2	1
2-dr Express Htchbk	150	300	450	900	1800	2600
4-dr Ntchbk	200	350	500	1000	1900	2700

	6	5	4	3	2	1
2-dr Htchbk	150	300	450	900	1800	2600
4-dr Ntchbk Turbo	200	400	550	1100	2000	2900
Nova						
5-dr Htchbk	300	600	850	1700	2900	4100
4-dr Ntchbk	300	600	850	1700	2900	4100
Cavalier						
4-dr Sdn	250	500	750	1400	2400	3400
2-dr Cpe	250	500	750	1400	2400	3400
4-dr Sta Wgn	250	500	750	1400	2400	3400
"CS" 4-dr Sdn	250	500	750	1500	2600	3600
"CS" 2-dr Htchbk	250	500	750	1500	2600	3600
"CS" 4-dr Sta Wgn	250	500	750	1500	2600	3600
"RS" 4-dr Sdn	300	550	800	1600	2800	3900
"RS" 2-dr Cpe	300	550	800	1600	2800	3900
"RS" 2-dr Htchbk	300	550	800	1600	2800	3900
"RS" 2-dr Conv	300	650	1100	2200	3800	5400
"RS" 4-dr Sta Wgn	300	550	800	1600	2800	3900
Z-24 2-dr Cpe	300	650	1000	2000	3500	4900
Z-24 2-dr Spt Htchbk	300	650	1100	2100	3600	5100
Beretta, 4-cyl./6-cyl.						
2-dr Cpe	300	650	1000	2000	3500	4900
Corsica, 4-cyl./6-cyl.						
4-dr Sdn	300	600	950	1900	3200	4600
Celebrity, 4-cyl./6-cyl.						
4-dr Sdn	300	650	1100	2100	3600	5100
2-dr Cpe	300	650	1000	2000	3500	4900
4-dr 2-seat Sta Wgn	300	650	1100	2100	3600	5100
Camaro, 6 cyl./8-cyl						
2-dr Spt Cpe	300	800	1300	2600	4600	6600
2-dr RS Cpe	300	800	1350	2700	4700	6900
2-dr Conv	500	1350	2300	4600	8000	11300
Monte Carlo, 6-cyl./8-cyl.						
2-dr Cpe LS	300	800	1350	2700	4700	6900
2-dr Spt Cpe SS	400	1150	1850	3700	6400	9300
2-dr Aero Cpe SS	500	1350	2350	4700	8100	11500
Caprice						
4-dr Sdn	300	650	1100	2200	3800	5400
4-dr 3-seat Sta Wgn	300	650	1100	2100	3600	5100
Classic 4-dr Sdn	300	750	1250	2500	4400	6200
Classic 2-dr Spt Cpe	300	700	1200	2400	4100	5900
Classic 4-dr 3-seat Sta Wgn	300	650	1150	2300	3900	5700
Classic Brghm 4-dr Sdn	300	800	1300	2600	4600	6600
Classic Brghm 4-dr Sdn LS	300	800	1350	2700	4700	6900

Celebrity Eurosport pkg add 10%
Camaro Z-28 pkg add 30%   IROC-Z pkg add 40%
Caprice /Monte Carlo/Camaro 6-cyl deduct 25%
Celebrity/Corsica/Beretta 4-cyl deduct 20%

1988

	6	5	4	3	2	1
Sprint						
4-dr Htchbk	200	400	550	1100	2000	2900
2-dr Htchbk	200	350	500	1000	1900	2700
2-dr Htchbk Metro	150	300	450	900	1800	2600
2-dr Htchbk Turbo	200	400	600	1200	2100	3000
Spectrum						
2-dr Express Htchbk	200	350	500	1000	1900	2700
4-dr Ntchbk	200	350	500	1000	1900	2700
2-dr Htchbk	150	300	450	900	1800	2600
4-dr Ntchbk Turbo	200	400	550	1100	2000	2900
Nova						
5-dr Htchbk	300	600	900	1800	3100	4400

	6	5	4	3	2	1
4-dr Ntchbk	300	600	950	1900	3200	4600
4-dr Ntchbk Twin Cam	300	700	1200	2400	4100	5900
Cavalier 4-cyl./6-cyl.						
4-dr Sdn	300	600	900	1800	3100	4400
2-dr Cpe VL	300	550	800	1600	2800	3900
2-dr Cpe	300	600	900	1800	3100	4400
4-dr Sta Wgn	300	600	950	1900	3200	4600
RS 4-dr Sdn	300	650	1000	2000	3500	4900
RS 2-dr Cpe	300	650	1000	2000	3500	4900
Z-24 2-dr Cpe	300	800	1300	2600	4600	6600
Z-24 2-dr Conv	400	1100	1800	3600	6200	9100
Beretta, 4-cyl./6-cyl.						
2-dr Cpe	300	650	1100	2200	3800	5400
Corsica, 4-cyl./6-cyl.						
4-dr Sdn	300	650	1100	2100	3600	5100
Celebrity, 4-cyl./6-cyl.						
4-dr Sdn	300	650	1150	2300	3900	5700
2-dr Cpe	300	650	1100	2200	3800	5400
4-dr Sta Wgn	300	650	1150	2300	3900	5700
Camaro, 6-cyl 8-cyl.						
2-dr Cpe	350	900	1500	2900	5200	7400
2-dr Conv	550	1500	2500	5100	8800	12500
IROC-Z Spt Cpe	400	1200	1900	3800	6600	9600
IROC-Z Conv	550	1550	2650	5300	9100	13000
Monte Carlo, 6-cyl./8-cyl.						
2-dr Cpe LS	350	1000	1600	3200	5700	8100
2-dr Spt Cpe SS	450	1250	2100	4200	7200	10500
Caprice, 6-cyl./8-cyl.						
4-dr Sdn	300	750	1250	2500	4400	6200
Classic 4-dr Sdn	300	800	1350	2700	4700	6900
Classic 4-dr Sta Wgn	350	850	1400	2800	4900	7100
Classic Brghm 4-dr Sdn	350	850	1400	2800	4900	7100
Classic Brghm 4-dr Sdn LS	350	900	1500	2900	5200	7400

Celebrity Eurosport pkg add 10%
Beretta/Corsica GT pkg add 10%
Beretta/Corsica GTU pkg add 15%
Camaro 5.0L V8 add 15%
Caprice /Monte Carlo/Camaro 6-cyl deduct 25%
Celebrity/Corsica/Beretta 4-cyl deduct 20%

1989

	6	5	4	3	2	1
Cavalier 4-cyl./6-cyl.						
4-dr Sdn	300	650	1000	2000	3500	4900
2-dr Cpe VL	300	600	900	1800	3100	4400
2-dr Cpe	300	650	1000	2000	3500	4900
4-dr Sta Wgn	300	650	1100	2100	3600	5100
Z-24 2-dr Cpe	350	900	1500	2900	5200	7400
Z-24 2-dr Conv	450	1250	2100	4200	7200	10500
Beretta, 4-cyl./6-cyl.						
2-dr Cpe	300	800	1300	2600	4600	6600
2-dr Cpe GT	350	850	1400	2800	4900	7100
Corsica, 4-cyl./6-cyl.						
4-dr Ntchbk	300	750	1250	2500	4400	6200
4-dr Htchbk	300	800	1300	2600	4600	6600
4-dr Ntchbk LTZ	350	850	1400	2800	4900	7100
Celebrity, 6-cyl.						
4-dr Sdn	300	800	1300	2600	4600	6600
2-seat Sta Wgn	300	800	1300	2600	4600	6600
Camaro, 6-cyl./8-cyl.						
RS 2-dr Cpe	350	1000	1600	3200	5700	8100
RS 2-dr Conv RS	600	1650	2850	5700	9900	14200

	6	5	4	3	2	1
IROC-Z Spt Cpe	450	1250	2150	4300	7400	10700
IROC-Z Conv	600	1650	2900	5800	10000	14500
Caprice, 8-cyl.						
4-dr Sdn	300	800	1300	2600	4600	6600
Classic 4-dr Sdn	350	950	1550	3100	5500	7900
Classic 3-seat Sta Wgn	350	950	1550	3100	5500	7900
Classic Brghm 4-dr Sdn	400	1050	1700	3300	5800	8300
Classic Brghm 4-dr Sdn LS	400	1100	1800	3500	6100	8900

Camaro IROC-Z w/5.0L V8 add 20%
IROC-Z w/5.7 L V8 add 30%
Celebrity Eurosport pkg add 10%
Beretta/Corsica GT pkg add 10%
Beretta/Corsica LTZ pkg add 15%
Camaro 6-cyl deduct 25%
Celebrity/Corsica/Beretta 4-cyl deduct 20%

1990

	6	5	4	3	2	1
Cavalier 4-cyl./6-cyl.						
4-dr Sdn	300	650	1150	2300	3900	5700
2-dr Cpe	300	700	1200	2400	4100	5900
4-dr Sta Wgn	300	750	1250	2500	4400	6200
VL 4-dr Sdn	300	650	1100	2100	3600	5100
VL 2-dr Cpe	300	650	1100	2100	3600	5100
VL 4-dr Sta Wgn	300	650	1150	2300	3900	5700
Z-24 2-dr Cpe	400	1050	1700	3300	5800	8300
Beretta, 4-cyl./6-cyl.						
2-dr Cpe	350	900	1500	3000	5300	7600
2-dr Cpe GT	350	1000	1600	3200	5700	8100
Corsica, 4-cyl./6-cyl.						
4-dr Ntchbk LT	350	850	1400	2800	4900	7100
4-dr Htchbk LT	350	850	1400	2800	4900	7100
Celebrity, 4-cyl./6-cyl.						
2-seat Sta Wgn	400	1100	1800	3500	6100	8900
Lumina, 4-cyl./ 6-cyl.						
4-dr Sdn	350	950	1550	3100	5500	7900
2-dr Cpe	350	900	1500	3000	5300	7600
Camaro, 6-cyl./8-cyl.						
2-dr Cpe RS	450	1250	2200	4400	7600	10900
2-dr Conv	700	1900	3350	6700	11500	16500
IROC-Z Spt Cpe	550	1550	2600	5200	9000	12800
IROC-Z Conv	700	1900	3400	6800	11700	16900
Caprice, 8-cyl.						
4-dr Sdn	350	900	1500	3000	5300	7600
Classic 4-dr Sdn	400	1100	1800	3600	6200	9100
Classic 3-seat Sta Wgn	400	1100	1800	3600	6200	9100
Classic Brghm 4-dr Sdn	400	1200	1900	3800	6600	9600
Classic Brghm 4-dr Sdn LS	400	1200	2000	4000	6900	10000

Celebrity/Lumina Eurosport pkg add 10%
Beretta/Corsica GT pkg add 10%
Beretta/CorsicaLTZ/ GTZ pkg add 15%
Camaro 6-cyl deduct 20%
Celebrity/Lumina/Corsica/Beretta 4-cyl deduct 20%

1991

	6	5	4	3	2	1
Cavalier RS						
4-dr Sdn	300	800	1350	2700	4700	6900
2-dr Cpe	350	850	1400	2800	4900	7100
4-dr Sta Wgn	350	900	1500	2900	5200	7400
2-dr Conv	500	1350	2350	4700	8100	11500

	6	5	4	3	2	1
VL 4-dr Sdn	300	750	1250	2500	4400	6200
VL 2-dr Cpe	300	750	1250	2500	4400	6200
VL 4-dr Sta Wgn	300	800	1350	2700	4700	6900
Z-24 2-dr Cpe	400	1200	1900	3800	6600	9600
Beretta, 6-cyl.						
2-dr Cpe	400	1050	1700	3400	5900	8500
2-dr Cpe GT	400	1100	1800	3600	6200	9100
Corsica, 6-cyl.						
4-dr Ntchbk LT	350	1000	1600	3200	5700	8100
4-dr Htchbk LT	350	1000	1600	3200	5700	8100
Lumina, 6-cyl.						
4-dr Sdn	400	1100	1800	3600	6200	9100
2-dr Cpe	400	1100	1800	3500	6100	8900
Camaro, 6-cyl./8-cyl.						
2-dr Cpe RS	550	1550	2600	5200	9000	12800
2-dr Conv RS	700	2050	3500	7000	12100	17400
Z-28 Spt Cpe	600	1650	2850	5700	9900	14200
Z-28 Conv	750	2300	3800	7600	13100	18900
Caprice, 8-cyl.						
4-dr Sdn	550	1400	2400	4800	8300	11800
Classic 4-dr Sdn	600	1600	2700	5400	9300	13500

Lumina Eurosport pkg add 10%
Beretta/Corsica GT pkg add 10%
Beretta/CorsicaLTZ/ GTZ pkg add 15%
Camaro 6-cyl deduct 20%
Lumina/Corsica/Beretta 4-cyl deduct 20%

1949 Chevrolet station wagon

1962 Chevrolet Impala Sport Coupe

1971 Chevrolet Nova

CORVETTE
1953 – 1991

1953 Corvette

1970 Corvette

	6	5	4	3	2	1
1953						
Rdstr	15000	20000	40000	65000	90000	125000
1954						
Rdstr	10000	15000	22000	30000	35000	55000
1955						
Rdstr	15000	24000	35000	50000	62000	80000

3-spd. trans. add $2500   HT add $2000
6-cyl. (rare) add $5000

	6	5	4	3	2	1
1956						
Conv	15000	22000	27000	38000	47000	55000

HT add $1,500   2X4-bbl add $2,000
Wonderbar radio add $500
Power windows add $500
Power top add $1,500

	6	5	4	3	2	1
1957						
Conv	7200	21250	27000	37000	45500	60200

HT add $1500   2X4-bbl add $2000
Fuel-Injection add $8000
Wonderbar radio add $500
Power windows add $500
Power top add $1500

	6	5	4	3	2	1

1958

Conv	15000	18000	26000	34000	43000	50000

HT add $1200   2X4-bbl add $2000
Fuel Injection add $5000
Wonderbar radio add $500
Power windows add $500
Power top add $1200

1959

Conv	15000	18000	26000	34000	43000	50000

HT add $1200   X4-bbl add $2000
Fuel Injection add $5000
Wonderbar radio add $500
Power windows add $500
Power top add $1200

1960

Conv	12000	15000	22000	26000	36000	42000

HT add $1200   2X4-bbl add $2000
Fuel Injection add $5000
Wonderbar radio add $500
Power windows add $500
Power top add $1200

1961

Conv	12000	15000	22000	26000	36000	42000

HT add $1200   2X4-bbl add $2000
Fuel Injection add $5000
Wonderbar radio add $500
Power windows add $500
Power top add $1200

1962

Conv	12000	17000	26000	34000	43000	50000

HT add $1200   2X4-bbl add $2000
Fuel Injection add $5000
Wonderbar radio add $500
Power windows add $500
Power top add $1200

1963

Cpe	10000	15000	22000	26000	32000	42000
Conv	5000	11000	18000	20000	27000	32000

Fuel injection add $5000-$7500
AM-FM radio add $250
3-speed deduct $500
Automatic deduct $1000
Power windows add $300
Air cond. add $8,000
Removable HT add $750-$1,000
Knock-off wheels add $3500 (original, $1000 for repro.)
Z-06 perf. package, incl knock-off wheels, fuel injection, 4-spd
trans, HD brakes, and 36 gallon gas tank, add 100%
(add 60% without big tank and knock-offs)

	6	5	4	3	2	1

1964

	6	5	4	3	2	1
Cpe	4000	10000	13000	17000	20000	30000
Conv	4250	11000	15000	22000	16000	31000

Fuel injection add $6000-$8000
327 V-8/365 hp add $2500
4-speed add $1000   AM-FM radio add $250
Air cond. add $7000 ($8000 conv)
Power windows add $300   3-speed deduct $500
Removable HT add $750-$1000
36-gal tank add $3500
Knock-off wheels add $3500 (original, $1000 for repro.)

1965

	6	5	4	3	2	1
Cpe	10000	12000	16000	20000	25000	31000
Conv	10000	15000	20000	30000	35000	40000

Fuel inj. add $6000-$8000
327 V-8/365 hp add $2500   396 V-8/425 hp add $6000
AM-FM radio add $250
Air cond. add $4000 ($6000 conv)
Power windows add $250   Side exhaust add $1000
Removable HT add $500-$750
36-gal tank add$5000
Knock-off wheels add $3500 (original, $1000 for repro.)
Teakwood steering whl add $900
3-speed deduct $500   Automatic deduct $1000

1966

	6	5	4	3	2	1
Cpe	10000	12000	16000	20000	25000	31000
Conv	10000	15000	20000	30000	35000	40000

427 V-8/390 HP. add $5000   427 V-8/425 hp add $6500
327 V-8/350 hp add $2000
AM-FM radio add $250
Air cond. add $4000 ($6000 conv)
Power windows add $250   Side exhaust add $1000
Removable HT add $500-$750
36-gal tank add $5000
Knock-off wheels add $3500 (original, $1000 for repro.)
Teakwood steering whl add $900
3-speed deduct $500   Automatic deduct $1000

1967

	6	5	4	3	2	1
Cpe	6000	13500	19000	25000	35000	38000
Conv	10000	18000	25000	32500	40000	45000
L88	—	100000	180000	225000	240000	275000

427 V-8/390 HP. add $5000   427 V-8/400 hp add $7500
427 V-8/435 hp add $12000
L-89 427 V-8/435 hp add $50000
L-88 427 V-8/435 hp add $30000
327 V-8/350 hp add $2000
AM-FM radio add $250   Air cond. add $5000 ($6000 conv)
Power windows add $250   Side exhaust add $1000;
Removable HT add $500-$750   36-gal tank add $5000
Orig. aluminum wheels add $6000 (original, $1000 for repro.)
Teakwood steering whl add $900
3-speed deduct $500   Automatic deduct $1000

	6	5	4	3	2	1

1968

	6	5	4	3	2	1
Cpe	2500	5000	8000	11000	15000	17500
Conv	3500	7000	10000	14000	20000	23000
L88	—	—	90000	110000	125000	150000

427 V-8/390 HP. add $5000   427 V-8/400 hp add $7000
427 V-8/435 hp add $10000
L-89 427 V-8/435 hp add $40000
L-88 427 V-8/435 hp add $125000
Side exhaust add $1000
Air cond. add $2000 ($3500 conv)
Power windows add $200   Removable HT add $500
Teakwood steering whl add $900
3-speed deduct $500   Automatic deduct $1000

1969

	6	5	4	3	2	1
Cpe	2500	6000	9000	12000	16000	19000
Conv	3500	8500	15000	20000	26500	32000
L88	—	—	95000	120000	135000	160000

427 V-8/390 HP. add $5000   427 V-8/400 hp add $7000
427 V-8/435 hp add $10000
L-89 427 V-8/435 hp add $45000
L-88 427 V-8/435 hp add $130000
Side exhaust add $1000
Air cond. add $2000 ($4000 conv)
Power windows add $200
Removable HT add $500   Teakwood steering whl add $900
4-speed add $500   3-speed deduct $500

1970

	6	5	4	3	2	1
Cpe	2500	6000	9000	12000	16000	19000
Conv	3500	8500	15000	20000	26000	32000

LT-1 350vV–8/370 hp add $3500 ($6000 for conv)
LS-5 454 V-8/390 hp add $5,000
Air cond. add $2000 ($4000 conv)
Power windows add $200   Removable HT add $500
4-speed close-ratio add $500

1971

	6	5	4	3	2	1
Cpe	2500	6000	9000	12000	16000	19000
Conv	3500	8500	14000	18000	24000	30000

LT-1 350 V-8/370 hp add $3500 ($6000 for conv)
LS-5 454 V-8/365 hp add $5,000
LS-6 454 V-8/425 hp add $7000
ZR-1 (w/LT-1) add $25000   LT-2 (w/LS-6) add $32000
Air cond. add $2000 ($3500 conv)   Power windows add $200
Removable HT add $500   4-speed close-ratio add $500

1972

	6	5	4	3	2	1
Cpe	2500	6000	9000	12000	16000	19000
Conv	3500	8500	14000	18000	24000	30000

LT-1 350 V-8/255 hp add $3500
LS-5 454 V-8/270 hp add $5,000   4-spd close-ratio add $500
ZR-1 (w/LT-1) add $25000   Air cond. add $2000 ($3500 conv)
Air cond w/LT-1 add $5000 ($10000 conv)
Power windows add $200   Removable HT add $500

	6	5	4	3	2	1
1973						
Cpe	2250	4000	6500	10000	14000	20000
Conv	3000	5000	9000	13000	18000	22000

L-82 350 V–8/250 hp add $500
LS4 454 V-8/275 hp add $5,000
4-spd close-ratio add $500
Air cond. add $1000 ($2000 conv)
Power windows add $200   Removable HT add $500
Aluminum wheels add $400

	6	5	4	3	2	1
1974						
Cpe	2200	3000	5000	8000	13000	15000
Conv	2800	4500	8500	12000	17000	21000

L-82 350 V–8/250 hp add $500
LS4 454 V-8/270 hp add $5,000
4-spd close-ratio add $500
Air cond. add $1000 ($2000 conv)
Power windows add $200   Removable HT add $500
Aluminum wheels add $400

	6	5	4	3	2	1
1975						
Cpe	2250	3200	5500	8500	13500	20500
Conv	3000	6000	11000	15000	20000	24500

L-82 350 V–8/205 hp add $500
4-spd close-ratio add $500
Removable HT add $500
Air cond. add $1000 ($2000 conv)
Aluminum wheels add $400   Power windows add $200

	6	5	4	3	2	1
1976						
Cpe	2250	3200	5500	8500	13500	20500

L-82 350 V–8/210 hp add $500
4-spd close-ratio add $500
Power windows add $200   Air cond. add $1000
Aluminum wheels add $400

	6	5	4	3	2	1
1977						
Cpe	2500	4000	6500	9500	14500	21000

L-82 350 V–8/210 hp add $500
4-spd close-ratio add $500
Power windows add $200   Air cond. add $1000
Aluminum wheels add $400

	6	5	4	3	2	1
1978						
Cpe	2500	4500	7000	10000	14000	20000
25th Ann. Cpe*	3000	5000	7500	12000	16000	23000
Pace Car*	3750	6750	9250	14500	19500	28000

L-82 350 V-8/220 hp add $500
4-spd close-ratio add $500
Power windows add $200   Air cond add $1000
Aluminum wheels add $400   Glass T-tops add $400
L-82 350 V8 w/4-speed close ratio on Anniversary
or Pace Car models add $4,000
(*Power windows, aluminum wheels, and glass T-tops standard
on these models)

	6	5	4	3	2	1
1979						
Cpe	2500	4500	7000	10000	14000	21000

L-82 350 V–8/225 hp add $500
4-spd close-ratio add $500
Glass T- tops add $400   Aluminum wheels add $400

	6	5	4	3	2	1
1980						
Cpe	2500	5000	9500	13000	17000	23000

L-82 350 V–8/230 hp (last year) add $500
4-speed add $500
Glass T-tops add $400
Aluminum wheels add $400
305 V-8/180 hp deduct $500 (California models)

	6	5	4	3	2	1
1981						
Cpe	2000	4750	7250	11000	15750	23000

4-speed add $500
AM-FM/tape/CB add $400
Aluminum wheels add $400   Glass T-tops add $400
Factory 2-tone paint add $500

	6	5	4	3	2	1
1982						
Cpe	1900	4250	6750	10500	15250	22500
Collector's Edition	2500	7250	9750	13500	18250	25500

4-speed add $500   AM-FM/tape/CB add $400
Aluminum wheels add $400   Glass T-tops add $400
Factory 2-tone paint add $500

	6	5	4	3	2	1
1983						
Cpe*					80000	90000

*Several produced, as 1984 prototypes numbered as
1983 models; only survivor kept by factory and donated to
National Corvette Museum

	6	5	4	3	2	1
1984						
Cpe	2500	5000	8550	11000	15250	22500

Glass roof panel, add $400
Doug Nash 4 + 3 trans. add $500

	6	5	4	3	2	1
1985						
Cpe	2500	5000	8550	11000	15250	22500

Glass roof panel, add $400
Doug Nash 4 + 3 trans. add $500

	6	5	4	3	2	1
1986						
Cpe	2500	7000	9500	12000	15250	22500
Conv	4500	8000	10000	16000	18750	26000

Glass roof panel, add $400   Doug Nash 4 + 3 trans. add $500
Yellow Indy Pace Car add $2000
Yellow Indy Pace Car w/ 4 + 3 trans. add $4000

	6	5	4	3	2	1
1987						
Cpe	2500	4750	7250	11000	15750	21000
Conv	4500	9900	13500	16000	19500	25000
Callaway Twin Turbo	10000	14000	17250	21000	27000	34000

Glass roof panel, add $400
Doug Nash 4 + 3 trans. add $500

	6	5	4	3	2	1
1988						
Cpe	2500	7000	10000	12500	16500	23000
Conv	4500	10000	13000	17000	21500	26000
Callaway Twin Turbo	10000	14750	20250	25000	29000	36000

Glass roof panel, add $400
Doug Nash 4 + 3 trans. add $500
35th Anniversary Ed. Cpe add $5000
16" wheels deduct $1000

	6	5	4	3	2	1
1989						
Cpe	2400	6750	9250	13000	17750	25000
Conv	3400	11750	14250	18000	22500	30000
Callaway Twin Turbo	4400	14250	19500	23000	30500	38000

Glass roof panel, add $400
6-speed ZR trans. add $1000
FX3 suspension add $400
Removable conv hardtop add $750

	6	5	4	3	2	1
1990						
Cpe	2400	6750	8750	12300	15750	24000
Conv	3400	9250	12250	16750	20500	28000
ZR-1 Cpe	4200	14250	21000	25000	30500	39000
Callaway Twin Turbo	4000	13750	19250	22000	28500	37000

Glass roof panel, add $400
6-speed ZR trans. add $1000*
FX3 suspension add $400*
Removable conv hardtop add $750
CD player add $200*
*All models except ZR-1 where these items are standard

	6	5	4	3	2	1
1991						
Cpe	2400	6750	8750	12300	15750	24000
Conv	3400	9250	12250	16750	20500	28000
ZR-1 Cpe	4200	14250	21000	25000	30500	39000
Callaway Twin Turbo	4000	13750	19250	22000	28500	37000

Glass roof panel, add $400
6-speed ZR trans. add $1000*
FX3 suspension add $400*
Removable conv hardtop add $750
CD player add $200*
*All models except ZR-1 where these items are standard

CHRYSLER
1924 – 1991

1937 Chrysler Airflow

1942 Chrysler Town & Country

	6	5	4	3	2	1
1924						
Model B-70, 6-cyl., 68 hp, 112.75" wb						
2-dr 5-pass Rdstr	750	2300	3850	7700	13300	19200
4-dr 5-pass Phtn	800	2400	4050	8100	14200	20200
4-dr 5-pass Tr	750	2200	3650	7300	12600	18200
2-4 pass Cpe	500	1350	2350	4700	8100	11500
4-dr 5-pass Sdn	400	1200	1950	3900	6800	9900
2-dr 5-pass Brghm	450	1250	2050	4100	7100	10300
4-dr 5-pass Imperial Sdn	450	1250	2150	4300	7400	10700
4-dr 5-pass Crn Imperial	500	1350	2350	4700	8100	11500
4-dr 7-pass T&C	600	1650	2850	5700	9900	14200
5-pass Fisher Sdn	400	1200	1950	3900	6800	9900
1925						
Model B-70, 6-cyl., 68 hp, 112.75" wb						
2-4 passRdstr	750	2300	3850	7700	13300	19200
5-pass Phtn	800	2400	4050	8100	14200	20200
5-pass Tr	750	2200	3650	7300	12600	18200
2-4 pass Cpe	500	1350	2350	4700	8100	11500
4-dr 5-pass Sdn	400	1200	1950	3900	6800	9900
5-pass Brghm	450	1250	2050	4100	7100	10300
5-pass Imperial Sdn	450	1250	2150	4300	7400	10700
5-pass Crown Imperial	500	1350	2350	4700	8100	11500
5-pass T&C	600	1650	2850	5700	9900	14200

	6	5	4	3	2	1

1926

Series F-58, 4-cyl., 28 hp, 109" wb
	6	5	4	3	2	1
2-pass Rdstr	750	2200	3650	7300	12600	18200
5-pass Tr	750	2300	3850	7700	13300	19200
2-pass Club Cpe	450	1250	2150	4300	7400	10700
5-pass Coach	350	1000	1600	3200	5700	8100
5-pass Sdn	350	900	1500	3000	5300	7600

Series G-70, 6-cyl., 112.75" wb
	6	5	4	3	2	1
2-4 pass Rdstr	750	2300	3850	7700	13300	19200
5-pass Phtn	800	2450	4100	8200	14400	20500
2-4 pass Roy Cpe	500	1300	2250	4500	7700	11000
5-pass Coach	400	1100	1800	3500	6100	8900
5-pass Brghm	450	1250	2050	4100	7100	10300
5-pass Sdn	400	1150	1850	3700	6400	9300
5-pass Roy Sdn	400	1250	2100	4200	7200	10500
5-pass Crown Sdn	450	1250	2150	4300	7400	10700

Series E-80 Imperial, 6-cyl., 92 hp, 120" wb
	6	5	4	3	2	1
2-4 pass Rdstr	850	2650	4450	8900	15700	22300
5-pass Phtn	900	2800	4700	9400	16500	23400
4-pass Cpe	550	1500	2500	5100	8800	12500
5-pass Sdn	500	1350	2350	4700	8100	11500
7-pass Sdn	550	1500	2500	5100	8800	12500
7-pass Sdn Limo	550	1550	2650	5300	9100	13000

1927

Series I-50, 4-cyl., 38 hp, 106" wb
	6	5	4	3	2	1
2-pass Rdstr	750	2200	3650	7300	12600	18200
2-4 pass Rdstr	750	2300	3850	7700	13300	19200
5-pass Tr	750	2200	3650	7300	12600	18200
2-pass Cpe	400	1150	1850	3700	6400	9300
5-pass Coach	400	1050	1700	3300	5800	8300
5-pass Sdn	350	1000	1600	3200	5700	8100
5-pass Lan Sdn	400	1050	1700	3400	5900	8500

Series H-60, 6-cyl., 54 hp, 109" wb (Introduced mid-1926)
	6	5	4	3	2	1
2-pass Rdstr	800	2500	4250	8500	15000	21200
2-4 pass Rdstr	850	2650	4450	8900	15700	22300
5-pass Tr	800	2500	4250	8500	15000	21200
2-pass Cpe	400	1200	1950	3900	6800	9900
2-4 pass Club Cpe	450	1250	2050	4100	7100	10300
5-pass Coach	400	1100	1800	3600	6200	9100
5-pass Sdn	350	1000	1600	3200	5700	8100

"Finer" G-70, 6-cyl., 68 hp, 112.75" wb
	6	5	4	3	2	1
2-4 pass Rdstr	800	2500	4250	8500	15000	21200
5-pass Phtn	850	2650	4450	8900	15700	22300
5-pass Spt Phtn	900	2800	4700	9400	16500	23400
2-4 pass Cabrlt	800	2350	3950	7900	13700	19700
2-4 pass Cpe	400	1200	1950	3900	6800	9900
2-4 pass Roy Cpe	400	1200	1950	3900	6800	9900
5-pass Brghm	400	1200	1900	3800	6600	9600
Lan Brghm	400	1200	1950	3900	6800	9900
5-pass Roy Sdn	400	1200	1900	3800	6600	9600
5-pass Crown Sdn	400	1200	1950	3900	6800	9900

Series E-80 Imperial, 6-cyl., 120" wb
	6	5	4	3	2	1
2-4 pass Rdstr	1000	3100	5250	10500	18600	26200
2-4 pass Spt Rdstr	1000	3250	5450	10900	19100	27200
5-pass Phtn	1000	3250	5450	10900	19100	27200
5-p Spt Phtn (127" wb)	1050	3400	5700	11400	20100	28500
7-pass Phtn (127" wb)	1000	3100	5250	10500	18600	26200
2-4 p Cabrlt (127" wb)	950	2950	4950	9900	17500	24700
4-pass Cpe	550	1550	2650	5300	9100	13000

	6	5	4	3	2	1
5-pass Cpe	500	1350	2350	4700	8100	11500
5-pass Sdn	400	1200	1950	3900	6800	9900
4-dr Sdn	400	1200	1950	3900	6800	9900
5-pass Lan Sdn	450	1250	2200	4400	7600	10900
7-pass Sdn	450	1250	2200	4400	7600	10900
7-pass Std Sdn (127" wb)	450	1250	2200	4400	7600	10900
7-pass Sdn (127" wb)	450	1250	2200	4400	7600	10900
7-p Limo Sdn (127" wb)	550	1500	2500	5100	8800	12500
5-pass T&C (133" wb)	600	1600	2800	5600	9700	14000
7-p Limo Sdn (133" wb)	550	1550	2650	5300	9100	13000

1928

Series I-52, 4-cyl., 38 hp, 106" wb

	6	5	4	3	2	1
RS Rdstr	900	2800	4700	9400	16500	23400
5-pass Tr	450	1250	2150	4300	7400	10700
2-pass Club Cpe	400	1150	1850	3700	6400	9300
2-4 pass Dlx Cpe	450	1250	2150	4300	7400	10700
2-dr 5-pass Sdn	400	1200	1950	3900	6800	9900
4-dr 5-pass Sdn	400	1200	1950	3900	6800	9900
5-pass Dlx Sdn	400	1200	1900	3800	6600	9600

Series M-62, 6-cyl., 54 hp, 109" wb

	6	5	4	3	2	1
2-4 pass Rdstr	900	2900	4900	9800	17300	24500
5-pass Tr	900	2750	4650	9300	16400	23100
2-pass Bus Cpe	400	1050	1700	3300	5800	8300
2-4 pass Cpe	500	1300	2250	4500	7700	11000
2-dr 5-pass Sdn	400	1200	1950	3900	6800	9900
4-dr 5-pass Sdn	400	1200	1900	3800	6600	9600
5-pass Lan Sdn	400	1200	1950	3900	6800	9900

Series J-72, 6-cyl., 75 hp, 120" wb

	6	5	4	3	2	1
2-4 pass Rdstr	900	2750	4650	9300	16400	23100
2-4 pass Spt Rdstr	950	3050	5100	10200	18000	25400
2-4 pass Conv Cpe	800	2500	4250	8500	15000	21200
2-4 pass Cpe	500	1350	2350	4700	8100	11500
4-pass Cpe	450	1250	2150	4300	7400	10700
5-pass Royal Sdn	400	1200	1950	3900	6800	9900
5-pass Crown Sdn	450	1250	2150	4300	7400	10700
5-pass Twn Sdn	500	1300	2250	4500	7700	11000
7-pass LeBaron Imperial Twn Cabrlt	600	1600	2750	5500	9500	13800

Series 80-L Imperial, 6-cyl., 112 hp, 136" wb

	6	5	4	3	2	1
2-4 pass Rdstr	950	3050	5100	10200	18000	25400
5-pass Sdn	450	1250	2150	4300	7400	10700
5-pass Twn Sdn	500	1300	2250	4500	7700	11000
7-pass Sdn	500	1350	2350	4700	8100	11500
7-pass Limo Sdn	550	1500	2500	5100	8800	12500

Series 80-L Imperial, 6-cyl., 112 hp, 136" wb, Custom Bodies

	6	5	4	3	2	1
LeBaron CC Conv Sdn	2100	6100	10300	20600	36200	51500
LeBaron Club Cpe	850	2650	4500	9000	15900	22500
LeBaron Twn Cpe	850	2550	4300	8600	15100	21500
Dietrich Conv Sdn	2300	6650	11250	22500	39500	56100
5-pass Dietrich Phtn	2350	6950	11750	23500	41300	58700
Dietrich Sdn	1150	3650	6100	12200	21500	30500
Locke Touralette	1850	5450	9200	18400	32350	45900

1929

Series P-65, 6-cyl., 65-72 hp, 112.75" wb

	6	5	4	3	2	1
2-4 pass Rdstr	1000	3150	5300	10600	18700	26500
5-pass Tr	1000	3250	5450	10900	19100	27200
2-pass Bus Cpe	650	1750	3150	6300	10900	15700
2-4 pass Cpe	700	1900	3350	6700	11500	16500
2-dr 5-pass Sdn	550	1500	2500	5100	8800	12500
4-dr 5-pass Sdn	550	1550	2650	5300	9100	13000

	6	5	4	3	2	1
Series R-75, 6-cyl., 75-84 hp, 121" wb						
2-4 pass Rdstr	1150	3650	6100	12200	21500	30500
5-pass Phtn	1200	3750	6300	12600	22200	31400
5-pass Tonn Cowl Phtn	1200	3850	6450	12900	22700	32200
7-pass Phtn	1150	3650	6100	12200	21500	30500
2-4 pass Conv	1100	3550	5900	11800	20800	29400
5-pass Conv Sdn	1050	3400	5700	11400	20100	28500
2-4 pass Cpe	700	1900	3350	6700	11500	16500
4-pass Cpe	650	1750	3150	6300	10900	15700
5-pass Royal Sdn	600	1600	2750	5500	9500	13800
5-pass Crown Sdn	650	1700	3000	5900	10200	14700
5-pass Twn Sdn	650	1700	3000	6100	10600	15200
Series 80-L Imperial, 6-cyl., 136" wb						
RS Rdstr	2400	7050	11900	23800	41800	59500
Locke DC Spt Phtn	2900	8600	14500	29000	51000	72500
7-pass Locke Phtn	2650	7850	13300	26600	46700	66400
Locke Conv Sdn	2600	7650	12900	25800	45300	64400
Locke Conv Cpe	2150	6200	10450	20900	36700	52100
2-4 pass Dietrich Cpe	850	2700	4550	9100	16000	22700
Lebaron Cpe	800	2350	3950	7900	13700	19700
4-dr 5-pass Sdn	700	1900	3350	6700	11500	16500
5-pass Twn Sdn	750	2100	3550	7100	12300	17700
7-pass Sdn	700	1900	3350	6700	11500	16500
7-pass Limo Sdn	800	2450	4150	8300	14600	20700

1930

	6	5	4	3	2	1
"Series Six" CJ, 6-cyl., 62 hp, 109" wb (Sold as 1931 models CJ24081and up)						
2-4 pass Rdstr	950	3050	5100	10200	18000	25400
5-pass Tr	900	2900	4850	9700	17100	24200
2-pass Bus Cpe	600	1600	2750	5500	9500	13800
2-4 pass Royal Cpe	650	1700	3000	5900	10200	14700
5-pass Royal Sdn	550	1500	2500	5100	8800	12500
Series C-66, 6-cyl., 70 hp, 112 3/4" wb (Sold as 1931 models C28056 and up)						
2-4 pass RS Rdstr	1000	3150	5300	10600	18700	26500
5-pass Phtn	1000	3250	5450	10900	19100	27200
2-pass Bus Cpe	650	1700	3000	5900	10200	14700
2-4 pass Royal Cpe	650	1700	3000	6100	10600	15200
5-pass Brghm	550	1500	2500	5100	8800	12500
5-pass Royal Sdn	600	1600	2750	5500	9500	13800
Series V-70, 6-cyl., 70 hp, 116 1/2" wb (Sold as 1931 models V27182 and up)						
2-4 pass RS Rdstr	1150	3650	6100	12200	21500	30500
2-4 pass Conv Cpe	1000	3250	5450	10900	19100	27200
5-pass Phtn	1200	3750	6300	12600	22200	31400
2-pass Bus Cpe	650	1700	3000	5900	10200	14700
2-4 pass Royal Cpe	650	1700	3000	6100	10600	15200
5-pass Brghm	600	1600	2750	5500	9500	13800
5-pass Royal Sdn	650	1700	3000	5900	10200	14700
Series 77, 6-cyl., 124.5" wb (1930)						
2-4 pass RS Rdstr	1700	5050	8450	16900	29700	42200
5-pass Phtn	1450	4450	7450	14900	26200	37200
2-4 pass Conv Cpe	1200	3850	6450	12900	22700	32200
2-pass Bus Cpe	650	1750	3150	6300	10900	15700
2-4 pass Royal Cpe	650	1800	3250	6500	11200	16100
4-pass Crown Cpe	650	1750	3150	6300	10900	15700
5-pass Royal Sdn	650	1700	3000	5900	10200	14700
5-pass Town Sdn	650	1750	3100	6100	10550	15200
5-pass Crown Sdn	650	1750	3150	6300	10900	15700
Series 80-L Imperial, 6-cyl., 136" wb						
RS Rdstr	2400	7050	11900	23800	41800	59500
Locke DC Spt Phtn	3000	8900	15000	30000	52700	74900
7-pass Locke Phtn	2750	8200	13800	27600	48500	68900

	6	5	4	3	2	1
Locke Conv Sdn	2600	7650	12900	25800	45300	64400
Locke Conv Cpe	2150	6200	10450	20900	36700	52100
2-4 pass Dietrich Cpe	850	2700	4550	9100	16000	22700
Lebaron Cpe	800	2350	3950	7900	13700	19700
4-dr 5-pass Sdn	700	1900	3350	6700	11500	16500
5-pass Twn Sdn	750	2100	3550	7100	12300	17700
7-pass Sdn	700	1900	3350	6700	11500	16500
7-pass Limo Sdn	800	2450	4150	8300	14600	20700

1931

"New Six" CM, 6-cyl., 70 hp, 116 wb (Sold as 1932 models CM30829 and up)

	6	5	4	3	2	1
2-4 pass Rdstr	1200	3750	6300	12600	22200	31400
5-pass Phtn	1150	3650	6100	12200	21500	30500
2-4 pass Conv	1100	3550	5900	11800	20800	29400
2-pass Bus Cpe	650	1750	3150	6300	10900	15700
2-4 pass Cpe	650	1800	3250	6500	11200	16100
4-dr 5-pass Sdn	650	1700	3000	5900	10200	14700

CD, 8-cyl., 1st Series 80 hp, 2nd Series 88 hp, 124" wb (Sold as 1932 modsl CD 21141 and up)

	6	5	4	3	2	1
2-4 pass Rdstr	1300	4000	6700	13400	23600	33400
2-4 pass Spt Rdstr	1450	4400	7300	14600	25700	36500
2-4 pass Conv Cpe	1200	3850	6450	12900	22700	32200
2-4 pass Cpe	800	2350	3950	7900	13700	19700
2-4 pass Spl Cpe	750	2250	3750	7500	13000	18700
5-pass Sdn	650	1750	3150	6300	10900	15700
5-pass Spl Sdn	700	1900	3350	6700	11500	16500
5-pass Custom Phtn	1250	3900	6600	13200	23200	32800
2-4 pass Dlx Rdstr	1900	5500	9300	18600	32700	46400
5-pass Dlx Phtn	1800	5300	8950	17900	31500	44700
2-4 pass Dlx Conv Cpe	1650	4950	8300	16600	29200	41500
2-4 pass Dlx Cpe	850	2700	4550	9100	16000	22700
5-pass Dlx Cpe	850	2550	4350	8700	15300	21700
4-dr 5-pass Dlx Sdn	650	1750	3150	6300	10900	15700

Imperial, CG, 8-cyl., 125 hp, 145" wb

	6	5	4	3	2	1
5-pass Std CC Sdn	1700	5000	8350	16700	29400	41700
5-pass Std Sdn	1000	3200	5350	10700	18900	26700
7-pass Std Sdn	1000	3200	5350	10700	18900	26700
7-pass Std Limo	1150	3600	5950	11900	21000	29700
2-4 pass Cus Rdstr	11900	35350	59500	119000	209000	297000
5-pass Cus Spt Phtn	11500	34150	57500	115000	201900	287100
5-p LeBaron Conv Sdn	11400	33850	57000	114000	200200	284600
2-4 pass Cus Cpe	4300	12800	21500	43000	75700	107500
2-4 pass Cus Conv Cpe	10500	31200	52500	105000	184400	262100

1932

CI, 6-cyl., 82 hp, 116" wb

	6	5	4	3	2	1
2-4 pass Rdstr	1000	3250	5450	10900	19100	27200
5-pass Phtn	1000	3100	5250	10500	18600	26200
2-4 pass Conv	950	3050	5100	10200	18000	25400
5-pass Conv Sdn	1000	3150	5300	10600	18700	26500
2-pass Bus Cpe	700	1900	3400	6800	11700	16900
2-4 pass Cpe	750	2100	3550	7100	12300	17700
4-dr 5-pass Sdn	650	1700	3000	5900	10200	14700

Series CP, 8-cyl., 100 hp, 124" wb

	6	5	4	3	2	1
2-4 pass Conv	1150	3650	6100	12200	21500	30500
5-pass Conv Sdn	1200	3750	6300	12600	22200	31400
2-4 pass Cpe	900	2850	4750	9500	16700	23700
2-pass Bus Cpe	850	2550	4350	8700	15300	21700
4-dr 5-pass Sdn	650	1750	3150	6300	10900	15700

	6	5	4	3	2	1
Imperial Series, CH, 8-cyl., 125 hp, 135" wb						
Standard Line						
5-pass Conv Sdn	7900	23450	39500	79000	138700	197200
2-4 pass Cpe	2500	7400	12500	25000	43900	62400
4-dr 5-pass Sdn	1600	4850	8100	16200	28500	40500
Imperial Series, CL, 8-cyl., 125 hp, 146" wb						
Custom Line - LeBaron Bodies						
2-4 pass Conv Rdstr	10950	32550	54750	109500	192300	273300
5-pass Phtn	12200	36250	61000	122000	214200	304500
5-pass Conv Sdn	11900	35350	59500	119000	209000	297000
5-pass CC Sdn	2700	8050	13500	27000	47500	67500
7-pass Sdn	2800	8200	13750	27300	48000	68000
7-pass Sdn Limo	2900	8400	13950	27800	48500	68500

1933

	6	5	4	3	2	1
Series CO, 6-cyl., 83 hp., 117" wb						
2-pass Bus Cpe	800	2350	3950	7900	13700	19700
2-4 pass Cpe	850	2600	4400	8800	15500	21900
2-4 Conv Cpe	1000	3100	5300	10400	17500	26000
5-pass Brghm	650	1750	3150	6300	10900	15700
4-dr 5-pass Sdn	650	1750	3150	6300	10900	15700
5-pass Conv Sdn	1000	3250	5450	10900	19100	27200
Royal Series CT, 8-cyl., 90/98 hp., 119.5" wb						
2-4 pass Conv	1150	3650	6100	12200	21500	30500
2-4 pass Conv Cpe	1200	3750	6300	12600	22200	31400
2-pass Bus Cpe	850	2550	4350	8700	15300	21700
2-4 pass Cpe	850	2700	4550	9100	16000	22700
4-dr 5-pass Sdn	700	1900	3350	6700	11500	16500
7-pass Sdn	750	2100	3550	7100	12300	17700
Imperial Series CQ, 8-cyl., 108 hp., 126" wb						
2-4 pass Conv Cpe	1450	4400	7300	14600	25700	36500
5-pass Conv Sdn	1500	4600	7700	15400	27100	38500
2-4 pass Cpe	950	2950	4950	9900	17500	24700
5-pass Cpe	900	2850	4750	9500	16700	23700
4-dr 5-pass Sdn	850	2550	4350	8700	15300	21700
Imperial Custom, Series CL, 8-cyl., 135 hp., 146" wb						
2-4 pass Conv Rdstr	10200	30300	51000	102000	179100	256400
5-pass Phnt	10500	31200	52500	105000	184400	262100
5-pass CC Sdn	2700	8050	13500	27000	47500	67500
7-pass Sdn	2800	8200	13750	27300	48000	68000
7-pass Limo Sdn	2900	8400	13950	27800	48500	68500

1934

	6	5	4	3	2	1
Series CA, 6-cyl., 117" wb						
2-4 pass Conv Cpe	1350	4150	6900	13800	24300	34500
2-pass Bus Cpe	800	2450	4150	8300	14600	20700
2-4 pass Cpe	850	2550	4350	8700	15300	21700
2-dr 5-pass Brghm	650	1750	3150	6300	10900	15700
5-pass Sdn	650	1700	3000	5900	10200	14700
Series CB, 6-cyl., 121" wb						
5-pass Conv Sdn	1600	4850	8100	16200	28500	40500
5-pass CC Sdn	800	2350	3950	7900	13700	19700
Airflow, Series CU, 8-cyl., 123" wb						
5-pass Cpe	1250	3900	6500	13000	22900	32500
2-dr 6-pass Brghm	1150	3650	6100	12200	21500	30500
6-pass Sdn	1050	3300	5500	11000	19300	27500
6-pass Twn Sdn	1100	3450	5750	11500	20300	28700
Imperial Airflow, Series CV, 8-cyl., 128" wb						
5-pass Cpe	1550	4650	7800	15600	27450	38900
6-pass Sdn	1100	3450	5750	11500	20300	28700
6-pass Twn Sdn	1150	3650	6100	12200	21500	30500

	6	5	4	3	2	1

Imperial Custom Airflow, Series CW, 8-cyl., 137.5" wb

5-pass Sdn	1800	5300	8900	17800	31300	44400
5-pass Twn Sdn	1850	5400	9100	18200	32000	45500
8-pass Limo	2500	7400	12500	25000	43900	62400
8-pass Twn Limo	2600	7750	13100	26200	46000	65500

Imperial Custom Airflow, Series CX, 8-cyl., 146.5" wb

8-pass Sdn	5400	16050	27000	54000	94800	134800
8-pass Twn Sdn	5600	16650	28000	56000	98300	139800
8-pass Limo	5600	16650	28000	56000	98300	139800
8-pass Twn Limo Sdn	5700	16950	28500	57000	100100	142300

1935

Airstream, Series C-6, 6-cyl., 118" wb

2-4 pass Conv Cpe	1100	3500	5800	11600	20450	28900
2-pass Bus Cpe	650	1750	3100	6200	10700	15400
2-4 pass Cpe	700	1850	3300	6600	11300	16300
2-dr 5-pass Tr Brghm	600	1600	2700	5400	9300	13500
5-pass Sdn	550	1500	2500	5100	8800	12500
5-pass Tr Sdn	550	1500	2500	5100	8800	12500

Airstream, Series CZ, 8-cyl., 121" wb (Traveler and 7-pass sdn 133" wb)

2-pass Cpe	700	1900	3400	6800	11700	16900
2-pass Dlx Bus Cpe	750	2100	3550	7100	12300	17700
2-4 pass Cpe	750	2100	3550	7100	12300	17700
2-4 pass Dlx Cpe	750	2250	3750	7500	13000	18700
2-dr 5-pass Tr Brghm	650	1700	3000	5900	10200	14700
2-dr 5-pass Dlx Tr Brghm	650	1800	3200	6400	11000	15900
5-pass Sdn	600	1600	2700	5400	9300	13500
4-dr 5-pass Dlx Sdn	600	1650	2850	5700	9900	14200
4-dr 5-pass Tr Sdn	600	1600	2700	5400	9300	13500
4-dr 5-pass Dlx Tr Sdn	600	1650	2850	5700	9900	14200
2-4 pass Dlx Conv Cpe	1150	3650	6100	12200	21500	30500
5-pass Dlx Traveler Sdn	650	1700	3000	6100	10600	15200
7-pass Dxl Sdn	650	1700	3000	6100	10600	15200

Airflow, Series C-1, 8-cyl., 123" wb

2-pass Bus Cpe	1200	3750	6300	12600	22200	31400
6-pass Cpe	1250	3950	6550	13100	23100	32700
6-pass Sdn	950	3050	5150	10300	18200	25700

Imperial Airflow, Series C-2, 8-cyl., 128" wb

6-pass Cpe	1350	4150	6900	13800	24300	34500
6-pass Sdn	1050	3300	5500	11100	19500	27700

Imperial Custom Airflow, Series C-3, 8-cyl., 137" wb

6-pass Sdn	1100	3550	5900	11800	20800	29400
6-pass Twn Sdn	1150	3650	6100	12200	21500	30500
8-pass Sdn Limo	1550	4650	7750	15500	27300	38700
8-pass Twn Limo	1600	4850	8100	16200	28500	40500

Imperial Custom Airflow, Sereis CW, 8-cyl., 146.5" wb

4-dr 8-pass Sdn	4300	12750	21500	43000	75500	107300
8-pass Sdn Limo	4350	12900	21750	43500	76400	108600
8-pass Twn Sdn Limo	4500	13350	22500	45000	79000	112300
8-pass Twn Sdn	4400	13050	22000	44000	77300	109800

1936

Airstream, Series C-7, 6-cyl., 118" wb

2-4 pass Conv	1000	3150	5300	10600	18700	26500
5-pass Conv Sdn	1150	3600	6000	12000	21150	30000
2-pass Bus Cpe	700	1900	3350	6700	11500	16500
2-4 pass Cpe	750	2100	3550	7100	12300	17700
2-dr 5-pass Tr Brghm	650	1700	3000	5900	10200	14700
4-dr 5-pass Tr Sdn	650	1750	3150	6300	10900	15700

	6	5	4	3	2	1
Airstream Deluxe, Series C-8, 8-cyl., 121" wb (Dlx models 133" wb.)						
2-4 pass Conv	1050	3400	5700	11400	20100	28500
4-dr 5-pass Conv Sdn	1250	3950	6600	13200	23250	32900
2-pass Bus Cpe	750	2100	3550	7100	12300	17700
2-4 pass Cpe	750	2250	3750	7500	13000	18700
2-dr 5-pass Tr Brghm	650	1750	3100	6200	10700	15400
4-dr 5-pass Tr Sdn	650	1750	3100	6200	10700	15400
5-pass Dlx Traveler Sdn	650	1800	3250	6500	11200	16100
7-pass Dlx Sdn	650	1750	3150	6300	10900	15700
7-pass Dlx Sdn Limo	700	1900	3350	6700	11500	16500
7-pass Dlx Twn Sdn	750	2100	3550	7100	12300	17700
Airflow, Series C-9, 8-cyl., 123" wb						
6-pass Cpe	1100	3550	5900	11800	20800	29400
6-pass Sdn	950	2950	4950	9900	17500	24700
Imperial Airflow, Series C-10, 8-cyl., 128" wb						
6-pass Cpe	1200	3750	6300	12600	22200	31400
6-pass Sdn	950	3050	5100	10200	18000	25400
Imperial Custom Airflow, Series C-11/CW, 8-cyl., 137" wb						
5-pass Sdn	1050	3300	5500	11100	19500	27700
7-pass Sdn Limo	1200	3750	6250	12500	22000	31100

1937

	6	5	4	3	2	1
Royal, Series C-16, 6-cyl., 116" wb (7-pass models 133" wb.)						
2-4 pass Conv	950	3050	5100	10200	18000	25400
5-pass Conv Sdn	1150	3700	6200	12400	21850	30900
2-pass Bus Cpe	650	1700	3000	5900	10200	14700
2-4 pass Cpe	650	1750	3150	6300	10900	15700
5-pass Brghm	550	1500	2500	5100	8800	12500
5-pass Tr Brghm	600	1600	2750	5500	9500	13800
5-pass Sdn	550	1450	2450	4900	8500	12000
5-pass Tr Sdn	550	1500	2500	5100	8800	12500
7-pass Sdn	600	1600	2750	5500	9500	13800
7-pass Sdn Limo	650	1700	3000	5900	10200	14700
Airflow , Serieses C-17, 8-cyl., 128" wb						
6-pass Cpe	1100	3550	5900	11800	20800	29400
4-dr 6-pass Sdn	1050	3300	5500	11100	19500	27700
Imperial, Series C-14, 8-cyl., 121" wb						
2-4 pass Conv	1050	3400	5700	11400	20100	28500
5-pass Conv Sdn	1250	3950	6600	13200	23250	32900
2-pass Bus Cpe	750	2100	3550	7100	12300	17700
2-4 pass Cpe	750	2250	3750	7500	13000	18700
5-pass Tr Brghm	750	2250	3750	7500	13000	18700
5-pass Tr Sdn	750	2100	3550	7100	12300	17700
Imperial Custom, Series C-15, 8-cyl., 140" wb						
7-pass Sdn	1000	3200	5350	10700	18900	26700
7-pass Sdn Limo	1500	4550	7650	15300	26900	38200

1938

	6	5	4	3	2	1
Royal, Series C-18, 6-cyl., 119" wb (7-pass models 136" wb.)						
2-4 pass Conv	900	2800	4700	9400	16500	23400
5-pass Conv Sdn	1000	3200	5400	10800	19000	26900
2-pass Cpe	650	1750	3150	6300	10900	15700
2-4 pass Cpe	700	1900	3350	6700	11500	16500
5-pass Brghm	550	1500	2500	5100	8800	12500
5-pass Tr Brghm	650	1750	3150	6300	10900	15700
4-dr 5-pass Sdn	550	1500	2500	5100	8800	12500
5-pass Tr Sdn	600	1600	2800	5600	9700	14000
7-pass Sdn	650	1700	3000	5900	10200	14700
7-pass Limo Sdn	650	1750	3150	6300	10900	15700
New York Special , Series C-19, 8-cyl., 125" wb						
5-pass Sdn	750	2150	3600	7200	12400	18000

	6	5	4	3	2	1
Imperial, Series C-19, 8-cyl., 125" wb						
2-4 pass Conv Cpe	1000	3100	5250	10500	18600	26200
5-pass Conv Sdn	1200	3750	6250	12500	22000	31100
2-pass Cpe	750	2100	3550	7100	12300	17700
2-4 pass Cpe	750	2250	3750	7500	13000	18700
5-pass Tr Brghm	650	1800	3200	6400	11000	15900
5-pass Tr Sdn	700	1900	3400	6800	11700	16900
Imperial Custom, Series C-20, 8-cyl., 144" wb						
5-pass Sdn	900	2850	4750	9500	16700	23700
7-pass Sdn	850	2700	4550	9100	16000	22700
7-pass Limo Sdn	1000	3150	5300	10600	18700	26500

1939

	6	5	4	3	2	1
Royal, Series C-22, 6-cyl., 119" wb (&-pass models 136" wb)						
2-pass Cpe	650	1750	3150	6300	10900	15700
2-pass Windsor Cpe	700	1850	3300	6600	11300	16300
5-pass Windsor Club Cpe	750	2250	3700	7400	12800	18500
4-pass Vic Cpe	700	1900	3350	6700	11500	16500
4-pass Windsor Vic Cpe	700	2050	3500	7000	12100	17400
5-pass Brghm	550	1500	2500	5100	8800	12500
5-pass Sdn	600	1600	2750	5500	9500	13800
5-pass Windsor Sdn	550	1500	2500	5000	8700	12300
7-pass Sdn	600	1650	2900	5800	10000	14500
7-pass Limo Sdn	650	1750	3100	6200	10700	15400
New Yorker, Series C-23 8-cyl., 125" wb						
2-pass Cpe	750	2100	3550	7100	12300	17700
4-pass Vic Cpe	750	2250	3750	7500	13000	18700
5-pass Club Cpe	750	2250	3750	7500	13000	18700
5-pass Saratoga Club Cpe	750	2250	3700	7400	12800	18500
5-pass Sdn	650	1700	3000	5900	10200	14700
5-pass Saratoga Sdn	650	1750	3100	6200	10700	15400
Imperial, Series 23, 8-cyl., 125" wb (Custom models 144" wb)						
2-pass Cpe	700	1900	3350	6700	11500	16500
4-pass Vic Cpe	750	2100	3550	7100	12300	17700
5-pass Brghm	550	1550	2600	5200	9000	12800
5-pass Sdn	650	1700	3000	5900	10200	14700
5-pass Cus Sdn	900	2850	4750	9500	16700	23700
7-pass Cus Sdn	950	3000	5000	10000	17700	24900
7-pass Cus Limo	1000	3100	5250	10500	18600	26200

1940

	6	5	4	3	2	1
Royal, Series C-22, 6-cyl., 122.5" wb (8-pass models 139.5" wb)						
3-pass Cpe	600	1650	2900	5800	10000	14500
6-pass Cpe	650	1700	3000	6000	10400	14900
6-pass Vic Sdn	550	1500	2500	5100	8800	12500
6-pass Sdn	550	1500	2500	5000	8700	12300
8-pass Sdn	600	1600	2750	5500	9500	13800
8-pass Limo	650	1700	3000	5900	10200	14700
Royal Windsor, Series C-22 6-cyl., 122.5" wb (8-pass models 139.5" wb)						
6-pass Conv Cpe	900	2900	4850	9700	17100	24200
3-pass Cpe	650	1750	3100	6300	10900	15700
6-pass Cpe	650	1800	3250	6500	11200	16100
6-pass Vic Sdn	550	1500	2500	5100	8800	12500
6-pass Sdn	550	1550	2600	5200	9000	12800
			Highlander pkg add 20%			
8-pass Sdn	600	1600	2800	5600	9700	14000
8-pass Limo	650	1700	3000	6000	10400	14900
Traveler, Series C-26K, 8-cyl., 128" wb						
3-pass Cpe	700	1900	3350	6700	11500	16500
6-pass Cpe	750	2100	3550	7100	12300	17700

	6	5	4	3	2	1
6-pass Vic Sdn	600	1600	2750	5500	9500	13800
6-pass Sdn	600	1600	2700	5400	9300	13500
New Yorker, Series C-26N, 8-cyl., 128.5" wb						
6-pass Conv Cpe	1050	3300	5500	11000	19300	27500
3-pass Cpe	750	2250	3750	7500	13000	18700
6-pass Cpe	800	2350	3950	7900	13700	19700
6-pass Vic Sdn	650	1700	3000	6000	10400	14900
6-pass Sdn	650	1700	3000	5900	10200	14700
			Highlander pkg add 20%			
Saratoga, Series C-26S, 8-cyl., 128.5" wb						
6-pass Sdn	650	1800	3200	6400	11000	15900
Crown Imperial, Series C-27, 8-cyl., 145.5" wb						
6-pass Sdn	800	2350	3950	7900	13700	19700
8-pass Sdn	800	2450	4150	8300	14600	20700
8-pass Sdn Limo	850	2700	4550	9100	16000	22700
Special, Series C-26, 8-cyl., 127.5" wb						
2-pass Thunderbolt conv.	10000	24000	42000	75000	160000	300000
4-pass Newport phae	10000	24000	45000	82000	175000	350000

1941

	6	5	4	3	2	1
Royal, Series C-28S, 6-cyl., 121.5" wb. (8-pass models 139.5" wb)						
3-pass Cpe	600	1650	2850	5700	9900	14200
6-pass Club Cpe	650	1700	3000	5900	10200	14700
6-pass Brghm	500	1350	2350	4700	8100	11500
4-dr Sdn	550	1450	2450	4900	8500	12000
4-dr Twn Sdn	550	1500	2500	5100	8800	12500
6-pass T&C Wgn	1100	3500	5850	11700	20600	29100
8-pass T&C Wgn	1150	3600	5950	11900	21000	29700
8-pass Sdn	550	1500	2500	5100	8800	12500
8-pass Limo Sdn	600	1600	2750	5500	9500	13800
Windsor, Series C-28W, 6-cyl., 121.5" wb (8-pass models 139.5" wb)						
6-pass Conv Cpe	1000	3250	5450	10900	19100	27200
3-pass Cpe	700	1900	3350	6700	11500	16500
6-pass Club Cpe	700	2000	3450	6900	11900	17200
6-pass Brghm	550	1500	2500	5100	8800	12500
4-dr Sdn	600	1600	2750	5500	9500	13800
4-dr Twn Sdn	650	1700	3000	5900	10200	14700
8-pass Sdn	650	1750	3150	6300	10900	15700
8-pass Sdn Limo	700	1900	3350	6700	11500	16500
			Highlander pkg add 10%			
Saratoga, Series C-30K, 8-cyl., 127.5" wb						
3-pass Cpe	750	2100	3550	7100	12300	17700
6-pass Club Cpe	750	2200	3650	7300	12600	18200
6-pass Brghm	600	1600	2750	5500	9500	13800
4-dr Sdn	650	1700	3000	5900	10200	14700
4-dr Twn Sdn	650	1700	3000	6100	10600	15200
New Yorker, Series C-30N, 8-cyl., 127.5" wb						
6-pass Conv Cpe	1150	3600	5950	11900	21000	29700
3-pass Cpe	800	2350	3950	7900	13700	19700
6-pass Club Cpe	800	2450	4150	8300	14600	20700
6-pass Brghm	650	1700	3000	5900	10200	14700
4-dr Sdn	650	1750	3150	6300	10900	15700
4-dr Twn Sdn	650	1800	3250	6500	11200	16100
6-pass Imp Spl Twn Sdn	850	2550	4350	8700	15300	21700
			Highlander pkg add 10%			
Crown Imperial, Series C-33, 8-cyl., 146" wb						
8-pass Sdn	750	2100	3550	7100	12300	17700
8-pass Limo	850	2550	4350	8700	15300	21700
8-pass Sdn Limo	800	2450	4150	8300	14600	20700

	6	5	4	3	2	1

1942

Royal, Series C-34S, 6-cyl., 121.5" wb (8-pass models 139.5" wb)

	6	5	4	3	2	1
3-pass Cpe	600	1600	2750	5500	9500	13800
6-pass Club Cpe	600	1650	2850	5700	9900	14200
6-pass Brghm	500	1300	2250	4500	7700	11000
4-dr Sdn	500	1350	2350	4700	8100	11500
4-dr Twn Sdn	550	1450	2450	4900	8500	12000
8-pass Sdn	550	1400	2400	4800	8300	11800
8-pass Limo	550	1500	2500	5000	8700	12300

Windsor, Series C-34W, 6-cyl., 121.5" wb (8-pass models 139.5" wb)

	6	5	4	3	2	1
Conv Cpe	900	2850	4750	9500	16700	23700
3-pass Cpe	650	1700	3000	6100	10600	15200
6-pass Club Cpe	650	1750	3150	6300	10900	15700
6-pass Brghm	500	1350	2350	4700	8100	11500
4-dr Sdn	550	1450	2450	4900	8500	12000
4-dr Twn Sdn	500	1350	2350	4700	8100	11500
6-pass T&C Wgn	1550	4650	7750	15500	27300	38700
9-pass T&C Wgn	1650	4900	8250	16500	29000	41200
8-pass Sdn	550	1500	2500	5000	8700	12300
8-pass Limo	550	1550	2600	5200	9000	12800

Highlander pkg add 15%
Thunderbird pkg add 20%

Saratoga, Series C-36K, 8-cyl., 127.5" wb

	6	5	4	3	2	1
3-pass Cpe	650	1800	3250	6500	11200	16100
6-pass Club Cpe	700	1900	3350	6700	11500	16500
6-pass Brghm	550	1400	2400	4800	8300	11800
4-dr Sdn	550	1450	2450	4900	8500	12000
4-dr Twn Sdn	600	1600	2700	5400	9300	13500

New Yorker, Series C-36N, 8-cyl., 127.5" wb

	6	5	4	3	2	1
6-pass Conv Cpe	1000	3100	5250	10500	18600	26200
3-pass Cpe	700	2000	3450	6900	11900	17200
6-pass Club Cpe	750	2100	3550	7100	12300	17700
6-pass Brghm	550	1500	2500	5000	8700	12300
4-dr Sdn	550	1500	2500	5100	8800	12500
4-dr Twn Sdn	600	1600	2800	5600	9700	14000

Highlander pkg add 15%
Thunderbird pkg add 20%

Crown Imperial, Series C-37, 8-cyl., 145.5" wb

	6	5	4	3	2	1
6-pass Sdn	650	1700	3000	5900	10200	14700
8-pass Sdn	650	1750	3150	6300	10900	15700
8-pass Sdn Limo	750	2100	3550	7100	12300	17700

1946-1949 (First Series)

Royal, Series C-38S, 6-cyl., 121.5" wb (8-pass models 139.5" wb)

	6	5	4	3	2	1
4-dr Sdn	500	1350	2350	4700	8100	11500
6-pass Brghm	500	1350	2350	4700	8100	11500
6-pass Club Cpe	650	1700	3000	6000	10400	14900
3-pass Cpe	600	1650	2900	5800	10000	14500
4-dr 8-pass Sdn	600	1650	2850	5700	9900	14200
8-pass Limo	650	1800	3250	6500	11200	16100

Windsor, Series C-38W, 6-cyl., 121.5" wb (8-pass models 139.5" wb)

	6	5	4	3	2	1
4-dr Sdn	550	1400	2400	4800	8300	11800
6-pass Traveler Sdn*	550	1450	2450	4900	8500	12000
6-pass Brghm	500	1350	2350	4700	8100	11500
6-pass Club Cpe	650	1800	3250	6500	11200	16100
3-pass Cpe	650	1750	3150	6300	10900	15700
6-pass Conv Cpe	1100	3450	5750	11500	20300	28700
4-dr 8-pass Sdn	650	1700	3000	6100	10600	15200
8-pass Limo	700	1900	3350	6700	11500	16500

	6	5	4	3	2	1
Saratoga, Series C-39K, 8-cyl., 127.5" wb						
4-dr Sdn	550	1500	2500	5000	8700	12300
6-pass Brghm	550	1500	2500	5000	8700	12300
6-pass Club Cpe	700	1850	3300	6600	11300	16300
3-pass Cpe	650	1800	3200	6400	11000	15900
New Yorker, Series C-39N, 8-cyl., 127.5" wb						
4-dr Sdn	550	1500	2500	5100	8800	12500
6-pass Brghm	550	1500	2500	5000	8700	12300
6-pass Club Cpe	650	1800	3250	6500	11200	16100
3-pass Cpe	650	1750	3150	6300	10900	15700
6-pass Conv Cpe	1200	3800	6350	12700	22400	31700
6-pass T&C Conv	4100	12200	20500	41000	72000	102300
4-dr 6-pass T&C Sdn	2500	7350	12450	24900	43700	62100
Imperial, Series C-40, 8-cyl., 145.5" wb)						
8-pass Limo Sdn	800	2350	3950	7900	13700	19700

1947-1949 1st series only
Highlander pkg add 10%

1949 (Second Series)

	6	5	4	3	2	1
Royal , Series C-45S, 6-cyl., 125.5" wb						
4-dr Sdn	550	1450	2450	4900	8500	12000
6-pass Club Cpe	600	1600	2750	5500	9500	13800
9-pass Sta Wgn	950	3000	5050	10100	17900	25100
4-dr Sdn (139.5" wb)	550	1500	2500	5000	8700	12300
Windsor Series C-45W, 6-cyl., 125.5" wb						
4-dr Sdn	550	1500	2500	5000	8700	12300
6-pass Cpe	600	1650	2850	5700	9900	14200
6-pass Conv Cpe	950	2950	4950	9900	17500	24700
4-dr Sdn (139.5" wb)	600	1600	2750	5500	9500	13800
8-pass Limo (139.5" wb)	650	1700	3000	5900	10200	14700
Saratoga , Series C-46K, 8-cyl., 131.5" wb						
4-dr Sdn	500	1350	2350	4700	8100	11500
6-pass Club Cpe	600	1650	2850	5700	9900	14200
New Yorker , Series C-46N, 8-cyl., 131.5" wb						
4-dr Sdn	550	1500	2500	5100	8800	12500
6-pass Club Cpe	650	1700	3000	5900	10200	14700
6-pass Conv Cpe	1100	3450	5750	11500	20300	28700
6-pass T&C Conv	3400	10050	16950	33900	59500	84600
Crown Imperial, C-47, 8-cyl., 145.5" wb						
8-pass Sdn	750	2100	3550	7100	12300	17700
8-pass Limo	800	2350	3950	7900	13700	19700

1950

	6	5	4	3	2	1
Royal, Series C-48S, 6-cyl., 125.5" wb						
4-dr Sdn	500	1350	2300	4600	8000	11300
Club Cpe	600	1600	2750	5500	9500	13800
T&C Sta Wgn	1750	5200	8750	17500	30800	43700
6-pass Sta Wgn	950	3050	5100	10200	18000	25400
4-dr Sdn (139.5" wb)	550	1500	2500	5100	8800	12500
Windsor, Series C-48W, 6-cyl., 125.5" wb						
4-dr Sdn	500	1350	2350	4700	8100	11500
4-dr Traveler Sdn	500	1350	2350	4700	8100	11500
6-pass Club Cpe	600	1650	2850	5700	9900	14200
6-pass Newport Hdtp	750	2100	3550	7100	12300	17700
6-pass Conv Cpe	950	2950	4950	9900	17500	24700
4-dr Sdn (139.5" wb)	600	1600	2750	5500	9500	13800
8-pass Limo (139.5" wb)	650	1750	3150	6300	10900	15700
Saratoga, Series C-49K, 8-cyl., 131.5" wb						
4-dr Sdn	550	1400	2400	4800	8300	11800
6-pass Club Cpe	650	1700	3000	5900	10200	14700

	6	5	4	3	2	1
New Yorker, Series C49N, 8-cyl., 131.5" wb						
4-dr Sdn	550	1500	2500	5100	8800	12500
6-pass Club Cpe	600	1600	2800	5600	9700	14000
6-pass Newport Hdtp	750	2250	3750	7500	13000	18700
6-pass Conv Cpe	1150	3600	5950	11900	21000	29700
2-dr 6-p T&C Newport	1900	5650	9500	19000	33400	47500
4-dr Imperial Sdn	650	1700	3000	5900	10200	14700
4-dr Imperial Dlx Sdn	650	1700	3000	6000	10400	14900
Crown Imperial, 8-cyl., 145.5" wb						
4-dr 8-pass Sdn	650	1750	3150	6300	10900	15700
8-pass Limo	750	2100	3550	7100	12300	17700

1951-1952

	6	5	4	3	2	1
Windsor, Series C51-1, 6-cyl., 125.5" wb (8-pass model 139.5" wb)						
4-dr Sdn	500	1350	2300	4600	8000	11300
6-pass Club Cpe	600	1600	2800	5600	9700	14000
6-pass T&C Sta Wgn	900	2750	4650	9300	16400	23100
4-dr Sdn	500	1300	2250	4500	7700	11000
Windsor DeLuxe, Series C51-2, 6-cyl., 125.5" wb (8-pass models 139.5" wb)						
4-dr Sdn	500	1300	2250	4500	7700	11000
4-dr Traveler Sdn*	500	1350	2350	4700	8100	11500
6-pass Club Cpe*	600	1600	2800	5600	9700	14000
2-dr 6-pass Newport	750	2100	3550	7100	12300	17700
6-pass Conv Cpe	1000	3100	5250	10500	18600	26200
4-dr 8-pass Sdn*	550	1450	2450	4900	8500	12000
8-pass Limo*	550	1500	2500	5100	8800	12500
Saratoga, Series C-55, 8-cyl., 125.5" wb (8-pass models 139.5" wb)						
4-dr Sdn	550	1550	2650	5300	9100	13000
6-pass Club Cpe	650	1700	3000	5900	10200	14700
6-pass T&C Sta Wgn	950	3000	5050	10100	17900	25100
4-dr 8-pass Sdn	600	1650	2850	5700	9900	14200
8-pass Limo*	650	1800	3250	6500	11200	16100
New Yorker, Series C-52, 8-cyl., 131.5" wb						
4-dr Sdn	650	1700	3000	6100	10600	15200
6-pass Club Cpe*	650	1800	3250	6500	11200	16100
2-dr 6-pass Newport	800	2350	3950	7900	13700	19700
6-pass Conv Cpe	1150	3600	5950	11900	21000	29700
6-pass T&C Sta Wgn*	950	2950	4950	9900	17500	24700
Imperial, Series C-54, 8-cyl., 131.5" wb						
4-dr Sdn	650	1800	3250	6500	11200	16100
6-pass Club Cpe	700	1900	3350	6700	11500	16500
6-pass 2-dr Newport	800	2450	4150	8300	14600	20700
6-pass Conv Cpe	1000	3250	5450	10900	19100	27200
Crown Imperial, Series C-53, 8-cyl., 145.5" wb						
4-dr 8-pass Sdn	650	1800	3200	6400	11000	15900
8-pass Limo	750	2250	3750	7500	13000	18700

*Not offered for 1952 model year.

1953

	6	5	4	3	2	1
Windsor, Series C-60-1, 6-cyl., 125.5" wb						
4-dr Sdn	500	1350	2350	4700	8100	11500
6-pass Club Cpe	550	1500	2500	5100	8800	12500
4-dr 6-p T&C Sta Wgn	850	2550	4350	8700	15300	21700
4-dr Sdn (139.5" wb)	500	1350	2350	4700	8100	11500
Windsor DeLuxe, Series C-60-2, 6-cyl., 125.5" wb						
4-dr Sdn	550	1400	2400	4800	8300	11800
2-dr 6-pass Newport	700	1900	3350	6700	11500	16500
6-pass Conv	1050	3300	5500	11100	19500	27700
New Yorker, Series C-56-1, 8-cyl., 125.5" wb						
4-dr Sdn	550	1500	2500	5000	8700	12300

	6	5	4	3	2	1
6-pass Club Cpe	600	1650	2850	5700	9900	14200
2-dr 6-pass Newport	750	2250	3750	7500	13000	18700
4-dr 6-p T&C Sta Wgn	850	2700	4550	9100	16000	22700
4-dr Sdn (139.5" wb)	550	1550	2600	5200	9000	12800
New Yorker DeLuxe, Series C-56-2, 8-cyl., 125.5" wb						
4-dr Sdn	550	1500	2500	5100	8800	12500
6-pass Club Cpe	650	1700	3000	5900	10200	14700
2-dr 6-pass Newport	800	2350	3950	7900	13700	19700
6-pass Conv Cpe	1300	4050	6750	13500	23800	33700
Custom Imperial, Series C-56, 8-cyl., 133.5" wb						
4-dr 6-pass Sdn	650	1700	3000	5900	10200	14700
4-dr 6-pass Twn Limo	700	1900	3350	6700	11500	16500
Custom Imperial, Series C-56, 8-cyl., 131.5" wb						
6-pass Newport Hdtp	950	2950	4950	9900	17500	24700
Crown Imperial, Series C-59, 8-cyl., 145.5" wb						
4-dr Sdn	650	1800	3250	6500	11200	16100
4-dr 8-pass Limo	750	2100	3550	7100	12300	17700

1954

	6	5	4	3	2	1
Windsor DeLuxe, Series C-62, 6-cyl., 125.5" wb						
4-dr Sdn	500	1350	2350	4700	8100	11500
6-pass Club Cpe	600	1600	2700	5400	9300	13500
2-dr 6-pass Newport	800	2350	3950	7900	13700	19700
6-pass Conv	1000	3250	5450	10900	19100	27200
4-dr 6-p T&C Sta Wgn	800	2350	3950	7900	13700	19700
4-dr Sdn (139.5" wb)	550	1550	2650	5300	9100	13000
New Yorker, Series C-63-1, 8-cyl., 125.5" wb						
4-dr Sdn	550	1550	2650	5300	9100	13000
6-pass Club Cpe	650	1700	3000	5900	10200	14700
2-dr 6-pass Newport	850	2550	4350	8700	15300	21700
4-dr 6-p T&C Sta Wgn	800	2450	4150	8300	14600	20700
4-dr Sdn (139.5" wb)	600	1600	2750	5500	9500	13800
New Yorker Deluxe, Series C-63-2, 8-cyl., 125.5" wb						
4-dr Sdn	600	1650	2850	5700	9900	14200
6-pass Club Cpe	600	1600	2750	5500	9500	13800
2-dr Newport	850	2700	4550	9100	16000	22700
6-pass Conv	1200	3850	6450	12900	22700	32200
Custom Imperial, Series C-58, 8-cyl., 133.5" wb						
4-dr Sdn	700	1900	3350	6700	11500	16500
6-pass Twn Limo	750	2250	3750	7500	13000	18700
Custom Imperial, Series C-58, 8-cyl., 131" wb						
2-dr 6-p Hdtp Newport	950	2950	4950	9900	17500	24700
Crown Imperial, Series C-59, 8-cyl., 145.5" wb						
4-dr 8-pass Sdn	700	2000	3450	6900	11900	17200
8-pass Limo	800	2350	3950	7900	13700	19700

Factory air cond add 15%

1955

	6	5	4	3	2	1
Windsor DeLuxe, Series C-67, 8-cyl., 126" wb						
4-dr Sdn	550	1500	2500	5100	8800	12500
2-dr Hdtp Nassau	800	2350	3950	7900	13700	19700
2-dr Hdtp Newport	800	2450	4150	8300	14600	20700
6-pass Conv	1100	3500	5850	11700	20600	29100
4-dr 6-p T&C Sta Wgn	750	2100	3550	7100	12300	17700
New Yorker DeLuxe, Series C-68, 8-cyl., 126" wb						
4-dr Sdn	600	1600	2750	5500	9500	13800
2-dr Hdtp Newport	800	2450	4150	8300	14600	20700
2-dr Hdtp St. Regis	850	2550	4350	8700	15300	21700
6-pass Conv	1200	3850	6450	12900	22700	32200
4-dr 6-p T&C Sta Wgn	800	2350	3950	7900	13700	19700

	6	5	4	3	2	1

C-300, 8-cyl., 126" wb

	6	5	4	3	2	1
2-dr 6-pass Hdtp Cpe	1700	5050	8450	16900	29700	42200

Factory air cond add 15%

From 1955 to 1970, Imperial was marketed as a separate make, see listings at end of Chrylser, beginning on page 188.

1956

Windsor, Series C-71, 8-cyl., 126" wb

	6	5	4	3	2	1
4-dr Sdn	550	1500	2500	5100	8800	12500
4-dr Hdtp Newport	650	1700	3000	5900	10200	14700
2-dr Hdtp Nassau	800	2450	4150	8300	14600	20700
2-dr Hdtp Newport	850	2550	4350	8700	15300	21700
6-pass Conv	1200	3750	6250	12500	22000	31100
4-dr 6-p T&C Sta Wgn	750	2200	3650	7300	12600	18200

New Yorker, Series C-72, 8-cyl., 126" wb

	6	5	4	3	2	1
4-dr Sdn	600	1600	2750	5500	9500	13800
4-dr Hdtp Newport	700	2000	3450	6900	11900	17200
2-dr Hdtp Newport	850	2700	4550	9100	16000	22700
2-dr Hdtp St. Regis	900	2850	4750	9500	16700	23700
6-pass Conv	1350	4150	6950	13900	24500	34700
4-dr 6-p T&C Sta Wgn	800	2400	4050	8100	14200	20200

300 "B", 8-cyl., 126" wb

	6	5	4	3	2	1
2-dr Hdtp	1700	5050	8450	16900	29700	42200

Factory air cond add 15%

1957

Windsor, Series C-75-1, 8-cyl., 126" wb

	6	5	4	3	2	1
4-dr Sdn	500	1350	2350	4700	8100	11500
4-dr Hdtp	650	1700	3000	5900	10200	14700
2-dr Hdtp	800	2350	3950	7900	13700	19700
4-dr 6-p T&C Sta Wgn	600	1650	2850	5700	9900	14200

Saratoga, Series C-75-2, 8-cyl., 126" wb

	6	5	4	3	2	1
4-dr Sdn	550	1450	2450	4900	8500	12000
4-dr Hdtp	700	1900	3350	6700	11500	16500
2-dr Hdtp	850	2550	4350	8700	15300	21700

New Yorker, C-76, 8-cyl., 126" wb

	6	5	4	3	2	1
4-dr Sdn	550	1500	2500	5100	8800	12500
4-dr Hdtp	700	2000	3450	6900	11900	17200
2-dr Hdtp	900	2900	4850	9700	17100	24400
2-dr Conv	1350	4150	6950	13900	24500	34700
4-dr T&C Sta Wgn	650	1700	3000	6100	10600	15200

300 "C", 8-cyl., 126" wb

	6	5	4	3	2	1
2-dr Hdtp	1800	5300	8950	17900	31500	44700
2-dr Conv	2700	8000	13450	26900	47200	67100

Factory air cond add 10%

1958

Windsor, 8-cyl., 122" wb

	6	5	4	3	2	1
4-dr Sdn	500	1350	2350	4700	8100	11500
4-dr Hdtp	550	1550	2650	5300	9100	13000
2-dr Hdtp	750	2100	3550	7100	12300	17700
6-pass T&C Sta Wgn	550	1550	2650	5300	9100	13000
9-pass T&C Sta Wgn	600	1600	2750	5500	9500	13800

Saratoga, 8-cyl., 126" wb

	6	5	4	3	2	1
4-dr Sdn	550	1500	2500	5100	8800	12500
4-dr Hdtp	650	1700	3000	5900	10200	14700
2-dr Hdtp	750	2250	3750	7500	13000	18700

New Yorker, 8-cyl., 126" wb

	6	5	4	3	2	1
4-dr Sdn	600	1600	2750	5500	9500	13800
4-dr Hdtp	650	1700	3000	6100	10600	15200

	6	5	4	3	2	1
2-dr Hdtp	800	2500	4250	8500	15000	21200
6-pass Conv	1400	4250	7100	14200	25000	35400
6-pass T&C Sta Wgn	600	1600	2800	5600	9700	14000
9-pass T&C Sta Wgn	600	1650	2900	5800	10000	14500
300 "D", 8-cyl., 126" wb						
2-dr Hdtp	1700	5050	8500	17000	29900	42500
6-pass Conv	2600	7650	12950	25900	45500	64700

Factory air cond add 10%

1959

	6	5	4	3	2	1
Windsor, 8-cyl., 122" wb						
4-dr Sdn	450	1250	2150	4300	7400	10700
4-dr Hdtp	550	1500	2500	5100	8800	12500
2-dr Hdtp	650	1800	3250	6500	11200	16100
6-pass Conv	1150	3650	6100	12200	21500	30500
6-pass T&C Sta Wgn	550	1500	2500	5000	8700	12300
9-pass T&C Sta Wgn	550	1550	2600	5200	9000	12800
Saratoga, 8-cyl., 126" wb						
4-dr Sdn	450	1250	2150	4300	7400	10700
4-dr Hdtp	600	1600	2750	5500	9500	13800
2-dr Hdtp	700	2000	3450	6900	11900	17200
New Yorker, 8-cyl., 126" wb						
4-dr Sdn	500	1300	2250	4500	7700	11000
4-dr Hdtp	600	1650	2850	5700	9900	14200
2-dr Hdtp	750	2300	3850	7700	13300	19200
6-pass Conv	1300	4050	6750	13500	23800	33700
6-pass T&C Sta Wgn	600	1600	2750	5500	9500	13800
9-pass T&C Sta Wgn	600	1650	2850	5700	9900	14200
300 "E", 8-cyl., 126" wb						
2-dr Hdtp	1600	4850	8100	16200	28500	40500
6-pass Conv	2650	7850	13250	26500	46500	66100

Factory air cond. add 10%

1960

	6	5	4	3	2	1
Windsor, 8-cyl., 122" wb						
4-dr Sdn	400	1200	1950	3900	6800	9900
4-dr Hdtp	450	1250	2150	4300	7400	10700
2-dr Hdtp	500	1350	2350	4700	8100	11500
6-pass Conv	950	2950	4950	9900	17500	24700
9-pass T&C Sta Wgn	450	1250	2100	4200	7200	10500
6-pass T&C Sta Wgn	400	1200	2000	4000	6900	10000
Saratoga, 8-cyl., 126" wb						
4-dr Sdn	400	1200	2000	4000	6900	10000
4-dr Hdtp	500	1350	2350	4700	8100	11500
2-dr Hdtp	550	1500	2500	5100	8800	12500
New Yorker, 8-cyl., 126" wb						
4-dr Sdn	450	1250	2150	4300	7400	10700
4-dr Hdtp	550	1500	2500	5100	8800	12500
2-dr Hdtp	650	1700	3000	6100	10600	15200
6-pass Conv	1200	3850	6450	12900	22700	32200
9-pass T&C Sta Wgn	500	1350	2350	4700	8100	11500
6-pass T&C Sta Wgn	500	1300	2250	4500	7700	11000
300 "F", 8-cyl., 126" wb						
2-dr Hdtp	2150	6200	10450	20900	36700	52100
6-pass Conv	3000	8900	14950	29900	52500	74600

4-speed w/ 300F add 20%
All models factory air cond add 15%

	6	5	4	3	2	1

1961

Newport, 8-cyl., 122" wb

	6	5	4	3	2	1
4-dr Sdn	400	1150	1850	3700	6400	9300
4-dr Hdtp	450	1250	2050	4100	7100	10300
2-dr Hdtp	500	1300	2250	4500	7700	11000
6-pass Conv	800	2450	4150	8300	14600	20700
9-pass T&C Sta Wgn	400	1200	2000	4000	6900	10000
6-pass T&C Sta Wgn	400	1200	1900	3800	6600	9600

Windsor, 8-cyl., 122" wb

	6	5	4	3	2	1
4-dr Sdn	400	1200	1950	3900	6800	9900
4-dr Hdtp	450	1250	2150	4300	7400	10700
2-dr Hdtp	500	1350	2350	4700	8100	11500

New Yorker, 8-cyl., 126" wb

	6	5	4	3	2	1
4-dr Sdn	450	1250	2050	4100	7100	10300
4-dr Hdtp	450	1250	2150	4300	7400	10700
2-dr Hdtp	550	1450	2450	4900	8500	12000
6-pass Conv	1000	3250	5450	10900	19100	27200
9-pass T&C Sta Wgn	450	1250	2200	4400	7600	10900
6-pass T&C Sta Wgn	450	1250	2100	4200	7200	10500

300 "G", 8-cyl., 126" wb

	6	5	4	3	2	1
2-dr Hdtp	1800	5300	8950	17900	31500	44700
6-pass Conv	2700	8000	13450	26900	47200	67100

300-G Ram-Air add 20%
All models factory air cond add 10%

1962

Newport, 8-cyl., 122" wb

	6	5	4	3	2	1
4-dr Sdn	400	1150	1850	3700	6400	9300
4-dr Hdtp	400	1200	1950	3900	6800	9900
2-dr Hdtp	500	1300	2250	4500	7700	11000
2-dr 6-pass Conv	750	2250	3750	7500	13000	18700
9-pass T&C Sta Wgn	450	1250	2200	4400	7600	10900
6-pass T&C Sta Wgn	450	1250	2100	4200	7200	10500

300, 8-cyl., 122" wb

	6	5	4	3	2	1
4-dr Hdtp	450	1250	2050	4100	7100	10300
2-dr Hdtp	550	1450	2450	4900	8500	12000
2-dr 6-pass Conv	800	2500	4250	8500	15000	21200

300 "H", 8-cyl., 122" wb

	6	5	4	3	2	1
2-dr Hdtp	1600	4750	7950	15900	28000	39700
2-dr 4-pass Conv	2400	7050	11950	23900	42000	59700

New Yorker, 8-cyl., 126" wb

	6	5	4	3	2	1
4-dr Sdn	400	1150	1850	3700	6400	9300
4-dr Hdtp	450	1250	2200	4400	7600	10900
9-pass Hdtp Wgn	550	1400	2400	4800	8300	11800
6-pass Hdtp Wgn	500	1350	2300	4600	8000	11300

426 V8 add 15%
426 cid V8 405 hp add 30%
Factory air cond add 10%

1963

Newport, 8-cyl., 122" wb

	6	5	4	3	2	1
4-dr Sdn	400	1050	1700	3300	5800	8300
4-dr Hdtp	400	1100	1800	3500	6100	8900
2-dr Hdtp	500	1300	2250	4500	7700	11000
6-pass Conv	700	2000	3450	6900	11900	17200
9-pass T&C Sta Wgn	450	1250	2100	4200	7200	10500
6-pass T&C Sta Wgn	400	1200	2000	4000	6900	10000

300 "383", 8-cyl., 122" wb

	6	5	4	3	2	1
4-dr Hdtp	450	1250	2050	4100	7100	10300
2-dr Hdtp	550	1500	2500	5100	8800	12500
6-pass Conv	750	2250	3750	7500	13000	18700

	6	5	4	3	2	1
300 "Pacesetter", "383", 8-cyl., 122" wb						
2-dr Hdtp	550	1550	2650	5300	9100	13000
2-dr 6-pass Conv	850	2650	4450	8900	15700	22300
300 "J", "413", 8-cyl., 122" wb						
2-dr Hdtp	1450	4450	7450	14900	26200	37200
New Yorker, 8-cyl., 122" wb						
4-dr Sdn	400	1100	1800	3500	6100	8900
4-dr Hdtp	400	1200	1900	3800	6600	9600
4-dr Hdtp Salon	400	1200	2000	4000	6900	10000
9-pass T&C Hdtp Wgn	500	1350	2300	4600	8000	11300
6-pass T&C Hdtp Wgn	450	1250	2200	4400	7600	10900

426 V8 add 20%
426-425 hp add 30%
Factory air cond add 10%

1964

	6	5	4	3	2	1
Newport, 8-cyl., 122" wb						
4-dr Sdn	400	1050	1700	3300	5800	8300
4-dr Hdtp	400	1100	1800	3500	6100	8900
2-dr Hdtp	400	1200	1950	3900	6800	9900
6-pass Conv	700	1900	3350	6700	11500	16500
9-pass T&C Sta Wgn	400	1150	1850	3700	6400	9300
6-pass T&C Sta Wgn	400	1100	1800	3500	6100	8900
300, 122" wb						
4-dr Hdtp	400	1200	1950	3900	6800	9900
2-dr Hdtp	500	1300	2250	4500	7700	11000
6-pass Conv	750	2250	3700	7400	12800	18500
300 "K", 8-cyl., 122" wb						
2-dr Hdtp	1000	3250	5450	10900	19100	27200
6-pass Conv	1600	4750	7950	15900	28000	39700
New Yorker, 8-cyl., 122" wb						
4-dr Sdn	400	1150	1850	3700	6400	9300
4-dr Hdtp	450	1250	2050	4100	7100	10300
4-dr Hdtp Salon	450	1250	2150	4300	7400	10700
9-pass T&C Hdtp Wgn	450	1250	2200	4400	7600	10900
6-pass T&C Hdtp Wgn	450	1250	2100	4200	7200	10500

413 cid V8/390 hp add 10%
Factory air cond add 10%

1965

	6	5	4	3	2	1
Newport, 8-cyl., 124" wb (Sta Wgn 121" wb)						
4-dr Sdn	400	1050	1700	3300	5800	8300
4-dr 6-win Sdn	350	1000	1600	3200	5700	8100
4-dr Hdtp	400	1150	1850	3700	6400	9300
2-dr Hdtp	450	1250	2050	4100	7100	10300
6-pass Conv	650	1700	3000	6100	10600	15200
9-pass T&C Wgn	400	1200	2000	4000	6900	10000
6-pass T&C Wgn	400	1200	1900	3800	6600	9600
300, 8-cyl., 124" wb						
4-dr Hdtp	400	1200	1950	3900	6800	9900
2-dr Hdtp	500	1300	2250	4500	7700	11000
6-pass Conv	700	2000	3450	6900	11900	17200
300 "L", 8-cyl., 124" wb						
2-dr Hdtp	950	3050	5100	10200	18000	25400
5-pass Conv	1100	3550	5900	11800	20800	29400
New Yorker, 8-cyl., 124" wb						
4-dr 6-win Sdn	400	1150	1850	3700	6400	9300
4-dr Hdtp	450	1250	2050	4100	7100	10300
2-dr Hdtp	500	1350	2300	4600	8000	11300

	6	5	4	3	2	1
Town & Country, 8-cyl., 121" wb						
9-pass Hdtp Wgn	450	1250	2000	4400	7600	10900
6-pass Hdtp Wgn	450	1250	2100	4200	7200	10500

413 cid V8/360 hp (exc 300-L) add 10%

1966

	6	5	4	3	2	1
Newport, 8-cyl., 124" wb (Sta wgn 121" wb)						
4-dr Sdn	400	1100	1800	3500	6100	8900
4-dr 6-win Sdn	400	1100	1800	3500	6100	8900
4-dr Hdtp	400	1200	1950	3900	6800	9900
2-dr Hdtp	450	1250	2150	4300	7400	10700
6-pass Conv	650	1700	3000	6100	10600	15200
9-pass Sta Wgn	450	1250	2000	4400	7600	10900
6-pass Sta Wgn	450	1250	2100	4200	7200	10500
Chrysler 300, 8-cyl., 124" wb						
4-dr Hdtp	450	1250	2150	4300	7400	10700
2-dr Hdtp	600	1650	2850	5700	9900	14200
2-dr 5-pass Conv	800	2350	3950	7900	13700	19700
New Yorker, 8-cyl., 124" wb						
4-dr 6-win Twn Sdn	450	1250	2050	4100	7100	10300
4-dr Hdtp	450	1250	2100	4200	7200	10500
2-dr Hdtp	500	1300	2250	4500	7700	11000

1967

	6	5	4	3	2	1
Newport, 8-cyl., 124" wb (Sta wgn 122" wb)						
4-dr Sdn	400	1100	1800	3500	6100	8900
4-dr Hdtp	450	1250	2050	4100	7100	10300
2-dr Hdtp	500	1300	2250	4500	7700	11000
2-dr 6-pass Conv	650	1700	3000	5900	10200	14700
6-pass T&C Sta Wgn	450	1250	2050	4100	7100	10300
9-pass T&C Sta Wgn	450	1250	2150	4300	7400	10700
Newport Custom, 8-cyl., 124" wb						
4-dr Sdn	400	1100	1800	3500	6100	8900
4-dr Hdtp	450	1250	2100	4200	7200	10500
2-dr Hdtp	500	1300	2250	4500	7700	11000
300, 8-cyl., 124" wb						
2-dr Hdtp	550	1450	2450	4900	8500	12000
4-dr Hdtp	450	1250	2150	4300	7400	10700
2-dr 6-pass Conv	800	2350	3950	7900	13700	19700
New Yorker, 8-cyl., 124" wb						
4-dr Sdn	400	1150	1850	3700	6400	9300
2-dr Hdtp	500	1350	2350	4700	8100	11500
4-dr Hdtp	450	1250	2150	4300	7400	10700

1968

	6	5	4	3	2	1
Newport, 8-cyl., 124" wb (Sta wgn 122" wb)						
2-dr Hdtp	500	1350	2350	4700	8100	11500
4-dr Sdn	400	1200	1900	3800	6600	9600
4-dr Hdtp	450	1250	2050	4100	7100	10300
2-dr 6-pass Conv	650	1700	3000	5900	10200	14700
6-pass T&C Sta Wgn	400	1200	1950	3900	6800	9900
9-pass T&C Sta Wgn	450	1250	2050	4100	7100	10300
Newport Custom, 8-cyl., 124" wb						
4-dr Sdn	400	1200	1950	3900	6800	9900
4-dr Hdtp	450	1250	2150	4300	7400	10700
2-dr Hdtp	550	1450	2450	4900	8500	12000

Sport Grain applique add 10%

	6	5	4	3	2	1
300, 8-cyl., 124" wb						
2-dr Hdtp	550	1450	2450	4900	8500	12000

	6	5	4	3	2	1
4-dr Hdtp	450	1250	2150	4300	7400	10700
2-dr 6-pass Conv	800	2350	3950	7900	13700	19700
New Yorker, 8-cyl., 124" wb						
4-dr Sdn	400	1200	1950	3900	6800	9900
2-dr Hdtp	550	1450	2450	4900	8500	12000
4-dr Hdtp	500	1300	2250	4500	7700	11000

1969

	6	5	4	3	2	1
Newport, 8-cyl., 124" wb						
4-dr Sdn	300	650	1100	2200	3800	5400
4-dr Hdtp	300	650	1150	2300	3900	5700
2-dr Hdtp	350	900	1500	2900	5200	7400
2-dr Conv	550	1550	2650	5300	9100	13000
Newport Custom, 8-cyl., 124" wb						
4-dr Sdn	300	650	1150	2300	3900	5700
4-dr Hdtp	300	700	1200	2400	4100	5900
2-dr Hdtp	350	950	1550	3100	5500	7900
300, 8-cyl., 124" wb						
2-dr Hdtp	400	1100	1800	3500	6100	8900
4-dr Hdtp	350	950	1550	3100	5500	7900
2-dr Conv	750	2100	3550	7100	12300	17700
New Yorker, 8-cyl., 124" wb						
4-dr Sdn	300	800	1300	2600	4600	6600
4-dr Hdtp	300	800	1350	2700	4700	6900
2-dr Hdtp	400	1050	1700	3300	5800	8300
Town & Country, 8-cyl., 122" wb						
6-pass Sta Wgn	300	800	1300	2600	4600	6600
9-pass Sta Wgn	350	850	1400	2800	4900	7100

1970

	6	5	4	3	2	1
Newport, 8-cyl., 124" wb						
4-dr Sdn	300	650	1100	2200	3800	5400
4-dr Hdtp	300	650	1150	2300	3900	5700
2-dr Hdtp	350	900	1500	2900	5200	7400
2-dr Conv	550	1550	2600	5200	9000	12800
Newport Custom						
4-dr Sdn	300	650	1150	2300	3900	5700
4-dr Hdtp	300	800	1300	2600	4600	6600
2-dr Hdtp	300	800	1350	2700	4700	6900
300, 8-cyl., 124" wb						
4-dr Hdtp	400	1150	1850	3700	6400	9300
2-dr Hdtp	400	1200	1950	3900	6800	9900
2-dr Hdtp Hurst	750	2100	3550	7100	12300	17700
2-dr Conv	800	2350	3950	7900	13700	19700
New Yorker, 8-cyl., 124" wb						
4-dr Sdn	300	800	1300	2600	4600	6600
4-dr Hdtp	350	850	1400	2800	4900	7100
2-dr Hdtp	400	1050	1700	3300	5800	8300
Town & Country, 8-cyl., 122" wb						
4-dr 6-pass Sta Wgn	300	800	1350	2700	4700	6900
4-dr 9-pass Sta Wgn	300	750	1250	2500	4400	6200

1971

	6	5	4	3	2	1
Newport Royal, 8-cyl., 124" wb						
4-dr Sdn	300	650	1000	2000	3500	4900
4-dr Hdtp	300	650	1100	2100	3600	5100
2-dr Hdtp	300	700	1200	2400	4100	5900
Newport, 8-cyl., 124" wb						
4-dr Sdn	300	650	1100	2100	3600	5100

	6	5	4	3	2	1
4-dr Hdtp	300	650	1150	2300	3900	5700
2-dr Hdtp	350	850	1400	2800	4900	7100
Newport Custom, 8-cyl., 124" wb						
4-dr Sdn	300	650	1100	2200	3800	5400
4-dr Hdtp	300	700	1200	2400	4100	5900
2-dr Hdtp	350	900	1500	3000	5300	7600
300, 8-cyl., 124" wb						
4-dr Hdtp	300	800	1350	2700	4700	6900
2-dr Hdtp	400	1100	1800	3500	6100	8900
New Yorker, 8-cyl., 124" wb						
4-dr Sdn	300	650	1150	2300	3900	5700
4-dr Hdtp	300	800	1350	2700	4700	6900
2-dr Hdtp	400	1050	1700	3300	5800	8300
Town & Country, 8-cyl., 124" wb						
4-dr 6-pass Sta Wgn	300	650	1150	2300	3900	5700
4-dr 9-pass Sta Wgn	300	750	1250	2500	4400	6200
Imperial Le Baron , 8-cyl., 127" wb						
4-dr Hdtp	350	900	1500	2900	5200	7400
2-dr Hdtp	400	1100	1800	3500	6100	8900

1972

	6	5	4	3	2	1
Newport Royal, 8-cyl., 124" wb						
4-dr Sdn	300	650	1000	2000	3500	4900
4-dr Hdtp	300	650	1150	2300	3900	5700
2-dr Hdtp	300	800	1350	2700	4700	6900
Newport Custom, 8-cyl., 124" wb						
4-dr Sdn	300	650	1100	2100	3600	5100
4-dr Hdtp	300	750	1250	2500	4400	6200
2-dr Hdtp	350	900	1500	2900	5200	7400
New Yorker, 8-cyl., 124" wb						
4-dr Sdn	300	700	1200	2400	4100	5900
4-dr Hdtp	350	850	1400	2800	4900	7100
2-dr Hdtp	400	1050	1700	3300	5800	8300
New Yorker Brougham, 8-cyl., 124" wb						
4-dr Sdn	300	750	1250	2500	4400	6200
4-dr Hdtp	350	900	1500	2900	5200	7400
2-dr Hdtp	400	1100	1800	3500	6100	8900
Town & Country, 8-cyl., 124" wb						
4-dr 6-pass Sta Wgn	300	650	1100	2200	3800	5400
4-dr 9-pass Sta Wgn	300	700	1200	2400	4100	5900
Imperial Le Baron, 8-cyl., 127" wb						
4-dr Hdtp	350	900	1500	2900	5200	7400
2-dr Hdtp	400	1050	1700	3300	5800	8300

1973

	6	5	4	3	2	1
Newport, 8-cyl., 124" wb						
4-dr Sdn	300	600	800	1800	3100	4400
4-dr Hdtp	300	600	950	1900	3200	4600
2-dr Hdtp	300	700	1200	2400	4100	5900
Newport Custom, 8-cyl., 124" wb						
4-dr	300	600	950	1900	3200	4600
4-dr Hdtp	300	650	1000	2000	3500	4900
2-dr Hdtp	300	750	1250	2500	4400	6200
New Yorker, 8-cyl., 124" wb						
4-dr Sdn	300	700	1200	2400	4100	5900
4-dr Hdtp	350	850	1400	2800	4900	7100
New Yorker Brougham, 8-cyl., 124" wb						
4-dr	300	600	950	1900	3200	4600
4-dr Hdtp	300	650	1000	2000	3500	4900
2-dr Hdtp	300	800	1300	2600	4600	6600

	6	5	4	3	2	1
Town & Country, 8-cyl., 122" wb						
4-dr 6-pass Sta Wgn	300	600	800	1800	3100	4400
4-dr 9-pass Sta Wgn	300	650	1000	2000	3500	4900
Imperial LeBaron, 8-cyl., 124" wb						
2-dr Hdtp	350	950	1550	3100	5500	7900
4-dr Hdtp	300	800	1350	2700	3700	6900

1974

	6	5	4	3	2	1
Newport, 8-cyl., 124" wb						
4-dr	300	600	850	1700	2900	4100
4-dr Hdtp	300	600	800	1800	3100	4400
2-dr Hdtp	300	650	1150	2300	3900	5700
Newport Custom, 8-cyl., 124" wb						
4-dr	300	600	800	1800	3100	4400
4-dr Hdtp	300	600	950	1900	3200	4600
2-dr Hdtp	300	700	1200	2400	4100	5900
New Yorker , 8-cyl., 124" wb						
4-dr	300	600	900	1800	3100	4400
4-dr Hdtp	300	650	1100	2100	3600	5100
New Yorker Brougham, 8-cyl., 124" wb						
4-dr	300	600	950	1900	3200	4600
4-dr Hdtp	300	650	1000	2000	3500	4900
2-dr Hdtp	300	750	1250	2500	4400	6200
Town & Country, 8-cyl., 124" wb						
6-pass 2-seat Sta Wgn	300	600	900	1800	3100	4400
9-pass 3-seat Sta Wgn	300	650	1000	2000	3500	4900
Imperial LeBaron, 8-cyl.,124"wb						
4-dr Hdtp	300	750	1250	2500	4400	6200
2-dr Hdtp	350	900	1500	2900	5200	7400

1975

	6	5	4	3	2	1
Cordoba, 8-cyl., 115" wb						
2-dr Hdtp	300	600	950	1900	3200	4600
Newport, 8-cyl., 124" wb						
4-dr Sdn	300	550	800	1600	2800	3900
4-dr Hdtp	300	600	850	1700	2900	4100
2-dr Hdtp	300	650	1000	2000	3500	4900
Newport Custom, 8-cyl., 124" wb						
4-dr Sdn	300	600	850	1700	2900	4100
4-dr Hdtp	300	600	900	1800	3100	4400
2-dr Hdtp	300	650	1100	2100	3600	5100
New Yorker Brougham, 8-cyl., 124" wb						
4-dr	300	600	950	1900	3200	4600
4-dr Hdtp	300	650	1000	2000	3500	4900
2-dr Hdtp	300	700	1200	2400	4100	5900
Town & Country, 8-cyl., 124" wb						
6-pass 2-seat Sta Wgn	300	600	850	1700	2900	4100
9-pass 3-seat Sta Wgn	300	600	950	1900	3200	4600
Imperial LeBaron, 8-cyl., 124" wb						
2-dr Hdtp	300	800	1350	2700	4700	6900
4-dr Hdtp	300	650	1150	2300	3900	5700

1976

	6	5	4	3	2	1
Cordoba, 8-cyl., 115" wb						
2-dr Hdtp	300	600	950	1900	3200	4600
Newport, 8-cyl.						
4-dr Sdn	250	500	750	1500	2600	3600
4-dr Hdtp	300	550	800	1600	2800	3900
2-dr Hdtp	300	600	950	1900	3200	4600

	6	5	4	3	2	1
Newport Custom, 8-cyl., 124" wb						
4-dr Sdn	300	550	800	1600	2800	3900
4-dr Hdtp	300	600	850	1700	2900	4100
2-dr Hdtp	300	650	1100	2100	3600	5100
New Yorker Brougham, 8-cyl., 124" wb						
4-dr Hdtp	300	600	900	1800	3100	4400
2-dr Hdtp	300	650	1100	2200	3800	5400
Town & Country, 8-cyl., 124" wb						
6-pass 2-seat Sta Wgn	300	550	800	1600	2800	3900
9-pass 3-seat Sta Wgn	300	600	900	1800	3100	4400

1977

	6	5	4	3	2	1
LeBaron, 8-cyl., 112.7" wb						
2-dr Cpe	300	550	800	1600	2800	3900
2-dr Medallion Cpe	300	600	850	1700	2900	4100
4-dr Sdn	250	500	750	1400	2400	3400
4-dr Medallion Sdn	250	500	750	1500	2600	3600
Cordoba, 8-cyl., 115" wb						
2-dr Hdtp	300	600	950	1900	3200	4600
Newport, 8-cyl., 124" wb						
4-dr Sdn	250	500	750	1500	2600	3600
4-dr Hdtp	300	550	800	1600	2800	3900
2-dr Hdtp	300	600	950	1900	3200	4600
New Yorker Brougham, 8-cyl., 124" wb						
4-dr Hdtp	300	600	900	1800	3100	4400
2-dr Hdtp	300	650	1100	2200	3800	5400
Town & Country, 8-cyl., 124" wb						
6-pass 2-seat Sta Wgn	300	550	800	1600	2800	3900
9-pass 3-seat Sta Wgn	300	600	900	1800	3100	4400

1978

	6	5	4	3	2	1
LeBaron, 6-cyl./8-cyl., 112.7" wb						
2-dr Cpe	300	550	800	1600	2800	3900
2-dr "S" Cpe	300	550	800	1600	2800	3900
2-dr Medallion Cpe	300	600	850	1700	2900	4100
4-dr Sdn	250	500	750	1400	2400	3400
4-dr "S" Sdn	250	500	750	1400	2400	3400
4-dr Medallion Sdn	250	500	750	1500	2600	3600
Town & Country, 6-cyl./8-cyl.						
Sta Wgn	300	550	800	1600	2800	3900
Cordoba, 8-cyl., 114.9" wb						
2-dr Hdtp Cpe	300	600	900	1800	3100	4400
2-dr Hdtp Cpe "S"	300	600	950	1900	3200	4600
Newport, 8-cyl., 123.9" wb						
4-dr	250	500	750	1500	2600	3600
2-dr	300	600	850	1700	2900	4100
New Yorker Brougham, 8-cyl., 123.9" wb						
4-dr	300	600	900	1800	3100	4400
2-dr	300	650	1100	2200	3800	5400

Fifth Ave. pkg add 10%
6-cyl deduct 10%

1979

	6	5	4	3	2	1
LeBaron, 6-cyl./8-cyl., 112.7" wb						
2-dr Cpe	300	550	800	1600	2800	3900
2-dr Salon Cpe	300	550	800	1600	2800	3900
2-dr Medallion Cpe	300	600	850	1700	2900	4100
4-dr Sdn	250	500	750	1400	2400	3400
4-dr Salon Sdn	250	500	750	1400	2400	3400
4-dr Medallion Sdn	250	500	750	1500	2600	3600

	6	5	4	3	2	1
Town & Country, 6-cyl./8-cyl., 112.7" wb						
Sta Wgn	300	600	850	1700	2900	4100
Cordoba, 8-cyl., 114.9" wb						
Cpe	300	600	900	1800	3100	4400
Newport, 6-cyl./8-cyl., 118.5" wb						
4-dr Sdn	250	500	750	1500	2600	3600
New Yorker, 8-cyl., 118.5" wb						
4-dr Sdn	300	600	850	1700	2900	4100

Fifth Ave pkg add 10%
6-cyl deduct 10%

1980

	6	5	4	3	2	1
LeBaron, 6-cyl./8-cyl., 112.7" wb						
2-dr Cpe	250	500	750	1500	2600	3600
2-dr Cpe Salon	300	550	800	1600	2800	3900
2-dr Cpe Medallion	300	550	800	1600	2800	3900
4-dr Sdn	250	500	750	1400	2400	3400
4-dr Sdn Salon	250	500	750	1400	2400	3400
4-dr Sdn Medallion	250	500	750	1500	2600	3600
4-dr Spl V6 Sdn	200	450	650	1300	2200	3200
4-dr Sta Wgn	250	500	750	1400	2400	3400
4-dr Sta Wgn T&C	300	600	850	1700	2900	4100
Cordoba, 6-cyl./8-cyl., 112.7" wb						
2-dr Cpe Specialty	250	500	750	1500	2600	3600
2-dr Cpe Spl Crown	300	550	800	1600	2800	3900
2-dr Cpe Spl LS	300	550	800	1600	2800	3900
Newport, 8-cyl., 118.5" wb						
4-dr Sdn	250	500	750	1500	2600	3600
New Yorker, 8-cyl., 118.5" wb						
4-dr Sdn	300	600	850	1700	2900	4100

Fifth Ave pkg add 10%
6-cyl deduct 10%

1981

	6	5	4	3	2	1
LeBaron, 6-cyl./8-cyl., 112.7" wb						
2-dr Spl Cpe	250	500	750	1500	2600	3600
2-dr Cpe Medallion	300	550	800	1600	2800	3900
2-dr Cpe Salon	300	550	800	1600	2800	3900
4-dr Spl Sdn	250	500	750	1400	2400	3400
4-dr Sdn Salon	250	500	750	1500	2600	3600
4-dr Sdn Medallion	300	550	800	1600	2800	3900
4-dr Sta Wgn	250	500	750	1500	2600	3600
4-dr Sta Wgn T&C	300	600	900	1800	3100	4400
Cordoba, 6-cyl./8-cyl., 112.7" wb						
2-dr Cpe Specialty	300	550	800	1600	2800	3900
2-dr Cpe Specialty LS	300	550	800	1600	2800	3900
Newport, 8-cyl., 118.5" wb						
4-dr Sdn	250	500	750	1500	2600	3600
Imperial, 8-cyl., 112.7" wb						
2-dr Cpe	300	600	850	1700	2900	4100

Sinatra pkg (complete) add 30%

	6	5	4	3	2	1
New Yorker, 8-cyl., 118.5" wb						
4-dr Sdn	300	600	850	1700	2900	4100

Fifth Ave pkg add 10%
6-cyl deduct 10%

1982

	6	5	4	3	2	1
LeBaron, 4-cyl., 99.9" wb						
2-dr Cpe Specialty	200	450	650	1300	2200	3200
2-dr Cpe Spl Medallion	200	450	650	1300	2200	3200

	6	5	4	3	2	1
4-dr Sdn	200	450	650	1300	2200	3200
4-dr Sdn Medallion	200	450	650	1300	2200	3200
2-dr Conv	250	500	750	1400	2400	3400
2-dr Conv Medallion	250	500	750	1400	2400	3400
4-dr Sta Wgn T&C	250	500	750	1500	2600	3600

Conv w/Mark Cross pkg add 10%

Cordoba, 6-cyl./8-cyl., 112.7" wb

	6	5	4	3	2	1
2-dr Cpe Specialty LS	300	550	800	1600	2800	3900
2-dr Cpe Specialty	300	550	800	1600	2800	3900

New Yorker, 6-cyl./8-cyl., 112.7" wb

	6	5	4	3	2	1
4-dr Sdn	200	450	650	1300	2200	3200

Fifth Avenue pkg add 10%

Imperial, 8-cyl.

	6	5	4	3	2	1
2-dr Cpe Luxury	300	600	850	1700	2900	4100

Sintara pkg (complete) add 30%
6-cyl deduct 10%

1983

LeBaron, 4-cyl., 100.3" wb

	6	5	4	3	2	1
2-dr Cpe	200	450	650	1300	2200	3200
4-dr Sdn	200	450	650	1300	2200	3200
2-dr Conv	250	500	750	1400	2400	3400
2-dr T&C Conv	300	600	850	1700	2900	4100
4-dr T&C Sta Wgn	250	500	750	1500	2600	3600

Conv w/Mark Cross pkg add 10%

Executive, 4-cyl, 124" wb (Limo 131" wb)

	6	5	4	3	2	1
4-dr 5-pass Sdn	350	550	800	1600	2800	3900
4-dr 7-pass Limo	400	600	900	1800	3300	4700

Cordoba, 6-cyl./8-cyl., 112.7" wb

	6	5	4	3	2	1
2-dr Cpe	300	550	800	1600	2800	3900

E Class, 4-cyl., 103.3" wb

	6	5	4	3	2	1
4-dr Sdn	300	550	800	1600	2800	3900
4-dr New Yorker Sdn	300	600	850	1700	2900	4100

New Yorker Fifth Avenue, 6-cyl./8-cyl., 112.7" wb

	6	5	4	3	2	1
4-dr Sdn	200	450	650	1300	2200	3200
4-dr Sdn Luxury	250	500	750	1400	2400	3400

Imperial, 8-cyl.

	6	5	4	3	2	1
2-dr Cpe	300	600	900	1800	3100	4400

1984

LeBaron, 4-cyl., 100.3" wb

	6	5	4	3	2	1
4-dr Sdn	250	500	750	1400	2400	3400
2-dr Cpe	250	500	750	1400	2400	3400
2-dr Conv	250	500	750	1500	2600	3600
4-dr T&C Sta Wgn	300	550	800	1600	2800	3900
2-dr T&C Conv	300	600	900	1800	3100	4400

Conv w. Mark Cross pkg add 10%

Executive, 4-cyl, 124" wb (Limo 131" wb)

	6	5	4	3	2	1
4-dr 5-pass Sdn	350	550	800	1600	2800	3900
4-dr 7-pass Limo	400	600	900	1800	3300	4700

Laser, 4-cyl., 97" wb

	6	5	4	3	2	1
2-dr Htchbk	200	450	650	1300	2200	3200
2-dr Htchbk XE	250	500	750	1400	2400	3400

E Class, 4-cyl., 103.3" wb

	6	5	4	3	2	1
4-dr Sdn	300	550	800	1600	2800	3900
4-dr New Yorker Sdn	300	600	900	1800	3100	4400

New Yorker Fifth Avenue, 8-cyl., 112.7" wb

	6	5	4	3	2	1
4-dr Sdn	250	500	750	1400	2400	3400

	6	5	4	3	2	1

1985

LeBaron, 4-cyl., 100.3" wb

	6	5	4	3	2	1
2-dr Cpe	250	500	750	1400	2400	3400
4-dr Sdn	250	500	750	1400	2400	3400
2-dr Conv	250	500	750	1500	2600	3600
2-dr T&C Conv	300	600	900	1800	3100	4400
4-dr T&C Sta Wgn	300	550	800	1600	2800	3900

Conv w/Mark Cross pkg add 10%

LeBaron GTS, 4-cyl., 103.1" wb

	6	5	4	3	2	1
4-dr Spt Sdn	250	500	750	1500	2600	3600
4-dr Spt LS Sdn	300	550	800	1600	2800	3900

Executive, 4-cyl., 131" wb

	6	5	4	3	2	1
4-dr Limo	300	650	1100	2200	3800	5400

Laser, 4-cyl., 97" wb

	6	5	4	3	2	1
2-dr Htchbk	200	450	650	1300	2200	3200
2-dr Htchbk XE	250	500	750	1400	2400	3400

New Yorker, 4-cyl., 103.3" wb

	6	5	4	3	2	1
4-dr Sdn	300	600	950	1900	3200	4600

Fifth Avenue, 8-cyl., 112.7" wb

	6	5	4	3	2	1
4-dr Sdn	250	500	750	1400	2400	3400

1986

LeBaron, 4-cyl., 100.3" wb

	6	5	4	3	2	1
2-dr Cpe	250	500	750	1500	2600	3600
4-dr Sdn	250	500	750	1500	2600	3600
2-dr Conv	300	550	800	1600	2800	3900
2-dr T&C Conv	300	650	1000	2000	3500	4900
4-dr T&C Sta Wgn	300	600	900	1800	3100	4400

Conv w/Mark Cross pkg add 10%

LeBaron GTS, 4-cyl., 103.1" wb

	6	5	4	3	2	1
4-dr Spt Sdn	300	550	800	1600	2800	3900
4-dr Premium Spt Sdn	300	600	850	1700	2900	4100

New Yorker, 4-cyl., 103.3" wb

	6	5	4	3	2	1
4-dr Sdn	300	650	1100	2100	3600	5100

Fifth Avenue, 8-cyl., 112.7" wb

	6	5	4	3	2	1
4-dr Sdn	250	500	750	1500	2600	3600

Executive, 4-cyl., 131.3" wb

	6	5	4	3	2	1
4-dr Limo	300	700	1200	2400	4100	5900

Laser, 4-cyl., 97" wb

	6	5	4	3	2	1
2-dr Htchbk	250	500	750	1500	2600	3600
Htchbk XE	250	500	750	1500	2600	3600

1987

LeBaron, 4-cyl., 100.3" wb

	6	5	4	3	2	1
4-dr Sdn	300	600	850	1700	2900	4100
4-dr T&C Sta Wgn	300	650	1000	2000	3500	4900
2-dr Cpe	300	650	1000	2000	3500	4900
2-dr Conv	300	700	1200	2400	4100	5900
4-dr Htchbk Spt GTS	300	600	900	1800	3100	4400

Premium pkg add 10%

Conquest, 4-cyl. Turbo

	6	5	4	3	2	1
2-dr Htchbk	300	650	1150	2300	3900	5700

New Yorker, 4-cyl., 103.3" wb

	6	5	4	3	2	1
4-dr Sdn	300	650	1100	2200	3800	5400

Fifth Avenue, 8-cyl., 112.7" wb

	6	5	4	3	2	1
4-dr Sdn	300	600	900	1800	3100	4400

1988

LeBaron, 4-cyl., 100.3" wb

	6	5	4	3	2	1
4-dr Sdn	300	600	950	1900	3200	4600

	6	5	4	3	2	1
4-dr T&C Sta Wgn	300	650	1100	2200	3800	5400
2-dr Cpe	300	650	1100	2200	3800	5400
2-dr Conv	300	800	1300	2600	4600	6600
4-dr Htchbk Spt GTS	300	650	1100	2100	3600	5100
			Premium pkg add 10%			
Conquest, 4-cyl., Turbo						
2-dr Htchbk	300	800	1350	2700	4700	6900
New Yorker, 6-cyl.						
4-dr Sdn Turbo (4-cyl.)	400	1050	1700	3300	5800	8300
4-dr Sdn	350	900	1500	3000	5300	7600
4-dr Landau Sdn	400	1150	1850	3700	6400	9300
Fifth Avenue, 8-cyl.						
4-dr Sdn	300	650	1000	2000	3500	4900

1989

	6	5	4	3	2	1
LeBaron, 4-cyl., 100.3" wb						
2-dr Cpe	300	650	1150	2300	3900	5700
2-dr Premium Cpe	300	800	1300	2600	4600	6600
2-dr GTC Cpe.	350	900	1500	2800	4800	7000
2-dr Conv	350	900	1500	2900	5200	7400
2-dr Premium Conv.	400	1100	1800	3500	6100	8900
2-dr GTC Conv.	450	1150	1900	3700	6450	9200
2-dr GT Conv	450	1200	2000	3900	6800	9500
4-dr Sdn Spt Highline	300	650	1150	2300	3900	5700
4-dr Sdn Spt Premium	300	650	1150	2300	3900	5700
Conquest TSI, 4-cyl, Turbo						
2-dr Htchbk	350	950	1550	3100	5500	7900
New Yorker, 6-cyl., 104.3" wb						
4-dr Sdn	400	1050	1700	3400	5900	8500
4-dr Lan Sdn	450	1250	2100	4200	7200	10500
Fifth Avenue, 8-cyl., 112.7" wb						
4-dr Sdn	300	750	1250	2500	4400	6200
T&C, 4-cyl., Turbo, 99.3" wb						
2-dr Conv	650	1750	3150	6300	10900	15700

1990

	6	5	4	3	2	1
LeBaron, 4-cyl./6-cyl						
2-dr Cpe	300	650	1150	2300	3900	5700
2-dr Premium Cpe	300	800	1300	2600	4600	6600
2-dr GTC Cpe.	350	900	1500	2800	4800	7000
2-dr GT Cpe.	350	900	1550	2900	5000	7500
2-dr Conv	350	900	1500	2900	5200	7400
2-dr Premium Conv.	400	1100	1800	3500	6100	8900
2-dr GTC Conv.	450	1150	1900	3700	6450	9200
2-dr GT Conv	450	1200	2000	3900	6800	9500
4-dr Sdn	300	650	1150	2300	3900	5700
New Yorker, 6-cyl., 104.3" wb						
4-dr Salon Sdn	450	1250	2200	4400	7600	10900
4-dr Lan Sdn	550	1500	2500	5100	8800	12500
Fifth Avenue, 6-cyl., 109.3" wb						
4-dr Sdn	600	1600	2700	5400	9300	13500
Imperial, 6-cyl., 109.3" wb						
4-dr Sdn	650	1700	3000	6100	10600	15200
T&C, 4-cyl., Turbo, 93.3" wb						
2-dr Conv	750	2200	3650	7300	12600	18200

1991

	6	5	4	3	2	1
LeBaron, 4-cyl., 100.3" wb						
2-dr Cpe	400	1150	1850	3700	6400	9300
2-dr LX Cpe (6-cyl.)	400	1200	1950	3900	6800	9900

	6	5	4	3	2	1
2-dr Cpe GTC (6-cyl.)	450	1250	2100	4200	7200	10500
2-dr Conv	450	1250	2150	4300	7400	10700
2-dr LX Conv (6-cyl.)	550	1500	2500	5100	8800	12500
2-dr Conv GTC (6-cyl.)	500	1350	2350	4700	8100	11500
4-dr Sdn (6-cyl.)	500	1350	2300	4600	8000	11300
New Yorker, 6-cyl., 104.3" wb						
4-dr Salon Sdn	500	1350	2350	4700	8100	11500
Fifth Avenue, 6-cyl., 109.3" wb						
4-dr Sdn	650	1700	3000	6100	10600	15200
T&C, 6-cyl., 93.0" wb						
2-dr Conv	900	2900	4850	9700	17100	24200
Imperial, 6-cyl., 109.3" wb						
4-dr Sdn	700	2000	3450	6900	11900	17200

IMPERIAL 1955-1970

1955

	6	5	4	3	2	1
Imperial, 8-cyl., 130" wb						
4-dr Sdn	650	1700	3000	5900	10200	14700
2-dr Hdtp Newport	900	2850	4750	9500	16700	23700
Crown Imperial, 8-cyl., 149.5" wb700						
4-dr 8-pass Sdn	750	2250	3750	7500	13000	18700
8-pass Limo	850	2700	4550	9100	16000	22700

1956

	6	5	4	3	2	1
Imperial, 8-cyl., 133" wb						
4-dr Sdn	650	1700	3000	5900	10200	14700
4-dr Hdtp Southampton	700	2000	3450	6900	11900	17200
2-dr Hdtp Southampton	900	2850	4750	9500	16700	23700
Crown Imperial, 8-cyl., 149.5" wb						
4-dr 8-pass Sdn	750	2300	3850	7700	13300	19200
8-pass Limo	850	2650	4450	8900	15700	22300

1957

	6	5	4	3	2	1
Imperial, 8-cyl., 129" wb						
4-dr Sdn	600	1600	2750	5500	9500	13800
4-dr Hdtp Southampton	750	2150	3600	7200	12400	18000
2-dr Hdtp Southampton	850	2700	4550	9100	16000	22700
Crown Imperial, 8-cyl., 149.5" wb						
4-dr Sdn	650	1700	3000	5900	10200	14700
4-dr Hdtp Southampton	750	2300	3850	7700	13300	19200
2-dr Hdtp Southampton	1050	3300	5500	11100	19500	27700
6-pass Conv	1300	4050	6750	13500	23800	33700
Imperial LeBaron, 8-cyl., 129" wb						
4-dr Sdn	650	1800	3250	6500	11200	16100
4-dr Hdtp Southampton	800	2350	3950	7900	13700	19700
Crown Imperial Ghia, 8-cyl., 149.5" wb						
8-pass Limo	1000	3250	5450	10900	19100	27200

1958

	6	5	4	3	2	1
Imperial, 8-cyl., 129" wb						
4-dr Sdn	600	1600	2750	5500	9500	13800
4-dr Hdtp Southampton	650	1800	3250	6500	11200	16100
2-dr Hdtp Southampton	850	2550	4350	8700	15300	21700
Crown Imperial, 8-cyl., 149.5" wb						
4-dr Sdn	650	1700	3000	5900	10200	14700
4-dr Hdtp Southampton	700	2000	3450	6900	11900	17200

	6	5	4	3	2	1
2-dr Hdtp Southampton	900	2900	4850	9700	17100	24200
6-pass Conv	1350	4150	6950	13900	24500	34700
Imperial LeBaron, 8-cyl., 129" wb						
4-dr Sdn	650	1750	3150	6300	10900	15700
4-dr Hdtp Southampton	750	2200	3650	7300	12600	18200
Crown Imperial Ghia, 8-cyl., 129" wb						
8-pass Limo	1150	3600	5950	11900	21000	29700

1959

	6	5	4	3	2	1
Imperial Custom, 8-cyl., 129" wb						
4-dr Sdn	550	1500	2500	5100	8800	12500
4-dr Hdtp Southampton	650	1750	3150	6300	10900	15700
2-dr Hdtp Southampton	800	2400	4050	8100	14200	20200
Crown Imperial, 8-cyl., 149.5" wb						
4-dr Sdn	600	1600	2750	5500	9500	13800
4-dr Hdtp Southampton	700	1900	3350	6700	11500	16500
2-dr Hdtp Southampton	800	2500	4250	8500	15000	21200
6-pass Conv	1400	4250	7100	14200	25000	35400
Imperial LeBaron, 8-cyl., 129" wb						
4-dr Sdn	650	1700	3000	5900	10200	14700
4-dr Hdtp Southampton	700	2000	3450	6900	11900	17200
Crown Imperial Ghia, 8-cyl., 149.5" wb						
8-pass Limo	1150	3600	5950	11900	21000	29700

1960

	6	5	4	3	2	1
Custom Imperial, 8-cyl., 129" wb						
4-dr Sdn	450	1250	2150	4300	7400	10700
4-dr Hdtp Southampton	500	1350	2350	4700	8100	11500
2-dr Hdtp Southampton	600	1650	2850	5700	9900	14200
Crown Imperial, 8-cyl., 149.5" wb						
4-dr Sdn	500	1350	2350	4700	8100	11500
4-dr Hdtp Southampton	550	1450	2450	4900	8500	12000
2-dr Hdtp Southampton	550	1500	2500	5100	8800	12500
6-pass Conv	1400	4250	7100	14200	25000	35400
Imperial LeBaron, 8-cyl., 129" wb						
4-dr Sdn	550	1450	2450	4900	8500	12000
4-dr Hdtp Southampton	550	1550	2650	5300	9100	13000
Crown Imperial Ghia, 8-cyl., 149.5" wb						
8-pass Limo	1150	3650	6100	12200	21500	30500

1961

	6	5	4	3	2	1
Custom Imperial, 8-cyl., 129" wb						
4-dr Hdtp Southampton	500	1300	2250	4500	7700	11000
2-dr Hdtp Southampton	550	1500	2500	5100	8800	12500
Crown Imperial, 8-cyl., 149.5" wb						
4-dr Hdtp Southampton	500	1350	2300	4600	8000	101300
2-dr Hdtp Southampton	550	1550	2650	5300	9100	13000
6-pass Conv	1350	4150	6950	13900	24500	34700
Imperial LeBaron, 8-cyl., 129" wb						
4-dr Hdtp Southampton	500	1350	2350	4700	8100	11500
Crown Imperial Ghia, 8-cyl., 149.5" wb						
8-pass Limo	1000	3250	5450	10900	19100	27200

1962

	6	5	4	3	2	1
Custom Imperial, 8-cyl., 129" wb						
4-dr Hdtp Southampton	500	1300	2250	4500	7700	11000
2-dr Hdtp Southampton	550	1500	2500	5100	8800	12500
Crown Imperial, 8-cyl., 149.5" wb						
4-dr Hdtp Southampton	500	1350	2350	4700	8100	11500

	6	5	4	3	2	1
2-dr Hdtp Southampton	550	1550	2650	5300	9100	13000
6-pass Conv	1150	3600	5950	11900	21000	29700
Imperial LeBaron, 8-cyl., 129" wb						
4-dr Hdtp Southampton	550	1450	2450	4900	8500	12000
Crown Imperial Ghia, 8-cyl., 149.5" wb						
4-dr 8-pass Sdn	650	1700	3000	5900	10200	14700
8-pass Limo	850	2650	4450	8900	15700	22300

1963

	6	5	4	3	2	1
Custom Imperial, 8-cyl., 129" wb						
4-dr Hdtp Southampton	500	1300	2250	4500	7700	11000
2-dr Hdtp Southampton	550	1500	2500	5100	8800	12500
Crown Imperial, 8-cyl., 129" wb						
4-dr Hdtp Southampton	500	1350	2350	4700	8100	11500
2-dr Hdtp Southampton	600	1600	2750	5500	9500	13800
2-dr 6-pass Conv	1200	3850	6450	12900	22700	32200
Imperial LeBaron, 8-cyl., 129" wb						
4-dr Hdtp Southampton	550	1450	2450	4900	8500	12000

1964

	6	5	4	3	2	1
Imperial Crown, 8-cyl., 129" wb						
4-dr Hdtp	500	1350	2350	4700	8100	11500
2-dr Hdtp	550	1500	2500	5100	8800	12500
6-pass Conv	950	2950	4950	9900	17500	24700
Imperial LeBaron, 8-cyl., 129" wb						
4-dr Hdtp	550	1550	2650	5300	9100	13000
Crown Imperial Ghia, 8-cyl., 149.5" wb						
Limo	900	2750	4650	9300	16400	23100

1965

	6	5	4	3	2	1
Crown Imperial, 8-cyl., 129" wb						
4-dr Hdtp	500	1350	2350	4700	8100	11500
2-dr Hdtp	550	1500	2500	5100	8800	12500
2-dr 6-pass Conv	900	2900	4850	9700	17100	24200
Imperial LeBaron, 8-cyl., 129" wb						
4-dr Hdtp	550	1550	2650	5300	9100	13000

1966

	6	5	4	3	2	1
Crown Imperial, 8-cyl., 129" wb						
4-dr Hdtp	550	1450	2450	4900	8500	12000
2-dr Hdtp	550	1550	2650	5300	9100	13000
2-dr 6-pass Conv	950	2950	4950	9900	17500	24700
Imperial LeBaron, 8-cyl., 129" wb						
4-dr Hdtp	600	1650	2850	5700	9900	14200

1967

	6	5	4	3	2	1
Imperial, 8-cyl., 127" wb						
4-dr Sdn	550	1450	2450	4900	8500	12000
2-dr 6-pass Conv	950	2950	4950	9900	17500	24700
Imperial Crown, 8-cyl., 127" wb						
4-dr Hdtp	550	1500	2500	5100	8800	12500
2-dr Hdtp	650	1700	3000	6100	10600	15200
			Crown Coupe w/Mobile Director add 20%			
Imperial LeBaron, 8-cyl., 127" wb						
4-dr Hdtp	550	1550	2650	5300	9100	13000

1968

	6	5	4	3	2	1
Imperial Crown, 8-cyl., 127" wb						
4-dr Sdn	500	1300	2250	4500	7700	11000

	6	5	4	3	2	1
2-dr 6-pass Conv	950	2950	4950	9900	17500	24700
4-dr Hdtp	550	1450	2450	4900	8500	12000
2-dr Hdtp	650	1700	3000	6100	10600	15200
Crown Coupe w/Mobile Director add 20%						
Imperial LeBaron, 8-cyl., 127" wb						
4-dr Hdtp	600	1650	2850	5700	9900	14200

1969

	6	5	4	3	2	1
Imperial Crown, 8-cyl., 127" wb						
4-dr Sdn	350	900	1500	2900	5200	7400
4-dr Hdtp	350	950	1550	3100	5500	7900
2-dr Hdtp	400	1100	1800	3500	6100	8900
Crown Coupe w/Mobile Director add 20%						
Imperial LeBaron, 8-cyl., 127" wb						
4-dr Hdtp	350	950	1550	3100	5500	7900
2-dr Hdtp	400	1150	1850	3700	6400	9300

1970

	6	5	4	3	2	1
Imperial Crown, 8-cyl., 127" wb						
4-dr Hdtp	350	900	1550	3100	5500	7900
2-dr Hdtp	400	1150	1850	3700	6400	9300
Imperial LeBaron, 8-cyl., 127" wb						
4-dr Hdtp	400	1050	1700	3300	5800	8300
2-dr Hdtp	400	1200	1950	3900	6800	9900

1950 Chrysler Town & Country

1956 Chrysler New Yorker

1959 Chrysler Imperial

CORD
1929 – 1937

1930 Cord

1937 Cord 812

	6	5	4	3	2	1
1929-1932						
Front-Drive, Series L-29, 8-cyl., 125 hp, 137.5" wb						
5-pass Sedan	3250	9650	16250	32500	57100	81100
5-pass Brghm	3400	10100	17000	34000	59700	84900
4-pass Cabrlt	6900	20450	34450	68900	121000	172000
5-pass Phtn Sdn	7200	21400	36000	72000	126400	179700
1933-34-35						
(Not Manufactured)						
1936						
Model 810, 8-cyl., 125 hp, 125" wb						
5-pass Conv Phtn Sdn	5700	16950	28500	57000	100100	142300
Sportsman Conv	5800	17250	29000	58000	101800	144800
5-pass Westchester Sdn	2500	7450	12600	25200	44250	63000
4-pass Beverly Sdn	2600	7750	13100	26200	46000	65500
1937						
Model 812, 8-cyl., 125 hp, 125" wb						
5-pass Conv Sdn	5700	16950	28500	57000	100100	142300
2-pass Conv Cpe	5800	17250	29000	58000	101800	144800
5-pass Westchester Sdn	2500	7450	12600	25200	44250	63000
5-pass Beverly Sdn	2600	7750	13100	26200	46000	65500
Model 812, 8-cyl., 125 hp, 132" wb						
5-pass Custom Beverly	2600	7650	12950	25900	45500	64700
5-pass Custom Berline	2700	8000	13450	26900	47200	67100

Supercharged models add 35%

CROSLEY
1939 – 1952

1940 Crosley

1946 Crosley

	6	5	4	3	2	1
1939						
2-cyl., 15 hp, 80" wb						
2-dr Conv Cpe	350	850	1400	2800	4900	7100
2-dr Conv Sdn	300	800	1350	2700	4700	6900
1940						
2-cyl., 15 hp, 80" wb						
2-dr Conv Cpe	350	900	1500	2900	5200	7400
2-dr Dlx Conv Sdn	300	800	1350	2700	4700	6900
2-dr Sta Wgn	300	650	1150	2300	3900	5700
4-dr Sta Wgn	300	700	1200	2400	4100	5900
1941-1942						
2-cyl., 12 hp, 80" wb						
2-dr Conv Cpe	350	900	1500	2900	5200	7400
2-dr Conv Sdn	300	800	1350	2700	4700	6900
2-dr Dlx Conv Sdn	300	800	1350	2700	4700	6900
2-dr Sta Wgn	300	650	1150	2300	3900	5700
2-dr Covered Wgn	300	700	1200	2400	4100	5900
1946-1947						
4-cyl., 26.5 hp, 80" wb						
2-dr Sdn	300	650	1150	2300	3900	5700
2-dr Conv Sdn	300	800	1350	2700	4700	6900

	6	5	4	3	2	1
1948						
4-cyl., 26.5 hp, 80" wb						
2-dr Sdn	300	650	1150	2300	3900	5700
2-dr Conv Sdn	300	800	1350	2700	4700	6900
2-dr Sta Wgn	300	800	1300	2600	4600	6600
1949						
4-cyl., 26.5 hp, 80" wb						
2-dr Conv Sdn	350	900	1500	2900	5200	7400
2-dr Dlx Sdn	300	700	1200	2400	4100	5900
2-dr Sta Wgn	300	800	1300	2600	4600	6600
2-dr Hot Shot Rdstr (85" wb)	400	1150	1850	3700	6400	9300
1950-1952						
Standard, 4-cyl., 26.5 hp, 80" wb						
2-dr Conv Sdn	350	900	1500	2900	5200	7400
2-dr Sdn	300	650	1150	2300	3900	5700
2-dr Sta Wgn	300	800	1300	2600	4600	6600
Super Sport, 4-cyl., 26.5 hp, 80" wb						
2-dr Conv Sdn	350	900	1500	3000	5300	7600
2-dr Sdn	300	700	1200	2400	4100	5900
2-dr Sta Wgn	300	800	1300	2600	4600	6600
Hot Shot, 4-cyl., 26.5 hp, 85" wb						
Rdstr	400	1150	1850	3700	6400	9300
Super Rdstr	400	1200	1950	3900	6800	9900
Farm-O-Road, 4-cyl, 26.5 hp, 80" wb.						
Rdstr	400	1200	1900	3700	6500	9400

Add for power take-off equipment

PRICE GUIDE CLASSIFICATIONS:

1. CONCOURS: Perfection. At or near 100 points on a 100-point judging scale. Trailered; never driven; pampered. Totally restored to the max and 100 percent stock.

2. SHOW: Professionally restored to high standards. No major flaws or deviations from stock. Consistent trophy winner that needs nothing to show. In 90 to 95 point range.

3. STREET/SHOW: Older restoration or extremely nice original showing some wear from age and use. Very presentable; occasional trophy winner; everything working properly. About 80 to 89 points.

4. DRIVER: A nice looking, fine running collector car needing little or nothing to drive, enjoy and show in local competition. Would need extensive restoration to be a show car, but completely usable as is.

5. RESTORABLE: Project car that is relatively complete and restorable within a reasonable effort and expense. Needs total restoration, but all major components present and rebuildable. May or may not be running.

6. PARTS CAR: Deteriorated or stripped to a point beyond reasonable restoration, but still complete and solid enough to donate valuable parts to a restoration. Likely not running, possibly missing its engine.

DESOTO
1929 – 1961

1932 DeSoto Custom

1941 DeSoto

	6	5	4	3	2	1
1929						
Conqueror, Model K, 6-cyl., 55 hp, 109" wb						
2-4 pass Rdstr	1050	3300	5500	11100	19500	27700
5-pass Phtn	1100	3450	5750	11500	120300	28700
2-pass Bus Cpe	550	1550	2650	5300	9100	13000
2-4 pass Dlx Cpe	550	1500	2500	5100	8800	12500
2-dr 5-pass Sdn	450	1250	2100	4200	7200	10500
4-dr 5-pass Sdn	450	1250	2100	4200	7200	10500
5-pass Dlx Sdn	450	1250	2150	4300	7400	10700
1930						
Model K, 6-cyl., 55 hp, 109" wb						
2-4 pass Rdstr	1050	3300	5500	11100	19500	27700
5-pass Phtn	1100	3450	5750	11500	120300	28700
2-pass Bus Cpe	550	1550	2650	5300	9100	13000
2-4 pass Dlx Cpe	550	1500	2500	5100	8800	12500
2-dr 5-pass Sdn	450	1250	2100	4200	7200	10500
4-dr 5-pass Sdn	450	1250	2100	4200	7200	10500
5-pass Dlx Sdn	450	1250	2150	4300	7400	10700
Model CF, 8-cyl., 70 hp, 109" wb						
2-4 pass Rdstr	1100	3450	5750	11500	20300	28700
5-pass Phtn	1150	3600	5950	11900	21000	29700
2-pass Bus Cpe	550	1550	2650	5300	9100	13000
2-4 pass Dlx Cpe	600	1600	2750	5500	9500	13800
4-dr 5-pass Sdn	500	1300	2250	4500	7700	11000
5-pass Dlx Sdn	500	1350	2350	4700	8100	11500
2-4 pass Conv Cpe	1050	3350	5600	11200	19700	28000

	6	5	4	3	2	1

1931

Model SA, 6-cyl., 67 hp, 109" wb

	6	5	4	3	2	1
2-4 pass Rdstr	1050	3300	5500	11100	19500	27700
5-pass Tr	1100	3450	5750	11500	20300	28700
2-pass Cpe	550	1500	2500	5100	8800	12500
2-4 pass Cpe	600	1650	2850	5700	9900	14200
2-dr 5-pass Sdn	450	1250	2200	4400	7600	10900
4-dr 5-pass Sdn	500	1300	2250	4500	7700	11000
5-pass Dlx Sdn	500	1350	2300	4600	8000	11300
2-4 pass Conv Cpe	1000	3200	5350	10700	18900	26700

Model CF, 8-cyl., 67 hp, 109" wb

	6	5	4	3	2	1
2-4 pass Rdstr	1150	3600	5950	11900	21000	29700
5-pass Tr	1150	3650	6150	12300	21700	30700
2-pass Bus Cpe	650	1700	3000	5900	10200	14700
2-4 pass Dlx Cpe	650	1700	3000	6100	10600	15200
4-dr 5-pass Sdn	500	1350	2300	4600	8000	11300
5-pass Dlx Sdn	500	1350	2350	4700	8100	11500
2-4 pass Conv Cpe	1100	3450	5750	11500	20300	28700

1932

SA, 6-cyl., 67 hp, 109" wb

	6	5	4	3	2	1
5-pass Tr	1150	3650	6150	12300	21700	30700
2-4 pass Rdstr	1150	3600	5950	11900	21000	29700
2-pass Cpe	650	1700	3000	6100	10600	15200
2-4 pass Dlx Cpe	650	1750	3150	6300	10900	15700
2-4 pass Conv Cpe	1100	3450	5750	11500	20300	28700
2-dr 5-pass Sdn	450	1250	2150	4300	7400	10700
4-dr 5-pass Sdn	450	1250	2200	4400	7600	10900
5-pass Dlx Sdn	500	1300	2250	4500	7700	11000

SC, 6-cyl., 75 hp, 112" wb

	6	5	4	3	2	1
2-pass Std Rdstr	1050	3400	5650	11300	19900	28200
2-4 pass Custom Rdstr	1150	3600	5950	11900	21000	29700
2-dr 5-pass Phtn	1150	3650	6150	12300	21700	30700
2-pass Std Cpe	700	1900	3350	6700	11500	16500
2-4 pass Std Cpe	700	1900	3400	6800	11700	16900
2-4 pass Cus Cpe	700	2000	3450	6900	11900	17200
2-4 pass Cus Conv Cpe	1050	3300	5500	11100	19500	27700
5-pass Brghm	500	1400	2450	4900	8500	12100
5-pass Std Sdn	500	1300	2250	4500	7700	11000
5-pass Cus Sdn	500	1350	2350	4700	8100	11500
7-pass Sdn	550	1550	2600	5200	9000	12800
2-dr 5-p Cus Conv Sdn	1100	3450	5750	11500	20300	28700
5-pass Dlx Sdn	550	1450	2450	4900	8500	12000

CF, 8-cyl., 114" wb

	6	5	4	3	2	1
2-4 pass Rdstr	1150	3650	6150	12300	21700	30700
5-pass Tr	1200	3750	6250	12500	22000	31100
2-pass Bus Cpe	650	1700	3000	6100	10600	15200
2-4 pass Dlx Cpe	650	1750	3150	6300	10900	15700
2-4 pass Conv Cpe	1200	3750	6250	12500	22000	31100
4-dr 5-pass Sdn	550	1450	2450	4900	8500	12000
5-pass Dlx Sdn	550	1500	2500	5000	8700	12300

1933

Standard, 6-cyl., 79 hp, 114" wb

	6	5	4	3	2	1
2-pass Cpe	550	1500	2500	5100	8800	12500
2-4 pass RS Cpe	550	1550	2650	5300	9100	13000
2-dr 5-pass Std Brghm	450	1250	2100	4200	7200	10500
5-pass Spl Brghm	450	1250	2150	4300	7400	10700
5-pass Sdn	450	1250	2050	4100	7100	10300
2-4 pass Cus Cpe	600	1600	2750	5500	9500	13800

	6	5	4	3	2	1
2-4 pass Cus Conv Cpe	1000	3200	5350	10700	18900	26700
5-pass Cus Sdn	450	1250	2100	4200	7200	10500
5-pass Cus Conv Sdn	1100	3450	5750	11500	20300	28700

1934

Airflow, 6-cyl., 115.5" wb

	6	5	4	3	2	1
5-pass Cpe	1000	2700	4750	9500	16300	23500
6-pass Brghm	650	1700	3000	6100	10600	15200
6-pass Sdn	600	1650	2850	5700	9900	14200
6-pass Twn Sdn	650	1700	3000	6100	10600	15200

1935

Airstream, 6-cyl., 116" wb

	6	5	4	3	2	1
2-pass Bus Cpe	550	1550	2650	5300	9100	13000
2-4 pass Cpe	600	1600	2750	5500	9500	13800
2-4 pass Conv Cpe	1000	3200	5350	10700	18900	26700
2-dr 5-pass Sdn	400	1200	1950	3900	6800	9900
2-dr 5-pass Tr Sdn	400	1200	1950	3900	6800	9900
5-pass Sdn	400	1200	1900	3800	6600	9600
5-pass Tr Sdn	400	1200	1950	3900	6800	9900

Airflow, 6-cyl., 116" wb

	6	5	4	3	2	1
3-pass Bus Cpe	1000	2700	4750	9500	16300	23500
5-pass Cpe	700	1900	3350	6700	11500	16500
6-pass Sdn	600	1600	2750	5500	9500	13800
6-pass Twn Sdn	650	1700	3000	5900	10200	14700

1936

Airstream, Series S-1, 6-cyl., 118" wb

	6	5	4	3	2	1
2-pass Dlx Bus Cpe	550	1550	2650	5300	9100	13000
2-pass Cus Bus Cpe	600	1600	2750	5500	9500	13800
5-pass Dlx Tr Brghm	450	1250	2100	4200	7200	10500
5-pass Cus Tr Brghm	450	1250	2200	4400	7600	10900
5-pass Dlx Tr Sdn	450	1250	2150	4300	7400	10700
5-pass Cus Tr Sdn	500	1300	2250	4500	7700	11000
2-4 pass Cus Cpe	600	1650	2850	5700	9900	14200
2-4 pass Cus Conv Cpe	1100	3450	5750	11500	20300	28700
5-pass Cus Conv Sdn	1150	3600	5950	11900	21000	29700
5-pass Cus Traveler Sdn	500	1350	2300	4600	8000	11300
7-pass Cus Sdn	500	1350	2300	4600	8000	11300

Airflow III, 6-cyl., 118" wb

	6	5	4	3	2	1
6-pass Cpe	650	1800	3250	6500	11200	16100
6-pass Sdn	600	1600	2750	5500	9500	13800

1937

Airstream, Series S-3, 6-cyl., 116" wb (7-pass models 133" wb)

	6	5	4	3	2	1
3-5 pass Conv Cpe	1100	3450	5750	11500	20300	28700
5-pass Conv Sdn	1150	3600	5950	11900	21000	29700
3-pass Bus Cpe	550	1500	2500	5100	8800	12500
3-5 pass Cpe	550	1550	2650	5300	9100	13000
2-dr 6-pass Brghm	450	1250	2050	4100	7100	10300
2-dr 6-pass Tr Brghm	450	1250	2050	4100	7100	10300
4-dr 6-pass Sdn	450	1250	2050	4100	7100	10300
4-dr 6-pass Tr Sdn	450	1250	2100	4200	7200	10500
7-pass Sdn	450	1250	2100	4200	7200	10500
7-pass Limo	500	1350	2350	4700	8100	11500

	6	5	4	3	2	1

1938

Series S-5, 6-cyl., 119" wb (7-pass models 133" wb)

	6	5	4	3	2	1
3-5 pass Conv Cpe	1100	3450	5750	11500	20300	28700
5-pass Conv Sdn	1150	3600	5950	11900	21000	29700
3-pass Bus Cpe	550	1500	2500	5100	8800	12500
2-dr 6-pass Tr Brghm	450	1250	2150	4300	7400	10700
4-dr 6-pass Sdn	450	1250	2200	4400	7600	10900
4-dr 6-pass Tr Sdn	450	1250	2200	4400	7600	10900
7-pass Sdn	500	1300	2250	4500	7700	11000
7-pass Limo	550	1500	2500	5100	8800	12500

1939

Series S-6, DeLuxe, 6-cyl., 93/100 hp, 119" wb (7-pass models 136" wb)

	6	5	4	3	2	1
2-pass Dlx Bus Cpe	550	1550	2650	5300	9100	13000
2-pass Cus Cpe	600	1600	2750	5500	9500	13800
2-4 pass Dlx Cpe	600	1600	2750	5500	9500	13800
2-4 pass Cus Cpe	600	1650	2850	5700	9900	14200
2-4 pass Cus Club Cpe	650	1700	3000	5900	10200	14700
2-dr 5-pass Dlx Tr Sdn	450	1250	2100	4200	7200	10500
2-dr 5-pass Cus Tr Sdn	500	1300	2250	4500	7700	11000
4-dr 5-pass Dlx Tr Sdn	450	1250	2150	4300	7400	10700
4-dr 5-pass Cus Tr Sdn	500	1300	2250	4500	7700	11000
7-pass Dlx Tr Sdn	550	1500	2500	5100	8800	12500
7-pass Cus Sdn	500	1350	2300	4600	8000	11300
7-pass Dlx Limo	550	1500	2500	5100	8800	12500
7-pass Cus Limo	600	1600	2750	5500	9500	13800

1940

Series S-7, 6-cyl., 100/105 hp, 122.5" wb (7-pass models 139.5" wb)

	6	5	4	3	2	1
2-pass Dlx Bus Cpe	600	1600	2750	5500	9500	13800
2-pass Cus Cpe	650	1700	3000	5900	10200	14700
2-4 pass Dlx Cpe	600	1650	2850	5700	9900	14200
2-4 pass Cus Cpe	650	1700	3000	6000	10400	14900
2-dr Cus Conv	1040	3400	5650	11300	19900	28200
2-dr 5-pass Dlx Tr Sdn	500	1350	2300	4600	8000	11300
2-dr 5-pass Cus Tr Sdn	500	1350	2350	4700	8100	11500
4-dr 5-pass Dlx Tr Sdn	550	1350	2350	4700	8100	11500
4-dr 5-pass Cus Tr Sdn	500	1350	2350	4700	8100	11500
7-pass Sdn (139.5" wb)	550	1550	2650	5300	9100	13000
7-pass Cus Sdn	550	1450	2450	4900	8500	12000
7-pass Cus Limo	550	1500	2500	5100	8800	12500

1941

Series S-8, 6-cyl., 105 hp, 121.5" wb (7-pass models 139/5" wb)

	6	5	4	3	2	1
2-pass Dlx Bus Cpe	600	1600	2750	5500	9500	13800
2-pass Cus Cpe	600	1650	2850	5700	9900	14200
5-pass Dlx Cpe	600	1650	2850	5700	9900	14200
5-pass Cus Club Cpe	650	1700	3000	5900	10200	14700
2-dr 5-pass Dlx Sdn	500	1350	2350	4700	8100	11500
2-dr 5-pass Cus Brghm	550	1400	2400	4800	8300	11800
4-dr 5-pass Dlx Sdn	500	1350	2350	4700	8100	11500
4-dr 5-pass Cus Sdn	550	1450	2450	4900	8500	12000
5-pass Cus Twn Sdn	550	1450	2450	4900	8500	12000
7-pass Dlx Sdn	550	1500	2500	5100	8800	12500
5-pass Cus Conv Cpe	1100	3450	5750	11500	20300	28700
7-pass Cus Sdn	550	1550	2650	5300	9100	13000
7-pass Cus Limo	600	1600	2750	5500	9500	13800

	6	5	4	3	2	1

1942

Series S-10, 6-cyl., 115 hp, 121.5" wb (7-pass models 139.5" wb)

	6	5	4	3	2	1
2-pass Dlx Bus Cpe	550	1550	2650	5300	9100	13000
2-pass Cus Cpe	600	1600	2750	5500	9500	13800
6-pass Dlx Cpe	600	1600	2750	5500	9500	13800
5-pass Cus Club Cpe	650	1700	3000	6100	10600	15200
2-dr 5-pass Dlx Sdn	500	1350	2350	4700	8100	11500
2-dr 5-pass Cus Brghm	550	1450	2450	4900	8500	12000
4-dr 5-pass Dlx Sdn	550	1400	2400	4800	8300	11800
4-dr 5-pass Cus Sdn	550	1450	2450	4900	8500	12000
4-dr 5-pass Dlx Twn Sdn	550	1400	2400	4800	8300	11800
4-dr 5-pass Cus Twn Sdn	550	1500	2500	5100	8800	12500
5-pass Cus Conv Cpe	1150	3600	5950	11900	21000	29700
7-pass Dlx Sdn	550	1550	2650	5300	9100	13000
7-pass Cus Sdn	600	1600	2700	5400	9300	13500
7-pass Cus Limo	600	1600	2800	5600	9700	14000

1946-1949 (First Series)

DeLuxe, 6-cyl., 109 hp, 121.5" wb

	6	5	4	3	2	1
3-pass Cpe	550	1450	2450	4900	8500	12000
6-pass Club Cpe	600	1600	2700	5400	9300	13500
2-dr 6-pass Sdn	450	1250	2150	4300	7400	10700
4-dr 6-pass Sdn	450	1250	2200	4400	7600	10900

Custom, 6-cyl., 109 hp, 121.5" wb (7 & 9-pass models 139.5" wb)

	6	5	4	3	2	1
5-pass Conv Cpe	1100	3500	5850	11700	20600	29100
6-pass Club Cpe	600	1600	2800	5600	9700	14000
6-pass Brghm	450	1250	2200	4400	7600	10900
4-dr 6-pass Sdn	500	1300	2250	4500	7700	11000
4-dr 7-p Sdn	500	1350	2350	4700	8100	11500
7-pass Limo	550	1500	2500	5100	8800	12500
9-p Suburban	550	1550	2650	5300	9100	13000

1949

Second Series

DeLuxe, 6-cyl., 112 hp, 125.5" wb

	6	5	4	3	2	1
6-pass Club Cpe	550	1500	2500	5100	8800	12500
4-dr 6-pass Sdn	500	1300	2250	4500	7700	11000
6-pass Carry-All Sdn	500	1350	2300	4600	8000	11300
9-pass Sta Wgn	800	2450	4150	8300	14600	20700

Custom, 6-cyl., 112 hp, 125.5" wb (8 & 9-pass models 139.5" wb)

	6	5	4	3	2	1
6-pass Conv	1100	3500	5850	11700	20600	29100
6-pass Club Cpe	550	1550	2650	5300	9100	13000
4-dr 6-pass Sdn	500	1350	2350	4700	8100	11500
4-dr 8-p Sdn	550	1450	2450	4900	8500	12000
9-p Suburban	600	1650	2900	5800	10000	14500

1950

DeLuxe, 6-cyl., 112 hp, 125.5" wb (8-pass model 139.5" wb)

	6	5	4	3	2	1
6-pass Club Cpe	550	1450	2450	4900	8500	12000
4-dr 6-pass Sdn	500	1300	2250	4500	7700	11000
6-pass Carry-All Sdn	500	1350	2300	4600	8000	11300
8-pass Sdn	500	1350	2350	4700	8100	11500

Custom, 6-cyl., 112 hp, 125.5" wb (8 & 9-pass models 139.5" wb)

	6	5	4	3	2	1
6-pass Conv Cpe	950	2950	4950	9900	17500	24700
2-dr 6-pass Hdtp Sprtsmn	700	1900	3350	6700	11500	16500
6-pass Club Cpe	550	1500	2500	5100	8800	12500
4-dr 5-pass Sdn	500	1350	2350	4700	8100	11500
6-pass Sta Wgn	850	2650	4450	8900	15700	22300
9-pass Steel Sta Wgn	650	1700	3000	5900	10200	14700

	6	5	4	3	2	1
8-pass Sdn	550	1500	2500	5000	8700	12300
9-pass Suburban	550	1450	2450	4900	8500	12000

1951

DeLuxe, 6-cyl., 116 hp, 125.5" wb (8-pass model 139.5" wb)

	6	5	4	3	2	1
2-dr 6-pass Club Cpe	550	1450	2450	4900	8500	12000
4-dr 6-pass Sdn	450	1250	2200	4400	7600	10900
4-dr 6-pass Carry-All Sdn	450	1250	2200	4400	7600	10900
4-dr 8-pass Sdn	500	1300	2250	4500	7700	11000

Custom, 6-cyl., 116 hp, 125.5" wb (8 & 9-pass models 139.5" wb)

	6	5	4	3	2	1
4-dr 6-pass Sdn	500	1300	2250	4500	7700	11000
6-pass Club Cpe	550	1500	2500	5100	8800	12500
2-dr 6-pass Hdtp Sprtsmn	750	2250	3750	7500	13000	18700
2-dr 6-pass Conv Cpe	950	3000	5050	10100	17900	25100
4-dr 8-pass Sta Wgn	700	1900	3350	6700	11500	16500
4-dr 8-pass Sdn	500	1350	2300	4600	8000	11300
4-dr 9-pass Suburban	500	1350	2350	4700	8100	11500

1952

DeLuxe, 6-cyl., 116 hp, 125.5" wb (8-pass model 139.5" wb)

	6	5	4	3	2	1
2-dr 6-pass Club Cpe	550	1450	2450	4900	8500	12000
4-dr 6-pass Sdn	450	1250	2200	4400	7600	10900
4-dr 6-pass Carry-All Sdn	450	1250	2200	4400	7600	10900
4-dr 8-pass Sdn	500	1300	2250	4500	7700	11000

Custom, 6-cyl., 116 hp, 125.5" wb (8 & 9-pass models 139.5" wb)

	6	5	4	3	2	1
2-dr 6-pass Club Cpe	550	1500	2500	5100	8800	12500
2-dr 6-pass Hdtp Sprtsmn	750	2250	3750	7500	13000	18700
4-dr 6-pass Sdn	500	1300	2250	4500	7700	11000
2-dr 6-pass Conv Cpe	950	3000	5050	10100	17900	25100
4-dr 8-pass Sta Wgn	700	1900	3350	6700	11500	16500
4-dr 8-pass Sdn	500	1350	2300	4600	8000	11300
4-dr 9-pass Suburban	500	1350	2350	4700	8100	11500

Firedome, 8-cyl., 160 hp, 125.5" wb (8-pass model 139.5" wb)

	6	5	4	3	2	1
2-dr 6-pass Club Cpe	650	1700	3000	5900	10200	14700
2-dr 6-pass Hdtp Sprtsmn	800	2350	3950	7900	13700	19700
4-dr 6-pass Sdn	500	1350	2350	4700	8100	11500
2-dr 6-pass Conv Cpe	1000	3250	5450	10900	19100	27200
4-dr 6-pass Sta Wgn	700	1900	3350	6700	11500	16500
4-dr 8-pass Sdn	550	1450	2450	4900	8500	12000

1953

Powermaster Six, 6-cyl., 116 hp, 125.5" wb (8-pass model 139.5" wb)

	6	5	4	3	2	1
2-dr 6-pass Club Cpe	500	1300	2250	4500	7700	11000
2-dr 6-pass Hdtp Sprtsmn	700	1900	3350	6700	11500	16500
4-dr 6-pass Sdn	450	1250	2150	4300	7400	10700
4-dr 6-pass Sta Wgn	500	1300	2250	4500	7700	11000
4-dr 8-pass Sdn	450	1250	2100	4200	7200	10500

Firedome, 8-cyl., 160 hp, 125.5" wb (8-pass model 139.5" wb)

	6	5	4	3	2	1
2-dr 6-pass Club Cpe	550	1450	2450	4900	8500	12000
2-dr 6-pass Hdtp Sprtsmn	800	2350	3950	7900	13700	19700
4-dr 6-pass Sdn	500	1300	2250	4500	7700	11000
2-dr 6-pass Conv Cpe	1150	3600	5950	11900	21000	29700
4-dr 6-pass Sta Wgn	650	1750	3150	6300	10900	15700
4-dr 8-pass Sdn	450	1250	2200	4400	7600	10900

	6	5	4	3	2	1

1954

Powermaster Six, 6-cyl., 116 hp, 125.5" wb (8-pass model 139.5" wb)

	6	5	4	3	2	1
2-dr 6-pass Club Cpe	500	1300	2250	4500	7700	11000
4-dr 6-pass Sdn	450	1250	2150	4300	7400	10700
4-dr 6-pass Sta Wgn	500	1300	2250	4500	7700	11000
4-dr 8-pass Sdn	450	1250	2100	4200	7200	10500

Firedome, 8-cyl., 170 hp, 125.5" wb (8-pass model 139.5" wb)

	6	5	4	3	2	1
2-dr 6-pass Club Cpe	550	1450	2450	4900	8500	12000
2-dr 6-pass Hdtp Sprtsmn	800	2350	3950	7900	13700	19700
4-dr 6-pass Sdn	500	1300	2250	4500	7700	11000
2-dr 6-pass Conv Cpe	1150	3600	5950	11900	21000	29700
4-dr 6-pass Sta Wgn	650	1750	3100	6300	10900	15700
4-dr 8-pass Sdn	450	1250	2200	4400	7600	10900

Factory air cond add 15%

1955

Firedome, 8-cyl., 185 hp, 126" wb

	6	5	4	3	2	1
4-dr 6-pass Sdn	450	1250	2200	4400	7600	10900
2-dr 6-pass Hdtp Spl	750	2100	3550	7100	12300	17700
2-dr 6-pass Hdtp Sprtsmn	850	2650	4450	8900	15700	22300
2-dr 6-pass Conv	1200	3750	6250	12500	22000	31100
4-dr 6-pass Sta Wgn	800	2500	4200	8400	14800	20900

Fireflite, 8-cyl., 185 hp, 126" wb

	6	5	4	3	2	1
4-dr 6-pass Sdn	500	1350	2300	4600	8000	11300
2-dr 6-pass Hdtp Sprtsmn	850	2700	4550	9100	16000	22700
2-dr 6-pass Conv	1150	3600	6000	12100	21300	30200

Coronado sedan pkg add 15%
Factory air cond add 15%

1956

Firedome, 8-cyl., 230 hp, 126" wb

	6	5	4	3	2	1
4-dr 6-pass Sdn	450	1250	2000	4100	7100	10300
4-dr 6-pass Hdtp Seville	550	1500	2500	5100	8800	12500
4-dr 6-pass Hdtp Sprtsmn	650	1750	3150	6300	10900	15700
2-dr 6-pass Hdtp Seville	800	2350	3950	7900	13700	19700
2-dr 6-pass Hdtp Sprtsmn	850	2550	4350	8700	15300	21700
6-pass Conv	1200	3800	6350	12700	22400	31700
4-dr 6-pass Sta Wgn	700	1900	3350	6700	11500	16500

Fireflite, 8-cyl., 255 hp, 126" wb

	6	5	4	3	2	1
4-dr 6-pass Sdn	450	1250	2150	4300	7400	10700
4-dr 6-pass Hdtp Sprtsmn	650	1750	3100	6300	10900	15700
2-dr 6-pass Hdtp Sprtsmn	850	2700	4550	9100	16000	22700
6-pass Conv	1300	4050	6750	13500	23800	33700

Adventurer, 255 hp, 126" wb

	6	5	4	3	2	1
Hdtp Cpe	950	2950	4950	9900	17500	24700

Pacesetter conv. add 20%
Factory air cond add 15%

1957

Firesweep, 8-cyl., 245 hp, 122" wb

	6	5	4	3	2	1
4-dr 6-pass Sdn	400	1200	1950	3900	6800	9900
4-dr 6-p Hdtp Sprtsmn	550	1500	2500	5100	8800	12500
2-dr 6-p Hdtp Sprtsmn	750	2250	3750	7500	13000	18700
4-dr 6-pass Sta Wgn	500	1350	2300	4600	8000	11300
4-dr 9-pass Sta Wgn	550	1400	2400	4800	8300	11800

Firedome, 8-cyl., 270 hp, 126" wb

	6	5	4	3	2	1
4-dr 6-pass Sdn	400	1200	2000	4000	6900	10000
4-dr 6-p Hdtp Sprtsmn	600	1600	2750	5500	9500	13800
2-dr 6-p Hdtp Sprtsmn	800	2350	3950	7900	13700	19700
6-pass Conv	1200	3750	6250	12500	22000	31100

	6	5	4	3	2	1
Fireflite, 8-cyl., 270 hp, 126" wb						
4-dr 6-pass Sdn	450	1250	2050	4100	7100	10300
4-dr 6-p Hdtp Sprtsmn	650	1700	3000	5900	10200	14700
2-dr 6-p Hdtp Sprtsmn	800	2450	4150	8300	14600	20700
6-pass Conv	1550	4650	7750	15500	27300	38700
4-dr 6-pass Sta Wgn	500	1350	2350	4700	8100	11500
4-dr 9-pass Sta Wgn	550	1450	2450	4900	8500	12000
Fireflite Adventurer, 345 hp, 126" wb						
2-dr Hdtp	1450	4450	7450	14900	26200	37200
2-dr Conv	2400	7050	11950	23900	42000	59700

Factory air cond add 15%
Dual Air cond (wagon models) add 25%

1958

	6	5	4	3	2	1
Firesweep, 8-cyl., 280 hp, 122" wb						
4-dr 6-pass Sdn	400	1200	1950	3900	6800	9900
4-dr 6-pass Hdtp Sprtsmn	550	1500	2500	5100	8800	12500
2-dr 6-pass Hdtp Sprtsmn	650	1750	3150	6300	10900	15700
2-dr 6-pass Conv	1300	4050	6750	13500	23800	33700
4-dr 6-pass Sta Wgn	450	1250	2100	4200	7200	10500
4-dr 9-pass Sta Wgn	450	1250	2200	4400	7600	10900
Firedome, 8-cyl., 295 hp, 126" wb						
4-dr 6-pass Sdn	400	1200	2000	4000	6900	10000
4-dr 6-pass Hdtp Sprtsmn	650	1700	3000	5900	10200	14700
2-dr 6-pass Hdtp Sprtsmn	700	1900	3350	6700	11500	16500
2-dr 6-pass Conv	1200	3850	6450	12900	22700	32200
Fireflite, 8-cyl., 295 hp, 126" wb						
4-dr 6-pass Sdn	450	1250	2050	4100	7100	10300
4-dr 6-pass Hdtp Sprtsmn	650	1750	3150	6300	10900	15700
2-dr 6-pass Hdtp Sprtsmn	750	2250	3750	7500	13000	18700
2-dr 6-pass Conv	1450	4450	7450	14900	26200	37200
4-dr 6-pass Sta Wgn	500	1300	2250	4500	7700	11000
4-dr 9-pass Sta Wgn	500	1350	2350	4700	8100	11500
Adventurer, 8-cyl., 345 hp, 126" wb						
2-dr Hdtp	1350	4150	6950	13900	24500	34700
2-dr Conv	2200	6500	10950	21900	38500	54700

Factory air cond add 15%
Dual air cond (wagon models) add 25%

1959

	6	5	4	3	2	1
Firesweep, 8-cyl., 290 hp, 122" wb						
4-dr 6-pass Sdn	400	1100	1800	3500	6100	8900
4-dr 6-pass Hdtp Sprtsmn	550	1500	2500	5100	8800	12500
2-dr 6-pass Hdtp Sprtsmn	650	1700	3000	5900	10200	14700
2-dr 6-pass Conv	1200	3750	6250	12500	22000	31100
4-dr 6-pass Sta Wgn	450	1250	2100	4200	7200	10500
4-dr 9-pass Sta Wgn	450	1250	2200	4400	7600	10900

Seville sedan pkg add 10%

	6	5	4	3	2	1
Firedome, 8-cyl., 305 hp, 126" wb						
4-dr 6-pass Sdn	400	1150	1850	3700	6400	9300
4-dr 6-pass Hdtp Sprtsmn	600	1600	2750	5500	9500	13800
2-dr 6-pass Hdtp Sprtsmn	650	1750	3150	6300	10900	15700
2-dr 6-pass Conv	1150	3600	5950	11900	21000	29700
Fireflite, 8-cyl., 305 hp, 126" wb						
4-dr 6-pass Sdn	400	1200	1950	3900	6800	9900
4-dr 6-pass Hdtp Sprtsmn	650	1700	3000	5900	10200	14700
2-dr 6-pass Hdtp Sprtsmn	700	1900	3350	6700	11500	16500
2-dr 6-pass Conv	1550	4650	7750	15500	27300	38700
4-dr 6-pass Sta Wgn	450	1250	2200	4400	7600	10900
4-dr 9-pass Sta Wgn	500	1350	2300	4600	8000	11300

	6	5	4	3	2	1

Adventurer, 8-cyl., 126" wb

	6	5	4	3	2	1
2-dr Hdtp	900	2850	4750	9500	16700	23700
2-dr Conv	1650	4900	8250	16500	29000	41200

Factory air cond add 15%
Dual air cond (wagon models) add 25%
Swivel front seats add 15%
Rear Air suspension add 10%

1960

Fireflite, 8-cyl., 295 hp, 122" wb

	6	5	4	3	2	1
4-dr 6-pass Sdn	400	1150	1850	3700	6400	9300
4-dr 6-pass Hdtp	450	1250	2050	4100	7100	10300
2-dr 6-pass Hdtp	550	1450	2450	4900	8500	12000

Adventurer, 8-cyl., 305 hp, 122" wb

	6	5	4	3	2	1
4-dr 6-pass Sdn	400	1200	1950	3900	6800	9900
4-dr 6-pass Hdtp	500	1350	2350	4700	8100	11500
2-dr 6-pass Hdtp	650	1750	3100	6200	10700	15400

Factory air cond add 15%
Ram-induction 383 V8 (2X4-bbl) add 50%
Swivel front seats add 15%
Rear Air suspension add 10%

1961

Series RS1-L, 8-cyl., 265 hp, 122" wb

	6	5	4	3	2	1
4-dr 6-pass Hdtp	550	1450	2450	4900	8500	12000
2-dr 6-pass Hdtp	650	1700	3000	5900	10200	14700

Factory air cond add 15%

1946-48 DeSoto

1956 DeSoto Golden Adventurer

PRICE GUIDE CLASSIFICATIONS:

1. CONCOURS: Perfection. At or near 100 points on a 100-point judging scale. Trailered; never driven; pampered. Totally restored to the max and 100 percent stock.

2. SHOW: Professionally restored to high standards. No major flaws or deviations from stock. Consistent trophy winner that needs nothing to show. In 90 to 95 point range.

3. STREET/SHOW: Older restoration or extremely nice original showing some wear from age and use. Very presentable; occasional trophy winner; everything working properly. About 80 to 89 points.

4. DRIVER: A nice looking, fine running collector car needing little or nothing to drive, enjoy and show in local competition. Would need extensive restoration to be a show car, but completely usable as is.

5. RESTORABLE: Project car that is relatively complete and restorable within a reasonable effort and expense. Needs total restoration, but all major components present and rebuildable. May or may not be running.

6. PARTS CAR: Deteriorated or stripped to a point beyond reasonable restoration, but still complete and solid enough to donate valuable parts to a restoration. Likely not running, possibly missing its engine.

DODGE
1914 – 1991

1954 Dodge Royal 500

1962 Dodge Polara

	6	5	4	3	2	1
1914						
Model 30-35, 4-cyl., 110" wb (Serial #1-249)						
Tr	750	2300	3800	7600	13100	18900
1915-1916						
4-cyl., 35 hp, 110" wb						
2-pass Rdstr	750	2100	3550	7100	12300	17700
5-pass Tr	800	2450	4100	8200	14400	20500
1917-1918						
Model 30, 4-cyl., 35 hp, 114" wb						
2-pass Rdstr	700	1900	3350	6700	11500	16500
2-pass Winter Rdstr	750	2100	3550	7100	12300	17700
5-pass Tr	750	2300	3850	7700	13300	19200
5-pass Winter Tr	800	2400	4050	8100	14200	20200
2-pass Cpe	400	1050	1700	3300	5800	8300
5-pass Ctr dr Sdn	350	950	1550	3100	5500	7900
1919-1921						
Model 30, 4-cyl., 35 hp, 114" wb						
2-pass Rdstr	650	1750	3150	6300	10900	15700
5-pass Tr	700	2000	3450	6900	11900	17200
3-pass Cpe	350	950	1550	3100	5500	7900
5-pass Sdn	350	900	1500	2900	5200	7400

	6	5	4	3	2	1

1922

S/1 1st Series, 4-cyl., 35 hp, 114" wb

	6	5	4	3	2	1
2-pass Rdstr	600	1600	2750	5500	9500	13800
5-pass Tr	650	1700	3000	5900	10200	14700
3-pass Cpe	300	650	1000	2000	3500	4900
5-pass Sdn	300	600	950	1900	3200	4600

S/2 2nd Series, 4-cyl., 35 hp, 114" wb

	6	5	4	3	2	1
2-pass Rdstr	550	1550	2650	5300	9100	13000
5-pass Tr	600	1650	2850	5700	9900	14200
2-pass Bus Cpe	300	650	1100	2100	3600	5100
5-pass Bus Sdn	300	650	1000	2000	3500	4900
5-pass Sdn	300	600	950	1900	3200	4600

1923

Series 116, 4-cyl., 35 hp, 114" wb

	6	5	4	3	2	1
2-pass Rdstr	500	1350	2350	4700	8100	11500
5-pass Tr	550	1500	2500	5100	8800	12500
2-pass Bus Cpe	300	650	1100	2100	3600	5100
5-pass Bus Sdn	300	650	1000	2000	3500	4900
5-pass Sdn	300	600	950	1900	3200	4600

1924

Series 116, 4-cyl., 35 hp, 116" wb

	6	5	4	3	2	1
2-pass Rdstr	550	1500	2500	5100	8800	12500
5-pass Tr	600	1600	2750	5500	9500	13800
2-pass Bus Cpe	300	650	1150	2300	3900	5700
5-pass Sdn	300	700	1200	2400	4100	5900
5-pass Bus Sdn	300	650	1150	2300	3900	5700

Series 116 (Late 1924), 4-cyl., 35 hp, 116" wb

	6	5	4	3	2	1
2-pass Rdstr	550	1550	2650	5300	9100	13000
2-pass Spl Rdstr	600	1650	2850	5700	9900	14500
5-pass Tr	600	1650	2850	5700	9900	14200
5-pass Spl Tr	650	1750	3100	6000	10300	14600
4-pass Cpe	300	650	1150	2300	3900	5700
4-pass Spl Cpe	300	750	1250	2500	4400	6200
5-pass Spl Sdn	300	650	1150	2300	3900	5700

1925

4-cyl., 35 hp, 116" wb

	6	5	4	3	2	1
2-pass Rdstr	550	1450	2450	4900	8500	12000
2-pass Spl Rdstr	550	1500	2500	5100	8800	12500
5-pass Tr	550	1550	2650	5300	9100	13000
5-pass Spl Tr	600	1600	2750	5500	9500	13800
2-pass Bus Cpe	300	750	1250	2500	4400	6200
2-pass Spl Bus Cpe	300	800	1300	2600	4600	6600
4-pass Cpe	300	750	1250	2500	4400	6200
4-pass Spl Cpe	300	800	1300	2600	4600	6600
5-pass Bus Sdn	300	650	1150	2300	3900	5700
5-pass Spl Bus Sdn	300	700	1200	2400	4100	5900
5-pass Spl "A" Sdn	300	750	1250	2500	4400	6200

1926

4-cyl., 35 hp, 116" wb

	6	5	4	3	2	1
2-pass Rdstr	500	1300	2250	4500	7700	11000
2-pass Spl Rdstr	500	1350	2350	4700	8100	11500
2-pass Spt Rdstr	550	1450	2450	4900	8500	12000
5-pass Tr	500	1350	2350	4700	8100	11500
5-pass Spl Tr	550	1450	2450	4900	8500	12000
2-pass Bus Cpe	300	650	1150	2300	3900	5700
2-pass Spl Bus Cpe	300	750	1250	2500	4400	6200

	6	5	4	3	2	1
5-pass Sdn	300	650	1150	2300	3900	5700
5-pass Spl Sdn	300	650	1150	2300	3900	5700
5-pass Dlx Sdn	300	700	1200	2400	4100	5900

1927

Series 126/124 4-cyl., 35 hp, 116" wb (#126 Start July 1, 1926; #124 start Jan 1, 1927)

	6	5	4	3	2	1
2-pass Rdstr	500	1350	2350	4700	8100	11500
2-pass Spl Rdstr	550	1450	2450	4900	8500	12000
2-4 pass RS Spt Rdstr	550	1500	2500	5100	8800	12500
5-pass Spl Conv Sdn	500	1300	2250	4500	7700	11000
5-pass Tr	500	1300	2250	4500	7700	11000
5-pass Spl Tr	500	1350	2350	4700	8100	11500
5-pass Spt Tr	550	1450	2450	4900	8500	12000
2-pass Bus Cpe	300	700	1200	2400	4100	5900
2-pass Spl Bus Cpe	300	750	1250	2500	4400	6200
5-pass Sdn	300	650	1150	2300	3900	5700
5-pass Dlx Sdn	300	700	1200	2400	4100	5900

1928

Series 128, 4-cyl., 108" wb (Start June 1927)

	6	5	4	3	2	1
2-pass Cpe	350	850	1400	2800	4900	7100
2-4 pass Cabrlt	450	1250	2050	4100	7100	10300
4-dr 5-pass Sdn	300	800	1350	2700	4700	6900
5-pass Dlx Sdn	350	900	1500	2900	5200	7400

Standard Six, 6-cyl., 58 hp, 110" wb (Start March 1928)

	6	5	4	3	2	1
2-4 pass Cabrlt	500	1350	2350	4700	8100	11500
2-pass Cpe	350	950	1550	3100	5500	7900
5-pass Sdn	350	900	1500	2900	5200	7400
5-pass Dlx Sdn	350	950	1550	3100	5500	7900

Victory Six, 6-cyl., 58 hp, 112" wb (Start January 1928)

	6	5	4	3	2	1
5-pass Tr	650	1800	3250	6500	11200	16100
2-pass Cpe	400	1050	1700	3300	5800	8300
5-pass Cpe	400	1100	1800	3500	6100	8900
5-pass Brghm	400	1050	1700	3300	5800	8300
5-pass Sdn	350	950	1550	3100	5500	7900
5-pass Dlx Sdn	400	1050	1700	3300	5800	8300

Senior Six, 6-cyl., 67 hp, 116" wb (Start May 1927)

	6	5	4	3	2	1
2-4 pass Cabrlt	750	2250	3750	7500	13000	18700
2-pass Cpe	400	1050	1700	3300	5800	8300
2-4 pass Spt Cpe	400	1100	1800	3500	6100	8900
4-pass Cpe	400	1050	1700	3300	5800	8300
5-pass Sdn	350	950	1550	3100	5500	7900
5-pass Spt Sdn	400	1050	1700	3300	5800	8300

1929

Standard Six, Series J, 6-cyl., 58 hp, 110" wb

	6	5	4	3	2	1
2-pass Cpe	450	1250	2150	4300	7400	10700
4-pass Cabrlt	600	1600	2750	5500	9500	13800
5-pass Sdn	400	1150	1850	3700	6400	9300
5-pass Dlx Sdn	400	1200	1950	3900	6800	9900

Victory Six, Series M, 6-cyl., 58 hp, 112" wb

	6	5	4	3	2	1
2-4 pass Rdstr	900	2900	4850	9700	17100	24200
5-pass Tr	950	3050	5100	10200	18000	25400
2-pass Cpe	450	1250	2050	4100	7100	10300
4-pass Dlx Cpe	450	1250	2150	4300	7400	10700
5-pass Sdn	400	1100	1800	3500	6100	8900
5-pass Dlx Sdn	400	1100	1800	3600	6200	9100
5-pass Spt Sdn	400	1150	1850	3700	6400	9300

Senior Six, Series S, 6-cyl., 63 hp, 112" wb

	6	5	4	3	2	1
2-4 pass Rdstr	1000	3200	5350	10700	18900	26700

	6	5	4	3	2	1
2-pass Cpe	500	1300	2250	4500	7700	11000
2-4 pass Spt Cpe	550	1500	2500	5100	8800	12500
2-dr 5-pass Sdn	500	1300	2250	4500	7700	11000
4-dr 5-pass Sdn	450	1250	2050	4100	7100	10300
5-pass Lan Sdn	500	1350	2350	4700	8100	11500
5-pass Spt Sdn	550	1450	2450	4900	8500	12000
Series DA, 6-cyl., 63 hp, 112" wb						
2-4 pass Rdstr	1000	3100	5200	10400	18400	26000
5-pass Phtn	1100	3450	5750	11500	20300	28700
2-pass Bus Cpe	450	1250	2150	4300	7400	10700
2-4 pass Dlx Cpe	500	1300	2250	4500	7700	11000
4-pass Vic Cpe	450	1250	2100	4200	7200	10500
2-dr 5-pass Brghm	400	1100	1800	3600	6200	9100
5-pass Sdn	400	1100	1800	3500	6100	8900
5-pass Dlx Sdn	400	1100	1800	3600	6200	9100

1930

"Six" Series DA, 6-cyl., 63 hp, 112" wb

	6	5	4	3	2	1
2-4 pass Rdstr	1150	3600	5950	11900	21000	29700
5-pass Phtn	1200	3750	6250	12500	22000	31100
2-pass Bus Cpe	400	1200	1950	3900	6800	9900
2-4 pass Dlx Cpe	450	1250	2050	4100	7100	10300
4-pass Vic Cpe	450	1250	2100	4200	7200	10500
2-dr 5-pass Sdn	400	1200	1900	3800	6600	9600
5-pass Brghm	400	1200	1950	3900	6800	9900
5-pass Sdn	400	1200	1900	3800	6600	9600
5-pass Dlx Sdn	400	1200	1950	3900	6800	9900
"Senior Six", Series DB, 6-cyl., 78 hp, 112" wb						
2-4 pass Rdstr	1000	3250	5450	10900	19100	27200
2-4 pass Cpe	550	1450	2450	4900	8500	12000
5-pass Brghm	500	1350	2350	4700	8100	11500
5-pass Sdn	450	1250	2050	4100	7100	10300
5-pass Lan Sdn	500	1350	2350	4700	8100	11500
"Eight" Series DC, 8-cyl., 75 hp, 114" wb (Built as 1931 model, #4501084 and up)						
2-4 pass Rdstr	1050	3400	5650	11300	19900	28200
5-pass Phtn	1150	3600	5950	11900	21000	29700
2-4 pass Cpe	600	1650	2850	5700	9900	14200
2-4 pass Conv Cpe	1050	3300	5500	11100	19500	27700
5-pass Sdn	400	1200	1950	3900	6800	9900
"New Six" Series DD, 6-cyl., 60 hp, 109" wb (Built as 1931 model #3504189 and up)						
2-4 pass Rdstr	1000	3250	5450	10900	19100	27200
2-pass Bus Cpe	550	1450	2450	4900	8500	12000
2-4 pass Cpe	600	1600	2750	5500	9500	13800
2-4 pass Conv Cpe	1100	3500	5800	11600	20450	28900
5-pass Sdn	400	1150	1850	3700	6400	9300

1931

Series DG, 8-cyl., 75 hp, 118" wb

	6	5	4	3	2	1
2-4 pass Rdstr	1200	3750	6250	12500	22000	31100
2-4 pass Cpe	650	1700	3000	5900	10200	14700
2-4 pass Conv Cpe	1150	3600	5950	11900	21000	29700
5-pass Sdn	500	1350	2350	4700	8100	11500
Series DH, 6-cyl., 60 hp, 114" wb						
2-4 pass Rdstr	1100	3500	5850	11700	20600	29100
2-pass Bus Cpe	550	1550	2650	5300	9100	13000
2-4 pass Cpe	600	1650	2850	5700	9900	14200
2-4 pass Conv Cpe	1100	3450	5750	11500	20300	28700
5-pass Sdn	400	1050	1700	3300	5800	8300

	6	5	4	3	2	1

1932

"Eight" Series DC, 8-cyl., 75 hp, 114" wb (Built as 1932 model, #4504534 and up)

	6	5	4	3	2	1
2-4 pass Rdstr	1050	3400	5650	11300	19900	28200
5-pass Phtn	1150	3600	5950	11900	21000	29700
2-4 pass Cpe	600	1650	2850	5700	9900	14200
2-4 pass Conv Cpe	1050	3300	5500	11100	19500	27700
5-pass Sdn	400	1200	1950	3900	6800	9900

"Six" Series DD, 6-cyl., 60 hp, 109" wb (Built as 1932 model #3516106 and up)

	6	5	4	3	2	1
2-4 pass Rdstr	1000	3250	5450	10900	19100	27200
2-pass Bus Cpe	550	1450	2450	4900	8500	12000
2-4 pass Cpe	600	1600	2750	5500	9500	13800
2-4 pass Conv Cpe	1100	3500	5800	11600	20450	28900
5-pass Sdn	400	1150	1850	3700	6400	9300

"New Eight" Series DG, 8-cyl., 118" wb (built as 1932 models #4517522 and up)

	6	5	4	3	2	1
2-4 pass Rdstr	1200	3750	6250	12500	22000	31100
2-4 pass RS Cpe	650	1700	3000	5900	10200	14700
2-pass Cpe	600	1600	2750	5500	9500	13800
5-pass Sdn	500	1350	2350	4700	8100	11500

"New Eight" Series DH, 6-cyl., 68 hp, 114" wb (built as 1932 models #3548560)

	6	5	4	3	2	1
5-pass Phtn	1100	3500	5850	11700	20600	29100
2-pass Cpe	550	1550	2650	5300	9100	13000
2-4 pass RS Cpe	600	1650	2850	5700	9900	14200
5-pass Sdn	400	1050	1700	3300	5800	8300

"New Six" Series DL, 6-cyl., 79 hp, 114" wb

	6	5	4	3	2	1
2-4 pass RS Conv	1000	3250	5450	10900	19100	27200
2-pass Bus Cpe	600	1600	2750	5500	9500	13800
5-pass Sdn	450	1250	2050	4100	7100	10300
2-4 pass Cpe	650	1700	3000	6100	10600	15200

"New Eight" Series DK, 8-cyl., 90 hp, 122" wb

	6	5	4	3	2	1
2-4 pass Conv Cpe	1050	3400	5700	11400	20100	28500
5-pass Conv Sdn	1200	3800	6350	12700	22400	31700
5-pass Cpe	600	1650	2850	5700	9900	14200
2-4 pass Cpe	650	1750	3150	6300	10900	15700
5-pass Sdn	450	1250	2150	4300	7400	10700

1933

"Six" Series DP, 6-cyl., 75 hp, 111" wb (Start Nov 23, 1932 up to #3594421

	6	5	4	3	2	1
2-4 pass RS Conv	1150	3650	6100	12200	21500	30500
2-pass Bus Cpe	600	1600	2750	5500	9500	13800
2-4 pass RS Cpe	600	1650	2850	5700	9900	14200
4-dr 5-pass Sdn	450	1250	2050	4100	7100	10300
2-dr 5-pass Sdn	450	1250	2150	4300	7400	10700
5-pass Brghm	450	1250	2100	4200	7200	10500
5-pass Dlx Brghm	450	1250	2150	4300	7400	10700

"Six" Series DP, 6-cyl., 75 hp, 115" wb (Start Apr 5, 1933 from #3594422 and up)

	6	5	4	3	2	1
2-4 pass RS Conv	1150	3650	6100	12200	21500	30500
2-pass Bus Cpe	600	1600	2750	5500	9500	13800
2-4 pass RS Cpe	600	1650	2850	5700	9900	14200
4-dr 5-pass Sdn	450	1250	2050	4100	7100	10300
2-dr 5-pass Sdn	450	1250	2150	4300	7400	10700
5-pass Brghm	450	1250	2100	4200	7200	10500
5-pass Dlx Brghm	450	1250	2150	4300	7400	10700

"Eight" Series DO, 8-cyl., 92 hp, 122" wb

	6	5	4	3	2	1
2-4 pass RS Conv	1300	4000	6700	13400	23600	33400
5-pass Conv Sdn	1300	4000	6700	13400	23600	33400
2-4 pass Cpe	650	1800	3250	6500	11200	16100
5-pass Cpe	650	1700	3000	6100	10600	15200
5-pass Sdn	550	1450	2450	4900	8500	12000

	6	5	4	3	2	1

1934

DeLuxe Series DR, 6-cyl., 82 hp, 117" wb

	6	5	4	3	2	1
2-4 pass Conv Cpe	1150	3650	6100	12200	21500	30500
2-pass Cpe	600	1650	2850	5700	9900	14200
2-4 pass RS Cpe	650	1700	3000	6100	10600	15200
2-dr 5-pass Sdn	450	1250	2050	4100	7100	10300
4-dr 5-pass Sdn	400	1200	2000	4000	6900	10000
7-pass Sdn	450	1250	2100	4200	7200	10500

Special Series DS, 6-cyl., 87 hp, 121" wb

	6	5	4	3	2	1
4-dr 5-pass Conv Sdn	1200	3750	6300	12600	22200	31400
4-dr 5-pass Brghm	500	1300	2250	4500	7700	11000

Standard Series DRXX, 6-cyl., 117" wb

	6	5	4	3	2	1
2-4 pass Conv Cpe	1100	3550	5900	11800	20800	29400
2-pass Bus Cpe	560	1700	3000	5900	10200	14700
2-pass Cpe	650	1700	3000	6100	10600	15200
2-4 pass RS Cpe	650	1800	3250	6500	11200	16100
2-dr 5-pass Sdn	400	1200	1950	3900	6800	9900
4-dr 5-pass Sdn	400	1200	1950	3900	6800	9900

1935

"New Value" Series DU, 6-cyl., 116" wb

	6	5	4	3	2	1
2-4 pass Conv Cpe	1000	3250	5450	10900	19100	27200
2-pass Cpe	550	1550	2650	5300	9100	13000
2-4 pass RS Cpe	600	1650	2850	5700	9900	14200
2-dr 5-pass Sdn	450	1250	2050	4100	7100	10300
2-dr Century Tr Sdn	450	1250	2100	4200	7200	10500
5-pass Sdn	450	1250	2100	4200	7200	10500
5-pass Century Tr Sdn	450	1250	2150	4300	7400	10700
Caravan Sdn (128" wb)	500	1300	2250	4500	7700	11000
7-pass Sdn (128" wb)	500	1350	2350	4700	8100	11500

1936

"Beauty Winner" Series D2, 6-cyl., 116" wb

	6	5	4	3	2	1
2-4 pass Conv Cpe	1000	3250	5450	10900	19100	27200
5-pass Conv Sdn	1050	3400	5700	11400	20100	28500
2-pass Cpe	550	1550	2650	5300	9100	13000
2-4 pass RS Cpe	600	1650	2850	5700	9900	14200
2-dr 5-pass Sdn	400	1200	1950	3900	6800	9900
2-dr 5-pass Tr Sdn	400	1200	2000	4000	6900	10000
5-pass Sdn	400	1200	2000	4000	6900	10000
5-pass Tr Sdn	450	1250	2050	4100	7100	10300
7-pass Sdn (128" wb)	450	1250	2100	4200	7200	10500

1937

Series D5, 6-cyl., 115" wb

	6	5	4	3	2	1
2-4 pass Conv Cpe	950	3050	5150	10300	18200	25700
2-pass Bus Cpe	550	1550	2650	5300	9100	13000
2-4 pass RS Cpe	600	1650	2850	5700	9900	14200
2-dr 5-pass Sdn	400	1200	2000	4000	6900	10000
2-dr 5-pass Tr Sdn	450	1250	2050	4100	7100	10300
4-dr 5-pass Sdn	450	1250	2050	4100	7100	10300
5-pass Tr Sdn	450	1250	2100	4200	7200	10500
7-pass Sdn (132" wb)	500	1300	2250	4500	7700	11000
5-pass Limo (132" wb)	500	1350	2350	4700	8100	11500

1938

Series D8, 6-cyl., 115" wb

	6	5	4	3	2	1
2-4 pass Conv Cpe	1000	3250	5450	10900	19100	27200
5-pass Conv Sdn	1200	3850	6450	12900	22700	32200

	6	5	4	3	2	1
2-pass Bus Cpe	550	1500	2500	5100	8800	12500
2-4 pass Cpe	600	1600	2750	5500	9500	13800
2-dr 5-pass Sdn	450	1250	2050	4100	7100	10300
2-dr 5-pass Tr Sdn	450	1250	2100	4200	7200	10500
4-dr 5-pass Sdn	450	1250	2100	4200	7200	10500
4-dr 5-pass Tr Sdn	450	1250	2150	4300	7400	10700
7-pass Sdn (132" wb)	550	1400	2400	4800	8300	11800
7-pass Limo (132" wb)	550	1500	2500	5000	8700	12300

1939

Luxury Liner, Series D-11, 6-cyl., 117" wb

	6	5	4	3	2	1
2-pass Spl Cpe	550	1500	2500	5100	8800	12500
2-pass Dlx Cpe	600	1600	2750	5500	9500	13800
2-dr 5-pass Spl Sdn	400	1200	1950	3900	6800	9900
2-dr 5-pass Dlx Sdn	450	1250	2050	4100	7100	10300
4-dr 5-pass Spl Sdn	450	1250	2050	4100	7100	10300
4-dr 5-pass Dlx Sdn	450	1250	2100	4200	7200	10500
2-4 pass Dlx A/S Cpe	650	1750	3150	6300	10900	15700
5-pass Dlx Twn Cpe	650	1700	3000	6100	10600	15200
7-pass Sdn (134" wb)	550	1500	2500	5000	8700	12300
7-pass Limo (134" wb)	550	1550	2600	5200	9000	12800

1940

Special, Series D-17, 6-cyl., 119.5" wb

	6	5	4	3	2	1
2-pass Cpe	550	1550	2650	5300	9100	13000
2-dr 5-pass Sdn	450	1250	2100	4200	7200	10500
4-dr 5-pass Sdn	450	1250	2150	4300	7400	10700

DeLuxe, Series D-14, 6-cyl., 119.5" wb

	6	5	4	3	2	1
5-pass Conv Cpe	1000	3250	5450	10900	19100	27200
2-pass Cpe	600	1600	2750	5500	9500	13800
2-4 pass A/S Cpe	650	1700	3000	5900	10200	14700
2-dr 5-pass Sdn	500	1300	2250	4500	7700	11000
4-dr 5-pass Sdn	500	1350	2300	4600	8000	11300
7-pass Sdn (139.5" wb)	500	1350	2350	4700	8100	11500
7-pass Limo (139.5" wb)	550	1500	2500	5000	8700	12300

1941

Series D-19,, 6-cyl., 91 hp, 119.5" wb

	6	5	4	3	2	1
2-pass Dlx Cpe	550	1500	2500	5100	8800	12500
2-dr 5-pass Dlx Sdn	450	1250	2200	4400	7600	10900
4-dr 5-pass Dlx Sdn	500	1300	2250	4500	7700	11000
5-pass Cus Conv	1100	3450	5750	11500	20300	28700
6-pass Cus Club Cpe	550	1550	2650	5300	9100	13000
2-dr 6-pass Cus Brghm	500	1350	2300	4600	8000	11300
4-dr 6-pass Cus Sdn	500	1300	2250	4500	7700	11000
4-dr 6-pass Cus Twn Sdn	500	1350	2300	4600	8000	11300
7-pass Sdn (138" wb)	550	1400	2400	4800	8300	11800
7-pass Limo (138" wb)	550	1500	2500	5100	8800	12500

1942

Series D-22, 6-cyl., 105 hp, 119.5" wb

	6	5	4	3	2	1
2-pass Dlx Cpe	550	1500	2500	5000	8700	12300
6-pass Dlx Club Cpe	550	1500	2500	5100	8800	12500
2-dr 5-pass Dlx Sdn	450	1250	2150	4300	7400	10700
4-dr 5-pass Dlx Sdn	450	1250	2150	4300	7400	10700
5-pass Cus Conv	1150	3600	6000	12100	21300	30200
6-pass Cus Club Cpe	600	1600	2750	5500	9500	13800
6-pass Cus Brghm	550	1450	2450	4900	8500	12000
4-dr 5-pass Cus Sdn	550	1400	2400	4800	8300	11800

	6	5	4	3	2	1
4-dr 5-pass Cus Twn Sdn	550	1450	2450	4900	8500	12000
7-pass Sdn (138" wb)	550	1500	2500	5000	8700	12300
7-pass Limo (138" wb)	600	1600	2750	5500	9500	13800

1946-1949 (First Series)

DeLuxe, Series D-24, 6-cyl., 102 hp, 119.5" wb

3-pass Cpe	500	1300	2250	4500	7700	11000
2-dr 6-pass Sdn	450	1250	2050	4100	7100	10300
4-dr 6-pass Sdn	400	1200	2000	4000	6900	10000

Custom, Series D-24, 6-cyl., 102 hp, 119.5" wb

5-pass Conv	1000	3250	5450	10900	19100	27200
6-pass Club Cpe	500	1300	2250	4500	7700	11000
4-dr 6-pass Sdn	450	1250	2050	4100	7100	10300
4-dr 5-pass Twn Sdn	450	1250	2150	4300	7400	10700
7-pass Sdn (138" wb)	450	1250	2100	4200	7200	10500

1949 (Second Series, February 1949)

Wayfarer, 6-cyl., 103 hp, 115" wb

3-pass Rdstr	1000	3150	5300	10600	18700	26500
3-pass Bus Cpe	450	1250	2150	4300	7400	10700
2-dr 6-pass Sdn	400	1200	1950	3900	6800	9900

Meadowbrook, 6-cyl.,103 hp, 123.5" wb

4-dr 6-pass Sdn	400	1200	1950	3900	6800	9900

Coronet, 6-cyl., 103 hp, 123.5" wb

6-pass Conv	1000	3100	5250	10500	18600	26200
6-pass Club Cpe	450	1250	2150	4300	7400	10700
4-dr 6-pass Sdn	400	1200	2000	4000	6900	10000
4-dr 6-pass Twn Sdn	450	1250	2150	4300	7400	10700
4-dr 9-pass Sta Wgn	850	2650	4450	8900	15700	22300
8-pass Sdn (137.5" wb)	500	1300	2250	4500	7700	11000

1950

Wayfarer, 6-cyl., 103 hp, 115" wb

3-pass Rdstr	1000	3150	5300	10600	18700	26500
3-pass Cpe	450	1250	2150	4300	7400	10700
2-dr 6-pass Sdn	400	1200	2000	4000	6900	10000

Meadowbrook, 6-cyl., 103 hp, 123.5" wb

4-dr 6-pass Sdn	400	1200	1950	3900	6800	9900

Coronet, 123.5" wb

6-pass Conv	1050	3300	5500	11100	19500	27700
6-pass Club Cpe	450	1250	2150	4300	7400	10700
2-dr 6-p Diplomat Cpe	650	1700	3000	5900	10200	14700
4-dr 6-pass Sdn	400	1200	2000	4000	6900	10000
4-dr 6-pass Twn Sdn	450	1250	2100	4200	7200	10500
4-dr Sta Wgn (Wood)	950	2950	4950	9900	17500	24700
4-dr Sierra Sta Wgn (steel)	500	1500	2500	5100	8800	12500
8-pass Sdn (138" wb)	500	1300	2250	4500	7700	11000

1951-1952

Wayfarer, 6-cyl., 103 hp, 115" wb

3-pass Rdstr	950	3050	5150	10300	18200	25700
2-dr 6-pass Sdn	400	1100	1800	3500	6100	8900
3-pass Cpe	400	1200	1950	3900	6800	9900

Meadowbrook, 6-cyl., 103 hp, 123.5" wb

4-dr 6-pass Sdn	400	1150	1850	3700	6400	9300

Coronet, 6-cyl., 103 hp, 123.5" wb

4-dr 6-pass Sdn	400	1200	1900	3800	6600	9600
2-dr 6-pass Club Cpe	450	1250	2050	4100	7100	10300
2-dr 6-p Diplomat Cpe	700	1900	3350	6700	11500	16500

	6	5	4	3	2	1
6-pass Conv	1000	3250	5450	10900	19100	27200
6-pass Sierra Sta Wgn	500	1500	2500	5100	8800	12500
4-dr 8-p Sdn (138" wb)	400	1200	1950	3900	6800	9900

1953

Meadowbrook, 6-cyl., 103 hp, 119" wb (Sub Stat Wgn 114" wb)
2-dr Spl Club Cpe	450	1250	2050	4100	7100	10300
4-dr Spl Sdn	400	1200	2000	4000	6900	10000
4-dr Sdn	450	1250	2050	4100	7100	10300
2-dr Club Cpe	450	1250	2100	4200	7200	10500
6-pass Sub Sta Wgn	450	1250	2050	4100	7100	10300

Coronet, 6-cyl., 103 hp, 119" wb
4-dr Sdn	450	1250	2100	4200	7200	10500
2-dr Club Cpe	450	1250	2200	4400	7600	10900

Coronet, 8-cyl., 140 hp, 119" wb
4-dr Sdn	450	1250	2200	4400	7600	10900
2-dr Club Cpe	500	1350	2300	4600	8000	11300

Coronet, 8-cyl., 140 hp, 114" wb
2-dr Hdtp Diplomat	650	1750	3150	6300	10900	15700
2-dr Conv	1050	3300	5500	11100	19500	27700
6-pass Sierra Sta Wgn	500	1350	2350	4700	8100	11500

6-cyl deduct 10%

1954

Meadowbrook, 6-cyl./8-cyl., 119" wb
4-dr Sdn	450	1250	2100	4200	7200	10500
2-dr Club Cpe	450	1250	2150	4300	7400	10700

Coronet, 6-cyl./8-cyl., 114" wb (4-dr Sta Wgn 119" wb)
4-dr Sdn	450	1250	2150	4300	7400	10700
2-dr Club Cpe	450	1250	2200	4400	7600	10900
2-dr Sub Sta Wgn	500	1300	2250	4500	7700	11000
4-dr 6-p Sierra Sta Wgn	550	1550	2600	5200	9000	12800
4-dr 9-p Sierra Sta Wgn	600	1600	2700	5400	9300	13500

Coronet, 8-cyl., 114" wb
2-dr Hdtp Cpe	650	1800	3250	6500	11200	16100
2-dr 6-pass Conv	1050	3400	5650	11300	19900	28200

Royal, 8-cyl., 119" wb
4-dr Sdn	500	1500	2500	5100	8800	12500
2-dr Club Cpe	550	1550	2600	5200	9000	12800

Royal, 8-cyl., 114" wb
2-dr Hdtp	700	1900	3350	6700	11500	16500
2-dr Conv	1000	3250	5450	10900	19100	27200

6-cyl deduct 10%

1955

Coronet, 8-cyl., 120" wb
4-dr Sdn	450	1250	2050	4100	7100	10300
2-dr Sdn	450	1250	2100	4200	7200	10500
2-dr Lancer Hdtp	750	2100	3550	7100	12300	17700
2-dr Sub Sta Wgn	500	1350	2300	4600	8000	11300
4-dr 6-p Sierra Sta Wgn	550	1450	2450	4900	8500	12000
4-dr 8-p Sierra Sta Wgn	500	1500	2500	5100	8800	12500

Royal, 8-cyl., 120" wb
4-dr Sdn	450	1250	2100	4200	7200	10500
2-dr Hdtp Lancer	750	2300	3850	7700	13300	19200
6-pass Sierra Sta Wgn	550	1500	2500	5100	8800	12500
8-pass Sierra Sta Wgn	550	1550	2650	5300	9100	13000

Custom Royal, 8-cyl., 120" wb
4-dr Sdn	500	1300	2250	4500	7700	11000
4-dr Lancer Sdn	600	1650	2900	5800	10000	14500

	6	5	4	3	2	1
2-dr Hdtp Lancer	800	2450	4150	8300	14600	20700
6-pass Conv Lancer	1100	3500	5850	11700	20600	29100

Factory air cond add 20%
La Femme add 40%   Texan add 30%
Red Ram V8 193 hp add 10%   6-cyl deduct 10%

1956

Coronet, 8-cyl., 120" wb

	6	5	4	3	2	1
4-dr Sdn	450	1250	2100	4200	7200	10500
4-dr Hdtp Lancer	500	1350	2300	4600	8000	11300
2-dr Club Sdn	450	1250	2200	4400	7600	10900
2-dr Hdtp Lancer	750	2100	3550	7100	12300	17700
2-dr Conv	1150	3600	5950	11900	21000	29700
2-dr Sub Sta Wgn	550	1400	2400	4800	8300	11800
4-dr 6-p Sierra Sta Wgn	550	1450	2450	4900	8500	12000
4-dr 8-p Sierra Sta Wgn	550	1500	2500	5100	8800	12500

Royal, 8-cyl., 120" wb

	6	5	4	3	2	1
4-dr Sdn	500	1300	2250	4500	7700	11000
4-dr Hdtp Lancer	550	1450	2450	4900	8500	12000
2-dr Hdtp Lancer	800	2400	4050	8100	14200	20200

Royal Custom Station Wagon, 8-cyl., 120" wb

	6	5	4	3	2	1
2-dr Suburban	550	1450	2450	4900	8500	12000
4-dr 6-pass Sierra	550	1500	2500	5000	8700	12300
4-dr 8-pass Sierra	550	1550	2600	5200	9000	12800

Custom, 8-cyl., 120" wb

	6	5	4	3	2	1
4-dr Sdn	500	1350	2300	4600	8000	11300
4-dr Hdtp Lancer	650	1700	3000	5900	10200	14700
2-dr Hdtp Lancer	850	2650	4450	8900	15700	22300
2-dr Conv	1350	4150	6950	13900	24500	34700

Factory air cond add 20%
La Femme add 40%   Texan add 30%
Golden Lancer add 25%   D-500 V8 add 30%
6-cyl deduct 10%

1957

Coronet, 6-cyl/8-cyl., 122" wb

	6	5	4	3	2	1
4-dr Sdn	450	1250	2050	4100	7100	10300
4-dr Hdtp Lancer	450	1250	2200	4400	7600	10900
2-dr Club Sdn	450	1250	2150	4300	7400	10700
2-dr Hdtp Lancer	750	2250	3750	7500	13000	18700
2-dr Conv	1150	3650	6150	12300	21700	30700

Royal, 8-cyl., 122" wb

	6	5	4	3	2	1
4-dr Sdn	450	1250	2100	4200	7200	10500
4-dr Hdtp Lancer	500	1350	2350	4700	8100	11500
2-dr Hdtp Lancer	950	3050	5100	10200	18000	25400

Custom Royal, 8-cyl., 122" wb

	6	5	4	3	2	1
4-dr Sdn	450	1250	2150	4300	7400	10700
4-dr Hdtp Lancer	550	1450	2450	4900	8500	12000
2-dr Hdtp Lancer	1000	3100	5250	10500	18600	26200
2-dr Conv	1600	4750	7950	15900	28000	39700

Station Wagon, 8-cyl., 122" wb

	6	5	4	3	2	1
2-dr 6-pass Sub	450	1250	2200	4400	7600	10900
4-dr 6-pass Sierra	500	1350	2300	4600	8000	11300
4-dr 9-pass Sierra	550	1400	2400	4800	8300	11800
4-dr 6-p Custom Sierra	550	1400	2400	4800	8300	11800
4-dr 9-p Custom Sierra	550	1500	2500	5000	8700	12300

D-500/285 hp add 20%   D-500/310 hp add 30%
D-501/340 hp add 40%
Factory air cond add 10%
6-cyl deduct 10%

DODGE

1958

Coronet, 6-cyl/8-cyl., 122" wb

	6	5	4	3	2	1
4-dr Sdn	400	1050	1700	3400	5900	8500
4-dr Hdtp Lancer	400	1200	2000	4000	6900	10000
2-dr Sdn	400	1100	1800	3500	6100	8900
2-dr Hdtp Lancer	700	2000	3450	6900	11900	17200
2-dr Conv	1150	3600	6000	12100	21300	30200

Royal, 8-cyl., 122" wb

	6	5	4	3	2	1
4-dr Sdn	400	1100	800	3500	6100	8900
4-dr Hdtp Lancer	450	1250	2050	4100	7100	10300
2-dr Hdtp Lancer	800	2350	3950	7900	13700	19700

Custom Royal, 8-cyl., 122" wb

	6	5	4	3	2	1
4-dr Sdn	400	1150	1850	3700	6400	9300
4-dr Hdtp Lancer	450	1250	2150	4300	7400	10700
2-dr Hdtp Lancer	800	2500	4250	8500	15000	21200
2-dr Conv	1400	4300	7150	14300	25200	35700

Station Wagon, 8-cyl., 122" wb

	6	5	4	3	2	1
2-dr Sub	400	1200	1900	3800	6600	9600
4-dr 6-pass Sierra	400	1200	2000	4000	6900	10000
4-dr 9-pass Sierra	450	1250	2100	4200	7200	10500
4-dr 6-p Custom Sierra	450	1250	2150	4300	7400	10700
4-dr 9-p Custom Sierra	500	1300	2250	4500	7700	11000

D-500/305 hp add 20%   D-500/320 hp add 30%
D-500/F.I. add 40%
Factory air cond add 10%
Regal Lancer add 10%   6-cyl deduct 10%

1959

Coronet, 8-Cyl., 122" wb

	6	5	4	3	2	1
4-dr Sdn	350	1000	1600	3200	5700	8100
4-dr Hdtp Lancer	400	1150	1850	3700	6400	9300
2-dr Sdn Club	400	1050	1700	3400	5900	8500
2-dr Hdtp Lancer	650	1800	3250	6500	11200	16100
2-dr Conv	1100	3500	5850	11700	20600	29100

Royal, 8-cyl., 122" wb

	6	5	4	3	2	1
4-dr Sdn	400	1050	1700	3300	5800	8300
4-dr Hdtp Lancer	400	1150	1850	3700	6400	9300
2-dr Hdtp Lancer	700	2000	3450	6900	11900	17200

Custom Royal, 8-cyl., 122" wb

	6	5	4	3	2	1
4-dr Sdn	400	1050	1700	3400	5900	8500
4-dr Hdtp Lancer	400	1200	1900	3800	6600	9600
2-dr Hdtp Lancer	800	2350	3950	7900	13700	19700
2-dr Conv Lancer	1450	4450	7450	14900	26200	37200

Sierra, 8-cyl., 122" wb

	6	5	4	3	2	1
4-dr 6-pass Sta Wgn	450	1250	2050	4100	7100	10300
4-dr 9-pass Sta Wgn	450	1250	2150	4300	7400	10700
4-dr 6-pass Custom Wgn	450	1250	2200	4400	7600	10900
4-dr 9-pass Custom Wgn	500	1350	2300	4600	8000	11300

D-500 320 hp add 20%   D-500 345 hp add 30%
Factory air cond add 10%
Swivel bucket seats add 10%
6-cyl deduct 10%

1960

Dart Series

Seneca, 6-cyl./8-cyl., 118" wb

	6	5	4	3	2	1
4-dr Sdn	350	850	1400	2800	4900	7100
2-dr Sdn	350	900	1500	2900	5200	7400
4-dr 6-pass. Sta Wgn	400	1050	1700	3300	5800	8300

	6	5	4	3	2	1
Pioneer, 6-cyl./8-cyl., 118" wb						
4-dr Sdn	350	900	1500	2900	5200	7400
2-dr Sdn	350	950	1550	3100	5500	7900
2-dr Hdtp	500	1350	2300	4600	8000	11300
4-dr 9-pass Sta Wgn	400	1100	1800	3600	6200	9100
4-dr 6-pass Sta Wgn	400	1050	1700	3400	5900	8500
Phoenix, 6-cyl./8-cyl., 118" wb						
4-dr Sdn	350	950	1550	3100	5500	7900
4-dr Hdtp	450	1250	2150	4300	7400	10700
2-dr Hdtp	650	1700	3000	6100	10600	15200
2-dr Conv	800	2400	4050	8100	14200	20200
Dodge Series						
Matador, 8-cyl., 122" wb						
4-dr Sdn	350	950	1550	3100	5500	7900
4-dr Hdtp	500	1300	2250	4500	7700	11000
2-dr Hdtp	650	1700	3000	5900	10200	14700
4-dr 9-pass Sta Wgn	400	1200	1900	3800	6600	9600
4-dr 6-pass Sta Wgn	400	1100	1800	3600	6200	9100
Polara, 8-cyl., 122" wb						
4-dr Sdn	400	1050	1700	3300	5800	8300
4-dr Hdtp	500	1350	2300	4600	8000	11300
2-dr Hdtp	650	1750	3150	6300	10900	15700
Conv	850	2650	4450	8900	15700	22300
4-dr 9-pass Sta Wgn	450	1250	2100	4200	7200	10500
4-dr 6-pass Sta Wgn	400	1200	2000	4000	6900	10000

Red-Ram 383/325 hp add 20%
D-500/Ram Induct. 320 hp add 30%
Factory air cond add 10%
Swivel bucket seats add 10%   6-cyl deduct 10%

1961

	6	5	4	3	2	1
Lancer, 6-cyl., 106.5" wb						
4-dr 170 Sdn	300	800	1350	2700	4700	6900
2-dr 170 Sdn	350	900	1500	2900	5200	7400
4-dr 170 Sta Wgn	350	850	1400	2800	4900	7100
4-dr 770 Sdn	350	850	1400	2800	4900	7100
2-dr 770 Hdtp Cpe	350	1000	1600	3200	5700	8100
4-dr 770 Sta Wgn	350	900	1500	2900	5200	7400
2-dr 770 Spt Cpe	350	900	1500	3000	5300	7600
Dart Series, 8-cyl, 118" wb						
2-dr Seneca Sdn	350	900	1500	2900	5200	7400
2-dr Pioneer Sdn	350	900	1500	3000	5300	7600
4-dr Seneca Sdn	300	800	1350	2700	4700	6900
4-dr Pioneer Sdn	350	850	1400	2800	4900	7100
4-dr Phoenix Sdn	350	900	1500	2900	5200	7400
2-dr Pioneer Hdtp	450	1250	2050	4100	7100	10300
2-dr Phoenix Hdtp	550	1500	2500	5100	8800	12500
4-dr Phoenix Hdtp	400	1100	800	3500	6100	8900
2-dr Phoenix Conv	800	2400	4050	8100	14200	20200
4-dr Seneca Sta Wgn	350	950	1550	3100	5500	7900
9-pass Pioneer Sta Wgn	400	1050	1700	3400	5900	8500
6-pass Pioneer Sta Wgn	350	1000	1600	3200	5700	8100
Polara, 8-cyl., 122" wb						
4-dr Sdn	350	900	1500	2900	5200	7400
4-dr Hdtp	400	1100	800	3500	6100	8900
2-dr Hdtp	550	1450	2450	4900	8500	12000
2-dr Conv	750	2250	3750	7500	13000	18700
4-dr 9-pass Sta Wgn	400	1200	1950	3900	6800	9900
4-dr 6-pass Sta Wgn	400	1150	1850	3700	6400	9300

Factory air cond add 10%
D-500/350 hp add 30%   D-500/375 hp add 50%
Hyper-Pack 6-cyl add 10%   Base 6-cyl deduct 10%

	6	5	4	3	2	1
1962						
Lancer, 6-cyl., 106.5" wb						
4-dr 170 Sdn	300	700	1200	2400	4100	5900
2-dr 170 Sdn	300	750	1250	2500	4400	6200
4-dr 170 Sta Wgn	300	800	1300	2600	4600	6600
4-dr 770 Sdn	300	750	1250	2500	4400	6200
2-dr 770 Sdn	300	800	1300	2600	4600	6600
4-dr 770 Sta Wgn	300	800	1350	2700	4700	6900
2-dr 770 GT Cpe	400	1100	800	3500	6100	8900
Dart Series, 6-cyl./8-cyl., 116" wb						
2-dr Sdn	300	800	1300	2600	4600	6600
2-dr 330 Sdn	300	800	1350	2700	4700	6900
4-dr Sdn	300	750	1250	2500	4400	6200
4-dr 330 Sdn	300	800	1300	2600	4600	6600
4-dr 440 Sdn	300	800	1350	2700	4700	6900
2-dr 330 Hdtp	350	900	1500	2900	5200	7400
2-dr 440 Hdtp	400	1200	1950	3900	6800	9900
4-dr 440 Hdtp	350	900	1500	2900	5200	7400
2-dr 440 Conv	550	1450	2450	4900	8500	12000
4-dr 6-pass Sta Wgn	300	800	1350	2700	4700	6900
4-dr 6-pass 330 Sta Wgn	350	850	1400	2800	4900	7100
4-dr 9-pass 330 Sta Wgn	350	900	1500	3000	5300	7600
4-dr 6-pass 440 Sta Wgn	350	900	1500	2900	5200	7400
4-dr 9-pass 440 Sta Wgn	350	950	1550	3100	5500	7900
Polara 500, 8-cyl., 116" wb						
4-dr Hdtp	350	950	1550	3100	5500	7900
2-dr Hdtp	550	1450	2450	4900	8500	12000
2-dr Conv	750	2300	3850	7700	13300	19200
Custom 880, 8-cyl., 122" wb						
4-dr Sdn	350	900	1500	2900	5200	7400
4-dr Hdtp	350	950	1550	3100	5500	7900
2-dr Hdtp	450	1250	2150	4300	7400	10700
Conv	750	2100	3550	7100	12300	17700
4-dr 6-pass Sta Wgn	400	1100	1800	3500	6100	8900
4-dr 9-pass Sta Wgn	400	1150	1850	3700	6400	9300

Max Wedge 413/410 hp add 30%
Max Wedge 420 hp add 40%
4-spd add 20%   6-cyl deduct 10%

	6	5	4	3	2	1
1963						
Dart, 6-cyl., 111" wb						
2-dr 170 Sdn	300	700	1200	2400	4100	5900
2-dr 270 Sdn	300	750	1250	2500	4400	6200
4-dr 170 Sdn	300	650	1150	2300	3900	5700
4-dr 270 Sdn	300	700	1200	2400	4100	5900
2-dr 270 Conv	450	1250	2150	4300	7400	10700
2-dr GT Hdtp	450	1250	2050	4100	7100	10300
2-dr GT Conv	550	1500	2500	5100	8800	12500
4-dr 170 Sta Wgn	300	750	1250	2500	4400	6200
4-dr 270 Sta Wgn	300	800	1300	2600	4600	6600
Dodge, 6-cyl./8-cyl., 119" wb						
2-dr 330 Sdn	300	800	1350	2700	4700	6900
2-dr 440 Sdn	350	900	1500	2900	5200	7400
4-dr 330 Sdn	300	750	1250	2500	4400	6200
4-dr 440 Sdn	300	800	1300	2600	4600	6600
2-dr 440 Hdtp	400	1100	1800	3500	6100	8900
4-dr 6-pass 330 Sta Wgn	350	850	1400	2800	4900	7100
4-dr 9-pass 330 Sta Wgn	350	900	1500	3000	5300	7600
4-dr 6-pass 440 Sta Wgn	350	900	1500	2900	5200	7400
4-dr 9-pass 440 Sta Wgn	350	950	1550	3100	5500	7900

	6	5	4	3	2	1
Polara, 8-cyl., 119" wb						
4-dr Sdn	350	850	1400	2800	4900	7100
4-dr Hdtp	350	900	1500	3000	5300	7600
2-dr Hdtp	400	1150	1850	3700	6400	9300
2-dr Conv	700	2000	3450	6900	11900	17200
Polara 500, 8-cyl., 122" wb						
2-dr Hdtp	550	1450	2450	4900	8500	12000
2-dr Conv	800	2400	4000	8000	13900	19900
880, 8-cyl., 122" wb						
4-dr Sdn	300	800	1350	2700	4700	6900
4-dr 6-pass Sta Wgn	400	1100	1890	3600	6200	9100
4-dr 9-pass Sta Wgn	400	1200	1900	3800	6600	9600

6-cyl. deduct 5%
413 V-8 add 30%

	6	5	4	3	2	1
Custom 880, 8-cyl., 122" wb						
4-dr Sdn	350	850	1400	2800	4900	7100
4-dr Hdtp	400	1050	1700	3300	5800	8300
2-dr Hdtp	450	1250	2150	4300	7400	10700
2-dr Conv	750	2250	3750	7500	13000	18700
4-dr 6-pass Sta Wgn	400	1050	1700	3300	5800	8300
4-dr 9-pass Sta Wgn	400	1100	1800	3500	6100	8900

413 cid V8 340 hp add 10%
413 cid V8 360 hp add 20%
413 cid V8 300 hp add 30%
426 Max Wedge 415 hp add 50%
426 Max Wedge 425 hp add 70%
6-cyl deduct 10%

1964

	6	5	4	3	2	1
Dart 170, 6-cyl., 111" wb (Sta Wgn 106" wb)						
2-dr 170 Sdn	300	700	1200	2400	4100	5900
2-dr 270 Sdn	300	750	1250	2500	4400	6200
4-dr 170 Sdn	300	650	1150	2300	3900	5700
4-dr 270 Sdn	300	700	1200	2400	4100	5900
2-dr 270 Hdtp	350	950	1550	3100	5500	7900
2-dr 270 Conv	600	1600	2750	5500	9500	13800
2-dr GT Hdtp	450	1250	2150	4300	7400	10700
2-dr GT Conv	650	1800	3250	6500	11200	16100
4-dr 170 Sta Wgn	300	800	1300	2600	4600	6600
4-dr 270 Sta Wgn	300	800	1350	2700	4700	6900
Dodge, 8-cyl., 119" wb						
2-dr 330 Sdn	300	800	1300	2600	4600	6600
2-dr 440 Sdn	300	800	1350	2700	4700	6900
4-dr 330 Sdn	300	750	1250	2500	4400	6200
4-dr 440 Sdn	300	800	1300	2600	4600	6600
2-dr 440 Hdtp	400	1100	1800	3500	6100	8900
4-dr 330 6-pass Sta Wgn	300	800	1350	2700	4700	6900
4-dr 330 9-pass Sta Wgn	350	900	1500	2900	5200	7400
4-dr 440 6-pass Sta Wgn	350	900	1500	2900	5200	7400
4-dr 440 9-pass Sta Wgn	350	950	1550	3100	5500	7900
Polara, 8-cyl., 119" wb						
4-dr Sdn	350	900	1500	2900	5200	7400
4-dr Hdtp	350	950	1550	3100	5500	7900
2-dr Hdtp	400	1200	1950	3900	6800	9900
2-dr Conv	700	1900	3350	6700	11500	16500

Polara 500 pkg add 10%

	6	5	4	3	2	1
880, 8-cyl., 122" wb						
4-dr Sdn	300	800	1350	2700	4700	6900
4-dr 6-pass Sta Wgn	350	900	1500	2900	5200	7400
4-dr 9-pass Sta Wgn	350	950	1550	3100	5500	7900

	6	5	4	3	2	1

Custom 880, 8-cyl., 122" wb

	6	5	4	3	2	1
4-dr Sdn	350	850	1400	2800	4900	7100
4-dr Hdtp	400	1050	1700	3300	5800	8300
2-dr Hdtp	450	1250	2150	4300	7400	10700
2-dr Conv	750	2250	3750	7500	13000	18700
4-dr 9-pass Sta Wgn	400	1100	1800	3500	6100	8900

426 V8/415 hp add 40%
426 V8 425 hp addd 50%
4-spd add 10%

1965

Dart 170 Series, 8-cyl., 106" wb

	6	5	4	3	2	1
2-dr 170 Sdn	300	700	1200	2400	4100	5900
2-dr 270 Sdn	300	750	1250	2500	4400	6200
4-dr 170 Sdn	300	650	1150	2300	3900	5700
4-dr 270 Sdn	300	700	1200	2400	4100	5900
2-dr 270 Hdtp	400	1050	1700	3300	5800	8300
2-dr 270 Conv	550	1500	2500	5100	8800	12500
2-dr GT Hdtp	550	1450	2450	4900	8500	12000
2-dr GT Conv	750	2250	3750	7500	13000	18700
4-dr 170 Sta Wgn	300	750	1250	2500	4400	6200
4-dr 270 Sta Wgn	300	800	1300	2600	4600	6600

Coronet, 8-cyl., 117" wb

	6	5	4	3	2	1
4-dr Sdn	300	700	1200	2400	4100	5900
2-dr Sdn	300	750	1250	2500	4400	6200
4-dr 6-pass Sta Wgn	300	800	1300	2600	4600	6600

Coronet 440, 8-cyl., 117" wb

	6	5	4	3	2	1
4-dr Sdn	300	750	1250	2500	4400	6200
2-dr Hdtp	400	1200	1900	3800	6600	9600
2-dr Conv	650	1750	3150	6300	10900	15700
4-dr 9-pass Sta Wgn	350	900	1500	2900	5200	7400
4-dr 6-pass Sta Wgn	300	800	1350	2700	4700	6900

Coronet 500, 8-cyl., 117" wb

	6	5	4	3	2	1
2-dr Hdtp	550	1500	2500	5100	8800	12500
2-dr Conv	800	2500	4250	8500	15000	21200

Polara, 8-cyl., 121" wb

	6	5	4	3	2	1
4-dr Sdn	300	800	1300	2600	4600	6600
4-dr Hdtp	300	800	1350	2700	4700	6900
2-dr Hdtp	400	1200	1950	3900	6800	9900
2-dr Conv	750	2100	3550	7100	12300	17700
4-dr 6-pass Sta Wgn	350	900	1500	3000	5300	7600
4-dr 9-pass Sta Wgn	350	1000	1600	3200	5700	8100

Custom 880, 8-cyl., 121" wb

	6	5	4	3	2	1
4-dr Sdn	300	800	1300	2600	4600	6600
4-dr Hdtp	300	800	1350	2700	4700	6900
2-dr Hdtp	550	1450	2450	4900	8500	12000
2-dr Conv	800	2500	4250	8500	15000	21200
4-dr 6-pass Sta Wgn	400	1050	1700	3300	5800	8300
4-dr 9-pass Sta Wgn	400	1100	1800	3500	6100	8900

Monaco, 8-cyl., 121" wb

	6	5	4	3	2	1
2-dr Hdtp	450	1250	2200	4400	7600	10900

413 V8/340 hp add 10%
26 V8/365 hp add 20%
426 V8 415 hp add 30%
426 V8/425 hp add 50%
426 "Hemi-Charger add 100%
6-cyl deduct 10%

	6	5	4	3	2	1

1966

Dart 170, 6-cyl., 111" wb

	6	5	4	3	2	1
2-dr 170 Sdn	300	700	1200	2400	4100	5900
2-dr 270 Sdn	300	750	1250	2500	4400	6200
4-dr 170 Sdn	300	650	1150	2300	3900	5700
4-dr 270 Sdn	300	700	1200	2400	4100	5900
2-dr 270 Hdtp	400	1050	1700	3300	5800	8300
2-dr 270 Conv	600	1600	2750	5500	9500	13800
2-dr GT Hdtp	500	1350	2350	4700	8100	11500
2-dr GT Conv	700	1900	3350	6700	11500	16500
4-dr 170 Sta Wgn	300	800	1300	2600	4600	6600
4-dr 270 Sta Wgn	300	800	1350	2700	4700	6900

Coronet, 8-cyl., 117" wb

	6	5	4	3	2	1
2-dr Sdn	300	700	1200	2400	4100	5900
2-dr Dlx Sdn	300	750	1250	2500	4400	6200
4-dr Sdn	300	650	1150	2300	3900	5700
4-dr Dlx Sdn	300	700	1200	2400	4100	5900
6-pass Sta Wgn	300	800	1350	2700	4700	6900

Coronet 440, 8-cyl., 117" wb

	6	5	4	3	2	1
4-dr Sdn	300	700	1200	2400	4100	5900
2-dr Hdtp	400	1150	1850	3700	6400	9300
2-dr Conv	600	1600	2750	5500	9500	13800
4-dr 6-pass Sta Wgn	300	800	1350	2700	4700	6900
4-dr 9-pass Sta Wgn	350	900	1500	2900	5200	7400

Coronet 500, 8-cyl., 117" wb

	6	5	4	3	2	1
4-dr Sdn	300	750	1250	2500	4400	6200
2-dr Hdtp	550	1450	2450	4900	8500	12000
2-dr Conv	800	2350	3950	7900	13700	19700

Polara, 8-cyl., 121" wb

	6	5	4	3	2	1
4-dr Sdn	300	800	1300	2600	4600	6600
4-dr Hdtp	350	850	1400	2800	4900	7100
2-dr Hdtp	400	1200	1950	3900	6800	9900
2-dr Conv	700	2000	3450	6900	11900	17200
4-dr 6-pass Sta Wgn	350	900	1500	3000	5300	7600
4-dr 9-pass Sta Wgn	350	1000	1600	3200	5700	8100

Monaco, 8-cyl., 121" wb

	6	5	4	3	2	1
4-dr Sdn	300	800	1300	2600	4600	6600
4-dr Hdtp	350	900	1500	3000	5300	7600
2-dr Hdtp	450	1250	2050	4100	7100	10300
2-dr 500 Hdtp	500	1350	2350	4700	8100	11500
4-dr 6-pass Sta Wgn	350	1000	1600	3200	5700	8100
4-dr 9-pass Sta Wgn	400	1050	1700	3400	5900	8500

Charger, 8-cyl., 117" wb

	6	5	4	3	2	1
2-dr Fstbk Hdtp	750	2200	3650	7300	12600	18200

426 V8/425 hp (Street Hemi) add 30%
426 V8/425 hp (Race Hemi) add 100%
440 V8/365 hp add 20%
4-speed add 10%   6-cyl deduct 10%

1967

Dart, 6-cyl., 111" wb

	6	5	4	3	2	1
2-dr Sdn	300	700	1200	2400	4100	5900
4-dr Sdn	300	650	1150	2300	3900	5700
4-dr 270 Sdn	300	650	1150	2300	3900	5700
2-dr 270 Hdtp	350	950	1550	3100	5500	7900
2-dr GT Hdtp	500	1350	2350	4700	8100	11500
2-dr GT Conv	700	2000	3450	6900	11900	17200

Coronet, 8-cyl., 117" wb

	6	5	4	3	2	1
2-dr Dlx Sdn	300	700	1200	2400	4100	5900
4-dr Dlx Sdn	300	650	1150	2300	3900	5700

	6	5	4	3	2	1
4-dr 440 Sdn	300	650	1150	2300	3900	5700
4-dr 500 Sdn	300	700	1200	2400	4100	5900
2-dr 440 Hdtp	400	1150	1850	3700	6400	9300
2-dr 440 Conv	650	1700	3000	5900	10200	14700
2-dr 500 Hdtp	550	1450	2450	4900	8500	12000
2-dr 500 Conv	800	2350	3950	7900	13700	19700
2-dr R/T Hdtp	850	2650	4450	8900	15700	22300
2-dr R/T Conv	1000	3250	5450	10900	19100	27200
4-dr Dxl Sta Wgn	300	800	1300	2600	4600	6600
4-dr 6-pass 440 Sta Wgn	300	800	1350	2700	4700	6900
4-dr 9-pass 440 Sta Wgn	350	900	1500	2900	5200	7400
Charger, 8-cyl., 117" wb						
2-dr Fstbk Hdtp	750	2300	3850	7700	13300	19200
Polara, 8-cyl., 122" wb						
4-dr Sdn	300	750	1250	2500	4400	6200
4-dr Hdtp	350	900	1500	2900	5200	7400
2-dr Hdtp	450	1250	2050	4100	7100	10300
2-dr Conv	750	2100	3550	7100	12300	17700
2-dr 500 Hdtp	550	1500	2500	5100	8800	12500
2-dr 500 Conv	700	1900	3350	6700	11500	16500
4-dr 6-pass Sta Wgn	350	900	1500	2900	5200	7400
4-dr 9-pass Sta Wgn	350	950	1550	3100	5500	7900
Monaco, 8-cyl., 122" wb						
4-dr Sdn	300	800	1300	2600	4600	6600
4-dr Hdtp	350	850	1400	2800	4900	7100
2-dr Hdtp	400	1200	2000	4000	6900	10000
2-dr 500 Hdtp	550	1450	2450	4900	8500	12000
4-dr 6-pass Sta Wgn	350	1000	1600	3200	5700	8100
4-dr 9-pass Sta Wgn	400	1050	1700	3400	5900	8500

440 Magnum V8/375 hp add 20%
426 Street Hemi V8/425 hp add 100%
6-cyl deduct 10%

1968

	6	5	4	3	2	1
Dart, 6-cyl./8-cyl., 111" wb						
2-dr Sdn	300	700	1200	2400	4100	5900
4-dr Sdn	300	650	1150	2300	3900	5700
4-dr 270 Sdn	300	700	1200	2400	4100	5900
2-dr 270 Hdtp	400	1050	1700	3300	5800	8300
2-dr GT Hdtp	450	1250	2150	4300	7400	10700
2-dr GT Spt Hdtp	700	2000	3450	6900	11900	17200
2-dr GT Conv	650	1700	3000	6100	10600	15200
2-dr GT Spt Conv	850	2650	4450	8900	15700	22300

Dart GT w/383 V8 add 15%

	6	5	4	3	2	1
Coronet, 8-cyl., 117" wb						
2-dr Sdn	300	700	1200	2400	4100	5900
4-dr Sdn	300	650	1150	2300	3900	5700
4-dr 440 Sdn	300	700	1200	2400	4100	5900
2-dr 440 Hdtp	450	1250	2150	4300	7400	10700
4-dr 500 Sdn	300	700	1200	2400	4100	5900
2-dr 500 Hdtp	500	1350	2350	4700	8100	11500
2-dr 500 Conv	750	2250	3750	7500	13000	18700
2-dr Super Bee Sdn	850	2650	4450	8900	15700	22300
2-dr R/T Hdtp	950	2950	4950	9900	17500	24700
2-dr R/T Conv	1300	4050	6750	13500	23800	33700
4-dr 6-pass 440 Sta Wgn	300	800	1350	2700	4700	6900
4-dr 9-pass 440 Sta Wgn	350	900	1500	2900	5200	7400
4-dr 6-pass 500 Sta Wgn	350	900	1500	2900	5200	7400
4-dr 9-pass 500 Sta Wgn	350	950	1550	3100	5500	7900
Charger, 8-cyl., 117" wb						
2-dr Hdtp	700	1900	3350	6700	11500	16500

	6	5	4	3	2	1
2-dr Hdtp RT	950	3000	5050	10100	17900	25100
Polara, 8-cyl., 122" wb						
4-dr Sdn	300	700	1200	2400	4100	5900
2-dr Hdtp	400	1200	1950	3900	6800	9900
2-dr 500 Hdtp	500	1300	2250	4500	7700	11000
4-dr Hdtp	350	900	1500	2900	5200	7400
2-dr Conv	650	1800	3250	6500	11200	16100
2-dr 500 Conv	650	1800	3200	6400	11000	15900
4-dr 6-pass Sta Wgn	400	1050	1700	3300	5800	8300
4-dr 9-pass Sta Wgn	400	1100	1800	3500	6100	8900
Monaco, 8-cyl., 122" wb						
2-dr Hdtp	400	1200	1950	3900	6800	9900
2-dr 500 Hdtp	500	1300	2250	4500	7700	11000
4-dr Hdtp	350	950	1550	3100	5500	7900
4-dr Sdn	300	750	1250	2500	4400	6200
4-dr 6-pass Sta Wgn	400	1050	1700	3400	5900	8500
4-dr 9-pass Sta Wgn	400	1100	1800	3600	6200	9100

440 Magnum V8/375 hp add 20%
426 Street Hemi V8/425 hp add 100%
6-cyl deduct 10%

1969

	6	5	4	3	2	1
Dart, 6-cyl./8-cyl., 111" wb						
2-dr Cus Hdtp	350	950	1550	3100	5500	7900
2-dr Swinger Hdtp	350	850	1400	2800	4900	7100
4-dr Sdn	300	650	1100	2100	3600	5100
4-dr Cus Sdn	300	650	1150	2300	3900	5700
2-dr GT Hdtp	550	1500	2500	5100	8800	12500
2-dr GT Conv	650	1700	3000	6100	10600	15200
2-dr GT Spt 340 Hdtp	650	1800	3250	6500	11200	16100
2-dr GT Spt 340 Conv	850	2550	4350	8700	15300	21700

GT Sport w/ 383 add 15%
GT Sport w/440 add 25%
6-cyl deduct 10%   Westerner Edition add 10%

	6	5	4	3	2	1
Coronet, 8-cyl., 117" wb						
2-dr Cpe	300	750	1250	2500	4400	6200
2-dr 440 Cpe	300	750	1250	2500	4400	6200
4-dr Sdn	300	700	1200	2400	4100	5900
4-dr 440 Sdn	300	700	1200	2400	4100	5900
2-dr 440 Hdtp	450	1250	2050	4100	7100	10300
2-dr 500 Hdtp	500	1300	2250	4500	7700	11000
2-dr 500 Conv	750	2200	3650	7300	12600	18200
4-dr 500 Sdn	300	750	1250	2500	4400	6200
2-dr Super Bee Hdtp	900	2850	4750	9500	16700	23700
2-dr Super Bee Cpe	800	2350	3950	7900	13700	19700
2-dr R/T Hdtp	1000	3100	5250	10500	18600	26200
2-dr R/T Conv	1300	4050	6750	13500	23800	33700
4-dr 6-pass Sta Wgn	300	800	1300	2600	4600	6600
4-dr 6-pass 440 Sta Wgn	300	700	1200	2400	4100	5900
4-dr 9-pass 440 Sta Wgn	300	750	1250	2500	4400	6200
4-dr 6-pass 500 Sta Wgn	300	800	1300	2600	4600	6600
4-dr 9-pass 500 Sta Wgn	350	850	1400	2800	4900	7100
Charger, 8-cyl., 117" wb						
2-dr Hdtp	800	2350	3950	7900	13700	19700
2-dr 500 Hdtp	1450	4600	7750	15500	27250	38500
2-dr R/T Hdtp	1000	3250	5450	10900	19100	27200
2-dr Daytona Hdtp	2550	7550	12750	25500	44800	63700
Polara, 8-cyl., 112" wb						
4-dr Sdn	300	650	1150	2300	3900	5700
2-dr Hdtp	400	1050	1700	3300	5800	8300

	6	5	4	3	2	1
4-dr Hdtp	300	750	1250	2500	4400	6200
2-dr Conv	600	1600	2750	5500	9500	13800
4-dr 6-pass Sta Wgn	350	900	1500	2900	5200	7400
4-dr 9-pass Sta Wgn	350	950	1550	3100	5500	7900
Polara 500, 8-cyl., 112" wb						
2-dr Hdtp	500	1300	2250	4500	7700	11000
2-dr Conv	650	1700	3000	6100	10600	15200
Monaco, 8-cyl., 112" wb						
2-dr Hdtp	400	1100	1800	3500	6100	8900
4-dr Hdtp	300	800	1350	2700	4700	6900
4-dr Sdn	300	700	1200	2400	4100	5900
4-dr 6-pass Sta Wgn	350	850	1400	2800	4900	7100
4-dr 9-pass Sta Wgn	350	900	1500	3000	5300	7600

440 Magnum V8/375 hp add 20%
426 Street Hemi V8/425 hp add 100%
6-cyl deduct 10%

1970

Dart, 8-cyl., 111" wb

	6	5	4	3	2	1
4-dr Sdn	300	650	1100	2100	3600	5100
4-dr Cus Sdn	300	650	1100	2100	3600	5100
2-dr Cus Hdtp	300	800	1300	2600	4600	6600
2-dr Swinger Hdtp	400	1200	1950	3900	6800	9900

6-cyl deduct 20%

Challenger, 8-cyl., 110" wb

	6	5	4	3	2	1
2-dr Hdtp	650	1700	3000	5900	10200	14700
2-dr Hdtp SE Frml	650	1750	3150	6300	10900	15700
2-dr R/T Hdtp	750	2300	3850	7700	13300	19200
2-dr R/T Hdtp SE Frml	800	2400	4050	8100	14200	20200
2-dr T/A Cpe	1300	4050	6750	13500	23800	33700
2-dr Conv	950	2950	4950	9900	17500	24700
2-dr R/T Conv	1200	3850	6450	12900	22700	32200

Coronet, 8-cyl., 117" wb

	6	5	4	3	2	1
2-dr Sdn	300	650	1150	2300	3900	5700
2-dr 440 Sdn	300	700	1200	2400	4100	5900
4-dr Sdn	300	650	1100	2100	3600	5100
4-dr 440 Sdn	300	650	1100	2200	3800	5400
4-dr 500 Sdn	300	650	1150	2300	3900	5700
2-dr 440 Hdtp	400	1150	1850	3700	6400	9300
2-dr 500 Hdtp	450	1250	2200	4400	7600	10900
2-dr Super Bee Hdtp	850	2550	4350	8700	15300	21700
2-dr Super Bee Cpe	800	2450	4150	8300	14600	20700
2-dr R/T Hdtp	950	2950	4950	9900	17500	24700
2-dr 500 Conv	750	2100	3550	7100	12300	17700
2-dr R/T Conv	1350	4150	6950	13900	24500	34700
4-dr 6-pass Sta Wgn	300	700	1200	2400	4100	5900
4-dr 6-pass 440 Sta Wgn	300	700	1200	2400	4100	5900
4-dr 9-pass 440 Sta Wgn	300	800	1300	2600	4600	6600
4-dr 5-pass 500 Sta Wgn	300	700	1200	2400	4100	5900
4-dr 8-pass 500 Sta Wgn	300	800	1300	2600	4600	6600

Charger, 8-cyl., 117" wb

	6	5	4	3	2	1
2-dr Hdtp	750	2300	3850	7700	13300	19200
2-dr 500 Hdtp	900	2850	4750	9500	16700	23700
2-dr R/T Hdtp	1000	3250	5450	10900	19100	27200

Polara, 8-cyl., 122" wb

	6	5	4	3	2	1
4-dr Sdn	300	650	1150	2300	3900	5700
4-dr Cus Sdn	300	650	1150	2300	3900	5700
4-dr 500 Sdn	300	650	1150	2300	3900	5700
2-dr Cus Hdtp	350	950	1550	3100	5500	7900
2-dr 500 Hdtp	350	900	1500	2900	5200	7400
4-dr Cus Hdtp	300	750	1250	2500	4400	6200

	6	5	4	3	2	1
4-dr 500 Hdtp	300	700	1200	2400	4100	5900
2-dr 500 Conv	550	1450	2450	4900	8500	12000
4-dr 6-pass Sta Wgn	300	750	1250	2500	4400	6200
4-dr 9-pass Sta Wgn	300	800	1350	2700	4700	6900
4-dr 6-pass 500 Sta Wgn	300	800	1350	2700	4700	6900
4-dr 9-pass 500 Sta Wgn	350	900	1500	2900	5200	7400
Monaco 500, 8-cyl., 122" wb						
4-dr Sdn	300	650	1100	2100	3600	5100
4-dr Hdtp	300	700	1200	2400	4100	5900
2-dr Hdtp	400	1050	1700	3300	5800	8300
4-dr 6-pass Sta Wgn	350	850	1400	2800	4900	7100
4-dr 9-pass Sta Wgn	350	900	1500	3000	5300	7600

340 "Six-Pack" V8 add 25%
83-335 hp add 20%   440-350 hp add 20%
440-375 hp add 30%   440 "Six Pack" add 40%
426 Street Hemi add 100%
4-speed add 10%   6-cyl deduct 10%

1971

	6	5	4	3	2	1
Demon, 8-cyl., 108" wb						
2-dr Cpe	400	1100	1800	3500	6100	8900
2-dr 340 Cpe	500	1300	2250	4500	7700	11000
Dart, 8-cyl., 111" wb						
4-dr Sdn	300	600	950	1900	3200	4600
4-dr Custom Sdn	300	650	1000	2000	3500	4900
2-dr Spl Hdtp	300	800	1300	2600	4600	6600
2-dr Swinger Hdtp	350	900	1500	2900	5200	7400
Challenger, 8-cyl., 110" wb						
2-dr Hdtp	650	1800	3250	6500	11200	16100
2-dr Conv	900	2850	4750	9500	16700	23700
2-dr Hdtp R/T	850	2650	4450	8900	15700	22300
Coronet, 8-cyl., 118" wb						
4-dr Sdn	300	600	850	1700	2900	4100
4-dr Cus Sdn	300	600	900	1800	3100	4400
4-dr Brghm Sdn	300	600	900	1800	3100	4400
4-dr 6-pass Sta Wgn	300	600	950	1900	3200	4600
4-dr 6-pass Cus Sta Wgn	300	600	950	1900	3200	4600
4-dr 9-pass Cus Sta Wgn	300	650	1100	2100	3600	5100
4-dr 6-p Crstwd Sta Wgn	300	600	900	1800	3100	4400
4-dr 9-p Crstwd Sta Wgn	300	650	1000	2000	3500	4900
Charger, 8-cyl., 115" wb						
2-dr 500 Hdtp 500	700	1900	3350	6700	11500	16500
2-dr Hdtp	650	1700	3000	5900	10200	14700
2-dr Super Bee Hdtp	750	2250	3700	7400	12800	18500
2-dr SE Super Bee Hdtp	750	2250	3750	7500	13000	18700
Polara, 8-cyl., 122" wb						
4-dr Sdn	300	600	900	1800	3100	4400
2-dr Hdtp	300	700	1200	2400	4100	5900
4-dr Hdtp	300	650	1000	2000	3500	4900
4-dr Cus Sdn	300	600	950	1900	3200	4600
4-dr Cus Hdtp	300	650	1100	2100	3600	5100
2-dr Cus Hdtp	300	800	1300	2600	4600	6600
4-dr 6-pass Cus Wgn	300	600	950	1900	3200	4600
4-dr 9-pass Cus Wgn	300	650	1100	2100	3600	5100
4-dr Brghm Hdtp	300	650	1000	2000	3500	4900
2-dr Brghm Hdtp	300	700	1200	2400	4100	5900
Monaco, 8-cyl., 122" wb						
4-dr Sdn	300	600	950	1900	3200	4600
4-dr Hdtp	300	650	1100	2200	3800	5400
2-dr Hdtp	350	900	1500	2900	5200	7400

	6	5	4	3	2	1
4-dr 6-pass Sta Wgn	300	650	1100	2100	3600	5100
4-dr 9-pass Sta Wgn	300	650	1150	2300	3900	5700

440-370 hp add 30%
440 "Six Pack" add 40%
426 Street Hemi add 100%
4-speed add 10%   6-cyl deduct 10%

1972

Dart, 8-cyl., 111" wb

	6	5	4	3	2	1
4-dr Sdn	300	600	900	1800	3100	4400
4-dr Cus Sdn	300	600	950	1900	3200	4600
2-dr Spl Hdtp	300	700	1200	2400	4100	5900
2-dr Cpe Demon	400	1050	1700	3300	5800	8300
2-dr Demon 340 Hdtp	550	1450	2450	4900	8500	12000
2-dr Hdtp Swinger	300	800	1350	2700	4700	6900

Challenger, 8-cyl., 110" wb

	6	5	4	3	2	1
2-dr Hdtp	550	1550	2600	5200	9000	12800
2-dr Hdtp Rallye	650	1750	3100	6200	10700	15400

Coronet, 8-cyl., 118" wb

	6	5	4	3	2	1
4-dr Sdn	300	600	850	1700	2900	4100
4-dr Cus Sdn	300	600	900	1800	3100	4400
4-dr 6-pass Sta Wgn	300	600	950	1900	3200	4600
4-dr 6-pass Cus Sta Wgn	300	600	950	1900	3200	4600
4-dr 9-pass Cus Sta Wgn	300	650	1100	2100	3600	5100
4-dr 6-p Crstwd Sta Wgn	300	650	1000	2000	3500	4900
4-dr 9-p Crstwd Sta Wgn	300	650	1100	2200	3800	5400

Charger, 8-cyl., 115" wb

	6	5	4	3	2	1
2-dr Cpe	400	1150	1850	3700	6400	9300
2-dr Hdtp	450	1250	2150	4300	7400	10700
2-dr Hdtp SE	550	1450	2450	4900	8500	12000

Polara, 8-cyl., 122" wb

	6	5	4	3	2	1
2-dr Hdtp	300	650	1150	2300	3900	5700
2-dr Cus Hdtp	300	750	1250	2500	4400	6200
4-dr Sdn	300	600	900	1800	3100	4400
4-dr Cus Sdn	300	600	950	1900	3200	4600
4-dr Hdtp	300	650	1000	2000	3500	4900
4-dr Cus Hdtp	300	650	1100	2100	3600	5100
4-dr 6-pass Sta Wgn	300	650	1000	2000	3500	4900
4-dr 6-pass Cus Sta Wgn	300	650	1100	2200	3800	5400
4-dr 9-pass Cus Sta Wgn	300	700	1200	2400	4100	5900

Monaco, 8-cyl., 122" wb

	6	5	4	3	2	1
4-dr Sdn	300	600	950	1900	3200	4600
4-dr Hdtp	300	650	1100	2200	3800	5400
2-dr Hdtp	300	800	1350	2700	4700	6900
4-dr 6-pass Sta Wgn	300	650	1150	2300	3900	5700
4-dr 9-pass Sta Wgn	300	750	1250	2500	4400	6200

340-240 hp add 30%
440 "Six Pack" add 40%
4-speed add 10%   6-cyl deduct 10%

1973

Dart Sport, 6-cyl., 108" & 111" wb
Dart, 8-cyl., 108" & 111" wb

	6	5	4	3	2	1
4-dr Sdn	300	600	850	1700	2900	4100
2-dr Hdtp Cpe	300	650	1100	2100	3600	5100
2-dr Spt Cpe	300	600	950	1900	3200	4600
2-dr Spt Cpe "340"	350	900	1500	2900	5200	7400
2-dr Swinger Hdtp	300	800	1300	2600	4600	6600
4-dr Custom Sdn	300	600	900	1800	3100	4400

	6	5	4	3	2	1
Challenger, 8-cyl., 110" wb						
2-dr Hdtp Cpe	550	1450	2450	4900	8500	11800
Coronet, 118" wb						
4-dr Sdn	300	600	850	1700	2900	4100
4-dr Cus Sdn	300	600	900	1800	3100	4400
4-dr 6-pass Sta Wgn	300	600	900	1800	3100	4400
4-dr 6-pass Cus Sta Wgn	300	600	900	1800	3100	4400
4-dr 9-pass Cus Sta Wgn	300	650	1000	2000	3500	4900
4-dr 6-p Crstwd Sta Wgn	300	600	950	1900	3200	4600
4-dr 9-p Crstwd Sta Wgn	300	650	1100	2100	3600	5100
Charger, 6-cyl./8-cyl., 115" wb						
2-dr Cpe	400	1100	1800	3500	6100	8900
2-dr Hdtp	450	1250	2150	4300	7400	10700
2-dr "SE" Hdtp	450	1250	2050	4100	7100	10300
Polara, 122" wb						
4-dr Sdn	300	600	900	1800	3100	4400
2-dr Hdtp Cpe	300	650	1150	2300	3900	5700
4-dr 6-pass Sta Wgn	300	650	1100	2100	3600	5100
Polara Custom, 122" wb						
4-dr Cus Sdn	300	600	950	1900	3200	4600
4-dr Cus Hdtp	300	650	1100	2100	3600	5100
2-dr Cus Hdtp Sdn	300	750	1250	2500	4400	6200
4-dr 6-pass Cus Sta Wgn	300	650	1100	2200	3800	5400
4-dr 9-pass Cus Sta Wgn	300	700	1200	2400	4100	5900
Monaco, 8-cyl., 122" wb						
4-dr Sdn	300	600	950	1900	3200	4600
4-dr Hdtp Sdn	300	650	1100	2200	3800	5400
2-dr Hdtp Cpe	300	800	1350	2700	4700	6900
4-dr 6-pass Sta Wgn	300	700	1200	2400	4100	5900
4-dr 9-pass Sta Wgn	300	800	1300	2600	4600	6600

340-240 hp V8 add 20%
440-280 hp add 20%

1974

	6	5	4	3	2	1
Dart, 6-cyl./8-cyl., 108"-111" wb						
4-dr Sdn	300	600	900	1800	3100	4400
4-dr SE Sdn	300	600	950	1900	3200	4600
4-dr Cus Sdn	300	600	900	1800	3100	4400
2-dr Spl Hdtp Cpe	300	700	1200	2400	4100	5900
2-dr SE Hdtp Cpe	350	900	1500	2900	5200	7400
2-dr Spt Cpe	300	650	1000	2000	3500	4900
2-dr Swinger Hdtp	300	800	1300	2600	4600	6600
2-dr Sport "360" Hdtp	350	950	1550	3100	5500	7900

"Hang-10" pkg add 20%

	6	5	4	3	2	1
Challenger, 8-cyl., 110" wb						
2-dr Hdtp Cpe	500	1350	2350	4700	8100	11500
Coronet, 6-cyl./8-cyl., 118" wb						
4-dr Sdn	300	600	900	1800	3100	4400
4-dr Cus Sdn	300	600	900	1800	3100	4400
4-dr 9-pass Sta Wgn	300	600	950	1900	3200	4600
4-dr 6-pass Cus Sta Wgn	300	600	850	1700	2900	4100
4-dr 9-pass Cus Sta Wgn	300	600	950	1900	3200	4600
4-dr 6-p Crstwd Sta Wgn	300	600	950	1900	3200	4600
4-dr 9-p Crstwd Sta Wgn	300	650	1100	2100	3600	5100
Charger, 6-cyl./8-cyl., 115" wb						
2-dr Cpe	350	850	1400	2800	4900	7100
2-dr Hdtp	450	1250	2050	4100	7100	10300
2-dr "SE" Hdtp	400	1100	1800	3500	6100	8900
Monaco, 8-cyl., 122" wb						
4-dr Sdn	300	600	900	1800	3100	4400
4-dr Cus Sdn	300	600	900	1800	3100	4400

	6	5	4	3	2	1
4-dr Cus Hdtp Sdn	300	650	1100	2100	3600	5100
4-dr Brghm Sdn	300	600	950	1900	3200	4600
4-dr Brghm Hdtp Sdn	300	650	1100	2200	3800	5400
2-dr Hdtp Cpe	300	650	1100	2100	3600	5100
2-dr Cus Hdtp Cpe	300	650	1150	2300	3900	5700
2-dr Brghm Hdtp Cpe	300	750	1250	2500	4400	6200
4-dr 6-pass Sta Wgn	300	650	1100	2100	3600	5100
4-dr 6-p 6-pass Sta Wgn	300	650	1100	2200	3800	5400
4-dr 9-p 9-pass Sta Wgn	300	700	1200	2400	4100	5900
4-dr 2-p Brghm Sta Wgn	300	650	1150	2300	3900	5700
4-dr 9-p Brghm Sta Wgn	300	750	1250	2500	4400	6200

360-245 hp add 20%
440-275 hp add 25%

1975

Dart, 108" & 111" wb
	6	5	4	3	2	1
4-dr Sdn	300	550	800	1600	2800	3900
4-dr Cus Sdn	300	600	850	1700	2900	4100
4-dr SE Sdn	300	600	900	1800	3100	4400
2-dr Spt Hdtp	300	650	1100	2200	3800	5400
2-dr Spt Cpe	300	600	900	1800	3100	4400
2-dr Spt "360" Cpe	300	700	1200	2400	4100	5900
2-dr Swinger Hdtp	300	650	1100	2100	3600	5100
2-dr SE Hdtp Cpe	300	700	1200	2400	4100	5900

"Hang-10" pkg add 20%

Coronet, 115"-118" wb
	6	5	4	3	2	1
2-dr Hdtp Cpe	300	650	1000	2000	3500	4900
2-dr Cus Hdtp Cpe	300	650	1000	2000	3500	4900
2-dr Brghm Hdtp Cpe	300	650	1100	2100	3600	5100
4-dr Sdn	300	600	850	1700	2900	4100
4-dr Cus Sdn	300	600	850	1700	2900	4100
4-dr 6-pass Sta Wgn	300	600	950	1900	3200	4600
4-dr 6-pass Cus Sta Wgn	300	600	950	1900	3200	4600
4-dr 9-pass Cus Sta Wgn	300	650	1100	2100	3600	5100
4-dr 6-p Crstwd Sta Wgn	300	650	1000	2000	3500	4900
4-dr 9-p Crstwd Sta Wgn	300	650	1100	2200	3800	5400

Charger S.E., 115" wb
	6	5	4	3	2	1
2-dr Hdtp Cpe	400	1050	1700	3300	5800	8300

Monaco, 122"-124" wb
	6	5	4	3	2	1
2-dr Hdtp Cpe	300	650	1100	2100	3600	5100
2-dr Ryl Hdtp Cpe	300	650	1150	2300	3900	5700
2-dr Brghm Cpe	300	650	1150	2300	3900	5700
4-dr Sdn	300	600	850	1700	2900	4100
4-dr Ryl Sdn	300	600	900	1800	3100	4400
4-dr Brghm Sdn	300	900	950	1900	3200	4600
4-dr Ryl Hdtp Sdn	300	650	1100	2100	3600	5100
4-dr Brghm Hdtp Sdn	300	650	1100	2200	3800	5400
4-dr 6-pass Sta Wgn	300	650	1100	2200	3800	5400
4-dr 6-pass Ryl Sta Wgn	300	650	1150	2300	3900	5700
4-dr 9-pass Ryl Sta Wgn	300	750	1250	2500	4400	6200
4-dr 6-p Brghm Sta Wgn	300	700	1200	2400	4100	5900
4-dr 9-p Brghm Sta Wgn	300	800	1300	2600	4600	6600

1976

Dart, 6-cyl., 111" wb
	6	5	4	3	2	1
4-dr Sdn	300	550	800	1600	2800	3900
2-dr Swinger Hdtp	300	600	950	1900	3200	4600
2-dr Swinger Spl Hdtp	300	600	950	1900	3200	4600
2-dr Spt Cpe	300	600	900	1800	3100	4400

	6	5	4	3	2	1
Aspen, 6-cyl./8-cyl., 109"-113" wb						
4-dr Sdn	250	500	750	1500	2600	3600
4-dr Cus Sdn	300	550	800	1600	2800	3900
2-dr Spt Cpe	300	550	800	1600	2800	3900
2-dr Cus Spt Cpe	300	600	900	1800	3100	4400
4-dr 6-pass Sta Wgn	300	550	800	1600	2800	3900
4-dr 6-pass Cus Sta Wgn	300	600	900	1800	3100	4400
Coronet, 8-cyl., 115"-118" wb						
4-dr Sdn	300	600	850	1700	2900	4100
4-dr Brghm Sdn	300	600	900	1800	3100	4400
4-dr 6-pass Sta Wgn	300	600	950	1900	3200	4600
4-dr 9-pass Sta Wgn	300	650	1100	2100	3600	5100
4-dr 6-p Crstwd Sta Wgn	300	600	950	1900	3200	4600
4-dr 9-p Crstwd Sta Wgn	300	650	1100	2100	3600	5100
Charger, 8-cyl., 115"-118" wb						
2-dr Hdtp	350	900	1500	3000	5300	7600
2-dr Hdtp Spt	300	800	1300	2600	4600	6600
2-dr SE Hdtp	350	850	1400	2800	4900	7100
Monaco, 8-cyl., 122"-124" wb						
4-dr Sdn	300	600	900	1800	3100	4400
4-dr Ryl Sdn	300	600	950	1900	3200	4600
4-dr Brghm Sdn	300	600	950	1900	3200	4600
2-dr Ryl Hdtp	300	650	1150	2300	3900	5700
2-dr Brghm Hdtp Frml	300	650	1150	2300	3900	5700
4-dr 6-pass Sta Wgn	300	650	1000	2000	3500	4900
4-dr 6-pass Ryl Sta Wgn	300	650	1000	2000	3500	4900
4-dr 9-pass Ryl Sta Wgn	300	650	1100	2200	3800	5400
4-dr 9-p Brghm Sta Wgn	300	700	1200	2400	4100	5900

1977

	6	5	4	3	2	1
Aspen, 8-cyl., 109"-113" wb						
2-dr Spt Cpe	300	550	800	1600	2800	3900
2-dr Cus Spt Cpe	300	600	850	1700	2900	4100
2-dr SE Spt Cpe	300	600	900	1800	3100	4400
4-dr Sdn	250	500	750	1500	2600	3600
4-dr Cus Sdn	300	550	800	1600	2800	3900
4-dr SE Sdn	300	600	850	1700	2900	4100
4-dr 6-pass Sta Wgn	300	550	800	1600	2800	3900
4-dr 6-pass Se Sta Wgn	300	600	900	1800	3100	4400
Monaco, 8-cyl., 115"-118" wb						
4-dr Sdn	300	600	900	1800	3100	4400
4-dr Brghm Sdn	300	600	900	1800	3100	4400
2-dr Hdtp	300	650	1000	2000	3500	4900
2-dr Spl Hdtp	300	650	1000	2000	3500	4900
2-dr Brghm Hdtp	300	650	1100	2200	3800	5400
4-dr 6-pass Sta Wgn	300	600	950	1900	3200	4600
4-dr 9-pass Sta Wgn	300	650	1100	2100	3600	5100
4-dr 6-p Crstwd Sta Wgn	300	650	1000	2000	3500	4900
4-dr 9-p Crstwd Sta Wgn	300	650	1100	2200	3800	5400
Charger Special Edition, 8-cyl., 115" wb						
2-dr Hdtp	350	850	1400	2800	4900	7100
Diplomat, 8-cyl., 113" wb						
4-dr Sdn	200	350	500	1000	1900	2700
4-dr Medallion Sdn	200	400	550	1100	2000	2900
2-dr Cpe	200	400	550	1100	2000	2900
2-dr Medallion Cpe	200	400	550	1100	2000	2900
Royal Monaco, 8-cyl., 121" wb						
4-dr Sdn	300	600	950	1900	3200	4600
4-dr Brghm Sdn	300	600	950	1900	3200	4600
2-dr Hdtp	300	650	1150	2300	3900	5700
2-dr Brghm Hdtp Frml	300	650	1150	2300	3900	5700

	6	5	4	3	2	1
4-dr 6-pass Sta Wgn	300	650	1000	2000	3500	4900
4-dr 6-p Brghm Sta Wgn	300	650	1100	2200	3800	5400
4-dr 9-p Brghm Wgn	300	700	1200	2400	4100	5900

6-cyl deduct 10%

1978

Omni, 4-cyl., 99" wb

4-dr Htchbk	125	250	400	800	1700	2500

Aspen, 8-cyl., 109"-113" wb

4-dr Sdn	250	500	750	1500	2600	3600
2-dr Spt Cpe	300	550	800	1600	2800	3900
4-dr 6-pass Sta Wgn	300	550	800	1600	2800	3900

Monaco, 8-cyl., 115"-118" wb

4-dr Sdn	300	600	900	1800	3100	4400
4-dr Brghm Sdn	300	600	900	1800	3100	4400
2-dr Hdtp	300	650	1000	2000	3500	4900
2-dr Hdtp "SS"	300	650	1100	2200	3800	5400
2-dr Brghm Hdtp	300	650	1100	2200	3800	5400
4-dr 9-pass Sta Wgn	300	650	1100	2100	3600	5100
4-dr 6-pass Sta Wgn	300	600	950	1900	3200	4600
4-dr 9-p Crstwd Sta Wgn	300	650	1100	2200	3800	5400
4-dr 6-p Crstwd Sta Wgn	300	650	1000	2000	3500	4900

Charger SE, 8-cyl.

2-dr Cpe	350	850	1400	2800	4900	7100

Magnum XE, 8-cyl.

2-dr Hdtp Cpe	350	950	1550	3100	5500	7900

T-top add 10%

Challenger, 8-cyl.

2-dr Spt Cpe	300	700	1200	2400	4100	5900

Diplomat, 8-cyl., 113" wb

4-dr "S" Sdn	200	400	550	1100	2000	2900
2-dr "S" Cpe	200	400	550	1100	2000	2900
4-dr Sdn	200	350	500	1000	1900	2700
2-dr Cpe	200	400	550	1100	2000	2900
4-dr Medallion Sdn	200	350	500	1000	1900	2700
2-dr Medallion Cpe	200	400	550	1100	2000	2900
4-dr 6-pass Sta Wgn	200	350	500	1000	1900	2700

1979

Omni, 4-cyl., 97" wb

2-dr "024" Htchbk	125	250	400	800	1700	2500
4-dr Htchbk	125	250	400	800	1700	2500

Aspen, 8-cyl., 109"-113" wb

2-dr Cpe	300	550	800	1600	2800	3900
4-dr Sdn	250	500	750	1500	2600	3600
4-dr 6-pass Sta Wgn	300	550	800	1600	2800	3900

Magnum XE, 8-cyl., 115" wb

2-dr Specialty Hdtp	350	950	1550	3100	5500	7900

Diplomat, 8-cyl., 113" wb

2-dr Cpe	200	400	550	1100	2000	2900
2-dr Salon Cpe	200	400	550	1100	2000	2900
2-dr Medallion Cpe	200	400	550	1100	2000	2900
4-dr Sdn	200	350	500	1000	1900	2700
4-dr Salon Sdn	200	350	500	1000	1900	2700
4-dr Medallion Sdn	200	350	500	1000	1900	2700
4-dr 6-p Salon Sta Wgn	200	350	500	1000	1900	2700

St. Regis, 8-cyl., 119" wb

4-dr Sdn	300	550	800	1600	2800	3900

All models T-top add 10%
Aspen R/T pkg add 105

	6	5	4	3	2	1

1980

Omni, 4-cyl., 97" wb

	6	5	4	3	2	1
024 2-dr Htchbk	125	250	400	800	1700	2500
4-dr Htchbk	125	250	400	800	1700	2500

DeTomaso pkg add 10%

Aspen, 8-cyl., 109"-113" wb

	6	5	4	3	2	1
4-dr Sdn	250	500	750	1500	2600	3600
2-dr Cpe	300	550	800	1600	2800	3900
4-dr Sta Wgn	300	550	800	1600	2800	3900

R/T pkg add 10%   Spl Ed pkg add 10%
6-cyl deduct 10%

Diplomat, 8-cyl., 109"-113" wb

	6	5	4	3	2	1
4-dr Sdn Salon	200	350	500	1000	1900	2700
2-dr Cpe Salon	200	400	550	1100	2000	2900
4-dr 6-p Sta Wgn Salon	200	400	550	1100	2000	2900
2-dr Cpe	200	400	550	1100	2000	2900
4-dr Sdn	200	350	500	1000	1900	2700
4-dr 6-pass Sta Wgn	200	350	500	1000	1900	2700
2-dr Spl Spt Cpe	200	400	550	1100	2000	2900
4-dr Sdn Medallion	200	400	550	1100	2000	2900
2-dr Cpe Medallion	200	400	550	1100	2000	2900

Mirada, 8-cyl., 113" wb

	6	5	4	3	2	1
2-dr Hdtp	250	500	750	1400	2400	3400
2-dr Hdtp "S" Cpe	250	500	750	1500	2600	3600

St. Regis, 8-cyl., 119" wb

	6	5	4	3	2	1
4-dr Hdtp	300	550	800	1600	2800	3900

1981

Omni, 4-cyl., 97" wb

	6	5	4	3	2	1
2-dr 024 Htchbk	150	300	450	900	1800	2600
4-dr Htchbk	150	300	450	900	1800	2600

Miser pkg deduct 10%   Euro-Sdn pkg add 10%
DeTomaso pkg add 10%

Aries, 4-cyl., 99.6" wb

	6	5	4	3	2	1
2-dr Sdn	200	350	500	1000	1900	2700
2-dr Custom Sdn	200	350	500	1000	1900	2700
2-dr SE Sdn	200	350	500	1000	1900	2700
4-dr Sdn	200	350	500	1000	1900	2700
4-dr Custom Sdn	200	350	500	1000	1900	2700
4-dr SE Sdn	200	350	500	1000	1900	2700
4-dr 6-p Custom Sta Wgn	200	350	500	1000	1900	2700
4-dr 6-pass SE Sta Wgn	200	350	500	1000	1900	2700

Diplomat, 8-cyl., 109"-113" wb

	6	5	4	3	2	1
2-dr Spt Cpe	200	400	550	1100	2000	2900
2-dr Salon Cpe	200	400	550	1100	2000	2900
2-dr Cpe Medallion	200	400	550	1100	2000	2900
4-dr Spt Sdn	200	400	550	1100	2000	2900
4-dr Salon Sdn	200	400	550	1100	2000	2900
4-dr Sdn Medallion	200	400	550	1100	2000	2900
4-dr 6-pass Sta Wgn	200	400	550	1100	2000	2900
4-dr Salon 6-p Sta Wgn	200	400	550	1100	2000	2900

Mirada, 8-cyl., 113" wb

	6	5	4	3	2	1
2-dr Cpe	250	500	750	1400	2400	3400

St. Regis, 8-cyl., 119" wb

	6	5	4	3	2	1
4-dr Sdn	300	550	800	1600	2800	3900

	6	5	4	3	2	1

1982

Omni, 4-cyl., 99" wb
4-dr Custom Htchbk	150	300	450	900	1800	2600
2-dr Custom Htchbk	150	300	450	900	1800	2600
2-dr Charger 2.2	200	350	500	1000	2000	2900

Miser pkg deduct 10%   *Euro-Sdn pkg add 10%*

Aries, 4-cyl., 100" wb
2-dr Sdn	200	350	500	1000	1900	2700
2-dr Custom Sdn	200	350	500	1000	1900	2700
2-dr Cpe SE	200	350	500	1000	1900	2700
4-dr Sdn	200	350	500	1000	1900	2700
4-dr Custom Sdn	200	350	500	1000	1900	2700
4-dr Sdn SE	200	350	500	1000	1900	2700
4-dr 6-pass Custom Wgn	200	350	500	1000	1900	2700
4-dr 6-pass Sta Wgn SE	200	350	500	1000	1900	2700

400, 4-cyl., 100" wb
2-dr Cpe	200	400	600	1200	2100	3000
2-dr Cpe LS	200	400	600	1200	2100	3000
4-dr Sdn	200	400	600	1200	2100	3000
4-dr Sdn LS	200	400	600	1200	2100	3000
2-dr Conv	300	600	900	1800	3100	4400

Diplomat, 8-cyl., 113" wb
4-dr Sdn Salon	200	400	550	1100	2000	2900
4-dr Sdn Medallion	200	400	550	1100	2000	2900

Mirada, 8-cyl., 113" wb
2-dr Cpe Hdtp	250	500	750	1400	2400	3400

1983

Omni, 4-cyl., 99" wb
4-dr Htchbk	150	300	450	900	1800	2600
4-dr Htchbk Cus	150	300	450	900	1800	2600

Charger, 4-cyl., 97" wb
2-dr Htchbk	150	300	450	900	1800	2600
2-dr Htchbk 2.2	150	300	450	900	1800	2600
2-dr Htchbk Shelby	150	300	450	900	1800	2600

Aries, 4-cyl., 100" wb
2-dr Sdn	200	350	500	1000	1900	2700
2-dr Sdn SE	200	350	500	1000	1900	2700
4-dr Sdn	200	350	500	1000	1900	2700
4-dr Sdn SE	200	350	500	1000	1900	2700
4-dr 6-pass Sta Wgn SE	200	350	500	1000	1900	2700
4-dr 6-pass Custom Wgn	200	350	500	1000	1900	2700

400, 4-cyl., 100" wb
2-dr Cpe	200	450	650	1300	2200	3200
4-dr Sdn	200	450	650	1300	2200	3200
2-dr Conv	300	600	950	1900	3200	4600

Sport Handling pkg add 10%

600, 4-cyl., 103" wb
4-dr Sdn	250	500	750	1400	2400	3400
4-dr ES Sdn	250	500	750	1500	2600	3600

Diplomat, 8-cyl., 113" wb
4-dr Salon Sdn	200	400	550	1100	2000	2900
4-dr Medallion Sdn	200	400	550	1100	2000	2900

Mirada, 8-cyl., 113" wb
2-dr Specialty Cpe	250	500	750	1400	2400	3400

1984

Omni, 4-cyl., 99" wb
4-dr Htchbk	200	350	500	1000	1900	2700
4-dr SE Htchbk	200	350	500	1000	1900	2700

GLH pkg add 10%

	6	5	4	3	2	1
Charger, 4-cyl., 97" wb						
2-dr Htchbk	200	350	500	1000	1900	2700
2-dr Htchbk 2.2	200	350	500	1000	1900	2700
2-dr Htchbk Shelby	200	350	500	1000	1900	2700
Aries, 4-cyl., 100" wb						
2-dr Sdn	200	400	550	1100	2000	2900
2-dr Sdn SE	200	400	550	1100	2000	2900
4-dr Sdn	200	400	550	1100	2000	2900
4-dr Sdn SE	200	400	550	1100	2000	2900
4-dr 6-pass Cus Sta Wgn	200	400	550	1100	2000	2900
4-dr 6-pass SE Sta Wgn	200	400	550	1100	2000	2900
Daytona, 4-cyl., 97" wb						
2-dr Htchbk	200	550	650	1250	2150	3100
2-dr Htchbk Turbo	200	550	750	1300	2200	3200
2-dr Htchbk Turbo Z	250	650	800	1500	2400	3400
600, 4-cyl., 103" wb						
2-dr Cpe	250	500	750	1400	2400	3400
4-dr Sdn	250	500	750	1500	2600	3600
4-dr Sdn ES	300	550	800	1600	2800	3900
2-dr Conv	300	600	900	1800	3100	4400
2-dr Conv ES Turbo	300	550	800	1600	2800	3900
Diplomat, 8-cyl., 113" wb						
4-dr Sdn Salon	200	400	550	1100	2000	2900
4-dr Sdn SE	200	400	550	1100	2000	2900

1985

	6	5	4	3	2	1
Omni, 4-cyl., 99" wb						
4-dr Htchbk	200	350	500	1000	1900	2700
4-dr SE Htchbk	200	350	500	1000	1900	2700
			GLH pkg add 10%			
Charger, 4-cyl., 97" wb						
2-dr Htchbk	200	350	500	1000	1900	2700
2-dr Htchbk 2.2	200	350	500	1000	1900	2700
2-dr Htchbk Shelby	200	350	500	1000	1900	2700
Aries, 4-cyl., 100" wb						
2-dr Sdn	200	400	550	1100	2000	2900
2-dr LE Sdn	200	400	550	1100	2000	2900
2-dr SE Sdn	200	400	550	1100	2000	2900
4-dr Sdn	200	400	550	1100	2000	2900
4-dr LE Sdn	200	400	550	1100	2000	2900
4-dr SE Sdn	200	400	550	1100	2000	2900
4-dr 6-pass LE Wgn	200	400	550	1100	2000	2900
4-dr 6-pass SE Wgn	200	400	550	1100	2000	2900
Daytona, 4-cyl., 97" wb						
2-dr Htchbk	250	500	750	1500	2600	3600
2-dr Htchbk Turbo	250	500	750	1400	2400	3400
2-dr Htchbk Turbo Z	250	500	750	1400	2400	3400
600, 4-cyl., 103" wb						
2-dr Cpe	250	500	750	1500	2600	3600
4-dr Sdn SE	300	550	800	1600	2800	3900
2-dr Conv	300	600	950	1900	3200	4600
2-dr Conv ES Turbo	300	600	900	1800	3100	4400
Lancer, 4-cyl., 103" wb						
4-dr Spt Htchbk	250	500	750	1400	2400	3400
4-dr ES Htchbk	250	500	750	1400	2400	3400
Diplomat, 8-cyl., 113" wb						
4-dr Salon Sdn	200	400	550	1100	2000	2900
4-dr SE Sdn	200	400	550	1100	2000	2900

	6	5	4	3	2	1

1986

Omni, 4-cyl., 99" wb

	6	5	4	3	2	1
4-dr Htchbk	200	400	550	1100	2000	2900
4-dr Htchbk GLH	200	400	550	1100	2000	2900
4-dr SE Htchbk	200	400	550	1100	2000	2900

Charger, 4-cyl., 97" wb

	6	5	4	3	2	1
2-dr Htchbk	200	400	550	1100	2000	2900
2-dr Htchbk 2.2	200	400	550	1100	2000	2900
2-dr Htchbk Shelby	200	400	550	1100	2000	2900

Daytona, 4-cyl., 97"wb

	6	5	4	3	2	1
2-dr Htchbk	250	500	750	1500	2600	3600
2-dr Htchbk Turbo Z	300	550	9800	1600	2800	3900

Turbo-Z w/CS (Carroll Shelby) pkg add 10%

Aries, 4-cyl., 100" wb

	6	5	4	3	2	1
2-dr Sdn	200	400	600	1200	2100	3000
2-dr SE Sdn	200	400	600	1200	2100	3000
2-dr LE Sdn	200	400	600	1200	2100	3000
4-dr Sdn	200	400	600	1200	2100	3000
4-dr SE Sdn	200	400	600	1200	2100	3000
4-dr LE Sdn	200	400	600	1200	2100	3000
4-dr 6-pass SE Wgn	200	400	600	1200	2100	3000
4-dr 6-pass LE Wgn	200	400	600	1200	2100	3000

Lancer, 4-cyl., 103" wb

	6	5	4	3	2	1
4-dr Spt Htchbk	300	600	850	1700	2900	4100
4-dr ES Htchbk	300	550	800	1600	2800	3900

600, 4-cyl., 100" wb

	6	5	4	3	2	1
2-dr Cpe	300	600	850	1700	2900	4100
2-dr Conv	300	650	1100	2100	3600	5100
2-dr ES Conv Turbo	300	650	1000	2000	3500	4900
4-dr Sdn	300	600	850	1700	2900	4100
4-dr SE Sdn	300	600	900	1800	3100	4400

Diplomat, 8-cyl., 113" wb

	6	5	4	3	2	1
4-dr Sdn Salon	200	400	600	1200	2100	3000
4-dr SE Sdn	200	400	600	1200	2100	3000

1987

Omni America, 4-cyl., 99" wb

	6	5	4	3	2	1
4-dr Htchbk	200	400	600	1200	2100	3000

Charger, 4-cyl., 97" wb

	6	5	4	3	2	1
2-dr Htchbk 2.2	200	400	600	1200	2100	3000
2-dr Htchbk Shelby	200	400	600	1200	2100	3000

Daytona, 4-cyl., 97" wb

	6	5	4	3	2	1
2-dr Htchbk	300	600	850	1700	2900	4100
2-dr Htchbk Pacifica	300	650	1000	2000	3500	4900
2-dr Htchbk Shelby Z	400	750	1400	2500	4000	5500

Shadow, 4-cyl., 97" wb

	6	5	4	3	2	1
2-dr Lftbck Sdn	300	600	850	1700	2900	4100
4-dr Lftbck Sdn	300	600	850	1700	2900	4100

Aries, 4-cyl., 100" wb

	6	5	4	3	2	1
2-dr Sdn	250	500	750	1400	2400	3400
2-dr LE Sdn	250	500	750	1500	2600	3600
4-dr Sdn	250	500	750	1400	2400	3400
4-dr Sdn LE	250	500	750	1500	2600	3600
4-dr LE Sta Wgn	250	500	750	1500	2600	3600

600, 4-cyl., 103" wb

	6	5	4	3	2	1
4-dr Sdn	300	600	950	1900	3200	4600
4-dr SE Sdn	300	650	1000	2000	3500	4900

Lancer, 4-cyl., 103" wb

	6	5	4	3	2	1
4-dr Htchbk	300	600	900	1800	3100	4400
4-dr ES Htchbk	300	600	900	1800	3100	4400

	6	5	4	3	2	1
Diplomat, 8-cyl., 113" wb						
4-dr Sdn Salon	200	450	650	1300	2200	3200
4-dr SE Sdn	200	450	650	1300	2200	3200

1988

	6	5	4	3	2	1
Omni America, 4-cyl., 99"wb						
4-dr Htchbk	200	450	650	1300	2200	3200
Daytona, 4-cyl., 97" wb						
2-dr Htchbk	300	650	1100	2100	3600	5100
2-dr Pacifica Htchbk	300	700	1200	2400	4100	5900
2-dr Shelby-Z Htchbk	300	750	1250	2500	4400	6200
Shadow, 4-cyl., 97" wb						
2-dr Lftbck Sdn	300	600	900	1800	3100	4400
4-dr Lftbck Sdn	300	600	950	1900	3200	4600
ES pkg add 10%						
Lancer, 4-cyl., 103" wb						
4-dr Htchbk	300	650	1000	2000	3500	4900
4-dr ES Htchbk	300	650	1000	2000	3500	4900
Aries America, 4-cyl., 100" wb						
2-dr Sdn	300	550	800	1600	2800	3900
4-dr Sdn	300	550	800	1600	2800	3900
4-dr Wgn	300	550	800	1600	2800	3900
600, 4-cyl., 103" wb						
4-dr Sdn	300	650	1000	2000	3500	4900
4-dr SE Sdn	300	650	1100	2100	3600	5100
Dynasty, 6-cyl., 104" wb						
4-dr Sdn	300	700	1200	2400	4100	5900
4-dr LE Sdn	300	800	1350	2700	4700	6900
Diplomat, 8-cyl., 113" wb						
4-dr Sdn	250	500	750	1400	2400	3400
4-dr Salon Sdn	250	500	750	1500	2600	3600
4-dr SE Sdn	250	500	750	1500	2600	3600

1989

	6	5	4	3	2	1
Omni America, 4-cyl., 99" wb						
4-dr Htchbk	250	500	750	1400	2400	3400
Daytona, 4-cyl., 97" wb						
2-dr Htchbk	300	750	1250	2500	4400	6200
2-dr Htchbk ES	300	800	1350	2700	4700	6900
2-dr Htchbk ES Turbo	350	900	1500	3000	5300	7600
2-dr Htchbk Shelby	350	950	1550	3100	5500	7900
T-top add 10%				*C/S Comp pkg add 20%*		
Shadow, 4-cyl., 97" wb						
2-dr Lftbck Sdn	300	650	1000	2000	3500	4900
4-dr Lftbck Sdn	300	650	1100	2100	3600	5100
CSX pkg add 10%						
Lancer, 4-cyl., 103" wb						
4-dr Spt Sdn	250	550	950	2000	3500	5200
4-dr ES Spt Sdn	300	650	1150	2300	3900	5700
4-dr Shelby Spt Sdn	400	1050	1700	3300	5800	8300
Aries America, 4-cyl., 100" wb						
2-dr Sdn	300	600	850	1700	2900	4100
4-dr Sdn	300	600	850	1700	2900	4100
4-dr Sta Wgn	300	600	850	1700	2900	4100
Spirit, 4-cyl., 103" wb						
4-dr Sdn	300	650	1150	2300	3900	5700
4-dr LE Sdn LE	300	700	1200	2400	4100	5900
4-dr ES Turbo Sdn	300	800	1350	2700	4700	6900
Dynasty, 6-cyl., 104" wb						
4-dr Sdn	350	850	1400	2800	4900	7100
4-dr LE Sdn	350	950	1550	3100	5500	7900

	6	5	4	3	2	1
Diplomat, 8-cyl., 113" wb						
4-dr LE Sdn	300	550	800	1600	2800	3900
4-dr SE Sdn	300	550	800	1600	2800	3900

1990

	6	5	4	3	2	1
Omni, 4-cyl., 99" wb						
4-dr Htchbk	300	550	800	1600	2800	3900
Daytona, 4-cyl., 97" wb						
2-dr Htchbk	400	1050	1700	3300	5800	8300
2-dr ES Htchbk ES	400	1100	1800	3500	6100	8900
2-dr ES Turbo Htchbk	400	1150	1850	3700	6400	9300
2-dr Shelby Htchbk	400	1200	1950	3900	6800	9900
		T-top add 10%		*C/S Comp pkg add 20%*		
Shadow, 4-cyl., 97" wb						
2-dr Lftbck Cpe	300	650	1150	2300	3900	5700
4-dr Lftbck Sdn	300	700	1200	2400	4100	5900
		ES pkg add 10%		*Competition pkg add 20%*		
Spirit, 4-cyl., 103" wb						
4-dr Sdn	300	800	1300	2600	4600	6600
4-dr LE Sdn LE	350	850	1400	2800	4900	7100
4-dr ES Turbo Sdn	350	950	1550	3100	5500	7900
Dynasty, 6-cyl., 104" wb						
4-dr Sdn	400	1100	1800	3600	6200	9100
4-dr LE Sdn	400	1200	1950	3900	6800	9900
Monaco, 6-cyl., 106" wb						
4-dr LE Sdn	300	600	950	1900	3200	4600
4-dr ES Sdn	300	650	1100	2200	3800	5400

1991

	6	5	4	3	2	1
Daytona, 4-cyl., 97" wb						
2-dr Htchbk	400	1200	1950	3900	6800	9900
2-dr Htchbk ES	450	1250	2050	4100	7100	10300
2-dr Htchbk Shelby	500	1350	2300	4600	8000	11300
2-dr Htchbk IROC	550	1400	2400	4800	8300	11800
				Sport pkg add 10%		
Shadow, 4-cyl., 97" wb						
2-dr America Htchbck	300	800	1350	2700	4700	6900
4-dr America Htchbck	300	800	1350	2700	4700	6900
2-dr Htchbck	350	850	1400	2800	4900	7100
4-dr Htchbck	350	900	1500	2900	5200	7400
2-dr Conv	400	1050	1700	3400	5900	8500
2-dr ES Htchbck	350	900	1500	3000	5300	7600
4-dr ES Htchbck	350	950	1550	3100	5500	7900
2-dr Es Conv	400	1100	1800	3500	6100	8900
Spirit, 4-cyl., 103" wb						
4-dr Sdn	350	950	1550	3100	5500	7900
4-dr LE Sdn LE	350	1000	1600	3200	5700	8100
4-dr ES Turbo Sdn	400	1100	1800	3500	6100	8900
4-dr R/T Sedan	400	1100	1800	3600	6200	9100
Dynasty, 6-cyl., 104" wb						
4-dr Sdn	450	1250	2050	4100	7100	10300
4-dr Sdn LE	450	1250	2200	4400	7600	10900
Monaco, 6-cyl., 106" wb						
4-dr LE Sdn	300	700	1200	2400	4100	5900
4-dr ES Sdn	350	850	1400	2800	4900	7100
Stealth, 6-cyl., 97.2"wb						
2-dr Coupe	650	1700	3000	6100	10600	15200
2-dr ES Coupe	700	1850	3300	6600	11300	16300
2-dr R/Tcoupe	750	2300	3800	7600	13100	18900

DURANT
1921 – 1931

1930 Durant Standard Coupe

1930 Durant Deluxe Coupe

	6	5	4	3	2	1
_1921-1922_						
Model A-22, 4-cyl., 35 hp, 109" wb						
2-pass Rdstr	1200	3800	6350	12700	22400	31700
5-pass Tr	1050	3350	5600	11200	19700	25800
4-pass Cpe	700	1900	3350	6700	11500	16500
5-pass Sdn	650	1750	3100	6200	10700	15400
Model B-22, 6-cyl., 70 hp, 123 1/2" wb						
5-pass Tr	1200	3850	6450	12900	22700	32200
2-pass Rdstr	1300	4050	6750	13500	23800	33700
4-pass Cpe	750	2250	3700	7400	12800	18500
5-pass Sdn	700	2000	3450	6900	11900	17200
_1923_						
Model A-22, 4-cyl., 35 hp, 109" wb						
2-pass Spt Rdstr	1250	3950	6600	13200	23250	32900
5-pass Tr	1050	3350	5600	11200	19700	28000
5-pass Spt Tr	1050	3400	5700	11400	20100	28500
5-pass Spt Tr Sdn	1100	3500	5800	11600	20450	28900
2-pass Bus Cpe	650	1750	3150	6300	10900	15700
2-pass Rdstr	1200	3800	6350	12700	22400	31700
5-pass Sdn	700	1900	3350	6700	11500	16500
4-pass Cpe	750	2150	3600	7200	12400	18000
Model B-22, 6-cyl., 70 hp, 123 1/2" wb						
5-pass Tr	1200	3850	6450	12900	22700	32200
5-pass Spt Tr	1300	4050	6750	13500	23800	33700
2-pass Rdstr	1350	4150	6950	13900	24500	34700
5-pass Sdn	750	2250	3700	7400	12800	18500
5-pass Spt Sdn	750	2300	3800	7600	13100	18900
4-pass Cpe	800	2450	4100	8200	14400	20500

	6	5	4	3	2	1

1924

Model A-22, 4-cyl., 35 hp, 109" wb

	6	5	4	3	2	1
5-pass Tr	1100	3450	5750	11500	20300	28700
2-pass Bus Cpe	850	2550	4350	8700	15300	21700
2-pass Spl Rdstr	1200	3750	6250	12500	22000	31100
2-pass Spt Rdstr	1200	3850	6450	12900	22700	32200
5-pass Spl Tr	1150	3600	5950	11900	21000	29700
5-pass Spt Tr	1200	3750	6250	12500	22000	31100
4-pass Spl Coach	750	2300	3850	7700	13300	19200
5-pass Coach	750	2250	3700	7400	12800	18500
2-pass Cpe	900	2800	4700	9400	16500	23400
5-pass Sdn	750	2150	3600	7200	12400	18000
5-pass Spl Sdn	750	2300	3800	7600	13100	18900
4-pass Cpe	750	2300	3850	7700	13300	19200
4-pass Spl Cpe	800	2350	3950	7900	13700	19700
5-pass Tr Sdn	800	2400	4050	8100	14200	20200

1925

Model A-22, 4-cyl., 37 hp, 109" wb

	6	5	4	3	2	1
5-pass Tr	1100	3450	5750	11500	20300	28700
5-pass Spl Tr	1150	3600	5950	11900	21000	29700
2-pass Spl Rdstr	1150	3650	6100	12200	21500	30500
2-pass Bus Cpe	750	2300	3800	7600	13100	18900
4-pass Cpe	800	2400	4050	8100	14200	20200
5-pass Sdn	750	2100	3550	7100	12300	17700
5-pass Spl Sdn	750	2300	3800	7600	13100	18900
4-pass Spl Cpe	800	2450	4100	8200	14400	20500
5-pass Coach	750	2250	3700	7400	12800	18500
5-pass Spl Coach	750	2300	3800	7600	13100	18900

1926

Model A-22, 4-cyl., 37 hp, 109" wb

	6	5	4	3	2	1
5-pass Tr	1100	3450	5750	11500	20300	28700
5-pass Spl Tr	1150	3600	5950	11900	21000	29700
2-pass Spl Rdstr	1150	3650	6100	12200	21500	30500
4-pass Cpe	800	2400	4050	8100	14200	20200
5-pass Sdn	750	2100	3550	7100	12300	17700
5-pass Spl Sdn	750	2300	3800	7600	13100	18900
4-pass Spl Cpe	800	2450	4100	8200	14400	20500

1927

No production

1928

Model M2, 4-cyl., 36 hp, 107" wb

	6	5	4	3	2	1
5-pass Spt Rdstr	1100	3500	5800	11600	20450	28900
2-pass Bus Cpe	850	2550	4300	8600	15100	21500
2-dr 5-pass Sdn	750	2300	3800	7600	13100	18900
2-pass Spl Rdstr	1100	3500	5800	11600	20450	28900
5-pass Spl Tr	1100	3500	5800	11600	20450	28900
4-pass Spl Cpe	850	2550	4350	8700	15300	21700
5-pass Spl Sdn	800	2400	4050	8100	14200	20200
5-pass Tr	1100	3500	5800	11600	20450	28900
2-4 pass Spt Rdstr	1100	3500	5800	11600	20450	28900
2-pass Conv Rdstr	1100	3550	5900	11800	20800	29400
4-dr 5-pass Sdn	750	2300	3800	7600	13100	18900
4-dr 5-pass Brghm	750	2300	3800	7600	13100	18900
2-4 pass Cbrlt	1100	3550	5900	11800	20800	29400
5-pass Dlx Brghm	750	2300	3850	7700	13300	19200

	6	5	4	3	2	1
2-4 pass Conv Cabrlt	1100	3550	5900	11800	20800	29400
5-pass Dlx Brghm	750	2300	3850	7700	13300	19200
Model 55, 6-cyl., 40 hp, 107" wb						
2-pass Cpe	800	2450	4150	8300	14600	20700
2-dr 5-pass Sdn	750	2250	3700	7400	12800	18500
5-pass Brghm	800	2350	3950	7900	13700	19700
4-dr 5-pass Sdn	750	2150	3600	7200	12400	18000
2-4 pass Clpsbl Cabrlt	1150	3600	5950	11900	21100	29700
Model 60, 6-cyl., 40 hp, 110" wb						
5-pass Tr	950	2950	4950	9900	17500	24700
2-4 pass Spt Rdstr	1150	3600	5950	11900	21000	29700
2-pass Cpe	850	2650	4450	8900	15700	22300
2-dr 5-pass Sdn	800	2450	4150	8300	14600	20700
4-dr 5-pass Sdn	800	2450	4150	8300	14600	20700
2-4 pass Dlx Rdstr	1200	3800	6350	12700	22400	31700
2-4 pass Dlx Cabrlt	1150	3650	6150	12300	21700	30700
4-dr 5-pass Dlx Sdn	800	2350	3900	7800	13500	19500
Model 65, 6-cyl., 47 hp, 110" wb						
5-pass Tr	1050	3400	5700	11400	20100	28500
4-pass Spt Rdstr	1300	4100	6850	13700	24100	34200
4-pass Cpe	850	2650	4450	8900	15700	22300
2-dr 5-pass Sdn	800	2350	3950	7900	13700	19700
4-pass Cabrlt	900	2800	4700	9400	16500	23400
5-pass Sdn	750	2250	3700	7400	12800	18500
4-dr 5-pass Brghm	800	2350	3950	7900	13700	19700
Model 75, 6-cyl., 70 hp, 119" wb						
4-dr 5-pass Sdn	800	2450	4100	8200	14400	20500
5-pass Brghm	800	2500	4200	8400	14800	20900

1929

	6	5	4	3	2	1
Model 40, 4-cyl., 36 hp, 107" wb						
2-4 pass Spt Rdstr	1200	3750	6250	12500	22000	31100
5-pass Tr	1050	3400	5700	11400	20100	28500
2-pass Cpe	850	2550	4350	8700	15300	21700
2-dr 5-pass Sdn	750	2300	3850	7700	13300	19200
4-dr 5-pass Sdn	750	2150	3600	7200	12400	18000
2-4 pass Dlx Rdstr	1300	4050	6750	13500	23800	33700
2-4 pass Dlx Cpe	850	2650	4450	8900	15700	22300
5-pass Dlx Sdn	750	2300	3850	7700	13300	19200
Model 60, 6-cyl., 43 hp, 109" wb						
2-4 pass Rdstr	1100	3500	5800	11600	20450	28900
2-4 pass Dlx Rdstr	1150	3600	6000	12000	21150	30000
2-pass Cpe	900	2800	4700	9400	16500	23400
2-dr 5-pass Sdn	800	2500	4200	8400	14800	20900
4-dr 5-pass Sdn	800	2350	3950	7900	13700	19700
4-dr 4-pass Dlx Sdn	850	2650	4450	8900	15700	22300
5-pass Tr	1100	3450	5750	11500	20300	28700
2-pass Dlx Cpe	950	3000	5000	10000	17700	24900
2-4 pass Cabrlt	900	2750	4650	9300	16400	23100
2-4 Pass Dlx Cabrlt	900	2800	4700	9400	16500	23400
2-4 pass Spt Rdstr	1200	3850	6450	12900	22700	32200
5-pass Dlx Tr	1100	3500	5800	11600	20450	28900
2-dr 5-pass Dlx Sdn	850	2600	4400	8800	15500	21900
4-dr 5-pass Dlx Sdn	850	2600	4400	8800	15500	21900
Model 66, 6-cyl., 47 hp, 112" wb						
4-dr 5-pass Sdn	850	2650	4500	9000	15900	22500
2-4 pass Cpe	1000	3100	5250	10500	18600	26200
2-4 pass Dlx Cpe	1000	3250	5450	10900	19100	27200
5-pass Dlx Sdn	900	2850	4800	9600	16900	24000
5-pass Phtn	1400	4300	7200	14400	25350	35900

	6	5	4	3	2	1
Model 70, 6-cyl., 65 hp, 119" wb						
4-dr 5-pass Sdn	850	2550	4350	8700	15300	21700
2-4 pass Cpe	900	2900	4900	9800	17300	24500
2-4 pass Dlx Cpe	1000	3100	5250	10500	18600	26200
5-pass Dlx Sdn	900	2750	4650	9300	16400	23100
Model 63, 6-cyl., 46 hp, 119" wb						
5-pass Phtn	1450	4450	7450	14900	26200	37200
2-pass Cpe	1050	3300	5500	11000	19300	27500
4-dr 5-pass Sdn	900	2900	4900	9800	17300	24500
5-pass Dlx Phtn	1550	4650	7750	15500	27300	38700
2-4 pass Dlx Cpe	1050	3400	5700	11400	20100	28500
5-pass Dlx Sdn	950	3050	5100	10200	18000	25400

1930

	6	5	4	3	2	1
Model 6-14, 6-cyl., 58 hp, 112" wb						
5-pass Dlx Rdstr	1450	4450	7450	14900	26200	37200
5-pass Dlx Phtn	1400	4300	7200	14400	25350	35900
2-pass Bus Cpe	900	2850	4750	9500	16700	23700
5-pass Std Cpe	950	3000	5000	10000	17700	24900
5-pass Std Sdn	850	2650	4450	8900	15700	22300
5-pass Dlx Cpe	950	3050	5100	10200	18000	25400
5-pass Dlx Sdn	900	2750	4600	9200	16200	22900
4-dr 5-pass Coach	850	2550	4300	8600	15100	21500
Model 6-17, 6-cyl., 70 hp, 115" wb						
5-pass Dlx Rdstr	1550	4650	7750	15500	27300	38700
5-pass Dlx Phtn	1450	4400	7300	14600	25700	36500
2-pass Bus Cpe	900	2900	4900	9800	17300	24500
5-pass Std Cpe	1000	3100	5200	10400	18400	26000
5-pass Std Sdn	900	2750	4600	9200	16200	22900
5-pass Dlx Sdn	900	2800	4700	9400	16500	23400
5-pass Dlx Cpe	1000	3100	5200	10400	18400	26000
4-dr 5-pass Coach	900	2850	4800	9600	16900	24000

1931

	6	5	4	3	2	1
Model 610, 4-cyl., 50 hp, 112" wb						
2-pass Bus Cpe	850	2650	4500	9000	15900	22500
4-pass Cpe	900	2750	4600	9200	16200	22900
5-pass Pullman Sdn	850	2550	4350	8700	15300	21700
Model 612, 6-cyl., 58 hp, 112" wb						
2-pass Bus Cpe	900	2850	4800	9600	16900	24000
4-pass Cpe	900	2900	4900	9800	17300	24500
5-pass Pullman Sdn	900	2750	4600	9200	16200	22900
4-pass Spt Rdstr	950	3050	5150	10300	18200	25700
4-pass Spt Cpe	950	2950	4950	9900	17500	24700
5-pass Spt Sdn	850	2650	4450	8900	15700	22300
5-pass Sdn	850	2550	4350	8700	15300	21700
Models 614, 6-cyl., 71 hp, 112" wb						
4-pass Dlx Cpe	900	2800	4700	9400	16500	23400
5-pass Dlx Sdn	800	2500	4200	8400	14800	20900
Models 619, 6-cyl., 71 hp, 112" wb						
4-dr 5-pass 6-win Sdn	800	2500	4200	8400	14800	20900

EDSEL
1958 – 1960

1958 Edsel

1960 Edsel

	6	5	4	3	2	1
1958						
Ranger, 8-cyl., 118" wb						
57A 4-dr Hdtp	450	1250	2050	4100	7100	10300
58A 4-dr Sdn	400	1100	1800	3600	6200	9100
63A 2-dr Hdtp	550	1500	2500	5100	8800	12500
64A 2-dr Sdn	450	1350	2650	5200	7400	10500
Pacer, 8-cyl., 118" wb						
57B 4-dr Hdtp	550	1450	3750	7600	11600	16900
58B 4-dr Sdn	400	1400	3400	4800	7600	10500
63B 2-dr Hdtp	600	2600	4750	8500	12500	19000
76B 2-dr Conv	1100	3500	6800	14600	25500	34000
Corsair, 8-cyl., 124" wb						
57A 4-dr Hdtp	400	1400	2600	5700	9600	13500
63A 2-dr Hdtp	650	1700	3300	6300	11200	16500
Citation, 8-cyl., 124" wb						
57B 4-dr Hdtp	600	1600	3200	6200	10500	16000
63B 2-dr Hdtp	800	2400	5350	8700	15500	23500
76B 2-dr Conv	2000	5500	10650	17000	34500	51000
Station Wagons, 8-cyl., 116" wb						
59A 2-dr 6-pass Roundup	550	2250	3550	7400	12500	18000
79A 4-dr 9-pass Villager	500	1450	2800	6200	11300	15000
79B 4-dr 9-pass Bermuda	600	2400	4200	7800	14300	22000
79C 4-dr 6-pass Villager	450	1350	2600	5800	10500	13900
79D 4-dr 6-pass Bermuda	500	2150	3800	7100	10800	19300

Optional Teletouch add 10%
Factory air cond. add 15%

	6	5	4	3	2	1

1959

Ranger Series, 8-cyl., 120" wb

	6	5	4	3	2	1
57F 4-dr Hdtp	400	1200	2000	4000	6900	10000
58D 4-dr Sdn	400	1100	1800	3500	6100	8900
63F 2-dr Hdtp	600	1600	2750	5500	9500	13800
64C 2-dr Sdn	400	1200	1950	3900	6800	9900

Corsair Series, 8-cyl., 120" wb

	6	5	4	3	2	1
57B 4-dr Hdtp	450	1350	2350	4600	7800	11500
58B 4-dr Sdn	400	1150	1850	3900	6800	10400
63B 2-dr Hdtp	600	1600	2750	5500	9500	13800
76E 2-dr Conv	1200	3750	6250	12500	22000	31100

Station Wagons, 8-cyl., 118" wb

	6	5	4	3	2	1
71E 4-dr 9-pass Villager	500	1350	2400	6600	10300	14000
71F 4-dr 6-pass Villager	450	1250	2400	6100	9800	12900

6-cyl. Deduct 10%
Factory air cond. add 10%

1960

Ranger Series, 8-cyl., 120" wb

	6	5	4	3	2	1
58A 4-dr Sdn	450	1200	2400	4500	7600	10900
57A 4-dr Hdtp	500	1500	3000	6300	9600	14500
64A 2-dr Sdn	500	1450	2750	5100	9100	14000
63A 2-dr Hdtp	950	3250	5750	10500	16000	23500
76B 2-dr Conv	2600	6750	13500	24500	32000	46500

"B" code deluxe trim add 10%

Station Wagons, 8-cyl., 120" wb

	6	5	4	3	2	1
4-dr 6-pass Villager	700	1850	3300	6600	10000	17500
4-dr 9-pass Villager	750	1900	3400	6800	10500	18000

6-cyl. deduct 10%
Factory air cond. add 10%

PRICE GUIDE CLASSIFICATIONS:

1. CONCOURS: Perfection. At or near 100 points on a 100-point judging scale. Trailered; never driven; pampered. Totally restored to the max and 100 percent stock.

2. SHOW: Professionally restored to high standards. No major flaws or deviations from stock. Consistent trophy winner that needs nothing to show. In 90 to 95 point range.

3. STREET/SHOW: Older restoration or extremely nice original showing some wear from age and use. Very presentable; occasional trophy winner; everything working properly. About 80 to 89 points.

4. DRIVER: A nice looking, fine running collector car needing little or nothing to drive, enjoy and show in local competition. Would need extensive restoration to be a show car, but completely usable as is.

5. RESTORABLE: Project car that is relatively complete and restorable within a reasonable effort and expense. Needs total restoration, but all major components present and rebuildable. May or may not be running.

6. PARTS CAR: Deteriorated or stripped to a point beyond reasonable restoration, but still complete and solid enough to donate valuable parts to a restoration. Likely not running, possibly missing its engine.

ESSEX
1918 – 1932

1919 Essex

1927 Essex

	6	5	4	3	2	1
1918						
Model A, 4-cyl., 55 hp						
5-pass Phtn	550	1550	2600	5300	9000	12800
1919						
Model A, 4-cyl.						
3-pass Rdstr	550	1500	2500	5100	8800	12500
5-pass Tr	550	1450	2450	4900	8500	12000
5-pass Sdn	450	1250	2100	4200	7200	10500
1920						
"Four", 4-cyl.. 55 hp						
3-pass Rdstr	550	1550	2600	5300	9000	12800
5-pass Tr	550	1450	2450	4900	8500	12000
5-pass Sdn	450	1250	2100	4200	7200	10500
Cabrlt	550	1500	2500	5100	8800	12500
1921						
"Four", 4-cyl., 55 hp						
3-pass Rdstr	600	1600	2750	5500	9500	13800
5-pass Tr	500	1350	2350	4700	8100	11500
2-pass Cabrlt	550	1550	2600	5200	9000	12800
5-pass Sdn	400	1150	1850	3700	6400	9300
5-pass Coach	400	1200	1900	3800	6600	9600
1922						
"Four", 4-cyl., 55 hp, 108.5" wb						
5-pass Tr	500	1350	2350	4700	8100	11500

	6	5	4	3	2	1
2-pass Cabrlt	550	1500	2500	5100	8800	12500
5-pass Sdn	400	1150	1850	3700	6400	9300
Coach	400	1200	1900	3800	6600	9600
3-pass Rdstr	550	1550	2650	5300	9100	13000

1923

"Four", 4-cyl., 50 hp
5-pass Cabrlt	500	1350	2350	4700	8100	11500
3-pass Cabrlt	550	1500	2500	5100	8800	12500
5-pass Coach	400	1100	1800	3500	6100	8900

1924-1925

"Six", 6-cyl., 50 hp
5-pass Phtn	550	1500	2500	5100	8800	12500
5-pass Coach	400	1100	1800	3600	6200	9100

Second Series "Six"
5-pass Phtn	550	1500	2500	5100	8800	12500
5-pass Coach	400	1100	1800	3600	6200	9100

1926

Model C, 6-cyl., 55 hp, 110.5" wb
5-pass Tr	550	1500	2500	5100	8800	12500
5-pass Coach	400	1150	1850	3700	6400	9300

Second Series, 6-cyl., 55 hp
4-pass All Steel Coach	500	1300	2250	4500	7700	11000
4-pass Coach	400	1200	1900	3800	6600	9600
5-pass Phtn	550	1500	2500	5100	8800	12500
5-pass Sedan	400	1200	1950	3900	6800	9900

1927

Super Six, 6-cyl., 40 hp, 110.5" wb
2-pass Bt Spdstr	950	3050	5150	10300	18200	25700
4-pass Spdstr	800	2400	4050	8100	14200	20200
2-pass Cpe	400	1150	1850	3700	6400	9300
5-pass Sdn	400	1050	1700	3300	5800	8300
5-pass Coach	400	1050	1700	3400	5900	8500
5-pass Chair Seat Sdn	400	1100	1800	3500	6100	8900
5-pass Bench Seat Sdn	400	1050	1700	3300	5800	8300
5-pass Dlx Sdn	400	1100	1800	3600	6200	9100

1928

Super Six, 6-cyl., 44 hp
5-pass Phtn	850	2650	4450	8900	15700	22300
4-pass Rdstr	900	2850	4750	9500	16700	23700
2-pass Cpe	400	1150	1850	3700	6400	9300
4-pass Cpe	400	1200	1900	3800	6600	9600
5-pass Sdn	400	1050	1700	3400	5900	8500
5-pass Coach	400	1100	1800	3500	6100	8900

Second Series, Super Six, 6-cyl., 110.5" wb
4-pass Rdstr	900	2850	4750	9500	16700	23700
2-pass Cpe	400	1200	1950	3900	6800	9900
4-pass Cpe	400	1200	2000	4000	6900	10000
5-pass Sdn	400	1050	1700	3300	5800	8300
5-pass Phtn	850	2650	4450	8900	15700	22300
5-pass Coach	400	1050	1700	3400	5900	8500

1929

Challenger, 6-cyl., 55 hp, 110.5" wb
4-pass Rdstr	1200	3750	6250	12500	22000	31100

	6	5	4	3	2	1
5-pass Phtn	1150	3600	5950	11900	21000	29700
2-pass Cpe	400	1200	1900	3800	6600	9600
5-pass Sdn	400	1100	1800	3500	6100	8900
5-pass Town Sdn	400	1200	1950	3900	6800	9900
4-pass Conv	1100	3500	5800	11600	20450	28900
4-pass Cpe	400	1200	2000	4000	6900	10000
5-pass Coach	400	1150	1850	3700	6400	9300
3-pass Spdstr (May 9)	1150	3700	6200	12400	21850	30900

1930

Super Six Challenger, 58 hp, 6-cyl.

	6	5	4	3	2	1
4-pass Rdstr	1350	4200	7000	14100	24800	35100
5-pass Phnt	1200	3800	6350	12700	22400	31700
2-pass Cpe	400	1150	1850	3700	6400	9300
4-pass Cpe	400	1200	1950	3900	6800	9900
5-pass Sdn	400	1100	1800	3600	6200	9100
5-pass Std Sdn	400	1150	1850	3700	6400	9300
5-pass Coach	400	1200	1900	3800	6600	9600
5-pass Tr Sdn	400	1200	1900	3800	6600	9600
5-pass Brghm	400	1200	1950	3900	6800	9900
5-pass Sun Sdn	550	1550	2650	5300	9100	13000

Second Series, Challenger, Standard, 6-cyl., 58 hp, 113" wb

	6	5	4	3	2	1
4-pass Rdstr	1450	4450	7450	14900	26200	37200
5-pass Phtn	1350	4200	7000	14100	24800	35100
5-pass Tr Sdn	1300	4000	6700	13400	23600	33400
2-pass Cpe	400	1150	1850	3700	6400	9300
4-pass Cpe	450	1250	2050	4100	7100	10300
5-pass Std Sdn	400	1150	1850	3700	6400	9300
5-pass Sdn	400	1100	1800	3500	6100	8900
5-pass Brghm	400	1200	1950	3900	6800	9900
5-pass Coach	400	1200	1900	3800	6600	9600

1931

Super Six, 6-cyl., 113" wb

	6	5	4	3	2	1
2-pass Bus Cpe	450	1250	2150	4300	7400	10700
5-pass Coach	400	1100	1800	3500	6100	8900
4-pass Cpe	500	1350	2350	4700	8100	11500
4-pass Spl Cpe	500	1350	2350	4700	8100	11500
5-pass Std Sdn	400	1150	1850	3700	6400	9300
5-pass Tr Sdn	400	1150	1850	3700	6400	9300
5-pass Town Sdn	400	1200	1900	3800	6600	9600
5-pass Spl Sdn	400	1150	1850	3700	6400	9300
4-dr 7-pass Sdn	400	1200	1950	3900	6800	9900
Std Rdstr	1300	4100	6850	13700	24100	34200

1932

Pacemaker, 6-cyl., 70 hp, 113" wb

	6	5	4	3	2	1
4-pass Conv Cpe	1150	3600	5950	11900	21000	29700
5-pass Phtn	1200	3850	6450	12900	22700	32200
5-pass Bus Cpe	500	1350	2350	4700	8100	11500
5-pass Coach	500	1300	2250	4500	7700	11000
4-pass Cpe	600	1600	2750	5500	9500	13800
5-pass Std Sdn	500	1350	2300	4600	8000	11300
4-pass Spl Cpe	550	1400	2400	4800	8300	11800
5-pass Town Sdn	550	1450	2450	4900	8500	12000

Standard, 6-cyl., 70 hp, 113" wb

	6	5	4	3	2	1
5-pass Coach	450	1250	2200	4400	7600	10900
4-dr 5-pass Sdn	500	1300	2250	4500	7700	11000
2-pass Bus Cpe	500	1350	2300	4600	8000	11300
4-pass Cpe	550	1550	2650	5300	9100	13000

FORD
1903 – 1991

1930 Model A

1955 Crown Vic

	6	5	4	3	2	1
1903						
Model A, 2-cyl.						
Rnbt	1650	4900	8200	16400	28850	41000
Rnbt/Tonneau	1750	5100	8600	17200	30250	43000
1904						
Model C, 2-cyl., 78" wb						
Rnbt	1650	4900	8200	16400	28850	41000
Rnbt/Tonneau	1750	5100	8600	17200	30250	43000
Model F, 2-cyl.						
Tr	1700	5000	8350	16700	29400	41700
1905						
Model F, 2-cyl.						
Tr	1700	5000	8350	16700	29400	41700
Model C, 2-cyl., 78" wb						
Tr	1750	5100	8600	17200	30250	43000
1906						
Model K, 6-cyl., 40 hp						
Tr	4000	11500	25100	50200	73000	105000
Rdstr	3500	10950	20100	45200	61000	95000
Model N, 4-cyl., 18 hp						
Rnbt	1450	4450	7450	14900	26200	37200
Model F, 2-cyl.						
Tr	1700	5000	8350	16700	29400	41700

	6	5	4	3	2	1
1907						
Model R, 4-cyl.						
Rnbt	1600	4750	7950	15900	28000	39700
Model S, 4-cyl.						
Rnbt	1600	4750	7950	15900	28000	39700
Tr	1600	4850	8100	16200	28500	40500
Model N, 4-cyl.						
Rnbt	1450	4450	7450	14900	26200	37200
1908						
Model T, 4-cyl.,						
Tr	1700	5050	8450	16900	29700	42200
Twn Car	1650	4900	8250	16500	29000	41200
Rdstr	1700	5050	8450	16900	29700	42200
Model K, 6-cyl., 40 hp						
Tr	3000	8950	15100	30200	53000	75400
Model N, 4-cyl.						
Rnbt	1450	4450	7450	14900	26200	37200
Lndlt	1400	4350	7250	14500	25500	36200
Model S, 4-cyl.						
Rnbt	1600	4750	7950	15900	28000	39700
Model R, 4-cyl.						
Rnbt	1600	4750	7950	15900	28000	39700
1909						
Model T, 4-cyl.						
Cpe	950	2950	4950	9900	17500	24700
Tr	1100	3450	5750	11500	20300	28700
Rnbt	1050	3300	5500	11100	19500	27700
Trabt	1000	3200	5350	10700	18900	26700
Twn Car	1150	3600	5950	11900	21000	29700
Lndlt	1000	3200	5350	10700	18900	26700
1910						
Model T, 4-cyl.						
Cpe	900	2850	4750	9500	16700	23700
Tr	1050	3300	5500	11100	19500	27700
Torp Rnbt	1000	3200	5350	10700	18900	26700
Twn Car	950	2950	4950	9900	17500	24700
Comm Rdstr	900	2850	4750	9500	16700	23700
1911						
Model T, 4-cyl.						
Cpe	850	2550	4350	8700	15300	21700
Tr	1000	3200	5350	10700	18900	26700
Rnbt	950	3050	5100	10200	18000	25400
Torp Rdstr	1000	3200	5350	10700	18900	26700
Twn Car	950	3050	5100	10200	18000	25400
Comm Rdstr	850	2700	4550	9100	16000	22700
Del Van	800	2500	4200	8400	14800	20900
1912						
Model T, 4-cyl.						
Tr	1000	3250	5450	10900	19100	27200
4-dr Tr	950	3050	5150	10300	18200	25700
Rdstr	950	2950	4950	9900	17500	24700
Torp Rdstr	950	3050	5100	10200	18000	25400
Twn Car	950	3050	5100	10200	18000	25400

	6	5	4	3	2	1
Del Van	850	2650	4450	8900	15700	22300
Comm Rnbt	900	2850	4750	9500	16700	23700

1913

Model T, 4-cyl.

	6	5	4	3	2	1
Tr	1000	3250	5450	10900	19100	27200
2-pass Rnbt	900	2850	4750	9500	16700	23700
Twn Car	900	2850	4750	9500	16700	23700
Comm Rnbt	900	2750	4600	9200	16200	22900

1914

Model T, 4-cyl., 20 hp, 100" wb

	6	5	4	3	2	1
Cpe	750	2100	3550	7100	12300	17700
Tr	1000	3250	5450	10900	19100	27200
Rnbt	900	2900	4850	9700	17100	24200
Twn Car	950	2950	4950	9900	17500	24700
Conv Cpe	1000	3250	5450	10900	19100	27200

1915

Model T, 4-cyl., 20 hp, 100" wb

	6	5	4	3	2	1
Tr	1000	3100	5200	10400	18400	26000
Rnbt	900	2750	4600	9200	16200	22900
Conv Cpe	1000	3250	5450	10900	19100	27200
Cntr dr Sdn	800	2350	3950	7900	13700	19700
Twn Car	900	2850	4750	9500	16700	23700

1916

Model T, 4-cyl., 20 hp, 100" wb (start of steel rad.)

	6	5	4	3	2	1
Tr	750	2300	3800	7600	13100	18900
Rnbt	700	2000	3450	6900	11900	17200
Cntr dr Sdn	600	1600	2750	5500	9500	13800
Twn Car	650	1750	3100	6200	10700	15400
Conv Cpe	800	2400	4050	8100	14200	20200

1917

Model T, 4-cyl., 20 hp, 100" wb

	6	5	4	3	2	1
Cpe	500	1350	2350	4700	8100	11500
Tr	750	2200	3650	7300	12600	18200
Rnbt	650	1800	3250	6500	11200	16100
Twn Car	550	1500	2500	5100	8800	12500
Cntr dr Sdn	450	1250	2150	4300	7400	10700
Conv Cpe	650	1700	3000	6100	10600	15200

1918

Model T, 4-cyl., 20 hp, 100" wb

	6	5	4	3	2	1
Cpe	500	1350	2350	4700	8100	11500
Tr	750	2200	3650	7300	12600	18200
Rnbt	650	1800	3250	6500	11200	16100
Twn Car	650	1700	3000	5900	10200	14700
Cntr dr Sdn	450	1250	2150	4300	7400	10700

1919

Model T, 4-cyl., 20 hp, 100" wb

	6	5	4	3	2	1
2-pass Cpe	500	1350	2350	4700	8100	11500
5-pass Tr	750	2300	3850	7700	13300	19200
2-pass Rnbt	700	2000	3450	6900	11900	17200
5-pass Twn Car	650	1750	3150	6300	10900	15700
5-pass Cntr dr Sdn	500	1350	2350	4700	8100	11500

	6	5	4	3	2	1

1920

Model T, 4-cyl., 20 hp, 100" wb

	6	5	4	3	2	1
2-pass Cpe	450	1250	2150	4300	7400	10700
5-pass Tr	750	2300	3850	7700	13300	19200
2-pass Rnbt	750	2100	3550	7100	12300	17700
5-pass Cntr dr Sdn	450	1250	2150	4300	7400	10700

1921

Model T, 4-cyl., 20 hp, 100" wb

	6	5	4	3	2	1
2-pass Cpe	450	1250	2150	4300	7400	10700
5-pass Tr	750	2300	3850	7700	13300	19200
2-pass Rnbt	750	2100	3550	7100	12300	17700
5-pass Cntr dr Sdn	450	1250	2150	4300	7400	10700

1922

Model T, 4-cyl., 20 hp, 100" wb

	6	5	4	3	2	1
2-pass Cpe	450	1250	2150	4300	7400	10700
5-pass Tr	700	2000	3450	6900	11900	17200
2-pass Rnbt	650	1750	3150	6300	10900	15700
2-dr 5-pass Sdn	350	1000	1600	3200	5700	8100
4-dr 5-pass Sdn	400	1050	1700	3300	5800	8300

1923

Model T, 4-cyl., 20 hp, 100" wb

	6	5	4	3	2	1
2-pass Cpe	450	1250	2150	4300	7400	10700
5-pass Tr	750	2100	3550	7100	12300	17700
2-pass Rnbt	650	1750	3150	6300	10900	15700
2-dr 5-pass Sdn	350	1000	1600	3200	5700	8100
4-dr 5-pass Sdn	400	1050	1700	3300	5800	8300

1924

Model T, 4-cyl., 20 hp, 100" wb

	6	5	4	3	2	1
2-pass Cpe	500	1350	2350	4700	8100	11500
5-pass Tr	750	2100	3550	7100	12300	17700
2-pass Rnbt	650	1750	3150	6300	10900	15700
2-dr 5-pass Sdn	400	1050	1700	3400	5900	8500
4-dr 5-pass Sdn	400	1050	1700	3300	5800	8300

1925

Model T, 4-cyl., 20 hp, 100" wb

	6	5	4	3	2	1
2-pass Cpe	500	1350	2350	4700	8100	11500
5-pass Tr	700	2000	3450	6900	11900	17200
2-pass Rnbt	650	1750	3150	6300	10900	15700
2-dr 5-pass Sdn	400	1050	1700	3300	5800	8300
4-dr 5-pass Sdn	400	1100	1800	3500	6100	8900

1926

Model T, 4-cyl., 20 hp, 100" wb

	6	5	4	3	2	1
2-pass Cpe	500	1350	2350	4700	8100	11500
5-pass Tr	750	2200	3650	7300	12600	18200
2-pass Rnbt	700	1900	3350	6700	11500	16500
2-dr 5-pass Sdn	400	1100	1800	3500	6100	8900
4-dr 5-pass Sdn	400	1100	1800	3600	6200	9100

1927

Model T, 4-cyl., 20 hp, 100" wb

	6	5	4	3	2	1
2-pass Cpe	550	1450	2450	4900	8500	12000
5-pass Tr	750	2300	3850	7700	13300	19200

	6	5	4	3	2	1
2-pass Rdstr	750	2100	3550	7100	12300	17700
2-dr 5-pass Sdn	400	1150	1850	3700	6400	9300
4-dr 5-pass Sdn	400	1100	1800	3600	6200	9100

1928

Model A, 4-cyl., 40 hp, 103.5" wb
	6	5	4	3	2	1
2-pass Cpe	550	1550	2600	5100	8800	12450
2-pass Spl Bus Cpe	550	1550	2650	5300	9100	13000
2-pass Bus Cpe	550	1550	2600	5100	8800	12450
2-4 pass Spt Cpe	600	1600	2750	5500	9500	13800
2-4 pass Rdstr	1000	3100	5250	10500	18600	26200
5-pass Phtn	1000	3250	5450	10900	19100	27200
2-dr 5-pass Sdn	500	1300	2250	4500	7700	11000
4-dr 5-pass Sdn	500	1350	2300	4600	8000	11300

1929

Model A, 4-cyl., 40 hp, 103.5" wb
	6	5	4	3	2	1
2-pass Cpe	550	1500	2500	5000	8700	12300
2-4 pass Cpe	550	1500	2500	5100	8800	12500
2-pass Bus Cpe	550	1400	2400	4800	8300	11800
2-4 pass Bus Cpe	550	1450	2500	4900	8500	12100
Spl Cpe	550	1500	2500	5000	8700	12300
2-4 pass Spt Cpe	550	1550	2650	5300	9100	13000
2-pass Rdstr	1000	3100	5250	10500	18600	26200
5-pass Phtn	1000	3250	5450	10900	19100	27200
2-4 pass SptCabrlt	950	3000	5050	10100	17900	25100
2-dr 5-pass Sdn	500	1350	2300	4600	8000	11300
4-dr 5-pass 2-win Sdn	500	1350	2350	4700	8100	11500
4-dr 5-pass 3-win Sdn	500	1350	2350	4700	8100	11500
4-dr 5-pass 5-win Sdn	500	1300	2250	4500	7700	11000
4-dr Del Sdn	550	1450	2450	4900	8500	12000
4-dr 5-pass Twn Sdn	550	1450	2450	4900	8500	12000
5-pass Dlx Twn Car	800	2450	4150	8300	14600	20700
Sta Wgn	750	2250	3750	7500	13000	18700

1930

Model A, 4-cyl., 40 hp, 103.5" wb
	6	5	4	3	2	1
2-pass Cpe	550	1400	2400	4800	8300	11800
2-4 pass Cpe	550	1500	2500	5000	8700	12300
2-4 pass Spt Cpe	600	1600	2700	5400	9300	13500
2-pass Rdstr	950	2950	4950	9900	17500	24700
2-4 pass Rdstr	1000	3100	5250	10500	18600	26200
5-pass Phtn	1100	3450	5750	11500	20300	28700
2-4 pass Cabrlt	900	2900	4850	9700	17100	24200
2-dr 5-pass Sdn	500	1350	2300	4600	8000	11300
4-dr 5-pass 3-win	500	1350	2350	4700	8100	11500
4-dr 5-pass 5-win	500	1300	2250	4500	7700	11000
5-pass Twn Sdn	500	1350	2350	4700	8100	11500
5-pass Twn Car	650	1750	3150	6300	10900	15700
Sta Wgn	750	2150	3600	7200	12400	18000

1931

Model A, 4-cyl., 40 hp, 103.5" wb
	6	5	4	3	2	1
2-pass Cpe	550	1400	2400	4800	8300	11800
2-pass Dlx Cpe	550	1550	2600	5200	9000	12800
2-4 pass Spt Cpe	600	1600	2800	5600	9700	14000
2-pass Rdstr	950	2950	4950	9900	17500	24700
2-4 pass Rdstr	950	3050	5100	10200	18000	25400

	6	5	4	3	2	1
2-4 pass Dlx Rdstr	1000	3100	5250	10500	18600	26200
5-pass Phtn	1050	3350	5600	11200	19700	28000
5-pass Dlx Phtn	1100	3500	5850	11700	20600	29100
2-4 pass Cabrlt	900	2850	4750	9500	16700	23700
5-pass Conv Sdn	1050	3350	5600	11200	19700	28000
5-pass Sdn	500	1300	2250	4500	7700	11000
5-pass 3-win Sdn	500	1350	2350	4700	8100	11500
5-pass Dlx Sdn	550	1500	2500	5100	8800	12500
5-pass Twn Sdn	550	1550	2650	5300	9100	13000
5-pass Vic	650	1750	3150	6300	10900	15700
Sta Wgn	750	2150	3600	7200	12400	18000

1932

Model B, 4-cyl., 106" wb

	6	5	4	3	2	1
2-pass Cpe	800	2400	4050	8100	14200	20200
2-pass Dlx Cpe	800	2450	4150	8300	14600	20700
2-4 pass Spt Cpe	850	2550	4350	8700	15300	21700
2-pass Rdstr	1150	3650	6150	12300	21700	30700
2-4 pass Rdstr	1200	3750	6250	12500	22000	31100
2-4 pass Dlx Rdstr	1200	3850	6450	12900	22700	32200
5-pass Phtn	1250	3900	6500	13000	22900	32500
5-pass Dlx Phtn	1300	4000	6650	13300	23400	33100
2-4 pass Cabrlt	1150	3600	6000	12100	21300	30200
5-pass Conv Sdn	1200	3850	6450	12900	22700	32200
2-dr 5-pass Sdn	550	1450	2450	4900	8500	12000
2-dr 5-pass Dlx Sdn	550	1500	2500	5000	8700	12300
4-dr 5-pass Sdn	500	1300	2250	4500	7700	11000
4-dr 5-pass Dlx Sdn	500	1350	2350	4700	8100	11500
5-pass Vic	1000	3200	5350	10700	18900	26700

Model 18, 8-cyl., 106" wb

	6	5	4	3	2	1
2-pass Cpe	850	2700	4550	9100	16000	22700
2-4 pass Dlx Cpe	900	2850	4750	9500	16700	23700
2-4 pass Spt Cpe	950	2950	4950	9900	17500	24700
2-pass Rdstr	1350	4150	6950	13900	24500	34700
2-4 pass Rdstr	1350	4200	7000	14000	24650	34900
2-4 pass Dlx Rdstr	1450	4400	7300	14600	25700	36500
5-pass Phtn	1500	4500	7500	15000	26400	37500
5-pass Dlx Phtn	1500	4600	7700	15400	27100	38500
2-4 pass Cabrlt	1250	3950	6600	13200	23250	32900
5-pass Conv Sdn	1450	4400	7300	14600	25700	36500
2-dr 5-pass Sdn	600	1650	2850	5700	9900	14200
2-dr 5-pass Dlx Sdn	650	1700	3000	6100	10600	15200
4-dr 5-pass Sdn	550	1550	2650	5300	9100	13000
4-dr 5-pass Dlx Sdn	600	1600	2800	5600	9700	14000
5-pass Vic	1050	3300	5500	11100	19500	27700

1933

Model 40, 8-cyl., 112" wb

	6	5	4	3	2	1
2-pass 3-win Cpe	750	2100	3550	7100	12300	17700
2-4 pass 3-win Dlx Cpe	800	2350	3950	7900	13700	19700
2-pass 5-win Cpe	750	2100	3550	7100	12300	17700
2-4 pass 5-win Dlx Cpe	800	2400	4050	8100	14200	20200
5-pass Phtn	1200	3850	6450	12900	22700	32200
5-pass Dlx Phtn	1300	4050	6750	13500	23800	33700
2-pass Rdstr	1200	3850	6450	12900	22700	32200
2-4 pass Dlx Rdstr	1300	4000	6650	13300	23400	33100
2-dr 5-pass Sdn	550	1550	2650	5300	9100	13000
2-dr 5-pass Dlx Sdn	600	1650	2850	5700	9900	14200
4-dr 5-pass Sdn	500	1300	2250	4500	7700	11000
4-dr 5-pass Dlx Sdn	550	1450	2450	4900	8500	12000

	6	5	4	3	2	1
5-pass Vic	800	2450	4150	8300	14600	20700
Sta Wag	1200	3800	6350	12700	22400	31700

1934

Model 40, 8-cyl., 40 hp, 112" wb

	6	5	4	3	2	1
2-pass 5-win Cpe	750	2100	3550	7100	12300	17700
2-4 pass Dlx Rdstr	1350	4150	6950	13900	24500	34700
2-pass 3-win Dlx Cpe	800	2350	3950	7900	13700	19700
2-pass 5-win Dlx Cpe	750	2250	3750	7500	13000	18700
2-4 pass 5-win Cpe	750	2200	3650	7300	12600	18200
2-4 pass 3-win Cpe	750	2300	3850	7700	13300	19200
5-pass Dlx Phtn	1400	4350	7250	14500	25500	36200
2-4 pass Conv Cabrlt	1350	4200	7000	14100	24800	35100
2-dr 5-pass Sdn	500	1300	2250	4500	7700	11000
2-dr 5-pass Dlx Sdn	500	1350	2350	4700	8100	11500
4-dr 5-pass Sdn	500	1350	2350	4700	8100	11500
4-dr 5-pass Dlx Sdn	550	1400	2400	4800	8300	11800
5-pass Vic	800	2450	4150	8300	14600	20700
Sta Wgn	1150	3600	5950	11900	21000	29700

1935

Model 48, 8-cyl.

	6	5	4	3	2	1
2-pass 3-win Cpe	800	2500	4250	8500	15000	21200
2-pass 3-win Dlx Cpe	850	2550	4350	8700	15300	21700
2-pass 5-win Cpe	750	2300	3850	7700	13300	19200
2-pass 5-win Dlx Cpe	800	2400	4050	8100	14200	20200
5-pass Dlx Phtn	1250	3950	6550	13100	23100	32700
2-4 pass Dlx Rdstr	1200	3750	6250	12500	22000	31100
Dlx Cabrlt	1200	3750	6250	12500	22000	31100
2-4 pass Conv Cabrlt	1200	3850	6450	12900	22700	32200
2-dr 5-pass Sdn	500	1350	2300	4600	8000	11300
2-dr 5-pass Dlx Sdn	550	1400	2400	4800	8300	11800
4-dr 5-pass Sdn	500	1300	2250	4500	7700	11000
4-dr 5-pass Dlx Sdn	500	1350	2350	4700	8100	11500
Sta Wgn	1150	3600	5950	11900	21000	29700

1936

Model 68, 8-cyl., 112" wb

	6	5	4	3	2	1
2-4 pass 3-win Dlx Cpe	850	2650	4450	8900	15700	22300
2-pass 3-win Dlx Cpe	850	2700	4550	9100	16000	22700
2-pass 5-win Cpe	800	2450	4250	8300	14600	20700
2-4 pass 5-win Cpe	850	2550	4350	8700	15300	21700
2-pass 5-win Dlx Cpe	850	2550	4350	8700	15300	21700
2-4 pass 5-win Dlx Cpe	850	2650	4450	8900	15700	22300
2-4 pass Dlx Rdstr	1200	3850	6450	12900	22700	32200
5-pass Dlx Phtn	1300	4000	6650	13300	23400	33100
2-4 pass Conv Cabrlt	1390	4150	6950	13900	24500	34700
4-pass Club Cabrlt	1150	3650	6150	12300	21700	30700
5-pass Conv Trk Sdn	1200	3850	6450	12900	22700	32200
5-pass Conv Sdn	1200	3750	6250	12500	22000	31100
2-dr 5-pass Sdn	500	1350	2350	4700	8100	11500
2-dr 5-pass Dlx Tr Sdn	550	1450	2450	4900	8500	12000
2-dr 5-pass Dlx Sdn	550	1450	2450	4900	8500	12000
4-dr 5-pass Sdn	500	1350	2350	4700	8100	11500
4-dr 5-pass Tr Sdn	550	1450	2450	4900	8500	12000
4-dr 5-pass Dlx Sdn	550	1500	2500	5100	8800	12500
Sta Wgn	1150	3600	6000	12100	21300	30200

	6	5	4	3	2	1

1937

Model 74, 8-cyl., 60 hp, Model 78, 8-cyl, 85 hp 112" wb

	6	5	4	3	2	1
2-pass 5-win Cpe	650	1700	3000	6900	11500	16700
2-pass 5-win Dlx Cpe	650	1700	3000	6100	10600	15200
2-4 pass Club Cpe	650	1700	3000	6100	10600	15200
2-pass Dlx Rdstr	1050	3300	5500	11100	19500	27700
5-pass Dlx Phtn	1100	3500	5850	11700	20500	29100
5-pass Cabrlt Conv	1100	3500	5850	11700	20500	29100
5-pass Club Cabrlt	1150	3600	6000	12100	21300	30200
5-pass Conv	1200	3800	6350	12700	22400	31700
2-dr 5-pass Sdn	450	1250	2150	4300	7400	10700
2-dr 5-pass Tr Sdn	500	1300	2250	4500	7700	11000
2-dr 5-pass Dlx Tr Sdn	500	1300	2250	4500	7700	11000
4-dr 5-pass Sdn	450	1250	2150	4300	7400	10700
4-dr 5-pass Dlx Tr Sdn	500	1300	2250	4500	7700	11000
Sta Wgn	1050	3400	5650	11300	19900	28200

Model 74, 8-cyl. 60 hp deduct 15%

1938

Standard, 8-cyl., 85 hp, 112" wb

	6	5	4	3	2	1
2-pass Cpe	600	1650	2850	5700	9900	14200
2-dr 5-window Sdn	450	1250	2050	4100	7100	10300
4-dr 5-pass Sdn	450	1250	2050	4100	7100	10300

60 hp V8 deduct 20%

Deluxe, 8-cyl., 85 hp, 112" wb

	6	5	4	3	2	1
2-dr 5-window Cpe	600	1600	2800	5600	9700	14000
2-dr Club Cpe	600	1600	2750	5500	9500	13800
2-dr 5-pass Dlx Sdn	500	1350	2350	4700	8100	11500
4-dr 5-pass Dlx Sdn	500	1350	2350	4700	8100	11500
2-dr pass Conv Cpe	1150	3600	5950	11900	21000	29700
2-dr 4 pass Conv Club Cpe.	1200	3750	6300	12600	22200	31400
5-pass Phtn	1200	3750	6250	12500	22000	31100
4-dr Conv Sdn	1250	3950	6550	13100	23100	32700
Sta Wgn	1050	3350	5600	11200	19700	28000

1939

91A Standard, 8-cyl., 85 hp, 112" wb

	6	5	4	3	2	1
3-pass Cpe	650	1800	3250	6500	11200	16100
2-dr 6-pass	450	1250	2100	4200	7200	10500
4-dr 6-pass	450	1250	2100	4200	7200	10500
Sta Wgn	1350	4400	8650	16300	25200	31500

922-A, 8-cyl., 60 hp, deduct 15%,

91A Deluxe, 8-cyl., 85 hp, 112" wb

	6	5	4	3	2	1
3-pass Cpe	750	2100	3550	7100	12300	17700
2-dr 6-pass Sdn	500	1300	2250	4500	7700	11000
4-dr 6-pass Sdn	500	1300	2250	4500	7700	11000
3-pass Conv Cpe	1450	4400	7350	14700	25900	36700
6-pass Conv Sdn	1500	4550	7650	15300	26900	38200
4-dr Sta Wgn	1400	4750	9500	18500	28800	34500

1940

01A Standard, 8-cyl., 60 hp, 112" wb

	6	5	4	3	2	1
3-pass Cpe	750	2200	2650	7300	12600	18200
3-pass Bus Cpe	750	2200	2650	7300	12600	18200
2-dr 6-pass Sdn	500	1350	2350	4700	8100	11500
4-dr 6-pass Sdn	500	1350	2350	4700	8100	11500
4-dr Sta Wgn	1400	4750	9500	18500	28800	35500

022A, 8-cyl., 60 hp, deduct 15%

	6	5	4	3	2	1
01A Deluxe, 8-cyl., 85 hp, 112" wb						
3-pass Cpe	800	2350	3950	7900	13700	19700
3-pass Bus Cpe	800	2350	3950	7900	13700	19700
2-dr 6-pass Dlx Sdn	550	1500	2500	5000	8700	12300
4-dr 6-pass Dlx Sdn	550	1500	2500	5000	8700	12300
5-p Dlx Conv Club Cpe	1550	4650	7750	15500	27300	38700
Dlx Sta Wgn	1500	5500	10100	19000	29900	36500

1941

	6	5	4	3	2	1
1GA/11A Special, 6-cyl./8-cyl., 112" wb						
3-pass Cpe	700	2000	3450	6900	11900	17200
2-dr 6-pass Sdn	450	1250	2150	4300	7400	10700
4-dr 6-pass Sdn	450	1250	2150	4300	7400	10700
1GA/11A Deluxe, 6-cyl./8-cyl., 112" wb						
3-pass Cpe	750	2300	3850	7700	13300	19200
5-pass Cpe	750	2300	3850	7700	13300	19200
2-dr 6-pass Sdn	550	1450	2450	4900	8500	12000
4-dr 6-pass Sdn	550	1450	2450	4900	8500	12000
Sta Wgn	1450	4400	7350	14700	25900	36700
1GA/11A Super Deluxe, 6-cyl./8-cyl., 112" wb						
3-pass Cpe	800	2350	3950	7900	13700	19700
5-pass Cpe	800	2350	3950	7900	13700	19700
2-dr 6-pass Sdn	550	1500	2500	5100	8800	12500
4-dr 6-pass Sdn	550	1500	2500	5100	8800	12500
5-pass Conv Club Cpe	1400	4350	7250	14500	25500	36200
Sta Wgn	1500	4500	7550	15100	26600	37700

Series 1GA, 6-cyl., deduct 10%

1942

	6	5	4	3	2	1
Special, 6-cyl., 90 hp, 114" wb						
3-pass Cpe	600	1650	2850	5700	9900	14200
2-dr 6-pass Sdn	400	1200	2000	4000	6900	10000
4-dr 6-pass Sdn	400	1200	2000	4000	6900	10000
Deluxe, 8-cyl., 90 hp, 114" wb						
3-pass Cpe	650	1700	3000	6100	10600	15200
6-pass Cpe Sdn	650	1800	3250	6500	11200	16100
2-dr 6-pass Sdn	450	1250	2200	4400	7600	10900
4-dr 6-pass Sdn	450	1250	2200	4400	7600	10900
Super Deluxe, 8-cyl., 90 hp, 114" wb						
3-pass Cpe	650	1750	3150	6300	10900	15700
5-pass Cpe Sdn	700	1900	3350	6700	11500	16500
2-dr 6-pass Sdn	450	1250	2200	4400	7600	10900
4-dr 6-pass Sdn	450	1250	2200	4400	7600	10900
Conv Club Cpe	1350	4150	6950	13900	24500	34700
8-pass Sta Wgn	1400	4350	7250	14500	25500	36200

*Series 2GA, 6-cyl on Deluxe and Super Deluxe models,
deduct 10%*

1946-1948

	6	5	4	3	2	1
Deluxe, 6-cyl., 90 hp/8-cyl., 100 hp, 114" wb						
70A 2-dr 6-pass Sdn	450	1250	2050	4100	7100	10300
73A 4-dr 6-pass Sdn	450	1250	2050	4100	7100	10300
77A 3-pass Cpe	600	1600	2750	5500	9500	13800
Super Deluxe, 6-cyl., 90 hp/8-cyl., 100 hp, 114" wb						
70B 2-dr 6-pass Sdn	450	1250	2150	4300	7400	10700
71B 2-dr Sprtmn Conv Cpe	4500	11500	24500	50900	72400	91000
72B 2-dr 6-pass Cpe Sdn	650	1750	3150	6300	10900	15700
73B 4-dr 6-pass Sdn	450	1250	2150	4300	7400	10700
76B 2-dr Conv Club Cpe	1550	4650	7750	15500	27300	38700

	6	5	4	3	2	1
77B 2-dr 3-pass Cpe	650	1700	3000	5900	10200	14700
79B B4-dr Sta Wgn	1650	4900	8250	16500	29000	41200

6-cyl deduct 10%

1949

Deluxe, 8-cyl., 100 hp, 114" wb

72C 3-pass Bus Cpe	600	1650	2850	5700	9900	14200
72A 5-pass Club Cpe	650	1700	3000	5900	10200	14700
70A 2-dr 6-pass Sdn	500	1350	2350	4700	8100	11500
73A 4-dr 6-pass Sdn	500	1350	2350	4700	8100	11500

Custom, 8-cyl., 100 hp, 114" wb

72B 5-pass Club Cpe	700	1800	3400	6900	11900	15100
70B 2-dr 6-pass Sdn	550	1550	2650	5300	9100	13000
73B 4-dr 6-pass Sdn	550	1550	2650	5300	9100	13000
76 Conv Club	1450	4450	7450	14900	26200	37200
79 2-dr 8-pass Sta Wgn	1550	4650	7750	15500	27300	38700

6-cyl., deduct 20%

1950

Deluxe, 6-cyl 95 hp/8-cyl., 100 hp, 114" wb

72A 2-dr Bus Cpe	600	1650	2850	5700	9900	14200
70A 2-dr Sdn	500	1350	2350	4700	8100	11500
73A 4-dr Sdn	500	1350	2350	4700	8100	11500

Custom, 6-cyl, 95 hp/8-cyl., 100 hp, 114" wb

72B 2-dr Club Cpe	650	1700	3000	6100	10600	15200
70C 2-dr Crestliner	750	2200	3650	7300	12600	18200
70B 2-dr Sdn	550	1550	2650	5300	9100	13000
73B 4-dr Sdn	550	1550	2650	5300	9100	13000
76 2-dr Conv	1450	4450	7450	14900	26200	37200
79 2-dr Ctry Squire Sta Wgn	1600	4750	7950	15900	28000	39700

6-cyl deduct 10%

1951

Deluxe, 6-cyl, 95 hp/8-cyl., 100 hp, 114" wb

72A 2-dr Bus Cpe	600	1600	2750	5500	9500	13800
70A 2-dr Sdn	550	1500	2500	5100	8800	12500
73A 4-dr Sdn	550	1500	2500	5100	8800	12500

Custom Deluxe, 6-cyl, 95 hp 8-cyl., 100 hp, 114" wb

72B 2-dr Club Cpe	650	1750	3150	6300	10900	15700
70B 2-dr Sdn	600	1650	2900	5800	10000	14500
73B 4-dr Sdn	600	1650	2900	5800	10000	14500
70C 2-dr Crestliner	750	2250	3750	7500	13000	18700
60 2-dr Vic Cpe	800	2450	4150	8300	14600	20700
76 2-dr Conv	1500	4550	7600	15200	26750	38000
79 2-dr Ctry Squire Sta Wgn	1500	4550	7600	15200	26750	38000

6-cyl deduct 10%

1952

Mainline, 6-cyl., 110 hp/8-cyl. 110 hp, 115" wb

72C 2-dr Bus Cpe	500	1350	2350	4700	8100	11500
70A 2-dr Sdn	400	1200	1950	3900	6800	9900
73A 4-dr Sdn	400	1200	1950	3900	6800	9900
59A Ranch Sta Wgn	500	1350	2350	4700	8100	11500

Customline, 6-cyl. 100 hp/8-cyl. 110 hp, 115" wb

72B 2-dr Club Cpe	600	1600	2750	5500	9500	13800
70B 2-dr Sdn	550	1450	2450	4900	8500	12000
73B 4-dr Sdn	550	1450	2450	4900	8500	12000
79B Ctry Sta Wgn (V-8)	600	1600	2750	5500	9500	13800

	6	5	4	3	2	1
Crestline, 8-cyl, 110 hp., 115" wb						
60 2-dr Vic Hdtp	800	2350	3950	7900	13700	19700
76B 2-dr Sunliner Conv	1200	3850	6450	12900	22700	32200
79C 4-dr Ctry Squire Sta Wgn	600	1650	2850	5700	9900	14200

6-cyl deduct 10%

1953

	6	5	4	3	2	1
Mainline, 6-cyl., 100 hp/8-cyl., 110 hp, 115" wb						
72C2-dr Bus Cpe	500	1350	2350	4700	8100	11500
70A 2-dr Sdn	400	1200	1950	3900	6800	9900
73A 4-dr Sdn	400	1200	1950	3900	6800	9900
59A Ranch Sta Wgn	500	1350	2350	4700	8100	11500
Customline, 6-cyl., 95 hp/8-cyl., 110 hp., 115" wb						
72B 2-dr Club Cpe	600	1600	2750	5500	9500	13800
70B 2-dr Sdn	550	1450	2450	4900	8500	12000
73B 4-dr Sdn	550	1450	2450	4900	8500	12000
79Btry Sta Wgn (V-8)	600	1600	2750	5500	9500	13800
Crestline, 8-cyl., 115" wb						
60B 2-dr Vic Hdtp	800	2450	4150	8300	14600	20700
76B 2-dr Sunliner Conv	1250	3950	6600	13200	23250	32900
79B Ctry Squire Sta Wgn	650	1700	3000	5900	10200	14700

6-cyl deduct 10%
IndyPace car Sunliner add 40%

1954

	6	5	4	3	2	1
Mainline, 6-cyl.110 hjp/8-cyl., 145 hp 115.5" wb						
72A 2-dr Bus Cpe	450	1250	2150	4300	7400	10700
70A 2-dr Sdn	400	1200	2000	4000	6900	10000
73A 4-dr Sdn	400	1200	2000	4000	6900	10000
59A Ranch Sta Wgn	500	1350	2350	4700	8100	11500
Customline, 6-cyl. 110 hp/8-cyl., 145 hp 115.5" wb						
72B 2-dr Club Cpe	600	1650	2850	5700	9900	14200
70B 2-dr Sdn	550	1550	2650	5300	9100	13000
73B 4-dr Sdn	550	1550	2650	5300	9100	13000
59B 2-dr Ranch Sta Wgn	650	1700	3000	5900	10200	14700
79B 4-dr Ctry Sdn Sta Wgn	650	1700	3000	6100	10600	15200
Crestline, 6-cyl. 110 hp/8-cyl., 145 hp, 115.5" wb						
60F 2-dr Skyliner Cpe	1000	3100	5250	10500	18600	26200
73C 4-dr Sdn	600	1600	2750	5500	9500	13800
60B 2-dr Vic Hdtp	750	2250	3750	7500	13000	18700
76B 2-dr Sunliner Conv	1200	3850	6450	12900	22700	32200
79C Ctry Squire Sta Wgn	650	1800	3250	6500	11200	16100

6-cyl deduct 10%

1955

	6	5	4	3	2	1
Mainline, 6-cyl./8-cyl., 115.5" wb						
72A 2-dr Bus Cpe	400	1200	1900	3800	6600	9600
70A 2-dr Sdn	400	1200	1950	3900	6800	9900
73A 4-dr Sdn	400	1200	1950	3900	6800	9900
Customline, 6-cyl./8-cyl., 115.5" wb						
70B 2-dr Sdn	450	1250	2050	4100	7100	10300
73B 4-dr Sdn	450	1250	2050	4100	7100	10300
Fairlane, 6-cyl./8-cyl., 115.5" wb						
70C 2-dr Club Sdn	500	1350	2300	4600	8000	11300
73C 4-dr Twn Sdn	500	1350	2300	4600	8000	11300
60B 2-dr Vic Hdtp	750	2250	3750	7500	13000	18700
64A 2-dr Crown Vic	1200	3750	6250	12500	22000	31100
64B 2-dr Crown Vic Skyliner	1800	5350	9000	18000	31650	45000
76B 2-dr Sunliner Conv	1700	5050	8500	17000	29900	42500

	6	5	4	3	2	1
Station Wagons, 8-cyl., 115.5" wb						
59A 2-dr Ranch Wgn	550	1450	2450	4900	8500	12000
59B 2-dr Custom Ranch Wgn	550	1500	2500	5100	8800	12500
79D 4-dr 6-pass Ctry Sdn Wgn	550	1550	2650	5300	9100	13000
79B 4-dr 8-p Ctry Sdn Wgn	600	1600	2750	5500	9500	13800
79C Ctry Squire	650	1700	3000	5900	10200	14700

6-cyl. deduct 10%
Factory air cond. add 10%

1956

	6	5	4	3	2	1
Mainline, 6-cyl./8-cyl., 115.5" wb						
70A 2-dr Sdn	400	1200	1950	3900	6800	9900
73A 4-dr Sdn	400	1200	1950	3900	6800	9900
70D 2-dr Bus Sdn	400	1200	1900	3800	6600	9600
Customline, 6-cyl./8-cyl., 115.5" wb						
70B 2-dr Sdn	450	1250	2050	4100	7100	10300
73B 4-dr Sdn	450	1250	2050	4100	7100	10300
64D 2-dr Vic Hdtp	650	1750	3150	6300	10900	15700
Fairlane, 6-cyl./8-cyl., 115.5" wb						
70C 2-dr Club Sdn	500	1350	2300	4600	8000	11300
73C 4-dr Twn Sdn	500	1350	2300	4600	8000	11300
64C 2-dr Hdtp	900	2750	4650	9300	16400	23100
57A 4-dr Vic Sdn	650	1750	3150	6300	10900	15700
64A 2-dr Crown Vic	1200	3850	6450	12900	22700	32200
64B 2-dr Crown Vic Skyliner	1750	5200	8750	17500	30800	43700
76B 2-dr Sunliner Conv	1700	5050	8450	16900	29700	42200
Station Wagons, 6-cyl./8-cyl., 115.5" wb						
59A 2-dr Ranch Wgn	500	1350	2300	4600	8000	11300
59B 2-dr Custom Ranch Wgn	550	1400	2400	4800	8300	11800
59C 2-dr Parklane	700	1900	3350	6700	11500	16500
79A 4-dr 6-pass Ctry Sdn	550	1550	2650	5300	9100	13000
79B 4-dr 8-pass Ctry Sdn	600	1600	2750	5500	9500	13800
79C 4-dr Ctry Squire	650	1700	3000	5900	10200	14700

312 cid V8 add 20%   6-cyl deduct 10%
Factory air cond add 10%

1957

	6	5	4	3	2	1
Custom, 6-cyl./8-cyl., 116" wb						
70D 2-dr Bus Sdn	350	1000	1600	3200	5700	8100
73A 4-dr Sdn	400	1050	1700	3300	5800	8300
73A 2-dr Sdn	400	1050	1700	3400	5900	8500
Custom 300, 6-cyl./8-cyl., 116" wb						
70B 2-dr Sdn	400	1100	1800	3500	6100	8900
73B 4-dr Sdn	400	1050	1700	3400	5900	8500
Fairlane, 6-cyl./8-cyl., 118" wb						
64B 2-dr Club Sdn	400	1150	1850	3700	6400	9300
58B 4-dr Twn Sdn	400	1100	1800	3500	6100	8900
63A 2-dr Vic Hdtp	700	1900	3350	6700	11500	16500
57A 4-dr Vic Hdtp	650	1700	3000	5900	10200	14700
Fairlane 500, 6-cyl./8-cyl., 118" wb						
64A 2-dr Club Sdn	450	1250	2050	4100	7100	10300
58A 4-dr Twn Sdn	400	1100	1800	3600	6200	9100
63B 2-dr Club Vic Hdtp	750	2250	3700	7400	12800	18500
57B 4-dr Twn Vic Hdtp	650	1700	3000	5900	10200	14700
76B 2-dr Sunliner Conv	1650	4900	8250	16500	29000	41200
51A 2-dr Skyliner Hdtp Conv (V-8)	1750	5200	8750	17500	30800	43700
Station Wagons, 6-cyl./8-cyl. 116" wb						
79A 4-dr 6-pass Ctry Sdn	550	1500	2500	5000	8700	12300
79B 4-dr 8-pass Ctry Sdn	550	1550	2600	5200	9000	12800
79C 4-dr Cntry Squire	600	1600	2750	5500	9500	13800

	6	5	4	3	2	1
59A 2-dr Ranch Wgn	500	1300	2250	4500	7700	11000
59B 2-dr Del Rio Ranch Wgn	500	1350	2350	4700	8100	11500

312 cid 4v V8 add 10%   312 cid 8v add 35%
312 cid Supercharged add 50%
Factory air cond. add 10%

1958

Custom 300, 6-cyl./8-cyl., 116.03" wb

	6	5	4	3	2	1
70D 2-dr Bus Sdn	300	800	1350	2700	4700	6900
70A 2-dr Sdn	350	950	1550	3100	5500	7900
73A 4-dr Sdn	350	850	1400	2800	4900	7100

"Custom 300 Deluxe (B- code) add 10%

Fairlane, 6-cyl./8-cyl., 116.03" wb

64B 2-dr Club Sdn	350	950	1550	3100	5500	7900
58B 4-dr Twn Sdn	350	900	1500	3000	5300	7600
63A 2-dr Club Vic Hdtp	600	1600	2750	5500	9500	13800
57A 4-dr Twn Vic Hdtp	550	1500	2500	5100	8800	12500

Country Club trim add 10%

Fairlane 500, 6-cyl./8-cyl., 118.04" wb

64A 2-dr Club Sdn	400	1100	1800	3500	6100	8900
58A 4-dr Twn Sdn	350	1000	1600	3200	5700	8100
63B 2-dr Club Vic Hdtp	650	1750	3150	6300	10900	15700
57B 4-dr Twn Vic Hdtp	600	1600	2750	5500	9500	13800
76B 2-dr Sunliner Conv	1300	4050	6750	13500	23800	33700
51A 2-dr Skyliner Hdtp Conv	1300	4000	6650	13300	23400	34700

Station Wagons, 6-cyl./8-cyl. 116.03" wb

79A 4-dr 6-pass Ctry Sdn	400	1200	2000	4000	6900	10000
79B 4-dr 8-pass Ctry Sdn	450	1250	2100	4200	7200	10500
79C 4-dr Ctry Squire	550	1550	2650	5300	9100	13000
59A 2-dr Ranch	400	1200	1900	3800	6600	9600
79D 4-dr Ranch	400	1200	2000	4000	6900	10000
59B 2-dr Del Rio Ranch Wgn	450	1250	2150	4300	7400	10700

352 V-8 add 10%   6-cyl deduct 10%
Factory air cond. add 10%

1959

Custom 300, 6-cyl./8-cyl., 118" wb

	6	5	4	3	2	1
64G 2-dr Bus Sdn (6-cyl.)	350	900	1500	2900	5200	7400
64F 4-dr Sdn	350	900	1500	2900	5200	7400
58E 2-dr Sdn	350	900	1500	3000	5300	7600

Fairlane, 6-cyl./8-cyl., 118" wb

64A 2-dr Club Sdn	350	950	1550	3100	5500	7900
58A 4-dr Twn Sdn	350	900	1500	2900	5200	7400

Fairlane 500, 6-cyl./8-cyl., 118" wb

64B 2-dr Club Sdn	400	1050	1700	3400	5900	8500
58B 4-dr Twn Sdn	350	900	1500	3000	5300	7600
63A 2-dr Club Vic Hdtp	650	1700	3000	6100	10600	15200
57A 4-dr Twn Vic Hdtp	550	1450	2450	4900	8500	12000

Galaxie, 6-cyl./8-cyl., 118" wb

64H 2-dr Club Sdn	400	1100	1800	3600	6200	9100
54A 4-dr Twn Sdn	350	1000	1600	3200	5700	8100
65A 2-dr Club Vic Hdtp	650	1800	3250	6500	11200	16100
75A 4-dr Twn Vic Hdtp	550	1550	2650	5300	9100	13000
76B 2-dr Sunliner Conv*	1450	4450	7450	14900	26200	37200
51A 2-dr Skyliner Conv (V-8)*	1550	4700	7850	15700	27600	39100

At the start of the model year both the Sunliner and Skyliner
were Fairlane 500 models

Station Wagons, 6-cyl./8-cyl., 118" wb

59C 2-dr Ranch	400	1150	1850	3700	6400	9300
71H 4-dr Ranch	400	1200	1950	3900	6800	9900

	6	5	4	3	2	1
59D 2-dr 6-pass Ctry Sdn	500	1400	2550	4900	8250	11500
71E 4-dr 9-pass Ctry Sdn	450	1250	2200	4400	7600	10900
71F 4-dr 6-pass Ctry Sdn	450	1250	2100	4200	7200	10500
71G 4-dr Ctry Squire	650	2550	3750	7300	11100	19000

352 V-8 add 10%   6-cyl deduct 10%
Factory air cond. add 10%

1960

Falcon, 6-cyl. 109.5" wb

64A 2-dr Sdn	300	800	1350	2700	4700	6900
58A 4-dr Sdn	300	800	1300	2600	4600	6600
59A 2-dr Sta Wgn	300	800	1300	2600	4600	6600
71A 4-dr Sta Wgn	300	800	1350	2700	4700	6900

Deluxe trim pkg add 10%

Custom 300, 6-cyl./8-cyl., 119" wb

58F 4-dr Sdn	300	800	1350	2700	4700	6900
64H 2-dr Sdn	350	900	1500	2900	5200	7400

Fairlane, 6-cyl./8-cyl., 119" wb

58E 4-dr Sdn	300	700	1200	2400	4100	5900
64F 2-dr Sdn	300	750	1250	2500	4400	6200
64G 2-dr Bus Sdn	300	750	1250	2500	4400	6200

Fairlane 500, 6-cyl./8-cyl., 119" wb

64A 2-dr Club Sdn	300	800	1350	2700	4700	6900
58A 4-dr Twn Sdn	350	850	1400	2800	4900	7100

Galaxie, 6-cyl/8-cyl., 119" wb

57A 4-dr Twn Vic Hdtp	400	1200	1950	3900	6800	9900
62A 2-dr Club Sdn	350	1000	1600	3200	5700	8100
54A 4-dr Twn Sdn	350	850	1400	2800	4900	7100

Special, 8-cyl., 119" wb

63A 2-dr Starliner Hdtp	750	2250	3750	7500	13000	18700
76B 2-dr Sunliner Conv	950	3050	5150	10300	18200	25700

Station Wagons, 6-cyl./8-cyl., 119" wb

59C 2-dr Ranch	400	1100	1800	3500	6100	8900
71H 4-dr Ranch	400	1150	1850	3700	6400	9300
71F 4-dr 6-pass Ctry Sdn	400	1100	1800	3600	6200	9100
71E 4-dr 9-pass Ctry Sdn	400	1200	1900	3800	6600	9600
71G 4-dr Ctry Squire	400	1200	1950	3900	6800	9900

352 cid-360 hp V-8 add 40%
52 cid 300 hp V-8 add 10%
6-cyl deduct 10%

1961

Falcon, 6-cyl. 109.5" wb

64A 2-dr Sdn	350	850	1400	2800	4900	7100
58A 4-dr Sdn	300	800	1350	2700	4700	6900
64A 2-dr Futura Sdn	400	1100	1800	3500	6100	8900
59A 2-dr Sta Wgn	300	800	1350	2700	4700	6900
71A 4-dr Sta Wgn	350	850	1400	2800	4900	7100

Custom 300, 6-cyl./8-cyl., 119" wb

64H 2-dr Club Sdn	350	950	1600	3400	5900	8100
58F 4-dr Twn Sdn	350	900	1500	2900	5200	7400

Fairlane, 6-cyl./8-cyl., 119" wb

64F 2-dr Club Sdn	350	900	1500	2900	5200	7400
58E 4-dr Twn Sdn	350	850	1400	2800	4900	7100

Fairlane 500, 6-cyl./8-cyl., 119" wb

64A 4-dr Twn Sdn	350	900	1500	2900	5200	7400
58A 2-dr Club Sdn	350	950	1550	3100	5500	7900

Galaxie, 6-cyl./8-cyl., 119" wb

62A 2-dr Club Sdn	350	1000	1600	3200	5700	8100
54A 4-dr Twn Sdn	350	900	1500	2900	5200	7400

	6	5	4	3	2	1
65A 2-dr Club Vic Hdtp	600	1650	2850	5700	9900	14200
75A 4-dr Twn Vic Hdtp	400	1050	1700	3400	5900	8500
63A 2-dr Starliner Hdtp	650	1750	3150	6300	10900	15700
76B 2-dr Sunliner Conv	850	2650	4450	8900	15700	22300
Station Wagons, 6-cyl./8-cyl., 119" wb						
59C 2-dr Ranch	400	1050	1700	3300	5800	8300
71H 4-dr Ranch	400	1100	1800	3500	6100	8900
71F 4-dr 6-pass Ctry Sdn	400	1050	1700	3400	5900	8500
71E 4-dr 9-pass Ctry Sdn	400	1100	1800	3600	6200	9100
71G 4-dr 6-pass Ctry Squire	400	1150	1850	3700	6400	9300
71J 4-dr 9-pass Ctry Squire	400	1200	1950	3900	6800	9900

390 cid 375 hp V-8 add 40%
390 cid 410 hp add 50%
6-cyl deduct 10%

1962

	6	5	4	3	2	1
Falcon, Standard, Deluxe & Futura, 6-cyl., 109.5" wb						
64A 2-dr Sdn	300	700	1200	2400	4100	5900
58A 4-dr Sdn	300	700	1200	2400	4100	5900
62C 2-dr Futura Cpe	400	1200	1950	3900	6200	7900
64C 2-dr Futura Sdn	350	950	1600	3150	4950	6900
59A 2-dr Sta Wgn	300	700	1200	2400	4100	5900
71A 4-dr Sta Wgn	300	750	1250	2500	4400	6200
71B 4-dr Squire Wgn*	300	800	1300	2600	4600	6600

*Model 71C w/bucket seats add 10%

	6	5	4	3	2	1
Fairlane, 6-cyl./8-cyl., 115.5" wb						
62A 2-dr Twn Sdn	300	650	1100	2200	3800	5400
54A 4-dr Club Sdn	300	650	1100	2200	3800	5400
Fairlane 500, 6-cyl./8-cyl., 115" wb						
54B 4-dr Twn Sdn	300	700	1200	2400	4100	5900
62B 2-dr Club Sdn	300	750	1250	2500	4400	6200
62C 2-dr Spt Cpe	350	900	1500	2900	5200	7400
Galaxie, 6-cyl./8-cyl., 119"wb						
62B 2-dr Club Sdn	300	700	1200	2400	4100	5900
54B 4-dr Twn Sdn	300	700	1200	2400	4100	5900
Galaxie 500, 6-cyl./8-cyl., 119" wb						
62A 2-dr Club Sdn	300	750	1250	2500	4400	6200
54A 4-dr Twn Sdn	300	650	1150	2300	3900	5700
65A 2-dr Club Vic Hdtp	450	1250	2150	4300	7400	10700
75A 4-dr Twn Vic Hdtp	350	950	1500	3000	5500	7800
76A 2-dr Sunliner Conv	750	2250	3750	7500	13000	18700
Galaxie 500 XL, 8-cyl., 119" wb						
65B 2-dr Club Vic Hdtp	550	1550	2600	5200	9000	12800
76B 2-dr Conv	850	2550	4350	8700	15300	21700
Station Wagons, 8-cyl., 119" wb						
71D 4-dr 6-pass Ranch	350	900	1500	2900	5200	7400
71B 4-dr 6-pass Ctry Sdn	350	900	1500	3000	5300	7600
71C 4-dr 9-pass Ctry Sdn	350	1000	1600	3200	5700	8100
71E 4-dr 6-pass Ctry Squire	400	1050	1700	3300	5800	8300
71A 4-dr 9-pass Ctry Squire	400	1100	1800	3500	6100	8900

406 cid 385 hp w/4-spd add 20%
406 cid 405 hp/4-spd add 30%
6-cyl. deduct 10%

1963

	6	5	4	3	2	1
Falcon, 6-cyl., 109.5" wb						
62A 2-dr Sdn	300	700	1200	2400	4100	5900
54A 4-dr Sdn	300	700	1200	2400	4100	5900
54D 4-dr Dlx sdn	350	800	1350	2700	4700	6900
59A 2-dr Sta Wgn	300	700	1200	2400	4100	5900

	6	5	4	3	2	1
59B 2-dr Dlx Sta Wgn	350	900	1500	2900	5200	7400
71A 4-dr Sta Wgn	300	750	1250	2500	4400	6200
71B 4-dr Dlx Sta Wgn	350	900	1500	2900	5200	7400
Futura Series, 6-cyl/8-cyl. 109.5" wb						
62B/C 2-dr Futura Sdn	300	700	1200	2400	4100	5900
54B 4-dr Futura Sdn	300	700	1200	2400	4100	5900
63B/C 2-dr Futura Hdtp	400	1200	1950	3900	6800	9900
76A/B 2-dr Futura Conv	650	1700	3000	5900	10200	14700
71C/D 4-dr Squire Sta Wgn	350	950	1550	3100	5500	7900

Bucket seat option add 10%
260 cid V-8 add 20%
Sprint pkg add 50%

Fairlane, 6-cyl./8-cyl., 115.5" wb						
62A 2-dr Sdn	300	750	1250	2500	4400	6200
54A 4-dr Sdn	300	650	1200	2300	3900	5500
71D 4-dr Ranch	300	800	1300	2600	4600	6600
Fairlane 500, 6-cyl./8-cyl., 115.5" wb						
62B 2-dr Sdn	300	800	1350	2700	4700	6900
4-dr Sdn	300	700	1200	2400	4100	5900
65A 2-dr Hdtp Cpe	400	1100	1800	3500	6100	8900
65B 2-dr Spt Cpe Hdtp	400	1200	1950	3900	6800	9900
71B 4-dr Cust Ranch Wgn	350	850	1400	2800	4900	7100
71E/G 4-dr Squire Sta Wgn	350	900	1500	3000	5300	7600

Bucket seat option add 10%
260 cid V-8 add 20%

Ford 300, 6-cyl./8-cyl., 119" wb						
62E 2-dr Sdn	300	750	1250	2500	4400	6200
54E 4-dr Sdn	300	650	1150	2300	3900	5700
Galaxie, 6-cyl./8-cyl., 119" wb						
62B 2-dr Sdn	300	800	1300	2600	4600	6600
54B 4-dr Sdn	300	700	1200	2400	4100	5900
Galaxie 500, 8-cyl., 119" wb						
62A 2-dr Sdn	300	800	1350	2700	4700	6900
54A 4-dr Sdn	300	750	1250	2500	4400	6200
65A 2-dr Hdtp	550	1500	2500	5100	8800	12500
63B 2-dr Fstbk Hdtp	650	1700	3000	6100	10600	15200
75A 4-dr Hdtp	350	850	1400	2800	4900	7100
76A 2-dr Conv	750	2200	3650	7300	12600	18200

Factory lightweight drag package Model 63B, add 300%

Galaxie 500 XL, 8-cyl., 119" wb						
65B 2-dr Hdtp	600	1600	2750	5500	9500	13800
63C 2-dr Fstbk Cpe	650	1800	3250	6500	11200	16100
75B 4-dr Hdtp	400	1100	1800	3500	6100	8900
76B 2-dr Conv	850	2700	4550	9100	16000	22700
Station Wagons, 8-cyl., 119" wb						
71B 4-dr 6-pass Ctry Sdn	350	850	1400	2800	4900	7100
71C 4-dr 9-pass Ctry Sdn	350	900	1500	3000	5300	7600
71E/G 4-dr 6-pass Ctry Squire*	350	1000	1600	3200	5700	8100
71A/H 4-dr 9-pass Ctry Squire*	400	1050	1700	3400	5900	8500

*Bucket seat option in Ctry Squire add 20%
406 cid 385 hp add 20%   406 cid 405 hp add 30%
6-cyl deduct 10%
427 cid 410 hp add 30%   427 cid 425 hp add 40%

1964

Falcon 6-cyl., 109.5" wb						
62A 2-dr Sdn	300	800	1300	2600	4600	6600
62D 2-dr Dlx sdn	350	900	1450	2800	4900	7000
54A 4-dr Sdn	300	700	1200	2400	4100	5900
54D 4-dr Dlx Sdn	350	800	1350	2600	4900	6500

	6	5	4	3	2	1
Falcon Futura, 6-cyl., 109.5" wb						
62B 2-dr Sdn	300	800	1300	2600	4600	6600
54B 4-dr Sdn	300	750	1250	2500	4400	6200
63B/C/H 2-dr Hdtp	400	1150	1850	3700	6400	9300
63D/E 2-dr Sprint Hdtp (V-8)	550	1450	2450	4900	8500	12000
76A/B 2-dr Conv	600	1600	2750	5500	9500	13800
76D/E 2-dr Sprint Conv (V-8)	750	2100	3550	7100	12300	17700
Falcon Station Wagons, 6-cyl., 109.5" wb						
59A 2-dr Sta Wgn	300	650	1150	2300	3900	5700
71A 4-dr Sta Wgn	300	700	1200	2400	4100	5900
71B 4-dr Dlx Sta Wgn	300	750	1250	2500	4400	6200
71C 4-dr Squire Wgn	350	900	1500	2900	5200	7400

Bucket seat option add 10%
260 cid V8 add 20%

	6	5	4	3	2	1
Fairlane, 8-cyl., 115.5" wb						
62A 2-dr Sdn	300	750	1250	2500	4400	6200
54A 4-dr Sdn	300	650	1150	2300	3900	5700
71D 2-dr Sta Wgn	300	800	1350	2700	4700	6900
Fairlane 500, 8-cyl., 115" wb						
62B 2-dr Sdn	300	800	1350	2700	4700	6900
54B 4-dr Sdn	300	700	1200	2400	4100	5900
65A 2-dr Hdtp Cpe	400	1150	1850	3700	6400	9300
65B 2-dr Hdtp Spt Cpe	450	1250	2150	4300	7400	10700
71B 4-dr Custom 500 Sta Wgn	350	900	1500	2900	5200	7400

Factory Thunderbolt drag pkg. add 400%

	6	5	4	3	2	1
Custom, 8-cyl., 119" wb						
54E 4-dr Sdn	300	650	1100	2200	3800	5400
62E 2-dr Sdn	300	650	1100	2100	3600	5100
Custom 500, 8-cyl., 119" wb						
54B 4-dr Sdn	300	650	1150	2300	3900	5700
62B 2-dr Sdn	300	650	1100	2200	3800	5400
Galaxie 500, 8-cyl., 119" wb						
62A 2-dr Sdn	300	800	1300	2600	4600	6600
54A 4-dr Sdn	300	750	1250	2500	4400	6200
63B 2-dr Hdtp	650	1700	3000	5900	10200	14700
75A 4-dr Hdtp	350	950	1550	3100	5500	7900
76A 2-dr Conv	750	2250	3750	7500	13000	18700
Galaxie 500XL, 8-cyl., 119" wb						
63C 2-dr Hdtp	650	1750	3100	6200	10700	15400
75C 4-dr Hdtp Sdn	400	1200	1950	3900	6800	9900
76B 2-dr Conv	900	2900	4850	9700	17100	24200
Station Wagons, 8-cyl., 119" wb						
71B 4-dr 6-pass Ctry Sdn	400	1100	1800	3500	6100	8900
71B 4-dr 9-pass Ctry Sdn	400	1150	1850	3700	6400	9300
71E 4-dr 6-pass Ctry Squire	400	1200	1900	3800	6600	9600
71A 4-dr 9-pass Ctry Squire	400	1200	2000	4000	6900	10000

427 cid 410 hp add 30%   *427 cid 425 hp add 40%*
6-cyl deduct 10%

1965

	6	5	4	3	2	1
Falcon, 6-cyl., 109.5" wb						
62A 2-dr Sdn	300	650	1150	2300	3900	5700
54A 4-dr Sdn	300	650	1100	2100	3600	5100
Futura, 6-cyl./8-cyl., 109.5" wb						
62B 2-dr Sdn	300	700	1200	2400	4100	5900
54B 4-dr Sdn	300	650	1100	2200	3800	5400
63B 2-dr Hdtp	350	950	1550	3100	5500	7900
76A/B 2-dr Conv	550	1500	2500	5100	8800	12500
63D 2-dr Sprint Hdtp	450	1250	2150	4300	7400	10700
76D 2-dr Sprint Conv	750	2250	3750	7500	13000	18700

	6	5	4	3	2	1
Falcon Station Wagons, 6-cyl/8-cyl , 109.5" wb						
59A 2-dr Sta Wgn	300	650	1100	2100	3600	5100
71A 4-dr Sta Wgn	300	650	1100	2200	3800	5400
71B 4-dr Futura Wgn	300	650	1150	2300	3900	5700
71C 4-dr Squire Wgn	300	800	1300	2600	4600	6600
Fairlane, 6-cyl./8-cyl., 116" wb						
62A 2-dr Sdn	300	700	1200	2400	4100	5900
54A 4-dr Sdn	300	650	1100	2200	3800	5400
71D 4-dr Ranch Sta Wgn	300	750	1250	2500	4400	6200
Fairlane 500, 6-cyl./8-cyl.						
62B 2-dr Sdn	300	750	1250	2500	4400	6200
54B 4-dr Sdn	300	650	1150	2300	3900	5700
65A 2-dr Hdtp	400	1050	1700	3300	5800	8300
65B 2-dr Spt Cpe	400	1200	2000	4000	6900	10000
71B 4-dr 6-pass Sta Wgn	300	800	1300	2600	4600	6600
Custom, 6-cyl./8-cyl., 119" wb						
54E 4-dr Sdn	300	650	1100	2100	3600	5100
62E 2-dr Sdn	300	650	1000	2000	3500	4900
Custom 500, 6-cyl./8-cyl., 119" wb						
54B 4-dr Sdn	300	650	1100	2200	3800	5400
62B 2-dr Sdn	300	650	1100	2100	3600	5100
Galaxie 500, 6-cyl./8-cyl., 119" wb						
54A 4-dr Sdn	300	650	1150	2300	3900	5700
63B 2-dr Hdtp	450	1250	2050	4100	7100	10300
57B 4-dr Hdtp	350	950	1550	3100	5500	7900
76A 2-dr Conv	650	1700	3000	5900	10200	14700
Galaxie 500 XL, 8-cyl., 119" wb						
63C 2-dr Hdtp	550	1500	2500	5100	8800	12500
76C 2-dr Conv	750	2250	3750	7500	13000	18700
Galaxie 500 LTD, 8-cyl., 119" wb						
63F 2-dr Fastback Hdtp	550	1450	2450	4900	8500	12000
57F 4-dr Hdtp	400	1050	1700	3300	5800	8300
Station Wagons, 8-cyl., 119" wb						
71E 4-dr 6-pass Ctry Squire	350	900	1500	2900	5200	7400
71A 4-dr 10-pass Ctry Squire	350	950	1550	3100	5500	7900
71B 4-dr 6-pass Ctry Sdn	300	800	1350	2700	4700	6900
71C 4-dr 10-pass Ctry Sdn	350	900	1500	2900	5200	7400
71D 4-dr Ranch Wgn	300	750	1250	2500	4400	6200

427 cid 425 hp V-8 add 40%

1966

	6	5	4	3	2	1
Falcon, 6-cyl., 110.9" wb						
62A 2-dr Club Cpe	300	650	1100	2100	3600	5100
54A 4-dr Sdn	300	650	1000	2000	3500	4900
71A 4-dr Sta Wgn	300	650	1100	2100	3600	5100
Falcon Futura, 8-cyl., 110.9"" wb (sta wgn 113" wb)						
62A 2-dr Club Cpe	300	700	1200	2400	4100	5900
62C 2-dr Spt Cpe	300	800	1350	2700	4700	6900
54B 4-dr Sdn	300	650	1100	2200	3800	5400
71B 4-dr Sta Wgn	300	800	1300	2600	4600	6600
Fairlane, 6-cyl., 8-cyl., 116" wb (sta wgn 113" wb)						
62A 2-dr Sdn	300	750	1250	2500	4400	6200
54A 4-dr Sdn	300	650	1100	2200	3800	5400
71D 4-dr Sta Wgn	300	700	1200	2400	4100	5900
Fairlane 500, 6-cyl., 8-cyl., 116" wb (sta wgn 113" wb)						
62B 2-dr Sdn	300	650	1100	2200	3800	5400
54B 4-dr Sdn	300	650	1100	2200	3800	5400
63B 2-dr Hdtp Cpe	300	750	1250	2500	4400	6200
76B 2-dr Conv	550	1500	2500	5100	8800	12500
71B 4-dr 6-pass Sta Wgn	300	700	1200	2400	4100	5900
71E 4-dr Squire Sta Wgn	300	800	1300	2600	4600	6600

	6	5	4	3	2	1
Fairlane 500 XL, 6-cyl., 8-cyl., 116" wb						
63C 2-dr Hdtp Cpe	400	1050	1700	3300	5800	8300
63D 2-dr GT Hdtp (V-8)	500	1350	2350	4700	8100	11500
76C 2-dr Conv	700	2000	3450	6900	11900	17200
76D 2-dr GT Conv (V-8)	750	2250	3750	7500	13000	18700

Non GT models, 390 cid 315 hp V8 add 25%

	6	5	4	3	2	1
Custom, 6-cyl./8-cyl., 119" wb						
62E 2-dr Sdn	300	650	1100	2100	3600	5100
54E 4-dr Sdn	300	650	1100	2200	3800	5400
Custom 500, 6-cyl./8-cyl.						
62B 2-dr Sdn	300	650	1100	2200	3800	5400
54B 4-dr Sdn	300	650	1150	2300	3900	5700
Galaxie 500, 6-cyl./8-cyl., 119" wb						
63B 2-dr Hdtp Cpe	400	1100	1800	3500	6100	8900
54A 4-dr Sdn	300	650	1150	2300	3900	5700
57B 4-dr Hdtp Sdn	350	900	1500	2900	5200	7400
76A 2-dr Conv	650	1700	3000	6100	10600	15200
Galaxie 500 XL, 8-cyl., 119" wb						
63C 2-dr Hdtp	500	1300	2250	4500	7700	11000
76B 2-dr Conv	750	2100	3550	7100	12300	17700
Galaxie LTD, 8-cyl., 119" wb						
63F 2-dr Hdtp Cpe	400	1100	1800	3500	6100	8900
57F 4-dr Hdtp Sdn	350	950	1550	3100	5500	7900
Galaxie 500 7-litre, 8-cyl., 119" wb						
63D 2-dr Hdtp	650	1750	3150	6300	10900	15700
76D 2-dr Conv	900	2850	4750	9500	16700	23700
Station Wagons, 8-cyl., 119" wb						
71D 4-dr Ranch Wgn	300	750	1250	2500	4400	6200
71B 4-dr 6-pass Ctry Sdn	300	800	1350	2700	4700	6900
71C 4-dr 10-pass Ctry Sdn	350	900	1500	2900	5200	7400
71E 4-dr 6-pass Ctry Squire	350	900	1500	2900	5200	7400
71A 4-dr 10-pass Ctry Squire	350	950	1550	3100	5500	7900

427 cid 425 hp add 40%
428 cid 345 hp option add 20%
6-cyl. deduct 10%

1967

	6	5	4	3	2	1
Falcon, 6-cyl., 8-cyl., 111" wb (sta wgn 113" wb)						
62A 2-dr Club Cpe	300	650	1100	2100	3600	5100
54A 4-dr Sdn	300	650	1000	2000	3500	4900
71A 4-dr Sta Wgn	300	650	1100	2100	3600	5100
Futura, 6-cyl., 8-cyl., 111" wb (sta wgn 113" wb)						
62B 2-dr Club Cpe	300	650	1100	2200	3800	5400
62C 2-dr Spt Cpe	300	800	1350	2700	4700	6900
54B 4-dr Sdn	300	650	1100	2100	3600	5100
71B 4-dr Sta Wgn	300	650	1100	2200	3800	5400
Fairlane, 6-cyl., 8-cyl., 116" wb (sta wgn 113" wb)						
62A 2-dr Sdn	300	700	1200	2400	4100	5900
54A 4-dr Sdn	300	650	1200	2200	3700	5200
71D 4-dr Sta Wgn	300	650	1150	2300	3900	5700
Fairlane 500, 6-cyl., 8-cyl., 116" wb (sta wgn 113" wb)						
62B 2-dr Sdn	300	700	1200	2400	4100	5900
54B 4-dr Sdn	300	650	1200	2200	3700	5200
63B 2-dr Hdtp Cpe	350	900	1500	2900	5200	7400
76B 2-dr Conv	600	1600	2750	5500	9500	13800
71B 4-dr Sta Wgn	300	750	1250	2500	4400	6200
71E 4-dr Squire Sta Wgn	300	800	1300	2600	4600	6600
Fairlane 500 XL, 6-cyl., 8-cyl., 116" wb						
63C 2-dr Hdtp Cpe	400	1050	1700	3300	5800	8300
63D 2-dr GT Hdtp Cpe	550	1500	2500	5100	8800	12500

	6	5	4	3	2	1
76C 2-dr Conv	700	1900	3350	6700	11500	16500
76D 2-dr GT Conv	800	2350	3950	7900	13700	19700
Custom, 6-cyl./8-cyl., 119" wb						
62E 2-dr Sdn	300	650	1100	2200	3800	5400
54E 4-dr Sdn	300	650	1100	2100	3600	5100
Custom 500, 6-cyl./8-cyl., 119" wb						
62B 2-dr Sdn	300	650	1150	2300	3900	5700
54B 4-dr Sdn	300	650	1100	2200	3800	5400
Galaxie 500, 6-cyl./8-cyl., 119" wb						
54A 4-dr Sdn	300	650	1150	2300	3900	5700
57B 4-dr Hdtp Sdn	350	850	1400	2800	4900	7100
63B 2-dr Hdtp Cpe	400	1150	1850	3700	6400	9300
76A 2-dr Conv	650	1700	3000	6100	10600	15200
Galaxie 500 XL, 119" wb						
63C 2-dr Hdtp Cpe	500	1300	2250	4500	7700	11000
76D 2-dr Conv	700	2000	3450	6900	11900	17200
LTD, 8-cyl., 119" wb						
54C 4-dr Sdn	300	700	1200	2400	4100	5900
57F 4-dr Hdtp Cpe	400	1050	1700	3300	5800	8300
63J 2-dr Hdtp Sdn	450	1250	2150	4300	7400	10700
Station Wagons						
71D 4-dr Ranch	300	700	1200	2400	4100	5900
71 4-dr 6-pass Ctry Squire	350	850	1400	2800	4900	7100
71 4-dr 10-pass Ctry Squire	350	900	1500	3000	5300	7600
71 4-dr 6-pass Ctry Sdn	300	800	1350	2700	4700	6900
71 4-dr 10-pass Ctry Sdn	350	900	1500	2900	5200	7400

428 cid V-8 add 10%
6-cyl. deduct 10%

1968

	6	5	4	3	2	1
Standard Falcon, 6-cyl., 110.9" wb (sta wgn 113" wb)						
54A 4-dr Sdn	300	600	950	1900	3200	4600
62A 2-dr Sdn	300	650	1000	2000	3500	4900
71A 4-dr Sta Wgn	300	650	1100	2100	3600	5100
Falcon Futura, 6-cyl., 110.9" wb (sta wgn 113" wb)						
54B 4-dr Sdn	300	650	1000	2000	3500	4900
62B 2-dr Sdn	300	650	1100	2200	3800	5400
62C 2-dr Spt Cpe	300	700	1200	2400	4100	5900
71B 4-dr Sta Wgn	300	650	1150	2300	3900	5700
Fairlane 6-cyl./8-cyl., 116" wb (sta wgn 113" wb)						
65A 2-dr Hdtp	300	800	1350	2700	4700	6900
54A 4-dr Sdn	300	650	1100	2100	3600	5100
71B 4-dr Sta Wgn	300	650	1150	2300	3900	5700
Fairlane 500, 6-cyl./8-cyl., 116" wb (sta wgn 113" wb)						
63B 2-dr Fstbk Hdtp	400	1100	1800	3500	6100	8900
65B 2-dr Hdtp Cpe	350	900	1500	3000	5300	7600
54B 4-dr Sdn	300	650	1100	2200	3800	5400
76B/E 2-dr Conv	550	1500	2500	5100	8800	12500
71D 4-dr Sta Wgn	300	700	1200	2400	4100	5900
Torino, 8-cyl., 116" wb (sta wgn 113" wb)						
65C 2-dr Hdtp Cpe	400	1200	1950	3900	6800	9900
54C 4-dr Sdn	300	650	1100	2200	3800	5400
71E 4-dr Squire Sta Wgn	300	750	1250	2500	4400	6200
Torino GT, 8-cyl.						
63D 2-dr Fstbk	550	1450	2450	4900	8500	12000
65D 2-dr Hdtp Cpe	450	1250	2150	4300	7400	10700
76D 2-dr Conv	650	1750	3150	6300	10900	15700
Custom, 6-cyl./8-cyl., 119" wb						
62E 2-dr Sdn	300	650	1100	2100	3600	5100
54E 4-dr Sdn	300	650	1000	2000	3500	4900

	6	5	4	3	2	1
Custom 500, 6-cyl./8-cyl., 119" wb						
62B 2-dr Sdn	300	650	1150	2300	3900	5700
54B 4-dr Sdn	300	650	1100	2100	3600	5100
Galaxie 500, 6-cyl./8-cyl., 119" wb						
54A 4-dr Sdn	300	650	1100	2200	3800	5400
63B 2-dr Fstbk Hdtp	450	1250	2050	4100	7100	10300
65C 2-dr Frml Hdtp	350	950	1550	3100	5500	7900
57B 4-dr Hdtp	300	700	1200	2400	4100	5900
76A 2-dr Conv	550	1550	2650	5300	9100	13000
500 XL, 6-cyl./8-cyl., 119" wb						
63C 2-dr Fstbk Hdtp	500	1300	2250	4500	7700	11000
76B 2-dr Conv	650	1750	3150	6300	10900	15700
LTD, 8-cyl., 119" wb						
54C 4-dr Sdn	300	650	1100	2200	3800	5400
65A 2-dr Frml Hdtp	400	1150	1850	3700	6400	9300
57F 4-dr Hdtp	300	800	1350	2700	4700	6900
Station Wagons						
71D 4-dr Ranch	300	750	1250	2500	4400	6200
71H 4-dr 6-pass Custom Wgn	300	800	1300	2600	4600	6600
71J 4-dr 10-pass Custom Wgn	350	850	1400	2800	4900	7100
71B 4-dr 6-pass Ctry Sdn	300	800	1350	2700	4700	6900
71C 4-dr 10-pass Ctry Sdn	350	900	1500	2900	5200	7400
71E 4-dr 6-pass Ctry Squire	350	850	1400	2800	4900	7100
71A 4-dr 10-pass Ctry Squire	350	900	1500	3000	5300	7600

428 V-8 add 10%
428 Cobra-Jet V-8 add 25%

1969

	6	5	4	3	2	1
Falcon, 6-cyl./8-cyl., 110.9" wb (sta wgn 113" wb)						
62A 2-dr Sdn	300	600	950	1900	3200	4600
54A 4-dr Sdn	300	600	900	1800	3100	4400
71A 4-dr Wgn	300	650	1000	2000	3500	4900
Falcon Futura, 6-cyl./8-cyl., 110.9" wb (sta wgn 113" wb)						
62B 2-dr Sdn	300	650	1000	2000	3500	4900
62C 2-dr Spt Cpe	300	700	1200	2400	4100	5900
54B 4-dr Sdn	300	600	950	1900	3200	4600
71B 4-dr Sta Wgn	300	650	1100	2100	3600	5100
Fairlane, 6-cyl./8-cyl., 116" wb (sta wgn 113" wb)						
65A 2-dr Hdtp Cpe	300	800	1300	2600	4600	6600
54A 4-dr Sdn	300	650	1000	2000	3500	4900
71D 4-dr Wgn	300	650	1100	2100	3600	5100
Fairlane 500, 6-cyl./8-cyl., 116" wb (sta wgn 113" wb)						
65B 2-dr Hdtp Cpe	350	850	1400	2800	4900	7100
63B 2-dr Fstbk Cpe	350	900	1500	3000	5300	7600
54B 4-dr Sdn	300	650	1100	2100	3600	5100
76B/E 2-dr Conv Cpe	500	1350	2350	4700	8100	11500
71B 4-dr Sta Wgn	300	650	1150	2300	3900	5700
Torino, 6-cyl./8-cyl., 116" wb (sta wgn 113" wb)						
54C 4-dr Sdn	300	650	1100	2100	3600	5100
65C 2-dr Hdtp Cpe	350	900	1500	2900	5200	7400
71E 4-dr Squire Wgn	300	650	1150	2300	3900	5700
Torino GT, 8-cyl., 116" wb						
65D 2-dr Hdtp Cpe	500	1300	2250	4500	7700	11000
63D 2-dr Fstbk Cpe	550	1450	2450	4900	8500	12000
76D 2-dr Conv	800	2350	3950	7900	13700	19700
Torino Cobra, 8-cyl., 116" wb						
65A 2-dr Hdtp	850	2750	4550	9100	15600	24200
63B 2-dr Fstbk	850	2950	4700	9400	16250	15200
Custom, 6-cyl./8-cyl., 121" wb						
62E 2-dr Sdn	300	650	1000	2000	3500	4900

	6	5	4	3	2	1
54E 4-dr Sdn	300	600	950	1900	3200	4600
71D 4-dr Ranch Wgn	300	650	1100	2100	3600	5100
Custom 500, 6-cyl./8-cyl., 121" wb						
62B 2-dr Sdn	300	650	1100	2100	3600	5100
54B 4-dr Sdn	300	650	1000	2000	3500	4900
71H 4-dr 6-pass Ranch Wgn	300	650	1100	2200	3800	5400
71J 4-dr 10-pass Ranch Wgn	300	700	1200	2400	4100	5900
Galaxie 500, 6-cyl./8-cyl., 121" wb						
54A 4-dr Sdn	300	650	1000	2000	3500	4900
57B 4-dr Hdtp Sdn	300	700	1200	2400	4100	5900
63B 2-dr Fstbk Hdtp	400	1050	1700	3300	5800	8300
65C 2-dr Hdtp Cpe	350	900	1500	2900	5200	7400
76A 2-dr Conv	550	1500	2500	5100	8800	12500
71B 4-dr 6-pass Ctry Sdn	300	800	1300	2600	4600	6600
71C 4-dr 10-pass Ctry Sdn	350	850	1400	2800	4900	7100
500 XL, 6-cyl./8-cyl., 121" wb						
63C 2-dr Fstbk Hdtp	400	1200	1950	3900	6800	9900
76B 2-dr Conv	600	1650	2850	5700	9900	14200
LTD						
65A 2-dr Hdtp Cpe	350	900	1500	2900	5200	7400
54C 4-dr Sdn	300	650	1100	2100	3600	5100
57F 4-dr Hdtp Sdn	300	650	1150	2300	3900	5700
71A 4-dr 6-pass Ctry Squire	300	800	1350	2700	4700	6900
71E 4-dr 10-pass Ctry Squire	350	900	1500	2900	5200	7400

428 cid Cobra-Jet add 20%
428 cid Super Cobra-Jet add 30%
429 cid 360 hp V-8 add 20%
6-cyl deduct 10%

1970

	6	5	4	3	2	1
Falcon, 6-cyl., 110" wb (sta wgn 113" wb)						
62A 2-dr Sdn	300	600	950	1900	3200	4600
54A 4-dr Sdn	350	650	900	1800	3000	4200
71A Sta Wgn	300	650	1000	2000	3500	4900
Falcon Futura, 6-cyl., 110" wb (sta wgn 113" wb)						
62B 2-dr Sdn	300	650	1000	2000	3500	4900
54B 4-dr Sdn	300	600	950	1900	3200	4600
71B 4-dr Sta Wgn	300	650	1100	2100	3600	5100
Falcon, 6-cyl/8-cyl., 117" wb. (sta wgn 113" wb)						
54A 4-dr Sdn	300	650	1000	2000	3500	4900
62A 2-dr Hdtp Cpe	300	800	1350	2700	4700	6900
71D 4-dr Sta Wgn	300	650	1100	2200	3800	5400
Maverick, 6-cyl., 103" wb.						
62A 2-dr Sdn	300	600	850	1700	2900	4100
Fairlane 500, 6-cyl./8-cyl., 117" wb						
54B 4-dr Sdn	300	650	1000	2000	3500	4900
65B 2-dr Hdtp Cpe	300	800	1350	2700	4700	6900
Torino, 6-cyl./8-cyl., 117" wb						
65C 2-dr Hdtp Cpe	350	900	1500	2900	5200	7400
63F 2-dr Fstbk Cpe	400	1100	1800	3500	6100	8900
54C 4-dr Sdn	300	650	1000	2000	3500	4900
57C 4-dr Hdtp Sdn	300	650	1150	2300	3900	5700
Torino Brougham, 8-cyl., 117" wb						
65E 2-dr Hdtp	350	900	1500	2900	5200	7400
57E 4-dr Hdtp	300	750	1250	2500	4400	6200
Torino GT, 8-cyl., 117" wb						
63F 2-dr Fstbk	500	1300	2250	4500	7700	11000
76F 2-dr Conv	800	2350	3950	7900	13700	19700
Torino GT Cobra, 8-cyl., 117" wb						
63H 2-dr Fstbk	1100	3450	5750	11500	20300	28700

	6	5	4	3	2	1
Fairlane/Torino sta wgn 6-cyl., 8-cyl. 113" wb						
71B 4-dr Sta Wgn	300	650	1100	2200	3800	5400
71C 4-dr Squire Sta Wgn	300	650	1100	2200	3800	5400
71E 4-dr Squire Sta Wgn	300	650	1100	2200	3800	5400
Custom, 6-cyl./8-cyl., 121" wb						
54E 4-dr Sdn	300	600	950	1900	3200	4600
71D 4-dr Ranch Sta Wgn	300	650	1000	2000	3500	4900
Custom 500, 6-cyl./8-cyl., 121" wb						
54B 4-dr Sdn	300	650	1000	2000	3500	4900
71H 4-dr 6-pass Ranch Wgn	300	650	1100	2100	3600	5100
71J 4-dr 10-pass Ranch Wgn	300	650	1150	2300	3900	5700
Galaxie 500, 6-cyl./8-cyl., 121" wb						
65C 2-dr Hdtp Cpe	300	800	1350	2700	4700	6900
54 4-dr Sdn	300	650	1000	2000	3500	4900
57B 4-dr Hdtp Sdn	300	650	1150	2300	3900	5700
63B 2-dr Fstbk Cpe	400	1050	1700	3300	5800	8300
71B 4-dr 6-pass Ctry Squire	300	650	1150	2300	3900	5700
71C 4-dr 10-pass Ctry Squire	300	750	1250	2500	4400	6200
XL, 8-cyl., 121" wb						
63C 2-dr Fstbk	400	1100	1800	3500	6100	8900
76B 2-dr Conv	600	1600	2750	5500	9500	13800
LTD/LTD Brougham 8-cyl., 121" wb						
54C 4-dr Sdn	300	650	1100	2100	3600	5100
57F 4-dr Hdtp Sdn	300	650	1150	2300	3900	5700
65A 2-dr Hdtp Cpe	300	750	1250	2500	4400	6200
71E 4-dr 6-pass Ctry Squire	300	700	1200	2400	4100	5900
71A 4-dr 10-pass Ctry Squire	300	800	1300	2600	4600	6600

428 cid Cobra-Jet add 20%
428 cid Super Cobra-Jet add 30%
429 cid 360 hp V-8 add 20%
6-cyl deduct 10%

1971

	6	5	4	3	2	1
Pinto, 4-cyl.						
62B 2-dr Sdn	200	400	600	1200	2100	3000
64B 3-dr Rnbt	200	450	650	1300	2200	3200
Maverick, 6-cyl./8-cyl.						
62A 2-dr Sdn	300	600	900	1800	3100	4400
62D 2-dr Grabber Spt Sdn	300	700	1200	2400	4100	5900
54A 4-dr Sdn	300	600	850	1700	2900	4100
Torino, 6-cyl./8-cyl., 114" wb, Sta Wgn 117" wb						
65A 2-dr Hdtp	300	800	1350	2700	4700	6900
54A 4-dr Sdn	300	650	1000	2000	3500	4900
71D 4-dr 6-pass Sta Wgn	300	650	1100	2100	3600	5100
Torino 500, 8-cyl., 114" wb, Sta Wgn 117" wb						
54C 4-dr Sdn	300	650	1100	2100	3600	5100
57C 4-dr Hdtp Sdn	300	700	1200	2400	4100	5900
65C 2-dr Hdtp Cpe	400	1100	1800	3500	6100	8900
63C 2-dr Fstbk Cpe	400	1150	1850	3700	6400	9300
71D 4-dr 6-pass Sta Wgn	300	650	1100	2200	3800	5400
Torino Broughm/GT/Cobra						
65E 2-dr Brghm Hdtp	350	900	1500	2900	5200	7400
57E 4-dr Brghm Hdtp	300	700	1200	2400	4100	5900
63F 2-dr GT Spt Cpe	550	1450	2450	4900	8500	12000
76F 2-dr GT Conv	750	2250	3750	7500	13000	18700
63H 2-dr Cobra Hdtp	950	2950	4950	9900	17500	24700
71E 4-dr 6-pass Squire Wgn	300	650	1150	2300	3900	5700
Custom, 6-cyl./8-cyl., 121" wb						
54B 4-dr Sdn	300	650	1000	2000	3500	4900
71B 4-dr Ranch Sta Wgn	300	650	1100	2100	3600	5100

	6	5	4	3	2	1
Custom 500, 6-cyl./8-cyl., 121" wb						
54D 4-dr Sdn	300	650	1100	2100	3600	5100
71D 4-dr Ranch Sta Wgn	300	600	1000	2200	3800	5600
Galaxie 500, 8-cyl., 121" wb						
54F 4-dr Sdn	300	650	1100	2100	3600	5100
65F 2-dr Hdtp	300	750	1250	2500	4400	6200
57F 4-dr Hdtp	300	650	1100	2200	3800	5400
71F 4-dr 6-pass Ctry Sdn	300	650	1150	2300	3900	5700
71F 4-dr 10-pass Ctry Sdn	300	750	1250	2500	4400	6200
LTD, 8-cyl., 121" wb						
54F 4-dr Sdn	300	650	1100	2100	3600	5100
53K 4-dr Brghm Sdn	300	650	1100	2200	3800	5400
65F 2-dr Hdtp	300	700	1200	2400	4100	5900
65K 2-dr Brghm Hdtp	350	900	1500	2900	5200	7400
57F 4-dr Hdtp	300	650	1100	2200	3800	5400
57K 4-dr Brghm Hdtp	300	650	1150	2300	3900	5700
76H 2-dr Conv	500	1350	2350	4700	8100	11500
71H 4-dr 6-pass Ctry Squire	300	750	1250	2500	4400	6200
71H 4-dr 10-pass Ctry Squire	300	800	1350	2700	4700	6900

429 cid 370 hp Cobra-Jet add 20%
429 cid 375 hp Super Cobra-Jet add 30%
429 cid 360 hp V-8 add 20%
6-cyl deduct 10%

1972

	6	5	4	3	2	1
Pinto, 4-cyl.						
62B 2-dr Sdn	200	400	600	1200	2100	3000
64B 2-dr Rnbt	200	450	650	1300	2200	3200
73B 2-dr Sta Wgn	250	500	750	1400	2400	3400

Spirit pkg add 20%

	6	5	4	3	2	1
Maverick, 6-cyl./8-cyl.						
62A 2-dr Sdn	300	600	900	1800	3100	4400
62D 2-dr Grabber Spt Sdn	300	750	1250	2500	4400	6200
54A 4-dr Sdn	300	600	850	1700	2900	4100

Spirit pkg add 20%

	6	5	4	3	2	1
Torino, 6-cyl./8-cyl., 118" wb, 2-dr 114" wb						
65B 2-dr Hdtp	300	800	1300	2600	4600	6600
53B 4-dr Sdn Hdtp	300	650	1000	2000	3500	4900
71B 4-dr Sta Wgn	300	650	1100	2100	3600	5100
Gran Torino, 6-cyl./8-cyl.						
63R 2-dr Fstbk Cpe	350	900	1500	3000	5300	7600
65R 2-dr Spt Hdtp	350	900	1500	2900	5200	7400
65D 2-dr Hdtp	300	800	1350	2700	4700	6900
53D 4-dr Hdtp Sdn	300	600	1000	2200	3800	5600
71D 4-dr 6-pass Sta Wgn	300	650	1000	2000	3500	4900
71K 4-dr Squire Wgn	300	650	1100	2100	3600	5100

Rallye option pkg add 10%

	6	5	4	3	2	1
Custom, 6-cyl./8-cyl., 121" wb						
54B 4-dr Sdn	300	650	1000	2000	3500	4900
71B 4-dr Ranch Sta Wgn	300	650	1100	2100	3600	5100
Custom 500, 6-cyl./8-cyl., 121" wb						
54D 4-dr Sdn	300	650	1100	2100	3600	5100
71D 4-dr Ranch Wgn	300	600	1000	2200	3800	5600
Galaxie 500, 8-cyl., 121" wb						
65F 2-dr Hdtp	300	800	1350	2700	4700	6900
57F 4-dr Hdtp	300	650	1150	2300	3900	5700
54F 4-dr Sdn	300	650	1000	2000	3500	4900
71F 4-dr Ctry Sdn	300	650	1150	2300	3900	5700
LTD, 8-cyl., 121" wb						
65H 2-dr Hdtp	350	850	1400	2800	4900	7100
65K 2-dr Brghm Hdtp	350	900	1500	3000	5300	7600

	6	5	4	3	2	1
57H 4-dr Hdtp	300	650	1100	2200	3800	5400
57K 4-dr Brghm Hdtp	300	750	1250	2500	4400	6200
53H 4-dr Sdn	300	650	1000	2000	3500	4900
53K 4-dr Brghm Sdn	300	650	1000	2000	3500	4900
76H 2-dr Conv	550	1450	2450	4900	8500	12000
71H 4-dr 6-pass Ctry Squire	300	750	1250	2500	4400	6200
71H 4-dr 9-pass Ctry Squire	300	800	1350	2700	4700	6900

429 cid 212 hp V-8 or 460 cid 224 hp add 10%
6-cyl deduct 10%

1973

Pinto, 4-cyl.

62B 2-dr Sdn	200	400	600	1200	2100	3000
64B 3-dr Rnbt	200	450	650	1300	2200	3200
73B 2-dr Sta Wgn	250	500	750	1400	2400	3400

Squire trim pkg add 15%

Maverick, 6-cyl./8-cyl.

62A 2-dr Sdn	300	600	900	1800	3100	4400
62D 2-dr Grabber Sdn	300	750	1250	2500	4400	6200
54A 4-dr Sdn	300	600	850	1700	2900	4100

Torino, 6-cyl./8-cyl.

53B 4-dr Sdn	300	600	950	1900	3200	4600
65B 2-dr Hdtp	300	800	1300	2600	4600	6600
71B 4-dr Sta Wgn	300	650	1000	2000	3500	4900

Gran Torino, 6-cyl./8-cyl.

65D 2-dr Hdtp	300	750	1250	2500	4400	6200
63R 2-dr Spt Fstbk Cpe	400	1150	1850	3700	6400	9300
65R 2-dr Spt Hdtp Cpe	400	1050	1700	3300	5800	8300
65K 2-dr Brghm Hdtp	350	1000	1600	3200	5700	8100
53D 4-dr Sdn	300	600	950	1900	3200	4600
53K 4-dr Brghm Sdn	300	600	950	1900	3200	4600
71D 4-dr Sta Wgn	300	650	1000	2000	3500	4900
71K 4-dr Squire	300	650	1100	2100	3600	5100

Custom 500, 8-cyl.

53D 4-dr Sdn	300	600	950	1900	3200	4600
71D 4-dr Ranch Wgn	300	650	1000	2000	3500	4900

Galaxie 500, 8-cyl.

65F 2-dr Hdtp	300	750	1250	2500	4400	6200
57F 4-dr Hdtp	300	650	1000	2000	3500	4900
53F 4-dr Sdn	300	600	950	1900	3200	4600
71F 4-dr Ctry Sdn Sta Wgn	300	650	1100	2100	3600	5100

LTD, 8-cyl.

65H 2-dr Hdtp Sdn	300	750	1250	2500	4400	6200
57H 4-dr Hdtp Sdn	300	650	1000	2000	3500	4900
57H 4-dr Sdn	300	600	950	1900	3200	4600
71H 4-dr Ctry Squire Sta Wgn	300	650	1150	2300	3900	5700

LTD Brougham, 8-cyl.

65K 2-dr Hdtp	300	800	1300	2600	4600	6600
57K 4-dr Hdtp	300	650	1100	2100	3600	5100
53K 4-dr Sdn	300	650	1000	2000	3500	4900

429 cid 201 hp V-8 or 460 cid 219 hp add 10%
6-cyl deduct 10%

1974

Pinto, 4-cyl.

62B 2-dr Sdn	200	450	650	1300	2200	3200
64B 3-dr Rnbt	200	400	600	1200	2100	3000
73B 2-dr Sta Wgn	250	500	750	1400	2400	3400

Squire trim pkg add 15%

	6	5	4	3	2	1
Maverick, 6-cyl./8-cyl.						
62A 2-dr Sdn	300	600	900	1800	3100	4400
62D 2-dr Grabber Spt Sdn	300	750	1250	2500	4400	6200
54A 4-dr Sdn	300	600	850	1700	2900	4100
Torino, 6-cyl., 8-cyl.						
53B 4-dr Sdn	300	600	950	1900	3200	4600
65B 2-dr Hdtp	300	800	1300	2600	4600	6600
71B 4-dr Sta Wgn	300	650	1000	2000	3500	4900
Gran Torino, 6-cyl., 8-cyl.						
53D 4-dr Sdn	300	600	950	1900	3200	4600
53K 4-dr Brghm Sdn	300	650	1000	2000	3500	4900
65D 2-dr Hdtp	300	800	1300	2600	4600	6600
65K 2-dr Brghm Hdtp Cpe	350	850	1400	2800	4900	7100
65M 2-dr Elite Hdtp	300	800	1350	2700	4700	6900
65R 2-dr Spt Hdtp Cpe	350	900	1500	3000	5300	7600
71D 4-dr Sta Wgn	300	650	1000	2000	3500	4900
71K 4-dr Squire Sta Wgn	300	650	1100	2100	3600	5100
Custom 500, 8-cyl.						
53D 4-dr Sdn	300	600	950	1900	3200	4600
71D 4-dr Sta Wgn	300	650	1000	2000	3500	4900
Galaxie 500, 8-cyl.						
65F 2-dr Hdtp	300	750	1250	2500	4400	6200
57F 4-dr Hdtp	300	650	1100	2100	3600	5100
53F 4-dr Sdn	300	650	1000	2000	3500	4900
71F 4-dr Ctry Sdn	300	650	1100	2200	3800	5400
LTD, 8-cyl.						
53H 4-dr Sdn	300	600	900	1800	3100	4400
53K 4-dr Brghm Sdn	300	600	900	1800	3100	4400
57H 4-dr Hdtp	300	600	950	1900	3200	4600
57K 4-dr Brghm Hdtp	300	650	1000	2000	3500	4900
65H 2-dr Hdtp	300	650	1150	2300	3900	5700
65K 2-dr Brghm Hdtp	300	700	1200	2400	4100	5900
71H 4-dr Ctry Squire	300	650	1150	2300	3900	5700

460 cid 215 hp V-8 add 10%
6-cyl., deduct 10%

1975

	6	5	4	3	2	1
Pinto, 4-cyl.						
62B 2-dr Sdn	200	400	600	1200	2100	3000
64B 3-dr Htchbk	200	450	650	1300	2200	3200
73B 2-dr Sta Wgn	250	500	750	1400	2400	3400

Squire trim pkg add 15%

	6	5	4	3	2	1
Maverick, 6-cyl./8-cyl.						
62A 2-dr Sdn	300	600	900	1800	3100	4400
62D 2-dr Grabber Sdn	300	750	1250	2500	4400	6200
54A 4-dr Sdn	300	600	850	1700	2900	4100
Torino, 8-cyl.						
65B 2-dr Hdtp	300	800	1300	2600	4600	6600
53B 4-dr Sdn	300	600	950	1900	3200	4600
71B 4-dr Sta Wgn	300	650	1000	2000	3500	4900
Gran Torino, 8-cyl.						
53D 4-dr Sdn	300	600	950	1900	3200	4600
53K 4-dr Brghm Sdn	300	650	1000	2000	3500	4900
65D 2-dr Hdtp	300	800	1300	2600	4600	6600
65K 2-dr Brghm Hdtp	350	850	1400	2800	4900	7100
65M 2-dr Elite Hdtp	300	750	1250	2500	4400	6200
65R 2-dr Spt Hdtp	350	950	1550	3100	5500	7900
71D 4-dr Sta Wgn	300	650	1000	2000	3500	4900
71K 4-dr Squire Sta Wgn	300	650	1100	2100	3600	5100
Granada, 6-cyl./8-cyl.						
66H 2-dr Sdn	300	550	800	1600	2800	3900

	6	5	4	3	2	1
54K 4-dr Sdn	250	500	750	1500	2600	3600
66K 2-dr Ghia Sdn	300	600	850	1700	2900	4100
54K 4-dr Ghia Sdn	300	550	800	1600	2800	3900
Custom 500, 8-cyl.						
53D 4-dr Sdn	300	600	900	1800	3100	4400
71D 4-dr Ranch Wgn	300	650	1000	2000	3500	4900
LTD, 8-cyl.						
60H 2-dr Plr Hdtp	300	650	1100	2100	3600	5100
60K 2-dr Brghm Plr Hdtp	300	650	1100	2200	3800	5400
60L 2-dr Landau Plr Hdtp	300	650	1100	2200	3800	5400
53H 4-dr Plr Hdtp Sdn	300	600	900	1800	3100	4400
53K 4-dr Brghm Plr Hdtp Sdn	300	600	950	1900	3200	4600
53L 4-dr Landau Plr Hdtp Sdn	300	600	950	1900	3200	4600
71H 4-dr Ctry Squire	300	650	1000	2000	3500	4900
71K 4-dr Ctry Squire Brghm	300	650	1100	2100	3600	5100

10-pass pkg add 10%

1976

	6	5	4	3	2	1
Pinto, 4-cyl.						
62B 2-dr Sdn	200	400	600	1200	2100	3000
64B 3-dr Htchbk	200	450	650	1300	2200	3200
73B 2-dr Sta Wgn	250	500	750	1400	2400	3400

Stallion pkg add 10%   Squire trim pkg add 20%
Pony pkg deduct 10%

	6	5	4	3	2	1
Maverick, 8-cyl.						
62A 2-dr Sdn	300	600	850	1700	2900	4100
54A 4-dr Sdn	300	550	800	1600	2800	3900

Stallion pkg add 10%

	6	5	4	3	2	1
Torino, 8-cyl.						
65B 2-dr Hdtp Cpe	300	650	1100	2100	3600	5100
53B 4-dr Sdn	300	600	850	1700	2900	4100
Gran Torino, 8-cyl.						
53D 4-dr Sdn	300	600	850	1700	2900	4100
53K 4-dr Brghm Sdn	300	600	850	1700	2900	4100
65D 2-dr Hdtp Cpe	300	650	1100	2100	3600	5100
65H 2-dr XL Elite Hdtp Cpe	300	600	950	1900	3200	4600
65K 2-dr Brghm Hdtp Cpe	300	650	1100	2200	3800	5400
71B 4-dr sta wgn	300	600	900	1800	3100	4400
71D 4-dr Gran Torino wgn	300	600	950	1900	3200	4600
71K 4-dr Gran Torino Squire	300	650	1000	2000	3500	4900
Granada, 6-cyl./8-cyl.						
66H 2-dr Sdn	300	550	800	1600	2800	3900
54H 4-dr Sdn	250	500	750	1500	2600	3600
66K 2-dr Ghia Sdn	300	600	850	1700	2900	4100
54K 4-dr Ghia Sdn	300	550	800	1600	2800	3900
Custom 500, 8-cyl., 121.0" wb						
53D 4-dr Sdn	300	600	900	1800	3100	4400
71D 4-dr Ranch Wgn	300	600	900	1800	3100	4400
LTD, 8-cyl., 121.0" wb						
60H 2-dr Plr Hdtp	300	600	950	1900	3200	4600
60K 2-dr Brghm Plr Hdtp	300	650	1000	2000	3500	4900
60L 2-dr Landau Plr Hdtp	300	650	1000	2000	3500	4900
53H 4-dr Plr Sdn	300	600	900	1800	3100	4400
53K 4-dr Brghm Plr Sdn	300	600	950	1900	3200	4600
53L 4-dr Landau Plr Sdn	300	600	950	1900	3200	4600
71H 4-dr LTD Wgn	300	600	950	1900	3200	4600
71K 4-dr Ctry Squire Wgn	300	650	1100	2100	3600	5100

10-pass pkg add 10%
Small block option deduct 10%

	6	5	4	3	2	1

1977

Pinto, 4-cyl.

	6	5	4	3	2	1
62B 2-dr Sdn	200	400	600	1200	2100	3000
64B 3-dr Htchbk	200	450	650	1300	2200	3200
73B 2-dr Sta Wgn	250	500	750	1400	2400	3400

Sport Rallye pkg add 10%   Squire trim pkg add 20%
Pony pkg deduct 10%

Maverick, 6-cyl., 8-cyl.

	6	5	4	3	2	1
62A 2-dr Sdn	300	600	850	1700	2900	4100
54A 4-dr Sdn	300	550	800	1600	2800	3900

Granada, 6-cyl./8-cyl.

	6	5	4	3	2	1
66H 2-dr Sdn	250	500	750	1500	2600	3600
66H 2-dr Ghia Sdn	300	550	800	1600	2800	3900
54H 4-dr Sdn	250	500	750	1400	2400	3400
54K 4-dr Ghia Sdn	250	500	750	1500	2600	3600

LTD II "8-cyl.,

	6	5	4	3	2	1
65B 2-dr Hdtp Cpe	250	500	750	1500	2600	3600
65D 2-dr "S" Hdtp Cpe	250	500	750	1400	2400	3400
53B 4-dr Sdn	250	500	750	1400	2400	3400
53D 4-dr "S" Sdn	200	450	650	1300	2200	3200
53K 4-dr Brghm Sdn	300	600	900	1800	3100	4400
71D 4-dr Sta Wgn	250	500	750	1500	2600	3600
71B 4-dr "S" Sta Wgn	300	600	850	1700	2900	4100
71K 4-dr 2-st Squire Sta Wgn	300	600	950	1900	3200	4600

3- seat option in wagons add 10%

Custom 500

	6	5	4	3	2	1
60D 2-dr Plr Hdtp	300	500	750	1400	2400	3400
53D 4-dr Plr Hdtp	250	500	750	1300	2200	3200
71D 4-dr Ranch wgn	250	500	750	1500	2600	3600

LTD, 8-cyl., 121.0" wb

	6	5	4	3	2	1
60H 2-dr Plr Hdtp	300	600	950	1900	3200	4600
60L 2-dr Landau Plr Hdtp	300	600	950	1900	3200	4600
53H 4-dr Plr Hdtp	300	600	900	1800	3100	4400
53L 4-dr Landau Plr Hdtp	300	600	900	1800	3100	4400
71H 4-dr LTD sta wgn	300	600	900	1800	3100	4400
71K 4-dr Ctry Squire	300	650	1100	2100	3600	5100

3-seat option in wagons add 10%

1978

Fiesta, 4-cyl.

	6	5	4	3	2	1
3-dr Htchbk	200	400	550	1100	2000	2900

Pinto, 4-cyl./6-cyl.

	6	5	4	3	2	1
62B 2-dr Sdn	200	400	600	1200	2100	3000
64B 3-dr Rnbt Htchbk	200	450	650	1300	2200	3200
73B 2-dr Sta Wgn	250	500	750	1400	2400	3400

Runabout pkg add 10%   Squire trim pkg add 20%
Pony pkg deduct 10%

Fairmont, 4-cyl./6-cyl./8-cyl.

	6	5	4	3	2	1
66B 2-dr Sdn	200	400	600	1200	2100	3000
53B 4-dr Sdn	200	450	650	1300	2200	3200
66R 2-dr Futura Cpe	250	500	750	1400	2400	3400
4-dr Squire Wgn	200	450	650	1300	2200	3200
74B 4-dr Sta Wgn	200	450	650	1300	2200	3200

Squire option add 10%   E.S. pkg add 10%

Granada, 6-cyl./8-cyl.

	6	5	4	3	2	1
66H 2-dr Sdn	250	500	750	1500	2600	3600
66K 2-dr Ghia Sdn	300	550	800	1600	2800	3900
54H 4-dr Sdn	250	500	750	1400	2400	3400
54K 4-dr Ghia Sdn	250	500	750	1500	2600	3600

Euro Sport option add 15%

	6	5	4	3	2	1
LTD II, 8-cyl.,						
65B 2-dr "S" Hdtp Cpe	250	500	750	1400	2400	3400
65D 2-dr Hdtp Cpe	250	500	750	1500	2600	3600
65K 2-dr Brghm Hdtp Cpe	250	500	750	1500	2600	3600
53B 4-dr "S" Sdn	200	450	650	1300	2200	3200
53D 4-dr Sdn	250	500	750	1400	2400	3400
53K 4-dr Brghm Sdn	250	500	750	1400	2400	3400
Custom 500						
60D 2-dr Plr Hdtp	300	500	750	1400	2400	3400
53D 4-dr Plr Hdtp	250	500	750	1300	2200	3200
71D 4-dr Ranch wgn	250	500	750	1500	2600	3600
LTD, 8-cyl., 121.0" wb						
60H 2-dr Hdtp Cpe	300	600	900	1800	3100	4400
60L 2-dr Landau Hdtp Cpe	300	600	950	1900	3200	4600
53H 4-dr Sdn	300	600	850	1700	2900	4100
53L 4-dr Landau Sdn	300	600	900	1800	3100	4400
71K 2-seat Ctry Squire	300	600	950	1900	3200	4600
71H 2-dr Sta Wgn	300	600	850	1700	2900	4100

3-seat option in wagons add 10%

1979

	6	5	4	3	2	1
Fiesta, 4-cyl.						
3-dr Htchbk	200	400	550	1100	2000	2900
Pinto, 6-cyl.						
62B 2-dr Sdn	200	400	600	1200	2100	3000
64B 3-dr Rnbt Htchbk	200	450	650	1300	2200	3200
73B 2-dr Sta Wgn	250	500	750	1400	2400	3400

Runabout pkg add 10%   Squire trim pkg add 20%
Pony pkg deduct 10%

	6	5	4	3	2	1
Fairmont, 6-cyl.						
66B 2-dr Sdn	200	450	650	1300	2200	3200
66R 2-dr Futura Cpe	250	500	750	1400	2400	3400
54B 4-dr Sdn	200	450	650	1300	2200	3200
74B 4-dr Sta Wgn	200	450	650	1300	2200	3200

Squire option add 10%   Euro Sport pkg add 10%

	6	5	4	3	2	1
Granada, 8-cyl.						
66H 2-dr Sdn	250	500	750	1500	2600	3600
66K 2-dr Ghia Sdn	300	550	800	1600	2800	3900
54H 4-dr Sdn	250	500	750	1400	2400	3400
. 54K 4-dr Ghia Sdn	250	500	750	1500	2600	3600

Euro Sport pkg add 10%

	6	5	4	3	2	1
LTD II "S", 6-cyl./8-cyl.						
65B 2-dr "S" Hdtp Cpe	250	500	750	1400	2400	3400
65D 2-dr Brghm Hdtp Cpe	250	500	750	1500	2600	3600
53B 4-dr "S" Sdn	200	450	650	1300	2200	3200
53D 4-dr Brghm Sdn	250	500	750	1400	2400	3400

Euro Sport pkg add 10%

	6	5	4	3	2	1
LTD, 8-cyl., 114.4" wb						
66H 2-dr Plr Hdtp	250	500	750	1400	2400	3400
66K 2-dr Landau Plr Hdtp	250	500	750	1500	2600	3600
54H 4-dr plr Hdtp	200	450	650	1300	2200	3200
54K 4-dr Landau Plr Hdtp	250	500	750	1500	2600	3600
74H 4-dr Sta Wgn	250	500	750	1500	2600	3600
74K 4-dr Ctry Squire Wgn	300	600	850	1700	2900	4100

3-seat option in wagons add 10%

1980

	6	5	4	3	2	1
Fiesta, 4-cyl.						
3-dr Htchbk	200	400	550	1100	2000	2900
Pinto, 4-cyl.						
62B 2-dr Sdn	200	400	600	1200	2100	3000

	6	5	4	3	2	1
64B 3-dr Rnbt Htchbk	200	450	650	1300	2200	3200
73B 2-dr Sta Wgn	250	500	750	1400	2400	3400

Runabout pkg add 10%   Squire trim pkg add 20%
Pony pkg deduct 10%

Fairmont, 4-cyl., 6-cyl.

	6	5	4	3	2	1
66B 2-dr Sdn	200	450	650	1300	2200	3200
66R 2-dr Cpe Futura	250	500	750	1400	2400	3400
54B 4-dr Sdn	200	450	650	1300	2200	3200
54R 4-dr Sdn Futura	250	500	750	1400	2400	3400
74B 4-dr Sta Wgn	200	450	650	1300	2200	3200

Granada, 8-cyl.

	6	5	4	3	2	1
66H 2-dr Sdn	250	500	750	1500	2600	3600
66K 2-dr Sdn Ghia	300	550	800	1600	2800	3900
54H 4-dr Sdn	250	500	750	1400	2400	3400
54K 4-dr Sdn Ghia	250	500	750	1500	2600	3600

Euro Sport pkg add 10%

LTD, 8-cyl., 114.4" wb

	6	5	4	3	2	1
66H 2-dr "S" Sdn	200	450	650	1300	2200	3200
66D 2-dr Sdn	200	450	650	1300	2200	3200
66K 2-dr Crwn Vict Sdn	250	500	750	1500	2600	3600
54H 4-dr "S" Sdn	200	450	650	1300	2200	3200
54D 4-dr Sdn	250	500	750	1400	2400	3400
54K 4-dr Crwn Vict Sdn	250	500	750	1500	2600	3600
74H 4-dr "S" Sta Wgn	250	500	750	1400	2400	3400
74D 4-dr Sta Wgn	250	500	750	1400	2400	3400
74K 4-dr Sta Wgn Ctry Squire	300	550	800	1600	2800	3900

1981

Escort, 4-cyl.

	6	5	4	3	2	1
61D 3-dr Htchbk	150	300	450	900	1800	2600
74D 4-dr Liftgate	150	300	450	900	1800	2600

"L" or "GL pkg add 10%
"GLX" or "SS" pkg add 15%

Fairmont, 6-cyl.

	6	5	4	3	2	1
66B 2-dr Sdn	200	450	650	1300	2200	3200
54B 4-dr Sdn	200	450	650	1300	2200	3200
66R 2-dr Futura Cpe	250	500	750	1400	2400	3400
54R 4-dr Futura	250	500	750	1400	2400	3400
74B 4-dr Sta Wgn	200	450	650	1300	2200	3200
74R 4-dr Futura Sta Wgn	250	500	750	1400	2400	3400

"S" pkg add 10%

Granada, 6-cyl.

	6	5	4	3	2	1
66D 2-dr "L" Sdn	300	550	800	1600	2800	3900
54D 4-dr "L" Sdn	250	500	750	1500	2600	3600

"GL" pkg add 10%
"GLX" pkg add 15%

LTD, 8-cyl., 114.4" wb

	6	5	4	3	2	1
54D 4-dr "S" Sdn	200	450	650	1300	2200	3200
66H 2-dr Sdn	200	450	650	1300	2200	3200
66K 2-dr Crwn Vict Sdn	250	500	750	1500	2600	3600
54H 4-dr Sdn	250	500	750	1400	2400	3400
54K 4-dr Crwn Vict Sdn	250	500	750	1500	2600	3600
74D 4-dr "S" Sta Wgn	250	500	750	1400	2400	3400
74H 4-dr Sta Wgn	250	500	750	1400	2400	3400
74K 4-dr Ctry Squire Sta Wgn	300	550	800	1600	2800	3900

1982

Escort, 4-cyl.

	6	5	4	3	2	1
61D 2-dr Htchbk	150	300	450	900	1800	2600
58D 4-dr Htchbk	150	300	450	900	1800	2600

	6	5	4	3	2	1
74D 4-dr L Sta Wgn	150	300	450	900	1800	2600

"L" and "GL pkg add 10%
"GLX" and "GT" pkg add 15%

EXP, 4-cyl.

	6	5	4	3	2	1
67D 2-dr Cpe Htchbk	150	300	450	900	1800	2600

Fairmont Futura, 4-cyl./6-cyl.

	6	5	4	3	2	1
66R 2-dr Spt Cpe	250	500	750	1400	2400	3400
66B 2-dr Sdn	200	450	650	1300	2200	3200
54B 4-dr Sdn	250	500	750	1400	2400	3400

Granada, 6-cyl.

	6	5	4	3	2	1
66D 2-dr "L" Sdn	300	550	800	1600	2800	3900
54D 4-dr "L" Sdn	250	500	750	1500	2600	3600
74D 4-dr "L" Sta Wgn	300	550	800	1600	2800	3900

"GL" pkg add 10%
"GLX" pkg add 15%

LTD, 8-cyl., 114.3" wb

	6	5	4	3	2	1
66H 2-dr Sdn	200	450	650	1300	2200	3200
54D 4-dr "S" Sdn	200	450	650	1300	2200	3200
66K 2-dr Crwn Vict Sdn	250	500	750	1500	2600	3600
54H 4-dr Sdn	250	500	750	1400	2400	3400
54K 4-dr Crwn Vict Sdn	250	500	750	1500	2600	3600
74H 4-dr Sta Wgn	250	500	750	1400	2400	3400
74D 4-dr "S" Sta Wgn	250	500	750	1400	2400	3400
74K 4-dr Sta Wgn Ctry Squire	300	550	800	1600	2800	3900

1983

Escort, 4-cyl.

	6	5	4	3	2	1
61D 2-dr Htchbk	150	300	450	900	1800	2600
58D 4-dr Htchbk	150	300	450	900	1800	2600
74D 4-dr L Sta Wgn	150	300	450	900	1800	2600

"L" and "GL pkg add 10%
"GLX" and "GT" pkg add 15%

EXP, 4-cyl.

	6	5	4	3	2	1
67D 3-dr Cpe	150	300	450	900	1800	2600

"GT" pkg add 10%
"HO" pkg add 15%

Fairmont Futura, 6-cyl.

	6	5	4	3	2	1
66R 2-dr Cpe	250	500	750	1500	2600	3600
66B 2-dr Sdn	250	500	750	1500	2600	3600
54B 4-dr Sdn	250	500	750	1500	2600	3600

"S" pkg deduct 10%

LTD, 6-cyl., 105.5" wb

	6	5	4	3	2	1
4-dr Sdn	200	400	550	1100	2000	2900
4-dr Sta Wgn	200	400	600	1200	2100	3000

Brougham pkg add 10%

LTD Crown Victoria, 8-cyl., 114.3" wb

	6	5	4	3	2	1
66K 2-dr Sdn	250	500	750	1500	2600	3600
54K 4-dr Sdn	250	500	750	1500	2600	3600
74K 4-dr Ctry Squire Wgn	300	550	800	1600	2800	3900

"S" pkg deduct 10%
Wood-trim delete on Ctry Squire Wgn deduct 15%

1984-1985

Escort, 4-cyl.

	6	5	4	3	2	1
61D 2-dr Htchbk	200	350	500	1000	1900	2700
58D 4-dr Htchbk	200	350	500	1000	1900	2700
74D 4-dr L Wgn	200	350	500	1000	1900	2700

"L" or "GL" pkg add 10%
"GLX", "GT" "GT-Turbo" add 15%

	6	5	4	3	2	1
EXP, 4-cyl.						
67D 3-dr Cpe Htchbk	200	350	500	1000	1900	2700

Luxury pkg add 10%
Turbo pkg add 10%

Tempo, 4-cyl.						
66D 2-dr L Sdn	200	400	550	1100	2000	2900
54D 4-dr L Sdn	200	400	550	1100	2000	2900

"GL" pkg add 10%
"GLX" pkg add 15%

LTD, 6-cyl., 105.6" wb						
54D 4-dr Sdn	200	400	550	1100	2000	2900
74D 4-dr Sta Wgn	200	400	600	1200	2100	3000

"LX" pkg add 10%
Squire trim add 10%

LTD Crown Victoria, 8-cyl., 114.3" wb						
66K 2-dr Sdn	250	500	750	1500	2600	3600
54K 4-dr Sdn	250	500	750	1500	2600	3600
74K 4-dr Ctry Squire Sta Wgn	300	550	800	1600	2800	3900

"S" pkg deduct 10%
Wood-trim delete on Ctry Squire wgn, deduct 15%

1986

Escort, 4-cyl.						
2-dr L Htchbk	200	400	550	1100	2000	2900
4-dr L Htchbk	200	400	550	1100	2000	2900
4-dr L Sta Wgn	200	400	550	1100	2000	2900

Pony pkg deduct 10%
"LX" and "GT" pkg add 10%

EXP, 4-cyl.						
2-dr Cpe	200	400	550	1100	2000	2900

"Luxury" pkg add 10%

Tempo, 4-cyl.						
2-dr GL Sdn	250	500	750	1400	2400	3400
4-dr GL Sdn	250	500	750	1400	2400	3400

"GLX" pkg add 5%

Taurus, 6-cyl., 106.0" wb						
4-dr "L" Sdn	300	600	850	1700	2900	4100
4-dr "L" Sta Wgn	300	650	1000	2000	3500	4900

4-cyl deduct 20%
"GL" pkg add 5%   *"LX" pkg add 10%*

LTD, 6-cyl., 105.6" wb						
4-dr Sdn	200	400	600	1200	2100	3000
4-dr Sta Wgn	200	450	650	1300	2200	3200

Brougham pkg add 5%

LTD Crown Victoria, 8-cyl., 114.3" wb						
2-dr Sdn	300	600	850	1700	2900	4100
4-dr Sdn	300	600	850	1700	2900	4100
4-dr Sta Wgn	300	550	800	1600	2800	3900
4-dr Ctry Squire Wgn	300	600	950	1900	3200	4600

"S" pkg deduct 10%   *"LX" pkg add 10%*
Wood-trim delete Cntry Squire deduct 15%

1987

Escort, 4-cyl.						
2-dr GL Htchbk	200	450	650	1300	2200	3200
4-dr GL Htchbk	250	500	750	1400	2400	3400
4-dr GL Sta Wgn	250	500	750	1400	2400	3400

Pony pkg deduct 10%   *"GT" pkg add 10%*
Diesel deduct 20%

FORD

	6	5	4	3	2	1
EXP, 4-cyl.						
2-dr LX Cpe	200	450	650	1300	2200	3200
2-dr Spt Cpe	200	450	650	1300	2200	3200
Tempo						
2-dr GL Sdn	300	550	800	1600	2800	3900
4-dr GL Sdn	300	550	800	1600	2800	3900
2-dr Sdn AWD	300	600	950	1900	3200	4600
4-dr Sdn AWD	300	650	1000	2000	3500	4900

"GL Sport" and "LX" pkg add 10% (n/a AWD models)

	6	5	4	3	2	1
Taurus, 4-cyl./6-cyl., 106.0" wb						
4-dr Sdn	300	600	900	1800	3100	4400
4-dr Sta Wgn	300	650	1150	2300	3900	5700

4-cyl deduct 20%
"L" and "GL" pkg add 10%
"LX" pkg add 15%"

	6	5	4	3	2	1
LTD Crown Victoria, 8-cyl., 114.3" wb						
2-dr Sdn	300	600	850	1700	2900	4100
4-dr Sdn	300	600	850	1700	2900	4100
4-dr Sta Wgn	300	550	800	1600	2800	3900
4-dr Ctry Squire Wgn	300	600	950	1900	3200	4600

"S" pkg deduct 10%   "LX" pkg add 10%
Wood-trim delete Cntry Squire deduct 15%

1988

	6	5	4	3	2	1
Festiva, 4-cyl.						
2-dr L Htchbk	200	400	600	1200	2100	3000

"L-Plus" add 10%   LX" pkg add 15%

	6	5	4	3	2	1
Escort, 4-cyl.						
2-dr GL Htchbk	250	500	750	1400	2400	3400
4-dr GL Htchbk	250	500	750	1500	2600	3600
4-dr GL Sta Wgn	300	550	800	1600	2800	3900

Pony pkg deduct 10%
"GT" pkg add 15%

	6	5	4	3	2	1
1988-1/2 Escort, 4-cyl.						
2-dr Pony Htchbk	250	500	750	1400	2400	3400
2-dr LX Htchbk	250	500	750	1400	2400	3400
4-dr LX Htchbk	300	550	800	1600	2800	3900
4-dr LX Sta Wgn	300	550	800	1600	2800	3900
2-dr GT Htchbk (5-spd)	300	600	850	1700	2900	4100

Pony pkg deduct 10%   "GT" pkg add 15%

	6	5	4	3	2	1
EXP, 4-cyl.						
2-dr Luxury Htchbk	250	500	750	1400	2400	3400
1988-1/2 EXP, 4-cyl.						
2-dr Luxury Htchbk	300	550	800	1600	2800	3900
Tempo GL, 4-cyl.						
2-dr Sdn	300	600	850	1700	2900	4100
4-dr Sdn	300	600	900	1800	3100	4400
4-dr Sdn AWD	300	650	1100	2200	3800	5400

"GLS" and "LX" pkg add 10%

	6	5	4	3	2	1
Taurus, 4-cyl./6-cyl.						
4-dr L Sdn	300	650	1100	2100	3600	5100
4-dr L Sta Wgn	300	800	1300	2600	4600	6600

4-cyl deduct 20%   "GL" pkg add 10%
"LX" pkg add 15%

	6	5	4	3	2	1
LTD Crown Victoria, 8-cyl.						
4-dr Sdn	300	700	1200	2400	4100	5900
4-dr Sta Wgn	300	650	1150	2300	3900	5700
4-dr Ctry Squire	300	750	1250	2500	4400	6200

"S" pkg deduct 10%   "LX" pkg add 10%
Wood-trim delete on Cntry Squire deduct 15%

	6	5	4	3	2	1

1989

Festiva, 4-cyl., 90.2" wb

	6	5	4	3	2	1
2-dr L Htchbk	250	500	750	1400	2400	3400

"L-plus" add 10%   *"LX" add 15%*

Escort, 4-cyl., 94.2" wb

	6	5	4	3	2	1
2-dr LX Htchbk	300	600	850	1700	2900	4100
4-dr LX Htchbk	300	600	900	1800	3100	4400
4-dr LX Sta Wgn	300	600	950	1900	3200	4600

"Pony" pkg deduct 10%
"GT" pkg w/5-spd add 10%

Tempo GL, 4-cyl., 99.9" wb

	6	5	4	3	2	1
2-dr Sdn	300	600	950	1900	3200	4600
4-dr Sdn	300	650	1000	2000	3500	4900
4-dr Sdn AWD	300	700	1200	2400	4100	5900

"GLS" pkg add 5%   *"LX" pkg add 10%*

Probe, 4-cyl., 99.0" wb

	6	5	4	3	2	1
2-dr GL Htchbk	300	700	1200	2400	4100	5900
2-dr LX Htchbk	300	800	1300	2600	4600	6600
2-dr GT Turbo	350	900	1500	2900	5200	7400

Taurus, 6-cyl.

	6	5	4	3	2	1
4-dr L Sdn	300	700	1200	2400	4100	5900
4-dr L Sta Wgn	350	900	1500	3000	5300	7600
4-dr SHO Sdn 5-spd	350	1000	1600	3200	5700	8100

"GL pkg add 5%   *"LX" pkg add 10%*
4-cyl deduct 20%

LTD Crown Victoria, 8-cyl.

	6	5	4	3	2	1
4-dr Sdn	350	850	1400	2800	4900	7100
Sta Wgn	350	900	1500	3000	5300	7600
Ctry Squire	350	900	1500	2900	5200	7400

"S" pkg deduct 10%   *"LX" pkg add 10%*
Wood-trim delete on Cntry Squire deduct 15%

1990

Festiva, 4-cyl., 90.2" wb

	6	5	4	3	2	1
2-dr L Htchbk	300	600	850	1700	2900	4100

"L-plus" add 10%   *"LX" add 15%*

Escort, 4-cyl., 94.2" wb

	6	5	4	3	2	1
2-dr LX Htchbk	300	600	900	1800	3100	4400
4-dr LX Htchbk	300	650	1000	2000	3500	4900
4-dr LX Sta Wgn	300	650	1100	2100	3600	5100

"Pony" pkg deduct 10%
"GT" pkg w/5-spd add 10%

Tempo GL, 4-cyl., 99.9" wb

	6	5	4	3	2	1
2-dr Sdn	300	650	1000	2000	3500	4900
4-dr Sdn	300	650	1100	2100	3600	5100

"GLS" pkg add 5%

	6	5	4	3	2	1
4-dr Sdn AWD	300	800	1350	2700	4700	6900

Probe, 4-cyl., 99.0" wb

	6	5	4	3	2	1
2-dr GL Htchbk	350	850	1400	2800	4900	7100
2-dr LX Htchbk (6-cyl.)	400	1050	1700	3300	5800	8300
2-dr GT Turbo Htchbk	400	1050	1700	3300	5800	8300

Taurus, 4-cyl./6-cyl.

	6	5	4	3	2	1
4-dr L Sdn	400	1100	1800	3500	6100	8900
4-dr L Sta Wgn	450	1250	2050	4100	7100	10300
4-dr SHO Sdn (w/5-spd)	500	1300	2250	4500	7700	11000

4-cyl deduct 20%
"GL" pkg add 5%   *LX" pkg add 10%*

LTD Crown Victoria, 8-cyl.

	6	5	4	3	2	1
4-dr Sdn	400	1200	1900	3800	6600	9600
Sta Wgn	400	1200	2000	4000	6900	10000

	6	5	4	3	2	1
Ctry Squire	450	1250	2050	4100	7100	10300

"S" pkg deduct 10%   "LX" pkg add 10%
Wood-trim delete on Cntry Squire deduct 15%

1991

Festiva, 4-cyl., 90.2" wb

	6	5	4	3	2	1
2-dr L Htchbk	300	650	1100	2100	3600	5100
2-dr GL Htchbk	300	650	1100	2200	3800	5400

Escort, 4-cyl., 98.4" wb

2-dr LX Htchbk	350	850	1400	2800	4900	7100
4-dr LX Htchbk	350	900	1500	3000	5300	7600
4-dr LX Sta Wgn	350	900	1500	3000	5300	7600

"Pony" pkg deduct 10%
GT" pkg w/5-spd add 10%

Probe, 4-cyl., 99.0" wb

2-dr GL Hatchback	400	1050	1700	3400	5900	8500
2-dr GT Hatchback	400	1200	1950	3900	6800	9900
2-dr LX Hatchback (V-6)	400	1200	1950	3900	6800	9900

Tempo, 4-cyl., 99.9" wb

2-dr L Sdn	300	650	1100	2200	3800	5400
4-dr L Sdn	300	650	1100	2200	3800	5400
4-dr Sdn 4WD	350	950	1550	3100	5500	7900

"GL" pkg add 5%
"GLS" or "LX" pkg add 10%

Taurus, 4-cyl./6-cyl., 106.0" wb

4-dr Sdn	400	1150	1850	3700	6400	9300
4-dr Sta Wgn	450	1250	2150	4300	7400	10700
4-dr L Sdn	400	1200	2000	4000	6900	10000
4-dr L Sta Wgn	500	1350	2300	4600	8000	11300
4-dr SHO Sedan	550	1500	2500	5100	8800	12500

4-cyl deduct 20%
"GL" pkg add 5%   "LX" pkg add 10%

LTD Crown Victoria, 8-cyl., 114.3" wb

4-dr Sdn	450	1250	2200	4400	7600	10900
4-dr Sta Wgn	450	1250	2200	4400	7600	10900
4-dr Ctry Squire Sta Wgn	550	1500	2500	4500	7700	11000

"S" pkg deduct 10%   "LX" pkg add 10%
Wood-trim delete on Cntry Squire deduct 15%

1932 Ford

1942 Ford Tudor Coupe

MUSTANG
1964-$\frac{1}{2}$ – 1991

1966 Mustang

1970 Mustang Boss 302

	6	5	4	3	2	1
1965						
Mustang, V8, 200 hp, 108" wb.						
65A 2-dr Hdtp	750	2250	3750	7500	13000	18700
76A 2-dr Conv	1150	3600	5950	11900	21000	29700
63A 2-dr Fstbk	950	2950	4950	9900	17500	24700

289 cid 225 hp V8 add 10%
289 cid 271 hp V8 add 40%
4-spd add 10%   1964 models add 10%
GT pkg add 20%   6-cyl deduct 20%

	6	5	4	3	2	1
1966						
Mustang, V8, 200 hp, 108" wb.						
65A 2-dr Hdtp	750	2200	3650	7300	12600	18200
76A 2-dr Conv	1200	3750	6250	12500	22000	31100
63A 2-dr Fstbk	1000	3250	5450	10900	19100	27200

289 cid 225 hp V8 add 10%
289 cid 271 hp add 40%
4-spd add 10%   GT pkg add 20%   6-cyl deduct 20%

	6	5	4	3	2	1
1967						
Mustang, V8, 200 hp, 108" wb.						
65A 2-dr Hdtp	650	1800	3250	6500	11200	16100
76A 2-dr Conv	1000	3250	5450	10900	19100	27200
63B 2-dr Fstbk	850	2550	4350	8700	15300	21700

289 cid 271 hp V8 add 40%
390 cid 315 hp V8 add 25%
4-spd add 10%   GT pkg add 10%   6-cyl deduct 10%

	6	5	4	3	2	1

1968

Mustang, V8, 195 hp, 108" wb.

	6	5	4	3	2	1
65A 2-dr Hdtp	650	1800	3250	6500	11200	16100
76A 2-dr Conv	1000	3250	5450	10900	19100	27200
63B 2-dr Fstbk	850	2550	4350	8700	15300	21700

302 cid 230 hp add 10%   *390 cid 325 hp add 20%*
427 cid 390 hp add 50%   *428 Cobra-Jet add 30%*
4-spd add 10%   *6-cyl deduct 10%*

1969

Mustang, V8, 220 hp, 108" wb.

	6	5	4	3	2	1
65A 2-dr Hdtp	650	1750	3150	6300	10900	15700
76A 2-dr Conv	850	2650	4450	8900	15700	22300
63A 2-dr Fstbk	750	2200	3650	7300	12600	18200
63C 2-dr Mach 1 Fstbk	900	2850	4750	9500	16700	23700
65E 2-dr Grande Hdtp	650	1800	3250	6500	11200	16100

390 V8 add 15%   *Boss 302 pkg add 15%*
Boss 429 pkg add 75%   *428 CJ add 25%*
428 Ram Air add 50%   *6-cyl deduct 10%*

1970

Mustang, V8, 220 hp, 108" wb.

	6	5	4	3	2	1
65A 2-dr Hdtp	650	1750	3150	6300	10900	15700
76A 2-dr Conv	850	2650	4450	8900	15700	22300
63A 2-dr Fstbk	750	2200	3650	7300	12600	18200
63C 2-dr Mach 1 Fstbk	900	2850	4750	9500	16700	23700
65E 2-dr Grande Hdtp	650	1800	3250	6500	11200	16100

390 V8 add 15%   *Boss 302 pkg add 15%*
Boss 429 pkg add 75%   *428 CJ add 25%*
428 Ram Air add 50%   *6-cyl deduct 10%*

1971

Mustang, V8, 210 hp, 109" wb.

	6	5	4	3	2	1
65D 2-dr Hdtp	500	1300	2250	4500	7700	11000
65F Grande	550	1450	2450	4900	8500	12000
76D Conv	800	2500	4250	8500	15000	21200
63D 2-dr Fstbk	700	2000	3450	6900	11900	17200
63R Mach 1 Fstbk	900	2750	4650	9300	16400	23100

Boss 351 pkg add 40%   *Ram-Air 351 add 50%*
429 V8 add 40%   *Ram-Air 429 add 60%*
6-cyl deduct 10%

1972

Mustang, V8, 140 hp, 109" wb.

	6	5	4	3	2	1
65D 2-dr Hdtp	450	1250	2150	4300	7400	10700
65F 2-dr Grande Hdtp	500	1350	2350	4700	8100	11500
63D 2-dr Fstbk	650	1700	3000	5900	10200	14700
63R 2-dr Mach 1 Fstbk	750	2100	3550	7100	12300	17700
76D 2-dr Conv	850	2650	34450	8900	15700	22300

351 V8 add 20%   *351 HO V8 add 30%*
351 Ram Air add 40%   *6-cyl deduct 10%*
U.S.A. Spirit ed. add 15%

1973

Mustang, V8, 135 hp, 109" wb.

	6	5	4	3	2	1
65D 2-dr Hdtp	450	1250	2050	4100	7100	10300
65F 2-dr Grande	500	1300	2250	4500	7700	11000
63D 2-dr Fstbk	600	1600	2700	5400	9300	13500

	6	5	4	3	2	1
63R 2-dr Mach 1 Fstbk	700	2050	3500	7000	12100	17400
76D 2-dr Conv	850	2700	4550	9100	16000	22700

351 V8 add 20%   351 Ram Air add 40%
6-cyl deduct 10%

1974

Mustang II 4-cyl, 85 hp, 96.2" wb.

	6	5	4	3	2	1
60F 2-dr Hdtp Cpe	300	600	950	1900	3200	4600
69F 3-dr 2+2 Fstbk	300	650	1100	2100	3600	5100
60H 2-dr Ghia	300	650	1000	2000	3500	4900
69R Mach 1 3-dr Fstbk (V6)	300	700	1200	2400	4100	5900

Optional V6 add 10%

1975

Mustang II 4-cyl., 83 hp, 96.2" wb.

	6	5	4	3	2	1
60F 2-dr Cpe	300	600	950	1900	3200	4600
69F 3-dr 2+2 Fstbk	300	650	1100	2100	3600	5100
60H 2-dr Ghia	300	650	1000	2000	3500	4900
69R 3-dr Mach 1 Fstbk (V-6)	300	700	1200	2400	4100	5900

Optional V-6 add 10%   302 V-8 add 20%
MPG pkg deduct 10%

1976

Mustang II, 4-cyl., 92 hp, 96.2" wb.

	6	5	4	3	2	1
60F 2-dr Cpe	300	600	1000	2000	3500	4900
69F 3-dr 2+2 Htchbk	300	650	1100	2200	3800	5400
60H 2-dr Ghia Cpe	300	650	1100	2100	3600	5100
69R 3-dr Mach 1 Htchbk (V-6)	300	700	1200	2400	4100	5900

Optional V-6 add 10%   302 V-8 add 20%
MPG pkg deduct 10%   Stallion pkg add 10%
Cobra II pkg add 20%

1977

Mustang II,. 4-cyl., 92 hp, 96.2" wb.

	6	5	4	3	2	1
60F 2-dr Cpe	300	650	1100	2100	3600	5100
69F 3-dr 2+2 Htchbk	300	650	1150	2300	3900	5700
60H 2-dr Ghia Cpe	300	650	1100	2200	3800	5400
69R 3-dr Mach 1 Htchbk (V-6)	300	700	1200	2400	4100	5900

Optional V-6 add 10%   302 V-8 add 20%
Cobra II pkg add 20%

1978

Mustang II, 4-cyl., 88 hp, 96.2" wb.

	6	5	4	3	2	1
60F 2-dr Hdtp	300	650	1000	2000	3500	4900
69F 3-dr 2+2 Htchbk	300	650	1100	2200	3800	5400
60H 2-dr Ghia Cpe	300	650	1100	2100	3600	5100
69R 3-dr Mach 1Htchbk (V-6)	300	750	1250	2500	4400	6200

Optional V-6 add 10%   302 V-8 add 20%
Cobra II pkg add 20%   King Cobra pkg add 30%

1979

Mustang,. 4-cyl., 88 hp, 100.4" wb

	6	5	4	3	2	1
66B 2-dr Ntchbk	300	550	800	1600	2800	3900
61R 3-dr Htchbk	300	600	850	1700	2900	4100
66H 2-dr Ghia Cpe	300	600	850	1700	2900	4100
61H 3-dr Ghia Htchbk	300	600	900	1800	3100	4400

Indy Pace Car pkg add 10%   302 V-8 add 20%
V-6 add 10%   Cobra pkg add 20%

	6	5	4	3	2	1

1980

Mustang, 4-cyl., 88 hp, 100.4" wb

	6	5	4	3	2	1
66B 2-dr Cpe	300	550	800	1600	2800	3900
61R 3-dr Htchbk	300	600	850	1700	2900	4100
66H 2-dr Ghia Cpe	300	600	850	1700	2900	4100
61H 3-dr Ghia Htchbk Cpe	300	600	900	1800	3100	4400

302 V-8 add 20%   V-6 add 10%
Cobra pkg add 20%

1981

Mustang, 4-cyl., 88 hp, 100.4" wb.

	6	5	4	3	2	1
2-dr Cpe	300	550	800	1600	2800	3900
3-dr Htchbk Cpe	300	600	850	1700	2900	4100
2-dr Ghia Cpe	300	600	850	1700	2900	4100
3-dr Ghia Htchbk Cpe	300	600	900	1800	3100	4400

302 V-8 add 20%   V-6 add 10%
Cobra pkg add 20%   T-top add 10%

1982

Mustang, 4-cyl. 86 hp, 100.4" wb

	6	5	4	3	2	1
2-dr L Cpe	250	500	750	1500	2600	3600
2-dr GL Cpe	250	500	750	1500	2600	3600
3-dr GL Htchbk	250	500	750	1500	2600	3600
2-dr GLX Cpe	300	550	800	1600	2800	3900
3-dr GLX Htchbk	300	550	800	1600	2800	3900
2-dr GT Htchbk (V-8)	300	700	1200	2400	4100	5900

5.0L V-8 option add 20%   V-6 add 10%
T-top add 10%

1983

Mustang, 4-cyl. 90 hp, 100.4" wb

	6	5	4	3	2	1
2-dr GT Turbo Htchbk	300	650	1150	2300	3900	5700
2-dr L Cpe	250	500	750	1500	2600	3600
2-dr GL Cpe	250	500	750	1500	2600	3600
3-dr GL Htchbk	250	500	750	1500	2600	3600
2-dr GLX Cpe	300	550	800	1600	2800	3900
3-dr GLX Htchbk	300	550	800	1600	2800	3900
3-dr GT Htchbk (V-8)	300	700	1200	2400	4100	5900
2-dr GT Conv (V-8)	350	900	1500	3000	5300	7600

5.0L V-8 option add 20%   V-6 add 10%
T-top add 10%

1984

Mustang, 4-cyl. 90 hp, 100.4" wb

	6	5	4	3	2	1
2-dr L Cpe	250	500	750	1500	2600	3600
3-dr L Htchbk	250	500	750	1500	2600	3600
2-dr LX Cpe	300	550	800	1600	2800	3900
3-dr LX Htchbk	300	550	800	1600	2800	3900
3-dr GT Turbo Htchbk	300	700	1200	2400	4100	5900
2-dr GT Turbo Conv	350	950	1550	3100	5500	7900
3-dr Cpe SVO Turbo	450	1250	2150	4300	7400	10700
3-dr GT Htchbk (V-8)	300	750	1250	2500	4400	6200
2-dr GT Conv (V-8)	350	1000	1600	3200	5700	8100

5.0L V-8 option add 20%   V-6 add 10%
T-top add 10%   SVO pkg add 30%
25th Anniv ed. add 25%

	6	5	4	3	2	1

1985

Mustang, 4-cyl. 88 hp, 100.5" wb

	6	5	4	3	2	1
2-dr LX Cpe	300	600	850	1700	2900	4100
3-dr LX Htchbk	300	600	850	1700	2900	4100
3-dr GT Htchbk (V-8)	300	800	1350	2700	4700	6900
2-dr GT Conv (V-8)	400	1100	1800	3500	6100	8900

5.0L V-8 option add 20%   V-6 add 10%
T-top add 10%   SVO pkg add 30%

1986

Mustang, 4-cyl. 90 hp, 100.4" wb

	6	5	4	3	2	1
2-dr LX Cpe	300	600	950	1900	3200	4600
3-dr LX Htchbk	300	600	950	1900	3200	4600
2-dr LX Conv	350	1000	1600	3200	5700	8100
3-dr GT Htchbk	350	900	1500	3000	5300	7600
2-dr GT Conv	400	1200	1900	3800	6600	9600

5.0L V-8 option add 20%   V-6 add 10%
T-top add 10%   SVO pkg add 30%

1987

Mustang, 4-cyl. 90 hp, 100.5" wb.

	6	5	4	3	2	1
2-dr LX Cpe	300	650	1000	2000	3500	4900
3-dr LX Htchbk	300	650	1000	2000	3500	4900
2-dr LX Conv	350	900	1500	3000	5300	7600
3-dr GT Htchbk (V-8)	400	1050	1700	3400	5900	8500
2-dr GT Conv (V-8)	450	1250	2150	4300	7400	10700

5.0L V-8 option add 20%

1988

Mustang, 4-cyl. 90 hp, 100.5" wb.

	6	5	4	3	2	1
2-dr LX Cpe	300	650	1150	2300	3900	5700
2-dr LX Htchbk	300	650	1150	2300	3900	5700
2-dr LX Conv	400	1050	1700	3300	5800	8300
2-dr GT Htchbk	400	1200	1900	3800	6600	9600
2-dr GT Conv	550	1450	2450	4900	8500	12000

5.0L V-8 option add 20%

1989

Mustang, 4-cyl. 90 hp, 100.5" wb.

	6	5	4	3	2	1
2-dr LX Cpe	300	800	1300	2600	4600	6600
2-dr LX Htchbk	300	800	1300	2600	4600	6600
2-dr LX Conv	400	1200	1900	3800	6600	9600
2-dr GT Htchbk	450	1250	2200	4400	7600	10900
2-dr GT Conv	600	1600	2750	5500	9500	13800

5.0L V-8 "Sport" pkg add 20%

1990

Mustang, 4-cyl. 90 hp, 100.5" wb.

	6	5	4	3	2	1
2-dr LX Cpe	350	1000	1600	3200	5700	8100
2-dr LX Htchbk	350	1000	1600	3200	5700	8100
2-dr LX Conv	450	1250	2200	4400	7600	10900
2-dr GT Htchbk	600	1600	2700	5400	9300	13500
2-dr GT Conv	700	1850	3300	6600	11300	16300

5.0L V-8 "Sport" pkg add 20%

	6	5	4	3	2	1

1991

Mustang, 4-cyl. 90 hp, 100.5" wb

	6	5	4	3	2	1
2-dr LX Cpe	400	1150	1850	3700	6400	9300
2-dr LX Htchbk	400	1150	1850	3700	6400	9300
2-dr LX Conv	550	1500	2500	5000	8700	12300
2-dr GT Htchbk	650	1700	3000	6100	10600	15200
2-dr GT Conv	750	2250	3700	7400	12800	18500

5.0L V8 option add 20%

SHELBY MUSTANGS 1965-1970

1965

	6	5	4	3	2	1
2-dr GT-350 Hdtp	2300	6700	11300	22600	39700	56400

1966

	6	5	4	3	2	1
2-dr GT-350 Hdtp	2050	6050	10250	20500	36000	51200
2-dr GT-350H Hdtp	2200	6350	10750	21500	37800	53700
2-dr GT-350 Conv	3300	9800	16500	33000	57900	82400

1967

	6	5	4	3	2	1
2-dr GT-350 Hdtp	1800	5350	9000	18000	31650	45000
2-dr GT-500 Hdtp	2200	6350	10750	21500	35780	53700

1968

	6	5	4	3	2	1
2-dr 350 Conv	2250	6550	11000	22000	38650	55000
2-dr 350 Hdtp	1400	4350	7250	14500	25500	36200
2-dr 500 Conv	3000	8900	14950	29900	52500	74600
2-dr 500 Hdtp	2250	6550	11000	22000	38650	55000

KR models add 50%

1969-1970

	6	5	4	3	2	1
2-dr 350 Conv	2250	6550	11000	22000	38650	55000
2-dr 350 Hdtp	1600	4750	7950	15900	28000	39700
2-dr 500 Conv	3100	9200	15500	31000	54400	74400
2-dr 500 Hdtp	2000	5950	10000	20000	35150	49900

1966 Shelby GT-350H

THUNDERBIRD
1955 – 1991

1955 Thunderbird

1961 Thunderbird

	6	5	4	3	2	1
1955						
8-cyl., 102" wb						
40A 2-dr Conv	2150	6200	104550	20900	36700	52100
1956						
8-cyl., 102" wb						
40A 2-dr Conv	2200	6500	10950	21900	38500	54700
1957						
8-cyl., 102" wb						
40 2-dr Conv	2300	6800	11450	22900	40200	57200
			"F" code supercharged V-8 add 25%			
			"E" code 2X4-bbl V-8 add 20%			
1958						
8-cyl., 113" wb						
63A 2-dr Hdtp	950	3050	5100	10200	18000	25400
76A Conv	1500	4650	7750	15500	27300	38700
1959						
8-cyl., 113" wb						
63A 2-dr Hdtp	950	3000	5000	10000	17700	24900
76A Conv	1500	4500	7500	15000	26400	37500
			430 cid V-8 add 15%			

	6	5	4	3	2	1
1960						
8-cyl., 113" wb						
63A 2-dr Hdtp	900	2900	4850	9700	17100	24200
76A Conv	1450	4450	7450	14900	26200	37200
		430 cid V-8 add 15%			*Factory sunroof add 20%*	
1961						
8-cyl., 113" wb						
63A 2-dr Hdtp	800	2350	3950	7900	13700	19700
76A Conv	1250	3950	6600	13200	23250	32900
			Indy 500 Pace Car ed. add 25%			
1962						
8-cyl., 113" wb						
63A 2-dr Hdtp	750	2300	3850	7700	13300	19200
63B 2-dr Lan Hdtp	800	2400	4050	8100	14200	20200
76A 2-dr Conv	1200	3850	6450	12900	22700	32200
76B 2-dr Spt Rdstr Conv	2000	5900	9950	19900	35000	49700
		"M" code 390 cid 3X2-bbl V-8 add 25%				
1963						
8-cyl., 113" wb						
63A 2-dr Hdtp Cpe	750	2300	3850	7700	13300	19200
63B 2-dr Lan Hdtp	800	2400	4050	8100	14200	20200
76A 2-dr Conv	1200	3850	6400	12800	22550	32000
76B 2-dr Spt Rdstr	1900	5600	9450	18900	33200	47200
		"M" code 390 cid 3X2-bbl V-8 add 25%				
1964						
8-cyl., 113" wb						
63A 2-dr Hdtp	650	1750	3150	6300	10900	15700
63B 2-dr Lan	700	1900	3350	6700	11500	16500
76A 2-dr Conv	1150	3600	5950	11900	21000	29700
1965						
8-cyl., 113" wb						
63A 2-dr Hdtp	650	1750	3150	6300	10900	15700
63B 2-dr Lan	700	1900	3350	6700	11500	16500
76A 2-dr Conv	1150	3600	5950	11900	21000	29700
			Special Landau edition, add 15%			
1966						
8-cyl., 113" wb						
63A 2-dr Hdtp Cpe	700	1900	3350	6700	11500	16500
63B 2-dr Lan Hdtp	750	2250	3750	7500	13000	18700
63D 2-dr Hdtp Twn	750	2150	3600	7200	12400	18000
76A 2-dr Conv	1200	3750	6250	12500	22000	31100
			428 cid V-8 add 10%			
1967						
8-cyl., 115" wb, 4-dr models 117" wb						
57B 4-dr Lan	450	1250	2200	4400	7600	10900
65A 2-dr Lan	500	1300	2250	4500	7700	11000
65B 2-dr Hdtp	450	1250	2150	4300	7400	10700
			428 cid V-8 add 10%			

	6	5	4	3	2	1

1968

8-cyl., 115" wb, 4-dr models 117" wb

	6	5	4	3	2	1
57B 4-dr Lan Sdn	450	1250	2200	4400	7600	10900
65A 2-dr Hdtp Cpe	450	1250	2150	4300	7400	10700
65B 2-dr Lan Cpe	500	1300	2250	4500	7700	11000

Bench seat models deduct 10%

1969

8-cyl., 115" wb, 4-door models 117" wb

	6	5	4	3	2	1
57B 4-dr Lan	450	1250	2200	4400	7600	10900
65A 2-dr Lan	450	1250	2200	4400	7600	10900
65B 2-dr Hdtp	450	1250	2100	4200	7200	10500

Bench seat models deduct 10%

1970

8-cyl., 115" wb,, 4-dr models 117" wb

	6	5	4	3	2	1
57B 4-dr Lan	450	1250	2050	4100	7100	10300
65A 2-dr Lan	450	1250	2150	4300	7400	10700
65B 2-dr Hdtp	450	1250	2050	4100	7100	10300

Bench seat models deduct 10%

1971

8-cyl., 115" wb, 4-dr models 117" wb

	6	5	4	3	2	1
57B 4-dr Lan	450	1250	2050	4100	7100	10300
65A 2-dr Hdtp	450	1250	2050	4100	7100	10300
65B 2-dr Lan	450	1250	2150	4300	7400	10700

Bench seat models deduct 10%

1972

8-cyl., 120" wb

	6	5	4	3	2	1
65K 2-dr Hdtp	400	1150	1850	3700	6400	9300

1973

8-cyl., 120" wb

	6	5	4	3	2	1
65K 2-dr Hdtp	400	1100	1800	3600	6200	9100

1974

8-cyl., 120" wb

	6	5	4	3	2	1
65K 2-dr Hdtp	400	1050	1700	3400	5900	8500

1975

8-cyl., 120" wb

	6	5	4	3	2	1
65K 2-dr Hdtp	400	1050	1700	3300	5800	8300

1976

8-cyl., 120" wb

	6	5	4	3	2	1
65K 2-dr Hdtp	350	1000	1600	3200	5700	8100

1977

8-cyl., 114" wb

	6	5	4	3	2	1
60H 2-dr Hdtp	350	900	1500	2900	5200	7400

Town Landau pkg. add 5%

1978

8-cyl., 114" wb

	6	5	4	3	2	1
60H 2-dr Hdtp	300	800	1300	2600	4600	6600

Town Landau pkg. add 5%   *Diamond Jubilee Edition add 20%*

	6	5	4	3	2	1

1979

8-cyl., 114" wb
60H 2-dr Hdtp

	6	5	4	3	2	1
60H 2-dr Hdtp	300	700	1200	2400	4100	5900

Town Landau pkg. add 5%
Heritage Edition add 15%

1980

8-cyl., 108" wb

	6	5	4	3	2	1
66D 2-dr Cpe	300	600	950	1900	3200	4600

Town Landau pkg add 5%   Silver Anniv Edition add 15%
302 V8 add 10%

1981

8-cyl., 108" wb

	6	5	4	3	2	1
66D 2-dr Cpe	300	600	900	1800	3100	4400

Town Landau pkg add 5%   Heritage Edition add 15%
302 V8 add 10%

1982

8-cyl., 108" wb

	6	5	4	3	2	1
66D 2-dr Cpe	300	600	850	1700	2900	4100

Town Landau pkg add 5%   Heritage Edition add 15%
255 V8 add 10%

1983

6-cyl./8-cyl., 104" wb

	6	5	4	3	2	1
66D 2-dr Cpe	250	500	750	1500	2600	3600
2-dr Heritage Cpe	300	600	850	1700	2900	4100

Heritage Edition add 15%
4-cyl Turbo cpe deduct 10%

1984

6-cyl./8-cyl., 104" wb

	6	5	4	3	2	1
66D 2-dr Cpe	300	550	800	1600	2800	3900

Elan pkg add 15%   Fila pkg add 20%
4-cyl Turbo cpe deduct 10%

1985

6-cyl./8-cyl., 104" wb

	6	5	4	3	2	1
66D 2-dr Cpe	300	600	900	1800	3100	4400

Elan pkg add 15%   Fila pkg add 20%
4-cyl Turbo cpe deduct 10%

1986

6-cyl./8-cyl., 104" wb

	6	5	4	3	2	1
66D 2-dr Cpe	300	650	1000	2000	3500	4900

Elan pkg add 15%   4-cyl Turbo cpe deduct 10%

1987

6-cyl./8-cyl., , 104" wb

	6	5	4	3	2	1
66D 2-dr Cpe	300	650	1000	2000	3500	4900

LX pkg add 20%   Sport pkg add 25%
4-cyl Turbo cpe deduct 10%

	6	5	4	3	2	1

1988

6-cyl., 104" wb
66D 2-dr Cpe 300 650 1050 2100 3600 5000

LX pkg add 20%   Sport pkg add 25%
4-cyl Turbo cpe deduct 10%

1989

6-cyl., 113.0" wb
66D 2-dr Cpe 350 900 1500 3000 5300 7600

LX pkg add 10%   Super Coupe add 30%

1990

6-cyl., 113.0" wb
66D 2-dr Cpe 350 950 1550 3100 5400 7800

LX pkg add 10%   Super Coupe add 30%

1991

6-cyl., 113.0" wb
66D 2-dr Cpe 350 1050 1600 3200 5500 7900

LX pkg add 10%   Super Coupe add 30%
8-cyl. add 10%

1958 Thunderbird

1967 Thunderbird

PRICE GUIDE CLASSIFICATIONS:

1. CONCOURS: Perfection. At or near 100 points on a 100-point judging scale. Trailered; never driven; pampered. Totally restored to the max and 100 percent stock.

2. SHOW: Professionally restored to high standards. No major flaws or deviations from stock. Consistent trophy winner that needs nothing to show. In 90 to 95 point range.

3. STREET/SHOW: Older restoration or extremely nice original showing some wear from age and use. Very presentable; occasional trophy winner; everything working properly. About 80 to 89 points.

4. DRIVER: A nice looking, fine running collector car needing little or nothing to drive, enjoy and show in local competition. Would need extensive restoration to be a show car, but completely usable as is.

5. RESTORABLE: Project car that is relatively complete and restorable within a reasonable effort and expense. Needs total restoration, but all major components present and rebuildable. May or may not be running.

6. PARTS CAR: Deteriorated or stripped to a point beyond reasonable restoration, but still complete and solid enough to donate valuable parts to a restoration. Likely not running, possibly missing its engine.

FRANKLIN
1903 – 1934

1904 Franklin

1924 Franklin

	6	5	4	3	2	1
1903						
Four, 10 hp, 72" wb						
Light Rdstr	1350	4150	6950	13900	24500	34700
1904						
Type A, 4-cyl., 12 hp, 78" wb						
2-pass Light Rnbt	1300	4050	6750	13500	23800	33700
Type B, 4-cyl., 12 hp, 78" wb						
4-pass Light Ton	1300	4050	6750	13500	23800	33700
Type C, 4-cyl., 24 hp, 96" wb						
5-pass Side Ent. Ton	1300	4050	6750	13500	23800	33700
1905						
Type A, 4-cyl., 12 hp, 82" wb						
Rnbt	1150	3600	5950	11900	21000	29700
Detachable Ton	1200	3750	5250	12500	22000	31100
Type B, 4-cyl., 12 hp, 82" wb						
Tr	1200	3750	5250	12500	22000	31100
Type C, 4-cyl., 30 hp, 110" wb						
Tr	1300	4100	6850	13700	24100	34200
Type D, 4-cyl., 20 hp, 100" wb						
Tr	1300	4000	6650	13300	23400	33100
Type E, 4-cyl., 12 hp, 74" wb						
Rnbt	1150	3600	5950	11900	21000	29700
Type F, 4-cyl., 12 hp, 82" wb						
Rnbt	1250	3950	6600	13200	23250	32900

	6	5	4	3	2	1

1906

Type E, 4-cyl., 12 hp, 81" wb

	6	5	4	3	2	1
2-pass Rnbt	1050	3350	5600	11200	19700	28000

Type G, 4-cyl., 12 hp, 88" wb

4-pass Tr	1100	3450	5750	11500	20300	28700

Type D, 4-cyl., 20 hp, 100" wb

5-pass Tr	1150	3600	5950	11900	21000	29700
5-pass Limo (115" wb)	950	2950	4950	9900	17500	24700

Type H, 6-cyl., 30 hp, 119" wb

5-pass Tr	1200	3850	6450	12900	22700	32200

1907

Model G, 4-cyl., 12 hp, 90" wb

	6	5	4	3	2	1
2-pass Rnbt	1200	3850	6450	12900	22700	32200
4-pass Tr	1300	4000	6650	13300	23400	33100

Model D, 4-cyl., 20 hp, 105" wb

5-pass Limo	1300	4050	6750	13500	23800	33700
2-pass Rnbt	1300	4000	6650	13300	23400	33100
5-pass Lndlt	1100	3450	5750	11500	20300	28700

Model H, 6-cyl., 30 hp, 120" wb

7-pass Tr	1350	4200	7000	14100	24800	35100
2-pass Rnbt	1350	4150	6950	13900	24500	34700
5-pass Limo	1100	3500	5850	11700	20600	29100

1908

Model G, 4-cyl., 16 hp, 90" wb

	6	5	4	3	2	1
4-pass Tr	1200	3750	6250	12500	22000	31100
2-pass Rnbt	1200	3850	6450	12900	22700	32200
4-pass Brghm	950	2950	4950	9900	17500	24700
4-pass Lndlt	1000	3100	5200	10400	18400	26000

Model D, 4-cyl., 28 hp, 105" wb

5-pass Tr	1250	3950	6550	13100	23100	32700
4-pass Surrey-Seat Rnbt	1200	3750	6250	12500	22000	31100
5-pass Lndlt	1000	3200	5350	10700	18900	26700

Model H, 6-cyl., 42 hp, 127" wb

7-pass Tr	1300	4100	6850	13700	24100	34200
7-pass Limo	1150	3600	5950	11900	21000	29700
4-pass Rnbt (119" wb)	1300	4000	6650	13300	23400	33100

1909

Model G, 4-cyl., 18 hp, 91-1/2" wb

	6	5	4	3	2	1
4-pass Tr	1200	3750	6250	12500	22000	31100
4-pass Cape Top Tr	1200	3850	6450	12900	22700	32200
4-pass Brghm	900	2900	4850	9700	17100	24200
4-pass Lndlt	950	3000	5050	10100	17900	25100

Model D, 4-cyl., 28 hp, 106" wb

5-pass Tr	1250	3950	6600	13200	23250	32900
5-pass Cape Top Tr	1300	4100	6850	13700	24100	34200
Rnbt, Single Rumble	1350	4150	6950	13900	24500	34700
Rnbt, Double Rumble	1400	4250	7100	14200	25000	35400
5-pass Lndlt	1000	3250	5450	10900	19100	27200

Model H, 6-cyl., 42 hp, 127" wb

7-pass Tr	1300	4100	6850	13700	24100	34200
7-pass Cape Top Tr	1350	4200	7000	14100	24800	35100
7-pass Limo	1200	3750	6250	12500	22000	31100

	6	5	4	3	2	1
1910						
Model G, 4-cyl., 18 hp, 91-1/2" wb						
4-pass Tr	1300	4050	6750	13500	23800	33700
4-pass Rnbt	1250	3950	6550	13100	23100	32700
2-pass Rnbt	1200	3800	6350	12700	22400	31700
Model D, 4-cyl., 28 hp, 106" wb						
5-pass Tr	1350	4150	6950	13900	24500	34700
4-pass Rnbt	1150	3600	5950	11900	21000	29700
6-pass Close-Coupled	1050	3300	5500	11100	19500	27700
Model H, 6-cyl., 42 hp, 127" wb						
7-pass Tr	1400	4300	7150	14300	25200	35700
4-pass Dbl RS	1250	3900	6500	13000	22900	32500
Close-Coupled	1200	3750	6250	12500	22000	31100
7-pass Limo	1150	3650	6100	12200	21500	30500
1911						
Model G, 4-cyl., 18 hp, 100" wb						
4-pass Tr	1200	3850	6450	12900	22700	32200
Torp Phtn	1300	4100	6850	13700	24100	34200
Model M, 4-cyl., 25 hp, 108" wb						
5-pass Tr	1300	4050	6750	13500	23800	33700
7-pass Limo	1000	3200	5350	10700	18900	26700
7-pass Lndlt	1050	3300	5500	11100	19500	27700
Model D, 6-cyl., 38 hp, 123" wb						
4-pass Torp Phtn	1400	4350	7250	14500	25500	36200
5-pass Tr	1350	4200	7000	14100	24800	35100
6-pass Limo	1050	3300	5500	11100	19500	27700
6-pass Lndlt	1100	3450	5750	11500	120300	28700
Model H, 6-cyl., 48 hp, 133" wb						
7-pass Tr	1400	4350	7250	14500	25500	36200
Torp Phtn	1500	4500	7550	15100	26600	37700
1912						
Model G, 4-cyl., 25 hp, 103" wb						
5-pass Tr	1300	4050	6750	13500	23800	33700
Model M, 6-cyl., 31 hp, 116" wb						
5-pass Tr	1350	4200	7000	14100	24800	35100
7-pass Tr	1400	4350	7250	14500	25500	36200
Dbl Torp Phtn	1500	4500	7500	15000	26400	37500
Limo	1050	3300	5500	11100	19500	27700
1913						
Model G, 4-cyl., 18 hp, 100" wb						
2-pass Rnbt	1350	4150	6950	13900	24500	34700
Model G, 4-cyl., 25 hp, 103" wb						
5-pass Tr	1350	4200	7000	14100	24800	35100
Model M, 6-cyl., 31 hp, 116" wb						
5-pass Tr	1400	4350	7250	14500	25500	36200
Vic Phtn	1350	4150	6950	13900	24500	34700
Model D, 6-cyl., 38 hp, 123" wb						
5-pass Tr	1550	4650	7750	15500	27300	38700
4-pass Torp Phtn	1600	4750	7950	15900	28000	39700
Model H, 4-cyl., 38 hp, 126" wb						
7-pass Tr	1600	4750	7950	15900	28000	39700
7-pass Limo	1500	4500	7500	15000	26400	37500
1914-1915						
Model Six-30, 6-cyl., 31.6 hp, 120" wb						
5-pass Tr	1400	4350	7250	14500	25500	36200

	6	5	4	3	2	1
Rdstr	1500	4500	7500	15000	26400	37500
Cpe	1200	3750	6250	12500	22400	31100
Sdn	1150	3600	6000	12100	21300	30200
Limo	1300	4050	6750	13500	23800	33700
Berline	1350	4200	7000	14100	24800	35100

1916

Model Six-30, 6-cyl., 30 hp, 120" wb

	6	5	4	3	2	1
5-pass Tr	1600	4750	7950	15900	28000	39700
3-pass Rdstr	1600	4800	8000	16100	28300	40200
5-pass Sdn	1200	3800	6350	12700	22400	31700
4-pass Brghm	1250	3950	6550	13100	23100	32700
7-pass Berline	1450	4450	7450	14900	26200	37200

1917-1918

Series 9, 6-cyl., 25 hp, 115" wb

	6	5	4	3	2	1
5-pass Tr	1600	4750	7950	15900	28000	39700
4-pass Rdstr	1650	4900	8250	16500	29000	41200
2-pass Rdstr	1400	4350	7250	14500	25500	36200
7-pass Limo	1350	4200	7000	14100	24800	35100
5-pass Sdn	1200	3800	6350	12700	22400	31700
7-pass Twn Car	1400	4350	7250	14500	25500	36200
4-pass Brghm	1300	4100	6850	13700	24100	34200
4-pass Cabrlt	1500	45550	7650	15300	26900	38200

1919-1920

Model 9-B, 6-cyl., 25 hp, 115" wb

	6	5	4	3	2	1
5-pass Tr	1600	4850	8100	16200	28500	40500
7-pass Tr	1700	5050	8450	16900	29700	42200
4-pass Rdstr	1600	4750	7950	15900	28000	39700
2-pass Rdstr	1550	4650	7750	15500	27300	38700
5-pass Sdn	1100	3450	5750	11500	20300	28700
5-pass Club Sdn	1100	3500	5850	11700	29600	29100
4-pass Brghm	1150	3600	6000	12100	21300	30200

1921

Model 9-B, 6-cyl., 25 hp, 115" wb

	6	5	4	3	2	1
2-pass Rnbt	1600	4750	7950	15900	28000	39700
4-pass Rdstr	1600	4850	8100	16200	28500	40500
5-pass Demi Sdn	1750	5100	8550	17100	30100	42700
2-pass Demi Cpe	1700	5050	8450	16900	29700	42200
5-pass Limo Tr	1700	5000	8350	16700	29400	41700
4-pass Brghm	1150	3600	6000	12100	21300	30200
5-pass Sdn	1100	3500	5850	11700	20600	29100

1922-1923

Model 10-B, 6-cyl., 30 hp, 115" wb

	6	5	4	3	2	1
2-pass Rnbt	1550	4650	7750	15500	27300	38700
5-pass Tr	1500	4550	7650	15300	26900	38200
2-pass Demi Cpe	1200	3750	6250	12500	22000	31100
5-pass Demi Sdn	1200	3800	6350	12700	22400	31700
4-pass Vic Cpe	1150	3700	6200	12400	21850	30900
4-pass Brghm	1150	3600	6000	12100	21300	30200
5-pass Sdn	1100	3500	5850	11700	20600	29100
5-pass Limo	1250	3950	6550	13100	23100	32700

	6	5	4	3	2	1

1924

Model 10-B, 6-cyl., 30 hp, 115" wb

	6	5	4	3	2	1
5-pass Tr	1400	4350	7250	14500	25500	36200
5-pass Demi Sdn	1150	3600	6000	12100	21300	30200
4-pass Cpe	1200	3750	6250	12500	22000	31100
4-pass Brghm	1200	3750	6250	12500	22000	31100
2-dr 5-pass Sdn	1100	3500	5850	11700	20600	29100
4-dr 5-pass Sdn	1100	3450	5750	11500	20300	28700
5-pass Tr Limo	1250	3950	6550	13100	23100	32700

1925

Model 10-C, 6-cyl., 32 hp, 115" wb

	6	5	4	3	2	1
5-pass Tr	1350	4200	7000	14100	24800	235100
5-pass Demi Sdn	1150	3600	6000	12100	21300	30200
3-pass Cpe	1200	3750	6250	12500	22000	31100
4-pass Brghm	1150	3600	6000	12100	21300	30200
7-pass Sdn	1100	3500	5850	11700	20600	29100

1926

Model 11-A, 6-cyl., 32 hp, 119" wb

	6	5	4	3	2	1
5-pass Sdn	1000	3100	5250	10500	18600	26200
5-pass Spt Sdn	1000	3250	5450	10900	19100	27200
3-pass Cpe	1050	3400	5650	11300	19900	28200
5-pass Encld Dr Limo	1200	3850	6450	12900	22700	32200
7-pass Cabrlt	1350	4150	6950	13900	24500	34700
5-pass Tr	1400	4300	7150	14300	25200	35700
2-pass Spt Rnbt	1350	4150	6950	13900	24500	34700
5-pass Cpe Rumble	1100	3500	5850	11700	20600	29100
2-pass Spt Cpe	1050	3400	5650	11300	19900	28200
4-pass Vic	1050	3300	5500	11100	19500	27700

1927

Model 11-B, 6-cyl., 32 hp, 119" wb

	6	5	4	3	2	1
4-pass Vic	1100	3450	5750	11500	20300	28700
2-pass Spt Cpe	1150	3600	5950	11900	21000	29700
4-pass Tandem Spt	1300	4050	6750	13500	23800	33700
5-pass Sdn	1000	3200	5350	10700	18900	26700
5-pass Spt Sdn	1050	3300	5500	11100	19500	27700
3-pass Cpe	1100	3450	5750	11500	20300	28700
5-pass Encld Dr Limo	1250	3950	6550	13100	23100	32700
7-pass Cabrlt	1850	5450	9150	18300	32200	45700
5-pass Tr	1800	5300	8950	17900	31500	44700
2-pass Spt Rnbt	1900	5550	9350	18700	32900	46700
5-pass Cpe Rumble	1150	3600	5950	11900	21000	29700
4-pass CC Rnbt	1900	5500	9250	18500	32500	46100
5-pass Oxford Sdn	1000	3250	5450	10900	19100	27200
7-pass Aux Seat Sdn	1050	3350	5600	11200	19700	28000

1928

Airman, 6-cyl., 46 hp, 119" wb

	6	5	4	3	2	1
3-pass Cpe	1200	3800	6350	12700	22400	31700
5-pass Standard Cpe	1200	3800	6350	12700	22400	31700
4-pass Vic	1150	3650	6150	12300	21700	30700
5-pass Vic Brghm	1150	3650	6150	12300	21700	30700
5-pass Sdn	1050	3300	5500	11000	19300	27500
5-pass Oxford Sdn	1100	3500	5800	11600	20450	28900
5-pass Spt Sdn	1100	3500	5800	11600	20450	28900
3-5 pass Conv	2150	6200	10500	21000	36900	52400

	6	5	4	3	2	1
Airman, 6-cyl., 46 hp, 128" wb						
4-pass Spt Rnbt	2200	6500	10950	21900	38500	54700
5-pass Spt Tr	2200	6350	10700	21400	37600	53500
7-pass Sdn	1050	3300	5500	11000	19300	27500
Oxford Sdn	1100	3500	5850	11700	20600	29100
7-pass Tr	2050	6000	10100	20200	35500	50400
7-pass Limo	1300	4000	6700	13400	23600	33400
5-pass Dlx Conv Sdn	2150	6200	10450	20900	36700	52100
5-pass Dlx Spt Sdn	1050	3350	5600	11200	19700	28000
5-pass Dlx Spl Sdn	1050	3350	5600	11200	19700	28000
5-pass Conv Sdn	2100	6150	10350	20700	36400	51700
5-pass Custom Spt Sdn	1050	3350	5600	11200	19700	28000
7-pass Custom Twn Car	1300	4100	6850	13700	24100	34200

1929

	6	5	4	3	2	1
Model 130, 6-cyl., 58 hp, 120" wb						
3-5 pass Cpe	1000	3300	5500	11000	19300	27500
5-pass Sdn	900	2850	4750	9500	16700	23700
5-pass Oxford Sdn	950	2950	4950	9900	17500	24700
Model 135, 6-cyl., 68 hp, 125" wb						
3-pass Cpe	1100	3500	5800	11600	20450	28900
5-pass Sdn	950	2950	4950	9900	17500	24700
3-5 pass Conv Cpe	2050	6050	10250	20500	36000	51200
4-pass Vic Brghm	1000	3150	5300	10600	18700	26500
5-pass Oxford Sdn	1000	3150	5300	10600	18700	26500
5-pass Spt Sdn	1000	3150	5300	10600	18700	26500
Model 137, 6-cyl., 68 hp, 132" wb						
5-pass Spt Tr	2250	6600	11100	22200	39000	55500
4-pass Spt Rnbt	2250	6600	11100	22200	39000	55500
7-pass Tr	2050	6050	10250	20500	36000	51200
7-pass Sdn	950	3050	5100	10200	18000	25400
7-pass Limo	1050	3400	5700	11400	20100	28500
4-pass Dietrich Encl Spdstr	2400	7100	12000	24000	42150	59900
5-pass Holbrook Conv Rdstr	2400	7100	12000	24000	42150	59900
4-pass Derham Gntlmn CC Sdn	1000	3200	5500	10500	19200	26500
7-pass Willoughby Twn Car	1000	3200	5500	10500	19200	26500
6-pass Dietrich Clpsbl Vic Brghm	2400	7000	11800	23600	41450	59000
4-pass Dietrich LePirate Club Sdn	1100	3300	5700	10750	20400	27300

1930

	6	5	4	3	2	1
Model 145, 6-cyl., 95 hp, 125" wb						
5-pass Sdn	850	2650	4500	9000	15900	22500
3-5 pass Cpe	900	2900	4900	9800	17300	24500
5-pass Club Sdn	900	2900	4900	9800	17300	24500
5-pass Dlx Sdn	900	2800	4700	9400	16500	23400
5-pass Oxford Sdn	900	2800	4700	9400	16500	23400
4-pass Vic Brghm	950	3050	5150	10300	18200	25700
5-pass Conv Cpe	2200	6500	10950	21900	38500	54700
5-pass Tr Sdn	950	2950	4950	9900	17500	24700
5-pass Pursuit Spt Phtn	1450	4450	7450	14900	26200	37200
Model 147, 6-cyl., 95 hp, 132" wb						
2-4 pass Rdstr	2550	7550	12750	25500	44800	63700
5-pass Pirate Conv Tr	2450	7250	12300	24600	43200	61500
7-pass Pirate Conv Phtn	2500	7350	12450	24900	43700	52100
5-pass Salon Spl Sdn	900	2900	4900	9800	17300	24500
7-pass Sdn	950	3050	5100	10200	18000	25400
7-pass Limo	1100	3550	5900	11800	21000	29400
7-pass Sdn Limo	1150	3650	6100	12200	21500	30500
Spdstr	1100	3550	5900	11800	21000	29400
4-pass Dietrich Conv Spdstr	2900	8600	14500	29000	50900	72400

	6	5	4	3	2	1
4-pass Dietrich Deauville Sdn	2150	6200	10500	21000	36900	52400
7-pass Dietrich Twn Car	1250	3900	6500	13000	23500	32500
4-pass Derham Cabrlt	2600	7650	12900	25800	45300	64400
4-pass Locke Conv Sdn	2900	78550	14400	28800	50600	71900

1931

Series 15, 6-cyl., 100 hp, 125" wb

	6	5	4	3	2	1
5-pass Pursuit Tr	1300	4050	6750	13500	23800	33700
5-pass Sdn	1000	3150	5300	10600	18700	26500
3-pass Cpe	1100	3550	5900	11800	21000	29400
Oxford Sdn	1000	3200	5400	10800	19000	26900
4-pass Vic Brghm	1050	3400	5700	11400	20100	28500
3-5 pass Conv Cpe	2450	7250	12250	24500	43000	61200
5-pass Twn Sdn	1100	3550	5900	11800	21000	29400

Series 15, 6-cyl., 100 hp, 132" wb

	6	5	4	3	2	1
2-4 pass Rdstr	3050	9050	15250	30500	53600	76100
7-pass Sdn	1100	3550	5900	11800	21000	29400
5-pass Spt Salon	1150	3650	6100	12200	21700	30500
7-pass Spl Limo	1250	3900	6500	13000	23500	32500
5-pass Spl Sdn	1200	3800	6400	12800	22700	31800

Series 15 DeLuxe, 6-cyl., 100 hp, 132" wb

	6	5	4	3	2	1
5-pass Pirate Tr	3000	8900	14950	29900	52500	74600
7-pass Pirate Phtn	3000	8950	15100	30200	53000	75400
Spdstr	1250	3900	6500	13000	23500	32500
5-pass Sdn	1150	3650	6100	12200	21700	30500
5-pass Club Sdn	1200	3750	6300	12600	22600	31400
Custom Conv Spdstr	2900	8600	14450	28900	50700	72100
5-pass Vic Brghm	1200	3750	6300	12600	22600	31400
5-pass Oxford Sdn	1200	3750	6300	12600	22600	31400
3-5 pass Conv Cpe	2650	7860	13250	26500	46500	66100
7-pass Custom Twn Berline	1250	3900	6500	13000	23500	32500
7-pass Sdn	1150	3650	6100	12200	21700	30500
7-pass Limo	1300	4000	6700	13400	24400	33400

1932

Airman, 6-cyl., 100 hp, 132" wb

	6	5	4	3	2	1
2-4 pass Spdstr	1100	3550	5900	11800	21000	29400
5-pass Sdn	1050	3400	5700	11400	20100	28500
3-5 pass Cpe	1100	3550	5900	11800	21000	29400
5-pass Club Sdn	1100	3500	5800	11600	20500	28900
4-pass Vic Brghm	1100	3550	5900	11800	21000	29400
3-5 pass Conv Cpe	2550	7550	12750	25500	44800	63700
7-pass Sdn	1100	3550	5900	11800	21000	29400
7-pass Limo	1150	3650	6100	12200	21700	30500
5-pass Sdn Oxford	1050	3400	5700	11400	20100	28500

12-17, 12-cyl., 132" wb

	6	5	4	3	2	1
5-pass Club Brghm	3000	8900	14950	29900	52500	74600
5-pass Sdn	2900	8600	14450	28900	50700	72100
7-pass Sdn	2600	7650	12950	25900	45500	64700
7-pass Limo	2950	8800	14850	29700	52200	74100

1933

Olympic 18, 6-cyl., 100 hp, 118" wb

	6	5	4	3	2	1
5-pass Sdn	850	2550	4300	8600	15100	21500
3-5 pass Cpe	900	2800	4700	9400	16500	23400
3-5 pass Conv Cpe	2000	5800	9750	19500	34300	48700

Olympic 18-B, 6-cyl., 111" wb

	6	5	4	3	2	1
3-5 pass Cpe	900	2800	4700	9400	16500	23400
3-5 pass Conv Cpe	2050	6050	10250	20500	36000	51200
4-dr 5-pass Sdn	850	2550	4300	8600	15100	21500

	6	5	4	3	2	1
Airman, 6-cyl., 100 hp, 132" wb						
5-pass Sdn	950	3000	5050	10100	17900	25100
5-pass Club Sdn	1000	3150	5300	10600	18700	26500
7-pass Sdn	900	2850	4800	9600	16900	24000
6-pass Oxford Sdn	950	3000	5000	10000	17700	24900
Twelve, V-12, 150 hp, 144" wb						
5-pass Sdn	2900	8600	14450	28900	50700	72100
5-pass Club Brghm	3050	9050	15250	30500	53600	76100
7-pass Sdn	2600	7650	12950	25900	45500	64700
7-pass Limo	3100	9200	15450	30900	54300	77100

1934

	6	5	4	3	2	1
Olympic 19, 6-cyl., 100 hp, 118" wb						
5-pass Sdn	850	2550	4300	8600	15100	21500
3-5 pass Cpe	900	2800	4700	9400	16500	23400
5-pass Conv Cpe	12150	6200	10450	20900	36700	52100
Airman, 6-cyl., 100 hp, 132" wb						
7-pass Limo	1150	3650	6100	12200	21500	30500
5-pass Sdn	950	3000	5000	10000	17700	24900
5-pass Club Sdn	950	3050	5100	10200	18000	25400
7-pass Sdn	900	2900	4900	9800	17300	24500
Twelve, V-12, 150 hp, 144" wb						
7-pass Limo	3100	9200	15450	30900	54300	77100
5-pass Sdn	2900	8600	14450	28900	50700	72100
5-pass Club Brghm	3050	9050	15250	30500	53600	76100
7-pass Sdn	2600	7650	12950	25900	45500	64700

1929 Franklin

1930 Franklin Pirate

FRAZER
1947 – 1951

1949 Frazer Manhattan

1951 Frazer

	6	5	4	3	2	1
1947-1948						
Standard, 6-cyl., 123.5" wb						
4-dr Sdn	550	1500	2500	5000	8700	12300
Manhattan, 6-cyl.						
4-dr Sdn	600	1650	2850	5700	9900	14200
1949-1950						
Standard, 6-cyl., 123.5" wb						
4-dr Sdn	550	1500	2500	5100	8800	12500
Manhattan, 6-cyl.						
4-dr Sdn	600	1650	2850	5700	9900	14200
4-dr Conv Sdn	1850	5400	9000	18100	31800	45200
1951						
Manhattan, 6-cyl.						
4-dr Sdn Hdtp	850	2550	4350	8700	15300	21700
4-dr Conv Sdn	1800	5300	8900	17800	31300	44400
Standard						
4-dr Sdn	600	1600	2750	5500	9500	13800
4-dr Vagabond Sdn	650	1800	3250	6500	11200	16100

GARDNER
1920 – 1931

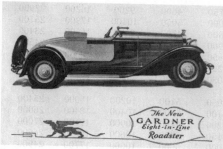

1928 Gardner Roadster

1928 Gardner Brougham

	6	5	4	3	2	1
1920						
Model G, 4-cyl., 35 hp, 112" wb						
2-pass Rdstr	900	2900	4900	9800	17300	24500
5-pass Tr	850	2650	4450	8900	15700	22300
3-pass Rdstr	950	3050	5100	10200	18000	25400
5-pass Sdn	650	1700	3000	5900	10200	14700
1921						
Model G, 4-cyl., 35 hp, 112" wb						
3-pass Rdstr	700	2000	3450	6900	11900	17200
5-pass Tr	850	2650	4450	8900	15700	22300
5-pass Sdn	650	1700	3000	5900	10200	14700
1922						
"Four", 35 hp, 112" wb						
3-pass Rdstr	950	3050	5100	10200	18000	25400
5-pass Tr	850	2650	4450	8900	15700	22300
5-pass Sdn	650	1700	3000	5900	10200	14700
1923						
Model 5, 4-cyl., 43 hp, 112" wb						
5-pass "T" Phtn	900	2750	4600	9200	16200	22900
2-pass "R" Rdstr	900	2900	4900	9800	17300	24500
2-pass "RRS" Spt Rdstr	950	3050	5100	10200	18000	25400
2-pass "C" Bus Cpe	750	2250	3700	7400	12800	18500
5-pass "S" Sdn	650	1700	3000	5900	10200	14700

	6	5	4	3	2	1

1924

Model 5C, 4-cyl., 43 hp, 112" wb

	6	5	4	3	2	1
2-pass Rdstr	950	3000	5050	10100	17900	25100
5-pass Tr	900	2750	4600	9200	16200	22900
5-pass Spt Tr	900	2800	4700	9400	16500	23400
5-pass Tr Dlx	900	2900	4900	9800	17300	24500
2-pass Bus Cpe	750	2250	3700	7400	12800	18500
5-pass Brghm	650	1750	3150	6300	10900	15700
5-pass Sdn	650	1700	3000	5900	10200	14700

1925

Model 5, 4-cyl., 43 hp, 112" wb

	6	5	4	3	2	1
5-pass Tr	900	2750	4600	9200	16200	22900
2-pass Rdstr	950	3000	5050	10100	17900	25100
5-pass Tr "A"	900	2800	4700	9400	16500	23400
5-pass Dlx Tr	900	2900	4900	9800	17300	24500
5-pass Sdn	600	1650	2900	5800	10000	14500
5-pass Cpe	750	2250	3700	7400	12800	18500
5-pass Radio Sdn	700	2050	3500	7000	12100	17400

Model 8A, 8-cyl., 65 hp, 125" wb

	6	5	4	3	2	1
5-pass Tr	950	3050	5100	10200	18000	25400
4-pass Cabriolet	1000	3100	5200	10400	18400	26000
5-pass Brghm	1000	3200	5400	10900	19100	27000
5-pass Spt Sdn	1000	3150	5300	10600	18700	26500
5-pass Sdn	950	3000	5000	10000	17700	24900

1926

Model "6-A", 57 hp, 117" wb (Continue to April 1927)

	6	5	4	3	2	1
5-pass Tr	1000	3150	5300	10600	18700	26500
2-dr 5-pass Brghm	700	2100	3600	7200	12500	17800
4-pass Rdstr	1150	3650	6100	12200	21500	30500
4-pass Cabrlt	900	2900	4900	9800	17300	24500
4-dr 5-pass Brghm	700	2050	3500	7000	12100	17400
5-pass Spt Sdn	650	1750	3100	6200	10700	15400
5-pass Dlx Sdn	700	1900	3300	6600	11300	16300

Model "8-B", 8-cyl., 65 hp, 125" wb (Continue to April 1927)

	6	5	4	3	2	1
5-pass Tr	1000	3200	5400	10800	19000	26900
2-4 pass Rdstr	1150	3650	6100	12200	21500	30500
4-pass Cabrlt	900	2900	4900	9800	17300	24500
5-pass 4-dr Brghm	700	2050	3500	7000	12100	17400
5-pass Imp Sdn	700	1900	3400	6800	11700	16900

1927

Model 80, 8-cyl., 70 hp, 122" wb

	6	5	4	3	2	1
4-pass Rdstr	1500	4600	7700	15400	27100	38500
4-pass Dlx Rdstr	1550	4650	7800	15600	27450	38900
4-pass Vic Dlx	1050	3300	5500	11100	19500	27700
4-pass Brghm Cpe	1000	3150	5300	10600	18700	26500
5-pass Brghm Dlx Cpe	1000	3200	5400	10800	19000	26900
5-pass Sdn Dlx	950	2900	4800	9600	16750	23600
5-pass Sdn	900	2800	4700	9400	16500	23400
4-pass Vic Cpe	1000	3200	5400	10800	19000	26900

Model 90, 8-cyl., 84 hp, 130" wb (Landaulet Roadster 125" wb)

	6	5	4	3	2	1
4-pass Rdstr	1600	4850	8100	16200	28500	40500
4-pass Lndlt Rdstr	1500	4500	7500	15000	26400	37500
5-pass Sdn	700	1900	3350	6700	11500	16500
5-pass Brghm	750	2250	3750	7500	13000	18700
5-pass Vic	750	2250	3750	7500	13000	18700

	6	5	4	3	2	1
Model 75, 8-cyl., 65 hp, 122" wb						
4-pass Rdstr	1550	4700	7900	15800	27800	39400
4-pass Vic Cpe	1000	3150	5300	10600	18700	26500
5-pass Club Sdn	950	3050	5100	10200	18000	25400
5-pass Spt Cpe	900	2900	4900	9800	17300	24500
5-pass Sdn	850	2650	4500	9000	15900	22500
Model 85, 8-cyl., 65 hp, 130" wb						
5-pass Tr	1000	3200	5400	10800	19000	27000
7-pass Tr	1000	3300	5500	11000	19500	27500
Model 88, 8-cyl., 74 hp, 122" wb						
4-pass Rdstr	1500	4600	7700	15400	27100	38500
5-pass Spt Cpe	950	3100	5200	10400	18500	26200
4-pass Vic Cpe	1000	3150	5300	10600	18700	26500
5-pass Sdn	900	2750	4600	9200	16200	22900
4-dr 5-pass Brghm	900	2800	4700	9400	16500	23400
4-pass Custom Cpe	950	3000	5100	10200	18100	25850

1928

	6	5	4	3	2	1
Model 75, 8-cyl., 65 hp, 122" wb (Start July 1927 to August 1928)						
4-pass Rdstr	1550	4700	7900	15800	27800	39400
4-pass Vic Cpe	1000	3150	5300	10600	18700	26500
4-pass Spt Cpe	950	3050	5100	10200	18000	25400
5-pass Club Sdn	900	2900	4900	9800	17300	24500
5-pass Sdn	850	2650	4500	9000	15900	22500
Model 85, 8-cyl., 74 hp, 125" wb (Start July 1927 to August 1928)						
4-pass Rdstr	1600	4850	8100	16200	28500	40500
5-pass Brghm	1000	3150	5300	10600	18700	26500
4-pass Vic	1000	3150	5300	10600	18700	26500
5-pass Sdn	900	2800	4700	9400	16500	23400
4-pass Custom Cpe	1050	3300	5500	11000	19300	27500
Model 88, 8-cyl., 86 hp, 130" wb						
5-pass Tr	1000	3200	5400	10800	19000	27000
7-pass Tr	1000	3300	5500	11000	19500	27500
Model 90, 8-cyl., 84 hp, 125"/130" wb						
4-dr 5-pass Brghm	750	2250	3750	7500	13000	18700
5-pass Sdn	700	1900	3350	6700	11500	16500
4-pass Rdstr	1750	5200	8700	17400	30600	43500
5-pass Brghm	1050	3300	5500	11000	19300	27500
4-pass Vic	1000	3200	5400	10800	19000	26900
5-pass Sdn	900	2900	4900	9800	17300	24500
4-pass Custom Cpe	1050	3400	5700	11400	20100	28500

1929

	6	5	4	3	2	1
Model 120, 8-cyl., 65 hp, 120" wb (Start September 1928)						
4-pass Rdstr	1600	4850	8100	16200	28500	40500
5-pass Spt Sdn	1050	3300	5500	11000	19300	27500
4-pass Cpe	1100	3450	5750	11500	20300	28700
5-pass Sdn	900	2800	4700	9400	16500	23400
Model 125, 8-cyl., 85 hp, 125" wb (Start September 1928)						
4-pass Rdstr	1800	5250	8800	17600	30950	43900
5-pass Brghm	1000	3150	5300	10600	18700	26500
5-pass Sdn	900	2900	4900	9800	17300	24500
5-pass Vic	950	3050	5100	10200	18000	25400
5-pass Cpe	1050	3400	5700	11400	20100	28500
Model 130, 8-cyl., 115 hp, 130" wb (Start Sepetember 1928)						
4-pass Rdstr	1750	5100	8600	17200	30250	43000
4-pass Cpe	1100	3550	5900	11800	20800	29400
5-pass Brghm	1050	3300	5500	11000	19300	27500
5-pass Sdn	1000	3150	5300	10600	18700	26500
5-pass Vic	1100	3550	5900	11800	20800	29400

	6	5	4	3	2	1

1930

Model 136, 6-cyl., 70 hp, 122" wb

	6	5	4	3	2	1
4-pass Rdstr	1700	5050	8450	16900	29700	42200
5-pass Spt Phtn	1600	4750	7950	15900	28000	39700
7-pass Spt Phtn	1650	4900	8250	16500	29000	41200
5-pass Spt Sdn	1000	3150	5300	10600	18700	26500
4-pass Cpe	1100	3550	5900	11800	20800	29400
5-pass Brghm	1000	3150	5300	10600	18700	26500
5-pass Sdn	900	2800	4700	9400	16500	23400
7-pass Sdn	900	2900	4900	9800	17300	24500

Model 140, 8-cyl., 90 hp, 125" wb

	6	5	4	3	2	1
4-pass Rdstr	1800	5250	8800	17600	30950	43900
5-pass Spt Phtn	1650	4900	8250	16500	29000	41200
7-pass Spt Phtn	1700	5050	8450	16900	29700	42200
5-pass Spt Sdn	1050	3400	5700	11400	20100	28500
5-pass Cpe	1150	3650	6100	12200	21500	30500
5-pass Brghm	1050	3300	5500	11000	19300	27500
5-pass Sdn	900	2900	4900	9800	17300	24500
7-pass Sdn	950	3050	5100	10200	18000	25400

Model 150, 8-cyl., 126 hp, 130" wb

	6	5	4	3	2	1
4-pass Rdstr	1900	5550	9350	18700	32900	46700
5-pass Spt Phtn	1800	5250	8850	17700	31100	44100
7-pass Spt Phtn	1850	5400	9000	18100	31800	45200
5-pass Spt Sdn	1100	3550	5900	11800	20800	29400
5-pass Cpe	1200	3750	6300	12600	22200	31400
5-pass Brghm	1050	3400	5700	11400	20100	28500
5-pass Sdn	950	3050	5100	10200	18000	25400
7-pass Sdn	1000	3150	5300	10600	18700	26500

Front Wheel Drive, 6-cyl., 80 hp, 133" wb

Prototypes only were built

1931

Model 136, 6-cyl., 70 hp 122" wb

	6	5	4	3	2	1
4-pass Rdstr	1750	5100	8600	17200	30250	43000
5-pass Spt Phtn	1700	5000	8350	16700	29400	41700
5-pass Spt Sdn	1050	3400	5700	11400	20100	28500
4-pass Cpe	1100	3550	5900	11800	20800	29400
5-pass Brghm	1000	3250	5450	10900	19100	27200
5-pass Sdn	950	3050	5100	10200	18000	25400

Model 148, 8-cyl., 100 hp, 125" wb

	6	5	4	3	2	1
4-pass Rdstr	1800	5300	8950	17900	31500	44700
5-pass Spt Phtn	1750	5200	8750	17500	30800	43700
5-pass Spt Sdn	1150	3650	6100	12200	21500	30500
4-pass Cpe	1200	3750	6300	12600	22200	31400
5-pass Brghm	1150	3650	6100	12200	21500	30500
5-pass Sdn	1000	3200	5350	10700	18900	26700

Model 158, 8-cyl., 126 hp, 130" wb

	6	5	4	3	2	1
4-pass Rdstr	1850	5400	9100	18200	32000	45500
4-pass Cpe	1250	3900	6500	13000	22900	32500
5-pass Brghm	1200	3750	6300	12600	22200	31400
5-pass Sdn	1050	3300	5500	11100	19500	27700

GRAHAM-PAIGE
1928 – 1941

1929 Graham-Paige

1930 Graham Deluxe Town Sedan

	6	5	4	3	2	1
GRAHAM-PAIGE						
1928						
Model 610, 6-cyl., 52 hp, 111" wb						
2-pass Cpe	550	1450	2450	4900	8500	12000
5-pass Sdn	450	1250	2100	4200	7200	10500
Model 614, 6-cyl., 71 hp, 114" wb						
4-pass Cpe	550	1550	2650	5300	9100	13000
5-pass Sdn	450	1250	2150	4300	7400	10700
Model 619, 6-cyl., 97 hp, 119" wb						
4-pass Cpe	550	1550	2650	5300	9100	13000
5-pass Sdn	500	1350	2350	4700	8100	11500
4-pass Cpe (Sidemount)	600	1600	2750	5500	9500	13800
5-pass Sdn (Sidemount)	550	1450	2450	4900	8500	12000
Model 629, 6-cyl., 97" wb, 129" wb						
2-pass Cpe	600	1600	2750	5500	9500	13800
5-pass Cpe	600	1650	2850	5700	9900	14200
4-pass Cabrlt	900	2850	4750	9500	16700	23700
5-pass Sdn	550	1500	2500	5100	8800	12500
4-dr 5-pass Twn Sdn	550	1400	2400	4800	8300	11800
4-dr 7-pass Sdn	550	1550	2600	5200	9000	12800
Model 835, 8-cyl., 123 hp, 135" wb						
2-pass Cpe	600	1650	2850	5700	9900	14200
5-pass Cpe	650	1700	3000	5900	10200	14700
4-pass Cabrlt	1000	3100	5250	10500	18600	26200
4-dr 5-pass Sdn	600	1600	2800	5600	9700	14000
4-dr 7-pass Sdn	600	1650	2850	5700	9900	14200
4-dr 5-pass Twn Sdn	600	1600	2800	5600	9700	14000

	6	5	4	3	2	1

1929

Model 612, 6-cyl., 62 hp, 112" wb

	6	5	4	3	2	1
4-pass Rdstr	1050	3400	5700	11400	20100	28500
5-pass Phtn	1100	3500	5850	11700	20600	29100
2-pass Cpe	500	1350	2350	4700	8100	11500
4-pass Cpe	550	1450	2450	4900	8500	12000
4-pass Cabrlt	950	3050	5100	10200	18000	25400
2-dr 5-pass Sdn	500	1350	2350	4700	8100	11500
4-dr 5-pass Sdn	500	1350	2350	4700	8100	11500

Model 615, 6-cyl., 77 hp, 115" wb

	6	5	4	3	2	1
4-pass Rdstr	1100	3500	5800	11600	20450	28900
5-pass Phtn	1150	3600	5950	11900	21000	29700
2-pass Cpe	550	1400	2400	4800	8300	11800
4-pass Cpe	550	1500	2500	5000	8700	12300
4-pass Cabrlt	1000	3200	5350	10700	18900	26700
2-dr 5-pass Sdn	550	1450	2450	4900	8500	12000
4-dr 5-pass Sdn	550	1450	2450	4900	8500	12000

Model 621, 6-cyl., 97 hp, 121" wb

	6	5	4	3	2	1
2-4 pass Rdstr	1150	3600	5950	11900	21000	29700
5-pass Phtn	1150	3650	6100	12200	21500	30500
2-4 pass Cpe	550	1450	2450	4900	8500	12000
4-pass Cpe	550	1500	2500	5100	8800	12500
4-pass Cabrlt	1000	3250	5450	10900	19100	27200
5-pass Sdn	550	1500	2500	5000	8700	12300

Model 827, 8-cyl., 123 hp, 127" wb

	6	5	4	3	2	1
2-4 pass Rdstr	1200	3850	6450	12900	22700	32200
5-pass Phtn	1300	4050	6750	13500	23800	33700
2-4 pass Cpe	650	1700	3000	5900	10200	14700
4-pass Cpe	650	1700	3000	6100	10600	15200
2-4 pass Cabrlt	1200	3750	6300	12600	22200	31400
5-pass Sdn	600	1600	2750	5500	9500	13800

Model 837, 8-cyl., 123 hp, 137" wb

	6	5	4	3	2	1
7-pass Phtn	1450	4450	7450	14900	26200	37200
5-pass Cpe	800	2350	3950	7900	13700	19700
5-pass Sdn	750	2100	3550	7100	12300	17700
7-pass Sdn	750	2250	3750	7500	13000	18700
7-pass Twn Sdn	800	2350	3950	7900	13700	19700
7-pass Limo	850	2550	4300	8600	15100	21500
7-pass LeBaron Limo	900	2850	4750	9500	16700	23700
7-pass LeBaron Town Car	900	2900	4900	9800	17300	24500
7-pass LeBaron Limo Sdn	850	2650	4450	8900	15700	22300

GRAHAM

1930

Standard Six, 6-cyl., 115" wb

	6	5	4	3	2	1
2-4 pass Rdstr	1450	4450	7450	14900	26200	37200
5-pass Phtn	1450	4400	7300	14600	25700	36500
2-pass Cpe	600	1600	2750	5500	9500	13800
2-4 pass Dlx Cpe	650	1700	3000	5900	10200	14700
2-4 pass Cabrlt	1150	3600	5950	11900	21000	29700
2-dr 5-pass Sdn	550	1500	2500	5000	8700	12300
5-pass Sdn	550	1500	2500	5000	8700	12300
5-pass Dlx Sdn	550	1500	2500	5100	8800	12500
5-pass Twn Sdn	550	1500	2500	5100	8800	12500
5-pass Dlx Town Sdn	550	1550	2600	5200	9000	12800
2-pass Dlx Cpe	550	1500	2500	5100	8800	12500
5-pass Universal Sdn	550	1450	2450	4900	8500	12000

Special Six, 6-cyl., 76 hp, 115" wb

	6	5	4	3	2	1
2-pass Cpe	650	1700	3000	6100	10600	15200

	6	5	4	3	2	1
2-4 pass Cpe	650	1750	3150	6300	10900	1570(0)
5-pass Sdn	600	1600	2750	5500	9500	1380(0)
Standard Eight, 8-cyl., 100 hp, 122"						
2-4 pass Cpe	750	2100	3550	7100	12300	17700
5-pass Sdn	650	1750	3150	6300	10900	15700
5-pass Conv Sdn	1500	4550	7650	15300	26900	38200
4-dr 7-p Sdn (134" wb)	700	1900	3350	6700	11500	16500
Special Eight, 8-cyl., 122"						
2-4 pass Cpe	750	2200	3650	7300	12600	18200
5-pass Sdn	650	1800	3250	6500	11200	16100
5-pass Conv Sdn	1650	4900	8250	16500	29000	41200
4-dr 7-p Sdn (134" wb)	750	2100	3550	7100	12300	17700
Custom Eight, 8-cyl., 120 hp, 127" wb						
2-4 pass Rdstr	1600	4850	8150	16300	28700	40800
5-pass Phtn	1600	4750	7950	15900	28000	39700
2-4 pass Cpe	800	2350	3950	7900	13700	19700
4-pass Cpe	800	2400	4060	8100	14200	20200
2-4 pass Cabrlt	1450	4450	7400	14800	26050	36900
5-pass Sdn	750	2250	3750	7500	13000	18700
Custom Eight, 8-cyl., 137" wb						
7-pass Phtn	1750	5100	8600	17200	30250	43000
5-pass Sdn	750	2300	3850	7700	13300	19200
4-pass Twn Sdn	800	2350	3950	7900	13700	19700
7-pass Sdn	800	2400	4060	8100	14200	20200
7-pass Limo	850	2550	4350	8700	15300	21700
7-p LeBaron Limo	900	2850	4750	9500	16700	23700
7-p LeBaron Twn Car	850	2550	4350	8700	15300	21700
7-p LeBaron Limo Sdn	900	2750	4650	9300	16400	23100

1931 First Series

(Start August 1, 1930 to December 31, 1930)

Standard Six, 6-cyl., 115" wb						
2-4 pass Rdstr	1400	4250	7100	14200	25000	35400
2-pass Bus Cpe	600	1600	2750	5500	9500	13800
2-4 pass Cpe	600	1650	2850	5700	9900	14200
5-pass Sdn	550	1500	2500	5100	8800	12500
5-pass Twn Sdn	550	1550	2600	5200	9000	12800
Special Six, 6-cyl., 76 hp, 115" wb						
2-pass Bus Cpe	650	1700	3000	5900	10200	14700
2-4 pass Cpe	650	1700	3000	6000	10400	14900
5-pass Sdn	600	1650	2850	5700	9900	14200
Model 621, 6-cyl., 97 hp, 121" wb						
2-4 pass Rdstr	1450	4400	7350	14700	29500	36700
5-pass Phtn	1350	4150	6950	13900	24500	34700
4-pass Vic Cpe	650	1750	3100	6200	10700	15400
2-4 pass Cpe	650	1800	3200	6400	11000	15900
5-pass Sdn	650	1700	3000	6100	10600	15200
Standard Eight, 8-cyl., 100 hp, 122" wb (LWB models 134" wb)						
2-4 pass Cpe	700	1900	3350	6700	11500	16500
4-dr Sdn	650	1800	3250	6500	11200	16100
Conv Sdn	1450	4450	7450	14900	26200	37200
4-dr 7-p LWB Sdn	650	1800	3250	6500	11200	16100
4-dr 5-p LWB Sdn	650	1800	3250	6500	11200	16100
4-dr 7-pass LWB Limo	750	2100	3550	7100	12300	17700
Special 8-22, 8-cyl., 85 hp, 120" wb (LWB models 134" wb)						
2-4 pass Cpe	750	2000	3500	7000	12000	17000
4-dr Sdn	700	1900	3350	6700	11500	16500
Conv Sdn	1500	4550	7750	15400	26900	38200
4-dr 7-p LWB Sdn	650	1900	3450	6800	11500	16500
4-dr 5-p LWB Sdn	650	1900	3450	6800	11500	16500
4-dr 7-pass LWB Limo	750	2250	3800	7500	12950	18500

	6	5	4	3	2	1
Custom Ei~~~~, ~ hp, 127" wb						
2-4 pas~~~~r	1600	4850	8150	16300	28700	40800
5-pas~~~~	1600	4750	7950	15900	28000	39700
4-pas~~~ Victoria	800	2400	4060	8100	14200	20200
2-4 ~~~ Cabor	1450	4450	7400	14800	26050	36900
5-pa~~~ Sdn	750	2250	3750	7500	13000	18700
Custom ~~~ 8-cyl, 120 hp, 137" wb						
4-d~i—p LWB Sdn	650	1800	3250	6500	11200	16100
4-c~i—p LWB Sdn	650	1800	3250	6500	11200	16100
4-~dr 7-pass WB Limo	750	2100	3550	7100	12300	17700

193~ Second Series

(Sta~~~ V, 1~1)
Sta~~~ Six, 6cyl., 76 hp, 15" wb

	6	5	4	3	2	1
2-4 pass Rdstr	1400	4250	7100	14200	25000	35400
2-pass Bus Cpe	600	1600	2750	5500	9500	13800
2-4 pass Cpe	600	1650	2850	5700	9900	14200
5-pass Sdn	550	1500	2500	5100	8800	12500
5-pass Twn Sdn	550	1550	2600	5200	9000	12800
Spec~~ Six, 6-cyl., 76 hp, 115" wb						
2-pass Bus Cpe	650	1700	3000	5900	10200	14700
2-4 pass Cpe	650	1700	3000	6000	10400	14900
5-pass Sdn	600	1650	2850	5700	9900	14200
5-p ass Twn Sdn	650	1900	3600	6200	10300	14800
Spec~~ 820, 8-cyl., 85 hp, 120" wb						
2-pass Bus Cpe	700	1800	3250	6400	11200	15700
2-4 pass Cpe	750	2000	3500	7000	12000	17000
4-dr Sdn	700	1900	3350	6700	11500	16500
4-dr Spt Sdn	1000	2550	4750	10400	14900	18200
Custom Eight, 8-cyl., 100 hp, 137" wb						
4-dr 7-p LWB Sdn	650	1800	3250	6500	11200	16100
4-dr 5-p LWB Sdn	650	1800	3250	6500	11200	16100
4-dr 7-pass LWB Limo	750	2100	3550	7100	12300	17700
Prosperity Six, 6-cyl., 70 hp, 113" wb (Begin May 10, 1931)						
2-pass Bus Cpe	600	1600	2750	5500	9500	13800
2-4 pass Cpe	650	1700	3000	5900	10200	14700
5-pass Sdn	550	1550	2600	5200	9000	12800
5-pass Twn Sdn	550	1550	2650	5300	9100	13000

1932

Prosperity Six, 6-cyl., 70 hp, 113" wb (Begin July 1, 1931)

	6	5	4	3	2	1
2-pass Bus Cpe	600	1600	2750	5500	9500	13800
2-4 pass Cpe	650	1700	3000	5900	10200	14700
5-pass Sdn	550	1550	2600	5200	9000	12800
5-pass Twn Sdn	550	1550	2650	5300	9100	13000
Standard Six, 6-cyl., 76 hp., 115" wb (Begin July 1, 1931)						
2-4 pass Rdstr	1400	4250	7100	14200	25000	35400
2-pass Bus Cpe	600	1600	2750	5500	9500	13800
2-4 pass Cpe	600	1650	2850	5700	9900	14200
5-pass Sdn	550	1500	2500	5100	8800	12500
5-pass Twn Sdn	550	1550	2600	5200	9000	12800
Special Six, 6-cyl., 76 hp, 115" wb (Begin July 1, 1931)						
2-4 pass Rdstr	1400	4250	7100	14200	25000	35400
2-pass Bus Cpe	650	1700	3000	5900	10200	14700
2-4 pass Cpe	650	1700	3000	6000	10400	14900
5-pass Sdn	600	1650	2850	5700	9900	14200
5-pass Twn Sdn	650	1900	3600	6200	10300	14800
Special 820, 8-cyl., 85 hp, 120" wb (Begin July 1, 1931)						
2-pass Bus Cpe	700	1800	3250	6400	11200	15700
2-4 pass Cpe	750	2000	3500	7000	12000	17000

	6	5	4	3	2	1
4-dr Sdn	700	1900	3350	6700	11500	16500
4-dr Spt Sdn	1000	2550	4750	10400	14900	18200
Special 822, 8-cyl, 100 hp, 122" wb (Begin July 1, 1931)						
Conv Sdn	1500	4550	7750	15400	26900	38200
5-pass Sdn	750	2250	3750	7500	13000	18700
New Custom Eight, 8-cyl., 100 hp, 137" wb (Begin July 1, 1931)						
4-dr 7-p LWB Sdn	650	1800	3250	6500	11200	16100
4-dr 5-p LWB Sdn	650	1800	3250	6500	11200	16100
4-dr 7-pass LWB Limo	750	2100	3550	7100	12300	17700
Graham Six , 6-cyl., 70hp, 113" wb (Begin January 1, 1932)						
5-pass Sdn	600	1600	2800	5600	9700	14000
5-pass Twn Sdn	600	1650	2850	5700	9900	14200
Blue Streak, 8-cyl, 90 hp, 123" wb (Begin June 15, 1932)						
2-pass Cpe	750	2200	3650	7300	12600	18200
2-pass Dlx Cpe	800	2350	3950	7900	13700	19700
2-4 pass Cpe	750	2250	3750	7500	13000	18700
2-4 pass Dlx Cpe	800	2400	4050	8100	14200	20200
5-pass Sdn	700	2000	3450	6900	11900	17200
4-dr 5-pass Dlx Sdn	750	2150	3600	7200	12400	18000
2-4 pass Dlx Conv Cpe	1550	4650	7750	15500	27300	38700

1933

	6	5	4	3	2	1
Graham Six-118, 6-cyl., 80 hp, 118" wb (Start July 1, 1932)						
2-pass Bus Cpe	700	1900	3350	6700	11500	16500
2-4 pass Cpe	750	2100	3650	7100	12300	17700
2-4 pass Conv Cpe	1000	3100	5250	10500	18600	26200
5-pass Sdn	650	1700	3000	5900	10200	14700
Graham Six , 6-cyl., 70 hp, 113" wb (Begin July 1, 1932)						
5-pass Sdn	600	1600	2800	5600	9700	14000
5-pass Twn Sdn	600	1650	2850	5700	9900	14200
Graham Eight, 8-cyl., 90 hp 123" wb (Begin July 1, 1932)						
2-pass Cpe	750	2200	3650	7300	12600	18200
2-pass Dlx Cpe	800	2350	3950	7900	13700	19700
2-4 pass Cpe	750	2250	3750	7500	13000	18700
2-4 pass Dlx Cpe	800	2400	4050	8100	14200	20200
5-pass Sdn	700	2000	3450	6900	11900	17200
4-dr 5-pass Dlx Sdn	750	2150	3600	7200	12400	18000
2-4 pass Dlx Conv Cpe	1550	4650	7750	15500	27300	38700

1933 Second Series/1934 First Series

	6	5	4	3	2	1
Standard Six, 6-cyl., 85 hp, 113" wb (Start January 1, 1933, #1609001 and up 1934)						
2-pass Bus Cpe	600	1650	2850	5700	9900	14200
2-4 pass RS Cpe	650	1700	3000	5900	10200	14700
2-4 pass Conv Cpe	1100	3550	5850	11700	20600	29100
4-dr Sdn	600	1650	2850	5700	9900	14200
Standard Eight, 8-cyl., 95 hp, 119" wb (Start January 1, 1933, #1802001 and up 1934)						
2-pass Bus Cpe	650	1700	3000	5900	10200	14700
2-4 pass RS Cpe	650	1700	3000	6100	10600	15200
4-dr 5-pass Sdn	600	1650	2900	5800	10000	14500
2-4 pass Conv Cpe	1200	3750	6250	12500	22000	31100
Custom Eight, 8-cyl., 95 hp, 123" wb (Start January 1, 1933, #1021001 and up 1934)						
2-pass Bus Cpe	650	1800	3250	6500	11200	16100
2-4 pass RS Cpe	700	1900	3350	6700	11500	16500
4-dr 5-pass Sdn	650	1700	3000	6100	10600	15200

1934 (Second series)

	6	5	4	3	2	1
Model 65, 6-cyl., 113" wb						
2-pass Cpe	600	1650	2900	5800	10000	14500
2-4 pass Cpe	650	1700	3000	6000	10400	14900

	6	5	4	3	2	1
2-4 pass Conv Cpe	1000	3250	5450	10900	19100	27200
4-dr 5-pass Sdn	550	1550	2650	5300	9100	13000
Model 64, 6-cyl., 119" wb						
2-pass Cpe	650	1700	3000	5900	10200	14700
2-4 pass Cpe	650	1700	3000	6100	10600	15200
2-4 pass Conv Cpe	1050	3400	5650	11300	19900	28200
5-pass Sdn	600	1600	2700	5400	9300	13500
Model 68, 6-cyl., 85 hp, 116" wb						
2-pass Bus Cpe	650	1700	3000	5900	10200	14700
2-4 pass RS Cpe	650	1700	3000	6100	10600	15200
2-4 pass Conv Cpe	1200	3750	6250	12500	22000	31100
5-pass Sdn	600	1600	2700	5400	9300	13500
5-pass Sdn Trunk	600	1600	2750	5500	9500	13800
Model 67, 8-cyl., 95 hp, 123" wb						
2-pass Bus Cpe	650	1700	3000	6100	10600	15200
2-4 pass Cpe	650	1750	3150	6300	10900	15700
2-4 pass Conv Cpe	1200	3850	6450	12900	22700	32200
5-pass Sdn	600	1600	2750	5500	9500	13800
5-pass Sdn Trunk	600	1600	2800	5600	9700	14000
Model 69, 8-cyl., 135 hp, 123" wb						
2-pass Bus Cpe	650	1750	3100	6200	10700	15400
2-4 pass Cpe	650	1800	3200	6400	11000	15900
2-4 pass Conv Cpe	1300	4050	6750	13500	23800	33700
5-pass Sdn	600	1600	2800	5600	9700	14000
5-pass Sdn Trunk	600	1650	2850	5700	9900	14200
Custom 8-71, 8-cyl., 135 hp, 138" wb						
4-dr 7-passSdn	600	1650	2900	5800	10000	14500
4-dr 7-pass Sdn Trunk	650	1700	3000	6000	10400	14900

1935

	6	5	4	3	2	1
Model 74, 6-cyl., 111" wb						
2-dr 5-pass Tr Sdn	550	1550	2600	5200	9000	12800
4-dr 5-pass Tr Sdn	550	1550	2650	5300	9100	13000
2-dr 5-pass Tr Dlx Sdn	550	1550	2650	5300	9100	13000
4-dr 5-pass Tr Dlx Sdn	600	1600	2700	5400	9300	13500
Model 68, 6-cyl., 85 hp, 116" wb						
3-pass Bus Cpe	600	1650	2850	5700	9900	14200
3-5 pass Cpe	650	1700	3000	5900	10200	14700
3-5 pass Conv Cpe	1000	3100	5250	10500	18600	26200
6-pass Sdn	550	1550	2650	5300	9100	13000
6-pass Sdn Trunk	600	1600	2700	5400	9300	13500
Model 67, 8-cyl., 95 hp, 123" wb						
3-pass Cpe	650	1700	3000	5900	10200	14700
3-5 pass Cpe	650	1700	3000	6100	10600	15200
3-5 pass Conv Cpe	1000	3250	5450	10900	19100	27200
6-pass Sdn	600	1600	2700	5400	9300	13500
6-pass Sdn Trunk	600	1600	2750	5500	9500	13800
Model 72, 8-cyl., 95 hp, 123" wb						
2-pass Cpe	650	1700	3000	6000	10400	14900
2-4 pass Cpe	650	1750	3100	6200	10700	15400
2-4 pass Conv Cpe	1100	3500	5850	11700	20600	29100
5-pass Tr Sdn	600	1600	2700	5400	9300	13500
Custom, Model 69, Supercharged, 8-cyl., 135 hp, 123" wb						
3-pass Cpe	650	1700	3000	6100	10600	15200
3-5 pass Cpe	650	1750	3150	6300	10900	15700
3-5 pass Conv Cpe	1150	3650	6150	12300	21700	30700
6-pass Sdn	600	1600	2750	5500	9500	13800
6-pass Sdn Trunk	600	1600	2800	5600	9700	14000
Model 75, Supercharged, 8-cyl., 123" wb						
2-pass Cpe	650	1700	3000	6100	10600	15200
2-4 pass Cpe	650	1750	3150	6300	10900	15700

	6	5	4	3	2	1
2-4 pass Conv Cpe	1150	3600	5950	11900	21000	29700
5-pass Sdn	600	1600	2750	5500	9500	13800

1936

Crusader, Model 80, 6-cyl., 111" wb

	6	5	4	3	2	1
2-dr 5-pass Sdn	550	1500	2500	5100	8800	12500
2-dr 5-pass Sdn Trunk	550	1550	2600	5200	9000	12800
4-dr 5-pass Sdn	550	1550	2600	5200	9000	12800
4-dr 5-pass Sdn Trunk	550	1550	2650	5300	9100	13000

Cavalier, Model 90, 6-cyl., 115" wb

	6	5	4	3	2	1
2-pass Bus Cpe	600	1600	2800	5600	9700	14000
2-4 pass Cpe	600	1650	2850	5700	9900	14200
2-dr 5-pass Tr Sdn	550	1550	2600	5200	9000	12800
2-dr 5-pass Tr Sdn Trunk	550	1550	2650	5300	9100	13000
4-dr 5-pass Tr Sdn	550	1550	2650	5300	9100	13000
4-dr 5-pass Tr Sdn Trunk	600	1600	2700	5400	9300	13500

Model 110, Supercharged, 6-cyl., 115" wb

	6	5	4	3	2	1
2-pass Cpe	600	1650	2900	5800	10000	14500
2-4 pass Cpe	650	1700	3000	6000	10400	14900
2-dr 5-pass Tr Sdn	550	1550	2650	5300	9100	13000
2-dr 5-pass Tr Sdn Trunk	600	1600	2700	5400	9300	13500
4-dr 5-pass Tr Sdn	600	1600	2700	5400	9300	13500
4-dr 5-pass Tr Sdn Trunk	600	1600	2750	5500	9500	13800
4-dr 5-p Tr Custom Sdn	600	1600	2800	5600	9700	14000

1937

Crusader, Model 6-85, 6-cyl., 111" wb

	6	5	4	3	2	1
2-dr 5-pass Tr Sdn	550	1500	2500	5100	8800	12500
2-dr 5-pass Tr Sdn Trunk	550	1550	2600	5200	9000	12800
4-dr 5-pass Tr Sdn	550	1550	2600	5200	9000	12800
4-dr 5-pass Tr Sdn Trunk	550	1550	2650	5300	9100	13000

Cavalier, Model 6-95, 6-cyl., 116" wb

	6	5	4	3	2	1
3-pass Bus Cpe	600	1650	2850	5700	9900	14200
3-5 pass Cpe	600	1650	2900	5800	10000	14500
3-5 pass Conv Cpe	1100	3450	5750	11500	20300	28700
2-dr 5-pass Tr Sdn	550	1500	2500	5100	8800	12500
2-dr 5-pass Tr Sdn Trunk	550	1550	2600	5200	9000	12800
4-dr 5-pass Tr Sdn	550	1550	2600	5200	9000	12800
4-dr 5-pass Sdn Trunk	550	1550	2650	5300	9100	13000

Model 116, Supercharged, 6-cyl., 116" wb

	6	5	4	3	2	1
3-pass Bus Cpe	650	1700	3000	5900	10200	14700
3-5 pass Cpe	650	1700	3000	6100	10600	15200
3-5 pass Conv Cpe	1150	3600	5950	11900	21000	29700
2-dr 5-pass Tr Sdn	550	1550	2650	5300	9100	13000
2-dr 5-pass Sdn Trunk	600	1600	2700	5400	9300	13500
4-dr 5-pass Tr Sdn	600	1600	2700	5400	9300	13500
4-dr 5-pass Tr Sdn Trunk	600	1600	2750	5500	9500	13800

Model 120, Custom Supercharged, 6-cyl., 116"-120" wb

	6	5	4	3	2	1
3-pass Bus Cpe	650	1700	3000	6000	10400	14900
3-5 pass Cpe	650	1750	3100	6200	10700	15400
3-5 pass Conv Cpe	1200	3850	6450	12900	22700	32200
4-dr 5-pass Sdn	600	1600	2750	5500	9500	13800
4-dr 5-pass Tr Sdn Trunk	600	1600	2800	5600	9700	14000

1938

Model 6-96, 6-cyl., 120" wb

	6	5	4	3	2	1
4-dr 6-pass Std Tr Sdn	550	1500	2500	5000	8700	12300
4-dr 6-pass Spl Tr Sdn	550	1500	2500	5100	8800	12500

	6	5	4	3	2	1
Supercharged, Model 6-97, 6-cyl., 120" wb						
4-dr 6-pass Std Tr Sdn	550	1550	2650	5300	9100	13000
4-dr 6-pass Cus Tr Sdn	600	1600	2750	5500	9500	13800

1939

	6	5	4	3	2	1
Series 6-96, 6-cyl., 93 hp, 120" wb						
5-pass Spl Cpe	600	1600	2750	5500	9500	13800
5-pass Cus Cpe	600	1600	2800	5600	9700	14000
2-dr 5-p Spl Sdn Trunk	600	1600	2700	5400	9300	13500
2-dr 5-p Cus Sdn Trunk	600	1600	2750	5500	9500	13800
4-dr 5-p Spl Sdn Trunk	600	1600	2700	5400	9300	13500
4-dr 6-p Cus Sdn Trunk	600	1600	2750	5500	9500	13800
Series 6-97, Supercharged, 6-cyl., 120 hp, 120" wb						
5-pass Std Cpe	700	1900	3350	6700	11500	16500
5-pass Cus Cpe	700	2000	3450	6900	11900	17200
2-dr 5-p Std Sdn Trunk	650	1800	3200	6400	11000	15900
2-dr 5-p Cus Sdn Trunk	650	1800	3250	6500	11200	16100
4-dr 6-p Std Sdn Trunk	650	1800	3250	6500	11200	16100
4-dr 6-p Cus Sdn Trunk	700	1850	3300	6600	11300	16300

1940

	6	5	4	3	2	1
DeLuxe, Model 108, 6-cyl., 93 hp, 120" wb						
5-pass Cpe	600	1650	2850	5700	9900	14200
2-dr 5-pass Sdn	600	1600	2750	5500	9500	13800
4-dr 5-pass Sdn	600	1600	2750	5500	9500	13800
Custom, Model 108, 6-cyl., 93 hp, 120" wb						
5-pass Cpe	600	1650	2850	5700	9900	14200
2-dr 5-pass Sdn	600	1600	2750	5500	9500	13800
4-dr 5-pass Sdn	600	1600	2800	5600	9700	14000
DeLuxe, Model 107, Supercharged, 6-cyl., 120 hp, 120" wb						
5-pass Cpe	700	1900	3350	6700	11500	16500
2-dr 5-pass Sdn	650	1800	3250	6500	11200	16100
4-dr 5-pass Sdn	700	1850	3300	6600	11300	16300
Custom, Model 107, Supercharged, 6-cyl., 120 hp, 120" wb						
5-pass Cpe	700	2000	3450	6900	11900	17200
2-dr 5-pass Sdn	700	1850	3300	6600	11300	16300
4-dr 5-pass Sdn	700	1900	3350	6700	11500	16500
Hollywood Custom, Model 109, Supercharged, 6-cyl., 120 hp, 115" wb						
3-pass Conv Cpe	1150	3600	6000	12100	21300	30200
5-pass Sdn	750	2100	3550	7100	12300	17700

1941

	6	5	4	3	2	1
Custom Hollywood, 6-cyl., 120 hp, 115" wb						
5-pass Sdn	750	2100	3550	7100	12300	17700
Custom Hollywood, Supercharged, 6-cyl., 120 hp, 115" wb						
5-pass Sdn	750	2250	3750	7500	13000	18700

HENRY J / ALLSTATE
1951 – 1954

1952 Henry J Corsair

	6	5	4	3	2	1
1951						
Standard, 4-cyl., 68 hp, 100" wb						
2-dr Sdn	450	1250	2200	4400	7600	10900
DeLuxe, 6-cyl., 80 hp, 100" wb						
2-dr Sdn	500	1350	2300	4600	8000	11300
1952						
Vagabond, 4-cyl., 68 hp, 100" wb						
2-dr Sdn	500	1350	2300	4600	8000	11300
Vagabond Deluxe, 6-cyl., 80 hp, 100" wb						
2-dr Sdn	550	1400	2400	4800	8300	11800
Corsair 4-cyl., 68 hp, 100" wb						
2-dr Sdn	500	1300	2250	4500	7700	11000
Corsair Deluxe, 6-cyl., 80 hp, 100" wb						
2-dr Sdn	500	1350	2350	4700	8100	11500
Allstate, 4-cyl./6-cyl.						
2-dr Sdn	600	1700	2950	5600	10100	14400
2-dr Dlx Sdn	650	1800	3100	6100	10600	16000
1953						
Corsair, 4-cyl., 68 hp, 100" wb						
2-dr Sdn	550	1400	2400	4800	8300	11800
Corsair, 6-cyl., 80 hp, 100" wb						
2-dr Sdn	550	1500	2500	5000	8700	12300
Allstate, 4-cyl./6-cyl.						
2-dr Sdn	600	1700	2950	5600	10100	14400
2-dr Dlx Sdn	650	1800	3100	6100	10600	16000
1954						
Corsair, 4-cyl., 68 hp, 100" wb						
2-dr Sdn	550	1500	2500	5000	8700	12300
Corsair Deluxe, 6-cyl., 80 hp, 100" wb						
2-dr Sdn	550	1550	2600	5200	9000	12800

HUDSON
1910 – 1957

1932 Hudson Eight

1954 Hudson Hornet

	6	5	4	3	2	1
1910						
Model 20, 4-cyl., 22.5 hp, 100" wb						
2-dr Rdstr	1150	3650	6100	12200	21500	30500
Open Rdstr	1150	3650	6100	12200	21500	30500
5-pass Tr	1150	3650	6100	12200	21500	30500
1911						
Model 20, 4-cyl., 26 hp, 100" wb						
4-dr Rdstr (110" wb)	1150	3650	6100	12200	21500	30500
4-dr Rdstr	1150	3650	6100	12200	21500	30500
Model 33, 4-cyl., 33 hp, 114" wb						
5-pass Torpedo Tr	1150	3650	6150	12300	21700	30700
4-pass Pony Tonneau	1200	3800	6350	12700	22400	31700
5-pass Tr	1250	3950	6600	13200	23250	32900
1912						
Model 33, 4-cyl., 33 hp, 144.5" wb						
Rdstr Mile-A-Minute	1350	4200	7000	14000	24650	34900
2-dr Rdstr	1350	4200	7000	14000	24650	34900
3-dr 4-pass Torpedo	1400	4300	7200	14400	25350	35900
3-dr 5-pass Tr	1500	4550	7650	15300	26900	38200
2-pass Cpe	950	3050	5100	10200	18000	25400
7-pass Limo	1050	3400	5700	11400	20100	28500

	6	5	4	3	2	1

1913

Model 37, 4-cyl., 37 hp, 118" wb

	6	5	4	3	2	1
2-pass Rdstr	1200	3750	6300	12600	22200	31400
3-dr 5-pass Torpedo	1250	3900	6500	13000	22900	32500
6-pass Tr	1300	4100	6850	13700	24100	34200
3-pass Cpe	950	2950	4950	9900	17500	24700
7-pass Limo	1050	3300	5500	11100	19500	27700

Model 54, 6-cyl., 54 hp., 127" wb

	6	5	4	3	2	1
2-pass Rdstr	1250	3900	6500	13000	22900	32500
5-pass Tr	1450	4400	7300	14600	25700	36500
Torpedo	1350	4150	6900	13800	24300	34500
7-pass Tr	1450	4450	7450	14900	26200	37200
2-pass Cpe	1000	3150	5300	10600	18700	26500
7-pass Limo	1100	3450	5750	11500	20300	28700

1914

Model 6-40, 6-cyl., 40 hp, 123" wb

	6	5	4	3	2	1
5-pass Phtn	1150	3650	6100	12200	21500	30500
6-pass Tr	1150	3650	6100	12200	21500	30500
2-dr Rdstr	1050	3400	5700	11400	20100	28500
Cabrlt	1100	3550	5900	11800	20800	29400

Model 6-54, 6-cyl., 54 hp., 135" wb

	6	5	4	3	2	1
7-pass Tr	1200	3850	6450	12900	22700	32200
2-dr Sdn	1000	3100	5250	10500	18600	26200

1915

Model 6-40, 6-cyl., 40 hp, 123" wb

	6	5	4	3	2	1
Rdstr	1050	3350	5600	11200	19700	28000
Phtn	1150	3650	6100	12200	21500	30500
7-pass Tr	1100	3550	5900	11800	20800	29400
Cabrlt	1100	3550	5900	11800	20800	29400
Cpe	700	2050	3500	7000	12100	17400
Limo	800	2350	3900	7800	13500	19500
Landlt Limo	800	2450	4100	8200	14400	20500

Model 6-54, 6-cyl., 54 hp, 135" wb

	6	5	4	3	2	1
Phtn	1200	3850	6450	12900	22700	32200
7-pass Tr	1150	3700	6200	12400	21850	30900
Sdn	750	2250	3700	7400	12800	18500
Limo	850	2550	4300	8600	15100	21500

1916

Model 6-40, Series G, 6-cyl., 76 hp, 123" wb

	6	5	4	3	2	1
Rdstr	1000	3150	5300	10600	18700	26500
Cabrlt	1050	3300	5500	11000	19300	27500
7-pass Phtn	1050	3400	5700	11400	20100	28500
Cpe	700	1900	3400	6800	11700	16900
Tr Sdn	700	2050	3500	7000	12100	17400
Twn Car	750	2150	3600	7200	12400	18000
Limo	750	2250	3700	7400	12800	18500

Super Six, Series H, 6-cyl., 76 hp, 125.5" wb

	6	5	4	3	2	1
3-pass Rdstr	900	2800	4700	9400	16500	23400
3-pass Cabrlt	900	2900	4900	9800	17300	24500
7-pass Phtn	1000	3150	5300	10600	18700	26500
5-pass Tr Sdn	600	1650	2900	5800	10000	14500
7-pass Twn Car	700	2050	3500	7000	12100	17400
Limo	700	1900	3400	6800	11700	16900
Twn Landau	700	1900	3400	6800	11700	16900
Limo Landau	750	2150	3600	7200	124400	18000

	6	5	4	3	2	1

1917

Super Six, Series J, 6-cyl., 76 hp, 125.5" wb

	6	5	4	3	2	1
3-pass Rdstr	900	2800	4700	9400	16500	23400
3-pass Cabrlt	900	2900	4900	9800	17300	24500
7-pass Phtn	1000	3150	5300	10600	18700	26500
5-pass Tr Sdn	600	1650	2900	5800	10000	14500
7-pass Twn Car	700	2050	3500	7000	12100	17400
Limo	700	1900	3400	6800	11700	16900
Twn Landau	700	1900	3400	6800	11700	16900
Limo Landau	750	2150	3600	7200	124400	18000

1918

Super Six, Series M, 6-cyl., 76 hp, 125.5" wb

	6	5	4	3	2	1
2-pass Rdstr	850	2550	4300	8600	15100	21500
Tr Sdn	650	1750	3100	6200	10700	15400
3-pass Cabrlt	850	2650	4500	9000	15900	22500
4-pass Phtn	850	2700	4550	9100	16000	22700
7-pass Phtn	950	2950	4950	9900	17500	24700
2-dr 4-pass Cpe	600	1650	2900	5800	10000	14500
4-dr Sdn	650	1750	3100	6200	10700	15400
Tr Limo	700	1850	3300	6600	11300	16300
Twn Car	700	1850	3300	6600	11300	16300
Limo	700	2050	3500	7000	12100	17400
Twn Car Landau	700	2050	3500	7000	12100	17400
Rnbt Landau	750	2150	3600	7200	124400	18000
Limo Landau	700	2050	3500	7000	12100	17400
Full Folding Landau	750	2300	3850	7700	13300	19200

1919

Super Six, Series O, 6-cyl., 76 hp, 125.5" wb

	6	5	4	3	2	1
3-pass Cabrlt	750	2250	3700	7400	12800	18500
4-pass Phtn	800	2400	4050	8100	14200	20200
7-pass Phtn	850	2550	4300	8600	15100	21500
4-pass Cpe	500	1350	2300	4600	7200	11300
4-dr Sdn	450	1250	2100	4200	7200	10500
Tr Limo	500	1350	2300	4600	7200	11300
Twn Car	550	1500	2500	5000	8700	12300
Twn Landau	550	1500	2500	5000	8700	12300

1920

Super Six, Model 10-0, 6-cyl., 76 hp, 125.5" wb

	6	5	4	3	2	1
4-pass Phtn	800	2350	3900	7800	13500	19500
7-pass Phtn	850	2550	4300	8600	15100	21500
Cabrlt	700	1850	3300	6600	11300	16300
4-pass Cpe	450	1250	2100	4200	7200	10500
7-pass Tr Limo	500	1350	2300	4600	7200	11300
Limo	550	1500	2500	5000	8700	12300
4-dr 7-pass Sdn	400	1200	1900	3800	6600	9600

1921

Super Six, Series 6, 6-cyl., 76 hp, 125.5" wb

	6	5	4	3	2	1
4-pass Phtn	800	2350	3900	7800	13500	19500
7-pass Phtn	850	2550	4300	8600	15100	21500
Cabrlt	650	1750	3100	6200	10700	15400
4-pass Cpe	400	1200	1900	3800	6600	9600
7-pass Sdn	400	1050	1700	3400	5900	8500
7-pass Limo	450	1250	2100	4200	7200	10500

	6	5	4	3	2	1

1922

Super Six, Series 9, 6-cyl., 76 hp, 125.5" wb

	6	5	4	3	2	1
4-pass Spdstr	800	2450	4100	8200	14400	20500
7-pass Phtn	750	2300	3800	7600	13100	18900
2-dr 5-pass C'ch	350	1000	1600	3200	5700	8100
2-pass Cabrlt	650	1750	3100	6200	10700	15400
4-pass Cpe	400	1100	1800	3600	6200	9100
4-dr 7-pass Sdn	350	1000	1600	3200	5700	8100
7-pass Tr Limo	450	1250	2100	4200	7200	10500
7-pass Limo	400	1200	1900	3800	6600	9600

1923-1924

Super Six, 6-cyl., 76 hp, 125.5" wb

	6	5	4	3	2	1
4-pass Spdstr	800	2450	4100	8200	14400	20500
7-pass Phtn	750	2300	3800	7600	13100	18900
2-dr 5-pass C'ch	350	1000	1600	3200	5700	8100
5-pass Sdn	350	1000	1600	3200	5700	8100
7-pass Sdn	400	1050	1700	3400	5900	8500

1925-1926

Super Six, 6-cyl., 127.5" wb

	6	5	4	3	2	1
7-pass Phtn	750	2250	3700	7400	12800	18500
2-dr 5-pass C'ch	400	1100	1800	3600	6200	9100
2-dr 5-pass Spl C'ch	400	1150	1850	3700	6400	9300
4-pass Brghm	400	1200	1900	3800	6600	9600
4-dr Sdn	400	1100	1800	3600	6200	9100
7-pass Sdn	400	1200	1900	3800	6600	9600

1927

Standard Six, Model S, 6-cyl., 92 hp, 118" wb

	6	5	4	3	2	1
5-pass C'ch Sdn	400	1200	1900	3800	6600	9600
4-dr 5-pass Sdn	400	1200	1950	3900	6800	9900

Super Six Custom, 6-cyl., 90 hp, 127.37" wb

	6	5	4	3	2	1
2-4 pass Cus Rdstr	1300	4100	6850	13700	24100	34200
7-pass Cus Phtn	1350	4200	7000	14100	24800	35100
5-pass Cus Sdn	450	1250	2100	4200	7200	10500
4-pass Cus Brghm	650	1750	3100	6200	10700	15400
7-pass Cus Sdn	700	1850	3300	6600	11300	16300

1928

Super Six, 6-cyl., 92 hp, 118" wb (First series)

	6	5	4	3	2	1
2-dr 2-pass Cpe	500	1350	2350	4700	8100	11500
2-dr 5-pass C'ch	400	1200	1900	3800	6600	9600
5-pass Sdn	400	1200	2000	4000	6900	10000

Super Six, 6-cyl., 92 hp, 127.37" wb

	6	5	4	3	2	1
4-dr 5-pass Std Sdn	450	1250	2100	4200	7200	10500
2-dr Cus Brghm	650	1750	3100	6200	10700	15400
4-dr Cus Phtn	1350	4200	7000	14100	24800	35100
4-dr 7-pass Cus Sdn	700	1850	3300	6600	11300	16300

Super Six, 6-cyl., 92 hp, 118" wb (Second series)

	6	5	4	3	2	1
2-dr 5-pass C'ch	400	1200	1900	3800	6600	9600
2-dr 5-pass C'ch	400	1200	1900	3800	6600	9600
2-dr 2-4 pass Cpe	550	1450	2450	4900	8500	12000
2-dr 2 pass Cpe	500	1250	2250	4600	8000	11500
2-4 pass Cus Rdstr	1300	4100	6850	13700	24100	34200

Super Six, 6-cyl., 92 hp, 127.37" wb

	6	5	4	3	2	1
5-pass Sdn	400	1200	1950	3900	6800	9900
4-pass Vic	450	1250	2050	4100	7100	10300

	6	5	4	3	2	1
5-pass Lan Sdn	450	1250	2050	4100	7100	10300
7-pass Sdn	450	1250	2150	4300	7400	10700

1929

Greater Hudson, Model R, 6-cyl., 92 hp, 122" wb

	6	5	4	3	2	1
2-4-pass Conv Cpe	1250	3950	6550	13100	23100	32700
5-pass Phtn	1500	4550	7600	15200	26750	38000
2-4 pass Cpe	650	1700	3000	6100	10600	15200
2-dr 5-pass C'ch	600	1600	2700	5400	9300	13500
2-dr 2-4 pass Rdstr	1400	4250	7100	14200	25000	35400
5-pass Vic	600	1650	2900	5800	10000	14500
5-pass Sdn	500	1350	2350	4700	8100	11500
5-pass Twn Sdn	550	1450	2450	4900	8500	12000
5-pass Lan Sdn	550	1500	2500	5100	8800	12500

Greater Hudson, Model L, 6-cyl., 92 hp, 139" wb

	6	5	4	3	2	1
7-pass Sdn	800	2350	3900	7800	13500	19500
5-pass Club Sdn	700	2050	3500	7000	12100	17400
7-pass Limo Sdn	850	2550	4300	8600	15100	21500
5-pass Spt Phtn	1900	5600	9450	18900	33200	47200
7-pass Phtn	1700	5050	8450	16900	29700	42200

1930

Great Eight, Model T, 8-cyl., 80 hp, 119" wb

	6	5	4	3	2	1
2-4 pass Rdstr	1600	4750	7950	15900	28000	39700
5-pass Phtn	1700	5050	8450	16900	29700	42200
2-pass Cpe	700	2150	3500	7200	12900	18700
2-4 pass Cpe	800	2350	3900	7800	13500	19500
2-dr 5-pass Sun Sdn	1750	5100	8600	17200	30250	43000
5-pass Sdn	650	1700	3000	6000	10400	14900
2-dr 5-pass C'ch	600	1650	2900	5800	10000	14500

Great Eight, Model U, 8-cyl., 80 hp, 126" wb

	6	5	4	3	2	1
7-pass Phtn	1850	5400	9100	18200	32000	45500
5-pass Tr Sdn	650	1700	3000	6000	10400	14900
7-pass Sdn	650	1750	3100	6200	10700	15400
5-pass Brghm	650	1750	3100	6200	10700	15400

1931

Greater Eight, Model T, 8-cyl., 119" wb

	6	5	4	3	2	1
5-pass Phtn	2000	5800	9750	19500	34300	48700
2-pass Cpe	600	1600	2700	5400	9300	13500
2-4 pass RS Spl Cpe	650	1800	3200	6400	11000	15900
4-pass RS Rdstr	700	1850	3300	6600	11300	16300
2-4-pass Cpe	550	1500	2500	5100	8800	12500
2-dr 5-pass C'ch	550	1550	2600	5200	9000	12800
5-pass Sdn	550	1550	2600	5200	9000	12800
5-pass Twn Sdn	600	1600	2750	5500	9500	13800

Great Eight, Model U, 8-cyl., 126" wb

	6	5	4	3	2	1
7-pass Phtn	2000	5950	10000	20000	35150	49900
5-pass Brghm	750	2250	3750	7500	13000	18700
5-7 pass Family Sdn	750	2250	3750	7500	13000	18700
7-pass Sdn	750	2200	3650	7300	12600	18200
5-pass Club Sdn	750	2200	3650	7300	12600	18200
5-pass Tr Sdn	650	1750	3150	6300	10900	15700

1932

Standard, Greater Eight, 8-cyl., 119" wb

	6	5	4	3	2	1
2-pass Cpe	550	1550	2600	5200	9000	12800
4-pass Cpe RS	600	1600	2700	5400	9300	13500
2-4 pass Spl Cpe	600	1650	2900	5800	10000	14500

	6	5	4	3	2	1
Conv Cpe	1200	3850	6450	12900	22700	32200
2-dr 5-pass C'ch	550	1500	2500	5100	8800	12500
5-pass Sdn	550	1550	2650	5300	9100	13000
5-pass Twn Sdn	600	1600	2700	5400	9300	13500
Sterling, Greater Eight, 8-cyl., 126" wb						
5-pass Spl Sdn	650	1700	3000	6100	10600	15200
5-pass Suburban	600	1650	2850	5700	9900	14200
Major, Greater Eight, 8-cyl., 132" wb						
5-pass Tr Sd	700	1850	3300	6600	11300	16300
5-pass Club Sdn	700	1900	3350	6700	11500	16500
5-pass Brghm	650	1800	3200	6400	11000	15900
7-pass Sdn	700	2000	3450	6900	11900	17200

1933

Super Six, Series E, 6-cyl., 73 hp., 113" wb

	6	5	4	3	2	1
2-4 pass Conv Cpe	900	2750	4600	9200	16200	22900
5-pass Phtn	900	2850	4800	9600	16900	24000
2-pass Bus Cpe	450	1250	2200	4400	7600	10900
2-4 pass RS Cpe	550	1450	2450	4900	8500	12000
2-dr 5-pass C'ch	400	1050	1700	3400	5900	8500
5-pass Sdn	400	1100	1800	3600	6200	9100
Pacemaker Standard Eight, Series T, 8-cyl., 101 hp., 119" wb						
2-4 pass Conv Cpe	1100	3450	5750	11500	20300	28700
2-4 pass Cpe	500	1300	2250	4500	7700	11000
2-dr 5-pass C'ch	400	1150	1850	3700	6400	9300
5-pass Sdn	500	1350	2350	4700	8100	11500
Major Eight, Series L, 8-cyl., 101 hp, 132" wb						
7-pass Phtn	1100	3500	5850	11700	20600	29100
4-dr 5-pass Tr Sdn	500	1350	2350	4700	8100	11500
5-pass Brghm	500	1350	2350	4700	8100	11500
5-pass Club Sdn	550	1500	2500	5100	8800	12500
7-pass Sdn	600	1600	2700	5400	9300	13500

1934

Deluxe Eight, Series LT, 8-cyl., 108 hp., 116" wb

	6	5	4	3	2	1
2-4 pass Cpe	500	1350	2350	4700	8100	11500
5-pass Comp Vic	450	1250	2150	4300	7400	10700
2-dr 5-pass C'ch	450	1250	2100	4200	7200	10500
5-pass Sdn	400	1200	2000	4000	6900	10000
5-pass Comp Sdn	450	1250	2050	4100	7100	10300
Standard Eight, Series LU, 8-cyl., 108 hp., 116" wb						
2-pass Cpe	450	1250	2050	4100	7100	10300
2-4 pass Cpe	500	1350	2350	4700	8100	11500
5-pass Comp Vic	450	1250	2100	4200	7200	10500
2-dr 5-pass C'ch	450	1250	2050	4100	7100	10300
5-pass Sdn	400	1200	1950	3900	6800	9900
5-pass Comp Sdn	450	1250	2150	4300	7400	10700
2-pass Bus Cpe	400	1200	2000	4000	6900	10000
2-4 pass Conv Cpe	1150	3650	6100	12200	21500	30500
Challenger Eight, Series LTS, 8-cyl., 108 hp., 116" wb						
2-pass Cpe	450	1250	2050	4100	7100	10300
2-4 pass Cpe	500	1350	2300	4600	8000	11300
2-4 pass Conv Cpe	1350	4150	6950	13900	24500	34700
2-dr 5-pass C'ch	450	1250	2050	4100	7100	10300
5-pass Sdn	450	1250	2100	4200	7200	10500
Major Standard Eight, Series LL, 8-cyl., 108 hp, 123" wb						
5-pass Tr Sdn	500	1350	2350	4700	8100	11500
5-pass Comp Tr Sdn	550	1450	2450	4900	8500	12000

	6	5	4	3	2	1
Major Deluxe Eight, Series LLU, 8-cyl., 108 hp. 123" wb						
5-pass Club Sdn	550	1550	2600	5200	9000	12800
5-pass Brghm	550	1500	2500	5000	8700	12300
5-pass Comp Club Sdn	550	1500	2500	5000	8700	12300

1935

	6	5	4	3	2	1
Big Six, Series GH, 6-cyl., 93 hp, 116" wb						
2-4 pass Conv Cpe	1200	3850	6450	12900	22700	32200
2-pass Cpe	450	1250	2150	4300	7400	10700
2-4 pass Cpe	400	1200	1950	3900	6800	9900
5-pass Tr Brghm	400	1200	1950	3900	6800	9900
2-dr 5-pass C'ch	400	1150	1850	3700	6400	9300
5-pass Sdn	400	1200	1950	3900	6800	9900
5-pass Suburban Sdn	450	1250	2050	4100	7100	10300
Special Eight, Series HT, 8-cyl., 113 hp., 117" wb						
2-4 pass Conv Cpe	1300	4050	6750	13500	23800	33700
2-pass Cpe	450	1250	2100	4200	7200	10500
2-4 pass Cpe	500	1300	2250	4500	7700	11000
5-pass Tr Brghm	400	1200	2000	4000	6900	10000
2-dr 5-pass C'ch	400	1200	1950	3900	6800	9900
5-pass Sdn	450	1250	2050	4100	7100	10300
5-pass Suburban Sdn	450	1250	2100	4200	7200	10500
DeLuxe Eight, Series HU, 8-cyl., 113 hp., 117" wb						
2-pass Cpe	450	1250	2200	4400	7600	10900
2-4 pass Cpe	500	1300	2250	4500	7700	11000
2-4 pass Conv Cpe	1400	4300	7150	14300	25200	35700
5-pass Tr Brghm	400	1200	2000	4000	6900	10000
2-dr 5-pass C'ch	400	1200	2000	4000	6900	10000
5-pass Sdn	450	1250	2100	4200	7200	10500
5-pass Suburban Sdn	450	1250	2100	4200	7200	10500
Special Country Club Eight, Series Series HTL, 8-cyl., 113 hp., 124" wb						
5-pass Brghm	450	1250	2100	4200	7200	10500
5-pass Tr Brghm	450	1250	2100	4200	7200	10500
5-pass Club Sdn	450	1250	2050	4100	7100	10300
5-pass Suburban Sdn	450	1250	2100	4200	7200	10500
Deluxe Country Club Eight, Series HUL, 8-cyl., 113 hp., 124" wb						
5-pass Brghm	400	1200	2000	4000	6900	10000
5-pass Tr Brghm	450	1250	2050	4100	7100	10300
5-pass Club Sdn	400	1200	2000	4000	6900	10000
5-pass Suburban Sdn	450	1250	2150	4300	7400	10700
Custom Eight, Series HHU, 8-cyl., 113" hp., 124" wb						
5-pass Brghm	450	1250	2050	4100	7100	10300
5-pass Tr Brghm	450	1250	2100	4200	7200	10500
5-pass Club Sdn	450	1250	2050	4100	7100	10300
5-pass Suburban Sdn	450	1250	2100	4200	7200	10500

1936

	6	5	4	3	2	1
Custom Six, Series 63, 93 hp., 6-cyl., 120" wb						
2-4 pass Conv Cpe	1200	3600	5900	11800	20500	29400
2-pass Cpe	450	1250	2050	4100	7100	10300
2-4 pass Cpe	500	1350	2350	4700	8100	11500
5-pass Brghm	400	1200	1950	3900	6800	9900
5-pass Tr Brghm	400	1200	1950	3900	6800	9900
5-pass Sdn	400	1200	1950	3900	6800	9900
5-pass Tr Sdn	450	1250	2050	4100	7100	10300
DeLuxe Eight, Series 64, 8-cyl., 113 hp., 120" wb						
2-4 pass Conv Cpe	1300	4050	6750	13500	23800	33700
2-pass Cpe	450	1250	2150	4300	7400	10700
2-4 pass Cpe	450	1250	2050	4100	7100	10300
4-dr 5-pass Sdn	400	1200	2000	4000	6900	10000

	6	5	4	3	2	1
4-dr 5-pass Tr Sdn	450	1250	2050	4100	7100	10300
5-pass Brghm	400	1200	2000	4000	6900	10000
5-pass Tr Brghm	400	1200	2000	4000	6900	10000
DeLuxe Eight, Series 66, 8-cyl., 113 hp., 127" wb						
5-pass Sdn	450	1250	2150	4300	7400	10700
5-pass Tr Sdn	450	1250	2200	4400	7600	10900
Custom Eight, Series 65, 8-cyl., 113 hp., 120" wb						
2-pass Cpe	450	1250	2100	4200	7200	10500
2-4 pass Cpe	500	1300	2250	4500	7700	11000
2-4 pass Conv Cpe	1300	4000	6650	13300	23400	33100
4-dr 5-pass Sdn	450	1250	2050	4100	7100	10300
4-dr 5-pass Tr Sdn	450	1250	2100	4200	7200	10500
5-pass Brghm	400	1200	2000	4000	6900	10000
5-pass Tr Brghm	450	1250	2050	4100	7100	10300
Custom Eight, Series 67, 8-cyl., 113 hp., 127" wb						
5-pass Sdn	450	1250	2100	4200	7200	10500
5-pass Tr Sdn	450	1250	2150	4300	7400	10700

1937

Custom Six, Series 73, 6-cyl., 101 hp., 122" wb

	6	5	4	3	2	1
2-4 pass Conv Cpe	1200	3850	6450	12900	22700	32200
4-pass Conv Brghm	1250	3950	6600	13200	23250	32900
2-pass Bus Cpe	450	1250	2050	4100	7100	10300
3-pass Cpe	450	1250	2150	4300	7400	10700
3-pass Vic Cpe	500	1300	2250	4500	7700	11000
5-pass Brghm	450	1250	2050	4100	7100	10300
5-pass Tr Brghm	450	1250	2100	4200	7200	10500
5-pass Sdn	450	1250	2150	4300	7400	10700
5-pass Tr Sdn	450	1250	2200	4400	7600	10900
DeLuxe Eight, Series 74, 8-cyl., 122 hp., 122" wb						
5-pass Sdn	500	1500	2500	5000	8700	12300
5-pass Tr Sdn	550	1500	2500	5100	8800	12500
3-pass Cpe	500	1350	2350	4700	8100	11500
3-pass Vic Cpe	550	1450	2450	4900	8500	12000
2-pass Conv Cpe	1200	3800	6350	12700	22400	31700
5-pass Brghm	550	1450	2450	4900	8500	12000
5-pass Tr Brghm	550	1500	2500	5000	8700	12300
4-pass Conv Brghm	1100	3450	5750	11500	20300	28700
DeLuxe Eight, Series 76, 8-cyl., 122 hp., 129" wb						
5-pass Sdn	550	1550	2600	5200	9000	12800
5-pass Tr Sdn	600	1600	2700	5400	9300	13500
Custom Eight, Series 75, 8-cyl., 122 hp., 122" wb						
3-pass Cpe	500	1350	2350	4700	8100	11500
3-pass Vic Cpe	550	1400	2400	4800	8300	11800
2-pass Conv Cpe	1250	3950	6600	13200	23250	32900
5-pass Brghm	500	1350	2300	4600	8000	11300
2-dr 5-pass Tr Brghm	500	1350	2350	4700	8100	11500
5-pass Sdn	500	1350	2300	4600	8000	11300
5-pass Tr Sdn	500	1350	2350	4700	8100	11500
5-pass Conv Brghm	1300	4100	6850	13700	24100	34200
Custom Eight, Series 77, 8-cyl., 122 hp., 129" wb						
5-pass Sdn	550	1400	2400	4800	8300	11800
5-pass Tr Sdn	550	1450	2450	4900	8500	12000

1938

Model 112, Series 89, 6-cyl., 83 hp., 112" wb

	6	5	4	3	2	1
3-pass Conv Cpe	1200	3850	6450	12900	22700	32200
6-pass Conv Brghm	1300	4050	6750	13500	23800	33700
3-pass Cpe	550	1450	2450	4900	8500	12000
4-pass Vic Cpe	550	1450	2500	5100	8800	12500

	6	5	4	3	2	1
6-pass Brghm	500	1350	2350	4700	8100	11500
6-pass Tr Brghm	500	1350	2350	4700	8100	11500
6-pass Sdn	550	1400	2400	4800	8300	11800
6-pass Tr Sdn	550	1450	2450	4900	8500	12000
Utility, Series 6-80, 6-cyl., 83 hp., 112" wb						
3-pass Cpe	500	1350	2350	4700	8100	11500
6-pass C'ch	450	1250	2200	4400	7600	10900
6-pass C'ch Tr	450	1250	2150	4300	7400	10700
Model 112 Deluxe, Series 89, 6-cyl., 83 hp., 112" wb						
3-pass Conv Cpe	1200	3750	6250	12500	22000	31100
6-pass Conv Brghm	1200	3850	6450	12900	22700	32200
3-pass Cpe	550	1550	2650	5300	9100	13000
4-pass Vic Cpe	600	160	2750	5500	9500	13800
6-pass Brghm	550	1450	2450	4900	8500	12000
6-pass Tr Brghm	550	1500	2500	5000	8700	12300
6-pass Sdn	550	1500	2500	5000	8700	12300
6-pass Tr Sdn	550	1450	2500	5100	8800	12500
Custom Six, Series 83, 6-cyl., 101 hp., 122" wb						
3-pass Conv Cpe	1200	3850	6450	12900	22700	32200
6-pass Conv Brghm	1300	4050	6750	13500	23800	33700
3-pass Cpe	550	1550	2650	5300	9100	13000
6-pass Sdn	550	1450	2450	4900	8500	12000
3-5 pass Vic Cpe	600	160	2750	5500	9500	13800
6-pass Brghm	550	1450	2450	4900	9100	13000
6-pass Tr Brghm	550	1500	2500	5000	8700	12300
6-pass Tr Sdn	550	1500	2500	5000	8700	12300
DeLuxe Eight, Series 84, 8-cyl., 122 hp., 122" wb						
3-pass Conv Cpe	1200	3850	6450	12900	22700	32200
6-pass Conv Brghm	1300	4050	6750	13500	23800	33700
3-pass Cpe	600	1650	2850	5700	9900	14200
6-pass Sdn	550	1500	2500	5100	8800	12500
3-5 pass Vic Cpe	650	1700	3000	5900	10200	14700
6-pass Brghm	600	160	2750	5500	9500	13800
6-pass Tr Brghm	550	1550	2650	5300	9100	13000
6-pass Tr Sdn	550	1450	2450	4900	9100	13000
Custom Eight, Series 85, 8-cyl., 122 hp., 122" wb						
3-pass Cpe	650	1700	3000	5900	10200	14700
3-5 pass Vic Cpe	650	1700	3000	6100	10600	15200
6-pass Brghm	600	1600	2750	5500	9500	13800
6-pass Tr Brghm	600	1650	2850	5700	9900	14200
6-pass Sdn	550	1550	2650	5300	9100	13000
6-pass Tr Sdn	550	1550	2650	5300	9100	13000
Custom Eight Country Club, Series 87, 8-cyl., 122 hp., 129" wb						
6-pass Sdn	650	1800	3250	6500	11200	16100
6-pass Tr Sdn	700	1900	3350	6700	11500	16500

1939

	6	5	4	3	2	1
112 Deluxe, Series 6-90, 6-cyl., 86 hp., 112" wb						
3-pass Conv	1200	3750	6250	12500	22000	31100
6-pass Conv Brghm	1200	3850	6450	12900	22700	32200
3-pass Traveler Cpe	550	1400	2400	4800	8300	11800
3-pass Uty Cpe	550	1450	2450	4900	8500	12000
3-pass Cpe	550	1500	2500	5000	8700	12300
4-pass Vic Cpe	550	1500	2500	5100	8800	12500
6-pass Uty C'ch	500	1300	2250	4500	7700	11000
6-pass Tr Brghm	500	1350	2350	4700	8100	11500
6-pass Tr Sdn	550	1400	2400	4800	8300	11800
Pacemaker, Series 6-91, 6-cyl., 96 hp., 118" wb						
3-pass Cpe	550	1550	2650	5300	9100	13000
5-pass Vic Cpe	600	1600	2750	5500	9500	13800

	6	5	4	3	2	1
6-pass Tr Brghm	550	1550	2600	5200	9000	12800
6-pass Tr Sdn	550	1500	2500	5100	8800	12500
Series 6-92, 6-cyl., 101 hp., 118" wb						
3-pass Conv Cpe	1300	4000	6650	13300	23400	33100
6-pass Conv Brghm	1350	4150	6950	13900	24500	34700
3-pass Cpe	650	1700	3000	5900	10200	14700
5-pass Vic Cpe	650	1700	3000	6100	10600	15200
6-pass Tr Brghm	600	1650	2850	5700	9900	14200
6-pass Tr Sdn	600	1600	2750	5500	9500	13800
Country Club, Series 6-93, 6-cyl., 101 hp., 122" wb						
3-pass Conv Cpe	1350	4150	6950	13900	24500	34700
6-pass Conv Brghm	1400	4350	7250	14500	25500	36200
3-pass Cpe	650	1700	2300	6100	10600	15200
5-pass Vic Cpe	650	1750	3150	6300	10900	15700
6-pass Tr Brghm	650	1700	3000	6100	10600	15200
6-pass Tr Sdn	650	1700	3000	6000	10400	14900
Country Club Eight, Series 6-95, 8-cyl., 122 hp., 122" wb						
3-pass Conv Cpe	1400	4350	7250	14500	25500	36200
6-pass Conv Brghm	1450	4450	7450	14900	26200	37200
3-pass Cpe	650	1750	3150	6300	10900	15700
5-pass Vic Cpe	650	1800	3250	6500	11200	16100
6-pass Tr Brghm	650	1750	3100	6200	10700	15400
6-pass Tr Sdn	650	1700	3000	6100	10600	15200
Country Club Eight, Series 6-97, 122 hp., 8-cyl., 129" wb						
6-pass Custom Sdn	750	2100	3550	7100	12300	17700
7-pass Custom Sdn	750	2200	3650	7300	12600	18200
Big Boy, Series 6-98, 6-cyl., 86 hp., 119" wb						
6-pass Sdn	700	1900	3350	6700	11500	16500
7-pass Sdn	700	2000	3450	6900	11900	17200

1940

	6	5	4	3	2	1
Traveler, Series 40-T, 6-cyl., 92 hp., 113" wb						
3-pass Cpe	550	1400	2400	4800	8300	11800
4-pass Vic Cpe	550	1550	2650	5300	9100	13000
2-dr 6-pass Tr Sdn	500	1350	2350	4700	8100	11500
4-dr 6-pass Sdn	500	1350	2350	4700	8100	11500
DeLuxe Six, Series 40-P, 6-cyl., 92 hp., 113" wb						
5-pass Conv Cpe	1050	3300	5500	11100	19500	27700
3-pass Cpe	550	1450	2450	4900	8500	12000
4-pass Vic Cpe	550	1550	2600	5200	9000	12800
2-dr 6-pass Tr Sdn	550	1400	2400	4800	8300	11800
4-dr 6-pass Tr Sdn	550	1400	2400	4800	8300	11800
6-pass Conv Sdn	1050	3400	5650	11300	19900	28200
Super Six, Series 41, 6-cyl., 102 hp., 118" wb						
5-pass Conv Cpe	1050	3400	5650	11300	19900	28200
6-pass Conv Sdn	1100	3500	5850	11700	20600	29100
3-pass Cpe	600	1600	2750	5500	9500	13800
4-pass Vic Cpe	600	1600	2800	5600	9700	14000
2-dr 6-pass Tr Sdn	500	1350	2350	4700	8100	11500
4-dr 6-pass Tr Sdn	550	1400	2400	4800	8300	11800
Country Club, Series 43, 6-cyl., 102 hp., 125" wb						
4-dr 6-pass Tr Sdn	550	1550	2650	5300	9100	13000
7-pass Sdn	600	1600	2750	5500	9500	13800
Big Boy, Series 6-48, 6-cyl., 98 hp., 125" wb						
7-pass Sdn	650	1800	3250	6500	11200	16100
7-pass Carry-All Sdn	650	1800	3200	6400	11000	15900
Hudson Eight, Series 44, 8-cyl., 128 hp., 118" wb						
5-pass Conv Cpe	1150	3700	6200	12400	21850	30900
6-pass Conv Sdn	1200	3850	6450	12900	22700	32200
3-pass Cpe	650	1750	3150	6300	10900	15700

	6	5	4	3	2	1
4-pass Vic Cpe	650	1800	3250	6500	11200	16100
2-dr 6-pass Tr Sdn	650	1700	3000	6100	10600	15200
4-dr 6-pass Tr Sdn	650	1750	3100	6200	10700	15400
Hudson DeLuxe Eight, Series 45, 8-cyl., 128 hp., 118" wb						
2-dr 6-pass Tr Sdn	650	1750	3100	6200	10700	15400
4-dr 6-pass Tr Sdn	650	1750	3150	6300	10900	15700
Country Club Eight, Series 47, 128 hp., 8-cyl., 125" wb						
4-dr 6-pass Tr Sdn	700	1900	3350	6700	11500	16500
7-pass Sdn	700	1900	3400	6800	11700	16900

1941

	6	5	4	3	2	1
Utility, Series 10C, 6-cyl., 116" wb						
3-pass Cpe	550	1550	2600	5200	9000	12800
6-pass C'ch	500	1300	2250	4500	7700	11000
Traveler, Series 10T, 6-cyl., 116" wb						
3-pass Cpe	600	1600	2750	5500	9500	13800
4-pass Club Cpe	600	1650	2900	5800	10000	14500
2-dr Tr Sdn	550	1400	2400	4800	8300	11800
4-dr Tr Sdn	550	1450	2450	4900	8500	12000
Traveler Deluxe, Series 10P, 6-cyl., 116" wb						
3-pass Cpe	650	1700	2900	5800	10000	14500
4-pass Club Cpe	650	1750	3050	6100	10500	15400
2-dr Tr Sdn	500	1500	2550	5100	8800	12500
4-dr Tr Sdn	550	1550	2600	5150	8000	12600
Super Six, Series 6-11, 6-cyl., 121" wb						
Conv Sdn	1150	3600	6000	12100	21300	30200
Cpe	600	1650	2850	5700	9900	14200
Club Cpe	650	1700	3000	5900	10200	14700
2-dr Tr Sdn	550	1450	2450	4900	8500	12000
4-dr Tr Sdn	550	1450	2450	4900	8500	12000
Sta Wgn	1100	3450	5750	11500	20300	28700
Commodore Six, Series 6-12, 6-cyl., 121" wb						
Conv Sdn	1200	3750	6250	12500	22000	31100
Cpe	650	1700	3000	6000	10400	14900
Club Cpe	650	1750	3000	6100	10600	15200
2-dr Tr Sdn	550	1500	2500	5100	8700	12300
4-dr Tr Sdn	550	1500	2500	5100	8700	12300
Big Boy, Series 6-18, 6-cyl., 128" wb						
7-pass Sdn	650	1700	3000	5900	10200	14700
Carry-All	600	1650	2900	5800	10000	14500
Commodore Eight, Series 8-14, 8-cyl., 121" wb						
Conv Sdn	1250	3950	6600	13200	23250	32900
3-pass Cpe	650	1700	3000	6100	10600	15200
Club Cpe	650	1750	3100	6200	10700	15400
2-dr Tr Sdn	600	1650	2850	5700	9900	14200
4-dr Tr Sdn	600	1650	2900	5800	10000	14500
Sta Wgn	1200	3750	6250	12500	22000	31100
Commodore Custom, Series 8-15, 8-cyl., 121" wb						
3-pass Cpe	650	1800	3200	6400	11000	15900
Club Cpe	650	1800	3250	6500	11200	16100
Commodore Custom, Series 8-17, 8-cyl., 128" wb						
4-dr Tr Sdn	650	1700	3000	6000	10400	14900
4-dr 7-pass Sdn	650	1700	3000	6100	10600	15200

1942

	6	5	4	3	2	1
Traveler, Series 20-T, 6-cyl., 116" wb						
3-pass Cpe	550	1500	2500	5100	8800	12500
Club Cpe	550	1550	2600	5200	9000	12800
2-dr Club Sdn	500	1300	2250	4500	7700	11000
4-dr Sdn	500	1350	2300	4600	8000	11300

	6	5	4	3	2	1
Traveler DeLuxe, Series 20P, 6-cyl., 116" wb						
Conv Sdn	1100	3500	5850	11700	20600	29100
3-pass Cpe	550	1550	2600	5200	9000	12800
Club Cpe	550	1550	2650	5300	9100	13000
2-dr Club Sdn	500	1350	2350	4700	8100	11500
4-dr Sdn	500	1350	2350	4700	8100	11500
Super Sic, Series 21, 6-cyl., 121" wb						
Conv Sdn	1200	3750	6250	12500	22000	31100
3-pass Cpe	550	1500	2500	5100	8800	12500
Club Cpe	550	1550	2600	5200	9000	12800
2-dr Sdn	550	1450	2450	4900	8500	12000
4-dr Sdn	550	1500	2500	5000	8700	12300
Sta Wgn	1150	3650	6100	12200	21500	30500
Commodore Six, Series 6-22, 6-cyl., 121" wb						
Conv Sdn	1200	3850	6450	12900	22700	32200
3-pass Cpe	600	1600	2750	5500	9500	13800
Club Cpe	600	1650	2850	5700	9900	14200
2-dr Sdn	550	1450	2450	4900	8500	12000
4-dr Sdn	550	1500	2500	5000	8700	12300
Commodore Eight, Series 24, 8-cyl., 121" wb						
Conv Sdn	1350	4150	6950	13900	24400	34700
3-pass Cpe	650	1700	3000	6100	10600	15200
Club Cpe	650	1750	3150	6300	10900	15700
2-dr Sdn	600	1600	2800	5600	9700	14000
4-dr Sdn	600	1650	2850	5700	9900	14200
Commodore Custom, Series 25, 8-cyl., 121" wb						
Club Cpe	650	1800	3200	6400	11000	15900
Commodore Custom, Series 27, 8-cyl., 128" wb						
4-dr Sdn	650	1700	3000	5900	10200	14700
1946-1947						
Super, 6-cyl., 121" wb						
6-pass Conv Brghm	1200	3850	6450	12900	22700	32200
4-dr 6-pass Sdn	450	1250	2150	4300	7400	10700
3-pass Cpe	500	1350	2350	4700	8100	11500
6-pass Club Cpe	500	1350	2350	4700	8100	11500
6-pass Brghm	500	1350	2300	4600	8000	11300
Commodore, 6-cyl., 121" wb						
4-dr 6-pass Sdn	500	1350	2350	4700	8100	11500
6-pass Club Cpe	550	1500	2500	5100	8800	12500
Super, 8-cyl., 121" wb						
6-pass Club Cpe	550	1550	2600	5200	9000	12800
4-dr 6-pass Sdn	550	1400	2400	4800	8300	11800
Commodore, 8-cyl., 121" wb						
6-pass Conv Brghm	1450	4450	7450	14900	26200	37200
6-pass Club Cpe	600	1650	2850	5700	9900	14200
4-dr 6-pass Sdn	550	1500	2500	5000	8700	12300
1948						
Super, 6-cyl., 124" wb						
Conv. Brgm	1600	4750	7950	15900	28000	39700
4-dr 6-pass Sdn	450	1250	2150	4300	7400	10700
6-pass Club Cpe	550	1450	2450	4900	8500	12000
3-pass Cpe	500	1350	2350	4700	8100	11500
2-dr 5-pass Brghm	450	1250	2150	4300	7400	10700
Commodore, 6-cyl., 124" wb						
Conv Brghm	1600	4850	8100	16200	28500	40500
Club Cpe	550	1550	2650	5300	9100	13000
4-dr 6-pass Sdn	550	1450	2450	4900	8500	12000

	6	5	4	3	2	1
Super, 8-cyl., 124" wb						
Club Cpe	600	1600	2750	5500	9500	13800
4-dr 6-pass Sdn	550	1450	2450	4900	8500	12000
Commodore, 8-cyl., 124" wb						
Conv Brghm	1700	5050	8450	16900	29700	42200
Club Cpe	600	1650	2850	5700	9900	14200
Sdn	550	1550	2650	5300	9100	13000

1949

	6	5	4	3	2	1
Super, 6-cyl., 124" wb						
Conv. Brgm	1600	4750	7950	15900	28000	39700
4-dr 6-pass Sdn	450	1250	2150	4300	7400	10700
6-pass Club Cpe	550	1450	2450	4900	8500	12000
3-pass Cpe	500	1350	2350	4700	8100	11500
2-dr 5-pass Brghm	450	1250	2150	4300	7400	10700
Commodore, 6-cyl., 124" wb						
Conv Brghm	1600	4850	8100	16200	28500	40500
Club Cpe	550	1550	2650	5300	9100	13000
4-dr 6-pass Sdn	550	1450	2450	4900	8500	12000
Super, 8-cyl., 124" wb						
Club Cpe	600	1600	2750	5500	9500	13800
2-dr Brghm Sdn	550	1450	2450	4900	8500	12000
4-dr 6-pass Sdn	550	1450	2450	4900	8500	12000
Commodore, 8-cyl., 124" wb						
Conv Brghm	1700	5050	8450	16900	29700	42200
Club Cpe	650	1700	3000	5900	10200	14700
Sdn	550	1550	2650	5300	9100	13000

1950

	6	5	4	3	2	1
Pacemaker, 6-cyl., 119" wb						
6-pass Conv Brghm	1600	4750	7950	15900	28000	39700
3-pass Bus Cpe	450	1250	2150	4300	7400	10700
6-pass Club Cpe	500	1350	2350	4700	8100	11500
2-dr 6-pass Brghm	450	1250	2200	4400	7600	10900
4-dr 6-pass Sdn	500	1300	2250	4500	7700	11000
Pacemaker DeLuxe, 6-cyl., 119" wb						
6-pass Conv Brghm	1700	5050	8450	16900	29700	42200
6-pass Club Cpe	550	1550	2600	5200	9000	12800
2-dr 6-pass Brghm	550	1450	2450	4900	8500	12000
4-dr 6-pass Sdn	550	1500	2500	5000	8700	12300
Super Six, 6-cyl., 124" wb						
6-pass Conv Brghm	1750	5200	8750	17500	30800	43700
6-pass Club Cpe	550	1550	2650	5300	9100	13000
2-dr 6-pass Brghm	500	1350	2350	4700	8100	11500
4-dr 6-pass Sdn	550	1400	2400	4800	8300	11800
Commodore Six, 6-cyl., 124" wb						
6-pass Conv Brghm	1850	5450	9150	18300	32200	45700
6-pass Club Cpe	600	1650	2850	5700	9900	14200
4-dr 6-pass Sdn	550	1500	2500	5100	8800	12500
Super, 8-cyl., 124" wb						
6-pass Club Cpe	600	1650	2850	5700	9900	14200
6-pass Brghm	550	1500	2500	5100	8800	12500
4-dr 6-pass Sdn	550	1550	2600	5200	9000	12800
Commodore, 8-cyl., 124" wb						
6-pass Conv Brghm	1900	5600	9450	18900	33200	47200
6-pass Club Cpe	650	1700	3000	6100	10600	15200
4-dr 6-pass Sdn	600	1600	2750	5500	9500	13800

	6	5	4	3	2	1

1951

Pacemaker Custom Six, 6-cyl., 119" wb

	6	5	4	3	2	1
Conv Brghm	1550	4650	7800	15600	27450	38900
3-pass Cpe	550	1450	2450	4900	8500	12000
Club Cpe	550	1550	2650	5300	9100	13000
2-dr Brghm	500	1350	2350	4700	8100	11500
4-dr Sdn	500	1350	2350	4700	8100	11500

Super Six Custom, 6-cyl., 124" wb

Conv Brghm	1600	4750	7950	15900	28000	39700
Club Cpe	600	1600	2750	5500	9500	13800
2-dr Brghm	550	1500	2500	5000	8700	12300
4-dr Sdn	550	1450	2450	4900	8500	12000
Hollywood Hdtp	800	2350	3950	7900	13700	19700

Commodore Custom Six, 124" wb

Conv Brghm	1650	4900	8200	16400	28850	41000
4-dr Sdn	600	1650	2900	5800	10000	14500
Club Cpe	650	1700	3000	6100	10600	15200
Hollywood Hdtp	800	2450	4150	8300	14600	20700

Hornet, 6-cyl., 124" wb

Conv Brghm	1900	5600	9450	18900	33200	47200
Club Cpe	650	1800	3250	6500	11200	16100
4-dr Sdn	650	1700	3000	5900	10200	14700
Hollywood Hdtp	850	2650	4500	9000	15900	22500

Commodore, 8-cyl., 124" wb

Conv Brghm	1850	5400	9100	18200	32000	45500
Club Cpe	650	1800	3200	6400	11000	15900
4-dr Sdn	650	1700	3000	6100	10600	15200
Hollywood Hdtp	850	2550	4350	8700	15300	21700

1952

Pacemaker, 6-cyl., 119" wb

	6	5	4	3	2	1
3-pass Cpe	550	1500	2500	5000	8700	12300
6-pass Club Cpe	550	1550	2650	5300	9100	13000
2-dr 6-pass Brghm	550	1450	2450	4900	8500	12000
4-dr 6-pass Sdn	550	1450	2450	4900	8500	12000

Wasp, 6-cyl., 119" wb

6-pass Conv Brghm	1650	4900	8200	16400	28850	41000
6-pass Hollywood Hdtp	700	1900	3400	6800	11700	16900
2-dr 6-pass Brghm	550	1450	2450	4900	8500	12000
4-dr 6-pass Sdn	550	1500	2500	5000	8700	12300
6-pass Club Cpe	600	1600	2750	5500	9500	13800

Commodore, 6-cyl., 124" wb

6-pass Conv Brghm	1700	5050	8450	16900	29700	42200
6-pass Hollywood Hdtp	750	2250	3750	7500	13000	18700
6-pass Club Cpe	600	1650	2850	5700	9900	14200
4-dr 6-pass Sdn	550	1500	2500	5100	8800	12500

Hornet, 6-cyl., 124" wb

6-pass Conv Brghm	1900	5600	9450	18900	33200	47200
6-pass Club Cpe	650	1700	3000	5900	10200	14700
4-dr 6-pass Sdn	550	1500	2500	5100	8800	12500
6-pass Hollywood Hdtp	850	2650	4450	8900	15700	22300

Commodore, 8-cyl., 124" wb

6-pass Conv Brghm	1800	5300	8950	17900	31500	44700
6-pass Club Cpe	650	1700	3000	6100	10600	15200
4-dr 6-pass Sdn	600	1600	2750	5500	9500	13800
6-pass Hollywood Hdtp	850	2550	4350	8700	15300	21700

Twin-H power option add 20%
Power-Dome Eight add 20%

HUDSON

	6	5	4	3	2	1

1953

Jet, 6-cyl., 105" wb
4-dr Sdn	450	1250	2150	4300	7400	10700

Super Jet, 6-cyl., 105" wb
2-dr Sdn Cpe	500	1300	2250	4500	7700	11000
4-dr Sdn	500	1300	2250	4500	7700	11000

Wasp, 6-cyl., 119" wb
Club Cpe	550	1400	2400	4800	8300	11800
2-dr Sdn	500	1300	2250	4500	7700	11000
4-dr Sdn	500	1300	2250	4500	7700	11000

Super Wasp, 6-cyl., 119" wb
Conv Brghm	1600	4850	8100	16200	28500	40500
Club Cpe	550	1500	2500	5000	8700	12300
2-dr Sdn	500	1300	2250	4500	7700	11000
4-dr Sdn	500	1300	2250	4500	7700	11000
Hollywood Hdtp	750	2200	3650	7300	12600	18200

Hornet, 6-cyl., 124" wb
Conv Brghm	1900	5600	9450	18900	33200	47200
Club Cpe	650	1700	3000	5900	10200	14700
4-dr Sdn	600	1650	2850	5700	9900	14200
Hollywood Hdtp	800	2450	4150	8300	14600	20700

Twin-H power option add 20%
Power-Dome Eight add 20%

1954

Jet, 6-cyl., 105" wb
2-dr Uty Sdn	450	1250	2150	4300	7400	10700
2-dr Club Sdn	500	1300	2250	4500	7700	11000
4-dr Sdn	450	1250	2200	4400	7600	10900

Super Jet, 6-cyl., 105" wb
2-dr Club Sdn	500	1350	2300	4600	8000	11300
4-dr Sdn	500	1350	2300	4600	8000	11300

Jet Liner, 6-cyl., 105" wb
2-dr Club Sdn	550	1400	2400	4800	8300	11800
4-dr Sdn	550	1400	2400	4800	8300	11800

Wasp, 6-cyl., 119" wb
Club Cpe	500	1350	2300	4600	8000	11300
Club Sdn	500	1300	2250	4500	7700	11000
4-dr Sdn	500	1300	2250	4500	7700	11000

Super Wasp, 6-cyl., 119" wb
Conv Brghm	1600	4750	7950	15900	28000	39700
Club Cpe	500	1350	2300	4600	8000	11300
Club Sdn	500	1300	2250	4500	7700	11000
4-dr Sdn	500	1300	2250	4500	7700	11000
Hollywood Hdtp	700	1900	3350	6700	11500	16500

Hornet Special, 6-cyl., 124" wb
Club Cpe	550	1550	2600	5200	9000	12800
Club Sdn	550	1500	2500	5000	8700	12300
4-dr Sdn	550	1450	2450	4900	8500	12000

Hornet, 6-cyl., 124" wb
Brghm Conv	1900	5600	9450	18900	33200	47200
Club Cpe	650	1700	3000	5900	10200	14700
4-dr Sdn	550	1450	2450	4900	8500	12000
Hollywood Hdtp	750	2300	3850	7700	13300	19200

Italia, 6-cyl., 105" wb
2-dr Cpe	2600	7650	12950	25900	45500	64700

Twin-H power option add 20%
Power-Dome Eight add 20%

	6	5	4	3	2	1

1955

*(For Ramblers sold with Hudson badge see Nash listings.
For Metropolitans see Metropolitans)*

Wasp Super, 6-cyl., 114" wb

	6	5	4	3	2	1
4-dr 6-pass Sdn	450	1250	2050	4100	7100	10300

Wasp Custom, 6-cyl., 114" wb

2-dr Hollywood Hdtp	650	1750	3150	6300	10900	15700
4-dr 6-pass Sdn	450	1250	2100	4200	7200	10500

Hornet Super, 6-cyl., 121" wb

4-dr 6-pass Sdn	450	1250	2150	4300	7400	10700

Hornet Custom, 6-cyl., 121" wb

4-dr 6-pass Sdn	500	1300	2250	4500	7700	11000
6-pass Hollywood Hdtp	700	2000	3450	6900	11900	17200

Hornet Super, 8-cyl.

4-dr 6-pass Sdn	500	1350	2350	4700	8100	11500

Hornet Custom, 8-cyl.

4-dr 6-pass Sdn	500	1350	2350	4700	8100	11500
6-pass Hollywood Hdtp	750	2200	3650	7300	12600	18200

Factory air cond add 10%
320 cid V8 add 10%

1956

Wasp Super, 6-cyl., 114" wb

	6	5	4	3	2	1
4-dr 6-pass Sdn	400	1200	1950	3900	6800	9900

Hornet Super, 6-cyl., 121" wb

4-dr 6-pass Sdn	450	1250	2150	4300	7400	10700

Hornet Custom, 6-cyl., 121" wb

Sdn	500	1350	2350	4700	8100	11500
Hollywood Hdtp	750	2200	3650	7300	12600	18200

Hornet Super Special, 8-cyl., 114" wb

4-dr 6-pass Sdn	550	1400	2400	4800	8300	11800
6-pass Hollywood Hdtp	750	2250	3750	7500	13000	18700

Hornet Custom, 8-cyl., 121" wb

4-dr 6-pass Sdn	550	1450	2450	4900	8500	12000
6-pass Hollywood Hdtp	800	2400	4050	8100	14200	20200

Factory air cond add 10%
352 cid V8 add 10%

1957

Hornet Super, 8-cyl., 121" wb

	6	5	4	3	2	1
4-dr 6-pass Sdn	550	1550	2650	5300	9100	13000
2-dr 6-pass Hollywood Hdtp Cpe	800	2350	3950	7900	13700	19700

Hornet Custom, 8-cyl., 121" wb

4-dr 6-pass Sdn	600	1650	2850	5700	9900	14200
2-dr 6-pass Hollywood Hdtp Cpe	850	2650	4450	8900	15700	22300

Factory air cond add 10%

HUPMOBILE
1909 – 1941

1910 Hupmobile

1930 Hupmobile Eight

	6	5	4	3	2	1
1909-1910						
Model 20, 4-cyl., 20 hp, 86" wb						
2-pass Rdstr	1150	3650	6100	12200	21500	30500
1911						
Model 20, 4-cyl., 20 hp, 86" wb						
2-pass C Rnbt	1150	3650	6100	12200	21500	30500
2-pass T Tor	1200	3750	6300	12600	22200	31400
4-pass D Tr	1250	3900	6500	13000	22900	32500
4-pass F Cpe	1050	3300	5500	11100	19500	27700
1912						
Model 20, 4-cyl., 20 hp, 86" wb						
2-pass Rnbt	1150	3650	6100	12200	21500	30500
4-pass Tr	1250	3900	6500	13000	22900	32500
1913						
Model 20-C, 4-cyl., 20 hp, 86" wb						
2-pass Rnbt	1150	3650	6100	12200	21500	30500
Model 20-E, 4-cyl., 20 hp, 110" wb						
2-pass Rdstr	1000	3200	5350	10700	18900	26700
Model 32, 4-cyl., 32 hp, 106" wb						
6-pass H Tr	1200	3750	6300	12600	22200	31400
2-5 pass H Tr Rdstr	1250	3900	6500	13000	22900	32500
Model 32, 4-cyl., 32 hp, 126" wb						
6-pass Tr	1300	4000	6700	13400	23600	33400

	6	5	4	3	2	1

1914

Model 32, 4-cyl., 32 hp, 106" wb

	6	5	4	3	2	1
6-pass HM Tr	1050	3400	5700	11400	20100	28500
2-pass HR Rdstr	1150	3600	5950	11900	21000	29700
5-pass H Tr	1150	3650	6150	12300	21700	30700
3-pass HAK Cpe	900	2850	4750	9500	16700	23700

1915

Model 32, 4-cyl., 32 hp, 106" wb

	6	5	4	3	2	1
4-pass Tr	1150	3600	6000	12100	21300	30200
2-pass Rdstr	1100	3500	5850	11700	20600	29100

Model K, 4-cyl., 36 hp, 119" wb

	6	5	4	3	2	1
2-pass Rdstr	1150	3600	6000	12100	21300	30200
5-pass Tr	1200	3750	6250	12500	22000	31100
2-pass Cpe	850	2550	4300	8600	15100	21500
Sdn	850	2650	4500	9000	15900	22500

1916

Model N, 4-cyl., 38 hp, 119" wb

	6	5	4	3	2	1
5-pass Tr	950	3050	5100	10200	18000	25400
2-pass Rdstr	900	2900	4850	9700	17100	24200
5-pass Sdn	750	2250	3750	7500	13000	18700
7-pass Tr	1000	3150	5300	10600	18700	26500
2-pass Cpe	800	2350	3900	7800	13500	19500

Model N, 4-cyl., 38 hp, 134" wb

	6	5	4	3	2	1
7-pass Tr	1100	3550	5900	11800	20800	29400
7-pass Limo	850	2550	4350	8700	15300	21700
5-pass Sdn	800	2400	3900	7800	13500	19200
2-pass Cpe	850	2500	4200	8200	13900	20000

1917

Model N, 4-cyl., 38 hp, 119" wb

	6	5	4	3	2	1
5-pass Tr	900	2800	4700	9400	16500	23400
2-pass Rdstr	900	2900	4850	9700	17100	24200
5-pass Sdn	650	1700	3000	5900	10200	14700
2-pass Cpe	650	1700	3000	5900	10200	14700

Model NU, 4-cyl., 22.5 hp, 134" wb

	6	5	4	3	2	1
7-pass Tr	1000	3150	5300	10600	18700	26500
5-pass Sdn	650	1700	3000	5900	10200	14700

1918

Series R-1, 4-cyl., 38 hp, 112" wb (Start October 1917)

	6	5	4	3	2	1
5-pass Tr	750	2300	3850	7700	13300	19200
2-pass Rdstr	750	2200	3650	7300	12600	18200

1919

Series R, 4-cyl., 38 hp, 112" wb

	6	5	4	3	2	1
5-pass Tr	800	2450	4100	8200	14400	20500
2-pass Rdstr	750	2300	3850	7700	13300	19200
5-pass Sdn	500	1350	2350	4700	8100	11500
4-pass Cpe	600	1600	2750	5500	9500	13800

1920-1921

Series R, 4-cyl., 38 hp, 112" wb

	6	5	4	3	2	1
5-pass Tr	800	2450	4100	8200	14400	20500
2-pass Rdstr	750	2300	3850	7700	13300	19200
4-pass Cpe	600	1600	2750	5500	9500	13800
5-pass Sdn	500	1350	2350	4700	8100	11500

	6	5	4	3	2	1

1922

Series R, 4-cyl., 35 hp, 112" wb

	6	5	4	3	2	1
5-pass Tr	800	2450	4100	8200	14400	20500
2-pass Rdstr	750	2300	3850	7700	13300	19200
2-pass Rdstr Cpe	600	1600	2750	5500	9500	13800
4-pass Cpe	600	1650	2850	5700	9900	14200
5-pass Sdn	500	1350	2350	4700	8100	11500

1923

Series R, 4-cyl., 35 hp, 112" wb

	6	5	4	3	2	1
5-pass Tr	750	2300	3850	7700	13300	19200
5-pass Spl Tr	800	2450	4100	8200	14400	20500
2-pass Rdstr	800	2400	4050	8100	14200	20200
2-pass Spl Rdstr	800	2500	4250	8500	15000	21200
5-pass Sdn	500	1350	2350	4700	8100	11500
4-pass Cpe	650	1700	3000	5900	10200	14700
2-pass Rdstr Cpe	600	1600	2750	5500	9500	13800

1924

Series R, 4-cyl., 40 hp, 115" wb

	6	5	4	3	2	1
2-pass Rdstr	800	2300	3900	8000	14000	20000
5-pass Tr	750	2200	3650	7300	12600	18200
5-pass Spl Tr	800	2350	3900	7800	13500	19500
2-pass Spl Rdstr	800	2450	4100	8200	14400	20500
2-pass Cpe	600	1600	2750	5500	9500	13800
4-pass Cpe	650	1700	3000	5900	10200	14700
5-pass Sdn	500	1350	2350	4700	8100	11500
5-pass Club Sdn	550	1500	2500	5100	8800	12500

1925

Series R, 4-cyl., 39 hp, 115" wb

	6	5	4	3	2	1
5-pass Tr	750	2200	3650	7300	12600	18200
2-pass Rdstr	750	2300	3850	7700	13300	19200
2-pass Cpe	550	1500	2500	5000	8700	12300
4-pass Cpe	550	1500	2500	5000	8700	12300
5-pass Club Sdn	550	1500	2500	5100	8800	12500
5-pass Dlx Sdn	500	1350	2350	4700	8100	11500

Series E-1, 8-cyl., 60 hp, 118-1/4" wb

	6	5	4	3	2	1
5-pass Tr	900	2800	4700	9400	16500	23400
2-pass Rdstr	900	2900	4850	9700	17100	24200
4-pass Cpe	650	1700	3000	5900	10200	14700
5-pass Sdn	550	1500	2500	5100	8800	12500

1926

Series A, 6-cyl., 50 hp, 114" wb

	6	5	4	3	2	1
5-pass Tr	750	2250	3700	7400	12800	18500
2-4 pass Rdstr	800	2400	4050	8100	14200	20200
2-4 pass Cpe	500	1600	2750	5500	9500	13800
5-pass Sdn	500	1350	2350	4700	8100	11500

Series E-2, 8-cyl., 67 hp, 118-1/4" wb

	6	5	4	3	2	1
2-4 pass Rdstr	900	2900	4900	9800	17300	24500
5-pass Tr	900	2800	4700	9400	16500	23400
7-pass Tr	850	2650	4450	8900	15700	22300
2-4-pass Cpe	650	1700	3000	5900	10200	14700
5-pass Sdn	550	1500	2500	5100	8800	12500
7-pass Berline	550	1500	2500	5000	8700	12300

	6	5	4	3	2	1

1927

Series A-2, 6-cyl., 50 hp, 114" wb

	6	5	4	3	2	1
5-pass Tr	750	2300	3850	7700	13300	19200
2-4 pass Rdstr	800	2400	4050	8100	14200	20200
5-pass Sdn	500	1350	2350	4700	8100	11500
4-pass Cpe	600	1600	2750	5500	9500	13800
5-pass Brghm	550	1500	2500	5100	8800	12500

Series A-3, 4, 5, 6-cyl, 50 hp, 114" wb

	6	5	4	3	2	1
2 pass Rdstr	650	1750	3150	6300	10900	15700
5-pass Tr	550	1400	2400	4800	8300	11800
2-pass Cpe	550	1550	2600	5200	9000	12800
5-pass Sdn	550	1500	2500	5000	8700	12300
5-pass Brghm Sdn	600	1600	2750	5500	9500	13800

Series E-3, 8-cyl., 67 hp, 125" wb (Start August 1, 1926)

	6	5	4	3	2	1
2-4 pass Rdstr	900	2800	4700	9400	16500	23400
5-pass Tr	850	2650	4450	8900	15700	22300
5-pass Spt Tr	900	2800	4700	9400	16500	23400
2-4 pass Cpe	650	1700	3000	5900	10200	14700
7-pass Tr	800	2500	4250	8500	15000	21200
5-pass Sdn	500	1350	2350	4700	8100	11500
7-pass Sdn	550	1450	2450	4900	8500	12000
5-pass Brghm	550	1450	2450	4900	8500	12000
5-pass Vic	550	1500	2500	5100	8800	12500
7-pass Limo Sdn	600	1600	2750	5500	9500	13800

Series E-4, 8-cyl., 67 hp, 125" wb (Start August 1, 1927)

	6	5	4	3	2	1
2-4 pass Rdstr	900	2800	4700	9400	16500	23400
5-pass Tr	850	2650	4450	8900	15700	22300
7-pass Tr	900	2800	4700	9400	16500	23400
2-4 pass Cpe	650	1700	3000	5900	10200	14700
5-pass Vic	550	1500	2500	5100	8800	12500
5-pass Sdn	500	1350	2350	4700	8100	11500
7-pass Sdn	550	1450	2450	4900	8500	12000
5-pass Brghm	550	1450	2450	4900	8500	12000

1928

Century, Series A, 6-cyl., 57 hp, 114" wb

	6	5	4	3	2	1
2-pass Comm Rdstr	800	2400	4050	8100	14200	20200
2-4 pass Sptstr	850	2500	4200	8300	14500	20500
2-pass Comm Cabrlt	900	2750	4600	9200	16200	22900
2-4 pass Cabrlt	900	2850	4800	9600	16900	24000
5-pass Phtn	900	2850	4750	9500	16700	23700
7-pass Phtn	850	2650	4500	9000	15900	22500
4-pass Cpe	600	1600	2750	5500	9500	13800
4-dr 5-pass Sdn	500	1350	2350	4700	8100	11500
2-dr 5-pass Sdn	450	1250	2150	4300	7400	10700

Century, Series M, 8-cyl., 80 hp, 120" wb

	6	5	4	3	2	1
2-pass Rdstr	1000	3150	5300	10600	18700	26500
5 pass Touring	950	3050	5100	10200	18000	25400
7 pass Touring	900	2900	4900	9800	17300	24500
2-pass Coupe	700	2050	3500	7000	12100	17400
Brghm	650	1750	3100	6200	10700	15400
Victoria	700	1850	3300	6600	11300	16300
5-pass Sedan	550	1500	2500	5000	8700	12300
7-pass Sedan	500	1350	2300	4600	8000	11300
Limo Sedan	600	1600	2700	5400	9300	13500

1929

Century, 6-cyl., 57 hp, 114" wb

	6	5	4	3	2	1
5-pass Phtn	1100	3450	5750	11500	20300	28700
2-4 pass Sptstr	1150	3600	6000	12000	21150	30000

	6	5	4	3	2	1
7-pass Tr	1050	3350	5600	11200	19700	28000
5-pass Brghm	750	2200	3650	7300	12600	18200
4-pass Cpe	750	2300	3850	7700	13300	19200
4-dr 5-pass Sdn	650	1700	3000	6100	10600	15200
2-pass Cabrlt	1000	3100	5250	10500	18600	26200
2-4 pass Cabrlt	1000	3250	5450	10900	19100	27200
Century, 8-cyl., 80 hp, 120" wb						
5-pass Phtn	1150	3600	6000	12000	21150	30000
4-pass Sptstr	1150	3700	6200	12400	21850	30900
7-pass Tr	1100	3500	5800	11600	20450	28900
2-dr 5-pass Sdn	750	2300	3850	7700	13300	19200
4-pass Cpe	800	2400	4050	8100	14200	20200
4-dr 5-pass Sdn	650	1800	3250	6500	11200	16100
2-4 pass Cabrlt	1050	3350	5600	11200	19700	28000
5-pass Twn Sdn	750	2250	3700	7400	12800	18500
7-pass Sdn (130" wb)	750	2300	3850	7700	13300	19200
7-pass Limo (130" wb)	950	3000	5000	10000	17700	24900

1930

	6	5	4	3	2	1
Model S, 6-cyl., 70 hp, 114" wb						
2-4 pass Rdstr	1350	4150	6900	13800	24300	34500
2-pass Comm Cpe	800	2400	4000	8000	13900	19900
5-pass Phtn	1350	4200	7000	14000	24650	34900
2-4 pass Cpe	800	2450	4100	8200	14400	20500
5-pass Sdn	650	1800	3250	6500	11200	16100
2-4 pass Conv Cabrlt	1200	3850	6400	12800	22550	32000
5-pass Dlx Sdn	700	1850	3300	6600	11300	16300
Model C, 8-cyl., 100 hp, 121" wb						
7-pass Phtn	1300	4100	6850	13700	24100	34200
2-4 pass Cpe	800	2400	4050	8100	14200	20200
5-pass Sdn	700	2000	3450	6900	11900	17200
2-4 pass Conv Cabrlt	1300	4100	6800	13600	23950	34000
5-pass Twn Sdn	750	2200	3650	7300	12600	18200
Model H, 8-cyl., 133 hp, 124" wb						
7-pass Phtn	1550	4650	7750	15500	27300	38700
5-pass Sdn	750	2300	3850	7700	13300	19200
2-4 pass Cpe	800	2500	4250	8500	15000	21200
4-pass Vic Cpe	800	2350	3950	7900	13700	19700
2-pass Conv Cabrlt	1350	4150	6950	13900	24500	34700
5-pass Twn Sdn	750	2300	3850	7700	13300	19200
Model U, 8-cyl, 133 hp, 137" wb						
7-pass Sdn	800	2400	4050	8100	14200	20200
7-pass Sdn Limo	1000	3100	5250	10500	18600	26200

1931

	6	5	4	3	2	1
Century Six, 70 hp, 114" wb						
5-pass Phtn	1450	4450	7400	14800	26050	36900
2-pass Cpe	800	2450	4100	8200	14400	20500
2-4 pass Cpe	800	2500	4250	8500	15000	21200
2-4 pass Rdstr	1500	4550	7600	15200	26750	38000
5-pass Sdn	650	1800	3250	6500	11200	16100
2-4 pass Conv Cabrlt	1200	3800	6350	12700	22400	31700
Century Eight, 90 hp, 118" wb						
5-pass Phtn	1550	4650	7750	15500	27300	38700
2-4 pass Rdstr	1600	4800	8000	16000	28150	40000
2-pass Comm Cpe	800	2400	4050	8100	14200	20200
2-4 pass Cpe	800	2500	4250	8500	15000	21200
5-pass Sdn	700	2000	3450	6900	11900	17200
2-4 pass Conv Cabrlt	1200	3850	6400	12800	22550	32000

	6	5	4	3	2	1
Model C, 8-cyl., 100 hp, 121" wb						
7-pass Tr	1750	5100	8600	17200	30250	43000
2-4 pass Cpe	850	2600	4400	8800	15500	21900
4-pass Cpe	850	2600	4400	8800	15500	21900
5-pass Sdn	750	2200	3650	7300	12600	18200
5-pass Vic Cpe	800	2500	4250	8500	15000	21200
2-4 pass Conv Cabrlt	1300	4100	6800	13600	23950	34000
5-pass Twn Sdn	800	2400	4050	8100	14200	20200
Model H, 8-cyl., 133 hp, 125" wb						
7-pass Tr	1850	5450	9200	18400	32350	45900
2-4 pass Cpe	900	2750	4650	9300	16400	23100
4-pass Cpe	900	2750	4650	9300	16400	23100
5-pass Sdn	750	2300	3850	7700	13300	19200
5-pass Twn Sdn	800	2400	4050	8100	14200	20200
5-pass Vic Cpe	850	2650	4450	8900	15700	22300
2-4 pass Conv Cabrlt	1300	4100	6800	13600	23950	34000
Model U, 8-cyl., 133 hp, 137" wb						
5-pass Vic Cpe	950	2950	4950	9900	17500	24700
7-pass Sdn	800	2400	4050	8100	14200	20200
7-pass Sdn Limo	1000	3100	5250	10500	18600	26200

1932

	6	5	4	3	2	1
Series S-214, 6-cyl., 70 hp, 114" wb						
2-4 pass Rdstr	1550	4650	7800	15600	27450	38900
5-pass Phtn	1650	4900	8200	16400	28850	41000
2-pass Cpe	800	2500	4250	8500	15000	21200
2-4 pass Cpe	850	2650	4450	8900	15700	22300
5-pass Sdn	700	2000	3450	6900	11900	17200
2-4 pass Conv Cabrlt	1450	4400	7350	14700	25900	36700
Series B-216, 6-cyl., 75 hp, 116" wb						
5-pass Phtn	1650	4900	8200	16400	28850	41000
2-4 pass Rdstr	1700	5000	8400	16800	29550	41900
2-pass Com Cpe	800	2500	4250	8500	15000	21200
2-4 pass Cpe	850	2650	4450	8900	15700	22300
5-pass Sdn	750	2200	3650	7300	12600	18200
2-4 pass Conv Cabrlt	1600	4850	8100	16200	28500	40500
Series L-218, 8-cyl., 90 hp, 118" wb						
2-4 pass Rdstr	1600	4850	8100	16200	28500	40500
2-4 pass Cpe	850	2650	4450	8900	15700	22300
2-pass Com Cpe	850	2650	4450	8900	15700	22300
5-pass Sdn	750	2300	3850	7700	13300	19200
5-pass Vic Cpe	800	2500	4250	8500	15000	21200
5-pass Phtn	1650	4900	8200	16400	28850	41000
Series C-221, 8-cyl., 100 hp, 121" wb						
5-pass Sdn	800	2400	4050	8100	14200	20200
5-pass Vic Cpe	850	2650	4450	8900	15700	22300
5-pass Twn Sdn	750	2300	3850	7700	13300	19200
7-pass Phtn	1650	4950	8300	16600	29200	41500
2-4 pass Cpe	850	2650	4450	8900	15700	22300
4 pass Cpe	750	2250	4150	8600	15400	21300
Series F-222, 8-cyl., 93 hp, 122" wb						
2-4 pass Cabrlt Rdstr	1650	4900	8200	16400	28850	41000
2-4 pass Cpe	850	2650	4450	8900	15700	22300
5-pass Sdn	800	2400	4050	8100	14200	20200
5-pass Vic Cpe	900	2750	4650	9300	16400	23100
Series H-225, 8-cyl., 133 hp, 125" wb						
7-pass Phtn	1650	4950	8300	16600	29200	41500
2-4 pass Cpe	850	2650	4450	8900	15700	22300
4-pass Cpe	850	2650	4450	8900	15700	22300
5-pass Vic Cpe	850	2700	4550	9100	16000	22700

	6	5	4	3	2	1
5-pass Twn Sdn	800	2500	4250	8500	15000	21200
5-pass Sdn	800	2500	4250	8500	15000	21200
Series I-226, 8-cyl., 103 hp, 126" wb						
2-4 pass Cpe	900	2750	4650	9300	16400	23100
2-4 pass Cabrlt Rdstr	1700	5050	8450	16900	29700	42200
5-pass Sdn	800	2500	4250	8500	15000	21200
5-pass Vic Cpe	950	2950	4950	9900	17500	24700
Series U-237, 8-cyl., 133 hp, 137" wb						
5-pass Vic Cpe	1000	3100	5200	10400	18400	26000
7-pass Sdn	850	2650	4450	8900	15700	22300
7-pass Limo	950	3050	5150	10300	18200	25700

1933

	6	5	4	3	2	1
Series B-316, 6-cyl., 116" wb						
2-pass Rdstr	1700	5050	8450	16900	29700	42200
5-pass Phtn	1700	5000	8400	16800	29550	41900
2-pass Comm Cpe	800	2500	4250	8500	15000	21200
2-4 pass Cpe	850	2650	4450	8900	15700	22300
2-4 pass Conv Cabrlt	1600	4850	8100	16200	28500	40500
5-pass Sdn	750	2200	3650	7300	12600	18200
Series K-321, 6-cyl., 90 hp, 121" wb						
2-4 pass Cpe	750	2300	3850	7700	13300	19200
5-pass Sdn	650	1800	3250	6500	11200	16100
5-pass Vic	750	2200	3650	7300	12600	18200
2-4 pass Cabrlt Rdstr	1550	4650	7750	15500	27300	38700
Series KK-321A, 6-cyl., 90 hp, 121" wb						
2-4 pass Cpe	800	2400	4050	8100	14200	20200
5-pass Sdn	700	2000	3450	6900	11900	17200
5-pass Vic	750	2300	3850	7700	13300	19200
Series F-322, 8-cyl., 96 hp, 122" wb						
2-4 pass Cpe	800	2500	4250	8500	15000	21200
5-pass Sdn	750	2200	3650	7300	12600	18200
5-pass Vic	800	2400	4050	8100	14200	20200
2-4 pass Cabrlt Rdstr	1600	4750	7950	15900	28000	39700
Series I-326, 8-cyl., 109 hp, 126" wb						
2-4 pass Cpe	800	2500	4250	8500	15000	21200
5-pass Sdn	750	2300	3850	7700	13300	19200
5-pass Vic	800	2400	4050	8100	14200	20200
2-4 pass Cabrlt Rdstr	1650	4900	8200	16400	28850	41000

1934

	6	5	4	3	2	1
Series 417-W, 6-cyl., 80 hp, 117" wb						
2-4 pass Cpe	750	2200	3650	7300	12600	18200
2-4 pass Dlx Cpe	750	2250	3700	7400	12800	18500
5-pass Sdn	600	1650	2850	5700	9900	14200
5-pass Dlx Sdn	650	1800	3250	6500	11200	16100
5-pass Tr Sdn	650	1700	3000	6100	10600	15200
5-pass Dlx Tr Sdn	650	1800	3250	6500	11200	16100
2-pass Comm Cpe	800	2500	4250	8500	15000	21200
2-pass Dlx Comm Cpe	850	2550	4300	8600	15100	21500
Series K-421, 6-cyl., 90 hp, 121" wb						
2-4 pass Cpe	650	1750	3150	6300	10900	15700
5-pass Sdn	600	1650	2850	5700	9900	14200
5-pass Vic Cpe	650	1800	3250	6500	11200	16100
2-4 pass Cabrlt Rdstr	1450	4400	7350	14700	25900	36700
Series F-422, 8-cyl., 96 hp, 122" wb						
2-4 pass Cpe	850	2650	4450	8900	15700	22300
5-pass Sdn	750	2200	3650	7300	12600	18200
5-pass Vic Cpe	850	2650	4450	8900	15700	22300
2-4 pass Cabrlt Rdstr	1500	4550	7600	15200	26750	38000

	6	5	4	3	2	1
Series I-426, 8-cyl., 109 hp, 126" wb						
2-4 pass Cpe	900	2750	4650	9300	16400	23100
5-pass Sdn	750	2300	3850	7700	13300	19200
5-pass Vic Cpe	900	2750	4650	9300	16400	23100
2-4 pass Cabrlt Rdstr	1550	4650	7800	15600	27450	38900
Series 427-T, 8-cyl., 115 hp, 127" wb						
3-5 pass Cpe	900	2900	4850	9700	17100	24200
6-pass Sdn	800	2400	4050	8100	14200	20200
5-pass Vic Cpe	900	2900	4850	9700	17100	24200

1935

	6	5	4	3	2	1
Series 517-W, 6-cyl., 91 hp, 117" wb						
2-4 pass Cpe	550	1500	2500	5000	8700	12300
2-pass Dlx Cpe	550	1550	2600	5200	9000	12800
5-pass Sdn	500	1350	2350	4700	8100	11500
5-pass Sdn Tr	500	1400	2400	4900	8300	11750
2-4 pass Dlx Cpe	550	1550	2600	5200	9000	12800
5-pass Dlx Sdn	550	1400	2400	4800	8300	11800
5-pass Dlx Sdn Tr	550	1500	2500	5100	8800	12500
Series 518-D, 6-cyl., 91 hp, 118" wb						
6-pass Sdn	500	1400	2400	4900	8300	11750
6-pass Tr Sdn	550	1500	2500	5000	8700	12300
6-pass Dlx Sdn	550	1500	2500	5100	8800	12500
6-pass Dlx Tr Sdn	550	1550	2600	5200	9000	12800
Series 521-O, 8-cyl., 120 hp, 121" wb						
3-5 pass Cpe	600	1650	2850	5700	9900	14200
3-5 pass Dlx Cpe	650	1700	3000	5900	10200	14700
5-pass Vic	650	1700	3000	5900	10200	14700
5-pass Vic Dlx	650	1700	3000	6100	10600	15200
5-pass Sdn	550	1500	2500	5100	8800	12500
6-pass Sdn Dlx	550	1550	2650	5300	9100	13000
5-pass Vic Tr	650	1700	3000	6100	10600	15200
6-pass Sdn Tr	550	1550	2650	5300	9100	13000
5-pass Vic Dlx Tr	650	1750	3150	6300	10900	15700
Series 527-T, 8-cyl., 120 hp, 127-1/2" wb						
5-pass Sdn	650	1700	3000	5900	10200	14700
3-5 pass Cpe	650	1800	3250	6500	11200	16100
5-pass Vic	700	2000	3450	6900	11900	17200
3-5 pass Dlx Cpe	700	1850	3300	6600	11300	16300
5-pass Dlx Sdn	650	1700	3000	6100	10600	15200
5-pass Dlx Vic	750	2100	3550	7100	12300	17700

1936

	6	5	4	3	2	1
Series 618-D, 6-cyl., 101 hp, 118" wb						
4-dr Sdn	500	1300	2250	4500	7700	11000
4-dr Dlx Sdn	500	1300	2250	4500	7700	11000
4-dr Tr Sdn	500	1350	2350	4700	8100	11500
4-dr Dlx Tr Sdn	550	1400	2400	4800	8300	11800
Series 618-G, 6-cyl., 101 hp, 118" wb						
3-pass Bus Cpe	550	1550	2650	5300	9100	13000
3-5 pass Cpe	600	1650	2850	5700	9900	14200
4-dr 6-pass Sdn	500	1400	2400	4900	8300	11750
2-dr 6-pass Sdn	500	1300	2250	4500	7700	11000
4-dr 6-pass Tr Sdn	550	1500	2500	5100	8800	12500
2-dr 6-pass Tr Sdn	500	1350	2350	4700	8100	11500
Series 621-N, 8-cyl., 120 hp, 121" wb						
3-5 pass Cpe	650	1550	2600	5900	9000	12800
2-dr 6-pass Sdn	550	1450	2450	4900	8500	12000
4-dr 6-pass Sdn	550	1550	2650	5300	9100	13000
4-dr 6-pass Tr Sdn	600	1600	2750	5500	9500	13800
2-dr 6-pass Tr Sdn	550	1500	2500	5100	8800	12500

	6	5	4	3	2	1
Series 621-O, 8-cyl., 120 hp, 121" wb						
3-5 pass Cpe	650	1700	3000	6100	10600	15200
3-5 pass Dlx Cpe	650	1750	3100	6200	10700	15400
4-dr 5-pass Vic	650	1800	3250	6500	11200	16100
5-pass Dlx Vic	700	1850	3300	6600	11300	16300
4-dr 5-pass Tr Vic	700	1900	3350	6700	11500	16500
5-pass Dlx Tr Vic	700	1900	3400	6800	11700	16900
4-dr 6-pass Sdn	600	1600	2750	5500	9500	13800
4-dr 6-pass Tr Sdn	600	1650	2850	5700	9900	14200
5-pass Dlx Tr Sdn	650	1700	3000	5900	10200	14700

1937

	6	5	4	3	2	1
Series 618-G, 6-cyl., 101 hp, 118" wb						
3-pass Bus Cpe	550	1550	2650	5300	9100	13000
3-5 pass Cpe	600	1650	2850	5700	9900	14200
4-dr 6-pass Sdn	550	1450	2450	4900	8500	12000
2-dr 6-pass Sdn	500	1300	2250	4500	7700	11000
4-dr 6-pass Tr Sdn	550	1500	2500	5100	8800	12500
2-dr 6-pass Tr Sdn	500	1350	2350	4700	8100	11500
Series 621-N, 8-cyl., 120 hp, 121" wb						
3-5 pass Cpe	650	1700	3000	5900	10200	14700
2-dr 6-pass Sdn	550	1450	2450	4900	8500	12000
4-dr 6-pass Sdn	550	1550	2650	5300	9100	13000
4-dr 6-pass Tr Sdn	600	1600	2750	5500	9500	13800
2-dr 6-pass Tr Sdn	550	1500	2500	5100	8800	12500

1938

	6	5	4	3	2	1
Series 822-ES, 6-cyl., 101 hp, 122" wb						
4-dr Std Sdn	400	1050	1700	3300	5800	8300
4-dr Sdn	400	1100	1800	3500	6100	8900
4-dr Tr Sdn	400	1100	1800	3600	6200	9100
4-dr Dlx Sdn	400	1150	1850	3700	6400	9300
4-dr Custom Sdn	450	1250	2050	4100	7100	10300
Series 825-H, 8-cyl., 120 hp, 125" wb						
4-dr Sdn	450	1250	2050	4100	7100	10300
4-dr Tr Sdn	450	1250	2100	4200	7200	10500
4-dr Dlx Sdn	450	1250	2150	4300	7400	10700
4-dr Custom Sdn	500	1350	2350	4700	8100	11500

1939

	6	5	4	3	2	1
Series E-922, 6-cyl., 101 hp, 122" wb						
Dlx Sdn	450	1250	2050	4100	7100	10300
Custom Sdn	450	1250	2100	4200	7200	10500
Series H-925, 8-cyl., 120 hp, 125" wb						
6-pass Dlx Sdn	550	1450	2450	4900	8500	12000
6-pass Custom Sdn	550	1500	2500	5000	8700	12300

1940

	6	5	4	3	2	1
Skylark, 6-cyl., 101 hp, 115" wb						
5-pass Sdn Flagship	600	1650	2850	5700	9900	14200
5-p Dlx Sdn Mainliner	600	1650	2900	5800	10000	14500
5-p Custom Sdn Cruiser	650	1700	3000	5900	10200	14700

1941

	6	5	4	3	2	1
Skylark, 6-cyl., 101 hp, 115" wb						
5-pass Custom Sdn Tr	650	1750	3150	6300	10900	15700

JEFFREY
1914 – 1917

1915 Jeffrey

1916 Jeffrey

	6	5	4	3	2	1
1914						
Model C4, 4-cyl., 27 hp, 120" wb						
2-pass Rdstr	1400	4350	7250	14500	25500	36200
4-pass/5-pass/7-pass Tr	1450	4450	7450	14900	26200	37200
Model 93, 4-cyl., 40 hp, 116" wb						
2-pass Rdstr	1300	4050	6750	13500	23800	33700
4-pass/5-pass/7-pass Tr	1350	4200	7000	14000	24650	34900
Model 96, 6-cyl., 48 hp, 128" wb						
5-pass Tr	1550	4700	7850	15700	27600	39100
6-pass Tr	1600	4800	8000	16100	28300	40200
7-pass Limo	950	2950	4950	9900	17500	24700
1915						
Model 93, 4-cyl., 40 hp, 116" wb						
5-pass Tr	1600	4750	7950	15900	28000	39700
2-pass Rdstr	1550	4650	7750	15500	27300	38700
2-pass A/W	1050	3400	5700	11400	20100	28500
7-pass Limo	900	2800	4700	9400	16500	23400
4-pass Sdn	800	2350	3900	7800	13500	19500
Model 96, 6-cyl., 48 hp, 122" wb						
5-pass Tr	1800	5250	8850	17700	31100	44100
2-pass Rdstr	1750	5100	8600	17200	30250	43000
2-pass A/W	1650	4900	8250	16500	29000	41200
1916						
Model 462, 4-cyl., 40 hp, 116" wb						
3-pass Rdstr	1600	4750	7950	15900	28000	39700

	6	5	4	3	2	1
7-pass Tr	1750	5200	8750	17500	30800	43700
5-pass Tr	1700	5050	8450	16900	29700	42200
7-pass Sdn	800	2450	4100	8200	14400	20500
5-pass Sdn	800	2350	3900	7800	13500	19500
Model 104, 6-cyl., 48 hp, 121" wb						
5-pass Tr	1900	5600	9450	18900	33200	47200
Model 661, 6-cyl., 53 hp, 121" wb						
3-pass Rdstr	1600	4850	8100	16200	28500	40500
7-pass Tr	1700	5000	8350	16700	29400	41700

1917

	6	5	4	3	2	1
Model 472-2, 4-cyl., 40 hp, 116" wb						
7-pass Tr	1600	4850	8100	16200	28500	40500
2-pass Rdstr	1600	4750	7950	15900	28000	39700
7-pass Sdn	800	2350	3900	7800	13500	19500
Model 671, 6-cyl., 48 hp, 125" wb						
7-pass Tr	1800	5300	8950	17900	31500	44700
3-pass Rdstr	1750	5200	8750	17500	30800	43700
5-pass Sdn	800	2350	3900	7800	13500	19500

Sold to Charles Nash in 1917

PRICE GUIDE CLASSIFICATIONS:

1. CONCOURS: Perfection. At or near 100 points on a 100-point judging scale. Trailered; never driven; pampered. Totally restored to the max and 100 percent stock.

2. SHOW: Professionally restored to high standards. No major flaws or deviations from stock. Consistent trophy winner that needs nothing to show. In 90 to 95 point range.

3. STREET/SHOW: Older restoration or extremely nice original showing some wear from age and use. Very presentable; occasional trophy winner; everything working properly. About 80 to 89 points.

4. DRIVER: A nice looking, fine running collector car needing little or nothing to drive, enjoy and show in local competition. Would need extensive restoration to be a show car, but completely usable as is.

5. RESTORABLE: Project car that is relatively complete and restorable within a reasonable effort and expense. Needs total restoration, but all major components present and rebuildable. May or may not be running.

6. PARTS CAR: Deteriorated or stripped to a point beyond reasonable restoration, but still complete and solid enough to donate valuable parts to a restoration. Likely not running, possibly missing its engine.

KAISER
1947 – 1955

1953 Kaiser Dragon

1954 Kaiser Darrin

	6	5	4	3	2	1
1947-1948						
Special, 6-cyl., 123.5" wb						
4-dr Sdn	550	1500	2500	5100	8800	12500
Custom, 6-cyl.						
4-dr Sdn	550	1550	2650	5300	9100	13000
1949-1950						
Special, 6-cyl., 123.5" wb						
4-dr Sdn	600	1600	2700	5400	9300	13500
4-dr Uty Sdn	600	1600	2750	5500	9500	13800
DeLuxe, 6-cyl.						
4-dr Sdn	600	1650	2850	5700	9900	14200
4-dr Conv Sdn	1600	4800	8000	16000	28150	40000
Vagabond Uty Sdn	700	2000	3450	6900	11900	17200
Virginian Hdtp Sdn	950	3050	5150	10300	18200	25700
1951						
Special, 6-cyl., 115 hp, 118.5" wb						
4-dr Sdn	600	1600	2750	5500	9500	13800
4-dr Traveler Uty Sdn	600	1600	2800	5600	9700	14000
2-dr Sdn	600	1600	2750	5500	9500	13800
2-dr Traveler Uty Sdn	600	1650	2850	5700	9900	14200
Bus Cpe	650	1750	3150	6300	10900	15700
Club Cpe	700	1900	3350	6700	11500	16500
DeLuxe, 6-cyl., 118.5" wb						
4-dr Sdn	600	1650	2850	5700	9900	14200
4-dr Traveler Uty Sdn	600	1650	2850	5700	9900	14200
2-dr Sdn	600	1650	2850	5700	9900	14200
2-dr Traveler Uty Sdn	600	1650	2900	5800	10000	14500
Club Cpe	700	2000	3450	6900	11900	17200

	6	5	4	3	2	1
1952						
DeLuxe, 6-cyl., 115 hp, 118.5" wb						
4-dr Sdn	600	1600	2750	5500	9500	13800
4-dr Traveler Uty Sdn	600	1650	2850	5700	9900	14200
2-dr Sdn	600	1600	2750	5500	9500	13800
2-dr Traveler Uty Sdn	650	1700	3000	5900	10200	14700
Bus Cpe	700	2000	3450	6900	11900	17200
Manhattan, 6-cyl.						
4-dr Sdn	650	1700	3000	6100	10600	15200
2-dr Sdn	650	1750	3150	6300	10900	15700
Club Cpe	750	2100	3550	7100	12300	17700
Virginian, 6-cyl.						
4-dr Sdn	600	1650	2850	5700	9900	14200
2-dr Sdn	600	1650	2850	5700	9900	14200
Bus Cpe	650	1800	3250	6500	11200	16100
2-dr Traveler Sdn	650	1700	3000	5900	10200	14700
4-dr Traveler Sdn	600	1650	2900	5800	10000	14500
Virginian DeLuxe, 6-cyl.						
4-dr Sdn	650	1700	3000	5900	10200	14700
4-dr Traveler Uty Sdn	650	1700	3000	6000	10400	14900
2-dr Sdn	650	1700	3000	5900	10200	14700
2-dr Traveler Uty Sdn	650	1700	3000	6100	10600	15200
2-dr Club Cpe	700	1900	3350	6700	11500	16500
1953						
Carolina, 6-cyl., 118 hp, 118.5" wb						
2-dr Sdn	600	1600	2800	5600	9700	14000
4-dr Sdn	600	1600	2800	5600	9700	14000
Deluxe, 6-cyl.						
2-dr Sdn	600	1650	2850	5700	9900	14200
4-dr Traveler Uty Sdn	600	1650	2900	5800	10000	14500
4-dr Sdn	600	1650	2850	5700	9900	14200
Manhattan, 6-cyl.						
Club Sdn	650	1750	3100	6200	10700	15400
4-dr Sdn	650	1700	3000	6100	10600	15200
4-dr Traveler Uty Sdn	650	1800	3200	6400	11000	15900
Dragon, 6-cyl.						
4-dr Sdn	800	2350	3950	7900	13700	19700
1954						
Special, 6-cyl., 118.5" wb						
4-dr Sdn	650	1700	3000	6100	10600	15200
Club Sdn	650	1750	3100	6200	10700	15400
Late Special, 6-cyl., 118.5" wb						
4-dr Sdn	650	1750	3100	6200	10700	15400
2-dr Sdn	650	1750	3150	6300	10900	15700
Manhattan, 6-cyl., 118.5" wb						
4-dr Sdn	650	1800	3250	6500	11200	16100
Club Sdn	650	1800	3250	6500	11200	16100
Kaiser Darrin, 6-cyl., 90 hp, 100" wb						
Spt Conv Rdstr	1250	2500	7350	12450	24900	43700
			All models with Supercharger add 20%			
1955						
Manhattan, 6-cyl., 140 hp, 118.5" wb						
4-dr Sdn	700	1850	3300	6600	11300	16300
2-dr Sdn	700	1850	3300	6600	11300	16300
			All models with Supercharger add 20%			

LASALLE
1927 – 1940

1929 LaSalle roadster

1935 LaSalle convertible coupe

	6	5	4	3	2	1
1927						
Series 303, 8-cyl., 125" wb (7-pass models 134" wb)						
2-pass RS Rdstr	3000	8850	14900	29800	52300	74400
5-pass Phtn	3050	9100	15300	30600	53700	76500
4-pass Spt Phtn	3150	9350	15700	31400	55100	78400
2-pass Conv Cpe	2650	7850	13300	26600	46700	66400
2-pass RS Cpe	1600	4750	7950	15900	28000	39600
4-pass Vic	1350	4150	6950	13900	24500	34700
5-pass Sdn	900	2900	4900	9800	17300	24500
5-pass Twn Sdn	950	3050	5100	10200	18000	25400
7-pass Imperial Sdn	1050	3400	5700	11400	20100	28500
7-pass Sdn	1050	3300	5500	11000	19300	27500
7-pass Imperial Sdn	1100	3550	5900	11800	20800	29400
1928						
Series 303, 8-cyl., 125" wb						
2-pass Rdstr	3000	8850	14900	29800	52300	74400
5-pass Phtn	3050	9100	15300	30600	53700	76400
4-pass Spt Phtn	3150	9350	15700	31400	55100	78400
2-pass Conv Cpe	2650	7850	13300	26600	46700	66400
2-pass Bus Cpe	1300	4000	6700	13400	23600	33400
2-pass RS Cpe	1600	4750	7950	15900	28000	39400
4-pass Vic	1250	3900	6500	13000	22900	32500
5-pass Sdn	1150	3600	5950	11900	21000	29500
5-pass Family Sdn	1050	3300	5500	11000	19300	27500
5-pass Twn Sdn	1050	3400	5700	11400	20100	28500

	6	5	4	3	2	1
Series 303, 8-cyl., 134" wb						
5-pass Cpe	1500	4500	7500	15000	26400	37500
5-pass Cabrlt Sdn	2900	8550	14400	28800	50600	71900
5-pass Imperial Sdn	1600	4850	8100	16200	28500	40500
7-pass Sdn	1600	4750	7950	15900	28000	39700
7-pass Family Sdn	1400	4250	7100	14200	25000	35500
7-pass Imperial Sdn	1600	4850	8100	16200	28500	40500
Fleetwood, Series 303, 8-cyl., 125" wb						
2-dr Bus Cpe	1500	4600	7700	15400	27100	38500
5-pass Sdn	1400	4250	7100	14200	25000	35400
4-dr Twn Cabrlt	2900	8550	14400	28800	50600	71900
Trans Twn Cabrlt	3000	8800	14800	29600	52000	73900

1929

	6	5	4	3	2	1
Series 328, 8-cyl., 125" wb						
2-pass Rdstr	3100	9200	15500	31000	54400	77400
4-pass Phtn	3200	9500	15950	31900	56000	79600
4-pass Spt Phtn	3250	9650	16250	32500	57100	81100
Series 328, 8-cyl., 134" wb						
2-pass Conv Cpe	2900	8650	14600	29200	51300	72900
4-pass RS Cpe	1750	5200	8750	17500	30800	43700
5-pass Cpe	1600	4850	8100	16200	28500	40500
5-pass Sdn	1500	4500	7500	15000	26400	37500
5-pass Family Sdn	1500	4600	7700	15400	27100	38500
5-pass Twn Sdn	1600	4750	7950	15900	28000	39700
7-pass Sdn	1600	4750	7950	15900	28000	39700
7-pass Imperial Sdn	1600	4850	8100	16200	28500	40500
5-pass Lan Cabrlt	3450	10250	17250	34500	60600	86100
Fleetwood Series 328, 8-cyl, 125" wb (*134" wb)						
4-dr Trans Twn Cabrlt	2750	8150	13700	27400	48100	68400
4-dr Trans Twn Cabrlt*	3450	10300	17300	34600	60800	86400

1930

	6	5	4	3	2	1
Fisher Series 340, 8-cyl., 134" wb						
4-pass Conv Cpe	3100	9150	15400	30800	54100	76900
5-pass Cpe	2000	5800	9800	19600	34450	49000
4-pass Cpe	1750	5200	8700	17400	30600	43500
5-pass Sdn	1500	4600	7700	15400	27100	38500
7-pass Sdn	1600	4850	8100	16200	28500	40500
7-pass Imperial Sdn	1750	5200	8700	17400	30600	43500
Fleetwood Series 340, 8-cyl., 134" wb						
4-pass Rdstr	3500	10400	17500	35000	61500	87400
5-pass Phtn	3400	10100	17000	34000	59700	84900
7-pass Tr	2850	8450	14200	28400	49900	70900
5-pass A/W Phtn	3600	10650	17950	35900	63000	89600
5-pass S'net Cabrlt	2800	8300	14000	28000	49200	69900

1931

	6	5	4	3	2	1
Fisher Series 345, 8-cyl., 134" wb						
5-pass Cpe	2200	6400	10800	21600	37950	53900
4-pass RS Cpe	2050	6000	10100	20200	35500	50400
5-pass Sdn	1600	4750	7950	15900	28000	39500
5-pass Town Sdn	1600	4850	8100	16200	28500	40500
7-pass Sdn	1650	4950	8300	16600	29200	41500
7-pass Imperial Sdn	1700	5050	8500	17000	29900	42900
4-pass Conv Cpe	2800	8300	13950	27900	49000	69600
Fleetwood Series 345, 8-cyl., 134" wb						
4-pass RS Rdstr	3500	10350	17450	34900	61300	87100
7-pass Tr	3250	9650	16200	32400	56900	80900
5-pass A/W Phtn	3750	11200	18900	37800	66400	94400

	6	5	4	3	2	1
5-pass S'net	2900	8600	14500	29000	50900	72400
5-pass S'net Cabrlt	3050	9100	15300	30600	53700	76400
1932						
Series 345B, 8-cyl., 130" wb						
2-pass Conv Cpe	2950	8750	14750	29500	51800	73600
4-pass RS Cpe	1950	5750	9700	19400	34100	48400
5-pass Town Cpe	1750	5200	8700	17400	30600	43500
4-dr Sdn	1300	4000	6700	13400	23600	33400
Series 345B, 8-cyl., 136" wb						
7-pass Sdn	1300	4000	6700	13400	23600	33400
7-pass Imperial Sdn	1750	5200	8700	17400	30600	43500
7-pass Town Sdn	1800	5300	8950	17900	31500	44700
1933						
Series 345C, 8-cyl., 130" wb						
2-pass Conv Cpe	2700	8000	13500	27000	47400	67400
4-pass RS Cpe	1600	4750	7950	15900	28000	39700
5-pass Town Cpe	1450	4400	7300	14600	25700	36500
4-dr Sdn	1250	3900	6500	13000	22900	32500
Series 345C, 8-cyl., 136" wb						
4-dr Town Sdn	1750	5200	8700	17400	30600	43500
7-pass Sdn	1400	4250	7100	14200	25000	35400
7-pass Imperial Sdn	1350	4150	6950	13900	24500	34700
1934						
Series 50-350, 8-cyl., 119" wb						
2-pass Conv Cpe	2250	6600	11100	22200	39000	55500
2-pass Cpe	1250	3900	6500	13000	22900	32500
5-pass Club Sdn	950	3050	5100	10200	18000	25400
4-dr Sdn	900	2900	4900	9800	17300	24500
1935						
Series 35-50, 8-cyl., 120" wb						
2-4-pass Conv Cpe	2250	6550	11000	22000	38650	55000
2-pass Cpe	1150	3600	5950	11900	21000	29700
2-dr Sdn	800	2450	4100	8200	14400	20500
4-dr Sdn	850	2550	4300	8600	15100	21500
1936						
Series 36-50, 8-cyl., 120" wb						
2-4-pass Conv Cpe	2000	5900	9950	19900	35000	49700
4-pass RS Cpe	1050	3350	5600	11200	19700	28000
2-dr Tr Sdn	750	2250	3700	7400	12800	18500
4-dr Tr Sdn	800	2350	3950	7900	13700	19700
1937						
Series 37-50, 8-cyl., 124" wb						
2-4-pass Conv Cpe	2150	6200	10450	20900	36700	52100
5-pass Conv Sdn	2250	6600	11100	22200	39000	55500
2-4-pass Spt Cpe	1000	3250	5450	10900	19100	27200
2-dr Tr Sdn	800	2350	3900	7800	13500	19500
4-dr Tr Sdn	800	2450	4100	8200	14400	20500
1938						
Series 38-50, 8-cyl., 124" wb						
2-4-pass Conv Cpe	2150	6250	10600	21200	37250	53000
5-pass Conv Sdn	2300	6800	11500	23000	40400	57500

	6	5	4	3	2	1
2-4-pass Cpe	1100	3450	5750	11500	20300	28700
2-dr Tr Sdn	800	2450	4100	8200	14400	20500
4-dr Tr Sdn	850	2550	4300	8600	15100	21500
4-dr S/R Sdn	850	2600	4400	8800	15500	21900

1939

Series 39-50, 8-cyl., 120" wb

	6	5	4	3	2	1
2-4-pass Conv Cpe	2150	6250	10600	21200	37250	53000
5-pass Conv Sdn	2300	6800	11500	23000	40400	57500
2-4-pass Cpe	1100	3450	5750	11500	20300	28700
2-dr Tr Sdn	800	2450	4100	8200	14400	20500
4-dr Tr Sdn	850	2550	4300	8600	15100	21500

Factory sunroof (Sunshine Turret-Top) add 25%

1940

Series 40-50, 8-cyl., 123" wb

	6	5	4	3	2	1
2-4-pass Conv Cpe	2150	6250	10600	21200	37250	53000
5-pass Conv Sdn	2300	6800	11500	23000	40400	57500
2-4-pass Cpe	1100	3550	5900	11800	20800	29400
2-dr Tr Sdn	800	2450	4100	8200	14400	20500
2-dr S/R Sdn	800	2500	4200	8400	14800	20900
4-dr Tr Sdn	850	2550	4300	8600	15100	21500
4-dr S/R Sdn	850	2600	4400	8800	15500	21900

Special Series 40-52, 8-cyl., 123" wb

	6	5	4	3	2	1
2-4-pass Conv Cpe	2200	6450	10850	21700	38100	54100
5-pass Conv Sdn	2350	6950	11750	23500	41300	58700
2-4-pass Cpe	1150	3650	6100	12200	21500	30500
4-dr Tr Sdn	850	2550	4300	8600	15100	21500

1939 LaSalle 50 convertible coupe

1940 LaSalle 50

LINCOLN
1920 – 1991

1932 Lincoln

1937 Lincoln Zephyr

	6	5	4	3	2	1
1920-1921						
(Produced by Lincoln Motor Co.)						
Lincoln, Model L, 8-cyl., 90 hp, 130" wb (ID No 1-3151)						
4-pass Cpe	1300	4000	6700	13400	23600	33400
7-pass Tr	1800	5350	9000	18000	31650	45000
5-pass Phtn	1900	5600	9400	18800	33050	47000
3-pass Rdstr	1800	5250	8850	17700	31100	44100
4-pass Sdn	1150	3650	6250	12500	22200	31100
5-pass Sdn	1200	3850	6450	12900	22700	32200
7-pass Twn Car	1350	4200	6900	13800	24500	34500
7-pass Sub Limo	1250	3950	6600	13200	23250	32900
2-pass Spt Rdstr (136" wb)	1800	5400	9000	18000	32000	45000
4-pass Phtn Dlx (136" wb)	1900	5700	9700	19000	33500	47500
7-pass Judkins Sdn (136" wb)	1250	3950	6600	13200	23250	32900
7-pass Fleetwood Sdn (136" wb)	1250	3950	6600	13200	23250	32900
5-7 pass Fltwd Limo (136" wb)	1300	4100	6800	13600	23950	34000
1922						
(Produced by Ford Motor Co.)						
Lincoln, Model L, 8-cyl., 90 hp, 130" wb (ID No. 3152-8709)						
7-pass Tr	1800	5250	8800	17600	30950	43900
5-pass Phtn	1800	5500	9200	18400	32400	45900
3-pass Rdstr	1900	5650	9550	19100	33600	47700
7-pass Conv Tr	1850	5400	9100	18200	32000	45500
4-pass Cpe	1300	4100	6850	13700	24100	34200
5-pass Sdn	1300	4000	6650	13300	23400	33100

	6	5	4	3	2	1
Lincoln, Model L, 8-cyl., 90 hp, 136" wb						
7-pass Dlx Tr	1750	5450	9000	18000	31900	45500
4-pass Dlx Phtn	1950	5700	9600	19200	33750	47900
2-pass Spt Rdstr	1900	5500	9250	18500	32500	46100
7-pass Std Sdn	1350	4200	6900	13800	24500	34500
7-pass Judkins Sdn	1400	4300	7200	14400	25350	35900
5-7 pass Judkins Limo	1550	4650	7750	15500	27300	38700
7-pass Fleetwood Sdn	1400	4250	7100	14200	25000	35400
7-pass York Sdn	1400	4250	7100	14200	25000	35400
5-7 pass Sub Limo	1600	4850	8150	16300	28700	40800
5-7 pass Twn Car	1700	5000	8400	16800	29550	41900
5-7 pass Fleetwood Limo	1800	5250	8800	17600	30950	43900
5-7 pass Std Limo	1700	5000	8400	16800	29550	41900

1923

	6	5	4	3	2	1
Lincoln, Model L, 8-cyl., 95 hp, 136" wb (ID No. 8710-16434)						
5-pass Cpe	1450	4400	7300	14600	25700	36500
7-pass Tr	1800	5250	8800	17600	30950	43900
4-pass Phtn	1900	5500	9250	18500	32500	46100
2-pass Rdstr	1800	5250	8800	17600	30950	43900
4-pass Sdn	1350	4150	6950	13900	24500	34700
5-Pass Sdn	1400	4250	7100	14200	25000	35400
7-Pass Sdn	1450	4400	7300	14600	25700	36500
7-pass Berline Limo	1650	4950	8300	16600	29200	41500
5-7 pass Twn Car	1750	5100	8550	17100	30100	42700
5-7 pass Twn Limo	1600	4850	8150	16300	28700	40800
7-pass Fleetwood Brghm	1400	4300	7200	14400	25350	35900
7-pass Fleetwood Cabrlt	1750	5100	8600	17200	30250	43000
7-pass Fleetwood Lan	1700	5050	8500	17000	29900	42500
7-p Fleetwood Twn Car	1750	5200	8700	17400	30600	43500
2-pass Judkins Cpe	1450	4400	7300	14600	25700	36500
4-pass Judkins Berline	1450	4400	7300	14600	25700	36500
7-pass Holbrook Cabrlt	1850	6000	9950	19900	34600	49500

1924

	6	5	4	3	2	1
Lincoln, Model L, 8-cyl., 90 hp, 136" wb (ID No 16435-23614)						
5-pass Cpe	1450	4450	7450	14900	26200	37200
7-pass Tr	1800	5300	8950	17900	31500	44700
4-pass Phtn	1900	5500	9250	18500	32500	46100
2-pass Rdstr	1900	5600	9450	18900	33200	47200
5-pass Sdn	1400	4250	7100	14200	25000	35400
7-pass Sdn	1350	4200	7000	14000	24650	34900
7-pass Limo	1400	4350	7250	14500	25500	36200
4-pass 2-win Sdn	1350	4150	6950	13900	24500	34700
4-pass 3-win Sdn	1350	4150	6950	13900	24500	34700
7-pass Twn Car	1550	4700	7900	15800	27800	39400
7-pass Twn Limo	1600	4750	7950	15900	28000	39700
7-pass Fleetwood Limo	1600	4850	8100	16200	28500	40500
2-pass Judkins Cpe	1350	4300	7200	14400	25000	35700
4-pass Judkins Berline	1350	4450	7400	14800	25900	36900
7-pass Brunn Cabrlt	1650	5150	8600	17200	30200	43200

1925

	6	5	4	3	2	1
Lincoln, Model L, 8-cyl., 90 hp, 136" wb (ID no. 23615-32029)						
5-pass Cpe	1500	4600	7700	15400	27100	38500
7-pass Tr	1950	5700	9600	19200	33750	47900
2-pass Spt Tr	2150	6200	10450	20900	36700	52100
4-pass Phtn	1950	5750	9700	19400	34100	48400
2-pass Rdstr	1900	5650	9500	19000	33400	47500
4-pass Sdn	1050	3400	5700	11400	20100	28500

	6	5	4	3	2	1
5-pass Sdn	1050	3300	5500	11100	19500	27700
7-pass Sdn	1050	3300	5500	11100	19500	27700
7-pass Limo	1500	4500	7500	15000	26400	37500
7-pass Fleetwood Limo	1500	4600	7700	15400	27100	38500
2-pass Judkins Cpe	1350	4150	6900	13800	24300	34500
4-pass Judkins Berline	1400	4250	7100	14200	25000	35400
7-pass Brunn Cabrlt	2000	5800	9750	19500	34300	48700
Fleetwood Clpsble Club Rdstr	1900	5600	9400	18800	33050	47000
7-pass Fleetwood Sdn	1700	5000	8400	16800	29950	41900
7-pass Fleetwood Brghm	1750	5100	8600	17200	30250	43000
7-pass Fleetwood Cabrlt	1850	5450	9200	18400	32350	45900
3-win Judkins Berline	1700	5050	8500	17000	29900	42500
4-pass Judkins Cpe	1700	5050	8500	17000	29900	42500
Judkins Brghm	1700	5000	8350	16700	29400	41700
Murray OD Limo	1900	5500	9250	18500	32500	46100
Holbrook Brghm	1800	5300	8900	17800	31300	44400
Holbrook Clpsble	1850	5400	9100	18200	32000	45500
Brunn OD Limo	1850	5400	9100	18200	32000	45500
Brunn Spt Phtn	2150	6200	10500	21000	36900	52400
Brunn Lan Sdn	1800	5350	9000	18000	31650	45000
Brunn Town Car	1850	5400	9100	18200	32000	45500
Brunn Pan Brghm	1800	5350	9000	18000	31650	45000
Hume Limo	1900	5600	9400	18800	33050	47000
Hume Cpe	1750	5200	8700	17400	30600	43500
5-pass LeBaron Sdn	1850	5400	9100	18200	32000	45500
4-pass LeBaron Sdn	1750	5200	8750	17500	30800	43700
LeBaron DC Phtn	2750	8200	13800	27600	48500	68900
LeBaron Club Rdstr	2200	6500	10950	21900	38500	54700
LeBaron Limo	1800	5300	8900	17800	31300	44400
LeBaron Brghm	1800	5300	8950	17900	31500	44700
LeBaron Town Brghm	1850	5400	9100	18200	32000	45500
LeBaron Cabrlt	2000	5850	9900	19800	34800	49500
LeBaron Clpsble Spt Cabrlt	2200	6350	10700	21400	37600	53500
Locke Cabrlt	2100	6150	10400	20800	36550	51900
Dietrich Clpsble Cabrlt	2150	6250	10600	21200	37250	53000

1926

Lincoln, Model L, 8-cyl., 90 hp, 136" wb (ID No. 32020-40299)

	6	5	4	3	2	1
2-pass Cpe	1200	3750	6250	12500	22000	31100
4-pass Cpe	1300	4100	6800	13600	23950	34000
Tr	2050	6050	10200	20400	35850	51000
7-pass Spt Tr	2300	6800	11450	22900	40200	57200
4-pass Phtn	2200	6450	10900	21800	38300	54400
4-pass Spt Phtn	2400	7050	11900	23800	41800	59500
2-4 pass Rdstr	2150	6200	10500	21000	36900	52400
2-4 pass Spt Rdstr	2250	6700	11200	22500	39500	56100
4-pass Sdn	1050	3400	5700	11400	20100	28500
5-pass Sdn	1050	3300	5500	11000	19300	27500
7-pass Sdn	1050	3300	5500	11000	19300	27500
2-4 pass Club Rdstr	2050	6050	10250	20500	36000	51200
4-pass Club Rdstr	2100	6150	10400	20800	36550	51900
7-pass Limo	1350	4150	6950	13900	24500	34700
7-pass Fleetwood Limo	1400	4250	7100	14200	25000	35400
4-pass 2-win Judkins Berline	1600	4800	8000	16000	28150	40000
7-pass Holbrook Cabrlt	2100	6100	10300	20600	36200	51500
6-pass Willoughby Lndlt	1650	4950	8300	16600	29200	41500
7-pass Dietrich Brghm	1650	4950	8300	16600	29200	41500
4-pass 3-win Judkins Berline	1550	4700	7900	15800	27800	39400
7-pass Brunn Brghm	1500	4550	7600	15200	26750	38000
7-pass Brunn Cabrlt	2000	5850	9900	19800	34800	49500
7-p LeBaron Spt Cabrlt	2250	6550	11000	22000	38650	55000

	6	5	4	3	2	1

1927

Lincoln, Model L, 8-cyl., 90 hp, 136" wb (ID No. 40300-46720)

	6	5	4	3	2	1
2-pass Cpe	1450	4400	7300	14600	25700	36500
4-pass Cpe	1550	4650	7800	15600	27450	38900
7-pass Spt Tr	2800	8400	14100	28200	49500	70400
4-pass Spt Phtn	2900	8900	14950	29900	52500	74600
2-4 pass Spt Rdstr	2800	8600	14450	28900	50700	72100
2-4 pass Club Rdstr	2650	7850	13250	26500	46500	66100
4-pass 2-win Sdn	1150	3600	5950	11900	21000	29700
4-pass 3-win Sdn	1100	3450	5750	11500	20300	28700
5-pass Sdn	1050	3350	5600	11200	19700	28000
7-pass Sdn	1150	3600	5950	11900	21000	29700
7-pass Limo	1300	4050	6750	13500	23800	33700
4-pass Folding Seat Cpe	1500	4600	7700	15400	27100	38500
4-pass 2-win Berline	1150	3600	5950	11900	21000	29700
4-pass 3-win Berline	1100	3450	5750	11500	20300	28700
4-pass Cllpsble Berline	2700	8000	13450	26900	47200	67100
7-pass Brghm	1150	3600	6000	12000	21150	30000
7-pass Lndlt	1150	3650	6100	12200	21500	30500
6-pass Berline Lndlt	1150	3600	5950	11900	21000	29700
7-pass Spt Cabrlt	2900	8650	14600	29200	51300	72900
4-pass LeBaron Spt Phtn	3100	9200	15450	30900	54300	77100
4-pass LeB Semi-Clpsble Cabrlt	2900	8900	14950	29900	52500	74600
Ton Cowl Spt Phtn	2900	8900	14950	29900	52500	74600
4-pass Judkins 2-win Berline	1600	4750	7950	15900	28000	39700
7-pass Brunn Cabrlt	2800	8400	14250	28500	50000	71100
Holbrook Cabrlt	2900	8900	14950	29900	52500	74600
4-pass Brunn Cpe	2000	5900	9950	19900	35000	49700
7-pass Brunn Limo	2800	8600	14450	28900	50700	72100
7-pass Holbrook Clpsble Cabrlt	3000	9100	15250	30500	53600	76100
7-pass LeBaron Spt Cabrlt	3000	9100	15250	30500	53600	76100
7-p Willoughby Cabrlt	2900	8800	14750	29500	51800	73600
4-pass Judkins 3-win Berline	1600	4750	7950	15900	28000	39700
7-p Willoughby Cabrlt	1750	5200	8700	17400	30600	43500

1928

Lincoln, Model L, 8-cyl., 90 hp, 136" wb (ID No 46721-54500)

	6	5	4	3	2	1
2-4 pass Spt Rdstr	3400	10300	17300	34600	60800	86500
2-4 pass Club Rdstr	3200	9900	16500	33000	57900	82500
4-pass 2-win Sdn	1150	3600	6000	12000	21150	30000
4-pass 3-win Sdn	1100	3550	5900	11800	20800	29400
7-pass Sdn	1050	3400	5700	11400	20100	28500
5-pass Sdn	1050	3400	5700	11400	20100	28500
7-pass Limo	1900	5650	9500	19000	33400	47500
7-p Full Clpsble Cabrlt	3500	10600	17750	35500	62300	88600
4-pass Judkins 2-win Berline	2000	5900	9950	19900	35000	49700
4-pass Judkins 3-win Berline	2000	5900	9950	19900	35000	49700
2-pass Judkins Cpe	2200	6450	10900	21800	38300	54400
7-pass Brunn Brghm	2700	8300	13900	27800	48800	69400
7-pass LeB Semi-Clpsble Cabrlt	3300	10600	17750	35500	63100	88500
7-pass LeBaron Spt Cabrlt	3900	11800	19750	39500	69500	99000
7-pass Willoughby Lndlt Berline	3500	10600	17700	35400	62200	88300
7-pass Willoughby Limo	3700	11250	18750	37500	65800	93600
7-pass LeBaron Cabrlt	3600	11100	18500	37000	64900	92400
4-pass LeBaron Spt Phtn	4200	12800	21500	43000	75500	107300
4-pass LeBaron Ton Cowl Phtn	4300	12900	21750	43500	76400	108600
7-pass LeBaron Spt Tr	4100	12500	21000	42000	73500	104800
2-4 pass LeBaron Club Rdstr	3200	9900	16500	33000	57900	82500
4-p LeBaron Vic Cpe	3200	10000	16800	33600	59000	83900
4-p Dietrich Conv Sdn	3800	11700	19750	39500	69400	98600

	6	5	4	3	2	1
5-p Dietrich Twn Sdn	3700	11500	19300	38600	67900	96700
4-p Dietrich Conv Cpe	3900	11550	19450	38900	68300	97100

1929

Lincoln, Model L, 8-cyl., 90 hp, 136" wb (ID No. 54501-61699)

	6	5	4	3	2	1
4-pass Cpe	1950	5750	9700	19400	34100	48400
2-4 pass Spt Rdstr	3600	11300	18950	37900	66700	94600
2-4 pass Club Rdstr	3600	11100	18450	36900	64700	92100
4-pass Dble Cowl Phtn	4800	14700	24750	49500	86900	123600
4-pass Spt Phtn	4500	13350	22500	45000	79000	112300
Locke TWS Spt Phtn	4500	13700	23000	46000	80800	114800
Locke Spt Phtn TC & WS	4750	14100	23750	47500	83400	118600
7-pass Spt Tr	3800	11800	19950	39900	70100	99600
7-pass Sdn	1100	3550	5900	11800	20800	29400
7-pass Limo	1900	5650	9500	19000	33400	47500
2-pass Judkins Cpe	1900	5650	9500	19000	33400	47500
4-pass 2-win Judkins Berline	2100	6100	10300	20600	36200	51500
4-pass 3-win Judkins Berline	2050	6000	10100	20200	35500	50400
7-pass Brunn AW Brghm	3400	10600	17700	35400	62200	88300
7-pass Brunn Cabrlt	3700	11000	18500	37000	65000	92400
Brunn Non-Clpbsle Cabrlt	3500	10450	17600	35200	61800	87900
7-pass Holbrook Clpsble Cabrlt	4000	11700	19700	39400	69200	98400
7-pass LeBaron Cabrlt	4250	12600	21200	42400	74500	105800
7-pass LeB Semi-Clpsble Cabrlt	3400	10600	17700	35400	62200	88300
7-pass LeBaron Clpsble Cabrlt	3800	11700	19750	39500	69500	98600
7-p Willoughby Lndlt	2800	8850	14750	29500	51800	73600
7-p Willoughby Limo	2800	8300	14000	28000	49200	69900
7-p Dietrich Conv Sdn	4400	13050	22000	44000	77300	109800
7-p LeBaron Cabrlt	3500	10950	18250	36500	64000	91100
4-p Dietrich Conv Sdn	4100	12150	20450	40900	71800	102100
4-p Dietrich Conv Cpe	4200	12400	21000	42000	73700	104800

1930

Lincoln, Model L, 8-cyl., 98 hp, 136" wb (61700-66000)

	6	5	4	3	2	1
2-4 pass Club Rdstr	4200	12450	20950	41900	73600	104600
4-pass Spt Phtn	4250	12650	21250	42500	74600	106100
4-pass Spt Phtn TC	4400	13050	22000	44000	77300	109800
7-pass Spt Tr	4200	12450	20950	41900	73600	104600
4-pass 2-win Twn Sdn	1150	3650	6100	12200	21500	30500
7-pass Sdn	1100	3550	5900	11800	20800	29400
7-pass Limo	1900	5650	9500	19000	33400	47500
2-pass Judkins Cpe	2500	7350	12450	24900	43700	62100
4-pass Judkins Berline	2800	8300	13950	27900	49000	69600
5-pass 2-win Judkins Berline	2900	8600	14450	28900	50700	72100
5-pass 3-win Judkins Berline	2900	8600	14450	28900	50700	72100
7-pass Brunn AW Brghm	3000	9250	15500	31000	54400	77400
5-pass Brunn AW Twn Car	2900	9050	15250	30500	53600	76100
7-pass LeBaron	3000	9250	15500	31000	54400	77400
5-pass LeBaron AW Cabrlt	4400	13050	22000	44000	77300	109800
7-pass LeB Semi-Clpsble Cabrlt	4200	12450	20950	41900	73600	104600
7-pass Willoughby Limo	2900	8600	14450	28900	50700	72100
5-pass LeBaron Cpe	2700	8000	13450	26900	47200	67100
5-pass LeBaron Cpe Sdn	2900	8650	14600	29200	51300	72900
2-4 pass Derham Conv Phtn	4350	12900	21750	43500	76400	108600
2-4 pass Dietrich Conv Cpe	4300	12750	21500	43000	75500	107300
4-pass Dietrich Conv Sdn	4500	13350	22500	45000	79000	112300

1931

Lincoln, Model K, 8-cyl., 120 hp, 145" wb (ID No. 66001-70000)

	6	5	4	3	2	1
5-pass Cpe	2500	7350	12450	24900	43700	562100

	6	5	4	3	2	1
4-pass Spt Phtn	5000	14850	25000	50000	87800	124800
4-pass TC Spt Phtn	5100	15100	25450	50900	89400	127100
7-pass Spt Tr	4600	13650	22950	45900	80600	114600
4-pass Twn Sdn	2000	5950	10000	20000	35150	49900
5-pass Sdn	1800	5350	9000	18000	31650	45000
7-pass Sdn	1800	5350	9000	18000	31650	45000
5-7 pass Limo	2400	7050	11950	23900	42000	59700
5-pass Judkins 2-win Berline	2600	7650	12950	25900	45500	64700
5-pass Judkins 3-win Berline	2600	7650	12950	25900	45500	64700
2-pass Judkins Cpe	2600	7650	12950	25900	45500	64700
2-pass Dietrich Stationary Cpe	2300	6800	11500	23000	40400	57500
5-pass Brunn Cabrlt	4400	13050	22000	44000	77300	109800
5-pass Brunn AW Brghm	2700	8000	13450	26900	47200	67100
5-pass LeBaron AW Cabrlt	4500	13350	22500	45000	79000	112300
5-pass Willoughby Pan Brghm	3000	8900	14950	29900	52500	74600
5-7 pass Willoughby Limo	2900	8600	14450	28900	50700	72100
4-pass Derham Conv Phtn	5100	15150	25500	51000	89600	127300
2-pass LeBaron Conv Rdstr	4800	14250	23950	47900	84100	119600
4-pass Dietrich Conv Cpe	5000	14850	25000	50000	87800	124800
5-pass Dietrich Conv Sdn	5050	15000	25250	50500	88700	126100
5-pass Waterhouse Conv Vic	5150	15300	25750	51500	90400	128600

1932

Model KA, Series 501, 8-cyl., 125 hp, 136" wb

	6	5	4	3	2	1
2-4 pass Cpe	2700	8000	13500	27000	47400	67400
2-pass Rdstr	4300	12750	21500	43000	75500	107300
5-pass Sdn	2000	5900	9950	19900	35000	49700
4-pass 2-win Twn Sdn	12150	6200	10450	20900	36700	52100
7-pass Sdn	2600	7700	13000	26000	45650	65000
5-pass Vic Cpe	2700	8000	13450	26900	47200	67100
7-pass Limo	2900	8600	14450	28900	50700	72100

Model KB, Series 231, 12-cyl., 150 hp, 145" wb

	6	5	4	3	2	1
5-pass Cpe	2800	8300	14000	28000	49200	69900
4-pass TC Spt Phtn	4800	14250	24000	48000	84300	119800
4-pass Spt Phtn	5000	14800	24950	49900	87600	124600
7-pass Spt Tr	4900	14550	24450	48900	85900	122100
4-pass 2-win Tr Sdn	2250	6550	11000	22000	38650	55000
4-pass 3-win Tr Sdn	2200	6400	10800	21600	37950	53900
5-pass Sdn	2150	6250	10600	21200	37250	53000
7-pass Sdn	2150	6200	10450	20900	36700	52100
7-pass Limo	2800	8300	14000	28000	49200	69900
2-4 pass LeBaron Conv Rdstr	5200	15400	25950	51900	91100	129600
2-pass Dietrich Cpe	3500	10400	17500	35000	61500	87400
4-pass Dietrich Cpe	3400	10050	16950	33900	59500	84600
2-4 pass Judkins Cpe	3600	10700	18000	36000	63200	79600
5-pass Judkins Berline	2800	8300	13950	27900	49000	69600
5-pass Waterhouse Conv Vic	5100	15100	25450	50900	89400	127100
5-pass Dietrich Spt Berline	4500	13350	22500	45000	79000	112300
5-pass Dietrich Conv Sdn	5200	15450	26000	52000	91300	129800
4-pass Willoughby Panel Brghm	3900	11550	19450	38900	68300	97100
7-pass Willoughby Limo	3200	9500	16000	32000	56200	79900
7-pass Brunn AW Brghm	5400	16050	27000	54000	94800	134800
5-pBrunn AW Non-Coll Cabrlt	4300	12750	21450	42900	75300	107100
5-pass Brunn AW Semi-Clpsble Cabrlt	5250	15600	26250	52500	92200	131100
5-pass LeBaron Twn Cabrlt	5600	16600	27950	55900	98200	139500
7-pass Rollston Twn Car	5200	15400	25950	51900	91100	129600
4-pass Brunn Spt Phtn	5500	16350	27500	55000	96600	137300
4-pass Brunn Dbl-tree Spt Cabrlt	4300	12750	21500	43000	75500	107300
2-pass Murphy Spt Rdstr	7500	22300	37500	75000	131700	187200

	6	5	4	3	2	1

1933

Model KA, Series 511, 12-cyl., 125 hp, 136" wb

	6	5	4	3	2	1
2-4 pass Cpe	2900	8600	14500	29000	50900	72400
2-pass Cpe	2800	8300	14000	28000	49200	69900
2-4 pass Conv Rdstr	4500	13350	22450	44900	78800	112100
5-pass Vic	2300	6800	11500	23000	40400	57500
5-pass Sdn	2150	6200	10500	21000	36900	52400
7-pass Sdn	2150	6200	10500	21000	36900	52400
4-pass Twn Sdn	2250	6550	11000	22000	38650	55500
7-pass Limo	2700	8000	13500	27000	47400	67400
4-pass TC Phtn	5400	16050	27000	54000	94800	134800
4-pass Phtn	5200	15400	25950	51900	91100	129600
7-pass Tr	4900	14550	24450	48900	85900	122100
2-4 pass Rdstr	4500	13350	22500	45000	79000	112300
2-pass Rdstr	4400	13050	22000	44000	77300	109800

Model KB, Series 251, 12-cyl., 150 hp, 145" wb

	6	5	4	3	2	1
4-pass TC Phtn	5500	16350	27500	55000	96600	137300
4-pass Phtn	5200	15450	26000	52000	91300	129800
7-pass Tr	5200	15450	26000	52000	91300	129800
5-pass Cpe	3000	8900	14950	29900	52500	74600
5-pass Sdn	2700	8000	13450	26900	47200	67100
7-pass Sdn	2600	7650	12950	25900	45500	64700
4-pass Twn Sdn	2550	7550	12750	25500	44800	63700
7-pass Limo	3000	8900	15000	30000	52700	74900
5-pass Brunn Semi-Coll Cabrlt	5100	15150	25500	51000	89600	127300
5-pass Brunn Non-Coll Cabrlt	4600	13650	23000	46000	80800	114800
7-pass Brunn Brghm	3800	11300	19000	38000	66700	94900
2-4 pass Brunn Conv Cpe	7500	22300	37500	75000	131700	187200
5-pass Dietrich Conv Sdn	7800	23150	39000	78000	137000	194700
2-pass Dietrich Cpe	3800	11250	18950	37900	66500	94600
4-pass Dietrich Cpe	3300	9750	16450	32900	57800	82100
7-pass Judkins Berline	3200	9500	16000	32000	56200	79900
2-pass Judkins Cpe	3400	10100	17000	34000	59700	84900
4-pass Judkins Cpe	3400	10100	17000	34000	59700	84900
7-pass Judkins Limo	3600	10700	18000	36000	63200	89900
2-4 pass LeBaron Conv Rdstr	6100	18100	30500	61000	107100	152300
7-pass Willoughby Limo	3700	10950	18450	36900	64800	92100
4-6 pass Willoughby Pan Brghm	3800	11250	18950	37900	66500	94600

1934

Model KA, Series 521, 12-cyl., 150 hp, 136" wb

	6	5	4	3	2	1
2-pass Cpe	2800	8300	13950	27900	49000	69600
4-pass RS Cpe	2500	7350	12450	24900	43700	62100
5-pass Vic Cpe	2700	8000	13450	26900	47200	67100
2-4 pass Conv Rdstr	4550	13500	22750	45500	79900	113600
4-5 pass Town Sdn	2150	6200	10450	20900	36700	52100
5-pass Sdn	2200	6500	10950	21900	38500	54700
7-pass Sdn	2400	7050	11950	23900	42000	59700
7-pass Limo	2800	8300	14000	28000	49200	69900
5-pass Conv Phtn	4550	13500	22750	45500	79900	113600

Model KB, Series 271, 12-cyl., 150 hp, 145" wb

	6	5	4	3	2	1
7-pass Tr	4500	13350	22450	44900	78800	112100
7-pass Sdn	2500	7350	12450	24900	43700	62100
7-pass Limo	2900	8600	14450	28900	50700	72100
5-pass 2-win Judkins Berline	3200	9500	15950	31900	56000	79600
5-pass 3-win Judkins Berline	3150	9350	15750	31500	55300	78600
7-pass Judkins Sdn Limo	2800	8300	14000	28000	49200	69900
7-pass Brunn Brghm	3100	9200	15450	30900	54300	77100
5-pass Brunn Semi-Clpsble Cabrlt	4000	11900	20000	40000	70200	99800
5-pass Brunn Non-Clpsble Cabrlt	4100	12200	20500	41000	72000	102300

	6	5	4	3	2	1
5-pass Brunn Conv Cpe	5050	15000	25250	50500	88700	126100
2-4 pass LeBaron Conv Rdstr	5100	15100	25450	50900	89400	127100
5-pass Dietrich Conv Sdn	5600	16650	28000	56000	98300	139800
7-pass Willoughby Limo	2900	8600	14450	28900	50700	72100

1935

Model K, Series 541, 12-cyl., 150 hp, 136" wb

	6	5	4	3	2	1
5-pass Cpe	2300	6650	11250	22500	39500	56100
5-pass 2-win Sdn	2000	5900	9950	19900	35000	49700
5-pass 3-win Sdn	2000	5800	9750	19500	34300	48700
2-pass LeBaron Cpe	2400	7050	11950	23900	42000	59700
5-pass LeBaron Cabrlt Phtn	4700	13950	23500	47000	82500	117300
2-4 pass LeBaron Conv Rdstr	4500	13350	22500	45000	79000	112300
5-pass Brunn Conv Vic	4600	13650	23000	46000	80800	114800

Model K, Series 301, 12-cyl., 150 hp, 145" wb

	6	5	4	3	2	1
7-pass Tr	4450	13200	22250	44500	78100	111100
7-pass Sdn	2000	5950	10000	20000	35150	49900
7-pass Limo	2350	6950	11750	23500	41300	58700
5-7 pass LeBaron Cabrlt Sdn	5050	15000	25250	50500	88700	126100
5-7 pass Brunn Semi-Coll Cabrlt	4200	12450	20950	41900	73600	104600
5-7 pass Brunn Non-Coll Cabrlt	4000	11900	20000	40000	70200	99800
5-7 pass Brunn Brghm	2450	7250	12250	24500	43000	61200
7-pass Willoughby Limo	2550	7550	12750	25500	44800	63700
5-pass Willoughby Spt Sdn	2450	7250	12250	24500	43000	61200
5-pass 2-win Judkins Berline	2550	7550	12750	25500	44800	63700
5-pass 3-win Judkins Berline	2400	7050	11950	23900	42000	59700
7-pass Judkins Sdn Limo	2600	7650	12950	25900	45500	64700

1936

Zephyr, 12-cyl., 110 hp, 122" wb

	6	5	4	3	2	1
2-dr 6-pass Sdn	1150	3650	6100	12200	21500	30500
4-dr 6-pass Sdn	1150	3600	5950	11900	21000	29700

Model K, 12-cyl., 150 hp, 136" wb

	6	5	4	3	2	1
5-pass Cpe	1700	5050	8500	17000	29900	42500
5-pass 2-win Sdn	1500	4500	7500	15000	26400	37500
5-pass 3-win Sdn	1400	4350	7250	14500	25500	36200
2-pass LeBaron Conv Cpe	1800	5300	8950	17900	31500	44700
2-4 pass LeBaron Conv Rdstr	3600	10650	17950	35900	63000	89600
2-4 pass LeBaron Conv Sdn	4000	11850	19950	39900	70100	99600
5-pass Brunn Conv Vic	3900	11550	19450	38900	68300	97100
5-pass Willoughby Pan Brghm	2000	5800	9750	19500	34300	48700

Model K, 12-cyl., 150 hp, 145" wb

	6	5	4	3	2	1
7-pass Tr	4000	11850	19950	39900	70100	99600
7-pass Sdn	1800	5300	8950	17900	31500	44700
7-pass Limo	2000	5900	9950	19900	35000	49700
5-pass LeBaron Conv Sdn Limo	4250	12650	21300	42600	74800	106300
5-pass Brunn Semi-Clpsble Cabrlt	3900	11550	19450	38900	68300	97100
5-pass Brunn Non-Clpsble Cabrlt	3100	9200	15450	30900	54300	77100
7-pass Brunn Brghm	2000	5850	9900	19800	34800	49500
7-pass Willoughby Limo	2050	6050	10250	20500	36000	51200
7-pass Willoughby Spt Sdn	1950	5700	9650	19300	33900	48100
5-pass 2-win Judkins Berline	2000	5850	9900	19800	34800	49500
5-pass 3-win Judkins Berline	2050	6050	10200	20400	35850	51000
7-pass Judkins Limo	2150	6200	10500	21000	36900	52400

1937

Zephyr, 12-cyl., 110 hp, 122" wb

	6	5	4	3	2	1
3-pass Cpe	1000	3200	5350	10700	18900	26700
2-dr Sdn	900	2800	4700	9400	16500	23400
4-dr Sdn	900	2750	4600	9200	16200	22900

	6	5	4	3	2	1
5-pass Twn Limo Sdn	900	2850	4800	9600	16900	24000
Conv Sdn	2350	6900	11600	23200	40750	57900
Model K, 12-cyl., 150 hp, 136" wb						
2-pass LeBaron Cpe	1750	5200	8700	17400	30600	43500
2-pass LeBaron Conv Rdstr	3450	10250	17250	34500	60600	86100
5-pass Willoughby Cpe	1850	5400	9100	18200	32000	45500
5-pass Brunn Conv Vic	3600	10700	18000	36000	63200	89900
5-pass 2-win Sdn	1550	4700	7900	15800	27800	39400
5-pass 3-win Sdn	1500	4600	7700	15400	27100	38500
Model K, 12-cyl., 150 hp, 145" wb						
7-pass Sdn	1650	4950	8300	16600	29200	41500
7-pass Limo	1750	5200	8700	17400	30600	43500
5-pass LeBaron Conv Sdn	3650	10850	18300	36600	64300	91400
5-pass LeBaron Conv Sdn w/part	3900	11600	19500	39000	68500	97400
5-pass Brunn Semi-Coll Cabrlt	3400	10100	17000	34000	59700	84900
5-pass Brunn Non-Coll Cabrlt	2750	8150	13750	27500	48300	68600
5-pass Brunn Brghm	2050	6000	10100	20200	35500	50400
5-pass Brunn Tr Cabrlt	3600	10700	18000	36000	63200	89900
5-pass 2-win Judkins Berline	2000	5900	9950	19900	35000	49700
5-pass 3-win Judkins Berline	2000	5800	9750	19500	34300	48700
7-pass Judkins Limo	2200	6500	10950	21900	38500	54700
7-pass Willoughby Tr	2500	7400	12500	25000	43900	62400
5-pass Willoughby Spt Sdn	2000	5800	9750	19500	34300	48700
5-pass Willoughby Pan Brghm	2050	6050	10250	20500	36000	51200
7-pass Willoughby Limo	2200	6350	10750	21500	37800	53700

1938

	6	5	4	3	2	1
Zephyr, 12-cyl., 110 hp, 125" wb						
3-pass Cpe	1150	3600	5950	11900	21000	29700
3-5 pass Conv Cpe	1900	5500	9250	18500	32500	46100
4-dr 6-pass Sdn	750	2250	3700	7400	12800	18500
2-dr 5-pass Sdn Cpe	800	2350	3900	7800	13500	19500
5-pass Twn Limo	850	2600	4400	8800	15500	21900
5-pass Conv Sdn	2400	7100	12000	24000	42150	59900
Model K, 12-cyl., 136" wb						
2-pass LeBaron Cpe	1750	5200	8700	17400	30600	43500
4-pass LeBaron Conv Rdstr	3450	10250	17250	34500	60600	86100
5-pass Willoughby Cpe	1800	5300	8900	17800	31300	44400
5-pass 2-win Sdn	1600	4800	8000	16000	28150	40000
5-pass 3-win Sdn	1500	4600	7700	15400	27100	38500
5-pass Brunn Conv Vic	3600	10650	17950	35900	63000	89600
Model K, 12-cyl., 145" wb						
7-pass Sdn	1600	4850	8100	16200	28500	40500
7-pass Sdn Limo	1700	5000	8350	16700	29400	41700
5-pass LeBaron Conv Sdn	3850	11450	19250	38500	67600	96100
5-pass LeBaron Conv Sdn w/part	4000	11900	20000	40000	70200	99800
5-pass 2-win Judkins Berline	1650	4950	8300	16600	29200	41500
5-pass 3-win Judkins Berline	1700	5050	8500	17000	29900	42500
7-pass Judkins Limo	1800	5300	8900	17800	31300	44400
2-pass Brunn Tr Cabrlt	4000	11850	19950	39900	70100	99600
5-pass Brunn Non-Clpsble Cabrlt	2150	6650	11100	22200	39000	55500
5-pass Brunn Semi-Clpsble Cabrlt	3400	10100	17000	34000	59700	84900
Brunn Brghm	1800	5300	8900	17800	31300	44400
7-pass Willoughby Tr	2550	7500	12700	25400	44600	63500
5-pass Willoughby Spt Sdn	1800	5300	8900	17800	31300	44400
5-pass Willoughby Pan Brghm	1650	4950	8300	16600	29200	41500
7-pass Willoughby Limo	2000	5900	9950	19900	35000	49700

1939

	6	5	4	3	2	1
Zephyr, 12-cyl., 110 hp, 125" wb						
3-pass Cpe	1100	3500	5850	11700	20600	29100

	6	5	4	3	2	1
6-pass Conv Cpe	2000	5950	10000	20000	35150	49900
2-dr 6-pass Sdn Cpe	800	2450	4100	8200	14400	20500
6-pass Custom Sdn	800	2400	4000	8000	13900	19900
6-pass Custom Twn Sdn	900	2850	4750	9500	16700	23700
6-pass Conv Sdn	2400	7100	12000	24000	42150	59900
Model K, 12-cyl., 136" wb						
2-pass LeBaron Cpe	1850	5400	9100	18200	32000	45500
4-pass LeBaron Conv Rdstr	3050	9050	15250	30500	53600	76100
5-pass Willoughby Cpe	1900	5500	9300	18600	32700	46400
5-pass 2-win Sdn	1700	5050	8500	17000	29900	42500
5-pass 3-win Sdn	1700	5050	8500	17000	29900	42500
5-pass Brunn Conv Vic	3050	9050	15250	30500	53600	76100
Model K, 12-cyl., 145" wb						
5-pass 2-win Judkins Berline	1800	5300	8900	17800	31300	44400
5-pass 3-win Judkins Berline	1800	5250	8800	17600	30950	43900
7-pass Judkins Limo	1900	5500	9250	18500	32500	46100
2-pass Brunn Tr Cabrlt	2600	7650	12900	25800	45300	64400
7-pass Judkins Sdn	1750	5200	8700	17400	30600	43500
7-pass Limo	1900	5500	9300	18600	32700	46400
5-pass LeBaron Conv Sdn	3850	11450	19250	38500	67600	96100
5-pass LeBaron Conv Sdn w/part	4000	11900	20000	40000	70200	99800
5-pass Willoughby Spt Sdn	2000	5900	9950	19900	35000	49700
Model K, 12-cyl., 145" wb, 6 wheels						
5-pass Brunn Non-Coll Cabrlt	3500	10400	17500	35000	61500	87400
5-pass Brunn Semi-Coll Cabrlt	3900	11600	19500	39000	68500	97400
7-pass Brunn Brghm	2150	6200	10500	21000	36900	52400
7-pass Willoughby Limo	2400	7000	11800	23600	41450	59000

1940

	6	5	4	3	2	1
Zephyr, 12-cyl., 120 hp, 125" wb						
3-pass Cpe	1000	3250	5450	10900	19100	27200
5-pass A/S Cpe	1050	3300	5500	11000	19300	27500
6-pass Club Cpe	1100	3450	5750	11500	20300	28700
6-pass Conv Club Cpe	1800	5350	9000	18000	31650	45000
6-pass Sdn	800	2400	4000	8000	13900	19900
5-pass Twn Limo	1100	3550	5900	11800	20800	29400
6-pass Cont Club Cpe	2150	6200	10500	21000	36900	52400
5-pass Cont Conv Cabrlt	2900	8600	14500	29000	50900	72400
7-pass Cust Limo	1400	4100	6500	14500	26700	32500
5-pass Cust Twn Car	1500	4300	7100	15500	28500	35500

1941

	6	5	4	3	2	1
Zephyr, 12-cyl., 120 hp, 125" wb						
3-pass Cpe	1000	3250	5450	10900	19100	27200
3-5 pass A/S Cpe	1050	3350	5600	11200	19700	28000
6-pass Club Cpe	1100	3450	5750	11500	20300	28700
6-pass Conv Cpe	1800	5350	9000	18000	31650	45000
4-dr 6-pass Sdn	800	2450	4100	8200	14400	20500
Continental, 12-cyl., 120 hp, 125" wb						
6-pass Cpe	2000	5950	10000	20000	35150	49900
6-pass Conv Cabrlt	2800	8300	14000	28000	49200	69900
6-pass Sdn	800	2500	4200	8400	14800	20500
Custom, 12-cyl., 120 hp, 125" wb						
7-pass Sdn	850	2650	4450	8900	15700	22300
7-pass Limo	1000	3250	5450	10900	19100	27200

1942

	6	5	4	3	2	1
Zephyr, 12-cyl., 130 hp, 125" wb						
3-pass Cpe	750	2100	3550	7100	12300	17700
6-pass Sdn	650	1800	3250	6500	11200	16100

	6	5	4	3	2	1
6-pass Club Cpe	800	2350	3950	7900	13700	19700
6-pass Conv Club Cpe	1800	5350	9000	18000	31650	45000
Continental, 12-cyl., 130 hp, 125" wb						
6-pass Cpe	2000	5950	10000	20000	35150	49900
6-pass Conv Cabrlt	2800	8300	14000	28000	49200	69900
Custom, 12-cyl., 130 hp, 138" wb						
7-pass Sdn	750	2150	3600	7200	12400	18000
7-pass Limo	1050	3300	5500	11100	19500	27700

1946-1948

Lincoln (1946 Mdl 66H; 1947 Model 76H; 1948 Model 876H), 12-cyl., 125 hp, 125" wb

	6	5	4	3	2	1
Club Cpe	800	2450	4150	8300	14600	20700
4-dr Sdn	700	1900	3350	6700	11500	16500
Conv Cpe	1800	5300	8950	17900	31500	44700
Continental, 12-cyl., 125 hp, 125" wb						
Club Cpe	1900	5650	9500	19000	33400	47500
Conv Cabrlt	2800	8300	14000	28000	49200	69900

1949

Model 9EL, 8-cyl., 152 hp, 121" wb

	6	5	4	3	2	1
72 6-pass Club Cpe	1100	2950	4950	8700	15200	21500
74 4-dr 6-pass Spt Sdn	750	1950	3400	6800	11900	17700
76 Club Conv	1350	4150	6950	13900	24500	34700
Cosmopolitan, 8-cyl., 152 hp, 125" wb						
72 6-pass Club Cpe	850	2550	4350	8700	15300	21700
73 4-dr 6-pass Twn Sdn	700	1900	3350	6700	11500	16500
74 4-dr 6-pass Spt Sdn	700	2000	3450	6900	11900	17200
76 Conv Cpe	1600	4750	7950	15900	28000	39700

1950

Model OEL, 8-cyl., 152 hp, 121" wb

	6	5	4	3	2	1
72 6-pass Club Cpe	1100	2950	4950	8700	15200	21500
72C Lido Cpe	1250	3100	5550	12100	19500	27500
74 4-dr 6-pass Spt Sdn	750	1950	3400	6800	11900	17700
Cosmopolitan, 8-cyl., 152 hp, 125" wb						
72 6-pass Club Cpe	850	2550	4350	8700	15300	21700
72C 6-pass Capri Cpe	950	2950	4950	9900	17500	24700
74 4-dr 6-pass Spt Sdn	700	2000	3450	6900	11900	17200
76 6-pass Conv Cpe	1600	4750	7950	15900	28000	39700

1951

Model 1EL, 8-cyl., 154 hp, 121" wb

	6	5	4	3	2	1
72 6-pass Club Cpe	1100	2950	4950	8700	15200	21500
72C Lido Cpe	1250	3100	5550	12100	19500	27500
4-dr 6-pass Spt Sdn	750	1950	3400	6800	11900	17700
Cosmopolitan, 8-cyl., 154 hp, 125" wb						
72 6-pass Cpe	850	2550	4350	8700	15300	21700
72C 6-pass Capri Cpe	900	2900	4850	9700	17100	24200
74 4-dr 6-pass Spt Sdn	750	2100	3550	7100	12300	17700
76 6-pass Conv Cpe	1600	4750	7950	15900	28000	39700

1952

Cosmopolitan, Series BD, 8-cyl., 160 hp, 123" wb

	6	5	4	3	2	1
60C 2-dr Spt Cpe	900	2750	4650	9300	16400	23100
73A 4-dr Sdn	650	1800	3250	6500	11200	16100
Capri, Series BD, 8-cyl., 160 hp, 123" wb						
60A 2-dr Cpe	950	2950	4950	9900	17500	24700
73B 4-dr Sdn	700	2000	3450	6900	11900	17200
76A 2-dr Conv Cpe	1600	4800	8000	16100	28300	40200

	6	5	4	3	2	1

1953

Cosmopolitan, Series BH, 8-cyl., 205 hp, 123" wb

	6	5	4	3	2	1
60C 2-dr Hdtp Spt Cpe	900	2750	4650	9300	16400	23100
73A 4-dr Sdn	650	1800	3250	6500	11200	16100

Capri, 8-cyl., Series BH, 205 hp, 123" wb

60A 2-dr Hdtp	950	2950	4950	9900	17500	24700
73B 4-dr Sdn	700	2000	3450	6900	11900	17200
76A 2-dr Conv Cpe	1600	4800	8000	16100	28300	40200

Factory air cond. add 25%   Power steering add 15%

1954

Cosmopolitan, Series BS, 8-cyl., 205 hp, 123" wb

60C 2-dr Hdtp Spt Cpe	900	2900	4850	9700	17100	24200
73A 4-dr Sdn	650	1800	3250	6500	11200	16100

Capri, 8-cyl., Series BS, 205 hp, 123" wb

60A 2-dr Hdtp	950	3050	5150	10300	18200	25700
73B 4-dr Sdn	650	1800	3200	6400	11000	15900
76A 2-dr Conv Cpe	1600	4850	8150	16300	28700	40800

Factory air cond. add 25%   Power steering add 15%

1955

Custom, Series BT, 8-cyl., 225 hp, 123" wb

60C 2-dr Hdtp Spt Cpe	900	2750	4650	9300	16400	23100
73A 4-dr Sdn	650	1800	3250	6500	11200	16100

Capri, Series BT, 8-cyl., 225 hp, 123" wb

60A 2-dr Hdtp Cpe	950	3000	5050	10100	17900	25100
73B 4-dr Sdn	700	2000	3450	6900	11900	17200
76A 2-dr Conv Cpe	1700	5050	8450	16900	29700	42200

Factory air cond. add 20%   Power steering add 10%

1956

Capri, Series BY, 8-cyl., 285 hp, 126" wb

60E 2-dr Hdtp Spt Cpe	950	3000	5050	10100	17900	25100
73A 4-dr Sdn	650	1800	3250	6500	11200	16100

Premiere, Series BY, 8-cyl., 285 hp, 126" wb

60B 2-dr Hdtp Cpe	1000	3100	5200	10400	18400	26000
73B 4-dr Sdn	700	2000	3450	6900	11900	17200
76B 2-dr Conv Cpe	1900	5500	9250	18500	32500	46100

Continental Mark II, 8-cyl., 300 hp, 126" wb

60A 2-dr Spt Cpe	1650	4900	8250	16500	29000	41200

Lincoln factory air add 20%
Continental factory air add 10%

1957

Capri, Series BAJ, 8-cyl., 300 hp, 126" wb

60A 2-dr Hdtp Cpe	900	2750	4650	9300	16400	23100
57A 4-dr Hdtp Lan	650	1750	3150	6300	10900	15700
58A 4-dr Sdn	600	1650	2850	5700	9900	14200

Premiere, Series BAJ, 8-cyl., 300 hp, 126" wb

60B 2-dr Hdtp Cpe	900	2900	4850	9700	17100	24200
57B 4-dr Hdtp Lan	700	1900	3350	6700	11500	16500
58B 4-dr Sdn	650	1700	3000	5900	10200	14700
76B 2-dr Conv Cpe	1800	5300	8950	17900	31500	44700

Continental Mark II, 300 hp, 126" wb

60A 2-dr Spt Cpe	1650	4900	8250	16500	29000	41200

Lincoln factory air add 20%
Continental factory air add 10%

	6	5	4	3	2	1

1958

Capri, 8-cyl., 375 hp, 131" wb

	6	5	4	3	2	1
63A 2-dr Hdtp Cpe	700	1900	3350	6700	11500	16500
57A 4-dr Hdtp Lan	600	1600	2750	5500	9500	13800
53A 4-dr Sdn	500	1350	2350	4700	8100	11500

Premiere, 8-cyl., 375 hp, 131" wb

	6	5	4	3	2	1
63B 2-dr Hdtp	750	2100	3550	7100	12300	17700
57B 4-dr Hdtp	650	1700	3000	5900	10200	14700
53B 4-dr Sdn	550	1500	2500	5100	8800	12500

Continental Mark III, 8-cyl., 375 hp, 131" wb

	6	5	4	3	2	1
65A 2-dr Hdtp Cpe	800	2400	4050	8100	14200	20200
75A 4-dr Hdtp Sdn	700	1900	3350	6700	11500	16500
54A 4-dr Sdn	650	1700	3000	5900	10200	14700
68A Conv Cpe	1500	4500	7500	15000	26400	37500

Factory air cond add 10%

1959

Lincoln, 8-cyl., 350 hp, 131" wb

	6	5	4	3	2	1
63A 2-dr Hdtp Cpe	700	1900	3350	6700	11500	16500
57A 4-dr Hdtp Lan	600	1600	2750	5500	9500	13800
53A 4-dr Sdn	500	1350	2350	4700	8100	11500

Premiere, 8-cyl., 350 hp, 131" wb

	6	5	4	3	2	1
63B 2-dr Hdtp	750	2100	3550	7100	12300	17700
57B 4-dr Hdtp	650	1700	3000	5900	10200	14700
54B 4-dr Sdn	550	1500	2500	5100	8800	12500

Continental Mark IV, 8-cyl., 350 hp, 131" wb

	6	5	4	3	2	1
65A 2-dr Hdtp Cpe	800	2400	4050	8100	14200	20200
75A 4-dr Hdtp Sdn	700	1900	3350	6700	11500	16500
54A 4-dr Sdn	650	1700	3000	5900	10200	14700
68A Conv Cpe	1500	4500	7500	15000	26400	37500
23A Limo	800	2450	4150	8300	14600	20700
23B Twn Car	800	2350	3950	7900	13700	19700

Factory air cond add 10%

1960

Lincoln, 8-cyl., 315 hp, 131" wb

	6	5	4	3	2	1
63A 2-dr Hdtp	700	1900	3350	6700	11500	16500
57A 4-dr Hdtp	650	1700	3000	5900	10200	14700
54A 4-dr Sdn	550	1500	2500	5100	8800	12500

Premiere, 8-cyl., 315 hp, 131" wb

	6	5	4	3	2	1
63B 2-dr Hdtp	750	2100	3550	7100	12300	17700
57B 4-dr Hdtp	650	1750	3150	6300	10900	15700
54B 4-dr Sdn	600	1600	2750	5500	9500	13800

Continental Mark V, 8-cyl., 315 hp, 131" wb

	6	5	4	3	2	1
65A 2-dr Hdtp Cpe	850	2550	4350	8700	15300	21700
75A 4-dr Hdtp Sdn	750	2100	3550	7100	12300	17700
54A 4-dr Sdn	650	1750	3150	6300	10900	15700
68A Conv Cpe	1500	4500	7500	15000	26400	37500
23A 4-dr Limo	850	2550	4350	8700	15300	21700
23B 4-dr Twn Car	800	2450	4150	8300	14600	20700

Factory air cond add 10%

1961

Continental, 8-cyl., 300 hp, 123" wb

	6	5	4	3	2	1
53A 4-dr Sdn	550	1450	2450	4900	8500	12000
74A 4-dr Conv Sdn	1150	3600	5950	11900	21000	29700

Factory air cond add 10%

	6	5	4	3	2	1

1962

Continental, 8-cyl., 300 hp, 123" wb

	6	5	4	3	2	1
53A 4-dr Sdn	550	1450	2450	4900	8500	12000
74A 4-dr Conv Sdn	1050	3400	5650	11300	19900	28200

Factory air cond add 10%

1963

Continental, 8-cyl., 320 hp, 123" wb

	6	5	4	3	2	1
53A 4-dr Sdn	550	1450	2450	4900	8500	12000
74A 4-dr Conv Sdn	1050	3400	5650	11300	19900	28200

Factory air cond add 10%

1964

Continental, 8-cyl., 320 hp, 126" wb

	6	5	4	3	2	1
53A 4-dr Sdn	500	1350	2350	4700	8100	11500
74A 4-dr Conv Sdn	1100	3500	5850	11700	20600	29100

Factory air cond add 10%   L-P limo add 75%

1965

Continental, 8-cyl., 320 hp, 126" wb

	6	5	4	3	2	1
53A 4-dr Sdn	500	1350	2350	4700	8100	11500
74A 4-dr Conv Sdn	1100	3500	5850	11700	20600	29100

Factory air cond add 10%   L-P limo add 75%

1966

Continental, 8-cyl., 340 hp, 126" wb

	6	5	4	3	2	1
65A 2-dr Hdtp Cpe	600	1650	2850	5700	9900	14200
53A 4-dr Sdn	500	1350	2350	4700	8100	11500
74A 4-dr Conv Sdn	1100	3500	5850	11700	20600	29100

Factory air cond add 10%   L-P limo add 75%

1967

Continental, 8-cyl., 340 hp, 126" wb

	6	5	4	3	2	1
65A 2-dr Hdtp Cpe	600	1650	2850	5700	9900	14200
53A 4-dr Sdn	500	1350	2350	4700	8100	11500
74A 4-dr Conv Sdn	1100	3500	5850	11700	20600	29100

Factory air cond add 10%   L-P limo add 75%

1968

Continental, 8-cyl., 365 hp, 126" wb

	6	5	4	3	2	1
65A 2-dr Hdtp	550	1550	2650	5300	9100	13000
53A 4-dr Sdn	450	1250	2150	4300	7400	10700

Factory air cond add 10%   L-P limo add 75%

1969

Continental, 8-cyl., 365 hp, 126" wb

	6	5	4	3	2	1
65A 2-dr Hdtp Cpe	550	1500	2500	5100	8800	12500
53A 4-dr Sdn	450	1250	2050	4100	7100	10300

Continental Mark III, 8-cyl., 365 hp, 117" wb

	6	5	4	3	2	1
65A 2-dr Hdtp Cpe	700	1900	3400	6800	11700	16900

Factory air cond add 10%   L-P limo add 75%

1970

Continental, 8-cyl., 365 hp, 127" wb

	6	5	4	3	2	1
65A 2-dr Hdtp Cpe	500	1300	2250	4500	7700	11000
53A 4-dr Sdn	400	1150	1850	3700	6400	9300

Continental Mark III, 8-cyl., 365 hp, 117" wb

	6	5	4	3	2	1
65A 2-dr Hdtp Cpe	650	1750	3150	6300	10900	15700

	6	5	4	3	2	1

1971

Continental, 8-cyl., 365 hp, 127" wb
	6	5	4	3	2	1
65A 2-dr Hdtp Cpe	450	1250	2050	4100	7100	10300
53A 4-dr Sdn	400	1050	1700	3300	5800	8300

Continental Mark III, 8-cyl., 365 hp, 117" wb
	6	5	4	3	2	1
65A 2-dr Hdtp Cpe	650	1750	3150	6300	10900	15700

1972

Continental, 8-cyl., 224 hp, 127" wb
	6	5	4	3	2	1
65A 2-dr Hdtp Cpe	400	1200	1950	3900	6800	9900
53A 4-dr Sdn	350	950	1550	3100	5500	7900
Town Car pkg add 10%						

Continental Mark IV, 8-cyl., 212 hp, 120" wb
	6	5	4	3	2	1
65D 2-dr Hdtp Cpe	500	1300	2250	4500	7700	11000

1973

Continental, 8-cyl., 219 hp, 127" wb
	6	5	4	3	2	1
65A 2-dr Hdtp Cpe	400	1100	1800	3500	6100	8900
53A 4-dr Hdtp Sdn	350	900	1500	2900	5200	7400

Town Car/Coupe pkg add 10%

Continental Mark IV, 8-cyl., 208 hp, 120" wb
	6	5	4	3	2	1
65D 2-dr Hdtp Cpe	450	1250	2150	4300	7400	10700

Silver Mark pkg add 10%

1974

Continental, 8-cyl., 215 hp, 127" wb
	6	5	4	3	2	1
65A 2-dr Hdtp Cpe	400	1050	1700	3300	5800	8300
53A 4-dr Sdn	300	800	1350	2700	4700	6900

Town Car/Coupe pkg add 10%
Silver Luxury pkg add 10%

Continental Mark IV, 8-cyl., 220 hp, 120" wb
	6	5	4	3	2	1
65D 2-dr Hdtp Cpe	450	1250	2050	4100	7100	10300

Gold Luxury pkg add 10%

1975

Continental, 8-cyl., 206 hp, 127" wb
	6	5	4	3	2	1
60B 2-dr Hdtp Spt Cpe	350	950	1550	3100	5500	7900
53B 4-dr Sdn	300	750	1250	2500	4400	6200

Town Car/Coupe pkg add 10%

Continental Mark IV, 8-cyl., 194 hp, 120" wb
	6	5	4	3	2	1
65D 2-dr Hdtp Cpe	400	1200	1950	3900	6800	9900

Blue Diamond pkg add 10%
Lipstick pkg add 15%

1976

Continental, 8-cyl., 202 hp, 127" wb
	6	5	4	3	2	1
60B 2-dr Cpe	350	900	1500	3000	5300	7600
53B 4-dr Sdn	300	750	1250	2500	4400	6200

Town Car/Coupe pkg add 10%

Continental Mark IV, 8-cyl., 202 hp, 120" wb
	6	5	4	3	2	1
65D 2-dr Hdtp Cpe	400	1200	1950	3900	6800	9900

Designer Series pkg (Blass, Cartier, deGivenchy, or Pucci)
add 15%
Luxury Group pkg (Lipstick, Blue Diamond,
Black Diamond Fire, etc). add 10%

1977

Versailles, 8-cyl., 135 hp, 110" wb
	6	5	4	3	2	1
84 4-dr Sdn	300	650	1100	2200	3800	5400

	6	5	4	3	2	1
Continental, 8-cyl., 173 HP 127" wb						
60B 2-dr Cpe	300	800	1350	2700	4700	6900
53B 4-dr Sdn	300	750	1250	2500	4400	6200
Continental Mark V, 173 HP, 8-cyl., 120" wb						
65D 2-dr Hdtp Cpe	450	1250	2050	4100	7100	10300

Designer Series pkg (Blass, Cartier, deGivenchy, or Pucci)
add 15%
460 cid V8 add 10%
Luxury Group pkg (Lipstick, Blue Diamond,
Black Diamond Fire, etc). add 10%

1978

	6	5	4	3	2	1
Versailles, 8-cyl., 133 hp, 110" wb						
84 4-dr Sdn	300	650	1100	2200	3800	5400
Continental, 8-cyl., 127" wb						
60B 2-dr Cpe	300	700	1200	2400	4100	5900
53B 4-dr Sdn	300	650	1150	2300	3900	5700

Town Car/Coupe pkg add 10%
Williamsburg Ed. pkg add 15%

	6	5	4	3	2	1
Continental Mark V, 8-cyl., 120" wb						
65D 2-dr Hdtp Cpe	450	1250	2050	4100	7100	10300

Diamond Jubilee pkg add 20%
Designer Series pkg (Blass, Cartier, deGivenchy,
or Pucci) add 15%
460 cid V8 add 10%

1979

	6	5	4	3	2	1
Versailles, 8-cyl., 130 hp, 110" wb						
84 4-dr Sdn	300	650	1100	2200	3800	5400
Continental, 8-cyl., 159 hp, 127" wb						
60B 2-dr Cpe	300	650	1150	2300	3900	5700
53B 4-dr Sdn	300	650	1100	2200	3800	5400

Town Car/Coupe pkg add 10%
Williamsburg Ed. pkg add 15%   Collector Series add 15%

	6	5	4	3	2	1
Continental Mark V, 8-cyl., 159 hp, 120" wb						
65D 2-dr Hdtp Cpe	400	1150	1850	3700	6400	9300

Collector Series add 15%
Designer Series pkg (Blass, Cartier, deGivenchy,
or Pucci) add 15%

1980

	6	5	4	3	2	1
Versailles, 8-cyl., 132 hp, 110" wb						
84 4-dr Sdn	300	650	1100	2200	3800	5400
Continental, 8-cyl., 129 hp, 117" wb						
81 2-dr Cpe	300	650	1100	2100	3600	5100
82 4-dr Sdn	300	650	1100	2200	3800	5400
Continental Mark VI, 8-cyl., 129 hp, 117" wb						
89 2-dr Cpe	300	650	1100	2200	3800	5400
90 4-dr Sdn	300	650	1100	2200	3800	5400

Signature series add 10%
Designer Series (Blass, Cartier, Givenchy, Pucci) add 15%
351 V-8 add 10%

1981

	6	5	4	3	2	1
Town Car, 8-cyl., 130 hp, 117" wb						
P93 2-dr Sdn	300	650	1100	2100	3600	5100
P94 4-dr Sdn	300	650	1100	2200	3800	5400
Continental Mark VI, 130 hp, 114" wb						
P95 2-dr Sdn	300	650	1100	2100	3600	5100

	6	5	4	3	2	1
P96 4-dr Sdn (117" wb)	300	650	1100	2200	3800	5400

Signature Series add 10%
Designer Series (Blass, Cartier, Givenchy, Pucci) add 15%

1982

Continental, 8-cyl., 130 hp, 109" wb

	6	5	4	3	2	1
P98 4-dr Sdn	300	600	950	1900	3200	4600

Signature Series add 10% *Givenchy edition add 15%*

Town Car, 8-cyl., 134 hp, 114" wb

	6	5	4	3	2	1
P94 4-dr Sdn	300	650	1000	2000	3500	4900

Signature Series add 10%   *Cartier edition add 15%*

Continental Mark VI, 8-cyl., 134 hp, 114" wb

	6	5	4	3	2	1
P95 2-dr Cpe	300	650	1100	2100	3600	5100
P96 4-dr Sdn (117" wb)	300	650	1100	2200	3800	5400

Signature Series add 10%
Designer Series (Blass, Givenchy, Pucci) add 15%

1983

Continental, 8-cyl., 130 hp, 109" wb

	6	5	4	3	2	1
4-dr Sdn	300	600	950	1900	3200	4600

Givenchy or Valentino Designer Series add 15%
Platinum Luxury Group 10%

Town Car, 8-cyl., 130 hp, 117" wb

	6	5	4	3	2	1
4-dr Sdn	300	650	1000	2000	3500	4900

Signature Series add 10%   *Cartier Designer Series add 15%*

Continental Mark VI, 8-cyl., 130 hp, 114" wb

	6	5	4	3	2	1
2-dr Cpe	300	650	1100	2100	3600	5100
4-dr Sdn (117" wb)	300	650	1100	2200	3800	5400

Signature Series add 10%
Designer series (Blass, Pucci, Givenchy) add 15%

1984

Continental, 8-cyl., 109" wb

	6	5	4	3	2	1
4-dr Sdn	300	600	950	1900	3200	4600

Givenchy or Valentino Designer Series add 15%

Town Car, 8-cyl., 117" wb

	6	5	4	3	2	1
4-dr Sdn	300	650	1000	2000	3500	4900

Signature Series add 10%   *Cartier Designer series add 15%*

Continental Mark VII, 8-cyl., 109" wb

	6	5	4	3	2	1
2-dr Cpe	300	650	1100	2200	3800	5400
2-dr LSC Cpe	300	700	1200	2400	4100	5900

Blass or Versace Designer Series add 15%
Diesel deduct 15%

1985

Continental, 8-cyl., 109" wb

	6	5	4	3	2	1
4-dr Sdn	300	600	950	1900	3200	4600

Givenchy or Valentino Designer Series add 15%

Town Car, 8-cyl., 117" wb

	6	5	4	3	2	1
4-dr Sdn	300	650	1000	2000	3500	4900

Signature Series add 10%   *Cartier Designer series add 15%*

Continental Mark VII, 8-cyl., 109" wb

	6	5	4	3	2	1
2-dr Cpe	300	800	1300	2600	4600	6600
2-dr LSC Cpe	300	800	1350	2700	4700	6900

Blass or Versace Designer Series add 15%
Diesel deduct 15%

	6	5	4	3	2	1

1986

Continental, 8-cyl., 150 hp, 109" wb

4-dr Sdn	300	650	1100	2100	3600	5100

Givenchy Designer Series add 15%

Town Car, 8-cyl., 150 hp, 117" wb

4-dr Sdn	300	650	1150	2300	3900	5700

Signature Series add 10%   Cartier Designer series add 15%

Continental Mark VII, 8-cyl., 200 hp, 109" wb

2-dr Cpe	300	800	1300	2600	4600	6600
2-dr LSC Cpe	300	800	1350	2700	4700	6900

Blass Designer Series add 15%

1987

Continental, 8-cyl., 150 hp, 109" wb

4-dr Sdn	300	750	1250	2500	4400	6200

Givenchy Designer Series add 15%

Town Car, 8-cyl., 150 hp, 117" wb

4-dr Sdn	300	800	1300	2600	4600	6600

Signature Series add 10%
Cartier Designer series add 15%
Sail America Ed add 15%

Continental Mark VII, 8-cyl., 200 hp, 109" wb

2-dr Cpe	400	1100	1800	3500	6100	8900
2-dr Cpe LSC	400	1150	1850	3700	6400	9300

Blass Designer Series add 15%

1988

Continental, 6-cyl., FWD, 140 hp, 109" wb

4-dr Sdn	350	950	1550	3100	5500	7900

Signature Series pkg add 10%

Town Car, 8-cyl., 150 hp, 117" wb

4-dr Sdn	350	900	1500	3000	5300	7600

Signature Series add 10%
Cartier Designer series add 15%

Continental Mark VII, 8-cyl., 225 hp, 109" wb

2-dr LSC Cpe	450	1250	2100	4200	7200	10500

Blass Designer Series add 10%

1989

Continental, 6-cyl., FWD, 140 hp, 109" wb

4-dr Sdn	400	1100	1800	3600	6200	9100

Signature Series pkg add 10%

Town Car, 8-cyl., 150 hp, 117" wb

4-dr Sdn	400	1050	1700	3400	5900	8500

Signature Series add 10%
Cartier Designer series add 15%

Continental Mark VII, 8-cyl., 225 hp, 109" wb

2-dr LSC Cpe	550	1500	2500	5000	8700	12300

Blass Designer Series add 10%

1990

Continental, 6-cyl., FWD, 140 hp, 109" wb

4-dr Sdn	500	1350	2300	4600	8000	11300

Signature Series pkg add 10%

Town Car, 8-cyl., 150 hp, 117" wb

4-dr Sdn	600	1600	2750	5500	9500	13800

Signature Series add 10%
Cartier Designer series add 15%

	6	5	4	3	2	1
Continental Mark VII, 8-cyl., 225 hp, 109" wb						
2-dr LSC Cpe	650	1700	3000	5900	10200	14700

Blass Designer Series add 10%

1991

	6	5	4	3	2	1
Continental, 6-cyl., FWD, 140 hp, 109" wb						
4-dr Executive Sdn	600	1600	2800	5600	9700	14000
4-dr Signature Sdn	600	1650	2850	5700	9900	14200
Town Car, 8-cyl., 150 hp, 117" wb						
4-dr Sdn	650	1800	3250	6500	11200	16100

Signature Series add 10%
Cartier Designer series add 15%

	6	5	4	3	2	1
Continental Mark VII, 8-cyl., 225 hp, 109" wb						
2-dr LSC Cpe	700	2050	3500	7000	12100	17400

1941 Lincoln Continental

1956 Lincoln Continental

1956 Lincoln Premier

1967 Lincoln

LOCOMOBILE
1901 – 1929

1906 Locomobile

1925 Locomobile

	6	5	4	3	2	1
1901						
Style 2 Steam Rnbt	1450	4450	7450	14900	26200	37200
Style 02 Steam Rnbt	1500	4550	7600	15200	26750	38000
Style 3 Buggy Top Rnbt	1550	4650	7800	15600	27450	38900
Style 03 Vic Top Rnbt	1550	4650	7800	15600	27450	38900
Style 003 Vic Top Rnbt	1550	4650	7800	15600	27450	38900
Style 5 Locosurrey	1600	4850	8100	16200	28500	40500
Style 05 Locosurrey	1650	4900	8250	16500	29000	41200
1902						
4-pass Model A Steam Tr	1550	4650	7800	15600	27450	38900
2/4-Pass Model B Steam Tr	1660	4850	8100	16200	28500	40500
2-pass Steam Vic	1450	4450	7450	14900	26200	37200
Style No. 2 Std Steam Rnbt	1400	4350	7250	14500	25500	36200
Style No. 02 Steam Rnbt	1450	4450	7450	14900	26200	37200
Style No. 5 Steam Locosurrey	1550	4650	7800	15600	27450	38900
Style No. 05 Steam Locosurrey	1600	4850	8100	16200	28500	40500
Style No. 3 Stm Physician's Car	1450	4450	7450	14900	26200	37200
Style No. 03 Steam Stanhope	1400	4250	7100	14200	25000	35400
Style No. 003 Stanhope	1400	4350	7250	14500	25500	36200
Style No. 0003 Stanhope	1400	4350	7250	14500	25500	36200
Steam Locotrap	1400	4350	7250	14500	25500	36200
Steam Locodelivery	1450	4450	7450	14900	26200	37200
1903						
Steam Cars						
4-pass Dos-a-Dos	1500	4550	7600	15200	26750	38000

	6	5	4	3	2	1
4-pass Locosurrey	1550	4650	7800	15600	27450	38900
2-pass Rnbt	1450	4450	7450	14900	26200	37200
Gasoline Cars						
2-cyl., 9 hp, 76" wb						
5-pass Tr	1500	4500	7550	15100	26600	37700
4-cyl., 16 hp, 86" wb						
5-pass Tr	1650	4900	8250	16500	29000	41200

1904

Steam Cars						
Model A, Tr (85" wb)	1600	4850	8100	16200	28500	40500
Model B, Tr (79" wb)	1650	4900	8250	16500	29000	41200
Stanhope B (79" wb)	1450	4450	7450	14900	26200	37200
Dos-a-Dos (79" wb)	1550	4650	7800	15600	27450	38900
LWB Rnbt	1500	4550	2600	15200	26750	38000
Model 5, Locosurrey (75" wb)	1650	4900	8200	16400	28850	41000
Spl Surrey (93" wb)	1700	5000	8350	16700	29400	41700
Gasoline Cars						
Model C, 2-cyl., 9/12 hp, 76" wb						
5-pass Tonneau	1600	4850	8100	16200	28500	40500
5-pass Canopy Top	1800	5250	8850	17700	31100	44100
Model D, 4-cyl., 16-22 hp, 86" wb						
6-8 pass Limo	1300	4050	6750	13500	23800	33700
6-pass Canopy Top	1450	4450	7450	14900	26200	37200
6-pass Tonneau	1300	4000	6650	13300	23400	33100

1905

Model E, 4-cyl., 15/20 hp, 92" wb						
5-pass Tr	1650	4900	8250	16500	29000	41200
5-pass Lndlt	1550	4650	7750	15500	27300	38700
Model D, 4-cyl., 20/25 hp, 96" wb						
7-pass Tr	1700	5050	8450	16900	29700	42200
Model H, 4-cyl., 30/35 hp, 106" wb						
7-pass Tr	1750	5200	8750	17500	30800	43700
7-pass Limo	1350	4150	6950	13900	24500	34700
Model F, 4-cyl., 40/45 hp, 110" wb						
7-pass Limo	1400	4300	7150	14300	25200	35700

1906

Model E, 4-cyl., 15/20 hp, 93" wb						
5-pass Tr	1650	4900	8250	16500	29000	41200
2-pass Fishtail Rnbt	1700	5050	8450	16900	29700	42200
5-pass Limo	1300	4050	6750	13500	23800	33700
Model H, 4-cyl., 30/35 hp, 106' wb						
5/7-pass Tr	1750	5200	8750	17500	30800	43700
5/7-pass Limo	1350	4150	6950	13900	24500	34700
Cup Racer, 4-cyl., 90 hp, 110" wb						
Racer			*One-off, recently sold to Henry Ford Museum*			

1907

Model E, 4-cyl., 20 hp, 96" wb						
5-pass Tr	1700	5050	8450	16900	29700	42200
2-pass Fishtail Rnbt	1750	5100	8600	17200	30250	43000
7-pass Limo (106" wb)	1350	4150	6950	13900	24500	34700
Model F, 4-cyl., 40 hp, 117" wb						
3-pass Rnbt	1850	5400	9200	18500	32400	46000
Model H, 4-cyl., 35 hp, 120" wb						
7-pass Tr	1800	5250	8850	17700	31100	44100
7-pass Limo	1400	4300	7150	14300	25200	35700

	6	5	4	3	2	1

1908

Model E, 4-cyl., 20 hp, 102" wb
5-pass Tr	1950	5800	9700	19400	34100	48400
6-pass Limo (116" wb)	1500	4650	7800	15600	27400	38900
6-pass Lndlt (116" wb)	1700	5100	8500	17000	19500	42600

Model I, 4-cyl., 40 hp, 123" wb
3-pass Rnbt	1800	5350	9000	18000	31650	45000
7-pass Tr	1900	5500	9200	18500	32500	46000
7-pass Limo	1400	4350	7250	14500	25500	36200

1909

Model 30, 4-cyl., 32 hp, 120" wb
| 5-pass Tr | 1800 | 5250 | 8850 | 17700 | 31100 | 44100 |
| 4-pass Rnbt | 1800 | 5350 | 9000 | 18000 | 31650 | 45000 |

Model 40, 4-cyl., 40 hp, 123" wb
7-pass Tr	1900	5500	9250	18500	32500	46100
4-pass Baby Tonneau	1900	5600	9400	18800	33050	47000
7-pass Limo	1350	4150	6950	13900	24500	34700

1910

Model L, 4-cyl., 30 hp, 120" wb
4-pass Rnbt	1900	5500	9250	18500	32500	46100
4-pass Baby Tonneau	1800	5350	9000	18000	31650	45000
5-pass Tr	1800	5250	8850	17700	31100	44100
Limo	1350	4150	6950	13900	24500	34700

Model I, 4-cyl., 40 hp, 123" wb
7-pass Tr	2150	6200	10450	20900	36700	52100
4-pass Rnbt	2050	6050	10200	20400	35850	51000
7-pass Limo	1700	5000	8350	16700	29400	41700
7-pass Lndlt	1800	5350	9000	18000	31650	45000
4-pass Baby Tonneau	2050	6000	10150	20300	35700	50700

1911

Model L, 4-cyl., 32 hp, 120" wb
5-pass Tr	1900	5500	9250	18500	32500	46100
4-pass Baby Tonneau	1950	5700	9600	19200	33750	47900
4-pass Torp	2000	5800	9750	19500	34300	48700
6-pass Limo	1450	4400	7350	14700	25900	36700
6-pass Lndlt	1600	4800	8000	16000	28150	40000

Model M, 6-cyl., 48 hp, 125" wb
7-pass Tr	2200	6350	10700	21400	37600	53500
4-pass Baby Tonneau	2300	6650	11250	22500	39500	56100
7-pass Limo	1750	5200	8750	17500	30800	43700
7-pass Lndlt	1900	5600	9400	18800	33050	47000

1912

Model L, 4-cyl., 30 hp, 120" wb
5-pass Tr	1900	5500	9250	18500	32500	46100
Baby Tonneau	1900	5600	9400	18800	33050	47000
4-pass Torp	1950	5700	9600	19200	33750	47900
7-pass Limo	1450	4400	7350	14700	25900	36700
7-pass Berline	1600	4850	8100	16200	28500	40500
7-pass Lndlt	1750	5200	8750	17500	30800	43700

Model M, 6-cyl., 48 hp, 135" wb
7-pass Tr	2200	6350	10700	21400	37600	53500
4-pass Torp	2200	6450	10900	21800	38300	54400
5-pass Torp	2250	6600	11100	22200	39000	55500
7-pass Limo	1750	5100	8550	17100	30100	42700
7-pass Berline	1900	5550	9350	18700	32900	46700
7-pass Lndlt	2050	6000	10100	20200	35500	50400

	6	5	4	3	2	1

1913

Model L, 4-cyl., 30 hp, 120" wb

	6	5	4	3	2	1
4-pass Torp	2000	5800	9800	19600	34450	49000
5-pass Tr	2050	6000	10100	20200	35500	50400
Rdstr	2000	5850	9900	19800	34800	49500

Model R, 6-cyl., 45 hp, 128" wb

	6	5	4	3	2	1
4-pass Torp	2450	7150	12100	24200	42500	60400
5-pass Tr	2400	7050	11900	23800	41800	59500
Rdstr	2600	7650	12900	25800	45300	64400
7-pass Limo	1750	5200	8750	17500	30800	43700
7-pass Lndlt	1850	5450	9200	18400	32350	45900
7-pass Berline Limo	2000	5800	9750	19500	34300	48700
7-pass Berline Lndlt	2050	6050	10250	20500	36000	51200

1914

Model 38, 6-cyl., 30-38 hp, 132" wb

	6	5	4	3	2	1
4-pass Torp	2800	8300	14000	28000	49200	69900
5-pass Tr	2900	8600	14500	29000	50900	72400
2-pass Rdstr	3000	8850	14900	29800	52300	74400
7-pass Limo	2100	6150	10350	20700	36400	51700
7-pas Lndlt	2150	6250	10600	21200	37250	53000
7-pass Berline	2200	6500	10950	21900	38500	54700

Model 48, 6-cyl., 95 hp, 136-140" wb

	6	5	4	3	2	1
7-pass Tr	2900	8600	14500	29000	50900	72400
6-pass Torp	2950	8800	14800	29600	52000	73900
2-pass Rdstr	3050	9100	15300	30600	53700	76400
7-pass Limo	2200	6500	10950	21900	38500	54700
7-pass Lndlt	2300	6750	11400	22800	40050	57000
7-pass Berline	2350	6950	11750	23500	41300	58700

Left hand drive add 10%

1915

Model 38, 6-cyl., 60 hp, 132" wb

	6	5	4	3	2	1
5-pass Tr	2900	8600	14500	29000	50900	72400
2-pass Rdstr	3000	8850	14900	29800	52300	74400
4-pass Torp	2900	8550	14400	28800	50600	71900
7-pass Limo	1450	4400	7350	14700	25900	36700
7-pass Lndlt	1500	4550	7650	15300	26900	38200
7-pass Berline	1550	4650	7750	15500	27300	38700

Model 48, 6-cyl., 95 hp, 140" wb

	6	5	4	3	2	1
7-pass Tr	3000	8850	14900	29800	52300	74400
2-pass Rdstr	3050	9100	15300	30600	53700	76400
6-pass Torp	2950	8800	14800	29600	52000	73900
7-pass Limo	1500	4500	7500	15000	26400	37500
7-pass Lndlt	1550	4650	7750	15500	27300	38700
7-pass Berline	1600	4750	7950	15900	28000	39700

1916

Model 38, 6-cyl., 60 hp, 140" wb

	6	5	4	3	2	1
7-pass Tr	3150	9350	15700	31400	55100	78400
6-pass Torp	3250	9650	16200	32400	56900	80900
7-pass Limo	1450	4400	7350	14700	25900	36700
7-pass Lndlt	1500	4500	7500	15000	26400	37500
7-pass Berline	1550	4650	7750	15500	27300	38700

Model 48, 6-cyl., 95 hp, 143" wb

	6	5	4	3	2	1
6-pass Torp	3850	11450	19300	38600	67800	96400
7-pass Tr	3550	10500	17700	35400	62200	88400
7-pass Lndlt	1650	4900	8200	16400	28850	41000
7-pass Berline	1700	5000	8350	16700	29400	41700
7-pass Limo	1600	4750	7950	15900	28000	39700

	6	5	4	3	2	1

1917

Model 38, 6-cyl., 60 hp, 139" wb

	6	5	4	3	2	1
7-pass Tr	3700	10950	18450	36900	64800	92100
6-pass Torp	3850	11450	19300	38600	67800	96400
4-pass Tr	3950	11700	19700	39400	69200	98400
7-pass Limo	1600	4750	7950	15900	28000	39700
7-pass Lndlt	1600	4850	8150	16300	28700	40800
7-pass Berline	1700	5050	8500	17000	29900	42500

Model 48, 6-cyl., 95 hp, 142" wb

	6	5	4	3	2	1
6-pass Torp	3950	11700	19700	39400	69200	98400
7-pass Tr	3850	11450	19300	38600	67800	96400
7-pass Lndlt	1700	5050	8500	17000	29900	42500
7-pass Berline	1800	5300	8950	17900	31500	44700
7-pass Limo	1700	5000	8350	16700	29400	41700

1918

Model 38, 6-cyl., 75 hp, 139" wb

	6	5	4	3	2	1
4-pass Sportif	5900	17550	29500	59000	103600	147300
7-pass Tr	3700	10950	18450	36900	64800	92100
6-pass Torp	3750	11200	18850	37700	66200	94100
4-pass Tr	3850	11450	19300	38600	67800	96400
7-pass Limo	1500	4600	7700	15400	27100	38500
7-pass Lndlt	1600	4750	7950	15900	28000	39700
7-pass Berline	1700	5050	8500	17000	29900	42500

Model 48, 6-cyl., 95 hp, 142" wb

	6	5	4	3	2	1
4-pass Sportif	5900	17550	29500	59000	103600	147300
7-pass Tr	3850	11450	19300	38600	67800	96400
6-pass Torp	3950	11700	19700	39400	69200	98400
4-pass Tr	3950	11700	19700	39400	69200	98400
7-pass Limo	1700	5000	8350	16700	29400	41700
7-pass Lndlt	1700	5050	8500	17000	29900	42500
7-pass Berline	1800	5300	8950	17900	31500	44700

1919

Model 38, 6-cyl., 75 hp, 139" wb

	6	5	4	3	2	1
4-pass Sportif	5900	17550	29500	59000	103600	147300
7-pass Tr	3700	10950	18450	36900	64800	92100
6-pass Torp	3750	11200	18850	37700	66200	94100
7-pass Limo	1500	4600	7700	15400	27100	38500
7-pass Lndlt	1600	4750	7950	15900	28000	39700
7-pass Berline	1700	5050	8500	17000	29900	42500

Model 48, 6-cyl., 95 hp, 142" wb

	6	5	4	3	2	1
7-pass Tr	3950	11700	19700	39400	69200	98400
Torp	3900	11650	19600	39200	68800	97900
7-pass Limo	2000	5900	9950	19900	35000	49700
7-pass Lndlt	2100	6150	10350	20700	36400	51700
7-pass Berline	2200	6500	10950	21900	38500	54700

1920

Model VII, 6-cyl., 95 hp, 142" wb

	6	5	4	3	2	1
4-pass Sportif	5900	17550	29500	59000	103600	147300
4-pass Spl Tr	4050	12050	20250	40500	71100	101100
7-pass Tr	3650	10850	18250	36500	64100	91100
7-pass Limo	2250	6550	11000	22000	38650	55000
7-pass Lndlt	2300	6750	11400	22800	40050	57000
7-pass Sdn	1200	3800	6350	12700	22400	31700
4-pass Cabrlt	1800	5350	9000	18000	31650	45000
5-pass Semi-Tr	2200	6500	10950	21900	38500	54700

	6	5	4	3	2	1

1921

Model VII, 6-cyl., 95 hp, 142" wb

	6	5	4	3	2	1
7-pass Tr	3650	10850	18250	36500	64100	91100
4-pass Sportif	5850	17400	29250	58500	102700	146000
7-pass Limo	2200	6500	10950	21900	38500	54700
7-pass Lan	2300	6700	11300	22600	39700	56400
7-pass Sdn	1200	3800	6350	12700	22400	31700
4-pass Cabrlt	1800	5350	9000	18000	31650	45000

1922

Model 48, 6-cyl., 80 hp, 142" wb

	6	5	4	3	2	1
4-pass Sportif	5850	17400	29250	58500	102700	146000
7-pass Tr	3700	11000	18500	37000	65000	92400
6-pass Limo	2200	6500	10950	21900	38500	54700
6-pass Lndlt	2300	6750	11350	22700	39900	56700
6-pass DC Phtn	5900	17550	29500	59000	103600	147300
6-pass Cpe-Limo	2400	7050	11950	23900	42000	59700
6-pass Cabrlt	2600	7800	13200	26400	46350	65900
6-pass Sdn	1800	5300	8950	17900	31500	44700

1923

Model 48, 6-cyl., 95 hp, 142" wb

	6	5	4	3	2	1
4-pass Sportif	5900	17550	29500	59000	103600	147300
7-pass Tr	3700	11000	18500	37000	65000	92400
7-pass Limo	2400	7050	11950	23900	42000	59700
4-pass DC Phtn	5900	17550	29500	59000	103600	147300
5-pass Cpe	1800	5300	8950	17900	31500	44700
5-pass Cabrlt	2600	7800	13200	26400	46350	65900
7-pass Sdn	1600	4750	7950	15900	28000	39700
5-pass Sdn	1400	4200	7100	14200	25000	35400
7-pass Lan	2300	6700	11300	22600	39700	56400

1924

Model 48, 6-cyl., 100 hp, 142" wb

	6	5	4	3	2	1
4-pass Sportif	5650	16800	28250	56500	99200	141000
7-pass Tr	3900	11600	19500	39000	68500	97400
7-pass Tr Limo	2600	7800	13200	26400	46350	65900
7-pass Brghm	2400	7050	11950	23900	42000	59700
7-pass Enclosed Dr Limo	2450	7300	12350	24700	4340	61700
5-pass Vic Sdn	1800	5300	8950	17900	31500	44700
6-pass Cabrlt	2800	8300	14000	28000	49200	69900

1925

Junior 8, 8-cyl., 66 hp, 124" wb

	6	5	4	3	2	1
5-pass Tr	3150	9350	15700	31400	55100	78400
5-pass Sdn	1400	4250	7100	14200	25000	35400
5-pass Brghm	1850	5400	9100	18200	32000	45500
4-pass Rdstr	3300	9800	16500	33000	57900	82400
3-pass Cpe	1600	4850	8100	16200	28500	40500

Model 48, 6-cyl., 103 hp, 142" wb

	6	5	4	3	2	1
4-pass Sportif	5850	17400	29250	58500	102700	146000
7-pass Tr	4000	11850	19950	39900	70100	99600
7-pass Tr Limo	2700	8100	13600	27200	47800	67900
6-pass Brghm	2450	7250	12300	24600	43200	61500
5-pass Vic Sdn	1850	5400	9100	18200	32000	45500
7-pass Enclosed Limo	2550	7500	12700	25400	44600	63500
7-pass Cabrlt	2900	8550	14400	28800	50600	71900

LOCOMOBILE

	6	5	4	3	2	1

1926

Junior 8, 8-cyl., 66 hp, 124" wb
	6	5	4	3	2	1
5-pass Tr	3200	9550	16100	32200	56500	80400
5-pass Sdn	1400	4250	7100	14200	25000	35400
5-pass Brghm	1600	4850	8100	16200	28500	40500
4-pass Rdstr	3300	9800	16500	33000	57900	82400

Model 90, 6-cyl., 86 hp, 138" wb
	6	5	4	3	2	1
4-pass Rdstr	5150	15300	25750	51500	90400	128600
5-pass Vic Sdn	1600	4850	8100	16200	29500	40500
5-pass Vic Div Sdn	1850	5400	9100	18200	32000	45500
7-pass Brghm	1900	5650	9500	19000	33400	47500
7-pass Sub Limo	1950	5750	9700	19400	34100	48400
7-pass Cabrlt	2600	7800	13200	26400	46350	65900

Model 48, 6-cyl., 103 hp, 138" wb
	6	5	4	3	2	1
4-pass Sportif	5550	16500	27750	55500	97500	138500
7-pass Tr	4000	11850	19950	39900	70100	99600
7-pass Cabrlt	2700	8100	13600	27200	47800	67900
5-pass Vic Sdn	1850	5400	9100	18200	32000	45500
7-pass Enclosed Dr Limo	2250	6600	11100	22200	39000	55500
7-pass Tr Limo	2050	6050	10200	20400	35850	51000
6-pass Twn Brghm	2000	5900	9950	19900	35000	49700

1927

Model 8-66, 8-cyl., 66 hp, 124" wb
	6	5	4	3	2	1
5-pass Tr	3550	10500	17700	35400	62200	88400
5-pass Sdn	1850	5400	9100	18200	32000	45500
5-pass Brghm	2250	6600	11100	22200	39000	55500
4-pass Rdstr	3400	10050	16950	33900	59500	84600
4-pass Cpe	2300	6800	11500	23000	40400	57500

Model 8-80, 8-cyl., 90 hp, 130" wb
	6	5	4	3	2	1
5-pass Sdn	1600	4850	8100	16200	28500	40500

Model 90, 6-cyl., 86 hp, 138" wb
	6	5	4	3	2	1
4-pass Sportif	5300	15750	16500	53000	93100	132300
4-pass Tr	3700	11000	18500	37000	65000	92400
4-pass Rdstr	4050	12050	20250	40500	71100	101100
5-pass Vic Cpe	2450	7250	12300	24600	43200	61500
5-pass Sdn	2050	6000	10100	20200	35500	50400
5-pass Div Sdn	2150	6250	10600	21200	37250	53000
7-pass Sdn	2100	6100	10300	20600	36200	51500
6-pass Brghm	2450	7250	12300	24600	43200	61500
7-pass Cabrlt	2900	8550	14400	28800	50600	71900

Model 48, 6-cyl., 103 hp, 138" wb
	6	5	4	3	2	1
4-pass Sportif	5550	16500	27750	55500	97500	138500
7-pass Tr	3800	11250	18950	37900	66500	94600
4-pass Rdstr	4100	12200	20500	41000	72000	102300
7-pass Cabrlt	3100	9250	15600	31200	54800	77900
5-pass Vic Sdn	1850	5400	9100	18200	32000	45500
7-pass Enclosed Dr Limo	2250	6600	11100	22200	39000	55500
7-pass Tr Limo	2150	6250	10600	21200	37250	53000
6-pass Twn Brghm	2450	7250	12300	24600	43200	61500

1928

Model 8-70, 8-cyl., 70 hp, 122" wb
	6	5	4	3	2	1
5-pass Sdn	1400	4250	7100	14200	25000	35400
5-pass Brghm	1500	4500	7500	15000	26400	37500
5-pass Del Sdn	1600	4750	7950	15900	28000	39700
4-pass Vic Cpe	1700	5050	8500	17000	29900	42500

Model 8-80, 8-cyl., 90 hp, 130" wb
	6	5	4	3	2	1
4-pass Sportif	3100	9000	15000	30000	56000	72500
5-pass Sdn	1500	4500	7500	15000	26400	37500

	6	5	4	3	2	1
5-pass Brghm	1600	4750	7950	15900	28000	39700
4-pass Vic Cpe	1850	5400	9100	18200	32000	45500
4-pass Col Cpe	2000	5800	9800	19600	34450	49000
5-pass Vic Sdn	1600	4750	7950	15900	28000	39700
7-pass Tr (140" wb)	2750	8150	13750	27500	48300	68600
7-pass Sdn (140" wb)	1500	4500	7500	15000	26400	37500
7-pass Sub (140" wb)	1600	4750	7950	15900	28000	39700
Model 90, 6-cyl., 86 hp, 138" wb						
4-pass Sportif	3550	10550	17750	35500	62300	88600
4-pass Rdstr	3150	9350	15750	31500	55300	78600
5-pass Vic Sdn	1700	5050	8500	17000	29900	42500
7-pass Tr	3050	9100	15300	30600	53700	76400
7-pass Sub	1900	5500	9300	18600	32700	46400
7-pass Twn Brghm	1900	5500	9300	18600	32700	46400
7-pass Cabrlt	2700	8100	13600	27200	47800	67900
7-pass Semi-Clpsble Cabrlt	2600	7750	13100	26200	46000	65500
Model 48, 6-cyl., 103 hp, 142" wb						
4-pass Sportif	3700	11000	18500	37000	65000	92400
7-pass Tr	3550	10550	17750	35500	62300	88600
4-pass Rdstr	3600	10750	18100	36200	63600	90400
5-pass Cabrlt	2800	8300	14000	28000	49200	69900
5-pass Vic Sdn	2800	8250	13900	27800	48800	69400
7-pass Enclosed Dr Limo	2700	8000	13500	27000	47400	67400
7-pass Tr Limo	2900	8550	14400	28800	50600	71900
6-pass Twn Brghm	2850	8500	14300	28600	50200	71400

1929

Model 88, 8-cyl., 115 hp, 130" wb

	6	5	4	3	2	1
4-pass Phtn	3150	9350	15750	31500	55300	78600
5-pass Sdn	1600	4850	8100	16200	28500	40500
4-pass Vic Cpe	2300	6800	11500	23000	40400	57500
7-pass Sdn	1500	4600	7700	15400	27100	38500
7-pass Sub	1600	4750	7950	15900	28000	39700
7-pass A/W Cabrlt	2500	7350	12450	24900	43700	62100
Model 90, 6-cyl., 86 hp, 138" wb						
4-pass Sportif	3550	10550	17750	35500	62300	88600
4-pass Rdstr	3500	10450	17600	35200	61800	87900
7-pass Tr	3200	9550	16100	32200	56500	80400
5-pass Vic Sdn	2250	6600	11100	22200	39000	55500
5-pass Vic Div Sdn	2450	7250	12300	24600	43200	61500
6-pass Twn Brghm	2550	7500	12700	25400	44600	63500
7-pass Cabrlt	2850	8500	14300	28600	50200	71400
7-pass Semi-Clpsble Cabrlt	2800	8300	13950	27900	49000	69600
Model 48, 6-cyl., 103 hp, 142" wb						
4-pass Sportif	3800	11300	19000	38000	66700	94900
7-pass Tr	3550	10550	17750	35500	62300	88600
4-pass Rdstr	3700	11000	18500	37000	65000	92400
7-pass Cabrlt	3100	9250	15600	31200	54800	77900
5-pass Vic Sdn	2450	7250	12300	24600	43200	61500
7-pass Enclosed Dr Limo	2600	7750	13100	26200	46000	65500
7-pass Tr Limo	2700	8100	13600	27200	47800	67900
7-pass Twn Brghm	2700	8000	13500	27000	47400	67400

MARMON
1909 – 1933

1921 Marmon

1932 Marmon Limousine

	6	5	4	3	2	1
1906-1908						
Model M-37, V-4, air-cooled, 90" wb						
4-pass Tr	2100	5200	8600	17600	31000	43500
1909-1912						
Model 32, 4-cyl., 32 hp, 112" wb						
5-pass Tr	1650	4900	8250	16500	29000	41200
4-pass Suburban	1500	4500	7500	15000	26400	37500
2-4 pass Rdstr	1600	4800	8000	16000	28150	40000
1913						
Model 32, 4-cyl., 32 hp, 120" wb						
2-pass Rdstr	1600	4800	8000	16000	28150	40000
4-pass Tr	1650	4900	8250	16500	29000	41200
5-pass Tr	1700	5000	8350	16700	29400	41700
Spdstr	1750	5200	8750	17500	30800	43700
7-pass Limo	1400	4350	7250	14500	25500	36200
7-pass Lndlt	1500	4500	7500	15000	26400	37500
Model 48, 6-cyl., 48 hp, 145" wb						
2-pass Rdstr	2300	6650	11250	22500	39500	56100
4-pass Tr	2300	6800	11500	23000	40400	57500
5-pass Tr	2350	6900	11650	23300	40900	58100
7-pass Limo	2200	6350	10750	21500	37800	53700
7-pass Lndlt	2250	6550	11000	22000	38650	55000
1914						
Model 32, 4-cyl., 32 hp, 120" wb						
2-pass Rdstr	1600	4800	8000	16000	28150	40000

	6	5	4	3	2	1
4-pass Tr	1650	4900	8250	16500	29000	41200
Spdstr	2000	5800	9750	19500	34300	48700
7-pass Limo	1600	4850	8100	16200	28500	40500
7-pass Lndlt	1650	4950	8300	16600	29200	41500
Model 41, 6-cyl., 41 hp, 132" wb						
2-pass Rdstr	1750	5200	8700	17400	230600	43500
4-pass Demi Tr	1800	5250	8850	17700	31100	44100
4-pass Tr	1800	5300	8950	17900	31500	44700
7-pass Limo	1850	5400	9100	18200	32000	45500
Spdstr	2050	6000	10100	20200	35500	50400
Model 48, 6-cyl., 48 hp, 145" wb						
2-pass Rdstr	2150	6200	10450	20900	36700	52100
4-pass Demi Tr	2150	6200	10500	21000	36900	52400
7-pass Limo	2150	6200	10500	21000	36900	52400
7-pass Berline Limo	2200	6350	10750	21500	37800	53700

1915

	6	5	4	3	2	1
Model 41, 6-cyl., 41 hp, 132" wb						
2-pass Rdstr	1700	5050	8450	16900	29700	42200
4-pass Tr	1750	5100	8600	17200	30250	43000
5-pass Tr	1800	5250	8850	17700	31100	44100
7-pass Tr	1800	5350	9000	18000	31650	45000
7-pass Limo	1850	5400	9100	18200	32000	45500
7-pass Berline Limo	1900	5500	9300	18600	32700	46400
Spdstr	2000	5950	10000	20000	35150	49900
Model 48, 6-cyl., 48 hp, 145" wb						
2-pass Rdstr	2150	6200	10450	20900	36700	52100
4-pass Tr	2150	6200	10500	21000	36900	52400
7-pass Limo	2150	6200	10500	21000	36900	52400
7-pass Berline Limo	2200	6350	10750	21500	37800	53700
7-pass Lndlt	2050	6050	10250	20500	36000	51200
7-pass Tr	2250	6550	11000	22000	38650	55500

1916

	6	5	4	3	2	1
Model 41, 6-cyl., 41 hp, 132" wb						
3-pass Club Rdstr	1600	4850	8100	16200	28500	40500
4-pass Club Rdstr	1600	4850	8100	16200	28500	40500
5-pass Tr	1700	5050	8500	17000	29900	42500
7-pass Tr	1750	5200	8750	17500	30800	43700
5-pass Sdn	1100	3600	6000	12200	21700	30500
Model 34, 6-cyl., 34 hp, 132" wb						
5-pass Tr	1650	4900	8250	16500	29000	41200
7-pass Tr	1700	5050	8450	16900	29700	42200
7-pass Limo	1550	4650	7750	15500	27300	38700
7-pass Holbrook Lndlt	1600	4750	7950	15900	28000	39700
5-pass Sdn	1200	3750	6250	12500	22000	31100

1917

	6	5	4	3	2	1
Model 34, 6-cyl., 34 hp, 136" wb						
5-pass Tr	1200	3850	6450	12900	22700	32200
3-pass Rdstr	1150	3650	6100	12200	21500	30500
4-pass Club Rdstr	1200	3750	6250	12500	22000	31100
7-pass Tr	1300	4050	6750	13500	23800	33700
7-pass Limo	800	2350	3900	7800	13500	19500
7-pass Lndlt	900	2750	4600	9200	16200	22900
7-pass Holbrook Limo	800	2400	4000	8000	13900	19900
7-pass Holbrook Lndlt	900	2800	4700	9400	16500	23400

1918-1919

	6	5	4	3	2	1
Model 34, 6-cyl., 34 hp, 136" wb						
5-pass Tr	1200	3850	6450	12900	22700	32200

	6	5	4	3	2	1
4-pass Rdstr	1150	3650	6150	12300	21700	30700
7-pass Tr	1300	4050	6750	13500	23800	33700
4-dr Sdn	700	2050	3500	7000	12100	17400
Twn Car	950	2950	4950	9900	17500	24700
7-pass Lndlt	950	3050	5150	10300	18200	25700
6-pass Rubay Twn Car	1100	3450	5750	11500	20300	28700
6-pass Rubay Limo	1150	3600	6000	12000	21150	30000

1920

Model 34, 6-cyl., 34 hp, 136" wb

	6	5	4	3	2	1
4-pass Rdstr	1300	4050	6750	13500	23800	33700
4-pass Tr	1300	4050	6750	13500	23800	33700
7-pass Tr	1350	4150	6900	13800	24300	34500
4-pass Cpe	700	2050	3500	7000	12100	17400
7-pass Sdn	700	1900	3350	6700	11500	16500
7-pass Twn Car	800	2450	4100	8200	14400	20500
7-pass Limo	900	2850	4750	9500	16700	23700

1921

Model 34, 6-cyl., 34 hp, 136" wb

	6	5	4	3	2	1
4-pass Rdstr	1300	4050	6750	13500	23800	33700
4-pass Tr	1100	3450	5750	11500	20300	28700
7-pass Tr	1350	4200	7000	14000	24650	34900
2-pass Spdstr	1600	4750	7950	15900	28000	39700
4-pass Cpe	700	2050	3500	7000	12100	17400
7-pass Sdn	700	1900	3350	6700	11500	16500
7-pass Limo	700	2050	3500	7000	12100	17400
7-pass Twn Car	800	2450	4100	8200	14400	20500

1922

Model 34, 6-cyl., 34 hp, 136" wb

	6	5	4	3	2	1
4-pass Rdstr	1150	3600	6000	12100	21300	30200
4-pass Tr	1150	3650	6100	12200	21500	30500
7-pass Tr	1200	3800	6350	12700	22400	31700
4-pass Cpe	750	2150	3600	7200	12400	18000
2-pass Spdstr	1450	4450	7450	14900	26200	37200
4-pass Spdstr	1400	4250	7100	14200	25000	35400
4-pass Cpe	700	1900	3350	6700	11500	16500
7-pass Sdn	700	1900	3350	6700	11500	16500
4-pass Sdn	650	1700	3000	5900	10200	14700
7-pass Suburban Sdn	700	2050	3500	7000	12100	17400
7-pass Rubay Twn Car	950	3050	5150	10300	18200	25700
7-pass Rubay Limo	1000	3200	5350	10700	18900	26700
4-pass W'by Cpe	800	2350	3900	7800	13500	19500
7-pass W'by Limo	1150	3650	6100	12200	21500	30500
7-pass W'by Twn Car	1000	3150	5300	10600	18700	26500

1923

Model 34, 6-cyl., 34 hp, 136" wb

	6	5	4	3	2	1
4-pass Phtn	1150	3650	6100	12200	21500	30500
2-pass Rdstr	1100	3500	5800	11600	20450	28900
4-pass Rdstr	1100	3550	5900	11800	20800	29400
7-pass Phtn	1200	3750	6300	12600	22200	31400
4-pass Tr	1100	3550	5900	11800	20800	29400
7-pass Tr	1200	3750	6250	12500	22000	31100
7-pass Conv Phtn	1350	4200	7000	14000	24650	34900
2-pass Spdstr	1600	4750	7950	15900	28000	39700
4-pass Spdstr	1500	4550	7650	15300	26900	38200
4-pass Cpe	700	1850	3300	6600	11300	16300
4-pass Sdn	650	1700	3000	5900	10200	14700

	6	5	4	3	2	1
7-pass Sdn	650	1750	3150	6300	10900	15700
7-pass Limo	950	3050	5100	10200	18000	25400
7-pass Twn Car	950	3000	5000	10000	17700	24900
7-pass Sub Sdn	600	1650	2900	5800	10000	14500

1924

Model B-34, 6-cyl., 34 hp, 136" wb

	6	5	4	3	2	1
2-pass Spt Spdstr	1600	4750	7950	15900	28000	39700
4-pass Spt Spdstr	1500	4500	7500	15000	26400	37500
4-pass Phtn	1300	4000	6700	13400	23600	33400
7-pass Phtn	1300	4100	6800	13600	23950	34000
4-pass Cpe	700	1900	3400	6800	11700	16900
4-pass Twn Cpe	700	1900	3400	6800	11700	16900
5-pass Brghm Sdn	600	1650	2900	5800	10000	14500
7-pass Sdn	650	1750	3100	6200	10700	15400
7-pass Sub Sdn	600	1650	2900	5800	10000	14500
7-pass Limo	950	3050	5100	10200	18000	25400
7-pass Twn Car	950	3000	5000	10000	17700	24900

1925

Model 74, 6-cyl., 34 hp, 136" wb

	6	5	4	3	2	1
2- pass Rdstr	1950	5750	9700	19400	34100	48400
5-pass Spt Phtn	2050	6000	10100	20200	35500	50400
7-pass Tr	1650	4950	8300	16600	29200	41500
2-pass Spdstr	2050	6050	10250	20500	36000	51200
5-pass Std Sdn	800	2350	3900	7800	13500	19500
5-pass Brghm Sdn	800	2400	4000	8000	13900	19900
5-pass Dlx Cpe	800	2450	4100	8200	14400	20500
5-pass Dlx Sdn	800	2400	4000	8000	13900	19900
7-pass Dlx Sdn	800	2450	4100	8200	14400	20500
5-pass Sdn Limo	800	2450	4100	8200	14400	20500
7-pass Sdn Limo	800	2500	4200	8400	14800	20900
4-pass Vic Cpe	800	2400	4000	8000	13900	19900
2-pass Std Cpe	800	2450	4100	8200	14400	20500

1926

Model 74, 6-cyl., 84 hp, 136" wb

	6	5	4	3	2	1
2-pass Spdstr	2000	5900	9950	19900	35000	49700
4-pass Spdstr	1800	5350	9000	18000	31650	45000
7-pass Tr	1700	5000	8400	16800	29550	41900
2-pass Std Cpe	800	2450	4100	8200	14400	20500
2-4-pass Vic Cpe	800	2500	4250	8500	15000	21200
5-pass Brghm Cpe	800	2400	4000	8000	13900	19900
5-pass Dlx Sdn	800	2400	4000	8000	13900	19900
5-pass Dlx Limo	800	2500	4200	8400	14800	20900
5-pass Std Sdn	800	2350	3900	7800	13500	19500
5-pass SplBrghm	800	2450	4100	8200	14400	20500
5-pass Special Sdn	800	2400	4000	8000	13900	19900
7-pass Std Sdn	800	2350	3950	7900	13700	19700
7-pass Special Sdn	800	2450	4100	8200	14400	20500
7-pass Dlx Sdn	800	2450	4100	8200	14400	20500
7-pass Dlx Limo	850	2550	4300	8600	15100	21500

1927

Little Marmon, 8-cyl., 64 hp, 116" wb

	6	5	4	3	2	1
2-pass Spdstr	850	2650	4450	8900	15700	22300
4-pass Spdstr	800	2500	4200	8400	14800	20900
4-dr 4-pass Sdn	550	1500	2500	5000	8700	12300
2-dr 4-pass Sdn	550	1400	2400	4800	8300	11800
2-4 pass Cpe	650	1700	3000	5900	10200	14700

	6	5	4	3	2	1
Coll Rdstr Cpe	850	2550	4350	8700	15300	21700
4-dr 4-pass Brghm	550	1550	2600	5200	9000	12800
Model E-75, 6-cyl., 84 hp, 136" wb						
5-pass Sdn	800	2500	4250	8500	15000	21200
7-pass Sdn	850	2550	4350	8700	15300	21700
5-pass Brghm	850	2650	4450	8900	15700	22300
5-pass Phtn	2050	6000	10100	20200	35500	50400
2-pass Cpe	800	2450	4100	8200	14400	20500
2-4 pass Rdstr Cpe	850	2700	4550	9100	16000	22700
5-pass Twn Cpe	900	2750	4650	9300	16400	23100
4-pass Vic	900	2850	4750	9500	16700	23700
Model E-75, Custom Body						
4-pass 3-win Sdn	800	2350	3900	7800	13500	19500
4-pass Vic Cpe	850	2600	4400	8800	15200	21650
4-pass Twn Car	800	2500	4200	8400	14800	20900
2-4 pass Cpe	800	2500	4200	8200	14400	20500

1928

	6	5	4	3	2	1
Model 68, 8-cyl., 72 hp, 114" wb						
2-4 pass Rdstr	1200	3750	6300	12600	22200	31400
4-dr 5-pass Sdn	550	1550	2600	5200	9000	12800
2-4 pass Cpe	650	1700	3000	6000	10400	14900
4-pass Vic	650	1750	3100	6200	10700	15400
Model 78, 8-cyl., 86 hp, 120" wb						
2-4 pass Cpe	700	1850	3300	6600	11300	16300
4-dr 5-pass Sdn	600	1600	2800	5600	9700	14000
2-4 pass Rdstr	1200	3850	6400	12800	22550	32000
4-pass Spdstr	1250	3900	6500	13000	22900	32500
2-pass Coll Cpe	850	2650	4500	9000	15900	22500
Model 75, 6-cyl., 84 hp, 136" wb						
5-pass Twn Cpe	850	2650	4500	9000	15900	22500
2-pass Spdstr	1550	4650	7750	15500	27300	38700
5-pass Phae	1450	4400	7300	14600	25700	36500
7-pass Tr	1500	4500	7500	15000	26100	37200
2-pass Cpe	800	2450	4100	8200	14400	20500
4-pass Vic Cpe	850	2550	4300	8600	15100	21500
2-pass Cpe Rdstr	950	3050	5100	10200	18000	25400
5-pass Brghm	800	2450	4100	8200	14400	20500
5-pass Sdn	800	2350	3950	7900	13700	19700
Custom						
5-pass Sdn	800	2350	3900	7800	13500	19500
7-pass Sdn	800	2450	4100	8200	14400	20500
7-pass Limo	800	2500	4200	8400	14800	20900

1929

	6	5	4	3	2	1
Model 68, 8-cyl., 76 hp, 114" wb						
5-pass Sdn	800	2350	3900	7800	13500	19500
2-4 pass Cpe	850	2550	4300	8600	15100	21500
4-pass Vic Cpe	850	2650	4500	9000	15900	22500
2-pass Spdstr	1750	5100	8600	17200	30250	43000
Model 78, 8-cyl., 86 hp, 120" wb						
5-pass Sdn	800	2450	4100	8200	14400	20500
4-pass Vic Cpe	900	2850	4750	9500	16700	23700
2-4 pass Coll Cpe	1350	4200	7000	14000	24650	34900
2-pass Rdstr	1650	4900	8250	16500	29000	41200
4-pass Spdstr	1800	5350	9000	18000	31650	45000

1930

	6	5	4	3	2	1
Roosevelt, 8-cyl., 77 hp, 112" wb (After August 1, 1930 registered as 1931 models)						
4-dr 5-pass Sdn	750	2250	3700	7400	12800	18500
2-4 pass Cpe	800	2450	4100	8200	14400	20500

	6	5	4	3	2	1
4-pass Vic Cpe	800	2350	3900	7800	13500	19500
2-4 pass Coll Cpe	1500	4550	7600	15200	26750	38000
Model 69, 8-cyl., 84 hp, 114" wb (After August 1, 1930 registered as 1931 models)						
4-dr 5-pass Sdn	800	2500	4200	8400	14800	20900
2-4 pass Cpe	850	2550	4300	8600	15100	21500
5-pass Brghm	800	2450	4100	8200	14400	20500
5-pass Club Sdn	800	2400	4000	8000	13900	19900
2-4 pass Coll Cpe	1150	3700	6200	12400	21850	30900
Model 79, 8-cyl., 110 hp, 120" wb (After August 1, 1930 registered as 1931 models)						
4-dr 5-pass Sdn	800	2350	3900	7800	13500	19500
2-4 pass R/S Cpe	850	2650	4500	9000	15900	22500
2-4 pass Coll Cpe	1300	4000	6700	13400	23600	33400
5-pass Brghm	850	2550	4300	8600	15100	21500
5-pass Club Sdn	750	2250	3750	7500	13000	18700
Big Eight, 8-cyl., 125 hp, 136" wb (After August 1, 1930 registered as 1931 models)						
4-dr 5-pass Sdn	1200	3750	6300	12600	22200	31400
2-4 pass Cpe	1500	4500	7500	15000	264300	37500
5-pass Sptsmn Conv Sdn	2700	8000	13500	27000	47400	67400
7-pass Sdn	1250	3900	6500	13000	22900	32500
7-pass Limo	1350	4150	6900	13800	24300	34500
5-pass Brghm	1250	3900	6500	13000	22900	32500
5-pass Club Sdn	1300	4000	6700	13400	23600	33400
4-dr 5-pass Wayman Sdn			*VALUE INESTIMABLE*			

1931

Model 70, 8-cyl., 84 hp, 113" wb

	6	5	4	3	2	1
5-pass Sdn	700	1900	3350	6700	11500	16500
2-4 pass Cpe	750	2250	3750	7500	13000	18700
4-pass Vic Cpe	700	2050	3500	7000	12100	17400
2-4 pass Conv Cpe	1350	4200	7000	14000	24650	34900
Model 88, 8-cyl., 125 hp, 130" wb						
5-pass Sdn	1050	3350	5600	11200	19700	28000
2-4 pass Cpe	1050	3400	5700	11400	20100	28500
5-pass Club Sdn	1000	3150	5300	10600	18700	26500
7-pass Sdn (136" wb)	1000	3250	5450	10900	19100	27200
Model 16, 16-cyl., 200 hp, 145" wb						
5-pass Sdn	3400	10150	17100	34200	60100	85400
2-pass Cpe	3800	11350	19100	38200	67100	95400
5-pass Cpe	3600	10750	18100	36200	63600	90400
7-pass Sdn	3600	10650	17900	35800	62900	89400

1932

Model 70, 8-cyl., 70 hp, 113" wb

	6	5	4	3	2	1
2-4 pass Cpe	850	2550	4300	8600	15100	21500
5-pass Sdn	800	2400	4000	8000	13900	19900
Model 8-125, 8-cyl., 125 hp, 125" wb						
2-4 pass Cpe	900	2800	4700	9400	16500	23400
5-pass Sdn	800	2450	4100	8200	14400	20500
Model 16, 16-cyl., 200 hp, 145" wb						
2-4 pass Cpe	3800	11350	19100	38200	67100	95400
5-pass Sdn	3400	10150	17100	34200	60100	85400
5-pass CC Sdn	3700	11100	18500	37000	65200	94000
7-pass Sdn	3600	10650	17900	35800	62900	89400

1933

Model 16, 16-cyl., 200 hp, 145" wb

	6	5	4	3	2	1
5-pass Sdn	3400	10150	17100	34200	60100	85400
2-4 pass Cpe	3800	11350	19100	38200	67100	95400
5-pass Conv Sdn	11400	33850	57000	114000	200200	284600
7-pass Sdn	3600	10650	17900	35800	62900	89400

MERCURY
1939 – 1991

1940 Mercury

1949 Mercury woodie wagon

	6	5	4	3	2	1
1939						
Series 99A, 8-cyl., 95 hp, 116" wb						
72 2-dr Cpe Sdn	750	2100	3550	7100	12300	17700
70 2-dr Sdn	550	1550	2650	5300	9100	13000
73 4-dr Twn Sdn	550	1550	2600	5200	9000	12800
76 5-pass Conv Cpe	1350	4200	7000	14000	24650	34900
1940						
Series 09A, 8-cyl., 95 hp, 116" wb						
72 2-dr Cpe Sdn	750	2250	3750	7500	13000	18700
70 2-dr Sdn	600	1600	2700	5400	9300	13500
73 4-dr Twn Sdn	550	1550	2650	5300	9100	13000
76 2-dr Conv Cpe	1350	4150	6900	13800	24300	34500
74 4-dr Conv Sdn	1650	4950	8200	14700	25250	35900
1941						
Series 19A, 8-cyl., 95 hp, 118" wb						
77 Bus Cpe	650	1700	3000	5900	10200	14700
67 5-pass Cpe	650	1700	3000	6000	10400	14900
72 6-pass Cpe	650	1750	3100	6200	10700	15400
70 2-dr Sdn	550	1550	2650	5300	9100	13000
73 4-dr Twn Sdn	550	1500	2500	5100	8800	12500
76 2-dr Conv Cpe	1550	4650	7750	15500	27300	38700
79 4-dr Sta Wgn	1450	4450	7450	14900	26200	37200
1942						
Series 29A, 8-cyl., 100 hp, 118" wb						
77 Bus Cpe	600	1600	2700	5400	9300	13500

	6	5	4	3	2	1
72 6-pass Cpe	600	1650	2900	5800	10000	14500
70 2-dr Sdn	550	1500	2500	5100	8800	12500
73 4-dr Twn Sdn	550	1450	2450	4900	8500	12000
76 Conv Cpe	1450	4400	7350	14700	25500	35900
79 4-dr Sta Wgn	1550	4850	8250	16800	29200	41000

1946-1948

Series (1946=69M; 1947=79M; 1948= 89M), 8-cyl., 100 hp, 118" wb

70 2-dr Sdn	550	1500	2500	5000	8700	12300
72 2-dr Sdn Cpe	650	1700	3000	6100	10600	15200
73 4-dr Twn Sdn	500	1350	2350	4700	8100	11500
76 2-dr Conv Cpe	1500	4550	7600	15200	26750	38000
71 Sptsman Conv Cpe (1946 only)	4000	10600	23500	39000	72000	110000
79 4-dr Sta Wgn	1900	5100	8750	17900	30500	42000

1949

Series 9CM, 8-cyl., 110 hp, 118" wb

72 2-dr Club Cpe	950	3000	5050	10100	17900	25100
74 4-dr Spt Sdn	700	2050	3500	7000	12100	17400
76 Conv Cpe	1600	4750	7950	15900	28000	39700
79 2-dr Sta Wgn	1250	3950	6600	13200	23250	32900

1950

Series 0CM, 8-cyl., 110 hp, 118" wb

72A 2-dr Cpe	900	2850	4800	9600	16900	24000
72B 2-dr Club Cpe	950	3000	5050	10100	17900	25100
72C Monterey Cpe	1000	3250	5450	10900	19100	27200
74 4-dr Spt Sdn	700	2050	3500	7000	12100	17400
76 2-dr Conv Cpe	1600	4750	7950	15900	28000	39700
79 2-dr Sta Wgn	1250	3950	6600	13200	23250	32900

1951

Series 1CM, 8-cyl., 112 hp, 118" wb

72B 2-dr Spt Cpe	950	3000	5050	10100	17900	25100
72C Monterey 2-dr Cpe	1000	3250	5450	10900	19100	27200
74 4-dr Spt Sdn	800	2350	3950	7900	13700	19700
76 2-dr Conv Cpe	1600	4850	8100	16200	28500	40500
79 2-dr Sta Wgn	1250	3950	6600	13200	23250	32900

Monterey with full leather interior add 10%

1952

Series BC, 8-cyl., 125 hp, 118" wb
Custom

60E 2-dr Hdtp	800	2500	4250	8500	15000	21200
70B 2-dr Sdn	550	1500	2500	5100	8800	12500
73B 4-dr Sdn	550	1450	2450	4900	8500	12000
79B 6-pass Sta Wgn	650	1700	3000	5900	10200	14700
79D 9-pass Sta Wgn	650	1700	3000	6100	10600	15200

Monterey

60B 2-dr Hdtp	900	2850	4750	9500	16700	23700
73C 4-dr Sdn	600	1600	2750	5500	9500	13800
76B 2-dr Conv Cpe	1200	3850	6450	12900	22700	32200

1953

Series BG, 8-cyl., 125 hp, 118" wb
Custom

60E2-dr Hdtp	800	2500	4250	8500	15000	21200
70B 2-dr Sdn	550	1500	2500	5100	8800	12500
73B 4-dr Sdn	550	1450	2450	4900	8500	12000

	6	5	4	3	2	1
Monterey						
60B 2-dr Hdtp	900	2850	4750	9500	16700	23700
73C 4-dr Sdn	600	1600	2750	5500	9500	13800
76B 2-dr Conv Cpe	1200	3850	6450	12900	22700	32200
79B 4-dr Sta Wgn	650	1800	3250	6500	11200	16100

1954

Series BR, 8-cyl., 161 hp, 118" wb

Custom						
60E 2-dr Hdtp	800	2450	4150	8300	14600	20700
70B 2-dr Sdn	550	1550	2650	5300	9100	13000
73B 4-dr Sdn	600	1600	2750	5500	9500	13800
Monterey						
60B 2-dr Hdtp	850	2650	4450	8900	15700	22300
60F 2-dr Sun Valley Hdtp	1400	4350	7250	14500	25500	26200
73C 4-dr Sdn	600	1600	2800	5600	9700	14000
76B 2-dr Conv Cpe	1450	4450	7450	14900	26200	37200
79B 4-dr Sta Wgn	700	1900	3350	6700	11500	16500

1955

Series BV, 8-cyl., 188 hp, 119" wb

Custom						
60E 2-dr Hdtp	700	2050	3500	7000	12100	17400
70B 2-dr Sdn	550	1500	2500	5100	8800	12500
73B 4-dr Sdn	550	1450	2450	4900	8500	12000
79B 4-dr Sta Wgn	550	1550	2650	5300	9100	13000
Monterey						
60B 2-dr Hdtp	750	2300	3850	7700	13300	19200
73C 4-dr Sdn	550	1500	2500	5100	8800	12500
79C 4-dr Sta Wgn	600	1650	2850	5700	9900	14200
Montclair						
64A 2-dr Hdtp	800	2450	4150	8300	14600	20700
64B 2-dr Hdtp Sun Valley	1450	4450	7450	14900	26200	37200
58A 4-dr Sdn	550	1550	2650	5300	9100	13000
76B 2-dr Conv	1600	4750	7950	15900	28000	39700

Factory air add 25%

1956

Series BU, 8-cyl., 119" wb

Medalist						
64E 2-dr Hdtp	650	1750	3150	6300	10900	15700
57D 4-dr Hdtp Sdn	550	1450	2450	4900	8500	12000
70C 2-dr Sdn	500	1350	2300	4600	8000	11300
73D 4-dr Sdn	500	1300	2250	4500	7700	11000
Custom						
64D 2-dr Hdtp Cpe	700	1900	3350	6700	11500	16500
57C 4-dr Hdtp Sdn	600	1600	2750	5500	9500	13800
70B 2-dr Sdn	550	1450	2450	4900	8500	12000
73B 4-dr Sdn	550	1400	2400	4800	8300	11800
76A 2-dr Conv	1350	4150	6950	13900	24500	34700
79B 2-dr Sta Wgn	600	1650	2850	5700	9900	14200
79D 4-dr Sta Wgn	650	1700	3000	5900	10200	14700
Monterey						
64C 2-dr Hdtp Cpe	750	2300	3850	7700	13300	19200
57B 4-dr Hdtp Sdn	600	1650	2850	5700	9900	14200
73C 4-dr Sdn	550	1500	2500	5000	8700	12300
58B 4-dr Spt Sdn	550	1550	2600	5200	9000	12800
79C 4-dr Sta Wgn	700	1900	3350	6700	11500	16500
Montclair						
64A 2-dr Hdtp Cpe	850	2550	4350	8700	15300	21700

	6	5	4	3	2	1
57A 4-dr Hdtp Sdn	650	1700	3000	6100	10600	15200
58A 4-dr Spt Sdn	550	1550	2650	5300	9100	13000
76B 2-dr Conv	1600	4850	8100	16200	28500	40500

Factory air add 25%

1957

Series BAE, 8-cyl., 122" wb
Monterey

	6	5	4	3	2	1
63A 2-dr Hdtp Cpe	750	2100	3550	7100	12300	17700
57A 4-dr Hdtp Sdn	650	1700	3000	5900	10200	14700
64A 2-dr Sdn	500	1350	2300	4600	8000	11300
58A 4-dr Sdn	500	1300	2250	4500	7700	11000
76A 2-dr Conv	1300	4050	6750	13500	23800	33700

Montclair

	6	5	4	3	2	1
63B 2-dr Hdtp Cpe	750	2250	3750	7500	13000	18700
57B 4-dr Hdtp Sdn	650	1750	3150	6300	10900	15700
58B 4-dr Sdn	500	1350	2300	4600	8000	11300
76B Conv Cpe	1400	4350	7250	14500	25500	36200

Turnpike Cruiser

	6	5	4	3	2	1
65A 2-dr Hdtp Cpe	950	2950	4950	9900	17500	24700
75A 4-dr Hdtp Sdn	800	2350	3950	7900	13700	19700
76S* 2-drConv	1900	5650	9500	19000	33400	47500

(*Convertible Cruiser built at the St. Louis plant
use body code 76B)

Station Wagons

	6	5	4	3	2	1
56A 2-dr Commuter	750	2300	3850	7700	13300	19200
77A 4-dr 6-pass Commuter	800	2350	3950	7900	13700	19700
77C 4-dr 9-pass Commuter	850	2550	4300	8600	15100	21500
56B 2-dr Voyager	800	2450	4150	8300	14600	20700
77D 4-dr 9-pass Voyager	800	2500	4200	8400	14800	20900
77B 4-dr 9-pass Col Pk	900	2750	4650	9300	16400	23100

Factory air add 25%   M-335 V8 add 100%
Cruiser V8 option add 20%

1958

Medalist, 8-cyl., 122" wb

	6	5	4	3	2	1
58C 2-dr Sdn	400	1200	2000	4000	6900	10000
64B 4-dr Sdn	400	1200	1950	3900	6800	9900

Monterey, 8-cyl., 122" wb

	6	5	4	3	2	1
63A 2-dr Hdtp Cpe	600	1650	2850	5700	9900	14200
57A 4-dr Hdtp Sdn	500	1350	2350	4700	8100	11500
64A 2-dr Sdn	450	1250	2100	4200	7200	10500
58A 4-dr Sdn	400	1200	2000	4000	6900	10000
76A 2-dr Conv	1300	4050	6750	13500	23800	33700

Montclair, 8-cyl., 122" wb

	6	5	4	3	2	1
63B 2-dr Hdtp Cpe	750	2250	3750	7500	13000	18700
57B 4-dr Hdtp Sdn	650	1700	3000	5900	10200	14700
58B 4-dr Sdn	400	1200	1950	3900	6800	9900
76B 2-dr Conv	1250	3950	6600	13200	23250	32900
65A 2-dr Hdtp TC	850	2650	4450	8900	15700	22300
75A 4-dr Hdtp TC	750	2200	3650	7300	12600	18200

Parklane, 8-cyl., 125" wb

	6	5	4	3	2	1
63C 2-dr Hdtp Cpe	800	2450	4150	8300	14600	20700
57C 4-dr Hdtp Sdn	650	1750	3150	6300	10900	15700
76C 2-dr Conv	1300	4000	6650	13300	23400	33100

Station Wagons, 8-cyl., 122" wb

	6	5	4	3	2	1
56A 2-dr Commuter	800	2350	3900	7800	13500	19500
77A 4-dr 6-pass Commuter	750	2300	3800	7600	13100	18900
77C 4-dr 9-pass Commuter	800	2350	3950	7900	13700	19700
56B 2-dr Voyager	750	2250	3700	7400	12800	18500

	6	5	4	3	2	1
77D 4-dr Voyager	800	2400	4050	8100	14200	20200
77B 4-dr Col Pk	850	2550	4350	8700	15300	21700

Factory air add 20%   430 V8 add 20%
Marauder pkg add 50%

1959

Monterey, 8-cyl., 126" wb
63A 2-dr Hdtp Cpe	600	1650	2850	5700	9900	14200
57A 4-dr Hdtp Sdn	450	1250	2100	4200	7200	10500
64A 2-dr Sdn	400	1200	1950	3900	6800	9900
58A 4-dr Sdn	400	1150	1850	3700	6400	9300
76A 2-dr Conv	1200	3750	6250	12500	22000	31100

Montclair, 8-cyl., 126" wb
63B 2-dr Hdtp Cpe	650	1750	3150	6300	10900	15700
57B 4-dr Hdtp Sdn	500	1350	2350	4700	8100	11500
58B 4-dr Sdn	400	1200	1950	3900	6800	9900

Parklane, 8-cyl., 128" wb
63C 2-dr Hdtp Cpe	750	2250	3750	7500	13000	18700
57C 4-dr Hdtp Sdn	600	1600	2700	5400	9300	13500
76C 2-dr Conv	1300	4050	6750	13500	23800	33700

Station Wagons, 8-cyl., 126" wb
56A 2-dr Commuter	700	1900	3400	6800	11700	16900
77A 4-dr Commuter	700	2050	3500	7000	12100	17400
77C 4-dr Voyager	750	2250	3750	7500	13000	18700
77B 4-dr Col Pk	750	2300	3850	7700	13300	19200

Factory air cond add 15%   430 V8 add 15%

1960

Comet, 6-cyl., 114" wb
62A 2-dr Sdn	350	900	1500	2900	5200	7400
54A 4-dr Sdn	350	850	1400	2800	4900	7100
59A 2-dr Sta Wgn	350	900	1500	3000	5300	7600
71A 4-dr Sta Wgn	350	1000	1600	3200	5700	8100

Monterey, 8-cyl., 126" wb
64A 2-dr Sdn	400	1050	1700	3400	5900	8500
58A 4-dr Sdn	350	1000	1600	3200	5700	8100
63A 2-dr Hdtp	550	1450	2450	4900	8500	12000
57A 4-dr Hdtp	400	1150	1850	3700	6400	9300
76A 2-dr Conv	950	2950	4950	9900	17500	24700

Montclair, 8-cyl., 126" wb
63B 2-dr Hdtp Cpe	550	1550	2650	5300	9100	13000
57B 4-dr Hdtp Sdn	450	1250	2050	4100	7100	10300
58B 4-dr Sdn	400	1050	1700	3400	5900	8500

Parklane, 8-cyl., 126" wb
63F 2-dr Hdtp Cpe	650	1800	3250	6500	11200	16100
57F 4-dr Hdtp Sdn	500	1350	2350	4700	8100	11500
76D 2-dr Conv	1150	3600	5950	11900	21000	29700

Station Wagons, 8-cyl., 126" wb
77A 4-dr Commuter	650	1800	3250	6500	11200	16100
77B 4-dr Col Pk	750	2100	3550	7100	12300	17700

Factory air add 15%   430 V8 add 10%

1961

Comet, 6-cyl., 114" wb
62A 2-dr Sdn	300	700	1200	2400	4100	5900
62C 2-dr S-22 Sdn	400	1100	1800	3600	6200	9100
54A 4-dr Sdn	300	650	1150	2300	3900	5700
59A 2-dr Sta Wgn	300	800	1350	2700	4700	6900
71A 4-dr Sta Wgn	350	850	1400	2800	4900	7100

	6	5	4	3	2	1
Meteor 600, 120" wb						
64A 2-dr Sdn	300	700	1200	2400	4100	5900
58A 4-dr Sdn	300	650	1150	2300	3900	5700
Meteor 800, 120" wb						
62A 2-dr Sdn	300	750	1250	2500	4400	6200
54A 4-dr Sdn	300	700	1200	2400	4100	5900
65A 2-dr Hdtp	400	1050	1700	3300	5800	8300
75A 4-dr Hdtp	350	900	1500	2900	5200	7400
Monterey, 8-cyl., 120" wb						
65B 2-dr Hdtp	400	1200	1950	3900	6800	9900
75B 4-dr Hdtp	350	950	1550	3100	5500	7900
54B 4-dr Sdn	300	800	1350	2700	4700	6900
76A 2-dr Conv	800	2500	4250	8500	15000	21200
Station Wagons, 8-cyl., 120" wb						
71A 4-dr Commuter	350	950	1550	3100	5500	7900
71B 4-dr Col Pk	400	1150	1850	3700	6400	9300

Factory air cond add 15%   390-330 hp V8 add 20%
6-cyl option deduct 15%

1962

	6	5	4	3	2	1
Comet, 6-cyl., 114" wb						
62A 2-dr Sdn	300	650	1150	2300	3900	5700
62B Cust 2-dr sdn	350	750	1300	2500	4300	6000
62C S-22 2-dr Sdn	400	1100	1800	3600	6200	9100
54A 4-dr Sdn	300	650	1100	2200	3800	5400
54B 4-dr Sdn	350	700	1250	2350	4000	5500
59A 2-dr Sta Wgn	300	800	1300	2600	4600	6600
59B 2-dr Cust Sta Wgn	400	900	1450	2850	5000	7000
71A 4-dr Sta Wgn	300	800	1350	2700	4700	6900
71B 4-dr Cust Sta Wgn	350	700	1400	2800	2850	7000
71C 4-dr Villager Sta Wgn	400	1050	1750	3200	5700	7700
Meteor, 8-cyl., 120" wb						
54A 4-dr Sdn	300	650	1150	2300	3900	5700
54B 4-dr Cust Sdn	350	700	1250	2500	4400	6500
62A 2-dr Sdn	300	700	1200	2400	4100	5900
62B 2-dr Cust Sdn	350	700	1200	2400	4200	6200
62C S-33 2-dr Sdn	350	1000	1600	3200	5700	8100
Monterey, 8-cyl., 120" wb						
62A 2-dr Sdn	350	900	1500	2900	5200	7400
54A 4-dr Sdn	300	700	1200	2400	4100	5900
54B 4-dr Cust Sdn	350	900	1500	2900	5200	7400
65A 2-dr Hdtp	400	1050	1700	3300	5800	8300
65B 2-dr Cust Hdtp	450	1200	1900	3600	6100	8900
75A 4-dr Hdtp Sdn	300	800	1300	2600	4600	6600
75B 4-dr Cust Hdtp	350	1000	1600	3100	5400	7500
76A Cust Conv	750	2100	3550	7100	12300	17700
65C 2-dr S-55 Hdtp Cpe	550	1450	2450	4900	8500	12000
76B 2-dr S-55 Conv Cpe	800	2350	3950	7900	13700	19700
71A 4-dr Cmtr 6-pass Sta Wgn	350	900	1500	2900	5200	7400
71C 4-dr Cmtr 9-pass Sta Wgn	400	1000	1650	3200	5650	8200
71B 4-dr Col Pk 6-pass Sta Wgn	400	1100	1800	3500	6100	8900
71D 4-dr Col Pk 9-pass Sta Wgn	450	1200	1900	3700	6250	9100

406-375 hp/4-spd add 25%
406-405 hp/4-spd add 35%
4-speed add 15%

1963

	6	5	4	3	2	1
Comet, 6-cyl., 114" wb						
54A 4-dr Sdn	300	600	1050	2100	3550	5300
54B 4-dr Cust Sdn	300	650	1150	2300	3900	5700

	6	5	4	3	2	1
62A 2-dr Sdn	300	650	1150	2300	3900	5700
62B 2-dr Cust Sdn	300	700	1250	2550	4200	6000
62C 2-dr S-22 Sdn	400	1000	1600	3050	5500	7800
63B 2-dr Cust Hdtp	400	1050	1700	3300	5800	8300
63C 2-dr S-22 Hdtp	500	1250	1950	3750	6200	9100
76A 2-dr Cust Conv	600	1700	3100	6100	10300	14900
76B 2-dr S-22 Conv	650	1800	3250	6500	11200	16100
59A 2-dr Sta Wgn	300	750	1250	2500	4400	6200
71A 4-dr Sta Wgn	300	800	1300	2600	4600	6600
59B 2-dr Cust Sta Wgn	350	850	1400	2950	4800	7200
71B 4-dr Cust Sta Wgn	300	800	1300	2600	4700	6800
71C 4-dr Villager Sta Wgn	350	900	1500	3100	5300	7600
260 V8 add 20%						
Meteor, 8-cyl., 116" wb						
62A 2-dr Sdn	300	700	1200	2400	4100	5900
62B 2-dr Cust Sdn	300	750	1300	2600	4400	6500
54A 4-dr Sdn	300	650	1150	2300	3900	5700
54B 4-dr Cust Sdn	300	700	1250	2500	4300	6300
65A 2-dr Cust Hdtp	400	1050	1700	3300	5800	8300
65B 2-dr S-33 Hdtp	400	1200	1900	3800	6600	9600
71B/C 4-dr 6-pass Sta Wgn	300	800	1350	2700	4700	6900
71A/E 4-dr 6-pass Cust Sta Wgn	350	900	1500	2950	5000	7300
71 D/F 4-dr 6-pass Cnty Crsr Wgn	450	1150	1800	3250	5500	7700

221 V8 add 20%
3rd seat option wagons add 10%

	6	5	4	3	2	1
Monterey, 8-cyl., 120" wb						
62A 2-dr Sdn	300	750	1250	2500	4400	6200
54A 4-dr Sdn	300	700	1200	2400	4100	5900
65A 2-dr Breezeway Hdtp	400	1050	1700	3300	5800	8300
75A 4-dr Breezeway Hdtp	300	800	1300	2600	4600	6600
Monterey Custom, 8-cyl, 120" wb						
54B 4-dr Sdn	350	850	1400	2800	4900	6800
65B 2-dr Breezeway Hdtp	400	1100	1800	3500	6100	8900
63B 2-dr Fstbk Cpe	450	1250	2100	4100	6900	9300
75B 4-dr Breezeway Hdtp	350	900	1500	2900	5100	7100
76A Custom Conv	750	2200	3650	7300	12600	18200
Monterey S-55						
65C S-55 2-dr Breezeway Hdtp	450	1250	2150	4300	7400	10700
75C S-55 4-dr Breezeway Hdtp	400	1100	1800	3600	6200	9100
63C S-55 2-dr Fstbk	600	1600	2750	5500	9500	13800
76B S-55 2-dr Conv	750	2250	3750	7500	13000	18700
71B/D 4-dr Col Pk Sta Wgn	400	1050	1700	3300	5800	8300

406-385 hp add 25%   406-405 hp add 30%
427-410 hp add 35%   427-425 hp add 40%
4-speed (exc 406 or 427) add 15%

1964

	6	5	4	3	2	1
Comet 202, 6-cyl., 114" wb						
62A 2-dr Sdn	300	650	1150	2300	3900	5700
54A 4-dr Sdn	300	650	1100	2200	3800	5400
71A Sta Wgn	300	700	1200	2400	4100	5900
Comet 404, 6-cyl., 114" wb						
62B 2-dr Sdn	300	700	1200	2400	4100	5900
54B 4-dr Sdn	300	650	1150	2300	3900	5700
71B 4-dr Dlx Wgn	300	800	1350	2700	4700	6900
71C 4-dr Villager Sta Wgn	300	800	1300	2600	4600	6600
Comet Caliente, 6-cyl./8-cyl. cyl., 114" wb						
63C/D 2-dr Hdtp Cpe	400	1200	1950	3900	6800	9900
54D 4-dr Sdn	300	750	1250	2500	4400	6200
76B/D Conv	650	1700	3000	6100	10600	15200

Bucket seat option add 10%

	6	5	4	3	2	1
Comet Cyclone, 8-cyl., 114" wb						
63F 2-dr Hdtp Cpe	550	1550	2650	5300	9100	13000

Optional V8 add 20%

	6	5	4	3	2	1
Monterey, 8-cyl., 120" wb						
62A 2-dr Sdn	300	750	1250	2500	4400	6200
54A 4-dr Sdn	300	700	1200	2400	4100	5900
65A 2-dr Breezeway Hdtp	350	900	1500	2900	5200	7400
63A 2-dr Hdtp Fstbk	400	1100	1800	3600	6200	9100
57A 4-dr Hdtp Fstbk	350	900	1500	3000	5300	7600
76A 2-dr Conv	700	2000	3450	6900	11900	17200
Montclair, 8-cyl., 120" wb						
54B 4-dr Sdn	300	800	1350	2700	4700	6900
65B 2-dr Hdtp	400	1100	1800	3500	6100	8900
63D 2-dr Hdtp Fstbk	400	1200	1950	3900	6800	9900
57D 4-dr Hdtp Fstbk	350	900	1500	2900	5200	7400
Parklane, 8-cyl., 120" wb						
54F 4-dr Sdn	300	800	1300	2600	4600	6600
65F 2-dr Breezeway Hdtp	400	1100	1800	3600	6200	9100
57F 4-dr Breezeway Hdtp	300	800	1350	2700	4700	6900
63C 2-dr Hdtp Fstbk	450	1250	2150	4300	7400	10700
75F 4-dr Hdtp Fstbk	400	1050	1700	3300	5800	8300
76F 2-dr Conv	750	2100	3550	7100	12300	17700
Station Wagons, 8-cyl., 120" wb						
71A 4-dr 6-pass Commuter	350	850	1400	2800	4900	7100
71C 4-dr 9-pass Commuter	350	900	1500	3000	5300	7600
71B 4-dr 6-pass Col Pk	400	1100	1800	3500	6100	8900
71D 4-dr 9-pass Col Pk	400	1150	1850	3700	6400	9300

390-330 hp V8 add 20%   427-410 hp add 25%
427-425 hp add 30%

1965

	6	5	4	3	2	1
Comet 202, 114" wb						
62A 2-dr Sdn	300	650	1150	2300	3900	5700
54A 4-dr Sdn	300	650	1100	2200	3800	5400
71A Sta Wgn	300	700	1200	2400	4100	5900
Comet 404, 114" wb						
62B 2-dr Sdn	300	700	1200	2400	4100	5900
54B 4-dr Sdn	300	650	1150	2300	3900	5700
71B Sta Wgn	300	750	1250	2500	4400	6200
71C 4-dr Villager Sta Wgn	350	850	1400	2800	4900	7100
Comet Caliente, 114" wb						
63C/D 2-dr Hdtp Cpe	400	1050	1700	3300	5800	8300
54D 4-dr Sdn	300	700	1200	2400	4100	5900
76C/D Conv	650	1700	3000	6100	10600	15200

Bucket Seat option add 10%

	6	5	4	3	2	1
Comet Cyclone, 8-cyl., 114" wb						
63E 2-dr Hdtp Cpe	650	1700	3000	5900	10200	14700
Monterey, 8-cyl., 123" wb						
62A 2-dr Sdn	300	800	1300	2600	4600	6600
54A 4-dr Sdn	300	750	1250	2500	4400	6200
63A 2-dr Hdtp Fstbk	400	1150	1850	3700	6400	9300
57A 4-dr Hdtp Fstbk	350	900	1500	2900	5200	7400
50A 4-dr Breezeway Sdn	400	1050	1700	3300	5800	8300
76A 2-dr Conv	750	2100	3550	7100	12300	17700
Montclair, 8-cyl., 123" wb						
63B 2-dr Hdtp	400	1200	1950	3900	6800	9900
57B 4-dr Hdtp Fstbk	350	950	1550	3100	5500	7900
50B 4-dr Breezeway Sdn	400	1200	1950	3900	6800	9900
Parklane, 8-cyl., 123" wb						
63F 2-dr Hdtp Fstbk	450	1250	2150	4300	7400	10700
57F 4-dr Hdtp Fstbk	400	1050	1700	3300	5800	8300

	6	5	4	3	2	1
50F 4-dr Breezeway Sdn	400	1100	1800	3600	6200	9100
76F 2-dr Conv	700	2000	3450	6900	11900	17200
Station Wagons, 8-cyl., 119" wb						
71B 4-dr Commuter	350	950	1550	3100	5500	7900
71A/E 4-dr Col Pk	450	1150	1950	3900	6200	8900

390-330 hp V8 add 20%   427-425 hp V8 add 30%
4-speed (exc 427) add 15%

1966

	6	5	4	3	2	1
Comet 202, 116" wb						
62A 2-dr Sdn	300	650	1150	2300	3900	5700
54A 4-dr Sdn	300	650	1100	2200	3800	5400
71A 4-dr Voyager Sta Wgn	300	700	1200	2000	4000	5600
Comet Capri, 116" wb						
63B 2-dr Hdtp	350	850	1400	2800	4900	7100
54B 4-dr Sdn	300	650	1150	2300	3900	5700
71C 4-dr Villager Sta Wgn	300	750	1250	2500	4400	6200
Comet Caliente, 116" wb						
54D 4-dr Sdn	300	750	1250	2500	4400	6200
63C/D 2-dr Hdtp	400	1100	1800	3500	6100	8900
76B/D 2-dr Conv	650	1700	3000	6100	10600	15200

Bucket seat option add 10%

	6	5	4	3	2	1
Comet Cyclone, 116" wb						
63E 2-dr Cpe	550	1450	2450	4900	8500	12000
76E 2-dr Conv	650	1800	3250	6500	11200	16100
Comet Cyclone GT/GTA, 8-cyl., 116" wb						
63H 2-dr Cpe	650	1700	3000	5900	10200	14700
76H 2-dr Conv	800	2500	4250	8500	15000	21200

V8 option add 15%   4-speed option add 15%

	6	5	4	3	2	1
Monterey, 8-cyl., 123" wb						
62A 2-dr Sdn	300	800	1350	2700	4700	6900
54A 4-dr Sdn	300	750	1250	2500	4400	6200
63A 2-dr Hdtp Cpe	400	1150	1850	3700	6400	9300
57A 4-dr Hdtp Sdn	350	950	1550	3100	5500	7900
50A 4-dr Breezeway Sdn	350	900	1500	2900	5200	7400
76A 2-dr Conv	650	1800	3250	6500	11200	16100
Montclair, 8-cyl., 123" wb						
63B 2-dr Hdtp Cpe	400	1150	1850	3700	6400	9300
57B 4-dr Hdtp Sdn	350	1000	1600	3200	5700	8100
54B 4-dr Sdn	300	800	1350	2700	4700	6900
Parklane, 8-cyl., 123" wb						
50F 4-dr Breezeway Sdn	400	1050	1700	3300	5800	8300
63C/F 2-dr Hdtp Cpe	450	1250	2050	4100	7100	10300
57F 4-dr Hdtp Sdn	400	1050	1700	3300	5800	8300
76C/F 2-dr Conv	650	1750	3150	6300	10900	15700

Bucket seat option add 10%

	6	5	4	3	2	1
S-55, 8-cyl., 123" wb						
63G 2-dr Hdtp Cpe	500	1300	2250	4500	7700	11000
76G Conv	650	1700	3000	6100	10600	15200
Station Wagons, 8-cyl., 119" wb						
71 B/C 4-dr Commuter 6/9-pass	350	1000	1600	3200	5700	8100
71 A/E 4-dr Col Pk 6/9-pass	400	1100	1800	3600	6200	9100

410 V8 add 10%   428 V8 add 20%
4-speed add 10%

1967

	6	5	4	3	2	1
Comet 202, 116" wb						
62A 2-dr Sdn	300	700	1200	2400	4100	5900
54A 4-dr Sdn	300	650	1150	2300	3900	5700

	6	5	4	3	2	1
Capri, 116" wb						
63B 2-dr Hdtp	350	900	1500	2900	5200	7400
54B 4-dr Sdn	300	700	1200	2400	4100	5900
Caliente, 116" wb						
63D 2-dr Hdtp	400	1050	1700	3300	5800	8300
54D 4-dr Sdn	300	800	1300	2600	4600	6600
76D 2-dr Conv	650	1700	3000	5900	10200	14700
Cyclone, 8-cyl., 116" wb						
63E/H 2-dr Hdtp Cpe	550	1450	2450	4900	8500	12000
76C/H 2-dr Conv	750	2250	3750	7500	13000	18700
	Bucket seat option add 10%					
Station Wagons, 8-cyl., 113" wb						
71A 4-dr Voyager	300	800	1350	2700	4700	6900
71C 4-dr Villager	350	900	1500	2900	5200	7400
Cougar, 8-cyl., 111" wb						
65A/C 2-dr Hdtp Cpe	550	1500	2500	5100	8800	12500
65B 2-dr XR-7 Hdtp Cpe	650	1700	3000	6100	10600	15200
	390-330 hp V8 option add 20%					
Monterey, 8-cyl., 123" wb						
63A 2-dr Hdtp	350	950	1550	3100	5500	7900
63G 2-dr S-55 Hdtp	400	1050	1700	3400	6050	8700
57A 4-dr Hdtp Sdn	300	800	1350	2700	4700	6900
54A 4-dr Sdn	300	800	1300	2600	4600	6600
54B 4-dr Breezeway Sdn	350	850	1400	2800	4900	7100
76A 2-dr Conv	650	1750	3100	6200	10700	15400
76G 2-dr S-55 Conv	750	1950	3500	7000	11900	17500
Montclair, 8-cyl., 123" wb						
63B 2-dr Hdtp Cpe	350	950	1550	3100	5500	7900
57B 4-dr Hdtp Sdn	350	900	1500	2900	5200	7400
54C 4-dr Sdn	300	800	1350	2700	4700	6900
54D 4-dr Breezeway Sdn	350	900	1500	3000	5300	7600
Parklane, 8-cyl., 123" wb						
63F 2-dr Hdtp Cpe	400	1050	1700	3300	5800	8300
57F 4-dr Hdtp Sdn	350	900	1500	3000	5300	7600
54E 4-dr Breezeway Sdn	350	950	1550	3100	5500	7900
76F 2-dr Conv	650	1700	3000	6100	10600	15200
Brougham, 8-cyl., 123" wb						
57C 4-dr Hdtp	400	1050	1700	3300	5800	8300
54J 4-dr Breezeway Sdn	400	1100	1800	3500	6100	8900
Marquis, 8-cyl., 123" wb						
63D 2-dr Hdtp Cpe	400	1150	1850	3700	6400	9300
Station Wagons, 119" wb						
71B/C 4-dr Commuter	350	950	1550	3100	5500	7900
71A 4-dr Col Pk	400	1100	1800	3500	6100	8900
	427 add 40%			*428 add 20%*		
1968						
Comet, 116" wb						
65A 2-dr Hdtp	300	800	1350	2700	4700	6900
Montego, 116" wb						
65B 2-dr Hdtp	300	800	1300	2600	4600	6600
54B 4-dr Sdn	300	650	1100	2200	3800	5400
Montego MX						
54C/D 4-dr Sdn	300	650	1100	2200	3800	5400
65D/E 2-dr Hdtp	350	950	1550	3100	5500	7900
76B/D 2-dr Conv	600	1650	2850	5700	9900	14200
71C 4-dr Sta Wgn	300	750	1250	2500	4400	6200
Cyclone, 8-cyl., 116" wb						
63C Fstbk Hdtp	550	1400	2400	4800	8300	11800
63H 2-dr GT Fstbk Hdtp	600	1550	2650	5300	9100	13000
65F 2-dr Hdtp Cpe	450	1250	2200	4400	7600	10900

	6	5	4	3	2	1
65G 2-dr GT Hdtp Cpe	500	1350	2400	4850	8350	12000
			Bucket Seat option add 10%			
Cougar, 8-cyl., 111" wb						
65A/C Hdtp Cpe	500	1300	2250	4500	7700	11000
65B XR-7 Cpe	650	1700	3000	6100	10600	15200
			Dan Gurney XR-7G pkg add 25%			
		390 V8 add 15%		*4-speed option add 10%*		
Monterey, 8-cyl., 123" wb						
63A 2-dr Hdtp	300	800	1350	2700	4700	6900
57A 4-dr Hdtp	300	800	1300	2600	4600	6600
54A 4-dr Sdn	300	650	1150	2300	3900	5700
76A 2-dr Conv	650	1700	3000	5900	10200	14700
Montclair, 8-cyl., 123" wb						
63B 2-dr Hdtp	350	850	1400	2800	4900	7100
57B 4-dr Hdtp	300	800	1350	2700	4700	6900
54C 4-dr Sdn	300	650	1150	2300	3900	5700
Parklane, 8-cyl., 123" wb						
63F 2-dr Hdtp	350	950	1550	3100	5500	7900
57F 4-dr Hdtp	300	800	1350	2700	4700	6900
54E 4-dr Sdn	300	650	1150	2300	3900	5700
54J 4-dr Brghm Sdn	350	700	1250	2550	4300	6300
76F 2-dr Conv	650	1750	3150	6300	10900	15700
		Yacht-side paneling (fastback/convertible only) add 20%				
Marquis, 8-cyl., 123" wb						
63D 2-dr Hdtp	400	1150	1850	3700	6400	9300
Station Wagons, 8-cyl., 119" wb						
71B/C 4-dr Commuter	350	950	1550	3100	5500	7900
71A/E 4-dr Col Pk	400	1050	1700	3300	5800	8300
		390-335 hp V8 add 25%		*428-340 V8 add 20%*		
			428-360 hp add 30%			

1969

	6	5	4	3	2	1
Comet, 6-cyl., 116" wb						
65A 2-dr Hdtp	300	750	1250	2500	4400	6200
Montego, 6-cyl., 116" wb						
65B 2-dr Hdtp	300	650	1100	2200	3800	5400
54A 4-dr Sdn	300	600	950	1900	3200	4600
Montego MX, 8-cyl., 116" wb						
65D/E 2-dr Hdtp	300	750	1250	2500	4400	6200
65C 2-dr Brghm Hdtp	400	800	1350	2500	4600	6600
54D 4-dr Sdn	300	600	950	1900	3200	4600
54C 4-dr Brghm Sdn	350	700	1200	2350	4100	5900
76B/D Conv	550	1450	2450	4900	8500	12000
71C 4-dr Sta Wgn	300	650	1150	2300	3900	5700
71A 4-dr Villager Sta Wgn	400	800	1350	2500	4600	6600
Cyclone, 8-cyl., 116" wb						
63A/C 2-dr Fstbk Cpe	450	1250	2150	4300	7400	10700
63H 2-dr CJ Fstbk Cpe	900	2900	4850	9700	17100	24200
			GT option add 10%			
Cougar, 8-cyl., 111" wb						
65A/C 2-dr Hdtp Cpe	450	1250	2150	4300	7400	10700
65B XR-7 Hdtp Cpe	550	1550	2650	5300	9100	13000
76A 2-dr Conv	650	1700	3000	6100	10600	15200
76B XR-7 2-dr Conv	700	1900	3350	6700	11500	16500
			GT option add 10%			
			Eliminator 428 pkg add 50%			
Monterey, 8-cyl., 124" wb						
54A 4-dr Sdn	300	650	1150	2300	3900	5700
65A 2-dr Hdtp	300	800	1300	2600	4600	6600
57A 4-dr Hdtp	300	750	1250	2500	4400	6200

	6	5	4	3	2	1
76A 2-dr Conv	600	1650	2850	5700	9900	14200
71B/C 4-dr Sta Wgn 6-pass	300	750	1250	2500	4400	6200
Monterey Custom, 8 cyl., 124" wb						
65B 2-dr Hdtp Cpe	300	800	1350	2700	4700	6900
57B 4-dr Hdtp Sdn	300	800	1300	2600	4600	6600
54C 4-dr Sdn	300	700	1200	2400	4100	5900
71F/G 4-dr Sta Wgn 9-pass	300	800	1300	2600	4600	6400
Marauder, 8-cyl., 121" wb						
63G 2-dr Hdtp Cpe	400	1100	1800	3500	6100	8900
63H X-100 Hdtp Cpe	650	1700	3000	5900	10200	14600
			Sports Special pkg add 15%			
Marquis, 8-cyl., 124" wb						
65C/F2-dr Hdtp Cpe	350	950	1550	3100	5500	7900
57C/F 4-dr Hdtp Sdn	300	800	1300	2600	4600	6600
53C/F 4-dr Sdn	300	700	1200	2400	4100	5900
76F 2-dr Conv	650	1700	3000	5900	10200	14700
71A/E 4-dr Col Pk Wgn	350	950	1550	3100	5500	7900
			Montego/Comet V8 option add 10%			
			428 add 40% 429 add 20%			
			Station wagons with 3rd seat option add 5%			

1970

	6	5	4	3	2	1
Montego, 6-cyl., 117" wb						
65A 2-dr Hdtp	300	800	1300	2600	4600	6600
54A 4-dr Sdn	300	650	1150	2300	3900	5700
Montego MX, 8-cyl., 117" wb						
65B 2-dr Hdtp	350	900	1500	2900	5200	7400
54B 4-dr Sdn	300	750	1250	2500	4400	6200
71C 4-dr Sta Wgn	300	800	1350	2700	4700	6900
65D 2-dr Brghm Hdtp	350	900	1500	3000	5300	7600
57D 4-dr Brghm Hdtp	300	800	1350	2700	4700	6900
54D 4-dr Brghm Sdn	300	800	1300	2600	4600	6600
71A Villager Sta Wgn	350	850	1400	2800	4900	7100
Cyclone, 8-cyl., 117" wb						
65F 2-dr Hdtp	450	1250	2050	4100	7100	10300
65H 2-dr GT Hdtp	650	1700	3000	6100	10600	15200
65G 2-dr Spoiler Hdtp	800	2450	4150	8300	14600	20700
Cougar, 8-cyl., 111" wb						
65A 2-dr Hdtp	450	1250	2050	4100	7100	10300
65B 2-dr Hdtp XR-7	550	1500	2500	5100	8800	12500
76A 2-dr Conv	650	1750	3150	6300	10900	15700
76B 2-dr Conv XR-7	750	2200	3650	7300	12600	18200
			351-C V8 add 20% Eliminator pkg add 50%			
			Boss 429 V8 add 75%			
Monterey, 8-cyl., 124" wb						
65A 2-dr Hdtp	350	900	1500	3000	5300	7600
57A 4-dr Hdtp	350	900	1500	2900	5200	7400
54A 4-dr Sdn	300	750	1250	2500	4400	6200
76A 2-dr Conv	500	1300	2250	4500	7700	11000
71B/C Sta Wgn	350	1000	1600	3200	5700	8100
Monterey Custom, 8-cyl., 124" wb						
65B 2-dr Hdtp	350	950	1550	3100	5500	7900
57B 4-dr Hdtp	300	800	1350	2700	4700	6900
54C 4-dr Sdn	300	800	1300	2600	4600	6600
Marauder, 8-cyl., 121" wb						
63G 2-dr Hdtp	400	1100	1800	3500	6100	8900
63H X-100 2-dr Hdtp	650	1700	3000	6100	10600	15200
Marquis, 8-cyl.						
65F 2-dr Hdtp	350	950	1550	3100	5500	7900
57F 4-dr Hdtp	350	900	1500	2900	5200	7400
53F 4-dr Sdn	300	750	1250	2500	4400	6200

	6	5	4	3	2	1
76F 2-dr Conv	650	1700	3000	5900	10200	14700
71F/G 4-dr Sta Wgn	350	850	1400	2800	4900	7100
71A/E 4-dr Col Pk Wgn	350	950	1550	3100	5500	7900
Marquis Brougham, 8-cyl., 124" wb						
65C 2-dr Hdtp	400	1050	1700	3300	5800	8300
57C 4-dr Hdtp	350	950	1550	3100	5500	7900
53C 4-dr	300	800	1300	2600	4600	6600

Montego option V-8 add 10%
428 add 40%   429 add 20%
Station wagons with 3rd seat option add 5%

1971

	6	5	4	3	2	1
Comet, 8-cyl.						
62B 2-dr Sdn	300	650	1100	2100	3600	5100
54B 4-dr Sdn	300	650	1000	2000	3500	4900
Montego, 8-cyl., 117" wb						
65A 2-dr Hdtp	300	750	1250	2500	4400	6200
54A 4-dr Sdn	300	650	1100	2100	3600	5100
65B 2-dr MX Hdtp	300	800	1350	2700	4700	6900
54B 4-dr MX Sdn	300	650	1100	2200	3800	5400
71C 4-dr MX Sta Wgn	300	650	1150	2300	3900	5700
65D 2-dr MX Brghm Hdtp	350	850	1400	2800	4900	7100
57D 4-dr MX Brghm Hdtp	300	700	1200	2400	4100	5900
54D 4-dr MX Brghm Sdn	300	650	1150	2300	3900	5700
71A Villager MX Brghm Sta Wgn	300	750	1250	2500	4400	6200
Cyclone, 8-cyl.						
65F 2-dr Hdtp	450	1250	2050	4100	7100	10300
65H 2-dr GT Hdtp	550	1450	2450	4900	8500	12000
65G 2-dr Spoiler Hdtp	650	1700	3000	6100	10600	15200
429 CJ V8 add 40%						
Cougar, 8-cyl., 113" wb						
65D 2-dr Hdtp	400	1200	1950	3900	6800	9900
65F 2-dr XR-7 Hdtp	550	1450	2450	4900	8500	12000
76D 2-dr Conv	600	1650	2850	5700	9900	14200
76F 2-dr XR-7 Conv	700	2000	3450	6900	11900	17200

351-CJ add 35%
429-CJ add 40%
4-speed add 10%

	6	5	4	3	2	1
Monterey, 8-cyl., 124" wb						
65B 2-dr Hdtp	300	800	1300	2600	4600	6600
57B 4-dr Hdtp	300	650	1100	2200	3800	5400
53B 4-dr Sdn	300	650	1100	2100	3600	5100
71B 4-dr Sta Wgn	300	750	1250	2500	4400	6200
Monterey Custom, 8-cyl.						
65F 2-dr Hdtp	300	800	1350	2700	4700	6900
57F 4-dr Hdtp	300	650	1150	2300	3900	5700
53F 4-dr Sdn	300	650	1100	2100	3600	5100
Marquis, 8-cyl.						
65H 2-dr Hdtp	300	800	1350	2700	4700	6900
57H 4-dr Hdtp	300	700	1200	2400	4100	5900
53H 4-dr Sdn	300	650	1100	2200	3800	5400
71H 4-dr Sta Wgn	300	800	1350	2700	4700	6900
71K 4-dr Col Pk Wgn	350	950	1550	3100	5500	7900
Marquis Brougham, 8-cyl.						
53K 4-dr Sdn	300	650	1150	2300	3900	5700
57K 4-dr Hdtp	300	750	1250	2500	4400	6200
65K 2-dr Hdtp	350	900	1500	2900	5200	7400

429-360 hp add 20%
429-370 hp add 40%

	6	5	4	3	2	1

1972

Comet, 8-cyl., 109" wb

	6	5	4	3	2	1
62B 2-dr Sdn	300	650	1100	2200	3800	5400
54B 4-dr Sdn	300	650	1000	2000	3500	4900

GT pkg add 10%
302V8 add 10%

Montego, 8-cyl., 118" wb

	6	5	4	3	2	1
65B 2-dr Hdtp	300	700	1200	2400	4100	5900
53B 4-dr Sdn	300	650	1000	2000	3500	4900
65R 2-dr GT Hdtp	400	900	1550	3100	5400	7800

Montego MX, 8-cyl, 118" wb

	6	5	4	3	2	1
65D 2-dr MX Hdtp	300	800	1350	2700	4700	6900
53D 4-dr MX Sdn	300	650	1100	2100	3600	5100
71D 4-dr MX Sta Wgn	300	700	1200	2400	4100	5900
65K 2-dr Brghm Hdtp	350	850	1400	2800	4900	7100
53K 4-dr Brghm Sdn	300	650	1100	2200	3800	5400
71K 4-dr Villager Sta Wgn	300	750	1250	2500	4400	6200

Cyclone Perf. Pkg. add 15%

Cougar, 8-cyl., 112" wb

	6	5	4	3	2	1
65D 2-dr Hdtp	400	1150	1850	3700	6400	9300
65F 2-dr XR-7 Hdtp	450	1250	2150	4300	7400	10700
76D 2-dr Conv	600	1650	2850	5700	9900	14200
76F XR-7 Conv	700	2000	3450	6900	11900	17200

351-CJ pkg add 20%

Monterey, 8-cyl., 124" wb

	6	5	4	3	2	1
65B 2-dr Hdtp	300	700	1200	2400	4100	5900
57B 4-dr Hdtp	300	650	1100	2100	3600	5100
53B 4-dr Sdn	300	650	1000	2000	3500	4900
71B Sta Wgn	300	650	1150	2300	3900	5700

Monterey Custom, 8-cyl., 124" wb

	6	5	4	3	2	1
65F 2-dr Hdtp	300	750	1250	2500	4400	6200
57F 4-dr Hdtp	300	650	1100	2200	3800	5400
53F 4-dr Sdn	300	650	1000	2000	3500	4900

Marquis, 8-cyl., 124" wb

	6	5	4	3	2	1
65H 2-dr Hdtp	300	800	1350	2700	4700	6900
57H 4-dr Hdtp	300	650	1150	2300	3900	5700
53H 4-dr Sdn	300	650	1100	2100	3600	5100
71H Sta Wgn	300	800	1300	2600	4600	6600

Marquis Brougham, 8-cyl.

	6	5	4	3	2	1
65K 2-dr Hdtp	350	850	1400	2800	4900	7100
57K 4-dr Hdtp	300	700	1200	2400	4100	5900
53K 4-dr Sdn	300	650	1100	2100	3600	5100
71K 4-dr Col Pk Sta Wgn	350	900	1500	3000	5300	7600

1973

Comet, 8-cyl., 110" wb

	6	5	4	3	2	1
62B 2-dr Sdn	300	650	1100	2200	3800	5400
54B 4-dr Sdn	300	650	1000	2000	3500	4900

GT Perf Pkg add 10%   302 V8 add 10%

Montego, 8-cyl., 118" wb

	6	5	4	3	2	1
65B 2-dr Hdtp	300	700	1200	2400	4100	5900
53B 4-dr Sdn	300	650	1000	2000	3500	4900
63R 2-dr GT Hdtp Fstbk	350	900	1500	2900	5200	7400
53D 4-dr MX Sdn	300	650	1000	2000	3500	4900
65D 2-dr MX Hdtp	300	750	1250	2500	4400	6200
71D 4-dr MX Sta Wgn	300	650	1150	2300	3900	5700

Montego MX Brougham

	6	5	4	3	2	1
65K 2-dr Hdtp	300	800	1350	2700	4700	6900
53K 4-dr Sdn	300	650	1100	2100	3600	5100
71K 4-dr Villager Sta Wgn	300	750	1250	2500	4400	6200

	6	5	4	3	2	1
Cougar, 8-cyl., 113" wb						
65D 2-dr Hdtp	400	1100	1800	3500	6100	8900
65F 2-dr XR-7 Hdtp	400	1200	1950	3900	6800	9900
76D 2-dr Conv	600	1600	2750	5500	9500	13800
76F 2-dr XR-7 Conv	700	2000	3450	6900	11900	17200
Monterey, 8-cyl.124" wb						
65B 2-dr Hdtp	300	700	1200	2400	4100	5900
53B 4-dr Sdn	300	650	1000	2000	3500	4900
71B 4-dr Sta Wgn	300	650	1150	2300	3900	5700
Monterey Custom						
65F 2-dr Hdtp	300	750	1250	2500	4400	6200
53F 4-dr Sdn	300	650	1000	2000	3500	4900
Marquis, 8-cyl., 124" wb						
53H 4-dr Sdn	300	650	1000	2000	3500	4900
57H 4-dr Hdtp	300	650	1100	2100	3600	5100
65H 2-dr Hdtp	300	800	1300	2600	4600	6600
71H 4-dr Sta Wgn	300	650	1100	2200	3800	5500
Marquis Brougham						
53K 4-dr Sdn	300	650	1100	2100	3600	5100
57K 4-dr Hdtp	300	650	1150	2300	3900	5700
65K 2-dr Hdtp	300	800	1350	2700	4700	6900
71K 4-dr Col Pk	350	850	1400	2800	4900	7100

1974

	6	5	4	3	2	1
Comet, 8-cyl., 110" wb						
62B 2-dr Sdn	300	650	1100	2100	3600	5100
54B 4-dr Sdn	300	600	950	1900	3200	4600

GT Perf Pkg add 10%   302 V8 add 10%

	6	5	4	3	2	1
Montego, 8-cyl., 118" wb						
65B 2-dr Hdtp	300	650	1100	2200	3800	5400
53B 4-dr Sdn	300	650	1000	2000	3500	4900
65D 2-dr MX Hdtp	300	650	1150	2300	3900	5700
53D 4-dr MX Sdn	300	650	1000	2000	3500	4900
65K 2-dr MX Brghm Hdtp	300	650	1150	2300	3900	5700
53K 4-dr MX Brghm Sdn	300	650	1100	2100	3600	5100
71K 4-dr Villager Wgn	300	650	1100	2200	3800	5400
Cougar XR-7, 8-cyl., 114" wb						
65F 2-dr Hdtp Cpe	350	850	1400	2800	4900	7100
Monterey, 8-cyl., 124" wb						
65B 2-dr Hdtp Cpe	300	700	1200	2400	4100	5900
53B 4-dr Sdn	300	650	1000	2000	3500	4900
71B 4-dr Sta Wgn	300	650	1150	2300	3900	5700
Monterey Custom						
65F 2-dr Hdtp Cpe	300	750	1250	2500	4400	6200
53F 4-dr Sdn	300	650	1000	2000	3500	4900
Marquis, 8-cyl., 124" wb						
65H 2-dr Hdtp	300	750	1250	2500	4400	6200
57H 4-dr Hdtp	300	650	1100	2100	3600	5100
53H 4-dr Sdn	300	650	1000	2000	3500	4900
71H 4-dr Sta Wgn	300	650	1100	2200	3800	5400
Marquis Brougham						
53K 4-dr Sdn	300	650	1000	2000	3500	4900
57K 4-dr Hdtp	300	650	1100	2200	3800	5400
65K 2-dr Hdtp	300	800	1300	2600	4600	6600
71K 4-dr Col Pk	300	800	1350	2700	4700	6900

1975

	6	5	4	3	2	1
Bobcat, 4-cyl., 95" wb						
64B 2-dr Rnbt Htchbk	200	450	650	1300	2200	3200
73B 2-dr Villager Sta Wgn	250	500	750	1400	2400	3400

	6	5	4	3	2	1

Comet, 8-cyl., 110" wb

	6	5	4	3	2	1
62B 2-dr Sdn	300	600	900	1800	3100	4400
54B 4-dr Sdn	300	600	850	1700	2900	4100

GT Perf pkg add 10%   302 V8 add 20%

Monarch, 8-cyl., 110" wb

	6	5	4	3	2	1
66H 2-dr Sdn	250	500	750	1500	2600	3600
54H 4-dr Sdn	250	500	750	1400	2400	3400
66K 2-dr Ghia Sdn	250	500	750	1500	2600	3600
54K 4-dr Ghia Sdn	250	500	750	1400	2400	3400

Grand Ghia pkg add 10%
302 V8 add 15%   351 V8 add 20%

Montego, 8-cyl., 118" wb

	6	5	4	3	2	1
65B 2-dr Hdtp	300	650	1000	2000	3500	4900
53B 4-dr Sdn	300	600	900	1800	3100	4400
65D 2-dr MX Hdtp	300	650	1100	2100	3600	5100
53D 4-dr MX Sdn	300	600	900	1800	3100	4400
71D 4-dr MX Sta Wgn	300	600	950	1900	3200	4600
65K 2-dr MX Brghm Hdtp	300	650	1100	2200	3800	5400
53K 4-dr MX Brghm Sdn	300	600	950	1900	3200	4600
71K 4-dr Villager Wgn	300	650	1000	2000	3500	4900

400 V8 add 15%   460 V8 add 20%

Cougar XR-7, 8-cyl., 114" wb

	6	5	4	3	2	1
65F 2-dr Hdtp	300	650	1100	2200	3800	5400

460 V8 add 20%   Gold Décor pkg add 10%

Marquis, 8-cyl., 124" wb

	6	5	4	3	2	1
65H 2-dr Hdtp	300	650	1150	2300	3900	5700
53H 4-dr Sdn	300	600	950	1900	3200	4600
71H 4-dr Sta Wgn	300	750	1250	2500	4400	6200

Marquis Brougham

	6	5	4	3	2	1
65K 2-dr Hdtp	300	700	1200	2400	4100	5900
53K 4-dr Sdn	300	600	950	1900	3200	4600
71K 4-dr Col Pk Wgn	300	750	1250	2500	4400	6200

Grand Marquis

	6	5	4	3	2	1
65L 2-dr Hdtp	300	750	1250	2500	4400	6200
53L 4-dr Sdn	300	650	1000	2000	3500	4900

1976

Bobcat, 4-cyl., 95" wb

	6	5	4	3	2	1
64H 2-dr Rnbt Htchbk	200	450	650	1300	2200	3200
73H 2-dr Villager Sta Wgn	250	500	750	1400	2400	3400

Comet, 8-cyl., 110" wb

	6	5	4	3	2	1
62B 2-dr Sdn	300	600	850	1700	2900	4100
54B 4-dr Sdn	300	550	800	1600	2800	3900

Sports Accent pkg add 10%   302 V8 add 20%

Monarch, 8-cyl., 110" wb

	6	5	4	3	2	1
66H 2-dr Sdn	250	500	750	1500	2600	3600
54H 4-dr Sdn	250	500	750	1400	2400	3400
66K 2-dr Ghia Sdn	250	500	750	1500	2600	3600
54K 4-dr Ghia Sdn	250	500	750	1400	2400	3400

Grand Ghia pkg add 10%
302 V8 add 15%   351 V8 add 20%

Montego, 8-cyl., 118" wb

	6	5	4	3	2	1
65B 2-dr Cpe	300	650	1000	2000	3500	4900
53B 4-dr Sdn	300	600	900	1800	3100	4400
65D 2-dr MX Cpe	300	650	1100	2100	3600	5100
53D 4-dr MX Sdn	300	600	900	1800	3100	4400
65K 2-dr MX Brghm Cpe	300	650	1100	2200	3800	5400
53K 4-dr MX Brghm Sdn	300	600	950	1900	3200	4600
71K 4-dr MX Villager Wgn	300	650	1000	2000	3500	4900

	6	5	4	3	2	1
Cougar XR-7, 8-cyl., 114" wb						
65F 2-dr Hdtp Cpe	300	650	1000	2000	3500	4900
		460 V8 add 20%		*Gold Décor pkg add 10%*		
Marquis, 8-cyl., 124" wb						
65H 2-dr Cpe	300	650	1000	2000	3500	4900
53H 4-dr Sdn	300	600	850	1700	2900	4100
71H 4-dr Marquis	300	600	900	1800	3100	4400
65K 2-dr Brghm Cpe	300	650	1100	2100	3600	5100
53K 4-dr Brghm Sdn	300	600	850	1700	2900	4100
71K 4-dr Col Pk	300	650	1150	2300	3900	5700
Grand Marquis						
65L 2-dr Cpe	300	650	1100	2200	3800	5400
53L 4-dr Sdn	300	600	900	1800	3100	4400

1977

	6	5	4	3	2	1
Bobcat, 4-cyl., 95" wb						
64H 3-dr Rnbt Htchbk	200	400	600	1200	2100	3000
73H 2-dr Sta Wgn	200	450	650	1300	2200	3200
		V-6 add 20%		*"S" Décor pkg add 10%*		
			Villager pkg add 10%			
Comet, 8-cyl., 110" wb						
62B 2-dr Sdn	250	500	750	1500	2600	3600
54B 4-dr Sdn	250	500	750	1400	2400	3400
Monarch, 8-cyl., 110" wb						
66H 2-dr Sdn	250	500	750	1500	2600	3600
54H 4-dr Sdn	250	500	750	1400	2400	3400
66K 2-dr Ghia Sdn	250	500	750	1500	2600	3600
54K 4-dr Ghia Sdn	250	500	750	1400	2400	3400
			"S" Décor pkg add 10%			
		302 V8 add 15%		*351 V8 add 20%*		
Cougar, 8-cyl., 114"/118" wb						
65D 2-dr Sdn	300	550	800	1600	2800	3900
53D 4-dr Sdn	250	500	750	1500	2600	3600
65K 2-dr Brghm Sdn	300	550	800	1600	2800	3900
53K 4-dr Brghm Sdn	250	500	750	1500	2600	3600
65L 2-dr XR-7 Cpe	300	600	900	1800	3100	4400.
71D 4-dr Sta Wgn	300	550	800	1600	2800	3900
71K 4-dr Villager Sta Wgn	300	600	900	1800	3100	4400
Marquis, 8-cyl., 124" wb						
65H 2-dr Sdn	300	600	950	1900	3200	4600
53H 4-dr Sdn	300	550	800	1600	2800	3900
65K 2-dr Brghm Sdn	300	650	1000	2000	3500	4900
53K 4-dr Brghm Sdn	300	550	800	1600	2800	3900
71K 4-dr Sta Wgn	300	600	900	1800	3100	4400
		Colony Park pkg on Wgn add 10% (wagon on 121" wb)				
Grand Marquis, 8-cyl., 124" wb						
65L 2-dr Hdtp Cpe	300	650	1100	2100	3600	5100
53L 4-dr Hdtp Sdn	300	600	850	1700	2900	4100

1978

	6	5	4	3	2	1
Bobcat, 4-cyl., 95" wb						
64H 3-dr Rnbt Htchbk	200	400	600	1200	2100	3000
73H 2-dr Sta Wgn	200	450	650	1300	2200	3200
		V-6 add 20%		*Sports pkg add 10%*		
			Villager pkg add 10%			
Zephyr, 4-cyl., 106" wb						
36R Z-7 Spt Cpe	250	500	750	1500	2600	3600
66D 2-dr Sdn	250	500	750	1400	2400	3400

	6	5	4	3	2	1
54D 4-dr Sdn	200	450	650	1300	2200	3200
74D Sta Wgn	200	450	650	1300	2200	3200

302 V8 add 20%   6-cyl add 10%
Villager pkg on wagon add 10%

Monarch, 8-cyl., 110" wb

	6	5	4	3	2	1
66H 2-dr Sdn	250	500	750	1500	2600	3600
54H 4-dr Sdn	250	500	750	1400	2400	3400

Ghia trim pkg add 20%   ESS pkg add 20%
V8 add 20%

Cougar, 8-cyl., 118"/114" wb

	6	5	4	3	2	1
65D 2-dr Hdtp	300	550	800	1600	2800	3900
65L 2-dr XR-7 Cpe	300	600	900	1800	3100	4400
53D 4-dr Sdn	250	500	750	1500	2600	3600

Marquis, 8-cyl., 124" wb

	6	5	4	3	2	1
65H 2-dr Hdtp Cpe	300	600	900	1800	3100	4400
53H 4-dr Sdn	300	550	800	1600	2800	3900
71K 4-dr Sta Wgn	300	600	900	1800	3100	4400

Colony Prk pkg on wagon add 10%

Marquis Brougham

	6	5	4	3	2	1
65K 2-dr Hdtp Cpe	300	600	950	1900	3200	4600
53K 4-dr Sdn	300	550	800	1600	2800	3900

Grand Marquis, 8-cyl., 124" wb

	6	5	4	3	2	1
65L 2-dr Hdtp Cpe	300	650	1000	2000	3500	4900
53L 4-dr Sdn	300	550	800	1700	2900	4100

1979

Bobcat, 4-cyl., 95" wb

	6	5	4	3	2	1
64H 3-dr Rnbt	200	400	600	1200	2100	3000
73H 3-dr Wgn	200	450	650	1300	2200	3200

Villager wagon pkg add 10%
Sports pkg add 10%   V-6 add 10%

Capri, 4-cyl., 100" wb

	6	5	4	3	2	1
61D 3-dr Htchbk Cpe	200	450	650	1300	2200	3200
61H 3-dr Ghia Htchbk Cpe	250	500	750	1400	2400	3400

Turbo RS pkg add 20%
V-6 add 10%   V-8 add 15%

Zephyr, 4-cyl., 106" wb

	6	5	4	3	2	1
66D 2-dr Sdn	250	500	750	1400	2400	3400
54D 4-dr Sdn	200	450	650	1300	2200	3200
36R Z-7 Spt Cpe	250	500	750	1500	2600	3600
74D Sta Wgn	200	450	650	1300	2200	3200

V-8 add 15%   6-cyl add 10%
Villager pkg (wagon) add 10%

Monarch, 8-cyl., 110" wb

	6	5	4	3	2	1
66H 2-dr Sdn	250	500	750	1500	2600	3600
54H 4-dr Sdn	250	500	750	1400	2400	3400

Ghia décor option add 10%
ESS option add 15%   V-8 add 15%

Cougar, 8-cyl., 118"/114" wb

	6	5	4	3	2	1
65D 2-dr Hdtp Cpe	300	550	800	1600	2800	3900
65L 2-dr XR-7 Hdtp Cpe	300	600	900	1800	3100	4400
53D 4-dr Sdn	250	500	750	1500	2600	3600

351 V8 add 15%

Marquis, 8-cyl., 114" wb

	6	5	4	3	2	1
54H 4-dr Sdn	250	500	750	1400	2400	3400
66H 2-dr Hdtp Cpe	250	500	750	1500	2600	3600
71H 4-dr Sta Wgn	300	600	850	1700	2900	4100
66K 2-dr Brghm Cpe Hdtp	300	550	800	1600	2800	3900
54K 4-dr Brghm Sdn	250	500	750	1400	2400	3400
71K 4-dr Col Pk Sta Wgn	300	650	900	1850	3100	4500

	6	5	4	3	2	1
Grand Marquis, 8-cyl., 114" wb						
66L 2-dr Hdtp Cpe	300	550	800	1700	2900	4100
54L 4-dr Sdn	300	550	800	1600	2800	3900

1980

	6	5	4	3	2	1
Bobcat, 4-cyl., 95" wb						
64H 2-dr Htchbk Rnbt	200	400	600	1200	2100	3000
73H 2-dr Sta Wgn	200	450	650	1300	2200	3200

Villager wagon pkg add 10%
Sports pkg add 10%   V-6 add 10%

	6	5	4	3	2	1
Capri, 6-cyl., 100" wb						
61D 2-dr Htchbk Cpe	200	450	650	1300	2200	3200
61H 2-dr Ghia Htchbk Cpe	250	500	750	1400	2400	3400

Turbo RS pkg add 20%
V-6 add 10%   V-8 add 15%

	6	5	4	3	2	1
Zephyr, 6-cyl., 106" wb						
66D 2-dr Sdn	250	500	750	1400	2400	3400
54D 4-dr Sdn	200	450	650	1300	2200	3200
36R 2-dr Z7-Spt Cpe	250	500	750	1500	2600	3600
74D 4-dr Sta Wgn	250	500	750	1400	2400	3400

V-8 add 15%   6-cyl add 10%
Villager pkg (wagon) add 10%

	6	5	4	3	2	1
Monarch, 8-cyl., 110" wb						
66H 2-dr Sdn	250	500	750	1500	2600	3600
54H 4-dr Sdn	250	500	750	1400	2400	3400

Ghia décor option add 10%
ESS option add 15%   V-8 add 15%

	6	5	4	3	2	1
Cougar XR-7, 8-cyl., 108" wb						
66D 2-dr Cpe	300	600	900	1800	3100	4400

Luxury Décor group add 15%   302 V8 add 10%

	6	5	4	3	2	1
Marquis, 8-cyl., 114" wb						
66H 2-dr Sdn	250	500	750	1500	2600	3600
54H 4-dr Sdn	250	500	750	1400	2400	3400
66K 2-dr Brghm Sdn	300	550	800	1600	2800	3900
54K 4-dr Brghm Sdn	250	500	750	1400	2400	3400
71H 4-dr Sta Wgn	300	550	800	1700	2900	4100
71K 4-dr Col Pk Sta Wgn	300	550	800	1700	2900	4100
Grand Marquis, 8-cyl., 114" wb						
66L 2-dr Sdn	300	550	800	1600	2800	3900
54L 4-dr Sdn	300	550	800	1600	2800	3900

1981

	6	5	4	3	2	1
Lynx, 4-cyl., 95" wb						
74D 4-dr L Lftbk Sta Wgn	150	300	450	900	1800	2600
61D 2-dr L Htchbk	150	300	450	900	1800	2600

GL pkg add 5%   GS/LS pkg add 10%
RS pkg add 15%

	6	5	4	3	2	1
Zephyr, 6-cyl., 106" wb						
54D 4-dr Sdn	200	450	650	1300	2200	3200
66D 2-dr Sdn	250	500	750	1500	2600	3600
36R 2-dr Z-7 Cpe	300	550	800	1600	2800	3900
74D 4-dr Sta Wgn	250	500	750	1400	2400	3400

4-cyl. deduct 10%   V-8 add 10%   GS pkgs add 10%
"S" pkg deduct 10%   Villager pkg (wagons) add 10%

	6	5	4	3	2	1
Capri, 6-cyl., 100" wb						
61D 2-dr Htchbk	250	500	750	1400	2400	3400
61L 2-dr GS Htchbk	250	500	750	1500	2600	3600

T-top add 10%   Black Magic pkg add 15%

	6	5	4	3	2	1
Cougar, 6-cyl., 105.5" wb						
66D 2-dr Sdn	250	500	750	1500	2600	3600

	6	5	4	3	2	1
54D 4-dr Sdn	250	500	750	1500	2600	3600
61L 2-dr XR-7 Cpe (108" wb)	300	550	800	1700	2900	4100
		4-cyl deduct 10%			*GS pkg add 10%*	

Marquis, 8-cyl., 114" wb

	6	5	4	3	2	1
54H 4-dr Sdn	250	500	750	1400	2400	3400
66K 2-dr Brghm Sdn	300	550	800	1600	2800	3900
54K 4-dr Brghm Sdn	250	500	750	1400	2400	3400
74H 4-dr Sta Wgn	300	550	800	1700	2900	4100
74K 4-dr Col Pk Sta Wgn	300	550	800	1700	2900	4100

Grand Marquis, 8-cyl., 114" wb

	6	5	4	3	2	1
66L 2-dr Sdn	300	550	800	1600	2800	3900
54L 4-dr Sdn	300	550	800	1600	2800	3900
		Small block option deduct 10%				

1982

Lynx, 4-cyl., 95" wb

	6	5	4	3	2	1
61D 2-dr Htchbk	200	350	500	1000	1900	2700
74D 4-dr Sta Wgn	200	350	500	1000	1900	2700
58D 5-dr Htchbk Sdn	200	350	500	1000	1900	2700
	L/GL pkg add 5%		*GS/LS pkg add 10%*		*RS pkg add 15%*	

LN7, 4-cyl., 95" wb

	6	5	4	3	2	1
P61 2-dr Htchbk Cpe	200	350	500	1000	1900	2700

Zephyr, 6-cyl., 106" wb

	6	5	4	3	2	1
54D 4-dr Sdn	250	500	750	1400	2400	3400
36R 2-dr GS Z-7 Cpe	250	500	750	1500	2600	3600
		GS pkg add 10%		*V8 add 10%*		

Capri, 6-cyl., 100" wb

	6	5	4	3	2	1
61D 2-dr Htchbk	250	500	750	1400	2400	3400
61H 2-dr GS Htchbk	250	500	750	1500	2600	3600
		Black Magic Option add 15%				
	"L" option add 10%			*"RS" V8 pkg add 15%*		

Cougar, 6-cyl., 105.5" wb

	6	5	4	3	2	1
66D 2-dr GS Sdn	250	500	750	1500	2600	3600
54D 4-dr GS Sdn	250	500	750	1500	2600	3600
74D 4-dr GS Sta Wgn	250	500	750	1500	2600	3600
60H 2-dr XR-7 GS Cpe	300	550	800	1600	2800	3900
			LS pkg add 10%			

Marquis, 8-cyl., 114" wb

	6	5	4	3	2	1
54H 4-dr Sdn	250	500	750	1400	2400	3400
66K 2-dr Brghm Sdn	300	550	800	1600	2800	3900
54K 4-dr Brghm Sdn	250	500	750	1400	2400	3400
71H 4-dr Sta Wgn	300	600	900	1800	3100	4400
71K 4-dr Col Pk Sta Wgn	300	600	900	1800	3100	4400

Grand Marquis, 8-cyl., 114" wb

	6	5	4	3	2	1
66L 2-dr Sdn	300	550	800	1700	2900	4100
54L 4-dr Sdn	300	550	800	1700	2900	4100

1983

Lynx, 4-cyl., 95" wb

	6	5	4	3	2	1
61D 2-dr L Htchbk	200	350	500	1000	1900	2700
58D 5-dr L Htchbk	200	350	500	1000	1900	2700
74D 4-dr L Wgn	200	350	500	1000	1900	2700
		GS/LS add 5%		*RS/LTS add 10%*		

LN7, 4-cyl., 95" wb

	6	5	4	3	2	1
P51 2-dr Htchbk Cpe	200	350	500	1000	1900	2700
		Sport pkg add 5%		*GS/RS pkg add 10%*		

Zephyr, 6-cyl., 106" wb

	6	5	4	3	2	1
54D 4-dr Sdn	250	500	750	1400	2400	3400
36R 2-dr Z-7 Spt Cpe	250	500	750	1400	2400	3400
			GS pkg add 10%			

	6	5	4	3	2	1
Capri, 6-cyl., 100" wb						
61D 2-dr Htchbk	250	500	750	1400	2400	3400

Black Magic Option add 15%   L/GL option add 10%
"RS" V8 pkg add 15%

Cougar, 6-cyl., 104" wb						
P92 2-dr Cpe	300	550	800	1600	2800	3900

"LS" pkg add 10%   V-8 add 15%

Marquis, 6-cyl., 106" wb						
54D 4-dr Sdn	200	400	600	1200	2100	3000
74D 4-dr Sta Wgn	200	450	650	1300	2200	3200

4-cyl deduct 10%   Brougham pkg add 10%
Woodtone pkg add 10%

Grand Marquis, 8-cyl., 114" wb						
66K 2-dr Cpe	300	550	800	1700	2900	4100
54K 4-dr Sdn	300	550	800	1700	2900	4100
71K 4-dr Col Pk Sta Wgn	300	600	900	1800	3100	4400

LS option pkg add 10%

1984

Lynx, 4-cyl., 95" wb						
61D 2-dr Htchbk	200	300	450	900	1700	2400
54D 4-dr Htchbk	200	300	450	900	1700	2400
74D 4-dr L Wgn	200	300	450	900	1700	2400

GS/LS add 5%   RS/LTS add 10%   Diesel deduct 15%

Topaz, 4-cyl., 99.9" wb						
66D 2-dr GS/LS Sdn	200	450	650	1300	2200	3000
54D 4-dr GS/LS Sdn	200	450	650	1300	2200	3000
Capri, 4-cyl., 101" wb						
61D 2-dr GS Htchbk	250	500	750	1400	2400	3400

6-cyl add 5%   V8 add 10%
RS Turbo add 15%

Cougar, 6-cyl., 104" wb						
P92 2-dr Cpe	300	550	800	1600	2800	3900

XR-7 4-cyl Turbo add 10%
XR-7 V-8 add 20%
LS pkg add 5%

Marquis, 4-cyl., 106" wb						
54D 4-dr Sdn	200	350	500	1000	1900	2700
74D 4-dr Sta Wgn	200	450	650	1300	2200	3200

Brougham pkg add 10%   6-cyl option add 10%

Grand Marquis, 8-cyl., 114" wb						
66K 2-dr Sdn	300	550	800	1700	2900	4100
54K 4-dr Sdn	300	550	800	1700	2900	4100
2-dr LS Sdn	300	600	900	1800	3100	4400
4-dr LS Sdn	300	600	900	1800	3100	4400
71K 4-dr Col Pk Sta Wgn	300	600	900	1800	3100	4400

LS pkg add 10%   Diesel deduct 10%

1985

Lynx, 4-cyl., 95" wb						
61D 2-dr Htchbk	200	300	450	950	1700	2400
58D 4-dr Htchbk GS	200	350	500	1000	1800	2600
74D 4-dr L Wgn	200	300	450	950	1700	2400

GS pkg add 10%   Diesel deduct 15%

Topaz, 4-cyl., 99.9" wb						
66D 2-dr GS/LS Sdn	200	400	600	1200	2100	3000
54D 4-dr GS/LS Sdn	200	400	600	1200	2100	3000
Capri, 4-cyl., 101" wb						
61D 2-dr GS Htchbk	250	500	750	1400	2400	3400

6-cyl add 5%   V8 add 10%   RS pkg add 5%

	6	5	4	3	2	1

Cougar, 104" wb

	6	5	4	3	2	1
61D 2-dr Cpe (6-cyl.)	300	550	800	1700	2900	4100

LS pkg add 5%   V-8 add 15%
XR-7 Turbo 4-cyl add 10%

Marquis, 6-cyl., 106" wb

54K 4-dr Sdn	200	400	600	1200	2100	3000
74K 4-dr Sta Wgn	200	450	650	1300	2200	3200

Brougham pkg add 10%

Grand Marquis, 8-cyl., 114" wb

66L 2-dr Sdn	300	550	800	1700	2900	4100
54L 4-dr Sdn	300	550	800	1700	2900	4100
74L 4-dr Col Pk Sta Wgn	300	600	900	1800	3100	4400

LS pkg add 10%   Diesel deduct 10%

1986

Lynx, 4-cyl., 95" wb

61D 2-dr Htchbk	200	400	550	1100	2000	2900
58D 4-dr L Htchbk	200	400	550	1100	2000	2900
74D 4-dr L Sta Wgn	200	400	550	1100	2000	2900

GS pkg add 5%   XR3 add 10%

Capri, 4-cyl., 101" wb

61D 2-dr GS Htchbk,	300	550	800	1600	2800	3900

V8 option add 20%
McLaren ASC convertible add 30%

Topaz, 4-cyl., 99.9" wb

66D 2-dr GS/LS Sdn	200	450	650	1300	2200	3200
54D 4-dr GS/LS Sdn	200	450	650	1300	2200	3200

Marquis, 4-cyl., 106" wb

54D 4-dr Sdn	200	400	600	1200	2100	3000
74D 4-dr Sta Wgn	200	450	650	1300	2200	3200

Brougham Décor pkg add 10%   6-cyl add 5%

Grand Marquis, 8-cyl., 114" wb

66K 2-dr Sdn	300	600	950	1900	3200	4600
54K 4-dr Sdn	300	600	950	1900	3200	4600
74K 4-dr Col Pk Sta Wgn	300	650	1000	2000	3500	4900

LS pkg add 10%

Cougar, 6-cyl., 104" wb

66D 2-dr GS Cpe	300	600	950	1900	3200	4600

LS pkg add 5%   XR-7 Turbo 4-cyl add 10%

Sable, 6-cyl., 106" wb

P87 4-dr GS Sdn	250	400	600	1400	2400	3700
P88 4-dr GS Wgn	250	500	850	1900	3100	4900

LS pkg add 10%   Diesel deduct 10%

1987

Lynx, 4-cyl., 95" wb

61D 2-dr L Htchbk	200	400	600	1200	2100	3000
58D 4-dr GS Htchbk	200	450	650	1300	2200	3200
74D 4-dr GS Sta Wgn	200	450	650	1300	2200	3200

GS option add 5%   XR3 pkg add 10%

Topaz, 4-cyl., 99.9" wb

66D 2-dr GS Sdn	250	500	750	1400	2400	3400
54D 4-dr GS/LS Sdn	250	500	750	1500	2600	3600

Sport pkg add 10%

Cougar, 6-cyl., 104" wb

M60 2-dr LS Cpe	300	750	1250	2500	4400	6200
M62 2-dr XR-7 Cpe (8-cyl.)	350	900	1500	3000	5300	7600

Sable, 6-cyl., 106" wb

M50 4-dr GS Sdn	300	600	950	1900	3200	4600
M53 4-dr LS Sdn	300	650	1100	2100	3600	5100

	6	5	4	3	2	1
M55 4-dr GS Sta Wgn	300	700	1200	2400	4100	5900
M58 4-dr LS Sta Wgn	300	800	1300	2600	4600	6600
Grand Marquis, 8-cyl., 114" wb						
M72 2-dr LS Sdn	300	700	1200	2400	4100	5900
M74 4-dr GS Sdn	300	650	1100	2200	3800	5400
M75 4-dr LS Sdn	300	700	1200	2400	4100	5900
M78 4-dr GS Col Pk Sta Wgn	300	700	1200	2400	4100	5900
M79 4-dr LS Col Pk Sta Wgn	300	750	1250	2500	4400	6200

Small block option deduct 15%   Diesel deduct 10%

1988

	6	5	4	3	2	1
Tracer, 4-cyl., 94.7" wb						
M11 2-dr Hchbk	250	500	750	1500	2600	3600
M12 4-dr Htchbk	250	500	750	1400	2400	3400
M13 4-dr Sta Wgn	300	550	800	1700	2900	4100
Topaz GS, 4-cyl., 99.9" wb						
M31 2-dr Sdn	250	500	750	1500	2600	3600
M33 2-dr XR5 Sdn	300	550	800	1600	2800	3900
M36 4-dr Sdn	300	550	800	1600	2800	3900
M37 4-dr LS Sdn	300	550	800	1700	2900	4100
M38 4-dr LTS Sdn	300	600	900	1800	3100	4400
Cougar, 8-cyl., 104" wb						
M60 2-dr LS Hdtp	350	1000	1600	3200	5700	8100
M62 2-dr XR-7 Hdtp	400	1050	1700	3300	5800	8300

6-cyl deduct 10%

	6	5	4	3	2	1
Sable, 6-cyl., 106" wb						
M50 4-dr GS Sdn	300	650	1150	2300	3900	5700
M53 4-dr LS Sdn	300	700	1200	2400	4100	5900
M55 4-dr GS Sta Wgn	300	800	1350	2700	4700	6900
M58 4-dr LS Sta Wgn	350	900	1500	3000	5300	7600
Grand Marquis, 8-cyl., 114" wb						
M74 4-dr GS Sdn	300	800	1300	2600	4600	6600
M75 4-dr LS Sdn	350	850	1400	2800	4900	7100
M78 4-dr GS Col Pk S/W	350	850	1400	2800	4900	7100
M79 4-dr LS Col Pk S/W	350	900	1500	2900	5200	7400

1989

	6	5	4	3	2	1
Tracer, 4-cyl., 94.7" wb						
M11 2-dr Htchbk	300	550	800	1600	2800	3900
M12 4-dr Htchbk	300	550	800	1600	2800	3900
M13 4-dr Sta Wgn	300	650	1000	2000	3500	4900
Topaz, 4-cyl., 99.9" wb						
M31 2-dr GS Sdn	250	550	750	1350	2300	3300
M33 2-dr XR5 Sdn	250	550	750	1700	2900	4200
M36 4-dr GS Sdn	250	550	800	1500	2550	3700
M37 4-dr LS Sdn	250	550	800	1600	2800	3900
M38 4-dr LTS Sdn	250	550	1100	2100	3600	5100
Cougar, 6-cyl., 113" wb						
M60 2-dr LS Cpe	300	750	1250	2500	4400	6300
M62 2-dr XR-7 Cpe	400	1050	1800	3600	6200	9000
Sable, 6-cyl., 106" wb						
M50 4-dr GS Sdn	300	800	1300	2600	4600	6600
M53 4-dr LS Sdn	350	850	1400	2800	4900	7100
M55 4-dr GS Sta Wgn	350	950	1550	3100	5500	7900
M58 4-dr LS Sta Wgn	400	1050	1700	3400	5900	8500
Grand Marquis, 8-cyl., 114" wb						
M74 4-dr GS Sdn	350	950	1550	3100	5500	7900
M75 4-dr LS Sdn	400	1050	1700	3300	5800	8300
M78 2-seat Colony Park S/W GS	350	1000	1600	3200	5700	8100
M79 2-seat Colony Park S/W LS	400	1050	1700	3400	5900	8500

	6	5	4	3	2	1
1990						
Topaz, 4-cyl., 99.9" wb						
M31 2-dr GS Sdn	300	650	1000	2000	3500	4900
M33 2-dr XR5 Sdn	300	650	1100	2200	3800	5400
M36 4-dr GS Sdn	300	650	1100	2200	3800	5400
M37 4-dr LS Sdn	300	650	1150	2300	3900	5700
M38 4-dr LTS Sdn	300	750	1250	2500	4400	6200
Cougar, 6-cyl., 113" wb						
M60 2-dr LS Cpe	350	900	1450	2900	5000	7300
M62 2-dr XR-7 Cpe	450	1200	2000	4100	7050	11250
Sable, 6-cyl., 106" wb						
M50 4-dr GS Sdn	400	1150	1850	3700	6400	9300
M53 4-dr GS Sta Wgn	450	1250	2100	4200	7200	10500
M55 4-dr LS Sdn	400	1200	1950	3900	6800	9900
M58 4-dr LS Sta Wgn	500	1300	2250	4500	7700	11000
Grand Marquis, 8-cyl., 114" wb						
M74 4-dr GS Sdn	400	1150	1850	3700	6400	9300
M75 4-dr LS Sdn	400	1200	1900	3800	6600	9600
M78 4-dr GS Col Pk Sta Wgn	400	1200	1900	3800	6600	9600
M79 4-dr LS Col Pk Sta Wgn	400	1200	2000	4000	6900	10000
1991						
Tracer, 4-cyl., 98.4" wb						
M10 4-dr Notchback	350	900	1500	3000	5300	7600
M14 4-dr LTS Notchback	400	1100	1800	3500	6100	8900
M15 4-dr Sta Wagon	400	1050	1700	3400	5900	8500
Capri, 4-cyl., 94.7" wb						
M01 2-dr Conv	350	850	1400	2800	4900	7100
M03 2-dr XR2 Conv	350	1000	1600	3200	5700	8100
Topaz, 4-cyl., 99.9" wb						
M31 2-dr GS Sdn	300	750	1250	2500	4400	6200
M33 2-dr XR5 Sdn	300	800	1350	2700	4700	6900
M36 4-dr GS Sdn	300	800	1350	2700	4700	6900
M37 4-dr LS Sdn	350	850	1400	2800	4900	7100
M38 4-dr LTS Sdn	350	900	1500	2900	5200	7400
Cougar, 6-cyl., 113" wb						
M60 2-dr LS Cpe	450	1250	2150	4300	7400	10700
M62 2-dr XR-7 Cpe	650	1700	3000	6000	10400	14900
Sable, 6-cyl., 106" wb						
M50 4-dr GS Sdn	450	1250	2150	4300	7400	10700
M53 4-dr LS Sdn	450	1250	2200	4400	7600	10900
M55 4-dr GS Sta Wgn	550	1400	2400	4800	8300	11800
M58 4-dr LS Sta Wgn	550	1500	2500	5100	8800	12500
Grand Marquis, 8-cyl., 114" wb						
M74 4-dr GS Sdn	450	1250	2200	4400	7600	10900
M75 4-dr LS Sdn	500	1300	2250	4500	7700	11000
M78 4-dr GS Col Pk Sta Wgn	500	1300	2250	4500	7700	11000
M79 4-dr LS Col Pk Sta Wgn	500	1350	2350	4700	8000	11500

NASH
1918 – 1957

1933 Nash Advanced 8

1954 Nash Rambler Custom

	6	5	4	3	2	1
1918						
Series 680, 6-cyl., 55 hp, 121" wb						
5-pass Tr	1050	3300	5500	11100	19500	27700
4-pass Rdstr	1150	3600	5950	11900	21000	29700
7-pass Tr (127 " wb)	1100	3450	5750	11500	20300	28700
Tr Sdn (127 " wb)	750	2250	3750	7500	13000	18700
4-pass Cpe (127 " wb)	750	2300	3800	7600	13100	18900
1919						
Series 680, 6-cyl., 55 hp, 121" wb (*127" wb)						
2-pass Rdstr	1100	3450	5750	11500	20300	28700
4-pass Spt Rdstr	1050	3300	5500	11100	19500	27700
5-pass Tr	1100	3405	5750	11500	20250	28700
5-pass Tr (127 " wb)	1150	3600	5950	11900	21000	29700
7-pass Tr (127 " wb)	1150	3650	6150	12300	21700	30700
7-pass Tr Sdn (127 " wb)	750	2100	3550	7100	12300	17700
4-pass Cpe (127 " wb)	750	2200	3650	7300	12600	18200
1920						
Series 680, 6-cyl., 55 hp, 121" wb (*127" wb)						
681 5-pass Tr	1050	3300	5500	11100	19500	27700
686 2-pass Rdstr	1000	3200	5350	10700	18900	26700
682 7-pass Tr (127 " wb)	1100	3450	5750	11500	20300	28700
685 4-pass Cpe (127 " wb)	750	2200	3650	7300	12600	18200
684 7-pass Sdn (127 " wb)	750	2100	3550	7100	12300	17700
687 4-pass Spt Tr (127 " wb)	1100	3450	5750	11700	20700	29300

	6	5	4	3	2	1

1921

Series 40, 4-cyl., 44 hp, 112" wb

	6	5	4	3	2	1
41 5-pass Tr	950	2950	4950	9900	17500	24700
32 2-pass Rdstr	950	3050	5150	10300	18200	25700
43 -pass Cpe	650	1750	3150	6300	10900	15700
44 5-pass Sdn	600	1600	2750	5500	9500	13800

Series 680, 6-cyl., 55 hp, 121" wb

	6	5	4	3	2	1
681 5-pass Tr	950	3050	5150	10300	18200	25700
686 2-pass Rdstr	1000	3200	5350	10700	18900	26700
687 4-pass Spt Tr	1050	3300	5500	11100	19500	27700
682 7-pass Tr (127 " wb)	1000	3200	5350	10700	18900	26700
685 4-pass Cpe (127 " wb)	750	2200	3650	7300	12600	18200
684 7-pass Sdn (127 " wb)	700	1900	3350	6700	11500	16500

1922

Series 40, 4-cyl., 112" wb

	6	5	4	3	2	1
41 5-pass Tr	950	2950	4950	9900	17500	24700
42 2-pass Rdstr	950	3050	5150	10300	18200	25700
43 3-pass Cpe	700	1900	3350	6700	11500	16500
44 5-pass Sdn	550	1500	2500	5100	8800	12500
45 2-pass Cabrlt	800	2400	4000	8000	13900	19900
43 5-pass Carriole	650	1700	3000	5900	10200	14700

Series 690, 6-cyl., 55 hp, 121" wb

	6	5	4	3	2	1
691 5-pass Tr	950	3050	5150	10300	18200	25700
692 7-pass Tr (127 " wb)	1000	3200	5350	10700	18900	26700
694 7-pass Sdn (127 " wb)	650	1750	3150	6300	10900	15700
696 2-pass Rdstr (127 " wb)	1050	3300	5500	11100	19500	27700
695 4-pass Cpe (127 " wb)	750	2150	3600	7200	12400	18000
697 4-pass Spt Tr (127 " wb)	1100	3450	5750	11500	20300	28700
693 5-pass Sdn (127 " wb)	700	1900	3350	6700	11500	16500
695 4-dr 4-pass Cpe (127 " wb)	750	2150	3600	7200	12400	18000

1923

Series 40, 4-cyl., 35 hp, 112" wb

	6	5	4	3	2	1
5-pass Tr	950	3050	5150	10300	18200	25700
2-pass Rdstr	1000	3200	5350	10700	18900	26700
5-pass Spt	1050	3300	5500	11100	19500	27700
5-pass Sdn	550	1500	2500	5100	8800	12500
5-pass Carriole	600	1600	2750	5500	9500	13800

Series 690, 6-cyl., 55 hp, 121" wb

	6	5	4	3	2	1
2-pass Rdstr	1000	3200	5350	10700	18900	26700
5-pass Tr	1050	3300	5500	11100	19500	27700
4-pass Spt Tr	1100	3450	5750	11500	20300	28700
5-pass Sdn	500	1350	2350	4700	8100	11500
4-pass Cpe	650	1700	3000	5900	10200	1470
7-pass Tr (127 " wb)	1050	3300	5500	11100	19500	27700
7-pass Sdn (127 " wb)	550	1450	2450	4900	8500	12000
5-pass Cpe (127 " wb)	650	1700	3000	6100	10600	15200

1924

Series 40, 4-cyl., 112" wb

	6	5	4	3	2	1
5-pass Tr	1000	3200	5350	10700	18900	26700
2-pass Rdstr	1050	3300	5500	11100	19500	27700
5-pass Carriole	950	3050	5150	10300	18200	25700
5-pass Sdn	450	1250	2150	4300	7400	10700
5-pass Spt	500	1350	2350	4700	8100	11500
2-pass Bus Cpe	550	1500	2500	5100	8800	12500

Series 690, 6-cyl., 55 hp, 121" wb

	6	5	4	3	2	1
2-pass Rdstr	1000	3200	5350	10700	18900	26700
4-pass Spt	950	3050	5150	10300	18200	25700

	6	5	4	3	2	1
5-pass Spl Sdn	400	1200	1950	3900	6800	9900
5-pass Sdn	450	1250	2150	4300	7400	10700
4-dr Cpe	500	1350	2350	4700	8100	11500
7-pass Tr (127 " wb)	1050	3300	5500	11100	19500	27700
7-pass Sdn (127 " wb)	450	1250	2050	4100	7100	10300
4-pass Vic (127 " wb)	450	1250	2150	4300	7400	10700
5-pass Brghm (127 " wb)	450	1100	1900	3800	6800	9750

1925

Advanced, 160 Series, 6-cyl., 60 hp, 121"wb

	6	5	4	3	2	1
5-pass Tr	900	2850	4750	9500	16700	23700
5-pass Encl Tr	950	2950	4950	9900	17500	24700
7-pass Tr (127 " wb)	950	2950	4950	9900	17500	24700
7-pass Encl Tr (127 " wb)	950	3050	5150	10300	18200	25700
7-pass Sdn (127 " wb)	550	1500	2500	5100	8800	12500
2-pass Rdstr	950	2950	4950	9900	17500	24700
2-pass Encl Rdstr	950	3050	5150	10300	18200	25700
4-dr 5-pass Cpe	500	1350	2350	4700	8100	11500
5-pass Sdn	400	1200	1950	3900	6800	9900

Special, 130 Series, 6-cyl., 48 hp, 112" wb

	6	5	4	3	2	1
5-pass Tr	850	2700	4550	9100	16000	22700
5-pass Encl Tr	900	2850	4750	9500	16700	23700
5-pass Sdn	450	1250	2150	4300	7400	10700
2-pass Rdstr	900	2850	4750	9500	16700	23700
2-pass Encl Rdstr	950	2950	4950	9900	17500	24700

Ajax, 6-cyl., 40 hp, 108" wb

	6	5	4	3	2	1
5-pass Tr	750	2250	3750	7500	13000	18700
5-pass Sdn	400	1200	1950	3900	6800	9900

1926

Advanced Six, Series 260, 6-cyl., 60 hp, 121" wb

	6	5	4	3	2	1
5-pass Tr	900	2850	4750	9500	16700	23700
7-pass Tr (127 " wb)	950	2950	4950	9900	17500	24700
2-dr 5-pass Sdn	400	1200	1950	3900	6800	9900
4-dr 5-pass Sdn	400	1200	2000	4000	6900	10000
7-pass Sdn (127 " wb)	500	1300	2250	4500	7700	11000
4-dr 4-pass Cpe	450	1250	2150	4300	7400	10700
2-4 pass Rdstr	950	2950	4950	9900	17500	24700
5-pass Vic Cpe (127 " wb)	550	1500	2500	5100	8800	12500

Special Six, 230 Series, 6-cyl., 46 hp, 112.5" wb

	6	5	4	3	2	1
2-pass Rdstr	850	2700	4550	9100	16000	22700
2-dr 5-pass Sdn	450	1250	2050	4100	7100	10300
4-dr 7-pass Sdn	450	1250	2100	4200	7200	10500
2-pass Bus Cpe	450	1250	2150	4300	7400	10700
4-dr 5-pass Sdn	450	1250	2050	4100	7100	10300
2-4 pass Rdstr	950	3050	5150	10300	18200	25700

Light Six (Ajax), 6-cyl., 40 hp, 108" wb

	6	5	4	3	2	1
5-pass Tr	750	2100	3550	7100	12300	17700
5-pass Sdn	400	1150	1850	3700	6400	9300

1927

Standard Six, Series 220, 6-cyl., 40 hp, 108" wb

	6	5	4	3	2	1
5-pass Tr	800	2350	3950	7900	13700	19700
2-pass Cpe	500	1300	2250	4500	7700	11000
2-dr 5-pass Sdn	450	1250	2100	4200	7200	10500
4-dr 5-pass Sdn	400	1200	1900	3800	6600	9600
4-dr 5-pass Dlx Sdn	450	1250	2100	4200	7200	10500

SpecialSix, Series Series 230, 6-cyl., 52 hp, 112.5" wb

	6	5	4	3	2	1
2-pass Rdstr	800	2450	4150	8300	14600	20700
5-pass Tr	800	2350	3950	7900	13700	19700

	6	5	4	3	2	1
2-pass Cpe	500	1350	2350	4700	8100	11500
2-dr 5-pass Sdn	450	1250	2150	4300	7400	10700
4-dr 5-pass Sdn	450	1250	2200	4400	7600	10900
5-pass Cavalier Sdn	500	1300	2250	4500	7700	11000
4-dr 5-pass Sdn	500	1300	2250	4500	7700	11000
2-4 pass Cabrlt	700	1900	3350	6700	11500	16500
2-4 pass Rdstr	800	2350	3950	7900	13700	19700
Advanced, Series 260, 6-cyl., 60 hp, 121" wb						
2-4 pass Rdstr	900	2850	4750	9500	16700	23700
5-pass Tr	850	2700	4550	9100	16000	22700
7-pass Tr (127 " wb)	900	2850	4750	9500	16700	23700
4-dr 4-pass Cpe	550	1500	2500	5100	8800	12500
4-pass Vic (127 " wb)	600	1600	2750	5500	9500	13800
2-dr 5-pass Sdn	450	1250	2150	4300	7400	10700
4-dr 5-pass Sdn	450	1250	2200	4400	7600	10900
7-pass Sdn (127 " wb)	500	1300	2250	4500	7700	11000
4-pass Spt Tr	650	1700	3000	5900	10200	14700
5-pass Spl Sdn	450	1250	2050	4100	7100	10300

1928

Standard Six, Series 320, 6-cyl., 45 hp, 108" wb

	6	5	4	3	2	1
5-pass Tr	750	2250	3700	7400	12800	18500
2-pass Cpe	500	1350	2350	4700	8100	11500
2-4 pass Conv Cabrlt	800	2450	4150	8300	14600	20700
2-dr 5-pass Sdn	450	1250	2050	4100	7100	10300
4-dr 5-pass Sdn	450	1250	2100	4200	7200	10500
5-pass Lan Sdn	450	1250	2150	4300	7400	10700
Special Six, Series Series 330, 6-cyl., 52 hp, 112.5" wb						
5-pass Tr	750	2150	3600	7200	12400	18000
2-4 pass Rdstr	800	2350	3950	7900	13700	19700
2-pass Cpe	500	1350	2350	4700	8100	11500
2-4 pass Cpe	550	1450	2450	4900	8500	12000
4-dr 5-pass Cpe	550	1500	2500	5100	8800	12500
2-4 pass Conv Cabrlt	900	2750	4650	9300	16400	23100
4-pass Vic	650	1700	3000	5900	10200	14700
2-dr 5-pass Sdn	550	1500	2500	5100	8800	12500
4-dr 5-pass Sdn Spl	550	1550	2600	5200	9000	12800
4-dr Lan Sdn	550	1550	2650	5300	9100	13000
Advanced, Series 360, 6-cyl., 121" wb						
5-pass Tr	950	3050	5150	10300	18200	25700
7-pass Tr (127 " wb)	950	2950	4950	9900	17500	24700
2-4 pass Rdstr	1000	3250	5450	10900	19100	27200
2-4 pass Cpe	550	1500	2500	5100	8800	12500
4-pass Vic (127 " wb)	550	1550	2650	5300	9100	13000
2-dr 5-pass S	450	1250	2200	4400	7600	10900
4-dr 5-pass Sdn (127 " wb)	500	1300	2250	4500	7700	11000
7-pass Imperial Sdn (127 " wb)	500	1350	2350	4700	8100	11500
7-pass Sdn	500	1300	2250	4500	7700	11000
5-p Ambassador Sdn (127 " wb)	550	1400	2400	4800	8300	11800
5-pass Spt Tr (127 " wb)	1000	3150	5300	10600	18700	26500

1929

Standard, Series 420, 6-cyl., 50 hp, 112.75" wb

	6	5	4	3	2	1
4-dr 5-pass Sdn	400	1200	2000	4000	6900	10000
5-pass Phtn	900	2750	4650	9300	16400	23100
2-4 pass Cabrlt	700	1900	3350	6700	11500	16500
2-dr 5-pass Sdn	450	1250	2050	4100	7100	10300
2-pass Cpe	400	1200	2000	4000	6900	10000
2-4 pass Cpe	450	1250	2050	4100	7100	10300
5-pass Lan Sdn	450	1250	2050	4100	7100	10300

	6	5	4	3	2	1

Special Six, Series 430, 6-cyl., 65 hp, 116" wb

	6	5	4	3	2	1
2-dr 5-pass Sdn	450	1250	2150	4300	7400	10700
5-pass Phtn	1100	3200	5200	10000	17200	24200
2-pass Cpe	500	1300	2250	4500	7700	11000
2-4 pass Cpe	500	1350	2350	4700	8100	11500
2-4 pass Rdstr	1050	3400	5650	11300	19900	28200
5-pass Sdn	450	1250	2150	4300	7400	10700
2-4 pass Cabrlt	850	2550	4350	8700	15300	21700
4-pass Vic (122" wb)	500	1300	2250	4500	7700	11000
7-pass Sdn (122" wb)	500	1300	2250	4500	7700	11000

Advanced Six, Series 460, 6-cyl., 78 hp, 121" wb

	6	5	4	3	2	1
2-4 pass Cpe (130" wb)	500	1350	2350	4700	8100	11500
2-4 pass Cabrlt (130" wb)	950	3050	5150	10300	18200	25700
2-dr 5-pass Sdn	500	1300	2250	4500	7700	11000
7-pass Sdn (130" wb)	500	1300	2250	4500	7700	11000
7-pass Ambassador Lan Sdn (130" wb)	500	1350	2300	4600	8000	11300
4-dr 5-pass Sdn	500	1300	2250	4500	7700	11000
7-pass Phtn (130" wb)	1000	3150	5300	10600	18700	26500
7-pass Limo (130" wb)	500	1300	2250	4500	7700	11000

1930

Single Six, Series 450, 6-cyl., 60 hp, 114.25" wb

	6	5	4	3	2	1
2-4 pass Rdstr	800	2450	4150	8300	14600	20700
5-pass Tr	800	2350	3950	7900	13700	19700
2-pass Cpe	500	1300	2250	4500	7700	11000
2-dr 5-pass Sdn	450	1250	2150	4300	7400	10700
2-4 pass Cpe	550	1450	2450	4900	8500	12000
2-4 pass Cabrlt	800	2350	3950	7900	13700	19700
4-dr 5-pass Sdn	450	1250	2200	4400	7600	10900
5-pass Dlx Sdn	500	1300	2250	4500	7700	11000
5-pass Lndlt	500	1350	2350	4700	8100	11500

Twin-Ignition Six, Series 480, 6-cyl., 74 hp, 118" wb

	6	5	4	3	2	1
2-4 pass Rdstr	1200	3750	6250	12500	22000	31100
7-pass Tr	1150	3600	5950	11900	21000	29700
5-pass Tr	1100	3450	5750	11500	20300	28700
2-pass Cpe	500	1350	2350	4700	8100	11500
2-4 pass Cpe	550	1400	2400	4800	8300	11800
2-dr 5-pass Sdn	450	1250	2150	4300	7400	10700
2-4 pass Cabrlt	850	2650	4450	8900	15700	22300
4-pass Vic	650	1700	3000	5900	10200	14700
4-dr 5-pass Sdn	550	1450	2450	4900	8500	12000
7-pass Sdn	550	1500	2500	5000	8700	12300
7-pass Limo	550	1550	2650	5300	9100	13000

Twin-Ignition Eight, Series 490, 8-cyl., 100 hp, 124"-133" wb

	6	5	4	3	2	1
7-pass Tr	1050	3300	5500	11000	19300	27500
7-pass TC Tr	1050	3350	5600	11200	19700	28000
2-dr 5-pass Sdn	600	1650	2850	5700	9900	14200
2-pass Cpe	700	2000	3450	6900	11900	17200
2-4 pass Cpe	750	2100	3550	7100	12300	17700
5-pass Vic	800	2350	3950	7900	13700	19700
2-4 pass Cabrlt	1650	4900	8250	16500	29000	41200
4-dr 5-pass Sdn	600	1650	2850	5700	9900	14200
5-pass Ambassador Sdn	650	1700	3000	6100	10600	15200
5-pass Ambassador Tr Sdn	650	1750	3150	6300	10900	15700
7-pass Sdn	600	1600	2750	5500	9500	13800
7-pass Limo	650	1750	3150	6300	10900	15700

1931

Series 660, 6-cyl., 114.5" wb

	6	5	4	3	2	1
5-pass Tr	950	2950	4950	9900	17500	24700

	6	5	4	3	2	1
2-pass Cpe	550	1450	2450	4900	8500	12000
2-4 pass Cpe	550	1500	2500	5000	8700	12300
2-dr 5-pass Sdn	500	1350	2350	4700	8100	11500
4-dr 5-pass Sdn	500	1350	2350	4700	8100	11500
Series 870, 8-cyl., 116.25" wb						
2-pass Cpe	650	1700	3000	5900	10200	14700
2-4 pass RS Cpe	650	1700	3000	6000	10400	14900
2-dr 5-pass Conv Sdn	2150	6200	10500	21000	36900	52400
4-dr 5-pass Sdn	600	1600	2800	5600	9700	14000
4-dr 5-pass Spl Sdn	600	1650	2850	5700	9900	14200
Series 880 - Twin-Ignition, 8-cyl., 121" wb						
2-pass Cpe	700	1900	3350	6700	11500	16500
4-pass Cpe	700	2000	3450	6900	11900	17200
2-dr 4-pass Conv Sdn	2250	6550	11000	22000	38650	55000
4-dr 5-pass Sdn	650	1700	3000	5900	10200	14700
4-dr 5-pass Twn Sdn	650	1700	3000	6100	10600	15200
Series 890 - Twin-Ignition, 8-cyl., 124/133" wb						
7-pass Tr	1900	5500	9250	18500	32500	46100
2-pass Cpe	850	2700	4550	9100	16000	22700
4-pass Cpe	900	2850	4750	9500	16700	23700
2-4 pass Cabrlt	2150	6200	10500	21000	36900	52400
5-pass Vic	800	2350	3950	7900	13700	19700
4-dr Sdn	750	2100	3550	7100	12300	17700
5-pass Ambassador Sdn	750	2250	3750	7500	13000	18700
7-pass Sdn	800	2350	3950	7900	13700	19700
7-pass Limo	850	2550	4350	8700	15300	21700

1932

Series 960, 6-cyl., 114.25" wb (Start June 28, 1931)						
5-pass Phtn	1200	3750	6300	12600	22200	31400
2-pass Cpe	550	1500	2500	5100	8800	12500
2-4 pass Cpe	550	1550	2650	5300	9100	13000
2-dr 5-pass Sdn	400	1200	1950	3900	6800	9900
4-dr 5-pass Sdn	400	1200	2000	4000	6900	10000
Series 970, 8-cyl., 116.5" wb (Start June 28, 1931)						
2-pass Cpe	650	1750	3150	6300	10900	15700
2-4 pass Cpe	650	1800	3250	6500	11200	16100
4-dr 4-pass Conv Sdn	2250	6550	11000	22000	38650	55000
4-dr 5-pass Sdn	550	1550	2650	5300	9100	13000
4-dr 5-pass Spl Sdn	600	1600	2700	5400	9300	13500
Series 980 - Twin-Ignition, 8-cyl., 121" wb (Start June 28, 1931)						
2-pass Cpe	900	2850	4750	9500	16700	23700
2-4 pass Cpe	950	2950	4950	9900	17500	24700
4-dr 4-pass Conv Sdn	2150	6250	10600	21200	37250	53000
4-dr 5-pass Sdn	800	2450	4150	8300	14600	20700
4-dr 5-pass Twn Sdn	850	2550	4350	8700	15300	21700
7-pass Tr (133 " wb)	1950	5750	9700	19400	34100	48400
2-pass Cpe (133 " wb)	950	3050	5100	10200	18000	25400
2-4 pass Cpe (133 " wb)	1000	3150	5300	10600	18700	26500
2-4 pass Cabrlt (133 " wb)	2050	6000	10100	20200	35500	50400
5-pass Vic (133 " wb)	1000	3100	5250	10500	18600	26200
4-dr 5-pass Sdn (133 " wb)	850	2550	4350	8700	15300	21700
5-pass Sdn (124 " wb)	900	2850	4750	9500	16700	23700
5-pass Ambassador Sdn (133 " wb)	950	3000	5050	10100	17900	25100
7-pass Sdn (133 " wb)	900	2850	4750	9500	16700	23700
7-pass Limo (133 " wb)	1100	3500	5850	11700	20600	29100
Big Six, Series 1060, 6-cyl., 116" wb (Start February 27, 1932)						
2-4 pass Conv Rdstr	2100	6000	10000	20000	35000	50000
2-pass Cpe	550	1550	2650	5300	9100	13000
2-4 pass Cpe	600	1600	2750	5500	9500	13800

	6	5	4	3	2	1
4-dr 5-pass Sdn	450	1250	2050	4100	7100	10300
2-dr 5-pass Conv Sdn	2100	6300	10400	21000	37000	52500
4-dr 5-pass Twn Sdn	450	1250	2150	4300	7400	10700
Standard Eight, Series 1070, 8-cyl., 121"wb (Start February 27, 1932)						
2-4 pass Conv Rdstr	2200	6400	10800	21600	37950	53900
2-pass Cpe	950	3050	5100	10200	18000	25400
2-4 pass Cpe	1000	3100	5200	10400	18400	26000
4-dr pass Sdn	850	2650	4450	8900	15700	22300
2-dr 5-pass Conv Sdn	2250	6550	11000	22000	38650	55000
4-dr 5-pass Twn Sdn	850	2700	4550	9100	16000	22700
Special Eight, Series 1080, 8-cyl., 128" wb (Start February 27, 1932)						
2-4 pass Conv Rdstr	2200	6450	10900	21800	38300	54400
2-pass Cpe	1000	3100	5200	10400	18400	26000
2-4 Pass Cpe	1000	3150	5300	10600	18700	26500
2-dr 5-pass Vic	1000	3200	5350	10700	18900	26700
4-dr 5-pass Sdn	950	3050	5100	10200	18000	25400
4-dr 5-pass Conv Sdn	2250	6600	11100	22200	39000	55500
Advanced Eight, Series 1090, 8-cyl., 133" wb (Start February 27, 1932)						
2-4 pass Conv Rdstr	2250	6550	11000	22000	38650	55000
2-4 pass Cpe	1050	3350	5600	11200	19700	28000
2-dr 5-pass Vic	1000	3250	5450	10900	19100	27200
4-dr 5-pass Sdn	950	3050	5150	10300	18200	25700
4-dr 5-pass Conv Sdn	2300	6650	11200	22400	39350	55900
Ambassador Eight, Series 1090, 8-cyl. 142" wb (Start Feburary 27, 1932)						
4-dr Ambassador Sdn	950	3000	5000	10000	17700	24900
4-dr 5-pass Sdn	1000	3120	5200	10400	18200	26000
4-dr 5-pass Brghm	1000	3250	5400	10800	18900	27000
4-dr 7-pass Sdn	1050	3350	5600	11200	19600	28000
4-dr 7-pass Limo	1200	3600	6000	12000	21000	30000

1933

	6	5	4	3	2	1
Big Six, Series 1120, 6-cyl., 116" wb						
2-4 pass Conv Rdstr	950	2950	4950	9900	17500	24700
2-pass Cpe	450	1250	2100	4200	7200	10500
4-pass Cpe	400	1200	2000	4000	6900	10000
4-dr 5-pass Sdn	400	1200	1900	3800	6600	9600
4-dr 5-pass Twn Sdn	400	1200	1900	3800	6600	9600
Standard Eight, Series 1130, 8-cyl., 116" wb						
2-4 pass Conv Rdstr	900	2900	4900	9800	17300	24500
2-pass Cpe	500	1300	2250	4500	7700	11000
2-4 pass Cpe	500	1350	2350	4700	8100	11500
4-dr 5-pass Sdn	400	1200	1950	3900	6800	9900
4-dr 5-pass Twn Sdn	450	1250	2050	4100	7100	10300
Special Eight, Series 1170, 8-cyl., 121" wb						
2-4 pass Conv Rdstr	1050	3400	5700	11400	20100	28500
2-pass Cpe	550	1550	2650	5300	9100	13000
2-4 pass Cpe	600	1600	2750	5500	9500	13800
4-dr 5-pass Sdn	550	1500	2500	5100	8800	12500
2-dr 5-pass Conv Sdn	1850	5400	9100	18200	32000	45500
4-dr 5-pass Twn Sdn	550	1550	2650	5300	9100	13000
Advanced Eight, Series 1180, 8-cyl., 128" wb						
2-4 pass Conv Rdstrt	1400	4250	7100	14200	25000	35400
2-pass Cpe	600	1600	2750	5500	9500	13800
2-4 pass Cpe	600	1650	2850	5700	9900	14200
4-dr 5-pass Sdn	550	1400	2400	4800	8300	11800
4-dr 5-pass Conv Sdn	2200	6400	10800	21600	37950	53900
4-dr 5-pass Vic	650	1700	3000	5900	10200	14700
Ambassador Eight, Series 1190, , 8-cyl., 133" wb						
2-4 pass Conv Rdstr	1850	5400	9100	18200	32000	45500
2-4 pass Cpe	650	1750	3150	6300	10900	15700

	6	5	4	3	2	1
4-dr 5-pass Sdn	650	1700	3000	5900	10200	14700
4-dr 5-pass Conv Sdn	2300	6650	11200	22400	39350	55900
5-pass Vic	1000	3250	5450	10900	19100	27200
4-dr 5-pass Brghm (142 " wb)	900	2850	4750	9500	16700	23700
4-dr 5-pass Sdn (142 " wb)	850	2550	4350	8700	15300	21700
4-dr 7-pass Limo (142 " wb)	1050	3350	5600	11200	19600	28000

1934

Big Six, Series 1220, 6-cyl., 116" wb

	6	5	4	3	2	1
2-pass Bus Cpe	550	1450	2450	4900	8500	12000
2-4 pass Cpe	550	1500	2500	5100	8800	12500
5-pass Tr Brghm	500	1300	2250	4500	7700	11000
4-dr 5-pass Sdn	450	1250	2150	4300	7400	10700
5-pass Twn Sdn	500	1300	2250	4500	7700	11000
5-pass Brghm Sdn	500	1300	2250	4500	7700	11000

Advanced Eight, Series 1280, 8-cyl., 121" wb

	6	5	4	3	2	1
2-pass Cpe	550	1500	2500	5100	8800	12500
2-4 pass Cpe	550	1550	2650	5300	9100	13000
5-pass Brghm	550	1500	2500	5100	8800	12500
2-dr 5-pass Sdn	550	1550	2650	5300	9100	13000
5-pass Twn Sdn	550	1550	2650	5300	9100	13000
5-pass Tr Sdn	550	1500	2500	5100	8800	12500

Amabassador Eight, Series 1290, 8-cyl., 133" wb

	6	5	4	3	2	1
5-pass Brghm	550	1550	2650	5300	9100	13000
4-dr 5-pass Sdn (142 " wb)	550	1500	2500	5100	8800	12500
5-pass Tr Sdn (142 " wb)	550	1550	2600	5200	9000	12800
7-pass Sdn	600	1600	2750	5500	9500	13800
7-pas Limo	650	1750	3150	6300	10900	15700

Lafayette, 6-cyl., 75 hp., 113" wb

	6	5	4	3	2	1
2-dr 5-pass Sdn	400	1200	1950	3900	6800	9900
4-dr 5-pass Twn Sdn	400	1200	1950	3900	6800	9900
2 pass Spl Cpe	500	1300	2250	4500	7700	11000
2-4 pass Spl Cpe	500	1350	2350	4700	8100	11500
5-pass Spl Tr Sdn	450	1250	2050	4100	7100	10300
4-dr 5-pass Spl Sdn	450	1250	2100	4200	7200	10500

1935

Lafayette, 6-cyl., 113" wb

	6	5	4	3	2	1
2-pass Bus Cpe	450	1250	2050	4100	7100	10300
2-dr 5-pass Sdn	400	1200	1900	3800	6600	9600
5-pass Brghm	400	1200	1950	3900	6800	9900
2-dr 5-pass Tr Sdn	400	1200	1900	3800	6600	9600
4-dr 5-pass Twn Sdn	400	1200	1950	3900	6800	9900
2-4 pass Spl Cpe	500	1300	2250	4500	7700	11000
5-pass 6-win Spl Sdn	450	1250	2050	4100	7100	10300
5-pass 6-win Spl Brghm	450	1250	2100	4200	7200	10500

Advanced Six, Series 35-20, 6-cyl., 120" wb

	6	5	4	3	2	1
6-pass Vic	450	1250	2150	4300	7400	10700
6-pass 6-win Sdn	400	1200	1950	3900	6800	9900

Advanced Eight, Series 35-80, 8-cyl., 125" wb

	6	5	4	3	2	1
6-pass Vic	550	1550	2650	5300	9100	13000
6-pass 6-win Sdn	550	1450	2450	4900	8500	12000

Ambassador Eight, Series 3580, 8-cyl., 125" wb

	6	5	4	3	2	1
6-pass Vic	600	1600	2750	5400	9300	13500
6-pass 6-win Sdn	550	1500	2500	5000	8700	12300

1936

Lafayette, 6-cyl., 113" wb

	6	5	4	3	2	1
3-pass Bus Cpe	450	1250	2050	4100	7100	10300
3-5 pass Cpe	450	1250	2100	4200	7200	10500

	6	5	4	3	2	1
5-pass Cabrlt	750	2300	3850	7700	13300	19200
6-pass Sdn	400	1150	1850	3700	6400	9300
2-dr 5-pass Vic Sdn	400	1200	1950	3900	6800	9900
6-pass Tr Sdn	400	1200	1900	3800	6600	9600
"400", Series 36-40, 6-cyl., 117" wb						
3-pass Bus Cpe	450	1250	2100	4200	7200	10500
3-5 pass Cpe	450	1250	2150	4300	7400	10700
2-dr 5-pass Vic	450	1250	2050	4100	7100	10300
2-dr 5-pass Tr Vic	450	1250	2150	4300	7400	10700
4-dr 6-pass Sdn	400	1150	1850	3700	6400	9300
4-dr 6-pass Tr Sdn	400	1200	1900	3800	6600	9600
"400-Deluxe", Series 3640A, 6-cyl., 117" wb						
3-pass Dlx Bus Cpe	450	1250	2150	4300	7400	10700
3-5 pass Dlx Cpe	500	1300	2250	4500	7700	11000
2-dr 5-pass Dlx Vic	450	1250	2050	4100	7100	10300
2-dr 6-pass Dlx Tr Vic	450	1250	2150	4300	7400	10700
4-dr 6-pass Dlx Sdn	400	1200	1900	3800	6600	9600
4-dr 6-pass Dlx Tr Sdn	400	1200	1950	3900	6800	9900
Ambassador, Series 3620, 6-cyl., 125" wb						
6-pass Vic	500	1350	2350	4700	8100	11500
6-pass Tr Sdn	450	1250	2150	4300	7400	10700
Ambassador Super 8, Series 36-80, 8-cyl., 125" wb						
6-pass 6-win Sdn	500	1350	2350	4700	8100	11500

1937

	6	5	4	3	2	1
Lafayette 400, Series 37-10, 6-cyl., 117" wb						
3-pass Cpe	500	1300	2250	4500	7700	11000
5-pass Cpe	500	1350	2350	4700	8100	11500
5-pass All Purpose Cpe	500	1350	2350	4700	8100	11500
5-pass Cabrlt	750	2250	3750	7500	13000	18700
6-pass Vic Sdn	400	1200	1950	3900	6800	9900
6-pass Tr Sdn	400	1200	2000	4000	6900	10000
Ambassador 6, Series 37-20, 6-cyl., 121" wb						
3-pass Cpe	500	1350	2350	4700	8100	11500
5-pass Cpe	550	1450	2450	4900	8500	12000
5-pass All Purpose Cpe	550	1500	2450	5000	8700	12300
5-pass Cabrlt	800	2450	4100	8200	14400	20500
6-pass Vic Sdn	450	1250	2150	4300	7400	10700
6-pass Tr Sdn	450	1250	2150	4300	7400	10700
Ambassador 8, Series 37-80, 8-cyl., 125" wb						
3-pass Cpe	550	1550	2650	5300	9100	13000
5-pass Cpe	600	1600	2750	5500	9500	13800
5-pass All Purpose Cpe	600	1650	2850	5700	9900	14200
5-pass Cabrlt	850	2700	4550	9100	16000	22700
6-pass Vic Sdn	550	1450	2450	4900	8500	12000
6-pass Tr Sdn	550	1450	2450	4900	8500	12000

1938

	6	5	4	3	2	1
Lafayette, Series 3810, 6-cyl., 117" wb						
3-pass Bus Cpe	450	1250	2050	4100	7100	10300
2-dr 5-pass Sdn	450	1250	2100	4200	7200	10500
4-dr 6-pass Sdn	400	1200	1900	3800	6600	9600
3-pass Dlx Cpe	450	1250	2100	4200	7200	10500
5-pass Dlx All Purpose Cpe	450	1250	2150	4300	7400	10700
5-pass Dlx Cabrlt	700	1900	3350	6700	11500	16500
2-dr 6-pass Dlx Sdn	450	1250	2050	4100	7100	10300
4-dr 6-pass Dlx Sdn	400	1200	1900	3800	6600	9600
Ambassador Six, Series 37-20, 6-cyl., 121" wb						
3-pass Bus Cpe	450	1250	2050	4100	7100	10300
5-pass All Purpose Cpe	450	1250	2150	4300	7400	10700

	6	5	4	3	2	1
5-pass Cabrlt	750	2200	3650	7300	12600	18200
2-dr 6-pass Sdn	400	1200	1950	3900	6800	9900
4-dr 6-pass Sdn	400	1100	1800	3600	6200	9100
Ambassador Eight, Series 38-80, 8-cyl., 125" wb						
3-pass Bus Cpe	450	1250	2150	4300	7400	10700
5-pass All Purpose Cpe	500	1300	2250	4500	7700	11000
5-pass Cabrlt	800	2450	4100	8200	14400	20500
2-dr 6-pass Sdn	450	1250	2150	4300	7400	10700
4-dr 6-pass Sdn	450	1250	2150	4300	7400	10700

1939

Lafayette, Series 39-10, 6-cyl., 117" wb						
3-pass Bus Cpe	450	1250	2050	4100	7100	10300
2-dr 5-pass Sdn	400	1200	1950	3900	6800	9900
4-dr 6-pass Sdn	400	1100	1800	3600	6200	9100
6-pass Tr Sdn	400	1150	1850	3700	6400	9300
5-pass All Purpose Dlx Cpe	550	1400	2400	4800	8300	11800
5-pass All Purpose Dlx Cabrlt	850	2550	4350	8700	15300	21700

Deluxe add 10%

Ambassador Six, Series 39-20, 6-cyl., 121" wb						
3-pass Bus Cpe	500	1300	2250	4500	7700	11000
5-pass All Purpose Cpe	500	1350	2350	4700	8100	11500
5-pass All Purpose Cabrlt	900	2750	4650	9300	16400	23100
2-dr 6-pass Sdn	400	1200	1900	3800	6600	9600
4-dr 6-pass Sdn	400	1200	1950	3900	6800	9900
4-dr 6-pass Tr Sdn	400	1200	2000	4000	6900	10000
Ambassador Eight, Series 39-80, 8-cyl., 125" wb						
3-pass Bus Cpe	550	1550	2650	5300	9100	13000
5-pass All Purpose Cpe	550	1550	2650	5300	9100	13000
5-pass All Purpose Cabrlt	1100	3550	5900	11800	20800	29400
2-dr 6-pass Sdn	500	1300	2250	4500	7700	11000
4-dr 6-pass Sdn	500	1300	2250	4500	7700	11000
4-dr 6-pass Tr Sdn	500	1350	2300	4600	8000	11300

1940

Lafayette Deluxe, Series 40-10, 6-cyl., 117" wb						
3-pass Bus Cpe	500	1300	2250	4500	7700	11000
5-pass All Purpose Cpe	500	1300	2250	4500	7700	11000
5-pass All Purpose Cabrlt	1000	3150	5300	10600	18700	26500
2-dr 6-pass Sdn	400	1200	2000	4000	6900	10000
4-dr 6-pass Sdn	450	1250	2050	4100	7100	10300
4-dr 6-pass Tr Sdn	450	1250	2050	4100	7100	10300
Ambassador Six, Series 40-20, 6-cyl., 121" wb						
3-pass Bus Cpe	550	1450	2450	4900	8500	12000
5-pass All Purpose Cpe	550	1500	2500	5100	8800	12500
5-pass All Purpose Cabrlt	1250	3950	6550	13100	23100	32700
2-dr 6-pass Sdn	500	1300	2250	4500	7700	11000
4-dr 6-pass Sdn	500	1350	2300	4600	8000	11300
4-dr 6-pass Tr Sdn	500	1350	2300	4600	8000	11300
Ambassador Eight, Series 40-80, 8-cyl., 125" wb						
3-pass Bus Cpe	600	1650	2850	5700	9900	14200
5-pass All Purpose Cpe	600	1650	2850	5700	9900	14200
5-pass All Purpose Cabrlt	1400	4250	7100	14200	25000	35400
2-dr 6-pass Sdn	550	1500	2500	5100	8800	12500
4-dr 6-pass Sdn	550	1500	2500	5100	8800	12500
4-dr Tr Sdn	550	1550	2600	5200	9000	12800

1941

"600", Series 41-40, 6-cyl., 112" wb						
3-pass Bus Cpe	500	1350	2350	4700	8100	11500

	6	5	4	3	2	1
2-dr 6-pass Sdn	450	1250	2050	4100	7100	10300
4-dr 6-pass Sdn	450	1250	2100	4200	7200	10500
3-pass Dlx Bus Cpe	550	1500	2450	5000	8700	12300
6-pass Dlx Brghm	500	1300	2250	4500	7700	11000
2-dr Dlx 6-pass Sdn	450	1250	2150	4300	7400	10700
4-dr Dlx 6-pass Sdn	450	1250	2150	4300	7400	10700
4-dr 6-pass Tr Sdn	450	1250	2200	4400	7600	10900
Ambassador Six, Series 41-60, 6-cyl., 121" wb						
5-pass Dlx Conv Cpe	1050	3400	5700	11400	20100	28500
3-pass Spl Bus Cpe	600	1690	2700	5400	9300	13500
3-pass Dlx Bus Cpe	600	1600	2750	5500	9500	13800
6-pass Dlx Brghm	550	1450	2450	4900	8500	12000
4-dr 6-pass Spl Sdn	550	1450	2450	4900	8500	12000
2-dr 6-pass Spl Sdn	550	1450	2450	4900	8500	12000
4-dr 6-pass Dlx Sdn	550	1450	2450	4900	8500	12000
4-dr 6-pass Dlx Tr Sdn	550	1450	2450	4900	8500	12000
Ambassador Eight, Series 41-80, 8-cyl., 121" wb						
5-pass Conv Cpe	1200	3750	6300	12600	22200	31400
2-dr 6-pass Dlx Brghm	550	1550	2650	5300	9100	13000
4-dr 6-pass Spl Sdn	550	1550	2650	5300	9100	13000
4-dr 6-pass Dlx Sdn	600	1690	2700	5400	9300	13500
4-dr 6-pass Tr Sdn	600	1690	2700	5400	9300	13500

1942

	6	5	4	3	2	1
"600", Series 42-40, 6-cyl., 112" wb						
2-dr 3-pass Bus Cpe	550	1500	2450	5000	8700	12300
2-dr 6-pass Brghm	500	1300	2250	4500	7700	11000
2-dr 6-pass SS Sdn	500	1300	2250	4500	7700	11000
4-dr 6-pass SS Sdn	500	1300	2250	4500	7700	11000
4-dr 6-pass Tr Sdn	500	1350	2300	4600	8000	11300
Ambassador Six, Series 42-60, 6-cyl., 121" wb						
3-pass Bus Cpe	600	1600	2750	5500	9500	13800
2-dr 6-pass Brghm	550	1500	2450	5000	8700	12300
2-dr 6-pass SS Sdn	550	1500	2450	5000	8700	12300
4-dr 6-pass SS Sdn	550	1500	2450	5000	8700	12300
4-dr 6-pass Tr Sdn	550	1500	2500	5100	8800	12500
Ambassador Eight, Series 42-80, 8-cyl., 121" wb						
3-pass Bus Cpe	550	1550	2650	5300	9100	13000
2-dr 6-pass Brghm	550	1500	2500	5100	8800	12500
2-dr 6-pass SS Sdn	550	1500	2450	5000	8700	12300
4-dr 6-pass SS Sdn	550	1500	2500	5100	8800	12500
4-dr 6-pass SS Tr Sdn	550	1500	2500	5100	8800	12500

1946-1947

	6	5	4	3	2	1
600, 6-cyl., 112" wb						
2-dr 6-pass Brghm	450	1250	2200	4400	7600	10900
4-dr 6-pass Sdn	450	1250	2150	4300	7400	10700
4-dr 6-pass Sdn	450	1250	2200	4400	7600	10900
Ambassador, 6-cyl., 121" wb						
2-dr 6-pass Brghm	550	1450	2450	4900	8500	12000
4-dr 6-pass Sdn	550	1500	2450	5000	8700	12300
4-dr 6-pass Tr Sdn	550	1500	2450	5000	8700	12300
4-dr 6-pass Suburban Sdn	1000	3250	5450	10900	19100	27200

1948

	6	5	4	3	2	1
600, 6-cyl., 112" wb						
3-pass Dlx Bus Cpe	550	1500	2500	5100	8800	12500
4-dr 6-pass Super Sdn	450	1250	2100	4200	7200	10500
4-dr 6-pass Super Truck Sdn	450	1250	2100	4200	7200	10500
2-dr 6-pass Brghm	450	1250	2100	4200	7200	10500

	6	5	4	3	2	1
4-dr 6-pass Cus Sdn	450	1250	2100	4200	7200	10500
4-dr 6-pass Cus Tr Sdn	450	1250	2150	4300	7400	10700
2-dr 6-pass Cus Brghm	450	1250	2150	4300	7400	10700
Ambassador Super Line, 6-cyl., 121" wb						
4-dr 6-pass Sdn	550	1400	2400	4800	8300	11800
4-dr 6-pass Tr Sdn	550	1400	2400	4800	8300	11800
2-dr 6-pass Brghm	550	1400	2400	4800	8300	11800
4-dr 6-pass Suburban Sdn	1050	3300	5500	11000	19300	27500
4-dr 6-pass Cus Sdn	550	1500	2450	5000	8700	12300
4-dr 6-pass Cus Tr Sdn	500	1350	2350	4700	8100	11500
2-dr 6-pass Cus Brghm	550	1500	2450	5000	8700	12300
2-dr 6-pass Cus Cabrlt	1050	3400	5700	11400	20100	28500

1949

600 Super, 6-cyl., 112" wb						
4-dr 6-pass Sdn	500	1350	2350	4700	8100	11500
4-dr 6-pass Spl Sdn	550	1400	2400	4800	8300	11800
4-dr 6-pass Cus Sdn	550	1400	2400	4800	8300	11800
2-dr 6-pass Sdn	550	1400	2400	4800	8300	11800
2-dr 6-pass Spl Sdn	550	1400	2400	4800	8300	11800
2-dr 6-pass Cus Sdn	550	1450	2450	4900	8500	12000
2-dr 6-pass Brghm	550	1400	2400	4800	8300	11800
2-dr 5-pass Spl Brghm	550	1400	2400	4800	8300	11800
2-dr 5-pass Cus Brghm	550	1450	2450	4900	8500	12000
Ambassador Super, 6-cyl., 121" wb						
4-dr 6-pass Sdn	550	1550	2600	5200	9000	12800
4-dr 6-pass Sup Sdn	550	1550	2600	5200	9000	12800
4-dr 6-pass Cus Sdn	550	1550	2650	5300	9100	13000
2-dr 6-pass Sdn	550	1550	2600	5200	9000	12800
2-dr 6-pass Sup Sdn	550	1550	2600	5200	9000	12800
2-dr 6-pass Cus Sdn	550	1550	2650	5300	9100	13000
2-dr 5-pass Brghm	550	1550	2600	5200	9000	12800
2-dr 5-pass Sup Brghm	550	1550	2650	5300	9100	13000
2-dr 5-pass Cus Brghm	600	1600	2700	5400	9300	13500

1950

Rambler, 6-cyl., 100" wb						
2-dr 5-pass Conv Lan	750	2500	4250	9500	16200	24500
2-dr 5-pass Custom Sta Wgn	700	1850	3150	6500	11050	16000
Deluxe Statesman, 6-cyl., 112" wb						
3-pass Bus Cpe	550	1400	2400	4800	8300	11800
Super Statesman, 6-cyl., 112" wb						
2-dr 5-pass Club Cpe	550	1450	2450	4900	8500	12000
4-dr 6-pass Sdn	500	1350	2350	4700	8100	11500
2-dr 6-pass Sdn	550	1450	2450	4900	8500	12000
Custom Statesman, 6-cyl., 112" wb						
4-dr 6-pass Sdn	550	1450	2450	4900	8500	12000
2-dr 6-pass Sdn	550	1450	2450	4900	8500	12000
2-dr 5-pass Club Cpe	550	1500	2500	5000	8700	12300
Ambassador Super, 6-cyl., 121" wb						
4-dr 6-pass Sdn	550	1500	2500	5100	8800	12500
2-dr 6-pass Sdn	550	1550	2600	5200	9000	12800
2-dr 5-pass Club Cpe	550	1550	2600	5200	9000	12800
Ambassador Custom, 6-cyl., 121" wb						
4-dr 6-pass Sdn	550	1550	2650	5300	9100	13000
2-dr 6-pass Sdn	550	1550	2650	5300	9100	13000
2-dr 5-pass Club Cpe	600	1600	2700	5400	9300	13500

	6	5	4	3	2	1

1951

Rambler, 6-cyl., 100" wb

	6	5	4	3	2	1
2-dr 5-pass Ctry Club Sdn	550	1450	2450	4900	8500	12000
2-dr 5-pass Custom Conv	750	2500	4250	9500	16200	24500
2-dr 5-pass Custom Sta Wgn	700	1850	3150	6500	11050	16000

Nash Statesman, 6-cyl., 112" wb

	6	5	4	3	2	1
2-dr 3-pass Dlx Bus Cpe	550	1450	2450	4900	8500	12000
4-dr 6-pass Super Sdn	550	1400	2400	4800	8300	11800
2-dr 6-pass Super Sdn	550	1400	2400	4800	8300	11800
2-dr 5-pass Super Club Cpe	550	1450	2450	4900	8500	12000
4-dr 6-pass Custom Sdn	550	1450	2450	4900	8500	12000
2-dr 6-pass Custom Sdn	550	1500	2500	5000	8700	12300
2-dr 5-pass Custom Club Cpe	550	1500	2500	5100	8800	12500

Ambassador Super, 6-cyl., 121" wb

	6	5	4	3	2	1
2-dr 5-pass Club Cpe	550	1550	2600	5200	9000	12800
4-dr 6-pass Sdn	550	1550	2600	5200	9000	12800
2-dr 6-pass Sdn	550	1550	2600	5200	9000	12800

Ambassador Custom, 6-cyl., 121" wb

	6	5	4	3	2	1
2-dr 5-pass Club Cpe	550	1550	2650	5300	9100	13000
4-dr 6-pass Sdn	550	1550	2650	5300	9100	13000
2-dr 6-pass Sdn	550	1550	2650	5300	9100	13000

Nash-Healey, 6-cyl, 102" wb

	6	5	4	3	2	1
2-dr conv.	1800	5750	9800	19500	33500	47500

1952

Rambler, 6-cyl., 100" wb

	6	5	4	3	2	1
2-dr 5-pass Suburban	500	1350	2350	4700	8100	11500
2-dr 5-pass Custom Ctry Club	600	1600	2750	5500	9500	13800
2-dr 5-pass Custom Conv Sdn	700	2000	3450	6900	11900	17200
2-dr Custom Sta Wgn	550	1500	2500	5100	8800	12500

Nash Statesman Super, 6-cyl.

	6	5	4	3	2	1
2-dr 6-pass Sdn	550	1500	2500	5000	8700	12300
4-dr 6-pass Sdn	550	1500	2500	5000	8700	12300

Nash Statesman Custom, 6-cyl., 114" wb

	6	5	4	3	2	1
4-dr 6-pass Sdn	550	1550	2600	5200	9000	12800
2-dr 6-pass Sdn	550	1550	2600	5200	9000	12800

Ambassador Super, 6-cyl., 121.75" wb

	6	5	4	3	2	1
2-dr 6-pass Sdn	550	1500	2500	5100	8800	12500
4-dr 6-pass Sdn	550	1500	2500	5100	8800	12500

Ambassador Custom, 6-cyl., 121.75" wb

	6	5	4	3	2	1
4-dr 6-pass Sdn	550	1550	2650	5300	9100	13000
2-dr 6-pass Sdn	550	1550	2650	5300	9100	13000

Nash-Healey, 6-cyl.

	6	5	4	3	2	1
2-dr Spt Conv	1900	5600	9450	18900	33200	47200

1953

Rambler, 6-cyl., 100" wb

	6	5	4	3	2	1
Custom Ctry Club Hdtp	600	1600	2750	5500	9500	13800
2-dr 5-pass Custom Conv Sdn	700	2000	3450	6900	11900	17200
2-dr 5-pass Custom Sta Wgn	550	1500	2500	5100	8800	12500
2-dr 5-pass Super Sta Wgn	600	1600	2700	5400	9300	13500

Statesman, 6-cyl., 114.25" wb

	6	5	4	3	2	1
2-dr 6-pass Super Sdn	550	1500	2500	5000	8700	12300
4-dr 6-pass Super Sdn	550	1500	2500	5000	8700	12300
2-dr 6-pass Custom Sdn	550	1550	2600	5200	9000	12800
4-dr 6-pass Custom Sdn	550	1550	2600	5200	9000	12800
Custom Hdtp Ctry Club	600	1650	2850	5700	9900	14200

Ambassador, 6-cyl., 121.25" wb

	6	5	4	3	2	1
4-dr 6-pass Super Sdn	550	1500	2500	5100	8800	12500
2-dr 6-pass Super Sdn	550	1500	2500	5100	8800	12500

	6	5	4	3	2	1
4-dr 6-pass Custom Sdn	550	1550	2650	5300	9100	13000
2-dr 6-pass Custom Sdn	550	1550	2650	5300	9100	13000
Custom Ctry Club Hdtp	650	1800	3250	6500	11200	16100
Nash-Healey, 6-cyl., 102" wb						
2-dr Spt Conv	1900	5600	9450	18900	33200	47200
2-dr Spt Coupe	1200	3800	6500	12900	22000	32500

1954

	6	5	4	3	2	1
Rambler, 6-cyl., 100" wb						
2-dr Dlx Club Sdn	550	1450	2450	4900	8500	12000
2-dr Super Club Sdn	550	1500	2500	5000	8700	12300
2-dr Super Ctry Club Sdn	550	1550	2650	5300	9100	13000
2-dr Super Suburban Wgn	550	1500	2500	5000	8700	12300
4-dr Super Sdn (108" wb)	550	1500	2500	5000	8700	12300
2-dr Custom Hdtp Cpe	650	1700	3000	5900	10200	14700
2-dr Conv	700	2050	3500	7000	12100	17400
2-dr Sta Wgn	550	1550	2650	5300	9100	13000
4-dr Custom Sdn (108" wb)	550	1500	2500	5000	8700	12300
4-dr Custom Wgn (108" wb)	600	1600	2700	5400	9300	13500
Nash Statesman, 6-cyl., 114.25" wb						
4-dr Super Sdn	500	1350	2350	4700	8100	11500
2-dr Super Sdn	550	1400	2400	4800	8300	11800
4-dr Custom Sdn	550	1400	2400	4800	8300	11800
2-dr Hdtp Cpe	650	1800	3250	6500	11200	16100
Nash Ambassador, 6-cyl.						
4-dr Super Sdn	550	1550	2600	5200	9000	12800
2-dr Super Sdn	550	1550	2600	5200	9000	12800
4-dr Custom Sdn	550	1550	2650	5300	9100	13000
2-dr Custom Hdtp Cpe	650	1800	3250	6500	11200	16100
Nash-Healey, 6-cyl., 108" wb						
2-dr Spt Cpe	1200	3800	6500	12900	22000	32500

Le Mans Dual Jetfire Six add 20%

1955

	6	5	4	3	2	1
Rambler, 6-cyl., 100" wb						
2-dr Dlx Club Sdn	550	1450	2450	4900	8500	12000
2-dr Dlx Bus Sdn	550	1450	2450	4900	8500	12000
2-dr Dlx Sub Wgn	650	1700	3000	5900	10200	14700
4-dr Dlx Sdn (108" wb)	550	1450	2450	4900	8500	12000
2-dr Super Club Sdn	550	1500	2500	5000	8700	12300
2-dr Super Sub Uty Wgn	550	1450	2450	4900	8500	12000
4-dr Super Sdn (108" wb)	550	1500	2500	5000	8700	12300
4-dr Super Cross Ctry (108" wb)	550	1550	2650	5300	9100	13000
2-dr Custom Ctry Club	650	1700	3000	6100	10600	15200
4-dr Custom Sdn (108" wb)	550	1500	2500	5000	8700	12300
4-dr Custom Cross Ctry (108" wb)	650	1700	3000	5900	10200	14700
Nash Statesman, 6-cyl., 114.25" wb						
4-dr Super Sdn	550	1450	2450	4900	8500	12000
4-dr Custom Sdn	550	1500	2500	5000	8700	12300
2-dr Hdtp Ctry Club Cpe	650	1750	3150	6300	10900	15700
Nash Ambassador, 6-cyl.						
4-dr Super Sdn	600	1600	2700	5400	9300	13500
4-dr Custom Sdn	600	1600	2700	5400	9300	13500
2-dr Hdtp Ctry Club Cpe	700	2000	3450	6900	11900	17200
Nash Ambassador, 8-cyl.						
4-dr Super Sdn	600	1600	2700	5400	9300	13500
4-dr Custom Sdn	600	1650	2850	5700	9900	14200
2-dr Hdtp Ctry Club Cpe	750	2100	3550	7100	12300	17700

	6	5	4	3	2	1

Nash-Healey, 6-cyl.

	6	5	4	3	2	1
2-dr Hdtp Cpe	1200	3800	6500	12900	22000	32500

Factory air cond add 15%
Le Mans Dual Jetfire Six add 20%

1956

Rambler, 6-cyl., 108" wb

	6	5	4	3	2	1
4-dr Dlx Sdn	450	1250	2200	4400	7600	10900
4-dr Super Sdn	450	1250	2200	4400	7600	10900
4-dr Super Sta Wgn	550	1400	2400	4800	8300	11800
4-dr Custom Sdn	550	1400	2400	4800	8300	11800
4-dr Custom Hdtp	600	1600	2700	5400	9300	13500
4-dr Custom Cross Ctry	550	1450	2450	4900	8500	12000
4-dr Ctry Club Hdtp Wgn	550	1500	2500	5100	8800	12500

Nash Statesman, 6-cyl.

	6	5	4	3	2	1
4-dr Super Sdn	550	1450	2450	4900	8500	12000

Nash Ambassador, 6-cyl.

	6	5	4	3	2	1
4-dr Super Sdn	550	1500	2500	5100	8800	12500

Nash Ambassador, 8-cyl.

	6	5	4	3	2	1
4-dr Super Sdn	550	1550	2600	5200	9000	12800
4-dr Custom Sdn	550	1550	2650	5300	9100	13000
2-dr Custom Hdtp	750	2250	3750	7500	13000	18700

Factory air cond add 15%
Le Mans Dual Jetfire Six add 20%

1957

Rambler, 6-cyl., 108" wb

	6	5	4	3	2	1
4-dr Dlx Sdn	400	1200	2000	4000	6900	10000
4-dr Super Sdn	450	1250	2050	4100	7100	10300
4-dr Super Hdtp	450	1250	2150	4300	7400	10700
4-dr Super Sta Wgn	450	1250	2200	4400	7600	10900
4-dr Custom Sdn	450	1250	2050	4100	7100	10300
4-dr Custom Sta Wgn	450	1250	2200	4400	7600	10900

Rambler, 8-cyl.

	6	5	4	3	2	1
4-dr Super Sdn	450	1250	2050	4100	7100	10300
4-dr Super Sta Wgn	450	1250	2200	4400	7600	10900
4-dr Custom Sdn	450	1250	2100	4200	7200	10500
4-dr Custom Hdtp Sta Wgn	500	1350	2300	4600	8000	11300
4-dr 6-pass Custom Wgn	500	1300	2250	4500	7700	11000
4-dr Custom Hdtp Wgn	550	1450	2450	4900	8500	12000

Rebel, 8-cyl.

	6	5	4	3	2	1
4-dr Hdtp Custom	650	1750	3150	6300	10900	15700

Nash Ambassador, 8-cyl., 121.5" wb

	6	5	4	3	2	1
4-dr Super Sdn	550	1500	2500	5000	8700	12300
2-dr Super Hdtp	700	2000	3450	6900	11900	17200
4-dr Custom Sdn	550	1500	2500	5100	8800	12500
2-dr Custom Hdtp	750	2250	3750	7500	13000	18700

Factory air cond add 15%

OAKLAND
1907 – 1931

1907 Oakland

1912 Oakland

	6	5	4	3	2	1
1907-1908						
4-cyl. 96" wb - 100" wb						
Models A, B, C, D, E	1300	4000	6700	13400	23600	33400
1909						
Model 20, 2-cyl., 100" wb						
Rnbt	1150	3650	6100	12200	21500	30500
Tr Rdstr	1150	3650	6100	12200	21500	30500
Model 40, 4-cyl., 112" wb						
3-pass Rnbt	1050	3400	5700	11400	20100	28500
5-pass Tr	1050	3400	5700	11400	20100	28500
4-pass Tr Rdstr	1050	3400	5700	11400	20100	28500
1910						
Model 25, 4-cyl., 100" wb						
Tr	800	2400	4000	8000	13900	19900
Model 30, 4-cyl., 30 hp, 100" wb						
Rnbt	800	2450	4100	8200	14400	20500
Tr	800	2450	4100	8200	14400	20500
Model 40, 4-cyl., 40 hp, 112" wb						
Tr	800	2500	4200	8400	14800	20900
Rdstr	850	2550	4350	8700	15200	21700
Model K, 4-cyl., 40 hp, 111" wb						
Tr	1000	3150	5300	10600	18700	26500
Model M, 4-cyl., 40 hp, 112" wb						
Rdstr	1050	3300	5500	11000	19300	27500

	6	5	4	3	2	1
1911						
Model 24, 4-cyl., 30 hp, 96" wb						
Rdstr	850	2650	4500	9000	15900	22500
Model 30, 4-cyl., 30 hp, 100" wb						
Tr	800	2450	4100	8200	14400	20500
Model 33, 4-cyl., 30 hp, 106" wb						
Tr	900	2900	4900	9800	17300	24500
Model 40, 4-cyl., 40 hp, 112" wb						
Tr	800	2500	4200	8400	14800	20900
Rdstr	850	2550	4350	8700	15300	21700
5-pass Rdstr	800	2500	4200	8400	14800	20900
1912						
Model 30, 4-cyl., 100" wb						
5-pass Tr	650	1700	3000	6000	10400	14900
Rnbt	650	1750	3150	6300	10900	15700
Model 40, 4-cyl., 112" wb						
5-pass Tr	650	1750	3150	6300	10900	15700
3-pass Cpe	500	1300	2250	4500	7700	11000
Rdstr	700	1850	3300	6600	11300	16300
Model 45, 4-cyl., 120" wb						
7-pass Tr	800	2500	4250	8500	15000	21200
7-pass Limo	800	2400	4000	8000	13900	19900
1913						
Greyhound, Model 6-60, 6-cyl., 130" wb						
4-pass Tr	900	2900	4900	9800	17300	24500
7-pass Tr	900	2800	4700	9400	16500	23400
Rnbt	800	2350	3900	7800	13500	19500
Model 42, 4-cyl., 116" wb						
4-pass Tr	700	2050	3500	7000	12100	17400
5-pass Tr	750	2150	3600	7200	12400	18000
3-pass Rdstr	700	1850	3300	6600	11300	16300
4-pass Cpe	450	1250	2200	4400	7600	10900
Model 35, 4-cyl., 112" wb						
5-pass Tr	650	1750	3100	6200	10700	15400
3-pass Rdstr	650	1750	3100	6200	10700	15400
Model 40, 4-cyl., 114" wb						
5-pass Tr	700	1850	3300	6600	11300	16300
Model 45, 4-cyl., 120" wb						
7-pass Limo	650	1700	3000	5900	10200	14700
1914						
Model 6-60, 6-cyl., 130" wb						
Rnbt	700	1850	3300	6600	11300	16300
Rdstr	800	2450	4100	8200	14400	20500
Cl Cpl	700	1850	3300	6600	11300	16300
5-pass Tr	900	2800	4700	9400	16500	23400
Model 6-48, 6-cyl., 130" wb						
Spt	550	1500	2500	5000	8700	12300
Rdstr	750	2250	3700	7400	12800	18500
Tr	800	2350	3900	7800	13500	19500
Model 43, 4-cyl., 116" wb						
5-pass Tr	650	1750	3100	6200	10700	15400
Cpe	400	1200	1900	3800	6600	9600
4-pass Sdn	400	1100	1800	3600	6200	9100
Model 36, 4-cyl., 112" wb						
5-pass Tr	600	1650	2900	5800	10000	14500
Cabrlt Cpe	600	1600	2800	5600	9700	14000
Rdstr	600	1600	2800	5600	9700	14000

	6	5	4	3	2	1
1915						
Model 37, 4-cyl., 112" wb						
Tr	600	1600	2700	5400	9300	13500
Rdstr	550	1500	2500	5000	8700	12300
Spdstr	5500	1400	2400	4800	8300	11800
Model 49, 6-cyl., 110"-123.5" wb						
Tr	650	1750	3100	6200	10700	15400
Rdstr	650	1700	3000	6000	10400	14900
1916						
Model 32, 6-cyl., 32 hp, 110" wb						
2-pass Rdstr	650	1700	3000	6000	10400	14900
5-pass Rdstr	650	1750	3100	6200	10700	15400
Model 38, 4-cyl., 38 hp, 112" wb						
5-pass Tr	600	1600	2700	5400	9300	13500
Sptstr	550	1500	2500	5000	8700	12300
Rdstr	550	1400	2400	4800	8300	11800
Model 50, 8-cyl., 127" wb						
7-pass Tr	750	2250	3700	7400	12800	18500
1917						
Model 34, 6-cyl., 41 hp, 112" wb						
2-pass Rdstr	500	1350	2350	4700	8100	11500
5-pass Tr	550	1450	2450	4900	8500	12000
Cpe	400	1200	1900	3800	6600	9600
Sdn	400	1100	1800	3600	6200	9100
Model 50, 8-cyl., 50 hp, 127" wb						
7-pass Tr	750	2300	3850	7700	13300	19200
1918						
Model 34-B, 6-cyl., 44 hp, 112" wb						
5-pass Tr	500	1350	2350	4700	8100	11500
3-pass Rdstr	450	1250	2200	4400	7600	10900
2-pass Rdstr Cpe	400	1150	1850	3700	6400	9300
5-pass Tr Sdn	400	1100	1800	3500	6100	8900
4-pass Cpe	400	1050	1700	3300	5800	8300
Sdn	350	950	1550	3100	5500	7900
1919						
Model 34-B, 6-cyl., 44 hp, 112" wb						
5-pass Tr	550	1400	2400	4800	8300	11800
Rdstr	500	1350	2300	4600	8000	11300
4-pass Cpe	350	1000	1600	3200	5700	8100
4-dr Sdn	350	950	1550	3100	5500	7900
1920-1921						
Model 34-C, 6-cyl., 44 hp, 115" wb						
5-pass Tr	550	1550	2600	5200	9000	12800
2-pass Rdstr	550	1500	2500	5000	8700	12300
5-pass Sdn	400	1050	1700	3300	5800	8300
3-pass Cpe	400	1100	1800	3500	6100	8900
4-pass Spt	350	900	1500	3000	5300	7600
1922						
Model 34-D, 6-cyl., 44 hp, 115" wb						
5-pass Tr	550	1550	2600	5200	9000	12800
2-pass Rdstr	550	1500	2500	5000	8700	12300
5-pass Sdn	400	1050	1700	3300	5800	8300

	6	5	4	3	2	1
3-pass Cpe	400	1100	1800	3500	6100	8900
4-pass Cpe	350	1000	1600	3200	5700	8100
4-pass Spt	350	900	1500	3000	5300	7600

1923

Model 6-44, 6-cyl., 44 hp, 115" wb

	6	5	4	3	2	1
3-pass Rdstr	550	1500	2500	5100	8800	12500
5-pass Tr	550	1550	2650	5300	9100	13000
2-pass Spt Rdstr	550	1550	2650	5300	9100	13000
4-pass Spt	600	1600	2750	5500	9500	13800
2-pass Cpe	350	900	1500	2900	5200	7400
4-pass Cpe	350	850	1400	2800	4900	7100
5-pass Sdn	300	750	1250	2500	4400	6200

1924-1925

Model 6-54, 6-cyl., 54 hp, 113" wb

	6	5	4	3	2	1
5-pass Tr	650	1700	3000	5900	10200	14700
3-pass Rdstr	600	1650	2900	5800	10000	14500
3-pass Spl Rdstr	650	1700	3000	5900	10200	14700
5-pass Spl Tr	650	1750	3100	6200	10700	15400
5-pass Coach	350	850	1400	2800	4900	7100
4-pass Cpe	400	1150	1850	3700	6400	9300
3-pass Lan Cpe	400	1200	1900	3800	6600	9600
5-pass Sdn	350	950	1550	3100	5500	7900
5-pass Lan Sdn	400	1050	1700	3300	5800	8300
5-pass Sdn	350	950	1550	3100	5500	7900
2-dr Lan Sdn	400	1050	1700	3300	5800	8300

1926

Model 6-54, 6-cyl., 44/50 hp, 113" wb

	6	5	4	3	2	1
5-pass Tr	650	1700	3000	6100	10600	15200
5-pass Spt Phtn	650	1750	3150	6300	10900	15700
3-pass Rdstr	650	1700	3000	5900	10200	14700
2-4 pass Spt Rdstr	650	1700	3000	6100	10600	15200
2-dr 5-pass Sdn	400	1100	1800	3500	6100	8900
3-pass Lan Cpe	450	1250	2100	4200	7200	10500
4-dr 5-pass Sdn	400	1050	1700	3300	5800	8300
5-pass Lan Sdn	400	1100	1800	3500	6100	8900

1927

Greater Six, Model "GO", 6-cyl., 50 hp, 113" wb

	6	5	4	3	2	1
5-pass Tr	650	1700	3000	6100	10600	15200
5-pass Spt Phtn	650	1750	3150	6300	10900	15700
2-4 pass Spt Rdstr	650	1700	3000	6100	10600	15200
2-dr 5-pass Sdn	400	1100	1800	3500	6100	8900
4-dr 5-pass Sdn	400	1050	1700	3300	5800	8300
3-pass Lan Cpe	450	1250	2100	4200	7200	10500
5-pass Lan Sdn	400	1100	1800	3500	6100	8900

1928

All-American Six, Model 212 6-cyl., 60 hp, 117" wb

	6	5	4	3	2	1
2-4 pass Spt Rdstr	650	1850	3250	6500	11200	16100
5-pass Phtn	700	1900	3350	6700	11500	16500
3-pass Lan Cpe	450	1250	2150	4300	7400	10700
2-4 pass Cabrlt	650	1700	3000	5900	10200	14700
2-dr 5-pass Sdn	400	1200	1950	3900	6800	9900
4-dr 5-pass Sdn	400	1100	1800	3500	6100	8900
5-pass Lan Sdn	400	1200	1950	3900	6800	9900

	6	5	4	3	2	1

1929

All-American Six, Model 214, 6-cyl., 68 hp, 117" wb

	6	5	4	3	2	1
2-4 pass Spt Rdstr	900	2800	4700	9400	16500	23400
5-pass Spt Phtn	950	3050	5150	10300	18200	25700
3-pass Cpe	450	1250	2150	4300	7400	10700
2-4 pass Cabrlt Conv	850	2550	4350	8700	15300	21700
2-dr 5-pass Sdn	400	1200	1950	3900	6800	9900
4-dr 5-pass Sdn	400	1100	1800	3500	6100	8900
4-dr 5-pass Spl Sdn	400	1150	1850	3700	6400	9300
5-pass Brghm	500	1300	2250	4500	7700	11000
5-pass Lan Sdn	450	1250	2050	4100	7100	10300

1930

Model 101, 8-cyl., 85 hp, 117" wb

	6	5	4	3	2	1
2-4 pass Spt Rdstr	1000	3200	5350	10700	18900	26700
5-pass Phtn	1000	3100	5250	10500	18600	26200
2- pass Cpe	600	1600	2750	5500	9500	13800
2-4 pass Spt Cpe	650	1700	3000	5900	10200	14700
2-dr 5-pass Sdn	450	1250	2150	4300	7400	10700
5-pass Sdn	450	1250	2050	4100	7100	10300
5-pass Custom Sdn	450	1250	2100	4200	7200	10500

1931

Model 301, 8-cyl., 85 hp, 117" wb

	6	5	4	3	2	1
2-pass Bus Cpe	650	1700	3000	5900	10200	14700
2-4 pass Spt Cpe	650	1750	3150	6300	10900	15700
2-4 pass Conv	950	3000	5050	10100	17900	25100
2-dr 5-pass Sdn	450	1250	2050	4100	7100	10300
4-dr 5-pass Sdn	450	1250	2100	4200	7200	10500
5-pass Custom Sdn	450	1250	2150	4300	7400	10700

1917 Oakland

1918 Oakland

OLDSMOBILE
1901 – 1991

1904 Oldsmobile

1957 Oldsmobile Super 88 Holiday Coupe

	6	5	4	3	2	1
1901-1903						
Curved Dash, Model R, 1-cyl., 4 hp						
Rnbt	1500	4500	7500	15000	26400	37500
Tonneau (10 hp)	1600	4700	7800	15500	27000	38000
1904						
Curved Dash, Model GC, 1-cyl., 7 hp, 66" wb						
Rnbt	1500	4500	7500	15000	26400	37500
Touring Runabout, Model TR, 1-cyl., 7 hp, 76" wb						
Rnbt	1350	4150	6900	13800	24300	34500
Light Tonneau, Model LT, 1-cyl., 10 hp, 82" wb						
4-pass Tonneau w/RS	1300	4000	6700	13400	23600	33400
2-pass Tonneau w/o RS	1250	3950	6600	13200	23500	32900
1905						
Curved Dash, Model B, 1-cyl., 7 hp, 66" wb						
Rnbt	1500	4500	7500	15000	26400	37500
Touring Runabout, Model TR, 1-cyl., 7 hp, 76" wb						
Rnbt	1350	4150	6900	13800	24300	34500
Touring, Model LT, 2-cyl., 20 hp, 90" wb						
Tr Side Ent	1300	4000	6700	13400	23600	33400
1906						
Straight Dash B, 1-cyl., 7 hp, 66" wb						
Rnbt	1150	3650	6100	12200	21500	30500

	6	5	4	3	2	1
Curved Dash B, 1-cyl., 7 hp, 66" wb						
Rnbt	1500	4500	7500	15000	26400	37500
Model L, 2-cyl., 20-24 hp, 102" wb						
Tr	1200	3800	6350	12700	22400	31700
Model S, 4-cyl., 26-28 hp, 106" wb						
Pal Tr	1350	4150	6950	13900	24500	34700
1907						
Straight Dash F, 1-cyl., 7 hp, 66" wb						
Rnbt	1150	3650	6100	12200	21500	30500
Model H, 4-cyl., 35-40 hp, 106.5" wb						
2-pass Fly Rdstr	1300	4000	6700	13400	23600	33400
Model A, 4-cyl., 35-40 hp, 106.5" wb						
5-pass Pal Tr	1450	4400	7300	14600	25700	36500
5-pass Limo	1400	4250	7100	14200	25000	35400
1908						
Model X, 4-cyl., 32 hp, 106.5" wb						
5-pass Tr	1300	4000	6700	13400	23600	33400
Model M, 4-cyl., 36 hp, 112.5" wb						
5-pass Tr	1300	4000	6700	13400	23600	33400
Model MR, 4-cyl., 36 hp, 106.5" wb						
3-pass Rdstr	1350	4150	6900	13800	24300	34500
Model Z, 6-cyl., 48 hp, 130" wb						
7-pass Tr	1800	5350	9000	18000	31650	45000
1909						
Model D, 4-cyl., 40 hp						
4-pass Tr	1900	5650	9500	19000	33400	47500
Model DR, 4-cyl., 40 hp						
5-pass Cpe Tr	1650	4950	8300	16600	29200	41500
2-pass Rdstr	1900	5500	9300	18600	32700	46400
Model X, 4-cyl.						
2-pass Rnbt	1300	4000	6700	13400	23600	33400
Model Z, 6-cyl., 60 hp						
2-pass Rnbt	2600	7750	13100	26200	46000	65500
7-pass Tr	2800	8100	14300	27000	49750	67500
1910						
Special, 4-cyl., 40 hp, 118" wb						
2-pass Rnbt	1300	4000	6700	13400	23600	33400
7-pass C-C	1400	4250	7100	14200	25000	35400
7-pass Limo	1500	4500	7500	15000	26400	37500
Limited, 6-cyl., 60 hp, 138" wb						
7-pass Tr	5000	13500	22500	43000	72500	104500
1911						
Special, 4-cyl., 36 hp, 118" wb						
2-pass Rnbt	1300	4000	6700	13400	23600	33400
7-pass Tr	1400	4250	7100	14200	25000	35400
7-pass Limo	1350	4150	6900	13800	24300	34500
Autocrat, 4-cyl., 40 hp, 124" wb						
3-pass Rnbt	2300	6700	11300	22600	39700	56400
7-pass Tr	2350	6900	11600	23200	40750	57900
5-pass Tr	2300	6800	11500	23000	40400	57500
7-pass Limo	2300	6800	11500	23000	40400	57500
Limited, 6-cyl., 60 hp, 138" wb						
Rnbt	3500	11200	18500	35000	61000	86250
7-pass Tr	4200	12750	21650	42200	73000	102500

	6	5	4	3	2	1
5-pass Tr	4100	12950	21450	41500	72850	101750
Limo	2400	7050	11950	23900	42000	59700

1912

Autocrat, 4-cyl., 40 hp, 126" wb
	6	5	4	3	2	1
2-pass Spdstr	2400	7500	14500	28000	46900	58500
2-pass Rdstr	2600	7700	13000	26000	45650	65000
4-pass Tr	2600	7700	13000	26000	45650	65000
7-pass Tr	2600	7800	13200	26400	46350	65900
7-pass Limo	2600	7900	13500	27000	47200	66250

Defender, 4-cyl., 35 hp, 116" wb
	6	5	4	3	2	1
2-pass Tr	1400	4250	7100	14200	25000	35400
4-pass Tr	1450	4400	7300	14600	25700	36500
5-pass Tr	1450	4400	7300	14600	25700	36500
3-pass Cpe	1200	3750	6300	12600	22200	31400
5-pass Cpe	1150	3650	6100	12200	21500	30500
2-pass Rdstr	1350	4150	6900	13800	24300	34500

Limited, 6-cyl., 60 hp, 140" wb
	6	5	4	3	2	1
7-pass Tr	3990	11850	19950	39900	70100	99600
4-pass Tr	3890	11560	19450	38900	68300	97100
2-4 pass Rdstr	3300	9700	16450	34000	56900	81200
7-pass Limo	2600	7700	13000	26000	45650	65000

1913

Model 53, 6-cyl., 50 hp, 116" wb
	6	5	4	3	2	1
5-pass Tr	1300	4100	6800	13600	23950	34000
4-pass Tr	1250	3900	6500	13000	22900	32500
7-pass Tr	1200	3750	6300	12600	22200	31400

Defender, Model 40, 6-cyl., 26 hp, 116" wb
	6	5	4	3	2	1
5-pass Tr	1700	5050	8500	17000	29900	42500

1914

Model 54, 6-cyl., 60 hp, 132" wb
	6	5	4	3	2	1
Phtn	1650	4900	8200	16400	28850	41000
5-pass Tr	1600	4750	7950	15900	28000	39700
7-pass Tr	1600	4850	8100	16200	28500	40500
Limo	1350	4150	6900	13800	24300	34500

Baby Olds, Model 42, 4-cyl., 30 hp, 112" wb
	6	5	4	3	2	1
5-pass Tr	1200	3750	6300	12600	22200	31400

1915

Baby Olds, Model 42, 4-cyl., 30 hp, 112" wb
	6	5	4	3	2	1
Tr	1150	3700	6200	12400	21850	30900
Rdstr	1100	3550	5900	11800	20800	29400

Model 43, 4-cyl., 30 hp, 112" wb
	6	5	4	3	2	1
Tr	1100	3550	5900	11800	20800	29400
Rdstr	1050	3400	5700	11400	20100	28500

Model 55, 6-cyl., 139" wb
	6	5	4	3	2	1
Tr	2200	6500	10950	21900	38500	54700
7-pass Tr	2150	6250	10600	21200	37250	53000

1916

Model 43, 4-cyl., 30 hp, 112" wb
	6	5	4	3	2	1
5-pass Tr	1100	3550	5900	11800	20800	29400
Rdstr	1050	3400	5700	11400	20100	28500

Light Eight, Model 44, 8-cyl., 40 hp, 120" wb
	6	5	4	3	2	1
Tr	1700	5000	8400	16800	29550	41900
Rdstr	1650	4900	8200	16400	28850	41000
Sdn	850	2550	4300	8600	15100	21500
Cabrlt	1550	4700	7900	15800	27800	39400

	6	5	4	3	2	1

1917

Light Six, Model 37, 6-cyl., 41 hp, 112" wb

	6	5	4	3	2	1
Tr	1000	3200	5400	10800	19000	26900
Rdstr	950	3050	5100	10200	18000	25400
Sdn	700	2050	3500	7000	12100	17400
Cabrlt	900	2900	4900	9800	17300	24500

Model 45, 8-cyl., 50 hp, 120" wb

5-pass Tr	1550	4700	7900	15800	27800	39400
7-pass Tr	1600	4850	8100	16200	28500	40500
Conv	1600	4800	8000	16000	28150	40000
Conv Rdstr	1500	4500	7500	15000	26400	37500
Cabrlt	1550	4650	7800	15600	27450	38900

1918

Model 37, 6-cyl., 41 hp, 112" wb

Tr	850	2600	4400	8800	15500	21900
Rdstr	800	2450	4100	8200	14400	20500
4-pass Cpe	600	1650	2900	5800	10000	14500
Cabrlt	800	2350	3900	7800	13500	19500
Sdn	550	1500	2500	5000	8700	12300

Model 45, 8-cyl., 50 hp, 120" wb

Pacemaker 5-pass Tr	1550	4700	7900	15800	27800	39400
Club Rdstr	1600	4800	8000	16000	28150	40000
Std Rdstr	1500	4500	7500	15000	26400	37500

Model 45-A, 8-cyl., 58 hp, 120" wb

Pacemaker 5-pass Tr	1450	4400	7300	14600	25700	36500
7-pass Tr	1500	4500	7500	15000	26400	37500
Club Rdstr	1400	4250	7100	14200	25000	35400
Sptstr	1450	4400	7300	14600	25700	36500

1919

"War Six", Model 37-A, 6-cyl., 44 hp, 112" wb

Tr	800	2500	4200	8400	14800	20900
Rdstr	800	2350	3900	7800	13500	19500
Cpe	600	1650	2900	5800	10000	14500
Sdn	550	1500	2500	5000	8700	12300

Model 45, 8-cyl., 58 hp, 118" wb

Pacemaker 5-pass Tr	1450	4400	7300	14600	25700	36500
7-pass Tr	1500	4500	7500	15000	26400	37500
Std Rdstr	1400	4250	7100	14200	25000	35400
Club Rdstr	1450	4400	7300	14600	25700	36500

"Loyalty Eight" Model 45-A, 8-cyl., 58 hp, 118" wb

2-pass Rdstr	1250	3900	6500	13000	22900	32500
Pacemaker 5-pass Tr	1300	4000	6700	13400	23600	33400
7-pass Tr	1350	4150	6950	13900	24500	34700
Sptstr	1450	4400	7300	14600	25700	36500

1920

Model 37-A, 6-cyl., 40 hp, 112" wb

Tr	750	2300	3800	7600	13100	18900
Rdstr	750	2100	3550	7100	12300	17700

Model 37-B, 6-cyl., 40 hp, 112" wb

Cpe	550	1500	2500	5100	8800	12500
Sdn	450	1250	2150	4300	7400	10700

Model 45-B, 8-cyl., 58 hp, 122" wb

4-pass Tr	1050	3300	5500	11000	19300	27500
7-pass Sdn	800	2350	3950	7900	13700	19700

Model 46, 8-cyl., 58 hp, 122" wb

5-pass Tr	650	1800	3200	6400	11000	15900
7-pass Sdn	800	2350	3950	7900	13700	19700

	6	5	4	3	2	1

1921

Model 43-A, 4-cyl., 44 hp, 115" wb

	6	5	4	3	2	1
5-pass Tr	650	1800	3200	6400	11000	15900
2-4 pass Rdstr	650	1700	3000	5900	10200	14700
4-pass Cpe	450	1250	2100	4200	7200	10500
5-pass Sdn	400	1150	1850	3700	6400	9300

Model 46, 8-cyl., 60 hp, 122" wb

	6	5	4	3	2	1
7-pass Tr Thorobred	1000	3150	5300	10600	18700	26500
4-pass Pacemaker	950	3050	5100	10200	18000	25400
7-pass Sdn	700	1850	3300	6600	11300	16300

Model 47, 8-cyl., 57 hp, 115" wb

	6	5	4	3	2	1
5-pass Tr	1000	3150	5300	10600	18700	26500
4-pass Cpe	800	2350	3900	7800	13500	19500
5-pass Sdn	1050	3300	5500	11000	19300	27500

1922

Model 43A, 4-cyl., 40 hp, 115" wb

	6	5	4	3	2	1
5-pass Tr	650	1800	3200	6400	11000	15900
2-4 pass Rdstr	650	1700	3000	5900	10200	14700
5-pass Calif Top Tr	700	1900	3400	6800	11700	16900
5-pass Semi Spt Tr	850	2650	4500	9000	15900	22500
4-pass Brghm	500	1350	2300	4600	8000	11300
4-pass Cpe	450	1250	2100	4200	7200	10500
5-pass Sdn	400	1150	1850	3700	6400	9300

Model 46, 8-cyl., 57 hp, 122" wb

	6	5	4	3	2	1
6-pass Spt Tr Pacemaker	1000	3150	5300	10600	18700	26500
4-pass Tr Pacemaker	950	2950	4950	9900	17500	24700
7-pass Tr Thorobred	950	3050	5150	10300	18200	25700
7-pass Sdn	650	1750	3150	6300	10900	15700

Model 47, 8-cyl., 57 hp, 115" wb

	6	5	4	3	2	1
5-pass Tr	1000	3150	5300	10600	18700	26500
4-pass Spt Tr	1000	3200	5400	10800	19000	26900
4-pass Super Spt	1050	3300	5500	11000	19300	27500
5-pass Super Spt Tr	1050	3350	5600	11200	19700	28000
4-pass Rdstr	950	2950	4950	9900	17500	24700
4-pass Cpe	750	2100	3550	7100	12300	17700
5-pass Sdn	650	1700	3000	5900	10200	14700

1923

Model 30-A, 6-cyl., 42 hp, 110" wb

	6	5	4	3	2	1
5-pass Tr	800	2400	4000	8000	13900	19900
5-pass Semi Spt Tr	850	2650	4500	9000	15900	22500
3-pass Rdstr	750	2250	3750	7500	13000	18700
3-pass Cabrlt	750	2300	3850	7700	13300	19200
4-pass Cpe	500	1350	2300	4600	8000	11300
5-pass Sdn	400	1200	1950	3900	6800	9900

Model 43-A, 4-cyl., 40 hp, 115" wb

	6	5	4	3	2	1
5-pass Tr	800	2500	4200	8400	14800	20900
Rdstr	800	2350	3950	7900	13700	19700
4-pass Cpe	500	1350	2300	4600	8000	11300
5-pass Sdn	400	1200	1950	3900	6800	9900
5-pass Brghm	450	1250	2100	4200	7200	10500

Model 47, 8-cyl., 63.5 hp, 115" wb

	6	5	4	3	2	1
4-pass Tr	950	3050	5150	10300	18200	25700
5-pass Tr	1000	3200	5350	10700	18900	26700
2-pass Spt Rdstr	950	3000	5050	10100	17900	25100
4-pass Super Spt	1050	3300	5500	11100	19500	27700
2-pass Rdstr	900	2900	4850	9700	17100	24200
4-pass Cpe	750	2100	3550	7100	12300	17700
5-pass Sdn	650	1750	3150	6300	10900	15700

	6	5	4	3	2	1
1924						
Model 30-B, 6-cyl., 42 hp, 110" wb						
5-pass Tr	650	1750	3150	6300	10900	15700
2-pass Spt Tr	700	1900	3350	6700	11500	16500
3-pass Rdstr	650	1700	3000	5900	10200	14700
4-pass Cpe	400	1050	1700	3400	5900	8500
5-pass Sdn	350	950	1550	3100	5500	7900
5-pass Dlx Sdn	400	1050	1700	3300	5800	8300
1925						
Model 30-C, 6-cyl., 42 hp, 110" wb						
5-pass Tr	650	1750	3150	6300	10900	15700
2-pass Spt Tr	700	1900	3350	6700	11500	16500
2-pass Rdstr	650	1700	3000	5900	10200	14700
2-pass Spt Rdstr	650	1750	3150	6300	10900	15700
4-pass Cpe	350	1000	1600	3200	5700	8100
3-pass Cabrlt	650	1700	3000	6100	10600	15200
5-pass Sdn	350	900	1500	2900	5200	7400
5-pass Dlx Sdn	350	950	1550	3100	5500	7900
5-pass Coach	300	800	1350	2700	4700	6900
1926						
Model 30-D, 6-cyl., 42 hp, 110.5" wb						
5-pass Tr	700	1900	3350	6700	11500	16500
5-pass Dlx Tr	700	2000	3450	6900	11900	17200
2-4 pass Dlx Rdstr	750	2150	3600	7200	12400	18000
5-pass Coach	300	800	1300	2600	4600	6600
2-dr Dlx Coach	300	800	1300	2600	4600	6600
2-pass Cpe	400	1100	1800	3600	6200	9100
2-pass Dlx Cpe	400	1200	1900	3800	6600	9600
5-pass Sdn	300	800	1300	2600	4600	6600
5-pass Dlx Sdn	350	900	1500	2900	5200	7400
5-pass Lan Sdn	550	1500	2500	5000	8700	12300
1927						
Model 30-E, 6-cyl., 40 hp, 110.8" wb						
5-pass Tr	550	1500	2500	5100	8800	12500
5-pass Dlx Tr	600	1600	2800	5600	9700	14000
2-4 pass Dlx Rdstr	600	1600	2800	5600	9700	14000
5-pass Coach	350	900	1500	3000	5300	7600
2-dr Dlx Coach	300	800	1300	2600	4600	6600
2-pass Dlx Cpe	400	1100	1800	3600	6200	9100
2-4 pass Dlx Cpe	400	1200	1900	3800	6600	9600
5-pass Sdn	350	900	1500	3000	5300	7600
5-pass Dlx Sdn	400	1050	1700	3300	5800	8300
5-pass Lan Sdn	450	1250	2150	4300	7400	10700
1928						
Model F-28, 6-cyl., 55 hp, 113.5" wb						
2-pass Cpe	400	1200	1950	3900	6800	9900
2-4 pass Spt Cpe	450	1250	2150	4300	7400	10700
2-4 pass Dlx Cpe	450	1250	2150	4300	7300	10500
2-4 pass Dlx Spt Cpe	500	1300	2250	4500	7700	11000
2-dr 5-pass Sdn	350	900	1500	3000	5300	7600
2-dr 5-pass Dlx Sdn	350	950	1600	3200	5800	7900
4-dr 5-pass Sdn	350	950	1550	3100	5500	7900
4-dr 5-pass Dlx Sdn	350	1000	1600	3200	5700	8100
5-pass Spt Phtn	650	1750	3150	6300	10900	15700
5-pass Spt Dlx Phtn	700	1900	3350	6700	11500	16500

	6	5	4	3	2	1
2-pass Spt Rdstr	650	1700	3000	5900	10200	14700
2-4 pass Dlx Spt Rdstr	650	1750	3150	6300	10900	15700
5-pass Lan	400	1200	1950	3900	6800	9900
5-pass Dlx Lan	450	1250	2150	4300	7400	10700

1929

Model F-29, 6-cyl., 62 hp, 113.5" wb

	6	5	4	3	2	1
5-pass Phtn	750	2250	3750	7500	13000	18700
2-4 pass Spt Rdstr	800	2400	4000	8000	13900	19900
2-4 pass Conv Rdstr	850	2500	4200	8300	14300	20400
3-pass Cpe	450	1250	2200	4400	7600	10900
4-dr 5-pass Sdn	400	1100	1800	3600	6200	9100
2-dr 5-pass Sdn	400	1100	1800	3500	6100	8900
5-pass Lan	400	1150	1850	3700	6400	9300
2-4 pass Spl Spt Rdstr	800	2450	4100	8200	14400	20500
5-pass Spl Phtn	800	2350	3900	7800	13500	19500
2-4-pass Spl Conv Rdstr	800	2500	4200	8400	14800	20900
3-pass Spl Cpe	400	1200	1900	3800	6600	9600
2-dr 5-pass Spl Sdn	350	900	1500	3000	5300	7600
3-5 pass Spl Spt Cpe	450	1250	2100	4200	7200	10500
4-dr 5-pass Spl Sdn	350	1000	1600	3200	5700	8100
5-pass Spl Lan	400	1200	1950	3900	6800	9900
2-4 pass Dlx Spt Rdstr	800	2500	4200	8400	14800	20900
5-pass Dlx Phtn	800	2350	3900	7800	13500	19500
2-4 pass Dlx Conv Rdstr	850	2550	4300	8600	15100	21500
3-pass Dlx Cpe	400	1200	1900	3800	6600	9600
2-dr 5-pass Dlx Sdn	350	1000	1600	3200	5700	8100
3-5 pass Spl Spt Cpe	450	1250	2200	4400	7600	10900
4-dr 5-pass Dlx Sdn	350	1000	1600	3200	5700	8100
5-pass Dlx Lan	450	1250	2150	4300	7400	10700

1930

Model F-30, 6-cyl., 62 hp, 113.5" wb

	6	5	4	3	2	1
5-pass Phtn	850	2650	4500	9000	15900	22500
2-4 pass Conv Rdstr	800	2500	4250	8500	15000	21200
2-pass Cpe	450	1250	2150	4300	7400	10700
2-4 pass Spt Cpe	550	1450	2450	4900	8500	12000
4-dr 5-pass Sdn	750	2150	3600	7200	12400	18000
2-dr 5-pass Sdn	400	1200	1950	3900	6800	9900
5-pass Patrician Sdn	750	2250	3750	7500	13000	18700
5-pass Spl Phtn	900	2750	4650	9300	16400	23100
2-dr 5-pass Spl Sdn	450	1250	2050	4100	7100	10300
2-pass Spl Cpe	500	1300	2250	4500	7700	11000
2-4 pass Spl Spt Cpe	550	1500	2500	5100	8800	12500
2-4 pass Spl Conv Rdstr	850	2650	4450	8900	15700	22300
4-dr 5-pass Spl Sdn	750	2250	3700	7400	12800	18500
5-pass Spl Patrician Sdn	750	2300	3850	7700	13300	19200
5-pass Dlx Phtn	900	2900	4850	9700	17100	24200
2-dr 5-pass Dlx Sdn	450	1250	2150	4300	7400	10700
2-pass Dlx Cpe	500	1350	2350	4700	8100	11500
2-4 pass Dlx Spt Cpe	550	1550	2650	5300	9100	13000
2-4-pass Dlx Conv Rdstr	900	2750	4650	9300	16400	23100
5-pass Dlx Sdn	750	2300	3800	7600	13100	18900
5-pass Dlx Patrician Sdn	800	2350	3950	7900	13700	19700

1931

Model F-31, 6-cyl., 65 hp, 113.5" wb

	6	5	4	3	2	1
4-pass Conv Rdstr	1000	3150	5300	10600	18700	26500
2-pass Bus Cpe	550	1450	2450	4900	8500	12000
4-pass Spt Cpe	550	1550	2650	5300	9100	13000

	6	5	4	3	2	1
4-dr 5-pass Sdn	450	1250	2050	4100	7100	10300
2-dr 5-pass Sdn	450	1250	2050	4100	7100	10300
5-pass Patrician Sdn	500	1350	2350	4700	8100	11500
4-pass Dlx Conv Rdstr	1000	3250	5450	10900	19100	27200
2-pass Dlx Bus Cpe	550	1500	2500	5100	8800	12500
4-pass Dlx Spt Cpe	600	1600	2750	5500	9500	13800
2-dr 5-pass Dlx Sdn	450	1250	2150	4300	7400	10700
4-dr 5-pass Dlx Sdn	450	1250	2150	4300	7400	10700
5-pass Dlx Patrician Sdn	550	1500	2500	5100	8800	12500

1932

F Series, 6-cyl., 74 hp116.5" wb

	6	5	4	3	2	1
2-4 pass Conv Rdstr	1150	3600	6000	12000	21150	30000
2-pass Cpe	700	2050	3500	7000	12100	17400
2-4-pass Spt Cpe	750	2250	3700	7400	12800	18500
4-dr 5-pass Sdn	700	1850	3300	6600	11300	16300
2-dr 5-pass Sdn	650	1750	3100	6200	10700	15400
5-pass Patrician Sdn	700	1900	3400	6800	11700	16900

L Series, 8-cyl., 116.5" wb

	6	5	4	3	2	1
2-4 pass Conv Rdstr	1250	3950	6600	13200	23250	32900
2-pass Cpe	750	2250	3700	7400	12800	18500
2-4 pass Spt Cpe	800	2350	3900	7800	13500	19500
4-dr 5-pass Sdn	700	1900	3400	6800	11700	16900
2-dr 5-pass Sdn	650	1800	3200	6400	11000	15900
5-pass Patrician Sdn	700	2050	3500	7000	12100	17400

1933

F Series, 6-cyl., 80 hp., 115" wb

	6	5	4	3	2	1
4-dr 5-pass Sdn	550	1500	2500	5100	8800	12500
4-dr 5-pass Tr Sdn	550	1550	2600	5200	9000	12800
2-pass Bus Cpe	550	1550	2650	5300	9100	13000
2-4 pass Spt Cpe	650	1700	3000	5900	10200	14700
5-pass Cpe	600	1650	2850	5700	9900	14200
5-pass Tr Cpe	550	1550	2650	5300	9100	13000
2-4 pass Conv Cpe	950	3000	5050	10100	17900	25100

L Series, 8-cyl., 90 hp., 119" wb

	6	5	4	3	2	1
2-pass Bus Cpe	600	1600	2750	5500	9500	13800
2-4 pass Spt Cpe	650	1700	3000	5900	10200	14700
5-pass Sdn	550	1550	2650	5300	9100	13000
5-pass Tr Spl	600	1600	2750	5500	9500	13800
2-dr Sdn	550	1550	2650	5300	9100	13000
4-dr 5-pass Tr Sdn	600	1600	2750	5500	9500	13800
2-4 pass Conv Cpe	1000	300	5350	10700	18900	26700

1934

F Series, 6-cyl., 84 hp., 114" wb

	6	5	4	3	2	1
2-pass Bus Cpe	450	1250	2200	4400	7600	10900
2-4 pass Spt Cpe	500	1350	2300	4600	8000	11300
5-pass Cpe	450	1250	2100	4200	7200	10500
4-dr 5-pass Sdn	400	1200	2000	4000	6900	10000
5-pass Tr Sdn	450	1250	2050	4100	7100	10300

L Series, 8-cyl., 90 hp., 119" wb

	6	5	4	3	2	1
2-pass Bus Cpe	550	1500	2500	5100	8800	12500
2-4 pass Spt Cpe	600	1600	2750	5500	9500	13800
5-pass Cpe	550	1550	2650	5300	9100	13000
5-pass Tr Cpe	500	1350	2350	4700	8100	11500
4-dr 5-pass Sdn	450	1250	2150	4300	7400	10700
5-pass Tr Sdn	450	1250	2200	4400	7600	10900
2-4 pass Conv	1000	300	5350	10700	18900	26700

	6	5	4	3	2	1

1935

F Series, 6-cyl., 90 hp., 115" wb

	6	5	4	3	2	1
5-pass Tr Cpe	400	1200	1900	3800	6600	9600
2-pass Bus Cpe	400	1150	1850	3700	6400	9300
2-4-pass Spt Cpe	400	1200	1950	3900	6800	9900
5-pass Cpe	400	1200	1900	3800	6600	9600
5-pass Sdn	400	1050	1700	3300	5800	8300
5-pass Tr Sdn	400	1050	1700	3400	5900	8500
2-4 pass Conv Cpe	900	2850	4750	9500	16700	23700

L Series, 8-cyl., 100 hp., 121" wb

	6	5	4	3	2	1
Club Cpe	450	1250	2050	4100	7100	10300
2-pass Bus Cpe	400	1200	1950	3900	6800	9900
2-4 pass Spt Cpe	450	1250	2150	4300	7400	10700
5-pass Cpe	400	1100	1800	3500	6100	8900
5-pass Tr Cpe	400	1050	1700	3400	5900	8500
5-pass Sdn	400	1100	1800	3500	6100	8900
5-pass Tr Sdn	400	1100	1800	3600	6200	9100
5-pass Conv Cpe	1000	300	5350	10700	18900	26700

1936

F Series, 6-cyl., 90 hp., 115" wb

	6	5	4	3	2	1
2-pass Bus Cpe	450	1250	2050	4100	7100	10300
2-4 pass Spt Cpe	450	1250	2150	4300	7400	10700
5-pass Cpe	400	1150	1850	3700	6400	9300
5-pass Tr Cpe	400	1100	1800	3600	6200	9100
4-dr 5-pass Sdn	400	1100	1800	3600	6200	9100
5-pass Tr Sdn	400	1150	1850	3700	6400	9300
2-4 pass Conv Cpe	950	3050	5100	10200	18000	25400

L Series, 8-cyl., 100 hp., 121" wb

	6	5	4	3	2	1
2-pass Bus Cpe	400	1200	2000	4000	6900	10000
2-4 pass Spt Cpe	500	1300	2250	4500	7700	11000
5-pass Cpe	450	1250	2050	4100	7100	10300
5-pass TR Cpe	400	1200	1950	3900	6800	9900
4-dr 5-pass Sdn	400	1200	1900	3800	6600	9600
5-pass Tr Sdn	400	1200	2000	4000	6900	10000
2-4 pass Conv Cpe	1050	3350	5600	11200	19700	28000

1937

F Series, 6-cyl., 95 hp., 117" wb

	6	5	4	3	2	1
2-pass Bus Cpe	450	1250	2050	4100	7100	10300
2-4 pass Club Cpe	500	1300	2250	4500	7700	11000
2-dr 5-pass Sdn	450	1250	2150	4300	7400	10700
2-dr 5-pass Tr Sdn	400	1200	1950	3900	6800	9900
4-dr 5-pass Sdn	450	1250	2200	4400	7600	10900
4-dr 5-pass Tr Sdn	400	1200	2000	4000	6900	10000
2-4 pass Conv Cpe	1050	3350	5600	11200	19700	28000

L Series, 8-cyl., 110 hp., 124" wb

	6	5	4	3	2	1
2-4 pass Conv Cpe	1200	3850	6450	12900	22700	32200
2-pass Bus Cpe	500	1300	2250	4500	7700	11000
2-4 pass Club Cpe	450	1250	2200	4400	7600	10900
4-dr 5-pass Sdn	500	1300	2250	4500	7700	11000
2-dr 5-pass Sdn	450	1250	2200	4400	7600	10900
2-dr 5-pass Tr Sdn	450	1250	2100	4200	7200	10500
4-dr 5-pass Tr Sdn	450	1250	2150	4300	7400	10700

1938

F Series, 6-cyl., 95 hp., 117" wb

	6	5	4	3	2	1
2-pass Bus Cpe	450	1250	2050	4100	7100	10300
2-pass Club Cpe	450	1250	2150	4300	7400	10700
4-dr 5-pass Sdn	400	1200	1950	3900	6800	9900

	6	5	4	3	2	1
2-dr 5-pass Sdn	400	1150	1850	3700	6400	9300
2-dr 5-pass Tr Sdn	400	1200	1950	3900	6800	9900
4-dr 5-pass Tr Sdn	400	1200	2000	4000	6900	10000
2-pass Conv Cpe	1150	3650	6100	12200	21500	30500
L Series, 8-cyl., 110 hp., 124' wb						
2-pass Bus Cpe	450	1250	2150	4300	7400	10700
2-pass Club Cpe	500	1300	2250	4500	7700	11000
4-dr 5-pass Sdn	400	1200	2000	4000	6900	10000
2-dr 5-pass Sdn	400	1200	1950	3900	6800	9900
2-dr 5-pass Tr Sdn	450	1250	2050	4100	7100	10300
4-dr 5-pass Tr Sdn	450	1250	2100	4200	7200	10500
2-pass Conv Cpe	1350	4150	6900	13800	24300	34500

1939

Series 60 (F-39), 6-cyl., 90 hp., 115" wb

	6	5	4	3	2	1
2-pass Bus Cpe	400	1200	2000	4000	6900	10000
2-4 pass Club Cpe	500	1300	2250	4500	7700	11000
4-dr 5-pass Sdn	450	1250	2050	4100	7100	10300
2-dr 5-pass Sdn	400	1200	2000	4000	6900	10000
Series 70 (G-39, 6-cyl., 95 hp., 120" wb						
2-4 pass Club Cpe	500	1350	2300	4600	8000	11300
4-dr 5-pass Sdn	450	1250	2100	4200	7200	10500
3-pass Bus Cpe	450	1250	2050	4100	7100	10300
2-dr 5-pass Sdn	450	1250	2050	4100	7100	10300
2-4 pass Conv	1050	3400	5700	11400	20100	28500
Series 80 (L-39), 8-cyl., 110 hp., 120" wb						
2-pass Bus Cpe	500	1300	2250	4500	7700	11000
2-4 pass Club Cpe	500	1350	2350	4700	8100	11500
4-dr 5-pass Sdn	450	1250	2200	4400	7600	10900
2-dr 5-pass Sdn	450	1250	2200	4400	7600	10900
2-pass Conv Cpe	1200	3750	6300	12600	22200	31400

1940

Model 60 (F-40), 6-cyl., 95 hp., 116" wb

	6	5	4	3	2	1
2-pass Bus Cpe	500	1300	2250	4500	7700	11000
2-pass Club Cpe	550	1450	2450	4900	8500	12000
4-dr 5-pass Tr Sdn	450	1250	2100	4200	7200	10500
2-dr 5-pass Tr Sdn	450	1250	2100	4200	7200	10500
Sta Wgn	900	2850	4750	9500	16700	23700
2-pass Conv Cpe	1150	3600	6000	12000	21150	30000
Model 70 (G-40), 6-cyl., 95 hp., 120" wb						
2-pass Bus Cpe	500	1350	2350	4700	8100	11500
2-pass Club Cpe	550	1550	2650	5300	9100	13000
4-dr 5-pass Tr Sdn	500	1300	2250	4500	7700	11000
2-dr 5-pass Tr Sdn	500	1300	2250	4500	7700	11000
2-pass Conv Cpe	1200	3850	6450	12900	22700	32200
Model 90 (L-40), 8-cyl., 110hp., 124" wb						
5-pass Conv Phtn	2000	5900	9950	19900	35000	49700
2-pass Conv Cpe	1900	5600	9450	18900	33200	47200
2-pass Club Cpe	700	1850	3300	6600	11300	16300
4-dr 5-pass Tr Sdn	600	1650	2850	5700	9900	14200

1941

Special Series 66, 6-cyl., 100 hp., 119' wb

	6	5	4	3	2	1
2-pass Conv Cpe	1100	3500	5800	11600	20450	28900
2-pass Bus Cpe	450	1250	2100	4200	7200	10500
2-pass Club Cpe	500	1300	2250	4500	7700	11000
4-dr 5-pass Sdn	450	1250	2050	4100	7100	10300
4-dr 5-pass Twn Sdn	450	1250	2100	4200	7200	10500

	6	5	4	3	2	1
2-dr 5-pass Sdn	450	1250	2050	4100	7100	10300
8-pass Sta Wgn	1200	3850	6450	12900	22700	32200
Special Series 68, 8-cyl., 110 hp., 119" wb						
2-pass Conv Cpe	1150	3600	5950	11900	21000	29700
2-pass Bus Cpe	450	1250	2200	4400	7600	10900
2-pass Club Cpe	500	1350	2350	4700	8100	11500
4-dr 5-pass Sdn	450	1250	2100	4200	7200	10500
5-pass Twn Sdn	450	1250	2150	4300	7400	10700
2-dr 5-pass Sdn	450	1250	2100	4200	7200	10500
8-pass Sta Wgn	1400	4500	7750	14500	24250	35000
Dynamic Cruiser 76, 6-cyl., 100 hp., 125" wb						
2-pass Bus Cpe	550	1450	2450	4900	8500	12000
2-dr 5-pass Club Sdn	500	1350	2300	4600	8000	11300
4-dr 6-pass Dlx Sdn	500	1350	2300	4600	8000	11300
Dynamic Cruiser 78, 8-cyl., 110 hp., 125" wb						
2-pass Bus Cpe	550	1500	2500	5100	8800	12500
2-dr 5-pass Club Sdn	550	1400	2400	4800	8300	11800
4-dr 5-pass Dlx Twn Sdn	550	1450	2450	4900	8500	12000
Custom Cruiser 96, 6-cyl., 100 hp., 125" wb						
2-pass Conv Cpe	1650	4950	8300	16600	29200	41500
2-pass Club Cpe	650	1700	3000	5900	10200	14700
4-dr 5-pass Sdn	550	1500	2500	5100	8800	12500
Custom Cruiser 98, 8-cyl., 110 hp., 125" wb						
5-pass Phtn Conv	2150	6200	10500	21000	36900	52400
2-pass Conv Cpe	2000	5900	9950	19900	35000	49700
2-pass Club Cpe	700	1900	3350	6700	11500	16500
4-dr 5-pass Sdn	650	1700	3000	5900	10200	14700

1942

	6	5	4	3	2	1
Special 66, 6-cyl., 100 hp., 119' wb						
2-pass Bus Cpe	450	1250	2150	4300	7400	10700
2-pass Club Cpe	500	1300	2250	4500	7700	11000
4-dr 5-pass Sdn	450	1250	2050	4100	7100	10300
2-dr 5-pass Club Sdn	450	1250	2150	4300	7400	10700
2-dr 5-pass Sdn	400	1200	2000	4000	6900	10000
4-dr 5-pass Twn Sdn	450	1250	2200	4400	7600	10900
2-pass Conv Cpe	1000	3250	5450	10900	19100	27200
8-pass Sta Wgn	1150	3600	5950	11900	201000	29700
Special 68, 8-cyl., 110 hp., 119" wb						
2-pass Bus Cpe	500	1300	2250	4500	7700	11000
2-pass Club Cpe	500	1350	2350	4700	8100	11500
4-dr 5-pass Sdn	450	1250	2150	4300	7400	10700
2-dr 5-pass Club Sdn	500	1300	2250	4500	7700	11000
2-dr 5-pass Sdn	450	1250	2100	4200	7200	10500
4-dr 5-pass Twn Sdn	500	1350	2300	4600	8000	11300
2-pass Conv Cpe	1050	3400	5650	11300	19900	28200
8-pass Sta Wgn	1150	3650	6150	12300	21700	30700
Dynamic Crusier 76, 6-cyl., 100 hp., 125" wb						
4-dr 5-pass Sdn	500	1350	2300	4600	8000	11300
2-dr 5-pass Club Sdn	550	1400	2400	4800	8300	11800
Dynamic Cruiser 78, 8-cyl., 110 hp., 125" wb						
4-dr 5-pass Sdn	550	1400	2400	4800	8300	11800
2-dr 5-pass Club Sdn	550	1500	2500	5000	8700	12300
Custom Cruiser 98, 8-cyl., 110 hp., 127" wb						
4-dr 5-pass Sdn	600	1600	2800	5600	9700	14000
2-dr 5-pass Club Sdn	600	1650	2850	5700	9900	14200
2-pass Conv	1350	4150	6950	13900	24500	34700

1946-1948

	6	5	4	3	2	1
Series 66, 6-cyl., 100 hp., 119" wb						
5-pass Club Cpe	450	1250	2050	4100	7100	10300

	6	5	4	3	2	1
5-pass Club Sdn	450	1250	2150	4300	7400	10700
4-dr 5-pass Sdn	400	1200	2000	4000	6900	10000
5-pass Conv Cpe	1100	3450	5750	11500	20300	28700
4-dr Sta Wag	1550	4700	7850	15700	27600	39100
Series 68, 8-cyl., 110 hp., 119" wb (Not offered in 1946)						
5-pass Club Cpe	500	1300	2250	4500	7700	11000
5-pass Club Sdn	500	1350	2350	4700	8100	11500
4-dr 5-pass Sdn	450	1250	2200	4400	7600	10900
5-pass Conv Cpe	1150	3600	5950	11900	21000	29700
Sta Wgn	1600	4800	8000	16100	28300	40200
Series 76, 6-cyl., 100 hp., 125" wb						
4-dr 5-pass Club Sdn	450	1250	2200	4400	7600	10900
5-pass Sdn	450	1250	2050	4100	7100	10300
Dlx Club Sdn	500	1350	2300	4600	8000	11300
Dlx Sdn	450	1250	2100	4200	7200	10500
Series 78, 8-cyl., 110 hp., 125' wb						
5-pass Club Sdn	550	1400	2400	4800	8300	11800
Dlx Club Sdn	550	1500	2500	5000	8700	12300
4-dr 5-pass Sdn	500	1300	2250	4500	7700	11000
Dlx Sdn	500	1350	2350	4700	8100	11500
Series 98, 8-cyl., 110 hp., 127" wb						
5-pass Club Sdn	550	1500	2500	5100	8800	12500
4-dr 5-pass Sdn	550	1400	2400	4800	8300	11800
5-pass Conv Cpe	1300	4050	6750	13500	23800	33700

1949

Futuramic 76, 6-cyl., 105 hp., 119.5" wb

	6	5	4	3	2	1
5-pass Club Cpe	500	1350	2350	4700	8100	11500
5-pass Club Sdn	500	1300	2250	4500	7700	11000
4-dr 5-pass Twn Sdn	450	1250	2150	4300	7400	10700
4-dr 5-pass Sdn	450	1250	2050	4100	7100	10300
5-pass Conv Cpe	1150	3600	5950	11900	21000	29700
Dlx Sta Wgn	1250	3950	6550	13100	23100	32700
4-dr 5-pass Dlx Sdn	450	1250	2150	4300	7400	10700
4-dr 5-pass Dlx Twn Sdn	500	1300	2250	4500	7700	11000
5-pass Dlx Club Cpe	550	1450	2450	4900	8500	12000
5-pass Dlx Conv Cpe	1200	3850	6450	12900	22700	32200
Futuramic 88, 8-cyl., 135 hp., 119.5" wb						
5-pass Club Cpe	650	1750	3100	6200	10700	15400
4-dr 5-pass Sdn	550	1550	2650	5300	9100	13000
5-pass Conv Cpe	1450	4450	7450	14900	26200	37200
4-dr 5-pass Twn Sdn	600	1600	2750	5500	9500	13800
5-pass Club Sdn	550	1550	2650	5300	9100	13000
Sta Wgn	1300	4050	6750	13500	23800	33700
4-dr 5-pass Dlx Sdn	600	1650	2850	5700	9900	14200
5-pass Dlx Club Cpe	650	1800	3250	6500	11200	16100
5-pass Dlx Club Sdn	600	1600	2800	5600	9700	14000
Dlx Sta Wgn	1350	4150	6950	13900	24500	34700
Futuramic 98, 8-cyl., 135 hp., 125" wb						
4-dr 5-pass Club Sdn	600	1600	2750	5500	9500	13800
4-dr 5-pass Sdn	600	1650	2850	5700	9900	14200
4-dr 5-pass Dlx Club Sdn	600	1650	2850	5700	9900	14200
4-dr 5-pass Dlx Sdn	650	1700	3000	5900	10200	14700
5-pass Dlx Holiday Hdtp	900	2850	4750	9500	16700	23700
5-pass Dlx Conv	1550	4650	7750	15500	27300	38700

1950

Series 76, 6-cyl., 105 hp., 119.5" wb

	6	5	4	3	2	1
5- pass Club Cpe	650	1750	3150	6300	10900	15700
5-pass Club Sdn	650	1700	3000	6000	10400	14900

	6	5	4	3	2	1
2-dr 5-pass Sdn	450	1250	2100	4200	7200	10500
4-dr 5-pass Sdn	450	1250	2050	4100	7100	10300
5-pass Holiday Hdtp	1000	3100	5250	10500	18600	26200
5-pass Conv Cpe	1400	4350	7250	14500	25500	36200
6-pass Sta Wgn	1550	4650	7750	15500	27300	38700
4-dr 5-pass Dlx Sdn	450	1250	2150	4300	7400	10700
2-dr 5-pass Dlx Sdn	450	1250	2200	4400	7600	10900
5-pass Dlx Club Sdn	650	1750	3100	6200	10700	15400
5-pass Dlx Holiday Hdtp	1050	3300	5500	11000	19300	27500
5-pass Dlx Club Cpe	700	1900	3350	6700	11500	16500
6-pass Dlx Sta Wgn	1600	4750	7950	15900	28000	39700

Series 88, 8-cyl., 135 hp., 119.5" wb

	6	5	4	3	2	1
5-pass Club Cpe	750	2100	3550	7100	12300	17700
5-pass Club Sdn	650	1750	3150	6300	10900	15700
2-dr 5-pass Sdn	600	1650	2850	5700	9900	14200
4-dr 5-pass Sdn	600	1650	2850	5700	9900	14200
5-pass Holiday Hdtp	1150	3600	6000	12000	21150	30000
5-pass Conv Cpe	1800	5300	8950	17900	31500	44700
6-pass Sta Wgn	1350	4150	6950	13900	24500	24700
4-dr 5-pass Dlx Sdn	650	1700	3000	5900	10200	14700
2-dr 5-pass Dlx Sdn	650	1700	3000	5900	10200	14700
5-pass Dlx Club Sdn	650	1800	3250	6500	11200	16100
5-pass Dlx Holiday Hdtp	1150	3700	6200	12400	21850	30900
5-pass Dlx Club Cpe	750	2200	3650	7300	12600	18200
6-pass Dlx Sta Wgn	1400	4350	7250	14500	25500	36200

Series 98, 8-cyl., 135 hp., 122" wb

	6	5	4	3	2	1
5-pass Club Sdn	650	1700	3000	5900	10200	14700
5-pass Town Sdn	600	1600	2750	5500	9500	13800
4-dr 5-pass Sdn	600	1650	2850	5700	9900	14200
5-pass Holiday Hdtp	950	2950	4950	9900	17500	24700
4-dr 5-pass Dlx Sdn	550	1500	2500	5000	8700	12300
5-pass Dlx Twn Sdn	600	1650	2900	5800	10000	14500
5-pass Dlx Club Sdn	650	1750	3100	6200	10700	15400
5-pass Dlx Holiday Hdtp	950	3050	5150	10300	18200	25700
5-pass Dlx Conv	1600	4800	8000	16000	28150	40000

1951

Series 88, 8-cyl., 135 hp., 119.5" wb

	6	5	4	3	2	1
2-dr Sdn	600	1650	2850	5700	9900	14200
4-dr Sdn	600	1650	2850	5700	9900	14200

Series Super 88, 8-cyl., 135 hp., 120" wb

	6	5	4	3	2	1
6-pass Club Cpe	650	1700	3000	5900	10200	14700
2-dr Sdn	550	1500	2500	5100	8800	12500
4-dr Sdn	550	1400	2400	4800	8300	11800
2-dr Holiday Hdtp	850	2650	4450	8900	15700	22300
6-pass Conv	1150	3600	5950	11900	21000	29700

Series 98, 8-cyl., 135 hp., 122" wb

	6	5	4	3	2	1
6-pass Dlx Conv	1200	3850	6450	12900	22700	32200
2-dr Holiday Hdtp	900	2850	4750	9500	16700	23700
4-dr Dlx Holiday Sdn	550	1500	2500	5100	8800	12500
2-dr Dlx Holiday Hdtp	950	2950	4950	9900	17500	24700

1952

Deluxe 88, 8-cyl., 135 hp., 120" wb

	6	5	4	3	2	1
2-dr Sdn	550	1500	2500	5000	8700	12300
4-dr Sdn	500	1350	2350	4700	8100	11500

Super 88, 8-cyl., 160 hp., 120" wb

	6	5	4	3	2	1
5-pass Club Cpe	650	1700	3000	5900	10200	14700
2-dr Sdn	550	1500	2500	5100	8800	12500
4-dr Sdn	550	1400	2400	4800	8300	11800

	6	5	4	3	2	1
2-dr Holiday Hdtp	850	2650	4450	8900	15700	22300
5-pass Conv	1150	3600	5950	11900	21000	29700
Series 98, 8-cyl., 160 hp., 124" wb						
2-dr Holiday Hdtp	900	2850	4750	9500	16700	23700
4-dr Sdn	550	1500	2500	5100	8800	12500
5-pass Conv	1200	3850	6450	12900	22700	32200

1953

Deluxe 88, 8-cyl., 150 hp., 120" wb						
2-dr Sdn	450	1250	2050	4100	7100	10300
4-dr Sdn	450	1250	2100	4200	7200	10500
Super 88, 8-cyl., 165 hp, 120" wb						
2-dr Sdn	450	1250	2150	4300	7400	10700
4-dr Sdn	500	1300	2250	4500	7700	11000
2-dr Holiday Hdtp	900	2890	4700	9400	16500	23400
5-pass Conv	1200	3750	6250	12500	22000	31100
Series 98, 8-cyl., 165 hp., 124" wb						
4-dr Sdn	550	1450	2450	4900	8500	12000
2-dr Holiday Hdtp	950	3000	5050	10100	17900	25100
5-pass Conv	1350	4150	6950	13900	24500	34700
5-pass Fiesta Conv	3000	8900	15000	30000	52700	74900

Factory air cond add 10%

1954

Series 88, 8-cyl., 170 hp., 122" wb						
2-dr Sdn	500	1350	2300	4600	8000	11300
4-dr Sdn	500	1300	2250	4500	7700	11000
2-dr Holiday Hdtp	850	2700	4550	9100	16000	22700
Super 88, 8-cyl., 185 hp., 122" wb						
2-dr Sdn	550	1400	2400	4800	8300	11800
4-dr Sdn	500	1350	2350	4700	8100	11500
2-dr Dlx Holiday Hdtp	950	2950	4950	9900	17500	24700
5-pass Conv	1200	3850	6450	12900	22700	32200
Series 98, 8-cyl., 185 hp., 126" wb						
5-pass Starfire Conv	2000	5900	9950	19900	35000	49700
2-dr Holiday Hdtp	1100	3450	5750	11500	20300	28700
4-dr Dlx Sdn	600	1600	2750	5500	9500	13800

Factory air cond add 10%

1955

Series 88, 8-cyl., 185 hp., 122" wb						
2-dr Sdn	550	1400	2400	4800	8300	11800
4-dr Sdn	500	1350	2350	4700	8100	11500
2-dr Holiday Hdtp	800	2450	4150	8300	14600	20700
4-dr Holiday Hdtp	600	1600	2750	5500	9500	13800
Super 88, 8-cyl., 202 hp., 122" wb						
2-dr Sdn	550	1450	2450	4900	8500	12000
4-dr Sdn	550	1400	2400	4800	8300	11800
2-dr Holiday Hdtp	850	2700	4550	9100	16000	22700
4-dr Holiday Hdtp	600	1650	2900	5800	10000	14500
5-pass Conv	1250	3950	6600	13200	23250	32900
Series 98, 8-cyl., 202 hp., 126" wb						
4-dr Sdn	600	1600	2750	5500	9500	13800
2-dr Holiday Hdtp	1000	3250	5450	10900	19100	27200
4-dr Holiday Hdtp	650	1800	3200	6400	11000	15900
5-pass Starfire Conv	2050	6050	10250	20500	36000	51200

Factory air cond add 10%

	6	5	4	3	2	1
1956						
Series 88, 8-cyl., 230 hp., 122" wb						
2-dr Sdn	550	1500	2500	5100	8800	12500
4-dr Sdn	550	1450	2450	4900	8500	12000
2-dr Holiday Hdtp	850	2700	4450	9100	16000	22700
4-dr Holiday Hdtp	650	1700	3000	6100	10600	15200
Super 88, 8-cyl., 240 hp., 122" wb						
5-pass Conv	1250	3900	6500	13000	22900	32500
2-dr Holiday Hdtp	900	2900	4850	9700	17100	24200
4-dr Holiday Hdtp	700	2000	3450	6900	11900	17200
2-dr Sdn	600	1600	2750	5500	9500	13800
4-dr Sdn	550	1550	2650	5300	9100	13000
Series 98, 8-cyl., 240 hp., 126" wb						
4-dr Sdn	600	1650	2850	5700	9900	14200
2-dr Holiday Hdtp	950	3050	5150	10300	18200	25700
4-dr Holiday Hdtp	750	2100	3550	7100	12300	17700
5-pass Starfire Conv	2050	6050	10250	20500	36000	51200
1957						
Golden Rocket, 88, 8-cyl., 277 hp., 122" wb						
2-dr Sdn	550	1500	2500	5000	8700	12300
4-dr Sdn	550	1450	2450	4900	8500	12000
2-dr Holiday Hdtp	950	2950	4950	9900	17500	24700
4-dr Holiday Hdtp	700	1900	3350	6700	11500	16500
5-pass Conv	1450	4450	7450	14900	26200	37200
4-dr Fiesta Sta Wgn	600	1600	2750	5500	9500	13800
4-dr Hdtp Fiesta Sta Wgn	800	2350	3950	7900	13700	19700
Super 88, 8-cyl., 277 hp., 122" wb						
2-dr Sdn	550	1550	2650	5300	9100	13000
4-dr Sdn	550	1550	2600	5200	9000	12800
2-dr Holiday Hdtp	950	2950	4950	9900	17500	24700
4-dr Holiday Hdtp	700	2000	3450	6900	11900	17200
5-pass Conv	1600	4750	7950	15900	28000	39700
4-dr Hdtp Fiesta Sta Wgn	850	2550	4350	8700	15300	21700
Series 98, 8-cyl., 277 hp., 126" wb						
4-dr Sdn	600	1600	2750	5500	9500	13800
2-dr Holiday Hdtp	950	3050	5150	10300	18200	25700
4-dr Holiday Hdtp	750	2300	3850	7700	13300	19200
5-pass Conv	1750	5200	8750	17500	30800	43700

J-2 3X2-bbl/300 hp V8 add 25%
Factory air cond add 10%

	6	5	4	3	2	1
1958						
Dynamic 88, 8-cyl., 265 hp., 122.5" wb						
2-dr Sdn	500	1300	2250	4500	7700	11000
4-dr Sdn	450	1250	2200	4400	7600	10900
2-dr Holiday Hdtp	850	2550	4300	8600	15100	21500
4-dr Holiday Hdtp	600	1650	2850	5700	9900	14200
2-dr Conv	900	2900	4900	9800	17300	24500
4-dr Fiesta Sta Wgn	550	1500	2500	5100	8800	12500
4-dr Hdtp Fiesta Sta Wgn	650	1800	3250	6500	11200	16100
Super 88, 8-cyl., 305 hp, 122.5" wb						
4-dr Sdn	500	1350	2350	4700	8100	11500
2-dr Holiday Hdtp	950	2950	4950	9900	17500	24700
4-dr Holiday Hdtp	650	1800	3250	6500	11200	16100
2-dr Conv	1150	3600	6000	12100	21300	30200
4-dr Hdtp Fiesta Sta Wgn	800	2350	3900	7800	13500	19500
Series 98, 8-cyl., 305 hp, 126.5" wb						
4-dr Sdn	550	1500	2500	5100	8800	12500
2-dr Holiday Hdtp	900	2750	4650	9300	16400	23100

	6	5	4	3	2	1
4-dr Holiday Hdtp	700	2050	3500	7000	12100	17400
2-dr Conv	1800	5300	8950	17900	31500	44700

J-2 3X2-bbl/312 hp add 20%
Factory air cond add 10%

1959

Dynamic 88, 8-cyl., 270 hp., 123" wb

	6	5	4	3	2	1
2-dr Sdn Cpe	450	1250	2150	4300	7400	10700
4-dr Celebrity Sdn	400	1200	2000	4000	6900	10000
2-dr Scenic Hdtp	800	2350	3950	7900	13700	19700
4-dr Holiday Hdtp	600	1650	2850	5700	9900	14200
2-dr Conv	1000	3250	5450	10900	19100	27200
4-dr Fiesta Sta Wgn	450	1250	2150	4300	7400	10700

Super 88, 8-cyl., 315 hp., 123" wb

	6	5	4	3	2	1
4-dr Celebrity Sdn	450	1250	2150	4300	7400	10700
2-dr Scenic Hdtp	850	2550	4350	8700	15300	21700
4-dr Holiday Hdtp	650	1800	3250	6500	11200	16100
2-dr Conv	1150	3650	6150	12300	21700	30700
4-dr Fiesta Sta Wgn	500	1300	2250	4500	7700	11000

Series 98, 8-cyl., 315 hp., 126.3" wb

	6	5	4	3	2	1
4-dr Celebrity Sdn	450	1250	2150	4300	7400	10700
2-dr Scenic Hdtp	900	2850	4750	9500	16700	23700
4-dr Holiday Hdtp	750	2200	3650	7300	12600	18200
2-dr Conv	1350	4150	6950	13900	24500	34700

1960

Dynamic 88, 8-cyl., 240 hp., 123" wb

	6	5	4	3	2	1
2-dr Sdn	450	1250	2150	4300	7400	10700
4-dr Celebrity Sdn	450	1250	2050	4100	7100	10300
2-dr Scenic Hdtp	750	2200	3650	7300	12600	18200
4-dr Holiday Hdtp	550	1550	2650	5300	9100	13000
2-dr Conv	900	2900	4850	9700	17100	24200
6-pass Fiesta Sta Wgn	450	1250	2100	4200	7200	10500
8-pass Fiesta Sta Wgn	450	1250	2200	4400	7600	10900

Super 88, 8-cyl., 315 hp., 123" wb

	6	5	4	3	2	1
4-dr Celebrity Sdn	450	1250	2050	4100	7100	10300
2-dr Scenic Hdtp	800	2350	3950	7900	13700	19700
4-dr Holiday Hdtp	650	1700	3000	6100	10600	15200
2-dr Conv	1100	3500	5850	11700	20600	29100
6-pass Fiesta Sta Wgn	450	1250	2200	4400	7600	10900
8-pass Fiesta Sta Wgn	500	1350	2300	4600	8000	11300

98, 8-cyl., 315 hp., 126.3" wb

	6	5	4	3	2	1
4-dr Celebrity Sdn	450	1250	2150	4300	7400	10700
2-dr Scenic Hdtp	850	2550	4350	8700	15300	21700
4-dr Holiday Hdtp	650	1800	3250	6500	11200	16100
2-dr Conv	1300	4100	6800	13600	23950	34000

1961

F-85, 8-cyl., 215 hp., 112" wb

	6	5	4	3	2	1
2-dr Club Cpe	300	800	1350	2700	4700	6900
2-dr Cutlass Spt Cpe	350	850	1400	2800	4900	7100
4-dr Sdn	350	900	1500	2900	5200	7400
4-dr Sdn Dlx	350	900	1500	3000	5300	7600
6-pass Sta Wgn	350	900	1500	2900	5200	7400
6-pass Dlx Sta Wgn	350	900	1500	3000	5300	7600
8-pass Sta Wgn	350	950	1550	3100	5500	7900
8-pass Dlx Sta Wgn	350	1000	1600	3200	5700	8100

Dynamic 88, 8-cyl., 250 hp., 123" wb

	6	5	4	3	2	1
2-dr Sdn	350	850	1400	2800	4900	7100
4-dr Sdn	350	900	1500	2900	5200	7400

	6	5	4	3	2	1
2-dr Holiday Hdtp	650	1700	3000	5900	10200	14700
4-dr Holiday Hdtp	450	1250	2150	4300	7400	10700
2-dr Conv	850	2700	4550	9100	16000	22700
4-dr 6-pass Sta Wgn	400	1200	1900	3800	6600	9600
4-dr 8-pass Sta Wgn	400	1200	2000	4000	6900	10000
Super 88, 8-cyl., 325 hp., 123" wb						
4-dr Sdn	350	950	1550	3100	5500	7900
2-dr Holiday Hdtp	700	1900	3350	6700	11500	16500
4-dr Holiday Hdtp	500	1350	2350	4700	8100	11500
2-dr Conv	1000	3100	5200	10400	18400	26000
2-dr Starfire Conv (330 hp)	1200	3700	6250	12500	22100	31200
4-dr 6-pass Sta Wgn	400	1200	2000	4000	6900	10000
4-dr 8-pass Sta Wgn	450	1250	2100	4200	7200	10500
Series 98, 8-cyl., 325 hp. 126" wb						
4-dr Twn Sdn	450	1250	2050	4100	7100	10300
4-dr Spt Hdtp Sdn	450	1250	2100	4200	7200	10500
2-dr Holiday Hdtp	750	2200	3650	7300	12600	18200
4-dr Holiday Hdtp	550	1500	2500	5100	8800	12500
2-dr Conv	1050	3300	5500	11100	19500	27700

1962

	6	5	4	3	2	1
F-85, 8-cyl., 155 hp., 112" wb						
2-dr Club Cpe	350	950	1550	3100	5500	7900
2-dr Dlx Cpe	350	900	1500	3000	5300	7600
2-dr Cutlass Cpe (185 hp)	400	1100	1800	3600	6250	9100
2-dr Jetfire Cpe (215 hp)	550	1500	2500	5100	8800	12500
4-dr Sdn	300	800	1350	2700	4700	6900
4-dr Dlx Sdn	350	850	1400	2800	4900	7100
2-dr Spt Conv	500	1350	2300	4600	8000	11300
2-dr Dlx Conv	550	1400	2400	4800	8300	11800
6-pass Sta Wgn	300	800	1350	2700	4700	6900
8-pass Sta Wgn	350	900	1500	2900	5200	7400
6-pass Dlx Sta Wgn	350	850	1400	2800	4900	7100
Dynamic 88, 8-cyl., 280 hp., 123" wb						
4-dr Celebrity Sdn	350	900	1500	2900	5200	7400
4-dr Holiday Hdtp	450	1250	2150	4300	7400	10700
2-dr Holiday Hdtp	650	1750	3150	6300	10900	15700
2-dr Conv	850	2700	4550	9100	16000	22700
4-dr 6-pass Fiesta Sta Wgn	400	1150	1850	3700	6400	9300
4-dr 9-pass Fiesta Sta Wgn	400	1200	1950	3900	6800	9900
Super 88, 8-cyl., 330 hp., 123" wb						
4-dr Celebrity Sdn	350	950	1550	3100	5500	7900
4-dr Holiday Hdtp	500	1350	2350	4700	8100	11500
2-dr Holiday Hdtp	700	1900	3350	6700	11500	16500
4-dr 6-pass Sta Wgn	450	1250	2050	4100	7100	10300
Starfire, 8-cyl., 345 hp, 123" wb						
2-dr Hdtp	850	2700	4550	9100	16000	22700
2-dr Conv	1350	4200	7000	14000	24650	34900
Series 98, 8-cyl., 345 hp., 126" wb						
4-dr Twn Sdn	400	1150	1850	3700	6400	9300
4-dr Spt Hdtp Sdn	400	1200	1950	3900	6800	9900
2-dr Holiday Hdtp	750	2250	3750	7500	13000	18700
4-dr Holiday Hdtp	600	1600	2700	5400	9300	13500
2-dr Conv	950	3000	5050	10100	17900	25100

1963

	6	5	4	3	2	1
F-85, 8-cyl., 155 hp., 112" wb						
2-dr Cpe	350	950	1550	3100	5500	7900
2-dr Cutlass Cpe (185 hp)	400	1050	1700	3400	5900	8500
2-dr Jetfire Hdtp (215 hp)	550	1500	2500	5100	8800	12500

	6	5	4	3	2	1
2-dr Cutlass Conv (195 hp)	650	1700	3000	6100	10600	15200
4-dr Sdn	300	800	1350	2700	4700	6900
4-dr Dlx Sdn	350	850	1400	2800	4900	7100
4-dr 6-pass Sta Wgn	350	900	1500	3000	5300	7600
4-dr 6-pass Dlx Sta Wgn	350	950	1550	3100	5500	7900
Dynamic 88, 8-cyl., 280 hp., 123" wb						
4-dr Celebrity Sdn	400	1050	1700	3300	5800	8300
2-dr Holiday Hdtp	650	1700	3000	5900	10200	14700
4-dr Holiday Hdtp	450	1250	2050	4100	7100	10300
2-dr Conv	800	2350	3950	7900	13700	19700
4-dr 6-pass Sta Wgn	400	1100	1800	3600	6200	9100
4-dr 8-pass Sta Wgn	400	1200	1900	3800	6600	9600
Super 88, 8-cyl., 330 hp., 123" wb						
4-dr Celebrity Sdn	400	1100	1800	3500	6100	8900
2-dr Holiday Hdtp	650	1750	3150	6300	10900	15700
4-dr Holiday Hdtp	500	1350	2350	4700	8100	11500
4-dr 6-pass Fiesta Sta Wgn	400	1200	2000	4000	6900	10000
Starfire, 8-cyl., 345 hp., 123" wb						
2-dr Holiday Hdtp	800	2350	3950	7900	13700	19700
2-dr Conv	1150	3650	6100	12200	21500	30500
Series 98, 8-cyl., 330 hp., 126" wb						
4-dr Twn Sdn	400	1100	1800	3500	6100	8900
4-dr Luxury Sdn	500	1350	2350	4700	8100	11500
2-dr Holiday Hdtp	700	1900	3350	6700	11500	16500
4-dr Spt Hdtp	550	1500	2500	5100	8800	12500
2-dr Custom Spt Hdtp	700	2000	3450	6900	11900	17200
2-dr Conv	1000	3100	5250	10500	18600	26200

1964

	6	5	4	3	2	1
F-85, 6-cyl./8-cyl., 155/230 hp., 115" wb						
2-dr Club Cpe	350	950	1550	3100	5500	7900
2-dr Dlx Spt Cpe	350	1000	1600	3200	5700	8100
4-dr Sdn	350	900	1500	2900	5200	7400
4-dr Dxl Sdn	350	900	1500	3000	5300	7600
4-dr 6-pass Sta Wgn	350	900	1500	2900	5200	7400
4-dr 6-pass Dlx Sta Wgn	350	900	1500	3000	5300	7600
Cutlass, 8-cyl., 290 hp., 115" wb						
2-dr Spt Cpe	400	1050	1700	3300	5800	8300
2-dr Holiday Hdtp	550	1450	2450	4900	8500	12000
2-dr Conv	750	2100	3550	7100	12300	17700
Vista Cruiser, 8-cyl., 230 hp., 120" wb						
4-dr 6-pass Sta Wgn	350	900	1500	3000	5300	7600
4-dr 9-pass Sta Wgn	350	1000	1600	3200	5700	8100
4-dr 6-pass Cus Sta Wgn	350	950	1550	3100	5500	7900
4-dr 9-pass Cus Sta Wgn	400	1050	1700	3300	5800	8300
Jetstar 88, 8-cyl., 245 hp., 123" wb						
4-dr Celebrity Sdn	350	950	1550	3100	5500	7900
2-dr Holiday Hdtp	500	1300	2250	4500	7700	11000
4-dr Holiday Hdtp	400	1150	1850	3700	6400	9300
2-dr Conv	800	2350	3950	7900	13700	19700
Jetstar I, 8-cyl., 345 hp., 123" wb						
2-dr Spt Cpe	650	1750	3150	6300	10900	15700
Dynamic 88, 8-cyl., 280 hp., 123" wb						
4-dr Celebrity Sdn	400	1050	1700	3300	5800	8300
2-dr Holiday Hdtp	650	1700	3000	5900	10200	14700
4-dr Holiday Hdtp	400	1200	1950	3900	6800	9900
2-dr Conv	850	2550	4350	8700	15300	21700
4-dr 6-pass Sta Wgn	400	1200	1900	3800	6600	9600
4-dr 9-pass Sta Wgn	400	1200	2000	4000	6900	10000

	6	5	4	3	2	1
Super 88, 8-cyl., 330 hp., 123" wb						
4-dr Celebrity Sdn	400	1100	1800	3500	6100	8900
4-dr Holiday Hdtp	450	1250	2150	4300	7400	10700
Starfire, 8-cyl., 345 hp., 123" wb						
2-dr Cpe	750	2250	3750	7500	13000	18700
2-dr Conv	1150	3600	5950	11900	21000	29700
Series 98, 8-cyl., 330 hp., 126" wb						
2-dr Custom Spt Cpe	700	1900	3350	6700	11500	16500
4-dr Twn Sdn	400	1150	1850	3700	6400	9300
4-dr Luxury Sdn	500	1350	2350	4700	8100	11500
4-dr Spt Sdn	550	1450	2450	4900	8500	12000
2-dr Spt Hdtp	700	1900	3350	6700	11500	16500
2-dr Conv	1000	3200	5350	10700	18900	26700

1965

	6	5	4	3	2	1
F-85 Series, 6-cyl./8-cyl., 155/250 hp., 115" wb						
2-dr Club Cpe	350	850	1400	2800	4900	7100
4-dr Sdn	300	750	1250	2500	4400	6200
2-dr Spt Cpe	350	900	1500	2900	5200	7400
2-dr Dlx Spt Cpe	350	900	1500	3000	5300	7600
4-dr Dlx Sdn	300	800	1300	2600	4600	6600
6-pass Sta Wgn	300	750	1250	2500	4400	6200
6-pass Dlx Wgn	300	800	1350	2700	4700	6900
Cutlass, 8-cyl., 315 hp., 115" wb						
2-dr Spt Cpe	400	1100	1800	3500	6100	8900
2-dr Holiday Hdtp	450	1250	2050	4100	7100	10300
2-dr Conv	650	1800	3250	6500	11200	16100

4-4-2 Performance pkg add 25%

	6	5	4	3	2	1
Vista Cruiser, 8-cyl., 250 hp., 120" wb						
6-pass Sta Wgn	350	850	1400	2800	4900	7100
9-pass Sta Wgn	350	900	1500	3000	5300	7600
6-pass Custom Sta Wgn	350	900	1500	2900	5200	7400
9-pass Custom Sta Wgn	350	950	1550	3100	5500	7900
Jetstar 88, 8-cyl., 260 hp., 123" wb						
4-dr Celebrity Sdn	350	900	1500	2900	5200	7400
2-dr Holiday Hdtp	500	1300	2250	4500	7700	11000
4-dr Holiday Hdtp	400	1100	1800	3600	6200	9100
2-dr Conv	650	1800	3250	6500	11200	16100
Jetstar I, 8-cyl., 370 hp., 123" wb						
2-dr Spt Cpe	550	1550	2650	5300	9100	13000
Dynamic 88, 8-cyl., 310 hp., 123" wb						
4-dr Celebrity Sdn	350	950	1550	3100	5500	7900
2-dr Holiday Hdtp	500	1300	2250	4500	7700	11000
4-dr Holiday Hdtp	400	1200	1950	3900	6800	9900
2-dr Conv	750	2100	3550	7100	12300	17700
Delta 88, 8-cyl., 310 hp., 123" wb						
4-dr Celebrity Sdn	400	1050	1700	3300	5800	8300
4-dr Holiday Hdtp	400	1200	1950	3900	6800	9900
2-dr Holiday Hdtp	550	1450	2450	4900	8500	12000
Starfire, 8-cyl., 370 hp., 123" wb						
2-dr Spt Cpe	700	1900	3350	6700	11500	16500
2-dr Conv	1000	3250	5450	10900	19100	27200
Series 98, 8-cyl., 360 hp., 126" wb						
2-dr Spt Cpe	550	1450	2450	4900	8500	12000
4-dr Twn Sdn	400	1050	1700	3300	5800	8300
4-dr Luxury Sdn	400	1100	1800	3500	6100	8900
4-dr Holiday Hdtp	400	1150	1850	3700	6400	9300
2-dr Conv	700	2300	3800	7600	13100	18900

425-370 hp V8 option add 10%
4-speed add 10%

	6	5	4	3	2	1

1966

F-85, Standard, 6-cyl/8-cyl., 155/250 hp., 115" wb

	6	5	4	3	2	1
2-dr Club Cpe	350	850	1400	2800	4900	7100
4-dr Sdn	300	750	1250	2500	4400	6200
4-dr Dlx Sdn	300	800	1300	2600	4600	6600
4-dr Dlx Holiday Hdtp	300	800	1350	2700	4700	6900
2-dr Dlx Holiday Hdtp	400	1050	1700	3300	5800	8300
4-dr Sta Wgn	350	850	1400	2800	4900	7100
4-dr Dlx Sta Wgn	350	900	1500	2900	5200	7400
V-8 add 10%						

Cutlass, 8-cyl., 320 hp., 115" wb

	6	5	4	3	2	1
4-dr Celebrity Sdn	350	850	1400	2800	4900	7100
2-dr Spt Cpe	350	950	1550	3100	5500	7900
2-dr Holiday Hdtp	450	1250	2150	4300	7400	10700
4-dr Supreme Hdtp	400	1050	1700	3300	5800	8300
2-dr Conv	700	2000	3450	6900	11900	17200

4-4-2 performance pkg add 25%   W-30 400 V8 add 40%
4-speed add 10%

Vista Cruiser, 8-cyl., 320 hp., 120" wb

	6	5	4	3	2	1
4-dr 6-pass Sta Wgn	350	900	1500	2900	5200	7400
4-dr 8-pass Sta Wgn	350	950	1550	3100	5500	7900
4-dr 6-pass Cus Sta Wgn	350	950	1550	3100	5500	7900
4-dr 8-pass Cus Sta Wgn	400	1050	1700	3300	5800	8300

Jetstar 88, 8-cyl., 260 hp., 123" wb

	6	5	4	3	2	1
4-dr Celebrity Sdn	350	900	1500	2900	5200	7400
2-dr Hdtp	450	1250	2050	4100	7100	10300
4-dr Hdtp	350	950	1550	3100	5500	7900

Dynamic 88, 8-cyl., 310 hp., 123" wb

	6	5	4	3	2	1
4-dr Celebrity Sdn	350	900	1500	3000	5300	7600
2-dr Hdtp	450	1250	2150	4300	7400	10700
4-dr Hdtp	350	1000	1600	3200	5700	8100
2-dr Conv	650	1800	3250	6500	11200	16100

Delta 88, 8-cyl., 310 hp., 123" wb

	6	5	4	3	2	1
4-dr Celebrity Sdn	350	950	1550	3100	5500	7900
2-dr Hdtp	500	1300	2250	4500	7700	11000
4-dr Hdtp	400	1050	1700	3300	5800	8300
2-dr Conv	650	1800	3250	6500	11200	16100

Starfire, 8-cyl., 375 hp., 123" wb

	6	5	4	3	2	1
2-dr Hdtp	600	1650	2850	5700	9900	14200

Series 98, 8-cyl., 365 hp., 126" wb

	6	5	4	3	2	1
4-dr Twn Sdn	350	950	1550	3100	5500	7900
4-dr Luxury Sdn	350	1000	1600	3200	5700	8100
2-dr Hdtp	550	1450	2450	4900	8500	12000
4-dr Hdtp	400	1050	1700	3400	5900	8500
2-dr Conv	750	2200	3650	7300	12600	18200

Toronado, FWD, 8-cyl., 385 hp., 119" wb

	6	5	4	3	2	1
2-dr Spt Cpe	500	1300	2250	4500	7700	11000
2-dr Custom Spt Cpe	550	1450	2450	4900	8500	12000

425-375 hp option add 10%

1967

F-85, 6-cyl./8-cyl., 155/250 hp., 115" wb

	6	5	4	3	2	1
2-dr Club Cpe	350	850	1400	2800	4900	7100
4-dr Sdn	300	800	1300	2600	4600	6600
6-pass Sta Wgn	300	800	1350	2700	4700	6900
V-8 add 10%						

Cutlass, 6-cyl./8-cyl., 155/250 15" wb

	6	5	4	3	2	1
2-dr Holiday Hdtp	400	1150	1850	3700	6400	9300
4-dr Holiday Hdtp	300	800	1350	2700	4700	6900
4-dr Town Sdn	300	800	1300	2600	4600	6600

	6	5	4	3	2	1
2-dr Conv	700	2000	3450	6900	11900	17200
6-pass Sta Wgn	350	850	1400	2800	4900	7100

Base V8 add 10%

Cutlass-Supreme, 8-cyl., 320 hp., 115" wb

	6	5	4	3	2	1
2-dr Club Cpe	350	1000	1600	3200	5700	8100
4-dr Twn Sdn	350	900	1500	3000	5300	7600
2-dr Holiday Hdtp	550	1500	2500	5100	8800	12500
4-dr Holiday Hdtp	350	950	1550	3100	5500	7900
2-dr Conv	800	2500	4250	8500	15000	21200

4-4-2 Perf. Pkg add 10%   4-speed add 10%

Vista Cruiser, 8-cyl., 320 hp., 120" wb

	6	5	4	3	2	1
4-dr 9-pass Sta Wgn	350	950	1550	3100	5500	7900
4-dr 6-pass Custom Sta Wgn	350	1000	1600	3200	5700	8100
4-dr 9-pass Custom Sta Wgn	400	1050	1700	3400	5900	8500

Delmont 88, 8-cyl., 320 hp., 123" wb

	6	5	4	3	2	1
4-dr Twn Sdn	300	750	1250	2500	4400	6200
2-dr Holiday Hdtp	400	1100	1800	3500	6100	8900
4-dr Holiday Hdtp	300	800	1350	2700	4700	6900
2-dr Conv (425/310 hp)	650	1700	3000	6100	10600	15200

Optional 425 V8 add 10%   Police pkg add 10%

Delta 88, 8-cyl., 320 hp., 123" wb (Custom models 425 V8/365hp)

	6	5	4	3	2	1
4-dr Twn Sdn	350	950	1550	3100	5500	7900
2-dr Holiday Hdtp	450	1250	2050	4100	7100	10300
2-dr Cus Holiday Hdtp	450	1250	2150	4300	7400	10700
4-dr Holiday Hdtp	400	1050	1700	3300	5800	8300
4-dr Cus Holiday Hdtp	400	1050	1700	3300	5800	8300
2-dr Conv	750	2250	3750	7500	13000	18700

Series 98, 8-cyl., 375 hp., 126" wb

	6	5	4	3	2	1
4-dr Twn Sdn	350	950	1550	3100	5500	7900
4-dr Luxury Sdn	350	1000	1600	3200	5700	8100
2-dr Holiday Hdtp	450	1250	2150	4300	7400	10700
4-dr Holiday Hdtp	400	1050	1700	3400	5900	8500
2-dr Conv	750	2300	3850	7700	13300	19200

Toronado, 8-cyl., 385 hp., 119" wb

	6	5	4	3	2	1
2-dr Hdtp Cpe	450	1250	2150	4300	7400	10700
2-dr Dlx Hdtp Cpe	500	1350	2350	4700	8100	11500

1968

F-85, 6-cyl./8-cyl., 155/250 hp., 2-dr 112" wb/4-dr 116" wb

	6	5	4	3	2	1
2-dr Club Cpe	300	800	1300	2600	4600	6600
4-dr Twn Sdn	300	750	1250	2500	4400	6200
V8 add 10%						

Cutlass, 6-cyl./8-cyl., 155/250 hp., 2-dr 112" wb/4-dr 116" wb

	6	5	4	3	2	1
2-dr S Spt Cpe	350	950	1550	3100	5500	7900
2-dr S Hdtp	400	1150	1850	3700	6400	9300
4-dr Holiday Hdtp	300	750	1250	2500	4400	6200
4-dr Twn Sdn	300	700	1200	2400	4100	5900
2-dr S Conv	700	2000	3450	6900	11900	17200
4-dr 6-pass Sta Wgn	300	750	1250	2500	4400	6200
V8 add 10%						

Cutlass Supreme, 8-cyl., 310 hp., 116" wb, 2-dr 112" wb

	6	5	4	3	2	1
2-dr Cpe	500	1300	2250	4500	7700	11000
4-dr Hdtp	350	900	1500	2900	5200	7400
4-dr Twn Sdn	350	850	1400	2800	4900	7100

4-4-2, 8-cyl., 325 hp., 112" wb

	6	5	4	3	2	1
2-dr Spt Cpe	550	1500	2500	5100	8800	12500
2-dr Hdtp	650	1800	3250	6500	11200	16100
2-dr Conv	1000	3100	5200	10400	18400	26000

W-30 V8 add 30%   Hurst pkg add 20%

Vista Cruiser, 8-cyl., 310 hp., 121" wb

	6	5	4	3	2	1
4-dr 6-pass Sta Wgn	350	850	1400	2800	4900	7100

	6	5	4	3	2	1
4-dr 9-pass Sta Wgn	350	900	1500	3000	5300	7600
Delmont 88, 8-cyl., 250 hp., 123" wb						
4-dr Twn Sdn	300	800	1350	2700	4700	6900
2-dr Hdtp	400	1150	1850	3700	6400	9300
4-dr Hdtp	300	800	1300	2600	4600	6600
2-dr Conv	650	1800	3250	6500	11200	16100
Delta 88, 8-cyl., 310 hp., 123" wb						
4-dr Twn Sdn	350	850	1400	2800	4900	7100
2-dr Hdtp	400	1200	1950	3900	6800	9900
2-dr Cus Hdtp	400	1200	1950	3900	6800	9900
4-dr Hdtp	350	900	1500	2900	5200	7400
4-dr Cus Hdtp	350	950	1550	3100	5500	7900
Series 98, 8-cyl., 365 hp., 126" wb						
4-dr Twn Sdn	350	900	1500	2900	5200	7400
4-dr Lux Sdn	350	900	1500	3000	5300	7600
2-dr Hdtp	450	1250	2150	4300	7400	10700
4-dr Hdtp	400	1050	1700	3300	5800	8300
2-dr Conv	650	1800	3250	6500	11200	16100
Toronado, 8-cyl., 375 hp., 119" wb						
2-dr Cpe	450	1250	2050	4100	7100	10300
2-dr Dlx Hdtp Cpe	500	1350	2350	4700	8100	11500
			455 V8 365-400 hp add 15%			

1969

	6	5	4	3	2	1
F-85, 6-cyl./8-cyl., 155/250 hp., 112" wb						
2-dr Spt Cpe	300	700	1200	2400	4100	5900
V8 add 10%						
Cutlass, 6-cyl./8-cyl., 155/250 hp, 2-dr 112" wb/4-dr 116" wb.						
2-dr 'S' Spt Cpe	350	850	1400	2800	4900	7100
2-dr 'S' Hdtp	400	1150	1850	3700	6400	9300
4-dr Hdtp	300	650	1150	2300	3900	5700
4-dr Twn Sdn	300	650	1100	2200	3800	5400
2-dr 'S' Conv	650	1800	3200	6400	11000	15900
4-dr Sta Wgn	300	650	1100	2200	3800	5400
Base V8 add 10%						
Cutlass Supreme, 8-cyl., 116" wb, 2-dr 112" wb						
4-dr Twn Sdn	300	800	1350	2700	4700	6900
4-dr Hdtp	350	900	1500	2900	5200	7400
2-dr Hdtp	650	1700	3000	5900	10200	14700
4-4-2, 8-cyl., 325 hp., 112" wb						
2-dr Spt Cpe	550	1550	2650	5300	9100	13000
2-dr Hdtp	700	1900	3350	6700	11500	16500
2-dr Conv	1000	3100	5200	10400	18400	26000
		W-30 V8 add 20%			*Hurst/Olds pkg add 20%*	
Vista Cruiser, 8-cyl., 250 hp., 121" wb						
6-pass Sta Wgn	300	800	1350	2700	4700	6900
9-pass Sta Wgn	350	900	1500	2900	5200	7400
Delta 88, 8-cyl., 250 hp., 124" wb						
4-dr Twn Sdn	350	900	1500	2900	5200	7400
2-dr Hdtp	400	1200	1950	3900	6800	9900
4-dr Hdtp	350	900	1500	3000	5300	7600
2-dr Conv	650	1750	3150	6300	10900	15700
Delta 88 Custom, 8-cyl., 310 hp., 124" wb						
4-dr Twn Sdn	350	850	1400	2800	4900	7100
2-dr Hdtp	450	1250	2050	4100	7100	10300
2-dr Royale Hdtp	450	1250	2150	4300	7400	10700
4-dr Hdtp	350	1000	1600	3200	5700	8100
Series 98, 8-cyl., 365 hp., 127" wb						
4-dr Twn Sdn	350	950	1550	3100	5500	7900
4-dr Lux Sdn	350	1000	1600	3200	5700	8100
4-dr Lux Hdtp	400	1100	1800	3600	6200	9100

	6	5	4	3	2	1
2-dr Hdtp	500	1300	2250	4500	7700	11000
4-dr Hdtp	400	1100	1800	3600	6200	9100
2-dr Conv	650	1700	3000	5900	10200	14700
Toronado, 8-cyl., 375 hp 119" wb						
2-dr Cpe	450	1250	2050	4100	7100	10300
2-dr Dlx Hdtp Cpe	500	1350	2350	4700	8100	11500

455 V8/400 hp add 10%

1970

F-85, 6-cyl./8-cyl., 155/250 hp, 2-dr 112" wb.

	6	5	4	3	2	1
2-dr Spt Cpe	300	700	1200	2400	4100	5900

V8 add 10%

Cutlass, 6-cyl./8-cyl., 155/250 hp, 2-dr 112" wb/4-dr 116" wb.

2-dr 'S' Spt Cpe	300	800	1300	2600	4600	6600
4-dr Twn Sdn	300	700	1200	2400	4100	5900
2-dr 'S'Hdtp	500	1350	2300	4600	8000	11300
4-dr Holiday Hdtp	300	800	1300	2600	4600	6600
4-dr Sta Wgn	300	750	1250	2500	4400	6200

V-8 add 10%

Cutlass-Supreme, 8-cyl., 250 hp., 116" wb, 2-dr 112" wb

4-dr Holiday Hdtp	350	900	1500	2900	5200	7400
2-dr Holiday Hdtp	600	1650	2850	5700	9900	14200
2-dr Conv	750	2300	3850	7700	13300	19200

"SX" pkg add 20%

4-4-2, 8-cyl., 365 hp., 112" wb

2-dr Spt Cpe	650	1800	3250	6500	11200	16100
2-dr Holiday Hdtp	800	2400	4050	8100	14200	20200
2-dr Conv	1050	3300	5500	11100	19500	27700

Indy 500 Pace car pkg add 25%
W-30 pkg add 25%

Vista Cruiser, 8-cyl., 250 hp., 121" wb

6-pass Sta Wgn	300	800	1350	2700	4700	6900
9-pass Sta Wgn	350	900	1500	2900	5200	7400

Delta 88, 8-cyl., 250 hp., 124" wb

4-dr Twn Sdn	300	800	1300	2600	4600	6600
2-dr Hdtp	400	1100	1800	3500	6100	8900
4-dr Hdtp	300	800	1350	2700	4700	6900
2-dr Conv	600	1650	2850	5700	9900	14200

Delta 88 Custom, 8-cyl., 310 hp., 124" wb

4-dr Twn Sdn	300	800	1350	2700	4700	6900
2-dr Hdtp	400	1150	1850	3700	6400	9300
2-dr Royale Hdtp	400	1200	2000	4000	6900	10000
4-dr Hdtp	350	850	1400	2800	4900	7100

Series 98, 8-cyl., 365 hp., 127" wb

4-dr Twn Sdn	350	850	1400	2800	4900	7100
4-dr Lux Sdn	350	900	1500	2900	5200	7400
4-dr Lux Hdtp	350	900	1500	3000	5300	7600
2-dr Hdtp	450	1250	2150	4300	7400	10700
4-dr Hdtp	350	900	1500	2900	5200	7400
2-dr Conv	650	1700	3000	5900	10200	14700

Toronado, 8-cyl., 275 hp., 119" wb

2-dr Hdtp Cpe	400	1100	1800	3600	6200	9100
2-dr Custom Hdtp Cpe	400	1200	1900	3800	6600	9600

455 V8-375 hp add 10%

1971

F-85, 6-cyl., 145 hp., 116" wb

4-dr Twn Sdn	300	650	1100	2100	3600	5100

Cutlass, 6-cyl./8-cyl., 2-dr 112" wb/4-dr 116" wb

2-dr 'S' Spt Cpe	350	900	1500	3000	5300	7600

	6	5	4	3	2	1
4-dr Twn Sdn	300	650	1100	2100	3600	5100
2-dr Hdtp	400	1200	1950	3900	6800	9900
2-dr 'S' Hdtp	450	1250	2150	4300	7400	10700
4-dr Sta Wgn	300	650	1100	2200	3800	5400
Cutlass Supreme, 8-cyl., 240 hp., 2-dr 112" wb/4-dr 116" wb						
2-dr Hdtp	550	1500	2500	5000	8700	12300
4-dr Hdtp	300	750	1250	2500	4400	6200
2-dr Conv	750	2250	3750	7500	13000	18700
			"SX" pkg add 10%			
4-4-2, 8-cyl., 340 hp., 112" wb						
2-dr Hdtp	750	2250	3750	7500	13000	18700
2-dr Conv	950	2950	4950	9900	17500	24700
			W-30 V8 pkg add 20%			
Vista Cruiser, 8-cyl., 240 hp., 121" wb						
4-dr 6-pass Sta Wgn	300	650	1100	2200	3800	5400
4-dr 9-pass Sta Wgn	300	700	1200	2400	4100	5900
Delta 88, 8-cyl., 240 hp., 124" wb						
4-dr Twn Sdn	300	600	950	1900	3200	4600
2-dr Hdtp	350	900	1500	2900	5200	7400
4-dr Hdtp	300	650	1100	2200	3800	5400
Delta 88 Custom, 280 hp., 8-cyl., 124" wb						
4-dr Sdn	300	650	1100	2200	3800	5400
2-dr Hdtp	350	950	1550	3100	5500	7900
2-dr Royale Hdtp	400	1050	1700	3400	5900	8500
4-dr Hdtp	300	700	1200	2400	4100	5900
2-dr Royale Conv	500	1350	2350	4700	8100	11500
Custom Cruiser, 8-cyl., 280 hp., 127" wb						
4-dr 6-pass Sta Wgn	300	750	1250	2500	4400	6200
4-dr 9-pass Sta Wgn	300	800	1350	2700	4700	6900
Series 98, 8-cyl., 320 hp., 127" wb						
2-dr Hdtp	400	1200	1950	3900	6800	9900
4-dr Hdtp	300	650	1150	2300	3900	5700
2-dr Lux Cpe	400	1150	1850	3700	6400	9300
4-dr Lux Sdn	300	700	1200	2400	4100	5900
Toronado, 122" wb						
2-dr Cpe	400	1100	1800	3500	6100	8900
2-dr Custom Hdtp Cpe	400	1200	1900	3800	6500	9400
			455 V8 add 20%			

1972

	6	5	4	3	2	1
F-85, 8-cyl., 160 hp., 116" wb						
4-dr Twn Sdn	300	650	1000	2000	3500	4900
Cutlass, 8-cyl., 180 hp., 2-dr 112" wb/4-dr 116" wb						
2-dr Cpe	400	1050	1700	3400	5900	8500
2-dr 'S' Spt Cpe	350	900	1500	3000	5300	7600
4-dr Twn Sdn	300	650	1100	2100	3600	5100
2-dr 'S' Hdtp	450	1250	2050	4100	7100	10300
4-dr Sta Wgn	300	650	1100	2200	3800	5400
Cutlass Supreme, 8-cyl., 180 hp., 2-dr 112" wb/4-dr 116" wb						
2-dr Hdtp	550	1450	2450	4900	8500	12000
4-dr Hdtp	300	750	1250	2500	4400	6200
2-dr Conv	750	2250	3750	7500	13000	18700
			Indy 500 Pace car ed add 25%			
			4-4-2 pkg add 10%			
Vista Cruiser, 8-cyl., 180 hp., 121" wb						
4-dr 6-pass Sta Wgn	300	650	1100	2200	3800	5400
4-dr 9-pass Sta Wgn	300	700	1200	2400	4100	5900
Delta 88, 8-cyl., 160 hp., 124" wb						
2-dr Hdtp Cpe	400	1050	1700	3300	5800	8300
2-dr Royale Hdtp Cpe	400	1100	1800	3500	6100	8900

	6	5	4	3	2	1
4-dr Twn Sdn	300	600	950	1900	3200	4600
4-dr Royale Twn Sdn	300	650	1000	2000	3500	4900
4-dr Hdtp	300	650	1100	2200	3800	5400
4-dr Royale Hdtp	300	650	1150	2300	3900	5700
2-dr Royale Conv	550	1450	2450	4900	8500	12000
Custom Cruiser, 8-cyl., 225 hp., 127" wb						
4-dr 6-pass Sta Wgn	300	650	1150	2300	3900	5700
4-dr 9-pass Sta Wgn	300	750	1250	2500	4400	6200
Series 98, 8-cyl., 225 hp., 127" wb						
2-dr Hdtp	400	1100	1800	3500	6100	8900
4-dr Hdtp	300	650	1150	2300	3900	5700
2-dr Lux Hdtp	400	1150	1850	3700	6400	9300
4-dr Lux Hdtp	300	700	1200	2400	4100	5900
Toronado, 8-cyl., 250 hp., 122" wb						
2-dr Hdtp Cpe	400	1050	1700	3300	5800	8300
2-dr Brghm Cpe	400	1200	1900	3800	6600	9600

1973

	6	5	4	3	2	1
Omega, 6-cyl./8-cyl., 111" wb						
2-dr Cpe	200	400	600	1200	2100	3000
2-dr Htchbk	200	450	650	1300	2200	3200
4-dr Sdn	200	400	600	1200	2100	3000
			V8 add 10%			
Cutlass, 8-cyl., 2-dr 112" wb/4-dr 116" wb						
2-dr Col Hdtp	300	650	1100	2200	3800	5400
2-dr 'S' Col Hdtp	300	700	1200	2400	4100	5900
2-dr Supreme Hdtp	300	750	1250	2500	4400	6200
4-dr Sdn	300	600	950	1900	3200	4600
4-dr Supreme Sdn	300	650	1100	2100	3600	5100
			Hurst/Olds pkg add 10%			
Vista Cruiser, 8-cyl., 116" wb						
4-dr 6-pass Sta Wgn	300	650	1100	2100	3600	5100
4-dr 9-pass Sta Wgn	300	650	1150	2300	3900	5700
Delta 88, 8-cyl. 124" wb						
2-dr Hdtp	350	850	1400	2800	4900	7100
2-dr Royale Hdtp	350	900	1500	2900	5200	7400
4-dr Twn Sdn	300	600	900	1800	3100	4400
4-dr Royale Twn Sdn	300	600	950	1900	3200	4600
4-dr Hdtp	300	650	1100	2100	3600	5100
4-dr Royale Hdtp	300	650	1100	2200	3800	5400
2-dr Royale Conv	500	1350	2350	4700	8100	11500
Custom Cruiser, 8-cyl., 127" wb						
4-dr 6-pass Sta Wgn	300	650	1100	2200	3800	5400
4-dr 9-pass Sta Wgn	300	700	1200	2400	4100	5900
Series 98, 8-cyl., 127" wb						
2-dr Hdtp	350	850	1400	2800	4900	7100
4-dr Sdn	300	650	1100	2100	3600	5100
2-dr Lux Cpe	350	900	1500	3000	5300	7600
4-dr Lux Sdn	300	650	1150	2300	3900	5700
4-dr Regency Hdtp	300	700	1200	2400	4100	5900
Toronado, 8-cyl 122" wb						
2-dr Hdtp Cpe	350	950	1550	3100	5500	7900
2-dr Brghm Hdtp	350	1000	1650	3300	5800	8300

1974

	6	5	4	3	2	1
Omega, 6-cyl./8-cyl.,111" wb						
2-dr Cpe	200	400	600	1200	2100	3000
2-dr Htchbk	200	450	650	1300	2200	3200
4-dr Twn Sdn	200	400	600	1200	2100	3000

	6	5	4	3	2	1
Cutlass, 8-cyl., 2-dr 112" wb/4-dr 116" wb						
2-dr Col Hdtp	300	650	1100	2200	3800	5400
2-dr 'S' Col Hdtp	300	650	1100	2100	3600	5100
2-dr Supreme Col Hdtp	300	650	1150	2300	3900	5700
4-dr Hdtp	300	600	900	1800	3100	4400
4-dr Supreme Hdtp	300	660	1000	2000	3500	4900
4-dr 6-pass Supreme Sta Wgn	300	600	900	1800	3100	4400
4-dr 9-pass Supreme Sta Wgn	300	660	1000	2000	3500	4900

Hurst/Olds 4-4-2 pkg add 20%
Indy Pace car pkg add 25%

	6	5	4	3	2	1
Vista Cruiser, 8-cyl., 116" wb						
4-dr 6-pass Sta Wgn	300	660	1000	2000	3500	4900
4-dr 8-pass Sta Wgn	300	650	1100	2200	3800	5400
Delta 88, 8-cyl., 124" wb						
2-dr Hdtp	300	650	1150	2300	3900	5700
4-dr Hdtp Sdn	300	600	900	1800	3100	4400
4-dr Twn Sdn	300	600	850	1700	2900	4100
Custom Cruiser, 8-cyl., 127" wb						
4-dr 6-pass Sta Wgn	300	650	1100	2100	3600	5100
4-dr 8-pass Sta Wgn	300	650	1150	2300	3900	5700
Delta 88 Royale, 8-cyl., 124" wb						
2-dr Hdtp Cpe	300	750	1250	2500	4400	6200
4-dr Hdtp Sdn	300	600	950	1900	3200	4600
4-dr Twn Sdn	300	600	900	1800	3100	4400
2-dr Conv	500	1350	2350	4700	8100	11500
Series 98, 8-cly., 127" wb						
2-dr Hdtp Cpe	300	750	1250	2500	4400	6200
4-dr Lux Sdn	300	660	1000	2000	3500	4900
4-dr Lux Sdn	300	650	1100	2100	3600	5100
2-dr Regency Cpe	300	800	1350	2700	4700	6900
4-dr Regency Sdn	300	650	1100	2100	3600	5100
Toronado, 8-cyl., 122" wb						
2-dr Hdtp Cpe	350	900	1500	2900	5200	7400
2-dr Brghm Cpe	400	1000	1700	3200	5500	7800

1975

	6	5	4	3	2	1
Starfire, 6-cyl., 97" wb						
2-dr Cpe	250	500	750	1400	2400	3400
2-dr Spt Cpe	200	450	650	1300	2200	3200
Omega, 6-cyl./8-cyl., 111" wb						
2-dr Cpe	200	400	600	1200	2100	3000
2-dr Salon Cpe	200	400	600	1200	2100	3000
2-dr Htchbk	200	450	650	1300	2200	3200
2-dr Salon Htchbk	200	450	650	1300	2200	3200
4-dr Sdn	200	400	600	1200	2100	3000
4-dr Salon Sdn	200	400	600	1200	2100	3000
Cutlass, 8-cyl., 2-dr 112" wb/4-dr 116" wb						
2-dr Hdtp	300	600	950	1900	3200	4600
2-dr Hdtp 'S'	300	660	1000	2000	3500	4900
2-dr Supreme Hdtp	300	660	1000	2000	3500	4900
2-dr Salon Hdtp	300	650	1100	2100	3600	5100
4-dr Sdn	300	600	850	1700	2900	4100
4-dr Supreme Sdn	300	600	900	1800	3100	4400
4-dr Salon Sdn	300	600	950	1900	3200	4600
4-dr 6-pass Cruiser Sta Wgn	300	600	900	1800	3100	4400
4-dr 9-pass Cruiser Sta Wgn	300	660	1000	2000	3500	4900

Hurst/Olds W-30 pkg add 20%

	6	5	4	3	2	1
Vista Cruiser, 8-cyl 116" wb						
4-dr 6-pass Sta Wgn	300	660	1000	2000	3500	4900
4-dr 9-pass Sta Wgn	300	650	1100	2200	3800	5400

	6	5	4	3	2	1
Delta 88, 8-cyl., 124" wb						
2-dr Hdtp	300	600	950	1900	3200	4600
2-dr Royale Hdtp	300	600	950	1900	3200	4600
4-dr Hdtp	300	660	1000	2000	3500	4900
4-dr Royale Hdtp	300	660	1000	2000	3500	4900
4-dr Twn Sdn	300	600	900	1800	3100	4400
4-dr Royale Twn Sdn	300	600	950	1900	3200	4600
2-dr Royale Conv	500	1350	2350	4700	8100	11500
Custom Cruiser, 8-cyl., 127" wb						
6-pass Sta Wgn	300	600	950	1900	3200	4600
9-pass Sta Wgn	300	650	1100	2100	3600	5100
Series 98, 8-cyl., 127" wb						
2-dr Lux Cpe	300	650	1100	2100	3600	5100
4-dr Lux Sdn	300	600	950	1900	3200	4600
2-dr Regency Cpe	300	650	1100	2200	3800	5400
4-dr Regency Hdtp	300	600	950	1900	3200	4600
Toronado, 8-cyl., 122" wb						
2-dr Custom Hdtp Cpe	300	800	1300	2600	4600	6600
2-dr Brghm Hdtp Cpe	350	850	1400	2800	4900	7100
1976						
Starfire, 6-cyl.,8-cyl., 97" wb						
2-dr Spt Cpe	200	450	650	1300	2200	3200
2-dr SX Spt Cpe	250	500	750	1400	2400	3400
			V-8 add 5%			
Omega, 8-cyl., 111" wb						
2-dr F-85 Cpe	200	400	600	1200	2100	3000
2-dr Cpe	200	400	600	1200	2100	3000
2-dr Htchbk	200	450	650	1300	2200	3200
4-dr Sdn	200	400	600	1200	2100	3000
2-dr Brghm Cpe	200	400	600	1200	2100	3000
2-dr Brghm Htchbk	200	450	650	1300	2200	3200
2-dr Brghm Sdn	200	400	600	1200	2100	3000
Cutlass "S", 8-cyl., 2-dr 112" wb/4-dr 116" wb						
2-dr 'S' Hdtp	300	600	850	1700	2900	4100
2-dr Supreme Hdtp	300	600	900	1800	3100	4400
2-dr Salon Hdtp	300	600	900	1800	3100	4400
2-dr Supreme Brghm Hdtp	300	660	1000	2000	3500	4900
4-dr 'S'' Hdtp	250	500	750	1500	2600	3600
4-dr Supreme Hdtp	300	550	800	1600	2800	3900
4-dr Salon Hdtp	300	550	800	1600	2800	3900
Cutlass Wagons, 8-cyl., 116" wb						
4-dr 6-pass Cruiser	300	600	850	1700	2900	4100
4-dr 9-pass Cruiser	300	600	950	1900	3200	4600
4-dr 6-pass Vista Cruiser	300	600	900	1800	3100	4400
4-dr 9-pass Vista Cruiser	300	660	1000	2000	3500	4900
Delta 88, 8-cyl., 124" wb						
2-dr Hdtp	300	550	800	1600	2800	3900
2-dr Royale Hdtp	300	600	850	1700	2900	4100
4-dr Hdtp	300	600	850	1700	2900	4100
4-dr Royale Hdtp	300	600	900	1800	3100	4400
4-dr Twn Sdn	300	600	850	1700	2900	4100
4-dr Royale Twn Sdn	300	600	900	1800	3100	4400
Delta Wagons, 8-cyl., 124" wb						
4-dr 6-pass Custom Cruiser	300	600	850	1700	2900	4100
4-dr 9-pass Custom Cruiser	300	600	950	1900	3200	4600
Series 98, 8-cyl., 127" wb						
2-dr Lux Cpe	300	600	950	1900	3200	4600
4-dr Lux Sdn	300	600	850	1700	2900	4100
2-dr Regency Cpe	300	600	950	1900	3200	4600
4-dr Regency Hdtp	300	600	900	1800	3100	4400T

	6	5	4	3	2	1
Toronado, 8-cyl., 122" wb						
2-dr Custom Hdtp	300	650	1100	2100	3600	5100
2-dr Brghm Hdtp	300	650	1100	2200	3800	5400

1977

	6	5	4	3	2	1
Starfire, 4-cyl./6-cyl./8-cyl. 97" wb						
2-dr Spt Cpe	200	450	650	1300	2200	3200
2-dr SX Spt Cpe	250	500	750	1400	2400	3400

V-8 add 5%

	6	5	4	3	2	1
Omega, 6-cyl./8-cyl., 111" wb						
2-dr F-85 Cpe	200	400	600	1200	2100	3000
2-dr Cpe	200	400	600	1200	2100	3000
2-dr Brghm Cpe	200	400	600	1200	2100	3000
2-dr Htchbk	200	450	650	1300	2200	3200
2-dr Brghm Htchbk	200	450	650	1300	2200	3200
4-dr Sdn	200	400	600	1200	2100	3000
4-dr Brghm Sdn	200	400	600	1200	2100	3000
Cutlass , 6-cyl./8-cyl., 2-dr 112"/4-dr 116" wb						
2-dr 'S' Hdtp	300	550	800	1600	2800	3900
2-dr Supreme Hdtp	300	550	800	1600	2800	3900
2-dr Salon Hdtp	300	550	800	1600	2800	3900
2-dr Brghm Hdtp	300	600	850	1700	2900	4100
4-dr 'S' Hdtp	250	500	750	1400	2400	3400
4-dr Supreme Hdtp	250	500	750	1400	2400	3400
4-dr Brghm Hdtp	250	500	750	1500	2600	3600
Cutlass Wagons, 8-cyl., 116" wb						
4-dr 6-pass Cutlass Cruiser	250	500	750	1500	2600	3600
4-dr 6-pass Vista Cruiser	300	550	850	1650	2850	3950
Delta 88, 6-cyl./8-cyl., 124" wb						
2-dr Hdtp	250	500	750	1400	2400	3400
2-dr Royale Hdtp	250	500	750	1500	2600	3600
4-dr Twn Sdn	200	450	650	1300	2200	3200
4-dr Royale Twn Sdn	250	500	750	1400	2400	3400
Delta Wagons, 8-cyl., 124" wb						
4-dr 6-pass Custom Cruiser	250	500	750	1400	2400	3400
4-dr 9-pass Custom Cruiser	300	550	800	1600	2800	3900
Series 98, 8-cyl., 119" wb						
2-dr Lux Cpe	300	550	800	1600	2800	3900
4-dr Lux Sdn	250	500	750	1500	2600	3600
2-dr Regency Cpe	300	550	800	1600	2800	3900
4-dr Regency Sdn	250	500	750	1500	2600	3600
Toronado, 8-cyl., 122" wb						
2-dr Brghm Hdtp	300	600	900	1800	3100	4400
2-dr Hdtp XS	300	660	1000	2000	3500	4900

Toronado XS-R add 10%   *Diesel V-8 deduct 10%*

1978

	6	5	4	3	2	1
Starfire, 4-cyl./6-cyl./8-cyl., 97" wb						
2-dr Cpe	200	400	600	1200	2100	3000
2-dr SX Cpe	200	450	650	1300	2200	3200
Omega, 6-cyl./8-cyl., 111" wb						
2-dr Cpe	200	400	600	1200	2100	3000
2-dr Htchbk	200	450	650	1300	2200	3200
2-dr Brghm Cpe	200	450	650	1300	2200	3200
4-dr Sdn	200	400	600	1200	2100	3000
4-dr Brghm Sdn	200	400	600	1200	2100	3000
Cutlass, 6-cyl./8-cyl., 108.1" wb						
2-dr Salon Cpe	250	500	750	1400	2400	3400
2-dr Salon Brghm Cpe	250	500	750	1400	2400	3400
2-dr Supreme Cpe	250	500	750	1500	2600	3600
2-dr Supreme Brghm Cpe	300	550	80	1600	2800	3900

	6	5	4	3	2	1
2-dr Calais Cpe	250	500	750	1500	2600	3600
4-dr Salon Sdn	200	450	650	1300	2200	3200
4-dr Salong Brghm Sdn	200	450	650	1300	2200	3200
Cutlass Cruiser, 8-cyl., 108.1" wb						
6-pass Sta Wgn	250	500	750	1400	2400	3400
Delta 88, 6-cyl./8-cyl., 116" wb						
2-dr Cpe	200	450	650	1300	2200	3200
2-dr Royale Cpe	250	500	750	1400	2400	3400
4-dr Sdn	200	450	650	1300	2200	3200
4-dr Royale Sdn	250	500	750	1400	2400	3400
Delta Custom Cruiser, 8-cyl, 116" wb						
4-dr Sta Wgn	250	500	750	1400	2400	3400
Series 98, 8-cyl., 119" wb						
2-dr Lux Cpe	300	550	800	1600	2800	3900
4-dr Lux Sdn	250	500	750	1500	2600	3600
2-dr Regency Cpe	300	550	800	1600	2800	3900
4-dr Regency Sdn	250	500	750	1500	2600	3600
Toronado Brougham, 8-cyl., 122" wb						
2-dr Brghm Cpe	300	600	900	1800	3100	4400
2-dr XS Cpe	300	660	1000	2000	3500	4900

Diesel V8 deduct 10%

1979

	6	5	4	3	2	1
Starfire, 4-cyl./6-cyl./8-cyl., 97" wb						
2-dr Spt Cpe	200	400	600	1200	2100	3000
2-dr SX Cpe	200	450	650	1300	2200	3200
Omega, 6-cyl./8-cyl. 111" wb						
2-dr Cpe	200	400	600	1200	2100	3000
2-dr Brghm Cpe	200	450	650	1300	2200	3200
2-dr Htchbk	200	450	650	1300	2200	3200
4-dr Sdn	200	400	600	1200	2100	3000
4-dr Brghm Sdn	200	450	650	1300	2200	3200
Cutlass 6-cyl./8-cyl., 108.1" wb						
2-dr Salon Cpe	250	500	750	1400	2400	3400
2-dr Salon Brghm Cpe	250	500	750	1500	2600	3600
2-dr SurpemeCpe	250	500	750	1500	2600	3600
2-dr Supreme Brghm Cpe	300	550	800	1600	2800	3900
2-dr Calais Cpe	250	500	750	1500	2600	3600
4-dr Salon Sdn	200	450	650	1300	2200	3200
4-dr Salon Brghm Sdn	250	500	750	1400	2400	3400

Hurst/Olds pkg add 30%

	6	5	4	3	2	1
Cutlass Cruiser, 8-cyl., 108.1" wb						
6-pass Sta Wgn	250	500	750	1400	2400	3400
6-pass Brghm Sta Wgn	250	500	750	1500	2600	3600
Delta 88, 8-cyl., 116" wb						
2-dr Cpe	200	450	650	1300	2200	3200
2-dr Royale Cpe	250	500	750	1400	2400	3400
4-dr Sdn	200	450	650	1300	2200	3200
4-dr RoyaleSdn	250	500	750	1400	2400	3400
Delta Custom Cruiser, 8-cyl., 116" wb						
6-pass Sta Wgn	250	500	750	1500	2600	3600
9-pass Sta Wgn	300	600	850	1700	2900	4100
Series 98, 8-cyl., 119" wb						
2-dr Lux Cpe	300	600	850	1700	2900	4100
4-dr Lux Sdn	300	550	800	1600	2800	3900
2-dr Regency Cpe	250	500	750	1500	2600	3600
2-dr Regency Sdn	250	500	750	1500	2600	3600
Toronado, 8-cyl., 122" wb						
2-dr Brghm Cpe	250	500	750	1500	2600	3600

Diesel deduct 10%

	6	5	4	3	2	1

1980

Starfire, 4-cyl., 97" wb
	6	5	4	3	2	1
2-dr Cpe	200	400	600	1200	2100	3000
2-dr SX Cpe	200	450	650	1300	2200	3200

Omega, 4-cyl./6-cyl. , 105" wb
	6	5	4	3	2	1
2-dr Cpe	200	400	600	1200	2100	3000
2-dr Brghm Cpe	200	450	650	1300	2200	3200
4-dr Sdn	200	400	600	1200	2100	3000
4-dr Brghm Sdn	200	450	650	1300	2200	3200

Cutlass, 6-cyl./8-cyl., 108.1"
	6	5	4	3	2	1
2-dr SalonCpe	250	500	750	1500	2600	3600
2-dr Salon Brghm Cpe	300	550	800	1600	2800	3900
2-dr Calais Cpe	250	500	750	1500	2600	3600
2-dr Supreme Cpe	300	550	800	1600	2800	3900
2-dr Supreme Brghm Cpe	300	600	850	1700	2900	4100
4-dr Sdn	250	500	750	1500	2600	3600
4-dr LS Sdn	250	500	750	1500	2600	3600
4-dr Supreme Brghm Sdn	250	500	750	1500	2600	3600

Cutlass Cruiser, 8-cyl., 108.1" wb
	6	5	4	3	2	1
4-dr Sta Wgn	250	500	750	1500	2600	3600
4-dr Brghm Sta Wgn	300	550	800	1600	2800	3900

Delta 88, 6-cyl./8-cyl., 116" wb
	6	5	4	3	2	1
2-dr Cpe	200	450	650	1300	2200	3200
2-dr Royale Cpe	250	500	750	1400	2400	3400
4-dr Sdn	200	450	650	1300	2200	3200
4-dr Royale Sdn	250	500	750	1400	2400	3400

Delta Custom Cruiser, 8-cyl., 116" wb
	6	5	4	3	2	1
4-dr 6-pass Sta Wgn	250	500	750	1500	2600	3600
4-dr 9-pass Sta Wgn	300	600	850	1700	2900	4100

Series 98, 8-cyl., 119" wb
	6	5	4	3	2	1
4-dr Lux Sdn	300	600	850	1700	2900	4100
4-dr Regency Sdn	250	500	750	1500	2600	3600
2-dr Regency Cpe	250	500	750	1500	2600	3600

Toronado, 8-cyl., 114" wb
	6	5	4	3	2	1
2-dr Cpe	250	500	750	1500	2600	3600

Diesel deduct 10%

1981

Omega, 4-cyl./6-cyl., 104.9" wb
	6	5	4	3	2	1
2-dr Cpe	200	400	600	1200	2100	3000
2-dr Brghm Cpe	200	450	650	1300	2200	3200
4-dr Sdn	200	400	600	1200	2100	3000
4-dr Brghm Sdn	200	450	650	1300	2200	3200

Cutlass, 6-cyl./8-cyl., 104.9" wb
	6	5	4	3	2	1
2-dr Supreme Cpe	300	600	850	1700	2900	4100
2-dr Supreme Brghm Cpe	300	600	850	1700	2900	4100
2-dr Calais Cpe	250	500	750	1500	2600	3600
4-dr Sdn	250	500	750	1500	2600	3600
4-dr LS Sdn	250	500	750	1500	2600	3600
4-dr Supreme Brghm Sdn	250	500	750	1500	2600	3600

Cutlass Cruiser, 8-cyl., 104.9" wb
	6	5	4	3	2	1
4-dr Sta Wgn	250	500	750	1500	2600	3600
4-dr Brghm Sta Wgn	300	550	800	1600	2800	3900

Delta 88, 6-cyl./8-cyl., 116" wb
	6	5	4	3	2	1
2-dr Cpe	200	450	650	1300	2200	3200
2-dr Royale Cpe	250	500	750	1400	2400	3400
2-dr Royale Brghm Cpe	250	500	750	1400	2400	3400
4-dr Sdn	200	450	650	1300	2200	3200
4-dr Royale Sdn	250	500	750	1400	2400	3400
4-dr Royale Brghm Sdn	250	500	750	1400	2400	3400

	6	5	4	3	2	1
Custom Cruiser, 8-cyl., 116" wb						
4-dr 6-pass Sta Wgn	250	500	750	1500	2600	3600
4-dr 9-pass Sta Wgn	300	600	850	1700	2900	4100
Series 98, 6-cyl./8-cyl., 119" wb						
2-dr Regency Cpe	250	500	750	1500	2600	3600
4-dr Regency Sdn	250	500	750	1500	2600	3600
4-dr Lux Sdn	300	600	850	1700	2900	4100
Toronado Brougham, 8-cyl., 114" wb						
2-dr Cpe	250	500	750	1500	2600	3600

Small block option deduct 10%

1982

	6	5	4	3	2	1
Firenza, 4-cyl. 101.2" wb						
2-dr 'S' Cpe	200	350	500	1000	1900	2700
2-dr LX Cpe	200	400	550	1100	2000	2900
4-dr Sdn	200	350	500	1000	1900	2700
4-dr LX Sdn	200	400	550	1100	2000	2900
Omega, 6-cyl./8-cyl., 104.9" wb						
2-dr Cpe	200	450	650	1300	2200	3200
2-dr Brghm Cpe	250	500	750	1400	2400	3400
4-dr Sdn	200	450	650	1300	2200	3200
4-dr Brghm Sdn	250	500	750	1400	2400	3400
Cutlass Supreme, 6-cyl./8-cyl., 108.1" wb						
2-dr Calais Cpe	300	550	800	1600	2800	3900
2-dr Supreme Cpe	300	600	850	1700	2900	4100
2-dr Supreme Brghm Cpe	300	600	900	1800	3100	4400
4-dr Supreme Sdn	250	500	750	1400	2400	3400
4-dr Supreme Brghm Sdn	250	500	750	1500	2600	3600
4-dr Cruiser Sta Wgn	300	550	800	1600	2800	3900
Cutlass Ciera, 4-cyl./6-cyl., 104.9" wb						
2-dr Cpe	250	500	750	1500	2600	3600
2-dr LS Cpe	250	500	750	1500	2600	3600
2-dr Brghm Cpe	300	550	800	1600	2800	3900
4-dr Sdn	250	500	750	1500	2600	3600
4-dr LS Sdn	250	500	750	1500	2600	3600
4-dr Brghm Sdn	250	500	750	1500	2600	3600
Delta 88, 8-cyl. 8-cyl., 116" wb						
2-dr Royale Cpe	250	500	750	1400	2400	3400
2-dr Royale Brghm Cpe	250	500	750	1400	2400	3400
4-dr Sdn	200	450	650	1300	2200	3200
4-dr Royale Sdn	250	500	750	1400	2400	3400
4-dr Royale Brghm Sdn	250	500	750	1400	2400	3400
4-dr Cruiser Sta Wgn	300	600	850	1700	2900	4100
Regency 98, 6-cyl./8-cyl., 119" wb						
2-dr Cpe	250	500	750	1500	2600	3600
4-dr Sdn	250	500	750	1500	2600	3600
4-dr Brghm Sdn	300	600	850	1700	2900	4100
Toronado Brougham, 6-cyl./8-cyl. 114" wb						
2-dr Cpe	250	500	750	1500	2600	3600

1983

	6	5	4	3	2	1
Firenza, 4-cyl., 101.2" wb						
2-dr 'S' Cpe	200	400	550	1100	2000	2900
2-dr SX Cpe	200	400	600	1200	2100	3000
4-dr Sdn	200	400	550	1100	2000	2900
4-dr LX Sdn	200	400	600	1200	2100	3000
4-dr Cruiser Sta Wgn	200	400	550	1100	2000	2900
4-dr Cruiser LX Sta Wgn	200	400	600	1200	2100	3000
Omega, 4-cyl./6-cyl., 104.9" wb						
2-dr Cpe	200	450	650	1300	2200	3200
2-dr Brghm Cpe	250	500	750	1400	2400	3400

	6	5	4	3	2	1
4-dr Sdn	200	450	650	1300	2200	3200
4-dr Brghm Sdn	250	500	750	1400	2400	3400
Cutlass Ciera, 4-cyl./6-cyl., 104.9" wb						
2-dr LS Cpe	250	500	750	1500	2600	3600
2-dr Brghm Cpe	300	550	800	1600	2800	3900
4-dr LS Sdn	250	500	750	1500	2600	3600
4-dr Brghm Sdn	250	500	750	1500	2600	3600
Cutlass Supreme, 6-cyl./8-cyl., 108.1						
2-dr Cpe	300	600	850	1700	2900	4100
2-dr Brghm Cpe	300	600	900	1800	3100	4400
4-dr Sdn	250	500	750	1400	2400	3400
4-dr Brghm Sdn	250	500	750	1400	2400	3400
2-dr Calais Cpe	300	550	800	1600	2800	3900
4-dr Cruiser Sta Wgn	300	550	800	1600	2800	3900
Delta 88, 6-cyl./8-cyl.116" wb						
2-dr Royale Cpe	250	500	750	1400	2400	3400
2-dr Royale Brghm Cpe	250	500	750	1400	2400	3400
4-dr Sdn	200	450	650	1300	2200	3200
4-dr Royale Sdn	250	500	750	1400	2400	3400
4-dr Royale Brghm Sdn	250	500	750	1400	2400	3400
4-dr Cus Cruiser Sta Wgn	300	600	850	1700	2900	4100
Regency 98, 6-cyl./8-cyl, 119" wb						
2-dr Cpe	250	500	750	1500	2600	3600
4-dr Sdn	250	500	750	1500	2600	3600
4-dr Sdn Brghm	300	600	850	1700	2900	4100
Toronado Brougham, 6-cyl./8-cyl., 116" wb						
2-dr Cpe	250	500	750	1500	2600	3600

Hurst/Olds add 15%　　*Diesel deduct 10%*

1984

	6	5	4	3	2	1
Firenza, 4-cyl., 101.2" wb						
2-dr 'S' Cpe	200	400	550	1100	2000	2900
2-dr SX Cpe	200	400	600	1200	2100	3000
4-dr Sdn	200	400	550	1100	2000	2900
4-dr LX Sdn	200	400	600	1200	2100	3000
4-dr Sta Wgn Cruiser	200	400	550	1100	2000	2900
4-dr LX Sta Wgn Cruiser	200	400	600	1200	2100	3000
Omega, 4-cyl./6-cyl., 104.9" wb						
2-dr Cpe	200	450	650	1300	2200	3200
4-dr Sdn	200	450	650	1300	2200	3200
4-dr Brghm Sdn	250	500	750	1400	2400	3400
2-dr Brghm Cpe	250	500	750	1400	2400	3400
Cutlass Ciera, 4-cyl./6-cyl., 104.9" wb						
4-dr LS Sdn	250	500	750	1500	2600	3600
2-dr LS Cpe	250	500	750	1500	2600	3600
4-dr LS Cruiser	300	550	800	1600	2800	3900
4-dr Brghm Sdn	250	500	750	1500	2600	3600
2-dr Brghm Cpe	300	550	800	1600	2800	3900
Cutlass, 6-cyl./8-cyl., 108.1" wb						
Calais Cpe	300	550	800	1600	2800	3900
2-dr Calais Hurst/Olds Cpe	300	700	1200	2400	4100	5900
2-dr Supreme Cpe	300	600	850	1700	2900	4100
4-dr Supreme Sdn	250	500	750	1400	2400	3400
2-dr Sdn Brghm	300	600	900	1800	3100	4400
4-dr Sdn Brghm	250	500	750	1400	2400	3400
Delta 88 Royale, 6-cyl./8-cyl., 116" wb.						
2-dr Cpe	250	500	750	1400	2400	3400
4-dr Sdn	250	500	750	1400	2400	3400
2-dr Cpe Brghm	250	500	750	1400	2400	3400
4-dr Sdn Brghm	250	500	750	1400	2400	3400
4-dr Custom Cruiser Wgn	300	600	850	1700	2900	4100

	6	5	4	3	2	1
Regency 98, 6-cyl./8-cyl., 119" wb						
4-dr Sdn	250	500	750	1500	2600	3600
2-dr Cpe	250	500	750	1500	2600	3600
4-dr Sdn Brghm	300	600	850	1700	2900	4100
Toronado, 6-cyl., 114" wb						
2-dr Cpe	250	500	750	1400	2400	3400

1985

	6	5	4	3	2	1
Firenza, 4-cyl., 101.2" wb						
2-dr 'S' Cpe	200	400	600	1200	2100	3000
2-dr SX Cpe	200	450	650	1300	2200	3200
4-dr Sdn	200	400	600	1200	2100	3000
4-dr LX Sdn	200	450	650	1300	2200	3200
4-dr Cruiser Wgn	200	400	600	1200	2100	3000
4-dr LX Cruiser Sta Wgn	200	450	650	1300	2200	3200
Cutlass, 4-cyl./6-cyl., 108.1" wb						
2-dr Cpe	300	600	900	1800	3100	4400
2-dr Supreme Brghm Cpe	300	600	950	1900	3200	4600
2-dr Salon Cpe	300	600	900	1800	3100	4400
2-dr 442 Salon Cpe	300	800	1300	2600	4600	6600
4-dr Sdn	250	500	750	1500	2600	3600
4-dr Supreme Brghm Sdn	250	500	750	1500	2600	3600
Calais, 4-cyl./6-cyl., 103.9" wb						
2-dr Cpe	300	600	850	1700	2900	4100
2-dr Supreme Cpe	300	600	900	1800	3100	4400
Cutlass Ciera, 4-cyl./6-cyl., 104.9" wb						
2-dr LS Cpe	300	550	800	1600	2800	3900
2-dr Brghm Sdn	300	550	800	1600	2800	3900
4-dr LS Sdn	300	550	800	1600	2800	3900
4-dr Brghm Sdn	300	600	850	1700	2900	4100
4-dr LS Sta Wgn	300	600	850	1700	2900	4100
Delta 88 Royale, 6-cyl./8-cyl., 116" wb.						
2-dr Cpe	250	500	750	1500	2600	3600
4-dr Sdn	250	500	750	1500	2600	3600
2-dr Brghm Cpe	250	500	750	1500	2600	3600
4-dr Brghm Sdn	250	500	750	1500	2600	3600
4-dr LS Sdn	300	600	850	1700	2900	4100
4-dr Custom Cruiser Sta Wgn	300	600	900	1800	3100	4400
Regency 98, 6-cyl., 110.8" wb						
2-dr Cpe	300	550	800	1600	2800	3900
4-dr Sdn	300	550	800	1600	2800	3900
2-dr Cpe Brghm	300	550	800	1600	2800	3900
4-dr Sdn Brghm	300	600	900	1800	3100	4400
Toronado, 6-cyl., 114" wb						
2-dr Cpe	250	500	750	1500	2600	3600

Diesel deduct 20%

1986

	6	5	4	3	2	1
Firenza, 4-cyl., 101.2" wb						
2-dr Cpe	200	450	650	1300	2200	3200
2-dr S Cpe	200	450	650	1300	2200	3200
4-dr Sdn	200	450	650	1300	2200	3200
4-dr Sta Wgn Cruiser	200	450	650	1300	2200	3200
2-dr LC Cpe	250	500	750	1400	2400	3400
4-dr LX Sdn	250	500	750	1400	2400	3400
2-dr GT Cpe (6-cyl.)	250	500	750	1500	2600	3600
Calais, 4-cyl./6-cyl., 103.4" wb						
2-dr Cpe	300	600	900	1800	3100	4400
4-dr Sdn	300	600	900	1800	3100	4400
2-dr Supreme Cpe	300	600	950	1900	3200	4600
4-dr Supreme Sdn	300	600	950	1900	3200	4600

	6	5	4	3	2	1
Cutlass, 6-cyl./8-cyl., 108.1" wb						
2-dr Salon Cpe	300	650	1150	2300	3900	5700
2-dr Supreme Brghm Cpe	300	650	1150	2300	3900	5700
4-dr Supreme Brghm Sdn	300	650	1000	2000	3500	4900
2-dr Supreme Cpe	300	650	1150	2300	3900	5700
4-dr Supreme Sdn	300	600	950	1900	3200	4600
Cutlass Ciera, 4-cyl./6-cyl 104.9" wb						
2-dr LS Cpe	300	600	900	1800	3100	4400
2-dr S Cpe	300	600	900	1800	3100	4400
2-dr Brghm Cpe	300	600	900	1800	3100	4400
2-dr SL Brghm Cpe	300	650	1000	2000	3500	4900
4-dr LS Sdn	300	600	900	1800	3100	4400
4-dr Brghm Sdn	300	600	950	1900	3200	4600
2-dr LS Cruiser Wgn	300	650	1000	2000	3500	4900
Delta 88 Royale, 6-cyl., 110.8" wb						
2-dr Cpe	300	550	800	1600	2800	3900
2-dr Brghm Cpe	300	600	850	1700	2900	4100
4-dr Sdn	300	600	850	1700	2900	4100
4-dr Brghm Sdn	300	600	900	1800	3100	4400
Custom Cruiser , 8-cyl., 115.9" wb						
4-dr Sta Wgn	300	650	1000	2000	3500	4900
98 Regency, 6-cyl , 110.8"						
2-dr Cpe	300	600	900	1800	3100	4400
4-dr Sdn	300	600	900	1800	3100	4400
2-dr Brghm Cpe	300	600	900	1800	3100	4400
4-dr Brghm Sdn	300	650	1000	2000	3500	4900
Toronado. 6-cyl., 108" wb						
2-dr Cpe	300	700	1200	2400	4100	5900

1987

	6	5	4	3	2	1
Firenza, 4-cyl. 101.2" wb						
2-dr Cpe	250	500	750	1400	2400	3400
2-dr Htchbk S	250	500	750	1400	2400	3400
4-dr Sdn	250	500	750	1400	2400	3400
4-dr Cruiser Sta Wgn	250	500	750	1400	2400	3400
2-dr Cpe LC	250	500	750	1500	2600	3600
4-dr Sdn LX	250	500	750	1500	2600	3600
2-dr Htchbk GT, 6-cyl.	300	550	800	1600	2800	3900
Cutlass Supreme, 6-cyl./8-cyl, 108.1" wb						
2-dr Cpe	300	700	1200	2400	4100	5900
2-dr 442 Cpe	350	1000	1300	3200	5700	8100
2-dr Salon Cpe	300	700	1200	2400	4100	5900
2-dr Brghm Cpe	300	750	1250	2500	4400	6200
4-dr Sdn	300	650	1000	2000	3500	4900
4-dr Brghm Sdn	300	650	1000	2000	3500	4900
				V8 add 10%		
Calais, 4-cyl./6-cyl., 103.4" wb						
2-dr Cpe	300	650	1000	2000	3500	4900
2-dr Supreme Cpe	300	650	1100	2200	3800	5400
4-dr Sdn	300	650	1000	2000	3500	4900
4-dr Supreme Sdn	300	650	1100	2200	3800	5400
				V-6 add 10%		
Cutlass Ciera, 4-cyl../6-cyl., 104.9" wb						
2-dr 'S' Cpe	300	600	900	1800	3100	4400
2-dr Brghm SL Cpe	300	650	1000	2000	3500	4900
4-dr Sdn	300	600	900	1800	3100	4400
4-dr Brghm Sdn	300	600	950	1900	3200	4600
4-dr Sta Wgn	300	650	1000	2000	3500	4900
4-dr Brghm Sta Wgn	300	650	1100	2100	3600	5100
				V-6 add 10%		

	6	5	4	3	2	1
Delta 88 Royale, 6-cyl., 110.8" wb						
2-dr Cpe	300	650	1000	2000	3500	4900
2-dr Cpe Brghm	300	650	1000	2000	3500	4900
4-dr Sdn	300	650	1100	2100	3600	5100
4-dr Sdn Brghm	300	650	1100	2200	3800	5400
Custom Cruiser, 8-cyl., 115.9" wb						
4-dr Sta Wgn	300	650	1150	2300	3900	5700
Regency 98, 6-cyl., 110.8" wb						
2-dr Sdn Brghm	300	650	1100	2200	3800	5400
4-dr Sdn Brghm	300	700	1200	2400	4100	5900
4-dr Sdn	300	650	1100	2200	3800	5400
Toronado, 6-cyl., 108" wb						
2-dr Cpe Brghm	300	800	1350	2700	4700	6900

Tornado Trofeo pkg add 10%

1988

	6	5	4	3	2	1
Firenza, 4-cyl., 101.2" wb						
2-dr Cpe	300	550	800	1600	2800	3900
4-dr Sdn	300	550	800	1600	2800	3900
4-dr Cruiser Wgn	300	550	800	1600	2800	3900
Cutlass Calais, 4-cyl./6-cyl., 103.4" wb						
2-dr Cpe	300	650	1100	2200	3800	5400
2-dr SL Cpe	300	700	1200	2400	4100	5900
2-dr Int'l Quad-4 Cpe	300	800	1300	2600	4600	6600
4-dr Sdn	300	650	1100	2200	3800	5400
4-dr SL Sdn	300	700	1200	2400	4100	5900
4-dr Int'l Quad-4 Sdn	300	800	1300	2600	4600	6600

V-6 add 10%

	6	5	4	3	2	1
Cutlass Ciera, 4-cyl./6-cyl., 104.9" wb						
2-dr Cpe	300	650	1000	2000	3500	4900
4-dr Sdn	300	650	1100	2100	3600	5100
4-dr Cruiser Wgn	300	650	1150	2300	3900	5700
2-dr Brghm SL Cpe	300	650	1100	2200	3800	5400
4-dr Brghm Sdn	300	650	1100	2200	3800	5400
4-dr Brghm Cruiser Wgn	300	650	1150	2300	3900	5700

V-6 add 10%

	6	5	4	3	2	1
Cutlass Supreme, 6-cyl./8-cyl., 108.1" wb						
2-dr Cpe	300	700	1200	2400	4100	5900
2-dr SL Cpe	300	750	1250	2500	4400	6200
2-dr International Cpe	350	850	1400	2800	4900	7100
2-dr Classic Cpe	350	850	1400	2800	4900	7100
2-dr Brougham Classic Cpe	350	900	1500	2900	5200	7400

V-8 option add 10%

	6	5	4	3	2	1
Delta 88 Royale, 6-cyl.						
2-dr Cpe	300	650	1150	2300	3900	5700
2-dr Brghm Cpe	300	700	1200	2400	4100	5900
4-dr Sdn	300	700	1200	2400	4100	5900
4-dr Brghm Sdn	300	800	1300	2600	4600	6600
Custom Cruiser, 8-cyl., 116" wb						
4-dr Sta Wgn	300	800	1350	2700	4700	6900
Regency 98, 6-cyl., 110.8" wb						
4-dr Sd	300	800	1300	2600	4600	6600
4-dr Brghm Sdn	350	900	1500	2900	5200	7400
4-dr Touring Sdn	400	1100	1800	3600	6200	9100
Toronado, 6-cyl.						
2-dr Cpe	350	950	1550	3100	5500	7900

Tornado Trofeo pkg add 10%

1989

	6	5	4	3	2	1
Cutlass Calais, 4-cyl/6-cyl., 103.4" wb						
2-dr Cpe	300	750	1250	2500	4400	6200

	6	5	4	3	2	1
2-dr 'S' Cpe	300	800	1350	2700	4700	6900
2-dr SL Cpe	300	800	1350	2700	4700	6900
2-dr Int'l Quad-4 Cpe	350	900	1500	3000	5300	7600
4-dr Sdn	300	750	1250	2500	4400	6200
4-dr 'S' Sdn	300	800	1350	2700	4700	6900
4-dr SL Sdn	300	800	1350	2700	4700	6900
4-dr Int'l Quad-4 Sdn	350	900	1500	3000	5300	7600

V-6 add 10%

Cutlass Ciera, 4-cyl./6-cyl., 104.9" wb

	6	5	4	3	2	1
2-dr Cpe	300	650	1100	2200	3800	5400
2-dr SL Cpe	300	750	1250	2500	4400	6200
2-dr Int'l Cpe (V-6)	350	950	1550	3100	5500	7900
4-dr Sdn	300	650	1150	2300	3900	5700
4-dr SL Sdn	300	800	1300	2600	4600	6600
4-dr Int'l Sdn (V-6)	350	1000	1600	3200	5700	8100
6-pass Cruiser Wgn	300	750	1250	2500	4400	6200
9-pass Cruiser Wgn	300	800	1300	2600	4600	6600

V-6 option add 10%.

Cutlass Supreme, 6-cyl.

	6	5	4	3	2	1
2-dr Cpe	350	850	1400	2800	4900	7100
2-dr SL Cpe	350	900	1500	2900	5200	7400
2-dr International Cpe	400	1050	1700	3300	5800	8300

Custom Cruiser, 8-cyl., 116" wb

	6	5	4	3	2	1
9-pass Sta Wgn	350	950	1550	3100	5500	7900

88 Royale, 6-cyl., 110.8" wb

	6	5	4	3	2	1
2-dr Cpe	350	850	1400	2800	4900	7100
2-dr Brghm Cpe	350	900	1500	2900	5200	7400
4-dr Sdn	350	900	1500	2900	5200	7400
4-dr Brghm Sdn	350	900	1500	3000	5300	7600

98 Regency, 6-cyl. 110.8" wb

	6	5	4	3	2	1
4-dr Sdn	350	900	1500	3000	5300	7600
4-dr Brghm Sdn	400	1050	1700	3400	5900	8500
4-dr Touring Sdn	450	1250	2150	4300	7400	10700

Toronado, 6-cyl., 108" wb

	6	5	4	3	2	1
2-dr Cpe	400	1150	1850	3700	6400	9300
2-dr Trofeo Cpe	400	1200	1950	3900	6800	9900

1990

Cutlass Calais, 4-cyl/6-cyl., 103.4" wb

	6	5	4	3	2	1
2-dr Cpe	350	900	1500	2900	5200	7400
2-dr 'S' Cpe	350	950	1550	3100	5500	7900
2-dr SL Quad-4 Cpe	350	1000	1600	3200	5700	8100
2-dr Int'l Quad-4 Cpe	400	1050	1700	3400	5900	8500
4-dr Sdn	350	900	1500	2900	5200	7400
4-dr 'S' Sdn	350	950	1550	3100	5500	7900
4-dr SL Quad-4 Sdn	400	1050	1700	3300	5800	8300
4-dr Int'l Quad-4 Sdn	400	1050	1700	3400	5900	8500

V-6 option add 10%

Cutlass Ciera, 4-cyl./6-cyl., 104.9" wb

	6	5	4	3	2	1
4-dr Sdn	350	900	1500	2900	5200	7400

Cutlass Ciera S, L4

	6	5	4	3	2	1
2-dr 'S' Cpe	350	850	1400	2800	4900	7100
2-dr Int'l Cpe (V-6)	400	1150	1850	3700	6400	9300
4-dr 'S'Sdn	350	950	1550	3100	5500	7900
4-dr SL Sdn (V-6)	400	1100	1800	3500	6100	8900
4-dr Int'l Sdn (V-6)	400	1200	1900	3800	6600	9600
6-pass Cruiser Wgn	350	1000	1600	3200	5700	8100
9-pass Cruiser Wgn (V-6)	400	1100	1800	3600	6200	9100

V-6 option add 10%

Cutlass Supreme, 4-cyl./6-cyl., 107.5" wb

	6	5	4	3	2	1
2-dr Cpe	400	1050	1700	3400	5900	8500

	6	5	4	3	2	1
2-dr SL Cpe (V-6)	400	1200	2000	4000	6900	10000
2-dr Int'l Cpe	400	1200	1950	3900	6800	9900
4-dr Sdn	400	1100	1800	3600	6200	9100
4-dr SL Sdn (V-6)	450	1250	2050	4100	7100	10300
4-dr Int'l Sdn	400	1200	2000	4000	6900	10000
V-6 option add 10%						

Custom Cruiser, 8-cyl., 116" wb
	6	5	4	3	2	1
9-pass Sta Wgn	400	1150	1850	3700	6400	9300

88 Royale, 6-cyl., 110.8" wb
	6	5	4	3	2	1
2-dr Cpe	400	1100	1800	3600	6200	9100
2-dr Brghm Cpe	400	1200	1900	3800	6600	9600
4-dr Sdn	400	1200	1900	3800	6600	9600
4-dr Brghm Sdn	400	1200	2000	4000	6900	10000

98 Regency, 6-cyl., 110.8" wb
	6	5	4	3	2	1
4-dr Sdn	400	1100	1800	3600	6200	9100
4-dr Brghm Sdn	400	1200	2000	4000	6900	10000
4-dr Touring Sdn	550	1500	2500	5000	8700	12300

Toronado, 6-cyl., 108" wb
	6	5	4	3	2	1
2-dr Cpe	550	1500	2500	5100	8800	12500
2-dr Trofeo Cpe	550	1550	2650	5300	9100	13000

1991

Cutlass Calais, 4-cyl./6-cyl., 103.4" wb
	6	5	4	3	2	1
2-dr Cpe	400	1050	1700	3400	5900	8500
2-dr 'S' Cpe	400	1100	1800	3500	6100	8900
2-dr SL Cpe	400	1150	1850	3700	6400	9300
2-dr Int'l Quad-4Cpe	400	1200	1950	3900	6800	9900
4-dr Sdn	400	1050	1700	3400	5900	8500
4-dr 'S' Sdn	400	1100	1800	3500	6100	8900
4-dr SL Sdn	400	1200	1900	3800	6600	9600
4-dr Int'l Quad-4 Sdn	400	1200	1950	3900	6800	9900

Cutlass Ciera, 4-cyl./6-cyl., 104.9" wb
	6	5	4	3	2	1
2-dr Cpe	400	1100	1800	3600	6200	9100
2-dr 'S' Cpe	400	1050	1700	3300	5800	8300
4-dr Sdn	400	1050	1700	3400	5900	8500
4-dr 'S' Sdn	400	1100	1800	3600	6200	9100
4-dr SL Sdn	400	1200	2000	4000	6900	10000
6-pass Cruiser Wgn	400	1150	1850	3700	6400	9300
9-pass Cruiser Wgn (V-6)	450	1250	2050	4100	7100	10300
V-6 option add 10%						

Cutlass Supreme, 4-cyl./6-cyl., 107.5" wb
	6	5	4	3	2	1
2-dr Cpe	400	1200	2000	4000	6900	10000
2-dr Int'l Cpe	500	1350	2300	4600	8000	11300
2-dr SL Cpe (V-6)	500	1350	2300	4600	8000	11300
4-dr Sdn	450	1250	2100	4200	7200	10500
4-dr Int'l Sdn	500	1350	2350	4700	8100	11500
4-dr SL Sdn (V-6)	500	1350	2350	4700	8100	11500
V-6 option add 10%						

Custom Cruiser, 8-cyl., 116" wb
	6	5	4	3	2	1
9-pass Sta Wgn	750	2200	3650	7300	12600	18200

88 Royale, 6-cyl., 110.8" wb
	6	5	4	3	2	1
2-dr Cpe	450	1250	2150	4300	7400	10700
2-dr Brghm Cpe	450	1250	2200	4400	7600	10900
4-dr Sdn	500	1300	2250	4500	7700	11000
4-dr Brghm Sdn	500	1350	2300	4600	8000	11300

98 Regency Elite, 6-cyl., 110.8" wb
	6	5	4	3	2	1
4-dr Sdn	650	1700	3000	6100	10600	15200
4-dr Touring Sdn	750	2250	3700	7400	12800	18500

Toronado, 6-cyl., 108" wb
	6	5	4	3	2	1
2-dr Cpe	650	1700	3000	6100	10600	15200
2-dr Trofeo Cpe	650	1750	3150	6300	10900	15700

PACKARD
1902 – 1958

1902 Packard Model F

1954 Packard Caribbean

	6	5	4	3	2	1
1902						
Model F, 4-cyl.						
Rdstr	2600	7750	13100	26200	46000	65500
Rear Tonneau	2600	7750	13100	26200	46000	65500
1903						
Model K, 4-cyl.						
Rear Tonneau	2600	7750	13100	26200	46000	65500
King Belgium Tonneau	2600	7750	13100	26200	46000	65500
1904						
Model L, 4-cyl.						
Tonneau	2400	7100	12000	24000	42150	59000
Surrey	2450	7300	12250	24500	43000	63500
1905						
Model N, 4-cyl.						
Rnbt	2300	6650	11250	22500	39500	56100
Tonneau	2300	6650	11250	22500	39500	56100
Tr	2300	6650	11250	22500	39500	56100
Brghm	2350	6950	11750	23500	41300	58700
Limo	2400	7100	12000	24000	42150	59000
1906						
Model 24 or S, 4-cyl., 24 hp						
Rnbt	2300	6650	11250	22500	39500	56100

	6	5	4	3	2	1
Tr	2300	6650	11250	22500	39500	56100
Lan	2300	6800	11500	23000	40400	57500
Limo	2300	6800	11500	23000	40400	57500

1907-1908

Model 30 or UA, 4-cyl., 30 hp
Rnbt	2100	6100	10300	20600	36200	57500
Tr	2300	6650	11250	22500	39500	56100
CC Tr	2250	6600	11100	22200	39000	55500
Lan	2300	6800	11500	23000	40400	57500
Limo	2300	6800	11500	23000	40400	57500

1909

Model 30 or UB/UBS, 4-cyl., 30 hp
Rnbt (UBS)	1700	5050	8500	17000	29900	42500
Tr	2000	6350	10750	21500	37800	53700
CC Tr	2050	6050	10250	25000	36000	51200
Lan	2350	6550	11000	22000	38650	55000
Limo	2300	6800	11500	23000	40400	57500
Demi-Limo	2300	6800	11500	23000	40400	57500

Model 18 or NA, 4-cyl., 18 hp
Cpe	1750	5200	8750	17500	30800	43700
Rnbt	1750	5200	8750	17500	30800	43700
Tr	1850	5400	9100	18200	32000	45500
Lan	2250	6550	11000	22000	38650	55000
Limo	2250	6550	11000	22000	38650	55000

1910-1911

Model UC/UCS, 4-cyl., 30 hp
Rnbt (UCS)	2150	6200	10500	21000	36900	52400
Phtn	2300	6800	11500	23000	40400	57500
Tr	2250	6600	11100	22200	39000	55500
CC Tr	2300	6650	11200	22400	39350	55900
Lndlt	2350	6950	11700	23400	41100	58400
Limo	2350	6950	11700	23400	41100	58400
Demi-Limo	2450	7200	12200	24400	42850	61000

Model NB, 4-cyl., 18 hp
Rnbt	2000	5850	9900	19800	34800	49500
Tr	2000	5850	9900	19800	34800	49500
Lan	2150	6200	10500	21000	36900	52400
Limo	2150	6200	10500	21000	36900	52400

1912

Model NE, 4-cyl., 18 hp
Cpe	1100	3550	5900	11800	20800	29400
Rnbt	1850	5400	9100	18200	32000	45500
Tr	1900	5500	9250	18500	32500	46100
Limo	1450	4400	7300	14600	25700	36500
Imperial Limo	1550	4700	7900	15800	27800	39400

Model UE, 4-cyl., 30 hp
Cpe	1350	4150	6900	13800	24300	34500
Tr	2450	7250	12250	24500	43000	61200
Phtn	2500	7400	12500	25000	43900	62400
Rnbt	2600	7650	12900	25800	45300	64400
Brghm	1200	3750	6300	12600	22200	31400
Lndlt	1700	5000	8400	16800	29550	41900
Limo	1550	4700	7900	15800	27800	39400

Model 1-48, 6-cyl., 36 hp
Cpe	1800	5300	8900	17800	31300	44400
Tr	2250	6600	11100	22200	39000	55500

	6	5	4	3	2	1
Vic Tr	2350	6950	11700	23400	41100	58400
Canopy Tr	2400	7050	11950	23900	42000	59700
Phtn	2300	6700	11300	22600	39700	56400
Phtn-Vic	2300	6800	11500	23000	40400	57500
Rnbt	2000	5900	9950	19900	35000	49700
CC	1850	5400	9100	18200	32000	45500
Brghm	1700	5000	8400	16800	29550	41900
Lan	1900	5500	9300	18600	32700	46400
Imperial Lndlt	1900	5650	9500	19000	33400	47500
Limo	2000	5850	9900	19800	34800	49500
Imperial Limo	2150	6200	10500	21000	36900	52400

1913

Model 1-38, 6-cyl., 38 hp

	6	5	4	3	2	1
Cpe	1800	5300	8900	17800	31300	44400
Tr	2250	6600	11100	22200	39000	55500
Rnbt	2000	5900	9950	19900	35000	49700
Phtn	2300	6700	11300	22600	39700	56400
Imperial Cpe	1850	5400	9100	18200	32000	45500
Brghm	1600	4850	8100	16200	28500	40500
Lan	1900	5500	9300	18600	32700	46400
Limo	2000	5850	9900	19800	34800	49500
Imperial Limo	2150	6200	10500	21000	36900	52400

1914

Model 2-38, 6-cyl.

	6	5	4	3	2	1
Cpe	1800	5300	8900	17800	31300	44400
Tr	2150	6200	10500	21000	36900	52400
Salon Tr	2200	6350	10750	21500	37800	53700
Spl Tr	2200	6450	10900	21800	38300	54400
Phtn	2250	6600	11100	22200	39000	55500
4-pass Phtn	2300	6700	11300	22600	39700	56400
Brghm	1550	4700	7900	15800	27800	39400
4-pass Brghm	1550	4700	7900	15800	27800	39400
Lndlt	1650	4950	8300	16600	29200	41500
Cabrlt Lndlt	1900	5500	9300	18600	32700	46400
Limo	1550	4700	7900	15800	27800	39400
Cabrlt Limo	1900	5650	9500	19000	33400	47500
Imperial Limo	1900	5500	9250	18500	32500	46100
Salon Limo	1900	5600	9400	18800	33050	47000

Model 3-48

	6	5	4	3	2	1
Cpe	1800	5300	8900	17800	31300	44400
Tr	2050	6000	10100	20200	35500	50400
Salon Tr	2050	6000	10100	20200	35500	50400
Spl Tr	2050	6000	10100	20200	35500	50400
Phtn	2200	6400	10800	21600	37950	53900
4-pass Phtn	2200	6450	10900	21800	38300	54400
Brghm	1750	5200	8700	17400	30600	43500
4-pass Brghm	1800	5300	8900	17800	31300	44400
Lndlt	1850	5400	9100	18200	32000	45500
Cabrlt Lndlt	1950	5750	9700	19400	34100	48400
Limo	1800	5350	9000	18000	31650	45000
Limo Cabrlt	1900	5500	9300	18600	32700	46400
Imperial Limo	1900	5600	9400	18800	33050	47000
Salon Limo	1950	5700	9600	19200	33750	47900

Model 4-48, 6-cyl., 48 hp

	6	5	4	3	2	1
Cpe	1850	5400	9100	18200	32000	45500
Tr	2100	6100	10300	20600	36200	51500
Salon Tr	2100	6100	10300	20600	36200	51500
Phtn	2250	6550	11000	22000	38650	55000

	6	5	4	3	2	1
4-pass Phtn	2300	6650	11200	22400	39350	55900
Brghm	1800	5300	8900	17800	31300	44400
Salon Brghm	1850	5400	9100	18200	32000	45500
Lndlt	1900	5500	9300	18600	32700	46400
Cabrlt Lndlt	2000	5900	9950	19900	35000	49700
Limo	1900	5500	9300	18600	32700	46400
Imperial Limo	2000	5800	9750	19500	34300	48700
Salon Limo	2000	5900	9950	19900	35000	49700

1915

Model 3-38, 6-cyl.

	6	5	4	3	2	1
Tr	2050	6000	10100	20200	35500	50400
Salon Tr	2150	6200	10500	21000	36900	52400
Spl Tr	2200	6500	10950	21900	38500	54700
Phtn	2250	6600	11100	22200	39000	55500
4-pass Phtn	2200	6450	10900	21800	38300	54400

Model 3-38

	6	5	4	3	2	1
Cpe	1650	4950	8300	16600	29200	41500
Brghm	1600	4850	8100	16200	28500	40500
4-pass Brghm	1550	4700	7900	15800	27800	39400
Lndlt	1800	5300	8900	17800	31300	44400
Cabrlt Lndlt	2100	6100	10300	20600	36200	51500
Limo	1900	5500	9300	18600	32700	46400
Limo Cabrlt	2000	5850	9900	19800	34800	49500
Imperial Limo	1950	5750	9700	19400	34100	48400
Salon Limo	2050	6000	10100	20200	35500	50400

Model 5-48, 6-cyl., 48 hp

	6	5	4	3	2	1
Cpe	1550	4700	7900	15800	27800	39400
Tr	2100	6100	10300	20600	36200	51500
Salon Tr	2150	6200	10500	21000	36900	52400
Phtn	2200	6350	10700	21400	37600	53500
4-pass Phtn	2200	6450	10900	21800	38300	54400
Rnbt	2300	6800	11500	23000	40400	57500
Brghm	1550	4650	7750	15500	27300	38700
Salon Brghm	1600	4750	7950	15900	28000	39700
Lndlt	2000	5950	10000	20000	35150	49900
Limo	2300	6700	11300	22600	39700	56400
Imperial Limo	2500	7350	12400	24800	43550	61900
Salon Limo	2500	7350	12400	24800	43550	61900

1916

Twin Six, 12-cyl., 125" wb

	6	5	4	3	2	1
Cpe	1600	4850	8100	16200	28500	40500
Tr	2050	6050	10250	20500	36000	51200
Salon Tr	2150	6200	10500	21000	36900	52400
Phtn	2200	6350	10700	21400	37600	53500
Salon Phtn	2200	6450	10900	21800	38300	54400
Rnbt	2100	6100	10300	20600	36200	51500
Brghm	1550	4700	7900	15800	27800	39400
Lndlt	1700	5050	8500	17000	29900	42500
Limo	1750	5200	8700	17400	30600	43500

Twin Six, 12-cyl., 135" wb

	6	5	4	3	2	1
Tr	2250	6550	11000	22000	38650	55000
Salon Tr	2300	6800	11500	23000	40400	57500
Phtn	2250	6550	11000	22000	38650	55000
Salon Phtn	2300	6700	11300	22600	39700	56400
Brghm	1700	5050	8500	17000	29900	42500
Lndlt	1800	5300	8900	17800	31300	44400
Salon Lndlt	1850	5400	9100	18200	32000	45500
Cabrlt Lndlt	2150	6200	10500	21000	36900	52400

	6	5	4	3	2	1
Limo	1850	5400	9100	18200	32000	45500
Cabrlt Limo	2200	6350	10700	21400	37600	53500
Imperial Limo	2150	6200	10500	21000	36900	52400

1917

Series II, Twin Six, 12-cyl., 126" wb

	6	5	4	3	2	1
Cpe	1400	4250	7100	14200	25000	35400
Tr	1900	5500	9300	18600	32700	46400
Phtn	1900	5650	9500	19000	33400	47500
Salon Phtn	1950	5750	9700	19400	34100	48400
2-pass Rnbt	1800	5350	9000	18000	31650	45000
4-pass Rnbt	1850	5450	9200	18400	32350	45900
Brghm	1300	4000	6700	13400	23600	33400
Lndlt	1700	5050	8500	17000	29900	42500
Limo	1750	5200	8700	17400	30600	43500

Twin Six, 12-cyl., 135" wb

	6	5	4	3	2	1
Tr	2000	5850	9900	19800	34800	49500
Salon Tr	2050	6000	10100	20200	35500	50400
Phtn	2100	6100	10300	20600	36200	51500
Salon Phtn	2150	6200	10500	21000	36900	52400
Brghm	1100	3550	5900	11800	20800	29400
Ldnlt	1600	4850	8100	16200	28500	40500
Cabrlt Lndlt	1750	5200	8700	17400	30600	43500
Limo	1700	5050	8500	17000	29900	42500
Cabrlt Limo	1750	5200	8700	17400	30600	43500
Imperial Limo	1800	5300	8900	17800	31300	44400

1918

Twin Six, 12-cyl., 128" wb

	6	5	4	3	2	1
Cpe	1300	4000	6700	13400	23600	33400
Tr	1800	5300	8900	17800	31300	44400
Salon Tr	1850	5400	9100	18200	32000	45500
Phtn	1900	5650	9500	19000	33400	47500
Salon Phtn	2000	5850	9900	19800	34800	49500
Rnbt	1900	5650	9500	19000	33400	47500
2-dr Brghm	1200	3750	6300	12600	22200	31400
Lndlt	1650	4950	8300	16600	29200	41500
Limo	1750	5200	8700	17400	30600	43500

Twin Six, 12-cyl., 136" wb

	6	5	4	3	2	1
Tr	2000	5850	9900	19800	34800	49500
Salon Tr	2100	6100	10300	20600	36200	51500
Brghm	1250	3900	6500	13000	22900	32500
Lndlt	1750	5200	8700	17400	30600	43500
Limo	1800	5300	8900	17800	31300	44400
Imperial Limo	1900	5500	9300	18600	32700	46400

1919

Twin Six, 12-cyl., 128" wb

	6	5	4	3	2	1
Cpe	1300	4000	6700	13400	23600	33400
Tr	1800	5300	8900	17800	31300	44400
Salon Tr	1850	5400	9100	18200	32000	45500
Phtn	1900	5650	9500	19000	33400	47500
Salon Phtn	2000	5850	9900	19800	34800	49500
Rnbt	1900	5650	9500	19000	33400	47500
2-dr Brghm	1200	3750	6300	12600	22200	31400
Lndlt	1650	4950	8300	16600	29200	41500
Limo	1750	5200	8700	17400	30600	43500

Twin Six, 12-cyl., 136" wb

	6	5	4	3	2	1
Tr	2000	5850	9900	19800	34800	49500
Salon Tr	2100	6100	10300	20600	36200	51500

	6	5	4	3	2	1
Brghm	1250	3900	6500	13000	22900	32500
Lndlt	1750	5200	8700	17400	30600	43500
Limo	1800	5300	8900	17800	31300	44400
Imperial Limo	1900	5500	9300	18600	32700	46400

1920-1921

Twin Six, Model 3-35, 12-cyl.

Cpe	1300	4000	6700	13400	23600	33400
Dlx Cpe	1400	4250	7100	14200	25000	35400
Tr	1800	5300	8900	17800	31300	44400
Phtn	1900	5650	9500	19000	33400	47500
Rdstr	1950	5750	9700	19400	34100	48400
Sdn	1200	3750	6300	12600	22200	31400
Duplex Sdn	1600	4850	8100	16200	28500	40500
Limo	1750	5200	8700	17400	30600	43500

Model 116, 6-cyl.

Cpe	1050	3400	5700	11400	20100	28500
Tr	1350	4150	6900	13800	24300	34500
Rnbt	1250	3900	6500	13000	22900	32500
Sdn	1000	3150	5300	10600	18700	26500

1922

Twin Six, Model 3-35, 12-cyl.

Cpe	1300	4000	6700	13400	23600	33400
Dlx Cpe	1400	4250	7100	14200	25000	35400
Tr	1800	5300	8900	17800	31300	44400
Phtn	1900	5650	9500	19000	33400	47500
Rdstr	1950	5750	9700	19400	34100	48400
Sdn	1200	3750	6300	12600	22200	31400
Duplex Sdn	1600	4850	8100	16200	28500	40500
Limo	1750	5200	8700	17400	31700	43500

Series 116, 6-cyl.

Cpe	1050	3400	5700	11400	20100	28500
Tr	1350	4150	6900	13800	24300	34500
Rnbt	1250	3900	6500	13000	22900	32500
Sdn	1000	3150	5300	10600	18700	26500

Series 126, 6-cyl., 126" wb

Cpe	1100	3550	5900	11800	20800	29400
Tr	1500	4500	7500	15000	26400	37500
Rnbt	1400	4250	7100	14200	25000	35400
Spt Model	1250	3900	6500	13000	22900	32500
Sdn	1050	3300	5500	11000	19300	27500

Series 133, 6-cyl., 133" wb

Tr	1500	4600	7700	15400	27100	38500
Sdn	1050	3300	5500	11000	19300	27500
Sdn Limo	1150	3650	6100	12200	21500	30500

1923

Twin Six, Model 3-35, 12-cyl.

Cpe	1300	4000	6700	13400	23600	33400
Dlx Cpe	1400	4250	7100	14200	25000	35400
Tr	1800	5300	8900	17800	31300	44400
Phtn	1900	5650	9500	19000	33400	47500
Rdstr	1950	5750	9700	19400	34100	48400
Sdn	1200	3750	6300	12600	22200	31400
Duplex Sdn	1600	4850	8100	16200	28500	40500
Limo	1750	5200	8700	17400	31700	43500

Series 126, 6-cyl., 126" wb

Cpe	1100	3550	5900	11800	20800	29400
Tr	1300	4000	6700	13400	23600	33400

	6	5	4	3	2	1
Rnbt	1200	3750	6300	12600	22200	31400
Spt Model	1250	3900	6500	13000	22900	32500
Sdn	900	2800	4700	9400	16500	23400
Series 133, 6-cyl., 133" wb						
Tr	1400	4250	7100	14200	25000	35400
Sdn	900	2900	4900	9800	17300	24500
Sdn Limo	1050	3400	5700	11400	20100	28500

1924

	6	5	4	3	2	1
Series 136, 8-cyl.						
4-pass Cpe	1050	3300	5500	11000	19300	27500
5-pass Cpe	1000	3150	5300	10600	18700	26500
5-pass Tr	1600	4850	8100	16200	28500	40500
2-4 pass Rnbt	1650	4950	8300	16600	29200	41500
4-pass Spt Mod	1850	5400	9100	18200	32000	45500
5-pass Sdn	950	3050	5100	10200	18000	25400
Sdn Limo	1100	3550	5900	11800	20800	29400
Series 143, 8-cyl.						
7-pass Tr	1700	5050	8500	17000	29900	42500
7-pass Sdn	1000	3150	5300	10600	18700	26500
7-pass Sdn Limo	1150	3650	6100	12200	21500	30500
Series 226, 6-cyl. 126" wb						
Cpe	950	3050	5100	10200	18000	25400
Tr	1300	4000	6700	13400	23600	33400
Tr Sdn	950	3050	5100	10200	18000	25400
Rdstr	1300	4100	6800	13600	23950	34000
Spt Rdstr	1350	4150	6900	13800	24300	34500
Sdn	900	2800	4700	9400	16500	23400
Sdn Limo	1050	3300	5500	11000	19300	27500
Series 233, 6-cyl. 133" wb						
Sdn	900	2900	4900	9800	17300	24500
Sdn Limo	1050	3400	5700	11400	20100	28500
Tr	1400	4250	7100	14200	25000	35400

1925

	6	5	4	3	2	1
Series 236, 8-cyl. 136" wb						
4-pass Cpe	1050	3300	5500	11000	19300	27500
5-pass Cpe	1000	3200	5400	10800	19000	26900
Spt Tr	1600	4850	8100	16200	28500	40500
2-pass Holbrook	1850	5400	9100	18200	32000	45500
Rnbt	1700	5050	8500	17000	29900	42500
Sdn	950	3050	5100	10200	18000	25400
Sdn Limo	1100	3550	5900	11800	20800	29400
Series 243, 143" wb						
Tr	1700	5050	8500	17000	29900	42500
Sdn	1000	3150	5300	10600	18700	26500
Club Sdn	1050	3300	5500	11000	19300	27500
Sdn Limo	1150	3650	6100	12200	21500	30500
Series 326, 6-cyl., 126" wb						
2-pass Cpe	950	3050	5100	10200	18000	25400
4-pass Cpe	900	2900	4900	9800	17300	24500
5-pass Cpe	900	2800	4700	9400	16500	23400
Tr	1450	4400	7300	14600	25700	36500
Rnbt	1300	4000	6700	13400	23600	33400
Spt Rdstr	1450	4450	7400	14800	26050	36900
Phtn	1500	4550	7600	15200	26750	38000
Sdn	850	2550	4300	8600	15100	21500
Sdn Limo	1000	3150	5300	10600	18700	26500
Series 333, 6-cyl, 133" wb						
Tr	1250	3900	6500	13000	22900	32500

	6	5	4	3	2	1
Sdn	850	2650	4500	9000	15900	22500
Club Sdn	900	2800	4700	9400	16500	23400
Sdn Limo	1050	3300	5500	11000	19300	27500

1926

Series 236, 8-cyl. 136" wb

	6	5	4	3	2	1
4-pass Cpe	1050	3300	5500	11000	19300	27500
5-pass Cpe	1000	3200	5400	10800	19000	26900
Spt Tr	1600	4850	8100	16200	28500	40500
2-pass Holbrook	1850	5400	9100	18200	32000	45500
Rnbt	1700	5050	8500	17000	29900	42500
Sdn	950	3050	5100	10200	18000	25400
Sdn Limo	1100	3550	5900	11800	20800	29400

Series 243, 143" wb

	6	5	4	3	2	1
Tr	1700	5050	8500	17000	29900	42500
Sdn	1000	3150	5300	10600	18700	26500
Club Sdn	1050	3300	5500	11000	19300	27500
Sdn Limo	1150	3650	6100	12200	21500	30500

Series 326, 6-cyl., 126" wb

	6	5	4	3	2	1
2-pass Cpe	950	3050	5100	10200	18000	25400
4-pass Cpe	900	2900	4900	9800	17300	24500
5-pass Cpe	900	2800	4700	9400	16500	23400
Tr	1450	4400	7300	14600	25700	36500
Rnbt	1300	4000	6700	13400	23600	33400
Spt Rdstr	1450	4450	7400	14800	26050	36900
Phtn	1500	4550	7600	15200	26750	38000
Sdn	850	2550	4300	8600	15100	21500
Sdn Limo	1000	3150	5300	10600	18700	26500

Series 333, 6-cyl, 133" wb

	6	5	4	3	2	1
Tr	1250	3900	6500	13000	22900	32500
Sdn	850	2650	4500	9000	15900	22500
Club Sdn	900	2800	4700	9400	16500	23400
Sdn Limo	1050	3300	5500	11000	19300	27500

1927

Series 426, 6-cyl., 126" wb

	6	5	4	3	2	1
Rdstr	1450	4400	7300	14600	25700	36500
Phtn	1500	4500	7500	15000	26400	37500
Sdn	900	2800	4700	9400	16500	23400

Series 433, 6-cyl, 133" wb

	6	5	4	3	2	1
Cpe	950	3050	5100	10200	18000	25400
Tr	1500	4500	7500	15000	26400	37500
Sdn	900	2900	4900	9800	17300	24500
Club Sdn	950	3050	5100	10200	18000	25400
Sdn Limo	1050	3400	5700	11400	20100	28500

Series 336, 8-cyl., 136" wb

	6	5	4	3	2	1
Rdstr	1800	5300	8900	17800	31300	44400
Phtn	1750	5200	8700	17400	30600	43500
Sdn	900	2800	4700	9400	16500	23400

Series 343, 8-cyl., 143" wb

	6	5	4	3	2	1
Cpe	1050	3300	5500	11000	19300	27500
Tr	1900	5500	9300	18600	32700	46400
Sdn	900	2900	4900	9800	17300	24500
Club Sdn	950	3050	5100	10200	18000	25400
Sdn Limo	1050	3400	5700	11400	20100	28500

1928

Series 526, 6-cyl., 126" wb

	6	5	4	3	2	1
Cpe	900	2800	4700	9400	16500	23400
Phtn	1600	4850	8100	16200	28500	40500

	6	5	4	3	2	1
Rnbt	1500	4600	7700	15400	27100	38500
Conv	1400	4350	7250	14500	25500	36200
Sdn	850	2550	4300	8600	15100	21500
Series 533, 6-cyl., 133" wb						
Cpe	950	2950	4950	9900	17500	24700
Phtn	1900	5500	9300	18600	32700	46400
7-pass Tr	1900	5650	9500	19000	33400	47500
Rnbt	1750	5200	8700	17400	30600	43500
Sdn	850	2650	4500	9000	15900	22500
Club Sdn	900	2800	4700	9400	16500	23400
Sdn Limo	900	2900	4900	9800	17300	24500
Series 443, Standard, 8-cyl., 143" wb						
2-4 pass Cpe	850	2650	4500	9000	15900	22500
4-pass Cpe	900	2800	4700	9400	16500	23400
7-pass Tr	2100	6150	10350	20700	36400	51700
Rdstr	2050	6000	10100	20200	35500	50400
Phtn	2150	6200	10500	21000	36900	52400
Sdn	850	2550	4300	8600	15100	21500
Club Sdn	850	2650	4500	9000	15900	22500
Conv	1800	5350	9000	18000	31650	45000
Sdn Limo	900	2900	4900	9800	17300	24500
Series 443, Custom 8-cyl., 143" wb						
2-4 pass Cpe	900	2900	4900	9800	17300	24500
Conv Cpe	2300	6800	11500	23000	40400	57500
RS Cpe	1000	3100	5250	10500	18600	26200
7-pass Tr	2500	7400	12500	25000	43900	62400
Phtn	2500	7400	12500	25000	43900	62400
Rnbt	2550	7550	12750	25500	44800	63700
7-pass Sdn	900	2800	4700	9400	16500	23400
Sdn	850	2650	4500	9000	15900	22500
Club Sdn	900	2900	4900	9800	17300	24500
Sdn Limo	950	3050	5100	10200	18000	25400

1929

	6	5	4	3	2	1
Standard Eight Series 626, 8-cyl., 126" wb						
Cpe	1100	3550	5900	11800	20800	29400
Sdn	900	2900	4900	9800	17300	24500
Conv	3000	8900	14950	29900	52500	74600
Standard Eight, Series 633, 8-cyl., 133" wb						
Cpe	1550	4700	7900	15800	27800	39400
7-pass Tr	3450	10250	17300	34600	60800	86400
Rnbt	3600	10750	18100	36200	63600	90400
Phtn	3500	10350	17450	34900	61300	87100
Sdn	1000	3200	5350	10700	18900	26700
Club Sdn	1050	3300	5500	11000	19300	27500
Limo Sdn	1300	4000	6700	13400	23600	33400
Speedster Eight, Series 626, 8-cyl., 126" wb						
Phtn	10200	30300	51000	102000	179100	254600
Rdstr	11000	32700	55000	110000	193200	274600
Custom Eight, Series 640, 8-cyl., 140" wb						
RS Cpe	2250	6600	11100	22200	39000	55500
4-pass Cpe	1800	5300	8900	17800	31300	44400
7-pass Tr	5100	15150	25500	51000	89600	127300
DC Phtn	5300	15750	26500	53000	93100	132300
Rdstr	5100	15150	25500	51000	89600	127300
Sdn	1050	3400	5700	11400	20100	28500
Club Sdn	1100	3550	5900	11800	20800	29400
Conv	5000	14850	25000	50000	87800	124800
Limo	1250	3900	6500	13000	22900	32500
Deluxe Eight, Series 645, 8-cyl., 140" wb						
RS Cpe	2500	7350	12400	24800	43550	61900

	6	5	4	3	2	1
5-pass Cpe	2000	5850	9900	19800	34800	49500
7-pass Tr	5900	17500	29450	58900	103400	147000
Phtn	6000	17800	29950	59900	105200	149500
Spt Phtn	6100	18100	30500	61000	107100	152300
Rdstr	6000	17800	29950	59900	105200	149500
Sdn	1600	4750	7950	15900	28000	39700
Club Sdn	1700	5050	8450	16900	29700	42200
Limo	1850	5400	9100	18200	32000	45500

1930

Standard Eight, Series 726, 8-cyl.

	6	5	4	3	2	1
Sdn	1150	3650	6100	12200	21500	30500

Stnadard Eight, Series 733, 8-cyl., 134" wb

	6	5	4	3	2	1
2-4 pass Cpe	2400	7050	11900	23800	41800	59500
5-pass Cpe	1350	4150	6900	13800	24300	34500
7-pass Tr	5000	14800	24950	49900	87600	124600
Phtn	5050	15000	25250	50500	88700	126100
Spt Phtn	5150	15300	25750	51500	90400	128600
Rdstr	5050	15000	25250	50500	88700	126100
Sdn	1500	4400	7350	14700	25900	36700
Club Sdn	1550	4650	7750	15500	27300	38700
Conv	3800	11300	19000	38000	66700	94900
Limo Sdn	1700	5050	8500	17000	29900	42500

Speedster Eight, Series 734, 8-cyl., 134" wb

	6	5	4	3	2	1
2-pass Rnbt	11200	33250	56000	112000	196700	279600
2-4 pass Rnbt	10300	30600	51500	103000	180900	257100
Phtn	10500	31200	52500	105000	184400	262100
Vic	4900	14550	24500	49000	86000	122300
Sdn	3600	10650	17950	35900	63000	89600

Custom Eight, Series 740, 8-cyl., 140" wb

	6	5	4	3	2	1
2-4 pass Cpe	2800	8350	14100	28200	49500	70400
5-pass Cpe	2000	5850	9900	19800	34800	49500
7-pass Tr	6000	17800	29950	59900	105200	149500
Phtn	5600	16650	28000	56000	98300	139800
Spt Phtn	5800	17250	29000	58000	101800	144800
Rdstr	7000	20800	35000	70000	122900	174700
Sdn	1900	5650	9500	19000	33400	47500
5-7 pass Sdn	1950	5750	9700	19400	34100	48400
Club Sdn	2000	5850	9900	19800	34800	49500
Conv	5500	16350	27500	55000	96600	137300
Limo Sdn	2200	6350	10700	21400	37600	53500

Deluxe Eight, Series 745, 8-cyl., 145" wb

	6	5	4	3	2	1
2-4 pass Cpe	3100	9200	15500	31000	54400	77400
5-pass Cpe	2700	8000	13500	27000	47400	67400
7-pass Tr	10400	30900	52000	104000	182600	259600
Phtn	11000	32700	55000	110000	193200	274600
Spt Phtn	11400	33850	57000	114000	200200	284600
Rdstr	10800	32100	54000	108000	189600	269600
Sdn	2200	6450	10900	21800	38300	54400
5-7 pass Sdn	2250	6700	11300	22600	39700	56400
Club Sdn	2350	6950	11700	23400	41100	58400
Conv	10200	30300	51000	102000	179100	254600
Limo	2700	8000	13500	27000	47400	67400

1931

Standard Eight, Series 826,

	6	5	4	3	2	1
Sdn	1150	3650	6100	12200	21500	30500

Standard Eight, Series 833,

	6	5	4	3	2	1
2-4 pass Cpe	2450	7150	12100	24200	42500	60400
5-pass Cpe	2150	6200	10500	21000	36900	52400

	6	5	4	3	2	1
7-pass Tr	5200	15450	26000	52000	91300	129800
Phtn	5400	16050	27000	54000	94800	134800
Spt Phtn	5600	16600	27950	55900	98200	139500
Conv Sdn	5900	17550	29500	59000	103600	147300
Rdstr	5500	16300	27450	54900	96400	137000
4-dr Sdn	1550	4700	7900	15800	27800	39400
Club Sdn	1600	4850	8100	16200	28500	40500
Conv	4100	12200	20500	41000	72000	102300
Limo Sdn	1800	5300	8900	17800	31300	44400
Custom Eight, Series 833,						
A/W Cabrlt	6900	20500	34500	69000	121200	172200
A/W Spt Cabrlt	7100	21100	35500	71000	124700	177200
A/W Lan	7450	22100	37250	74500	130800	186000
A/W Spt Lan	7650	22750	38250	76500	134300	191000
A/W Town Car	7500	22300	37500	75000	131700	187200
A/W Town Car Lan	7700	22850	38500	77000	135200	192200
Conv Vic	8100	24050	40500	81000	142200	202200
Conv Sdn	8200	24350	41000	82000	144000	204700
Cabrlt Sdn Limo	7700	22850	38500	77000	135200	192200
Custom Eight, Series 840,						
2-4 pass Cpe	3100	9200	15500	31000	54400	74400
5-pass Cpe	2400	7200	12100	24200	42500	60400
Tr	8400	24950	42000	84000	147500	209700
Spt Phtn	9100	27050	45500	91000	159800	227200
Phtn	8900	26450	44500	89000	156300	222200
Rdstr	8600	25550	43000	86000	15100	214700
Sdn	2000	5950	10000	20000	35150	49900
Club Sdn	2100	6250	10500	21000	36900	52400
Conv	8200	24350	41000	82000	144000	204700
Sdn (Series 845)	2900	8600	14500	29000	50900	72400
Limo Sdn (Series 845)	3150	9350	15700	31400	55100	78400
Series 840, Individual Custom						
A/W Cabrlt	10600	31500	53000	106000	186100	264600
A/W Spt Cabrlt	10800	32100	54000	108000	189600	269600
A/W Lndlt	9400	27900	47000	94000	165100	234600
A/W Spt Lndlt	9600	28500	48000	96000	168600	239600
Cabrlt Sdn Limo	9800	29100	49000	98000	172100	244600
A/W Town Car	10200	30300	51000	102000	179100	254600
Conv Vic	10500	31200	52500	105000	184400	262100
Sdn Conv	10450	31050	52250	104500	183500	260900

1932

Light Eight, Series 900,

	6	5	4	3	2	1
Cpe	1150	3650	6100	12200	21500	30500
Cpe Sdn	1050	3400	5700	11400	20100	28500
Rdstr	2500	7400	12500	26000	43900	62400
Sdn	1000	3150	5300	10600	18700	26500
Standard Eight, Series 901, 129" wb						
Sdn	1000	3200	5350	10700	18900	26700
Standard Eight, Series 902, 136" wb						
Tr	5000	14800	24950	49900	87600	124600
RS Cpe	2000	5950	10000	20000	35150	49900
5-pass Cpe	1800	5350	8950	17900	31500	44700
Rdstr	4700	13950	23500	47000	82500	117300
Phtn	5100	15150	25500	51000	89600	127300
Spt Phtn	5300	15750	26500	53000	93100	132300
Sdn	1150	3650	6100	12200	21500	30500
7-pass Sdn	1200	3750	6300	12600	22200	31400
Club Sdn	1250	3950	6600	13200	23250	32900
Conv Sdn	5400	16050	27000	54000	94800	134800
Conv Vic	5550	16500	27750	55500	97500	138500

	6	5	4	3	2	1
Deluxe Eight, Series 903, 142" wb						
RS Cpe	2600	7750	13100	26200	46000	65500
5-pass Cpe	2500	7350	12400	24800	43550	61900
7-pass Tr	4450	13200	22200	44400	78000	110800
Phtn	5600	16650	28000	56000	98300	139800
Spt Phtn	5900	17500	29450	58900	103400	147000
Conv Sdn	6000	17800	30000	60000	105400	149800
Conv Vic	6200	18400	31000	62000	108900	154800
Sdn	1650	4950	8300	16600	29200	41500
Club Sdn	1750	5200	8700	17400	30600	43500
Conv	5500	16350	27500	55000	96600	137300
Deluxe Eight, Series 904, 147" wb						
Sdn	2500	7350	12400	24800	43550	61900
Limo	2900	8550	14400	28800	50600	71900
Series 904, Individual Custom, 147" wb						
Dietrich Cpe	6800	20200	34000	68000	119400	169700
Dietrich Conv Cpe	10500	31200	52500	105000	184400	262100
Cabrlt	11000	32700	55000	110000	193200	274600
Spt Cabrlt	11400	33850	56950	113900	200000	284300
A/W Brghm	11500	34150	57450	114900	201800	286800
A/W Town Car	11700	34750	58450	116900	205300	291800
Dietrich Spt Phtn	11300	33550	56450	112900	198200	281800
Dietrich Conv Sdn	11500	34150	57450	114900	201800	286800
Spt Sdn	6800	20200	34000	68000	119400	169700
Limo Cabrlt	11600	34450	57950	115900	203500	289300
Dietrich Limo	7800	23150	38950	77900	136800	194500
Dietrich Conv Vic	12500	37150	62500	125000	219500	312000
Lndlt	7400	22000	37000	74000	129900	184700
Spt Lan	7800	23150	39000	78000	137000	194700
Town Car Lndlt	8300	24650	41450	82900	145600	206900
Twin Six, Series 905, 12-cyl., 142" wb						
RS Cpe	3900	11600	19500	39000	68500	97400
5-pass Cpe	3600	10700	18000	36000	63200	89900
7-pass Tr	10600	31450	52950	105900	186000	264300
Phtn	11200	33250	56000	112000	196700	279600
Spt Phtn	11000	32700	55000	110000	193200	274600
Sdn	2800	8250	13900	27800	48800	69400
Club Sdn	2850	8500	14300	28600	50200	71400
Conv Sdn	11500	34150	57450	114900	201800	286800
Conv Vic	11700	34750	58450	116900	205300	291800
Conv	11450	34000	57250	114500	201100	285800
Twin Six, Series 906, 12-cyl., 147" wb						
7-pass Sdn	3600	10700	18000	36000	63200	89900
Limo	4200	12500	21000	42000	73700	104800

1933

	6	5	4	3	2	1
Eight, Series 1001, 127" wb						
Cpe Rdstr	4250	12700	21300	42600	74800	106300
Cpe	1350	4200	7000	14000	24650	34900
Cpe Sdn	1300	4000	6700	13400	23600	33400
Sdn	1200	3750	6300	12600	22200	31400
Eight, Series 1002, 136" wb						
7-pass Tr	5700	16950	28500	57000	100100	142300
5-pass Cpe	1400	4350	7250	14500	25500	36200
Phtn	6100	18200	30600	61200	107500	152800
Spt Phtn	6300	18700	31500	63000	110600	157300
Sdn	1350	4150	6900	13800	24300	34500
Frml Sdn	1400	4250	7100	14200	25000	35400
5-7 pass Sdn	1400	4250	7100	14200	25000	35400
Club Sdn	1450	4400	7300	14600	25700	36500
Conv Sdn	6400	19000	32000	64000	112400	159800

	6	5	4	3	2	1
Conv Vic	6500	19300	32500	65000	114100	162300
Limo	1550	4700	7900	15800	27800	39400
Super Eight, Series 1003, 135"wb						
Sdn	1550	4700	7900	15800	27800	39400
Super Eight, Series 1004, 142" wb						
2-4 pass Cpe	2450	7200	12200	24400	42850	61000
5-pass Cpe	2000	5950	10000	20000	35150	49900
7-pass Tr	7350	21850	36750	73500	129100	183500
Phtn	7100	21050	35450	70900	124500	177000
Spt Phtn	7800	23150	39000	78000	137000	194700
Cpe Rdstr	6700	19900	33500	67000	117600	167200
Sdn	1350	4150	6900	13800	24300	34500
5-7 pass Sdn	1350	4200	7000	14000	24650	34900
Club Sdn	1450	4450	7450	14900	26200	37200
Frml Sdn	1900	5500	9300	18600	32700	46400
Conv Vic	8100	24050	40450	80900	142100	201900
Conv Sdn	7800	23150	39000	78000	137000	194700
Limo	1750	5200	8700	17400	30600	43500
Twelve, Series 1005, 142" wb						
RS Cpe	3100	9200	15500	31000	54400	77400
5-pass Cpe	2550	7500	12700	25400	44600	63500
Spt Phtn	10300	30600	51500	103000	180900	257100
Sdn	2000	5850	9900	19800	34800	49500
Frml Sdn	2150	6200	10500	21000	36900	52400
Club Sdn	2200	6350	10700	21400	37600	53500
Conv Sdn	10300	30600	51500	103000	180900	257100
Conv Vic	10800	32100	54000	108000	189600	269600
Conv	10400	30900	52000	104000	182600	259600
Twelve, Series 1006, 147" wb						
7-pass Sdn	3050	9050	15200	30400	53400	75900
Limo	3300	9800	16500	33000	59700	82400
Custom Twelve, Series 1006, 147" wb Dietrich						
Cpe	3400	10150	17100	34200	60100	85400
Spt Phtn	11500	34150	57500	115000	201900	287100
Conv Sdn	11100	32950	55500	111000	194900	277100
Frml Sdn	3300	9700	16300	32600	57200	81400
Conv Vic	11900	35350	59500	119000	209000	297000
Conv	12000	35650	60000	120000	210700	299500
1934						
Eight, Series 1100, 129" wb						
Sdn	1550	4700	7900	15800	27800	39400
Eight, Series 1101, 136" wb						
RS Cpe	2000	5950	10000	20000	35150	49900
5-pass Cpe	1650	4950	8300	16600	29200	41500
Phtn	4700	13950	23500	47000	82500	117300
Sdn	1600	4750	7950	15900	28000	39700
Club Sdn	1600	4850	8100	16200	28500	40500
Frml Sdn	1700	5050	8450	16900	29700	42200
Conv Sdn	4850	14400	24200	48400	85000	120800
Conv Vic	4800	14200	23900	47800	83900	119300
Conv	4500	13350	22500	45000	79000	112300
Eight, Series 1102, 141" wb						
7-pass Sdn	1700	5050	8500	17000	29900	42500
Limo	1800	5250	8850	17700	31100	44100
Super Eight, Series 1103, 135" wb						
Sdn	1750	5200	8750	17500	30800	43700
Super Eight, Series 1104, 142" wb						
RS Cpe	3200	9450	15900	31800	55800	79400
5-pass Cpe	2600	7700	13000	26000	45650	65000
Phtn	5350	15900	26750	53500	93900	133500

	6	5	4	3	2	1
Spt Phtn	5800	17250	29000	58000	101800	144800
Club Sdn	2500	7450	12600	25200	44250	63000
Frml Sdn	2600	7750	13100	26200	46000	65500
Conv Vic	6100	18100	30500	61000	107100	152300
Conv Sdn	6000	17800	30000	60000	105400	149800
Conv	5500	16350	27500	55000	96600	137300
Super Eight, Series 1105, 147" wb						
7-pass Sdn	2850	8500	14300	28600	50200	71400
Limo	3000	8950	15100	30200	53000	75400
Dietrich Cpe	3750	11150	18750	37500	65800	93600
Dietrich Spt Sdn	3700	10900	18400	36800	64600	91900
Dietrich Conv Vic	7250	21550	36250	72500	127300	181000
Dietrich Conv Sdn	7000	20750	34950	69900	122700	174500
Dietrich Conv	6100	18100	30500	61000	107100	152300
Twelve, Series 1108, 147" wb						
7-pass Sdn	3400	10150	17100	34200	60100	85400
Limo	3600	10650	17900	35800	62900	89400

1935

Series 120, 8-cyl., 120" wb

	6	5	4	3	2	1
Bus Cpe	1050	3300	5500	11000	19300	27500
Spt Cpe	1100	3550	5900	11800	20800	29400
Tr Cpe	1100	3550	5900	11800	20800	29400
Sdn	800	2350	3900	7800	13500	19500
Club Sdn	850	2550	4300	8600	15100	21500
Tr Sdn	800	2450	4100	8200	14400	20500
Conv	1900	5550	9350	18700	32900	46700
Series 1200, 8-cyl., 127" wb						
Sdn	900	2800	4700	9400	16500	23400
Series 1201, 8-cyl., 134" wb						
RS Cpe	1950	5750	9700	19400	34100	48400
5-pass Cpe	1900	5500	9300	18600	32700	46400
Cpe Rdstr	2500	7350	12400	24800	43550	61900
Phtn	2600	7700	13000	26000	45650	65000
LeBaron A/W Cabrlt	3200	9550	16100	32200	56500	80400
Sdn	1400	4250	7100	14200	25000	35400
Frml Sdn	1350	4150	6950	13900	24500	34700
Club Sdn	1450	4400	7350	14700	25900	36700
Conv Vic	2950	8750	14750	29500	51800	73600
Series 1202, 8-cyl., 139" wb						
7-pass Sdn	1800	5300	8900	17800	31300	44400
LeBaron A/W Town Car	4100	12200	20500	41000	72000	102300
Conv Sdn	3700	11050	18600	37200	65300	92900
Limo	2050	6000	10100	20200	35500	50400
Series 1203, Super 8, 132" wb						
5-pass Sdn	1900	5650	9500	19000	33400	47500
Series 1204, Super 8, 139" wb						
RS Cpe	2500	7350	12400	24800	43550	61900
5-pass Cpe	2150	6200	10500	21000	36900	52400
Rdstr	3650	10850	18250	36500	64100	91100
Phtn	3750	11150	18750	37500	65800	93600
Spt Phtn	3850	11450	19300	38600	67800	96400
Frml Sdn	1750	5200	8700	17400	30600	43500
LeBaron A/W Cabrlt	3700	11050	18600	37200	65300	92900
Conv Vic	4000	11900	20000	40000	70200	99800
Club Sdn	1800	5300	8900	17800	31300	44400
Series 1205, Super 8, 144" wb						
Tr Sdn	2750	8150	13700	27400	48100	68400
7-pass Sdn	2050	6000	10100	20200	35500	50400
LeBaron AW Town Car	3900	11600	19500	39000	68500	97400

	6	5	4	3	2	1
Conv Sdn	4500	13350	22500	45000	79000	112300
Limo	2300	6700	11300	22600	39700	56400
Series 1207, 12-cyl., 139" wb						
RS Cpe	3250	9650	16200	32400	56900	80900
5-pass Cpe	2950	8750	14700	29400	51600	73400
Rdstr	6250	18550	31250	62500	109700	156000
Phtn	6450	19150	32250	64500	113300	161000
Spt Phtn	7200	21400	36000	72000	126400	179700
Sdn	2700	7950	13400	26800	47100	66900
Frml Sdn	2800	8300	13950	27900	49000	69600
Club Sdn	2600	7750	13100	26200	46000	65500
Conv Vic	6250	18550	31250	62500	109700	156000
LeBaron A/W Cabrlt	6450	19150	32250	64500	113300	161000
Series 1208, 12-cyl., 144" wb						
7-pass Sdn	2800	8250	13900	27800	48800	69400
Conv Sdn	7600	22550	37950	75900	133300	189500
LeBaron A/W Town Car	7000	20750	34950	69900	122500	174500
Limo	3200	9450	15900	31800	55800	79400

1936

Series 120-B, 8-cyl., 120" wb

	6	5	4	3	2	1
Bus Cpe	1100	3550	5900	11800	20800	29400
Spt Cpe	1150	3650	6100	12200	21500	30500
Tr Cpe	1100	3550	5900	11800	20800	29400
Tr Sdn	700	2050	3500	7000	12100	17400
Sdn	700	1850	3300	6600	11300	16300
Club Sdn	750	2250	3700	7400	12800	18500
Conv	2300	6750	11400	22800	40000	57000
Conv Sdn	2400	7100	12000	24000	42150	59900
Series 1400, 8-cyl., 127" wb						
Sdn	800	2350	3900	7800	13500	19500
Series 1401, 8-cyl., 134" wb						
2-4 pass Cpe	1800	5300	8900	17800	31300	44400
5-pass Cpe	1700	5050	8500	17000	29900	42500
Rdstr	3450	10300	17300	34600	60800	86400
Phtn	3500	10500	17600	35200	61800	87900
Spt Phtn	3600	10750	18100	36200	63600	90400
LeBaron Cabrlt	3800	11250	18950	37900	66500	94600
Sdn	1350	4150	6900	13800	24300	34500
Club Sdn	1400	4350	7250	14500	25500	36200
Frml Sdn	1400	4200	7100	14200	25000	35400
Conv Vic	4000	11850	19950	39900	70100	99600
Series 1402, 8-cyl., 139" wb						
7-pass Tr	4150	12350	20750	41500	72900	103600
Sdn	1800	5300	8900	17800	31300	44400
Bus Sdn	1700	5050	8500	17000	29900	42500
LeBaron Town Car	3900	11650	19600	39200	68800	97900
Conv Sdn	4350	12900	21750	43500	76400	108600
Limo	2000	5850	9900	19800	34800	49500
Bus Limo	1900	5650	9500	19000	33400	47500
Series 1403, Super Eight, 132" wb						
Sdn	1700	5050	8500	17000	29900	42500
Series 1404, Super Eight, 139" wb						
RS Cpe	2500	7450	12600	25200	44250	63000
5-pass Cpe	2350	6900	11600	23200	40750	57900
Cpe Rdstr	3700	11000	18500	37000	65000	92400
Phtn	4400	13050	22000	44000	77300	109800
Spt Phtn	4850	14400	24250	48500	85200	121100
LeBaron A/W Cabrlt	4900	14500	24500	49000	86000	122300
Club Sdn	2100	6100	10300	20600	36200	51500

	6	5	4	3	2	1
Frml Sdn	2000	5850	9900	19800	34800	49500
Conv Vic	4800	14250	23950	47900	84100	119600
Series 1405, Super Eight, 144" wb						
7-pass Tr	5000	14850	25000	50000	87800	124800
Conv Sdn	5200	15450	26000	52000	91300	129800
Series 1407, 12-cyl., 139" wb						
RS Cpe	3000	8950	15100	30200	53000	75400
5-pass Cpe	2600	7800	13200	26400	46350	65900
Cpe Rdstr	6200	18400	31000	62000	108900	154800
Phtn	6400	19050	32100	64200	112700	160300
Spt Phtn	7000	20750	34950	69900	122700	174500
LeBaron A/W Cabrlt	6650	19750	33200	66400	116600	165700
Sdn	1850	5400	9100	18200	32000	45500
Club Sdn	2000	6000	10100	20200	35500	50400
Frml Sdn	1800	5300	8900	17800	31300	44400
Series 1408, 12-cyl., 144" wb						
7-pass Tr	6650	19750	33200	66400	116600	165700
Conv Sdn	6850	20350	34250	68500	120300	171000
7-pass Sdn	2000	5850	9900	19800	34800	49500
LeBaron AW Town Car	7500	22300	37500	75000	131700	187200
Limo	2400	7050	11900	23800	41800	59500

1937

	6	5	4	3	2	1
Series 115-C, 6-cyl., 115" wb						
Tr Cpe	700	2050	3500	7000	12100	17400
Bus Cpe	900	2900	4900	9800	17300	24500
Spt Cpe	1000	3150	5300	10600	18700	26500
Sdn	700	1850	3300	6600	11300	16300
Club Sdn	750	2250	3700	7400	12800	18500
Tr Sdn	700	2050	3500	7000	12100	17400
Conv	1700	5050	8450	16900	29700	42200
Sta Wgn	1650	4950	8350	16700	29300	41700
Series 120-C, 8-cyl., 120" wb						
Tr Cpe	850	2550	4300	8600	15100	21500
Bus Cpe	1150	3700	6200	12400	21850	30900
Spt Cpe	1250	3900	6500	13000	22900	32500
Sdn	800	2450	4100	8200	14400	20500
Club Sdn	850	2650	4500	9000	15900	22500
Tr Sdn	850	2550	4300	8600	15100	21500
Conv Sdn	2250	6550	11000	22000	38650	55000
Conv	2150	6200	10450	20900	36700	52100
Sta Wgn	1900	5600	9450	18900	33200	47200
Series 120-CD, 8-cyl., 120" wb						
Tr Cpe	900	2850	4800	9600	16900	24000
Club Sdn	1000	3200	5350	10700	18900	26700
Tr Sdn	950	3050	5100	10200	18000	25400
Series 138-CD, 8-cyl., 138" wb						
Tr Sdn	1050	3300	5500	11000	19300	27500
Tr Limo	1150	3650	6100	12200	21500	30500
Series 1500, Super Eight, 127" wb						
Sdn	1000	3200	5350	10700	18900	26700
Series 1501, Super Eight, 134" wb						
RS Cpe	2300	6800	11450	22900	40200	57200
5-pass Cpe	2000	5900	9950	19900	35000	49700
LeBaron A/W Cabrlt	3950	11700	19700	39400	69200	98400
Club Sdn	1400	4250	7100	14200	25000	35400
Tr Sdn	1250	3950	6550	13100	23100	32700
Frml Sdn	1300	4050	6750	13500	23800	33700
Vic	2900	8600	14500	29000	50900	72400
Conv	3700	10950	18450	36900	64800	92100

	6	5	4	3	2	1
Series 1502, Super Eight, 139" wb						
Bus Sdn	1350	4150	6950	13900	24500	34700
Tr Sdn	1400	4300	7150	14300	25200	35700
LeBaron A/W Town Car	4450	13200	22250	44500	78100	111100
Conv Sdn	4600	13650	23000	46000	80800	114800
Tr Limo	1600	4800	8000	16000	28150	40000
Bus Limo	1500	4600	7700	15400	27100	38500
Series 1506, V-12, 132" wb						
Tr Sdn	1550	4700	7900	15800	27800	39400
Series 1507, V-12, 139" wb						
RS Cpe	2600	7700	13000	26000	45650	65000
5-pass Cpe	2450	7250	12300	24600	43200	61500
LeBaron A/W Cabrlt	6400	19000	32000	64000	112400	159800
Club Sdn	1800	5300	8900	17800	31300	44400
Frml Sdn	1750	5200	8700	17400	30600	43500
Tr Sdn	1700	5000	8400	16800	29550	41900
Conv Vic	5600	16600	27950	55900	98200	139500
Conv	6200	18400	31000	62000	108900	154800
Series 1508, V-12, 144" wb						
LeBaron A/W Town Car	9700	28800	48500	97000	170300	242100
Conv Sdn	10000	29700	49950	99900	175400	249400
Tr Sdn	3200	94500	15900	31800	55800	79400
Tr Limo	3400	10100	17000	34000	59700	84900
_1938_						
Series 1600, 6-cyl., 122" wb						
Bus Cpe	800	2450	4100	8200	14400	20500
Club Cpe	800	2350	3900	7800	13500	19500
2-dr Tr Sdn	600	1600	2750	5500	9500	13800
Sdn Tr	600	1650	2900	5800	10000	14500
Series 1601, 8-cyl., 127" wb						
Bus Cpe	1000	3200	5350	10700	18900	26700
Club Cpe	1050	3300	5500	11000	19500	27700
2-dr Tr Sdn	800	2350	3900	7800	13500	19500
Sdn Tr	750	2250	3700	7400	12800	18500
Conv	1900	5650	9500	19000	33400	47500
Conv Sdn	2000	5900	9950	19900	35000	49700
Series 1601-D, 8-cyl., 127" wb						
Tr Sdn	900	2850	4800	9600	16900	24000
Series 1601, 8-cyl., 139" wb						
Rollston A/W Cabrlt	4600	13650	23000	46000	80800	114800
Rollston A/W Town Car	4450	13200	22200	44400	78000	110800
Rollston Brghm	3900	11600	19500	39000	68500	97400
Series 1602, 8-cyl., 148" wb						
Tr Sdn	1100	3550	5900	11800	20800	29400
Tr Limo	1300	4100	6850	13700	24100	34200
Series 1603, Super Eight, 127" wb						
Tr Sdn	1400	4250	7100	14200	25000	35400
Series 1604, Super Eight, 134" wb						
2-4 pass Cpe	1800	5300	8900	17800	31300	44400
5-pass Cpe	1600	4800	8000	16000	28150	40000
Club Sdn	1000	3200	5350	10700	18900	26700
Tr Sdn	950	2950	4950	9900	17500	24700
Frml Sdn	950	3050	5100	10200	18000	25400
Vic Conv	4000	11850	19950	39900	70100	99600
Conv Cpe	3500	10400	17500	35000	61500	87400
Series 1605, Super 8, 139" wb						
Bus Sdn	1350	4150	6900	13900	24300	34500
Conv Sdn	4150	12350	20750	41500	72900	103600
Bus Limo	2000	5900	9950	19900	35000	49700

	6	5	4	3	2	1
Series 1607, 12-cyl., 134" wb						
2-4-pass Cpe	2600	7650	12950	25900	45500	64700
5-pass Cpe	2450	7300	12350	24700	43400	61700
Club Sdn	2050	6000	10100	20200	35500	50400
Tr Sdn	1900	5600	9450	18900	33200	47200
Frml Sdn	2000	5850	9900	19800	34800	49500
Vic Conv	7550	22450	37750	75500	132600	188500
Conv Cpe	7700	22870	38500	77000	135200	192200
Series 1608, 12-cyl., 139" wb						
Conv Sdn	7800	23150	39000	78000	137000	194700
Tr Sdn	2550	7550	12750	25500	44800	63700
Tr Limo Sdn	2700	8000	13500	27000	47400	67400

1939

	6	5	4	3	2	1
Series 1700, 6-cyl., 122" wb						
Bus Cpe	750	2250	3700	7400	12800	18500
Club Cpe	800	2350	3900	7800	13500	19500
2-dr Sdn	600	1600	2700	5400	9300	13500
Tr Sdn	600	1600	2800	5600	9700	14000
Conv	1450	4450	7450	14900	26200	37200
Sta Wgn	1600	4750	7950	15900	28000	39700
Series 1701, 8-cyl., 127" wb						
Club Cpe	900	2750	4600	9200	16200	22900
Bus Cpe	800	2450	4100	8200	14400	20500
2-dr Tr Sdn	700	1900	3350	6700	11500	16500
Tr Sdn	700	1900	3350	6700	11500	16500
Conv Cpe	2400	7050	11950	23900	42000	59700
Conv Sdn	2450	7300	12250	24500	43000	63500
Sta Wgn	1450	4450	7450	14900	26200	37200
Series 1702, 8-cyl., 148" wb						
Tr Sdn	850	2550	4300	8600	15100	21500
Tr Limo	950	2950	4950	9900	17500	24700
Series 1703, Super 8, 127" wb						
Club Cpe	1350	4150	6900	13800	24300	34500
Tr Sdn	1000	3200	5350	10700	18900	26700
Conv	4800	14250	24000	48000	84300	119800
Conv Sdn	5250	15600	26250	52500	92200	131100
Series 1705, Super 8, 148" wb						
Tr Sdn	1100	3550	5900	11800	20800	29400
Tr Limo	1350	4150	6950	13900	24500	34700
Series 1707, 12-cyl., 134" wb						
2-4 pass Cpe	2600	7750	13100	26200	46000	65500
5-pass Cpe	2400	7050	11900	23800	41800	59500
Rollston A/W Cbrlt	5350	15900	26750	53500	93900	133500
Tr Sdn	2000	5950	10000	20000	35150	49900
Club Sdn	2150	6200	10500	21000	36900	52400
Frml Sdn	2300	6650	11250	22500	39500	56100
Conv Cpe	6800	20200	34000	68000	119400	169700
Conv Vic	6800	20200	34000	68000	119400	169700
Series 1708, 12-cyl., 139" wb						
Tr Sdn	3100	9200	15500	31000	54400	77400
Tr Limo Sdn	3100	9250	15600	31200	54800	77900

1940

	6	5	4	3	2	1
Series 1800, 6-cyl., 122" wb						
Bus Cpe	800	2350	3900	7800	13500	19500
Club Cpe	800	2450	4100	8200	14400	20500
2-dr Tr Sdn	600	1600	2700	5400	9300	13500
Tr Sdn	600	1600	2700	5400	9300	13500
Conv Cpe	1450	4450	7450	14900	26200	37200
Sta Wgn	1600	4750	7950	15900	28000	39700

	6	5	4	3	2	1
Series 1801, Standard, 8-cyl., 127" wb						
Bus Cpe	900	2850	4800	9600	16900	24000
Club Cpe	900	2900	4900	9800	17300	24500
2-dr Tr Sdn	700	1900	3400	6800	11700	16900
Club Sdn	750	2250	3700	7400	12800	18500
Tr Sdn	700	2050	3500	7000	12100	17400
Conv Cpe	1800	5250	8850	17700	31100	44100
Conv Sdn	2150	6200	10450	20900	36700	52100
Darrin Vic Conv	4200	12500	21000	42000	73700	104800
Sta Wgn	2200	6500	10950	21900	38500	54700
Series 1801, Deluxe, 8-cyl., 127" wb						
Club Cpe	900	2900	4900	9800	17300	24500
Club Sdn	800	2350	3900	7800	13500	19500
Tr Sdn	750	2250	3700	7400	12800	18500
Conv Cpe	2000	5850	9850	19700	34600	49200
Series 1803, Super 8, 127" wb						
Bus Cpe	1000	3150	5300	10600	18700	26500
Club Cpe	1050	3400	5700	11400	20100	28500
Club Sdn	1000	3150	5300	10600	18700	26500
Tr Sdn	900	2900	4900	9800	17300	24500
Conv	3200	9500	15950	31900	56000	79600
Conv Sdn	3350	9950	16750	33500	58800	83600
Series 1804, Super Eight, 138" wb						
Sdn Tr	1000	3250	5450	10900	19100	27200
Series 1805, Super Eight, 148" wb						
Tr Sdn	1100	3500	5800	11600	20450	28900
Tr Limo	1150	3650	6100	12200	21500	30500
Series 1806, Custom, Super Eight, 127" wb						
Club Sdn	1300	4000	6700	13400	23600	33400
Darrin Conv Vic	5000	14800	24950	49900	87600	124600
Series 1807, Custom, Super Eight, 138" wb						
Rollston A/W Cabrlt	4650	13800	23250	46500	81700	116100
Frml Sdn	1800	5300	8900	17800	31300	44400
Tr Sdn	1750	5200	8700	17400	30600	43500
Darrin Spt Sdn	3600	10750	18100	36200	63600	90400
Darrin Conv Sdn	4950	14700	24750	49500	86900	123600
Series 1808, Custom, Super Eight, 148" wb						
Rollston A/W Town Car	3750	11150	18750	37500	65800	93600
Tr Sdn	1800	5300	8900	17800	31300	44400
Tr Limo	1900	5500	9300	18600	32700	46400

Factory air cond add 20%

1941

	6	5	4	3	2	1
Series 1900, Standard, 6-cyl., 122" wb						
Bus Cpe	650	1800	3250	6500	11200	16100
Club Cpe	700	2050	3500	7000	12100	17400
2-dr Tr Sdn	600	1600	2750	5500	9500	13800
Tr Sdn	600	1650	2850	5700	9900	14200
Conv	1450	4450	7450	14900	26200	37200
Sta Wgn	1800	5300	8950	17900	31500	44700
Series 1900, Deluxe, 6-cyl., 122" wb						
Club Cpe	800	2350	3900	7800	13500	19500
Tr Sdn	600	1650	2900	5800	10000	14500
2-dr Tr Sdn	700	1850	3300	6600	11300	16300
Conv	1600	4750	7950	15900	28000	39700
Sta Wgn	2000	5900	9950	19900	35000	49700
Series 1901, 8-cyl., 127" wb						
Bus Cpe	850	2550	4300	8600	15100	21500
Club Cpe	850	2650	4500	9000	15900	22500
Sdn	700	2050	3500	7000	12100	17400
2-dr Tr Sdn	750	2250	3700	7400	12800	18500

	6	5	4	3	2	1
Tr Sdn	800	2350	3900	7800	13500	19500
Conv Cpe	1700	5050	8450	16900	29700	42200
Conv Sdn	1900	5500	9250	18500	32500	46100
Sta Wgn	2300	6800	11450	22900	40200	57200
Dlx Sta Wgn	2400	7050	11950	23900	42000	59700
Series 1903, Super Eight, 127" wb						
Club Cpe	900	2900	4900	9800	17300	24500
Bus Cpe	900	2800	4700	9400	16500	23400
Conv Sdn	3200	9500	15950	31900	56000	76000
Conv Cpe	3150	9350	15750	31500	55300	78600
Dlx Conv Cpe	3150	9400	15850	31700	55700	79100
Dlx Conv Sdn	3400	10100	17000	34000	59700	84900
Series 1904, Super Eight, 138" wb						
Tr Sdn	1000	3150	5300	10600	18700	26500
Series 1905, Super Eight, 148" wb						
Tr Sdn	1050	3400	5700	11400	20100	28500
Tr Limo	1200	3750	6300	12600	22200	31400
Series 1906, Custom, Super Eight, 127" wb						
Darrin Conv Vic	5100	15150	25500	51000	89600	127300
Series 1907, Custom, Super Eight, 138" wb						
LeBaron Spt Brghm	2900	8650	14600	29200	51300	72900
Rollston A/W Cabrlt	3800	11300	19000	38000	66700	94900
Darrin Spt Sdn	3050	9100	15300	30600	53700	76400
Tr Sdn	1550	4700	7900	15800	27800	39400
Frml Sdn	1650	4950	8300	16600	29200	41500
Series 1908, Custom, Super Eight, 148" wb						
Rollston AW Town Car	3600	10650	17950	35900	63000	89600
Tr Sdn	1800	5300	8900	17800	31300	44400
LeBaron Tr Sdn	2000	5850	9900	19800	34800	49500
Tr Limo	2100	6100	10300	20600	36200	51500
LeBaron Tr Limo	2400	7050	11900	23800	41800	59500
Series 1951, Clipper, 8-cyl., 127" wb						
4-dr Tr Sdn	700	1900	3350	6700	11500	16500

Factory air cond add 20%

1942

	6	5	4	3	2	1
Clipper, Series 2000, Special, 6-cyl., 120" wb						
Bus Cpe	650	1800	3200	6400	11000	15900
Club Sdn	600	1650	2900	5800	10000	14500
Tr Sdn	600	1600	2700	5400	9300	13500
Series 2010, Custom, 120" wb						
Club Sdn	700	2050	3500	7000	12100	17400
Tr Sdn	700	1900	3400	6800	11700	16900
Series 2020, Custom, 122" wb						
Conv	1600	4750	7950	15900	28000	39700
Clipper, Series 2001, Special, 8-cyl., 120" wb						
Bus Cpe	750	2150	3600	7200	12400	18000
Club Sdn	750	2100	3550	7100	12300	17700
Tr Sdn	700	1900	3350	6700	11500	16500
Series 2011, Custom, 120" wb						
Club Sdn	800	2450	4100	8200	14400	20500
Tr Sdn	800	2350	3900	7800	13500	19500
Series 2021, Custom, 127" wb						
Conv	1700	5050	8450	16900	29700	42200
Clipper, 160, Super 8, 127" wb						
Club Sdn	900	2900	4900	9800	17300	24500
Tr Sdn	900	2800	4700	9400	16500	23400
Super Eight, 160, 127" wb						
Conv	3100	9200	15500	31000	54400	77400
Super Eight, 160, 138" wb						
Tr Sdn	1000	3150	5300	10600	18700	26500

	6	5	4	3	2	1
Super Eight, 160, 148" wb						
7-pass Sdn	1050	3400	5700	11400	20100	28500
Limo	1150	3650	6100	12200	21500	30500
Super Eight, 160, 148" wb						
Bus Sdn	1000	3200	5350	10700	18900	26700
Bus Limo	1050	3400	5700	11400	20100	28500
Clipper, Super Eight, 180, 127" wb						
Club Sdn	950	3050	5100	10200	18000	25400
Tr Sdn	900	2900	4900	9800	17300	24500
Super Eight, 180, Special, 127" wb						
Darrin Conv Vic	6100	18100	30500	61000	107100	152300
Super Eight, 180, 138" wb						
Tr Sdn	950	2950	4950	9900	17500	24700
Frml Sdn	1000	3200	5350	10700	18900	26700
Rollston A/W Cabrlt	3800	11250	18950	37900	66500	94600
Super Eight, 180, 148" wb						
Tr Sdn	1200	3750	6300	12600	22200	31400
Limo	1350	4150	6900	13800	24300	34500
LeBaron Sdn	1900	5500	9300	18600	32700	46400
LeBaron Limo	2050	6000	10100	20200	35500	50400
Rollston A/W Town Car	3850	11450	19250	38500	67600	96100

Factory air cond add 20%

1946-1947

Clipper, Series 2100

Six, 2101/2111, 6-cyl., 120" wb	6	5	4	3	2	1
Tr Sdn	650	1700	3000	5900	10200	14700
Club Sdn	650	1750	3150	6300	10900	15700
4-dr Taxi	700	2050	3500	7000	12100	17400
Clipper, 8-cyl., 120" wb						
Tr Sdn	650	1700	3000	6100	10600	15200
Dlx Tr Sdn	650	1750	3150	6300	10900	15700
Dlx Club Sdn	700	1900	3350	6700	11500	16500
Clipper, Super Eight, 127" wb						
2103 Tr Sdn	700	1900	3350	6700	11500	16500
2103 Club Sdn	750	2100	3550	7100	12300	17700
2106 Cus Tr Sdn	900	2750	4600	9200	16200	22900
2106 Cus Club Sdn	1200	3750	6300	12600	22200	31400
Clipper, Super, Series 2126, 148" wb						
8-pass Sdn	900	2800	4700	9400	16500	23400
Limo	1050	3400	5700	11400	20100	28500

1948

Series 2201, Standard Eight, 8-cyl., 120" wb	6	5	4	3	2	1
4-dr Sdn	600	1600	2750	5500	9500	13800
Dlx Sdn	650	1700	3000	6100	10600	15200
2-dr Club Sdn	650	1700	3000	5900	10200	14700
Dxl Club Sdn	650	1800	3250	6500	11200	16100
4-dr Sta Sdn	1800	5300	8950	17900	31500	44700
Series 2202, Super Eight, 120" wb						
Sdn	750	2200	3650	7300	12600	18200
Club Sdn	800	2350	3950	7900	13700	19700
Series 2232, Super Eight, 120" wb						
Conv Vic	1900	5600	9450	18900	33200	47200
Series 2222, Super Eight, 141" wb						
Sdn	900	2750	4650	9300	16400	23100
Dlx Sdn	900	2900	4850	9700	17100	24200
Limo	1050	3400	5650	11300	19900	28200
Dxl Limo	1100	3500	5850	11700	20600	29100

	6	5	4	3	2	1
Series 2206, Custom Eight, 127" wb						
Sdn	850	2650	4500	9000	15900	22500
Club Sdn	950	3050	5100	10200	18000	25400
Series 2233, Custom Eight, 127" wb						
Conv Vic	2300	6800	11450	22900	40200	57200
Series 2226, Custom Eight, 148" wb						
7-pass Sdn	1150	3600	5950	11900	21000	29700
Limo	1150	3600	6000	12100	21300	30200

1949-1950

	6	5	4	3	2	1
Series 2301, Standard Eight 120" wb						
Sdn	650	1700	3000	5900	10200	14700
Dlx Sdn	650	1750	3150	6300	10900	15700
Club Sdn	650	1750	3150	6300	10900	15700
Dxl Club Sdn	700	1900	3350	6700	11500	16500
Sta Sdn	1800	5300	8950	17900	31500	44700
Series 2302, Super Eight, 127" wb						
Sdn	750	2100	3550	7100	12300	17700
Dlx Sdn	750	2250	3750	7500	13000	18700
Club Sdn	750	2250	3750	7500	13000	18700
Dlx Club Sdn	800	2350	3950	7900	13700	19700
Series 2332, Super Eight, Super Deluxe, 127" wb						
Conv Vic	1900	5600	9450	18900	33200	47200
Series 2322, Super Eight, 141" wb						
Limo	1100	3500	5850	11700	20600	29100
7-pass Sdn	950	3000	5050	10100	17900	25100
Series 2306, Custom Eight, 127" wb						
Sdn	850	2650	4450	8900	15700	22300
Conv (Series 2333)	2400	7050	11950	23900	42000	59700

1951

	6	5	4	3	2	1
Series 200-2401, Standard, 8-cyl., 122" wb						
2-dr Bus Cpe	550	1450	2450	4900	8500	12000
4-dr Sdn	550	1500	2500	5100	8800	12500
4-dr Dlx Sdn	600	1600	2750	5500	9500	13800
2-dr Club Sdn	550	1500	2500	5100	8800	12500
2-dr Dlx Club Sdn	600	1600	2700	5400	9300	13500
Series 250-2401, 8-cyl.						
2-dr Mayfair Hdtp	700	2000	3450	6900	11900	17200
2-dr Conv	1350	4150	6950	13900	24500	34700
Series 300-2402, 8-cyl., 127" wb						
4-dr Sdn	650	1700	3000	5900	10200	14700
Series 400-2406, 8-cyl., 127" wb						
4-dr Patrician Sdn	700	1900	3400	6800	11700	16900

1952

	6	5	4	3	2	1
Series 200-2501 , Standard, 8-cyl., 122" wb						
4-dr Sdn	550	1500	2500	5000	8700	12300
4-dr Dlx Sdn	600	1600	2750	5500	9500	13800
2-dr Club Sdn	550	1500	2500	5100	8800	12500
2-dr Dlx Club Sdn	600	1600	2700	5400	9300	13500
Series 250-2531, 8-cyl., 122" wb						
2-dr Mayfair Hdtp	700	2000	3450	6900	11900	17200
2-dr Conv	1350	4150	6950	13900	24500	34700
Series 300, 8-cyl., 122" wb						
4-dr Sdn	650	1700	3000	5900	10200	14700
Series 400, 8-cyl., 127" wb						
4-dr Patrician Sdn	700	2000	3450	6900	11900	17200

	6	5	4	3	2	1

1953

Series 2601 Clipper, 8-cyl., 122" wb

	6	5	4	3	2	1
4-dr Sdn	550	1550	2650	5300	9100	13000
4-dr Dlx Sdn	600	1650	2850	5700	9900	14200
2-dr Club Sdn	600	1600	2750	5500	9500	13800
2-dr Dlx Club Sdn	650	1700	3000	5900	10200	14700
2-dr Sportster	700	1900	3350	6700	11500	16500
Series 2602, 8-cyl., 127" wb						
4-dr Cavalier Sdn	650	1750	3150	6300	10900	15700
Series 2631, 8-cyl., 122" wb						
2-dr Mayfair Hdtp Cpe	700	2000	3450	6900	11900	17200
2-dr Caribbean Conv	2500	7350	12450	24900	43700	62100
2-dr Conv	1350	4150	6950	13900	24500	34700
Series 2606, 8-cyl., 127" wb						
4-dr Patrician Sdn	700	1900	3350	6700	11500	16500
4-dr Derham Frml Sdn	800	2400	4000	8000	13900	19900
Series 2626, 8-cyl., 149" wb						
Henney Corp Limo	800	2350	3950	7900	13700	19700
Henney Exec Sdn	750	2250	3750	7500	13000	18700

Factory aid cond add 15%

1954

Series 5400, Clipper Special, 8-cyl., 122" wb

	6	5	4	3	2	1
4-dr Sdn	600	1650	2850	5700	9900	14200
2-dr Club Sdn	600	1650	2900	5800	10000	14500
Series 5401, Clipper Deluxe, 8-cyl., 122" wb						
4-dr Sdn	600	1600	2750	5500	9500	13800
2-dr Club Sdn	600	1600	2700	5400	9300	13500
2-dr Sportster	700	1900	3350	6700	11500	16500
Series 5411, Clipper Super, 8-cyl., 122" wb						
4-dr Sdn	600	1650	2900	5800	10000	14500
2-dr Sdn	650	1700	3000	5900	10200	14700
2-dr Panama Hdtp	750	2100	3550	7100	12300	17700
Series 5402, 8-cyl., 127" wb						
4-dr Cavalier Sdn	650	1750	3150	6300	10900	15700
Series 5431, 8-cyl., 122" wb						
Pacific Hdtp Cpe	750	2250	3750	7500	13000	18700
Caribbean Custom Conv	2600	7650	12950	25900	45500	64700
Conv	1200	3850	6450	12900	22700	32200
Series 5406, 8-cyl., 127" wb						
4-dr Patrician Sdn	700	2000	3450	6900	11900	17200
Series 5426, 8-cyl, 149" wb						
Henney Exec Sdn	800	2350	3950	7900	13700	19700
Henney Corp Limo	800	2450	4150	8300	14600	20700

Factory air cond add 15%

1955

Series 5540, Clipper, 8-cyl, 122" wb

	6	5	4	3	2	1
4-dr Dlx Sdn	500	1350	2350	4700	8100	11500
4-dr Super Sdn	550	1450	2450	4900	8500	12000
2-dr HT Panama Hdtp	650	1750	3150	6300	10900	15700
Series 5560, Clipper Custom, 8-cyl., 122" wb						
4-dr Sdn	600	1600	2750	5500	9500	13800
2-dr Constellation Hdtp	750	2100	3550	7100	12300	17700
Series 5580, 8-cyl., 127" wb						
"The Four Hundred" Hdtp Cpe	1050	3400	5650	11300	19900	28200
4-dr Patrician Sdn	750	2150	3600	7200	12400	18000
2-dr Caribbean Conv	3500	10300	17500	35000	61500	85000

Factory air cond add 10%

	6	5	4	3	2	1

1956

CLIPPER

Series 5640, Clipper, 8-cyl., 122" wb

4-dr Dlx Sdn	550	1500	2500	5100	8800	12500
4-dr Super Sdn	550	1550	2650	5300	9100	13000
2-dr Panama Hdtp	700	1900	3350	6700	11500	16500

Series 5660, Clipper Custom, 8-cyl., 122" wb

4-dr Sdn	600	1600	2750	5500	9500	13800
2-dr Constellation Hdtp	750	2100	3550	7100	12300	17700

*(Note: Clipper models were marketed
under their own name in 1956.)*

PACKARD

Series 5670, Executive, 8-cyl, 122" wb

2-dr Hdtp Cpe	750	2250	3750	7500	13000	18700
4-dr Sdn	650	1700	3000	5900	10200	14700

Series 5680, 8-cyl., 127" wb

"The Four-Hundred" Hdtp	1050	3400	5650	11300	19900	28200
4-dr Patrician Sdn	750	2150	3600	7200	12400	18000
Caribbean Hdtp Cpe	1300	4050	6750	13500	23800	33700
Caribbean Conv	3650	18100	12950	36400	63500	95000

Factory air cond add 10%

1957

Series 57L, Clipper

4-dr Twn Sdn	500	1350	2350	4700	8100	11500
4-dr Ctry Sdn Sta Wgn	550	1500	2500	5100	8800	12500

Factory air cond (sedan only) add 10%

1958

58-L, 8-cyl.

2-dr Hdtp Cpe	650	1700	3000	5900	10200	14700
4-dr Sdn	500	1300	2250	4500	7700	11000
4-dr Sta Wgn	450	1250	2150	4300	7400	10700

Hawk, 58LS, 8-cyl. (Supercharged)

2-dr Hdtp Spt Cpe	1200	3800	6400	12750	22500	32000

1932 Packard

1948 Packard

PEERLESS
1900 – 1931

1904 Peerless

1931 Peerless

	6	5	4	3	2	1
_1900-1902_						
Type B, 1-cyl., 2.75 hp						
Motorette	400	1150	1850	3700	6400	9300
Type C, 1-cyl., 3.5 hp						
Motorette	400	1150	1850	3700	6400	9300
_1903_						
Type 4, 2-cyl., 16 hp						
5-pass Tonneau	550	1400	2400	4800	8300	11800
_1904_						
Type 8, 4-cyl., 24 hp, 104" wb						
5-pass Tr	650	1800	3250	6500	11200	16100
5-pass Limo	550	1350	2650	5300	9100	13000
Type 7, 4-cyl., 35 hp, 102" wb						
5-pass Tr	750	2150	3600	7200	12400	18000
_1905_						
Model 9, 4-cyl., 24 hp, 102" wb						
5-pass King of Belgian Tr	700	2000	3450	6900	11900	17200
5-pass Limo	650	1700	3000	5900	10200	14700
7-pass Limo	650	1750	3150	6300	10900	15700
Model 10, 4-cyl., 30 hp, 104" wb						
Side Ent. Tonneau	800	2350	3950	7900	13700	19700
Model 11, 4-cyl., 35 hp, 104" wb						
5-pass King of Belgian	800	2500	4250	8500	15000	21200

	6	5	4	3	2	1
Model 12, 4-cyl., 60 hp, 107" wb						
5-pass Vic Tonneau	900	2850	4800	9600	16900	24000
1906						
Model 14, 4-cyl., 30 hp, 107" wb						
5-pass Tr	800	2400	4050	8100	14200	20200
5-pass Limo	650	1750	3150	6300	10900	15700
2-pass Racing Runabt	900	2800	4700	9400	16500	23400
Model 15, 4-cyl., 45 hp, 114" wb						
5-pass Tr	900	2850	4800	9600	16900	24000
5-pass Vic	650	1700	3000	5900	10200	14700
1907						
Model 15, 4-cyl., 45 hp, 114" wb						
3-pass Rdstr	800	2450	4100	8200	14400	20500
5-pass Tr	850	2550	4300	8600	15100	21500
7-pass Limo	650	1750	3150	6300	10900	15700
7-pass Tr	900	2850	4750	9500	16700	23700
Model 16, 4-cyl., 30 hp, 109" wb						
5-pass Tr	800	2450	4100	8200	14400	20500
7-pass Limo	650	1700	3000	5900	10200	14700
1908						
Model 18, 8-cyl., 30 hp, 118" wb						
7-pass Tr	800	2350	3950	7900	13700	19700
7-pass Landlt	650	1750	3150	6300	10900	15700
3-pass Rdstr	750	2250	3750	7500	13000	18700
7-pass Limo	400	1200	1950	3900	6800	9900
Model 20, 6-cyl., 50 hp, 132.5" wb						
7-pass Tr	950	3050	5100	10200	18000	25400
3-pass Rdstr	850	2650	4450	8900	15700	22300
7-pass Landlt	650	1750	3100	6200	10700	15400
1909						
Model 19, 4-cyl., 30 hp, 122" wb						
7-pass Tr	800	2350	3900	7800	13500	19500
7-pass Cape Top Tr	800	2400	4000	8000	13900	19900
5-pass CC Tr	750	2150	3600	7200	12400	18000
5-pass CC Cape Top Tr	750	2300	3800	7600	13100	18900
3-pass Rdstr	750	2150	3600	7200	12400	18000
3-pass Cape Top Rdstr	750	2300	3800	7600	13100	18900
7-pass Limo	650	1700	3000	5900	10200	14700
7-pass Landlt	650	1750	3150	6300	10900	15700
Model 25, 6-cyl., 50 hp, 136" wb						
7-pass Tr	950	3050	5100	10200	18000	25400
7-pass Cape Top Tr	950	3050	5100	10200	18000	25400
7-pass Limo	650	1750	3100	6200	10700	15400
7-pass Landlt	700	1850	3300	6600	11300	16300
1910						
Model 27, 4-cyl., 30 hp, 118.5" wb						
3-pass Rdstr	800	2350	3900	7800	13500	19500
4-pass Pony Tonneau	700	2050	3500	7000	12100	17400
Model 27, 4-cyl., 30 hp, 122" wb						
7-pass Tr	800	2500	4250	8500	15000	21200
5-pass CC Tr	800	2500	4250	8500	15000	21200
7-pass Limo	650	1700	3000	5900	10200	14700
7-pass Landlt	700	1900	3350	6700	11500	16500
7-pass Demi-Limo	650	1750	3150	6300	10900	15700

	6	5	4	3	2	1
Model 28, 6-cyl., 50 hp, 136" wb						
7-pass Tr	950	3050	5100	10200	18000	25400

1911

	6	5	4	3	2	1
Model 29, 4-cyl., 6-cyl., 20 hp, 113" wb						
6-pass Limo	650	1700	3000	5900	10200	14700
Model 31, 4-cyl., 40 hp, 123" wb						
7-pass Tr	850	2550	4350	8700	15300	21700
3-pass Rdstr	800	2350	3950	7900	13700	19700
5-pass CC Tr	800	2450	4150	8300	14600	20700
4-pass Pony Tonneau	800	2450	4150	8300	14600	20700
7-pass Limo	600	1600	2750	5500	9500	13800
Model 32, 6-cyl., 60 hp, 136" wb						
7-pass Tr	1000	3100	5250	10500	18600	26200
4-pass Torpedo	1000	3100	5250	10500	18600	26200

1912

	6	5	4	3	2	1
Model 24-Four, 4-cyl., 25.6 hp, 113" wb						
Landlt	650	1800	3200	6400	11000	15900
6-pass Twn Car	650	1750	3100	6200	10700	15400
Model 38-Six, 6-cyl., 38 hp, 125" wb						
Tr	900	2750	4600	9200	16200	22900
4-pass Torpedo	900	2750	4600	9200	16200	22900
Rdstr	850	2550	4350	8700	15300	21700
Cpe	600	1600	2750	5500	9500	13800
Limo	700	1850	3300	6600	11300	16300
7-pass Berline Limo	700	2000	3450	6900	11900	17200
Landlt	700	2000	3450	6900	11900	17200
Model 40-Four, 4-cyl., 40 hp, 125" wb						
7-pass Tr	1000	3100	5250	10500	18600	26200
4-pass Torpedo	950	3050	5100	10200	18000	25400
5-pass Phtn	950	3050	5100	10200	18000	25400
Limo	750	2150	3600	7200	12400	18000
7-pass Berline Limo	750	2300	3800	7600	13100	18900
Landlt	750	2300	3800	7600	13100	18900
Model 48-Six, 6-cyl., 48 hp, 137" wb						
Tr	1100	3450	5750	11500	20300	28700
4-pass Torpedo	1050	3400	5650	11300	19900	28200
5-pass Phtn	1050	3400	5650	11300	19900	28200
Limo	750	2250	3750	7500	13000	18700
7-pass Berline Limo	800	2350	3950	7900	13700	19700
Landlt	800	2350	3950	7900	13700	19700
Model 60-Six, 6-cyl., 60 hp, 140" wb						
Tr	1150	3600	6000	12100	21300	30200
4-pass Torpedo	1150	3600	5950	11900	21000	29700
5-pass Phtn	1150	3600	5950	11900	21000	29700
Limo	800	2350	3950	7900	13700	19700
7-pass Berline Limo	800	2450	4150	8300	14600	20700
Landlt	800	2450	4150	8300	14600	20700

1913

	6	5	4	3	2	1
Model 24-Four, 4-cyl., 25.6 hp, 113" wb						
6-pass Twn Car	650	1750	3100	6200	10700	15400
6-pass Limo	650	1700	3000	5900	10200	14700
6-pass Landlt	550	1550	2650	5300	9100	13000
Model 38-Six, 6-cyl., 38.4 hp, 125" wb						
3-pass Rdstr	850	2650	4450	8900	15700	22300
4-pass Torpedo	850	2700	4550	9100	16000	22700
5-pass Tr Car	850	2700	4550	9100	16000	22700
3-pass Cpe	600	1600	2750	5500	9500	13800

	6	5	4	3	2	1
7-pass Limo	650	1800	3200	6400	11000	15900
7-pass Landlt	700	1850	3300	6600	11300	16300
Berline Limo	700	2000	3450	6900	11900	17200
Model 40-Four, 4-cyl., 40 hp, 125" wb						
7-pass Landlt	700	2000	3450	6900	11900	17200
7-pass Tr	1000	3100	5200	10400	18400	26000
6-pass Torpedo	950	2950	4950	9900	17500	24700
7-pass Limo	700	1850	3300	6600	11300	16300
Berline Limo	700	2000	3450	6900	11900	17200
Model 48-Six, 6-cyl., 48.6 hp, 137" wb						
6-pass Torpedo	1050	3350	5600	11200	19700	28000
7-pass Tr	1100	3450	5750	11500	20300	28700
7-pass Limo	750	2250	3750	7500	13000	18700
7-pass Landlt	800	2350	3950	7900	13700	19700
Berline Limo	800	2350	3950	7900	13700	19700
Model 60-Six, 6-cyl., 60 hp, 140" wb						
7-pass Tr	1150	3650	6100	12200	21500	30500
6-pass Torpedo	1150	3600	5950	11900	21000	29700
7-pass Limo	800	2350	3950	7900	13700	19700
7-pass Landlt	800	2450	4150	8300	14600	20700
Berline Limo	800	2450	4150	8300	14600	20700

1914

	6	5	4	3	2	1
Model 38-Six, 6-cyl., 38.4 hp, 125" wb						
4-pass Torpedo	900	2900	4900	9800	17300	24500
5-pass Tr	950	3050	5100	10200	18000	25400
Rdstr	900	2900	4850	9700	17100	24200
Cpe	600	1600	2750	5500	9500	13800
Limo	650	1750	3100	6200	10700	15400
Landlt	650	1800	3200	6400	11000	15900
Berline Limo	650	1800	3200	6400	11000	15900
Model 48-Six, 6-cyl., 49 hp, 137" wb						
7-pass Tr	1050	3350	5600	11200	19700	28000
Torpedo	950	3050	5100	10200	18000	25400
Limo	700	1850	3300	6600	11300	16300
Landlt	700	2000	3450	6900	11900	17200
Berline Limo	700	2000	3450	6900	11900	17200
Model 60-Six, 6-cyl., 60 hp, 140" wb						
7-pass Limo	750	2150	3600	7200	12400	18000
Torpedo	1150	3600	5950	11900	21000	29700
7-pass Tr	1150	3650	6100	12200	21500	30500
Landlt	750	2250	3750	7500	13000	18700
Berline Limo	750	2250	3750	7500	13000	18700

1915

	6	5	4	3	2	1
Model 54, 4-cyl., 22.5 hp, 113" wb						
5-pass Tr	800	2400	4000	8000	13900	19900
Rdstr	800	2350	3900	7800	13500	19500
Limo	650	1750	3100	6200	10700	15400
Cabrlt	700	2000	3450	6900	11900	17200
5-pass Sdn	550	1450	2450	4900	8500	12000
Model 55, 6-cyl., 29.4 hp, 121" wb						
5-pass Tr	850	2650	4450	8900	15700	22300
Rdstr	800	2500	4250	8500	15000	21200
Limo	650	1800	3200	6400	11000	15900
Cabrlt	750	2250	3750	7500	13000	18700
Sdn	600	1600	2750	5500	9500	13800
Model 48, 6-cyl., 48 hp, 137" wb						
7-pass Tr	1000	3100	5250	10500	18600	26200
7-pass Limo	700	2000	3450	6900	11900	17200

	6	5	4	3	2	1
3-pass Rdstr	950	3050	5100	10200	18000	25400
7-pass Berline	750	2250	3750	7500	13000	18700
7-pass Landlt	750	2250	3750	7500	13000	18700
7-pass Sdn	600	1650	2900	5800	10000	14500

1916

Model 56, 8-cyl., 80 hp, 125" wb

	6	5	4	3	2	1
7-pass Tr	1050	3350	5600	11200	19700	28000
3-pass Rdstr	1000	3100	5250	10500	18600	26200
7-pass Limo	650	1800	3250	6500	11200	16100
4-pass Cpe	500	1300	2250	4500	7700	11000

1917

Model 56, 8-cyl., 80 hp, 125" wb

	6	5	4	3	2	1
7-pass Tr	1050	3350	5600	11200	19700	28000
2-pass Rdstr	1000	3200	5350	10700	18900	26700
4-pass Rdstr	1000	3100	5250	10500	18600	26200
Limo	650	1750	3150	6300	10900	15700
Cpe	500	1300	2250	4500	7700	11000
Sdn	450	1250	2050	4100	7100	10300

1918-1919

Model 56, 8-cyl., 80 hp, 125" wb

	6	5	4	3	2	1
2-pass Spdstr	1050	3350	5600	11200	19700	28000
7-pass Tr	1050	3350	5600	11200	19700	28000
4-pass Rdstr	1000	3100	5250	10500	18600	26200
2-pass Spt Rdstr	1050	3350	5600	11200	19700	28000
6-pass Sdn	450	1250	2050	4100	7100	10300
4-pass Cpe	500	1300	2250	4500	7700	11000
7-pass Sdn Limo	650	1700	3000	5900	10200	14700
7-pass Limo	650	1800	3200	6400	11000	15900

1920-1921

Model 56, 8-cyl., 80 hp, 125" wb

	6	5	4	3	2	1
7-pass Tr	1100	3500	5850	11700	20600	29100
4-pass Rdstr	1100	3450	5750	11500	20300	28700
4-pass Cpe	500	1350	2350	4700	8100	11500
7-pass Sdn	450	1250	2150	4300	7400	10700
7-pass Sdn Limo	650	1750	3100	6200	10700	15400

1922

Model 56-7, 8-cyl., 80 hp, 125" wb

	6	5	4	3	2	1
4-pass Rdstr	1100	3450	5750	11500	20300	28700
7-pass Tr	1100	3500	5850	11700	20600	29100
4-pass Cpe	500	1350	2350	4700	8100	11500
5-pass Sdn	450	1250	2150	4300	7400	10700
7-pass Sdn	500	1300	2250	4500	7700	11000
7-pass Limo Sdn	650	1750	3100	6200	10700	15400

1923

Model 66, 8-cyl., 70 hp, 128" wb

	6	5	4	3	2	1
7-pass Tr Phtn	1150	3600	5950	11900	21000	29700
4-pass Tr Phtn	1100	3500	5850	11700	20600	29100
4-pass Vic	550	1450	2450	4900	8500	12000
2-pass Rdstr Cpe	500	1350	2350	4700	8100	11500
4-pass Sub Cpe	500	1350	2350	4700	8100	11500
5-pass Twn Sdn	450	1250	2150	4300	7400	10700
5-pass Twn Brghm	500	1300	2250	4500	7700	11000

	6	5	4	3	2	1
7-pass Sub Sdn	500	1300	2250	4500	7700	11000
4-pass Opera Brghm	550	1450	2450	4900	8500	12000
5-pass Berline Limo	650	1750	3100	6200	10700	15400

1924

Model 66, 8-cyl., 70 hp, 128" wb
7-pass Tr Phtn	1150	3600	5950	11900	21000	29700
4-pass Tr Phtn	1100	3500	5850	11700	20600	29100
2-pass Cpe	500	1350	2350	4700	8100	11500
4-pass Vic	550	1450	2450	4900	8500	12000
5-pass Town Sdn	450	1250	2150	4300	7400	10700
5-pass Town Brghm	500	1300	2250	4500	7700	11000
5-pass Sub Sdn	550	1450	2450	4900	8500	12000
7-pass Berline Limo	650	1750	3100	6200	10700	15400

1925

Model 67, 8-cyl., 70 hp, 128" wb
4-pass Tr Phtn	1100	3500	5850	11700	20600	29100
4-pass Vic	900	2850	4800	9600	16900	24000
5-pass Cpe	650	1700	3000	5900	10200	14700
5-pass Twn Sdn	550	1450	2450	4900	8500	12000
5-pass Twn Brghm	550	1550	2600	5200	9000	12800
7-pass Suburban	600	1600	2750	5500	9500	13800
7-pass Berline Limo	650	1800	3200	6400	11000	15900

Model 70, 6-cyl., 70 hp, 126" wb
2-pass Rdstr	900	2900	4850	9700	17100	24200
5-pass Tr Phtn	950	3050	5100	10200	18000	25400
4-pass Cpe	500	1300	2250	4500	7700	11000
5-pass Sdn	450	1250	2050	4100	7100	10300

Model 70, 6-cyl., 70 hp, 133" wb
7-pass Tr Phtn	950	3050	5100	10200	18000	25400
7-pass Sdn	450	1250	2150	4300	7400	10700

1926

Model 80, 6-cyl., 63 hp, 116" wb
2-4 pass Rdstr	850	2650	4450	8900	15700	22300
5-pass Sdn	450	1250	2050	4100	7100	10300
5-pass CC Sdn	450	1250	2150	4300	7400	10700
5-pass Lndlt	400	1200	1950	3900	6800	9900
2-4 pass Cpe	500	1300	2250	4500	7700	11000

Model 72, 6-cyl, 70 hp, 133" wb
5-pass Phtn	900	2900	4900	9800	17300	24500
5-pass Cpe	600	1600	2750	5500	9500	13800
5-pass Sdn	550	1550	2600	5200	9000	12800
5-pass Dlx Sdn	550	1550	2650	5300	9100	13000
7-pass Dlx Sdn	600	1650	2850	5700	9900	14200
3-5 pass Rdstr	950	3050	5100	10200	18000	25400
7-pass Phtn	1000	3250	5450	10900	19100	27200
7-pass Sdn	450	1250	2150	4300	7400	10700
7-pass Limo	650	1750	3100	6200	10700	15400

Model 69, 8-cyl., 80 hp, 133" wb
7-pass Phtn	1150	3650	6100	12200	21500	30500
3-5 pass Spt Rdstr	1150	3700	6200	12400	21850	30900
5-pass Sdn	650	1750	3100	6200	10700	15400
7-pass Sdn	650	1800	3200	6400	11000	15900
7-pass Berline Limo	700	1900	3400	6800	11700	16900

	6	5	4	3	2	1
1927						
Model 60, 6-cyl., 68 hp, 116" wb						
5-pass Phtn	1150	3650	6100	12200	21500	30500
2-4 pass Rdstr	1100	3500	5850	11700	20600	29100
2-dr 5-pass Sdn	600	1600	2700	5400	9300	13500
2-4 pass Rdstr Cpe	1050	3350	5600	11200	19700	28000
4-dr 5-pass Sdn	600	1650	2850	5700	9900	14200
Model 6-72, 6-cyl., 70 hp, 126.5" wb						
5-pass Sdn	550	1550	2600	5200	9000	12800
5-pass Phtn	1000	3100	5250	10500	18600	26200
5-pass Cpe	600	1650	2850	5700	9900	14200
Model 6-72, 6-cyl., 70 hp, 133.5" wb						
2-4 pass Spt Rdstr	1000	3100	5250	10500	18600	26200
7-pass Sdn	550	1500	2500	5100	8800	12500
7-pass Limo	650	1800	3200	6400	11000	15900
5-pass Dlx Sdn	600	1600	2750	5500	9500	13800
7-pass Dlx Sdn	600	1650	2850	5700	9900	14200
Model 80, 6-cyl., 63 hp, 116" wb						
2-4 pass Rdstr	850	2650	4450	8900	15700	22300
5-pass Sdn	450	1250	2050	4100	7100	10300
5-pass CC Sdn	450	1250	2150	4300	7400	10700
5-pass Lndlt	400	1200	1950	3900	6800	9900
2-4 pass Cpe	500	1300	2250	4500	7700	11000
Model 6-90, 6-cyl., 70 hp, 120" wb						
2-4 pass Rdstr	950	3050	5100	10200	18000	25400
2-4 pass Cpe	600	1600	2700	5400	9300	13500
4-pass CC Sdn	550	1500	2500	5100	8800	12500
2-dr 5-pass Sdn	500	1350	2350	4700	8100	11500
2-4 pass Rdstr Cpe	1000	3100	5250	10500	18600	26200
5-pass Phtn	1100	3500	5850	11700	20600	29100
5-pass Landlt	700	1850	3300	6600	11300	16300
Model 69A, Standard, 8-cyl., 70 hp, 133" wb						
5-pass Cpe	650	1800	3200	6500	12000	16000
5-pass Sdn	600	1600	2700	5400	9300	13500
7-pass Sdn	650	1800	3200	6400	11000	15900
Model 69, Deluxe, 8-cyl., 70 hp, 133" wb						
4-pass Dlx Rdstr	1100	3450	5750	11500	20300	28700
7-pass Dlx Sdn	650	1700	3000	5900	10200	14700
5-pass Dlx Sdn	600	1650	2850	5700	9900	14200
5-pass Berline Sdn Limo	700	1900	3350	6700	11500	16500
1928						
Model 6-60, 6-cyl., 62 hp, 116" wb						
2-4 pass Rdstr	1150	3600	6000	12000	21150	30000
5-pass Phtn	1150	3650	6100	12200	21500	30500
2-4 pass Rdstr Cpe	700	1900	3350	6700	11500	16500
2-dr 5-pass Sdn	500	1350	2350	4700	8100	11500
Model 6-80, 6-cyl., 63 hp, 116" wb						
5-pass Tr	1150	3600	5950	11900	21000	29700
5-pass 2-dr Sdn	550	1450	2450	4900	8500	12000
2-4 pass Rdstr	1100	3500	5800	11600	20450	28900
2-4 pass Rdstr Cpe	1050	3300	5500	11000	19300	27500
5-pass CC Spt Sdn	550	1500	2500	5100	8800	12500
Model 6-90, 6-cyl,. 70 hp, 120" wb						
2-4 pass Cpe	900	2850	4750	9500	16700	23700
4-pass Vic	800	2450	4150	8300	14600	20700
5-pass Sdn	600	1600	2750	5500	9500	13800
7-pass Sdn	600	1650	2900	5800	10000	14500
Model 8-69, 8-cyl., 80 hp, 126.5" wb						
2-4 pass Rdstr	1450	4450	7450	14900	26200	37200

	6	5	4	3	2	1
5-pass Cpe	800	2500	4250	8500	15000	21200
5-pass Sdn	650	1800	3200	6400	11000	15900
7-pass Sdn	700	1850	3300	6600	11300	16300
7-pass Berline Sdn Limo	750	2100	3550	7100	12300	17700

1929

Model 6-60, 6-cyl., 62 hp, 116" wb (Start August 1928)
2-4 pass Rdstr	1150	3600	6000	12000	21150	30000
5-pass Phtn	1150	3650	6100	12200	21500	30500
2-4 pass Rdstr Cpe	700	1900	3350	6700	11500	16500
2-dr 5-pass Sdn	500	1350	2350	4700	8100	11500

Model 6-61, 6-cyl., 62 hp, 116" wb (Start January 1931)
2-4 pass Rdstr	1550	4650	7750	15500	27300	38700
5-pass Vic	600	1650	2850	5700	9900	14200
5-pass Sdn	550	1550	2650	5300	9100	13000

Model 6-81, 6-cyl., 66 hp, 116" wb
5-pass Phtn	1600	4800	8000	16000	28150	40000
7-pass Phtn	1700	5050	8450	16900	29700	42200
2-4 pass Cpe	750	2150	3600	7200	12400	18000
4-pass Vic	700	2000	3450	6900	11900	17200
5-pass Sdn	650	1800	3250	6500	11200	16100

Model 6-91, 6-cyl,. 70 hp, 120" wb
2-4 pass Cpe	900	2850	4750	9500	16700	23700
4-pass Vic	800	2450	4150	8300	14600	20700
5-pass Sdn	600	1600	2750	5500	9500	13800
7-pass Sdn	600	1650	2900	5800	10000	14500

Model 125, 8-cyl., 115 hp, 130"-138" wb
2-4 pass Rdstr	1650	4900	8250	16500	29000	41200
2-4 pass Cpe	800	2350	3950	7900	13700	19700
5-pass Sdn	750	2150	3600	7200	12400	18000
4-pass Vic	750	2250	3750	7500	13000	18700
7-pass Sdn	750	2250	3750	7500	13000	18700
7-pass Limo	800	2400	4000	8000	13900	19900

1930

Standard 8, 90 hp, 118" wb
5-pass Sdn	750	2250	3750	7500	13000	18700
2-4 pass Cpe	800	2450	4100	8200	14400	20500
5-pass Brghm	800	2350	3950	7900	13700	19700
5-pass Club Sdn	800	2450	4100	8200	14400	20500
2-4 pass Cabrlt	1150	3600	6000	12000	21150	30000

Master 8, 115 hp, 125" wb
5-pass Sdn	800	2350	3950	7900	13700	19700
2-4 pass Cpe	800	2500	4250	8500	15000	21200
2-4 pass Cabrlt	1150	3600	6000	12100	21300	30200
5-pass Club Sdn	800	2500	4250	8500	15000	21200
5-pass Brghm	800	2450	4150	8300	14600	20700

Custom 8, 120 hp, 138" wb
5-pass Sdn	850	2650	4450	8900	15700	22300
2-4 pass Cpe	950	2950	4950	9900	17500	24700
7-pass Sdn	900	2800	4700	9400	16500	23400
7-pass Limo Sdn	950	2950	4950	9900	17500	24700
5-pass Club Sdn	1000	3100	5250	10500	18600	26200
7-pass Brghm	1000	3250	5450	10900	19100	27200

1931

Standard 8, 90 hp, 118" wb
5-pass Sdn	750	2250	3750	7500	13000	18700
2-4 pass Cpe	800	2500	4250	8500	15000	21200
5-pass Brghm	800	2350	3950	7900	13700	19700

	6	5	4	3	2	1
5-pass Club Sdn	800	2450	4100	8200	14400	20500
2-4 pass Cabrlt	1150	3650	6100	12200	21500	30500
Master 8, 120 hp, 125" wb						
5-pass Sdn	800	2350	3950	7900	13700	19700
2-4 pass Cpe	850	2600	4400	8800	15500	21900
5-pass Club Sdn	800	2500	4250	8500	15000	21200
5-pass Brghm	800	2450	4100	8200	14400	20500
2-4 pass Cabrlt	1200	3800	6350	12700	22400	31700
Custom 8, 125 hp, 138" wb						
2-4 pass Cpe	900	2850	4750	9500	16700	23700
5-pass Sdn	800	2500	4250	8500	15000	21200
5-pass Club Sdn	900	2750	4650	9300	16400	23100
5-pass Brghm	800	2500	4250	8500	15000	21200
7-pass Sdn	800	2500	4250	8500	15000	21200
7-pass Limo Sdn	900	2750	4650	9300	16400	23100

Note: 1932 models were unsold and re-titled 1931 units.

1922 Peerless

1931 Peerless

PRICE GUIDE CLASSIFICATIONS:

1. CONCOURS: Perfection. At or near 100 points on a 100-point judging scale. Trailered; never driven; pampered. Totally restored to the max and 100 percent stock.

2. SHOW: Professionally restored to high standards. No major flaws or deviations from stock. Consistent trophy winner that needs nothing to show. In 90 to 95 point range.

3. STREET/SHOW: Older restoration or extremely nice original showing some wear from age and use. Very presentable; occasional trophy winner; everything working properly. About 80 to 89 points.

4. DRIVER: A nice looking, fine running collector car needing little or nothing to drive, enjoy and show in local competition. Would need extensive restoration to be a show car, but completely usable as is.

5. RESTORABLE: Project car that is relatively complete and restorable within a reasonable effort and expense. Needs total restoration, but all major components present and rebuildable. May or may not be running.

6. PARTS CAR: Deteriorated or stripped to a point beyond reasonable restoration, but still complete and solid enough to donate valuable parts to a restoration. Likely not running, possibly missing its engine.

PIERCE-ARROW
1901 – 1938

1913 Pierce-Arrow 66

1930 Pierce-Arrow Club Sedan

	6	5	4	3	2	1
1901-1902						
1-cyl., 3-1/2 hp						
Motorette	2000	5950	10000	20000	35150	49900
1903						
1-cyl., 5 hp						
Rnbt	2100	6100	10300	20600	36200	51500
15-J, 2-cyl., 15 hp						
5-pass Tr	2300	6800	11500	23000	40400	57500
1904						
1-cyl., 8 hp, 70" wb						
Stanhope	1900	5650	9500	19000	33400	47500
4-cyl., 24/28 hp, 93" wb						
5-pass Great Arrow Tr	2900	8600	14450	28900	50700	72100
1905						
1-cyl., 8 hp, 70" wb						
Stanhope	1500	4500	7500	15000	26400	37500
Great Arrow, 4-cyl., 24/28 hp, 100" wb						
5-pass Tonneau	2500	7350	12450	24900	43700	62100
5-pass Canopy Tonneau	2550	7600	12850	25700	45100	64100
5-pass Vic	2250	6600	11100	22200	39000	55500
5-pass Cape Tonneau	2300	6800	11450	22900	40200	57200
Great Arrow, 4-cyl. 28/32 hp, 104" wb						
5-pass Tonneau	2650	7850	13300	26600	46700	66400
5-pass Canopy Tonneau	2550	7600	12850	25700	45100	64100

	6	5	4	3	2	1
5-pass Vic	2500	7350	12450	24900	43700	62100
5-pass Cape Tonneau	2550	7600	12850	25700	45100	64100
Great Arrow, 4-cyl., 28/32 hp, 109" wb						
7-pass Sub	2000	5950	10000	20000	35150	49900
7-pass Lndlt	1800	5350	9000	18000	31650	45000
8-pass Opera Coach	2100	6150	10400	20800	36550	51900

1906

	6	5	4	3	2	1
Motorette, 1-cyl., 8 hp, 70" wb						
Stanhope	1150	3700	6200	12400	21850	30900
Great Arrow, 4-cyl., 28/32 hp, 107" wb						
5-pass Tr	2650	7900	13300	26600	46700	66400
5-pass Vic	2250	6550	11000	22000	38650	55000
8-pass Open Coach	2800	8300	14000	28000	49200	69900
7-pass Sub	2700	8100	13600	27200	47800	67900
7-pass Lndlt	2500	7350	12450	24900	43700	62100
Great Arrow, 4-cyl., 40/45 hp, 109" wb						
7-pass Tr	2900	8600	14450	28900	50700	72100
8-pass Open Coach	2950	8800	14800	29600	52000	73900
7-pass Sub	2900	8550	14400	28800	50600	71900
7-pass Lndlt	2650	7850	13250	26500	46500	66100

1907

	6	5	4	3	2	1
Great Arrow, 4-cyl., 28/32 hp, 112" wb						
5-pass Tr	2950	8800	14850	29700	52200	74100
5-pass Limo	2600	7800	13200	26400	46350	65900
7-pass Sub	2700	8100	13600	27200	47800	67900
Great Arrow, 4-cyl., 40/45 hp, 124" wb						
7-pass Tr	3050	9100	15300	30600	53700	76400
7-pass Limo	2900	8550	14400	28800	50600	71900
7-pass Sub	2950	8800	14800	29600	52000	73900
Great Arrow, 6-cyl., 65 hp, 135" wb						
7-pass Tr	3100	9200	15500	31000	54400	77400

1908

	6	5	4	3	2	1
Great Arrow, 4-cyl., 40 hp, 124" wb						
7-pass Tr	3050	9100	15300	30600	53700	76400
Great Arrow, 6-cyl., 40 hp, 130" wb						
7-pass Tr	3300	9750	16450	32900	57800	82100
7-pass Sub	3050	9050	15200	30400	53400	75900
Great Arrow, 6-cyl., 60 hp, 135" wb						
7-pass Tr	3600	10750	18100	36200	63600	90400
7-pass Sub	3200	9500	16000	32000	56200	79900

1909

	6	5	4	3	2	1
Model 24, 4-cyl., 24 hp, 111-1/2" wb						
3-pass Rnbt	1350	4200	7000	14000	24650	34900
3-pass Vic Top Rnbt	1450	4450	7400	14800	26050	36900
2-pass Rnbt	1300	4000	6700	13400	23600	33400
4-pass Tr Car	1600	4800	8000	16100	28300	40200
5-pass Lndlt	1500	4450	7650	15300	26900	38200
5-pass Brghm	1500	4600	7700	15400	27100	38500
Model 36, 6-cyl., 36 hp, 119" wb						
5-pass Tr	1800	5250	8850	17700	31100	44100
5-pass Cape Top Tr	1850	5400	9100	18200	32000	45500
2-pass Rnbt	1550	4650	7800	15600	27450	38900
3-pass Rnbt	1550	4700	7900	15800	27800	39400
4-pass Tr	1750	5200	8700	17400	30600	43500
5-pass Brghm	1600	4800	8000	16000	28150	40000
5-pass Lndlt	1700	5050	8450	16900	29700	42200

	6	5	4	3	2	1
Model 40, 4-cyl., 40 hp, 124" wb						
7-pass Sub	2000	5950	10000	20000	35150	49900
4-pass Tr Car	2000	5850	9850	19700	34600	49200
7-pass Tr	2050	6000	10100	20200	35500	50400
7-pass Lan	1850	5400	9100	18200	32000	45500
Model 48, 6-cyl., 48 hp, 130" wb						
4-pass Tr	2300	6800	11450	22900	40200	57200
4-pass Cape Top Tr	2400	7050	11900	23800	41800	59500
2-pass Tr	2250	6600	11100	22200	39000	55500
3-pass Tr	2300	6800	11450	22900	40200	57200
7-pass Tr	2500	7350	12450	24900	43700	62100
7-pass Lan	2250	6600	11100	22200	39000	55500
7-pass Sub	2500	7350	12400	24800	43550	61900
Model 60, 6-cyl., 60 hp, 135" wb						
7-pass Tr	3050	9100	15300	30600	53700	76400
7-pass Cape Top Tr	3150	9300	15650	31300	55000	78100
7-pass Sub	3100	9200	15500	31000	54400	77400
7-pass Lan	2800	8400	14100	28200	49500	70400
1910						
Model 36, 6-cyl., 36 hp, 125" wb						
5-pass Lndlt	1800	5250	8800	17600	30950	43900
4-pass Miniature Tonneau	1700	5000	8400	16800	29550	41900
5-pass Tr	1800	5250	8850	17700	31100	44100
5-pass Brghm	1600	4800	8000	16000	28150	40000
3-pass Rnbt (119" wb)	1600	4800	8000	16000	28150	40000
Model 48, 6-cyl., 48 hp, 134-1/2" wb						
7-pass Lndlt	2050	6000	10100	20200	35500	50400
Miniature Tonneau	1950	5700	9600	19200	33750	47900
7-pass Tr	2250	6600	16100	22200	39000	55500
7-pass Sub	2250	6550	11000	22000	38650	55000
Rnbt (128" wb)	2000	5950	10000	20000	35150	49900
Model 66, 6-cyl., 66 hp, 140" wb						
7-pass Tr	3050	9100	15300	30600	53700	76400
4-pass Miniature Tonneau	2800	8300	14000	28000	49200	69900
7-pass Sub	3050	9050	15200	30400	53400	75900
7-pass Lndlt	2800	8300	14000	28000	49200	69900
Rnbt (133.5" wb)	2700	8100	13600	27200	47800	67900
1911						
Model 36T, 6-cyl., 38 hp, 125" wb						
5-pass Tr	2750	8150	13700	27400	48100	68400
3-pass Rnbt	2550	7550	12800	25600	44950	63900
4-pass Miniature Tonneau	2550	7550	12800	25600	44950	63900
5-pass Brghm	2300	6750	11400	22800	40050	57000
5-pass Lndlt	2500	7350	12400	24800	43550	61900
Model 48T, 6-cyl., 48 hp, 134.5" wb						
7-pass Tr	3000	8850	14900	29800	52300	74400
Rnbt	2600	7800	13200	26400	46350	65900
Miniature Tonneau	2700	8100	13600	27200	47800	67900
5-pass Close-Coupled	2250	6550	11000	22000	38650	55000
5-pass Protected Tr	2650	7850	13300	26600	46700	66400
7-pass Sub	2900	8550	14400	28800	50600	71900
Lan	2900	8550	14400	28800	50600	71900
Model 66T, 6-cyl., 66 hp, 140" wb						
7-pass Tr	3300	9750	16450	32900	57800	82100
Rnbt	3050	9050	15200	30400	53400	75900
Miniature Tonneau	3100	9250	15600	31200	54800	77900
5-pass Protected Tr	3050	9100	15300	30600	53700	76400
Close-Coupled	2600	7800	13200	26400	46350	65900

	6	5	4	3	2	1
Sub	3200	9500	16200	32000	56250	79900
Lan	3200	9550	16100	32200	56500	80400

1912

Model 36, 6-cyl., 36 hp, 127.5" wb
4-pass Tr	2650	7850	13300	26600	46700	66400
5-pass Tr	2650	7850	13300	26600	46700	66400
5-pass Brghm	2500	7350	12400	24800	43550	61900
5-pass Lndlt	2500	7350	12450	24900	43700	62100
3-pass Rnbt (119" wb)	2550	7550	12800	25600	44950	63900

Model 48, 6-cyl., 48 hp, 134.5" wb
4-pass Tr	2900	8600	14450	28900	50700	72100
5-pass Tr	2900	8600	14450	28900	50700	72100
7-pass Tr	2950	8800	14850	29700	52200	74100
Brghm	2600	7800	13200	26400	46350	65900
7-pass Sub	2800	8300	14000	28000	49200	69900
7-pass Lan	2800	8400	14100	28200	49500	70400
3-pass Rnbt (128" wb)	2700	8100	13600	27200	47800	67900

Model 66, 6-cyl., 66 hp, 140" wb
4-pass Tr	3200	9550	16100	32200	56500	80400
5-pass Tr	3300	9750	16450	32900	57800	82100
7-pass Tr	3350	10000	16850	33700	59200	84100
7-pass Sub	3300	9750	16400	32800	57600	81900
7-pass Lan	3200	9550	16100	32200	56500	80400
3-pass Rnbt (133.5" wb)	3200	9500	16000	32000	56200	79900

1913

Model 38-C, 6-cyl., 38.4 hp, 119" wb
3-pass Rnbt	2250	6550	11000	22000	38650	55000
4-pass Tr	2300	6800	11450	22900	40200	57200
5-pass Tr	2400	7000	11850	23700	41600	59200
6-pass Brghm	2150	6250	10600	21200	37250	53000
6-pass Lndlt	2200	6400	10800	21600	37950	53900

Model 48-B, 6-cyl., 48.6 hp, 134.5" wb
5-pass Tr	2900	8600	14450	28900	50700	72100
Rnbt	2800	8300	14000	28000	49200	69900
4-pass Tr	2900	8600	14450	28900	50700	72100
7-pass Tr	2950	8800	14850	29700	52200	74100
Brghm	2250	6550	11000	22000	38650	55000
Lndlt	2300	6750	11400	22800	40050	57000
7-pass Sub	2500	7350	12400	24800	43550	61900
7-pass Lan	2400	7050	11900	23800	41800	59500
Vestibule Sub	2550	7550	12800	25600	44950	63900
Vestibule Lan	2550	7600	12850	25700	45100	64100

Model 66-A, 6-cyl., 60 hp, 147-1/2" wb
7-pass Tr	3550	10500	17700	35400	62200	88400
Rnbt	3200	9500	16000	32000	56200	79900
4-pass Tr	3450	10300	17300	34600	60800	86400
5-pass Tr	3450	10300	17300	34600	60800	86400
Brghm	2800	8300	14000	28000	49200	69900
Lndlt	2800	8300	14000	28000	49200	69900
7-pass Sub	3050	9050	15200	30400	53400	75900
7-pass Lan	3050	9050	15200	30400	53400	75900
7-pass Vestibule Sub	3100	9250	15600	31200	54800	77900
Vestibule Lan	3150	9350	15700	31400	55100	78400

1914

Model 38-C, 6-cyl., 38.4 hp, 132" wb
5-pass Tr	2400	7050	11900	23800	41800	59500
4-pass Tr	2300	6800	11450	22900	40200	57200

	6	5	4	3	2	1
7-pass Brghm	2150	6250	10600	21200	37250	53000
7-pass Lndlt	2200	6400	10800	21600	37950	53900
Vestibule Brghm	2250	6550	11000	22000	38650	55000
Vestibule Lan	2250	6600	11100	22200	39000	55500
2-pass Rnbt (127.5" wb)	2300	6750	11400	22800	40050	57000
Model 48-B, 6-cyl., 48.6 hp, 142" wb						
4-pass Tr	2900	8600	14450	28900	50700	72100
5-pass Tr	2950	8800	14800	29600	52000	73900
7-pass Tr	3050	9050	15200	30400	53400	75900
7-pass Sub	2950	8800	14800	29600	52000	73900
7-pass Lan	2700	8100	73600	27200	47800	67900
Vestibule Sub	2600	7800	13200	26400	46350	65900
Vestibule Lan	2650	7850	13300	26600	46700	66400
Brghm	2600	7800	13200	26400	46350	65900
Lan	2700	8100	13600	27200	47800	67900
Vestibule Brghm	2700	8100	13600	27200	47800	67900
Rnbt (134.5" wb)	2800	8300	14400	28000	49200	69900
Model 66-A, 6-cyl., 60 hp, 147.5" wb						
4-pass Tr	3400	10050	16900	33800	59300	84400
5-pass Tr	3450	10300	17300	34600	60800	86400
7-pass Tr	3500	10450	17600	35200	61800	87900
7-pass Sub	3350	10000	16800	33600	59000	83900
7-pass Lan	3200	9550	16100	32200	56500	80400
Vestibule Lan	3200	9550	16100	32200	56500	80400
7-pass Brghm	3200	9500	16000	32000	56200	79900
7-pass Lan	3200	9550	16100	32200	56500	80400
Vestibule Brghm	3300	9750	16400	32800	57600	81900
Vestibule Lan	3300	9750	16400	32800	57600	81900
3-pass Rnbt	3300	9750	16400	32800	57600	81900

1915

	6	5	4	3	2	1
Model 38-C, 6-cyl., 38.4 hp, 134" wb						
4-pass Torpedo	2450	7250	12300	24600	43200	61500
4-pass Tr	2450	7150	12100	24200	42500	60400
2-pass Rnbt	2300	6750	11400	22800	40050	57000
2-pass Cpe Rnbt	2250	6550	11000	22000	38650	55000
7-pass Brghm	2200	6400	10800	21600	37950	53900
7-pass Lan	2200	6400	10800	21600	37950	53900
Vestibule Brghm	2300	6750	11400	22800	40050	57000
Vestibule Sub	2300	6750	11400	22800	40050	57000
Model 48-B, 6-cyl., 48.6 hp, 142" wb						
5-pass Tr	2950	8800	14850	29700	52200	74100
4-pass Torpedo	2950	8800	14850	29700	52200	74100
7-pass Tr	3050	9050	15250	30500	53600	76100
2-pass Rnbt	2900	8550	14400	28800	50600	71900
Cpe	2700	8000	13500	27000	47400	67400
7-pass Sub	2600	7800	13200	26400	46350	65900
7-pass Lan	2650	7850	13300	26600	46700	66400
7-pass Brghm	2600	7800	13200	26400	46350	65900
Vestibule Sub	2700	8050	13500	27200	47800	67900
Vestibule Brghm	2600	7800	13200	26400	46350	65900
Model 66-A, 6-cyl., 60 hp, 147-1/2" wb						
7-pass Tr	3550	10500	17700	35400	62200	88400
4-pass Torpedo	3400	10050	16900	33800	59300	84400
5-pass Tr	3450	10300	17300	34600	60800	86400
2-pass Rnbt	3300	9750	16400	32800	57600	81900
2-pass Cpe Rnbt	3200	9500	16000	32000	56200	79900
7-pass Sub	3350	10000	16800	33600	59000	83900
7-pass Lan	3400	10050	16900	33800	59300	84400
Vestibule Sub	3450	10200	17200	34400	60400	85900
Vestibule Brghm	3350	10000	16800	33600	59000	83900

	6	5	4	3	2	1

1916

Model 38-C, 6-cyl., 38.4 hp, 134" wb

	6	5	4	3	2	1
5-pass Tr	2600	7650	12900	25800	45300	64400
4-pass Torpedo	2600	7650	12900	25800	45300	64400
4-pass Rnbt	2500	7350	12400	24800	43550	61900
3-pass Cpe	2000	5950	10000	20000	35150	49900
7-pass Brghm	2000	5800	9800	19600	34450	49000
7-pass Lan	2000	5850	9900	19800	34800	49500
Vestibule Brghm	2100	6150	10400	20800	36550	51900
Vestibule Lndlt	2150	6200	10450	20900	36700	52100

Model 48-B, 6-cyl., 48.6 hp, 142" wb

	6	5	4	3	2	1
7-pass Tr	3000	8850	14900	29800	52300	74400
4-pass Torpedo	2900	8600	14450	28900	50700	72100
5-pass Tr	2950	8800	14850	29700	52200	74100
2-pass Rnbt	2900	8550	14400	28800	50600	71900
2-pass Cpe	2450	7250	12300	24600	43200	61500
7-pass Sub	2600	7800	13300	26400	46350	65900
7-pass Lan	2650	7850	13300	26600	46700	66400
7-pass Brghm	2550	7550	12800	25600	44950	63900
Sub Lan	2650	7850	13300	26600	46700	66400
Vestibule Sub	2600	7800	13200	26400	46350	65900
Vestibule Lan	2650	7850	13300	26600	46700	66400
Vestibule Brghm	2550	7550	12800	25600	44950	63900

Model 66-A, 6-cyl., 60 hp, 147-1/2" wb

	6	5	4	3	2	1
7-pass Tr	3450	10300	17300	34600	60800	86400
4-pass Torpedo	3400	10050	16900	33800	59300	84400
5-pass Tr	3400	10050	16900	33800	59300	84400
2-pass Rnbt	3300	9750	16400	32800	57600	81900
2-pass Cpe	3000	8950	15100	30200	53000	75400
7-pass Sub	3200	9500	16000	32000	56200	79900
7-pass Lan	3150	9350	15700	31400	55100	78400
7-pass Brghm	3100	9250	15600	31200	54800	77900
Vestibule Lan	3150	9350	15700	31400	55100	78400
Vestibule Sub	3100	9250	15600	31200	54800	77900
Vestibule Brghm	3100	9250	15600	31200	54800	77900

1917

Model 38, 6-cyl., 38.4 hp, 134" wb

	6	5	4	3	2	1
5-pass Tr	2250	6600	11100	22200	39000	55500
2-pass Rnbt	2150	6250	10600	21200	37250	53000
3-pass Rnbt	2150	6250	10600	21200	37250	53000
2-pass Conv Rnbt	2200	6450	10900	21800	38300	54400
3-pass Conv Rnbt	2200	6450	10900	21800	38300	54000
2-pass Cpe	1600	4750	7950	15900	28000	39700
3-pass Cpe	1600	4850	8150	16300	28700	40800
4-pass Rdstr	2250	6600	11100	22200	39000	55500
4-pass Tr	2200	6450	10900	21800	38300	54400
Twn Brghm	1550	4650	7800	15600	27450	38900
Twn Brghm Lndlt	1550	4700	7850	15700	27600	39100
Sdn Brghm	1400	4250	7100	14200	25000	35400
Vestibule Brghm	1600	4800	8000	16000	28150	40000
Brghm Lndlt	1600	4850	8100	16200	28500	40500
Vestibule Brghm Lndlt	1700	5050	8450	16900	29700	42200
Fr Brghm	1700	5000	8400	16800	29550	41900
Fr Brghm Lndlt	1700	5050	8450	16900	29700	42200

Model 48, 6-cyl., 48.6 hp, 142" wb

	6	5	4	3	2	1
7-pass Tr	2650	7850	13300	26600	46700	66400
2-pass Rnbt	2500	7350	12400	24800	43550	61900
3-pass Rnbt	2550	7550	12800	25600	44950	63900
4-pass Rdstr	2650	7750	12800	25600	44950	63900

	6	5	4	3	2	1
2-pass Conv Rnbt	2600	7550	12800	25600	44950	63900
3-pass Conv Rnbt	2600	7550	12900	25800	45300	64400
2-pass Cpe	2000	5850	9900	19800	24800	49500
3-pass Cpe	2000	5850	9900	19800	34800	49500
5-pass Tr	2650	7850	13300	26600	46700	66400
4-pass Tr	2550	7600	12850	25700	45100	64100
Brghm	2000	5800	9800	19600	34450	4900
Sub	2000	5950	10000	20000	35150	49900
Lan Brghm	2050	6000	10100	20200	35500	50400
Sub Lan	2000	5950	10000	20000	35150	49900
Vestibule Sub	2150	6200	10450	20900	36700	52100
Vestibule Lan	2150	6200	10500	21000	36900	52400
Vestibule Brghm	2050	6050	10200	20400	35850	51000
Vestibule Sub Lan	2150	6200	10450	20900	36700	52100
Model 66, 6-cyl., 66 hp, 147.5" wb						
7-pass Tr	3450	10300	17300	34600	60800	86400
2-pass Rnbt	3300	9750	16400	32800	57600	81900
3-pass Rnbt	3300	9750	16400	32800	57600	81900
4-pass Rdstr	3400	10050	16900	33800	59300	84400
2-pass Conv Rnbt	3400	10050	16900	33800	59300	84400
3-pass Conv Rnbt	3400	10050	16900	33800	59300	84400
2-pass Cpe	3000	8950	15100	30200	53000	75400
3-pass Cpe	3000	8950	15100	30200	53000	75400
4-pass Tr	3400	10050	16900	33800	59300	84400
5-pass Tr	3400	10050	16900	33800	59300	84400
7-pass Brghm	2700	8100	13600	27200	47800	67900
7-pass Sub	2800	8300	14000	28000	49200	69900
7-pass Lan	2800	8400	14100	28200	49500	70400
7-pass Sub Lan	2800	8400	14100	28200	49500	70400
7-pass Vestibule Sub	2800	8300	14000	28000	49200	69900
7-pass Vestibule Lan	2800	8400	14100	28200	49500	70400
7-pass Vestibule Brghm	2800	8300	14000	28000	49200	69900
7-pass Vestibule Sub Lan	2800	8400	14100	28200	49500	70400

1918

	6	5	4	3	2	1
Model 38, 6-cyl., 38.4 hp, 134" wb						
5-pass Tr	2650	7850	13300	26600	46700	66400
2-pass Rnbt	2550	7550	12800	25600	44950	63900
3-pass Rnbt	2550	7550	12800	25600	44950	63900
2-pass Cpe	2200	6350	10700	21400	37600	53500
3-pass Cpe	2200	6350	10700	21400	37600	53500
2-pass Conv Rdstr	2600	7650	12900	25800	45300	64400
3-pass Conv Rdstr	2600	7650	12900	25800	45300	64400
4-pass Rdstr	2650	7850	13300	26600	46700	66400
4-pass Torpedo	2600	7650	12900	25800	45300	64400
Brghm	2200	6450	10900	21800	38300	54400
Lan	2250	6550	11000	22000	38650	55000
Sdn	2000	5850	9900	19800	34800	49500
Vestibule Brghm	2100	6100	10300	20600	36200	51500
Brghm Lndlt	2050	6050	10250	20500	36000	51200
Vestibule Sub	2200	6400	10800	21600	37950	53900
French Brghm	2150	6200	10500	21000	36900	52400
French Brghm Lndlt	2200	6400	10800	21600	37950	53900
Town Brghm	2150	6200	10500	21000	36900	52400
Model 48, 6-cyl., 48.6 hp, 142" wb						
2-pass Rnbt	2600	7800	13150	26300	46200	65700
3-pass Rdstr	2600	7800	13150	26300	46200	65700
2-pass Cpe	2300	6700	11300	22600	39700	56400
3-pass Cpe	2300	6700	11300	22600	39700	56400
2-pass Conv Rdstr	2650	7850	13300	26600	46700	66400
3-pass Conv Rdstr	2750	8150	13700	27400	48100	68400

	6	5	4	3	2	1
4-pass Tr Rdstr	2800	8400	14100	28200	49500	70400
5-pass Tr	2800	8400	14100	28200	49500	70400
Brghm	2450	7250	12300	24600	43200	61500
Brghm Lan	2500	7350	12400	24800	43550	61900
Sub	2450	7250	12300	24600	43200	61500
Lan	2500	7350	12400	24800	43550	61900
Sub Lan	2500	7350	12450	24900	43700	62100
Vestibule Sub	2500	7350	12400	24800	43550	61900
Vestibule Lan	2500	7350	12450	24900	43700	62100
Vestibule Brghm	2550	7500	12700	25400	44600	63500
Vestibule Brghm Lan	2600	7800	13200	26400	46350	65900
Vestibule Sub Lan	2650	7850	13300	26600	46700	66400
French Brghm	2450	7250	12300	24600	43200	61500
7-pass Tr	2900	8600	14450	28900	50700	72100
7-pass Sub Lan	2600	7800	13200	26400	46350	65900
Model 66, 6-cyl., 60 hp, 147-1/2" wb						
2-pass Rnbt	3200	9500	16000	32000	56200	79900
3-pass Rnbt	3200	9500	16000	32000	56200	79900
4-pass Rdstr	3300	9750	16450	32900	57800	82100
2-pass Cpe	3000	8950	15100	30200	53000	75400
3-pass Cpe	3000	8950	15100	30200	53000	75400
2-pass Conv Rdstr	3200	9550	16100	32200	56500	80400
3-pass Conv Rdstr	3300	9750	16450	32900	57800	82100
4-pass Torpedo	3400	10050	16950	33900	59500	84600
5-pass Tr	3400	10050	16950	33900	59500	84600
7-pass Tr	3450	10250	17250	34500	60600	86100
Brghm	2800	8250	13900	27800	48800	69400
Brghm Lan	2800	8250	13900	27800	48800	69400
Sub	2900	8550	14400	28800	50500	71900
Lan	2900	8600	14450	28900	50700	72100
Sub Lan	2900	8600	14450	28900	50700	72100
Vestibule Lan	3050	9050	15250	30500	53600	76100
Vestibule Brghm	3050	9050	15200	30400	53400	75900
Vestibule Sub	3050	9050	15200	30400	53400	75900
Vestibule Sub Lan	3050	9050	15250	30500	53600	76100

1919

Model 38-C, 6-cyl., 38 hp, 134" wb

	6	5	4	3	2	1
2-pass Rnbt	2600	7700	13250	26500	46000	65000
3-pass Rdstr	2650	7850	13300	26600	46700	66400
4-pass Tr	2650	7850	13300	26600	46700	66400
4-pass Rdstr	2700	7900	13500	27000	47200	67000
5-pass Tr	2700	7900	13500	27000	47200	67000
7-pass Tr	2800	8400	13900	27800	47900	67850
2-pass Cpe	2300	6500	11150	22300	38600	54700
3-pass Cpe	2300	6500	11150	22300	38600	54700
2-pass Conv Rdstr	2650	7850	13250	26500	46500	66100
3-pass Conv Rdstr	2650	7850	13250	26500	46500	66100
7-pass Brghm	2300	6500	11350	22700	39300	55500
French Brghm	2200	6300	10800	21600	37500	53400
Twn Brghm	2200	6300	10800	21600	37500	53400
French Brghm Lan	2300	6500	11350	22700	39300	55500
4-pass Sdn	2100	5900	10250	20500	35600	50500
Twn Lan	2300	6500	11350	22700	39300	55500
Vestibule Brghm	2200	6200	10600	21200	37000	52500
Vestibule Brghm Lan	2250	6300	10750	21500	37650	53400
Model 48-B-5, 6-cyl., 48.6 hp, 142" wb						
7-pass Tr	3050	9100	15300	30600	53700	76400
2-pass Rnbt	2700	8100	13600	27200	47800	67900
3-pass Rdstr	2700	8100	13600	27200	47800	67900
4-pass Tr	2800	8400	14100	28200	49500	70400

	6	5	4	3	2	1
4-pass Rdstr	3000	8850	14900	29800	52300	74400
5-pass Tr	3050	9100	15300	30600	53700	76400
2-pass Cpe	2400	7050	11900	23800	41800	59500
3-pass Cpe	2400	7050	11900	23800	41800	59500
2-pass Conv Rdstr	2650	7850	13300	26600	46700	66400
3-pass Conv Rdstr	2650	7850	13300	26600	46700	66400
7-pass Brghm	2400	7100	12000	24000	42150	59900
Brghm Lndlt	2450	7150	12100	24200	42500	60400
French Brghm	2500	7350	12400	24800	43550	61900
French Brghm Lndlt	2600	7650	12900	25800	45300	64400
Lan	2300	7000	11800	23800	42000	59800
Sub	2400	7100	12000	24000	42150	59900
Sub Lan	2450	7150	12100	24200	42500	60400
Vestibule Brghm	2500	7350	12400	24800	43550	61900
Vestibule Brghm Lan	2550	7550	12800	25600	44950	63900
Vestibule Sub	2500	7350	12400	24800	43550	61900
Vestibule Lan	2500	7350	12450	24900	43700	62100
Vestibule Sub Lan	2550	7600	12850	25700	45100	64100

1920

Model 31, 6-cyl., 38 hp, 134" wb

	6	5	4	3	2	1
2-3 pass Rnbt	2250	6550	11000	22000	38650	55000
4-pass Tr	2300	6700	11300	22600	39700	56400
4-pass Rdstr	2300	6800	11450	22900	40200	57200
5-pass Tr	2350	6950	11700	23400	41100	58400
7-pass Tr	2450	7150	12100	24200	42500	60400
2-3 pass Cpe	1800	5300	8900	17800	31300	44400
4-pass Sdn	1150	3600	5950	11900	21000	29700
7-pass Sdn	1200	3750	6300	12600	22200	31400
Brghm	1350	4200	7000	14000	24650	34900
French Brghm	1450	4400	7300	14600	25700	36500
Brghm Lndlt	1500	4550	7650	15300	26900	38200
Town Brghm	1550	4650	7800	15600	27450	38900
Vestibule Brghm	1600	4800	8000	16000	28150	40000

Model 51, 6-cyl., 48 hp, 142" wb

	6	5	4	3	2	1
3-pass Rnbt	2300	6800	11500	23000	40400	57500
4-pass Tr	2450	7150	12100	24200	42500	60400
4-pass Rdstr	2450	7150	12100	24200	42500	60400
5-pass Tr	2500	7350	12450	24900	43700	62100
6-pass Tr	2650	7850	13250	26500	46500	66100
7-pass Tr	2650	7950	13400	26800	47050	67000
2-3 pass Cpe	2000	5900	9950	19900	35000	49700
5-pass Brghm	2200	6350	10750	21500	37800	53700
7-pass French Brghm	2200	6350	10750	21500	37800	53700
7-pass Sub	2300	6650	11200	22400	39350	55900
7-pass Vestibule Sub	2350	6950	11700	23400	41100	58400
7-pass French Sub	2250	6600	11100	22200	39000	55500

1921

Model 32, 6-cyl., 38 hp, 138" wb

	6	5	4	3	2	1
4-pass Tr	2300	6700	11300	22600	39700	56400
6-pass Tr	2300	6700	11300	22600	39700	56400
7-pass Tr	2350	6950	11700	23400	41100	58400
2-pass Rdstr	2350	6950	11700	23400	41100	58400
4-pass Cpe	1800	5300	8900	17800	31300	44400
6-pass Brghm	1550	4700	7900	15800	27800	39400
7-pass Limo	1650	4950	8300	16600	29200	41500
7-pass Sdn	1550	4700	7900	15800	27800	39400
7-pass Vestibule Sdn	1650	4950	8300	16600	29200	41500
6-pass Lan	1800	5300	8900	17800	31300	44400

	6	5	4	3	2	1
3-pass Cpe	1700	5100	8500	17000	30300	43200
4-pass Sdn	1400	4200	7400	15300	27000	38400
7-pass French Limo	1650	4950	8300	16600	29200	41500
Model 51, 6-cyl., 48 hp, 142" wb						
3-pass Rnbt	2300	6800	11500	23000	40400	57500
4-pass Tr	2450	7150	12100	24200	42500	60400
4-pass Rdstr	2450	7150	12100	24200	42500	60400
5-pass Tr	2500	7350	12450	24900	43700	62100
6-pass Tr	2650	7850	13250	26500	46500	66100
7-pass Tr	2650	7950	13400	26800	47050	67000
2-3 pass Cpe	2000	5900	9950	19900	35000	49700
5-pass Brghm	2200	6350	10750	21500	37800	53700
7-pass French Brghm	2200	6350	10750	21500	37800	53700
7-pass Sub	2300	6650	11200	22400	39350	55900
7-pass Vestibule Sub	2350	6950	11700	23400	41100	58400
7-pass French Sub	2250	6600	11100	22200	39000	55500

1922-1923

	6	5	4	3	2	1
Model 33, 6-cyl., 38 hp, 138" wb						
4-pass Tr	2300	6700	11300	22600	39700	56400
7-pass Tr	2350	6950	11700	23400	41100	58400
3-pass Rdstr	2300	6700	11300	22600	39700	56400
6-pass Brghm	1550	4700	7900	15800	27800	39400
4-pass Cpe	1550	4700	7900	15800	27800	39400
3-pass Cpe	1800	5300	8900	17800	31300	44400
4-pass Sdn	1850	5400	9100	18200	32000	45500
6-pass Lndlt	1600	4850	8100	16200	28500	40500
7-pass Limo	1650	4950	8300	16600	29200	41500
7-pass French Limo	1750	5200	8700	17400	30600	43500
7-pass Encl Dr Limo	1800	5300	8900	17800	31300	44400
4-7 pass Sdn	1750	5200	8700	17400	30600	43500

1924

	6	5	4	3	2	1
Model 33, 6-cyl., 138" wb						
7-pass Tr	2050	6000	10100	20200	35500	50400
6-pass Tr	1950	5750	9700	19400	34100	48400
4-pass Tr	1900	5500	9300	18600	32700	46400
2-4 pass Rnbt	1650	4950	8300	16600	29200	41500
4-pass Brghm	1600	4750	7950	15900	28000	39700
3-pass Cpe	1600	4850	8100	16200	28500	40500
4-pass Cpe Sdn	1600	4850	8100	16200	28500	40500
4-dr 4-pass Sdn	1500	4500	7500	15000	26400	37500
7-pass Enclosed Dr Limo	1900	5500	9300	18600	32700	46400
7-pass Frml Limo	1900	5650	9500	19000	33400	47500
6-pass Lndlt	2000	5850	9900	19800	34800	49500
7-pass Limo	2000	5950	10000	20000	35150	49900
7-pass Sdn	1900	5650	9500	19000	33400	47500
7-pass Frml Lan	2050	6000	10100	20200	35500	50400
7-pass Limo Lan	2100	6100	10300	20600	36200	51500
4-pass Sdn Lan	2000	5950	10000	20000	35150	49900
3-pass Cpe Lan	2250	6600	11100	22200	39000	55500
7-pass Enclosed Dr Lan	2250	6600	11100	22200	39000	55500
7-pass Sdn Lan	2200	6450	10900	21800	38300	54400

1925

	6	5	4	3	2	1
Model 80, 6-cyl., 130" wb						
7-pass Phtn	2050	6000	10100	20200	35500	50400
4-pass Tr	2000	5850	9900	19800	34800	49500
5-pass Sdn	1450	4400	7300	14600	25700	36500
4-pass Coach	1700	5050	8500	17000	29900	42500

	6	5	4	3	2	1
7-pass Sdn	1500	4500	7500	15000	26400	37500
7-pass Enclosed Dr Limo	1800	5300	8900	17800	31300	44400
2-pass Rnbt	1900	5500	9300	18600	32700	46400
Model 33, 6-cyl., 138" wb						
2-pass Rnbt	2100	6150	10350	20700	36400	51700
4-pass Tr	2200	6350	10700	21400	37600	53500
6-pass Tr	2200	6450	10900	21800	38300	54400
7-pass Tr	2250	6600	11100	22200	39000	55500
6-pass Brghm	1900	5500	9300	18600	32700	46400
4-pass Cpe Sdn	2000	5900	9950	19900	35000	49700
4-pass Sdn	1800	5300	8900	17800	31300	44400
3-pass Sdn Lan	1800	5300	8900	17800	31300	44400
6-pass Lan	1900	5650	9500	19000	33400	47500
7-pass Sdn	1850	5400	9100	18200	32000	45500
7-pass Enclosed Dr Limo	1900	5500	9300	18600	32700	46400
7-pass Sdn Limo	1950	5750	9700	19400	34100	48400
7-pass Limo Lan	1900	5600	9400	18800	33050	47000
7-pass Fr Limo	2000	5900	9950	19900	35000	49700
7-pass Fr Lan	2000	5850	9900	19800	34800	49500
7-pas Enclosed Dr Lan	2100	6100	10300	20600	36200	51500

1926

	6	5	4	3	2	1
Model 80, 6-cyl., 70 hp, 130" wb						
7-pass Tr	2050	6000	10100	20200	35500	50400
4-pass Tr	1900	5600	9450	18900	33200	47200
2-pass Rdstr	1950	5750	9700	19400	34100	48400
2-pass Cpe	2150	6200	10500	21000	36900	52400
4-pass Cpe	2150	6200	10500	21000	36900	52400
2-4 pass Cpe	2150	6250	10600	21200	37250	53000
7-pass Sdn	2000	5850	9900	19800	34800	59500
7-pass Enclosed Dr Limo	2200	6450	10900	21800	38300	54400
5-pass Sdn	1900	5650	9500	19000	33400	47500
4-pass Cpe Lan	1900	5600	9400	18800	33050	47000
5-pass Coach	1450	4400	7300	14600	25700	36500
7-pass Coach	1500	4600	7500	15000	26500	37500
7-pass Coach Limo	1550	4800	7700	15400	27000	38000
Model 33, 6-cyl., 100 hp, 138" wb						
4-pass Tr	2650	7850	13300	26600	46700	66400
2-pass Rnbt	2550	7500	12700	25400	44600	63500
6-pass Tr	2750	8150	13700	27400	48100	68400
7-pass Tr	2900	8600	14500	29000	50900	72400
6-pass Brghm	2400	7050	11900	23800	41800	59600
3-pass Cpe	2100	6100	10300	20600	36200	51500
4-pass Sdn	2000	5850	9900	19800	34800	59500
4-pass Cpe Sdn	2050	6000	10100	20200	35500	50400
4-pass Enclosed Dr Limo	2450	7250	12300	24600	43200	61500
7-pass Sdn	2300	6700	11300	22600	39700	56400
6-pass Lndlt	2450	7250	12300	24600	43200	61500
7-pass French Limo	2450	7250	12300	24600	43200	61500
7-pass French Lan	2450	7250	12300	24600	43200	61500
7-pass Sdn Lndlt	2450	7250	12300	24600	43200	61500
4-pass Sdn Lndlt	2450	7250	12300	24600	43200	61500
3-pass Cpe Lndlt	2550	7550	12800	25600	44950	63900
7-pass Limo	2550	7550	12800	25600	44950	63900
7-pass Enclosed Dr Limo	2600	7750	13100	26200	46000	65500
7-pass Enclosed Dr Lndlt	2700	8000	13500	27000	47400	67400

1927

	6	5	4	3	2	1
Model 80, Deluxe, 6-cyl., 70 hp, 130" wb						
7-pass Tr	2300	6700	11300	22600	39700	56400
4-pass Tr	2250	6600	11100	22200	39000	55500

	6	5	4	3	2	1
2-pass Rdstr	2200	6450	10900	21800	38300	54400
2-4 pass Cpe	1900	5650	9500	19000	33400	47500
7-pass Sdn	1650	4950	8300	16600	29200	41500
7-pass Enclosed Dr Limo	2200	6450	10900	21800	38300	54400
5-pass Sdn	1600	4850	8100	16200	28500	40500
2-dr 5-pass Club Sdn	1650	4950	8300	16600	29200	41500
4-dr 5-pass Club Sdn	1800	5300	8900	17800	31300	44400
4-pass Dlx Cpe	1950	5750	9700	19400	34100	48400
2-pass Conv Rdstr	2150	6200	10500	21000	36900	52400
5-pass Sdn Lan	1850	5400	9100	18200	32000	45500
7-pass Sdn Lan	1850	5450	9200	18400	32350	45900
2-pass Cpe	1900	5500	9300	18600	32700	46400
7-pass Fr Opera Brghm	1900	5500	9300	18600	32700	46400
7-pass Encl Dr Lan	2050	6050	10200	20400	35850	51000
Model 36, 6-cyl., 100 hp, 138" wb						
2-pass Rnbt	2500	7350	12400	24800	43550	61900
4-pass Tr	2550	7500	12700	25400	44600	63500
7-pass Tr	2700	8000	13500	27000	47400	67400
2-pass Cpe	2300	6800	11500	23000	40400	57500
3-pass Cpe	2350	6950	11700	23400	41100	58400
4-dr 4-pass Sdn	2000	5850	9900	19800	34800	49500
4-pass Cpe Sdn	2100	6100	10300	20600	36200	51500
4-pass Enclosed Dr Limo	2300	6800	11500	23000	40400	57500
4-pass Enclosed Dr Lan	2300	6700	11300	22600	39700	56400
7-pass Sdn	2200	6450	10900	21800	38300	54400
7-pass French Lan	2250	6600	11100	22200	39000	55500
7-pass Sdn Lan	2250	6600	11100	22200	39000	55500
4-pass Sdn Lan	2200	6450	10900	21800	38300	54400
7-pass Enclosed Dr Limo	2350	6950	11700	23400	41100	58400
7-pass Encl Dr Lan	2350	6950	11700	23400	41100	58400
7-pass French Limo	2300	6700	11300	22600	39700	56400
4-pass CC Sdn	2100	6100	10300	20600	36200	51500

1928

	6	5	4	3	2	1
Model 81, 6-cyl., 75 hp, 130" wb						
2-4 pass Rnbt	2400	7100	12000	24000	42150	59900
4-pass Tr	2500	7350	12450	24900	43700	62100
7-pass Tr	2600	7650	12950	25900	45500	64700
2-4 pass Conv Rdstr	2550	7600	12850	25700	45100	64100
5-pass Club Brghm	2200	6350	10750	21500	37800	53700
2-pass Cpe	2200	6500	10950	21900	38500	54700
5-pass Club Sdn	2200	6350	10750	21500	37800	53700
2-4 pass Fabric Cpe	2350	6950	11700	23400	41100	58400
4-pass Cpe	2250	6600	11100	22200	39000	55500
5-pass Sdn	2100	6100	10300	20600	36200	51500
5-pass Spt Sdn	2150	6200	10500	21000	36900	52400
2-pass Conv Rdstr	2600	7650	12950	25900	45500	64700
5-pass Club Sdn Lan	2200	6350	10700	21400	37600	53500
7-pass Sdn Lan	2150	6200	10500	21000	36900	52400
7-pass Encl Dr Lan	2150	6200	10500	21000	36900	52400
5-pass Fr Opera Brghm	2200	6500	10950	21900	38500	54700
7-pass Sdn	2200	6350	10700	21400	37600	53500
7-pass Enclosed Dr Limo	2350	6950	11700	23400	41100	58400
Model 36, 6-cyl., 100 hp, 138" wb						
4-pass Tr	3100	9250	15550	31100	54600	77600
7-pass Tr	3200	9500	15950	31900	56000	79600
7-pass Sdn	2550	7500	12700	25400	44600	63500
7-pass Enclosed Dr Lndlt	2800	8300	13950	27900	49000	69600
3-pass Cpe	2600	7750	13100	26200	46000	65500
4-pass Cpe Sdn	2600	7750	13100	26200	46000	65500
4-pass Enclosed Dr Limo	3000	8950	15100	30200	53000	75400

	6	5	4	3	2	1
2-4 pass Cpe	2750	8150	13750	27500	48300	68600
7-pass Enclosed Dr Limo	2800	8300	13950	27900	49000	69600
4-pass CC Sdn	2700	8000	13500	27000	47400	67400
4-pass Sdn Lan	2800	8300	13950	27900	49000	69600
4-pass Enclosed Dr Lan	2700	8000	13500	27000	47400	67400
6-pass French Limo	3000	8950	15100	30200	53000	75400
6-pass French Lan	3100	9200	15500	31000	54400	77400

1929

Standard, Model 133, 8-cyl., 125 hp, 133" wb (#2005010 and up registered as 1930 models)

	6	5	4	3	2	1
2-pass Rdstr	3600	10750	18100	36200	63600	90400
4-pass Tr	3550	10500	17700	35400	62200	88400
4-pass Spt Tr	3550	10600	17800	35600	62500	88900
5-pass Club Brghm	2400	7050	11900	23800	41800	59500
2-pass Cpe	2700	8000	13500	27000	47400	67400
5-pass Sdn	2450	7250	12300	24600	43200	61500
5-pass Club Berline	2550	7500	12700	25400	44600	63500
7-pass Sdn	2550	7500	12700	25400	44600	63500
7-pass Enclosed Dr Limo	2800	8300	13950	27900	49000	69600

Custom, Model 143, 8-cyl., 125 hp, 143" wb (#3001191 and up registered as 1930 models)

	6	5	4	3	2	1
7-pass Tr	3900	11550	19450	38900	68300	97100
2-pass Conv Cpe	3950	11750	19750	39500	69400	98600
7-pass Sdn	2900	8600	14500	29000	50900	72400
7-pass Enclosed Dr Limo	3000	8900	15000	30000	52700	74900
7-pass AW Sdn	2850	8450	14250	28500	50000	71100

1930

Model C, 8-cyl., 115 hp, 132" wb (#1002801 and up registered as 1931 models)

	6	5	4	3	2	1
5-pass Club Brghm	2000	5900	9950	19900	35000	49700
2-pass Cpe	2050	6050	10250	20500	36000	51200
5-pass Sdn	1900	5500	9300	18600	32700	46400

Model B, 8-cyl., 125 hp, 134" wb (#2025401 and up registered as 1931 models)

	6	5	4	3	2	1
2-pass Rdstr	4100	12200	20500	41000	72000	102300
4-pass Tr	4100	12200	20500	41000	72000	102300
4-pass Spt Phtn	4300	12750	21500	43000	75500	107300
2-pass Conv Cpe	3950	11750	19750	39500	69400	98600

Model B, 8-cyl., 125 hp, 139" wb

	6	5	4	3	2	1
5-pass Sdn	2700	8000	13500	27000	47400	67400
5-pass Vic Cpe	2800	8300	13950	27900	49000	69600
7-pass Sdn	2700	8000	13500	27000	47400	67400
5-pass Club Sdn	2800	8300	13950	27900	49000	69600
7-pass Enclosed Dr Limo	3150	9350	15750	31500	55300	78600
7-pass Berline	3150	9350	15750	31500	55300	78600

Model A, 8-cyl., 132 hp, 144" wb (#3025701 and up registered as 1931 models)

	6	5	4	3	2	1
7-pass Tr	4500	13350	22500	45000	79000	112300
2-pass Conv Cpe	4300	12750	21450	42900	75300	107100
7-pass Sdn	3000	8900	15000	30000	52700	74900
7-pass Enclosed Dr Limo	3800	11300	19000	38000	66700	94900
7-pass Twn Car	3500	10350	17450	34900	61300	87100

1931

Model 43, 8-cyl., 125 hp, 134" wb

	6	5	4	3	2	1
4-pass Rdstr	4050	12050	20250	40500	71100	101100
4-pass Tr	4050	12050	20250	40500	71100	101100
4-pass Cpe	2750	8150	13750	27500	48300	68600

Model 43, 8-cyl., 125 hp, 137" wb

	6	5	4	3	2	1
5-pass Sdn	2000	5850	9900	19800	34800	49500
5-pass Club Sdn	2200	6450	10900	21800	38400	54400
7-pass Sdn	2300	6700	11300	22600	39700	56400
7-pass Enclosed Dr Limo	2400	7050	11900	23800	41800	59500

	6	5	4	3	2	1
Model 42, 8-cyl., 132 hp, 142" wb						
4-pass Rdstr	4500	13350	22500	45000	79000	112300
4-pass Tr	4500	13350	22500	45000	79000	112300
4-pass Spt Phtn	4650	13800	23250	46500	81700	116100
4-pass Conv Cpe	4100	12250	20600	41200	72300	102800
5-pass Sdn	2200	6450	10900	21800	38400	54400
5-pass Club Sdn	2300	6800	11500	23000	40400	57500
7-pass Sdn	2300	6700	11300	22600	39700	56400
5-pass Club Berline	2400	7050	11900	23800	41800	59500
Enclosed Dr Limo	2750	8150	13750	27500	48300	68600
Model 41, 8-cyl., 132 hp, 147" wb						
7-pass Tr	4700	13950	23500	47000	82500	117300
4-pass Conv Cpe	4600	13650	23000	46000	80800	114800
7-pass Sdn	2350	6950	11750	23500	41300	58700
7-pass Enclosed Dr Limo	2650	7950	13400	26800	47050	67000
Twn Car	2700	8100	13600	27200	47800	67900
Twn Lan	2450	7250	12250	24500	43000	61200
Twn Brghm	2350	6950	11750	23500	41300	58700

1932

	6	5	4	3	2	1
Model 54, 8-cyl., 125 hp, 137" wb						
4-pass Conv Cpe Rdstr	4200	12400	20900	41800	73400	104300
4-pass Tr	4100	12200	20500	41000	72000	102300
4-pass Spt Phtn	4100	12200	20500	41000	72000	102300
5-pass Brghm	2200	6350	10700	21400	37600	53500
5-pass RS Cpe	2350	6950	11750	23500	41300	58700
5-pass Sdn	2150	6200	10500	21000	36900	52400
5-pass Club Sdn	2200	6350	10700	21400	37600	53500
Club Berline	2200	6450	10900	21800	38400	54400
5-pass Conv Sdn	4250	12650	21250	42500	74600	106100
Model 54, 8-cyl., 125 hp, 142" wb						
7-pass Tr	4250	12650	21300	42600	74800	106300
7-pass Sdn	2200	6450	10900	21800	38400	54400
7-pass Encl Dr Limo	2400	7050	11900	23800	41800	59500
Model 53, 12-cyl., 140 hp, 137" wb						
2-4 pass Conv Cpe Rdstr	4500	13350	22500	45000	79000	112300
4-pass Tr	4600	13650	23000	46000	80800	114800
4-pass Spt Phtn	4500	13350	22500	45000	79000	112300
5-pass Club Brghm	2400	7050	11900	23800	41800	59500
2-4 pass Cpe	2450	7250	12250	24500	43000	61200
5-pass Sdn	2300	6700	11300	22600	39700	56400
5-pass Club Sdn	2350	6950	11700	23400	41100	58400
5-pass Club Berline	2600	7750	13100	26200	46000	65500
5-pass Conv Sdn	4200	12450	21000	42000	73700	104800
Model 53, 12-cyl., 140 hp, 142" wb						
7-pass Tr	4600	13650	23000	46000	80800	114800
7-pass Sdn	2600	7750	13100	26200	46000	65500
7-pass Encl Dr Limo	2850	8500	14300	28600	50200	71400
Model 52, 12-cyl., 150 hp, 142" wb						
5-pass Sdn	2700	8000	13500	27000	47400	67400
5-pass Club Sdn	2700	8000	13500	27000	47400	67400
5-pass Club Berline	2650	7850	13250	26500	46500	66100
7-p Enclosed Dr Limo (147" wb)	3500	10400	17500	35000	61500	87400
7-pass Sdn (147" wb)	3350	9950	16750	33500	58800	83600

1933

	6	5	4	3	2	1
Model 836, 8-cyl., 135 hp, 136" wb (7-pass models 139" wb)						
5-pass Club Brghm	1850	5400	9100	18200	32000	45500
5-pass Sdn	1900	5500	9300	18600	32700	46400
5-pass Club Sdn	2050	6000	10100	20200	35500	50400

	6	5	4	3	2	1
5-pass Conv Sdn	3700	10950	18450	36900	64800	92100
2-4 pass Conv Rdstr	3600	10650	17950	35900	63000	89600
7-pass Sdn	1900	5650	9500	19000	33400	47500
7-pass Enclosed Dr Limo	2200	6450	10900	21800	38300	54400
			Salon pkg add 10%			

Model 1236, 12-cyl., 160 hp, 136" wb

	6	5	4	3	2	1
5-pass Club Brghm	2050	6000	10100	20200	35500	50400
5-pass Sdn	2100	6100	10300	20600	36200	51500
5-pass Club Sdn	2250	6600	11100	22200	39000	55500
5-pass Conv Sdn	3750	11150	18750	37500	65800	93600
5-pass Conv Rdstr	3700	10950	18450	36900	64800	92100
7-pass Sdn (139")	2150	6200	10500	21000	36900	52400
7-pass Enclosed Dr Limo (139")	2400	7050	11900	23800	41800	59500
			Salon pkg add 10%			

Model 1242, 12-cyl., 175 hp, 137" wb

	6	5	4	3	2	1
5-pass Tr	3850	11450	19250	38500	62600	96100
5-pass Spt Phtn	4200	12500	21000	42000	73700	104800
7-pass Tr (142" wb)	4000	11850	19950	39900	70100	99600
5-pass Club Brghm	2150	6200	10500	21000	36900	52400
5-pass Sdn	2200	6350	10750	21500	37800	53700
5-pass Club Sdn	2300	6800	11500	23000	40400	57500
5-pass Club Berline	2400	7050	11900	23800	41800	59500
2-4 pass Cpe	2500	7350	12400	24800	43550	61900
4-pass Custom Rdstr	4200	12500	21000	42000	73700	104800
5-pass Conv Sdn	3900	11600	19500	39000	68500	97400
7-pass Sdn (142" wb)	2150	6250	10600	21200	37250	53000
7-p Enclosed Dr Limo (142" wb)	2600	7750	13100	26200	46000	65500
			Salon pkg add 10%			

Model 1247, 12-cyl., 175 hp, 142" wb

	6	5	4	3	2	1
5-pass Sdn	2600	7750	13100	26200	46000	65500
5-pass Club Sdn	2700	8000	13500	27000	47400	67400
7-pass Sdn (147" wb)	2700	8000	13500	27000	47400	67400
5-pass Club Berline	2700	8000	13500	27000	47400	67400
7-pass Encld Dr Limo (147" wb)	2850	8500	14300	28600	50200	71400
5-pass LeB Conv Sdn (147" wb)	4600	13700	23100	46200	81100	115300
5-pass LeB Club Sdn (147" wb)	2850	8500	14300	28600	50200	71400
5-pass LeB Vic Conv (147" wb)	4950	14700	24750	49500	86900	123600
7-pass Encld Dr Limo (147" wb)	3000	8950	15100	30200	53000	75400
7-pass Twn Brghm (147" wb)	3100	9200	15500	31000	54400	77400
7-pass Twn Car (147" wb)	3250	9700	16300	32600	57200	81400
7-p Encld Dr Brghm (147" wb)	3250	9700	16300	32600	57200	81400
5-pass Silver Arrow show car	150000	340000	550000	735000	950000	1400000

1934

Model 836A, 8-cyl., 136" wb

	6	5	4	3	2	1
5-pass Club Brghm	1900	5650	9500	19000	33400	47500
5-pass Club Brghm Salon	2000	5850	9900	19800	34800	49500
4-dr 5-pass Sdn	2000	5850	9900	19800	34800	49500
4-dr 5-pass Salon Sdn	2100	6100	10300	20600	36200	51500

Model 840A, 8-cyl., 139" wb

	6	5	4	3	2	1
4-pass Conv Rdstr	2900	8600	14500	29000	50900	72400
5-pass Club Brghm	2100	6100	10300	20600	36200	51500
5-pass Sdn	2150	6200	10500	21000	36900	52400
5-pass Club Sdn	2200	6350	10700	21400	37600	53500
4-pass Cpe	2300	6700	11300	22600	39700	56400

Model 840A, 8-cyl., 144" wb

	6	5	4	3	2	1
5-pass Silver Arrow	4700	13950	23500	47000	82500	117300
7-pass Sdn	2200	6450	10900	21800	38300	54400
7-pass Enclosed Dr Limo	2600	7800	13200	26400	46350	65900
7-pass Twn Brghm	2600	7750	13100	26200	46000	65500

	6	5	4	3	2	1
Model 1240A, 12-cyl., 139" wb						
4-pass Conv Rdstr	3700	11000	18500	37000	65000	92400
5-pass Club Brghm	2200	6450	10900	21800	38300	54400
5-pass Sdn	2250	6600	11100	22200	39000	55500
5-pass Club Sdn	2300	6700	11300	22600	39700	56400
4-pass Cpe	2400	7050	11900	23800	41800	59500
Model 1240A, 12-cyl., 144" wb						
5-pass Silver Arrow	5200	15450	26000	52000	91300	129800
7-pass Sdn	2400	7050	11900	23800	41800	59500
7-pass Enclosed Dr Limo	2850	8500	14300	28600	50200	71400
Model 1248A, 12-cyl., 147" wb						
7-pass Sdn	2600	7750	13100	26200	46000	65500
7-pass Enclosed Dr Limo	3000	8950	15100	30200	53000	75400

1935

	6	5	4	3	2	1
Model 836, 8-cyl., 136" wb						
5-pass Club Brghm	2000	5800	9750	19500	34300	48700
5-pass Sdn	2050	6000	10100	20200	35500	50400
Model 845, 8-cyl., 140 hp, 138" wb						
2-4 pass Conv Rdstr	2800	8400	14100	28200	49500	70400
5-pass Club Brghm	2050	6050	10250	20500	36000	51200
2-4 pass Cpe	2200	6450	10900	21800	38300	54400
5-pass Sdn	2100	6150	10400	20800	36550	51900
5-pass Club Sdn	2150	6200	10500	21000	36900	52400
Model 845, 8-cyl., 140 hp, 144" wb						
7-pass Sdn	2150	6200	10500	21000	36900	52400
7-pass Enclosed Dr Limo	2400	7050	11900	23800	41800	59500
5-pass Silver Arrow	4800	14250	24000	48000	84300	119800
5-pass Twn Brghm Brunn	2150	6200	10500	21000	36900	52400
Model 1245, 12-cyl., 175 hp, 138" wb						
2-4 pass Conv Rdstr	3500	10400	17500	35000	61500	87400
5-pass Club Brghm	2200	6450	10900	21800	38300	54400
2-4 pass Cpe	2400	7050	11900	23800	41800	59500
5-pass Sdn	2250	6600	11100	22200	39000	55500
5-pass Club Sdn	2300	6700	11300	22600	39700	56400
Model 1245, 12-cyl., 175 hp, 144" wb						
7-pass Sdn	2450	7250	12300	24600	43200	61500
7-pass Enclosed Dr Limo	2600	7750	13100	26200	46000	65500
5-pass Silver Arrow	5200	15450	26000	52000	91300	129800
Model 1255, 12-cyl., 175 hp, 147" wb						
7-pass Sdn	2600	7750	13100	26200	46000	65500
7-pass Enclosed Dr Limo	2850	8500	14300	28600	50200	71400

1936

	6	5	4	3	2	1
Model 1601, Deluxe 8, 150 hp, 138" wb						
2-4 pass Cpe	2000	5850	9900	19800	34800	49500
2-4 pass Conv Cpe Rdstr	2600	7750	13100	26200	46000	65500
5-pass Club Sdn	1800	5300	8900	17800	31300	44400
5-pass Sdn	1750	5200	8700	17400	30600	43500
5-pass Club Berline	2000	5850	9900	19800	34800	49500
5-pass Frml Sdn	1900	5650	9500	19000	33400	47500
Deluxe 8, 150 hp, 144" wb						
7-pass Sdn	1900	5500	9300	18600	32700	46400
7-pass Limo	2200	6450	10900	21800	38300	54400
Metro Town Car	2400	7050	11900	23800	41800	59500
5-pass Conv Sdn	2900	8600	14500	29000	50900	72400
Model 1602, 185 hp, 139" wb						
2-4 pass Cpe	2200	6450	10900	21800	38300	54400
2-4 pass Conv Cpe Rdstr	3100	9150	15400	30800	54100	76900
5-pass Club Sdn	1950	5750	9700	19400	34100	48400

	6	5	4	3	2	1
5-pass Sdn	1900	5650	9500	19000	33400	47500
5-pass Club Berline	2200	6450	10900	21800	38300	54400
5-pass Frml Sdn	2000	5800	9800	19600	34450	49000
Salon Twelve, 185 hp, 144" wb						
7-pass Sdn	2150	6200	10500	21000	36900	52400
Enclosed Dr Limo	2400	7050	11900	23800	41800	59500
Metro Town Brghm	2600	7750	13100	26200	46000	65500
5-pass Conv Sdn	3400	10100	17000	34000	59700	84900
7-pass Sdn (147" wb)	2400	7050	11900	23800	41800	59500
7-pass Enclosed Dr Limo	2700	8000	13500	27000	47400	67400

1937

Model 1701, 8-cyl., 150 hp, 138" wb

	6	5	4	3	2	1
4-pass Cpe	1950	5750	9700	19400	34100	48400
5-pass Sdn	1700	5050	8500	17000	29900	42500
4-pass Conv Rdstr	2650	7850	13250	26500	46500	66100
5-pass Club Sdn	1800	5300	8900	17800	31300	44400
5-pass Club Berline	1800	5350	9000	18000	31650	45000
5-pass Frml Sdn	2050	6000	10100	20200	35500	50400
Model 1701, 8-cyl., 150 hp, 144" wb						
7-pass Frml Sdn	2200	6450	10900	21800	38300	54400
7-pass Sdn	2100	6100	10300	20600	36200	51500
5-pass Conv Sdn	3100	9200	15450	30900	54300	77100
7-pass Brunn Metro Twn Car	2600	7750	13100	26200	46000	65500
5-pass Conv Sdn (147" wb)	3150	9350	15750	31500	55300	78600
Model 1702, 12-cyl., 185 hp, 139" wb						
4-pass Cpe	2150	6200	10500	21000	36900	52400
5-pass Sdn	1900	5500	9300	18600	32700	46400
4-pass Conv Rdstr	3100	9200	15450	30900	54300	77100
5-pass Club Sdn	1900	5650	9500	19000	33400	47500
5-pass Club Berline	2000	5800	9750	19500	34300	48700
5-pass Frml Sdn	2200	6450	10900	21800	38300	54400
Model 1702, 12-cyl., 185 hp, 144" wb						
7-pass Sdn	2000	5850	9900	19800	34800	49500
7-pass Enclosed Dr Limo	2200	6450	10900	21800	38300	54400
5-pass Conv Sdn	3900	11600	19500	39000	68500	97400
7-pass Brunn Metro Twn Brghm	3000	8950	15100	30200	53000	75400
Pierce-Arrow 12, 185 hp, 147" wb						
7-pass Sdn	2400	7050	11900	23800	41800	59500
7-pass Enclosed Dr Limo	2700	8000	13500	27000	47400	67400

1938

Pierce-Arrow 8, 150 hp, 139" wb

	6	5	4	3	2	1
5-pass Sdn	1600	4850	8100	16200	28500	40500
5-pass Club Sdn	1700	5050	8500	17000	29900	42500
4-pass Cpe	1900	5650	9500	19000	33400	47500
4-pass Conv Sdn	2700	8000	13450	26900	47200	67100
5-pass Club Berline	1900	5500	9300	18600	32700	46400
5-pass Frml Sdn	1750	5200	8700	17400	30600	43500
Pierce-Arrow 8, 150 hp, 144" wb						
7-pass Brunn Metro Twn Brghm	2450	7250	12300	24600	43200	61500
7-pass Sdn	2150	6200	10500	21000	36900	52400
5-pass Conv Sdn	3100	9200	15500	31000	54400	77400
7-pass Frml Sdn	2200	6450	10900	21800	38300	54400
Pierce-Arrow 12, 185 hp, 139" wb						
5-pass Sdn	2200	6450	10900	21800	38300	54400
5-pass Club Sdn	2300	6700	11300	22600	39700	56400
4-pass Cpe	2550	7500	12700	25400	44600	63500
4-pass Conv Rdstr	3300	9800	16500	33000	57900	82400
5-pass Club Berline	2000	5850	9900	19800	34800	49500
5-pass Frml Sdn	2000	5850	9900	19800	34800	49500

	6	5	4	3	2	1
Pierce-Arrow 12, 185 hp, 144" wb						
7-pass Sdn	2400	7050	11900	23800	41800	59500
7-pass Enclosed Dr limo	2850	8500	14300	28600	50200	71400
5-pass Conv Sdn	3400	10100	17000	34000	59700	84900
7-pass Brunn Metro Twn Brghm	2950	8750	14750	29500	51800	73600
Pierce-Arrow 12, 147" wb						
7-pass Sdn	2550	7500	12700	25400	44600	63500
7-pass Enclosed Dr Limo	3000	8950	15100	30200	53000	75400

Pierce-Arrow produced a handful of automobiles in 1938, its last year of production.

1920 Pierce-Arrow 66

1933 Pierce-Arrow Silver Arrow

PRICE GUIDE CLASSIFICATIONS:

1. CONCOURS: Perfection. At or near 100 points on a 100-point judging scale. Trailered; never driven; pampered. Totally restored to the max and 100 percent stock.

2. SHOW: Professionally restored to high standards. No major flaws or deviations from stock. Consistent trophy winner that needs nothing to show. In 90 to 95 point range.

3. STREET/SHOW: Older restoration or extremely nice original showing some wear from age and use. Very presentable; occasional trophy winner; everything working properly. About 80 to 89 points.

4. DRIVER: A nice looking, fine running collector car needing little or nothing to drive, enjoy and show in local competition. Would need extensive restoration to be a show car, but completely usable as is.

5. RESTORABLE: Project car that is relatively complete and restorable within a reasonable effort and expense. Needs total restoration, but all major components present and rebuildable. May or may not be running.

6. PARTS CAR: Deteriorated or stripped to a point beyond reasonable restoration, but still complete and solid enough to donate valuable parts to a restoration. Likely not running, possibly missing its engine.

PLYMOUTH
1929 – 1991

1932 Plymouth PB Sedan

1970 Plymouth Superbird

	6	5	4	3	2	1
1929						
Model Q, 4-cyl., 45 hp, 109" wb (Start July 7, 1928)						
2-4 pass Rdstr	850	2650	4450	8900	15700	22300
5-pass Tr	800	2500	4250	8500	15000	21200
2-pass Cpe	400	1200	1900	3800	6600	9600
2-4 pass Dlx Cpe	400	1200	2000	4000	6900	10000
2-dr 5-pass Sdn	350	900	1500	3000	5300	7600
4-dr 5-pass Sdn	350	950	1550	3100	5500	7900
5-pass Dlx Sdn	350	1000	1600	3200	5700	8100
Model U, 4-cyl., 45 hp, 109" wb						
2-4 pass RS Rdstr	900	2750	4600	9200	16200	22900
5-pass Tr	850	2650	4450	8900	15700	22300
2-pass Cpe	400	1150	1850	3700	6400	9300
2-dr Sdn	400	1100	1800	3500	6100	8900
4-dr Sdn	400	1050	1700	3400	5900	8500
2-4 pass Dlx RS Rdstr	900	2800	4700	9400	16500	23400
1930						
"Finer Plymouth", Model 30U, 4-cyl., 48 hp, 109" wb (#1530245 and up registered as 1931 models)						
2-4 pass Rdstr	900	2750	4600	9200	16200	22900
2-4 pass Spt Rdstr	900	2800	4700	9400	16500	23400
5-pass Phtn	900	2900	4850	9700	17100	24200
2-4 pass Conv Cpe	900	2850	4800	9600	16900	24000
2-pass Cpe	400	1050	1700	3300	5800	8300
2-4 pass Cpe	400	1150	1850	3700	6400	9300
2-dr 5-pass Sdn	400	1100	1800	3500	6100	8900
4-dr 5-pass Sdn	400	1050	1700	3400	5900	8500
Comm Sdn	350	900	1500	3000	5300	7600

	6	5	4	3	2	1

1931

Model PA, 4-cyl., 48 hp, 109" wb (#1670001 and up registered as 1932 models)

	6	5	4	3	2	1
2-pass Rdstr	900	2850	4800	9600	16900	24000
5-pass Phtn	900	2900	4850	9700	17100	24200
2-4 pass Spt Rdstr	950	2950	4950	9900	17500	24700
2-4 pass Cpe	400	1200	1950	3900	6800	9900
2-4 pass Conv Cpe	800	2500	4200	8400	14800	20900
2-pass Cpe	400	1150	1850	3700	6400	9300
2-dr 5-pass Sdn	350	900	1500	3000	5300	7600
4-dr 5-pass Sdn	400	1050	1700	3300	5800	8300

1932

"New Finer Plymouth" Model PB, 4-cyl., 65 hp, 112" wb (7-pass 121" wb)

	6	5	4	3	2	1
2-pass Rdstr	900	2800	4700	9400	16500	23400
2-4 pass Spt Rdstr	900	2850	4800	9600	16900	24000
5-pass Spt Phtn	950	2950	4950	9900	17500	24700
2-pass Cpe	400	1200	1950	3900	6800	9900
2-4 pass Conv Cpe	1000	3100	5250	10500	18600	26200
5-pass Conv Sdn	950	3050	5100	10200	18000	25400
2-4 pass Cpe	450	1250	2050	4100	7100	10300
2-dr 5-pass Sdn	400	1150	1850	3700	6400	9300
4-dr 5-pass Sdn	400	1150	1850	3700	6400	9300
7-pass Sdn	400	1200	1950	3900	6800	9900

1933

Model PC, 6-cyl., 70 hp., 108" wb (Start Oct. 25, 1932)

	6	5	4	3	2	1
2-4 pass Conv Cpe	950	3050	5100	10200	18000	25400
2-pass Cpe	450	1250	2150	4300	7400	10700
2-4 pass Cpe	500	1350	2350	4700	8100	11500
2-dr 5-pass Sdn	400	1200	1950	3900	6800	9900
4-dr 5-pass Sdn	400	1200	1950	3900	6800	9900
2-pass Bus Cpe	450	1250	2050	4100	7100	10300

Deluxe, Model PD, 6-cyl., 70 hp., 108" wb

	6	5	4	3	2	1
2-4 pass Conv Cpe	1000	3100	5250	10500	18600	26200
2-pass Cpe	500	1300	2250	4500	7700	11000
2-4 pass Cpe	550	1450	2450	4900	8500	12000
2-dr 5-pass Sdn	450	1250	2050	4100	7100	10300
4-dr 5-pass Sdn	450	1250	2050	4100	7100	10300

New Standard Six, Model PCXX, 6-cyl., 70 hp, 108" wb

	6	5	4	3	2	1
2-pass Bus Cpe	450	1250	2050	4100	7100	10300
2-4 pass Cpe	500	1350	2350	4700	8100	11500
2-dr 5-pass Sdn	400	1200	1950	3900	6800	9900
4-dr 5-pass Sdn	400	1200	1950	3900	6800	9900

1934

DeLuxe PE, 6-cyl., 77 hp 114" wb

	6	5	4	3	2	1
2-4 pass Conv Cpe	1000	3100	5250	10500	18600	26200
2-pass Bus Cpe	450	1250	2050	4100	7100	10300
2-4 pass Cpe	500	1300	2250	4500	7700	11000
2-dr 5-pass Sdn	400	1050	1700	3300	5800	8300
4-dr 5-pass Sdn	400	1050	1700	3300	5800	8300
5-pass Twn Sdn	400	1200	1950	3900	6800	9900

Special PF, 6-cyl., 77 hp., 108" wb

	6	5	4	3	2	1
2-pass Bus Cpe	450	1250	2050	4100	7100	10300
2-4 pass Cpe	500	1300	2250	4500	7700	11000
2-dr 5-pass Sdn	350	1000	1600	3200	5700	8100
4-dr 5-pass Sdn	350	1000	1600	3200	5700	8100
5-pass Twn Sdn	400	1200	1900	3800	6600	9600

Standard PG, 6-cyl., 77 hp., 108" wb

	6	5	4	3	2	1
2-pass Bus Cpe	400	1200	1900	3800	6600	9600

	6	5	4	3	2	1
2-dr 5-pass Sdn	350	1000	1600	3200	5700	8100
4-dr Sdn	350	900	1500	3000	5300	7600

1935

Business PJ, 6-cyl., 82 hp., 113" wb

2-dr 5-pass Sdn	350	1000	1600	3200	5700	8100
2-pass Cpe	400	1200	1900	3800	6600	9600
Bus Cpe	400	1100	1800	3500	6100	8900
4-dr 5-pass Bus Sdn	400	1050	1700	3300	5800	8300
2-dr 5-pass Bus Sdn	350	950	1550	3100	5500	7900

PJ DeLuxe, 6-cyl., 82 hp., 113" wb (7-pass models 128" wb)

2-4 pass Conv Cpe	850	2650	4450	8900	15700	22300
2-pass Bus Cpe	400	1200	1950	3900	6800	9900
2-4 pass Cpe	450	1250	2150	4300	7400	10700
2-dr 5-pass Sdn	400	1050	1700	3300	5800	8300
2-dr 5-pass Tr Sdn	400	1050	1700	3400	5900	8500
5-pass Sdn	400	1100	1800	3500	6100	8900
4-dr 5-pass Tr Sdn	400	1150	1850	3700	6400	9300
7-pass Traveler Sdn	400	1200	1950	3900	6800	9900
5-pass Traveler Sdn	450	1250	2050	4100	7100	10300

1936

Business, Model P1, 6-cyl., 82 hp., 113" wb

2-pass Bus Cpe	400	1150	1850	3700	6400	9300
2-dr 5-pass Bus Sdn	400	1050	1700	3300	5800	8300
4-dr 5-pass Bus Sdn	400	1050	1700	3400	5900	8500

DeLuxe, Model P2, 6-cyl., 82 hp., 113" wb (7-pass model 125" wb)

2-4 pass Conv Cpe	1000	3200	5350	10700	18900	26700
2-pass Cpe	400	1200	2000	4000	6900	10000
2-4 pass Cpe	450	1250	2200	4400	7600	10900
2-dr 5-pass Sdn	400	1100	1800	3500	6100	8900
2-dr 5-pass Tr Sdn	400	1150	1850	3700	6400	9300
5-pass Sdn	400	1100	1800	3500	6100	8900
4-dr 5-pass Tr Sdn	400	1150	1850	3700	6400	9300
7-pass Tr Sdn	450	1250	2100	4200	7200	10500

1937

Business, Model P3, 6-cyl., 82 hp., 112" wb

2-pass Cpe	400	1150	1850	3700	6400	9300
2-dr 5-pass Sdn	350	900	1500	2900	5200	7400
4-dr 5-pass Sdn	350	900	1500	3000	5300	7600

DeLuxe, Model P4, 6-cyl., 82 hp., 112" wb (7-pass models 132" wb)

2-4 pass Conv Cpe	900	2900	4850	9700	17100	24200
2-pass Cpe	400	1200	1950	3900	6800	9900
2-4 pass Cpe	450	1250	2100	4200	7200	10500
2-dr 5-pass Sdn	350	950	1550	3100	5500	7900
2-dr 5-pass Tr Sdn	350	1000	1600	3200	5700	8100
4-dr 5-pass Sdn	350	950	1550	3100	5500	7900
4-sdr 5-pass Tr Sdn	350	1000	1600	3200	5700	8100
7-pass Sdn Limo	450	1250	2200	4400	7600	10900
4-dr 7-pass Sdn	450	1250	2150	4300	7400	10700

1938

Business/Roadking, Model P5, 6-cyl., 82 hp, 112" wb

2-pass Cpe	400	1150	1850	3700	6400	9300
2-dr 5-pass Sdn	350	850	1400	2800	4900	7100
4-dr 5-pass Sdn	350	900	1500	2900	5200	7400
2-dr 5-pass Tr Sdn	350	900	1500	3000	5300	7600
4-dr 5-pass Tr Sdn	300	750	1250	2500	4400	6200

	6	5	4	3	2	1
DeLuxe, Model P6, 6-cyl., 82 hp., 112" wb (7-pass models 132" wb)						
2-4 pass Conv Cpe	900	2900	4850	9700	17100	24200
2-4 Pass Cpe	400	1200	1950	3900	6800	9900
2-4 pass Dlx Cpe	450	1250	2100	4200	7200	10500
2-dr 5-pass Sdn	350	1000	1600	3200	5700	8100
2-dr 5-pass Tr Sdn	400	1050	1700	3300	5800	8300
4-dr 5-pass Sdn	350	1000	1600	3200	5700	8100
4-dr 5-pass Tr Sdn	400	1050	1700	3300	5800	8300
7-pass Sdn	400	1100	1800	3600	6200	9100
7-pass Sdn Limo	450	1250	2050	4100	7100	10300
8-pass Suburban Sta Wgn	900	2850	4750	9500	16700	23700

1939

	6	5	4	3	2	1
Roadking, Model P7, 6-cyl., 82 hp., 114" wb						
2-pass Cpe	400	1200	1950	3900	6800	9900
2-dr 5-pass Sdn	350	900	1500	2900	5200	7400
4-dr 5-pass Sdn	350	900	1500	3000	5300	7600
2-dr 5-pass Tr Sdn	350	900	1500	3000	5300	7600
4-dr 5-pass Tr Sdn	350	950	1550	3100	5500	7900
2-dr 2-pass Uty Sdn	350	950	1550	3100	5500	7900
DeLuxe, Model P8, 6-cyl., 82 hp., 114" wb						
2-4 pass Conv Cpe	900	2850	4750	9500	16700	23700
2-pass Cpe	450	1250	2050	4100	7100	10300
2-4 pass RS Cpe	500	1300	2250	4500	7700	11000
2-dr 5-pass Sdn	350	1000	1600	3200	5700	8100
4-dr 5-pass Sdn	350	1000	1600	3200	5700	8100
2-dr 5-pass Tr Sdn	400	1050	1700	3300	5800	8300
4-dr 5-pass Tr Sdn	400	1050	1700	3300	5800	8300
8-pass Sub Sta Wgn w/o Glass	850	2550	4300	8600	15100	21500
8-pass Sub Sta Wgn w/Glass	850	2650	4500	9000	15900	22500
5-pass Conv Sdn (117" wb)	900	2850	4750	9500	16700	23700
7-pass Sdn (134" wb)	400	1100	1800	3500	6100	8900
7-pass Sdn Limo (134" wb)	450	1250	2100	4200	7200	10500

1940

	6	5	4	3	2	1
Roadking, Model P9, 6-cyl., 84 hp., 117" wb						
2-pass Cpe	450	1250	2050	4100	7100	10300
2-dr 5-pass Tr Sdn	400	1050	1700	3300	5800	8300
4-dr 5-pass Tr Sdn	400	1050	1700	3300	5800	8300
2-dr 2-pass Uty Sdn	350	850	1400	2800	4900	7100
DeLuxe, Model P10, 6-cyl., 84 hp 117" wb (7-pass models 137" wb)						
2-dr Conv	900	2900	4850	9700	17100	24200
2-pass Cpe	500	1300	2250	4500	7700	11000
2-4 pass Cpe	500	1350	2350	4700	8100	11500
2-dr 5-pass Sdn	350	950	1550	3100	5500	7900
4-dr 5-pass Sdn	350	950	1550	3100	5500	7900
8-pass Sta Wgn	850	2700	4550	9100	16000	22700
7-pass Sdn	400	1100	1800	3600	6200	9100
7-pass Sdn Limo	450	1250	2150	4300	7400	10700

1941

	6	5	4	3	2	1
Model P11, 6-cyl., 87 hp., 117" wb						
2-pass Cpe	450	1250	2150	4300	7400	10700
2-pass Dlx Cpe	450	1250	2200	4400	7600	10900
2-dr 5-pass Sdn	400	1050	1700	3300	5800	8300
2-dr 5-pass Dlx Sdn	400	1050	1700	3400	5900	8500
4-dr 5-pass Sdn	400	1050	1700	3300	5800	8300
4-dr 5-pass Dlx Sdn	400	1050	1700	3400	5900	8500
Special DeLuxe, Model P12, 6-cyl., 87 hp., 117" (7-pass models 137" wb)						
2-4 pass Conv Cpe	900	2850	4800	9600	16900	24000

	6	5	4	3	2	1
2-pass Cpe	500	1300	2250	4500	7700	11000
2-4 pass Cpe	500	1350	2350	4700	8100	11500
2-dr 5-pass Sdn	400	1050	1700	3300	5800	8300
4-dr 5-pass Sdn	400	1050	1700	3300	5800	8300
8-pass Sta Wgn	850	2700	4550	9100	16000	22700
7-pass Sdn (137" wb)	400	1100	1800	3600	6200	9100
7-pass Limo (137" wb)	450	1250	2150	4300	7400	10700

1942

DeLuxe, Model P-15-S, 6-cyl., 95 hp., 117" wb

	6	5	4	3	2	1
3-pass Cpe	450	1250	2050	4100	7100	10300
2-dr 6-pass Sdn	350	900	1500	2900	5200	7400
2-dr 2-pass Uty Sdn	300	800	1300	2600	4600	6600
6-pass Club Cpe	450	1250	2100	4200	7200	10500
4-dr 6-pass Sdn	300	800	1300	2600	4600	6600

Special DeLuxe, 6-cyl., 117" wb

	6	5	4	3	2	1
6-pass Conv Cpe	850	2700	4550	9100	16000	22700
3-pass Cpe	500	1300	2250	4500	7700	11000
2-dr 6-pass Sdn	350	850	1400	2800	4900	7100
4-dr 6-pass Sdn	350	850	1400	2800	4900	7100
4-dr 6-pass Twn Sdn	350	850	1400	2800	4900	7100
6-pass Club Cpe	500	1350	2350	4700	8100	11500
8-pass Sta Wgn	850	2650	4450	8900	15700	22300

1946-1949 (First Series)

Model P-15, 6-cyl., 95 hp., 117" wb

	6	5	4	3	2	1
3-pass Dlx Cpe	450	1250	2050	4100	7100	10300
3-pass Spl Dlx Cpe	450	1250	2150	4300	7400	10700
6-pass Dlx Club Cpe	450	1250	2200	4400	7600	10900
6-pass Spl Dlx Club Cpe	500	1350	2350	4700	8100	11500
2-dr 6-pass Dlx Sdn	400	1100	1800	3600	6200	9100
2-dr 6-pass Spl Dlx Sdn	400	1200	1950	3900	6800	9900
4-dr 6-pass Dlx Sdn	400	1100	1800	3600	6200	9100
4-dr 6-pass Spl Dlx Sdn	400	1200	1950	3900	6800	9900
5-pass Spl Dlx Conv Cpe	950	2950	4950	9900	17500	24700
8-pass Spl Dlx Sta Wgn	1050	3300	5500	11000	19300	27500

1949

DeLuxe, Model P17, 6-cyl., 97 hp., 111" wb (*118.5" wb)

	6	5	4	3	2	1
3-pass Cpe	400	1150	1850	3700	6400	9300
2-dr Sdn	400	1100	1800	3500	6100	8900
2-dr Suburban	450	1250	2050	4100	7100	10300
6-pass Club Cpe*	400	1200	1950	3900	6800	9900
4-dr 6-pass Sdn*	400	1100	1800	3500	6100	8900

Special DeLuxe, Model P18, 6-cyl., 97 hp., 118.5" wb

	6	5	4	3	2	1
6-pass Conv Club Cpe	950	3000	5050	10100	17900	25100
6-pass Club Cpe	450	1250	2050	4100	7100	10300
4-dr 6-pass Sdn	400	1100	1800	3600	6200	9100
8-pass Sta Wgn	1050	3400	5650	11300	19900	28200

1950

DeLuxe, Model P19, 97 hp., 6-cyl., 111" wb

	6	5	4	3	2	1
3-pass Cpe	400	1200	1900	3800	6600	9600
2-dr 6-pass Sdn	400	1100	1800	3600	6200	9100
5-pass Suburban	400	1200	2000	4000	6900	10000
5-pass Spl Suburban	450	1250	2100	4200	7200	10500

DeLuxe, Model P20, 97 hp, 6-cyl., 118.5" wb

	6	5	4	3	2	1
6-pass Club Cpe	400	1200	1950	3900	6800	9900
4-dr 6-pass Sdn	400	1150	1850	3700	6400	9300

	6	5	4	3	2	1

Special DeLuxe, Model P20 6-cyl., 97 hp., 118.5" wb

	6	5	4	3	2	1
6-pass Conv Club Cpe	950	3000	5050	10100	17900	25100
6-pass Club Cpe	450	1250	2050	4100	7100	10300
4-dr 6-pass Sdn	400	1200	1950	3900	6800	9900
8-pass Sta Wgn	1100	3450	5750	11500	20300	28700

1951

Concord, 6-cyl., 97 hp., 111" wb

	6	5	4	3	2	1
2-dr 6-pass Sdn	350	950	1550	3100	5500	7900
3-pass Cpe	400	1050	1700	3300	5800	8300
5-pass Suburban Sta Wgn	400	1200	1950	3900	6800	9900
5-pass Savoy Sta Wgn	350	1000	1600	3200	5700	8100

Cambridge, 6-cyl., 97 hp., 118.5" wb

	6	5	4	3	2	1
4-dr 6-pass Sdn	400	1050	1700	3400	5900	8500
6-pass Club Cpe	400	1150	1850	3700	6400	9300

Cranbrook, 6-cyl., 97 hp., 118.5" wb

	6	5	4	3	2	1
4-dr 6-pass Sdn	400	1100	1800	3500	6100	8900
6-pass Club Cpe	400	1200	1950	3900	6800	9900
6-pass Belvedere Hdtp	650	1700	3000	5900	10200	14700
Club Cpe Conv	900	2750	4650	9300	16400	23100

1952

Concord, 6-cyl., 97 hp., 111" wb

	6	5	4	3	2	1
2-dr 6-pass Sdn	350	950	1550	3100	5500	7900
3-pass Cpe	400	1100	1800	3500	6100	8900
5-pass Suburban Sta Wgn	400	1200	1950	3900	6800	9900
5-pass Savoy Sta Wgn	350	1000	1600	3200	5700	8100

Cambridge, 6-cyl., 97 hp., 118.5" wb

	6	5	4	3	2	1
4-dr 6-pass Sdn	400	1050	1700	3400	5900	8500
6-pass Club Cpe	400	1150	1850	3700	6400	9300

Cranbrook, 6-cyl., 97 hp., 118.5" wb

	6	5	4	3	2	1
4-dr 6-pass Sdn	400	1100	1800	3500	6100	8900
6-pass Club Cpe	400	1200	1950	3900	6800	9900
6-pass Belvedere Hdtp	650	1700	3000	5900	10200	14700
Club Cpe Conv	900	2750	4650	9300	16400	23100

1953

Cambridge, 6-cyl., 100 hp., 114" wb

	6	5	4	3	2	1
4-dr Sdn	350	900	1500	3000	5300	7600
2-dr Club Sdn	350	900	1500	3000	5300	7600
3-pass Bus Cpe	350	950	1550	3100	5500	7900
2-dr Suburban Wgn	500	1300	2250	4500	7700	11000

Cranbrook, 6-cyl., 100 hp., 114" wb

	6	5	4	3	2	1
4-dr Sdn	350	950	1550	3100	5500	7900
6-pass Club Cpe	400	1050	1700	3300	5800	8300
Hdtp Cpe Belvedere	650	1700	3000	5900	10200	14700
2-dr Savoy Sta Wgn	400	1200	1950	3900	6800	9900
6-pass Club Cpe Conv	850	2700	4550	9100	16000	22700

1954

Plaza, 6-cyl., 100 hp., 114" wb

	6	5	4	3	2	1
4-dr Sdn	400	1050	1700	3400	5900	8500
2-dr Club Sdn	400	1100	1800	3500	6100	8900
2-dr Suburban	500	1350	2350	4700	8100	11500
3-pass Bus Cpe	400	1100	1800	3500	6100	8900

Savoy, 6-cyl., 100 hp., 114" wb

	6	5	4	3	2	1
4-dr Sdn	400	1100	1800	3500	6100	8900
2-dr Club Sdn	400	1100	1800	3500	6100	8900
2-dr Club Cpe	400	1150	1850	3700	6400	9300

	6	5	4	3	2	1
Belvedere, 6-cyl., 100 hp., 114" wb						
4-dr Sdn	400	1150	1850	3700	6400	9300
2-dr Hdtp Spt Cpe	650	1800	3250	6500	11200	16100
6-pass Conv	900	2850	4750	9500	16700	23700
2-dr Suburban Sta Wgn	450	1250	2100	4200	7200	10500

High-Head Six 110 hp., add 10%

1955

	6	5	4	3	2	1
Plaza, 6-cyl./8-cyl., 115" wb						
4-dr Sdn	350	1000	1600	3200	5700	8100
2-dr Club Sdn	350	1000	1600	3200	5700	8100
2-dr Suburban	400	1050	1700	3400	5900	8500
4-dr Suburban	400	1100	1800	3600	6200	9100
2-dr Bus Cpe	350	1000	1600	3200	5700	8100
Savoy, 6-cyl./8-cyl., 115" wb						
4-dr Sdn	400	1050	1700	3300	5800	8300
2-dr Club Sdn	400	1050	1700	3300	5800	8300
Belvedere, 6-cyl./8-cyl, 115" wb						
4-dr Sdn	400	1050	1700	3400	5900	8500
2-dr Club Sdn	400	1050	1700	3400	5900	8500
2-dr Hdtp Spt Cpe	700	1900	3350	6700	11500	16500
2-dr Conv (P27)	1100	3450	5750	11500	20300	28700
4-dr Suburban	450	1250	2100	4200	7200	10500

260 cid/170 hp V-8 add 10%   Factory air cond add 20%

1956

	6	5	4	3	2	1
Plaza, 6-cyl./8-cyl., 115" wb						
4-dr Sdn	350	900	1500	2900	5200	7400
2-dr Club Sdn	350	900	1500	3000	5300	7600
2-dr Bus Cpe	350	900	1500	2900	5200	7400
Savoy, 6-cyl./8-cyl., 115" wb						
4-dr Sdn	350	900	1500	3000	5300	7600
2-dr Club Sdn	400	1050	1700	3300	5800	8300
2-dr Hdtp Spt Cpe	600	1650	2900	5800	10000	14500
Belvedere, 6-cyl./8-cyl., 115" wb						
4-dr Sdn	350	950	1550	3100	5500	7900
4-dr Spt Hdtp	400	1200	1950	3900	6800	9900
2-dr Club Sdn	350	1000	1600	3200	5700	8100
2-dr Spt Hdtp	800	2350	3900	7800	13500	19500
2-dr Conv (8-cyl. only)	1100	3450	5750	11500	20300	28700
Suburban, 6-cyl./8-cyl., 115" wb						
2-dr Dlx Wgn	400	1150	1850	3700	6400	9300
2-dr Custom Wgn	400	1200	1900	3800	6600	9600
4-dr Custom Wgn	400	1200	2000	4000	6900	10000
4-dr Spt Wgn	450	1250	2150	4300	7400	10700
Fury, 8-cyl., 240 hp, 115" wb						
2-dr Spt Hdtp (8-cyl. only)	900	2750	4650	9300	16400	23100

277 cid/187 hp V-8 add 10%   303 cid/240 hp V-8 ad 25%
Factory air cond add 20%

1957

	6	5	4	3	2	1
Plaza, 6-cyl./8-cyl., 118" wb						
4-dr Sdn	300	800	1300	2600	4600	6600
2-dr Club Sdn	300	800	1350	2700	4700	6900
2-dr Bus Cpe	300	800	1300	2600	4600	6600
Savoy, 6-cyl./8-cyl., 118" wb						
4-dr Sdn	300	800	1350	2700	4700	6900
4-dr Spt Hdtp	400	1100	1800	3500	6100	8900
2-dr Club Sdn	350	950	1550	3100	5500	7900
2-dr Spt Hdtp	650	1750	3100	6200	10700	15400

	6	5	4	3	2	1
Belvedere, 6-cyl./8-cyl., 118" wb						
4-dr Sdn	350	900	1500	2900	5200	7400
4-dr Spt Hdtp	400	1150	1850	3700	6400	9300
2-dr Club Sdn	350	950	1550	3100	5500	7900
2-dr Spt Hdtp	850	2700	4550	9100	16000	22700
2-dr Conv (P31, 8-cyl. only)	1150	3650	6100	12200	21500	30500
Suburban, 6-cyl./8-cyl., 122" wb						
4-dr 6-pass Custom Wgn	400	1150	1850	3700	6400	9300
2-dr 6-pass Custom Wgn	400	1100	1800	3500	6100	8900
4-dr 6-pass Spt Wgn	400	1200	2000	4000	6900	10000
2-dr Dlx Wgn	400	1100	1800	3500	6100	8900
4-dr 9-pass Custom Wgn	400	1200	1950	3900	6800	9900
4-dr 9-pass Spt Wgn	450	1250	2100	4200	7200	10500
Fury, 8-cyl., 118" wb						
2-dr Hdtp (8-cyl. only)	1000	3200	5350	10700	18900	26700

300 cid/235 hp V8 add 10%   318 cid V8/290 hp add 20%
Factory air cond add 15%

1958

	6	5	4	3	2	1
Plaza, 6-cyl./8-cyl., 118" wb						
4-dr Sdn	300	800	1300	2600	4600	6600
2-dr Club Sdn	300	800	1350	2700	4700	6900
2-dr Bus Cpe	300	800	1300	2600	4600	6600
Savoy, 6-cyl./8-cyl., 118" wb						
4-dr Sdn	300	800	1350	2700	4700	6900
4-dr Spt Hdtp	400	1100	1800	3500	6100	8900
2-dr Club Sdn	350	950	1550	3100	5500	7900
2-dr Spt Hdtp	650	1750	3100	6200	10700	15400
Belvedere, 6-cyl./8-cyl., 118" wb						
4-dr Sdn	350	900	1500	2900	5200	7400
4-dr Spt Hdtp	400	1150	1850	3700	6400	9300
2-dr Club Sdn	350	950	1550	3100	5500	7900
2-dr Spt Hdtp	850	2700	4550	9100	16000	22700
2-dr Conv (LP2, 8-cyl. only)	1100	3450	5750	11500	20300	28700
Suburban, 6-cyl./8-cyl., 122" wb						
4-dr 6-pass Custom Wgn	400	1150	1850	3700	6400	9300
2-dr Custom Wgn	400	1100	1800	3500	6100	8900
4-dr 6-pass Spt Wgn	400	1200	2000	4000	6900	10000
2-dr Dlx Wgn	400	1100	1800	3500	6100	8900
4-dr Dlx Wgn	400	1150	1850	3700	6400	9300
4-dr 9-pass Custom Wgn	400	1200	1950	3900	6800	9900
4-dr 9-pass Spt Wgn	450	1250	2100	4200	7200	10500
Fury, 8-cyl., 118" wb						
2-dr Hdtp (8-cyl. only)	1000	3200	5350	10700	18900	26700

318 cid/290 hp V8 add 10%   361 cid V8/305 hp V8 add 20%
Factory air cond. add 10%

1959

	6	5	4	3	2	1
Savoy, 6-cyl./8-cyl., 118" wb						
4-dr Sdn	300	750	1250	2500	4400	6200
2-dr Club Sdn	350	850	1400	2800	4900	7100
2-dr Bus Cpe	300	800	1300	2600	4600	6600
Belvedere, 6-cyl./8-cyl., 118" wb						
4-dr Sdn	300	750	1250	2500	4400	6200
4-dr Spt Hdtp	350	900	1500	2900	5200	7400
2-dr Club Sdn	350	850	1400	2800	4900	7100
2-dr Spt Hdtp	650	1700	3000	6000	10400	14900
2-dr Conv (8-cyl. only)	1000	3100	5250	10500	18600	26200
Suburban, 6-cyl./8-cyl., 122" wb						
4-dr 6-pass Spt Sta Wgn	350	1000	1600	3200	5700	8100

	6	5	4	3	2	1
2-dr Custom Wgn	350	850	1400	2800	4900	7100
4-dr 6-pass Custom Wgn	350	900	1500	3000	5300	7600
4-dr 9-pass Spt Wgn	400	1050	1700	3400	5900	8500
4-dr 9-pass Custom Wgn	350	1000	1600	3200	5700	8100
4-dr 9-pass Dlx Wgn	400	1050	1700	3300	5800	8300
2-dr 6-pass Dlx Wgn	350	950	1550	3100	5500	7900
Fury, 8-cyl., 118" wb						
4-dr Sdn	300	750	1250	2500	4400	6200
4-dr Spt Hdtp	350	950	1550	3100	5500	7900
2-dr Spt Hdtp	700	1900	3350	6700	11500	16500
Sport Fury, 8-cyl., 118" wb						
2-dr Spt Hdtp	800	2500	4250	8500	15000	21200
2-dr Conv	1200	3850	6450	12900	22700	32200

318 cid/290 hp V8 add 10%   *361 cid V8/305 hp V8 add 20%*
Factory air cond. add 10%

1961

(sic) **1960**

	6	5	4	3	2	1
Valiant, 6-cyl., 106.5" wb						
4-dr 100 Sdn	300	650	1150	2300	3900	5700
4-dr 200 Sdn	300	700	1200	2400	4100	5900
4-dr 6-pass 100 Wgn	300	700	1200	2400	4100	5900
4-dr 9-pass 100 Wgn	300	800	1300	2600	4600	6600
4-dr 6-pass 200 Wgn	300	750	1250	2500	4400	6200
4-dr 9-pass 200 Wgn	300	800	1350	2700	4700	6900

Hyper-Pack add 10%

	6	5	4	3	2	1
Savoy/Fleet Special, 6-cyl./8-cyl., 118" wb						
2-dr Sdn	350	850	1400	2800	4900	7100
4-dr Sdn	300	800	1300	2600	4600	6600
4-dr Dlx Sta Wgn	350	950	1550	3100	5500	7900
2-dr Dlx Sta Wgn	350	900	1500	2900	5200	7400
Belvedere, 6-cyl./8-cyl., 118" wb						
2-dr Sdn	300	800	1350	2700	4700	6900
4-dr Sdn	350	900	1500	2900	5200	7400
2-dr Hdtp	450	1250	2150	4300	7400	10700
4-dr 6-pass Cus Sta Wgn	350	900	1500	2900	5200	7400
4-dr 9-pass Cus Sta Wgn	350	950	1550	3100	5500	7900
Fury, 6-cyl./8-cyl., 118" wb						
4-dr Sdn	350	900	1500	2900	5200	7400
4-dr Hdtp	400	1100	1800	3500	6100	8900
2-dr Hdtp	550	1500	2500	5100	8800	12500
2-dr Conv (8-cyl. only)	900	2850	4750	9500	16700	23700
Sport Suburban, 8-cyl., 122" wb						
4-dr 6-pass Spt Sta Wgn	350	1000	1600	3200	5700	8100
4-dr 9-pass Spt Sta Wgn	400	1050	1700	3400	5900	8500

383 cid/330 hp V8 add 30%   *383 cid/325 hp add 25%*
361 cid/305 hp add 20%   *Factory air cond add 10%*
Swivel bucket seats add 10%

1961

	6	5	4	3	2	1
Valiant, 6-cyl., 106.5" wb						
2-dr 100 Sdn	300	700	1200	2400	4100	5900
4-dr 100 Sdn	300	750	1250	2500	4400	6200
4-dr 200 Sdn	300	800	1300	2600	4600	6600
2-dr 200 Hdtp	400	1100	1800	3500	6100	8900
4-dr 100 Sta Wgn	300	800	1300	2600	4600	6600
4-dr 200 Sta Wgn	300	800	1350	2700	4700	6900

226 cid 6-cyl/148 hp add 10%

	6	5	4	3	2	1
Savoy/Fleet Special, 6-cyl./8-cyl., 118" wb						
2-dr Sdn	350	850	1400	2800	4900	7100
4-dr Sdn	300	800	1300	2600	4600	6600

	6	5	4	3	2	1
2-dr 6-pass Dlx Sta Wgn	300	800	1300	2600	4600	6600
4-dr 6-pass Dlx Sta Wgn	350	850	1400	2800	4900	7100
Belvedere, 6-cyl./8-cyl., 118" wb						
4-dr Sdn	300	800	1350	2700	4700	6900
2-dr Club Sdn	350	850	1400	2800	4900	7100
2-dr Hdtp Cpe	450	1250	2150	4300	7400	10700
4-dr 6-pass Cus Sta Wgn	300	800	1350	2700	4700	6900
4-dr 9-pass Cus Sta Wgn	350	900	1500	2900	5200	7400
Fury, 6-cyl./8-cyl., 118" wb						
4-dr Sdn	350	850	1400	2800	4900	7100
4-dr Hdtp	350	900	1500	3000	5300	7600
2-dr Hdtp	550	1400	2400	4800	8300	11800
2-dr Conv (8-cyl. only)	800	2350	3950	7900	13700	19700
Sport Suburban, 8-cyl., 122" wb						
4-dr 6-pass Spt Sta Wgn	350	900	1500	3000	5300	7600
4-dr 9-pass Spt Sta Wgn	350	1000	1600	3200	5700	8100

361 cid/305 hp V8 add 10% 383 cid/325 hp V8 add 20%
383 cid/330 hp add 20% 383 cid/340 hp V8 add 30%
413 cid/350 hp V8 add 25% 413 cid/375 hp V8 add 30%

1962

	6	5	4	3	2	1
Valiant 100, 6-cyl., 106.5" wb						
2-dr 100 Sdn	300	700	1200	2400	4100	5900
2-dr 200 Sdn	300	750	1250	2500	4400	6200
4-dr 100 Sdn	300	750	1250	2500	4400	6200
4-dr 200 Sdn	300	800	1300	2600	4600	6600
2-dr 200 Signet Hdtp	400	1050	1700	3300	5800	8300
4-dr 100 Sta Wgn	300	800	1300	2600	4600	6600
4-dr 200 Sta Wgn	300	800	1350	2700	4700	6900
Savoy/Fleet Special, 6-cyl./8-cyl., 116" wb						
2-dr Sdn	300	800	1350	2700	4700	6900
4-dr Sdn	300	800	1300	2600	4600	6600
4-dr 6-pass Savoy Sta Wgn	300	800	1350	2700	4700	6900
Belvedere, 6-cyl./8-cyl., 116" wb						
4-dr Sdn	300	800	1300	2600	4600	6600
2-dr Sdn	300	800	1350	2700	4700	6900
2-dr Hdtp	400	1150	1850	3700	6400	9300
4-dr 6-pass Belv Sta Wgn	300	800	1350	2700	4700	6900
4-dr 9-pass Belv Sta Wgn	350	900	1500	2900	5200	7400
Fury, 6-cyl./8-cyl., 116" wb						
4-dr Sdn	350	850	1400	2800	4900	7100
4-dr Hdtp	350	900	1500	3000	5300	7600
2-dr Hdtp (8-cyl. only)	450	1250	2150	4300	7400	10700
2-dr Conv (8-cyl. only)	800	2350	3950	7900	13700	19700
4-dr 6-pass Fury Sta Wgn	350	900	1500	2900	5200	7400
4-dr 9-pass Fury Sta Wgn	350	950	1550	3100	5500	7900
Sport Fury, 8-cyl., 116" wb						
2-dr Hdtp	600	1600	2750	5500	9500	13800
2-dr Conv	850	2650	4450	8900	15700	22300

361 cid/305 hp V8 add 10% 413 cid/410 hp add 25%
413-420 hp add 30% Factory Drag Pkg add 75%

1963

	6	5	4	3	2	1
Valiant, 6-cyl., 106.5" wb						
2-dr 100 Sdn	300	650	1100	2200	3800	5400
2-dr 200 Sdn	300	650	1150	2300	3900	5700
4-dr 100 Sdn	300	650	1150	2300	3900	5700
4-dr 200 Sdn	300	700	1200	2400	4100	5900
2-dr Signet Hdtp	400	1150	1850	3700	6400	9300
2-dr 200 Conv	450	1250	2050	4100	7100	10300

	6	5	4	3	2	1
2-dr Signet Conv	500	1300	2250	4500	7700	11000
4-dr 100 Sta Wgn	300	700	1200	2400	4100	5900
4-dr 200 Sta Wgn	300	750	1250	2500	4400	6200
Savoy/Fleet Special, 8-cyl., 116" wb						
4-dr Sdn	300	750	1250	2500	4400	6200
2-dr Sdn	300	800	1300	2600	4600	6600
4-dr 6-pass Sta Wgn	300	800	1300	2600	4600	6600
4-dr 9-pass Sta Wgn	350	850	1400	2800	4900	7100
Belvedere, 8-cyl., 116" wb						
4-dr Sdn	300	800	1300	2600	4600	6600
2-dr Sdn	300	800	1300	2600	4600	6600
2-dr Hdtp	350	900	1500	3000	5300	7600
4-dr 6-pass Sta Wgn (8-cyl)	300	800	1350	2700	4700	6900
4-dr 9-pass Sta Wgn (8-cyl)	350	900	1500	2900	5200	7400
Fury, 8-cyl., 116" wb						
4-dr Sdn	300	800	1350	2700	4700	6900
4-dr Hdtp	350	900	1500	2900	5200	7400
2-dr Hdtp	450	1250	2200	4400	7600	10900
2-dr Conv (8-cyl.)	700	2000	3450	6900	11900	17200
4-dr 6-pass Sta Wgn (8-cyl.)	350	850	1400	2800	4900	7100
4-dr 9-pass Sta Wgn (8-cyl.)	350	900	1500	3000	5300	7600
Sport Fury, 8-cyl., 116" wb						
2-dr Hdtp	550	1550	2650	5300	9100	13000
2-dr Conv	800	2500	4250	8500	15000	21200

383 cid/330 hp V8 add 10%
426 cid V8/415 hp V8 add 50%
426 cid/425 hp V8 add 75%   *Factory drag pkg add 75%*

1964

	6	5	4	3	2	1
Valiant, 6-cyl./8-cyl., 106.5" wb						
2-dr 100 Sdn	300	650	1100	2200	3800	5400
2-dr 200 Sdn	300	650	1150	2300	3900	5700
4-dr 100 Sdn	300	650	1150	2300	3900	5700
4-dr 200 Sdn	300	700	1200	2400	4100	5900
2-dr 200 Signet Hdtp	400	1200	2000	4000	6900	10000
2-dr 200 Conv	500	1350	2300	4600	8000	11300
2-dr 200 Signet Conv	650	1700	3000	5900	10200	14700
4-dr 100 Sta Wgn	300	700	1200	2400	4100	5900
4-dr 200 Sta Wgn	300	750	1250	2500	4400	6200
Barracuda Series, 6-cyl./8-cyl 106" wb						
2-dr Fstbk Hdtp	550	1550	2650	5300	9100	13000
Savoy, 6-cyl./8-cyl., 116" wb						
4-dr Sdn	300	800	1350	2700	4700	6900
2-dr Sdn	350	850	1400	2800	4900	7100
4-dr 6-pass Sta Wgn	300	800	1300	2600	4600	6600
4-dr 9-pass Sta Wgn	350	850	1400	2800	4900	7100
Belvedere, 6-cyl./8-cyl., 116" wb						
2-dr Hdtp	400	1100	1800	3600	6200	9100
4-dr Sdn	300	800	1350	2700	4700	6900
2-dr Sdn	350	900	1500	2900	5200	7400
4-dr 6-pass Sta Wgn (8-cyl. only)	300	800	1350	2700	4700	6900
4-dr 9-pass Sta Wgn (8-cyl. only)	350	900	1500	2900	5200	7400
Fury, 8-cyl., 116" wb						
4-dr Sdn	300	800	1300	2600	4600	6600
4-dr Hdtp	350	850	1400	2800	4900	7100
2-dr Hdtp	500	1350	2300	4600	8000	11300
2-dr Conv (8-cyl. only)	700	2000	3450	6900	11900	17200
4-dr 6-pass Sta Wgn (8-cyl. only)	350	900	1500	2900	5200	7400
4-dr 9-pass Sta Wgn (8-cyl. only)	350	950	1550	3100	5500	7900

	6	5	4	3	2	1
Sport Fury, 8-cyl., 116" wb						
2-dr Hdtp	550	1500	2500	5100	8800	12500
Conv	800	2450	4150	8300	14600	20700

383 cid/350 hp add 10%   426 cid/365 hp add 20%
426 cid/415 hp add 25%   426 cid/425 hp add 50%
4-speed add 10%   Factory comp. Pkg add 75%

1965

	6	5	4	3	2	1
Valiant, 6-cyl./8-cyl., 106.5" wb						
2-dr 100 Sdn	300	650	1100	2200	3800	5400
2-dr 200 Sdn	300	650	1150	2300	3900	5700
4-dr 100 Sdn	300	650	1150	2300	3900	5700
4-dr 200 Sdn	300	700	1200	2400	4100	5900
2-dr Signet Hdtp	450	1250	2200	4400	7600	10900
2-dr 200 Conv	450	1250	2200	4400	7600	10900
2-dr Signet Conv	650	1700	3000	6100	10600	15200
4-dr 100 Sta Wgn	300	700	1200	2400	4100	5900
4-dr 200 Sta Wgn	300	750	1250	2500	4400	6200
Barracuda, 6-cyl./8-cyl., 106" wb						
2-dr Fstbk Hdtp	650	1700	3000	6100	10600	15200

270 cid/235 hp add 10%   Formula "S" pkg add 20%

	6	5	4	3	2	1
Belvedere, 8-cyl., 116" wb						
2-dr I Sdn	300	650	1150	2300	3900	5700
4-dr I Sdn	300	700	1200	2400	4100	5900
4-dr II Sdn	300	750	1250	2500	4400	6200
2-dr II Hdtp	350	1000	1600	3200	5700	8100
2-dr II Conv	500	1350	2350	4700	8100	11500
4-dr I Sta Wgn	300	750	1250	2500	4400	6200
4-dr 6-pass II Sta Wgn	300	700	1200	2400	4100	5900
4-dr 9-pass II Sta Wgn	300	800	1300	2600	4600	6600
Satellite, 8-cyl., 116" wb						
2-dr Hdtp	500	1300	2250	4500	7700	11000
2-dr Conv	750	2200	3650	7300	12600	18200
Fury, 8-cyl., 119" wb; 121" Sta Wgn						
2-dr I Sdn	300	700	1200	2400	4100	5900
2-dr II Sdn	300	800	1300	2600	4600	6600
4-dr I Sdn	300	750	1250	2500	4400	6200
4-dr II Sdn	300	800	1300	2600	4600	6600
4-dr III Sdn	300	800	1300	2600	4600	6600
2-dr III Hdtp	400	1200	1950	3900	6800	9900
4-dr III Hdtp	350	850	1400	2800	4900	7100
2-dr III Conv	650	1800	3250	6500	11200	16100
4-dr I Sta Wgn	300	800	1300	2600	4600	6600
4-dr 6-pass II Sta Wgn	300	800	1300	2600	4600	6600
4-dr 9-pass II Sta Wgn	350	850	1400	2800	4900	7100
4-dr 6-pass III Sta Wgn	350	900	1500	2900	5200	7400
4-dr 9-pass III Sta Wgn	350	950	1550	3100	5500	7900
Sport Fury, 8-cyl.						
2-dr Hdtp	550	1500	2500	5100	8800	12500
2-dr Conv	800	2400	4050	8100	14200	20200

426 cid/365 hp Wedge add 20%
426 cid/415 hp Max Wedge add 25%
426 cid/426 hp Max Wedge add 40%
426 cid/415 hp Hemi V8 add 60%
426 cid/425 hp Hemi V8 add 100%
4-speed add 10%

1966

	6	5	4	3	2	1
Valiant, 6-cyl./8-cyl., 106" wb						
2-dr 100 Sdn	300	650	1100	2200	3800	5400

	6	5	4	3	2	1
4-dr 100 Sdn	300	650	1150	2300	3900	5700
4-dr 200 Sdn	300	650	1150	2300	3900	5700
2-dr Signet Hdtp	400	1200	1950	3900	6800	9900
2-dr Signet Conv	600	1600	2700	5400	9300	13500
4-dr Sta Wgn	300	700	1200	2400	4100	5900
4-dr 200 Sta Wgn	300	750	1250	2500	4400	6200
Barracuda, 6-cyl./ 8-cyl., 106" wb						
2-dr Fstbk Hdtp	650	1700	3000	6100	10600	15200

273 cid/235 hp V8 add 15%   *Formula "S" pkg add 20%*

	6	5	4	3	2	1
Belvedere, 8-cyl., 116" wb						
2-dr I Sdn	300	650	1150	2300	3900	5700
4-dr I Sdn	300	700	1200	2400	4100	5900
4-dr II Sdn	300	750	1250	2500	4400	6200
2-dr II Hdtp	400	1150	1850	3700	6400	9300
2-dr II Conv	550	1500	2500	5100	8800	12500
4-dr I Sta Wgn	300	750	1250	2500	4400	6200
4-dr 6-pass II Sta Wgn	300	800	1350	2700	4700	6900
4-dr 9-pass II Sta Wgn	350	900	1500	2900	5200	7400
Satellite, 8-cyl., 116" wb						
2-dr Hdtp	550	1450	2450	4900	8500	12000
2-dr Conv	750	2200	3650	7300	12600	18200
Fury, 8-cyl., 119" wb						
2-dr I Sdn	300	700	1200	2400	4100	5900
2-dr II Sdn	300	700	1200	2400	4100	5900
4-dr I Sdn	300	750	1250	2500	4400	6200
4-dr II Sdn	300	750	1250	2500	4400	6200
4-dr III Sdn	300	800	1300	2600	4600	6600
2-dr III Hdtp	450	1250	2150	4300	7400	10700
4-dr III Hdtp	300	800	1350	2700	4700	6900
2-dr III Conv	650	1700	3000	5900	10200	14700
4-dr 6-pass I Sta Wgn	300	800	1350	2700	4700	6900
4-dr 6-pass II Sta Wgn	350	850	1400	2800	4900	7100
4-dr 9-pass II Sta Wgn	350	900	1500	3000	5300	7600
4-dr 6-pass III Sta Wgn	350	900	1500	2900	5200	7400
4-dr 9-pass III Sta Wgn	350	950	1550	3100	5500	7900
Sport Fury, 8-cyl., 119" wb						
2-dr Hdtp	500	1350	2300	4600	8000	11300
2-dr Conv	750	2250	3750	7500	13000	18700
VIP, 8-cyl., 119" wb						
4-dr Hdtp	400	1050	1700	3300	5800	8300
2-dr Hdtp	450	1250	2200	4400	7600	10900

440 cid/365 hp V8 add 25%
426 cid/425 hp Street Hemi add 100%
6-cyl deduct 10%

1967

	6	5	4	3	2	1
Valiant, 6-cyl./8-cyl., 108" wb						
2-dr 100 Sdn	300	650	1100	2200	3800	5400
2-dr Signet Sdn	300	700	1200	2400	4100	5900
4-dr 100 Sdn	300	650	1150	2300	3900	5700
4-dr Signet Sdn	300	700	1200	2400	4100	5900
Barracuda, 6-cyl./8-cyl., 108" wb						
2-dr Hdtp Cpe	650	1700	3000	6100	10600	15200
2-dr Fstbk Cpe	700	1900	3350	6700	11500	16500
2-dr Conv	800	2350	3950	7900	13700	19700

273 cid/235 hp V8 add 10%   *383 cid/280 hp add 30%*
4-spd add 10%

	6	5	4	3	2	1
Belvedere, 8-cyl., 116" wb						
2-dr I Sdn	300	650	1150	2300	3900	5700
4-dr I Sdn	300	650	1150	2300	3900	5700
4-dr II Sdn	300	650	1150	2300	3900	5700

	6	5	4	3	2	1
2-dr II Hdtp	400	1150	1850	3700	6400	9300
2-dr II Conv	550	1450	2450	4900	8500	12000
4-dr 6-pass I Sta Wgn	300	700	1200	2400	4100	5900
4-dr 6-pass II Sta Wgn	300	700	1200	2400	4100	5900
4-dr 9-pass II Sta Wgn	300	800	1300	2600	4600	6600
Satellite, 8-cyl., 116" wb						
2-dr Hdtp	550	1550	2650	5300	9100	13000
2-dr Conv	750	2100	3550	7100	12300	17700
GTX, 8-cyl., 116" wb						
2-dr Hdtp	850	2650	4500	9000	15900	22500
2-dr Conv	1000	3250	5450	10900	19100	27200
Fury, 8-cyl., 122" wb						
2-dr I Sdn	300	650	1150	2300	3900	5700
2-dr II Sdn	300	650	1150	2300	3900	5700
4-dr I Sdn	300	700	1200	2400	4100	5900
4-dr II Sdn	300	700	1200	2400	4100	5900
4-dr III Sdn	300	700	1200	2400	4100	5900
4-dr III Hdtp	300	800	1300	2600	4600	6600
2-dr III Hdtp	400	1200	1950	3900	6800	9900
2-dr III Conv	550	1450	2450	4900	8500	12000
4-dr 6-pass I Sta Wgn	300	750	1250	2500	4400	6200
4-dr 6-pass II Sta Wgn	300	750	1250	2500	4400	6200
4-dr 9-pass II Sta Wgn	300	800	1350	2700	4700	6900
4-dr 6-pass III Sta Wgn	300	800	1300	2600	4600	6600
4-dr 9-pass III Sta Wgn	350	850	1400	2800	4900	7100
Sport Fury, 8-cyl., 119" wb						
2-dr Hdtp	400	1200	2000	4000	6900	10000
2-dr Fstbk	500	1350	2350	4700	8100	11500
2-dr Conv	750	2100	3550	7100	12300	17700
VIP, 8-cyl., 119" wb						
4-dr Hdtp	350	950	1550	3100	5500	7900
2-dr Hdtp	450	1250	2050	4100	7100	10300

440 cid/375 V8 add 30%
426 cid/425 Hemi V8 add 75%
4-speed add 10%

1968

	6	5	4	3	2	1
Valiant , 6-cyl./8-cyl., 108" wb						
2-dr 100 Sdn	300	650	1100	2200	3800	5400
2-dr Signet Sdn	300	650	1150	2300	3900	5700
4-dr 100 Sdn	300	650	1100	2200	3800	5400
4-dr Signet Sdn	300	650	1150	2300	3900	5700

318cid/230 hp V8 add 10%

	6	5	4	3	2	1
Barracuda, 6-cyl./8-cyl., 108" wb						
2-dr Hdtp	550	1500	2500	5100	8800	12500
2-dr Fstbk	600	1650	2850	5700	9900	14200
2-dr Conv	750	2250	3700	7400	12800	18500

Formula "S" pkg add 20%   383 cid/300 hp add 25%

	6	5	4	3	2	1
Belvedere, 8-cyl., 116" wb						
2-dr Sdn	300	650	1100	2200	3800	5400
4-dr Sdn	300	650	1100	2200	3800	5400
4-dr 6-pass Sta Wgn	300	700	1200	2400	4100	5900
Satellite, 8-cyl., 116" wb						
4-dr Sdn	300	650	1150	2300	3900	5700
2-dr Hdtp	450	1250	2200	4400	7600	10900
2-dr Conv	650	1700	3000	5900	10200	14700
4-dr 6-pass Sta Wgn	300	750	1250	2500	4400	6200
4-dr 9-pass Sta Wgn	300	800	1350	2700	4700	6900
Sport Satellite, 8-cyl., 116" wb						
2-dr Hdtp	600	1650	2850	5700	9900	14200

	6	5	4	3	2	1
2-dr Conv	700	2000	3450	6900	11900	17200
4-dr 6-pass Sta Wgn	300	800	1300	2600	4600	6600
4-dr 9-pass Sta Wgn	350	850	1400	2800	4900	7100
GTX, 8-cyl., 116" wb						
2-dr Hdtp	850	2650	4500	9000	15900	22500
2-dr Conv	1000	3250	5450	10900	19100	27200
Road Runner, 8-cyl., 116" wb						
2-dr Cpe	800	2350	3950	7900	13700	19700
2-dr Hdtp	850	2650	4450	8900	15700	22300

383 cid/330 hp V8 add 20%   426 cid/425 hp V8 add 70%
4-speed add 10%

Fury, 8-cyl., 119"-122" wb						
2-dr I Sdn	300	650	1150	2300	3900	5700
2-dr II Sdn	300	650	1100	2200	3800	5400
4-dr I Sdn	300	650	1100	2200	3800	5400
4-dr II Sdn	300	650	1100	2200	3800	5400
4-dr III Sdn	300	700	1200	2400	4100	5900
4-dr III Hdtp	350	850	1400	2800	4900	7100
2-dr III Hdtp	400	1200	2000	4000	6900	10000
2-dr III Hdtp Fstbk	450	1250	2050	4100	7100	10300
2-dr III Conv	550	1550	2600	5200	9000	12800
4-dr 6-pass I Sta Wgn	300	750	1250	2500	4400	6200
4-dr 6-pass II Cus Sta Wgn	300	800	1300	2600	4600	6600
4-dr 9-pass II Cus Sta Wgn	350	850	1400	2800	4900	7100
4-dr 6-pass III Spt Sta Wgn	300	800	1350	2700	4700	6900
4-dr 9-pass III Spt Sta Wgn	350	900	1500	2900	5200	7400
Sport Fury, 8-cyl., 119" wb						
2-dr Hdtp	450	1250	2100	4200	7200	10500
2-dr Hdtp Fstbk	500	1350	2350	4700	8100	11500
2-dr Conv	650	1750	3150	6300	10900	15700
VIP, 8-cyl., 119" wb						
4-dr Hdtp	400	1100	1800	3600	6200	9100
2-dr Fstbk	450	1250	2150	4300	7400	10700

440 cid/375 hp V8 add 25%   4-speed add 10%

1969

Valiant, 6-cyl./8-cyl., 108" wb						
2-dr 100 Sdn	300	650	1100	2100	3600	5100
2-dr Signet Sdn	300	650	1100	2200	3800	5400
4-dr 100 Sdn	300	650	1100	2100	3600	5100
4-dr Signet Sdn	300	650	1100	2200	3800	5400
Barracuda, 6-cyl./8-cyl., 108" wb						
2-dr Hdtp	650	1750	3100	6200	10700	15400
2-dr Fstbk	700	1850	3300	6600	11300	16300
2-dr Conv	800	2500	4250	8500	15000	21200

Formula "S" pkg add 20%   'Cuda 340 pkg add 40%
4-speed add 10%   383 cid/300 hp add 40%
440 cid/375 hp V8 add 50%

Belvedere, 8-cyl., 117" wb						
2-dr Sdn	300	650	1100	2200	3800	5400
4-dr Sdn	300	650	1100	2200	3800	5400
4-dr 6-pass Sta Wgn	300	650	1150	2300	3900	5700
Satellite, 8-cyl., 116"-117" wb						
4-dr Sdn	300	650	1100	2200	3800	5400
4-dr Spt Sdn	300	650	1100	2200	3800	5400
2-dr Hdtp	450	1250	2150	4300	7400	10700
2-dr Spt Hdtp	550	1500	2500	5100	8800	12500
2-dr Conv	650	1700	3000	5900	10200	14700
2-dr Spt Conv	700	2000	3450	6900	11900	17200
4-dr 6-pass Sta Wgn	300	700	1200	2400	4100	5900

	6	5	4	3	2	1
4-dr 9-pass Sta Wgn	300	800	1300	2600	4600	6600
4-dr 6-pass Spt Sta Wgn	300	750	1250	2500	4400	6200
4-dr 9-pass Spt Sta Wgn	300	800	1350	2700	4700	6900
GTX, 8-cyl., 116" wb						
2-dr Hdtp	900	2750	4650	9300	16400	23100
2-dr Conv	1050	3300	5500	11100	19500	27700
Road Runner, 8-cyl., 116" wb						
2-dr Sdn	800	2350	3950	7900	13700	19700
2-dr Hdtp	850	2700	4550	9100	16000	22700
2-dr Conv	1200	3850	6450	12900	22700	32200

383 cid/330 hp V8 add 20%
426 cid/425 hp Hemi V8 add 70%
4-speed add 10%

	6	5	4	3	2	1
Fury, 8-cyl., 120"-122" wb						
2-dr I Sdn	300	650	1150	2300	3900	5700
2-dr II Sdn	300	650	1150	2300	3900	5700
4-dr I Sdn	300	650	1150	2300	3900	5700
4-dr II Sdn	300	650	1150	2300	3900	5700
4-dr III Sdn	300	650	1150	2300	3900	5700
4-dr III Hdtp	300	750	1250	2500	4400	6200
2-dr III Hdtp	400	1200	1900	3800	6600	9600
2-dr III Conv	700	2000	3450	6900	11900	17200
2-dr III Fstbk Cpe	400	1100	1800	3600	6200	9100
4-dr 6-pass I Sta Wgn	300	700	1200	2400	4100	5900
4-dr 6-pass II Sta Wgn	300	750	1250	2500	4400	6200
4-dr 9-pass II Sta Wgn	300	800	1350	2700	4700	6900
4-dr 6-pass III Sta Wgn	300	800	1300	2600	4600	6600
4-dr 9-pass III Sta Wgn	350	850	1400	2800	4900	7100
Sport Fury, 8-cyl., 120" wb						
2-dr Hdtp	400	1200	2000	4000	6900	10000
2-dr Fstbk	450	1250	2050	4100	7100	10300
2-dr Conv	650	1700	3000	5900	10200	14700
VIP, 8-cyl., 120" wb						
4-dr Hdtp	350	950	1550	3100	5500	7900
2-dr Hdtp	400	1200	1950	3900	6800	9900
2-dr Fstbk	400	1200	2000	4000	6900	10000

All models 6-cyl. deduct 10%

1970

	6	5	4	3	2	1
Valiant, 6-cyl., 108" wb						
4-dr Sdn	300	650	1000	2000	3500	4900
Duster, 6-cyl./8-cyl., 108" wb						
2-dr Cpe	300	750	1250	2500	4400	6200
2-dr '340' Cpe	500	1350	2350	4700	8100	11500

Gold Duster pkg add 10%

	6	5	4	3	2	1
Barracuda, 8-cyl., 108" wb						
2-dr Hdtp	700	2050	3500	7000	12100	17400
2-dr Conv	800	2400	4050	8100	14200	20200
'Cuda, 108" wb						
2-dr Hdtp	900	2900	4850	9700	17100	24200
2-dr Conv	1000	3250	5450	10900	19100	27200

Hemi-'cuda pkg add 75%
AAR pkg add 50%   T/A pkg add 50%

	6	5	4	3	2	1
Gran Coupe, 8-cyl., 108" wb						
2-dr Hdtp	800	2450	4150	8300	14600	20700
2-dr Conv	900	2750	4650	9300	16400	23100
Belvedere, 8-cyl., 116"-117" wb						
4-dr Sdn	300	650	1000	2000	3500	4900
2-dr Cpe	300	600	950	1900	3200	4600
4-dr 6-pass Sta Wgn	300	650	1100	2100	3600	5100

	6	5	4	3	2	1
Road Runner, 8-cyl., 116"-117" wb						
2-dr Cpe	800	2350	3950	7900	13700	19700
2-dr Hdtp	800	2450	4150	8300	14600	20700
2-dr Superbird	2450	7250	12250	24500	43000	61200
2-dr Conv	1150	3600	5950	11900	21000	29700
Satellite, 8-cyl., 116"-117" wb						
2-dr Sdn	300	650	1100	2100	3600	5100
2-dr Hdtp	450	1250	2200	4400	7600	10900
2-dr Conv	600	1600	2750	5500	9500	13800
4-dr 6-pass Wgn	300	650	1100	2100	3600	5100
4-dr 9-pass Wgn	300	650	1150	2300	3900	5700
Sport Satellite, 8-cyl., 116"-117" wb						
4-dr Sdn	300	650	1100	2200	3800	5400
2-dr Hdtp	600	1600	2800	5600	9700	14000
4-dr 6-pass Wgn	300	650	1100	2200	3800	5400
4-dr 9-pass Wgn	300	700	1200	2400	4100	5900
GTX, 8-cyl., 116"-117" wb						
2-dr Hdtp	900	2750	4650	9300	16400	23100
Fury I, 8-cyl., 120" wb						
4-dr Sdn	300	650	1100	2100	3600	5100
2-dr Sdn	300	650	1100	2100	3600	5100
Fury II, 8-cyl., 120" wb						
4-dr Sdn	300	650	1100	2200	3800	5400
2-dr Sdn	300	650	1100	2200	3800	5400
4-dr 6-pass Wgn	300	650	1100	2200	3800	5400
4-dr 9-pass Wgn	300	700	1200	2400	4100	5900
Gran Coupe, 8-cyl., 120" wb						
2-dr 2-dr Sdn	550	1500	2500	5100	8800	12500
Fury III, 8-cyl., 120" wb						
4-dr Sdn	300	650	1150	2300	3900	5700
2-dr Hdtp	400	1050	1700	3300	5800	8300
4-dr Hdtp	300	650	1150	2300	3900	5700
2-dr Frml Hdtp	400	1050	1700	3300	5800	8300
2-dr Conv	500	1350	2350	4700	8100	11500
4-dr 6-pass Wgn	300	650	1150	2300	3900	5700
4-dr 9-pass Wgn	300	750	1250	2500	4400	6200
Sport Fury, 8-cyl., 120" wb						
4-dr Sdn	300	700	1200	2400	4100	5900
2-dr Hdtp	400	1100	1800	3500	6100	8900
4-dr Hdtp	300	650	1150	2300	3900	5700
2-dr Frml Hdtp	400	1050	1700	3300	5800	8300
4-dr 6-pass Wgn	300	700	1200	2400	4100	5900
4-dr 9-pass Wgn	300	800	1300	2600	4600	6600

S-23 pkg add 25%   Fury GT 440 pkg add 40%
All models: 440 cid 390 hp (6-pack) add 40%
426-425 hp Hemi V8 add 60%

1971

	6	5	4	3	2	1
Valiant, 8-cyl., 108" wb						
4-dr Sdn	300	650	1000	2000	3500	4900
Duster, 8-cyl., 108" wb						
2-dr Spt Cpe	300	650	1100	2200	3800	5400
2-dr '340' Spt Cpe	450	1250	2050	4100	7100	10300

Gold Duster pkg add 10%

	6	5	4	3	2	1
Scamp, 8-cyl., 111" wb						
2-dr Hdtp	350	900	1500	2900	5200	7400
Barracuda, 8-cyl., 108" wb						
2-dr Spt Cpe	650	1800	3200	6400	11000	15900
2-dr Hdtp	750	2100	3550	7100	12300	17700
2-dr Conv	800	2400	4050	8100	14200	20200

	6	5	4	3	2	1
'Cuda, 8-cyl., 108" wb						
2-dr Hdtp	800	2450	4150	8300	14600	20700
2-dr Conv	950	3050	5150	10300	18200	25700
440-385 hp 6-pack V8 add 40%						
Gran Coupe, 8-cyl., 108" wb						
2-dr Hdtp	750	2100	3550	7100	12300	17700
Satellite, 8-cyl., 115"-117" wb						
2-dr Cpe	300	800	1300	2600	4600	6600
4-dr Sdn	300	650	1000	2000	3500	4900
4-dr Cus Sdn	300	650	1000	2000	3500	4900
4-dr Brghm Sdn	300	650	1100	2200	3800	5400
2-dr Sebring Hdtp	550	1500	2500	5000	8700	12300
2-dr Sebring "Plus" Hdtp	550	1450	2450	4900	8500	12000
4-dr Sta Wgn	300	650	1100	2100	3600	5100
4-dr 6-pass Cus Sta Wgn	300	650	1100	2200	3800	5400
4-dr 9-pass Cus Sta Wgn	300	700	1200	2400	4100	5900
4-dr 6-pass Regent Sta Wgn	300	650	1100	2200	3800	5400
4-dr 9-pass Regent Sta Wgn	300	700	1200	2400	4100	5900
Road Runner, 8-cyl., 115"-117" wb						
2-dr Hdtp	750	2250	3750	7500	13000	18700
GTX, 8-cyl., 115" & 117" wb						
2-dr Hdtp	750	2200	3650	7300	12600	18200
Fury, 8-cyl., 120" wb						
2-dr I Sdn	300	650	1100	2200	3800	5400
2-dr Cus Sdn	300	650	1100	2200	3800	5400
4-dr I Sdn	300	650	1100	2200	3800	5400
4-dr Cus Sdn	300	650	1100	2200	3800	5400
4-dr II Sdn	300	650	1100	2200	3800	5400
4-dr III Sdn	300	650	1100	2200	3800	5400
2-dr II Hdtp	400	1050	1700	3400	5900	8500
2-dr III Hdtp	400	1100	1800	3600	6200	9100
2-dr III Frml Hdtp	400	1050	1700	3300	5800	8300
4-dr III Hdtp	300	700	1200	2400	4100	5900
4-dr 6-pass II Sta Wgn	300	650	1150	2300	3900	5700
4-dr 9-pass II Sta Wgn	300	750	1250	2500	4400	6200
4-dr 6-pass III Sta Wgn	300	700	1200	2400	4100	5900
4-dr 9-pass III Sta Wgn	300	800	1300	2600	4600	6600
Sport Fury, 8-cyl., 120" wb						
4-dr Sdn	300	650	1150	2300	3900	5700
4-dr Hdtp	300	750	1250	2500	4400	6200
2-dr Hdtp	350	1000	1600	3200	5700	8100
2-dr Frml Hdtp	350	950	1550	3100	5500	7900
2-dr GT Hdtp	500	1350	2350	4700	8100	11500
4-dr 6-pass Sta Wgn	300	700	1200	2400	4100	5900
4-dr 9-pass Sta Wgn	300	800	1300	2600	4600	6600
440 cid 330 hp V-8 add 20% 440 6 pack add 60%						
426 Hemi add 200% All models 6-cyl deduct 10%						

1972

	6	5	4	3	2	1
Valiant, 8-cyl., 108" wb						
4-dr Sdn	300	600	950	1900	3200	4600
Duster, 8-cyl., 108" wb						
2-dr Cpe	300	800	1350	2700	4700	6900
2-dr '340' Cpe	400	1200	1950	3900	6800	9900
Gold Duster pkg add 10% Twister pkg add 10%						
Scamp, 8-cyl., 117" wb						
2-dr Hdtp	400	1050	1700	3300	5800	8300
Barracuda, 8-cyl., 108" wb						
2-dr Hdtp	650	1750	3150	6300	10900	15700
'Cuda, 8-cyl., 108" wb						
2-dr Hdtp	700	1900	3350	6700	11500	16500

	6	5	4	3	2	1

Satellite, 8-cyl., 115"-117" wb

	6	5	4	3	2	1
2-dr Cpe	300	800	1300	2600	4600	6600
4-dr Sdn	300	650	1000	2000	3500	4900
4-dr Cus Sdn	300	650	1000	2000	3500	4900
2-dr Sebring Hdtp	450	1250	2200	4400	7600	10900
2-dr Sebring Plus Hdtp	500	1350	2300	4600	8000	11300
4-dr 6-pass Wgn	300	650	1100	2100	3600	5100
4-dr 6-pass Cus Wgn	300	650	1100	2100	3600	5100
4-dr 9-pass Cus Wgn	300	650	1150	2300	3900	5700
4-dr 6-pass Regent Wgn	300	600	950	1900	3200	4600
4-dr 9-pass Regent Wgn	300	650	1100	2100	3600	5100

Road Runner, 8-cyl., 115"-117" wb

	6	5	4	3	2	1
2-dr Hdtp	650	1750	3100	6200	10700	15400

440 cid/280 hp V8 add 10%
440 cid/330 hp (Six-Pack) V8 add 30%

Fury I, 8-cyl., 120" wb

	6	5	4	3	2	1
4-dr I Sdn	300	650	1000	2000	3500	4900
4-dr II Sdn	300	650	1000	2000	3500	4900
4-dr III Sdn	300	650	1100	2100	3600	5100
2-dr II Hdtp	350	1000	1600	3200	5700	8100
2-dr III Frml Cpe	400	1050	1700	3300	5800	8300
2-dr III Hdtp	400	1050	1700	3400	5900	8500
4-dr III Hdtp	300	650	1100	2200	3800	5400

Gran Fury, 8-cyl., 120" wb

	6	5	4	3	2	1
4-dr Hdtp	300	650	1150	2300	3900	5700
2-dr Hdtp	400	1050	1700	3300	5800	8300
2-dr Frml Cpe	350	950	1550	3100	5500	7900

Suburban, 8-cyl., 122" wb

	6	5	4	3	2	1
4-dr 6-pass Sta Wgn	300	650	1000	2000	3500	4900
4-dr 9-pass Sta Wgn	300	650	1100	2200	3800	5400
4-dr 6-pass Custom Wgn	300	650	1100	2200	3800	5400
4-dr 9-pass Custom Wgn	300	700	1200	2400	4100	5900
4-dr 6-pass Spt Wgn	300	650	1150	2300	3900	5700
4-dr 9-pass Spt Wgn	300	750	1250	2500	4400	6200

All models 6-cyl deduct 10%

1973

Valiant, 8-cyl., 108" wb

	6	5	4	3	2	1
4-dr Sdn	300	600	950	1900	3200	4600

Duster, 8-cyl., 108" wb

	6	5	4	3	2	1
2-dr Spt Cpe	300	700	1200	2400	4100	5900
2-dr 340 Spt Cpe	400	1150	1850	3700	6400	9300

Gold Duster pkg add 10%

Scamp, 8-cyl., 111" wb

	6	5	4	3	2	1
2-dr Hdtp	300	650	1150	2300	3900	5700

Barracuda, 8-cyl., 108" wb

	6	5	4	3	2	1
2-dr Hdtp	500	1350	2350	4700	8100	11500
2-dr 'Cuda Hdtp	550	1550	2650	5300	9100	13000

Satellite, 8-cyl., 115"-117" wb; Wgn 216" wb

	6	5	4	3	2	1
2-dr Cpe	300	600	900	1800	3100	4400
4-dr Sdn	300	600	900	1800	3100	4400
4-dr Cus Sdn	300	600	950	1900	3200	4600
2-dr Sebring Hdtp	400	1200	1900	3800	6600	9600
2-dr Sebring Plus Hdtp	450	1250	2100	4200	7200	10500
4-dr 6-pass Cus Sta Wgn	300	600	950	1900	3200	4600
4-dr 9-pass Cus Sta Wgn	300	650	1100	2100	3600	5100
4-dr 6-pass Regent Sta Wgn	300	650	1000	2000	3500	4900
4-dr 9-pass Regent Sta Wgn	300	650	1100	2200	3800	5400

400 cid/260 hp V8 add 10%

	6	5	4	3	2	1
Road Runner, 8-cyl., 115"-117" wb						
2-dr Cpe	600	1800	3050	5200	10500	15000
			440 cid/280 hp V8 add 10%			
Fury, 8-cyl., 120" wb						
4-dr Sdn I	300	600	950	1900	3200	4600
4-dr Sdn II	300	650	1000	2000	3500	4900
4-dr Sdn III	300	650	1100	2100	3600	5100
2-dr Hdtp III	350	950	1550	3100	5500	7900
4-dr Hdtp III	300	650	1150	2300	3900	5700
Gran Fury, 8-cyl., 120" wb						
2-dr Hdtp	350	1000	1600	3200	5700	8100
4-dr Hdtp	300	650	1150	2300	3900	5700
Fury Suburban, 8-cyl., 122" wb						
4-dr 9-pass Spt Sta Wgn	300	650	1000	2000	3500	4900
4-dr 6-pass Sta Wgn	300	600	900	1800	3100	4400
4-dr 6-pass Custom	300	650	1000	2000	3500	4900
4-dr 9-pass Custom	300	650	1100	2200	3800	5400
4-dr 6-pass Spt	300	650	1100	2200	3800	5400
4-dr 9-pass Spt	300	700	1200	2400	4100	5900
			All models, 6-cyl. deduct 10%			

1974

	6	5	4	3	2	1
Valiant, 8-cyl., 111" wb						
4-dr Sdn	300	600	950	1900	3200	4600
4-dr Brghm Sdn	300	600	950	1900	3200	4600
2-dr Brghm Hdtp	300	750	1250	2500	4400	6200
Duster, 8-cyl., 108" wb						
2-dr Spt Cpe	300	650	1100	2100	3600	5100
2-dr 360 Spt Cpe	350	900	1500	2900	5200	7400
Scamp, 8-cyl., 111" wb						
2-dr Hdtp	300	650	1100	2100	3600	5100
Barracuda, 8-cyl., 111" wb						
2-dr Spt Cpe	500	1300	2250	4500	7700	11000
'Cuda, 8-cyl., 108" wb						
2-dr Spt Cpe	550	1450	2450	4900	8500	12000
Satellite, 8-cyl., 115"-117" wb						
2-dr Cpe	300	600	900	1800	3100	4400
4-dr Sdn	300	600	900	1800	3100	4400
4-dr Cus Sdn	300	600	950	1900	3200	4600
2-dr Sebring Hdtp	400	1050	1700	3300	5800	8300
2-dr Sebring Plus Hdtp	400	1050	1700	3400	5900	8500
4-dr Sta Wgn	300	600	900	1800	3100	4400
4-dr 6-pass Custom Wgn	300	600	950	1900	3200	4600
4-dr 9-pass Custom Wgn	300	650	1100	2100	3600	5100
4-dr 6-pass Regent	300	650	1000	2000	3500	4900
4-dr 9-pass Regent	300	650	1100	2200	3800	5400
Road Runner, 8-cyl., 115"-117" wb						
2-dr Cpe	500	1300	2250	4500	7700	11000
Fury, 8-cyl., 120" wb						
4-dr I Sdn	300	600	900	1800	3100	4400
4-dr II Sdn	300	600	900	1800	3100	4400
4-dr III Sdn	300	600	950	1900	3200	4600
2-dr III Hdtp	300	650	1150	2300	3900	5700
4-dr III Hdtp	300	650	1000	2000	3500	4900
Gran Fury, 8-cyl., 122" wb						
2-dr Hdtp	300	750	1250	2500	4400	6200
4-dr Hdtp	300	650	1000	2000	3500	4900
Fury Suburban, 8-cyl., 124" wb						
4-dr Std Wgn	300	600	900	1800	3100	4400
4-dr 6-pass Custom	300	650	1000	2000	3500	4900

	6	5	4	3	2	1
4-dr 9-pass Custom	300	650	1100	2200	3800	5400
4-dr 6-pass Spt	300	650	1100	2200	3800	5400
4-dr 9-pass Spt	300	700	1200	2400	4100	5900

1975

Valiant, 8-cyl., 111" wb
4-dr Sdn	300	600	850	1700	2900	4100
4-dr Custom	300	600	850	1700	2900	4100
4-dr Sdn Brghm	300	600	900	1800	3100	4400

Duster, 8-cyl., 108" wb
2-dr Cpe	300	600	850	1700	2900	4100
2-dr Custom Cpe	300	600	900	1800	3100	4400
2-dr '360' Cpe	300	650	1100	2200	3800	5400

Scamp, 8-cyl., 111" wb
2-dr Hdtp	300	600	900	1800	3100	4400
2-dr Brghm	300	600	950	1900	3200	4600
4-dr Brghm	300	600	900	1800	3100	4400

Fury, 8-cyl., 115" & 117" wb
2-dr Hdtp	300	600	850	1700	2900	4100
2-dr Custom Hdtp	300	600	900	1800	3100	4400
2-dr Spt Hdtp	300	600	950	1900	3200	4600
4-dr Sdn	300	550	800	1600	2800	3900
4-dr Custom Sdn	300	600	850	1700	2900	4100

Suburban, 8-cyl., 124" wb
4-dr Sta Wgn	300	600	850	1700	2900	4100
4-dr 6-pass Custom	300	600	900	1800	3100	4400
4-dr 9-pass Custom	300	650	1000	2000	3500	4900
4-dr 6-pass Spt	300	600	900	1800	3100	4400
4-dr 9-pass Spt	300	650	1000	2000	3500	4900

Road Runner, 8-cyl., 115" wb
2-dr Hdtp	300	800	1300	2600	4600	6600

Gran Fury, 8-cyl., 122" wb
4-dr Sdn	300	550	800	1600	2800	3900

Gran Fury Custom, 8-cyl., 122" wb
4-dr Cus Sdn	300	600	850	1700	2900	4100
4-dr Cus Hdtp	300	600	900	1800	3100	4400
2-dr Cus Hdtp	300	650	1000	2000	3500	4900
4-dr Cus Hdtp Brghm	300	650	1000	2000	3500	4900
2-dr Cus Hdtp Brghm	300	650	1100	2100	3600	5100

Suburban, 8-cyl., 124" wb
4-dr Sta Wgn	300	600	850	1700	2900	4100
4-dr 6-pass Custom	300	600	850	1700	2900	4100
4-dr 9-pass Custom	300	600	950	1900	3200	4600
4-dr 6-pass Spt	300	650	1000	2000	3500	4900
4-dr 9-pass Spt	300	650	1100	2200	3800	5400

1976

Arrow, 4-cyl.
2-dr Htchbk	200	350	500	1000	1900	2700
2-dr GT Htchbk	200	400	550	1100	2000	2900

Valiant, 6-cyl.
2-dr Duster Spt Cpe	250	500	750	1500	2600	3600
4-dr Sdn (111" wb)	250	500	750	1400	2400	3400
2-dr Hdtp Scamp Spl	250	500	750	1500	2600	3600
2-dr Hdtp Scamp	250	500	750	1500	2600	3600

Volare, 8-cyl., 2-dr 109" wb/4-dr 113" wb
2-dr Spt Cpe	250	500	750	1500	2600	3600
2-dr Cus Spt Cpe	300	550	800	1600	2800	3900
2-dr Premiere Spt Cpe	300	600	850	1700	2900	4100
4-dr Sdn	250	500	750	1400	2400	3400

	6	5	4	3	2	1
4-dr Cus Sdn	250	500	750	1400	2400	3400
4-dr Premiere Sdn	250	500	750	1500	2600	3600
6-pass Sta Wgn	250	500	750	1500	2600	3600
6-pass Premiere Sta Wgn	300	600	850	1700	2900	4100
Fury, 8-cyl., 115"-117" wb						
4-dr Sdn	250	500	750	1400	2400	3400
2-dr Hdtp	300	600	850	1700	2900	4100
4-dr Sdn Salon	250	500	750	1500	2600	3600
2-dr Hdtp Spt	300	600	900	1800	3100	4400
4-dr 6-pass Suburban	300	550	800	1600	2800	3900
4-dr 9-pass Suburban	300	600	900	1800	3100	4400
4-dr 6-pass Spt Suburban	300	600	850	1700	2900	4100
4-dr 9-pass Spt Suburban	300	600	950	1900	3200	4600
Gran Fury, 8-cyl., 122" wb						
4-dr Sdn	250	500	750	1500	2600	3600
4-dr Cus Sdn	300	550	800	1600	2800	3900
2-dr Cus Hdtp	300	600	850	1700	2900	4100
4-dr Brghm Sdn	300	550	800	1600	2800	3900
2-dr Brghm Cpe	300	600	900	1800	3100	4400
4-dr 6-pass Sta Wgn	300	600	900	1800	3100	4400
4-dr 9-pass Sta Wgn	300	650	1000	2000	3500	4900

Small block option deduct 10%

1977

Arrow, 4-cyl.

	6	5	4	3	2	1
2-dr Htchbk	200	350	500	1000	1900	2700
2-dr GS Htchbk	200	400	550	1100	2000	2900
2-dr GT Htchbk	200	400	550	1100	2000	2900
Volare, 8-cyl., 2-dr 109" wb/4-dr 113" wb						
2-dr Spt Cpe	250	500	750	1500	2600	3600
2-dr Cus Spt Cpe	300	550	800	1600	2800	3900
2-dr Premiere Spt Cpe	300	600	850	1700	2900	4100
4-dr Sdn	250	500	750	1400	2400	3400
4-dr Cus Sdn	250	500	750	1400	2400	3400
4-dr Premiere Sdn	250	500	750	1500	2600	3600
4-dr 6-pass Sta Wgn	250	500	750	1500	2600	3600
4-dr 6-pass Premiere Sta Wgn	300	600	850	1700	2900	4100
Fury, 8-cyl., 117" wb						
2-dr Hdtp	300	600	850	1700	2900	4100
2-dr Spt Hdtp	300	600	850	1700	2900	4100
4-dr Sdn	250	500	750	1400	2400	3400
4-dr Spt Salon Sdn	250	500	750	1500	2600	3600
4-dr 6-pass Suburban	250	500	750	1500	2600	3600
4-dr 9-pass Suburban	300	600	850	1700	2900	4100
4-dr 6-pass Spt Suburban	300	600	850	1700	2900	4100
4-dr 9-pass Spt Suburban	300	600	950	1900	3200	4600
Gran Fury, 8-cyl., 121" wb						
2-dr Hdtp	300	600	900	1800	3100	4400
2-dr Brghm Hdtp	300	600	900	1800	3100	4400
4-dr Sdn	250	500	750	1500	2600	3600
4-dr Brghm Sdn	300	550	800	1600	2800	3900
Gran Fury Station Wagons, 8-cyl., 124" wb						
4-dr 6-pass Wgn	300	600	900	1800	3100	4400
4-dr 9-pass Spt Wgn	300	650	1000	2000	3500	4900

1978

Horizon, 4-cyl., 99" wb

	6	5	4	3	2	1
4-dr Htchbk	150	300	450	900	1800	2600
Arrow						
2-dr Htchbk	200	350	500	1000	1900	2700

	6	5	4	3	2	1
2-dr GS Htchbk	200	400	550	1100	2000	2900
2-dr GT Htchbk	200	400	550	1100	2000	2900
Volare, 8-cyl., 2-dr 109" wb/4-dr 113" wb						
4-dr Sdn	200	450	650	1300	2200	3200
2-dr Spt Cpe	250	500	750	1400	2400	3400
6-pass Sta Wgn	200	450	650	1300	2200	3200
Sapporo						
2-dr Luxury Cpe	200	400	550	1100	2000	2900
Fury, 8-cyl., 115"-117" wb						
4-dr Sdn	250	500	750	1400	2400	3400
2-dr Hdtp Cpe	300	600	850	1700	2900	4100
4-dr Salon	300	600	850	1700	2900	4100
2-dr Spt Hdtp	300	600	900	1800	3100	4400
Station Wagons, 117.5" wb						
9-pass Fury Suburban	300	600	900	1800	3100	4400
6-pass Fury Suburban	300	550	800	1600	2800	3900
9-pass Spt Fury Suburban	300	600	950	1900	3200	4600
6-pass Spt Fury Suburban	300	600	850	1700	2900	4100
1979						
Champ, 4-cyl.						
2-dr Htchbk	125	250	400	800	1700	2500
2-dr Custom Htchbk	125	250	400	800	1700	2500
Horizon, 4-cyl., 99" wb						
4-dr Htchbk	150	300	450	900	1800	2600
2-dr TC 3 Htchbk	150	300	450	900	1800	2600
Arrow, 4-cyl.						
2-dr Htchbk	200	350	500	1000	1900	2700
2-dr GS Htchbk	200	400	550	1100	2000	2900
2-dr GT Htchbk	200	400	550	1100	2000	2900
Volare, 8-cyl., 2-dr 109" wb/4-dr 113" wb						
4-dr Sdn	200	450	650	1300	2200	3200
2-dr Spt Cpe	250	500	750	1400	2400	3400
6-pass Sta Wgn	250	500	750	1400	2400	3400
Sapporo, 4-cyl.						
2-dr Cpe	200	400	550	1100	2000	2900
1980						
Champ, 4-cyl.						
2-dr Htchbk	125	250	400	800	1700	2500
2-dr Custom Htchbk	125	250	400	800	1700	2500
Horizon, 4-cyl., 99" wb						
4-dr Htchbk	150	300	450	900	1800	2600
2-dr Htchbk 2 + 2 TC3	150	300	450	900	1800	2600
Arrow, 4-cyl.						
2-dr Htchbk	200	350	500	1000	1900	2700
Fire Arrow, 4-cyl.						
2-dr Htchbk	200	400	550	1100	2000	2900
Volare, 8-cyl., 2-dr 109" wb/4-dr 113" wb						
2-dr Cpe	250	500	750	1400	2400	3400
2-dr Cus Cpe	200	450	650	1300	2200	3200
4-dr Sdn	200	450	650	1300	2200	3200
4-dr Cus Sdn	200	400	600	1200	2100	3000
4-dr Sta Wgn	250	500	750	1400	2400	3400
Sapporo, 4-cyl.						
2-dr Cpe	200	400	550	1100	2000	2900
Gran Fury, 8-cyl., 119" wb						
4-dr Sdn	200	400	550	1100	2000	2900
4-dr Salon Sdn	200	400	550	1100	2000	2900

	6	5	4	3	2	1

1981

Champ, 4-cyl.
2-dr Htchbk	125	250	400	800	1700	2500
2-dr Dlx Htchbk	125	250	400	800	1700	2500
2-dr Custom Htchbk	125	250	400	800	1700	2500

Horizon, 4-cyl., 99" wb
2-dr Htchbk TC3	150	300	450	900	1800	2600
4-dr Htchbk	150	300	450	900	1800	2600
Miser pkg deduct 10%						

Reliant, 4-cyl., 99.6" wb
2-dr Sdn	200	350	500	1000	1900	2700
2-dr Cus Sdn	200	350	500	1000	1900	2700
2-dr SE Sdn	200	400	550	1100	2000	2900
4-dr Sdn	200	350	500	1000	1900	2700
4-dr Cus Sdn	200	350	500	1000	1900	2700
4-dr SE Sdn	200	400	550	1100	2000	2900
4-dr Cus Sta Wgn	200	350	500	1000	1900	2700
4-dr SE Sta Wgn	200	400	550	1100	2000	2900

Sapporo, 4-cyl.
2-dr Hdtp	200	400	550	1100	2000	2900

Gran Fury, 8-cyl., 118.5" wb
4-dr Sdn	200	400	550	1100	2000	2900

1982

Champ, 4-cyl.
2-dr Htchbk	125	250	400	800	1700	2500
2-dr Dlx Htchbk	125	250	400	800	1700	2500
2-dr Cus Htchbk	150	300	450	900	1800	2600
4-dr Htchbk	125	250	400	800	1700	2500
4-dr Cus Htchbk	150	300	450	900	1800	2600

Horizon, 4-cyl.
2-dr Custom Htchbk	150	300	450	900	1800	2600
4-dr Custom Htchbk	150	300	450	900	1800	2600
4-dr E Type Htchbk	150	300	450	900	1800	2600

Miser pkg deduct 10%

Turismo, 4-cyl., 97" wb
2-dr Htchbk TC3	125	250	400	800	1700	2500

Reliant, 4-cyl., 99" wb
2-dr Sdn	200	400	550	1100	2000	2900
2-dr Cus Sdn	200	400	550	1100	2000	2900
2-dr SE Sdn	200	400	550	1100	2000	2900
4-dr Sdn	200	400	550	1100	2000	2900
4-dr Cus Sdn	200	400	550	1100	2000	2900
4-dr SE Sdn	200	400	550	1100	2000	2900
4-dr Cus Sta Wgn	200	400	550	1100	2000	2900
4-dr SE Sta Wgn	200	400	550	1100	2000	2900

Sapporo
2-dr Hdtp	200	400	550	1100	2000	2900

Gran Fury, 8-cyl., 112.7" wb
4-dr Sdn	200	400	550	1100	2000	2900

1983

Colt, 4-cyl.
2-dr Htchbk	200	350	500	1000	1900	2700
2-dr Cus Htchbk	200	400	550	1100	2000	2900
4-dr Htchbk	200	350	500	1000	1900	2700
4-dr Cus Htchbk	200	400	550	1100	2000	2900

Horizon, 4-cyl., 99" wb
4-dr Htchbk	150	300	450	900	1800	2600
4-dr Custom Htchbk	150	300	450	900	1800	2600

	6	5	4	3	2	1
Turismo, 4-cyl., 97" wb						
2-dr Htchbk	125	250	400	800	1700	2500
2-dr Htchbk 2 + 2	125	250	400	800	1700	2500
Reliant, 4-cyl., 100" wb						
2-dr Sdn	200	400	550	1100	2000	2900
2-dr SE Sdn	200	400	550	1100	2000	2900
4-dr Sdn	200	400	550	1100	2000	2900
4-dr SE Sdn	200	400	550	1100	2000	2900
4-dr Custom Sta Wgn	200	400	550	1100	2000	2900
4-dr SE Sta Wgn	200	400	550	1100	2000	2900
Sapporo, 4-cyl.						
2-dr Hdtp	200	400	550	1100	2000	2900
Gran Fury Salon, 8-cyl., 112.7" wb						
4-dr Sdn	200	400	550	1100	2000	2900

1984

	6	5	4	3	2	1
Colt, 4-cyl.						
4-dr Htchbk E	200	400	550	1100	2000	2900
2-dr Htchbk E	200	400	550	1100	2000	2900
4-dr Htchbk DL	200	400	600	1200	2100	3000
2-dr Htchbk DL	200	400	600	1200	2100	3000
4-dr Vista Sta Wgn	250	500	750	1500	2600	3600
Horizon, 4-cyl., 99" wb						
4-dr Htchbk	150	300	450	900	1800	2600
4-dr Htchbk SE	150	300	450	900	1800	2600
Turismo, 4-cyl., 97" wb						
2-dr Htchbk	150	300	450	900	1800	2600
2-dr Htchbk 2 + 2	150	300	450	900	1800	2600
Reliant, 4-cyl., 100" wb						
2-dr Sdn	200	400	600	1200	2100	3000
2-dr SE Sdn	200	400	600	1200	2100	3000
4-dr Sdn	200	400	600	1200	2100	3000
4-dr SE Sdn	200	400	600	1200	2100	3000
4-dr Custom Sta Wgn	200	400	600	1200	2100	3000
4-dr SE Sta Wgn	200	400	600	1200	2100	3000
Conquest, 4-cyl.						
2-dr Htchbk	300	550	800	1600	2800	3900
Gran Fury, 8-cyl., 112.7" wb						
4-dr Sdn	200	400	550	1100	2000	2900

1985

	6	5	4	3	2	1
Colt, 4-cyl.						
4-dr Htchbk E	200	400	550	1100	2000	2900
2-dr Htchbk E	200	400	550	1100	2000	2900
4-dr Sdn DL	200	400	600	1200	2100	3000
2-dr Htchbk DL	200	400	600	1200	2100	3000
4-dr Sdn Premier	200	450	650	1300	2200	3200
4-dr Vista Sta Wgn	300	550	800	1600	2800	3900
4-dr Vista Sta Wgn 4WD	300	600	850	1700	2900	4100
Horizon, 4-cyl., 99" wb						
4-dr Htchbk	150	300	450	900	1800	2600
4-dr Htchbk SE	150	300	450	900	1800	2600
Turismo, 4-cyl., 96.5" wb						
2-dr Htchbk	150	300	450	900	1800	2600
2-dr Htchbk 2 + 2	150	300	450	900	1800	2600
Reliant, 4-cyl., 100" wb						
2-dr Sdn	200	400	600	1200	2100	3000
2-dr Sdn SE	200	400	600	1200	2100	3000
2-dr Sdn LE	200	400	600	1200	2100	3000
4-dr Sdn	200	400	600	1200	2100	3000

	6	5	4	3	2	1
4-dr Sdn SE	200	400	600	1200	2100	3000
4-dr Sdn LE	200	400	600	1200	2100	3000
4-dr Sta Wgn SE	200	400	600	1200	2100	3000
4-dr Sta Wgn LE	200	400	600	1200	2100	3000
Conquest, 4-cyl.						
2-dr Htchbk Turbo	300	600	900	1800	3100	4400
Caravelle, 4-cyl., 103" wb						
4-dr Sdn SE	300	550	800	1600	2800	3900
Grand Fury, 8-cyl., 112.7" wb						
4-dr Sdn Salon	200	400	550	1100	2000	2900

1986

Colt
	6	5	4	3	2	1
4-dr Sdn E	200	400	600	1200	2100	3000
2-dr Htchbk E	200	400	600	1200	2100	3000
4-dr Sdn DL	200	450	650	1300	2200	3200
2-dr Htchbk DL	200	450	650	1300	2200	3200
4-dr Sdn Premier	250	500	750	1400	2400	3400
4-dr Vista Sta Wgn	300	600	900	1800	3100	4400
4-dr Vista Sta Wgn 4WD	300	600	950	1900	3200	4600
Horizon, 4-cyl., 99" wb						
4-dr Htchbk	200	350	500	1000	1900	2700
4-dr SE Htchbk	200	350	500	1000	1900	2700
Turismo, 4-cyl., 97" wb						
2-dr Htchbk	200	350	500	1000	1900	2700
2-dr Htchbk 2 + 2	200	350	500	1000	1900	2700
Reliant, 4-cyl., 100" wb						
2-dr Sdn	200	450	650	1300	2200	3200
2-dr Sdn SE	200	450	650	1300	2200	3200
2-dr Sdn LE	200	450	650	1300	2200	3200
4-dr Sdn	200	450	650	1300	2200	3200
4-dr Sdn SE	200	450	650	1300	2200	3200
4-dr Sdn LE	200	450	650	1300	2200	3200
4-dr Sta Wgn SE	200	450	650	1300	2200	3200
4-dr Sta Wgn LE	200	450	650	1300	2200	3200
Caravelle, 4-cyl., 103" wb						
4-dr Sdn	300	550	800	1600	2800	3900
4-dr Sdn SE	300	600	850	1700	2900	4100
Grand Fury, 8-cyl., 112.6" wb						
4-dr Salon Sdn	200	400	600	1200	2100	3000

1987

Colt, 4-cyl.
	6	5	4	3	2	1
4-dr Sdn E	200	450	650	1300	2200	3200
2-dr Htchbk E	200	450	650	1300	2200	3200
4-dr Sdn DL	250	500	750	1400	2400	3400
2-dr Htchbk DL	250	500	750	1400	2400	3400
4-dr Sdn Premier	250	500	750	1500	2600	3600
4-dr Vista Sta Wgn	300	650	1000	2000	3500	4900
4-dr Vista Sta Wgn 4WD	300	650	1100	2100	3600	5100
Horizon, 4-cyl., 99" wb						
4-dr Htchbk	200	400	550	1100	2000	2900
Turismo, 4-cyl., 97" wb						
2-dr Htchbk	200	400	550	1100	2000	2900
Sundance, 4-cyl., 97" wb						
2-dr Htchbk	300	550	800	1600	2800	3900
4-dr Htchbk	300	550	800	1600	2800	3900
Reliant, 4-cyl., 100" wb						
2-dr Sdn	250	500	750	1400	2400	3400
2-dr Sdn LE	250	500	750	1500	2600	3600

	6	5	4	3	2	1
4-dr Sdn	250	500	750	1400	2400	3400
4-dr Sdn LE	250	500	750	1500	2600	3600
4-dr Sta Wgn LE	250	500	750	1500	2600	3600
Caravelle, 4-cyl., 103" wb						
4-dr Sdn	300	600	850	1700	2900	4100
4-dr Sdn SE	300	600	900	1800	3100	4400
Grand Fury, 8-cyl., 112.7" wb						
4-dr Sdn	200	450	650	1300	2200	3200

1988

	6	5	4	3	2	1
Colt, 4-cyl.						
3-dr Htchbk	200	450	650	1300	2200	3200
3-dr E Htchbk	250	500	750	1400	2400	3400
4-dr E Sdn	250	500	750	1400	2400	3400
3-dr DL Htchbk	250	500	750	1500	2600	3600
4-dr DL Sdn	250	500	750	1500	2600	3600
4-dr DL Sta Wgn	250	500	750	1500	2600	3600
4-dr Premier Sdn	300	550	800	1600	2800	3900
4-dr Vista Sta Wgn	300	650	1150	2300	3900	5700
4-dr Vista Sta Wgn 4WD	300	700	1200	2400	4100	5900
Horizon America, 4-cyl.						
4-dr Htchbk	200	400	600	1200	2100	3000
Reliant America, 4-cyl.						
2-dr Sdn	250	500	750	1500	2600	3600
4-dr Sdn	250	500	750	1500	2600	3600
4-dr Sta Wgn	250	500	750	1500	2600	3600
Sundance, 4-cyl.						
2-dr Liftback	300	600	850	1700	2900	4100
4-dr Liftback	300	600	900	1800	3100	4400
Caravelle, 4-cyl.						
4-dr Sdn	300	600	950	1900	3200	4600
4-dr SE Sdn	300	650	1000	2000	3500	4900
Gran Fury, 8-cyl.						
4-dr Sdn	200	450	650	1300	2200	3200
4-dr Salon Sdn	250	500	750	1400	2400	3400

1989

	6	5	4	3	2	1
Colt, 4-cyl.						
3-dr Htchbk	250	500	750	1500	2600	3600
3-dr E Htchbk	300	550	800	1600	2800	3900
3-dr GT Htchbk	300	650	1000	2000	3500	4900
4-dr DL Sta Wgn	300	600	900	1800	3100	4400
4-dr S/W DL 4WD	300	650	1100	2200	3800	5400
4-dr Vista Sta Wgn	300	800	1300	2600	4600	6600
4-dr Vista 4WD	300	800	1350	2700	4700	6900
Horizon America, 4-cyl.						
4-dr Htchbk	200	450	650	1300	2200	3200
Reliant America, 4-cyl.						
2-dr Sdn	300	550	800	1600	2800	3900
4-dr Sdn	300	550	800	1600	2800	3900
Sundance, 4-cyl.						
2-dr Lftbk	300	650	1000	2000	3500	4900
4-dr Lftbk	300	650	1100	2100	3600	5100
Acclaim, 4-cyl.						
4-dr Sdn	300	650	1150	2300	3900	5700
4-dr LE Sdn	300	700	1200	2400	4100	5900
Acclaim, 6-cyl.						
4-dr LX Sdn	350	850	1400	2800	4900	7100
Gran Fury Salon, 8-cyl.						
4-dr Sdn	250	500	750	1500	2600	3600

	6	5	4	3	2	1

1990

Colt, 4-cyl.

	6	5	4	3	2	1
3-dr Htchbk	300	600	950	1900	3200	4600
3-dr GL Htchbk	300	650	1000	2000	3500	4900
3-dr GT Htchbk	300	650	1150	2300	3900	5700
4-dr DL Sta Wgn	300	650	1100	2200	3800	5400
4-dr S/W DL 4WD	300	750	1250	2500	4400	6200
4-dr Vista Sta Wgn	350	900	1500	2900	5200	7400
4-dr Vista 4WD	350	950	1550	3100	5500	7900

Horizon, 4-cyl.

	6	5	4	3	2	1
4-dr Htchbk	250	500	750	1500	2600	3600

Sundance, 4-cyl.

	6	5	4	3	2	1
2-dr Lftbk	300	650	1150	2300	3900	5700
4-dr Lftbk	300	700	1200	2400	4100	5900

Laser, 4-cyl.

	6	5	4	3	2	1
3-dr Htchbk	350	850	1400	2800	4900	7100
3-dr RS Htchbk	350	950	1550	3100	5500	7900
3-dr RS Turbo Htchbk	400	1050	1700	3300	5800	8300

Acclaim, 4-cyl.

	6	5	4	3	2	1
4-dr Sdn	300	800	1300	2600	4600	6600
4-dr LE Sdn	350	850	1400	2800	4900	7100

Acclaim, 6-cyl.

	6	5	4	3	2	1
4-dr Sdn	350	900	1500	3000	5300	7600
4-dr LE Sdn	350	1000	1600	3200	5700	8100
4-dr LX Sdn	400	1050	1700	3300	5800	8300

1991

Colt, 4-cyl.

	6	5	4	3	2	1
3-dr Htchbk	300	650	1150	2300	3900	5700
3-dr GL Htchbk	300	700	1200	2400	4100	5900
4-dr Vista Sta Wgn	400	1050	1700	3400	5900	8500
4-dr Vista 4WD	400	1100	1800	3600	6200	9100

Sundance, 4-cyl.

	6	5	4	3	2	1
2-dr America Cpe	300	800	1350	2700	4700	6900
4-dr America Sedan	300	800	1350	2700	4700	6900
2-dr Cpe	350	850	1400	2800	4900	7100
4-dr Sedan	350	850	1400	2800	4900	7100
2-dr RS Cpe	350	950	1550	3100	5500	7900
4-dr RS Sedan	350	950	1550	3100	5500	7900

Laser, 4-cyl.

	6	5	4	3	2	1
3-dr Htchbk	400	1050	1700	3400	5900	8500
3-dr RS Htchbk	400	1150	1850	3700	6400	9300
3-dr RS Turbo Htchbk	400	1200	1950	3900	6800	9900

Acclaim, 4-cyl.

	6	5	4	3	2	1
4-dr Sdn	350	950	1550	3100	5500	7900
4-dr LE Sdn	350	1000	1600	3200	5700	8100

Acclaim, 6-cyl.

	6	5	4	3	2	1
4-dr Sdn	400	1100	1800	3500	6100	8900
4-dr LE Sdn	400	1100	1800	3600	6200	9100
4-dr LX Sdn	400	1150	1850	3700	6400	9300

PONTIAC
1926 – 1991

1929 Pontiac

1958 Pontiac Star Chief

	6	5	4	3	2	1
1926						
Model 6-27, 6-cyl., 36 hp, 110" wb (After #41716, registered as 1927 models)						
2-dr Cpe	600	1650	2850	5700	9900	14200
2-dr Coach	550	1550	2650	5300	9100	13000
4-dr Lan Sdn	600	1600	2700	5400	9300	13500
2-dr Dlx Cpe	600	1650	2900	5800	10000	14500
4-dr Dlx Lan Sdn	600	1600	2800	5600	9700	14000
1927						
Model 6-27, 6-cyl., 36 hp, 110" wb (After #145001, registered as 1928 models)						
2-pass Cpe	550	1500	2500	5100	8800	12500
4-dr 5-pass Lan Sdn	550	1500	2500	5100	8800	12500
5-pas Dlx Lan Sdn	550	1550	2650	5300	9100	13000
2-dr Coach	500	1350	2350	4700	8100	11500
2-pass Dlx Cpe	550	1550	2650	5300	9100	13000
2-4 pass Spt Rdstr	700	2050	3500	7000	12100	17400
2-4 pass Spt Cabrlt	700	1850	3300	6600	11300	16300
1928						
Model 6-28, 6-cyl., 43 hp, 110" wb (After #334006, registered as 1929 models)						
2-pass Cpe	550	1450	2450	4900	8500	12000
2-pass Spt Cpe	550	1550	2650	5300	9100	13000
4-dr 5-pass Sdn	450	1250	2050	4100	7100	10300
2-dr 5-pass Sdn	450	1250	2150	4300	7400	10700
5-pass Lan Spt Sdn	600	1600	2750	5500	9500	13800
2-4 pass Rdstr	750	2100	3550	7100	12300	17700
5-pass Spt Phtn	700	1900	3350	6700	11500	16500

	6	5	4	3	2	1

1929

"Big Six" Model 6-29A, 6-cyl., 57 hp, 110" wb (Aftger #530875, registered as 1930 models)

	6	5	4	3	2	1
5-pass Phtn	800	2400	4050	8100	14200	20200
2-dr 5-pass Sdn	450	1250	2150	4300	7400	10700
4-dr 5-pass Sdn	450	1250	2150	4300	7400	10700
4-dr 5-pass Lan	500	1300	2250	4500	7700	11000
2-dr Cpe	550	1450	2450	4900	8500	12000
2-4 pass Conv Cabrlt	800	2350	3950	7900	13700	19700
2-4 pass Spt Rdstr	800	2450	4150	8300	14600	20700

1930

"Big Six" Model 6-30B, 6-cyl., 60 hp, 110" wb

	6	5	4	3	2	1
2-pass Cpe	450	1250	2150	4300	7400	10700
2-4 pass Spt Cpe	500	1300	2250	4500	7700	11000
2-dr 5-pass Sdn	400	1200	2000	4000	6900	10000
4-dr 5-pass Sdn	400	1200	1950	3900	6800	9900
5-pass Custom Sdn	450	1250	2050	4100	7100	10300
5-pass Phtn	800	2350	3900	7800	13500	19500
2-4 pass Spt Rdstr	800	2400	4000	8000	13900	19900

1931

"Fine Six" Model 401, 6-cyl., 60 hp, 112" wb

	6	5	4	3	2	1
2-dr Bus Cpe	550	1550	2650	5300	9100	13000
2-4 pass Spt Cpe	600	1600	2750	5500	9500	13800
2-4 pass Conv Cpe	800	2500	4250	8500	15000	21200
4-dr Sdn	450	1250	2200	4400	7600	10900
2-dr Sdn	500	1300	2250	4500	7700	11000
5-pass Custom Sdn	500	1350	2300	4600	8000	11300
5-pass Phtn	800	2500	4250	8500	15000	21200

1932

Model 302, 8-cyl., 85 hp, 117" wb

	6	5	4	3	2	1
2-pass Cpe	650	1800	3250	6500	11200	16100
2-4 pass Spt Cpe	700	1900	3350	6700	11500	16500
2-4 pass Spl Spt Cpe	700	1900	3400	6800	11700	16900
2-4 pass Conv Cpe	1050	3400	5700	11400	20100	28500
2-dr Sdn	550	1450	2450	4900	8500	12000
4-dr Sdn	550	1500	2500	5100	8800	12500
5-pass Custom Sdn	600	1600	2750	5500	9500	13800

Model 402, 6-cyl., 65 hp, 114" wb

	6	5	4	3	2	1
2-pass Cpe	600	1650	2850	5700	9900	14200
2-4 pass Spt Cpe	650	1700	3000	5900	10200	14700
2-4 pass Conv Cpe	950	3050	5150	10300	18200	25700
2-dr Sdn	500	1300	2250	4500	7700	11000
4-dr Sdn	500	1350	2350	4700	8100	11500
5-pass Custom Sdn	550	1400	2400	4800	8300	11800

1933

"Economy Eight" Model 601, 8-cyl., 77 hp, 115" wb

	6	5	4	3	2	1
2-pass Cpe	600	1600	2750	5500	9500	13800
2-4 pass Spt Cpe	650	1700	3000	5900	10200	14700
2-4 pass Conv Cpe	900	2750	4650	9300	16400	23100
4-dr 5-pass Sdn	500	1350	2350	4700	8100	11500
2-dr Sdn	500	1300	2250	4500	7700	11000
2-dr 5-pass Tr Sdn	500	1350	2300	4600	8000	11300
2-4 pass Rdstr	900	2900	4850	9700	17100	24200

	6	5	4	3	2	1

1934

Model 603, 8-cyl., 84 hp, 117.25" wb

	6	5	4	3	2	1
2-pass Cpe	650	1700	3000	5900	10200	14700
2-4 pass Spt Cpe	650	1700	3000	6100	10600	15200
4-dr 5-pass Sdn	450	1250	2150	4300	7400	10700
2-dr 5-pass Sdn	450	1250	2100	4200	7200	10500
4-dr 5-pass Tr Sdn	450	1250	2200	4400	7600	10900
2-dr 5-pass Tr Sdn	450	1250	2150	4300	7400	10700
2-dr 2-4 pass Cabrlt	800	2400	4050	8100	14200	20200

1935

Standard Model 701-8, 6-cyl., 80 hp, 112" wb

	6	5	4	3	2	1
2-pass BusCpe	500	1350	2350	4700	8100	11500
4-dr 5-pass Sdn	400	1200	1950	3900	6800	9900
2-dr 5-pass Sdn	400	1150	1850	3700	6400	9300
2-dr 5-pass Tr Sdn	400	1200	1900	3800	6600	9600
4-dr 5-pass Tr Sdn	450	1250	2050	4100	7100	10300

Deluxe Model 701-A, 6-cyl., 80 hp, 112" wb

	6	5	4	3	2	1
2-pass Bus Cpe	550	1450	2450	4900	8500	12000
2-4 pass Spt Cpe	550	1500	2500	5100	8800	12500
4-dr 5-pass Sdn	400	1200	1950	3900	6800	9900
2-dr 5-pass Sdn	400	1150	1850	3700	6400	9300
2-dr 5-pass Tr Sdn	400	1200	1900	3800	6600	9600
4-dr 5-pass Tr Sdn	400	1200	2000	4000	6900	10000
2-4 pass Cabrlt	650	1800	3250	6500	11200	16100

Imperial Eight Model 605, 8-cyl., 116" wb

	6	5	4	3	2	1
2-pass Bus Cpe	550	1500	2500	5100	8800	12500
2-4 pass Spt Cpe	600	1600	2750	5500	9500	13800
4-dr 5-pass Sdn	450	1250	2150	4300	7400	10700
2-dr 5-pass Sdn	400	1200	1900	3800	6600	9600
2-dr 5-pass Tr Sdn	400	1200	1950	3900	6800	9900
4-dr 5-pass Tr Sdn	500	1300	2250	4500	7700	11000
2-4 pass Cabrlt	800	2450	4100	8200	14400	20500

1936

Master Six, Model 26-A/BB, 6-cyl., 81 hp, 112" wb

	6	5	4	3	2	1
2-pass Cpe	500	1350	2350	4700	8100	11500
2-4 pass Spt Cpe	550	1450	2450	4900	8500	12000
2-dr 5-pass Sdn	400	1150	1850	3700	6400	9300
4-dr 5-pass Sdn	400	1200	1950	3900	6800	9900
2-dr 5-pass Tr Sdn	400	1150	1850	3700	6400	9300
4-dr 5-pass Tr Sdn	450	1250	2050	4100	7100	10300
2-4 pass Cabrlt	700	1900	3400	6800	11700	16900

Deluxe Six, Model 26-BA, 6-cyl., 81 hp, 112" wb

	6	5	4	3	2	1
2-pass Bus Cpe	550	1550	2650	5300	9100	13000
2-4 pass Spt Cpe	600	1600	2750	5500	9500	13800
2-4 pass Cabrlt	850	2550	4300	8600	15100	21500
2-dr 5-pass Sdn	400	1150	1850	3700	6400	9300
4-dr 5-pass Sdn	400	1200	1950	3900	6800	9900
2-dr 5-pass Tr Sdn	400	1200	1900	3800	6600	9600
4-dr 5-pass Tr Sdn	400	1200	2000	4000	6900	10000

Deluxe Eight, Silver Streak, Model 28-BA, 8-cyl., 87 hp, 116" wb

	6	5	4	3	2	1
2-pass Bus Cpe	600	1600	2750	5500	9500	13800
2-4 pass Spt Cpe	600	1650	2850	5700	9900	14200
2-dr 5-pass Sdn	400	1200	1950	3900	6800	9900
4-dr 5-pass Sdn	400	1200	2000	4000	6900	10000
2-dr 5-pass Tr Sdn	400	1200	2000	4000	6900	10000
4-dr 5-pass Tr Sdn	450	1250	2050	4100	7100	10300
2-4 pass Cabrlt	850	2650	4450	8900	15700	22300

	6	5	4	3	2	1

1937

Deluxe Six, Model 26-CA, , 6-cyl., 117" wb

	6	5	4	3	2	1
2-dr Bus Cpe	550	1500	2500	5100	8800	12500
2-4 pass Spt Cpe	600	1600	2750	5500	9500	13800
2-dr 5-pass Sdn	400	1150	1850	3700	6400	9300
4-dr 5-pass Sdn	400	1200	1950	3900	6800	9900
4-dr 5-pass Conv Sdn	1200	3800	6350	12700	22400	31700
2-dr 5-pass Tr Sdn	400	1200	1900	3800	6600	9600
4-dr 5-pass Tr Sdn	400	1200	2000	4000	6900	10000
Sta Wgn	1150	3600	5950	11900	21000	29700
2-dr 4-pass Cabrlt	1150	3600	6000	12100	21300	30200

Deluxe Six, Model 28-CA, 8-cyl., 122" wb

	6	5	4	3	2	1
2-dr Bus Cpe	600	1650	2850	5700	9900	14200
4-pass Spt Cpe	650	1700	3000	5900	10200	14700
2-dr 5-pass Sdn	450	1250	2050	4100	7100	10300
4-dr 5-pass Sdn	450	1250	2100	4200	7200	10500
2-dr 5-pass Tr Sdn	450	1250	2050	4100	7100	10300
4-dr 5-pass Tr Sdn	450	1250	2100	4200	7200	10500
4-dr 5-pass Conv Sdn	1350	4200	7000	14000	24650	34900
4-pass Cabrlt	1200	3750	6300	12600	22200	31400

1938

Deluxe Six, Model 26-DA, 6-cyl., 117" wb

	6	5	4	3	2	1
2-dr Bus Cpe	550	1500	2500	5100	8800	12500
2-4 pass Spt Cpe	600	1600	2750	5500	9500	13800
2-dr 5-pass Sdn	400	1150	1850	3700	6400	9300
4-dr 5-pass Sdn	400	1200	1950	3900	6800	9900
4-dr 5-pass Conv Sdn	1200	3800	6350	12700	22400	31700
2-dr 5-pass Tr Sdn	400	1200	1900	3800	6600	9600
4-dr 5-pass Tr Sdn	400	1200	2000	4000	6900	10000
Sta Wgn	1150	3600	5950	11900	21000	29700
2-dr 4-pass Cabrlt	1150	3600	6000	12100	21300	30200

Deluxe Eight, Model 28-DA, 8-cyl., 122" wb

	6	5	4	3	2	1
2-dr Bus Cpe	600	1650	2850	5700	9900	14200
4-pass Spt Cpe	650	1700	3000	5900	10200	14700
2-dr 5-pass Sdn	450	1250	2050	4100	7100	10300
4-dr 5-pass Sdn	450	1250	2100	4200	7200	10500
2-dr 5-pass Tr Sdn	450	1250	2050	4100	7100	10300
4-dr 5-pass Tr Sdn	450	1250	2100	4200	7200	10500
4-dr 5-pass Conv Sdn	1350	4200	7000	14000	24650	34900
4-pass Cabrlt	1200	3750	6300	12600	22200	31400

1939

Quality Six, Model 25-EA, , 6-cyl., 115" wb

	6	5	4	3	2	1
2-dr Cpe	550	1500	2500	5100	8800	12500
2-4 pass Spt Cpe	600	1600	2750	5500	9500	13800
2-dr 5-pass Tr Sdn	450	1250	2150	4300	7400	10700
4-dr 5-pass Tr Sdn	450	1250	2200	4400	7600	10900
4-dr Sta Wgn	1150	3750	6300	12800	22100	31500

Deluxe Six, Series 26-EB, 6-cyl., 120" wb

	6	5	4	3	2	1
2-dr Cpe	550	1550	2650	5300	9100	13000
2-4 pass Spt Cpe	600	1650	2850	5700	9900	14200
2-dr 5-pass Tr Sdn	450	1250	2150	4300	7400	10700
4-dr 5-pass Tr Sdn	450	1250	2200	4400	7600	10900
2-4 pass Cabrlt	950	3050	5100	10200	18000	25400

Deluxe Eight, Model 28-EA, 8-cyl., 120" wb

	6	5	4	3	2	1
2-dr Cpe	600	1600	2750	5500	9500	13800
2-4 pass Spt Cpe	650	1700	3000	5900	10200	14700
2-dr Tr Sdn	500	1300	2250	4500	7700	11000
4-dr Tr Sdn	500	1350	2300	4600	8000	11300
2-4 pass Cabrlt	1000	3250	5450	10900	19100	27200

	6	5	4	3	2	1

1940

Special, Series 25-HA, 6-cyl., 117" wb

	6	5	4	3	2	1
2-dr 3-pass Cpe	550	1500	2500	5100	8800	12500
4-pass Spt Cpe	600	1600	2750	5500	9500	13800
2-dr 5-pass Tr Sdn	450	1250	2100	4200	7200	10500
4-dr 5-pass Tr Sdn	450	1250	2150	4300	7400	10700
8-pass Sta Wgn	1100	3600	6000	12000	21000	29900

Deluxe, Series 26-HB, 6-cyl., 120" wb

	6	5	4	3	2	1
2-dr 3-pass Cpe	550	1550	2650	5300	9100	13000
4-pass Spt Cpe	600	1650	2850	5700	9900	14200
2-dr 5-pass Tr Sdn	400	1200	2000	4000	6900	10000
4-dr 5-pass Tr Sdn	450	1250	2150	4300	7400	10700
4-pass Cabrlt	1150	3600	5950	11900	21000	29700

Deluxe, Series 28-HA, 8-cyl., 120" wb

	6	5	4	3	2	1
2-dr 3-pass Cpe	600	1600	2750	5500	9500	13800
4-pass Spt Cpe	650	1700	3000	5900	10200	14700
2-dr 5-pass Tr Sdn	450	1250	2150	4300	7400	10700
4-dr 5-pass Tr Sdn	500	1350	2300	4600	8000	11300
4-pass Cabrlt	1150	3650	6150	12300	21700	30700

Torpedo, Series 29-HB, 8-cyl., 122" wb

	6	5	4	3	2	1
4-pass Spt Cpe	650	1750	3150	6300	10900	15700
4-dr 5-pass Tr Sdn	600	1600	2750	5500	9500	13800

1941

Deluxe Torpedo, 25-JA/27-JA, 6-cyl./8-cyl., 119" wb

	6	5	4	3	2	1
3-pass Bus Cpe	550	1450	2450	4900	8500	12000
5-pass Sdn Cpe	550	1500	2500	5100	8800	12500
2-dr 5-pass Sdn	450	1250	2050	4100	7100	10300
4-dr 5-pass Sdn	450	1250	2100	4200	7200	10500
5-pass Conv	1100	3500	5850	11700	20600	29100
4-dr 5-pass Metro Sdn	450	1250	2100	4200	7200	10500

Streamliner Torpedo, 26-JB/28-JB, 6-cyl./8-cyl., 122" wb

	6	5	4	3	2	1
2-dr 5-pass Cpe Sdn	550	1550	2650	5300	9100	13000
2-dr 5-pass Super Cpe Sdn	600	1600	2750	5500	9500	13800
4-dr 5-pass Sdn	500	1350	2350	4700	8100	11500
4-dr 5-pass Super Sdn	550	1450	2450	4900	8500	12000

Custom Torpedo, 24-JC/29-JC, 6-cyl./8-cyl., 122" wb

	6	5	4	3	2	1
5-pass Cpe Sdn	650	1750	3150	6300	10900	15700
4-dr 5-pass Sdn	600	1600	2750	5500	9500	13800
8-pass Sta Wgn	1150	3650	6100	12200	21500	30500
8-pass Dlx Sta Wgn	1200	3750	6250	12500	22000	31100

6-cyl. deduct 10%

1942

Torpedo, 25-KA/27-KA, 6-cyl./8-cyl., 119" wb

	6	5	4	3	2	1
5-pass Cpe Sdn	550	1500	2500	5100	8800	12500
2-dr Bus Cpe	500	1350	2350	4700	8100	11500
5-pass Conv Sdn Cpe	1000	3200	5350	10700	18900	26700
5-pass Spt Cpe	550	1450	2450	4900	8500	12000
2-dr Sdn	450	1250	2100	4200	7200	10500
4-dr Sdn	450	1250	2050	4100	7100	10300
4-dr Metro Sdn	450	1250	2150	4300	7400	10700

Streamliner, 26-KB/28-KB, 6-cyl./8-cyl., 122" wb

	6	5	4	3	2	1
5-pass Cpe Sdn	550	1500	2500	5100	8800	12500
4-dr 5-pass Sdn	500	1300	2250	4500	7700	11000
8-pass Sta Wgn	1150	3600	5950	11900	21000	29700
5-pass Chftn Cpe Sdn	550	1550	2650	5300	9100	13000
4-dr 5-pass Chftn Sdn	500	1350	2300	4600	8000	11300
8-pass Chftn Sta Wgn	1100	3450	5750	11500	20300	28700

6-cyl. deduct 10%

	6	5	4	3	2	1

1946-1948

Torpedo, 25, 6-cyl., 119" wb

	6	5	4	3	2	1
5-pass Cpe Sdn	550	1550	2650	5300	9100	13000
5-pass Spt Cpe	600	1600	2700	5400	9300	13500
2-dr 3-pass Bus Cpe	550	1450	2450	4900	8500	12000
5-pass Conv Sdn Cpe	900	2850	4750	9500	16700	23700
2-dr 5-pass Sdn	450	1250	2200	4400	7600	10900
4-dr 5-pass Sdn	500	1300	2250	4500	7700	11000

Torpedo, 27, 8-cyl., 119" wb

	6	5	4	3	2	1
2-dr Sdn Cpe	600	1600	2750	5500	9500	13800
2-dr Spt Cpe	600	1600	2800	5600	9700	14000
2-dr Bus Cpe	550	1500	2500	5100	8800	12500
2-dr Conv Sdn Cpe	950	2950	4950	9900	17500	24700
2-dr Sdn	500	1350	2300	4600	8000	11300
4-dr Sdn	500	1350	2350	4700	8100	11500

Streamliner, 26, 6-cyl., 122" wb

	6	5	4	3	2	1
2-dr Sdn Cpe	600	1650	2850	5700	9900	14200
4-dr Sdn	500	1350	2300	4600	8000	11300
8-pass Std Sta Wgn	1100	3450	5750	11500	20300	28700
8-pass Dlx Sta Wgn	1200	3850	6450	12900	22700	32200

Streamliner, 28, 8-cyl., 122" wb

	6	5	4	3	2	1
5-pass Cpe	650	1700	3000	5900	10200	14700
4-dr Sdn	550	1400	2400	4800	8300	11800
8-pass Sta Wgn	1150	3600	5950	11900	21000	29700
8-pass Dlx Sta Wgn	1250	3950	6600	13200	23250	32900

(Model code designators, "L"-1946; "M"-1947; "P"-1948.)

6-cyl. deduct 10%

1949

Streamliner, 6-cyl./8-cyl., 120" wb

	6	5	4	3	2	1
5-pass Sdn Cpe	400	1200	2000	4000	6900	10000
5-pass Dlx Sdn Cpe	450	1250	2100	4200	7200	10500
4-dr Sdn	450	1250	2050	4100	7100	10300
4-dr Dlx Sdn	450	1250	2150	4300	7400	10700
6-pass Sta Wgn	550	1400	2400	4800	8300	11800
6-pass Dlx Sta Wgn	500	1300	2250	4500	7700	11000
8-pass Wood Sta Wgn	1200	3850	6450	12900	22700	32200
8-pass Dlx Wood Sta Wgn	1250	3950	6600	13200	23250	32900

Chieftain, 6-cyl./8-cyl., 120" wb

	6	5	4	3	2	1
2-dr 3-pass Bus Cpe	500	1300	2250	4500	7700	11000
2-dr 6-pass Sdn Cpe	450	1250	2100	4200	7200	10500
2-dr 6-pass Dlx Sdn Cpe	450	1250	2200	4400	7600	10900
2-dr Sdn	450	1250	2050	4100	7100	10300
2-dr Dlx Sdn	450	1250	2100	4200	7200	10500
4-dr Sdn	450	1250	2050	4100	7100	10300
4-dr Dlx Sdn	450	1250	2100	4200	7200	10500
5-pass Dlx Conv	950	2950	4950	9900	17500	24700

6-cyl. deduct 10%

1950

Streamliner, 6-cyl./8-cyl., 120" wb

	6	5	4	3	2	1
5-pass Sdn Cpe	400	1200	2000	4000	6900	10000
5-pass Dlx Sdn Cpe	450	1250	2100	4200	7200	10500
4-dr Sdn	450	1250	2050	4100	7100	10300
4-dr Dlx Sdn	450	1250	2150	4300	7400	10700
4-dr Sta Wgn	550	1400	2400	4800	8300	11800
4-dr Dlx Sta Wgn	550	1450	2450	4900	8500	12000

Chieftain, 6-cyl./8-cyl., 120" wb

	6	5	4	3	2	1
3-pass Bus Cpe	500	1300	2250	4500	7700	11000
5-pass Sdn Cpe	450	1250	2100	4200	7200	10500

	6	5	4	3	2	1
5-pass Dlx Sdn Cpe	450	1250	2100	4200	7200	10500
2-dr Sdn	450	1250	2050	4100	7100	10300
2-dr Dlx Sdn	450	1250	2100	4200	7200	10500
4-dr Sdn	450	1250	2050	4100	7100	10300
4-dr Dlx Sdn	450	1250	2100	4200	7200	10500
2-dr Dlx Catalina Cpe	700	2000	3450	6900	11900	17200
5-pass Sup Dlx Catalina Cpe	750	2150	3600	7200	12400	18000
5-pass Dlx Conv Cpe	950	3000	5050	10100	17900	25100

6-cyl deduct 10%

1951

Streamliner, 6-cyl./8-cyl., 120" wb

	6	5	4	3	2	1
5-pass Sdn Cpe	450	1250	2050	4100	7100	10300
5-pass Dlx Sdn Cpe	450	1250	2100	4200	7200	10500
4-dr Sta Wgn	550	1400	2400	4800	8300	11800
4-dr Dlx Sta Wgn	550	1450	2450	4900	8500	12000

Chieftain, 6-cyl./8-cyl., 120" wb

	6	5	4	3	2	1
3-pass Bus Cpe	500	1300	2250	4500	7700	11000
5-pass Sdn Cpe	450	1250	2150	4300	7400	10700
5-pass Dlx Sdn Cpe	450	1250	2200	4400	7600	10900
2-dr Sdn	450	1250	2050	4100	7100	10300
2-dr Dlx Sdn	450	1250	2150	4300	7400	10700
4-dr Sdn	450	1250	2100	4200	7200	10500
4-dr Dlx Sdn	450	1250	2150	4300	7400	10700
2-dr 5-pass Dlx Catalina Hdtp	700	2000	3450	6900	11900	17200
5-pass Sup Dlx Catalina Cpe	750	2250	3750	7500	13000	18700
5-pass Dlx Conv	1000	3100	5250	10500	18600	26200

6-cyl. deduct 10%

1952

Chieftain, 6-cyl./8-cyl., 120" wb

	6	5	4	3	2	1
2-dr Sdn	450	1250	2050	4100	7100	10300
2-dr Dlx Sdn	450	1250	2150	4300	7400	10700
4-dr Sdn	450	1250	2100	4200	7200	10500
4-dr Dlx Sdn	450	1250	2150	4300	7400	10700
5-pass Dlx Catalina Cpe	700	2000	3450	6900	11900	17200
5-pass Sup Dlx Catalina Cpe	750	2250	3750	7500	13000	18700
5-pass Dlx Conv Cpe	1000	3100	5250	10500	18600	26200
4-dr Sta Wgn	550	1400	2400	4800	8300	11800
4-dr Dlx Sta Wgn	550	1500	2500	5000	8700	12300

6-cyl deduct 10%

1953

Chieftain, 6-cyl./8-cyl., 122" wb

	6	5	4	3	2	1
2-dr Sdn	450	1250	2150	4300	7400	10700
2-dr Dlx Sdn	450	1250	2200	4400	7600	10900
4-dr Sdn	450	1250	2150	4300	7400	10700
4-dr Dlx Sdn	450	1250	2200	4400	7600	10900
2-dr Dlx Catalina Hdtp	700	1900	3350	6700	11500	16500
2-dr Cus Catalina Hdtp	750	2200	3650	7300	12600	18200
5-pass Dlx Conv	1050	3300	5500	11100	19500	27700
4-dr Sta Wgn - Paint	500	1350	2350	4700	8100	11500
4-dr Sta Wgn - Woodgrain	550	1450	2450	4900	8500	12000
4-dr Dlx Sta Wgn - Paint	600	1600	2700	5400	9300	13500
4-dr Dlx Sta Wgn - Woodgrain	600	1600	2800	5600	9700	14000

6-cyl. deduct 10%

1954

Chieftain, 6-cyl./8-cyl, 122" wb

	6	5	4	3	2	1
2-dr Sdn	450	1250	2150	4300	7400	10700

	6	5	4	3	2	1
2-dr Dlx Sdn	450	1250	2200	4400	7600	10900
4-dr Sdn	450	1250	2150	4300	7400	10700
2-dr Dlx Catalina Hdtp	700	2000	3450	6900	11900	17200
4-dr Dlx Sdn	450	1250	2200	4400	7600	10900
2-dr Cus Catalina Hdtp	750	2300	3850	7700	13300	19200
4-dr Sta Wgn	550	1450	2450	4900	8500	12000
4-dr Dlx Sta Wgn	550	1500	2500	5100	8800	12500
Star Chief Deluxe, 8-cyl., 124" wb						
4-dr Sdn	500	1350	2350	4700	8100	11500
4-dr Cus Sdn	550	1500	2500	5100	8800	12500
2-dr Cus Catalina Hdtp	800	2350	3950	7900	13700	19700
5-pass Conv	1050	3300	5500	11100	19500	27700

Factory air cond. add 15%   *6-cyl deduct 10%*

1955

Chieftain 860, 8-cyl., 122" wb

	6	5	4	3	2	1
2-dr Sdn	450	1250	2050	4100	7100	10300
4-dr Sdn	450	1250	2050	4100	7100	10300
2-dr Sta Wgn	500	1300	2250	4500	7700	11000
4-dr Sta Wgn	500	1350	2350	4700	8100	11500
Chieftain 870 Deluxe, 8-cyl., 122" wb						
2-dr Sdn	450	1250	2100	4200	7200	10500
4-dr Sdn	450	1250	2100	4200	7200	10500
2-dr Cat Hdtp	750	2150	3600	7200	12400	18000
4-dr Sta Wgn	500	1350	2350	4700	8100	11500
2-dr 6-pass Safari Sta Wgn	900	2900	4850	9700	17100	24200
Star Chief, 28, 8-cyl., 124" wb						
4-dr Sdn	500	1350	2350	4700	8100	11500
5-pass Conv	1400	4350	7250	14500	25500	36200
Custom Star Chief, 28, 8-cyl., 124" wb						
4-dr Sdn	550	1450	2450	4900	8500	12000
2-dr Cat Hdtp	800	2450	4150	8300	14600	20700

Factory air cond add 10%   *Power-Pack V8 add 10%*

1956

Chieftain 860, 8-cyl., 122" wb

	6	5	4	3	2	1
2-dr Sdn	450	1250	2050	4100	7100	10300
4-dr Sdn	450	1250	2050	4100	7100	10300
2-dr Cat Hdtp	650	1800	3250	6500	11200	16100
4-dr Cat Hdtp	450	1250	2200	4400	7600	10900
2-dr Sta Wgn	550	1500	2500	5000	8700	12300
4-dr Sta Wgn	550	1550	2600	5200	9000	12800
Chieftain 870 Deluxe, 8-cyl., 122" wb						
4-dr Sdn	450	1250	2050	4100	7100	10300
2-dr Cat Cpe	750	2200	3650	7300	12600	18200
4-dr Cat Sdn	550	1450	2450	4900	8500	12000
4-dr Sta Wgn	550	1550	2650	5300	9100	13000
2-dr Safari Sta Wgn	900	2900	4850	9700	17100	24200
Star Chief, 28, 8-cyl., 124" wb						
4-dr Sdn	550	1500	2500	5100	8800	12500
Custom Star Chief, 28, 8-cyl., 124" wb						
4-dr Cat Sdn	600	1600	2750	5500	9500	13800
2-dr Cat Cpe	800	2500	4250	8500	15000	21200
Conv	1450	4400	7350	14700	25900	36700

Factory air cond. add 10%   *2X4-bbl/285 hp*
V8 add 25%

1957

Chieftain, 8-cyl., 122" wb

	6	5	4	3	2	1
2-dr Sdn	450	1250	2100	4200	7200	10500

	6	5	4	3	2	1
4-dr Sdn	400	1200	1950	3900	6800	9900
2-dr Cat Hdtp	650	1750	3150	6300	10900	15700
4-dr Cat Hdtp	450	1250	2100	4200	7200	10500
2-dr Safari Sta Wgn	500	1300	2250	4500	7700	11000
4-dr Safari Sta Wgn	500	1350	2350	4700	8100	11500
Super Chief, 8-cyl., 122" wb						
4-dr Sdn	450	1250	2050	4100	7100	10300
2-dr Cat Cpe	700	2000	3450	6900	11900	17200
4-dr Cat Sdn	550	1500	2500	5100	8800	12500
4-dr Safari Sta Wgn	600	1600	2750	5500	9500	13800
Star Chief Custom, 27, 8-cyl., 122" wb						
2-dr Safari Sta Wgn	950	3000	5050	10100	17900	25100
4-dr Safari Sta Wgn	750	2300	3850	7700	13300	19200
Star Chief, 28, 8-cyl., 124" wb						
4-dr Sdn	500	1350	2350	4700	8100	11500
5-pass Conv	1400	4300	7150	14300	25200	35700
Custom Star Chief, 28, 8-cyl., 124" wb						
4-dr Sdn	550	1450	2450	4900	8500	12000
2-dr Cat Cpe	850	2650	4450	8900	15700	22300
4-dr Cat Sdn	600	1600	2750	5500	9500	13800
2-dr Bonneville Conv (F.I.)	3300	9800	16500	33000	57900	82400

Factory air cond add 10%   Tri-Power 3X2-bbl
317 hp V8 add 25%   Tri-Power 3X2-bbl 345 hp V8 add 75%
Fuel Injection standard only with Bonneville

1958

	6	5	4	3	2	1
Chieftain, 27, 8-cyl., 122" wb						
2-dr Sdn	400	1100	1800	3600	6200	9100
4-dr Sdn	350	1000	1600	3200	5700	8100
2-dr Cat Cpe	650	1700	3000	5900	10200	14700
4-dr Cat Sdn	400	1200	1950	3900	6800	9900
5-pass Conv	1200	3750	6250	12500	22000	31100
2-dr Safari Sta Wgn	450	1250	2100	4200	7200	10500
4-dr Safari Sta Wgn	450	1250	2200	4400	7600	10900
Super-Chief Deluxe, 28, 8-cyl., 122" wb						
4-dr Sdn	400	1050	1700	3300	5800	8300
2-dr Cat Cpe	650	1800	3250	6500	11200	16100
4-dr Cat Sdn	500	1300	2250	4500	7700	11000
Star Chief, 28, 8-cyl., 124" wb						
4-dr Custom Sdn	400	1100	1800	3500	6100	8900
2-dr Cat Cpe	700	2000	3450	6900	11900	17200
4-dr Cat Sdn	550	1450	2450	4900	8500	12000
4-dr Custom Safari Sta Wgn	600	1600	2750	5500	9500	13800

Golden Jubilee (GM's 50th Anniv) add 15%

	6	5	4	3	2	1
Bonneville, Super Deluxe, 25, 8-cyl., 122" wb						
2-dr Spt Cpe	1250	3900	6500	13000	22900	32500
6-pass Conv	2500	7400	12500	25000	43900	62400

Factory air cond add 10%
Tri-Power 3X2-bbl 330 hp add 50%
Fuel-Injection add 50%   Air suspension add 10%

1959

	6	5	4	3	2	1
Catalina, 21, 8-cyl., 122" wb						
2-dr Sdn Spt	400	1200	1900	3800	6600	9600
4-dr Sdn	350	950	1550	3100	5500	7900
2-dr Spt Hdtp	600	1600	2750	5500	9500	13800
4-dr Hdtp Vista	400	1100	1800	3500	6100	8900
5-pass Conv	850	2700	4550	9100	16000	22700
Safari, 8-cyl., 122" wb						
4-dr 6-pass Sta Wgn	400	1200	1950	3900	6800	9900

	6	5	4	3	2	1
4-dr 9-pass Sta Wgn	450	1250	2050	4100	7100	10300
Star Chief, 24, 8-cyl., 124" wb						
2-dr Sdn Spt	400	1150	1850	3700	6400	9300
4-dr Sdn	400	1100	1800	3500	6100	8900
4-dr Hdtp Vista	450	1250	2150	4300	7400	10700
Bonneville, 28, 8-cyl., 124" wb						
2-dr Hdtp	800	2350	3950	7900	13700	19700
4-dr Hdtp Vista	550	1550	2650	5300	9100	13000
5-pass Conv	1200	3850	6450	12900	22700	32200
Custom, 27, 8-cyl., 122" wb						
4-dr Safari Sta Wgn	550	1500	2500	5100	8800	12500

Factory air cond add 10%   Ever-Level Air Ride add 10%
Tri-Power 3X2-bbl 315 hp V8 add 20%
Tri-Power 3X2-bbl 330 or 345 hp V8 add 40%

1960

	6	5	4	3	2	1
Catalina, 21, 8-cyl., 122" wb						
2-dr Sdn Spt	350	950	1550	3100	5500	7900
4-dr Sdn	350	900	1500	3000	5300	7600
2-dr Spt Hdtp	600	1600	2750	5500	9500	13800
4-dr Hdtp Vista	400	1100	1800	3500	6100	8900
5-pass Conv	900	2800	4700	9400	16500	23400
Safari, 8-cyl., 122" wb						
4-dr 6-pass Sta Wgn	450	1250	2150	4300	7400	10700
4-dr 9-pass Sta Wgn	500	1300	2250	4500	7700	11000
Ventura, 23, 8-cyl., 122" wb						
2-dr Spt Hdtp	600	1650	2850	5700	9900	14200
4-dr Hdtp Vista	400	1200	1950	3900	6800	9900
Star Chief, 26, 8-cyl., 124" wb						
2-dr Sdn Spt	400	1200	1950	3900	6800	9900
4-dr Sdn	400	1150	1850	3700	6400	9300
4-dr Hdtp Vista	450	1250	2150	4300	7400	10700
Bonneville, 28, 8-cyl., 124" wb						
2-dr Spt Hdtp	750	2250	3750	7500	13000	18700
4-dr Hdtp Vista	500	1350	2350	4700	8100	11500
5-pass Conv	1150	3600	6000	12100	21300	30200
Custom, 27, 8-cyl., 122" wb						
4-dr Sta Wgn	550	1500	2500	5100	8800	12500

Factory air cond add 10%   Bucket seats add 10%
4-speed trans add 15%
Tri-Power 3X2-bbl 315 hp V8 add 20%
Tri-Power 3X2-bbl 333 or 348 hp add 40%

1961

	6	5	4	3	2	1
Tempest Compact, 4-cyl., 112" wb						
4-dr Sdn	300	700	1200	2400	4100	5900
2-dr Hdtp	300	750	1250	2500	4400	6200
2-dr Custom Hdtp	300	800	1350	2700	4700	6900
6-pass Sta Wgn	350	850	1400	2800	4900	7100

215 cid V8 add 20%

	6	5	4	3	2	1
Catalina, 23, 8-cyl., 119" wb						
2-dr Sdn Spt	350	900	1500	3000	5300	7600
4-dr Sdn	350	900	1500	2900	5200	7400
2-dr Spt Hdtp	550	1450	2450	4900	8500	12000
4-dr Hdtp Vista	400	1050	1700	3300	5800	8300
2-dr Conv	750	2250	3750	7500	13000	18700
6-pass Safari Sta Wgn	400	1150	1850	3700	6400	9300
9-pass Safari Sta Wgn	400	1200	1950	3900	6800	9900
Ventura, 25, 8-cyl., 119" wb						
2-dr Spt Hdtp	600	1600	2750	5500	9500	13800

	6	5	4	3	2	1
4-dr Hdtp Vista	400	1150	1850	3700	6400	9300
Star Chief, 26, 8-cyl., 123" wb						
4-dr Hdtp Vista	400	1200	1950	3900	6800	9900
4-dr Sdn	400	1050	1700	3300	5800	8300
Bonneville, 28, 8-cyl., 123" wb						
2-dr Spt Hdtp	650	1700	3000	6100	10600	15200
4-dr Hdtp Vista	450	1250	2050	4100	7100	10300
2-dr Conv	950	3000	5050	10100	17900	25100
Custom, 8-cyl., 119" wb						
4-dr Sta Wgn	450	1250	2150	4300	7400	10700

Factory air cond add 10%   Bucket seats add 10%
4-speed trans add 15%
Tri-Power 3X2-bbl 318 hp V8 add 20%
Tri-Power 3X2-bbl 333 or 348 hp add 40%
421 cid 2X4-bbl V8 add 60%

1962

	6	5	4	3	2	1
Tempest, 4-cyl., 112" wb						
4-dr Sdn	300	700	1200	2400	4100	5900
2-dr Cpe	300	750	1250	2500	4400	6200
2-dr Spt Cpe	400	1050	1700	3400	5900	8500
2-dr Conv	500	1350	2350	4700	8100	11500
4-dr 6-pass Safari Sta Wgn	350	850	1400	2800	4900	7100

215 cid V8 add 20%

	6	5	4	3	2	1
Catalina, 8-cyl., 120" wb						
2-dr Spt Sdn	400	1050	1700	3300	5800	8300
4-dr Sdn	350	900	1500	2900	5200	7400
2-dr Spt Hdtp	500	1350	2350	4700	8100	11500
4-dr Vista Hdtp	400	1050	1700	3300	5800	8300
2-dr Conv	700	1900	3350	6700	11500	16500
6-pass Safari Sta Wgn	400	1100	1800	3500	6100	8900
9-pass Safari Sta Wgn	400	1150	1850	3700	6400	9300
Star Chief, 8-cyl., 123" wb						
4-dr Sdn	350	950	1550	3100	5500	7900
4-dr Hdtp Vista	400	1150	1850	3700	6400	9300
Bonneville, 8-cyl., 123" wb, Sta Wgn 119" wb						
4-dr Hdtp Vista	400	1200	1950	3900	6800	9900
2-dr Spt Hdtp	600	1600	2750	5500	9500	13800
2-dr Conv	800	2500	4250	8500	15000	21200
Custom, 27, 8-cyl., 120" wb						
6-pass Sta Wgn	500	1300	2250	4500	7700	11000
Grand Prix, 8-cyl., 120" wb						
2-dr Spt Hdtp	650	1800	3250	6500	11200	16100

3X2-bbl 389/318 hp V8 add 10%
3X2-bbl 389-333 or 348 hp add 20%
389 SD 385 hp add 40%   421 SD 405 hp add 50%
4-speed add 10%

1963

	6	5	4	3	2	1
Tempest, 4-cyl., 112" wb						
2-dr Cpe	300	800	1300	2600	4600	6600
2-dr Spt Cpe	400	1050	1700	3300	5800	8300
4-dr Sdn	300	700	1200	2400	4100	5900
2-dr Conv	550	1450	2450	4900	8500	12000
4-dr 6-pass Sta Wgn	350	900	1500	2900	5200	7400
326 V8 add 20%						
LeMans, 8-cyl., 112" wb						
2-dr Spt Cpe	500	1300	2250	4500	7700	11000
2-dr Conv	650	1700	3000	6100	10600	15200
Catalina, 8-cyl., 119" wb						
4-dr Sdn	350	850	1400	2800	4900	7100

	6	5	4	3	2	1
4-dr Hdtp Vista	400	1050	1700	3300	5800	8300
2-dr Spt Sdn	400	1050	1700	3300	5800	8300
2-dr Hdtp Cpe	550	1500	2500	5100	8800	12500
2-dr Conv	700	2000	3450	6900	11900	17200
4-dr 6-pass Safari Sta Wgn	400	1200	1950	3900	6800	9900
4-dr 9-pass Safari Sta Wgn	450	1250	2050	4100	7100	10300
Star Chief, 8-cyl., 123" wb						
4-dr Hdtp Vista	400	1150	1850	3700	6400	9300
4-dr Sdn	350	900	1500	2900	5200	7400
Bonneville, 8-cyl., 123" wb						
2-dr Spt Hdtp	600	1600	2750	5500	9500	13800
4-dr Hdtp Vista	400	1200	1950	3900	6800	9900
2-dr Conv	800	2450	4100	8200	14400	20500
4-dr Safari (119" wb)	450	1250	2150	4300	7400	10700
Grand Prix, 8-cyl., 120" wb						
2-dr Hdtp Cpe	650	1700	3000	6000	10400	14900

389 3X2-bbl/313 hp add 10%   421HO 4-bbl/353 hp add 10%
421HO 3X2-bbl/370 hp add 20%   421 SD 4-bbl 390 hp add 20%
421 SD 2X4-bbl 405 or 410 hp add 60%   4-speed add 10%

1964

	6	5	4	3	2	1
Tempest Custom 21, 8-cyl., 115" wb						
2-dr Hdtp	400	1050	1700	3300	5800	8300
4-dr Sdn	300	750	1250	2500	4400	6200
Conv Custom	550	1500	2500	5100	8800	12500
4-dr 6-pass Sta Wgn	300	800	1300	2600	4600	6600

6-cyl. deduct 10%

	6	5	4	3	2	1
LeMans, 8-cyl., 115" wb						
2-dr Spt Hdtp Cpe	500	1350	2350	4700	8100	11500
2-dr Spt Cpe	450	1250	2050	4100	7100	10300
4-pass Conv	600	1650	2850	5700	9900	14200

6-cyl deduct 10%

	6	5	4	3	2	1
LeMans/GTO option, 8-cyl, 115" wb						
GTO Cpe	800	2500	4250	8500	15000	21200
GTO Conv	1200	3850	6450	12900	22700	32200
GTO Hdtp	900	2850	4750	9500	16700	23700

389 3X2-bbl 348 hp V8 add 25%   4-speed add 10%

	6	5	4	3	2	1
Catalina, 8-cyl., 120" wb						
2-dr Sdn	350	900	1500	2900	5200	7400
4-dr Sdn	350	900	1500	2900	5200	7400
2-dr Spt Hdtp	500	1350	2300	4600	8000	11300
4-dr Vista Hdtp	400	1050	1700	3300	5800	8300
2-dr Conv	750	2200	3650	7300	12600	18200
4-dr 6-pass Safari Sta Wgn	400	1050	1700	3300	5800	8300
4-dr 9-pass Safari Sta Wgn	400	1100	1800	3500	6100	8900
Star Chief, 123" wb						
4-dr Sdn	350	900	1500	2900	5200	7400
4-dr Vista Hdtp	400	1100	1800	3600	6200	9100
Bonneville, 8-cyl., 123" wb						
2-dr Spt Hdtp	550	1500	2500	5100	8800	12500
4-dr Hdtp Sdn	450	1250	2150	4300	7400	10700
2-dr Conv	800	2500	4250	8500	15000	21200
4-dr 6-pass Safari Sta Wgn	450	1250	2050	4100	7100	10300
Grand Prix, 8-cyl., 124" wb						
2-dr Hdtp Spt Cpe	650	1700	3000	5900	10200	14700

389 3X2-bbl/330 hp add 10%
421 4-bbl/320 hp add 15%
421 3X2-bbl/350 hp add 20%
421 3X2-bbl/370 hp add 35%

	6	5	4	3	2	1

1965

Tempest, 6-cyl./8-cyl., 115" wb

	6	5	4	3	2	1
2-dr Spt Cpe	300	800	1300	2600	4600	6600
4-dr Sdn	300	700	1200	2400	4100	5900
2-dr Hdtp Cpe	350	950	1550	3100	5500	7900
2-dr Conv	500	1350	2350	4700	8100	11500
4-dr Safari Sta Wgn	350	900	1500	2900	5200	7400

LeMans, 6-cyl./8-cyl., 115" wb

	6	5	4	3	2	1
2-dr Spt Cpe	400	1050	1700	3300	5800	8300
2-dr Hdtp Cpe	450	1250	2050	4100	7100	10300
4-dr Sdn	300	800	1350	2700	4700	6900
2-dr Conv	650	1700	3000	6000	10400	14900

LeMans GTO option, 8-cyl., 115" wb

	6	5	4	3	2	1
GTO Conv	1200	3850	6450	12900	22700	32200
GTO Hdtp	900	2850	4750	9500	16700	23700
GTO Cpe	800	2450	4150	8300	14600	20700

389 3X2-bbl/360 hp V8 add 20%
4-speed trans add 10%

Catalina, 8-cyl., 124" wb (Sta Wgn 121" wb)

	6	5	4	3	2	1
2-dr Sdn	350	950	1550	3100	5500	7900
4-dr Sdn	300	750	1250	2500	4400	6200
2-dr Hdtp Spt Cpe	400	1200	1950	3900	6800	9900
4-dr Vista Hdtp	350	950	1550	3100	5500	7900
2-dr Conv	700	2000	3450	6900	11900	17200
4-dr 6-pass Safari Sta Wgn	400	1150	1850	3700	6400	9300
4-dr 9-pass Safari Sta Wgn	400	1200	1950	3900	6800	9900

Star Chief, 8-cyl., 124" wb

	6	5	4	3	2	1
4-dr Hdtp	400	1050	1700	3300	5800	8300
4-dr Sdn	300	800	1350	2700	4700	6900

Bonneville, 8-cyl., 124" wb

	6	5	4	3	2	1
2-dr Hdtp Spt Cpe	500	1350	2350	4700	8100	11500
4-dr Hdtp	400	1150	1850	3700	6400	9300
2-dr Conv	750	2300	3850	7700	13300	19200
4-dr 2-seat Safari Sta Wgn	400	1200	2000	4000	6900	10000

Grand Prix, 124" wb

	6	5	4	3	2	1
2-dr Hdtp	600	1650	2850	5700	9900	14200

421 4-bbl/338 hp V8 add 20%
421 3X2-bbl/356 hp V8, add 25%
421 3X2-bbl/356 hp V8 add 30%
421-HO cid 3X2-bbl, 370 hp add 40%

1966

Tempest Standard, 6-cyl./8-cyl., 115" wb

	6	5	4	3	2	1
2-dr Cpe	300	800	1350	2700	4700	6900
4-dr Sdn	300	700	1200	2400	4100	5900
4-dr 6-pass Sta Wgn	300	800	1300	2600	4600	6600

Tempest Custom, 6-cyl./8-cyl., 115" wb

	6	5	4	3	2	1
2-dr Spt Cpe	350	900	1500	2900	5200	7400
4-dr Sdn	300	750	1250	2500	4400	6200
2-dr Hdtp	400	1100	1800	3500	6100	8900
4-dr Hdtp	300	800	1350	2700	4700	6900
2-dr Conv	500	1300	2250	4500	7700	11000
4-dr 6-pass Sta Wgn	300	800	1350	2700	4700	6900

LeMans, 6-cyl./8-cyl., 115" wb

	6	5	4	3	2	1
2-dr Spt Cpe	350	900	1500	2900	5200	7400
2-dr Hdtp	400	1200	1950	3900	6800	9900
4-dr Hdtp Sdn	300	800	1350	2700	4700	6900
2-dr Conv	550	1550	2600	5200	9000	12800

GTO, 8-cyl., 115" wb

	6	5	4	3	2	1
2-dr Spt Cpe	750	2250	3750	7500	13000	18700

	6	5	4	3	2	1
2-dr Hdtp Cpe	900	2750	4600	9200	16200	22900
2-dr Conv	1300	4100	6850	13650	24100	34000

389 3X2-bbl/360 hp V8 add 20%
4-speed trans add 10%

Catalina, 8-cyl., 121" wb

	6	5	4	3	2	1
2-dr Sdn	350	950	1550	3100	5500	7900
4-dr Sdn	300	750	1250	2500	4400	6200
2-dr Hdtp Cpe	500	1300	2250	4500	7700	11000
4-dr Hdtp	350	900	1500	2900	5200	7400
2-dr Conv	700	1900	3350	6700	11500	16500
4-dr 6-pass Sta Wgn	400	1100	1800	3600	6200	9100
4-dr 9-pass Sta Wgn	400	1200	1900	3800	6600	9600

Catalina, "2 + 2", 8-cyl., 121" wb

2-dr Hdtp Cpe	550	1450	2450	4900	8500	12000
2-dr Conv	750	2250	3750	7500	13000	18700

Star Chief Executive, 8-cyl., 124" wb

4-dr Sdn	350	900	1500	2900	5200	7400
2-dr Hdtp	450	1250	2150	4300	7400	10700
4-dr Hdtp	400	1050	1700	3300	5800	8300

Bonneville, 8-cyl., 124" wb

2-dr Hdtp	550	1450	2450	4900	8500	12000
4-dr Hdtp	400	1100	1800	3500	6100	8900
2-dr Conv	750	2250	3750	7500	13000	18700
4-dr 9-pass Sta Wgn	400	1150	1850	3700	6400	9300

Grand Prix, 8-cyl., 121" wb

2-dr Hdtp	550	1550	2650	5300	9100	13000

389 3X2-bbl/338 hp V8 add 10%
421 3X2-bbl/338 hp add 10%
4-speed trans add 10%
421 3X2-bbl 356 hp V8 add 20%
421 HO 3X2-bbl/376 hp add 35%

1967

Firebird, 8-cyl., 108" wb

	6	5	4	3	2	1
2-dr Cpe Hdtp	600	1600	2750	5500	9500	13800
2-dr Conv	800	2400	4000	8000	13900	19900

400 cid/325 hp w/Ram-Air add 20%
4-speed add 10%

Tempest, 6-cyl./8-cyl., 115" wb

2-dr Spt Cpe	300	800	1300	2600	4600	6600
4-dr Sdn	300	700	1200	2400	4100	5900
6-pass Sta Wgn	300	800	1350	2700	4700	6900

Tempest Custom, 6-cyl., 115" wb

2-dr Spt Cpe	350	900	1500	2900	5200	7400
2-dr Hdtp Cpe	350	950	1550	3100	5500	7900
4-dr Hdtp Sdn	350	850	1400	2800	4900	7100
4-dr Sdn	300	750	1250	2500	4400	6200
2-dr Conv	500	1300	2250	4500	7700	11000
6-pass Sta Wgn	350	850	1400	2800	4900	7100

LeMans, 6-cyl./8-cyl., 115" wb

2-dr Spt Cpe	350	900	1500	3000	5300	7600
2-dr Hdtp Cpe	400	1100	1800	3500	6100	8900
4-dr Hdtp	300	800	1350	2700	4700	6900
2-dr Conv	650	1700	3000	5900	10200	14700

Tempest Safari, 6-cyl., 115" wb

Sta Wgn	350	1000	1600	3200	5700	8100

GTO, 8-cyl., 115" wb

2-dr Cpe	800	2350	3950	7900	13700	19700
2-dr Hdtp	900	2900	4850	9700	17100	24200
2-dr Conv	1200	3750	6250	12500	22000	31100

400 cid/360 hp w/Ram-Air add 20%
4-speed trans add 10%

	6	5	4	3	2	1
Catalina, 8-cyl., 121" wb						
2-dr Sdn	350	950	1550	3100	5500	7900
4-dr Sdn	300	750	1250	2500	4400	6200
2-dr Hdtp	450	1250	2050	4100	7100	10300
4-dr Hdtp	350	900	1500	2900	5200	7400
2-dr Conv	600	1600	2750	5500	9500	13800
6-pass Safari Sta Wgn	350	950	1550	3100	5500	7900
3-seat Safari Sta Wgn	400	1050	1700	3300	5800	8300
Executive, 8-cyl., 124" wb, Sta Wgn 121" wb						
4-dr Sdn	300	800	1350	2700	4700	6900
2-dr Hdtp Cpe	450	1250	2050	4100	7100	10300
4-dr Hdtp	350	950	1550	3100	5500	7900
6-pass Safari Sta Wgn	400	1050	1700	3300	5800	8300
3-seat Safari Sta Wgn	400	1100	1800	3500	6100	8900
Bonneville, 8-cyl., 124" wb						
2-dr Hdtp	500	1350	2350	4700	8100	11500
4-dr Hdtp	400	1050	1700	3300	5800	8300
2-dr Conv	750	2250	3750	7500	13000	18700
9-pass Safari Sta Wgn	400	1200	1900	3800	6600	9600
Grand Prix, 8-cyl., 121" wb						
2-dr Hdtp	550	1500	2500	5100	8800	12500
2-dr Conv	800	2350	3950	7900	13700	19700

428 cid/360 hp add 20%   428 HO/376 hp add 40%
4-speed trans add 10%
All models-6-cyl deduct 10%

1968

	6	5	4	3	2	1
Firebird, 6-cyl./8-cyl., 108" wb						
2-dr Cpe Hdtp	600	1600	2750	5500	9500	13800
2-dr Conv	800	2350	3950	7900	13700	19700

350 cid HO/330 hp add 10%
400 cid/330 hp w/Ram-Air add 30%
4-speed trans add 10%

	6	5	4	3	2	1
Tempest, 6-cyl./8-cyl., 112"-114" wb						
2-dr Spt Cpe	300	800	1350	2700	4700	6900
4-dr Sdn	300	650	1150	2300	3900	5700
Tempest Custom, 6-cyl./8-cyl., 112"-114" wb						
2-dr Spt Cpe	350	900	1500	2900	5200	7400
2-dr Hdtp	350	1000	1600	3200	5700	8100
4-dr Hdtp	300	800	1350	2700	4700	6900
2-dr Conv	450	1250	2050	4100	7100	10300
4-dr Sdn	300	700	1200	2400	4100	5900
Sta Wgn	300	800	1300	2600	4600	6600
LeMans, 6-cyl./8-cyl., 112"-114" wb						
2-dr Spt Cpe	350	900	1500	2900	5200	7400
2-dr Hdtp	350	950	1550	3100	5500	7900
4-dr Hdtp	300	800	1300	2600	4600	6600
2-dr Conv	600	1600	2750	5500	9500	13800
Sta Wgn	300	800	1300	2600	4600	6600
Safari, 6-cyl./8-cyl., 114" wb						
6-pass Sta Wgn	350	900	1500	2900	5200	7400
GTO, 8-cyl., 112" wb						
2-dr Hdtp Cpe	800	2350	3950	7900	13700	19700
2-dr Conv	950	3050	5150	10300	18200	25700

400 cid HO/366 hp add 20%
4-speed add 10%

	6	5	4	3	2	1
Catalina, 8-cyl., 121" wb						
2-dr Sdn	350	900	1500	3000	5300	7600
4-dr Sdn	300	700	1200	2400	4100	5900
2-dr Hdtp	400	1050	1700	3400	5900	8500

	6	5	4	3	2	1
4-dr Hdtp	300	800	1300	2600	4600	6600
2-dr Conv	550	1450	2450	4900	8500	12000
6-pass Sta Wgn	350	900	1500	3000	5300	7600
9-pass Sta Wgn	350	1000	1600	3200	5700	8100
Executive, 8-cyl., 124" wb, Sta Wgn 121" wb						
4-dr Sdn	300	700	1200	2400	4100	5900
2-dr Hdtp	400	1100	1800	3500	6100	8900
4-dr Hdtp	300	800	1300	2600	4600	6600
2-seat Safari Sta Wgn	350	900	1500	3000	5300	7600
3-seat Safari Sta Wgn	350	1000	1600	3200	5700	8100
Bonneville, 8-cyl., 125" wb						
4-dr Sdn	300	750	1250	2500	4400	6200
2-dr Hdtp	450	1250	2100	4200	7200	10500
4-dr Hdtp	350	950	1550	3100	5500	7900
2-dr Conv	650	1800	3250	6500	11200	16100
3-seat Sta Wgn	400	1100	1800	3500	6100	8900
Grand Prix, 8-cyl., 118" wb						
2-dr Hdtp Cpe	550	1450	2450	4900	8500	12000

428 cid/375 hp add 10%
4-speed add 10%

1969

	6	5	4	3	2	1
Firebird, 6-cyl./8-cyl., 108" wb						
2-dr Hdtp Cpe	550	1550	2650	5300	9100	13000
2-dr Trans Am Hdtp Cpe	1200	3850	6450	12900	22700	32200
2-dr Conv	750	2300	3850	7700	13300	19200
2-dr Trans Am Conv	5000	15300	25000	50000	87500	125000

400 cid/330 hp w/Ram-Air add 20%
400 cid/345 hp w/Rami-Air IV add 30%

	6	5	4	3	2	1
Tempest, 6-cyl./8-cyl., 116" wb, 2-dr 112" wb						
2-dr Cpe	300	800	1300	2600	4600	6600
4-dr Sdn	300	650	1100	2200	3800	5400
Tempest 'S' Custom, 6-cyl./8-cyl., 116" wb, 2-dr 112" wb						
2-dr Spt Cpe	350	900	1500	2900	5200	7400
2-dr Hdtp	350	900	1500	3000	5300	7600
4-dr Hdtp	300	700	1200	2400	4100	5900
4-dr Sdn	300	650	1150	2300	3900	5700
2-dr Conv	400	1150	1850	3700	6400	9300
Sta Wgn	300	750	1250	2500	4400	6200
Tempest LeMans, 6-cyl./8-cyl., 116" wb, 2-dr 112" wb						
2-dr Spt Cpe	350	900	1500	2900	5200	7400
2-dr Hdtp	350	950	1550	3100	5500	7900
4-dr Hdtp	300	700	1200	2400	4100	5900
2-dr Conv	600	1600	2750	5500	9500	13800
Tempest Safari, 6-cyl./8-cyl., 116" wb						
2-seat Sta Wgn	300	800	1300	2600	4600	6600
GTO, 8-cyl., 112" wb						
2-dr Hdtp	750	2200	3650	7300	12600	18200
2-dr Conv	900	2900	4850	9700	17100	24200

The Judge pkg add 25%   4-speed trans add 10%
400 cid/366 hp w/Ram Air add 20% (exc Judge)
400 cid/370 hp w/Ram-Air IV add 40%

	6	5	4	3	2	1
Catalina, 8-cyl., 122" wb						
2-dr Hdtp	350	1000	1600	3200	5700	8100
4-dr Hdtp	300	750	1250	2500	4400	6200
4-dr Sdn	300	650	1150	2300	3900	5700
2-dr Conv	500	1350	2350	4700	8100	11500
2-seat Sta Wgn	350	900	1500	2900	5200	7400
3-seat Sta Wgn	350	950	1550	3100	5500	7900

	6	5	4	3	2	1
Executive, 8-cyl., 125" wb, Sta Wgn 122" wb						
4-dr Sdn	300	650	1150	2300	3900	5700
4-dr Hdtp	300	750	1250	2500	4400	6200
2-dr Hdtp	350	950	1550	3100	5500	7900
2-seat Sta Wgn	350	900	1500	3000	5300	7600
3-seat Sta Wgn	350	1000	1600	3200	5700	8100
Bonneville, 8-cyl., 125" wb						
2-dr Hdtp	400	1150	1850	3700	6400	9300
4-dr Hdtp	300	800	1350	2700	4700	6900
4-dr Sdn	300	650	1150	2300	3900	5700
2-dr Conv	600	1650	2850	5700	9900	14200
3-seat Sta Wgn	400	1050	1700	3300	5800	8300
Grand Prix, 8-cyl., 118" wb						
2-dr Hdtp Cpe	500	1350	2350	4700	8100	11500

428 cid/375 hp add 10%
428 cid HO/390 hp add 20%

1970

	6	5	4	3	2	1
Firebird, 6-cyl./8-cyl., 108" wb						
2-dr Hdtp	450	1250	2100	4200	7200	10500
2-dr Hdtp Esprit	500	1350	2300	4600	8000	11300
2-dr Hdtp Formula	650	1700	3000	5900	10200	14700
2-dr Hdtp Trans Am	700	2000	3450	6900	11900	17200

400 cid HO/335 hp Ram Air (exc Trans-Am) add 25%
4-speed trans add 10%

	6	5	4	3	2	1
Tempest, 6-cyl./8-cyl., 116" wb, 2-dr 112" wb						
2-dr Cpe	300	800	1300	2600	4600	6600
2-dr Hdtp	300	800	1350	2700	4700	6900
4-dr Sdn	300	650	1100	2200	3800	5400
LeMans, 6-cyl./8-cyl., 116" wb, 2-dr 112" wb						
2-dr Hdtp	350	900	1500	3000	5300	7600
4-dr Hdtp	300	700	1200	2400	4100	5900
4-dr Sdn	300	650	1100	2200	3800	5400
2-dr Cpe	300	800	1300	2600	4600	6600
Sta Wgn	300	750	1250	2500	4400	6200
LeMans Sport, 6-cyl./8-cyl., 116" wb, 2-dr 112" wb						
2-dr Cpe	350	900	1500	3000	5300	7600
2-dr Hdtp	400	1050	1700	3300	5800	8300
4-dr Hdtp	300	750	1250	2500	4400	6200
2-dr Conv	600	1600	2750	5500	9500	13800
Sta Wgn	300	800	1350	2700	4700	6900
GTO, 8-cyl., 112" wb						
2-dr Hdtp	750	2300	3850	7700	13300	19200
2-dr Conv	900	2750	4600	9200	16200	22900

The Judge pkg add 25%   4-speed trans add 10%
400 cid/366 hp w/Ram Air add 20% (exc Judge)
400 cid/370 hp w/Ram-Air IV add 40%

	6	5	4	3	2	1
Catalina, 8-cyl., 122" wb						
2-dr Hdtp	350	950	1550	3100	5500	7900
4-dr Hdtp	300	800	1350	2700	4700	6900
4-dr Sdn	300	650	1150	2300	3900	5700
2-dr Conv	450	1250	2150	4300	7400	10700
2-seat Sta Wgn	350	900	1500	2900	5200	7400
3-seat Sta Wgn	350	950	1550	3100	5500	7900
Executive, 8-cyl., 125" wb, Sta Wgn 122" wb						
2-dr Hdtp	400	1050	1700	3300	5800	8300
4-dr Hdtp	350	900	1500	2900	5200	7400
4-dr Sdn	300	700	1200	2400	4100	5900
2-seat Safari Sta Wgn	350	900	1500	3000	5300	7600
3-seat Safari Sta Wgn	350	1000	1600	3200	5700	8100

	6	5	4	3	2	1
Bonneville, 8-cyl., 125" wb, Sta Wgn 122" wb						
2-dr Hdtp	400	1100	1800	3500	6100	8900
4-dr Hdtp	350	950	1550	3100	5500	7900
4-dr Sdn	300	750	1250	2500	4400	6200
2-dr Conv	550	1500	2500	5100	8800	12500
3-seat Sta Wgn	400	1050	1700	3300	5800	8300
Grand Prix, 8-cyl., 118" wb						
2-dr Hdtp	500	1350	2350	4700	8100	11500

"SJ" pkg add 10%

1971

	6	5	4	3	2	1
Ventura II, 6-cyl./8-cyl., 111" wb						
2-dr Cpe	300	600	900	1800	3100	4400
4-dr Sdn	300	550	800	1600	2800	3900
Firebird, 6-cyl./8-cyl., 108" wb						
2-dr Hdtp	450	1250	2100	4200	7200	10500
2-dr Hdtp Esprit	450	1250	2200	4400	7600	10900
2-dr Hdtp Formula	550	1500	2500	5100	8800	12500
2-dr Hdtp Trans Am	700	1900	3350	6700	11500	16500

455 cid HO/335 hp add 20% (exc Trans-Am)

	6	5	4	3	2	1
LeMans T37, 6-cyl./8-cyl., 116" wb, 2-dr 112" wb						
2-dr Sdn	300	650	1000	2000	3500	4900
4-dr Sdn	300	600	900	1800	3100	4400
2-dr Hdtp	300	800	1350	2700	4700	6900
LeMans, 6-cyl./8-cyl., 116" wb, 2-dr 112" wb						
2-dr Sdn	300	750	1250	2500	4400	6200
4-dr Sdn	300	650	1000	2000	3500	4900
2-dr Hdtp	350	900	1500	2900	5200	7400
4-dr Hdtp	300	650	1100	2200	3800	5400
4-dr 6-pass Sta Wgn	300	650	1000	2000	3500	4900
4-dr 3-seat Sta Wgn	300	650	1100	2200	3800	5400
LeMans Sport, 6-cyl./8-cyl., 116" wb, 2-dr 112" wb						
4-dr Hdtp	300	650	1100	2200	3800	5400
2-dr Hdtp Cpe	350	950	1550	3100	5500	7900
2-dr Spt Conv	500	1300	2250	4500	7700	11000
GTO, 8-cyl., 112" wb						
2-dr Hdtp	750	2150	3600	7200	12400	18000
2-dr Conv	850	2650	4500	9000	15900	22500

Judge pkg add 25%
455 cid HO/335 hp add 20% (exc Judge)

	6	5	4	3	2	1
Catalina, 8-cyl., 123" wb						
2-dr Hdtp	300	800	1350	2700	4700	6900
4-dr Hdtp	300	650	1150	2300	3900	5700
4-dr Sdn	300	650	1100	2200	3800	5400
2-dr Conv	450	1250	2050	4100	7100	10300
6-pass Safari Sta Wgn	350	850	1400	2800	4900	7100
9-pass Safari Sta Wgn	350	900	1500	3000	5300	7600
Catalina Brougham						
2-dr Hdtp	350	850	1400	2800	4900	7100
4-dr Hdtp	300	700	1200	2400	4100	5900
4-dr Sdn	300	650	1150	2300	3900	5700
Grand Safari, 8-cyl., 127" wb						
2-seat Sta Wgn	300	800	1350	2700	4700	6900
3-seat Sta Wgn	350	900	1500	2900	5200	7400
Bonneville						
2-dr Hdtp	350	900	1500	3000	5300	7600
4-dr Hdtp	300	650	1150	2300	3900	5700
4-dr Sdn	300	650	1100	2200	3800	5400

	6	5	4	3	2	1
Grandville						
2-dr Hdtp	350	950	1550	3100	5500	7900
4-dr Hdtp	300	650	1150	2300	3900	5700
2-dr Conv	550	1500	2500	5100	8800	12500
Grand Prix						
2-dr Hdtp	500	1300	2250	4500	7700	11000

"SJ" pkg add 10%
"SSJ/Hurst" pkg add 20%

1972

	6	5	4	3	2	1
Ventura II, 6-cyl./8-cyl., 111" wb						
2-dr Cpe	300	600	850	1700	2900	4100
4-dr Sdn	250	500	750	1500	2600	3600
Firebird, 8-cyl., 108" wb						
2-dr Hdtp	400	1200	1900	3800	6600	9600
2-dr Esprit	400	1200	2000	4000	6900	10000
2-dr Formula	550	1450	2450	4900	8500	12000
2-dr Trans Am	650	1800	3200	6400	11000	15900

455/300 hp add 20% (exc Trans-Am)

	6	5	4	3	2	1
LeMans, 6-cyl./8-cyl., 116" wb, 2-dr 112" wb						
2-dr Sdn	300	650	1150	2300	3900	5700
2-dr GTO Sdn	550	1450	2450	4900	8500	12000
2-dr Hdtp	300	750	1250	2500	4400	6200
2-dr GTO Hdtp	650	1700	3000	6100	10600	15200
2-dr Luxury Hdtp	350	900	1500	2900	5200	7400
4-dr Luxury Hdtp	300	650	1100	2100	3600	5100
4-dr Sdn	300	600	950	1900	3200	4600
4-dr 2-seat Sta Wgn	300	600	950	1900	3200	4600
4-dr 3-seat Sta Wgn	300	650	1100	2100	3600	5100
2-dr "Sport" Conv	500	1350	2350	4700	8100	11500

LeMan GT pkg add 10%
455/250 hp add 10%   455/300 hp add 20%

	6	5	4	3	2	1
Catalina, 8-cyl., 123" wb						
2-dr Hdtp	300	800	1300	2600	4600	6600
2-dr Brghm Hdtp	350	850	1400	2800	4900	7100
4-dr Hdtp	300	650	1000	2000	3500	4900
4-dr Brghm Hdtp	300	650	1100	2200	3800	5400
4-dr Sdn	300	600	950	1900	3200	4600
4-dr Brghm Sdn	300	650	1100	2100	3600	5100
2-dr Conv	450	1250	2050	4100	7100	10300
4-dr 6-pass Safari Sta Wgn	300	650	1100	2100	3600	5100
4-dr 9-pass Safari Sta Wgn	300	650	1150	2300	3900	5700
Bonneville						
2-dr Hdtp	350	900	1500	2900	5200	7400
4-dr Hdtp	300	650	1150	2300	3900	5700
4-dr Sdn	300	650	1100	2100	3600	5100
6-pass Safari Sta Wgn	300	650	1100	2200	3800	5400
9-pass Safari Sta Wgn	300	700	1200	2400	4100	5900
Grand Ville						
2-dr Hdtp	350	900	1500	3000	5300	7600
4-dr Hdtp	300	650	1150	2300	3900	5700
2-dr Conv	500	1350	2350	4700	8100	11500
Grand Prix						
2-dr Hdtp	450	1250	2150	4300	7400	10700

"SJ" pkg add 15%

1973

	6	5	4	3	2	1
Ventura, 6-cyl./8-cyl.						
2-dr Htchbk Cpe	300	550	800	1600	2800	3900
2-dr Cpe	250	500	750	1500	2600	3600
4-dr Sdn	250	500	750	1400	2400	3400

	6	5	4	3	2	1
Ventura Custom, 6-cyl./8-cyl.						
2-dr Htchbk Cpe	300	600	850	1700	2900	4100
2-dr Cpe	300	550	800	1600	2800	3900
4-dr Sdn	250	500	750	1500	2600	3600
Firebird, 8-cyl., 108" wb						
2-dr Hdtp	400	1100	1800	3600	6200	9100
2-dr Hdtp Esprit	400	1200	1900	3800	6600	9600
2-dr Hdtp Formula	550	1400	2400	4800	8300	11800
2-dr Hdtp Trans Am	600	1650	2900	5800	10000	14500

6-cyl deduct 15%
455 cid/310 hp V8 add 20% (exc Trans Am)

	6	5	4	3	2	1
LeMans, 6-cyl./8-cyl.						
2-dr Col Hdtp	300	600	850	1700	2900	4100
2-dr Luxury Col Hdtp	300	600	950	1900	3200	4600
4-dr Sdn Hdtp	300	550	800	1600	2800	3900
4-dr Luxury Hdtp	300	600	850	1700	2900	4100
4-dr 6-pass Sta Wgn	300	550	800	1600	2800	3900
4-dr 9-pass Sta Wgn	300	600	900	1800	3100	4400
LeMans Sport, 6-cyl./8-cyl.						
2-dr Hdtp	300	600	950	1900	3200	4600

GT pkg add 10%   GTO pkg add 20%
455 cid/250 hp add 20%

	6	5	4	3	2	1
Grand Am, 8-cyl.						
2-dr Hdtp	350	900	1500	2900	5200	7400
4-dr Hdtp	300	650	1100	2200	3800	5400
Catalina, 8-cyl.						
2-dr Hdtp	300	650	1100	2200	3800	5400
4-dr Hdtp	300	600	850	1700	2900	4100
4-dr Sdn	300	550	800	1600	2800	3900
4-dr 6-pass Safari Sta Wgn	300	600	950	1900	3200	4600
4-dr 9-pass Safari Sta Wgn	300	650	1100	2100	3600	5100
Bonneville, 8-cyl.						
2-dr Hdtp	300	650	1100	2200	3800	5400
4-dr Hdtp	300	600	900	1800	3100	4400
4-dr Sdn	300	600	850	1700	2900	4100
Grand Ville, 8-cyl.						
2-dr Hdtp	300	700	1200	2400	4100	5900
4-dr Hdtp	300	650	1000	2000	3500	4900
2-dr Conv	500	1350	2350	4700	8100	11500
Grand Safari, 8-cyl.						
6-pass Sta Wgn	300	650	1000	2000	3500	4900
9-pass Sta Wgn	300	650	1100	2200	3800	5400
Grand Prix, 8-cyl.						
2-dr Hdtp	350	950	1550	3100	5500	7900
2-dr SJ Hdtp	400	1050	1700	3400	5900	8500

455 cid/310 hp add 25%

1974

	6	5	4	3	2	1
Ventura, 6-cyl./8-cyl.						
2-dr Htchbk	300	550	800	1600	2800	3900
2-dr Cpe	250	500	750	1500	2600	3600
4-dr Sdn	250	500	750	1400	2400	3400
Ventura Custom, 6-cyl./8-cyl.						
2-dr Htchbk	300	600	850	1700	2900	4100
2-dr Cpe	300	550	800	1600	2800	3900
2-dr Cpe GTO	400	1050	1700	3300	5800	8300
4-dr Sdn	250	500	750	1500	2600	3600
Firebird, 8-cyl., 108" wb						
2-dr Hdtp	350	1000	1600	3200	5700	8100
Esprit	400	1050	1700	3400	5900	8500

	6	5	4	3	2	1
Formula	500	1300	2250	4500	7700	11000
Trans Am	600	1600	2750	5500	9500	13800

6-cyl deduct 15%
455 cid/290 hp V8 add 20% (exc Trans-Am)

LeMans, 6-cyl./8-cyl.

	6	5	4	3	2	1
2-dr Hdtp	300	550	800	1600	2800	3900
4-dr Hdtp	250	500	750	1500	2600	3600
4-dr 6-pass Safari Sta Wgn	250	500	750	1500	2600	3600
4-dr 9-pass Safari Sta Wgn	300	600	850	1700	2900	4100

LeMans Sport, 6-cyl./8-cyl.

	6	5	4	3	2	1
2-dr Cpe Hdtp	300	600	900	1800	3100	4400

Luxury LeMans, 8-cyl.

	6	5	4	3	2	1
2-dr Hdtp	300	600	900	1800	3100	4400
4-dr Hdtp	300	550	800	1600	2800	3900

Grand Am, 8-cyl.

	6	5	4	3	2	1
2-dr Hdtp	350	850	1400	2800	4900	7100
4-dr Hdtp	300	650	1000	2000	3500	4900

Catalina, 8-cyl.

	6	5	4	3	2	1
4-dr Hdtp	300	550	800	1600	2800	3900
2-dr Hdtp	300	600	900	1800	3100	4400
4-dr Sdn	250	500	750	1500	2600	3600
4-dr 6-pass Safari Sta Wgn	300	550	800	1600	2800	3900
4-dr 9-pass Safari Sta Wgn	300	600	900	1800	3100	4400

Bonneville, 8-cyl.

	6	5	4	3	2	1
2-dr Hdtp	300	650	1100	2100	3600	5100
4-dr Hdtp	300	600	900	1800	3100	4400
4-dr Sdn	300	550	800	1600	2800	3900

Grand Ville, 8-cyl.

	6	5	4	3	2	1
4-dr Hdtp	300	600	900	1800	3100	4400
2-dr Hdtp	300	650	1100	2200	3800	5400
2-dr Conv	500	1350	2300	4600	8000	11300

Grand Safari, 8-cyl.

	6	5	4	3	2	1
4-dr 6-pass Sta Wgn	300	600	900	1800	3100	4400
4-dr 9-pass Sta Wgn	300	650	1000	2000	3500	4900

Grand Prix, 8-cyl.

	6	5	4	3	2	1
2-dr Hdtp	300	800	1350	2700	4700	6900

"SJ" option pkg add 10%

1975

Astre S, 4-cyl.

	6	5	4	3	2	1
2-dr "S" Cpe	200	350	500	1000	1900	2700
2-dr "S" Htchbk	200	400	550	1100	2000	2900
2-dr Htchbk	200	400	550	1100	2000	2900
2-dr "S" Sta Wgn	200	400	550	1100	2000	2900
2-dr Sta Wgn	200	400	550	1100	2000	2900

"SJ" pkg add 10%

Ventura, 6-cyl./8-cyl.

	6	5	4	3	2	1
2-dr Htchbk	250	500	750	1400	2400	3400
2-dr Cpe	200	450	650	1300	2200	3200
4-dr Sdn	200	400	600	1200	2100	3000

Firebird, 8-cyl., 108" wb

	6	5	4	3	2	1
2-dr Hdtp	350	850	1400	2800	4900	7100
2-dr Hdtp Esprit	350	900	1500	3000	5300	7600
2-dr Formula	400	1150	1850	3700	6400	9300
2-dr Trans Am	500	1300	2250	4500	7700	11000

6-cyl deduct 15%
455 cid/200 hp add 15% (exc Trans-Am)

LeMans, 6-cyl./8-cyl.

	6	5	4	3	2	1
4-dr Hdtp	250	500	750	1400	2400	3400
2-dr Hdtp	300	550	800	1600	2800	3900

	6	5	4	3	2	1
2-dr Sport Hdtp Cpe	300	600	850	1700	2900	4100
4-dr 6-pass Sta Wgn	250	500	750	1400	2400	3400
4-dr 9-pass Sta Wgn	300	550	800	1600	2800	3900
Grand Am, 8-cyl.						
2-dr Hdtp	300	650	1100	2100	3600	5100
4-dr Hdtp	300	550	800	1600	2800	3900
Catalina, 8-cyl.						
2-dr Cpe	300	550	800	1600	2800	3900
4-dr Sdn	250	500	750	1400	2400	3400
4-dr 6-pass Sta Wgn	250	500	750	1400	2400	3400
4-dr 9-pass Sta Wgn	300	550	800	1600	2800	3900
Bonneville, 8-cyl.						
2-dr Hdtp	300	550	800	1600	2800	3900
4-dr Hdtp	250	500	750	1500	2600	3600
Grand Safari, 8-cyl.						
4-dr 6-pass Sta Wgn	250	500	750	1500	2600	3600
4-dr 9-pass Sta Wgn	300	600	850	1700	2900	4100
Grand Ville Brougham, 8-cyl., 127" wb						
2-dr Hdtp	300	600	850	1700	2900	4100
4-dr Hdtp	250	500	750	1500	2600	3600
2-dr Conv	550	1500	2500	5100	8800	12500
Grand Prix, 8-cyl., 116" wb						
2-dr J Hdtp	300	700	1200	2400	4100	5900
2-dr LJ Hdtp	300	750	1250	2500	4400	6200
2-dr SJ Hdtp	300	800	1300	2600	4600	6600

1976

	6	5	4	3	2	1
Astre, 4-cyl., 97" wb						
2-dr Cpe	200	350	500	1000	1900	2700
2-dr Htchbk	200	400	550	1100	2000	2900
2-seat Sta Wgn	200	400	550	1100	2000	2900
Sunbird, 4-cyl., 97" wb						
2-dr Cpe Htchbk	200	400	550	1100	2000	2900
Firebird, 8-cyl.						
2-dr Hdtp Cpe	300	800	1350	2700	4700	6900
2-dr Hdtp Esprit Cpe	350	900	1500	2900	5200	7400
2-dr Hdtp Formula Cpe	400	1100	1800	3500	6100	8900
2-dr Hdtp Trans Am Cpe	450	1250	2150	4300	7400	10700

6-cyl deduct 15%
455 cid/200 hp add 15% (exc Trans-Am)

	6	5	4	3	2	1
Ventura, 6-cyl./8-cyl., 111" wb						
2-dr Cpe	250	500	750	1400	2400	3400
2-dr Htchbk	200	450	650	1300	2200	3200
4-dr Sdn	200	400	600	1200	2100	3000
Ventura SJ, 6-cyl./8-cyl.						
2-dr Cpe	250	500	750	1500	2600	3600
2-dr Htchbk	250	500	750	1400	2400	3400
4-dr Sdn	200	450	650	1300	2200	3200
LeMans, 6-cyl./8-cyl., 116" wb, 2-dr 112" wb						
4-dr Sdn	200	400	600	1200	2100	3000
2-dr Sdn	200	450	650	1300	2200	3200
2-seat Safari Wgn	200	450	650	1300	2200	3200
3-seat Safari Wgn	250	500	750	1500	2600	3600
LeMans Sport Cpe, 6-cyl./8-cyl.						
2-dr Cpe	250	500	750	1500	2600	3600
Grand LeMans, 6-cyl./8-cyl.						
2-dr Sdn	300	550	800	1600	2800	3900
4-dr Sdn	250	500	750	1400	2400	3400
2-seat Safari Wgn (8-cyl.)	250	500	750	1400	2400	3400
3-seat Safari Wgn (8-cyl.)	300	550	800	1600	2800	3900

	6	5	4	3	2	1
Catalina, 8-cyl., 123.4" wb						
2-dr Hdtp Cpe	250	500	750	1500	2600	3600
4-dr Sdn	250	500	750	1400	2400	3400
4-dr 2-seat Safari Sta Wgn	250	500	750	1400	2400	3400
4-dr 3-seat Safari Sta Wgn	300	550	800	1600	2800	3900
Bonneville, 8-cyl., 123.4" wb						
2-dr Hdtp Cpe	300	550	800	1600	2800	3900
2-dr Brghm Hdtp Cpe	300	550	800	1600	2800	3900
4-dr Sdn	250	500	750	1500	2600	3600
4-dr Brghm Sdn	300	550	800	1600	2800	3900
Grand Safari, 8-cyl.						
4-dr 2-seat Sta Wgn	250	500	750	1500	2600	3600
4-dr 3-seat Sta Wgn	300	600	850	1700	2900	4100
Grand Prix, 8-cyl., 116.0" wb						
2-dr Hdtp Cpe	300	650	1100	2100	3600	5100
2-dr Hdtp SJ Cpe	300	650	1100	2200	3800	5400

1977

	6	5	4	3	2	1
Astre, 4-cyl., 97.0" wb						
2-dr Sdn	200	350	500	1000	1900	2700
2-dr Cpe Htchbk	200	400	550	1100	2000	2900
2-seat Sta Wgn	200	400	550	1100	2000	2900
Sunbird, 4-cyl., 97.0" wb						
2-dr Cpe	200	350	500	1000	1900	2700
2-dr Htchbk	200	400	550	1100	2000	2900
Phoenix, 6-cyl./8-cyl.						
2-dr Cpe	200	400	550	1100	2000	2900
4-dr Sdn	200	400	550	1100	2000	2900
Ventura, 6-cyl./8-cyl., 111.1" wb						
2-dr Cpe	250	500	750	1400	2400	3400
2-dr Htchbk	200	450	650	1300	2200	3200
4-dr Sdn	200	400	600	1200	2100	3000
Ventura SJ, 6-cyl./8-cyl.						
2-dr Cpe	250	500	750	1500	2600	3600
2-dr Htchbk	250	500	750	1400	2400	3400
4-dr Sdn	200	450	650	1300	2200	3200
Firebird, 8-cyl.						
2-dr Cpe	300	650	1150	2300	3900	5700
2-dr Esprit Cpe	300	700	1200	2400	4100	5900
2-dr Formula Cpe	400	1050	1700	3300	5800	8300
2-dr Trans Am Cpe	450	1250	2050	4100	7100	10300

6-cyl. deduct 10%
400 cid/185 hp V8 add 20% (exc Trans-Am)

	6	5	4	3	2	1
LeMans, 6-cyl./8-cyl.						
2-dr Hdtp Cpe	200	450	650	1300	2200	3200
4-dr Sdn	200	400	600	1200	2100	3000
2-seat Sta Wgn	200	450	650	1300	2200	3200
3-seat Sta Wgn	250	500	750	1500	2600	3600
LeMans Sport, 6-cyl./8-cyl., 112.0" wb						
2-dr Hdtp Cpe	250	500	750	1500	2600	3600
Grand LeMans, 6-cyl./8-cyl.						
4-dr Sdn	250	500	750	1400	2400	3400
2-dr Hdtp Cpe	250	500	750	1500	2600	3600
4-dr 2-seat Sta Wgn	250	500	750	1400	2400	3400
4-dr 3-seat Sta Wgn	300	550	800	1600	2800	3900
Catalina, 6-cyl./8-cyl., 115.9" wb						
2-dr Cpe	250	500	750	1500	2600	3600
4-dr Sdn	250	500	750	1400	2400	3400
4-dr 2-seat Safari Wgn (8-cyl.)	250	500	750	1400	2400	3400
4-dr 3-seat Safari Wgn (8-cyl.)	300	550	800	1600	2800	3900

	6	5	4	3	2	1
Bonneville, 8-cyl., 115.9" wb						
2-dr Cpe	250	500	750	1500	2600	3600
2-dr Brghm Cpe	250	500	750	1500	2600	3600
4-dr Sdn	250	500	750	1500	2600	3600
4-dr Brghm Sdn	300	550	800	1600	2800	3900
Grand Safari						
4-dr 2-seat Sta Wgn	250	500	750	1500	2600	3600
4-dr 3-seat Sta Wgn	300	600	850	1700	2900	4100
Grand Prix, 8-cyl., 116.0" wb						
2-dr Cpe	300	550	800	1600	2800	3900
2-dr SJ Cpe	300	600	950	1900	3200	4600
2-dr LJ Cpe	300	600	900	1800	3100	4400

1978

	6	5	4	3	2	1
Sunbird, 4-cyl., 97.0" wb						
2-dr Cpe	200	350	500	1000	1900	2700
2-dr Cpe Htchbk	200	400	550	1100	2000	2900
2-dr Spt Cpe	200	400	550	1100	2000	2900
2-seat Spt Wgn	200	400	550	1100	2000	2900
Phoenix, 6-cyl./8-cyl., 111.1" wb						
2-dr Cpe	200	400	550	1100	2000	2900
2-dr LJ Cpe	200	400	550	1100	2000	2900
2-dr Htchbk	200	400	550	1100	2000	2900
4-dr Sdn	200	400	550	1100	2000	2900
4-dr LJ Sdn	200	400	550	1100	2000	2900
Firebird, 8-cyl., 108.1" wb						
2-dr Cpe	300	650	1150	2300	3900	5700
2-dr Esprit Cpe	300	700	1200	2400	4100	5900
2-dr Formula Cpe	400	1050	1700	3300	5800	8300
2-dr Trans Am Cpe	400	1200	2000	4000	6900	10000

6-cyl deduct 10%
400 cid/220 hp V8 add 20%

	6	5	4	3	2	1
LeMans, 6-cyl./8-cyl., 108.1" wb						
2-dr Cpe	200	400	600	1200	2100	3000
4-dr Sdn	200	400	550	1100	2000	2900
2-seat Safari Sta Wgn	200	400	600	1200	2100	3000
Grand LeMans, 6-cyl./8-cyl.						
2-dr Cpe	200	450	650	1300	2200	3200
4-dr Sdn	200	400	600	1200	2100	3000
2-seat Safari Sta Wgn	200	450	650	1300	2200	3200
Grand Am, 8-cyl.						
2-dr Cpe	250	500	750	1400	2400	3400
4-dr Sdn	200	450	650	1300	2200	3200
Catalina, 6-cyl./8-cyl., 115.9" wb						
2-dr Cpe	250	500	750	1400	2400	3400
4-dr Sdn	200	450	650	1300	2200	3200
2-seat Sta Wgn (8-cyl.)	250	500	750	1400	2400	3400
Bonneville, 8-cyl., 115.9" wb						
2-dr Cpe	250	500	750	1400	2400	3400
2-dr Brghm Cpe	250	500	750	1400	2400	3400
4-dr Sdn	250	500	750	1400	2400	3400
4-dr Brghm Sdn	250	500	750	1500	2600	3600
Grand Safari, 8-cyl.						
2-seat Sta Wgn	250	500	750	1400	2400	3400
3-seat Sta Wgn	300	550	800	1600	2800	3900
Grand Prix, 8-cyl.						
2-dr Cpe	200	450	650	1300	2200	3200
2-dr SJ Cpe	250	500	750	1500	2600	3600
2-dr LJ Cpe	250	500	750	1400	2400	3400
6-cyl deduct 10%						

	6	5	4	3	2	1

1979

Sunbird, 4-cyl., 97.0" wb

	6	5	4	3	2	1
2-dr Cpe	200	350	500	1000	1900	2700
2-dr Spt Cpe	200	400	550	1100	2000	2900
2-dr Htchbk	200	400	550	1100	2000	2900
2-seat Sta Wgn	200	400	550	1100	2000	2900

Phoenix, 6-cyl./8-cyl., 111.1" wb

2-dr Cpe	200	400	550	1100	2000	2900
2-dr Htchbk	200	400	550	1100	2000	2900
4-dr Sdn	200	400	550	1100	2000	2900

Phoenix LJ, 6-cyl./8-cyl.

2-dr Cpe	200	400	550	1100	2000	2900
4-dr Sdn	200	400	550	1100	2000	2900

Firebird, 8-cyl., 108.2" wb

2-dr Cpe	300	700	1200	2400	4100	5900
2-dr Esprit Cpe	300	750	1250	2500	4400	6200
2-dr Formula Cpe	400	1050	1700	3300	5800	8300
2-dr Trans Am Cpe	400	1200	1900	3800	6600	9600

6-cyl deduct 10%
400 cid/220 hp V8 add 20%

LeMans, 6-cyl./8-cyl., 108.1" wb

2-dr Cpe	200	400	600	1200	2100	3000
4-dr Sdn	200	400	550	1100	2000	2900
2-seat Sta Wgn	200	400	600	1200	2100	3000

Grand LeMans, 6-cyl./8-cyl.

2-dr Cpe	200	450	650	1300	2200	3200
4-dr Sdn	200	400	600	1200	2100	3000
2-seat Sta Wgn	200	450	650	1300	2200	3200

Grand Am, 6-cyl./8-cyl.

2-dr Cpe	250	500	750	1400	2400	3400
4-dr Sdn	200	450	650	1300	2200	3200

Catalina, 116.0" wb

2-dr Cpe	250	500	750	1400	2400	3400
4-dr Sdn	200	450	650	1300	2200	3200
2-seat Sta Wgn (8-cyl.)	250	500	750	1400	2400	3400
3-seat Sta Wgn (8-cyl.)	300	550	800	1600	2800	3900

Bonneville, 6-cyl./8-cyl., 116.0" wb

2-dr Cpe	250	500	750	1400	2400	3400
2-dr Brghm Cpe	250	500	750	1400	2400	3400
4-dr Sdn	250	500	750	1400	2400	3400
4-dr Brghm Sdn	250	500	750	1500	2600	3600
2-seat Sta Wgn (8-cyl.)	250	500	750	1400	2400	3400
3-seat Sta Wgm (8-cyl.)	300	550	800	1600	2800	3900

Grand Prix, 8-cyl.

2-dr Cpe	200	450	650	1300	2200	3200
2-dr LJ Cpe	200	450	650	1300	2200	3200
2-dr SJ Cpe	250	500	750	1400	2400	3400
6-cyl deduct 10%						

1980

Sunbird, 6-cyl., 97.0" wb

2-dr Cpe	200	350	500	1000	1900	2700
2-dr Spt Cpe	200	350	500	1000	1900	2700
2-dr Htchbk	200	350	500	1000	1900	2700
2-dr Cpe Htchbk	200	350	500	1000	1900	2700

Phoenix, 6-cyl., 104.9" wb

2-dr Cpe	200	400	550	1100	2000	2900
2-dr LJ Cpe	200	400	550	1100	2000	2900
2-dr Sdn Htchbk	200	400	550	1100	2000	2900
4-dr LJ Sdn Htchbk	200	400	550	1100	2000	2900

	6	5	4	3	2	1
Firebird, 8-cyl.						
2-dr Cpe	300	700	1200	2400	4100	5900
2-dr Cpe Esprit	300	750	1250	2500	4400	6200
2-dr Cpe Formula	400	1050	1700	3300	5800	8300
2-dr Cpe Trans Am	400	1200	1900	3800	6600	9600

SE pkg w/T-tops add 10%   Turbo Trans-Am add 15%
6-cyl deduct 10%
Indy 500 Pace car pkg add 20%
Esprit "Yellow Bird" pkg add 10%

	6	5	4	3	2	1
LeMans, 8-cyl., 108.1" wb						
2-dr Cpe	200	400	600	1200	2100	3000
4-dr Sdn	200	400	550	1100	2000	2900
4-dr 2-seat Sta Wgn	200	400	600	1200	2100	3000
Grand LeMans, 8-cyl.						
2-dr Cpe	200	450	650	1300	2200	3200
4-dr Sdn	200	400	600	1200	2100	3000
4-dr 2-seat Sta Wgn	200	450	650	1300	2200	3200
Grand Am, 8-cyl.						
2-dr Cpe	250	500	750	1400	2400	3400
Catalina, 6-cyl./8-cyl., 116.0" wb						
4-dr Sdn	200	450	650	1300	2200	3200
2-dr Cpe	250	500	750	1400	2400	3400
4-dr 2-seat Sta Wgn (8-cyl.)	250	500	750	1500	2600	3600
4-dr 3-seat Sta Wgn (8-cyl.)	300	600	850	1700	2900	4100
Bonneville, 6-cyl./8-cyl., 116.0" wb						
2-dr Cpe	250	500	750	1400	2400	3400
2-dr Brghm Cpe	250	500	750	1400	2400	3400
4-dr Sdn	250	500	750	1400	2400	3400
4-dr Brghm Sdn	250	500	750	1500	2600	3600
4-dr 2-seat Sta Wgn (8-cyl.)	250	500	750	1400	2400	3400
4-dr 3-seat Sta Wgn (8-cyl.)	300	550	800	1600	2800	3900
Grand Prix, 8-cyl., 108.1" wb						
2-dr Cpe	200	450	650	1300	2200	3200
2-dr LJ Cpe	200	450	650	1300	2200	3200
2-dr SJ Cpe	250	500	750	1400	2400	3400

1981

	6	5	4	3	2	1
T1000, 4-cyl., 94.3" wb						
2-dr Sdn Htchbk	125	250	400	800	1700	2500
4-dr Sdn Htchbk	150	300	450	900	1800	2600
Phoenix, 4-cyl./6-cyl., 104.9" wb						
2-dr Cpe	200	400	550	1100	2000	2900
2-dr LJ Cpe	200	400	550	1100	2000	2900
4-dr Sdn Htchbk	200	400	550	1100	2000	2900
4-dr LJ Sdn Htchbk	200	400	550	1100	2000	2900
LeMans, 6-cyl./8-cyl.						
2-dr Cpe	200	400	600	1200	2100	3000
4-dr Sdn	200	400	550	1100	2000	2900
4-dr LJ Sdn	200	400	600	1200	2100	3000
4-dr Safari Sta Wgn	200	400	600	1200	2100	3000
Grand LeMans, 6-cyl./8-cyl.						
2-dr Cpe	250	500	750	1400	2400	3400
4-dr Sdn	200	400	600	1200	2100	3000
4-dr Safari Sta Wgn	250	500	750	1400	2400	3400
Firebird, 6-cyl./8-cyl., 108.2" wb						
2-dr Cpe	300	650	1100	2200	3800	5400
2-dr Cpe Esprit	300	650	1150	2300	3900	5700
2-dr Cpe Formula (8-cyl.)	400	1050	1700	3300	5800	8300
2-dr Cpe Trans Am (8-cyl.)	400	1200	1900	3800	6600	9600

SE pkg w/T-tops add 10%   Turbo Trans-Am add 15%
V-6 deduct 10%

	6	5	4	3	2	1
Catalina, 6-cyl./8-cyl., 116.0" wb						
2-dr Cpe	250	500	750	1400	2400	3400
4-dr Sdn	200	450	650	1300	2200	3200
4-dr 2-seat Sta Wgn (8-cyl.)	250	500	750	1500	2600	3600
4-dr 3-seat Sta Wgn (8-cyl.)	300	600	850	1700	2900	4100
Bonneville, 6-cyl./8-cyl., 116.0" wb						
2-dr Cpe	250	500	750	1400	2400	3400
2-dr Brghm Cpe	250	500	750	1400	2400	3400
4-dr Sdn	250	500	750	1400	2400	3400
2-dr Brghm Cpe	250	500	750	1400	2400	3400
4-dr 2-seat Sta Wgn	250	500	750	1400	2400	3400
4-dr 3-seat Sta Wgn	300	550	800	1600	2800	3900
2-dr Brghm Cpe	250	500	750	1400	2400	3400
4-dr Brghm Sdn	250	500	750	1500	2600	3600
Grand Prix, 6-cyl./8-cyl., 108.1" wb						
2-dr Cpe	200	450	650	1300	2200	3200
2-dr LJ Cpe	200	450	650	1300	2200	3200
2-dr Cpe Brghm	250	500	750	1400	2400	3400

1982

	6	5	4	3	2	1
T1000, 4-cyl., 94.3" wb						
2-dr Cpe Htchbk	125	250	400	800	1700	2500
4-dr Sdn Htchbk	150	300	450	900	1800	2600
J2000 S, 4-cyl., 101.2" wb						
2-dr Cpe	200	350	500	1000	1900	2700
4-dr Sdn	200	350	500	1000	1900	2700
4-dr Sta Wgn	200	350	500	1000	1900	2700
J2000, 4-cyl.						
2-dr Cpe	200	350	500	1000	1900	2700
2-dr LE Cpe	200	400	550	1100	2000	2900
2-dr SE Cpe Htchbk	200	350	500	1000	1900	2700
2-dr Cpe Htchbk	200	350	500	1000	1900	2700
4-dr Sdn	200	350	500	1000	1900	2700
4-dr LE Sdn	200	400	550	1100	2000	2900
4-dr Sta Wgn	200	350	500	1000	1900	2700
Phoenix, 4-cyl./6-cyl., 104.9" wb						
2-dr Cpe	200	400	550	1100	2000	2900
2-dr LJ Cpe	200	400	550	1100	2000	2900
2-dr SJ Cpe	200	400	600	1200	2100	3000
5-dr Sdn Htchbk	200	400	550	1100	2000	2900
5-dr LJ Sdn Htchbk	200	400	550	1100	2000	2900
5-dr SJ Sdn Htchbk	200	450	650	1300	2200	3200
6000, 4-cyl./6-cyl., 104.9" wb						
2-dr Cpe	250	500	750	1500	2600	3600
2-dr LE Cpe	300	550	800	1600	2800	3900
4-dr Sdn	250	500	750	1500	2600	3600
4-dr LE Sdn	300	550	800	1600	2800	3900
Firebird, 6-cyl./8-cyl., 101.0" wb						
2-dr Cpe	300	650	1100	2200	3800	5400
2-dr Cpe Trans Am (8-cyl.)	300	800	1300	2600	4600	6600
2-dr SE Cpe	300	650	1150	2300	3900	5700
Bonneville, 6-cyl., 108.1" wb						
4-dr Sdn	200	450	650	1300	2200	3200
4-dr Brghm Sdn	250	500	750	1400	2400	3400
4-dr Sta Wgn	200	450	650	1300	2200	3200
Grand Prix, 6-cyl., 108.1" wb						
2-dr Cpe	200	450	650	1300	2200	3200
2-dr LJ Cpe	200	450	650	1300	2200	3200
2-dr Cpe Brghm	250	500	750	1400	2400	3400

	6	5	4	3	2	1

1983

1000, 4-cyl., 94.3" wb

	6	5	4	3	2	1
2-dr Sdn	125	250	400	800	1700	2500
5-dr Sdn Htchbk	150	300	450	900	1800	2600

2000, 4-cyl., 101.2" wb

	6	5	4	3	2	1
2-dr Cpe	200	350	500	1000	1900	2700
2-dr LE Cpe	200	400	550	1100	2000	2900
3-dr Cpe Htchbk	200	350	500	1000	1900	2700
3-dr LE Cpe Htchbk	200	400	550	1100	2000	2900
3-dr SE Cpe Htchbk	200	350	500	1000	1900	2700
4-dr Sdn	200	350	500	1000	1900	2700
4-dr LE Sdn	200	400	550	1100	2000	2900
4-dr Sta Wgn	200	350	500	1000	1900	2700
4-dr LE Sta Wgn	200	400	550	1100	2000	2900

Phoenix, 4-cyl./6-cyl., 104.9" wb

	6	5	4	3	2	1
2-dr Cpe	200	400	550	1100	2000	2900
2-dr LJ Cpe	200	400	550	1100	2000	2900
2-dr SJ Cpe	200	400	600	1200	2100	3000
5-dr Sdn Htchbk	200	400	550	1100	2000	2900
5-dr LJ Sdn Htchbk	200	400	550	1100	2000	2900
5-dr SJ Sdn Htchbk	200	450	650	1300	2200	3200

6000, 4-cyl./6-cyl., 104.9" wb

	6	5	4	3	2	1
2-dr Cpe	300	550	800	1600	2800	3900
2-dr LE Cpe	300	550	800	1600	2800	3900
4-dr Sdn	300	550	800	1600	2800	3900
4-dr LE Sdn	300	600	850	1700	2900	4100
4-dr STE Sdn	300	600	950	1900	3200	4600

Firebird, 6-cyl./8-cyl., 101.0" wb

	6	5	4	3	2	1
2-dr Cpe	300	650	1100	2200	3800	5400
2-dr SE Cpe	300	650	1150	2300	3900	5700
2-dr Cpe Trans Am (8-cyl.)	300	800	1300	2600	4600	6600

Daytona Pace Car Ed. add 15%

Bonneville, 6-cyl./8-cyl., 108.1" wb

	6	5	4	3	2	1
4-dr Sdn	250	500	750	1400	2400	3400
4-dr Brghm	250	500	750	1500	2600	3600
4-dr Sta Wgn	250	500	750	1400	2400	3400

Grand Prix, 6-cyl./8-cyl., 108.1" wb

	6	5	4	3	2	1
2-dr Cpe	250	500	750	1400	2400	3400
2-dr LJ Cpe	250	500	750	1400	2400	3400
2-dr Cpe Brghm	250	500	750	1500	2600	3600

Parisienne, 6-cyl./8-cyl., 115.9" wb

	6	5	4	3	2	1
4-dr Sdn	200	450	650	1300	2200	3200
4-dr Brghm Sdn	200	450	650	1300	2200	3200
4-dr Sta Wgn (8-cyl.)	250	500	750	1500	2600	3600

1984

1000, 4-cyl., 94.3" wb

	6	5	4	3	2	1
2-dr Htchbk	150	300	450	900	1800	2600
5-dr Htchbk	200	350	500	1000	1900	2700

Sunbird 2000, 4-cyl., 101.2" wb

	6	5	4	3	2	1
2-dr Cpe	200	350	500	1000	1900	2700
3-dr Htchbk Cpe	200	350	500	1000	1900	2700
4-dr Sdn	200	350	500	1000	1900	2700
4-dr Sta Wgn	200	350	500	1000	1900	2700
2-dr LE Cpe	200	400	550	1100	2000	2900
2-dr SE Cpe	200	350	500	1000	1900	2700
2-dr LE Conv	300	600	850	1700	2900	4100
4-dr LE Sdn	200	400	550	1100	2000	2900
4-dr SE Sdn	200	350	500	1000	1900	2700
3-dr SE Htchbk	200	350	500	1000	1900	2700
4-dr LE Sta Wgn	200	400	550	1100	2000	2900

	6	5	4	3	2	1
Phoenix, 4-cyl., 104.9" wb						
2-dr Cpe	200	400	550	1100	2000	2900
2-dr LE Cpe	200	400	550	1100	2000	2900
5-dr Htchbk	200	400	550	1100	2000	2900
5-dr LE Htchbk	200	400	550	1100	2000	2900
Phoenix, 6-cyl.						
2-dr Cpe	200	400	600	1200	2100	3000
2-dr LE Cpe	200	400	600	1200	2100	3000
2-dr SE Cpe	250	500	750	1400	2400	3400
5-dr Htchbk	200	400	600	1200	2100	3000
5-dr LE Htchbk	200	400	600	1200	2100	3000
6000, 4-cyl./6-cyl., 104.9" wb						
2-dr Cpe	300	550	800	1600	2800	3900
2-dr LE Cpe	300	550	800	1600	2800	3900
4-dr Sdn	300	550	800	1600	2800	3900
4-dr LE Sdn	300	600	850	1700	2900	4100
4-dr STE Sdn	300	650	1100	2200	3800	5400
4-dr Sta Wgn	300	550	800	1600	2800	3900
4-dr LE Sta Wgn	300	600	850	1700	2900	4100
Fiero, 4-cyl., 93.4" wb						
2-dr Cpe	200	450	650	1300	2200	3200
2-dr SE Cpe	250	500	750	1400	2400	3400
2-dr Cpe Spt	200	450	650	1300	2200	3200

Indy Pace Car add 25%

	6	5	4	3	2	1
Firebird, 6-cyl./8-cyl., 101" wb						
2-dr Cpe	300	750	1250	2500	4400	6200
2-dr SE Cpe	300	800	1300	2600	4600	6600
2-dr Cpe Trans Am	300	800	1350	2700	4700	6900

Recaro Trim pkg add 10%
SE/Trans-Am Perf. Pkg add 10%

	6	5	4	3	2	1
Bonneville, 6-cyl./8-cyl., 108.1" wb						
4-dr Sdn	300	600	850	1700	2900	4100
4-dr LE Sdn	300	600	850	1700	2900	4100
4-dr Sdn Brghm	300	600	900	1800	3100	4400
Grand Prix, 6-cyl/8-cyl., 108.1" wb						
2-dr Cpe	300	600	850	1700	2900	4100
2-dr LE Cpe	300	600	850	1700	2900	4100
2-dr Cpe Brghm	300	600	850	1700	2900	4100
Parisienne, 6-cyl/8-cyl., 115.9" wb						
4-dr Sdn	250	500	750	1500	2600	3600
4-dr Sdn Brghm	250	500	750	1500	2600	3600
4-dr Sta Wgn	300	550	800	1600	2800	3900

Firebird, Bonneville, Grand Prix, Parisienne; 6-cyl deduct 10%
Diesel deduct 30%

1985

	6	5	4	3	2	1
1000, 4-cyl., 94.3" wb						
2-dr Htchbk	150	300	450	900	1800	2600
5-dr Htchbk	200	350	500	1000	1900	2700
Sunbird, 4-cyl., 101.2" wb						
2-dr Cpe	200	400	550	1100	2000	2900
2-dr LE Cpe	200	400	600	1200	2100	3000
2-dr LE Conv	300	600	900	1800	3100	4400
2-dr SE Cpe	200	400	550	1100	2000	2900
3-dr Htchbk	200	400	550	1100	2000	2900
3-dr SE Htchbk	200	400	550	1100	2000	2900
4-dr Sdn	200	400	550	1100	2000	2900
4-dr LE Sdn	200	400	600	1200	2100	3000
4-dr SE Sdn	200	400	550	1100	2000	2900
4-dr Sta Wgn	200	400	550	1100	2000	2900

	6	5	4	3	2	1
4-dr LE Sta Wgn	200	400	600	1200	2100	3000
Turbo add 25%						
Grand Am, 4-cyl./6-cyl., 103.4" wb						
2-dr Cpe	250	500	750	1500	2600	3600
2-dr LE Cpe	300	600	850	1700	2900	4100
6000, 4-cyl./6-cyl., 104.8" wb						
2-dr Cpe	300	600	850	1700	2900	4100
4-dr Sdn	300	600	850	1700	2900	4100
2-dr LE Cpe	300	600	850	1700	2900	4100
4-dr LE Sdn	300	600	900	1800	3100	4400
4-dr STE Sdn (6-cyl.)	300	650	1150	2300	3900	5700
4-dr Sta Wgn	300	600	850	1700	2900	4100
4-dr LE Sta Wgn	300	600	900	1800	3100	4400
Fiero, 6-cyl., 93.4" wb						
2-dr Cpe	200	450	650	1300	2200	3200
2-dr SE Cpe	250	500	750	1400	2400	3400
2-dr GT Cpe	300	700	1200	2400	4100	5900
2-dr Cpe Spt	200	450	650	1300	2200	3200
Firebird, 6-cyl./8-cyl., 101" wb						
2-dr Cpe	300	800	1300	2600	4600	6600
2-dr SE Cpe	300	800	1350	2700	4700	6900
2-dr Cpe Trans Am	350	850	1400	2800	4900	7100
Bonneville, 6-cyl./8-cyl., 108.1" wb						
4-dr Sdn	300	600	850	1700	2900	4100
4-dr LE Sdn	300	600	850	1700	2900	4100
4-dr Sdn Brghm	300	600	900	1800	3100	4400
Grand Prix, 6-cyl./8-cyl., 108.1" wb						
2-dr Cpe	300	600	850	1700	2900	4100
2-dr LE Cpe	300	600	850	1700	2900	4100
2-dr Cpe Brghm	300	600	850	1700	2900	4100
Parisienne, 6-cyl./8-cyl., 116.0" wb						
4-dr Sdn	250	500	750	1500	2600	3600
4-dr Sdn Brghm	250	500	750	1500	2600	3600
4-dr Sta Wgn (8-cyl.)	300	600	850	1700	2900	4100

Firedbird, Bonneville, Grand Prix, Parisienne; deduct 20%
Diesel deduct 30%

1986

Fiero, 93.4" wb						
2-dr Cpe	250	500	750	1400	2400	3400
SE Cpe	250	500	750	1500	2600	3600
GT Cpe	300	800	1350	2700	4700	6900
Spt Cpe	250	500	750	1500	2600	3600
1000, 94.3" wb						
3-dr Htchbk	150	300	450	900	1800	2600
5-dr Htchbk	200	350	500	1000	1900	2700
Sunbird, 4-cyl., 101.2" wb						
2-dr Cpe	200	400	600	1200	2100	3000
3-dr GT Htchbk	200	400	600	1200	2100	3000
2-dr GT Conv	300	650	1100	2100	3600	5100
2-dr SE Cpe	200	400	600	1200	2100	3000
3-dr SE Htchbk	200	400	600	1200	2100	3000
2-dr SE Conv	300	650	1000	2000	3500	4900
4-dr Sdn	200	400	600	1200	2100	3000
4-dr GT Sdn	200	400	600	1200	2100	3000
4-dr Sta Wgn	200	400	600	1200	2100	3000
Grand Am, 4-cyl./6-cyl., 103.4" wb						
2-dr Cpe	300	600	850	1700	2900	4100
4-dr Sdn	300	600	850	1700	2900	4100
2-dr LE Cpe	300	600	950	1900	3200	4600

	6	5	4	3	2	1
4-dr LE Sdn	300	600	950	1900	3200	4600
2-dr SE Cpe (6-cyl.)	300	650	1100	2200	3800	5400
4-dr SE Sdn (6-cyl.)	300	650	1150	2300	3900	5700
Firebird, 6-cyl./8-cyl., 101.0" wb						
2-dr Cpe	300	800	1300	2600	4600	6600
2-dr SE Cpe	300	800	1350	2700	4700	6900
Trans Am Cpe (8-cyl.)	350	1000	1600	3200	5700	8100
6000, 4-cyl./6-cyl., 104.9" wb						
2-dr Cpe	300	600	950	1900	3200	4600
2-dr LE Cpe	300	600	950	1900	3200	4600
2-dr SE Cpe	300	650	1150	2300	3900	5700
4-dr Sdn	300	600	950	1900	3200	4600
4-dr LE Sdn	300	650	1000	2000	3500	4900
4-dr SE Sdn	300	650	1150	2300	3900	5700
4-dr STE Sdn (6-cyl.)	300	750	1250	2500	4400	6200
4-dr LE Sta Wgn	300	650	1000	2000	3500	4900
4-dr SE Sta Wgn	300	650	1150	2300	3900	5700
4-dr Sta Wgn	300	600	950	1900	3200	4600
Grand Prix, 6-cyl./8-cyl., 108.1" wb						
2-dr Cpe	300	600	900	1800	3100	4400
2-dr 2 + 2 Cpe (8-cyl.)	400	850	1300	2650	4600	6500
2-dr LE Cpe	300	600	900	1800	3100	4400
2-dr Brghm Cpe	300	600	950	1900	3200	4600
Bonneville, 6-cyl./8-cyl., 108.1" wb						
4-dr Sdn	300	600	900	1800	3100	4400
4-dr Brghm Sdn (8-cyl.)	300	650	1000	2000	3500	4900
4-dr LE Sdn	300	600	950	1900	3200	4600
Parisienne, 6-cyl./8-cyl., 116.0" wb						
4-dr Sdn	250	500	750	1500	2600	3600
4-dr Brghm Sdn (8-cyl.)	250	500	750	1500	2600	3600
4-dr Sta Wgn	300	600	900	1800	3100	4400

Firedbird, Bonneville, Grand Prix, Parisienne; deduct 20%
Diesel deduct 30%

1987

	6	5	4	3	2	1
1000, 4-cyl., 94.3" wb						
3-dr Htchbk	200	350	500	1000	1900	2700
5-dr Htchbk	200	400	550	1100	2000	2900
Sunbird, 4-cyl., 101.2" wb						
4-dr Sdn	200	450	650	1300	2200	3200
4-dr Sta Wgn	200	450	650	1300	2200	3200
2-dr SE Cpe	250	500	750	1400	2400	3400
3-dr SE Htchbk	250	500	750	1400	2400	3400
2-dr SE Conv	300	650	1150	2300	3900	5700
2-dr GT Cpe	250	500	750	1500	2600	3600
3-dr GT Htchbk	250	500	750	1500	2600	3600
4-dr GT Sdn	250	500	750	1400	2400	3400
3-dr GT Conv	300	700	1200	2400	4100	5900
Grand Am, 4-cyl. 6-cyl., 103.4" wb						
2-dr Cpe	300	650	1100	2200	3800	5400
4-dr Sdn	300	650	1100	2200	3800	5400
2-dr LE Cpe	300	700	1200	2400	4100	5900
4-dr LE Sdn	300	700	1200	2400	4100	5900
2-dr SE Cpe	300	750	1250	2500	4400	6200
4-dr SE Sdn	300	800	1300	2600	4600	6600
6000, 4-cyl.6-cyl., 104.9" wb						
2-dr Cpe	300	650	1100	2100	3600	5100
4-dr Sdn	300	650	1100	2100	3600	5100
4-dr Sta Wgn	300	650	1100	2100	3600	5100
4-dr LE Sdn	300	650	1150	2300	3900	5700

	6	5	4	3	2	1
4-dr LE Sta Wgn	300	650	1150	2300	3900	5700
4-dr SE Sdn	300	800	1300	2600	4600	6600
4-dr SE Sta Wgn	300	800	1300	2600	4600	6600
4-dr STE Sdn	300	800	1350	2700	4700	6900
Fiero, 4-cyl./6-cyl., 93.4" wb						
2-dr Cpe	250	500	750	1500	2600	3600
2-dr Spt Cpe	300	550	800	1600	2800	3900
2-dr SE Cpe	300	600	850	1700	2900	4100
2-dr GT Cpe (V-6)	350	950	1550	3100	5500	7900
Firebird, 6-cyl./8-cyl., 101.0" wb						
2-dr Cpe	350	850	1400	2800	4900	7100
2-dr Cpe Trans Am (5.0L V8)	400	1100	1800	3500	6100	8900
Bonneville, 6-cyl., 110.8" wb						
4-dr Sdn	300	650	1100	2100	3600	5100
4-dr LE Sdn	300	650	1150	2300	3900	5700
Grand Prix, 6-cyl./8-cyl., 108.1" wb						
2-dr Cpe	300	650	1100	2200	3800	5400
2-dr LE Cpe	300	650	1100	2200	3800	5400
2-dr Brghm Cpe	300	650	1150	2300	3900	5700
Safari, 8-cyl., 116.0" wb						
4-dr Brghm Sta Wgn	300	650	1100	2100	3600	5100

Fiero, Grand-Am, Sunbird 4-cyl deduct 10%
Bonneville, Grand Prix 6-cyl deduct 10%

1988

	6	5	4	3	2	1
LeMans, 4-cyl., 99.2" wb						
3-dr Aerocpe (4-spd.)	250	500	750	1400	2400	3400
3-dr Aerocpe	200	400	600	1200	2100	3000
4-dr Sdn	250	500	750	1500	2600	3600
4-dr SE Sdn	300	600	850	1700	2900	4100
Sunbird, 4-cyl. 101.2" wb						
2-dr SE Cpe	300	600	850	1700	2900	4100
2-dr GT-Turbo Cpe	300	600	900	1800	3100	4400
4-dr Sdn	250	500	750	1500	2600	3600
4-dr SE Sdn	300	600	850	1700	2900	4100
2-dr GT-Turbo Conv	350	850	1400	2800	4900	7100
4-dr SE Sta Wgn	300	600	850	1700	2900	4100
Grand Am, 4-cyl./6-cyl., 103.4" wb						
2-dr Cpe	300	650	1150	2300	3900	5700
2-dr LE Cpe	300	700	1200	2400	4100	5900
2-dr SE Cpe	300	800	1350	2700	4700	6900
4-dr Sdn	300	650	1150	2300	3900	5700
4-dr LE Sdn	300	750	1250	2500	4400	6200
4-dr SE Sdn	350	900	1500	2900	5200	7400
6000, 4-cyl./6-cyl.						
4-dr Sdn	300	700	1200	2400	4100	5900
4-dr LE Sdn	300	750	1250	2500	4400	6200
4-dr SE Sdn	350	850	1400	2800	4900	7100
4-dr STE Sdn	350	900	1500	3000	5300	7600
4-dr Safari Wgn	300	700	1200	2400	4100	5900
4-dr LE Safari Wgn	300	750	1250	2500	4400	6200
4-dr SE Safari Wgn	350	850	1400	2800	4900	7100
Fiero, 6-cyl., 93.4" wb						
2-dr Cpe (4-cyl.)	300	600	850	1700	2900	4100
2-dr Formula Cpe	350	900	1500	3000	5300	7600
2-dr GT Cpe	400	1100	1800	3600	6200	9100
Firebird, 6-cyl./8-cyl., 101" wb						
2-dr Cpe	400	1050	1700	3400	5900	8500
2-dr Formula Cpe	400	1100	1800	3600	6200	9100
2-dr Trans Am Cpe	400	1200	1900	3800	6600	9600
2-dr GTA Cpe	450	1250	2100	4200	7200	10500

	6	5	4	3	2	1
Bonneville, 6-cyl., 110.8" wb						
4-dr LE Sdn	300	700	1200	2400	4100	5900
4-dr SE Sdn	350	900	1500	3000	5300	7600
4-dr SSE Sdn	400	1050	1700	3300	5800	8300
Grand Prix, 6-cyl., 107.6" wb						
2-dr Cpe	300	650	1150	2300	3900	5700
2-dr LE Cpe	300	650	1150	2300	3900	5700
2-dr SE Cpe	300	800	1300	2600	4600	6600
Safari, 8-cyl., 116.0" wb						
4-dr Sta Wgn	300	700	1200	2400	4100	5900

Grand-Am, 6000, 4-cyl deduct 10%
Firebird, Bonneville, Grand Prix 6-cyl deduct 10%

1989

	6	5	4	3	2	1
LeMans, 4-cyl., 99.2" wb						
3-dr Aerocpe	250	500	750	1400	2400	3400
3-dr LE Aerocpe	300	550	800	1600	2800	3900
3-dr GSE Aerocpe	300	600	850	1700	2900	4100
4-dr LE Sdn	300	600	850	1700	2900	4100
4-dr SE Sdn	300	600	900	1800	3100	4400
Sunbird, 4-cyl., 101.2" wb						
2-dr LE Cpe	300	650	1000	2000	3500	4900
2-dr SE Cpe	300	650	1000	2000	3500	4900
2-dr GT-Turbo Cpe	300	650	1100	2100	3600	5100
2-dr GT-Turbo Conv	350	1000	1600	3200	5700	8100
4-dr LE Sdn	300	650	1000	2000	3500	4900
Grand Am, 4-cyl./6-cyl., 103.4" wb						
2-dr LE Cpe	350	850	1400	2800	4900	7100
2-dr SE Cpe	350	900	1500	3000	5300	7600
4-dr LE Sdn	350	900	1500	2900	5200	7400
4-dr SE Sdn	350	1000	1600	3200	5700	8100
6000, 4-cyl./6-cyl.						
4-dr LE Sdn	350	850	1400	2800	4900	7100
4-dr SE Sdn	350	1000	1600	3200	5700	8100
4-dr STE Sdn (4WD)	400	1100	1800	3600	6200	9100
4-dr LE Sta Wgn	350	850	1400	2800	4900	7100
4-dr SE Sta Wgn	350	1000	1600	3200	5700	8100
Firebird, 6-cyl./8-cyl.						
2-dr Cpe	400	1200	1900	3800	6600	9600
2-dr Formula Cpe	400	1200	1950	3900	6800	9900
2-dr Trans Am Cpe	450	1250	2100	4200	7200	10500
2-dr GTA Cpe	500	1350	2350	4700	8100	11500
Bonneville, 6-cyl., 110.8" wb						
4-dr LE Sdn	350	850	1400	2800	4900	7100
4-dr SE Sdn	400	1050	1700	3400	5900	8500
4-dr SSE Sdn	400	1200	1900	3800	6600	9600
Grand Prix, 6-cyl., 107.5" wb						
2-dr Cpe	300	800	1300	2600	4600	6600
2-dr LE Cpe	300	800	1300	2600	4600	6600
2-dr SE Cpe	350	900	1500	3000	5300	7600
Safari, 8-cyl., 116.0" wb						
4-dr Sta Wgn	350	850	1400	2800	4900	7100

Grand-Am, 6000, 4-cyl deduct 10%
Firebird, Bonneville, Grand Prix 6-cyl deduct 10%

1990

	6	5	4	3	2	1
LeMans, 99.2" wb						
3-dr Aerocpe (4-spd.)	250	500	750	1500	2600	3600
3-dr LE Aerocpe	300	600	900	1800	3100	4400
3-dr GSE Aerocpe	300	600	950	1900	3200	4600
4-dr LE Sdn	300	600	950	1900	3200	4600

	6	5	4	3	2	1
Sunbird, 4-cyl., 101.2" wb						
4-dr Sdn	300	650	1150	2300	3900	5700
2-dr Cpe	300	650	1150	2300	3900	5700
2-dr SE Cpe	300	700	1200	2400	4100	5900
2-dr GT Cpe	300	750	1250	2500	4400	6200
2-dr Conv	350	1000	1600	3200	5700	8100
Grand Am, 4-cyl./6-cyl., 103.4" wb						
2-dr LE Cpe	350	950	1550	3100	5500	7900
2-dr SE Cpe	400	1050	1700	3400	5900	8500
4-dr LE Sdn	350	1000	1600	3200	5700	8100
4-dr SE Sdn	400	1100	1800	3500	6100	8900
6000 LE, 4-cyl./6-cyl., 104.9" wb						
4-dr LE Sdn	400	1100	1800	3600	6200	9100
4-dr SE Sdn	400	1200	1950	3900	6800	9900
4-dr LE Sta Wgn	400	1100	1800	3600	6200	9100
4-dr SE Sta Wgn	400	1200	1950	3900	6800	9900
Firebird, 6-cyl./8-cyl.						
2-dr Cpe	500	1350	2300	4600	8000	11300
2-dr Formula Cpe	500	1350	2350	4700	8100	11500
2-dr Trans Am Cpe	550	1500	2500	5000	8700	12300
2-dr GTA Cpe	600	1600	2800	5600	9700	14000
Bonneville, 6-cyl., 110.8" wb						
4-dr LE Sdn	400	1050	1700	3300	5800	8300
4-dr SE Sdn	400	1200	2000	4000	6900	10000
4-dr SSE Sdn	450	1250	2150	4300	7400	10700
Grand Prix, 4-cyl 6-cyl., 107.5" wb						
4-dr LE Sdn	350	1000	1600	3200	5700	8100
2-dr LE Cpe	350	950	1550	3100	5500	7900
4-dr STE Sdn	450	1250	2150	4300	7400	10700
2-dr SE Cpe	400	1100	1800	3500	6100	8900

Grand-Am, Grand Prix, 6000, 4-cyl deduct 10%
Firebird, 6-cyl deduct 10%

1991

	6	5	4	3	2	1
LeMans, 4-cyl., 99.2" wb						
3-dr Aerocpe (4-spd.)	300	600	850	1700	2900	4100
3-dr LE Aerocpe	300	650	1000	2000	3500	4900
4-dr LE Sdn	300	650	1100	2100	3600	5100
Sunbird, 4-cyl., 101.2" wb						
2-dr VL Cpe	350	900	1500	2900	5200	7400
2-dr LE Cpe	350	950	1550	3100	5500	7900
2-dr SE Cpe	350	950	1550	3100	5500	7900
2-dr GT Cpe	400	1100	1800	3600	6200	9100
4-dr VL Sdn	350	900	1500	2900	5200	7400
4-dr LE Sdn	350	950	1550	3100	5500	7900
2-dr LE Conv	400	1200	2000	4000	6900	10000
Grand Am, 4-cyl./6-cyl.,103.4" wb						
2-dr Cpe	400	1100	1800	3500	6100	8900
2-dr LE Cpe	400	1100	1800	3600	6200	9100
2-dr SE Cpe	400	1200	1950	3900	6800	9900
4-dr Sdn	400	1100	1800	3500	6100	8900
4-dr LE Sdn	400	1150	1850	3700	6400	9300
4-dr SE Sdn	450	1250	2050	4100	7100	10300
6000 LE, 4-cyl./6-cyl.						
4-dr LE Sdn	450	1250	2050	4100	7100	10300
4-dr LE Sta Wgn	450	1250	2050	4100	7100	10300
4-dr SE Sdn	500	1300	2250	4500	7700	11000
Firebird, 6-cyl./8-cyl. 101" wb						
2-dr Cpe	550	1550	2650	5300	9100	13000
2-dr Formula Cpe	600	1600	2700	5400	9300	13500

	6	5	4	3	2	1
2-dr Trans Am Cpe	600	1600	2800	5600	9700	14000
2-dr GTA Cpe	650	1750	3150	6300	10900	15700
2-dr Conv	700	1900	3350	6700	11500	16500
2-dr Trans Am Conv	800	2400	4050	8100	14200	20200
Bonneville, 6-cyl., 110.8" wb						
4-dr LE Sdn	400	1200	1950	3900	6800	9900
4-dr SE Sdn	500	1350	2350	4700	8100	11500
4-dr SSE Sdn	550	1500	2500	5100	8800	12500
Grand Prix, 6-cyl., 107.5" wb						
2-dr Cpe SE	450	1250	2050	4100	7100	10300
4-dr LE Sedan	400	1200	1900	3800	6600	9600
4-dr SE Sedan	450	1250	2100	4200	7200	10500
4-dr STE Sedan	550	1500	2500	5000	8700	12300
2-dr GT Coupe	550	1400	2400	4800	8300	11800

Grand-Am, Grand Prix, 6000, 4-cyl deduct 10%
Firebird, 6-cyl deduct 10%

1946 Pontiac

1967 Pontiac Grand Prix

1972 Pontiac Le Mans Sport

REO
1905 – 1936

1912 Reo

1931 Reo Royale

	6	5	4	3	2	1
1905						
Model A, 2-Cyl., 16 hp, 88" wb						
5-pass Detachable Tonneau	950	2950	4950	9900	17500	24700
Model B, 1-Cyl., 8 hp, 76" wb						
Rnbt	900	2850	4750	9500	16700	23700
1906						
1-Cyl., 8 hp, 76" wb						
2-pass Bus Rnbt	900	2850	4750	9500	16700	23700
1-Cyl., 8-hp, 78" wb						
4-pass Rnbt	950	2950	4950	9900	17500	24700
Model A, 2-Cyl., 16 hp, 90" wb						
2-pass Physician's Vehicle	950	3050	5100	10200	18000	25400
4-pass Cpe/Depot Wgn	1000	3200	5350	10700	18900	26700
5-pass Tr	950	2950	4950	9900	17500	24700
Four - 24 hp, 100" wb						
5-pass Tr	950	3050	5100	10200	18000	25400
1907						
2-cyl., 20 hp, 94" wb						
5-pass Tr	950	3050	5100	10200	18000	25400
7-pass Limo	1000	3200	5350	10700	18900	26700
1-cyl., 8 hp, 78" wb						
2-4 pass Rnbt	950	3050	5100	10200	18000	25400
2-pass Rnbt	950	2950	4950	9900	17500	24700

	6	5	4	3	2	1

1908

1-cyl., 10 hp, 78" wb

	6	5	4	3	2	1
Rnbt	950	2950	4950	9900	17500	24700

2-cyl., 20 hp, 94" wb

	6	5	4	3	2	1
Tr	950	3050	5100	10200	18000	25400
Rdstr	950	2950	4950	9900	17500	24700

1909

1-cyl., 10 hp, 78" wb

	6	5	4	3	2	1
Rnbt	900	2850	4750	9500	16700	23700

2-cyl., 20 hp, 96" wb

	6	5	4	3	2	1
Tr	950	3050	5100	10200	18000	25400
Semi-Racer	950	2950	4950	9900	17500	24700

1910

Model G, 1-cyl., 10/12 hp, 78" wb

	6	5	4	3	2	1
Rnbt	900	2850	4750	9500	16700	23700

Model D, 2-cyl., 20 hp, 96" wb

	6	5	4	3	2	1
Tr	950	2950	4950	9900	17500	24700

Model R, 4-cyl., 35 hp, 108" wb

	6	5	4	3	2	1
5-pass Tr	950	3050	5100	10200	18000	25400

Model S, 4-cyl., 35 hp, 108" wb

	6	5	4	3	2	1
Rdstr	950	3050	5100	10200	18000	25400

1911

Model K, 4-cyl., 22.5 hp, 98" wb

	6	5	4	3	2	1
Rnbt	950	3050	5100	10200	18000	25400

Thirty, 4-cyl., 30 hp, 108" wb

	6	5	4	3	2	1
2-pass Torp Rdstr	1050	3300	5500	11100	19500	27700
5-pass Tr	1050	3300	5500	11100	19500	27700
4-pass Rdstr	1000	3200	5350	10700	18900	26700

Thirty-Five, 4-cyl., 35 hp, 108" wb

	6	5	4	3	2	1
5-pass Tr	1150	3600	5950	11900	21000	29700
4-pass Demi-Ton	1100	3450	5750	11500	20300	28700

1912

The Fifth, 4-cyl., 25.6 hp, 112" wb

	6	5	4	3	2	1
5-pass Tr	1050	3300	5500	11100	19500	27700
4-pass Rdstr	1000	3200	5350	10700	18900	26700
2-pass Rnbt	1000	3200	5350	10700	18900	26700

1913

The Fifth, 4-cyl., 25.6 hp, 112" wb

	6	5	4	3	2	1
5-pass Tr	1000	3200	5350	10700	18900	26700
2-pass Rnbt	950	3050	5150	10300	18200	25700

1914

The Fifth, 4-cyl., 35 hp, 112" wb

	6	5	4	3	2	1
5-pass Tr	1000	3200	5350	10700	18900	26700
2-pass Rnbt	950	3050	5150	10300	18200	25700

1915

The Fifth, 4-cyl., 35 hp, 115" wb

	6	5	4	3	2	1
5-pass Tr	950	3050	5100	10200	18000	25400
2-pass Rdstr	900	2850	4750	9500	16700	23700

ST-C, 4-cyl., 45 hp

	6	5	4	3	2	1
3-pass Cpe	800	2350	3950	7900	13700	19700
5-pass Tr	950	2950	4950	9900	17500	24700

	6	5	4	3	2	1

1916

Model R-S, 4-cyl., 35 hp, 115" wb

	6	5	4	3	2	1
5-pass Tr	850	2550	4350	8700	15300	21700
3-pass Rnbt	800	2450	4150	8300	14600	20700

Model M-N, 6-cyl., 45 hp, 126" wb

	6	5	4	3	2	1
7-pass Tr	950	3050	5100	10200	18000	25400
4-pass Rdstr	900	2850	4750	9500	16700	23700

1917

Model R-S, 4-cyl., 35 hp, 115" wb

	6	5	4	3	2	1
R 5-pass Tr	850	2550	4350	8700	15300	21700
S 3-pass Rdstr	800	2450	4150	8300	14600	20700

Model M-N, 6-cyl., 45 hp, 126" wb

	6	5	4	3	2	1
M 7-pass Tr	950	3050	5100	10200	18000	25400
N 4-pass Rdstr	900	2850	4750	9500	16700	23700
M 7-pass Sdn	550	1500	2500	5100	8800	12500
N 4-pass Encld Rdstr	850	2700	4550	9100	16000	22700

1918

Model R-S, 4-cyl., 30/35 hp, 120" wb

	6	5	4	3	2	1
R 5-pass Tr	900	2750	4650	9300	16400	23100
S 3-pass Rdstr	850	2550	4350	8700	15300	21700
S 3-pass Encld Rdstr	800	2500	4250	8500	15000	21200

Model M-N, 6-cyl., 45 hp, 126" wb

	6	5	4	3	2	1
M 7-pass Tr	950	3050	5100	10200	18000	25400
N 4-pass Rdstr	900	2850	4750	9500	16700	23700
N 4-pass Encld Rdstr	850	2700	4550	9100	16000	22700
M 7-pass Sdn	550	1500	2500	5100	8800	12500

1919

Model T-U, 4-cyl., 35 hp, 120" wb

	6	5	4	3	2	1
T 5-pass Tr	800	2500	4250	8500	15000	21200
U 3-pass Rdstr	800	2350	3950	7900	13700	19700
U 4-pass Cpe	550	1400	2400	4800	8300	11800
T 5-pass Sdn	450	1250	2200	4400	7600	10900

Model T6-U6, 6-cyl., 50 hp, 120" wb

	6	5	4	3	2	1
T 5-pass Tr	900	2750	4650	9300	16400	23100
U 3-pass Rdstr	850	2700	4550	9100	16000	22700

1920

Model T6-U6, 6-cyl., 50 hp, 120" wb

	6	5	4	3	2	1
T6-A 5-pass Tr	900	2750	4650	9300	16400	23100
U6-A 3-pass Rdstr	850	2700	4550	9100	16000	22700
U6-C 4-pass Cpe	600	1600	2750	5500	9500	13800
T6-S 5-pass Sdn	500	1350	2350	4700	8100	11500

1921

Model T6-U6, 6-cyl., 50 hp, 120" wb

	6	5	4	3	2	1
T6-A 5-pass Tr	900	2750	4650	9300	16400	23100
U6-A 3-pass Rdstr	850	2700	4550	9100	16000	22700
U6-A 4-pass Cpe	600	1600	2750	5500	9500	13800
T6-A 5-pass Sdn	500	1350	2350	4700	8100	11500
T6-B 7-pass Tr	850	2650	4450	8900	15700	22300
T6-B 5-pass Sdn	450	1250	2150	4300	7400	10700
U6-B 4-pass Cpe	550	1500	2500	5100	8800	12500

1922

Model T6-U6, 6-cyl., 50 hp, 120" wb

	6	5	4	3	2	1
T6-B 7-pass Tr	850	2650	4450	8900	15700	22300

	6	5	4	3	2	1
T6-C 5-pass Phtn	850	2650	4450	8900	15700	22300
T6-C Bus Cpe	500	1350	2350	4700	8100	11500
46-B 4-pass Cpe	550	1500	2500	5100	8800	12500
T6-B 5-pass Sdn	450	1250	2150	4300	7400	10700

1923-1924

Model T-6, 6-cyl., 50 hp, 120" wb

T6-B 7-pass Tr	850	2550	4350	8700	15300	21700
T6-C 5-pass Phtn	850	2700	4550	9100	16000	22700
T6-C 4-pass Cpe	500	1350	2350	4700	8100	11500
T6-C 5-pass Sdn	450	1250	2150	4300	7400	10700
T6-C 5-pass Tr	800	2500	4250	8500	15000	21200
T6-D 5-pass Brghm Sdn	500	1350	2350	4700	8100	11500

1925

Model T-6, 6-cyl., 50 hp, 120" wb

T6-G 2-pass Spt Rdstr	750	2300	3850	7700	13300	19200
T6-C 5-pass Tr	800	2500	4250	8500	15000	21200
T6-C 5-pass Spec Tr	850	2600	4450	9100	15800	22500
T6-C 7-pass Tr	850	2650	4750	9400	16200	23000
T6-G 5-pass Sdn	500	1350	2350	4700	8100	11500
T6-C 4-pass Cpe	650	1700	3000	5900	10200	14700
T6-D 5-pass Anniv Sdn	550	1550	2650	5300	9100	13000
T6-E 5-pass Brghm	600	1600	2750	5500	9500	13800

1926

Model T-6, 6-cyl., 50 hp, 120" wb

"E" 2-pass Spt Rdstr	750	2300	3850	7700	13300	19200
5-pass Std Tr	800	2400	4050	8100	14200	20200
7-pass Std Tr	800	2450	4150	8300	14600	20700
"G" 2-pass Cpe (Lthr)	500	1350	2350	4700	8100	11500
"G" 2-pass Dlx Cpe	550	1450	2450	4900	8500	12000
5-pass Spl Tr	850	2550	4350	8700	15300	21700
7-pass Spl Tr	850	2650	4450	8900	15700	22300
"G" 2-pass Std Cpe	550	1450	2450	5200	9100	13100
2-4 pass Spl Rdstr	800	2350	3900	7800	13500	19500
"G" 5-pass Dlx Sdn	450	1250	2150	4300	7400	10700
"G" 5-pass Std Sdn (lthr	500	1300	2250	4500	7700	11000

1927

Flying Cloud, 6-cyl., 65 hp, 121" wb

4-pass Rdstr	900	2900	4850	9700	17100	24200
2-4 pass Cpe	550	1500	2500	5100	8800	12500
4-pass Vic Cpe	600	1600	2750	5500	9500	13800
2-dr 5-pass Brghm	550	1500	2500	5100	8800	12500
4-dr 5-pass Sdn	500	1350	2350	4700	8100	11500

Wolverine, 6-cyl., 55 hp, 114" wb (Start May 1927)

5-pass 2-dr Brghm	600	1600	2750	5500	9500	13800
2-4 pass Cabrlt	750	2250	3750	7500	13000	18700
5-pass Lan Sdn	550	1500	2500	5100	8800	12500

1928

Flying Cloud, 6-cyl., 65 hp, 121" wb

2-4 pass Rdstr	900	2900	4850	9700	17100	24200
4-pass Vic Cpe	600	1600	2700	5400	9300	13500
5-pass Dlx Sdn	450	1250	2100	4200	7200	10500
2-4 pass Cpe	550	1500	2500	5000	8700	12300
2-dr 5-pass Brghm	500	1350	2300	4600	8000	11300
4-dr 5-pass Sdn	450	1250	2150	4300	7400	10700

	6	5	4	3	2	1
2-4 pass Spt Rdstr	750	2250	3700	7400	12800	18500
2-4 pass Spt Cpe	600	1600	2800	5600	9700	14000
5-pass Spt Brghm	600	1600	2700	5400	9300	13500
5-pass Spt Vic	650	1700	3000	6000	10400	14900
5-pass Spt Sdn	650	1700	3000	6000	10400	14900
5-pass Spt Dlx Sdn	650	1750	3100	6200	10700	15400
Wolverine, 6-cyl., 55 hp, 114" wb						
2-dr 5-pass Brghm	600	1600	2750	5500	9500	13800
2-4 pass Cabrlt	750	2250	3750	7500	13000	18700
5-pass Lan Sdn	550	1500	2500	5100	8800	12500
4-dr 5-pass Sdn	550	1500	2500	5100	8800	12500

1929

Flying Cloud Mate, Series-C, 6-cyl., 65 hp, 115" wb (After #C21881 registered as 1930 model)

	6	5	4	3	2	1
5-pass Sdn	400	1200	2000	4000	6900	10000
4-pass Cpe	550	1500	2500	5100	8800	12500
2-pass Bus Cpe	550	1400	2400	4800	8300	11800
Spt Bus Cpe	550	1400	2400	4800	8300	11800
4-pass Spt Cpe	550	1450	2450	4900	8500	12000
5-pass Spt Sdn	500	1300	2250	4500	7700	11000

Flying Cloud Master, Series-B, 6-cyl., 80 hp, 121" wb (After #B2-20780 registered as 1930 model)

	6	5	4	3	2	1
4-pass Rdstr	1000	3150	5300	10600	18700	26500
4-pass Cpe	600	1600	2750	5500	9500	13800
5-pass Brghm	500	1350	2300	4600	8000	11300
5-pass Sdn	450	1250	2100	4200	7200	10500
4-pass Vic	500	1350	2300	4600	8000	11300
4-pass Spt Rdstr	1000	3200	5400	10800	19000	26900
5-pass Spt Brghm	550	1400	2400	4800	8300	11800
4-pass Spt Cpe	600	1650	2850	5700	9900	14200
4-pass Spt Vic	550	1400	2400	4800	8300	11800
5-pass Spt Sdn	450	1250	2200	4400	7600	10900

1930

Flying Cloud, Model 15, 6-cyl., 60 hp, 115" wb

	6	5	4	3	2	1
5-pass Sdn	450	1250	2100	4200	7200	10500
2-pass Cpe	600	1600	2750	5500	9500	13800
4-pass Cpe	650	1700	3000	5900	10200	14700
5-pass Spt Phtn	1000	3100	5200	10400	18400	26000
2-pass Spt Cpe	600	1600	2800	5600	9700	14000
4-pass Spt Cpe	650	1700	3000	6000	10400	14900
5-pass Spt Sdn	450	1250	2200	4400	7600	10900

Flying Cloud, Model 20, 6-cyl., 80 hp, 120" wb

	6	5	4	3	2	1
5-pass Sdn	550	1500	2500	5000	8700	12300
4-pass Cpe	600	1650	2900	5800	10000	14500
4-pass Spt Cpe	650	1750	3100	6200	10700	15400
5-pass Spt Sdn	550	1500	2500	5100	8800	12500

Flying Cloud, Model 25, 6-cyl., 80 hp, 124" wb

	6	5	4	3	2	1
5-pass Sdn	600	1600	2700	5400	9300	13500
5-pass Spt Sdn	600	1600	2750	5500	9500	13800

1931

Flying Cloud, Model 15, 6-cyl., 65 hp, 116" wb

	6	5	4	3	2	1
5-pass Phtn	1000	3100	5200	10400	18400	26000
5-pass Sdn	550	1500	2500	5000	8700	12300
2-pass Cpe	650	1750	3100	6200	10700	15400
4-pass Cpe	700	1850	3300	6600	11300	16300
5-pass Spt Phtn	1000	3200	5400	10800	19000	26900
2-pass Spt Cpe	650	1800	3200	6400	11000	15900
4-pass Spt Cpe	700	1900	3400	6800	11700	16900
5-pass Spt Sdn	550	1550	2600	5200	9000	12800

	6	5	4	3	2	1
Flying Cloud, Model 20/21, 6-cyl., 85 hp, 120" wb						
5-pass Sdn	600	1600	2700	5400	9300	13500
4-pass Spt Cpe	650	1800	3250	6500	11200	16100
5-pass Spt Sdn	600	1650	2900	5800	10000	14500
4-pass Cpe	650	1800	3250	6500	11200	16100
Flying Cloud, Model 25, 6-cyl., 85 hp, 125" wb						
5-pass Sdn	600	1600	2700	5400	9300	13500
5-pass Vic	600	1650	2900	5800	10000	14500
4-pass Cpe	700	1850	3300	6600	11300	16300
5-pass Elite Sdn	650	1700	3000	6000	10400	14900
5-pass Elite Vic	650	1750	3100	6200	10700	15400
4-pass Elite Cpe	700	1900	3400	6800	11700	16900
Flying Cloud, Model 25, 8-cyl., 90 hp						
4-pass Cpe	700	1900	3350	6700	11500	16500
5-pass Vic	650	1700	3000	6100	10600	15200
5-pass Sdn	600	1650	2850	5700	9900	14200
4-pass Elite Cpe	700	2050	3500	7000	12100	17400
5-pass Elite Vic	650	1800	3200	6400	11000	15900
5-pass Elite Sdn	650	1750	3100	6200	10700	15400
Flying Cloud, Model 30/31, 8-cyl., 125 hp, 130" wb						
5-pass Sdn	700	2050	3500	7000	12100	17400
5-pass Vic	800	2350	3900	7800	13500	19500
4-pass Cpe	800	2400	4000	8000	13900	19900
5-pass Elite Sdn	750	2250	3700	7400	12800	18500
5-pass Elite Vic	800	2450	4100	8200	14400	20500
7-pass Elite Cpe	800	2500	4200	8400	14800	20900
Royale, Model 35, 8-cyl., 125 hp, 135" wb						
5-pass Elite Sdn	1100	3500	5800	10600	20450	28900
5-pass Elite Vic	1050	3300	5500	11000	19300	27500
4-pass Elite Cpe	1100	3600	6000	12000	21150	30000
4-pass Conv Cpe	2250	6550	11000	22000	38650	55000
5-pass Conv Vic	2200	6400	10800	21600	37950	53900
5-pass Conv Sdn	2200	6350	10750	21500	37800	53700
Royale, Model 52, 8-cyl., 125 hp						
7-pass Elite Sdn	1000	3250	5450	10900	19100	27200
7-pass Elite Berline	1050	3400	5700	11400	20100	28500
1932						
Flying Cloud, Model 6-21, 6-cyl., 85 hp, 121" wb						
5-pass Sdn	800	2450	4100	8200	14400	20500
5-pass Spt Sdn	850	2550	4300	8600	15100	21500
4-pass Cpe	850	2550	4300	8600	15100	21500
4-pass Spt Cpe	850	2650	4500	9000	15900	22500
Flying Cloud, Model 8-21, 8-cyl., 90 hp, 121" wb						
5-pass Sdn	800	2500	4200	8400	14800	20900
5-pass Spt Sdn	850	2600	4400	8800	15500	21900
4-pass Cpe	850	2600	4400	8800	15500	21900
4-pass Spt Cpe	900	2750	4600	9200	16200	22900
Flying Cloud, Model 6-25, 125" wb						
5-pass Vic	950	3000	5000	10000	17700	24900
5-pass Sdn	850	2650	4500	9000	15900	22500
4-pass Cpe	900	2850	4800	9600	16900	24000
4-pass Elite Cpe	900	2900	4900	9800	17300	24500
5-pass Elite Vic	950	3050	5100	10200	18000	25400
5-pass Elite Sdn	900	2750	4600	9200	16200	22900
Flying Cloud, Model 8-25, 8-cyl., 90 hp, 125" wb						
5-pass Sdn	900	2750	4600	9200	16200	22900
5-pass Vic	950	3050	5100	10200	18000	25400
4-pass Cpe	900	2900	4900	9800	17300	24500
5-pass Elite Sdn	900	2800	4700	9400	16500	23400

	6	5	4	3	2	1
5-pass Elite Vic	1000	3100	5200	10400	18400	26000
4-pass Elite Cpe	950	3000	5000	10000	17700	24900
Royale, Model 8-31, 8-cyl., 125 hp, 131" wb						
5-pass Sdn	1250	3900	6500	13000	22900	32500
5-pass Vic	1350	4150	6900	13800	24300	34500
4-pass Cpe	1350	4150	6900	13800	24300	34500
5-pass Spt Sdn	1300	4100	6800	13600	23950	34000
5-pass Spt Vic	1400	4250	7100	14200	25000	35400
4-pass Spt Cpe	1400	4250	7100	14200	25000	35400
4-pass Elite Cpe	1400	4300	7200	14400	25350	35900
5-pass Elite Vic	1400	4300	7200	14400	25350	35900
5-pass Elite Sdn	1350	4150	6900	13800	24300	34500
Royale, Model 8-35, 8-cyl., 125 hp, 135" wb						
5-pass Elite Sdn	1300	4050	6750	13500	23800	33700
5-pass Elite Vic	1400	4250	7100	14200	25000	35400
4-pass Elite Cpe	1400	4250	7100	14200	25000	35400
4-pass Elite Conv Cpe	2800	8300	14000	28000	49200	69900
Flying Cloud, Model 6-S, 117" wb						
4-pass Std Cpe	750	2150	3600	7200	12400	18000
4-pass Std Conv Cpe	1100	3450	5750	11500	20300	28700
5-pass Std Sdn	650	1700	3000	6000	10400	14900
4-pass Spt Cpe	750	2300	3800	7600	13100	18900
4-pass Spt Conv Cpe	1150	3600	5950	11900	21000	29700
5-pass Spt Sdn	650	1800	3200	6400	11000	15900
5-pass Dlx Spt Sdn	700	1900	3400	6800	11700	16900
4-pass Dlx Spt Cpe	750	2300	3800	7600	13100	18900
4-pass Dlx Spt Conv Cpe	1250	3900	6500	13000	22900	32500

1933

Flying Cloud 6-S, 6-cyl., 85 hp, 117" wb

	6	5	4	3	2	1
5-pass Sdn	800	2350	3900	7800	13500	19500
4-pass Cpe	850	2650	4500	9000	15900	22500
4-pass Conv Cpe	1300	4000	6650	13300	23400	33100
5-pass Elite Sdn	800	2400	4000	8000	13900	19900
4-pass Elite Cpe	900	2750	4600	9200	16200	22900
4-pass Elite Conv Cpe	1600	4850	8150	16300	28700	40800
Royale, 8-cyl., 125 hp, 131" wb (Custom models 135" wb)						
5-pass Sdn	1150	3650	6150	12300	21700	30700
5-pass Vic	1300	4000	6700	13400	23600	33400
4-pass Cpe	1250	3900	6500	13000	22900	32500
5-pass Elite Sdn	1150	3650	6100	12200	21500	30500
5-pass Elite Vic	1300	4100	6800	13600	23950	34000
4-pass Elite Cpe	1250	3950	6600	13200	23250	32900
5-pass Cus Sdn	1150	3700	6200	12400	21850	30900
5-pass Cus Vic	1350	4150	6900	13800	24300	34500
4-pass Cus Cpe	1300	4000	6700	13400	23600	33400
4-pass Cus Conv Cpe	2300	6650	11200	22400	39350	55900

1934

Flying Cloud, 6-cyl., 85 hp, 118" wb

	6	5	4	3	2	1
5-pass Cpe	800	2450	4100	8200	14400	20500
5-pass Sdn	800	2350	3900	7800	13500	19500
5-pass Conv Cpe	1150	3600	6000	12000	21150	30000
5-pass Dlx Cpe	800	2500	4200	8400	14800	20900
5-pass Dlx Sdn	800	2400	4000	8000	13900	19900
5-pass Conv Cpe	1150	3700	6200	12400	21850	30900
5-pass Elite Sdn	850	2550	4300	8600	15100	21500
5-pass Elite Cpe	900	2750	4600	9200	16200	22900
5-pass Elite Conv Cpe	1200	3850	6450	12900	22700	32200

	6	5	4	3	2	1
Royale, 8-cyl., 125 hp, 131" wb						
5-pass Sdn	1200	3750	6300	12600	22200	31400
5-pass Cpe	1350	4150	6900	13800	24300	34500
5-pass Vic	1300	4000	6700	13400	23600	33400
5-pass Elite Sdn	1250	3900	6500	13000	22900	32500
5-pass Elite Vic	1350	4150	6900	13800	24300	34500
5-pass Elite Cpe	1400	4250	7100	14200	25000	35400
Royale, 8-cyl., 125 hp, 135" wb						
5-pass Custom Sdn	1350	4150	6900	13800	24300	34500
5-pass Custom Vic	1450	4400	7300	14600	25700	36500
5-pass Custom Cpe	1500	4500	7500	15000	26400	37500
4-pass Custom Conv Cpe	1800	5350	9000	18000	31650	45000
7-pass Custom Sdn	1350	4200	7000	14000	24650	34900

1935

	6	5	4	3	2	1
Flying Cloud, 6-cyl., 90 hp, 115" wb						
2-dr 5-pass Sdn	800	2400	4000	8000	13900	19900
4-dr 5-pass Sdn	750	2300	3800	7600	13100	18900
Royale, 6-cyl., 85 hp, 118" wb						
5-pass Sdn	800	2400	4000	8000	13900	19900
5-pass Dlx Sdn	800	2450	4100	8200	14400	20500
4-pass Cpe	900	2750	4600	9200	16200	22900
4-pass Dlx Cpe	900	2800	4700	9400	16500	23400

1936

	6	5	4	3	2	1
Flying Cloud, 6-cyl., 90 hp, 115" wb						
2-dr 5-pass Coach	700	2050	3500	7000	12100	17400
4-dr 5-pass Sdn	750	2250	3700	7400	12800	18500
2-dr 5-pass Trunk Coach	750	2100	3550	7100	12300	17700
4-dr 5-pass Trunk Sdn	750	2250	3750	7500	13000	18700
2-dr 5-pass Dlx Brghm	800	2450	4100	8200	14400	20500
4-dr 5-pass Dlx Sdn	800	2350	3900	7800	13500	19500
2-dr 5-pass Trunk Brghm	800	2500	4200	8400	14800	20900
4-dr 5-pass Trunk Sdn	800	2350	3950	7900	13700	19700

STUDEBAKER
1903 – 1966

1930 Studebaker

1951 Studebaker Champion

(Also Flanders 1910-1912, E-M-F 1980-1912, Rockne 1932-1933)

	6	5	4	3	2	1
1902-1904						
Electric, 1.7 hp						
Rnbt 2P	1100	3700	6100	12300	21500	31500
Stnhp 2P	1300	4100	6500	13200	22800	33500
Trap 2P	900	2300	4800	8750	18500	24000
1905-1910 (Electric)						
Model 13 (1906-1907),						
13-A High Spd Stnhp	1400	4000	6750	13700	24000	34000
13-B Victoria	1300	3750	6150	12100	20000	30200
Model 16 (1907-1908)						
16A Vict. Phaeton	1000	3100	5100	10000	17600	25200
16D Vict. Phaeton w/tonneau	1200	3750	6350	12500	22000	31400
Model 17 (1907-1910)						
17A Stnhp Phae	1200	3650	6150	12100	21200	29500
17B Coupe	1300	3850	6400	13100	23400	32000
17C Landaulet	1200	3750	6350	12000	20500	30000
17D Victoria	1200	3750	6350	12500	22000	31100
17E Standing Front conv.	1500	4350	7450	16250	28000	43000
Model 22 (1907-1910)						
22A Runabout	1000	3200	5300	10600	18500	26100
22B Stnhp Phae	1100	3500	6000	11250	20500	29500
22C Stnhp Coupe	1100	3500	6000	11250	20500	29500
22F Coupe	1200	3750	6350	12500	22000	31100
22G High Speed Coupe	1400	4150	6900	14500	25500	33500

STUDEBAKER

	6	5	4	3	2	1
1904						
Model A, 2-cyl., 8 hp, 78" wb						
Tonneau Tr	1050	3350	5600	11200	19700	28000
Model B, 2-cyl., 8 hp, 78" wb						
Del Wgn	1000	3200	5350	10700	18900	26700
Model C/202, 2-cyl. 16hp, 82" wb						
Tonneau Tr	1100	3450	5750	11500	20300	28700
1905						
Model 9502, 2-cyl., 15 hp, 82" wb						
5-pass Rear Ent Tr	1150	3600	6000	12100	21300	30200
5-pass Side Ent Tr	1200	3750	6250	12500	22000	31100
Model 9503, 4-cyl., 20 hp, 96" wb						
5-pass Side Ent Tr	1300	4000	6700	13400	23600	33400
Standard, 4-cyl., 25 hp, 109" wb						
5-pass Tr	1350	4150	6950	13900	24500	34700
1906						
Model E-20, 4-cyl., 20 hp, 98" wb						
Side Ent Tr	1100	3450	5750	11500	20300	28700
Model F-284-cyl., 28 hp, 104" wb						
Side Ent Tr	1150	3700	6200	12400	21850	30900
Model G-304-cyl., 30 hp, 104" wb						
Side Ent Tr	1300	4050	6750	13500	23800	33700
1907						
Model L, 4-cyl., 28 hp, 104" wb						
5-pass Rear Ent Tr	1350	4200	7000	14000	24650	34900
Limo	1300	4100	6800	13600	23950	34000
Model G, 4-cyl., 30 hp, 104" wb						
5-pass Rear Ent Tr	1400	4350	7250	14500	25500	36200
Model H, 4-cyl., 30 hp, 104" wb						
5-pass Rear Ent Tr	1400	4350	7250	14500	25500	36200
7-pass Limo	1500	4750	8100	16500	29000	41000
1908						
Model H, 4-cyl., 27 hp, 104" wb						
5-pass Rear Ent Tr	1400	4350	7250	14500	25500	36200
3-pass Rnbt	1350	4200	7000	14000	24650	34900
Model A, 4-cyl., 30 hp, 104" wb						
5-pass Tr	1400	4350	7250	14500	25500	36200
Model B, 4-cyl., 36 hp, 114" wb						
5-pass Tr	1500	4600	7700	15400	27100	38500
1909						
Model A, 4-cyl., 30 hp, 104" wb						
4-pass Tr	1450	4400	7300	14600	25700	36500
Model B, 4-cyl., 40 hp, 114" wb						
3-pass Spd Car	1400	4300	7200	14400	25350	35900
5-pass Lndlt	1500	4550	7600	15200	26750	38000
Model C, 4-cyl., 30 hp, 104" wb						
5-pass Tr	1450	4400	7300	14600	25700	36500
Model D, 4-cyl., 40 hp, 117" wb						
7-pass Tr	1550	4650	7800	15600	27450	38900
1910						
Model B, E-M-F 30, 4-cyl., 30 hp, 108" wb						
5-pass Tr	1500	4550	7650	15300	26900	38200

	6	5	4	3	2	1
Flanders 20, 4-cyl., 20 hp, 100" wb						
2-pass Rnbt	1450	4450	7400	14800	26050	36900
4-pass Rnbt	1450	4450	7400	14800	26050	36900
Model G-7, 4-cyl., 40 hp, 117.5" wb						
7-pass Tr	1550	4700	7850	15700	27600	39100
7-pass Limo	1400	4300	7200	14400	25350	35900

1911-1912

	6	5	4	3	2	1
Model B, E-M-F 30, 4-cyl., 30 hp, 108" wb						
5-pass Tr	1500	4550	7650	15300	26900	38200
Flanders 20, 4-cyl., 20 hp, 100" wb						
2-pass Rnbt	1450	4450	7400	14800	26050	36900
4-pass Rnbt	1450	4450	7400	14800	26050	36900
Model G-8, 4-cyl., 40 hp, 117.5" wb						
7-pass Limo	1450	4400	7300	14600	25700	36500
4-pass Tourabout	1550	4700	7900	15800	27800	39400

1913

	6	5	4	3	2	1
Model SA-25, 4-cyl., 101" wb						
Rdstr	1000	3100	5200	10400	18400	26000
Tr	1000	3200	5400	10800	19000	26900
Model AA-35, 4-cyl., 115.5" wb						
Tr	1050	3350	5600	11200	19700	28000
Cpe	850	2550	4300	8600	15100	21500
Sdn	800	2450	4100	8200	14400	20500
Model E-6, 6-cyl., 121" wb						
Tr	1100	3550	5900	11800	20800	29400
Limo	900	2800	4700	9400	16500	23400

1914

	6	5	4	3	2	1
Model SC-4, 4-cyl., 108.3" wb						
Tr	900	2850	4800	9600	16900	24000
Lan Rdstr	900	2800	4700	9400	16500	23400
Model EB-6, 6-cyl., 121.3" wb						
Tr	950	3000	5050	10100	17900	25100
Lan Rdstr	950	3000	5050	10100	17900	25100
2-dr Sdn	700	1850	3300	6600	11300	16300

1915

	6	5	4	3	2	1
Model SD-4, 4-cyl., 108" wb						
Rdstr	900	2900	4850	9700	17100	24200
Tr	900	2900	4850	9700	17100	24200
Model EC-6, 6-cyl., 121" wb						
5-pass Tr	950	3000	5050	10100	17900	25100
7-pass Tr	1000	3100	5250	10500	18600	26200

1916

	6	5	4	3	2	1
Model SF/4-40, Series 16 & 17, 4-cyl., 40 hp, 112" wb						
3-pass Rdstr	900	2750	4600	9200	16200	22900
Lan Rdstr	900	2850	4800	9600	16900	24000
7-pass Tr	950	3050	5100	10200	18000	25400
3-pass Cpe	750	2300	3850	7700	13300	19200
Model ED/6-50, Series 16 & 17, 6-cyl., 50 hp, 122" wb						
3-pass Rdstr	900	2900	4850	9700	17100	24200
Lan Rdstr	950	3000	5000	10000	17700	24900
7-pass Tr	1000	3150	5300	10600	18700	26500
4-pass Cpe	550	1500	2500	5000	8700	12300
Sdn	450	1250	2100	4200	7200	10500
Limo	750	2250	3750	7500	13000	18700
Lndlt	750	2300	3800	7600	13100	18900

	6	5	4	3	2	1

1917

Model SF/4-40, Series 18, 4-cyl., 40 hp, 112" wb

	6	5	4	3	2	1
Rdstr	800	2400	4000	8000	13900	19900
Lan Rdstr	800	2500	4250	8500	15000	21200
7-pass Tr	850	2650	4450	8900	15700	22300
A/W Sdn	700	1900	3400	6800	11700	16900

Model ED/6-50 Series 18, 6-cyl., 50 hp, 122" wb

	6	5	4	3	2	1
Rdstr	850	2550	4300	8600	15100	21500
7-pass Tr	900	2800	4700	9400	16500	23400
Cpe	500	1350	2300	4600	8000	11300
Sdn	450	1250	2100	4200	7200	10500
Limo	600	1600	2750	5500	9500	13800
A/W Sdn	750	2300	3800	7600	13100	18900

1918-1919

Model SF/4-40 Series 18, 4-cyl., 40 hp, 112" wb

	6	5	4	3	2	1
Rdstr	800	2400	4000	8000	13900	19900
Tr	850	2650	4450	8900	15700	22300
A/W Sdn	700	1900	3400	6800	11700	16900

Model ED/6-50 Series 18, 6-cyl., 50 hp, 122" wb

	6	5	4	3	2	1
Rdstr	850	2550	4300	8600	15100	21500
Tr	900	2800	4700	9400	16500	23400
A/W Sdn	750	2300	3800	7600	13100	18900
Sdn	450	1250	2100	4200	7200	10500
Cpe	500	1350	2300	4600	8000	11300
Limo	600	1600	2750	5500	9500	13800

Model SH, Series 19 4-cyl., 40 hp, 112" wb

	6	5	4	3	2	1
Rdstr	700	1900	3400	6800	11700	16900
Tr	700	2000	3450	6900	11900	17200
Sdn	400	1150	1850	3700	6400	9300

Model EH, "Light Six", Series 19, 6-cyl., 51 hp, 118" wb

	6	5	4	3	2	1
Tr	750	2250	3700	7400	12800	18500
4-pass Club Rdstr	750	2250	3700	7400	12800	18500
Rdstr	600	1650	2850	5700	9900	14200
Sdn	400	1150	1850	3700	6400	9300
Cpe	400	1200	1950	3900	6800	9900

Model EG, Series 19, 6-cyl., 62 hp, 126" wb

	6	5	4	3	2	1
7-pass Tr	800	2450	4100	8200	14400	20500

1920-1922

Model EJ "Light Six"-cyl., 40 hp, 112" wb

	6	5	4	3	2	1
4-dr 5-pass Tr	700	1900	3400	6800	11700	16900
3-pass Lan Rdstr	700	1900	3400	6800	11700	16900
2-dr 2-pass Cpe	600	1700	2900	6200	10200	15500
4-dr 5-pass Sdn	400	1150	1850	3700	6400	9300

Model EH, "Special Six", 6-cyl., 51 hp, 119" wb

	6	5	4	3	2	1
4-dr 5-pass Tr	650	1750	3100	6200	10700	15400
2-dr 2-pass Rdstr	650	1750	3150	6300	10900	15700
4-dr 4-pass Club Rdstr	650	1800	3200	6400	11000	15900
2-dr 4-pass Cpe	450	1350	2250	4500	7900	12000
4-dr 5-pass Sdn	400	1100	1800	3500	6100	8900

Model EG, "Big Six", 6-cyl., 62 hp, 126" wb

	6	5	4	3	2	1
4-dr 7-pass Tr	700	2050	3500	7000	12100	17400
4-dr 7-pass Sdn	600	1800	3050	6100	10600	15000

1922

Model EJ, Light Six, 6-cyl., 40 hp, 112" wb

	6	5	4	3	2	1
3-pass Rdstr	600	1650	2900	5800	10000	14500
5-pass Tr	600	1600	2800	5600	9700	14000

	6	5	4	3	2	1
2-pass Cpe Rdstr	650	1700	3000	6000	10400	14900
5-pass Sdn	400	1100	1800	3600	6200	9100
Model EL, Special Six, 6-cyl., 50 hp, 119" wb						
2-pass Rdstr	650	1700	3000	6000	10400	14900
5-pass Tr	600	1650	2900	5800	10000	14500
4-pass Rdstr	650	1750	3100	6200	10700	15400
4-pass Cpe	450	1250	2100	4200	7200	10500
5-pass Sdn	400	1200	1950	3900	6800	9900
Model EK, Big Six, 6-cyl., 60 hp, 126" wb						
7-pass Tr	650	1750	3100	6200	10700	15400
4-pass Cpe	400	1200	2000	4000	6900	10000
7-pass Sdn	400	1200	1950	3900	6800	9900
4-pass Spdstr	650	1800	3250	6500	11200	16100

1923-1924

	6	5	4	3	2	1
Model EM, Light Six, 6-cyl., 40 hp, 112" wb						
3-pass Rdstr	600	1650	2850	5700	9900	14200
5-pass Tr	600	1600	2750	5500	9500	13800
5-pass Cpe	600	1600	2800	5600	9700	14000
2-pass Cpe	400	1200	1950	3900	6800	9900
5-pass Sdn	400	1150	1850	3700	6400	9300
Model EL, Special Six, 6-cyl., 50 hp, 119" wb						
5-pass Tr	600	1650	2850	5700	9900	14200
4-pass Cpe	400	1200	2000	4000	6900	10000
2-pass Rdstr	650	1700	3000	5900	10200	14700
5-pass Sdn	400	1200	1950	3900	6800	9900
Model EK, Big Six, 6-cyl, 60 hp, 126" wb						
7-pass Tr	650	1800	3200	6400	11000	15900
4-pass Spdstr	750	2250	3750	7500	13000	18700
5-pass Cpe	500	1300	2250	4500	7700	11000
4-pass Cpe	450	1250	2200	4400	7600	10900
7-pass Sdn	400	1200	2000	4000	6900	10000

1925- 1926

	6	5	4	3	2	1
Model ER, Standard Six, 6-cyl., 50 hp, 113" wb						
5-pass Dplx Phtn	700	1900	3400	6800	11700	16900
3-pass Dplx Rdstr	700	2000	3450	6900	11900	17200
5-pass Coach	400	1050	1700	3400	5900	8500
3-pass Ctry Club Cpe	500	1350	2350	4700	8100	11500
Model EQ, Special Six, 6-cyl., 65 hp, 120" wb						
7-pass Dplx Phtn	750	2250	3750	7500	13000	18700
4-pass Ctry Club Cpe	500	1350	2350	4700	8100	11500
5-pass Brghm	450	1250	2150	4300	7400	10700
2-4 pass Dplx Spt Rdstr	800	2350	3950	7900	13700	19700
5-pass Sdn	400	1200	1950	3900	6800	9900
Model EP, Big Six, 6-cyl., 127" wb						
7-pass Dplx Phtn	800	2500	4200	8400	14800	20900
5-pass Dplx Spt Phtn	800	2350	3900	7800	13500	19500
3-pass Fire Chief Rdstr	800	2450	4100	8200	14400	20500
7-pass Inside Dr limo	800	2400	4000	8000	13900	19900
5-pass Brghm	400	1100	1800	3600	6200	9100
7-pass Sdn	400	1100	1800	3600	6200	9100
5-pass Sdn	400	1100	1800	3600	6200	9100
5-pass Club Cpe	400	1100	1800	3500	6100	8900
4-dr Combo Car (ambulance)	400	1200	2200	4100	7200	10300
4-dr 8-pass Pallbearers Car	400	1100	1800	3600	6200	9100

1927

	6	5	4	3	2	1
Model EU Standard Six, 6-cyl., 50 hp, 113" wb						
2-4 pass Spt Rdstr	850	2650	4450	8900	15700	22300

	6	5	4	3	2	1
5-pass Tr	800	2450	4150	8300	14600	20700
5-pass Dplx Tr	850	2550	4350	8700	15300	21700
7-pass Tr	800	2450	4100	8200	14400	20500
2-pass Bus Cpe	450	1250	2200	4400	7600	10900
2-4 pass Spt Cpe	500	1350	2300	4600	8000	11300
4-pass Vic	400	1100	1800	3600	6200	9100
4-dr 5-pass Sdn	400	1200	1950	3900	6800	9900
Model EQ, Special Six, 6-cyl., 65 hp, 120" wb						
5-pass Dplx Phtn	900	2850	4800	9600	16900	24000
5-pass Coach	400	1200	1900	3800	6600	9600
5-pass Brghm	450	1250	2100	4200	7200	10500
2-4 pass Spt Rdstr	950	2950	4950	9900	17500	24700
Model EW, Big Six 6-cyl., 75 hp, 120" wb						
2-pass Cpe	550	1450	2450	4900	8500	12000
5-pass Brghm	450	1250	2100	4200	7200	10500
5-pass Sdn	450	1250	2050	4100	7100	10300
4-pass Vic	500	1300	2250	4500	7700	11000
2-4 pass Regal Cpe	500	1350	2350	4700	8100	11500
4-pass Regal Vic	450	1250	2200	4400	7600	10900
2-4 pass Chancellor Vic	500	1350	2350	4700	8100	11500
2-4 pass Cpe	500	1300	2250	4500	7700	11000
2-4 pass Regal Spt Rdstr	1000	3100	5250	10500	18600	26200
5-pass Regal Sdn	400	1200	2000	4000	6900	10000
Model ES, Big Six, 6-cyl., 75 hp, 127" wb						
7-pass Sdn	450	1250	2050	4100	7100	10300
7-pass Limo	700	2050	3500	7000	12100	17400
7-pass Custom Tr	900	2850	4800	9600	16900	24000

1927-1928

	6	5	4	3	2	1
Dictator, Model GE, (through early 1929) 6-cyl., 65 hp, 113" wb						
2-4 pass Royal Rdstr	1400	4250	7100	14200	25000	35400
5-pass Royal Tr	1300	4000	6700	13400	23600	33400
5-pass Royal Dplx Phtn	1300	4100	6850	13700	24100	34200
7-pass Royal Tr	1400	4250	7100	14200	25000	35400
2-pass Cpe	400	1200	2000	4000	6900	10000
2-4 pass Royal Cpe	450	1250	2100	4200	7200	10500
5-pass Royal Vic	400	1200	2000	4000	6900	10000
Club Sdn	400	1150	1850	3700	6400	9300
5-pass Sdn	400	1100	1800	3500	6100	8900
5-pass Royal Sdn	400	1100	1800	3600	6200	9100
Commander, Model GB/GH, 6-cyl., 85 hp, 121" wb						
2-4 pass Rdstr	1400	4350	7250	14500	25500	36200
2-4 pass Reg Rdstr	1450	4400	7300	14600	25700	36500
5-pass Cpe	450	1250	2200	4400	7600	10900
2-4 pass Reg Cpe	500	1350	2300	4600	8000	11300
2-4 pass Cabrlt	400	1200	2000	4000	6900	10000
4-pass Vic	400	1200	2000	4000	6900	10000
5-pass Reg Vic	450	1250	2100	4200	7200	10500
5-pass Sdn	400	1200	2000	4000	6900	10000
5-pass Club Sdn	450	1250	2050	4100	7100	10300
5-pass Reg Sdn	400	1200	1900	3800	6600	9600
President, Model ES, 6-cyl.						
Custom Sdn	400	1200	2000	4000	6900	10000
Limo	650	1750	3100	6200	10700	15400
Custom Tr	900	2800	4700	9400	16500	23400
President, Model FA, 8-cyl., 60 hp, 131" wb						
5-pass Sdn	500	1350	2300	4600	8000	11300
7-pass Sdn	500	1350	2350	4700	8100	11500
5-pass Sta Sdn	500	1350	2350	4700	8100	11500
7-pass Sta Sdn	550	1450	2450	4900	8500	12000

	6	5	4	3	2	1
2-4 pass Sta Cabrlt	1250	3950	6600	13200	23250	32900
7-pass Sta Limo	700	2050	3500	7000	12100	17400

President, Model FB, (1928-1/2 models) 8-cyl., 109 hp, 121" wb

	6	5	4	3	2	1
5-pass Sdn	400	1200	2000	4000	6900	10000
5-pass Sta Sdn	450	1250	2050	4100	7100	10300
2-4 pass Sta Rdstr	1150	3650	6100	12200	21500	30500
2-4 pass Sta Cabrlt	1100	3550	5900	11800	20800	29400
4-pass Sta Vic	450	1250	2050	4100	7100	10300

1929-1930

Dictator, Model GL, 6-cyl., 68 hp, 115" wb

	6	5	4	3	2	1
5-pass Tr	1300	4000	6700	13400	23600	33400
5-pass Reg Tr	1400	4250	7100	14200	25000	35400
2-pass Bus Cpe	550	1400	2400	4800	8300	11800
2-4 pass Spt Cpe	550	1500	2500	5000	8700	12300
5-pass Reg Brghm	450	1250	2200	4400	7600	10900
5-pass Club Sdn	450	1250	2100	4200	7200	10500
4-dr 5-pass Sdn	450	1250	2100	4200	7200	10500
5-pass Reg Sdn	450	1250	2200	4400	7600	10900

Dictator, Model FC (1929-1/2 models through mid-1930), 8-cyl., 70 hp, 115" wb

	6	5	4	3	2	1
5-pass Tr	1350	4150	6900	13800	24300	34500
5-pass Reg Tr	1450	4400	7300	14600	25700	36500
2-pass Bus Cpe	600	1600	2750	5500	9500	13800
2-4 pass Spt Cpe	650	1750	3100	6200	10700	15400
5-pass Reg Brghm	550	1500	2500	5000	8700	12300
5-pass Club Sdn	500	1350	2300	4600	8000	11300
4-dr 5-pass Sdn	500	1350	2300	4600	8000	11300
5-pass Reg Sdn	550	1400	2400	4800	8300	11800

Commander, Model GJ, 6-cyl., 74 hp, 121" wb

	6	5	4	3	2	1
2-pass Bus Rdstr	1500	4600	7700	15400	27100	38500
2-4 pass Rdstr	1550	4700	7900	15800	27800	39400
2-4 pass Reg Rdstr	1600	4800	8000	16000	28150	40000
5-pass Tr	1350	4150	6900	13800	24300	34500
5-pass Reg Tr	1450	4400	7300	14600	25700	36500
7-pass Tr	1350	4150	6900	13800	24300	34500
7-pass Reg Tr	1450	4400	7300	14600	25700	36500
2-pass Cpe	500	1300	2250	4500	7700	11000
2-4 pass Spt Cpe	450	1250	2150	4300	7400	10700
2-4 pass Reg Conv Cabrlt	1300	4000	6700	13400	23600	33400
4-pass Vic	400	1200	2000	4000	6900	10000
5-pass Sdn	400	1200	1950	3900	6800	9900
5-pass Reg Sdn	450	1250	2150	4300	7400	10700
5-pass Reg Brghm	500	1300	2250	4500	7700	11000

Commander, Model FD (1929 models through mid-1930), 8-cyl., 80 hp, 121" wb

	6	5	4	3	2	1
2-4 pass Reg Rdstr	1700	5050	8450	16900	29700	42200
5-pass Tr	1450	4450	7450	14900	26200	37200
5-pass Reg Tr	1550	4700	7850	15700	27600	39100
7-pass Tr	1450	4450	7450	14900	26200	37200
7-pass Reg Tr	1550	4700	7850	15700	27600	39100
2-pass Bus Cpe	550	1550	2600	5200	9000	12800
2-4 pass Spt Cpe	600	1600	2700	5400	9300	13500
2-4 pass Reg Conv	1450	4450	7450	14900	26200	37200
4-pass Vic	500	1350	2350	4700	8100	11500
5-pass Reg Brghm	550	1500	2500	5100	8800	12500
5-pass Sdn	550	1450	2450	4900	8500	12000
7-pass Sdn	550	1500	2500	5000	8700	12300
5-pass Reg Sdn	550	1500	2500	5100	8800	12500
7-pass Reg Sdn	550	1550	2600	5200	9000	12800

President, Model FH (1929 models through mid-1930), 8-cyl., 115 hp, 125" wb

	6	5	4	3	2	1
2-4 pass Rdstr	1750	5200	8700	17400	30600	43500

	6	5	4	3	2	1
2-4 pass Sta Conv Cabrlt	1550	4700	7850	15700	27600	39100
4-pass Sta Vic	650	1700	3000	5900	10200	14700
5-pass Sdn	600	1600	2750	5500	9500	13800
5-pass Sta Sdn	650	1700	3000	5900	10200	14700
President, Model FE (1929 models through mid-1930), 8-cyl., 115 hp, 135" wb						
7-pass Tr	1550	4700	7900	15800	27800	39400
7-pass Sta Tr	1600	4800	8000	16000	28150	40000
5-pass Sta Brghm	650	1700	3000	5900	10200	14700
7-pass Sdn	650	1700	3000	5900	10200	14700
7-pass Sta Sdn	650	1750	3150	6300	10900	15700
7-pass Limo	700	1850	3300	6600	11300	16300
5-pass Sta Limo	700	1900	3400	6800	11700	16900

1930

	6	5	4	3	2	1
Studebaker, Model 53, 6-cyl., 70 hp, 114" wb						
2-4 pass Rdstr	1550	4650	7800	15600	27450	38900
2-4 pass Reg Rdstr	1600	4800	8000	16000	28150	40000
5-pass Tr	1300	4100	6800	13600	23950	34000
5-pass Reg Tr	1350	4150	6900	13800	24300	34500
2-pass Bus Cpe	500	1350	2300	4600	8000	11300
2-4 pass Reg Cpe	550	1450	2450	4900	8500	12000
5-pass Club Sdn	450	1250	2150	4300	7400	10700
5-pass Sdn	400	1200	1950	3900	6800	9900
5-pass Reg Sdn	450	1250	2050	4100	7100	10300
5-pass Lan Sdn	400	1200	1900	3800	6600	9600

(Model 53s built before June 1930 are considered Erskines,
from June 1930 to November 1930 they are considered 1931 Studebaker Model 53s)
Dictator, (See 1929 Dictator GL)
Commander, (See 1929 Commander GJ)
President, (See 1929 President FE and FH)

1931

	6	5	4	3	2	1
Studebaker, Model 53, 6-cyl., 114" wb (See notes for 1930 Model 53)						
Dictator-6, Model 54, 6-cyl., 114" wb						
2-pass Rdstr	1700	5050	8500	17000	29900	42500
5-pass Tr	1600	4850	8100	16200	28500	40500
5-pass Reg Tr	1650	4950	8300	16600	29200	41500
2-pass Bus Cpe	550	1450	2450	4900	8500	12000
2-4 pass Cpe	550	1500	2500	5100	8800	12500
5-pass Sdn	450	1250	2150	4300	7400	10700
5-pass Reg Sdn	500	1300	2250	4500	7700	11000
Dictator-8, Model FC, 8-cyl., 115" wb						
5-pass Tr	1550	4700	7900	15800	27800	39400
5-pass Reg Tr	1600	4850	8100	16200	28500	40500
2-pass Bus Cpe	550	1500	2500	5000	8700	12300
2-4 pass Cpe	550	1550	2600	5200	9000	12800
5-pass Reg Brghm	500	1350	2350	4700	8100	11500
5-pass Club Sdn	500	1300	2250	4500	7700	11000
5-pass Sdn	500	1350	2350	4700	8100	11500
5-pass Reg Sdn	550	1500	2500	5100	8800	12500
Dictator-8, Model 61, 8-cyl., 114" wb						
2-pass Cpe	600	1650	2850	5700	9900	14200
2-4 pass Cpe	650	1700	3000	6100	10600	15200
5-pass Sdn	550	1450	2450	4900	8500	12000
5-pass Reg Sdn	550	1550	2650	5300	9100	13000
Commander, Model 70, 8-cyl.						
2-4 pass Cpe	600	1650	2850	5700	9900	14200
4-pass Vic	600	1600	2750	5500	9500	13800
5-pass Reg Brghm	650	1700	3000	5900	10200	14700
5-pass Sdn	600	1650	2850	5700	9900	14200
5-pass Reg Sdn	650	1700	3000	6100	10600	15200

	6	5	4	3	2	1
President, Model 80, 8-cyl., 130" wb						
4-pass Sta Rdstr	2300	6700	11300	22600	39700	56400
2-pass Cpe	850	2650	4500	9000	15900	22500
2-4 pass Sta Cpe	950	3000	5000	10000	17700	24900
5-pass Sdn	700	2000	3450	6900	11900	17200
5-pass Sta Sdn	750	2100	3550	7100	12300	17700
President, Model 90, 8-cyl.						
7-pass Tr	1950	5750	9700	19400	34100	48400
7-pass Sta Tr	2050	6000	10100	20200	35500	50400
5-pass Sta Vic	850	2550	4350	8700	15300	21700
5-pass Sta Brghm	850	2600	4400	8800	15500	21900
7-pass Sdn	800	2350	3950	7900	13700	19700
7-pass Sta Sdn	800	2450	4150	8300	14600	20700
7-pass Sta Limo	850	2650	4500	9000	15900	22500

1932

	6	5	4	3	2	1
Dictator, Model 55/62, 6/8-cyl., 80 hp/85 hp, 117" wb						
2-4 pass Conv Rdstr	1700	5050	8500	17000	29900	42500
2-4 pass Reg Conv Rdstr	1800	5350	9000	18000	31650	45000
2-pass Cpe	800	2350	3950	7900	13700	19700
2-pass Reg Cpe	800	2450	4150	8300	14600	20700
2-4 pass Cpe	1000	3200	5350	10700	18900	26700
2-4 pass Reg Cpe	1050	3300	5500	11000	19300	27500
5-pass St Brghm	900	2850	4750	9500	16700	23700
5-pass Reg St Brghm	950	2950	4950	9900	17500	24700
5-pass Conv Sdn	1600	4800	8000	16000	28150	40000
5-pass Reg Conv Sdn	1800	5250	8850	17700	31100	44100
5-pass Sdn	800	2350	3950	7900	13700	19700
5-pass Reg Sdn	800	2450	4150	8300	14600	20700

Model 55 6-cylinder deduct 30% from prices shown

	6	5	4	3	2	1
Commander, Model 71, 8-cyl., 101 hp, 125" wb						
2-4 pass Rdstr Conv	1850	5450	9150	18300	32200	45700
2-4 pass Reg Rdstr Conv	1900	5500	9300	18600	32700	46400
2-pass Cpe	900	2900	4600	9300	14500	19800
2-4 pass Cpe	950	3050	5100	10200	18000	25400
2-pass Reg Cpe	1000	3200	5350	10700	18900	26700
2-4 pass Reg Cpe	1050	3350	5500	10900	19300	27000
5-pass St Brghm	950	3050	5150	10300	18200	25700
5-pass Reg St Brghm	1000	3200	5350	10700	18900	26700
5-pass Conv Sdn	1800	5350	9000	18000	31650	45000
5-pass Reg Conv Sdn	1850	5450	9200	18400	32350	45900
5-pass Sdn	800	2350	3950	7900	13700	19700
5-pass Reg Sdn	800	2400	4050	8100	14200	20200
President, Model 91, 8-cyl., 122 hp, 135" wb						
2-4 pass Rdstr Conv	2500	7350	12450	24900	43700	62100
2-4 pass Sta Rdstr Conv	2600	7650	12950	25900	45500	64700
2-pass Cpe	1100	3550	5900	11800	20800	29400
2-pass Sta Cpe	1150	3650	6100	12200	21500	30500
2-4 pass St Brghm	1000	3150	5300	10600	18700	26500
5-pass Sta St Reg Brghm	1050	3300	5500	11000	19300	27500
5-pass Conv Sdn	2400	7050	11950	23900	42000	59700
5-pass Sta Conv Sdn	2500	7350	12450	24900	43700	62100
5-pass Sdn	800	2450	4100	8200	14400	20500
5-pass Sta Sdn	850	2550	4300	8600	15100	21500
7-pass Limo	950	2950	4950	9900	17500	24700
7-pass Sta Limo	950	3050	5100	10200	18000	25400
7-pass Sdn	800	2350	3900	7800	13500	19500
7-pass Sta Sdn	800	2450	4100	8200	14400	20500
Rockne, Model 65, 66 hp, 6-cyl., 110" wb						
2-pass Cpe	500	1350	2350	4700	8100	11500
2-4 pass Cpe	550	1500	2500	5000	8700	12300

	6	5	4	3	2	1
4-dr 5-pass Sdn	450	1250	2150	4300	7400	10700
2-dr 5-pass Sdn	450	1250	2050	4100	7100	10300
5-pass Conv Sdn	1350	4150	6900	13800	24300	34500
2-4 pass Conv Rdstr	1500	4600	7700	15400	27100	38500
Rockne, Model 75, 72 hp, 6-cyl., 114" wb						
2-pass Cpe	550	1400	2400	4800	8300	11800
2-4 pass Cpe	500	1350	2300	4600	8000	11300
4-dr 5-pass Sdn	450	1250	2100	4200	7200	10500

1933

	6	5	4	3	2	1
Dictator-6, Model 56, 6-cyl., 85 hp, 117" wb						
2-4 pass Rdstr	1550	4650	7800	15600	27450	38900
2-4 pass Reg Rdstr	1600	4850	8100	16200	28500	40500
2-pass Cpe	700	1850	3300	6600	11300	16300
2-pass Reg Cpe	700	2050	3500	7000	12100	17400
2-4 pass Cpe	750	2200	3650	7300	12600	18200
2-4 pass Reg Cpe	750	2300	3850	7700	13300	19200
5-pass St Brghm	650	1700	3000	5900	10200	14700
5-pass Reg St Brghm	650	1750	3150	6300	10900	15700
5-pass Conv Sdn	1550	4700	7900	15800	27800	39400
5-pass Reg Conv Sdn	1650	4950	8300	16600	29200	41500
5-pass Sdn	550	1500	2500	5100	8800	12500
5-pass Reg Sdn	600	1600	2750	5500	9500	13800
Commander, Model 73, 8-cyl., 100 hp, 117" wb						
2-4 pass Rdstr Conv	1600	4850	8100	16200	28500	40500
2-4 pass Reg Rdstr Conv	1650	4950	8300	16600	29200	41500
2-pass Cpe	750	2100	3550	7100	12300	17700
2-pass Reg Cpe	750	2250	3750	7500	13000	18700
2-4 pass Cpe	800	2350	3950	7900	13700	19700
2-4 pass Reg Cpe	800	2450	4150	8300	14600	20700
5-pass St Brghm	650	1750	3150	6300	10900	15700
5-pass Reg St Brghm	700	1900	3350	6700	11500	16500
5-pass Conv Sdn	1600	4850	8100	16200	28500	40500
5-pass Reg Conv Sdn	1700	5000	8350	16700	29400	41700
5-pass Sdn	650	1750	3150	6300	10900	15700
5-pass Reg Sdn	700	1900	3350	6700	11500	16500
President, Model 82, 8-cyl., 110 hp, 125" wb						
2-4 pass Rdstr Conv	1750	5100	8600	17200	30250	43000
2-4 pass Sta Rdstr Conv	1750	5200	8750	17500	30800	43700
2-4 pass Cpe	750	2100	3550	7100	12300	17700
2-4 pass Sta Cpe	800	2450	4150	8300	14600	20700
5-pass St Brghm	650	1750	3150	6300	10900	15700
5-pass Sta St Rgs Brghm	700	1900	3350	6700	11500	16500
5-pass Sta Conv Sdn	1750	5200	8750	17500	30800	43700
5-pass Sdn	700	1900	3350	6700	11500	16500
5-pass Sta Sdn	750	2100	3550	7100	12300	17700
President Speedway, Model 92, 8-cyl., 132 hp, 135" wb						
2-4 pass Rdstr Conv	1800	5250	8800	17600	30950	43900
2-4 pass Sta Rdstr Conv	1800	5300	8900	17800	31300	44400
2-4 pass Cpe	800	2350	3950	7900	13700	19700
2-4 pass Sta Cpe	800	2450	4150	8300	14600	20700
5-pass Sta St Brghm	850	2550	4350	8700	15300	21700
5-pass Sta Conv Sdn	1800	5300	8900	17800	31300	44400
5-pass Sdn	650	1750	3150	6300	10900	15700
5-pass Sta Sdn	700	1900	3350	6700	11500	16500
7-pass Sdn	750	2100	3550	7100	12300	17700
7-pass Sta Sdn	750	2250	3750	7500	13000	18700
7-pass Sta Limo	800	2450	4100	8200	14400	20500
Rockne, Model 10, 70 hp, 6-cyl., 110" wb						
2-4 pass Conv	1300	4000	6700	13400	23600	33400
2-pass Cpe	600	1600	2750	5500	9500	13800

	6	5	4	3	2	1
5-pass Coach	400	1200	1950	3900	6800	9900
2-4 pass Cpe	550	1450	2450	4900	8500	12000
5-pass Sdn	400	1200	1950	3900	6800	9900
5-pass Conv Sdn	1500	4600	7700	15400	27100	38500

1934

Dictator, Model A, 6-cyl., 88 hp, 113" wb (Begin October 1933)

	6	5	4	3	2	1
2-4 pass Conv Rdstr	1300	4100	6800	13600	23950	34000
2-4 pass Reg Conv Rdstr	1400	4250	7100	14200	25000	35400
2-pass Cpe	650	1800	3200	6400	11000	15900
2-pass Reg Cpe	700	1850	3300	6600	11300	16300
2-4 pass Cpe	700	1900	3400	6750	11600	16800
2-4 pass Reg Cpe	700	2000	3450	6900	11900	17200
5-pass St Brghm	550	1550	2600	5200	9000	12800
5-pass Reg St Brghm	550	1550	2650	5300	9100	13000
5-pass Custom St Brghm	450	1250	2100	4200	7200	10500
5-pass Sdn	400	1200	2000	4000	6900	10000
5-pass Reg Sdn	450	1250	2050	4100	7100	10300
5-pass Custom Sdn	450	1250	2100	4200	7200	10500

Deduct 10% for "Year Ahead" series

Special Dictator, Model A, 6-cyl., 88 hp 113" wb (Begin January 1934)

	6	5	4	3	2	1
2-pass Cpe	550	1500	2500	5100	8800	12500
2-pass Reg Cpe	650	1700	3000	5900	10200	14700
2-4 pass Cpe	550	1500	2500	5100	8800	12500
2-4 pass Reg Cpe	600	1600	2750	5500	9500	13800
5-pass St Brghm	400	1200	1950	3900	6800	9900
5-pass Reg St Brghm	450	1250	2050	4100	7100	10300
5-pass St Brghm Cus	450	1250	2050	4100	7100	10300
5-pass Sdn	400	1200	1950	3900	6800	9900
5-pass Reg Sdn	450	1250	2050	4100	7100	10300
5-pass Custom Sdn	500	1300	2250	4500	7700	11000

Commander, Model B, 8-cyl., 103 hp, 119" wb

	6	5	4	3	2	1
2-4 pass Rdstr Conv	1400	4250	7100	14200	25000	35400
2-4 pass Reg Rdstr Conv	1450	4450	7400	14800	26050	36900
2-pass Cpe	700	1900	3350	6700	11500	16500
2-pass Reg Cpe	750	2100	3550	7100	12300	17700
2-4 pass Cpe	650	1750	3150	6300	10900	15700
2-4 pass Reg Cpe	700	1900	3350	6700	11500	16500
5-pass Sdn	400	1200	1950	3900	6800	9900
5-pass Reg Sdn	450	1250	2050	4100	7100	10300
5-pass Custom Sdn	450	1250	2100	4200	7200	10500
5-pass St Reg Brghm	450	1250	2200	4400	7600	10900
5-pass Custom St Brghm	500	1300	2250	4500	7700	11000
5-pass L Cruise	450	1250	2150	4300	7400	10700
5-pass Reg L Cruise	450	1250	2200	4400	7600	10900

President, Model C, 8-cyl., 110 hp, 123" wb

	6	5	4	3	2	1
2-4 pass Rdstr Conv	1550	4650	7750	15500	27300	38700
2-4 pass Reg Rdstr Conv	1600	4800	8000	16000	28150	40000
2-pass Cpe	750	2100	3550	7100	12300	17700
2-pass Reg Cpe	750	2250	3750	7500	13000	18700
2-4 pass Cpe	700	1900	3350	6700	11500	16500
2-4 pass Reg Cpe	750	2100	3550	7100	12300	17700
5-pass Sdn	500	1300	2250	4500	7700	11000
5-pass Reg Sdn	500	1350	2350	4700	8100	11500
5-pass Custom Sdn	500	1350	2350	4700	8100	11500
5-pass Custom Berline	550	1450	2450	4900	8500	12000
5-pass Reg Berline	550	1450	2450	4900	8500	12000
5-pass L Cruise	550	1550	2600	5200	9000	12800
5-pass Reg L Cruise	600	1600	2700	5400	9300	13500

	6	5	4	3	2	1

1935

Dictator, Series 1A/2A 6-cyl., 88 hp, 114" wb
	6	5	4	3	2	1
3-5 pass Rdstr	1300	4000	6700	13400	23600	33400
3-5 pass Reg Rdstr	1350	4150	6900	13800	24300	34500
3-pass Cpe	500	1350	2350	4700	8100	11500
3-pass Reg Cpe	550	1500	2500	5100	8800	12500
3-5 pass Cpe	550	1550	2650	5300	9100	13000
3-5 pass Reg Cpe	600	1650	2850	5700	9900	14200
5-pass St Sdn	400	1050	1700	3400	5900	8500
5-pass St Custom Sdn	400	1100	1800	3500	6100	8900
5-pass St Reg Sdn	400	1100	1800	3600	6200	9100
5-pass Sdn	400	1050	1700	3300	5800	8300
5-pass Reg Sdn	400	1050	1700	3400	5900	8500
5-pass Custom Sdn	400	1100	1800	3500	6100	8900
5-pass L Cr	400	1100	1800	3600	6200	9100
5-pass Reg L Cr	400	1150	1850	3700	6400	9300

Series 2A w/Planar front axle add 5%

Commander, Series 1B, 8-cyl., 107 hp, 120" wb
	6	5	4	3	2	1
3-5 pass Rdstr	1450	4400	7300	14600	25700	36500
3-5 pass Reg Rdstr	1500	4500	7500	15000	26400	37500
3-pass Cpe	550	1500	2500	5000	8700	12300
3-pass Reg Cpe	600	1600	2700	5400	9300	13500
3-5 pass Cpe	600	1600	2800	5600	9700	14000
3-5 pass Reg Cpe	600	1650	2900	5800	10000	14500
5-pass Reg St Sdn	400	1200	1950	3900	6800	9900
5-pass Custom St Sdn	400	1200	2000	4000	6900	10000
6-pass Reg Sdn	400	1200	2000	4000	6900	10000
6-pass Custom Sdn	450	1250	2050	4100	7100	10300
5-pass L Cr	450	1250	2100	4200	7200	10500
5-pass Reg L Cr	450	1250	2200	4400	7600	10900

President, Series 1C, 8-cyl., 110 hp, 124" wb
	6	5	4	3	2	1
3-5 pass Rdstr	1500	4550	7650	15300	26900	38200
3-5 pass Reg Rdstr	1550	4650	7750	15500	27300	38700
3-pass Cpe	650	1750	3150	6300	10900	15700
3-pass Reg Cpe	700	1900	3350	6700	11500	16500
3-5 pass Cpe	700	2000	3450	6900	11900	17200
3-5 pass Reg Cpe	750	2100	3550	7100	12300	17700
6-pass Reg Sdn	450	1250	2100	4200	7200	10500
6-pass Custom Sdn	500	1350	2300	4600	8000	11300
5-pass L Cr	550	1500	2500	5100	8800	12500
5-pass Reg L Cr	600	1600	2750	5500	9500	13800
5-pass Custom Berline	650	1700	3000	5900	10200	14700
5-pass Reg Berline	650	1700	3000	6100	10600	15200

1936

Dictator-6, 6-cyl., 90 hp, 116" wb
	6	5	4	3	2	1
3-pass Bus Cpe	450	1250	2150	4300	7400	10700
3-pass Custom Cpe	500	1350	2350	4700	8100	11500
5-pass Custom Cpe	550	1500	2500	5100	8800	12500
5-pass Custom St R Sdn	400	1100	1800	3600	6200	9100
5-pass Cr St Rgs Sdn	400	1150	1850	3700	6400	9300
6-pass Custom Sdn	400	1150	1850	3700	6400	9300
6-pass Cr Sdn	400	1200	1900	3800	6600	9600

President-8, 8-cyl., 115 hp, 125" wb
	6	5	4	3	2	1
3-pass Custom Cpe	600	1600	2750	5500	9500	13800
5-pass Custom Cpe	650	1700	3000	5900	10200	14700
5-pass Custom St R Sdn	450	1250	2200	4400	7600	10900
5-pass Cr St R Sdn	500	1300	2250	4500	7700	11000
6-pass Custom Sdn	500	1350	2300	4600	8000	11300
6-pass Cr Sdn	550	1500	2500	5000	8700	12300

	6	5	4	3	2	1

1937

Dictator-6, 6-cyl. 90 hp, 116" wb

3-pass Bus Cpe	500	1350	2350	4700	8100	11500
3-pass Custom Cpe	550	1500	2500	5100	8800	12500
5-pass Custom Cpe	550	1450	2450	4900	8500	12000
6-pass Custom St R Sdn	400	1200	1900	3800	6600	9600
6-pass St R Cr Sdn	400	1150	1850	3700	6400	9300
6-pass Custom Sdn	400	1150	1850	3700	6400	9300
6-pass Cr Sdn	400	1200	1950	3900	6800	9900

President, 8-cyl., 115 hp, 125" wb

3-pass Custom Cpe	600	1600	2750	5500	9500	13800
5-pass Custom Cpe	550	1550	2650	5300	9100	13000
6-pass Custom St R Sdn	450	1250	2200	4400	7600	10900
6-pass St R Cr Sdn	450	1250	2150	4300	7400	10700
6-pass Custom Sdn	450	1250	2150	4300	7400	10700
6-pass Cr Sdn	500	1300	2250	4500	7700	11000

1938

Commander, 6-cyl., 90 hp 116.5" wb

3-pass Bus Cpe	450	1250	2150	4300	7400	10700
3-pass Custom Cpe	500	1350	2350	4700	8100	11500
6-pass Club Sdn	400	1200	1900	3800	6600	9600
6-pass Cr Sdn	400	1200	1950	3900	6800	9900
6-pass Conv Sdn	1000	3100	5100	10200	17700	24300

State Commander, 6-cyl., 90 hp 116.5" wb

3-pass Custom Cpe	550	1450	2450	4900	8500	12000
6-pass Club Sdn	400	1150	1850	3700	6400	9300
6-pass Cr Sdn	400	1200	1950	3900	6800	9900
6-pass Conv Sdn	1050	3300	5500	11000	19300	27500

President, 8-cyl., 110 hp, 122" wb

3-pass Cpe	550	1500	2500	5100	8800	12500
6-pass Club Sdn	500	1350	2350	4700	8100	11500
6-pass Cr Sdn	550	1450	2450	4900	8500	12000

State President, 8-cyl., 110 hp, 125" wb

3-pass Cpe	600	1600	2750	5500	9500	13800
6-pass Club Sdn	550	1400	2400	4800	8300	11800
6-pass Cr Sdn	550	1500	2500	5100	8800	12500
6-pass Conv Sdn	1200	3750	6250	12500	22000	31100

1939

Champion, 6-cyl., 78 hp, 110" wb

3-pass Cpe	500	1350	2350	4700	8100	11500
5-pass Club Sdn	450	1250	2100	4200	7200	10500
5-pass Cr Sdn	450	1250	2200	4400	7600	10900

Deluxe Champion, 6-cyl., 78 hp, 110" wb

3-pass Cpe	600	1600	2750	5500	9500	13800
5-pass Club Sdn	500	1350	2300	4600	8000	11300
5-pass Cr Sdn	550	1400	2400	4800	8300	11800

Commander, 6-cyl., 90 hp, 116.5" wb

3-pass Bus Cpe	650	1700	3000	5900	10200	14700
3-pass Custom Cpe	650	1750	3150	6300	10900	15700
6-pass Club Sdn	550	1550	2650	5300	9100	13000
6-pass Cr Sdn	600	1600	2800	5600	9700	14000

State President, 8-cyl., 110 hp, 122" wb

3-pass Custom Cpe	700	1900	3350	6700	11500	16500
6-pass Club Sdn	650	1700	3000	5900	10200	14700
6-pass Cr Sdn	650	1750	3150	6300	10900	15700
6-pass Conv Sdn	1450	4450	7450	14900	26200	37200

	6	5	4	3	2	1

1940

Champion Custom, 6-cyl., 78 hp, 110" wb

	6	5	4	3	2	1
3-pass Cpe	550	1550	2650	5300	9100	13000
5-pass Opera Cpe	600	1650	2850	5700	9900	14200
2-dr 4-pass Club Sdn	500	1350	2350	4700	8100	11500
4-dr 5-pass Cr Sdn	550	1400	2400	4800	8300	11800

Champion Custom Deluxe models add 10%

Commander, 6-cyl., 90 hp, 116.5" wb

	6	5	4	3	2	1
3-pass Custom Cpe	700	1900	3350	6700	11500	16500
2-dr 6-pass Club Sdn	550	1450	2450	4900	8500	12000
4-dr 6-pass Cr Sdn	550	1500	2500	5000	8700	12300

State President, 6-cyl., 110 hp, 125" wb

	6	5	4	3	2	1
3-pass Cpe	750	2200	3650	7300	12600	18200
2-dr 6-pass Club Sdn	600	1650	2850	5700	9900	14200
4-dr 6-pass Cr Sdn	650	1700	3000	5900	10200	14700

1941

Champion Custom Deluxe, 6-cyl., 80 hp, 110" wb

	6	5	4	3	2	1
3-pass Cpe	600	1600	2750	5500	9500	13800
5-pass D D Cpe	600	1650	2850	5700	9900	14200
5-pass Opera Cpe	650	1700	3000	5900	10200	14700
2-dr 5-pass Club Sdn	550	1500	2500	5000	8700	12300
4-dr 5-pass Cr Sdn	550	1500	2500	5100	8800	12500

Custom and Deluxe Tone models deduct 10%

Commander Skyway, 6-cyl., 94 hp, 119" wb

	6	5	4	3	2	1
6-pass Sdn Cpe	650	1700	3000	5900	10200	14700
6-pass Cr Cpe	650	1800	3250	6500	11200	16100
6-pass L Cruise	650	1700	3000	6100	10600	15200

Custom and Deluxe Tone models deduct 10%

President Skyway, 8-cyl., 124.5" wb

	6	5	4	3	2	1
6-pass Sdn Cpe	800	2450	4150	8300	14600	20700
6-pass Cr Sdn	750	2250	3750	7500	13000	18700
6-pass L Cruise	800	2450	4150	8300	14600	20700

Custom and Deluxe-Tone models deduct 10%

1942

Champion Deluxstyle, 6-cyl., 80 hp, 110" wb

	6	5	4	3	2	1
3-pass Cpe	500	1350	2350	4700	8100	11500
5-pass D D Cpe	550	1450	2450	4900	8500	12000
5-pass Club Sdn	400	1200	2000	4000	6900	10000
5-pass Cr Sdn	450	1250	2050	4100	7100	10300

Custom models deduct 5%

Commander Skyway, 6-cyl., 119" wb

	6	5	4	3	2	1
2-dr 6-pass Sdn Cpe	650	1700	3000	6100	10600	15200
6-pass Cr Sdn	550	1500	2500	5000	8700	12300
6-pass L Cr	600	1600	2800	5600	9700	14000

Custom models deduct 15%
Deluxstyle models deduct 10%

President Skyway, 8-cyl., 124.5" wb

	6	5	4	3	2	1
2-dr 6-pass Sdn Cpe	700	2000	3450	6900	11900	17200
6-pass Cr Sdn	600	1650	2900	5800	10000	14500
6-pass L Cr	700	1850	3000	6600	11300	16300

Custom models deduct 15%
Deluxstyle models deduct 10%

1946

Skyway Champion, 6-cyl., 80 hp, 110" wb

	6	5	4	3	2	1
3-pass Cpe	550	1500	2500	5100	8800	12500
5-pass D D Cpe	550	1550	2650	5300	9100	13000

	6	5	4	3	2	1
2-dr 5-pass Club Sdn	450	1250	2200	4400	7600	10900
4-dr 5-pass CR Sdn	500	1350	2350	4700	8100	11500

1947-1948

Champion Deluxe, 6-cyl., 80 hp, 112" wb

	6	5	4	3	2	1
2-dr 3-pass Cpe	450	1250	2150	4300	7400	10700
2-dr 3-pass Rgl Bus Cpe	450	1250	2200	4400	7600	10900
2-dr 5-pass Rgl Club Cpe	550	1500	2500	5000	8700	12300
2-dr 6-pass Sdn	400	1200	1950	3900	6800	9900
2-dr 6-pass Rgl Sdn	400	1200	2000	4000	6900	10000
4-dr 6-pass Sdn	400	1200	2000	4000	6900	10000
4-dr 6-pass Rgl Sdn	450	1250	2050	4100	7100	10300
2-dr 5-pass Rgl Club Cpe Conv	850	2650	4450	8900	15700	22300

Commander Deluxe, 6-cyl., 94 hp, 119" wb

	6	5	4	3	2	1
2-dr 3-pass Bus Cpe	500	1300	2250	4500	7700	11000
2-dr 3-pass Rgl Bus Cpe	550	1450	2450	4900	8500	12000
2-dr 5-pass Rgl Club Cpe	550	1550	2650	5300	9100	13000
2-dr 6-pass Sdn	450	1250	2050	4100	7100	10300
2-dr 6-pass Rgl Sdn	450	1250	2100	4200	7200	10500
4-dr 6-pass Sdn	450	1250	2100	4200	7200	10500
4-dr 6-pass Rgl Sdn	450	1250	2150	4300	7400	10700
4-dr 6-pass Rgl Land Cruiser	600	1600	2750	5500	9500	13800
2-dr 5-pass Rgl Conv	1000	3100	5250	10500	18600	26200

1949

Champion Deluxe, Series 7G, 6-cyl., 80 hp 112" wb

	6	5	4	3	2	1
3-pass Bus Cpe	450	1250	2150	4300	7400	10700
2-dr 3-pass Rgl Bus Cpe	450	1250	2200	4400	7600	10900
5-pass Club Cpe	550	1450	2450	4900	8500	12000
2-dr 5-pass Rgl Club Cpe	550	1500	2500	5000	8700	12300
2-dr 6-pass Sdn	400	1200	1950	3900	6800	9900
2-dr 6-pass Rgl Sdn	400	1200	2000	4000	6900	10000
4-dr 6-pass Sdn	400	1200	2000	4000	6900	10000
4-dr 6-pass Rgl Sdn	450	1250	2050	4100	7100	10300
2-dr 5-pass Rgl Conv	850	2650	4450	8900	15700	22300

Commander Deluxe, Series 15A, 6-cyl., 100 hp 119" wb

	6	5	4	3	2	1
2-dr 3-pass Bus Cpe	500	1300	2250	4500	7700	11000
2-dr 3-pass Rgl Bus Cpe	550	1450	2450	4900	8500	12000
2-dr 5-pass Club Cpe	600	1650	2850	5700	9900	14200
2-dr 5-pass Rgl Club Cpe	650	1700	3000	5900	10200	14700
2-dr 6-pass Sdn	450	1250	2050	4100	7100	10300
2-dr 6-pas Rgl Sdn	450	1250	2100	4200	7200	10500
4-dr 6-pass Sdn	450	1250	2100	4200	7200	10500
4-dr 6-pass Rgl Sdn	450	1250	2150	4300	7400	10700
4-dr 6-pass Rgl Land Cruiser	600	1650	2850	5700	9900	14200
2-dr 5-pass Rgl Conv	1000	3100	5250	10500	18600	26200

1950

Champion, Series 9G, 6-cyl., 85 hp, 113" wb

	6	5	4	3	2	1
3-pass Cust Cpe	550	1450	2450	4900	8500	12000
2-dr 3-pass Dlx Cpe	550	1500	2500	5000	8700	12300
2-dr 3-pass Rgl Dlx Cpe	550	1500	2500	5100	8800	12500
5-pass Cust Cpe Starlight	600	1600	2750	5500	9500	13800
2-dr 5-pass Dlx Cpe Starlight	600	1650	2850	5700	9900	14200
2-dr 5-pass Rgl Dlx Starlight Cpe	650	1700	3000	5900	10200	14700
2-dr Cust Sdn	450	1250	2150	4300	7400	10700
2-dr 6-pass Dlx Sdn	450	1250	2200	4400	7600	10900
2-dr Rgl Dlx Sdn	500	1300	2250	4500	7700	11000
4-dr Cust Sdn	450	1250	2200	4400	7600	10900
4-dr 6-pass Dlx Sdn	500	1300	2250	4500	7700	11000

	6	5	4	3	2	1
4-dr Rgl Dlx Sdn	500	1350	2300	4600	8000	11300
5-pass Reg Dlx Conv	900	2850	4750	9500	16700	23700
Commander, Series 17A, 6-cyl., 102 hp, 120" wb						
2-dr 5-pass Cpe	700	1900	3350	6700	11500	16500
2-dr 5-pass Rgl Dlx Cpe	650	1800	3250	6500	11200	16100
2-dr 6-pass Sdn	550	1550	2650	5300	9100	13000
2-dr Rgl Dlx Sdn	500	1350	2300	4600	8000	11300
4-dr 6-pass Sdn	600	1600	2700	5400	9300	13500
4-dr Rgl Dlx Sdn	500	1350	2350	4700	8100	11500
2-dr 5-pass Rgl Dlx Conv	1000	3250	5450	10900	19100	27200
Land Cruiser, 6-cyl., 102 hp, 124" wb						
4-dr 6-pass Sdn	650	1700	3000	5900	10200	14700

1951

	6	5	4	3	2	1
Champion, Series 10G, 6-cyl., 85 hp, 115" wb						
2-dr 3-pass Cust Cpe	600	1650	2850	5700	9900	14200
2-dr 3-pass Dlx Cpe	600	1600	2750	5500	9500	13800
2-dr 5-pass Cust Cpe	650	1750	3150	6300	10900	15700
2-dr 5-pass Dlx Cpe	650	1750	3150	6300	10900	15700
2-dr Cust Sdn	600	1600	2750	5500	9500	13800
2-dr Dlx Sdn	500	1350	2350	4700	8100	11500
4-dr Cust Sdn	600	1600	2750	5500	9500	13800
4-dr Dlx Sdn	500	1350	2350	4700	8100	11500
4-dr Rgl Sdn	550	1500	2500	5100	8800	12500
2-dr Rgl Sdn	550	1500	2500	5100	8800	12500
2-dr 5-pass Rgl Cpe	650	1700	3000	5900	10200	14700
3-pass Rgl Cpe	600	1600	2750	5500	9500	13800
5-pass Rgl Conv	900	2850	4750	9500	16700	23700
Commander, Series H, 8-cyl., 120 hp, 115" wb						
2-dr 3-pass Rgl Cpe	600	1650	2850	5700	9900	14200
2-dr 5-pass Rgl Cpe	650	1750	3150	6300	10900	15700
2-dr 5-pass State Cpe	700	1900	3350	6700	11500	16500
2-dr Rgl Sdn	550	1500	2500	5000	8700	12300
2-dr State Sdn	550	1550	2650	5300	9100	13000
4-dr Rgl Sdn	550	1500	2500	5000	8700	12300
4-dr State Sdn	550	1550	2650	5300	9100	13000
2-dr 5-pass State Conv	1150	3600	5950	11900	21000	29700
Commander Land Cruiser, 8-cyl., 119" wb						
4-dr 6-pass Sdn	650	1700	3000	5900	10200	14700

1952

	6	5	4	3	2	1
Champion, Series 12G, 6-cyl., 85 hp, 115" wb						
2-dr 5-pass Cus Cpe	650	1700	3000	5900	10200	14700
2-dr 5-pass Dlx Cpe	650	1700	3000	6100	10600	15200
2-dr 5-pass Rgl Cpe	650	1800	3250	6500	11200	16100
2-dr Cus Sdn	500	1350	2350	4700	8100	11500
2-dr Dlx Sdn	500	1350	2350	4700	8100	11500
2-dr Rgl Sdn	550	1450	2450	4900	8500	12000
4-dr Cus Sdn	500	1350	2350	4700	8100	11500
4-dr Dlx Sdn	500	1350	2350	4700	8100	11500
4-dr Rgl Sdn	550	1450	2450	4900	8500	12000
2-dr 5-pass Rgl Starliner Hdtp	650	1750	3150	6300	10900	15700
2-dr 5-pass Rgl Conv	950	2950	4950	9900	17500	24700
Commander, Series 3H, 8-cyl., 120 hp, 115" wb						
2-dr 5-pass Rgl Cpe	700	1900	3350	6700	11500	16500
2-dr 5-pass State Cpe	750	2100	3550	7100	12300	17700
2-dr Rgl Sdn	550	1500	2500	5100	8800	12500
2-dr State Sdn	550	1550	2650	5300	9100	13000
4-dr Rgl Sdn	550	1500	2500	5100	8800	12500
4-dr State Sdn	550	1550	2650	5300	9100	13000

	6	5	4	3	2	1
2-dr 5-pass State Starliner Hdtp	700	2000	3450	6900	11900	17200
2-dr 5-pass State Conv	1150	3600	5950	11900	21000	29700
Commander Land Cruiser, 8-cyl., 119" wb						
4-dr 6-pass Sdn	600	1600	2750	5500	9500	13800

1953

Champion Weries 14G, 6-cyl., 85 hp, (Sedans 116.5" wb; coupes, hardtops 120.5" wb)

	6	5	4	3	2	1
5-pass Dlx Cpe (120.5" wb)	650	1750	3150	6300	10900	15700
2-dr Cus Sdn	450	1250	2150	4300	7400	10700
2-dr Dlx Sdn	500	1350	2350	4700	8100	11500
2-dr Rgl Sdn	550	1450	2450	4900	8500	12000
4-dr Cus Sdn	450	1250	2150	4300	7400	10700
4-dr Dlx Sdn	500	1350	2350	4700	8100	11500
4-dr Rgl Sdn	550	1450	2450	4900	8500	12000
2-dr 5-pass Rgl Cpe	700	1900	3350	6700	11500	16500
2-dr 5-pass Rgl Starliner Hdtp	650	1800	3250	6500	11200	16100

Commander, Series 4H, 8-cyl., (Sedans 116.5" wb, coupes, hardtops 120'5" wb)

	6	5	4	3	2	1
2-dr 5-pass Dlx Cpe	750	2100	3550	7100	12300	17700
2-dr Rgl 5-pass Cpe	750	2200	3650	7300	12600	18200
5-p Rgl Stlnr Hdtp Cpe	800	2350	3950	7900	13700	19700
2-dr Dlx Sdn	550	1500	2500	5100	8800	12500
4-dr Dlx Sdn	550	1500	2500	5100	8800	12500
4-dr Rgl Sdn	550	1550	2650	5300	9100	13000

Land Cruiser, 8-cyl., 120.5" wb

	6	5	4	3	2	1
4-dr Sdn	550	1500	2500	5100	8800	12500

1954

Champion Custom, 6-cyl., 116.5" wb, Coupe 120.5" wb)

	6	5	4	3	2	1
2-dr 5-pass Dlx Starlight Cpe	650	1750	3150	6300	10900	15700
5-pass Rgl Starlight Cpe	700	1900	3350	6700	11500	16500
5-pass Rgl Starline R Hdtp	750	2100	3550	7100	12300	17700
2-dr Cus Sdn	450	1250	2150	4300	7400	10700
2-dr Dlx Sdn	500	1350	2350	4700	8100	11500
2-dr Rgl Sdn	550	1450	2450	4900	8500	12000
4-dr Cus Sdn	450	1250	2150	4300	7400	10700
4-dr Dlx Sdn	500	1350	2350	4700	8100	11500
4-dr Rgl Sdn	550	1450	2450	4900	8500	12000
2-dr 6-pass Dlx Sta Wgn	550	1500	2500	5100	8800	12500
2-dr 6-pass Rgl Sta Wgn	600	1600	2750	5500	9500	13800

Commander, Series 5H 8-cyl., 116.5" wb (coupe 120.5" wb)

	6	5	4	3	2	1
2-dr Dlx Starlight Cpe	750	2100	3550	7100	12300	17700
5-pass Rgl Starlight Cpe	800	2350	3950	7900	13700	19700
5-pass Rgl Starliner Hdtp	750	2300	3850	7700	13300	19200
2-dr Dlx Sdn	550	1500	2500	5100	8800	12500
4-dr Dlx Sdn	550	1500	2500	5100	8800	12500
4-dr Rgl Sdn	550	1550	2650	5300	9100	13000
6-pass Dlx Sta Wgn	650	1700	3000	5900	10200	14700
2-dr 6-pass Rgl Sta Wgn	600	1650	2850	5700	9900	14200

Land Cruiser, 8-cyl., 120.5" wb

	6	5	4	3	2	1
4-dr Sdn	550	1500	2500	5100	8800	12500

1955

Champion, Series 16G, 6-cyl., 116.5" wb (coupe 120.5")

	6	5	4	3	2	1
2-dr 5-pass Dlx Cpe	650	1750	3150	6300	10900	15700
2-dr 5-pass Rgl Cpe	500	1350	2350	4700	8100	11500
2-dr Cus Sdn	450	1250	2150	4300	7400	10700
2-dr Dlx Sdn	500	1350	2350	4700	8100	11500
4-dr Cus Sdn	450	1250	2150	4300	7400	10700
4-dr Dlx Sdn	500	1350	2350	4700	8100	11500
4-dr Rgl Sdn	500	1350	2350	4700	8100	11500

	6	5	4	3	2	1
2-dr Rgl Hdtp	750	2100	3550	7100	12300	17700
2-dr 6-pass Sta Wgn	550	1450	2450	4900	8500	12000
2-dr 6-pass Rgl Sta Wgn	550	1500	2500	5100	8800	12500
Commander, Series 16G, 8-cyl., 140 hp, 116.5" wb (coupe 120.5")						
2-dr 5-pass Dlx Cpe	750	2100	3550	7100	12300	17700
2-dr 5-pass Rgl Cpe	750	2100	3550	7100	12300	17700
2-dr Cus Sdn	550	1450	2450	4900	8500	12000
2-dr Dlx Sdn	550	1500	2500	5100	8800	12500
4-dr Cus Sdn	550	1450	2450	4900	8500	12000
4-dr Dlx Sdn	550	1500	2500	5100	8800	12500
4-dr Rgl Sdn	550	1550	2650	5300	9100	13000
2-dr Rgl Hdtp Cpe	750	2250	3750	7500	13000	18700
2-dr 6-pass Sta Wgn	600	1600	2750	5500	9500	13800
2-dr 6-pass Sta Wgn	600	1650	2850	5700	9900	14200
President, Series 6H, 8-cyl., 185 hp, 120.5' wb						
4-dr Dlx Sdn	550	1550	2650	5300	9100	13000
4-dr State Sdn	600	1650	2850	5700	9900	14200
2-dr State Cpe	750	2250	3750	7500	13000	18700
2-dr State Hdtp	800	2450	4150	8300	14600	20700
2-dr Spdstr Hdtp	950	2950	4950	9900	17500	24700
				Factory air add 20%		

1956

	6	5	4	3	2	1
Champion, Series 56G, 6-cyl., 101 hp, 116.5" wb (coupe 120.5" wb)						
2-dr Sedanet	400	1050	1700	3400	5900	8500
2-dr Sdn	400	1050	1700	3400	5900	8500
4-dr Sdn	400	1100	1800	3500	6100	8900
2-dr Flight Hawk 5-pass Cpe	600	1650	2850	5700	9900	14200
2-dr Pelham Sta Wgn	400	1200	1900	3800	6600	9600
Commander, Series 56B, 8-cyl., 170 hp, 116.5" wb, (coupe 120.5")						
2-dr Sedanet	400	1200	1900	3800	6600	9600
2-dr Sdn	400	1200	1900	3800	6600	9600
4-dr Sdn	400	1200	1900	3800	6600	9600
2-dr Power Hawk Cpe	650	1700	3000	6100	10600	15200
2-dr Parkview 6-pass Sta Wgn	500	1350	2350	4700	8100	11500
President, Series 56H, 8-cyl., 195 hp, 120.5" (base sedans, Pinehurst 116.5" wb)						
2-dr Sdn	400	1200	2000	4000	6900	10000
4-dr Sdn	450	1250	2050	4100	7100	10300
4-dr Classic sdn	450	1250	2150	4300	7400	10700
2-dr Sky Hawk Hdtp	750	2100	3550	7100	12300	17700
2-dr Pinehurst 6-pass Sta Wgn	500	1350	2350	4700	8100	11500
Golden Hawk, Series 58J, 8-cyl., 275 hp, 120.5" wb						
2-dr Hdtp	1000	3100	5250	10500	18600	26200
				Factory air add 20%		
			352-275 hp V8 (exc Golden Hawk) add 20%			

1957

	6	5	4	3	2	1
Scotsman, Series 57G-6, 6-cyl., 101 hp, 116.5" wb						
2-dr Sdn	400	1100	1800	3500	6100	8900
4-dr Sdn	400	1100	1800	3500	6100	8900
2-dr 6-pass Sta Wgn	400	1200	1950	3900	6800	9900
Champion, Series 57G, 6-cyl., 116.5" wb (coupe 120.5" wb)						
2-dr Cus Club Sdn	400	1100	1800	3600	6200	9100
2-dr Dxl Club Sdn	400	1150	1850	3700	6400	9300
4-dr Cus Sdn	400	1100	1800	3600	6200	9100
4-dr Dlx Sdn	400	1150	1850	3700	6400	9300
2-dr Silver Hawk 2-dr Cpe	650	1750	3150	6300	10900	15700
2-dr Pelham 6-pass Sta Wgn	400	1200	1950	3900	6800	9900
Commander, Series 57B, 8-cyl., 180 hp, 116.5" wb						
2-dr Cus Club Sdn	400	1150	1850	3700	6400	9300
2-dr Dlx Club Sdn	450	1250	2050	4100	7100	10300

	6	5	4	3	2	1
4-dr Cus Sdn	400	1150	1850	3700	6400	9300
4-dr Dlx Sdn	400	1200	1950	3900	6800	9900
2-dr Parkview 6-pass Sta Wgn	500	1350	2350	4700	8100	11500
4-dr Provincial 6-pass Sta Wgn	550	1450	2450	4900	8500	12000
President, Series 57H 8-cyl., 210 hp, (Gldn Hwk 275 hp), 116.5" wb (Hawk models 120.5" wb)						
2-dr Club Sdn	450	1250	2100	4200	7200	10500
4-dr Sdn	450	1250	2150	4300	7400	10700
4-dr Classic Sdn (120.5" wb)	450	1250	2150	4300	7400	10700
4-dr Broadmoor Sta Wgn	550	1450	2450	4900	8500	12000
2-dr Silver Hawk Cpe	700	2000	3450	6900	11900	17200
2-dr Golden Hawk Spt Hdtp	1350	4150	6950	13900	24500	34700

Factory air add 20%
Supercharged 289 (exc Golden Hawk) add 30%

1958

	6	5	4	3	2	1
Scotsman, Series 58G-6, 6-cyl., 101 hp, 116.5" wb						
2-dr Sdn	350	900	1500	2900	5200	7400
4-dr Sdn	350	900	1500	3000	5300	7600
2-dr 6-pass Sta Wgn	350	1000	1600	3200	5700	8100
Champion, Series 58G, 6-cyl., 101 hp, 116.5" w (coupe 120.5" wb)						
2-dr Sdn	350	900	1500	3000	5300	7600
4-dr Sdn	350	900	1500	3000	5300	7600
2-dr Silver Hawk Cpe	650	1750	3150	6300	10900	15700
Commander, Series 58B, 8-cyl., 116.5" wb						
4-dr Sdn	400	1100	1800	3500	6100	8900
2-dr Hdtp Cpe	450	1250	2050	4100	7100	10300
4-dr 6-pass Provincial Sta Wgn	400	1150	1850	3700	6400	9300
President, Series 58H, 8-cyl., 210 hp (Golden Hawk 275 hp) 120.5" wb						
4-dr Sdn	400	1200	1900	3800	6600	9600
2-dr Hdtp Cpe	550	1500	2500	5100	8800	12500
2-dr Silver Hawk Cpe	700	2000	3450	6900	11900	17200
2-dr Golden Hawk Spt Hdtp	1100	3450	5750	11500	20300	28700

Factory air add 20%
Supercharged 289 (exc Golden Hawk) add 30%

1959

	6	5	4	3	2	1
Lark, (Deluxe Series 59-S, Regal Series 59V), 6-cyl., 90 hp, 108.5" wb (wagons 113" wb)						
2-dr Dlx Sdn	350	950	1550	3100	5500	7900
4-dr Dlx Sdn	350	950	1550	3100	5500	7900
4-dr Rgl Sdn	400	1100	1800	3500	6100	8900
2-dr Rgl Hdtp	500	1300	2250	4500	7700	11000
2-dr Dlx Sta Wgn	400	1050	1700	3300	5800	8300
2-dr Rgl Sta Wgn (113" wb)	400	1100	1800	3500	6100	8900
Hawk, Series 59S, 6-cyl., 101 hp, 120.5" wb						
2-dr Spt Cpe	700	1900	3350	6700	11500	16500

All models 259 cid V8 add 15%

1960

	6	5	4	3	2	1
Lark Deluxe, (6-cyl Series 60-S, V-8 Series 60V), 6-cyl., 90 hp, 108.5" (wagons 113" wb)						
2-dr Dxl Sdn	350	950	1550	3100	5500	7900
4-dr Dlx Sdn	350	950	1550	3100	5500	7900
4-dr Rgl Sdn	400	1100	1800	3500	6100	8900
2-dr Rgl Hdtp	500	1300	2250	4500	7700	11000
2-dr Rgl Conv	700	1900	3350	6700	11500	16500
2-dr Dlx Sta Wgn	400	1050	1700	3300	5800	8300
4-dr Dxl Sta Wgn	400	1050	1700	3400	5900	8500
4-dr Rgl Sta Wgn	400	1100	1800	3500	6100	8900
Silver Hawk, Series 60V, 8-cyl., 210 hp, 120.5" wb						
2-dr Spt Cpe	750	2200	3650	7300	12600	18200

Optional 259 cid V8 add 10%   *Hawk 289-225 hp add 15%*

	6	5	4	3	2	1

1961

Lark Deluxe, (6-cyl Series 61S; V8 Series 61V), 6-cyl., 112 hp, 108.5" wb (Cruiser & wagons 113" wb)

	6	5	4	3	2	1
2-dr Dlx Sdn	350	950	1550	3100	5500	7900
4-dr Dlx Sdn	350	900	1500	3000	5300	7600
4-dr Rgl Sdn	350	950	1550	3100	5500	7900
2-dr Rgl Hdtp	450	1250	2050	4100	7100	10300
2-dr Rgl Conv	700	2000	3450	6900	11900	17200
4-dr Crusier Sdn	350	1000	1600	3200	5700	8100
2-dr Dlx Sta Wgn	350	950	1550	3100	5500	7900
4-dr Dlx Sta Wgn	350	1000	1600	3200	5700	8100
4-dr Reg Sta Wgn	350	1000	1600	3200	5700	8100

Hawk, Series 61V, 8-cyl., 120.5" wb

	6	5	4	3	2	1
2-dr Spt Cpe	750	2200	3650	7300	12600	18200

Optional 259-195 hp cid V8 add 10%
Hawk 289-225 hp add 15%
4-speed add 15%   Skytop sunroof add 10%

1962

Lark Deluxe, (6-cyl 61-S, V8 Series 61-V), 6-cyl., (2-dr models 109" wb; 4-dr models 113" wb)

	6	5	4	3	2	1
2-dr Dlx Sdn	350	900	1500	3000	5300	7600
4-dr Dlx Sdn	350	900	1500	3000	5300	7600
4-dr Rgl Sdn	350	900	1500	3000	5300	7600
4-dr Cruiser Sdn (V8)	400	1200	1950	3900	6800	9900
2-dr Rgl Hdtp	450	1250	2050	4100	7100	10300
2-dr Daytona Hdtp	450	1250	2050	4100	7100	10300
2-dr Rgl Conv	700	2000	3450	6900	11900	17200
2-dr Daytona Conv	700	2000	3450	6900	11900	17200
4-dr Dlx Sta Wgn	350	1000	1600	3200	5700	8100
4-dr Rgl Sta Wgn	400	1050	1700	3300	5800	8300

Gran Turismo Hawk, (Series 61V) 8-cyl., 120.5" wb

	6	5	4	3	2	1
2-dr Hdtp	800	2500	4250	8500	15000	21200

Optional 259-195 hp cid V8 add 10%
Optional 289-225 hp add 15%
4-speed add 15%   Skytop sunroof add 10%

1963

Avanti, Series 63R, 8-cyl., 240 hp, 109" wb.

	6	5	4	3	2	1
2-dr cpe	1500	4300	7100	9600	14500	25000

Lark, 8-cyl., (6-cyl 63-S, V8 Series 63-V), 6-cyl., (2-dr models 109" wb; 4-dr models 113" wb)

	6	5	4	3	2	1
2-dr Std Sdn	350	950	1550	3100	5500	7900
2-dr Cus Sdn	350	950	1550	3100	5500	7900
2-dr Rgl Sdn	350	950	1550	3100	5500	7900
4-dr Std Sdn	350	950	1550	3100	5500	7900
4-dr Cus Sdn	350	950	1550	3100	5500	7900
4-dr Rgl Sdn	350	950	1550	3100	5500	7900
2-dr Daytona Hdtp	450	1250	2050	4100	7100	10300
2-dr Daytona Conv	700	2050	3500	7000	12100	17400
4-dr Std Sta Wgn	400	1050	1700	3400	5900	8500
4-dr Rgl Sta Wgn	400	1100	1800	3500	6100	8900
4-dr Daytona Sta Wgn	400	1200	1950	3900	6800	9900

Wagonaire sliding top add 10%

Cruiser, Series 63V, 8-cyl., 240 hp, 113" wb

	6	5	4	3	2	1
4-dr Sdn	400	1200	1950	3900	6800	9900

Gran Turismo Hawk, 8-cyl., 120.5" wb

	6	5	4	3	2	1
2-dr Hdtp	850	2650	4450	8900	15700	22300

Optional 259 V8 add 10%
Optional 289-240 hp V8 (R-1) add 15%
289-289 hp Supercharger V8 (R-2) add 30%
304 V8-280 hp V8 (R-4) add 30%
304 V8 2X4-bbl 335 hp V8 (R-3) add 40%
4-speed add 10%   Twin-Traction add 10%

	6	5	4	3	2	1

1964

Avanti, Series 64R, 8-cyl 240 hp, 109 " wb

	6	5	4	3	2	1
2-dr cpe.	1500	4300	7100	9600	14500	25000

Challenger, Series 6-cyl 64-S, V8 64-V, 6-cyl., (2-dr models 109" wb; 4-dr models 113" wb)

	6	5	4	3	2	1
2-dr Sdn	350	1000	1600	3200	5700	8100
4-dr Sdn	350	950	1550	3100	5500	7900
4-dr Sta Wgn	400	1050	1700	3300	5800	8300

Commander, Series 6-cyl 64-S, V8 64-V, (2-dr models 109" wb; 4-dr models 113" wb)

	6	5	4	3	2	1
2-dr Sdn	350	1000	1600	3200	5700	8100
4-dr Sdn	350	950	1550	3100	5500	7900
4-dr Sta Wgn	400	1050	1700	3300	5800	8300

Daytona, Series 6-cyl 64-S, V8 64-V, (2-dr models 109" wb; 4-dr models 113" wb)

	6	5	4	3	2	1
4-dr Sdn	400	1050	1700	3300	5800	8300
2-dr Hdtp	500	1300	2250	4500	7700	11000
2-dr Conv	700	2050	3500	7000	12100	17400
4-dr Sta Wgn	450	1250	2050	4100	7100	10300

Cruiser, Series 64V, 8-cyl., 210 hp 113" wb

	6	5	4	3	2	1
4-dr Sdn	400	1200	2000	4000	6900	10000

Gran Turismo Hawk, 8-cyl., 120.5" wb

	6	5	4	3	2	1
2-dr Hdtp	850	2550	4350	8700	15300	21700

Optional 259 V8 add 10%
Optional 289-240 hp V8 (R-1) add 15%
289-289 hp Supercharger V8 (R-2) add 30%
304 V8-280 hp V8 (R-4) add 30%
304 V8 2X4-bbl 335 hp V8 (R-3) add 40%
4-speed add 10%   Twin-Traction add 10%

1965

Commander, Series 65S 6-cyl; 65V V8, 120 hp, 2-dr models 109" wb 4-dr models 113" wb)

	6	5	4	3	2	1
2-dr Sdn	350	950	1550	3100	5500	7900
4-dr Sdn	350	950	1550	3100	5500	7900
4-dr Wagonaire Sta Wgn	350	1000	1600	3200	5700	8100

Daytona, Series 65S 6-cyl; 65V V8, 120 hp, 2-dr models 109" wb 4-dr models 113" wb)

	6	5	4	3	2	1
2-dr Spt Sdn	400	1200	1950	3900	6800	9900
4-dr Sta Wgn	400	1050	1700	3300	5800	8300

Cruiser, , Series 65S 6-cyl; 65V V8, 120 hp, 2-dr models 113" wb

	6	5	4	3	2	1
4-dr Sdn	400	1050	1700	3400	5900	8500

283 cid V8 add 10%

1966

Commander, Series 66S 6-cyl; 66V V8, 120 hp, 2-dr models 109" wb 4-dr models 113" wb)

	6	5	4	3	2	1
2-dr Sdn	350	950	1550	3100	5500	7900
4-dr Sdn	350	1000	1600	3200	5700	8100
4-dr Wagonaire Sta Wgn	400	1050	1700	3400	5900	8500

Daytona, Series 66S 6-cyl; 66V V8, 120 hp, 2-dr models 109" wb 4-dr models 113" wb)

	6	5	4	3	2	1
2-dr Spt Sdn	400	1200	2000	4000	6900	10000

Cruiser, 8-cyl., 113" wb

	6	5	4	3	2	1
4-dr Sdn	400	1050	1700	3300	5800	8300

283 cid V8 add 10%

STUTZ
1911 – 1936

1914 Stutz Bearcat

1926 Stutz

	6	5	4	3	2	1
1911						
Model A, 4-cyl., 50 hp, 120" wb						
2-pass Rdstr	3050	9050	15200	30400	53400	75900
4-pass Toy Tonneau	2900	8650	14600	29200	51300	72900
5-pass Tr	2900	8650	14600	29200	51300	72900
1912						
Model A, 4-cyl., 50 hp, 120" wb						
2-pass Rdstr	3050	9050	15200	30400	53400	75900
4-pass Toy Tonneau	2900	8650	14600	29200	51300	72900
5-pass Tr	2900	8650	14600	29200	51300	72900
2-pass Bearcat	5650	16800	28250	56500	99200	141000
4-pass Cpe	2250	6550	11000	22000	38650	55000
Model A, 6-cyl., 60 hp, 124" wb						
4-pass Toy Tonneau	2600	7700	13050	26100	45800	65200
2-pass Bearcat	6250	18550	31200	62400	109600	155800
6-pass Tr (130" wb)	2750	8150	13700	27400	48100	68400
1913						
Model B, 4-cyl., 50 hp, 120" wb						
2-pass Rdstr	3050	9050	15200	30400	53400	75900
4-pass Toy Tonneau	2900	8650	14600	29200	51300	72900
2-pass Bearcat	5650	16800	28250	56500	99200	141000
4-pass Tr (124" wb)	2900	8650	14600	29200	51300	72900
6-pass Tr (124" wb)	3100	9150	15400	30800	54100	76900
Model B, 6-cyl., 60 hp, 124" wb						
2-pass Bearcat	6250	18550	31200	62400	109600	155800

	6	5	4	3	2	1
4-pass Toy Tonneau	2900	8650	14600	29200	51300	72900
6-pass Tr (130" wb)	3150	9400	15800	31600	55500	78900

1914

Model 4E, 4-cyl., 50 hp, 120" wb

2-pass Rdstr	2900	8650	14600	29200	51300	72900
2-pass Bearcat	6050	17950	30200	60400	106100	150800
5-pass Tr	2900	8650	14600	29200	51300	72900

Model 6E, 6-cyl., 55 hp, 130" wb

2-pass Rdstr	3150	9400	15800	31600	55500	78900
6-pass Tr	3150	9400	15800	31600	55500	78900

1915

Model H.C.S., 4-cyl., 23 hp, 108" wb

2-pass Rdstr	2250	6550	11000	22000	38650	55000

Model 4F, 4-cyl., 36.1 hp, 120" wb

2-pass Rdstr	2500	7350	12450	24900	43700	62100
2-pass Bearcat	5600	16650	28000	56000	98300	139800
Cpe	1300	4000	6650	13300	23400	33100
4-pass Bulldog	2400	7100	12000	24100	42300	60100
5-pass Tr	2600	7650	12900	25800	45300	64400
5-pass Sdn	1150	3600	6000	12000	21150	30000

Model 6F, 6-cyl., 38.4 hp, 130" wb

2-pass Rdstr	2600	7700	13050	26100	45800	65200
2-pass Bearcat	5650	16800	28250	56500	99200	141000
Cpe	1450	4400	7300	14600	25700	36500
5-pass Tr	2750	8150	13700	27400	48100	68400
6-pass Tr	2750	8150	13700	27400	48100	68400
5-pass Sdn	1200	3750	6250	12500	22000	31100

1916

Model C, 4-cyl., 50 hp, 120" wb

2-pass Rdstr	2500	7350	12450	24900	43700	62100
2-pass Bearcat	5400	16050	27000	54000	94800	134800
4-pass Bulldog Tr	2750	8150	13700	27400	48100	68400
6-pass Tr	1150	3600	6000	12000	21150	30000

Bulldog Special, 4-cyl., 36.1 hp, 130" wb

4-pass Tr	2750	8150	13700	27400	48100	68400

1917

Model R, 4-cyl., 50 hp, 130" wb

2-pass Rdstr	2900	8650	14600	29200	51300	72900
4-pass Bulldog Spl Tr	2750	8150	13700	27400	48100	68400
6-pass Bulldog Spl Tr	2900	8600	14500	29000	50900	72400
2-pass Bearcat (120" wb)	5600	16650	28000	56000	98300	139800

1918

Model S, 4-cyl., 60 hp, 130" wb

2-pass Rdstr	2900	8650	14600	29200	51300	72900
4-pass C.C.	2750	8150	13700	27400	48100	68400
5-pass C.C.	2750	8150	13700	27400	48100	68400
6-pass Tr	2900	8600	14500	29000	50900	72400
7-pass Tr	2900	8600	14500	29000	50900	72400
2-pass Bearcat (120" wb)	5600	16650	28000	56000	98300	139800

1919

Model G, 4-cyl., 60 hp, 130" wb

6-pass Tr	3050	9050	15200	30400	53400	75900
7-pass Tr	3050	9050	15200	30400	53400	75900

	6	5	4	3	2	1
2-pass Rdstr	2750	8150	13700	27400	48100	68400
4-pass CC Tr	3050	9050	15200	30400	53400	75900
5-pass C.C.	3050	9050	15200	30400	53400	75900
2-pass Bearcat (120" wb)	5600	16650	28000	56000	98300	139800

1920

Model H, 4-cyl., 60 hp, 130" wb

	6	5	4	3	2	1
2-pass Bearcat 120" wb	5600	16650	28000	56000	98300	139800
2-pass Rdstr	2900	8650	14600	29200	51300	72900
4-pass Tr	2950	8750	14700	29400	51600	73400
5-pass Tr	2950	8750	14700	29400	51600	73400
6-pass Tr	3050	9050	15200	30400	53400	75900
7-pass Tr	3050	9050	15200	30400	53400	75900

1921

Model K, 4-cyl., 80 hp, 130" wb

	6	5	4	3	2	1
2-pass Bearcat (120" wb)	5600	16650	28000	56000	98300	139800
2-pass Rdstr	3750	11100	18700	37400	65700	93400
4-pass C.C.	3050	9050	15200	30400	53400	75900
5-pass C.C.	3050	9050	15200	30400	53400	75900
6-pass Tr	3050	9050	15200	30400	53400	75900
7-pass Tr	3050	9050	15200	30400	53400	75900
4-pass Cpe	1650	4950	8300	16600	29200	41500

1922

Model KLDH, 4-cyl., 90 hp, 130" wb

	6	5	4	3	2	1
3-pass Cpe	1650	4950	8300	16600	29200	41500
2-pass Rdstr	2900	8650	14600	29200	51300	72900
2-pass Bearcat (120" wb)	5600	16650	28000	56000	98300	139800
6-pass Tr	3050	9050	15200	30400	53400	75900
4-pass Cpe	3150	9400	15800	31600	55500	78900
2-pass Spdwy Rdstr	3050	9050	15200	30400	53400	75900
4-pass Spt Tr	3050	9050	15200	30400	53400	75900
4-pass Calif Tr	3050	9050	15200	30400	53400	75900
7-pass Calif Tr	3050	9050	15200	30400	53400	75900

1923

Special Six, 75 hp, 120" wb

	6	5	4	3	2	1
5-pass Sdn	1450	4400	7300	14600	25700	36500
5-pass Tr	3050	9050	15200	30400	53400	75900
4-pass Sptabt	1450	4450	7400	14800	26050	36900
2-pass Rdstr	3050	9050	15200	30400	53400	75900

Speedway Four, 90 hp, 130" wb

	6	5	4	3	2	1
6-pass Tr	3150	9400	15800	31600	55500	78900
2-pass Sportstr	3350	10000	16900	33800	58400	83200
4-pass Bulldog	1650	4900	8250	16500	29000	41200
4-pass Cpe	1650	4950	8300	16600	29200	41500
2-pass Rdstr	2900	8650	14600	29200	51300	72900
2-pass Bearcat	5650	16800	28250	56500	99200	141000

1924

Six, 6-cyl., 90 hp

	6	5	4	3	2	1
3-pass Rdstr	2900	8650	14600	29200	51300	72900
5-pass Phtn	2900	8600	14500	29000	50900	72400
5-pass Trbt	2900	8600	14500	29000	50900	72400
5-pass Sdn	1300	4000	6650	13300	23400	33100
5-pass Tr Sdn	1300	4050	6750	13500	23800	33700

Special Six, 70 hp, 120" wb

	6	5	4	3	2	1
5-pass Phtn	2900	8600	14500	29000	50900	72400

	6	5	4	3	2	1
5-pass Trbt	2900	8600	14500	29000	50900	72400
3-pass Rdstr	2900	8650	14600	29200	51300	72900
5-pass Tr Sdn	1300	4050	6750	13500	23800	33700
5-pass Sdn	1300	4000	6650	13300	23400	33100
Speedway Four, 4-cyl., 88 hp, 130" wb						
3-pass Rdstr	2900	8650	14600	29200	51300	72900
3-pass Bearcat	5600	16650	28000	56000	98300	139800
7-pass Phtn	2950	8750	14700	29400	51600	73400
4-pass Bulldog	1650	4900	8250	16500	29000	41200
4-pass Spt Cpe	1650	4950	8300	16600	29200	41500
6-pass Tr	3050	9050	15200	30400	53400	75900
4-pass Cpe	1650	4950	8300	16600	29200	41500
Speedway Six, 6-cyl., 80 hp						
5-pass Sptstr	2900	8550	14400	28800	50600	71900
7-pass Trstr	2900	8550	14400	28800	50600	71900
5-pass Sptbohm	1850	5400	9100	18200	32000	45500
7-pass Suburban	1900	5500	9300	18600	32700	46400
7-pass Berline	1900	5600	9450	18900	33200	47200

1925

	6	5	4	3	2	1
Model 693, 6-cyl., 80 hp, 120" wb						
5-pass Phtn	2750	8150	13700	27400	48100	68400
5-pass Trbt	2900	8600	14500	29000	50900	72400
3-pass Rdstr	2750	8150	13700	27400	48100	68400
5-pass Sdn	1300	4000	6650	13300	23400	33100
Model 694, 6-cyl., 80 hp, 120" wb						
5-pass Phtn	2750	8150	13700	27400	48100	68400
5-pass Trbt	2900	8600	14500	29000	50900	72400
3-pass Rdstr	2750	8150	13700	27400	48100	68400
5-pass Sdn	1300	4000	6650	13300	23400	33100
Model 695, 6-cyl., 80 hp, 130" wb						
7-pass Tourster	2900	8600	14500	29000	50900	72400
5-pass Sptstr	2900	8600	14500	29000	50900	72400
7-pass Suburban	1900	5550	9350	18700	32900	46700
7-pass Berline	1900	5600	9450	18900	33200	47200
5-pass Sptbohm	1850	5450	9150	18300	32200	45700
Speedway Four, 4-cyl.						
3-pass Rdstr	2900	8650	14600	29200	51300	72900
3-pass Bearcat Spt Rdstr	5600	16650	28000	56000	98300	139800
7-pass Phtn	2950	8750	14700	29400	51600	73400
4-pass Bulldog Spt Tr	1650	4900	8250	16500	29000	41200
4-pass Cpe	1650	4950	8300	16600	29200	41500
4-pass Spt Cpe	1650	4950	8300	16600	29200	41500

1926

	6	5	4	3	2	1
Model 694, 6-cyl., 80 hp, 120" wb						
2-pass Rdstr	2750	8150	13700	27400	48100	68400
5-pass Tr	3050	9050	15250	30500	53600	76100
4-pass Cpe	1700	5000	8350	16700	29400	41700
5-pass Sdn	1300	4050	6750	13500	23800	33700
Model 695, 6-cyl., 80 hp, 130" wb						
5-pass Sptstr	2900	8600	14500	29000	50900	72400
7-pass Trstr	1900	5600	9450	18900	33200	47200
5-pass Sptbohm	1850	5450	9150	18300	32200	45700
7-pass Suburban	1900	5550	9350	18700	32900	46700
7-pass Berline	1900	5600	9450	18900	33200	47200
Model AA, 8-cyl., 92 hp, 131" wb						
4-pass Spdstr Rdstr	5600	16650	28000	56000	98300	139800
5-pass Spdstr Phtn	5600	16650	28000	56000	98300	139800
4-pass Vic Cpe	2300	6750	11400	22800	40050	57000

	6	5	4	3	2	1
5-pass Brghm	2000	5950	10000	20000	35150	49900
5-pass Sdn	1650	4950	8300	16600	29200	41500
4-pass Cpe	1700	5050	8450	16900	29700	42200
7-pass Sdn	1700	5050	8500	17000	29900	42500
7-pass Limo	1750	5100	8600	17200	30250	43000

1927

Model AA, 8-cyl., 96 hp, 131" wb

	6	5	4	3	2	1
2-4 pass Spdstr	5600	16650	28000	56000	98300	139800
4-pass Spdstr	5600	16650	28000	56000	98300	139800
2-4 pass Cpe	2250	6550	11000	22000	38650	55000
4-pass Vic Cpe	2250	6550	11000	22000	38650	55000
5-pass Brghm	2000	5950	10000	20000	35150	49900
5-pass Sdn	1650	4950	8300	16600	29200	41500
7-pass Berline	2000	5950	10000	20000	35150	49900
7-pass Sdn	1750	5200	8750	17500	30800	43700
7-pass Sdn Limo	1800	5250	8850	17700	31100	44100
5-pass Lan Sdn	1800	5250	8850	17700	31100	44100
5-pass Tr Brghm	1800	5250	8850	17700	31100	44100

Deluxe, 8-cyl., 96 hp, 131" wb

	6	5	4	3	2	1
2-4 pass Spdstr	5600	17050	29200	56300	99400	141900
4-pass Spdstr	5600	17050	29200	56300	99400	141900
5-pass Sdn	1700	5000	8400	16800	29550	41900
5-pass Brghm	1700	5000	8400	16800	29550	41900
7-pass Sdn	1800	5300	8900	17800	31300	44400
7-pass Sdn Limo	1800	5350	9000	18000	31650	45000
4-pass Vic Cpe	2250	6600	11150	22300	39200	55700
2-4 pass Cpe	2250	6600	11150	22300	39200	55700
5-pass Lan Sdn	1800	5300	8950	17900	31500	44700
5-pass Tr Brghm	1800	5300	8950	17900	31500	44700

Custom Line, 8-cyl., 96 hp, 131" wb

	6	5	4	3	2	1
2-4 pass Cbrlt Cpe	1700	5050	8500	17000	29900	42500
5-pass Sdn	1700	5050	8450	16900	29700	42200
4-pass Vic Cpe	2300	6650	11200	22400	39350	55900
2-4 pass Cpe	2300	6650	11200	22400	39350	55900
7-pass Spdstr (145" wb)	1850	5400	9100	18200	32000	45500
2-4 pass Black Hawk	1850	5400	9100	18200	32000	45500

Weyman Line, 8-cyl., 96 hp, 131" wb

	6	5	4	3	2	1
2-4 pass Cbrlt Cpe	1700	5050	8500	17000	29900	42500
5-pass Chantilly Cpe	1700	5050	8500	17000	29900	42500
5-pass Lan Sdn	1750	5100	8600	17200	30250	43000
5-pass Deauville Sdn	1750	5100	8600	17200	30250	43000
5-pass Biarritz Sdn	1750	5100	8600	17200	30250	43000
4-pass Monaco Sdn	1750	5100	8600	17200	30250	43000
5-pass Riviera Sdn	1750	5100	8600	17200	30250	43000

Prince of Wales, 8-cyl., 96 hp, 145" wb

	6	5	4	3	2	1
5-pass Sdn	2900	8650	14600	29200	51300	72900
7-pass Sdn	3050	9050	15200	30400	53400	75900

1928

Model BB, 8-cyl., 115 hp, 131 & 135" wb

	6	5	4	3	2	1
2-4 pass Spdstr	5600	16650	28000	56000	98300	139800
4-pass Spdstr	5600	16650	28000	56000	98300	139800
4-pass Dual Cowl Spdstr	5800	17300	29100	58200	102000	144500
5-pass Ton Spdstr	5650	16800	28250	56500	99200	141000
7-pass Spdstr	5650	16750	28150	56300	98900	140500
2-pass Blk Hwk Spdstr	6000	18100	30200	60400	105550	150800
4-pass Blk Hwk Spdstr	6000	18100	30200	60400	105550	150800
4-pass Vic Cpe	2300	6750	11400	22800	40050	57000
2-4 pass Cpe	2200	6350	10700	21400	37600	53500

	6	5	4	3	2	1
5-pass Cpe	1650	4900	8200	16400	28850	41000
5-pass Sdn	1650	4950	8300	16600	29200	41500
5-pass Brghm	1700	5050	8500	17000	29900	42500
2-4 pass Cabrlt Cpe	3700	11200	18700	37400	65500	93600
7-pass Sdn	1750	5200	8750	17500	30800	43700
7-pass Sdn Limo	2500	7400	12500	25000	43900	62400
5-pass Coll Sdn	2500	7400	12500	25000	43900	62400
7-pass Coll Sdn	2500	7400	12500	25000	43900	62400
7-pass Ench Drive Limo	2500	7400	12500	25000	43900	62400
4-pass Deauville	2600	7650	12900	25800	45300	64400
5-pass Chntlly Sdn	2600	7650	12900	25800	45300	64400
4-pass Monaco Cpe	2750	8150	13700	27400	48100	68400
5-pass Riviera Sdn	2750	8150	13700	27400	48100	68400
5-pass Biarritz Sdn	2650	7950	13400	26800	47050	67000
7-pass Biarritz Sdn	2750	8150	13700	27400	48100	68400
5-pass Chamonix Sdn	2900	8600	14500	29000	50900	72400
7-pass Fontainbleau	2900	8600	14500	29000	50900	72400
5-pass Aix Les Bains	2900	8600	14500	29000	50900	72400
7-pass Versailles	2900	8650	14600	29200	51300	72900
5-pass Prince of Wales	2900	8650	14600	29200	51300	72900
7-pass Prince of Wales	3050	9050	15200	30400	53400	75900
Transfrmble Twn Car	3150	9400	15800	31600	55500	78900

1929

Model M, 8-cyl., 115 hp, 134-1/2" wb

	6	5	4	3	2	1
2-4 pass RS Spdstr	5600	16650	28000	56000	98300	139800
4-dr 4-pass Spdstr	5500	16350	27500	55000	96600	137300
4-dr 4-pass Ton Spdstr	5550	16700	27750	55500	97500	138500
5-pass Spdstr	5750	17100	28750	57500	101000	143500
7-pass Spdstr	5800	17300	29100	58200	102200	145300
2-pass Torpedo Spdstr	5900	17550	29500	59000	103600	147300
5-pass Cpe	2200	6350	10700	21400	37600	53500
2-pass Cpe	2150	6200	10500	21000	36900	52400
4-pass Cpe	2200	6350	10700	21400	37600	53500
2-pass Cabrlt Cpe	3950	11950	20000	39900	69900	100000
4-dr 5-pass Sedan	1750	5200	8750	17500	30800	43700
5-pass Chntlly Sdn	2600	7650	12900	25800	45300	64400
5-pass Monaco Cpe	2750	8150	13700	27400	48100	68400
5-pass Deauville	2600	7650	12900	25800	45300	64400

Model M, 8-cyl., 113 hp, 145" wb

	6	5	4	3	2	1
4-dr 4-pass Spdstr	5800	17500	29100	58200	101300	145600
4-dr 7-pass Spdstr	5800	17500	29100	58200	101300	145600
4-dr 5-pass Sdn	1800	5300	8950	17900	31500	44700
7-pass Sdn	1850	5400	9100	18200	32000	45500
7-pass Limo	2100	6150	10400	20800	36550	51900
5-pass Conv Sdn	1900	5550	9350	18700	32900	46700
2-pass Cabrlt Cpe	4100	12200	20500	41000	72000	102300
5-pass Biarritz	2750	8150	13700	27400	48100	68400
7-pass Fontainbleau	2900	8600	14500	29000	50900	72400
7-pass Aix Les Baines	2900	8600	14500	29000	50900	72400
5-pass Biarritz Sdn	2250	6850	11400	22800	40000	57200
5-pass LeBaron Limo	2750	8150	13700	27400	48100	68400
6-pass LeBaron Brghm	2750	8150	13700	27400	48100	68400
6-pass LeBaron Brghm Limo	2900	8600	14500	29000	50900	72400
6-pass LeBaron Sdn	2300	6650	11200	22400	39350	55900
6-pass LeBaron Sdn Limo	2900	8600	14500	29000	50900	72400
7-pass LeBaron Sdn Limo	2900	8600	14500	29000	50900	72400
5-pass Trnsfrmbl Cbrlt	3550	10700	17900	35800	62400	89400
7-pass Trnsfrmabl Town Car	3550	10700	17900	35800	62400	89400
5-pass Trans Town Car	3650	10950	18300	36600	64350	91500

	6	5	4	3	2	1
2-dr 4-p Longchamps C.C. Sdn	2300	6650	11200	22400	39350	55900
4-dr 5-pass Versailles Sdn	2300	6650	11200	22400	39350	55900
4-dr 5-pass Chaumont Sdn	2300	6650	11200	22400	39350	55900
4-dr 4-p Monte Carlo C.C. Cpe	2300	6650	11200	22400	39350	55900

1930

Model LA, 6-cyl., 85 hp, 127.5" wb

	6	5	4	3	2	1
5-pass Sdn	1650	4950	8300	16600	29200	41500
5-pass Cpe	2300	6750	11400	22800	40050	57000
2-pass Cpe	2300	6750	11400	22800	40050	57000
2-pass Spdstr	5500	16350	27500	55000	96600	137300
4-pass Spdstr	5500	16350	27500	55000	96600	137300
4-pass Ton Cowl Spdstr	2300	6750	11400	22800	40050	57000
2-4 pass Cbrlt Cpe	3750	11100	18700	37400	65700	93400

Model MA, 8-cyl., 113 hp, 134-1/2" wb

	6	5	4	3	2	1
2-pass Spdstr	5600	16650	28000	56000	98300	139800
4-pass Spdstr	5600	16650	28000	56000	98300	139800
2-pass Cpe	2300	6750	11400	22800	40050	57000
5-pass Cpe	2300	6750	11400	22800	40050	57000
4-pass Ton Cowl Spdstr	2300	6750	11400	22800	40050	57000
5-pass Sdn	1650	4950	8300	16600	29200	41500
2-4 pass Cabrlt Cpe	3750	11100	18700	37400	65700	93400
2-dr 4-pass C.C. Longchamps	2750	8150	13700	27400	48100	68400
4-dr 5-pass Versailles Sdn	2750	8150	13700	27400	48100	68400
2-pass Torpedo Spdstr	2900	8650	14600	29200	51300	72900

Model MB, 8-cyl., 115 hp, 145" wb

	6	5	4	3	2	1
7-pass Conv Sdn	5850	17400	29250	58500	102700	146000
5-pass Sdn	1800	5300	8950	17900	31500	44700
7-pass Sdn	1850	5450	9150	18300	32200	45700
7-pass Spdstr	5850	17400	29250	58500	102700	146000
2-4 pass Cabrlt Cpe	3350	9950	16750	33500	58800	83600
4-dr 5-pass Chaumont Sdn	2900	8650	14600	29200	51300	72900
4-dr 5-p C.C. Monte Carlo Cpe	2900	8650	14600	29200	51300	72900
5-pass LeB Sdn	2450	7150	12100	24200	42500	60400
5-pass LeB Limo	2600	7650	12900	25800	45300	64400
6-pass LeB Brghm	2500	7400	12500	25000	43900	62400
6-pass LeB Brghm Limo	2750	8150	13700	27400	48100	68400
6-pass LeB Sdn	2500	7400	12500	25000	43900	62400
6-pass LeB Sdn Limo	2750	8150	13700	27400	48100	68400
7-pass LeB Sdn Limo	2900	8600	14500	29000	50900	72400
7-pass LeB Trnsfrmabl Cabrlt	3600	10650	17900	35800	62900	89400
5-pass LeB Trnsfrmabl Twn Car	3600	10650	17900	35800	62900	89400
7-pass LeB Trnsfrmabl Tr Cabrlt	3650	10850	18300	36600	64300	91400

1931

Model LA, 6-cyl., 85 hp, 127-1/2" wb

	6	5	4	3	2	1
4-pass Ton Cowl Spdstr	5200	15450	26000	52000	91300	129800
2-pass Spdstr	5100	15150	25500	51000	89600	127300
4-pass Spdstr	5100	15150	25500	51000	89600	127300
5-pass Cpe	1900	5550	9350	18700	32900	46700
5-pass Sdn	1550	4650	7800	15600	27450	38900
4-pass Cpe	1950	5700	9600	19200	33750	47900
2-4 pass Cabrlt Cpe	3400	10050	16900	33800	59300	84400
5-pass Club Sdn	1550	4700	7850	15700	27600	39100

Model MA, 8-cyl., 115 hp, 134-1/2" wb

	6	5	4	3	2	1
4-pass Ton Cowl Spdstr	5400	16050	27000	54000	94800	134800
2-pass Torp Spdstr	3750	11150	18750	37500	65800	93600
4-pass Spdstr	5600	16650	28000	56000	98300	139800
2-pass Spdstr	5600	16650	28000	56000	98300	139800
5-pass Cpe	2100	6150	10400	20800	36550	51900

	6	5	4	3	2	1
5-pass Club Sdn	2100	6150	10400	20800	36550	51900
2-pass Cpe	2100	6150	10400	20800	36550	51900
2-4 pass Cabrlt Cpe	3350	9500	16750	33500	57500	82000
5-pass Sedan	1750	5250	8750	17500	30600	43700
2-dr 4-pass C.C. Longchamps Sdn	2200	6750	11200	22400	39300	56100
4-dr 5-pass Versailles Sdn	2200	6750	11200	22400	39300	56100
Model MB, 8-cyl., 115 hp, 145" wb						
7-pass Spdstr	5600	16650	28000	56000	98300	139800
5-pass Sdn	2000	6100	10200	20400	35700	50900
7-pass Sdn	2100	6150	10400	20800	36550	51900
7-pass Limo	2500	7500	12500	25000	48700	62400
2-4 pass Cabrlt Cpe	3950	11900	20000	39900	69900	99500
5-pass Conv Sdn	5200	15600	26000	52000	93500	131000
4-dr 5-pass Chaumont Sdn	3950	11900	20000	39900	69900	99500
4-dr 5-P C.C. Monte Carlo Cpe	3950	11900	20000	39900	69900	99500
5-pass LeBaron Sdn	2500	7500	12500	25000	48700	62400
6-pass LeBaron Brghm	2550	7750	12900	25800	45000	64500
7-pass LeBaron Sdn	2750	8150	13700	27400	48100	68400
6-pass LeBaron Brghm Limo	2900	8600	14500	29000	50900	72400
6-pass LeBaron Sdn	2900	8600	14500	29000	50900	72400
6-7 pass LeBaron Sdn Limo	2900	8650	14600	29200	51300	72900
5-pass LeBaron Trnsfrmbl Cabrlt	3700	10950	18400	36800	64600	91900
7-p LeBaron Trnsfrmbl Twn Car	3600	10650	17900	35800	62900	89400
7-pass LeBaron						
Trnsfrmbl Twn Cabrlt	3750	11100	18700	37400	65700	93400
Model DV, 8-cyl., 155 hp, 134.5" wb						
5-pass Sdn	2050	6000	10150	20300	35700	50700
5-pass Cpe	2050	6000	10150	20300	35700	50700
2-pass Cpe	2050	6000	10100	20200	35500	50400
2-pass Spdstr	2500	7450	12600	25200	44250	63000
4-pass Spdstr	4000	11950	20100	40200	70600	100300
4-pass Ton Cowl Spdstr	2150	6250	10600	21200	37250	53000
2-4 pass Cbrlt Cpe	4000	11950	20100	40200	70600	100300
2-4 pass Bearcat Spdstr	7500	22250	37450	74900	131500	187000
5-pass Club Sdn	2150	6200	10500	21000	36900	52400
4-p Longchamps C.C. 2-dr Sdn	2150	6200	10500	21000	36900	52400
4-dr 5-pass Versailles Sdn	2300	6750	11350	22700	39900	56700
Model DV, 8-cyl., 155 hp, 145" wb						
7-pass Sdn	2900	8600	14500	29000	50900	72400
7-pass Limo	2900	8600	14500	29000	50900	72400
5-pass Conv Sdn	5400	16050	27000	54000	94800	134800
7-pass Spdstr	5600	16650	28000	56000	98300	139800
2-4 pass Cabrlt Cpe	4000	11950	20100	40200	70600	100300
5-pass Sdn	2050	6000	10100	20200	35500	50400
4-dr 5-pass Chateau Sdn	2500	7400	12500	25000	43900	62400
4-dr 5-pass Chateau C.C. Cpe	2500	7400	12500	25000	43900	62400
5-pass LeBaron Sdn	2500	7400	12500	25000	43900	62400
6-pass LeBaron Brghm	2500	7400	12500	25000	43900	62400
6-pass LeBaron Brghm Limo	2600	7700	13000	26000	45650	65000
6-pass LeBaron Sdn	2600	7700	13000	26000	45650	65000
6-pass LeBaron Sdn Limo	2950	8700	14650	29300	51400	73100
7-pass LeBaron Limo	2950	8700	14650	29300	51400	73100
5-pass LeBaron Trans Cabrlt	3600	10650	18000	35900	63000	89600
7-pass LeBaron Trans Twn Car	3600	10650	18000	35900	63000	89600
7-pass Fleetwood Trans Twn Car	3600	10650	17900	35800	62900	89400
2-pass Super Bearcat Cabrlt Cpe	7450	22500	37450	74900	131200	187200

1932

Model LAA, 6-cyl., 85 hp, 127-1/2" wb						
5-pass Sedan	1650	4950	8300	16600	29200	41500
5-pass Cpe	2300	6750	11400	22800	40050	57000

	6	5	4	3	2	1
2-4 pass Cpe	2300	6750	11400	22800	40050	57000
5-pass Club Sdn	1900	5550	9350	18700	32900	46700
Model SV-16, 8-cyl., 115 hp, 134-1/2" wb						
2-pass Spdstr	3550	10200	17750	35500	62200	89000
4-pass Ton Spdstr	5400	16050	27000	54000	94800	134800
2-pass Torp Spdstr	3550	10700	17900	35800	62600	89400
5-pass Cpe	2100	6150	10400	20800	36550	51900
5-pass Sdn	1900	5550	9350	18700	32900	46700
2-4 pass Cpe	2300	6750	11400	22800	40050	57000
5-pass Club Sdn	1900	5650	9550	19100	33600	47700
2-4 pass Cabrlt Cpe	3550	10700	17900	35800	62600	89400
2-dr 4-pass C.C. Longchamps Sdn	2300	6750	11400	22800	40050	57000
4-dr 5-pass Versailles Sdn	2300	6750	11400	22800	40050	57000
6-pass Sdn	2200	6350	10700	21400	37600	53500
Cont Cpe	2900	8600	14500	29000	50900	72400
Model SV-16, 8-cyl., 115 hp, 145" wb						
7-pass Spdstr	6000	18100	30200	60400	105550	150800
7-pass Sdn	3350	10000	16900	33800	58400	83200
5-pass LeBaron Sdn	3150	9450	15800	31600	55300	79000
7-pass Limo	3550	10700	17900	35800	62600	89400
5-pass Conv Sdn	5200	15600	26000	52000	93500	131000
4-dr 5-pass Chaumont Sdn	3950	11900	20000	39900	69900	99500
6-pass LeBaron Brghm	3550	10700	17900	35800	62600	89400
Monte Carlo	3800	11250	18950	37900	66500	94600
6-pass LeBaron Brghm Limo	3750	11100	18700	37400	65700	93400
7-pass LeBaron Sdn Limo	3750	11100	18700	37400	65700	93400
6-pass LeBaron Sdn Limo	3750	11100	18700	37400	65700	93400
7-pass LeBaron Trnsfrmbl Cabrlt	4000	11850	20000	39900	70100	99600
4-dr 5-p C.C. Monte Carlo Cpe	4100	12100	20400	40800	71600	101800
6-p Prnce of Wles Brghm Limo	4100	12100	20400	40800	71600	101800
5-pass Vic Conv	4550	13700	22950	45900	80000	114400
4-pass Hollywood Spt Sdn	3550	10700	17900	35800	62600	89400
6-pass Tuxedo Cabrlt	5600	16650	28000	56000	98300	139800
5-pass Patrician Club Cpe	3750	11100	18700	37400	65700	93400
Trnsfrmbl Twn Car	5800	17250	29000	58000	101800	144800
Model DV-32, 8-cyl., 156 hp, 143.5" wb						
2-pass Bearcat Torp Spdstr	7450	22500	37450	74900	131200	187200
2-pass Spdstr	3700	11000	18500	37000	63500	91500
4-pass Ton Spdstr	6000	17800	29950	59900	105200	149500
2-pass Torp Spdstr	4000	11900	20000	40000	70200	99800
5-pass Cpe	2550	7550	12750	25500	44800	63700
5-pass Sdn	2300	6650	11200	22400	39350	55900
2-4 pass Cpe	2650	7850	13300	26600	46700	66400
5-pass Club Sdn	2300	6650	11200	22400	39350	55900
2-4 pass Cabrlt Cpe	4000	11900	20000	40000	70200	99800
2-dr 4-pass C.C. Longchamps Sdn	2650	7850	13300	26600	46700	66400
4-dr 5-pass Versailles Sdn	2650	7850	13300	26600	46700	66400
6-pass Sdn	2550	7550	12750	25500	44800	63700
Cont Cpe	3300	9750	16400	32800	57600	81900
Model DV-32, 8-cyl., 156 hp, 145" wb						
7-pass Spdstr	6500	19300	32450	64900	114000	162000
7-pass Sdn	3800	11300	19000	38000	66700	94900
5-pass LeBaron Sdn	3600	10650	17950	35900	63000	89600
7-pass Limo	4000	11900	20000	40000	70200	99800
5-pass Conv Sdn	6000	17800	29950	59900	105200	149500
4-dr 5-pass Chaumont Sdn	4400	13050	21950	43900	77100	109600
6-pass LeBaron Brghm	4000	11900	20000	40000	70200	99800
Monte Carlo	4200	12450	20950	41900	73600	104600
6-pass LeBaron Brghm Limo	4050	12050	20250	40500	71100	101100
7-pass LeBaron Sdn Limo	4050	12050	20250	40500	71100	101100
6-pass LeBaron Sdn Limo	4050	12050	20250	40500	71100	101100

	6	5	4	3	2	1
7-pass LeBaron Trnsfrmbl Cabrlt	4400	13050	21950	43900	77100	109600
4-dr 5-p C.C. Monte Carlo Cpe	4400	13050	22000	44000	77300	109800
6-p Prnce of Wles Brghm Limo	4400	13050	22000	44000	77300	109800
5-pass Vic Conv	4900	14550	24500	49000	86000	122300
4-pass Hollywood Spt Sdn	4000	11900	20000	40000	70200	99800
6-pass Tuxedo Cabrlt	6000	17800	29950	59900	105200	149500
5-pass Patrician Club Cpe	4150	12350	20750	41500	72900	103600
Trnsfrmbl Twn Car	6200	18400	30950	61900	108700	154500
Model DV-32, 8-cyl., 156 hp, 116" wb						
Super Bearcat Cabrlt Spdstr	7450	22500	37450	74900	131200	187200

1933

	6	5	4	3	2	1
Model LAA, 6-cyl., 85 hp, 127-1/2" wb						
5-pass Sdn	1750	5200	8750	17500	30800	43700
5-pass Cpe	2100	6150	10400	20800	36550	51900
2-4 pass Cpe	2100	6150	10400	20800	36550	51900
5-pass Club Sdn	1900	5550	9350	18700	32900	46700
4-pass Cabrlt Cpe	3150	9400	15800	31600	55500	78900
Model CS-16/CD-32, 8-cyl., 115 hp, 134.5" wb						
5-pass Sdn	1800	5250	8850	17700	31100	44100
5-pass Cpe	2150	6200	10500	21000	36900	52400
2-4 pass Cpe	2150	6200	10500	21000	36900	52400
2-pass Spdstr	2150	6200	10500	21000	36900	52400
2-4 pass Cabrlt Cpe	3200	9500	16000	32000	55500	80000
2-pass Torp Spdstr	3200	9500	16000	32000	55500	80000
5-0pass Club Sdn	1950	5700	9600	19200	33750	47900
7-pass Sdn (145" wb)	2000	5800	9750	19500	34300	48700
7-pass Limo (145" wb)	2750	8150	13700	27400	48100	68400
5-pass Conv Sdn (145" wb)	5350	16000	26850	53700	94000	134000
2-4 pass Cabrlt Cpe (145" wb)	3200	9700	16150	32300	55700	81000
Model SV-16, 8-cyl., 115 hp, 134-1/2" wb						
2-pass Spdstr	3300	9800	16700	33400	58000	82800
4-pass Ton Spdstr	4650	14000	23450	46900	81500	116900
2-pass Torp Spdstr	3350	10000	16900	33800	58400	83200
5-pass Coupe	2400	7000	11850	23700	41600	59200
5-pass Sdn	1900	5550	9350	18700	32900	46700
2-4 pass Cpe	2400	7100	12000	24100	42300	60100
5-pass Club Sdn	1900	5650	9550	19100	33600	47700
2-4 pass Cabrlt Cpe	3350	10000	16900	33800	58400	83200
5-pass Versailles Sdn	2750	8150	13700	27400	48100	68400
Model SV-16, 8-cyl., 115 hp, 145" wb						
7-pass Spdstr	2300	6750	11400	22800	40050	57000
7-pass Sdn	2400	7000	11850	23700	41600	59200
5-pass Sdn	2300	6750	11400	22800	40050	57000
7-pass Limo	2750	8150	13700	27400	48100	68400
2-4 pass Cabrlt Cpe	3900	11550	19450	38900	68300	97100
5-pass Conv Sdn	5400	16050	27000	54000	94800	134800
6-pass Sdn	2900	8600	14500	29000	50900	72400
5-pass Chaumont Sdn	2900	8650	14600	29200	51300	72900
6-pass LeBaron Brghm	2900	8650	14600	29200	51300	72900
6-pass LeBaron Sdn	2900	8600	14500	29000	50900	72400
5-pass Monte Carlo C.C. Cpe	3050	9050	15200	30400	53400	75900
6-pass LeBaron Brghm Limo	3550	10700	17900	35800	62600	89400
6-pass LeBaron Sdn Limo	3350	10000	16900	33800	58400	83200
7-pass LeBaron Twn Car	3750	11100	18700	37400	65700	93400
Series DV-32, 8-cyl., 156" wb						
2-pass Spdstr	3700	11000	18500	37000	63500	91500
4-pass Ton Spdstr	6000	17800	29950	59900	105200	149500
2-pass Torp Spdstr	4000	11900	20000	40000	70200	99800
5-pass Cpe	2550	7550	12750	25500	44800	63700

	6	5	4	3	2	1
5-pass Sdn	2300	6650	11200	22400	39350	55900
2-4 pass Cpe	2650	7850	13300	26600	46700	66400
5-pass Club Sdn	2300	6650	11200	22400	39350	55900
2-4 pass Cabrlt Cpe	4000	11900	20000	40000	70200	99800
2-dr 4-pass C.C. Longchamps Sdn	2650	7850	13300	26600	46700	66400
4-dr 5-pass Versailles Sdn	2650	7850	13300	26600	46700	66400
6-pass Sdn	2550	7550	12750	25500	44800	63700
Cont Cpe	3300	9750	16400	32800	57600	81900
Model DV-32, 8-cyl., 156 hp, 145" wb						
7-pass Spdstr	6500	19300	32450	64900	114000	162000
7-pass Sdn	3800	11300	19000	38000	66700	94900
5-pass LeBaron Sdn	3600	10650	17950	35900	63000	89600
7-pass Limo	4000	11900	20000	40000	70200	99800
5-pass Conv Sdn	6000	17800	29950	59900	105200	149500
4-dr 5-pass Chaumont Sdn	4400	13050	21950	43900	77100	109600
6-pass LeBaron Brghm	4000	11900	20000	40000	70200	99800
Monte Carlo	4200	12450	20950	41900	73600	104600
6-pass LeBaron Brghm Limo	4050	12050	20250	40500	71100	101100
7-pass LeBaron Sdn Limo	4050	12050	20250	40500	71100	101100
6-pass LeBaron Sdn Limo	4050	12050	20250	40500	71100	101100
7-pass LeBaron Trnsfrmbl Cabrlt	4400	13050	21950	43900	77100	109600
4-dr 5-p C.C. Monte Carlo Cpe	4400	13050	22000	44000	77300	109800
6-p Prnce of Wles Brghm Limo	4400	13050	22000	44000	77300	109800
5-pass Vic Conv	4900	14550	24500	49000	86000	122300
4-pass Hollywood Spt Sdn	4000	11900	20000	40000	70200	99800
6-pass Tuxedo Cabrlt	6000	17800	29950	59900	105200	149500
5-pass Patrician Club Cpe	4150	12350	20750	41500	72900	103600
Trnsfrmbl Twn Car	6200	18400	30950	61900	108700	154500

1934

	6	5	4	3	2	1
Model SV-16, 8-cyl., 115 hp, 134-1/2" wb						
2- pass Spdstr	4900	15000	24700	49400	87300	124800
2-pass Torp Spdstr	4550	13700	22850	45700	80100	114400
2-4 pass Cpe	2100	6150	10400	20800	36550	51900
2-4 pass Cabrlt Cpe	3550	10700	17900	35800	62600	89400
5-pass Club Sdn	2500	7400	12500	25000	43900	62400
5-pass Sdn	2300	6750	11400	22800	40050	57000
5-pass Cpe	2500	7400	12500	25000	43900	62400
Model CS-16/CD32, 8-cyl., 113 hp, 134.5" and 145" wb						
4-pass Ton Cowl Spdstr	2500	7400	12500	25000	43900	62400
Model SV-16, 8-cyl., 115 hp, 145" wb						
5-pass Conv Sdn	3750	11100	18700	37400	65700	93400
7-pass Sdn	2450	7250	12250	24500	43000	61200
7-pass Limo	2600	7650	12900	25800	45300	64400
5-pass Club Sdn	2600	7650	12900	25800	45300	64400
7-pass Spdstr	2600	7650	12900	25800	45300	64400
2-4 pass Cabrlt Cpe	3700	11000	18500	37000	65000	93000
Model DV-32, 8-cyl., 156 hp, 134-1/2" wb						
2-pass Spdstr	5400	16050	27000	54000	94800	134800
2-pass Torp	5300	16000	26600	53100	92100	135500
2-4 pass Cpe	2500	7350	12450	24900	43700	62100
5-pass Club Sdn	2450	7250	12250	24500	42900	61350
5-pass Sdn	2400	7250	12050	24100	42200	60300
5-pass Cpe	2550	7750	12900	25800	45000	64500
Model DV-32, 8-cyl., 156 hp, 145" wb						
5-pass Cowl Sdn	4900	15000	24700	49400	87300	124800
7-pass Sdn	2500	7500	12500	25000	48700	62400
7-pass Limo	2900	8750	14600	29200	50900	72800
7-pass Spdstr	2900	8750	14600	29200	50900	72800
2-4 pass Cabrlt Cpe	3750	11500	18750	37500	65500	93500

	6	5	4	3	2	1
1935						
Model SV-16/CS-16, 8-cyl., 113 hp, 134" wb						
2-4 pass Spdstr	3650	10950	18300	36600	64350	91500
2-4 pass Cpe	2100	6500	10700	21400	37950	54100
5-pass Sdn	1750	5250	8750	17500	30600	43700
7-pass Sdn (145" wb)	2000	6000	10000	20000	34900	49900
Model DV-32/CD-32, 8-cyl., 156 hp, 134" wb						
2-4 pass Spdstr	3700	11200	18700	37400	65500	93600
2-4 pass Cpe	2250	6850	11400	22800	40000	57200
5-pass Sdn	1750	5250	8750	17500	30600	43700
7-pass Limo (145" wb)	2250	6850	11400	22800	40000	57200
1936						
Model SV-16, 8-cyl., 134.5" and 145" wb						
2-4 pass Spdstr	3650	10950	18300	36600	64350	91500
2-4 pass Cpe	2100	6500	10700	21400	37950	54100
5-pass Sdn	1750	5250	8750	17500	30600	43700
7-pass Sdn (145" wb)	2000	6000	10000	20000	34900	49900
Model DV-32, 8-cyl., 134.5" and 145" wb						
2-4 pass Spdstr	3700	11200	18700	37400	65500	93600
2-4 pass Cpe	2250	6850	11400	22800	40000	57200
5-pass Sdn	1750	5250	8750	17500	30600	43700
7-pass Limo (145" wb)	2250	6850	11400	22800	40000	57200

1919 Stutz Bearcat

1931 Stutz

PRICE GUIDE CLASSIFICATIONS:

1. CONCOURS: Perfection. At or near 100 points on a 100-point judging scale. Trailered; never driven; pampered. Totally restored to the max and 100 percent stock.

2. SHOW: Professionally restored to high standards. No major flaws or deviations from stock. Consistent trophy winner that needs nothing to show. In 90 to 95 point range.

3. STREET/SHOW: Older restoration or extremely nice original showing some wear from age and use. Very presentable; occasional trophy winner; everything working properly. About 80 to 89 points.

4. DRIVER: A nice looking, fine running collector car needing little or nothing to drive, enjoy and show in local competition. Would need extensive restoration to be a show car, but completely usable as is.

5. RESTORABLE: Project car that is relatively complete and restorable within a reasonable effort and expense. Needs total restoration, but all major components present and rebuildable. May or may not be running.

6. PARTS CAR: Deteriorated or stripped to a point beyond reasonable restoration, but still complete and solid enough to donate valuable parts to a restoration. Likely not running, possibly missing its engine.

TERRAPLANE
1933 – 1938

1933 Terraplane

	6	5	4	3	2	1
1933						
Model K, 6-cyl., 106" wb						
2-4 pass Rdstr	1100	3500	5800	11600	20450	28900
5-pass Phtn	1150	3600	6000	12000	21150	30000
2-pass Cpe	450	1250	2100	4200	7200	10500
2-4 pass Cpe	500	1350	2300	4600	8000	11300
2-dr 5-pass C'ch	450	1250	2150	4300	7400	10700
4-dr 5-pass Sdn	450	1250	2200	4400	7600	10900
Special Six, Model K, 6-cyl., 106" wb						
2-4 pass Rdstr	1100	3550	5900	11800	20800	29400
2-4 pass Conv Cpe	1050	3300	5500	11000	19300	27500
2-4 pass Cpe	500	1350	2350	4700	8100	11500
2-dr 5-pass C'ch	450	1250	2150	4300	7400	10700
5-pass Sdn	450	1250	2200	4400	7600	10900
DeLuxe Six, Model KU, 6-cyl., 113" wb						
2-4 pass Conv Cpe	1100	3500	5800	11600	20450	28900
2-dr 2-pass Cpe	450	1250	2150	4300	7400	10700
2-4 pass Cpe	550	1450	2450	4900	8500	12000
2-dr 5-pass C'ch	450	1250	2200	4400	7600	10900
5-pass Sdn	500	1300	2250	4500	7700	11000
Model KT, 8-cyl., 113" wb						
2-pass Rdstr	1100	3550	5900	11800	20800	29400
4-pass Rdstr	1150	3650	6100	12200	21500	30500
2-pass Cpe	500	1350	2350	4700	8100	11500
2-4 pass Cpe	550	1550	2650	5300	9100	13000
2-4 pass Conv Cpe	1050	3400	5700	11400	20100	28500
2-dr 5-pass C'ch	500	1350	2300	4600	8000	11300
5-pass Sdn	550	1450	2450	4900	8500	12000

	6	5	4	3	2	1
DeLuxe Eight, Model KT, 8-cyl., 113" wb						
2-4 pass Conv Cpe	1100	3550	5900	11800	20800	29400
2-pass Cpe	550	1450	2450	4900	8500	12000
2-4 pass Cpe	600	1600	2750	5500	9500	13800
2-dr 5-pass C'ch	550	1400	2400	4800	8300	11800
5-pass Sdn	550	1450	2450	4900	8500	12000

1934

	6	5	4	3	2	1
Challenger KS, 6-cyl., 80 hp, 112" wb						
2-dr 2-pass Cpe	450	1250	2150	4300	7400	10700
2-4 pass Cpe	500	1350	2350	4700	8100	11500
2-dr 5-pass C'ch	400	1200	2000	4000	6900	10000
5-pass Sdn	450	1250	2050	4100	7100	10300
Model KU Deluxe, 6-cyl., 85 hp, 116" wb						
2-pass Cpe	450	1250	2150	4300	7400	10700
2-4 pass Cpe	500	1350	2350	4700	8100	11500
2-4 pass Conv Cpe	1150	3600	5950	11900	21000	29700
5-pass Comp Vic	450	1250	2150	4300	7400	10700
5-pass C'ch	400	1150	1850	3700	6400	9300
5-pass Sdn	450	1250	2050	4100	7100	10300
5-pass Comp Sdn	450	1250	2100	4200	7200	10500
Standard K, 6-cyl., 80 hp, 112" wb						
2-pass Cpe	500	1300	2250	4500	7700	11000
2-4 pass Cpe	550	1450	2450	4900	8500	12000
2-4 pass Conv Cpe	1200	3850	6450	12900	22700	32200
5-pass Comp Vic	450	1250	2150	4300	7400	10700
5-pass Sdn	450	1250	2050	4100	7100	10300
5-pass Comp Sdn	450	1250	2100	4200	7200	10500
5-pass C'ch	450	1250	2050	4100	7100	10300

1935

	6	5	4	3	2	1
Model G, 6-cyl., 112" wb						
2-pass Cpe	450	1250	2150	4300	7400	10700
2-4 pass Cpe	450	1250	2200	4400	7600	10900
5-pass Tr Brghm	450	1250	2100	4200	7200	10500
5-pass C'ch	450	1250	2050	4100	7100	10300
5-pass Sdn	450	1250	2100	4200	7200	10500
5-pass Sub Sdn	450	1250	2100	4200	7200	10500
DeLuxe GU, 6-cyl., Big Six, 112" wb						
2-pass Cpe	450	1250	2150	4300	7400	10700
2-4 pass Cpe	500	1300	2250	4500	7700	11000
2-4 pass Conv Cpe	1000	3200	5400	10800	19000	26900
5-pass Tr Brghm	450	1250	2200	4400	7600	10900
5-pass C'ch	450	1250	2150	4300	7400	10700
5-pass Sdn	450	1250	2150	4300	7400	10700
5-pass Sub Sdn	450	1250	2200	4400	7600	10900

1936

	6	5	4	3	2	1
DeLuxe 61, 6-cyl., 88 hp, 115" wb						
2-pass Cpe	450	1250	2050	4100	7100	10300
2-4 pass Cpe	500	1300	2250	4500	7700	11000
5-pass Coach	400	1200	1950	3900	6800	9900
5-pass Tr Brghm	450	1250	2050	4100	7100	10300
5-pass Sdn	400	1200	2000	4000	6900	10000
5-pass Sub Sdn	400	1200	2000	4000	6900	10000
Custom 62, 6-cyl., 88 hp, 115" wb						
2-4 pass Conv Cpe	1100	3450	5750	11500	20300	28700
2-pass Cpe	450	1250	2150	4300	7400	10700
2-4 pass Bus Cpe	550	1450	2450	4900	8500	12000
5-pass Coach	450	1250	2150	4300	7400	10700

	6	5	4	3	2	1
5-pass Tr Brghm	450	1250	2200	4400	7600	10900
5-pass Sdn	450	1250	2150	4300	7400	10700
5-pass Sub Sdn	450	1250	2150	4300	7400	10700

1937

DeLuxe 71, 6-cyl., 117" wb

	6	5	4	3	2	1
2- pass Bus Cpe	450	1250	2050	4100	7100	10300
2-dr 3-pass Cpe	450	1250	2050	4100	7100	10300
3-pass Vic Cpe	450	1250	2150	4300	7400	10700
2-pass Conv Cpe	1000	3250	5450	10900	19100	27200
5-pass Brghm	450	1250	2050	4100	7100	10300
4-pass Conv Brghm	1100	3450	5750	11500	20300	28700
5-pass Sdn	400	1200	1900	3800	6600	9600
5-pass Tr Sdn	400	1200	1900	3800	6600	9600
5-pass Tr Brghm	400	1200	1950	3900	6800	9900

Super 72, 6-cyl., 117" wb

	6	5	4	3	2	1
3-pass Cpe	450	1250	2100	4200	7200	10500
3-pass Vic Cpe	450	1250	2200	4400	7600	10900
4-dr 5-pass Tr Sdn	400	1200	1950	3900	6800	9900
2-pass Conv Cpe	1050	3400	5650	11300	19900	28200
4-pass Conv Brghm	1150	3600	5950	11900	21000	29700
5-pass Brghm	450	1250	2100	4200	7200	10500
5-pass Tr Brghm	400	1200	2000	4000	6900	10000
5-pass Sdn	400	1200	1950	3900	6800	9900

1938

(Sold under Hudson nameplate)

Utility 80, 6-cyl., 117" wb

	6	5	4	3	2	1
3-pass Cpe	400	1200	1950	3900	6800	9900
6-pass Sdn	400	1150	1850	3700	6400	9300
6-pass Coach	400	1200	1900	3800	6600	9600
6-pass Tr Coach	400	1200	1950	3900	6800	9900
6-pass Tr Sdn	400	1200	1900	3800	6600	9600

Deluxe 81, 6-cyl., 117" wb

	6	5	4	3	2	1
3-pass Conv Cpe	1000	3250	5450	10900	19100	27200
6-pass Conv Brghm	1150	3600	5950	11900	21000	29700
3-pass Cpe	400	1200	1950	3900	6800	9900
3-pass Vic Cpe	500	1300	2250	4500	7700	11000
6-pass Brghm	400	1200	1900	3800	6600	9600
6-pass Tr Brghm	400	1150	1850	3700	6400	9300
6-pass Sdn	400	1200	1900	3800	6600	9600
6-pass Tr Sdn	400	1200	1950	3900	6800	9900

Super 82, 6-cyl., 117" wb

	6	5	4	3	2	1
3-pass Cpe	400	1200	2000	4000	6900	10000
3-pass Conv Cpe	1150	3600	5950	11900	21000	29700
6-pass Conv Brghm	1000	3250	5450	10900	19100	27200
3-5 pass Vic Cpe	500	1300	2250	4500	7700	11000
6-pass Brghm	450	1250	2150	4300	7400	10700
6-pass Tr Brghm	450	1250	2100	4200	7200	10500
6-pass Sdn	450	1250	2100	4200	7200	10500
6-pass Tr Sdn	450	1250	2150	4300	7400	10700

TUCKER
1948

1948 Tucker

	6	5	4	3	2	1
1948						
Tucker	17500	85000	130000	180000	242500	320000

PRICE GUIDE CLASSIFICATIONS:

1. CONCOURS: Perfection. At or near 100 points on a 100-point judging scale. Trailered; never driven; pampered. Totally restored to the max and 100 percent stock.

2. SHOW: Professionally restored to high standards. No major flaws or deviations from stock. Consistent trophy winner that needs nothing to show. In 90 to 95 point range.

3. STREET/SHOW: Older restoration or extremely nice original showing some wear from age and use. Very presentable; occasional trophy winner; everything working properly. About 80 to 89 points.

4. DRIVER: A nice looking, fine running collector car needing little or nothing to drive, enjoy and show in local competition. Would need extensive restoration to be a show car, but completely usable as is.

5. RESTORABLE: Project car that is relatively complete and restorable within a reasonable effort and expense. Needs total restoration, but all major components present and rebuildable. May or may not be running.

6. PARTS CAR: Deteriorated or stripped to a point beyond reasonable restoration, but still complete and solid enough to donate valuable parts to a restoration. Likely not running, possibly missing its engine.

WHIPPET
1926 – 1931

1927 Whippet

1928 Whippet

	6	5	4	3	2	1
1927						
Model 96, 4-cyl., 30 hp, 104-1/4" wb						
5-pass Tr	750	2300	3850	7700	13300	19200
5-pass Coach	400	1050	1700	3300	5800	8300
2-4 pass Rdstr	750	2250	3700	7400	12800	18500
2-pass Cpe	400	1150	1850	3700	6400	9300
5-pass Sdn	400	1050	1700	3400	5900	8500
2-4 pass Cabrlt	600	1600	2800	5600	9700	14000
5-pass Lan Sdn	400	1050	1700	3300	5800	8300
Model 93A, 6-cyl., 40 hp, 109-1/4" wb						
5-pass Tr	800	2450	4100	8200	14400	20500
2-4 pass Rdstr	750	2300	3850	7700	13300	19700
2-pass Cpe	400	1200	1950	3900	6800	9900
5-pass Cpe	400	1100	1800	3500	6100	8900
5-pass Sdn	400	1100	1800	3600	6200	9100
2-4 pass Cabrlt	600	1600	2800	5600	9700	14000
5-pass Lan Sdn	400	1050	1700	3300	5800	8300
1928						
Model 96, 4-cyl., 32 hp, 100-1/4" wb						
2-pass Rdstr	750	2250	3700	7400	12800	18500
2-4 pass Coll Rdstr	800	2350	3950	7900	13700	19700
5-pass Tr	750	2300	3850	7700	13300	19200
5-pass Coach	350	950	1550	3100	5500	7900
2-pass Cpe	400	1100	1800	3500	6100	8900
2-4 pass Cabrlt	600	1600	2800	5600	9700	14000
5-pass Sdn	350	1000	1600	3200	5700	8100
5-pass Lan	400	1050	1700	3300	5800	8300

	6	5	4	3	2	1
Model 98, 6-cyl.,						
2-4 pass Rdstr	750	2300	3850	7700	13300	19200
5-pass Tr	800	2400	4050	8100	14200	20200
2-pass Cpe	400	1200	1950	3900	6800	9900
5-pass Coach	400	1100	1800	3500	6100	8900
5-pass Sdn	400	1100	1800	3600	6200	9100
2-4 pass Cabrlt	600	1650	2900	5800	10000	14500

1929

	6	5	4	3	2	1
Model 96A, 4-cyl., 103-1/2" wb						
2-pass Coll Rdstr	750	2250	3700	7400	12800	18500
2-4 pass Rdstr	750	2300	3850	7700	13300	19200
2-4 pass Rdstr College	800	2350	3950	7900	13700	19700
5-pass Tr	800	2350	3900	7800	13500	19500
2-pass Cpe	400	1100	1800	3500	6100	8900
2-4 pass Cpe	600	1600	2800	5600	9700	14000
5-pass Cabrlt	600	1600	2800	5600	9700	14000
5-pass Coach	350	950	1550	3100	5500	7900
5-pass Sdn	350	1000	1600	3200	5700	8100
5-pass Dlx Sdn	400	1050	1700	3300	5800	8300
Model 98A, 6-cyl.						
2-4 Pass Spt Rdstr	850	2550	4300	8600	15100	21500
5-pass Tr	850	2650	4450	8900	15700	22300
2-pass Cpe	400	1150	1850	3700	6400	9300
2-4 pass Cpe	450	1250	2050	4100	7100	10300
5-pass Coach	350	1000	1600	3200	5700	8100
5-pass Sdn	400	1050	1700	3300	5800	8300
5-pass Dlx Sdn	400	1050	1700	3400	5900	8500

1930-1931

	6	5	4	3	2	1
Model 96A, 4-cyl.						
2-pass Rdstr	900	2750	4600	9200	16200	22900
2-4 pass Rdstr College	1000	3100	5250	10500	18600	26200
5-pass Tr	900	2850	4750	9500	16700	23700
2-pass Cpe	400	1100	1800	3500	6100	8900
2-4 pass Cpe	400	1200	1950	3900	6800	9900
5-pass Coach	350	950	1550	3100	5500	7900
5-pass Sdn	350	1000	1600	3200	5700	8100
5-pass Dlx Sdn	400	1050	1700	3300	5800	8300
Model 98A, 6-cyl.						
5-pass Tr	950	2950	4950	9900	17500	24700
2-4 pass Spt Rdstr	900	2750	4650	9300	16400	23100
2-pass Cpe	400	1100	1800	3600	6200	9100
2-4 pass Cpe	450	1250	2050	4100	7100	10300
5-pass Coach	400	1100	1800	3500	6100	8900
5-pass Sdn	400	1100	1800	3600	6200	9100
5-pass Dlx Sdn	400	1150	1850	3700	6400	9300

WILLYS
1902 – 1955

1942 Willys Americar

1947 Willys station wagon

(includes Overland, Marion, Aero)

	6	5	4	3	2	1
1903 - Overland						
Model 13, 1-cyl.						
2-pass Rnbt	1150	3600	5950	11900	21000	29700
1904 - Overland						
Model 13, 1-cyl.						
2-pass Rnbt	1050	3300	5500	11100	19500	27700
Model 15, 2-cyl., 6.5 hp, 72" wb						
2-pass Rnbt	1050	3350	5600	11200	19700	28000
1905 - Overland						
Model 15, 2-cyl., 7 hp, 72" wb						
2-pass Rnbt	1050	3350	5600	11200	19700	28000
Model 17, 2-cyl., 9 hp, 78" wb						
2-pass Rnbt	1050	3350	5600	11200	19700	28000
Model 18, 4-cyl., 16 hp, 90" wb						
Side Ent Tonneau	1100	3500	5850	11700	20600	29100
1906 - Overland						
Model 16, 2-cyl., 9 hp, 78" wb						
2-pass Rnbt	1000	3250	5450	10900	19100	27200
Model 18, 4-cyl., 16 hp 90" wb						
4-pass Tonneau	1050	3350	5600	11200	19700	28000

	6	5	4	3	2	1

1907 - Overland

Model 22, 4-cyl., 16/18 hp, 86" wb

	6	5	4	3	2	1
Spl Rnbt	1000	3250	5450	10900	19100	27200
5-pass Tr	1050	3350	5600	11200	19700	28000

1908 - Overland

Model 24, 4-cyl., 20/22 hp, 96" wb

	6	5	4	3	2	1
2-pass Rdstr	1050	3350	5600	11200	19700	28000
5-pass Tr	1100	3450	5750	11500	20300	28700

1909 - Overland

Model 30, 4-cyl., 30 hp, 108" wb

	6	5	4	3	2	1
5-pass Tonneau	1000	3250	5450	10900	19100	27200
4-pass Rdstr	1000	3250	5450	10900	19100	27200
2-pass Cpe	950	2950	4950	9900	17500	24700

Model 31, 4-cyl., 30 hp, 110" wb

	6	5	4	3	2	1
4-pass Toy Tonn	1050	3350	5600	11200	19700	28000
5-pass Tourist	1050	3350	5600	11200	19700	28000
5-pass Taxi	1000	3250	5450	10900	19100	27200

Model 32, 4-cyl., 30 hp, 110" wb

	6	5	4	3	2	1
3-pass Rdstr	1000	3100	5250	10500	18600	26200
4-pass Rdstr	1000	3250	5450	10900	19100	27200
4-pass Tr	1050	3350	5600	11200	19700	28000

Model 34, 6-cyl., 45 hp, 116" wb

	6	5	4	3	2	1
3-pass Rdstr	1050	3350	5600	11200	19700	28000
6-pass Rdstr	1050	3350	5600	11200	19700	28000

1910 - Overland

Model 38, 4-cyl., 22.5 hp, 102" wb

	6	5	4	3	2	1
2-pass Rdstr	1000	3250	5450	10900	19100	27200
3-pass Rdstr	1000	3250	5450	10900	19100	27200
4-pass Rdstr	1050	3350	5600	11200	19700	28000

Model 40, 4-cyl., 29 hp, 112" wb

	6	5	4	3	2	1
3-pass Rdstr	1050	3400	5650	11300	19900	28200
4-pass Rdstr	1050	3400	5650	11300	19900	28200

Model 41, 4-cyl., 29 hp, 112" wb

	6	5	4	3	2	1
5-pass Tr	1100	3450	5750	11500	20300	28700

Model 42, 4-cyl., 29 hp, 112" wb

	6	5	4	3	2	1
5-pass Tr	1150	3600	5950	11900	21000	29700

1911 - Overland

Model 45, 4-cyl., 20 hp, 96" wb

	6	5	4	3	2	1
2-pass Rdstr	1000	3100	5250	10500	18600	26200

Model 49, 4-cyl., 22.5 hp, 102" wb

	6	5	4	3	2	1
5-pass Tr	1000	3100	5250	10500	18600	26200

Model 50, 4-cyl., 25.6 hp, 110" wb

	6	5	4	3	2	1
2-pass Torp	1150	3600	5950	11900	21000	29700

Model 51, 4-cyl., 25.6 hp, 110" wb

	6	5	4	3	2	1
4-dr 5-pass Tr	1100	3450	5750	11500	20300	28700

Model 52, 4-cyl., 29 hp, 118" wb

	6	5	4	3	2	1
5-pass Tr	1150	3600	5950	11900	21000	29700

Model 53, 4-cyl., 29 hp, 118" wb

	6	5	4	3	2	1
2-pass Rdstr Torp	1150	3650	6100	12200	21500	30500
4-pass Torp	1150	3650	6100	12200	21500	30500

Marion, Model 10, 4-cyl., 29 hp, 112" wb

	6	5	4	3	2	1
2-pass Rdstr	1150	3650	6100	12200	21500	30500
5-pass Tr	1100	3450	5750	11500	20300	28700

Marion, Model 40, 4-cyl., 29 hp, 115" wb

	6	5	4	3	2	1
2-pass Rdstr	1150	3650	6100	12200	21500	30500

	6	5	4	3	2	1
1912 - Overland						
Model 58, 4-cyl., 22.5 hp, 96" wb						
2-pass Rdstr	1000	3100	5250	10500	18600	26200
Model 59, 4-cyl., 30 hp, 106" wb						
2-pass Rdstr	1000	3250	5450	10900	19100	27200
5-pass Tr	1050	3350	5600	11200	19700	28000
3-pass Cpe	800	2400	4050	8100	14200	20200
Model 60, 4-cyl., 27.2 hp, 114" wb						
5-pass Tr	1100	3450	5750	11500	20300	28700
Model 61, 4-cyl., 30.6 hp, 118" wb						
2-pass Rdstr	1300	4050	6750	13500	23800	33700
4-dr 4-pass Tr	1350	4150	6950	13900	24500	34700
4-dr 5-pass Tr	1350	4150	6950	13900	24500	34700
Marion, Model 35, 4-cyl., 25.6 hp, 112" wb						
5-pass Tr	1000	3250	5450	10900	19100	27200
Marion, Model 37, 4-cyl., 25.6 hp, 112" wb						
5-pass Tr	1000	3250	5450	10900	19100	27200
Bobcat Rdstr	1300	4050	6750	13500	23800	33700
Marion, Model 48, 4-cyl., 27.2 hp, 120" wb						
5-pass Tr	1350	4150	6950	13900	24500	34700
4-dr Rdstr	1300	4050	6750	13500	23800	33700
Tandem Torpedo	1400	4250	7100	14200	25000	35400
1913 - Overland						
Model 69, 4-cyl., 25.6 hp, 110" wb						
3-pass Cpe	750	2250	3750	7500	13000	18700
5-pass Tr	1100	3450	5750	11500	20300	28700
2-pass Rdstr	1000	3250	5450	10900	19100	27200
4-pass Tr	1100	3500	5850	11700	20600	29100
Model 71, 4-cyl., 30.6 hp, 114" wb						
2-pass Rdstr	1300	4050	6750	13500	23800	33700
4-pass Tr	1350	4150	6950	13900	24500	34700
5-pass Tr	1400	4350	7250	14500	25500	36200
1914 - Overland						
Model 79, 4-cyl., 35 hp, 114" wb						
Rdstr	1000	3250	5450	10900	19100	27200
5-pass Tr	1050	3400	5650	11300	19900	28200
Cpe	800	2350	3950	7900	13700	19700
Model 46, 4-cyl., 35 hp, 114" wb						
5-pass Tr	1100	3500	5850	11700	20600	29100
1915						
Overland, Model 81, 4-cyl., 30 hp, 106" wb						
Rdstr	1050	3350	5600	11200	19700	28000
5-pass Tr	1100	3500	5850	11700	20600	29100
Overland, Model 80, 4-cyl., 35 hp, 114" wb						
Rdstr	950	2950	4950	9900	17500	24700
5-pass Tr	900	2850	4750	9500	16700	23700
Cpe	800	2350	3950	7900	13700	19700
Overland, Model 82, 6-cyl., 50 hp, 125" wb						
7-pass Tr	1550	4650	7750	15500	27300	38700
Willys-Knight K-19, 4-cyl., 45 hp, 120" wb						
Rdstr	1050	3400	5700	11400	20100	28500
Tr	1150	3600	5950	11900	21000	29700
1916						
Overland, Model 75, 4-cyl., 20-25 hp, 104" wb						
Rdstr	750	2250	3750	7500	13000	18700
Tr	800	2400	4000	8000	13900	19900

	6	5	4	3	2	1
Overland, Model 83, 4-cyl., 35 hp, 106" wb						
Rdstr	800	2400	4000	8000	13900	19900
Tr	800	2500	4200	8400	14800	20900
Willys-Knight, Model 84, 4-cyl., 40 hp, 114" wb						
Rdstr	950	3050	5150	10300	18200	25700
Tr	1000	3250	5450	10900	19100	27200
Overland, Willys-Knight, Model 86, 6-cyl., 45 hp						
7-pass Tr	1400	4300	7150	14300	25200	35700

1917

	6	5	4	3	2	1
Overland, Light Four 90, 4-cyl., 32 hp, 106" wb						
2-pass Rdstr	700	1850	3300	6600	11300	16300
5-pass Tr	750	2200	3650	7300	12600	18200
4-pass Ctry Club (104" wb)	650	1800	3200	6400	11000	15900
5-pass Sdn	400	1200	2000	4000	6900	10000
Overland, Big Four 85, 4-cyl., 35 hp, 112" wb						
3-pass Rdstr	750	2100	3550	7100	12300	17700
5-pass Tr	750	2300	3850	7700	13300	19200
3-pass Tr Cpe	650	1700	3000	6000	10400	14900
5-pass Tr Sdn	450	1250	2200	4400	7600	10900
Overland, Light Six 85, 6-cyl., 40 hp, 116" wb						
3-pass Rdstr	750	2250	3750	7500	13000	18700
5-pass Tr	800	2450	4100	8200	14400	20500
3-pass Tr Cpe	650	1750	3100	6200	10700	15400
5-pass Tr Sdn	500	1350	2300	4600	8000	11300
Willys-Knight 88-4, 4-cyl., 40 hp, 114" wb						
7-pass Tr	1050	3400	5700	11400	20100	28500
4-pass Cpe	700	1850	3300	6600	11300	16300
7-pass Tr Sdn	550	1500	2500	5100	8800	12500
7-pass Limo	700	2050	3500	7000	12100	17400
7-pass Twn Car	750	2150	3600	7200	12400	18000
Willys Six, Model 88-6, 6-cyl., 45 hp, 125" wb						
7-pass Tr	1150	3600	5950	11900	21000	29700
Willys-Knight 88-8, 8-cyl., 65 hp, 125" wb						
7-pass Tr	1350	4150	6950	13900	24500	34700
4-pass Cpe	700	1850	3300	6600	11300	16300
7-pass Sdn	600	1600	2700	5400	9300	13500
7-pass Limo	750	2150	3600	7200	12400	18000
7-pass Town Car	750	2250	3700	7400	12800	18500

1918

	6	5	4	3	2	1
Overland, Light Four 90, 4-cyl., 32 hp, 106" wb						
2-pass Rdstr	700	1850	3300	6600	11300	16300
5-pass Tr	750	2200	3650	7300	12600	18200
4-pass Ctry Club (104" wb)	650	1800	3200	6400	11000	15900
5-pass Sdn	400	1200	2000	4000	6900	10000
Overland, Big Four 85, 4-cyl., 35 hp, 112" wb						
3-pass Rdstr	750	2100	3550	7100	12300	17700
5-pass Tr	750	2300	3850	7700	13300	19200
3-pass Tr Cpe	650	1700	3000	6000	10400	14900
5-pass Tr Sdn	450	1250	2200	4400	7600	10900
Overland, Light Six 85, 6-cyl., 40 hp, 116" wb						
3-pass Rdstr	750	2250	3750	7500	13000	18700
5-pass Tr	800	2450	4100	8200	14400	20500
3-pass Tr Cpe	650	1750	3100	6200	10700	15400
5-pass Tr Sdn	500	1350	2300	4600	8000	11300
Willys-Knight 88-4, 4-cyl., 40 hp, 121" wb						
7-pass Tr	1150	3600	5950	11900	21000	29700
4-pass Cpe	700	1850	3300	6600	11300	16300
7-pass Tr Sdn	550	1500	2500	5100	8800	12500

	6	5	4	3	2	1
7-pass Limo	700	2050	3500	7000	12100	17400
7-pass Twn Car	750	2150	3600	7200	12400	18000
Willys-Knight 88-8, 8-cyl., 65 hp, 125" wb						
7-pass Tr	1350	4150	6950	13900	24500	34700
4-pass Cpe	700	1850	3300	6600	11300	16300
7-pass Sdn	600	1600	2700	5400	9300	13500
7-pass Limo	750	2150	3600	7200	12400	18000
7-pass Town Car	750	2250	3700	7400	12800	18500
Willys 89, 6-cyl., 45 hp, 120" wb						
7-pass Tr	1000	3200	5350	10700	18900	26700
4-pass Club Rdstr	950	2950	4950	9900	17500	24700
6-pass Sdn	600	1600	2700	5400	9300	13500

1919

	6	5	4	3	2	1
Overland, Light Four 90, 4-cyl., 32 hp, 106" wb						
3-pass Rdstr (104" wb)	600	1600	2700	5400	9300	13500
4-pass Ctry Club (104" wb)	650	1750	3100	6200	10700	15400
5-pass Tr	650	1750	3100	6200	10700	15400
5-pass Sdn	450	1250	2050	4100	7100	10300
Willys Six, 89, 6-cyl., 45 hp, 120" wb						
7-pass Tr	1000	3250	5450	10900	19100	27200
4-pass Club Rdstr	950	2950	4950	9900	17500	24700
6-pass Sdn	400	1200	2000	4000	6900	10000
Willys-Knight 88-4, 4-cyl., 40 hp, 121" wb						
7-pass Tr	950	2950	4950	9900	17500	24700
4-pass Cpe	400	1100	1800	3600	6200	9100
7-pass Sdn	400	1150	1850	3700	6400	9300
7-pass Limo	500	1350	2350	4700	8100	11500
Willys-Knight 88-8, 8-cyl., 65 hp, 125" wb						
7-pass Tr	1050	3400	5650	11300	19900	28200
4-pass Cpe	400	1200	2000	4000	6900	10000
7-pass Tr Sdn	400	1200	1900	3800	6600	9600

1920

	6	5	4	3	2	1
Overland, Model 4, 4-cyl., 27 hp, 100" wb						
2-pass Rdstr	700	2050	3500	7000	12100	17400
5-pass Tr	750	2300	3850	7700	13300	19200
2-pass Cpe	600	1600	2800	5600	9700	14000
5-pass Sdn	400	1200	1900	3800	6600	9600
Willys-Knight, Model 88-8, 8-cyl., 65 hp, 125" wb						
7-pass Tr	1050	3400	5650	11300	19900	28200
7-pass Limo	550	1500	2500	5000	8700	12300
7-pass Sdn	400	1200	1900	3800	6600	9600
Cpe	400	1200	2000	4000	6900	10000
Willys-Knight, Model 20, 4-cyl., 48 hp, 118" wb						
3-pass Rdstr	750	2250	3700	7400	12800	18500
5-pass Tr	800	2450	4100	8200	14400	20500
4-pass Cpe	450	1250	2050	4100	7100	10300
5-pass Sdn	400	1200	1950	3900	6800	9900

1921

	6	5	4	3	2	1
Overland, Model 4, 4-cyl., 27 hp, 100" wb						
5-pass Tr	700	2050	3500	7000	12100	17400
2-pass Rdstr	750	2250	3700	7400	12800	18500
5-pass Sdn	450	1250	2050	4100	7100	10300
2-pass Cpe	450	1250	2100	4200	7200	10500
Willys-Knight, Model 20, 4-cyl., 40 hp, 118" wb						
3-pass Rdstr	700	1850	3300	6600	11300	16300
5-pass Tr	750	2250	3700	7400	12800	18500

	6	5	4	3	2	1
4-pass Cpe	500	1300	2250	4500	7700	11000
5-pass Sdn	450	1250	2150	4300	7400	10700

1922

Overland, Model 4, 4-cyl., 27 hp, 100" wb
2-pass Rdstr	700	1850	3300	6600	11300	16300
5-pass Tr	750	2250	3700	7400	12800	18500
5-pass Sdn	450	1250	2050	4100	7100	10300
2-pass Cpe	450	1250	2100	4200	7200	10500

Willys-Knight, Model 20, 4-cyl., 40 hp, 118" wb
3-pass Rdstr	750	2250	3750	7500	13000	18700
5-pass Tr	800	2450	4100	8200	14400	20500
4-pass Cpe	450	1250	2150	4300	7400	10700
5-pass Sdn	450	1250	2050	4100	7100	10300

Willys-Knight, Model 27, 4-cyl., 40 hp, 118" wb
7-pass Tr	800	2500	4200	8400	14800	20900
7-pass Sdn	450	1250	2050	4100	7100	10300

1923

Overland, Model 91, 4-cyl., 27 hp, 100" wb
2-pass Rdstr	600	1600	2750	5500	9500	13800
5-pass Tr	600	1650	2850	5700	9900	14200
2-pass Cpe	450	1250	2050	4100	7100	10300
5-pass Sdn	400	1200	1950	3900	6800	9900

Overland, Model 92, 4-cyl., 30 hp, 106" wb
5-pass Redbird Spt Tr	1000	3100	5250	10500	18600	26200

Willys-Knight, Model 64, 4-cyl., 40 hp, 118" wb
3-pass Rdstr	800	2350	3950	7900	13700	19700
5-pass Tr	800	2450	4100	8200	14400	20500
5-pass Ctry Club	550	1500	2500	5100	8800	12500
3-pass Cpe	400	1150	1850	3700	6400	9300
4-pass Cpe Sdn	450	1250	2050	4100	7100	10300
5-pass Sdn	400	1200	1950	3900	6800	9900

Willys-Knight, Model 67, 4-cyl., 40 hp, 124" wb
7-pass Tr	800	2400	4000	8000	13900	19900
7-pass Sdn	450	1250	2150	4300	7400	10700

1924

Overland, Model 91, 4-cyl., 30 hp, 100" wb
2-pass Rdstr	600	1600	2750	5500	9500	13800
5-pass Tr	600	1650	2850	5700	9900	14200
5-pass Sdn	400	1200	1950	3900	6800	9900
5-pass Tr Dlx	650	1700	3000	6100	10600	15200
2-pass Bus Cpe	450	1250	2050	4100	7100	10300
5-pass Champ Sdn	400	1200	1950	3900	6800	9900

Overland, Model 92, 4-cyl., 30 hp, 106" wb
5-pass Redbird Tr	1000	3100	5250	10500	18600	26200
5-pass Blackbird Tr	1000	3100	5250	10500	18600	26200
5-pass Bluebird Tr	1000	3100	5250	10500	18600	26200

Willys-Knight, Model 64, 4-cyl., 40 hp, 118" wb
3-pass Rdstr	800	2350	3950	7900	13700	19700
5-pass Tr	800	2450	4100	8200	14400	20500
5-pass Sdn	400	1200	1950	3900	6800	9900
5-pass Sdn Dlx	450	1250	2050	4100	7100	10300
4-pass Cpe Sdn	450	1250	2050	4100	7100	10300
4-pass Cpe Sdn Dlx	450	1250	2150	4300	7400	10700

Willys-Knight, Model 67, 4-cyl., 40 hp, 124" wb
7-pass Tr	800	2400	4000	8000	13900	19900
7-pass Sdn	450	1250	2150	4300	7400	10700

	6	5	4	3	2	1

1925

Overland, Model 91, 4-cyl., 27 hp, 100" wb

	6	5	4	3	2	1
5-pass Tr	700	2000	3450	6900	11900	17200
2-pass Cpe	450	1250	2200	4400	7600	10900
5-pass Tr Sdn	400	1200	1950	3900	6800	9900
5-pass Sdn	400	1200	2000	4000	6900	10000
2-pass Rdstr	700	1850	3300	6600	11300	16300

Overland, Model 92, 4-cyl., 30 hp, 106" wb

	6	5	4	3	2	1
Bluebird	850	2650	4450	8900	15700	22300

Overland, Model 93, 6-cyl., 38 hp, 113" wb

	6	5	4	3	2	1
5-pass Tr	750	2150	3600	7200	12400	18000
2-pass Cpe	500	1350	2350	4700	8100	11500
5-pass Sdn	450	1250	2150	4300	7400	10700
Dlx Sdn	450	1250	2200	4400	7600	10900

Willys-Knight, Model 65, 4-cyl., 40 hp, 124" wb

	6	5	4	3	2	1
5-pass Tr	800	2350	3950	7900	13700	19700
3-pass Cpe	500	1350	2350	4700	8100	11500
5-pass Cpe Sdn	500	1300	2250	4500	7700	11000
5-pass Sdn	400	1200	1950	3900	6800	9900
5-pass Brghm	450	1250	2200	4400	7600	10900

Willys-Knight, Model 66, 6-cyl., 60 hp, 126" wb

	6	5	4	3	2	1
2-pass Rdstr	800	2400	4000	8000	13900	19900
5-pass Tr	850	2650	4450	8900	15700	22300
5-pass Cpe Sdn	500	1350	2350	4700	8100	11500
5-pass Brghm	550	1450	2450	4900	8500	12000
4-pass Cpe	550	1450	2450	4900	8500	12000
5-pass Sdn	500	1300	2250	4500	7700	11000
7-pass Tr	850	2550	4350	8700	15300	21700
7-pass Sdn	500	1350	2350	4700	8100	11500

1926

Overland, Model 91, 4-cyl., 27 hp, 100" wb

	6	5	4	3	2	1
5-pass Tr	750	2250	3750	7500	13000	18700
2-pass Cpe	500	1300	2250	4500	7700	11000
5-pass Sdn	400	1200	1900	3800	6600	9600
5-pass Dlx Sdn	450	1250	2050	4100	7100	10300

Overland, Model 93, 6-cyl., 38 hp, 113" wb

	6	5	4	3	2	1
5-pass Tr	800	2450	4100	8200	14400	20500
5-pass Sdn	400	1200	1950	3900	6800	9900
5-pass Dlx Sdn	450	1250	2050	4100	7100	10300
2-pass Cpe	400	1200	1950	3900	6800	9900

Willys-Knight, Model 66, 6-cyl., 60 hp, 126" wb

	6	5	4	3	2	1
2-4 pass Rdstr	900	2850	4800	9600	16900	24000
7-pass Tr	1000	3100	5250	10500	18600	26200
5-pass Tr	950	2950	4950	9900	17500	24700
4-pass Cpe	500	1300	2250	4500	7700	11000
5-pass Cpe Sdn	450	1250	2200	4400	7600	10900
5-pass Sdn	450	1250	2100	4200	7200	10500
7-pass Sdn	450	1250	2150	4300	7400	10700
5-pass Brghm	450	1250	2200	4400	7600	10900

Willys-Knight, Model 70, 6-cyl., 53 hp, 113" wb

	6	5	4	3	2	1
5-pass Sdn	450	1250	2050	4100	7100	10300
2-dr 5-pass Sdn	400	1200	2000	4000	6900	10000
2-pass Cpe	500	1300	2250	4500	7700	11000

1927

Overland, Model 93, 6-cyl., 40 hp, 113" wb

	6	5	4	3	2	1
5-pass Tr	800	2450	4100	8200	14400	20500
2-pass Cpe	400	1200	1950	3900	6800	9900

	6	5	4	3	2	1
5-pass C'ch	450	1250	2050	4100	7100	10300
5-pass Sdn	400	1200	1950	3900	6800	9900
Willys-Knight, Model 70A, 6-cyl., 53 hp, 113" wb						
2-4 pass Rdstr	850	2650	4500	9000	15900	22500
5-pass Tr	900	2800	4700	9400	16500	23400
2-pass Cpe	550	1500	2500	5100	8800	12500
2-4 pass Cabrlt	800	2450	4100	8200	14400	20500
4-dr 5-pass Sdn	450	1250	2200	4400	7600	10900
2-dr C'ch	450	1250	2100	4200	7200	10500
Willys-Knight, Model 66A, 6-cyl., 65 hp, 126" wb						
2-4 pass Rdstr	950	3050	5100	10200	18000	25400
5-pass Tr	1050	3400	5650	11300	19900	28200
7-pass Tr	1100	3450	5750	11500	20300	28700
Foursome Sdn	950	3050	5100	10200	18000	25400
2-4 pass Cabrlt	900	2750	4600	9200	16200	22900
4-dr 5-pass Sdn	550	1450	2450	4900	8500	12000
7-pass Sdn	550	1550	2650	5300	9100	13000
7-pass Limo	600	1650	2900	5800	10000	14500

1928

	6	5	4	3	2	1
Willys-Knight, Model 56, 6-cyl., 45 hp, 109.5" wb						
2-pass Rdstr	800	2450	4100	8200	14400	20500
5-pass Tr	900	2750	4650	9300	16400	23100
2-4 pass Cpe	550	1550	2600	5200	9000	12800
2-dr Sdn	450	1250	2100	4200	7200	10500
5-pass Sdn	450	1250	2200	4400	7600	10900
Willys-Knight, Model 66A, 6-cyl., 70 hp, 126" wb						
2-pass Rdstr	950	2950	4950	9900	17500	24700
5-pass Tr	1000	3250	5450	10900	19100	27200
2-4 pass Cabrlt	900	2800	4700	9400	16500	23400
Foursome	550	1550	2600	5200	9000	12800
Foursome Dlx	550	1550	2650	5300	9100	13000
5-pass Sdn	500	1350	2350	4700	8100	11500
Willys-Knight, Model 66A, 6-cyl., 70 hp, 135" wb						
7-pass Tr	1050	3400	5650	11300	19900	28200
5-pass Cpe	700	1850	3300	6600	11300	16300
7-pass Sdn	650	1700	3000	6100	10600	15200
7-pass Limo	650	1750	3100	6200	10700	15400
Willys-Knight, Model 70A, 6-cyl., 53 hp, 113.5" wb						
2-4 pass Rdstr	850	2650	4500	9000	15900	22500
5-pass Tr	950	2950	4950	9900	17500	24700
2-pass Cpe	600	1650	2900	5800	10000	14500
5-pass C'ch	650	1700	3000	6000	10400	14900
2-4 pass Cabrlt	700	2050	3500	7000	12100	17400
5-pass Sdn	550	1500	2500	5000	8700	12300

1929

	6	5	4	3	2	1
Series 56, 6-cyl., 45 hp, 109.5" wb						
2-4 pass Rdstr	1000	3100	5200	10400	18400	26000
5-pass Tr	850	2550	4350	8700	15300	21700
2-4 pass Cpe	550	1500	2500	5100	8800	12500
5-pass C'ch	550	1400	2400	4800	8300	11800
5-pass Sdn	550	1500	2500	5000	8700	12300
Series 66A, 6-cyl., 82 hp, 120" wb						
2-4 pass Rdstr	1050	3300	5500	11000	19300	27500
2-4 pass Standard Cpe	600	1650	2900	5800	10000	14500
5-pass Great Cpe	650	1700	3000	6000	10400	14900
5-pass Cpe	650	1700	3000	5900	10200	14700
5-pass Sdn	600	1600	2750	5500	9500	13800

	6	5	4	3	2	1
Series 70B, 6-cyl., 53 hp, 112.5"-115" wb						
2-4 pass Rdstr	1000	3100	5200	10400	18400	26000
5-pass Tr	1050	3400	5650	11300	19900	28200
5-pass C'ch	600	1600	2800	5600	9700	14000
2-4 pass Cpe Dlx	650	1700	3000	6000	10400	14900
2-4 pass Cpe	600	1650	2900	5800	10000	14500
2-dr 5-pass Sdn	550	1400	2400	4800	8300	11800
5-pass Sdn Dlx	550	1450	2450	4900	8500	12000
5-pass Dlx Sdn (115" wb)	550	1500	2500	5100	8800	12500

1930

	6	5	4	3	2	1
Willys, Series 98B, 6-cyl., 65 hp, 110" wb						
2-4 pass Rdstr	1100	3500	5800	11600	20450	28900
4-pass Rdstr	1150	3650	6100	12200	21500	30500
5-pass Tr	1100	3550	5900	11800	20800	29400
2-pass Cpe	600	1650	2900	5800	10000	14500
4-pass Cpe	650	1700	3000	6000	10400	14900
2-dr Sdn	550	1450	2450	4900	8500	12000
5-pass Sdn	550	1500	2500	5100	8800	12500
5-pass Dlx Sdn	550	1550	2650	5300	9100	13000
Willys, Series 80, 8-cyl, 120" wb						
2-dr Cpe	750	1900	3200	6800	12000	17300
2-dr Dlx cpe	800	2050	3600	7200	12500	17900
4-dr Sdn	650	1800	3000	6100	10450	15000
4-dr Dlx Sdn	650	1850	3300	6450	10900	15600
Willys-Knight, Series 66B, 6-cyl., 87 hp, 120" wb						
2-4 pass Rdstr	1050	3400	5700	11400	20100	28500
2-4 pass Cpe	700	1900	3350	6700	11500	16500
5-pass Cpe	750	2100	3550	7100	12300	17700
5-pass Sdn	650	1800	3200	6400	11000	15900
Willys-Knight, Series 70B, 6-cyl., 53 hp, 112.5" wb						
2-4 pass Rdstr	1000	3200	5400	10800	19000	26900
5-pass Tr	1050	3400	5650	11300	19900	28200
5-pass C'ch	600	1600	2800	5600	9700	14000
2-4 pass C'ch Dlx	650	1700	3000	6000	10400	14900
5-pass Sdn	550	1400	2400	4800	8300	11800
5-pass Dlx Sdn	550	1500	2500	5100	8800	12500

1931

	6	5	4	3	2	1
Willys 97, 6-cyl., 65 hp, 110" wb						
2-pass Rdstr	950	3000	5050	10100	17900	25100
2-pass Cpe	650	1750	3100	6200	10700	15400
5-pass Sdn	550	1550	2650	5300	9100	13000
Willys 98B, 6-cyl., 65 hp, 110" wb						
2-4 pass Rdstr	1000	3250	5450	10900	19100	27200
5-pass Sdn	550	1550	2650	5300	9100	13000
Willys 98D, 6-cyl., 65 hp, 113" wb						
5-pass Vic Cpe	650	1700	3000	5900	10200	14700
5-pass Sdn	600	1600	2700	5400	9300	13500
Willys 66B, 6-cyl., 120" wb						
2-4 pass Rdstr	1050	3400	5700	11400	20100	28500
2-4 pass Cpe	700	1900	3350	6700	11500	16500
5-pass Sdn	650	1800	3200	6400	11000	15900
Willys-Knight 66D, 6-cyl., 87 hp, 121" wb						
5-pass Vic Cpe	600	1650	2900	5800	10000	14500
5-pass Sdn	600	1600	2700	5400	9300	13500
Willys 8-80, 8-cyl., 80 hp, 121" wb						
2-4 pass Cpe	600	1650	2900	5800	10000	14500
5-pass Sdn	550	1500	2500	5000	8700	12300

	6	5	4	3	2	1
Willys 8-80D, 8-cyl., 80 hp, 120" wb						
5-pass Vic Cpe	600	1600	2750	5500	9500	13800
5-pass Sdn	550	1400	2400	4800	8300	11800
Willys-Knight 87, 6-cyl., 112.5" wb						
2-4 pass Rdstr	1000	3100	5200	10400	18400	26000
2-4 pass Cpe	550	1500	2500	5100	8800	12500
5-pass Sdn	550	1500	2500	5000	8700	12300

1932

	6	5	4	3	2	1
Willys 90 (Silver Streak), 6-cyl., 65 hp, 113" wb						
2-pass Rdstr	950	2950	4950	9900	17500	24700
2-4 pass Rdstr	950	3000	5050	10100	17900	25100
2-4 pass Spt Rdstr	950	3050	5100	10200	18000	25400
5-pass Tr	1000	3200	5350	10700	18900	26700
2-pass Cpe	700	1850	3300	6600	11300	16300
4-pass Cpe	700	1900	3400	6800	11700	16900
5-pass Vic Custom	600	1600	2700	5400	9300	13500
5-pass Sdn	450	1250	2200	4400	7600	10900
5-pass C'ch	550	1450	2450	4900	8500	12000
5-pass Spl Sdn	600	1600	2700	5400	9300	13500
5-pass Custom Sdn	600	1650	2850	5700	9900	14200
Willys Eight 80, 121" wb						
4-pass Vic Cpe	600	1600	2750	5500	9500	13800
4-pass Dlx Vic Cpe	600	1650	2850	5700	9900	14200
5-pass Sdn	550	1400	2400	4800	8300	11800
5-pass Dlx Sdn	550	1500	2500	5000	8700	12300
5-pass Custom Sdn	550	1550	2600	5200	9000	12800
Willys 8-88 (Silver Streak), 8-cyl., 80 hp, 121" wb						
2-pass Rdstr	950	3050	5100	10200	18000	25400
2-4 pass Spt Rdstr	1000	3100	5200	10400	18400	26000
2-pass Cpe	650	1750	3150	6300	10900	15700
2-4 pass Cpe	700	1900	3350	6700	11500	16500
4-pass Vic Custom	650	1800	3250	6500	11200	16100
5-pass Sdn	600	1600	2800	5600	9700	14000
5-pass Spl Sdn	600	1650	2900	5800	10000	14500
5-pass Custom Sdn	650	1750	3150	6300	10900	15700
Willys-Knight 95, Silver Anniversary, 6-cyl., 60 hp, 113" wb						
2-pass Cpe	650	1700	3000	6100	10600	15200
2-4 pass Cpe	650	1750	3150	6300	10900	15700
4-pass Vic	650	1700	3000	5900	10200	14700
5-pass Coach	600	1600	2750	5500	9500	13800
5-pass Sdn	600	1650	2850	5700	9900	14200
Willys 97, 6-cyl., 110" wb						
2-pass Cpe	650	1750	3100	6200	10700	15400
2-4 pass Cpe	650	1800	3250	6500	11200	16100
5-pass Sdn	550	1550	2650	5300	9100	13000
5-pass Club Sdn	600	1650	2850	5700	9900	14200
5-pass Dlx Sdn	650	1700	3000	5900	10200	14700
5-pass C'ch	650	1700	3000	5900	10200	14700
5-pass Vic Custom	650	1700	3000	6000	10400	14900
2-pass Rdstr	950	3000	5050	10100	17900	25100
2-4 pass Rdstr	950	3050	5100	10200	18000	25400
2-4 pass Dlx Rdstr	1000	3100	5250	10500	18600	26200
5-pass Tr	1050	3300	5500	11000	19300	27500
Willys 98, 6-cyl., 113" wb						
4-pass Dlx Vic Cpe	650	1750	3100	6200	10700	15400
2-pass Vic	650	1700	3000	5900	10200	14700
5-pass Sdn	600	1600	2700	5400	9300	13500
5-pass Dlx Sdn	600	1650	2850	5700	9900	14200
Willys-Knight 66D, 6-cyl., 87 hp, 121" wb						
5-pass Vic Custom	700	1900	3350	6700	11500	16500

	6	5	4	3	2	1
5-pass Custom Sdn	650	1800	3250	6500	11200	16100

1933

Willys 77, 4-cyl., 48 hp, 100" wb
	6	5	4	3	2	1
2-pass Cpe	650	1800	3250	6500	11200	16100
2-pass Custom Cpe	700	1900	3350	6700	11500	16500
2-4 pass Cpe	700	2000	3450	6900	11900	17200
2-4 pass Custom Cpe	750	2100	3550	7100	12300	17700
4-pass Sdn	650	1750	3150	6300	10900	15700
4-pass Custom Sdn	650	1800	3250	6500	11200	16100

Willys 6-90A (Streamline Series), 6-cyl., 65 hp, 113" wb
	6	5	4	3	2	1
2-pass Rdstr	800	2350	3900	7800	13500	19500
2-4 pass Rdstr	800	2400	4000	8000	13900	19900
2-4 pass Spt Rdstr	800	2450	4100	8200	14400	20500
2-pass Cpe	600	1650	2900	5800	10000	14500
2-4 pass Custom Cpe	650	1700	3000	6000	10400	14900
5-pass C'ch	550	1550	2600	5200	9000	12800
5-pass Sdn	600	1600	2750	5500	9500	13800
5-pass Custom Sdn	600	1650	2850	5700	9900	14200

Willys 8-88A (Streamline Series) 8-cyl., 80 hp, 121" wb
	6	5	4	3	2	1
2-pass Cpe	600	1650	2900	5800	10000	14500
2-4 pass Custom Cpe	650	1750	3100	6200	10700	15400
5-pass Sdn	600	1600	2800	5600	9700	14000
5-pass Custom Sdn	650	1750	3100	6200	10700	15400

Willys-Knight 66E, 6-cyl., 87 hp, 121" wb
	6	5	4	3	2	1
5-pass Custom Sdn	700	1900	3400	6800	11700	16900

1934

Willys 77, 4-cyl., 48 hp, 100" wb
	6	5	4	3	2	1
2-pass Cpe	700	1900	3350	6700	11500	16500
2-pass Custom Cpe	700	2000	3450	6900	11900	17200
2-4 pass Cpe	700	2050	3500	7000	12100	17400
2-4 pass Custom Cpe	750	2100	3550	7100	12300	17700
5-pass Sdn	650	1750	3150	6300	10900	15700
5-pass Custom Sdn	650	1800	3250	6500	11200	16100
Pan Del	700	1900	3350	6700	11500	16500

1935

Willys 77, 4-cyl., 48 hp, 100" wb
	6	5	4	3	2	1
2-pass Cpe	700	2000	3450	6900	11900	17200
4-pass Sdn	650	1700	3000	5900	10200	14700

1936

Willys 77, 4-cyl., 48 hp, 100" wb
	6	5	4	3	2	1
2-pass Cpe	700	1900	3350	6700	11500	16500
4-pass Sdn	650	1700	3000	5900	10200	14700
4-pass Dlx Sdn	650	1700	3000	6100	10600	15200

1937

Willys 37, 4-cyl., 48 hp, 100" wb
	6	5	4	3	2	1
2-pass Cpe	700	1900	3350	6700	11500	16500
2-pass Dlx Cpe	700	2000	3450	6900	11900	17200
5-pass Sdn	650	1750	3150	6300	10900	15700
5-pass Dlx Sdn	650	1800	3250	6500	11200	16100

1938

Willys 38, 4-cyl., 48 hp, 100" wb
	6	5	4	3	2	1
2-pass Std Cpe	600	1650	2850	5700	9900	14200
2-pass Dlx Cpe	650	1700	3000	5900	10200	14700

	6	5	4	3	2	1
2-dr 5-pass Clipper Sdn	550	1500	2500	5100	8800	12500
4-dr 5-pass Sdn	550	1500	2500	5000	8700	12300
2-dr 5-pass Clipper Dlx Sdn	550	1550	2600	5200	9000	12800
4-dr 5-pass Dlx Sdn	550	1500	2500	5100	8800	12500
4-dr 5-pass Custom Sdn	550	1550	2600	5200	9000	12800

1939

Overland 39, 4-cyl., 102" wb

	6	5	4	3	2	1
2-pass Speedway Cpe	650	1700	3000	6100	10600	15200
2-dr 5-pass Speedway Sdn	550	1550	2650	5300	9100	13000
4-dr 5-pass Speedway Sdn	550	1500	2500	5100	8800	12500
2-pass Spl Speedway Cpe	650	1750	3150	6300	10900	15700
2-dr 5-pass Spl Speedway Sdn	600	1600	2750	5500	9500	13800
4-dr 5-pass Spl Speedway Sdn	550	1550	2650	5300	9100	13000
2-pass Dlx Cpe	650	1750	3100	6200	10700	15400
2-dr 5-pass Dlx Sdn	600	1600	2700	5400	9300	13500
4-dr 5-pass Dlx Sdn	550	1550	2600	5200	9000	12800

Willys 38, 4-cyl., 48 hp, 100" wb

	6	5	4	3	2	1
2-pass Cpe	650	1800	3200	6400	11000	15900
2-dr 5-pass Sdn	600	1600	2800	5600	9700	14000
4-dr 5-pass Sdn	600	1600	2700	5400	9300	13500
2-pass Dlx Cpe	650	1800	3200	6400	11000	15900
2-dr 5-pass Dlx Sdn	600	1600	2800	5600	9700	14000
4-dr 5-pass Dlx Sdn	600	1600	2700	5400	9300	13500

Willys 48, 4-cyl., 48 hp, 100" wb

	6	5	4	3	2	1
2-pass Cpe	650	1800	3200	6400	11000	15900
2-dr 5-pass Sdn	600	1600	2800	5600	9700	14000
4-dr 5-pass Sdn	600	1600	2700	5400	9300	13000

1940

Willys Speedway, 4-cyl., 48 hp, 102" wb

	6	5	4	3	2	1
3-pass Cpe	650	1700	3000	6100	10600	15200
5-pass Sdn	600	1600	2700	5400	9300	13500
5-pass Dlx Sdn	600	1650	2850	5700	9900	14200
3-pass Dlx Cpe	650	1800	3200	6400	11000	15900
4-dr Dlx Sta Wgn	700	2100	3750	7500	12800	22000

1941

Willys-American
Speedway Series 441, 4-cyl., 63 hp, 104" wb

	6	5	4	3	2	1
2-pass Cpe	650	1700	3000	6100	10600	15200
4-dr 5-pass Sdn	600	1600	2750	5500	9500	13800

DeLuxe, Series 441, 4-cyl., 63 hp, 104" wb

	6	5	4	3	2	1
2-pass Cpe	650	1750	3150	6300	10900	15700
4-dr 5-pass Sdn	600	1600	2750	5500	9500	13800
5-pass Sta Wgn	850	2550	4350	8700	15300	21700

Plainsman, Series 441, 4-cyl., 63 hp, 104" wb

	6	5	4	3	2	1
2-pass Cpe	650	1700	3000	6100	10600	15200
4-dr 5-pass Sdn	600	1600	2800	5600	9700	14000

1942

Willys Americar
Speedway, Series 442, 4-cyl., 63 hp, 104" wb

	6	5	4	3	2	1
2-pass Cpe	650	1700	3000	6100	10600	15200
4-dr 5-pass Sdn	600	1600	2750	5500	9500	13800

Deluxe, Series 442, 4-cyl., 63 hp, 104" wb

	6	5	4	3	2	1
2-pass Cpe	650	1750	3150	6300	10900	15700
4-dr 5-pass Sdn	600	1600	2750	5500	9500	13800
Sta Wgn	850	2550	4350	8700	15300	21700

	6	5	4	3	2	1
Plainsman, Series 442, 4-cyl., 63 hp, 104" wb						
2-pass Cpe	650	1700	3000	6100	10600	15200
4-dr 5-pass Sdn	600	1600	2800	5600	9700	14000
Sta Wgn	850	2550	4350	8700	15300	21700

1946-1947

	6	5	4	3	2	1
Willys 4-63, 4-cyl., 63 hp, 104" wb						
6-pass Sta Wgn	500	1300	2250	4500	7700	11000

1948

	6	5	4	3	2	1
Willys 463, 4-cyl., 63 hp, 104" wb						
Sta Wgn	500	1300	2250	4500	7700	11000
Willys VJ-2, 4-cyl., 63 hp, 104" wb						
Jeepster	600	1650	2850	5700	9900	14200
Willys 663, 6-cyl., 75 hp, 104" wb						
Sta Sdn	500	1350	2350	4700	8100	11500

1949

	6	5	4	3	2	1
Willys VJ-2, 4-cyl., 63 hp, 104" wb						
2-dr Jeepster	600	1650	2850	5700	9900	14200
Willys VJ-3, 6-cyl., 70 hp, 104" wb						
2-dr Jeepster	650	1700	3000	5900	10200	14700
Willys 463, 4-cyl., 63 hp, 104" wb						
6-pass Sta Wgn	500	1300	2250	4500	7700	11000
Willys 4X463, 4-cyl., 63 hp, 104" wb						
6-pass Sta Wgn FWD	550	1300	2150	4300	7450	11500
Willys Six 663, 6-cyl., 70 hp, 104" wb						
Sta Sdn	550	1400	2400	4800	8300	11800
Sta Wgn	500	1350	2350	4700	8100	11500

1950

	6	5	4	3	2	1
1st Series, 4-cyl. 463, 63 hp, 104" wb						
6-pass Sta Wgn	500	1300	2250	4500	7700	11000
FWD Sta Wgn	450	1250	2150	4300	7400	10700
2-dr Jeepster (VJ-3)	600	1650	2900	5800	10000	14500
1st Series, 6-cyl. 663, 63 hp, 104" wb						
2-dr 6-pass Sta Wgn	450	1250	2150	4300	7400	10700
2-dr Jeepster (VJ-3-6)	650	1750	3100	6200	10700	15400
2nd Series, 4-cyl. 473, 63 hp, 104.5" wb						
2-dr Jeepster (VJ-4)	600	1650	2900	5800	10000	14500
6-pass Sta Wgn	500	1300	2250	4500	7700	11000
Sta Wgn FWD	450	1250	2150	4300	7400	10700
2nd Series, 6-cyl., 673						
2-dr 6-pass Sta Wgn	500	1350	2300	4600	8000	11300
2-dr Jeepster (VJ-6)	650	1750	3100	6200	10700	15400

1951

	6	5	4	3	2	1
Willys-Overland, Series 473, 4-cyl., 72 hp, 104" wb						
6-pass Sta Wgn	500	1350	2350	4700	8100	11500
Series 4X473, 4-cyl., 72 hp, 104" wb						
6-pass Sta Wgn	500	1350	2350	4700	8100	11500
Series 473, VJ4, 4-cyl., 72 hp, 104" wb						
5-pass Jeepster	600	1650	2850	5700	9900	14200
Series 673, 6-cyl., 75 hp, 104" wb						
6-pass Sta Wgn	550	1500	2500	5000	8700	12300
Series 673, VJ6, 6-cyl., 75 hp, 104" wb						
5-pass Jeepster	650	1750	3100	6200	10700	15400

	6	5	4	3	2	1

1952

Willys Four, Model 473 4-cyl., 63 hp, 104" wb (1st & 2nd Series)

	6	5	4	3	2	1
4x4 Sta Wgn	400	1200	1900	3800	6600	9600
6-pass Sta Wgn	400	1200	2000	4000	6900	10000

Willys Six, Model 673, 6-cyl., 75 hp, 104" wb (1st & 2nd Series)

	6	5	4	3	2	1
6-pass Sta Wgn	450	1250	2100	4200	7200	10500

Willys Aero 673, 6-cyl., 75 hp, 108" wb

	6	5	4	3	2	1
2-dr Lark Dlx Sdn	400	1150	1850	3700	6400	9300

Willys Aero, 685, 6-cyl., 90 hp, 108" wb

	6	5	4	3	2	1
2-dr Wing Sup Dlx Sdn	400	1200	1950	3900	6800	9900
2-dr Ace Custom Sdn	400	1200	1900	3800	6600	9600

1953

Willys 475, 4-cyl., 72 hp, 104'-104.5" wb

	6	5	4	3	2	1
4x4 Sta Wgn	400	1150	1850	3700	6400	9300
6-pass Sta Wgn	400	1200	1950	3900	6800	9900

Willys 4X475-Deluxe Six, 6-cyl., 90 hp, 104" wb

	6	5	4	3	2	1
6-pass Sta Wgn FWD	450	1250	2050	4100	7100	10300

Willys Aero, 6-cyl., 75 hp, 108" wb

	6	5	4	3	2	1
2-dr "675" Lark Dlx Sdn	400	1100	1800	3500	6100	8900
4-dr "675" Lark Dlx Sdn	400	1100	1800	3600	6200	9100
2-dr "685" Ace Cus Sdn	400	1200	1900	3800	6600	9600
4-dr "685" Ace Cus Sdn	400	1200	1950	3900	6800	9900
2-dr "685" Ace Eagle Hdtp	500	1350	2350	4700	8100	11500
2-dr "685" Falcon Sup Dlx Sdn	400	1150	1850	3700	6400	9300
4-dr "685" Falcon Sup Dlx Sdn	400	1100	1800	3600	6200	9100

1954

Willys Aero, 6-cyl., 90 hp, 108" wb

	6	5	4	3	2	1
4-dr "226" Ace Dlx Sedan	400	1100	1800	3500	6100	8900
2-dr "226" Ace Dlx Sedan	400	1100	1800	3600	6200	9100
2-dr "226" Eagle Dlx Hdtp	500	1350	2350	4700	8100	11500
2-dr "226" Custom Eagle Hdtp	550	1450	2450	4900	8500	12000
2-dr Lark Sdn	400	1100	1800	3500	6100	8900
4-dr Lark Sdn	400	1150	1850	3700	6400	9300
4-dr Ace Sdn	400	1050	1700	3400	5900	8500
2-dr Ace Sdn	400	1100	1800	3500	6100	8900
2-dr Eagle Hdtp	550	1400	2400	4800	8300	11800
2-dr Eagle Dlx Hdtp	550	1500	2500	5100	8800	12500
2-dr Eagle Custom Hdtp	550	1550	2650	5300	9100	13000

Willys Six, Series 652-AA2, 6-cyl., 90 hp, 104" wb

	6	5	4	3	2	1
6-pass Deluxe Sta Wgn	400	1200	1950	3900	6800	9900

1955

Willys Six, 6-cyl., 90 hp, 108" wb

	6	5	4	3	2	1
4-dr Custom Sdn	400	1200	1950	3900	6800	9900
2-dr Custom Sdn	450	1250	2050	4100	7100	10300
2-dr Bermuda Hdtp	550	1450	2450	4900	8700	12500

Willys Six, Series 685, 6-cyl, 90 hp, 104" wb

	6	5	4	3	2	1
6-pass Deluxe Sta Wgn	400	1200	1950	3900	6800	9900

AC / ACE
1947 – 1973

1964 AC Cobra

1966 AC Cobra

	6	5	4	3	2	1
1947-1952						
Two-Litre, 6-cyl., 117" wb						
2-dr Tourer	950	3000	5000	10000	17700	24900
4-dr Saloon	650	1800	3250	6500	11200	16100
1953-1954						
Ace, 6-cyl., 2-litre, 90" wb (4-dr 117" wb)						
2-dr Spt Tourer	850	2600	4400	8800	15500	21900
2-dr Saloon	650	1700	3000	6000	10400	14900
4-dr Saloon	650	1750	3100	6200	10700	15400
1955-1959						
Ace, 6-cyl., 90" wb						
2-dr Rdstr	2500	7400	12500	25000	43900	62400
Aceca, 6-cyl., 90" wb						
2-dr Fstbk Cpe	2000	5950	10000	20000	35150	49900
2-Litre Six, 6-cyl, 117" wb						
4-dr Saloon	650	1750	3100	6200	10700	15400
			1957 with Bristol engine add 20 %			
1960						
Ace, 6-cyl., 90" wb						
2-dr Rdstr	2500	7400	12500	25000	43900	62400
Aceca, 6-cyl., 90" wb						
2-dr Fstbk Cpe	2000	5950	10000	20000	35150	49900
			Bristol engine add 20%			

	6	5	4	3	2	1

1961

Ace, 6-cyl., 90" wb

	6	5	4	3	2	1
2-dr Rdstr	2500	7400	12500	25000	43900	62400

Aceca, 6-cyl., 90" wb

	6	5	4	3	2	1
2-dr Fstbk Cpe	2000	5950	10000	20000	35150	49900

Bristol engine add 20%

1962

Ace, 6-cyl., 90" wb

	6	5	4	3	2	1
2-dr Rdstr	2500	7400	12500	25000	43900	62400

Aceca, 6-cyl., 90" wb

	6	5	4	3	2	1
2-dr Fstbk Cpe	2100	6100	10300	20600	36200	51500

Bristol engine add 20%

1963

Ace, 6-cyl., 90" wb

	6	5	4	3	2	1
2-dr Rdstr	2500	7400	12500	25000	43900	62400

Aceca, 6-cyl., 90" wb

	6	5	4	3	2	1
2-dr Fstbk Cpe	2100	6100	10300	20600	36200	51500

Bristol engine add 20%

1964

Ace, 6-cyl., 90" wb

	6	5	4	3	2	1
2-dr Rdstr	2500	7400	12500	25000	43900	62400

Aceca, 6-cyl., 90" wb

	6	5	4	3	2	1
2-dr Fstbk Cpe	2100	6100	10300	20600	36200	51500

1965

Ford/AC Shelby Cobra, 289, 8-cyl., 108" wb

	6	5	4	3	2	1
2-dr Rdstr	8500	25250	42500	85000	149300	212200

Ford/AC Shelby Cobra, 427, 8-cyl., 90" wb

	6	5	4	3	2	1
2-dr Rdstr	17500	52000	87500	175000	307300	436800

Ford/AC 427, 8-cyl., 96" wb

	6	5	4	3	2	1
2-dr Conv	2800	8300	14000	28000	49200	69900
2-dr Cpe	2400	7100	12000	24000	42150	59900

1966

Ford/AC Shelby Cobra, 427, 8-cyl., 90" wb

	6	5	4	3	2	1
2-dr Rdstr	17500	52000	87500	175000	307300	436800

Ford/AC 289, 8-cyl., 90" wb

	6	5	4	3	2	1
2-dr Rdstr	2000	5950	10000	20000	35150	49900

Ford/AC 427, 8-cyl., 96" wb

	6	5	4	3	2	1
2-dr Rdstr	2800	8300	14000	28000	49200	69900

1967-1973

Frua 428, 8-cyl., 90" wb

	6	5	4	3	2	1
2-dr Rdstr	7500	12000	25300	5200	73000	100000

Aluminum body add 15%

SHELBY AMERICAN/AC COBRA
(For Shelby Mustangs see Ford Mustangs)

1962

Cobra, 8-cyl., 260 hp, 90" wb

	6	5	4	3	2	1
2-dr 260 Rdstr	8000	20750	35000	70000	130500	175000

	6	5	4	3	2	1
1963-1964						
Cobra, 8-cyl., 271 hp, 90" wb						
2-dr 289 Rdstr	8500	25250	42500	85000	149300	212200
1965						
Cobra, 8-cyl., 271 hp, 90" wb						
2-dr Rdstr	8500	25250	42500	85000	149300	212200
Cobra, 427 SC, 8-cyl., 90" wb						
2-dr Rdstr	17500	52000	87500	175000	300,000	450,000
Cobra Daytona						
2-dr Cpe (production: 6 units)	175000	520000	875000	1750000	3000000	4000000
1966-1967						
Cobra, 427 SC, 8-cyl., 90" wb						
2-dr Rdstr	17500	52000	87500	175000	300,000	450,000

ACURA
1986 – 1991

1987 Acura Integra LS

1990 Acura Legend

	6	5	4	3	2	1
1986						
Integra, 4-cyl., 96.5" wb (5-dr 99.2" wb)						
3-dr RS Htchbk	300	800	1350	2700	4700	6900
5-dr RS Htchbk	300	800	1300	2600	4600	6600
LS pkg add 10%						
Legend, 6-cyl., 108.7" wb						
4-dr Sdn	450	1250	2150	4300	7400	10700
1987						
Integra, 4-cyl., 96.5" wb (5-dr 99.2" wb)						
3-dr RS Htchbk	350	950	1550	3100	5500	7900
5-dr RS Htchbk	350	900	1500	3000	5300	7600
		LS pkg add 10%		*Spl Ed. 3-dr add 20%*		
Legend, 6-cyl., 106.5" wb (4-dr 108.7" wb)						
2-dr Cpe	550	1450	2450	4900	8500	12000
4-dr Sdn	550	1400	2400	4800	8300	11800
			L-Luxury pkg add 10%			
			LS-Luxury Special pkg add 15%			
1988						
Integra, 4-cyl., 96.5" wb (5-dr 99.2" wb)						
3-dr RS Htchbk	400	1100	1800	3600	6200	9100
5-dr RS Htchbk	400	1050	1700	3400	5900	8500
			LS pkg add 10%			
			Spl Ed 3-dr add 20%			
Legend, 6-cyl., 106.5" wb (4-dr 108.7" wb)						
2-dr Cpe	600	1600	2800	5600	9700	14000

	6	5	4	3	2	1
4-dr Sdn	600	1600	2750	5500	9500	13800

L-Luxury pkg add 10%
LS-Luxury Special pkg add 15%

1989

Integra, 4-cyl., 96.5" wb (5-dr 99/2" wb)

	6	5	4	3	2	1
3-dr RS Htchbk	450	1250	2050	4100	7100	10300
5-dr RS Htchbk	400	1200	2000	4000	6900	10000

LS pkg add 10%

Legend, 6-cyl., 106.5" wb (4-dr 108.7" wb)

	6	5	4	3	2	1
2-dr Cpe	650	1750	3150	6300	10900	15700
4-dr Sdn	650	1750	3100	6200	10700	15400

L-Luxury pkg add 10%
LS-Luxury Special pkg add 15%

1990

Integra, 4-cyl, 100.4" wb (4-dr 102.4" wb)

	6	5	4	3	2	1
3-dr RS Htchbk	550	1550	2650	5300	9100	13000
4-dr RS Sdn	550	1500	2500	5100	8800	12500

LS pkg add 10%
GS pkg add 15%

Legend, 6-cyl., 106.5" wb (4-dr 108.7" wb)

	6	5	4	3	2	1
2-dr Cpe	750	2100	3550	7100	12300	17700
4-dr Sdn	700	2000	3450	6900	11900	17200

L-Luxury pkg add 10%
LS-Luxury Special pkg add 15%

1991

Integra, 4-cyl, 100.4" wb (4-dr 102.4" wb)

	6	5	4	3	2	1
3-dr RS Htchbk	650	1700	3000	6000	10400	14900
4-dr RS Sdn	650	1700	3000	5900	10200	14700

LS pkg add 10%
GS pkg add 15%

Legend, 6-cyl., 111.4" wb (4-dr 114.6" wb)

	6	5	4	3	2	1
2-dr Cpe	1150	3650	6150	12300	21700	30700
4-dr Sdn	1000	3100	5200	10400	18400	26000

L-Luxury pkg add 10%
LS-Luxury Special pkg add 15%

NSX, 6 cyl., 99.6" wb

	6	5	4	3	2	1
2-dr Cpe	2700	8100	13600	27200	48000	68500

ALFA-ROMEO
1946 – 1991

1948 Alfa-Romeo

1958-1962 Alfa-Romeo 2000 Spider

	6	5	4	3	2	1
1946-1950						
6C-2500, 6-cyl., 106" SS, 118" wb						
2-dr Berlina Sdn	650	1750	3150	6300	10900	15700
2-dr Cabrlt	800	2350	3950	7900	13700	19700
2-dr SS Cpe	900	2850	4750	9500	16700	23700
2-dr SS Cabrlt	1150	3650	6100	12200	21500	30500
1951-1952						
1900, 4-cyl., 104" wb						
4-dr Berlina Sdn	400	1200	1950	3900	6800	9900
1900C, 4-cyl., 98.5" wb						
2-dr Sprint Cpe	650	1700	3000	5900	10200	14700
2-dr Sprint Cabrlt 2+2	800	2450	4100	8200	14400	20500
6C 2500, 6-cyl., 118" wb SS, 106" wb						
2-dr 5-6 pass Spt Sdn	650	1800	3200	6400	11000	15900
2-dr 4-5 pass Spt Sdn	650	1750	3150	6300	10900	15700
2-dr Spt Cabrlt	800	2350	3950	7900	13700	19700
2-dr SS Cpe	900	2850	4750	9500	16700	23700
2-dr SS Cabrlt	1150	3650	6100	12200	21500	30500
1953						
1900, 4-cyl., 98.5" wb						
4-dr Berlina Sdn	400	1200	1950	3900	6800	9900
4-dr Super Sdn	500	1350	2350	4700	8100	11500
1900C						
2-dr Cpe	650	1700	3000	5900	10200	14700
2-dr Cabrlt	800	2450	4100	8200	14400	20500

ALFA-ROMEO

	6	5	4	3	2	1
1900L						
2-dr Cabrlt	800	2350	3950	7900	13700	19700
1954-1955						
1900, 4-cyl., 98.5" wb						
4-dr Berlina Sdn	400	1200	1950	3900	6800	9900
2-dr Primavera Cpe	650	1700	3000	5900	10200	14700
4-dr TI Super Sdn	500	1350	2350	4700	8100	11500
2-dr SS Cpe	750	2250	3750	7500	13000	18700
Giulietta, 4-cyl., 93.7" wb						
4-dr Berlina Sdn	400	1100	1800	3500	6100	8900
2-dr Sprint Cpe	600	1600	2750	5500	9500	13800
2-dr Spider Rdstr (89" wb)	800	2350	3950	7900	13700	19700
1956						
1900, 4-cyl., 98.5" wb						
2-dr SS Cpe	750	2250	3750	7500	13000	18700
4-dr TI Sdn	500	1350	2350	4700	8100	11500
2-dr Primavera Cpe	650	1700	3000	5900	10200	14700
Giulietta, 4-cyl., 93.7" wb						
4-dr Berlina Sdn	400	1100	1800	3500	6100	8900
2-dr Sprint Cpe	600	1600	2750	5500	9500	13800
2-dr Sprint Veloce Cpe	650	1800	3250	6500	11200	16100
2-dr Spider Rdstr (89" wb)	800	2350	3950	7900	13700	19700
2-dr Spider Veloce Rdstr (89" wb)	800	2500	4250	8500	15000	21200
1957						
Giulietta, 4-cyl., 87" wb						
Spider Conv	800	2350	3950	7900	13700	19700
Super Spider Conv	800	2500	4250	8500	15000	21200
Giulietta Veloce, 4-cyl.						
2-dr Sprint Cpe (94" wb)	650	1700	3000	5900	10200	14700
Giulietta Sprint Speciale						
2-dr Sprint Cpe (94" wb)	1150	3600	5950	11900	21000	29700
1958						
Giulietta, 4-cyl., 87" wb						
Spider Conv	800	2350	3950	7900	13700	19700
Super Spider Conv	800	2500	4250	8500	15000	21200
Giulietta Veloce, 4-cyl.						
2-dr Sprint Cpe (94" wb)	650	1700	3000	5900	10200	14700
Giulietta Sprint Speciale						
2-dr Sprint Cpe (94" wb)	1150	3600	5950	11900	21000	29700
1959						
Giulietta, Series 750, 4-cyl.						
Spider Rdstr	700	1900	3350	6700	11500	16500
Super Spider Rdstr	900	2900	4900	9800	17300	24500
Sprint Cpe	550	1500	2500	5100	8800	12500
Veloce Cpe	650	1800	3250	6500	11200	16100
2000 4-cyl., Sdn 107" wb; Rdstr 98" wb						
4-dr Sdn Berlina	450	1250	2150	4300	7400	10700
2-dr Spider Conv	900	2850	4750	9500	16700	23700
1960-1962						
Giulietta, 4-cyl.						
Spider Rdstr	750	2300	3800	7600	13100	18900
Super Spider Rdstr	950	3050	5100	10200	18000	25400

	6	5	4	3	2	1
Sprint Cpe	550	1500	2500	5100	8800	12500
Sprint Veloce	650	1800	3250	6500	11200	16100
2000						
Spider Rdstr	900	2850	4750	9500	16700	23700

1963

Giulietta
Spider Rdstr	800	2350	3950	7900	13700	19700
Sprint Cpe	550	1500	2500	5100	8800	12500
Sprint Veloce Cpe	650	1800	3250	6500	11200	16100
2600						
Spider Conv	850	2700	4550	9100	16000	22700
Sprint Hdtp Cpe	600	1600	2750	5500	9500	13800
Giulia 1600						
Spider Rdstr	800	2350	3950	7900	13700	19700
Sprint Cpe	600	1600	2750	5500	9500	13800

1964

Giulia 1600
Spider Rdstr	800	2350	3950	7900	13700	19700
Speciale Cpe	1150	3600	5950	11900	21000	29700
TI Sdn	400	1150	1850	3700	6400	9300
2600						
Conv	850	2700	4550	9100	16000	22700
Cpe	600	1600	2750	5500	9500	13800

1965

Giulia
2-dr Spider Rdstr	800	2350	3950	7900	13700	19700
2-dr Veloce Spider Rdstr	800	2450	4150	8300	14600	20700
2-dr Speciale Cpe 2+2	1200	3850	6450	12900	22700	32200
Giula						
4-dr TI Sdn	400	1150	1850	3700	6400	9300
2-dr Sprint GT Cpe	600	1600	2750	5500	9500	13800

1966

Giulia 1600
2-dr Spider Rdstr	800	2350	3950	7900	13700	19700
2-dr Spider Veloce Rdstr	800	2450	4150	8300	14600	20700
2-dr Sprint GT Cpe	600	1600	2750	5500	9500	13800
4-dr TI Sdn	400	1150	1850	3700	6400	9300

1967

Giulia
4-dr Sup Sdn	300	700	1200	2400	4100	5900
4-dr TI Sdn	400	1150	1850	3700	6400	9300

1968

Giulia
2-dr Sprint GTV Cpe	650	1800	3250	6500	11200	16100
Duetto 1600						
2-dr Spider Conv	850	2650	4500	9000	15900	22500

1969-1970

1750
4-dr Berlina Sdn	300	650	1000	2000	3500	4900
Veloce GT Cpe	550	1550	2650	5300	9100	13000
Spider Veloce Conv	650	1800	3250	6500	11200	16100

	6	5	4	3	2	1
1971						
1750						
4-dr Berlina Sdn	300	650	1000	2000	3500	4900
Veloce GT Cpe	500	1300	2250	4500	7700	11000
Spider Veloce Conv	600	1600	2750	5500	9500	13800
1972						
2000						
4-dr Berlina Sdn	300	650	1100	2100	3600	5100
Veloce GT Cpe	450	1250	2050	4100	7100	10300
Spider Veloce Rdstr	550	1450	2450	4900	8500	12000
1973						
2000						
4-dr Berlina Sdn	300	650	1100	2100	3600	5100
Veloce GT Cpe	450	1250	2050	4100	7100	10300
Spider Veloce Conv	500	1300	2250	4500	7700	11000
1974						
2000						
4-dr Berlina Sdn	300	650	1100	2100	3600	5100
Veloce GT Cpe	450	1250	2050	4100	7100	10300
Spider Veloce Conv	500	1300	2250	4500	7700	11000
1975						
Alfetta Sdn	300	650	1100	2100	3600	5100
Alfetta GT Cpe	400	1050	1700	3300	5800	8300
Spider Veloce 2000	450	1250	2100	4200	7200	10500
1976						
Alfetta Spt Sdn	300	650	1100	2100	3600	5100
Alfetta GT Cpe	400	1050	1700	3300	5800	8300
Spider Veloce Conv 2000	450	1250	2100	4200	7200	10500
1977						
4-dr Spt Sdn Alfetta	300	650	1100	2100	3600	5100
Sprint Veloce	400	1150	1850	3700	6400	9300
Spider Veloce Conv 2000	400	1200	1950	3900	6800	9900
1978						
4-cyl., Sports Sdn, 98.8" wb						
4-dr Spt Sdn	300	650	1150	2300	3900	5700
Sprint Veloce Cpe	400	1150	1850	3700	6400	9300
Spider Veloce Conv 2000	400	1100	1800	3600	6200	9100
1979						
4-cyl.						
4-dr Spt Sdn	300	650	1150	2300	3900	5700
Sprint Veloce Cpe	400	1150	1850	3700	6400	9300
Spider Veloce Conv	400	1100	1800	3500	6100	8900
1980						
4-cyl.						
Spider Veloce Conv	400	1050	1700	3400	5900	8500
1981						
Spt Cpe	300	800	1350	2700	4700	6900
Spider Veloce Conv	350	1000	1600	3200	5700	8100

	6	5	4	3	2	1
1982						
Spt Cpe	300	800	1300	2600	4600	6600
Spider Veloce Conv	350	1000	1600	3200	5700	8100
1983						
GTV6 Spt Cpe	300	700	1200	2400	4100	5900
Spider Veloce 2000	350	1000	1600	3200	5700	8100
1984						
GTV6 Spt Cpe	300	750	1250	2500	4400	6200
Spider Veloce Rdstr	350	1000	1600	3200	5700	8100
1985						
GTV6 Spt Cpe	300	750	1250	2500	4400	6200
Spider Graduate Conv	350	900	1500	3000	5300	7600
Spider Veloce Conv	400	1050	1700	3400	5900	8500
1986						
4-cyl.						
GTV6 Spt Cpe	350	900	1500	2900	5200	7400
Quadrifoglio Spider Conv	400	1200	2000	4000	6900	10000
Graduate Conv	400	1050	1700	3400	5900	8500
Spider Veloce Conv	400	1100	1800	3600	6200	9100
1987						
4-dr Milano Silver Sdn	200	450	650	1300	2200	3200
Quadrifoglio Conv	500	1300	2250	4500	7700	11000
Graduate Conv	400	1200	1900	3800	6600	9600
Spider Veloce Conv	450	1250	2150	4300	7400	10700
1988						
4-dr Milano Gold Sdn	300	550	800	1600	2800	3900
4-dr Milano Plat Sdn	300	650	1100	2100	3600	5100
4-dr Milano Verde Sdn	300	650	1150	2300	3900	5700
Quadrifoglio	550	1500	2500	5000	8700	12300
Graduate Conv	450	1250	2100	4200	7200	10500
Spider Veloce Conv	550	1400	2400	4800	8300	11800
1989						
4-dr Milano Gold Sdn	300	650	1000	2000	3500	4900
4-dr Milano Plat	300	800	1300	2600	4600	6600
4-dr Milano 3.0	350	850	1400	2800	4900	7100
Quadrifoglio Conv	600	1650	2850	5700	9900	14200
Graduate Conv	500	1350	2350	4700	8100	11500
Spider Veloce Conv	600	1600	2700	5400	9300	13500
1990						
2-dr Quadrifoglio Spider Conv	650	1800	3250	6500	11200	16100
2-dr Graduate Conv	600	1600	2700	5400	9300	13500
2-dr Spider Veloce Conv	650	1700	3000	6100	10600	15200
1991						
2-dr Spider Convertible	750	2300	3800	7600	13100	18900
2-dr Spider Veloce Conv.	800	2500	4200	8400	14800	20900
4-dr 164 Sdn	550	1550	2600	5200	9000	12800
4-dr 164 L Sdn	600	1600	2800	5600	9700	14000
4-dr 164 S Sdn	700	2000	3450	6900	11900	17200

AMPHICAR
1961 – 1968

1967 Amphicar

	6	5	4	3	2	1
1961-1968						
Model 770, 4-cyl., 43 hp, 83" wb						
2-dr Conv	1000	3250	5450	10900	19100	27200

PRICE GUIDE CLASSIFICATIONS:

1. CONCOURS: Perfection. At or near 100 points on a 100-point judging scale. Trailered; never driven; pampered. Totally restored to the max and 100 percent stock.

2. SHOW: Professionally restored to high standards. No major flaws or deviations from stock. Consistent trophy winner that needs nothing to show. In 90 to 95 point range.

3. STREET/SHOW: Older restoration or extremely nice original showing some wear from age and use. Very presentable; occasional trophy winner; everything working properly. About 80 to 89 points.

4. DRIVER: A nice looking, fine running collector car needing little or nothing to drive, enjoy and show in local competition. Would need extensive restoration to be a show car, but completely usable as is.

5. RESTORABLE: Project car that is relatively complete and restorable within a reasonable effort and expense. Needs total restoration, but all major components present and rebuildable. May or may not be running.

6. PARTS CAR: Deteriorated or stripped to a point beyond reasonable restoration, but still complete and solid enough to donate valuable parts to a restoration. Likely not running, possibly missing its engine.

ASTON-MARTIN
1950 – 1991

1956 Aston-Martin DB2

	6	5	4	3	2	1
1948-1949						
DB-1, 4-cyl, 90 hp, 108" wb.						
2-dr Conv.	3200	7300	15500	31900	64700	130000
2-dr Saloon	1600	3800	7750	15800	32100	64500
1950-1952						
DB2, 6-cyl., 99" wb						
2-dr Dhd Cpe	5800	17250	29000	58000	101800	144800
2-dr Cpe	3000	8900	14950	29900	52500	74600
1953-1956						
DB2, 6-cyl., 99" wb						
2-dr Dhd Cpe	5800	17250	29000	58000	101800	144800
2-dr Cpe	3000	8900	14950	29900	52500	74600
DB2/4 MK I, 6-cyl., 99" wb						
2-dr Fstbk Cpe 2+2	3500	10400	17500	35000	61500	87400
2-dr Dhd Cpe 2+2	5700	16950	28500	57000	100100	142300
DB2/4 MK IV, 6-cyl., 99" wb						
2-dr Fstbk Cpe 2+2	4000	11900	20000	40000	70200	99800
1957						
DB Mark III, 6-cyl., 99" wb						
2-dr Fstbk Cpe	2800	8300	14000	28000	49200	69900
2-dr Dhd Cpe	6000	17800	30000	60000	105400	149800
DB2/4 MK II, 6-cyl., 99" wb						
2-dr Fstbk Cpe	4000	11900	20000	40000	70200	99800
2-dr Dhd Cpe	5000	14800	25000	50000	87800	124800

	6	5	4	3	2	1

1958-1959

DB Mark IIIB, 6-cyl., 99" wb

	6	5	4	3	2	1
2-dr Fstbk Cpe	2800	8300	14000	28000	49200	69900
2-dr Dhd Cpe	6000	17800	30000	60000	105400	149800

DB4, 6-cyl., 98" wb

	6	5	4	3	2	1
2-dr Fstbk Cpe	3400	10100	17000	34000	59700	84900

1960-1962

DB4, 6-cyl., 98" wb

	6	5	4	3	2	1
2-dr Fstbk Cpe	3050	9050	15200	30400	53400	75900
2-dr Conv	6400	19000	32000	64000	112400	159800
Zagato 2-dr Fstbk Cpe			*NOT ESTIMABLE*			

DB4GT, 6-cyl., 93" wb

	6	5	4	3	2	1
2-dr Cpe	7200	21400	36000	72000	126400	179700

1963

DB4, 6-cyl., 98" wb

	6	5	4	3	2	1
2-dr Fstbk Cpe	3050	9050	15200	30400	53400	75900
2-dr Conv	6400	19000	32000	64000	112400	159800

DB4GT, 6-cyl., 93" wb

	6	5	4	3	2	1
2-dr Cpe	7200	21400	36000	72000	53400	75900

DB5, 6-cyl., 98" wb

	6	5	4	3	2	1
2-dr Cpe	3200	9500	16000	32000	56200	79900
2-dr Conv	6600	19600	33000	66000	115900	164700

1964

DB5, 6-cyl., 98" wb

	6	5	4	3	2	1
2-dr Cpe	3200	9500	16000	32000	56200	79900
2-dr Conv	6600	19600	33000	66000	115900	164700

1965

DB5, 6-cyl., 98" wb

	6	5	4	3	2	1
2-dr Cpe	3200	9500	16000	32000	56200	79900

DB6, 6-cyl., 102" wb

	6	5	4	3	2	1
2-dr Cpe	3450	10200	17200	34400	60400	85900
2-dr Conv	6400	19000	32000	64000	112400	159800

1966

DB6, 6-cyl., 102" wb

	6	5	4	3	2	1
2-dr Cpe	3450	10200	17200	34400	60400	85900
2-dr Conv	6400	19000	32000	64000	112400	159800

Volante

	6	5	4	3	2	1
2-dr Conv	6800	20200	34000	68000	119400	169700

1967-1968

DB6, 6-cyl., 102" wb

	6	5	4	3	2	1
2-dr Cpe	3450	10200	17200	34400	60400	85900

DBS, 6-cyl., 103" wb

	6	5	4	3	2	1
2-dr Fstbk Cpe	2400	7100	12000	24000	42150	59900

Volante

	6	5	4	3	2	1
2-dr Conv	6800	20200	34000	68000	119400	169700

1969-1970

DB6 MK II, 6-cyl., 102" wb

	6	5	4	3	2	1
2-dr Cpe	3450	10200	17200	34400	60400	85900

DBS, 8-cyl., 103" wb

	6	5	4	3	2	1
2-dr Fstbk Cpe	2800	8300	14000	28000	49200	69900

	6	5	4	3	2	1
1971						
DBS, 8-cyl., 103" wb						
2-dr Fstbk Cpe	3000	8900	15000	30000	52700	74900
1972-1973						
A-M Vantage, 8-cyl., 103" wb						
2-dr Fstbk Cpe	1900	5650	9500	19000	33400	47500
1977						
Logonda, 8-cyl., 103" wb						
4-dr Saloon	2400	7100	12000	24000	42150	59900
Vantage, 8-cyl., 103" wb						
2-dr Fstbk Cpe	2900	8600	14500	29000	50900	72400
1978-1981						
Logonda, 8-cyl., 103" wb						
4-dr Saloon	2400	7100	12000	24000	42150	59900
Vantage, 8-cyl., 103" wb						
2-dr Fstbk Cpe	2900	8600	14500	29000	50900	72400
Volante, 8-cyl., 103" wb						
2-dr Conv	4200	12500	21000	42000	73700	104800
1982-1985						
Logonda, 8-cyl., 115" wb						
4-dr Saloon	2700	8000	13500	27000	47400	67400
Vantage, 8-cyl., 103" wb						
2-dr Fstbk Cpe	2900	8600	14500	29000	50900	72400
Volante, 8-cyl., 103" wb						
2-dr Conv	4200	12500	21000	42000	73700	104800
1986-1989						
Logonda, 8-cyl., 103" wb						
4-dr Saloon	3700	11000	18500	37000	65000	92400
Vantage Volante, 8-cyl., 103" wb						
2-dr Conv	7500	22300	37500	75000	131700	187200
Volante, 8-cyl., 103" wb						
2-dr Conv	5550	16500	27800	55600	97600	138800
1990						
Virage, 8-cyl., 103" wb						
2-dr Cpe	4700	13950	23500	47000	82500	117300
1991						
Viraage, 8-cyl., 103" wb						
2-dr Cpe	4700	13950	23500	47000	82500	117300
Volante, 8-cyl., 103" wb						
2-dr Conv	7900	23450	39500	79000	138700	197200

AUSTIN
1948 – 1975

1964 Austin Princess

	6	5	4	3	2	1
1947-1948						
A40, 4-cyl., 40 hp, 92.5" wb						
2-dr Dorset Sdn	400	1200	1950	3900	6800	9900
4-dr Devon Sdn	400	1100	1800	3600	6200	9100
1949						
A40, 4-cyl., 40 hp, 92.5" wb						
2-dr Dorset Sdn	400	1200	1950	3900	6800	9900
4-dr Devon Sdn	400	1100	1800	3600	6200	9100
2-dr Countryman Wgn	400	1200	1900	3800	6600	9600
A90 Atlantic, 4-cyl., 88 hp, 96" wb						
2-dr Conv	700	2000	3450	6900	11900	17200
A125 Sheerline, 6-cyl., 125 hp, 109" wb						
4-dr Sdn	600	1600	2700	5400	9300	13500
1950						
A40 Devon, 4-cyl., 40 hp, 92.5" wb						
2-dr Mk II Sdn	400	1200	1950	3900	6800	9900
4-dr Dlx Sdn	400	1100	1800	3600	6200	9100
A40 Countryman, 4-cyl., 40 hp, 92.5" wb						
2-dr Sta Wgn	400	1200	1900	3800	6600	9600
A90 Atlantic, 4-cyl., 88 hp, 96" wb						
2-dr Conv	700	2000	3450	6900	11900	17200
1951						
A40 Devon, 4-cyl., 46 hp, 92.5" wb						
2-dr Spt Conv	600	1600	2700	5400	9300	13500
4-dr Sdn	400	1100	1800	3600	6200	9100

	6	5	4	3	2	1
A40 Countryman, 4-cyl., 46 hp, 92.5" wb						
2-dr Sta Wgn	400	1200	1900	3800	6600	9600
A70 Hereford, 4-cyl., 68 hp, 87" wb						
4-dr Sdn	450	1250	2100	4200	7200	10500
A90 Atlantic, 4-cyl., 88 hp, 96" wb						
2-dr Conv	700	2000	3450	6900	11900	17200
2-dr Spt Sdn	450	1250	2200	4400	7600	10900
A125 Sheerline, 6-cyl., 125 hp, 119" wb						
4-dr Sdn	600	1600	2700	5400	9300	13500

1952

	6	5	4	3	2	1
A40, 4-cyl., 42 hp, 92.5" wb						
2-dr Spt Conv (50 hp)	650	1700	3000	6100	10600	15200
4-dr Sdn	400	1200	1900	3800	6600	9600
Somerset, 4-cyl., 42 hp, 92.5" wb						
2-dr Conv	650	1700	3000	5900	10200	14700

1953

	6	5	4	3	2	1
A30 "Seven", 4-cyl., 30 hp, 79.5" wb						
4-dr Sdn	400	1000	1800	3500	6100	8900
A40, 4-cyl., 50 hp, 92.5" wb						
2-dr Spt Conv	650	1750	3150	6300	10900	15700
2-dr Sta Wgn	500	1350	2350	4700	8100	11500
A40 Somerset, 4-cyl., 50 hp, 92.5" wb						
2-dr Conv	650	1700	3000	5900	10200	14700
4-dr Sdn	400	1200	1900	3800	6600	9600
100, 4-cyl., 90 hp, 90" wb						
2-dr Spt Rdstr	650	1800	3200	6400	11000	15900

1954

	6	5	4	3	2	1
A30 "Seven", 4-cyl., 30 hp, 79.5" wb						
2-dr Sdn	400	1100	1800	3500	6100	8900
A40 Somerset, 4-cyl., 42/50 hp, 92.5" wb						
2-dr Conv	650	1700	3000	5900	10200	14700
4-dr Sdn	400	1200	1900	3800	6600	9600
4-dr Dlx Sdn	400	1050	1700	3400	5900	8500
2-dr Countryman Sta Wgn	450	1250	2150	4300	7400	10700

1955

	6	5	4	3	2	1
A50 Cambridge, 4-cyl., 50 hp, 99" wb						
4-dr Sdn	400	1150	1850	3700	6400	9300
A30 Westminster, 4-cyl., 30 hp, 79.5" wb						
4-dr Sdn	400	1100	1800	3600	6200	9100

1956

	6	5	4	3	2	1
A50 Cambridge, 4-cyl., 50 hp, 99" wb						
4-dr Sdn	400	1150	1850	3700	6400	9300

1957

	6	5	4	3	2	1
A35, 4-cyl., 34 hp, 79.5" wb						
2-dr Dlx Sdn	350	850	1400	2800	4900	7100
A55 Cambridge, 4-cyl., 50 hp, 99" wb						
4-dr Sdn	400	1150	1850	3700	6400	9300

1958

	6	5	4	3	2	1
A35, 4-cyl., 34 hp, 79.5" wb						
2-dr Sdn	350	850	1400	2800	4900	7100

	6	5	4	3	2	1
A55 Cambridge, 4-cyl., 50 hp, 99" wb						
4-dr Sdn	400	1150	1850	3700	6400	9300
1959						
A35, 4-cyl., 34 hp, 79.5" wb						
2-dr Sdn	350	850	1400	2800	4900	7100
A40, 4-cyl., 34 hp, 83" wb						
2-dr Sdn	350	900	1500	2900	5200	7400
2-dr Dlx Sdn	350	900	1500	3000	5300	7600
A55 Cambridge, 4-cyl., 50 hp, 99" wb						
4-dr Dlx Sdn	400	1150	1850	3700	6400	9300
A55 Mark II, 4-cyl., 50 hp, 99" wb						
4-dr Sdn	400	1200	1900	3800	6600	9600
1960						
850 Mini, 4-cyl., 37 hp, 80" wb						
2-dr Sdn	550	1450	2450	4900	8500	12000
A40, 4-cyl., 34 hp, 85" wb						
2-dr Sdn	350	900	1500	2900	5200	7400
A55 Mark II, 4-cyl., 53 hp, 99" wb						
4-dr Sdn	400	1200	1900	3800	6600	9600
1961						
850 Mini, 4-cyl., 37 hp, 80" wb						
2-dr Sdn	550	1450	2450	4900	8500	12000
A40, 4-cyl., 34 hp, 83" wb						
2-dr Sdn	350	900	1500	2900	5200	7400
2-dr Std Countryman Wgn	350	950	1550	3100	5500	7900
A55 Mark II, 4-cyl., 51 hp, 99" wb						
4-dr Sdn	400	1200	1900	3800	6600	9600
1962						
850 Mini, 4-cyl., 37 hp, 80" wb						
2-dr Sdn	550	1450	2450	4900	8500	12000
2-dr Sta Wgn	500	1350	2350	4700	8100	11500
1963						
850 Mini, 4-cyl., 37 hp, 80" wb						
2-dr Sdn Export	550	1450	2450	4900	8500	12000
2-dr Super Sdn	550	1400	2400	4800	8300	11800
2-dr Sta Wgn (74" wb)	500	1350	2350	4700	8100	11500
850 Mini Cooper, 4-cyl., 56 hp, 80" wb						
2-dr Sdn	650	1700	3000	5900	10200	14700
1964						
850 Mini, 4-cyl., 37 hp, 80" wb						
2-dr Sdn Export	550	1500	2500	5100	8800	12500
850 Mini Cooper "S", 4-cyl., 68 hp, 80" wb						
2-dr Sdn	700	1900	3350	6700	11500	16500
1965						
850 Mini, 4-cyl., 34 hp, 80" wb						
2-dr Sdn Export	550	1500	2500	5100	8800	12500
850 Mini Cooper "S", 4-cyl., 75 hp, 80" wb						
2-dr Sdn	700	1900	3350	6700	11500	16500

	6	5	4	3	2	1
1966						
850 Mini, 4-cyl., 34 hp, 80" wb						
2-dr Sdn	550	1500	2500	5100	8800	12500
850 Mini Cooper "S", 4-cyl., 75 hp, 80" wb						
2-dr Sdn	700	1900	3350	6700	11500	16500
Mini Moke, 4-cyl., 34 hp, 80" wb						
2-dr Tr	350	850	1400	2800	4900	7100
1967						
850 Mini Cooper "S", 4-cyl., 75 hp, 80" wb						
2-dr Sdn	750	2150	3600	7200	12400	18000
1968-1969						
4-cyl., 58 hp, 93" wb						
2-dr Sdn	300	650	1100	2100	3600	5100
1970-1972						
America, 4-cyl., 58 hp, 93" wb						
2-dr Sdn	300	650	1100	2100	3600	5100
1973-1975						
Marina, 4-cyl., 68 hp, 96" wb						
2-dr GT Sdn	300	650	1000	2000	3500	4900
4-dr Sdn	300	600	900	1800	3100	4400

PRICE GUIDE CLASSIFICATIONS:

1. CONCOURS: Perfection. At or near 100 points on a 100-point judging scale. Trailered; never driven; pampered. Totally restored to the max and 100 percent stock.

2. SHOW: Professionally restored to high standards. No major flaws or deviations from stock. Consistent trophy winner that needs nothing to show. In 90 to 95 point range.

3. STREET/SHOW: Older restoration or extremely nice original showing some wear from age and use. Very presentable; occasional trophy winner; everything working properly. About 80 to 89 points.

4. DRIVER: A nice looking, fine running collector car needing little or nothing to drive, enjoy and show in local competition. Would need extensive restoration to be a show car, but completely usable as is.

5. RESTORABLE: Project car that is relatively complete and restorable within a reasonable effort and expense. Needs total restoration, but all major components present and rebuildable. May or may not be running.

6. PARTS CAR: Deteriorated or stripped to a point beyond reasonable restoration, but still complete and solid enough to donate valuable parts to a restoration. Likely not running, possibly missing its engine.

AUSTIN-HEALEY
1953 – 1969

1960 Austin-Healey

1967 Austin-Healey MK 3000

	6	5	4	3	2	1
1953-1954						
100/4 BN-1, 4-cyl., 90 hp, 90" wb						
2-dr Spt Rdstr	1050	3400	5700	11400	20100	28500
1955						
100/4 BN-2, 4-cyl., 90 hp, 90" wb						
2-dr Spt Rdstr	1150	3700	6200	12400	21850	30900
			"M" racing pkg add 25%			
			"S" sport pkg add 30%			
1956						
100/4 BN2, 4-cyl., 90 hp, 90" wb						
2-dr Spt Rdstr	1150	3700	6200	12400	21850	30900
100M/BN2, 4-cyl., 110 hp, 90" wb						
2-dr LeMans Rdstr	2000	5950	10000	20000	35150	49900
1957						
100/6 BN4, 6-cyl., 102 hp, 92" wb						
2dr Spt Rdstr	1200	3850	6450	12900	22700	32200
			Factory HT add 10%			
1958						
100/6 BN4/BN6, 6-cyl., 102 hp, 92" wb						
2-dr Spt Rdstr	1200	3850	6450	12900	22700	32200
2-dr Dlx Rdstr	1350	4200	7000	14000	24650	34900

	6	5	4	3	2	1
Sprite AN5, 4-cyl., 43 hp, 80" wb						
2-dr Rdstr	600	1600	2700	5400	9300	13500

1959-1960

	6	5	4	3	2	1
100-6 BN4/BN6, 6-cyl., 102 hp, 92" wb						
2-dr Spt Rdstr	1200	3850	6450	12900	22700	32200
2-dr Dlx Rdstr	1350	4200	7000	14000	24650	34900
3000 Mark I, 6-cyl., 124 hp, 92" wb						
2-dr Rdstr	1400	4350	7250	14500	25500	36200
2-dr Dlx Rdstr	1500	4500	7500	15000	26400	37500
Sprite, 4-cyl., 49 hp, 80" wb						
2-dr Rdstr	600	1600	2700	5400	9300	13500

1961

	6	5	4	3	2	1
3000 Mark I, 6-cyl., 130 hp, 92" wb						
2-dr Spl Rdstr	1400	4350	7250	14500	25500	36200
2-dr 2+2 Dlx Rdstr	1500	4500	7500	15000	26400	37500
Sprite, 4-cyl., 43 hp, 80" wb						
2-dr Rdstr	600	1600	2700	5400	9300	13500

1962

	6	5	4	3	2	1
3000 Mark II, 6-cyl., 136 hp, 92" wb						
2-dr Rdstr	1450	4450	7450	14900	26200	37200
2-dr 2+2 Dlx Rdstr	1550	4650	7750	15500	27300	38700
2-dr 2+2 Rdstr	1500	4550	7600	15200	26750	38000
Sprite Mark II, 4-cyl., 56 hp, 80" wb						
2-dr Rdstr	450	1250	2150	4300	7400	10700

1962-1963

	6	5	4	3	2	1
3000 Mark II, 6-cyl., 136 hp, 92" wb						
2-dr Spt Conv	1450	4450	7450	14900	26200	37200
2-dr Spt Dlx Conv	1500	4550	7600	15200	26750	38000
Sprite Mark II, 4-cyl., 48 hp, 80" wb						
2-dr Rdstr	400	1200	1950	3900	6800	9900
2-dr Rdstr 1100 (56 hp)	450	1250	2150	4300	7400	10700

1964

	6	5	4	3	2	1
3000 Mark II, 6-cyl., 136 hp, 92" wb						
2-dr Spt Conv	1450	4450	7450	14900	26200	37200
3000 Mark III, 6-cyl., 150 hp, 92" wb						
2-dr Spt Conv	1800	5300	8900	17800	31300	44400
Sprite Mark II, 4-cyl., 56 hp, 80" wb						
2-dr Rdstr	450	1250	2150	4300	7400	10700

1965-1967

	6	5	4	3	2	1
3000 Mark III, 6-cyl., 150 hp, 92" wb						
2-dr Spt Conv	1800	5300	8900	17800	31300	44400
Sprite Mark III, 4-cyl., 56 hp, 80" wb						
2-dr Conv	450	1250	2150	4300	7400	10700

1968-1969

	6	5	4	3	2	1
Sprite Mark IV, 4-cyl., 65 hp, 80" wb						
2-dr Conv	450	1250	2150	4300	7400	10700

BENTLEY
1947 – 1991

1952-55 Bentley S1 Continental R-Type

1955-59 Bentley S1 Continental

	6	5	4	3	2	1
1947-1951						
Mark VI, 6-cyl., 120" wb						
2-dr Cpe (James Young)	1250	3900	6500	13000	22900	32500
2-dr Cpe (Park Ward)	1400	4350	7250	14500	25500	36200
2-dr Dhd Cpe (H.J. Mulliner)	3700	11000	18500	37000	65000	92400
2-dr Sdn (H.J. Mulliner)	1450	4400	7300	14600	25700	36500
2-dr Dhd Cpe (Park Ward)	3100	9200	15500	31000	54400	74400
4-dr Sdn (Hooper)	1650	4900	8250	16500	29000	41200
4-dr Sdn (James Young)	1650	4900	8250	16500	29000	41200
4-dr Sdn (Park Ward)	1350	4200	7000	14000	24650	34900
4-dr Sdn (Saloon)	1100	3550	5900	11800	20800	29400
4-dr Sdn (H.J. Mulliner)	1150	3600	6000	12000	21150	30000
1952						
Mark VI, 6-cyl., 120" wb						
2-dr Cpe (James Young)	1250	3900	6500	13000	22900	32500
2-dr Cpe (Park Ward)	1400	4350	7250	14500	25500	36200
2-dr Dhd Cpe (H.J. Mulliner)	3700	11000	18500	37000	65000	92400
2-dr Cpe (H.J. Mulliner)	1450	4400	7350	14600	25700	36500
2-dr Dhd Cpe (Park Ward)	3100	9200	15500	31000	54400	77400
4-dr Sdn (James Young)	1650	4900	8250	16500	29000	41200
4-dr Sdn (Park Ward)	1350	4200	7000	14000	24650	34900
4-dr Sdn (Saloon)	1100	3550	5900	11800	20800	29400
4-dr Sdn (H.J. Mulliner)	1150	3600	6000	12000	21150	30000
R Type 2, 6-cyl., 120" wb						
2-dr Cpe (James Young)	1200	3850	6450	12900	22700	32200
2-dr Cpe (Park Ward)	1650	4900	8250	16500	29000	41200

	6	5	4	3	2	1
2-dr Dhd Cpe (H.J. Mulliner)	3000	8900	15000	30000	52700	74900
2-dr Dhd Cpe (Park Ward)	2650	7850	13250	26500	46500	66100
2-dr Sdn (Hooper)	1500	4500	7500	15000	26400	37500
R Type 4, 6-cyl., 120" wb						
4-dr Sdn (H.J. Mulliner)	1300	4050	6750	13500	23800	33700
4-dr Sdn (Hooper)	1350	4200	7000	14000	24650	34900
4-dr Sdn (James Young)	1050	3300	5500	11000	19300	27500
4-dr Sdn (Saloon)	1200	3750	6250	12500	22000	31100
4-dr Sdn (Freestone Webb)	1350	4200	7000	14000	24650	34900
R Type Continental, 6-cyl.						
2-dr Cpe (H.J. Mulliner)	2600	7700	13000	26000	45650	65000

1953-1954

	6	5	4	3	2	1
R Type 2, 6-cyl., 120" wb						
2-dr Cpe (Abbott)	1400	4850	7250	14500	25500	36200
2-dr Cpe (James Young)	1200	3850	6450	12900	22700	32200
2-dr Cpe (Park Ward)	1650	4900	8250	16500	29000	41200
2-dr Dhd Cpe (H.J. Mulliner)	3000	8900	15000	30000	52700	74900
2-dr Dhd Cpe (Park Ward)	2650	7850	13250	26500	46500	66100
2-dr Sdn (Hooper)	1500	4500	7500	15000	26400	37500
R Type 4, 6-cyl., 120" wb						
4-dr Sdn (H.J. Mulliner)	1300	4050	6750	13500	23800	33700
4-dr Sdn (Hooper)	1350	4200	7000	14000	24650	34900
4-dr Sdn (James Young)	1050	3300	5500	11000	19300	27500
4-dr Sdn (Saloon)	1200	3750	6250	12500	22000	31100
4-dr Sdn (Freestone Webb)	1350	4200	7000	14000	24650	34900
R Type Continental, 6-cyl.						
2-dr Cpe (H.J. Mulliner)	2600	7700	13000	26000	45650	65000

1955-1959

	6	5	4	3	2	1
S1 Type, 6-cyl., 123" or 127" wb						
2-dr Cpe (Park Ward)	2000	5950	10000	20000	35150	49900
2-dr Sdn (James Young)	1600	4750	7950	15900	28000	39700
4-dr Sdn (Freestone Webb)	1550	4650	7750	15500	27300	38700
4-dr Sdn (H.J. Mulliner)	1600	4800	8000	16000	28150	40000
4-dr Sdn (Hooper)	1550	4650	7750	15500	27300	38700
4-dr Sdn (Saloon)	1350	4200	7000	14000	24650	34900
S1 Type Continental, 6-cyl., 123" wb						
2-dr Dhd Cpe (Park Ward)	3200	9500	16000	32000	56200	79900
2-dr Dhd Cpe (H.J. Mulliner)	2600	7700	13000	26000	45650	65000
2-dr Cpe (H.J. Mulliner)	1900	5650	9500	19000	33400	47500
4-dr Sdn Flying Spur (HJM)	2250	6550	11000	22000	38650	55000

1960-1962

	6	5	4	3	2	1
James Young, 6-cyl.						
4-dr Sdn (Saloon)	1350	4200	7000	14000	24650	34900
S2, 8-cyl., 123" or 127" wb						
2-dr Dhd Cpe (H.J. Mulliner)	3600	10700	18000	36000	63200	89900
2-dr Dhd Cpe (Park Ward)	2300	6800	11500	23000	40400	57500
4-dr Sdn (Saloon)	1500	4500	7500	15000	26400	37500
S2 Continental, 8-cyl., 123" wb						
2-dr Dhd Cpe (Park Ward)	3100	9200	15500	31000	54400	77400
2-dr Cpe (H.J. Mulliner)	2700	8000	13500	27000	47400	67400
4-dr Sdn Flying Spur (HJM)	2600	7700	13000	26000	45650	65000

1963-1965

	6	5	4	3	2	1
James Young, 6-cyl.						
2-dr Sdn	1400	4350	7250	14500	25500	36200
4-dr Sdn (Saloon)	1350	4200	7000	14000	24650	34900

	6	5	4	3	2	1
S3, 8-cyl, 123" or 127" wb						
2-dr Cpe (H.J. Mulliner)	1500	4600	7700	15400	27100	38500
2-dr Cpe (Park Ward)	2250	6550	11000	22000	38650	55000
2-dr Dhd Cpe (H.J. Mulliner)	2350	6900	11600	23200	40750	57900
2-dr Dhd Cpe (Park Ward)	3200	9500	16000	32000	56200	79900
4-dr Sdn (Saloon)	1600	4800	8000	16000	28150	40000
S3 Continental, 8-cyl., 123" wb						
2-dr Dhd Cpe (Park Ward)	2900	8600	14500	29000	50900	72400
2-dr Cpe (H.J. Mulliner)	2000	5800	9750	19500	34300	48700
2-dr Dhd Cpe (H.J. Mulliner)	2900	8600	14500	29000	50900	72400
4-dr Sdn Flying Spur (HJM)	2800	8300	14000	28000	49200	69900
4-dr Sdn Flying Spur (PW)	2800	8300	14000	28000	49200	69900
2-dr Cpe (Park Ward)	2000	5800	9750	19500	34300	48700

1966-1969

	6	5	4	3	2	1
T1, 8-cyl., 119.5" wb						
2-dr Cpe (H.J. Mulliner)	2150	6200	10500	21000	36900	52400
2-dr Cpe (Park Ward)	3300	9800	16500	33000	57900	82400
2-dr Dhd Cpe (Park Ward)	3900	11600	19500	39000	68500	97400
4-dr Sdn (Saloon)	1600	4800	8000	16000	28150	40000

1970-1974

	6	5	4	3	2	1
T1, 8-cyl., 119.5" wb						
2-dr Cpe (H.J. Mulliner)	2150	6200	10500	21000	36900	52400
2-dr Cpe (Park Ward)	3300	9800	16500	33000	57900	82400
2-dr Dhd Cpe (Park Ward)	3900	11600	19500	39000	68500	97400
4-dr Sdn (Saloon)	1600	4800	8000	16000	28150	40000

1975-1976

	6	5	4	3	2	1
Corniche						
2-dr Conv	3200	9500	16000	32000	56200	79900
2-dr Cpe	2400	7100	12000	24000	42150	59900
T1, 8-cyl., 119.5" wb						
4-dr Sdn (Saloon)	1600	4800	8000	16000	28150	40000

1977-1979

	6	5	4	3	2	1
Corniche						
2-dr Conv	3300	9800	16500	33000	57900	82400
2-dr Cpe	2500	7400	12500	25000	43900	62400
T2						
4-dr Sdn (Saloon)	1900	5650	9500	19000	33400	47500

1980

	6	5	4	3	2	1
Corniche						
2-dr Conv	3700	11000	18500	37000	65000	92400
2-dr Cpe	2750	8150	13750	27500	48300	68600
T2						
4-dr Sdn (Saloon)	2200	6350	10750	21500	37800	53700

1981

	6	5	4	3	2	1
Corniche						
2-dr Conv	3800	11300	19000	38000	66700	94900
Mulsanne						
4-dr Sdn (Saloon)	2400	7100	12000	24000	42150	59900

1982-1983

	6	5	4	3	2	1
Corniche						
2-dr Conv	3900	11600	19500	39000	68500	97400

	6	5	4	3	2	1
Mulsanne						
4-dr Sdn (Saloon)	2500	7400	12500	25000	43900	62400
4-dr Turbo Sdn (Saloon)	2600	7700	13000	26000	45650	65000

1984-1985

	6	5	4	3	2	1
Continental						
2-dr Conv	4400	13050	22000	44000	77300	109800
Mulsanne						
4-dr Sdn (Saloon)	2700	8000	13500	27000	47400	67400

1986-1987

	6	5	4	3	2	1
Continental						
2-dr Conv	4800	14250	24000	48000	84300	119800
Mulsanne						
4-dr Sdn (Saloon)	2900	8600	14500	29000	50900	72400

1988

	6	5	4	3	2	1
Continental						
2-dr Conv	5600	16650	28000	56000	98300	139800
Eight						
4-dr Sdn (Saloon)	3000	8900	15000	30000	52700	74900
Mulsanne S						
4-dr Sdn (Saloon)	3300	9800	16500	33000	57900	82400

1989-1991

	6	5	4	3	2	1
Continental						
2-dr Conv	7700	22850	38500	77000	135200	192200
Eight						
4-dr Sdn (Saloon)	3900	11600	19500	39000	68500	97400
Mulsanne S						
4-dr Sdn (Saloon)	4200	12500	21000	42000	73700	104800
Turbo R						
4-dr Sdn (Saloon)	5600	16650	28000	56000	98300	139800

BMW
1952 – 1991

1957 BMW Isetta

1976 BMW 2002

	6	5	4	3	2	1
1952-1953						
6-cyl., 111.6" wb						
501 4-dr Sdn	450	1250	2200	4400	7600	10900
1954						
6-cyl., 111.6" wb						
501A 4-dr Sdn	400	1200	1950	3900	6800	9900
501B 4-dr Sdn	400	1200	1950	3900	6800	9900
8-cyl., 111.6" wb						
502/2.6 4-dr Sdn	550	1450	2450	4900	8500	12000
1955						
Isetta, 1-cyl., 59.1" wb						
250 1-dr Cpe	450	1250	2200	4400	7600	10900
6-cyl., 111.6" wb						
501A 4-dr Sdn	400	1200	1950	3900	6800	9900
501B 4-dr Sdn	400	1200	1950	3900	6800	9900
6-cyl., 111.6" wb						
501/3 4-dr Sdn	500	1300	2250	4500	7700	11000
8-cyl., 111.6" wb						
501 4-dr Sdn	550	1450	2450	4900	8500	12000
502/2.6 4-dr Sdn	550	1550	2650	5300	9100	13000
8-cyl., 111.6" wb						
502/3.2 4-dr Sdn	500	1300	2250	4500	7700	11000

	6	5	4	3	2	1

1956

Isetta, 1-cyl., 59.1" wb

	6	5	4	3	2	1
250 1-dr Cpe	450	1250	2200	4400	7600	10900

6-cyl., 111.6" wb

501/3 4-dr Sdn	400	1200	1950	3900	6800	9900

8-cyl., 111.6" wb

501 4-dr Sdn	500	1350	2350	4700	8100	11500
502/2.6 4-dr Sdn	550	1500	2500	5100	8800	12500

8-cyl., 111.6" wb

502/3.2 4-dr Sdn	650	1700	3000	5900	10200	14700
503 2-dr Cpe	1150	3600	5950	11900	21000	29700
503 2-dr Cabrlt	1600	4850	8100	16200	28500	40500

8-cyl., 97.6" wb

507 Rdstr	8900	26450	44500	89000	156300	222200

1957

Isetta, 1-cyl., 59.1" wb

	6	5	4	3	2	1
300 1-dr Cpe	450	1250	2200	4400	7600	10900

6-cyl., 111.6" wb

501/3 4-dr Sdn	400	1200	1950	3900	6800	9900

8-cyl., 111.6" wb

501 4-dr Sdn	500	1350	2350	4700	8100	11500
502/2.6 4-dr Sdn	550	1500	2500	5100	8800	12500

8-cyl., 111.6" wb

502/3.2 4-dr Sdn	650	1700	3000	5900	10200	14700
502/3.2 Sup 4-dr Sdn	650	1750	3150	6300	10900	15700
503 2-dr Cpe	1150	3600	5950	11900	21000	29700
503 2-dr Cabrlt	1600	4850	8100	16200	28500	40500

8-cyl., 97.6" wb

507 Rdstr	8900	26450	44500	89000	156300	222200

1958

Isetta, 1-cyl., 59.1" wb

	6	5	4	3	2	1
300 1-dr Cpe	500	1300	2250	4500	7700	11000

2-cyl., 66.9" wb

600 2-dr Sdn	400	1200	1950	3900	6800	9900

6-cyl., 111.6" wb

501/3 4-dr Sdn	400	1200	1950	3900	6800	9900

8-cyl., 111.6" wb

501 4-dr Sdn	500	1350	2350	4700	8100	11500
502/2.6 4-dr Sdn	550	1500	2500	5100	8800	12500

8-cyl., 111.6" wb

502/3.2 4-dr Sdn	650	1700	3000	5900	10200	14700
502/3.2 Super 4-dr Sdn	650	1750	3150	6300	10900	15700
503 2-dr Cpe	1150	3600	5950	11900	21000	29700
503 2-dr Cabrlt	1600	4850	8100	16200	28500	40500

8-cyl., 97.6" wb

507 Rdstr	8900	26450	44500	89000	156300	222200

1959-1960

Isetta, 1-cyl., 59.1" wb

	6	5	4	3	2	1
300 1-dr Cpe	500	1300	2250	4500	7700	11000

2-cyl., 66.9" wb

600 2-dr Sdn	400	1200	1950	3900	6800	9900

2-cyl., 83.5" wb

700 Cpe	300	800	1350	2700	4700	6900
700 2-dr Sdn	300	800	1300	2600	4600	6600

8-cyl., 111.6" wb

501 4-dr Sdn	500	1350	2350	4700	8100	11500
502/2.6 4-dr Sdn	550	1500	2500	5100	8800	12500

	6	5	4	3	2	1
8-cyl., 111.6" wb						
502/3.2 4-dr Sdn	650	1700	3000	5900	10200	14700
502/3.2 Sup 4-dr Sdn	650	1750	3150	6300	10900	15700
503 2-dr Cpe	1150	3600	5950	11900	21000	29700
503 2-dr Cabrlt	1600	4850	8100	16200	28500	40500
8-cyl., 97.6" wb						
507 Rdstr	8900	26450	44500	89000	156300	222200

1961

	6	5	4	3	2	1
Isetta, 1-cyl., 59.1" wb						
300 1-dr Cpe	500	1300	2250	4500	7700	11000
2-cyl., 83.5" wb						
700 2-dr Cpe	350	900	1500	2900	5200	7400
700 2-dr Sdn	300	800	1350	2700	4700	6900
700 2-dr Spt Sdn	350	900	1500	2900	5200	7400
2-dr Conv	550	1400	2400	4800	8300	11800
8-cyl., 111.6" wb						
502/2.6 4-dr Sdn	550	1500	2500	5100	8800	12500
2600 4-dr Sdn	600	1600	2750	5500	9500	13800
2600L 4-dr Sdn	600	1650	2850	5700	9900	14200
8-cyl., 111.6" wb						
502/3.2 4-dr Sdn	550	1550	2600	5200	9000	12800
502/3.2 Sup 4-dr Sdn	600	1600	2800	5600	9700	14000
3200L 4-dr Sdn	550	1450	2450	4900	8500	12000
3200S 4-dr Sdn	600	1650	2850	5700	9900	14200

1962

	6	5	4	3	2	1
Isetta, 1-cyl., 59.1" wb						
300 1-dr Cpe	500	1300	2250	4500	7700	11000
2-cyl., 83.5" wb						
700 2-dr Cpe	350	900	1500	2900	5200	7400
700 2-dr Sdn	300	800	1350	2700	4700	6900
700 2-dr Spt Sdn	350	900	1500	2900	5200	7400
2-dr Conv	550	1400	2400	4800	8300	11800
4-cyl., 100.4" wb						
1500 4-dr Sdn	350	900	1500	2900	5200	7400
8-cyl., 111.6" wb						
2600 4-dr Sdn	400	1200	1900	3800	6600	9600
2600L 4-dr Sdn	400	1200	2000	4000	6900	10000
8-cyl., 111.6" wb						
3200L 4-dr Sdn	550	1450	2450	4900	8500	12000
3200S 4-dr Sdn	600	1650	2850	5700	9900	14200
3200CS Cpe	800	2450	4150	8300	14600	20700

1963

	6	5	4	3	2	1
2-cyl., 83.5" wb						
700 2-dr Cpe	300	700	1200	2400	4100	5900
700 2-dr Sdn Luxus	350	900	1500	2900	5200	7400
700CS Spt Cpe	300	800	1300	2600	4600	6600
700 Conv	550	1400	2400	4800	8300	11800
2-cyl., 697cc, 89.8" wb						
700LS Luxus 2-dr Sdn	350	850	1400	2800	4900	7100
700LS 2-dr Luxus Cpe	350	900	1500	2900	5200	7400
4-cyl., 1499cc, 100.4' wb						
1500 4-dr Sdn	350	850	1400	2800	4900	7100
4-cyl., 1773cc, 100.4" wb						
1800 4-dr Sdn	350	950	1550	3100	5500	7900
6-cyl., 2580cc, 111.6" wb						
2600L 4-dr Sdn	450	1250	2050	4100	7100	10300

	6	5	4	3	2	1
8-cyl., 3680cc, 111.6" wb						
3200S 4-dr Sdn	600	1650	2850	5700	9900	14200
3200CS 2-dr Sdn	800	2450	4150	8300	14600	20700
3200L 4-dr Sdn	550	1450	2450	4900	8500	12000

1964

	6	5	4	3	2	1
2-cyl., 83.5" wb						
700 2-dr Cpe	300	700	1200	2400	4100	5900
700 2-dr Luxus Sdn	300	800	1350	2700	4700	6900
700CS Spt Cpe	300	800	1300	2600	4600	6600
700 Conv	550	1400	2400	4800	8300	11800
2-cyl., 89.8" wb						
700LS Luxus Cpe	350	850	1400	2800	4900	7100
700LS Luxus 2-dr Sdn	300	800	1350	2700	4700	6900
4-cyl., 100.4" wb						
1500 4-dr Sdn	300	800	1350	2700	4700	6900
4-cyl., 100.4" wb						
1600 4-dr Sdn	350	900	1500	2900	5200	7400
4-cyl., 100.4" wb						
1800 4-dr Sdn	350	950	1550	3100	5500	7900
1800ti 4-dr Sdn	400	1050	1700	3300	5800	8300
1800ti/SA 4-dr Sdn	450	1250	2100	4200	7200	10500
8-cyl., 111.6" wb						
3200CS 2-dr Cpe	800	2450	4150	8300	14600	20700

1965

	6	5	4	3	2	1
2-cyl., 89.8" wb						
700LS Luxus Cpe	350	850	1400	2800	4900	7100
700LS Luxus 2-dr Sdn	300	800	1350	2700	4700	6900
4-cyl., 100.4" wb						
1600 4-dr Sdn	350	900	1500	2900	5200	7400
4-cyl., 100.4" wb						
1800 4-dr Sdn	400	1100	1800	3500	6100	8900
1800ti 4-dr Sdn	400	1150	1850	3700	6400	9300
1800ti/SA 4-dr Sdn	500	1350	2350	4700	8100	11500
4-cyl., 100.4" wb						
2000C Cpe	550	1500	2500	5100	8800	12500
2000CS Cpe	600	1600	2750	5500	9500	13800
8-cyl., 111.4" wb						
3200CS 2-dr Cpe	800	2450	4150	8300	14600	20700

1966-1967

	6	5	4	3	2	1
4-cyl., 98.4" wb						
1600-2 2-dr Sdn	350	950	1550	3100	5500	7900
4-cyl., 100.4" wb						
1600 4-dr Sdn	350	900	1500	2900	5200	7400
1600ti 2-dr Sdn	400	1100	1800	3500	6100	8900
4-cyl., 100.4" wb						
1800 4-dr Sdn	350	950	1550	3100	5500	7900
1800ti 4-dr Sdn	400	1050	1700	3400	5900	8500
1800ti/SA 4-dr Sdn	400	1150	1850	3700	6400	9300
4-cyl., 100.4" wb						
2000 4-dr Sdn	350	950	1550	3100	5500	7900
2000ti 4-dr Sdn	400	1050	1700	3400	5900	8500
2000tilux 4-dr Sdn	400	1100	1800	3600	6200	9100
2000C Cpe	550	1500	2500	5100	8800	12500
2000CS Cpe	600	1650	2850	5700	9900	14200

	6	5	4	3	2	1

1968

4-cyl., 98.4" wb
	6	5	4	3	2	1
1600 2-dr Sdn	400	1100	1800	3500	6100	8900
1600 2-dr Cabrlt	650	1700	3000	5900	10200	14700

4-cyl., 100.4" wb
	6	5	4	3	2	1
1800 4-dr Sdn	300	800	1350	2700	4700	6900

4-cyl., 98.4" wb
	6	5	4	3	2	1
2002 2-dr Sdn	400	1100	1800	3500	6100	3900
2002ti 2-dr Sdn	450	1250	2150	4300	7400	10700

4-cyl., 100.4' wb
	6	5	4	3	2	1
2000 4-dr Sdn	300	800	1350	2700	4700	6900
2000ti 4-dr Sdn	350	900	1500	2900	5200	7400

1969-1970

4-cyl., 98.4" wb
	6	5	4	3	2	1
1600 2-dr Sdn	350	950	1550	3100	5500	7900

4-cyl., 98.4" wb
	6	5	4	3	2	1
2002 2-dr Sdn	400	1100	1800	3500	6100	9900

4-cyl., 100.4" wb
	6	5	4	3	2	1
2000 4-dr Sdn	350	900	1500	2900	5200	7400

6-cyl., 106" wb
	6	5	4	3	2	1
2500 4-dr Sdn	300	800	1350	2700	4700	6900

6-cyl., 106" wb
	6	5	4	3	2	1
2800 4-dr Sdn	350	900	1500	2900	5200	7400

6-cyl., 103.3" wb
	6	5	4	3	2	1
2800CS Cpe	650	1800	3250	6500	11200	16100

1971

4-cyl., 98.4" wb
	6	5	4	3	2	1
1600 2-dr Sdn	400	1050	1700	3300	5800	8300

4-cyl., 98.4" wb
	6	5	4	3	2	1
2002 2-dr Sdn	400	1100	1800	3500	6100	8900

6-cyl., 106" wb
	6	5	4	3	2	1
2500 4-dr Sdn	300	800	1350	2700	4700	6900

6-cyl., 106" wb
	6	5	4	3	2	1
2800 4-dr Sdn	350	900	1500	2900	5200	7400

6-cyl., 103.3" wb
	6	5	4	3	2	1
2800CS Cpe	650	1800	3250	6500	11200	16100

1972-1973

4-cyl., 98.4" wb
	6	5	4	3	2	1
2002 2-dr Sdn	400	1100	1800	3500	6100	8900
2002ti 2-dr Sdn	400	1200	1950	3900	6800	9900

6-cyl., 106" wb
	6	5	4	3	2	1
Bavaria 4-dr Sdn	350	900	1500	2900	5200	7400

6-cyl., 103.3" wb
	6	5	4	3	2	1
3.0CS 2-dr Cpe	750	2250	3750	7500	13000	18700

1974

4-cyl., 98.4" wb
	6	5	4	3	2	1
2002 2-dr Sdn	400	1100	1800	3500	6100	8900
2002ti 2-dr Sdn	400	1200	1950	3900	6800	9900
2002A 2-dr Sdn	600	1650	2850	5700	9900	14200

6-cyl., 106" wb
	6	5	4	3	2	1
3.0S 4-dr Sdn	400	1050	1700	3300	5800	8300
Bavaria 4-dr Sdn	400	1050	1700	3400	5900	8500

6-cyl., 103.3" wb
	6	5	4	3	2	1
3.0CS 2-dr Cpe	750	2250	3750	7500	13000	18700
3.0CSA 2-dr Cpe	650	1700	3000	5900	10200	14700

	6	5	4	3	2	1

1975

4-cyl., 98.4" wb

	6	5	4	3	2	1
2002 2-dr Sdn	400	1150	1850	3700	6400	9300
2002A 2-dr Sdn	600	1650	2850	5700	9900	14200

6-cyl., 106" wb

3.0Si 4-dr Sdn	400	1100	1800	3500	6100	8900
3.0SiA 4-dr Sdn	400	1100	1800	3600	6200	9100
3.0CSi Cpe	800	2350	3950	7900	13700	19700

6-cyl., 2985cc, 103" wb

530i 4-dr Sdn	350	900	1500	2900	5200	7400

1976

4-cyl., 98.4" wb

2002 2-dr Sdn	400	1100	1800	3500	6100	8900
2002A 2-dr Sdn	600	1650	2850	5700	9900	14200

6-cyl., 106" wb

3.0Si 4-dr Sdn	400	1100	1800	3500	6100	8900

6-cyl., 103" wb

530i 4-dr Sdn	350	900	1500	2900	5200	7400

1977

4-cyl., 100.9" wb

320i 2-dr Sdn	300	700	1200	2400	4100	5900

6-cyl., 103.4" wb

530i 4-dr Sdn	350	900	1500	2900	5200	7400
630CSi Cpe	500	1350	2350	4700	8100	11500

1978

4-cyl., 100.9" wb

320i 2-dr Sdn	300	700	1200	2400	4100	5900

6-cyl., 103.4" wb

633CSi Cpe	500	1350	2350	4700	8100	11500

6-cyl., 103.8" wb

530i 4-dr Sdn	350	950	1550	3100	5500	7900

6-cyl., 110" wb

733i 4-dr Sdn	350	900	1500	3000	5300	7600

1979-1981

4-cyl., 100.9" wb

320i 2-dr Sdn	300	700	1200	2400	4100	5900

6-cyl., 103.8" wb

528i 4-dr Sdn	350	900	1500	3000	5300	7600

6-cyl., 110.0" wb

733i 4-dr Sdn	350	1000	1600	3200	5700	8100

6-cyl., 103.4" wb

633CSi 2-dr Cpe	550	1450	2450	4900	8500	12000

1982

4-cyl., 100.9" wb

320i 2-dr Sdn	300	750	1250	2500	4400	6200

6-cyl., 103.3" wb

528e 4-dr Sdn	350	950	1550	3100	5500	7900

6-cyl., 110.0" wb

733i 4-dr Sdn	400	1050	1700	3300	5800	8300

6-cyl., 103.4" wb

633CSi 2-dr Cpe	550	1500	2500	5100	8800	12500

	6	5	4	3	2	1
1983						
4-cyl., 100.9" wb						
320i 2-dr Sdn	300	800	1350	2700	4700	6900
6-cyl., 103.3" wb						
528e 4-dr Sdn	350	1000	1600	3200	5700	8100
6-cyl., 103.3" wb						
533i 4-dr Sdn	400	1100	1850	3600	6200	9100
6-cyl., 110.0" wb						
733i 4-dr Sdn	400	1050	1700	3400	5900	8500
6-cyl., 103.4" wb						
633CSi 2-dr Cpe	600	1600	2750	5500	9500	13800
1984						
4-cyl., 101.2" wb						
318i 2-dr Sdn	350	900	1500	2900	5200	7400
6-cyl., 101.2" wb						
325e 2-dr Sdn	400	1050	1700	3300	5800	8300
6-cyl., 103.3" wb						
528e 4-dr Sdn	400	1100	1800	3500	6100	8900
6-cyl., 103.3" wb						
533i 4-dr Sdn	400	1200	1950	3900	6800	9900
6-cyl., 110.0" wb						
733i 4-dr Sdn	400	1150	1850	3700	6400	9300
6-cyl., 103.4" wb						
633CSi 2-dr Cpe	650	1700	3000	6000	10400	14900
1985						
4-cyl., 101.2" wb						
318i 2-dr Sdn	400	1050	1700	3300	5800	8300
318i 4-dr Sdn	400	1050	1700	3300	5800	8300
6-cyl., 101.2" wb						
325e 2-dr Sdn	400	1200	2000	4000	6900	10000
325e 4-dr Sdn	450	1250	2100	4200	7200	10500
6-cyl., 103.3" wb						
528e 4-dr Sdn	400	1200	2000	4000	6900	10000
535i 4-dr Sdn	500	1350	2350	4700	8100	11500
524td 4-dr Sdn Turbo Diesel	400	1200	1900	3800	6600	9600
6-cyl., 110.0" wb						
735i 4-dr Sdn	550	1200	2500	5100	8800	12500
6-cyl., 103.5" wb						
635CSi 2-dr Cpe	700	1900	3400	6800	11700	16800
1986						
6-cyl., 101.2' wb						
325 2-dr Sdn	550	1500	2500	5000	8700	12300
325 4-dr Sdn	550	1500	2500	5000	8700	12300
325es 2-dr Sdn	550	1550	2650	5300	9100	13000
325e 4-dr Sdn	550	1550	2650	5300	9100	13000
6-cyl., 103.3" wb						
524td 4-dr Sdn	450	1250	2200	4400	7600	10900
528e 4-dr Sdn	500	1350	2300	4600	8000	11300
6-cyl., 110.0" wb						
535i 4-dr Sdn	600	1600	2700	5400	9300	13500
735i 4-dr Sdn	600	1650	2900	5800	10000	14500
L7 4-dr Sdn	650	1700	3000	6100	10600	15200
6-cyl., 103.5" wb						
635CSi 2-dr Cpe	800	2350	3950	7900	13700	19700

	6	5	4	3	2	1

1987

6-cyl., 101.2" wb

	6	5	4	3	2	1
325 2-dr Sdn	600	1600	2800	5600	9700	14000
325 4-dr Sdn	600	1600	2800	5600	9700	14000
325es 2-dr Sdn	650	1700	3000	5900	10200	14700
325e 4-dr Sdn	650	1700	3000	5900	10200	14700
325iS 2-dr Sdn	650	1800	3200	6400	11000	15900
325i 4-dr Sdn	650	1800	3250	6500	11200	16100
325i 2-dr Conv	750	2300	3850	7700	13300	19200

6-cyl., 103.3" wb

	6	5	4	3	2	1
528e 4-dr Sdn	550	1200	2500	5100	8800	12500
535i 4-dr Sdn	700	1850	3300	6600	11300	16300
535iS 4-dr Sdn	700	1900	3350	6700	11500	16500

6-cyl., 110.0" wb

	6	5	4	3	2	1
735i 4-dr Sdn	700	1850	3300	6600	11300	16300
L7 4-dr Sdn	700	2000	3450	6900	11900	17200

6-cyl., 103.5" wb

	6	5	4	3	2	1
635CSi Cpe	850	2650	4450	8900	15700	22300
L6 2-dr Cpe	900	2750	4600	9200	16200	22900
M6 2-dr Cpe	1050	3300	5500	11000	19500	27700

1988

6-cyl., 101.2" wb

	6	5	4	3	2	1
325 2-dr Sdn	650	1750	3100	6200	10700	15400
325 4-dr Sdn	650	1750	3150	6300	10900	15700
325iS 2-dr Sdn	750	2150	3600	7200	12400	18000
325i 4-dr Sdn	750	2150	3600	7200	12400	18000
325iC 2-dr Conv	800	2500	4250	8500	15000	21200
325ix 2-dr Sdn	800	2350	3950	7900	13700	19700

4-cyl., 101.0" wb

	6	5	4	3	2	1
M3 2-dr Sdn	900	2750	4650	9300	16400	23100

6-cyl., 103.3" wb

	6	5	4	3	2	1
528e 4-dr Sdn	600	1650	2850	5700	9900	14200
535i 4-dr Sdn	750	2250	3750	7500	13000	18700
535iS 4-dr Sdn	750	2300	3850	7700	13300	19200
M5 4-dr Sdn	950	3000	5000	10000	17700	24900

6-cyl., 111.5" wb

	6	5	4	3	2	1
735i 4-dr Sdn	950	3050	5100	10200	18000	25400

12-cyl., 116.00" wb

	6	5	4	3	2	1
750iL 4-dr Sdn	1100	3500	5850	11700	20600	29100

6-cyl., 103.5" wb

	6	5	4	3	2	1
635CSi Cpe	950	3000	5000	10000	17700	24900
M6 2-dr Cpe	1200	3750	6250	12500	22000	31100

6-cyl., 101.2" wb

	6	5	4	3	2	1
735iL 4-dr Sdn	1050	3300	5500	11000	19300	27500

1989

6-cyl., 101.2" wb

	6	5	4	3	2	1
325i 2-dr Sdn	700	1900	3400	6800	11700	16800
325i 4-dr Sdn	750	2100	3550	7100	12300	17700
325iS 2-dr Sdn	800	2400	4000	8000	13900	19900
325i 2-dr Conv	900	2800	4700	9400	16500	23400
325iX 2-dr Sdn (4WD)	850	2650	4450	8900	15700	22300
325iX 4-dr Sdn (4WD)	850	2650	4500	9000	15900	22500

4-cyl., 101.0" wb

	6	5	4	3	2	1
M3 2-dr Sdn	1000	3100	5250	10500	18600	26200

6-cyl., 108.7" wb

	6	5	4	3	2	1
525i 4-dr Sdn	1050	3300	5500	11000	19300	27500
535i 4-dr Sdn	1200	3750	6300	12600	22200	31400

	6	5	4	3	2	1
6-cyl., 111.5" wb						
735i 4-dr Sdn	1050	3400	5650	11300	19900	28200
6-cyl., 116.0" wb						
735iL 4-dr Sdn	1150	3650	6150	12300	21700	30700
12-cyl.						
750iL 4-dr Sdn	1250	3900	6500	13000	22900	32500
6-cyl., 103.3" wb						
635CSi 2-dr Cpe	1050	3400	5650	11300	19900	28200

1990

	6	5	4	3	2	1
4-cyl., 101" wb						
M3 2-dr Sdn	1100	3550	5900	11800	20800	29400
6-cyl., 101.2" wb						
325i 2-dr Sdn	750	2300	3850	7700	13300	19200
325i 4-dr Sdn	800	2400	4050	8100	14200	20200
325iS 2-dr Sdn	850	2700	4550	9100	16000	22700
325iX 2-dr Sdn (4WD)	950	3000	5050	10100	17900	25100
325iX 4-dr Sdn (4WD)	950	3050	5100	10200	18000	25400
325i 2-dr Conv	1000	3100	5250	10500	18600	26200
6-cyl., 108.7" wb						
525i 4-dr Sdn	1150	3700	6200	12400	21850	30900
535i 4-dr Sdn	1400	4250	7100	14200	25000	35400
6-cyl., 111.5" wb						
735i 4-dr Sdn	1200	3800	6350	12700	22400	31700
735iL 4-dr Sdn	1300	4100	6850	13700	24100	34200
12-cyl., 116.0" wb						
750iL 4-dr Sdn	1400	4350	7250	14500	25500	36200

1991

	6	5	4	3	2	1
4-cyl., 101.0" wb						
318i 4-dr Sdn	850	2550	3500	7000	15100	21500
318iS 2-dr Sdn	900	2850	3550	7100	16900	24000
318i 2-dr Conv	1000	3150	4500	9000	18700	26500
M3 2-dr Sdn	1000	3200	6650	13300	19000	26900
6-cyl., 101.2" wb						
325i 2-dr Sdn	750	2150	4450	8900	12400	18000
325i 4-dr Sdn	750	2300	4650	9300	13100	18900
325i 2-dr Conv	950	2950	5850	11700	17500	24700
325iX 2-dr Sdn (4WD)	900	2850	5700	11400	16700	23700
325iX 4-dr Sdn (4WD)	900	2850	5750	11500	16900	24000
6-cyl., 108.7" wb						
525i 4-dr Sdn	1100	3500	5850	13900	20600	29100
535i 4-dr Sdn	1300	4000	6650	15800	23400	33100
M5 4-dr Sdn	0000	0000	10750	21500	0000	0000
6-cyl., 111.5" wb						
735i 4-dr Sdn	1150	3600	7050	14100	21000	29700
6-cyl., 116.0" wb						
735iL 4-dr Sdn	1200	3850	7600	15200	22700	32200
12-cyl., 116.0" wb						
750iL 4-dr Sdn	1300	4100	8050	16100	24100	34200
12-cyl., 105.7" wb						
850i 2-dr Sdn	1150	3600	13000	26000	21150	30000

BORGWARD
1949 – 1961

1956 Borgward

1959 Borgward

	6	5	4	3	2	1
1949-1951						
Hansa 1500, 4-cyl., 96" wb						
2-dr Sdn	300	750	1250	2500	4100	6200
2-dr Conv	600	1650	2850	5700	9900	14200
Hansa 1800, 4-cyl., 102" wb						
4-dr Sdn	300	800	1300	2600	4600	6600
Hansa 2400, 4-cyl., 102" or 111" wb						
4-dr Sdn	300	800	1350	2700	4700	6900
1952-1954						
Hansa 1500, 4-cyl., 96" wb						
2-dr Sdn	300	750	1250	2500	4400	6200
2-dr Conv	650	1700	3000	5900	10200	14700
Hansa 1800, 4-cyl., 102" wb						
4-dr Sdn	300	800	1300	2600	4600	6600
Hansa 2400, 4-cyl., 102" or 111" wb						
4-dr Sdn	300	800	1350	2700	4700	6900
1955						
Hansa 1500, 4-cyl., 96" wb						
2-dr Sdn	300	750	1250	2500	4400	6200
2-dr Conv	650	1800	3250	6500	11200	16100
Hansa 1800, 4-cyl., 102" w						
4-dr Sdn	300	800	1300	2600	4600	6600
Hansa 2400, 4-cyl., 102" or 111" wb						
4-dr Sdn	300	800	1350	2700	4700	6900

	6	5	4	3	2	1
Isabella, 4-cyl., 102" wb						
2-dr Sdn	350	900	1500	3000	5300	7600
1956-1958						
Isabella, 4-cyl., 104" wb						
2-dr Sdn	350	900	1500	3000	5300	7600
2-dr Sta Wgn	350	950	1550	3100	5500	7900
Isbella TS, 4-cyl., 104" wb						
2-dr Sdn	350	900	1500	3000	5300	7600
2-dr Sta Wgn	350	950	1550	3100	5500	7900
2-dr Conv	450	1250	2150	4300	7400	10700
1959-1961						
Isabella, 4-cyl., 104" wb						
2-dr Sdn	350	900	1500	3000	5300	7600
2-dr Sta Wgn	350	950	1550	3100	5500	7900
2-dr SR Sdn	350	950	1550	3100	5500	7900
Isabella TS, 4-cyl., 104" wb						
2-dr Spt Sdn	350	950	1550	3100	5500	7900
2-dr Spt Cpe	550	1500	2500	5100	8800	12500

PRICE GUIDE CLASSIFICATIONS:

1. CONCOURS: Perfection. At or near 100 points on a 100-point judging scale. Trailered; never driven; pampered. Totally restored to the max and 100 percent stock.
2. SHOW: Professionally restored to high standards. No major flaws or deviations from stock. Consistent trophy winner that needs nothing to show. In 90 to 95 point range.
3. STREET/SHOW: Older restoration or extremely nice original showing some wear from age and use. Very presentable; occasional trophy winner; everything working properly. About 80 to 89 points.
4. DRIVER: A nice looking, fine running collector car needing little or nothing to drive, enjoy and show in local competition. Would need extensive restoration to be a show car, but completely usable as is.
5. RESTORABLE: Project car that is relatively complete and restorable within a reasonable effort and expense. Needs total restoration, but all major components present and rebuildable. May or may not be running.
6. PARTS CAR: Deteriorated or stripped to a point beyond reasonable restoration, but still complete and solid enough to donate valuable parts to a restoration. Likely not running, possibly missing its engine.

DATSUN - NISSAN
1958 – 1991

1977 Datsun F-10 wagon

1977 Datsun 280-Z

	6	5	4	3	2	1
1958-1959						
Series 1000, 4-cyl., 87" wb						
4-dr Sdn	200	400	600	1200	2100	3000
Fair Lady, 4-cyl., 87" wb						
2-dr Conv	350	850	1400	2900	4900	7100
1960						
Series 1000, 4-cyl., 87" wb						
4-dr Sdn	200	400	600	1200	2100	3000
Bluebird, 4-cyl., 90" wb						
4-dr Sdn	300	550	800	1600	2800	3900
2-dr Sta Wgn	300	550	800	1700	2800	3900
Fair Lady, 4-cyl., 87.4" wb						
2-dr Conv	350	850	1400	2900	4900	7100
1961						
Bluebird, 4-cyl., 90" wb						
4-dr Sdn	300	550	800	1600	2800	3900
2-dr Sta Wgn	300	600	850	1700	2900	4100
Fair Lady, 4-cyl., 86.6" wb						
2-dr Conv	350	900	1500	3000	5300	7600
1962						
1500, 4 cyl., 89.8" wb						
2-dr Conv	400	1100	1800	3500	6100	8900

	6	5	4	3	2	1
Bluebird, 4-cyl., 94" wb						
4-dr Sdn	300	550	800	1600	2800	3900
4-dr Sta Wgn	300	600	850	1700	2900	4100
Fair Lady, 4-cyl.						
2-dr Conv	350	900	1500	3000	5300	7600

1963

	6	5	4	3	2	1
1500, 4 cyl., 89.8" wb						
2-dr Conv	400	1100	1800	3500	6100	8900
Bluebird, 4-cyl., 94" wb						
4-dr Sdn	300	550	800	1600	2800	3900
4-dr Sta Wgn	300	600	850	1700	2900	4100

1964-1965

	6	5	4	3	2	1
1500, 4 cyl., 89.8" wb						
2-dr Conv	400	1100	1800	3500	6100	8900
410, 4-cyl., 94" wb						
4-dr Sdn	200	350	500	1000	1900	2700
4-dr Sta Wgn	200	400	550	1100	2000	2900

1966

	6	5	4	3	2	1
1600, 4-cyl., 89.8" wb						
2-dr Conv	400	1100	1800	3600	6200	9100
411, 4-cyl., 94" wb						
4-dr Sdn	200	400	550	1100	2000	2900
4-dr Sta Wgn	200	400	600	1200	2100	3000

1967

	6	5	4	3	2	1
1600, 4-cyl., 89.8" wb						
2-dr Conv	400	1100	1800	3600	6200	9100
2000, 4-cyl., 89.8" wb						
2-dr Conv	400	1200	1900	3800	6600	9600
411, 4-cyl., 94" wb						
4-dr Sdn	200	400	550	1100	2000	2900
4-dr Sta Wgn	200	400	600	1200	2100	3000

1968

	6	5	4	3	2	1
1600, 4-cyl., 89.8" wb						
2-dr Conv	400	1100	1800	3600	6200	9100
2000, 4-cyl., 89.8" wb						
2-dr Conv	400	1200	1900	3800	6600	9600
411, 4-cyl., 94" wb						
4-dr Sdn	200	400	550	1100	2000	2900
4-dr Sta Wgn	200	400	600	1200	2100	3000

1969

	6	5	4	3	2	1
510, 4-cyl., 95.3" wb						
2-dr Sdn	250	500	750	1500	2600	3600
4-dr Sdn	250	500	750	1400	2400	3400
4-dr Sta Wgn	250	500	750	1400	2400	3400
1600, 4-cyl., 89.8" wb						
2-dr Conv	400	1100	1800	3500	6100	8900
2000, 4-cyl., 89.8" wb						
2-dr Conv	400	1150	1850	3700	6400	9300

1970

	6	5	4	3	2	1
1600, 4-cyl., 89.8" wb						
2-dr Conv	400	1100	1800	3500	6100	8900

		6	5	4	3	2	1
2000, 4-cyl., 89.8" wb							
2-dr Conv		400	1150	1850	3700	6400	9300
240Z, 6-cyl., 90.7" wb							
2-dr Cpe		600	1700	2900	5850	9600	14500
510, 4-cyl., 95.3" wb							
2-dr Sdn		250	500	750	1500	2600	3600
4-dr Sdn		250	500	750	1400	2400	3400
4-dr Sta Wgn		250	500	750	1400	2400	3400

1971

		6	5	4	3	2	1
1200, (LB110), 4-cyl.							
2-dr Cpe		150	300	450	900	1800	2600
2-dr Sdn		150	300	450	900	1800	2600
510, 4-cyl., 95.3" wb							
2-dr Sdn		250	500	750	1500	2600	3600
4-dr Sdn		250	500	750	1400	2400	3400
4-dr Sta Wgn		250	500	750	1400	2400	3400
240Z, 6-cyl., 90.7" wb							
2-dr Cpe		500	1300	2250	4500	7700	11000

1972

		6	5	4	3	2	1
1200, (LB110), 4-cyl.							
2-dr Cpe		150	300	450	900	1800	2600
2-dr Sdn		150	300	450	900	1800	2600
510, 4-cyl., 95.3" wb							
2-dr Sdn		300	550	800	1600	2800	3900
4-dr Sdn		250	500	750	1500	2600	3600
4-dr Sta Wgn		250	500	750	1500	2600	3600
240Z, 6-cyl., 90.7" wb							
2-dr Cpe		450	1250	2200	4400	7600	10900

1973

		6	5	4	3	2	1
1200, (LB110), 4-cyl.							
2-dr Cpe		150	300	450	900	1800	2600
2-dr Sdn		150	300	450	900	1800	2600
510, 4-cyl., 95.3" wb							
2-dr Sdn		300	550	800	1600	2800	3900
4-dr Sdn		250	500	750	1500	2600	3600
4-dr Sta Wgn		250	500	750	1500	2600	3600
610, 4-cyl., 98" wb							
2-dr Hdtp		200	350	500	1000	1900	2700
4-dr Sdn		150	300	450	900	1800	2600
4-dr Sta Wgn		150	300	450	900	1800	2600
240Z, 6-cyl., 90.7" wb							
2-dr Cpe		450	1250	2150	4300	7400	10700

1974

		6	5	4	3	2	1
210, 4-cyl.							
2-dr Cpe		150	300	450	900	1800	2600
2-dr Sdn		200	350	500	1000	1900	2700
4-dr Sdn		200	350	500	1000	1900	2700
610, 4-cyl., 98" wb							
2-dr Hdtp		200	350	500	1000	1900	2700
4-dr Sdn		150	300	450	900	1800	2600
4-dr Sta Wgn		150	300	450	900	1800	2600
710, 4-cyl., 97" wb							
2-dr Sdn		200	400	550	1100	2000	2900
4-dr Sdn		200	350	500	1000	1900	2700

	6	5	4	3	2	1
2-dr Hdtp	200	400	550	1100	2000	2900
4-dr Sta Wgn	200	350	500	1000	1900	2700
260Z, 6-cyl., 90.7" wb						
2-dr Cpe	300	800	1350	2700	4700	6900
260Z, 6-cyl., 102.6" wb						
2-dr Cpe 2 + 2	300	800	1300	2600	4600	6600

1975

	6	5	4	3	2	1
210, 4-cyl.						
2-dr Cpe	150	300	450	900	1800	2600
2-dr Sdn	200	350	500	1000	1900	2700
4-dr Sdn	200	350	500	1000	1900	2700
610, 4-cyl., 98" wb						
2-dr Hdtp	200	350	500	1000	1900	2700
4-dr Sdn	150	300	450	900	1800	2600
4-dr Sta Wgn	150	300	450	900	1800	2600
710, 4-cyl., 97" wb						
2-dr Sdn	200	400	550	1100	2000	2900
4-dr Sdn	200	350	500	1000	1900	2700
2-dr Hdtp	200	400	550	1100	2000	2900
4-dr Sta Wgn	200	350	500	1000	1900	2700
280Z, 6-cyl., 90.7" wb						
2-dr Cpe	350	850	1400	2800	4900	7100
280Z, 6-cyl., 102.6" wb						
2-dr Cpe 2 + 2	300	800	1350	2700	4700	6900

1976

	6	5	4	3	2	1
210, 4-cyl.						
2-dr Sdn	200	350	500	1000	1900	2700
4-dr Sdn	200	350	500	1000	1900	2700
2-dr Htchbk	250	500	750	1400	2400	3400
2-dr Sdn (Honeybee)	200	350	500	1000	1900	2700
610, 4-cyl., 98" wb						
2-dr Hdtp	200	350	500	1000	1900	2700
4-dr Sdn	150	300	450	900	1800	2600
4-dr Sta Wgn	150	300	450	900	1800	2600
710, 4-cyl., 97" wb						
2-dr Sdn	200	400	550	1100	2000	2900
4-dr Sdn	200	350	500	1000	1900	2700
2-dr Hdtp	200	400	550	1100	2000	2900
4-dr Sta Wgn	200	350	500	1000	1900	2700
F10, 4-cyl						
2-dr KF-10 Htchbk	300	550	800	1600	2800	3900
3-dr WF-10 Sta Wgn	300	550	800	1600	2800	3900
280Z, 6-cyl., 90.7" wb						
2-dr Cpe	350	850	1400	2800	4900	7100
280Z, 6-cyl., 102.6" wb						
2-dr Cpe 2 + 2	300	800	1350	2700	4700	6900

1977

	6	5	4	3	2	1
200SX, 4-cyl., 92" wb						
2-dr Cpe	200	450	650	1300	2200	3200
B210, 4-cyl						
2-dr Dlx Htchbk	250	500	750	1500	2600	3600
2-dr Dlx Sdn	250	500	750	1500	2600	3600
4-dr Dlx Sdn	250	500	750	1500	2600	3600
2-dr Sdn (Honeybee)	250	500	750	1500	2600	3600
710, 4-cyl., 97" wb						
2-dr Sdn	200	400	550	1100	2000	2900
4-dr Sdn	200	350	500	1000	1900	2700

	6	5	4	3	2	1
2-dr Hdtp	200	400	550	1100	2000	2900
4-dr Sta Wgn	200	350	500	1000	1900	2700
810, 6-cyl., 104" wb						
4-dr Sdn	200	350	500	1000	1900	2700
5-dr Sta Wgn	150	300	450	900	1800	2600
F10, 4-cyl						
2-dr KF-10 Htchbk	300	550	800	1600	2800	3900
3-dr WF-10 Sta Wgn	300	550	800	1600	2800	3900
280Z, 6-cyl., 90.7" wb						
2-dr Cpe	300	800	1350	2700	4700	6900
280Z, 6-cyl., 102.6" wb						
2-dr Cpe 2 + 2	300	800	1300	2600	4600	6600

1978

200SX, 4-cyl., 92" wb						
2-dr Cpe	200	450	650	1300	2200	3200
B210						
2-dr Sdn	200	400	600	1200	2100	3000
4-dr Sdn	200	400	550	1100	2000	2900
2-dr GX Htchbk	200	400	600	1200	2100	3000
F10						
2-dr Htchbk	300	550	800	1600	2800	3900
3-dr Sta Wgn	300	550	800	1600	2800	3900
510, 4-cyl., 97" wb						
2-dr Htchbk	150	300	450	900	1800	2600
2-dr Sdn	150	300	400	800	1700	2500
4-dr Sdn	150	300	400	800	1700	2500
5-dr Sta Wgn	150	300	400	800	1700	2500
810, 6-cyl., 104" wb						
4-dr Sdn	200	350	500	1000	1900	2700
5-dr Sta Wgn	200	350	500	1000	1900	2700
280Z, 6-cyl., 90.7" wb						
2-dr Cpe	300	750	1250	2500	4400	6200
280Z, 6-cyl., 102.6" wb						
2-dr Cpe 2 + 2	300	700	1200	2400	4100	5900

1979

210, 4-cyl., 97" wb						
2-dr Sdn	200	400	550	1100	2000	2900
2-dr Dlx Sdn	200	400	600	1200	2100	3000
4-dr Dlx Sdn	200	400	600	1200	2100	3000
2-dr Htchbk	200	400	600	1200	2100	3000
5-dr Sta Wgn	200	450	650	1300	2200	3200
F10						
2-dr Htchbk	300	550	800	1600	2800	3900
3-dr Sta Wgn	300	550	800	1600	2800	3900
310						
2-dr Sdn	200	400	600	1200	2100	3000
2-dr GX Cpe	200	400	600	1200	2100	3000
510						
2-dr Sdn	150	300	400	800	1700	2500
4-dr Sdn	150	300	400	800	1700	2500
2-dr Htchbk	150	300	450	900	1800	2600
5-dr Sta Wgn	150	300	400	800	1700	2500
810, 6-cyl., 104" wb						
2-dr Hdtp	200	400	550	1100	2000	2900
4-dr Sdn	200	350	500	1000	1900	2700
5-dr Sta Wgn	200	400	550	1100	2000	2900
200SX, 4-cyl., 92" wb						
2-dr Cpe	200	450	650	1300	2200	3200

	6	5	4	3	2	1
280ZX, 6-cyl., 90.7" wb						
2-dr Cpe	300	650	1100	2200	3800	5400
280ZX, 6-cyl., 102.6" wb						
2-dr Cpe 2 + 2	300	650	1100	2100	3600	5100

1980

	6	5	4	3	2	1
210, 4-cyl., 97" wb						
2-dr Sdn	200	400	550	1100	2000	2900
2-dr Dlx Sdn	200	400	600	1200	2100	3000
4-dr Dlx Sdn	200	400	600	1200	2100	3000
2-dr Htchbk	200	400	600	1200	2100	3000
5-dr Sta Wgn	200	450	650	1300	2200	3200
310						
2-dr Sdn	200	400	600	1200	2100	3000
2-dr GX Cpe	200	400	600	1200	2100	3000
4-dr Sdn	200	400	600	1200	2100	3000
510						
2-dr Sdn	150	300	400	800	1700	2500
4-dr Htchbk	150	300	450	900	1800	2600
5-dr Sta Wgn	150	300	400	800	1700	2500
810, 6-cyl., 104" wb						
2-dr Hdtp	200	400	550	1100	2000	2900
4-dr Sdn	200	350	500	1000	1900	2700
5-dr Sta Wgn	200	400	550	1100	2000	2900
200SX, 4-cyl., 92" wb						
2-dr Cpe	200	450	650	1300	2200	3200
2-dr Htchbk	250	500	750	1400	2400	3400
280ZX, 6-cyl., 90.7" wb						
2-dr Cpe	300	650	1100	2200	3800	5400
280ZX, 6-cyl., 102.6" wb						
2-dr Cpe 2 + 2	300	650	1100	2100	3600	5100

1981

	6	5	4	3	2	1
210, 4-cyl., 97" wb						
2-dr Dlx Sdn	200	400	600	1200	2100	3000
4-dr Dlx Sdn	200	400	600	1200	2100	3000
2-dr Dlx Htchbk	200	400	600	1200	2100	3000
4-dr Dlx Sta Wgn	200	450	650	1300	2200	3200
310						
2-dr Htchbk	200	400	600	1200	2100	3000
4-dr GX Htchbk	200	400	600	1200	2100	3000
2-dr GX Cpe	200	400	600	1200	2100	3000
510						
2-dr Sdn	150	300	450	900	1800	2600
4-dr Htchbk	200	350	500	1000	1900	2700
4-dr Sta Wgn	150	300	450	900	1800	2600
810, 6-cyl., 104" wb						
4-dr Dlx Sdn	200	400	600	1200	2100	3000
4-dr Dlx Wgn	200	400	550	1100	2000	2900
4-dr Maxima Sdn	300	600	900	1800	3100	4400
4-dr Maxima Wgn	300	600	900	1800	3100	4400
200SX						
2-dr Hdtp	200	400	550	1100	2000	2900
2-dr Htchbk	200	400	550	1100	2000	2900
280ZX, 6-cyl., 90.7" wb						
2-dr Cpe	300	650	1100	2200	3800	5400
280ZX, 6-cyl., 102.6" wb						
2-dr Cpe 2 + 2	300	650	1100	2100	3600	5100
2-dr Turbo GL	300	650	1100	2100	3600	5100

	6	5	4	3	2	1

1982

210, 4-cyl., 97" wb

	6	5	4	3	2	1
2-dr Sdn	200	400	550	1100	2000	2900
2-dr MPG Sdn	200	400	550	1100	2000	2900
2-dr Dlx Sdn	200	400	600	1200	2100	3000
4-dr Dlx Sdn	200	400	600	1200	2100	3000
2-dr Dlx Htchbk	200	400	600	1200	2100	3000
4-dr Dlx Sta Wgn	200	450	650	1300	2200	3200

Sentra

	6	5	4	3	2	1
2-dr Sdn	200	350	500	1000	1900	2700
2-dr MPG Sdn	200	400	550	1100	2000	2900
2-dr MPG Dlx	200	400	550	1100	2000	2900
2-dr Dlx Sdn	200	400	550	1100	2000	2900
4-dr Dlx Sdn	200	400	600	1200	2100	3000
4-dr Dlx Sta Wgn	200	450	650	1300	2200	3200
2-dr XE Htchbk Cpe	200	450	650	1300	2200	3200

310

	6	5	4	3	2	1
2-dr Dlx Htchbk	200	400	600	1200	2100	3000
4-dr GX Htchbk	200	400	600	1200	2100	3000
2-dr GX Cpe	200	400	600	1200	2100	3000

Stanza

	6	5	4	3	2	1
2-dr Dlx Htchbk	200	400	550	1100	2000	2900
4-dr Dlx Htchbk	200	400	550	1100	2000	2900

200 SX

	6	5	4	3	2	1
2-dr Dlx Hdtp Cpe	200	400	550	1100	2000	2900
2-dr Dlx Htchbk	200	400	550	1100	2000	2900

Maxima

	6	5	4	3	2	1
4-dr GL Sdn	300	600	950	1900	3200	4600
4-dr GL Wgn	300	600	950	1900	3200	4600

280ZX

	6	5	4	3	2	1
2-dr Cpe	300	650	1100	2200	3800	5400
2-dr Turbo Cpe	300	650	1100	2200	3800	5400

280ZX

	6	5	4	3	2	1
2-dr Cpe 2 + 2	300	650	1100	2100	3600	5100
2-dr Turbo Cpe 2 + 2	300	650	1100	2100	3600	5100

1983

Sentra

	6	5	4	3	2	1
2-dr Sdn	200	350	500	1000	1900	2700
2-dr MPG Sdn	200	400	550	1100	2000	2900
2-dr Dlx Sdn	200	400	550	1100	2000	2900
4-dr Dlx Sdn	200	400	600	1200	2100	3000
4-dr Dlx Sta Wgn	200	450	650	1300	2200	3200
2-dr Dlx Htchbk	200	450	650	1300	2200	3200

Stanza

	6	5	4	3	2	1
2-dr Dlx Htchbk	250	500	750	1400	2400	3400
4-dr Dlx Htchbk	250	500	750	1400	2400	3400
4-dr GL Htchbk	250	500	750	1500	2600	3600

Pulsar

	6	5	4	3	2	1
2-dr Dlx Htchbk	200	400	550	1100	2000	2900
4-dr Dlx Htchbk	200	400	600	1200	2100	3000
2-dr NX Cpe	200	450	650	1300	2200	3200
2-dr Turbo NX Cpe	250	500	750	1400	2400	3400

200 SX

	6	5	4	3	2	1
2-dr Dlx Hdtp Cpe	200	400	550	1100	2000	2900
2-dr Dlx Htchbk	200	400	550	1100	2000	2900

Maxima

	6	5	4	3	2	1
4-dr GL Sdn	300	650	1100	2100	3600	5100
4-dr GL Wgn	300	650	1100	2100	3600	5100

	6	5	4	3	2	1
280ZX						
2-dr GL Cpe	300	650	1150	2300	3900	5700
2-dr GL Cpe 2 + 2	300	650	1100	2200	3800	5400
2-dr Turbo Cpe	300	650	1150	2300	3900	5700
2-dr Turbo Cpe 2 + 2	300	650	1100	2200	3800	5400

1984

	6	5	4	3	2	1
Sentra						
2-dr Sdn	200	400	550	1100	2000	2900
2-dr Dlx Sdn	200	400	550	1100	2000	2900
4-dr Dlx Sdn	200	400	600	1200	2100	3000
4-dr Dlx Wgn	200	450	650	1300	2200	3200
2-dr XE Sdn	200	450	650	1300	2200	3200
4-dr XE Sdn	200	450	650	1300	2200	3200
2-dr XE Htchbk Cpe	200	450	650	1300	2200	3200
4-dr XE Wgn	200	450	650	1300	2200	3200
Stanza						
2-dr XE Htchbk	250	500	750	1500	2600	3600
4-dr XE Htchbk	250	500	750	1500	2600	3800
4-dr GL Sdn	300	550	800	1600	2800	3900
Pulsar						
2-dr NX Cpe	200	450	650	1300	2200	3200
200 SX						
2-dr Dlx Notchbk	200	400	550	1100	2000	2900
2-dr Dlx Htchbk	200	400	550	1100	2000	2900
2-dr XE Notchbk	200	450	650	1300	2200	3200
2-dr XE Htchbk	200	450	650	1300	2200	3200
2-dr Turbo Htchbk	250	500	750	1400	2400	3400
Maxima						
4-dr GL Sdn	300	650	1150	2300	3900	5700
4-dr GL Wgn	300	650	1150	2300	3900	5700
300ZX						
2-dr Cpe	300	700	1200	2400	4100	5900
2-dr GL Cpe 2 + 2	300	650	1150	2300	3900	5700
2-dr Turbo Cpe	300	700	1200	2400	4100	5900
2-dr Annv Cpe	350	850	1400	2800	4900	7100

1985

	6	5	4	3	2	1
Sentra						
2-dr Sdn	200	400	550	1100	2000	2900
2-dr MPG Sdn	200	400	550	1100	2000	2900
2-dr Dlx Sdn	200	400	550	1100	2000	2900
4-dr Dlx Sdn	200	400	600	1200	2100	3000
4-dr Dlx Wgn	200	450	650	1300	2200	3200
2-dr XE Sdn	200	450	650	1300	2200	3200
4-dr XE Sdn	200	450	650	1300	2200	3200
2-dr XE Htchbk Cpe	200	450	650	1300	2200	3200
4-dr XE Wgn	200	450	650	1300	2200	3200
2-dr SE Htchbk Cpe	200	450	650	1300	2200	3200
Stanza						
4-dr XE Htchbk	250	500	750	1500	2600	3600
4-dr GL Sdn	300	550	800	1600	2800	3900
Pulsar						
2-dr NX Cpe	200	450	650	1300	2200	3200
200 SX						
2-dr Dlx Notchbk	200	400	550	1100	2000	2900
2-dr Dlx Htchbk	200	400	550	1100	2000	2900
2-dr XE Notchbk	200	450	650	1300	2200	3200
2-dr XE Htchbk	200	450	650	1300	2200	3200
2-dr Turbo Htchbk	250	500	750	1400	2400	3400

	6	5	4	3	2	1
Maxima						
4-dr SE Sdn	300	800	1350	2700	4700	6900
4-dr GL Sdn	350	900	1500	2900	5200	7400
4-dr GL Wgn	350	900	1500	2900	5200	7400
300ZX						
2-dr Cpe	300	750	1250	2500	4400	6200
2-dr Cpe 2 + 2	300	700	1200	2400	4100	5900
2-dr Turbo Cpe	300	750	1250	2500	4400	6200

1986

	6	5	4	3	2	1
Sentra						
2-dr Sdn	200	450	650	1300	2200	3200
2-dr MPG Sdn	200	450	650	1300	2200	3200
2-dr Dlx Sdn	200	450	650	1300	2200	3200
4-dr Dlx Sdn	250	500	750	1400	2400	3400
4-dr Dlx Wgn	250	500	750	1400	2400	3400
2-dr XE Sdn	250	500	750	1400	2400	3400
4-dr XE Sdn	250	500	750	1400	2400	3400
2-dr XE Htchbk Cpe	250	500	750	1400	2400	3400
4-dr XE Wgn	250	500	750	1400	2400	3400
2-dr SE Htchbk Cpe	250	500	750	1400	2400	3400
Stanza						
4-dr XE Htchbk	300	600	950	1900	3200	4600
4-dr GL Sdn	300	650	950	1900	3200	4600
4-dr XE Wgn	300	650	950	1900	3200	4600
4-dr XE 4WD Wgn	300	650	1000	2000	3500	4900
Pulsar						
2-dr NX Cpe	250	500	750	1400	2400	3400
200SX						
2-dr E Notchbk	200	450	650	1300	2200	3200
2-dr E Htchbk	250	500	750	1400	2400	3400
2-dr XE Notchbk	250	500	750	1500	2600	3600
2-dr XE Htchbk	250	500	750	1500	2600	3600
2-dr Turbo Htchbk	300	550	800	1600	2800	3900
Maxima						
4-dr SE Sdn	350	900	1500	3000	5300	7600
4-dr GL Sdn	350	950	1550	3100	5500	7900
4-dr GL Wgn	350	950	1550	3100	5500	7900
300ZX						
2-dr Cpe	350	850	1400	2800	4900	7100
2-dr Cpe 2 + 2	300	800	1350	2700	4700	6900
2-dr Turbo Cpe	350	850	1400	2800	4900	7100

1987

	6	5	4	3	2	1
Sentra						
2-dr Sdn	300	600	850	1700	2900	4100
2-dr E Sdn	300	600	850	1700	2900	4100
4-dr E Sdn	300	600	900	1800	3100	4400
3-dr E Htchbk Sdn	300	600	900	1800	3100	4400
4-dr E Wgn	300	600	900	1800	3100	4400
2-dr XE Sdn	300	600	900	1800	3100	4400
4-dr XE Sdn	300	600	900	1800	3100	4400
2-dr XE Htchbk Sdn	300	600	900	1800	3100	4400
2-dr XE Cpe	300	600	900	1800	3100	4400
4-dr XE Wgn	300	600	900	1800	3100	4400
4-dr GXE Sdn	300	650	1100	2200	3800	5400
4-dr GXE Wgn	300	650	1150	2300	3900	5700
2-dr SE Cpe	300	750	1200	2400	4100	5900
Stanza						
4-dr E Notchbk Sdn	300	750	1200	2400	4100	5900

	6	5	4	3	2	1
5-dr XE Htchbk Sdn	300	800	1300	2600	4600	6600
4-dr XE Wgn	300	650	1150	2300	3900	5700
4-dr XE 4WD Wgn	300	750	1200	2400	4100	5900
4-dr GXE Notchbk Sdn	300	700	1200	2400	4100	5900
Pulsar NX						
3-dr XE Htchbk Cpe	300	650	1000	2000	3500	4900
3-dr SE Htchbk Cpe	300	650	1100	2200	3800	5400
200SX						
2-dr XE Notchbk	300	600	850	1700	2900	4100
2-dr XE Htchbk	300	600	900	1800	3100	4400
2-dr SE Htchbk	300	650	1150	2300	3900	5700
Maxima						
4-dr GXE Sdn	400	1100	1800	3600	6200	9100
4-dr GXE Wgn	400	1100	1800	3600	6200	9100
4-dr SE Sdn	400	1100	1800	3600	6200	9100
300ZX						
2-dr GS Htchbk Cpe	350	1000	1600	3200	5700	8100
2-dr GS Htchbk Cpe 2 + 2	350	1000	1600	3200	5700	8100
2-dr Turbo Cpe	350	1000	1600	3200	5700	8100

1988

	6	5	4	3	2	1
Sentra						
2-dr Sdn	300	600	950	1900	3200	4600
2-dr E Sdn	300	650	1000	2000	3500	4900
4-dr E Sdn	300	650	1000	2000	3500	4900
3-dr E Htchbk Sdn	300	650	1000	2000	3500	4900
5-dr E Wgn	300	650	1000	2000	3500	4900
2-dr XE Sdn	300	650	1100	2100	3600	5100
4-dr XE Sdn	300	650	1100	2100	3600	5100
2-dr XE Cpe	300	650	1100	2100	3600	5100
5-dr 4WD XE Wgn	300	650	1100	2200	3800	5400
4-dr GXE Sdn	300	700	1200	2400	4100	5900
2-dr SE Cpe	300	800	1300	2600	4600	6600
Stanza						
4-dr E Notchbk Sdn	350	850	1400	2800	4900	7100
4-dr XE Wgn	300	800	1350	2700	4700	6900
4-dr XE 4WD Wgn	350	900	1500	2900	5200	7400
4-dr GXE Notchbk Sdn	350	850	1400	2800	4900	7100
Pulsar NX						
3-dr XE Htchbk Cpe	300	650	1150	2300	3900	5700
3-dr SE Htchbk Cpe	300	750	1250	2500	4400	6200
200SX						
2-dr XE Notchbk Cpe	300	650	1000	2000	3500	4900
2-dr XE Htchbk Cpe	300	650	1000	2000	3500	4900
2-dr SE Htchbk Cpe	300	800	1350	2700	4700	6900
Maxima						
4-dr GXE Sdn	450	1250	2050	4100	7100	10300
4-dr GXE Wgn	450	1250	2050	4100	7100	10300
4-dr SE Sdn	450	1250	2050	4100	7100	10300
300ZX						
2-dr GS Htchbk Cpe	400	1150	1850	3700	6400	9300
2-dr GS Htchbk Cpe 2 + 2	400	1150	1850	3700	6400	9300
2-dr Turbo Cpe	400	1150	1850	3700	6400	9300

1989

	6	5	4	3	2	1
Sentra						
2-dr Sdn	300	650	1000	2100	3600	5100
2-dr E Sdn	300	650	1100	2200	3800	5400
4-dr E Sdn	300	650	1150	2300	3900	5700
5-dr E Wgn	300	650	1150	2300	3900	5700

	6	5	4	3	2	1
2-dr XE Sdn	300	650	1150	2300	3900	5700
4-dr XE Sdn	300	650	1150	2300	3900	5700
2-dr XE Cpe	300	700	1200	2400	4100	5900
5-dr XE Wgn	300	700	1200	2400	4100	5900
5-dr 4WD XE Wgn	300	750	1250	2500	4400	6200
2-dr SE Cpe	350	850	1400	2800	4900	7100
Stanza						
4-dr E Notchbk Sdn	400	1050	1700	3300	5800	8300
4-dr GXE Notchbk Sdn	400	1050	1700	3300	5800	8300
Pulsar NX						
3-dr XE Htchbk Cpe	300	800	1300	2600	4600	6600
3-dr SE Htchbk Cpe	350	850	1400	2800	4900	7100
240SX						
2-dr XE Cpe	400	1150	1850	3700	6400	9300
2-dr SE Fstbk	400	1200	1900	3800	6600	9600
Maxima						
4-dr GXE Sdn	550	1400	2400	4800	8300	11800
4-dr SE Sdn	550	1500	2500	5100	8800	12500
300ZX						
2-dr GS Cpe	450	1250	2150	4300	7400	10700
2-dr GS Cpe 2 + 2	450	1250	2150	4300	7400	10700
2-dr Turbo Cpe	450	1250	2150	4300	7400	10700

1990

Sentra						
2-dr Sdn	300	800	1300	2600	4600	6600
2-dr XE Sdn	350	850	1400	2800	4900	7100
4-dr XE Sdn	350	850	1400	2800	4900	7100
2-dr XE Spt Cpe	350	900	1500	2900	5200	7400
5-dr XE Wgn	350	900	1500	2900	5200	7400
2-dr SE Cpe	350	1000	1600	3200	5700	8100
Stanza						
4-dr XE Sdn	400	1050	1700	3400	5900	8500
4-dr GXE Sdn	400	1200	1900	3800	6600	9600
Pulsar NX						
3-dr XE Htchbk Cpe	350	900	1500	3000	5300	7600
240SX						
2-dr XE Cpe	450	1250	2150	4300	7400	10700
2-dr SE Fstbk	450	1250	2200	4400	7600	10900
Axxess						
4-dr XE Wgn	500	1300	2250	4500	7700	11000
4-dr XE 4WD Wgn	500	1350	2300	4600	8000	11300
Maxima						
4-dr GXE Sdn	600	1600	2750	5500	9500	13800
4-dr SE Sdn	600	1650	2900	5800	10000	14500
300ZX						
2-dr GS Cpe	900	2800	4700	9400	16500	23400
2-dr GS Cpe 2 + 2	950	2950	4950	9900	17500	24700
2-dr Turbo Cpe	1050	3350	5600	11200	19700	28000

1991

Sentra						
2-dr E Sedan	350	950	1550	3100	5500	7900
4-dr E Sedan	350	1000	1600	3200	5700	8100
2-dr XE Sedan	400	1050	1700	3300	5800	8300
4-dr XE Sedan	400	1050	1700	3400	5900	8500
2-dr SE Sedan	400	1050	1700	3400	5900	8500
2-dr SE-R Sedan	400	1200	1950	3900	6800	9900
4-dr GXE Sedan	400	1100	1800	3600	6200	9100

	6	5	4	3	2	1
Stanza						
4-dr XE Notchbk Sdn	400	1200	2000	4000	6900	10000
4-dr GXE Notchbk Sdn	450	1250	2200	4400	7600	10900
NX						
3-dr 1600 Htchbk Cpe	400	1200	1900	3800	6600	9600
3-dr 2000 Htchbk Cpe	450	1250	2150	4300	7400	10700
240SX						
2-dr Cpe	550	1500	2500	5000	8700	12300
2-dr Fstbk	550	1500	2500	5100	8800	12500
2-dr LE Fastback	550	1500	2500	5100	8800	12500
2-dr SE Coupe	550	1500	2500	5100	8800	12500
2-dr SE Fastback	550	1550	2600	5200	9000	12800
Maxima						
4-dr GXE Sdn	650	1750	3150	6300	10900	15700
4-dr SE Sdn	700	1850	3300	6600	11300	16300
300ZX						
2-dr GS Cpe	1000	3200	5350	10700	18900	26700
2-dr GS Cpe 2 + 2	1050	3350	5600	11200	19700	28000
2-dr Turbo Cpe	1200	3800	6350	12700	22400	31700

PRICE GUIDE CLASSIFICATIONS:

1. CONCOURS: Perfection. At or near 100 points on a 100-point judging scale. Trailered; never driven; pampered. Totally restored to the max and 100 percent stock.

2. SHOW: Professionally restored to high standards. No major flaws or deviations from stock. Consistent trophy winner that needs nothing to show. In 90 to 95 point range.

3. STREET/SHOW: Older restoration or extremely nice original showing some wear from age and use. Very presentable; occasional trophy winner; everything working properly. About 80 to 89 points.

4. DRIVER: A nice looking, fine running collector car needing little or nothing to drive, enjoy and show in local competition. Would need extensive restoration to be a show car, but completely usable as is.

5. RESTORABLE: Project car that is relatively complete and restorable within a reasonable effort and expense. Needs total restoration, but all major components present and rebuildable. May or may not be running.

6. PARTS CAR: Deteriorated or stripped to a point beyond reasonable restoration, but still complete and solid enough to donate valuable parts to a restoration. Likely not running, possibly missing its engine.

DE TOMASO
1967 – 1989

1974 De Tomaso Pantera GTS

	6	5	4	3	2	1
1967						
Vallelunga						
2-dr Cpe	4500	13350	22500	45000	79000	112300
Mangusta						
2-dr Cpe	2800	8300	14000	28000	49200	69900
1968-1969						
Mangusta						
2-dr Cpe	2800	8300	14000	28000	49200	69900
1970						
Mangusta						
2-dr Cpe	2800	8300	14000	28000	49200	69900
Pantera						
2-dr Cpe	2200	6350	10750	21500	37800	53700
2-dr GTS Cpe	2350	6950	11750	23500	41300	58700
1971-1972						
Mangusta						
2-dr Cpe	2800	8300	14000	28000	49200	69900
Pantera						
2-dr Cpe	2200	6350	10750	21500	37800	53700
2-dr GTS Cpe	2350	6950	11750	23500	41300	58700

	6	5	4	3	2	1
1973-1974						
Pantera II						
2-dr Cpe	2250	6550	11000	22000	38650	55000
2-dr GTS Cpe	2400	7100	12000	24000	42150	59900
1981-1984						
Pantera GT						
2-dr Cpe	2500	7350	12450	24900	43700	62100
1985						
Longchamp GTS						
2-dr Cpe	2500	7350	12450	24900	43700	62100
Pantera GT						
2-dr Cpe	2700	8000	13450	26900	47200	67100
1986-1987						
Pantera GT						
2-dr Cpe	2800	8300	13950	27900	49000	69600
1988-1989						
Pantera GT						
2-dr Cpe	2900	8600	14450	28900	50700	72100

DELOREAN
1981 – 1982

1981 Delorean

	6	5	4	3	2	1
1981/1982						
DMC-12, 6-cyl., 95" wb						
2-dr Spt Cpe	1200	3850	6450	12900	22700	32200

PRICE GUIDE CLASSIFICATIONS:

1. CONCOURS: Perfection. At or near 100 points on a 100-point judging scale. Trailered; never driven; pampered. Totally restored to the max and 100 percent stock.

2. SHOW: Professionally restored to high standards. No major flaws or deviations from stock. Consistent trophy winner that needs nothing to show. In 90 to 95 point range.

3. STREET/SHOW: Older restoration or extremely nice original showing some wear from age and use. Very presentable; occasional trophy winner; everything working properly. About 80 to 89 points.

4. DRIVER: A nice looking, fine running collector car needing little or nothing to drive, enjoy and show in local competition. Would need extensive restoration to be a show car, but completely usable as is.

5. RESTORABLE: Project car that is relatively complete and restorable within a reasonable effort and expense. Needs total restoration, but all major components present and rebuildable. May or may not be running.

6. PARTS CAR: Deteriorated or stripped to a point beyond reasonable restoration, but still complete and solid enough to donate valuable parts to a restoration. Likely not running, possibly missing its engine.

FERRARI
1954 – 1991

1972 Ferrari Dino 246

	6	5	4	3	2	1
1954-1955						
Type 250 Europa, V-12						
Europa 2-dr Cpe 2 + 2	11900	35350	59500	119000	209000	297000
Europa 2-dr Cabrlt	16500	49000	82500	165000	289700	411900
Type 250 GT, V-12						
GT Boano 2-dr Cpe	8300	24650	41500	83000	145700	207200
1956-1958						
Type 250 GT, V-12						
GT Boano 2-dr Cpe	8300	24650	41500	83000	145700	207200
California 2-dr Conv	45000	133700	225000	450000	790200	1123000
Type 410 Superamerica, V-12						
2-dr Cpe	13500	40100	67500	135000	237000	337000
1959						
Type 250 GT, V-12						
GT 2-dr Cpe	5900	17550	29500	59000	103600	147300
California 2-dr Conv	42500	126250	212500	425000	746300	1060900
Type 410 Superamerica, V-12						
2-dr Cpe	13500	40100	67500	135000	237000	337000
1960-1961-1962						
Type 250 GT, V-12						
GT lwb 2-dr Cpe	10000	29700	50000	100000	175600	249600
GT swb 2-dr Cpe	12000	35650	60000	120000	210700	299500
California 2-dr Conv	57500	170800	287500	575000	1009700	1435300

	6	5	4	3	2	1
Type 250 GT 2+2, V-12						
GT 2-dr Cpe 2 + 2	3800	11300	19000	38000	66700	94900
Type 400 Superamerica						
2-dr Cpe	13500	40100	67500	135000	237000	337000
_1963_						
Type 250 GT, V-12						
GT swb 2-dr Cpe	12000	35650	60000	120000	210700	299500
California 2-dr Conv	57500	170800	287500	575000	1009700	1435300
Type 250 GT 2+2						
GT 2-dr Cpe 2 + 2	3800	11300	19000	38000	66700	94900
Type 250 LM						
2-dr Cpe	51000	151500	255000	510000	895500	1273100
Type 400 Superamerica						
2-dr Cpe	13500	40100	67500	135000	237000	337000
_1964-1965_						
Type 250 GT, V-12						
GT swb 2-dr Cpe	12000	35650	60000	120000	210700	299500
Type 250 LM (275 LM), V-12						
2-dr Cpe	51000	151500	255000	510000	895500	1273100
275 GTB/GTS, V-12						
GTB 2-dr Cpe	14000	41600	70000	140000	245800	349500
GTS 2-dr Conv Cpe	12500	37150	62500	125000	219500	312000
330 GT 2+2, V-12						
GT 2-dr Cpe 2 + 2	3900	11600	19500	39000	68500	97400
Type 400 Superamerica, V-12						
2-dr Cpe	13500	40100	67500	135000	237000	337000
Type 500 Superfast, V-12						
2-dr Cpe	16000	47550	80000	160000	280900	399400
_1966_						
275 GTB/GTS, V-12						
GTB 2-dr Cpe	14000	41600	70000	140000	245800	349500
GTS 2-dr Conv Cpe	12500	37150	62500	125000	219500	312000
GTB/4 2-dr Cpe	19000	56400	95000	190000	333600	474300
330 GT 2+2, V-12						
GT 2-dr Cpe 2 + 2	3900	11600	19500	39000	68500	97400
330 GTC/GTS, V-12						
GTC 2-dr Cpe	5000	14850	25000	50000	87800	124800
GTS 2-dr Conv Cpe	17000	50500	85000	170000	298500	424400
Type 400 Superamerica, V-12						
2-dr Cpe	13500	40100	67500	135000	237000	337000
Type 500 Superfast, V-12						
2-dr Cpe	16000	47550	80000	160000	280900	399400
_1967_						
206 Dino GT, 4-cyl.						
Dino 2-dr Cpe	4500	13350	22500	45000	79000	112300
275 GTB/4, V-12						
GTB/4 2-dr Cpe	19000	56400	95000	190000	333600	474300
330 GT 2+2, V-12						
GT 2-dr Cpe 2 + 2	3900	11600	19500	39000	68500	97400
330 GTC/GTS, V-12						
GTC 2-dr Cpe	5000	14850	25000	50000	87800	124800
GTS 2-dr Conv Cpe	17000	50500	85000	170000	298500	424400
365 GT 2+2, V-12						
GT 2-dr Cpe 2 + 2	4100	12200	20500	41000	72000	102300

	6	5	4	3	2	1

1968

206 Dino GT, 6-cyl.
| Dino 2-dr Cpe | 4500 | 13350 | 22500 | 45000 | 79000 | 112300 |

275 GTB/4, V-12
| GTB/4 2-dr Cpe | 19000 | 56400 | 95000 | 190000 | 333600 | 474300 |

330 GT 2+2, V-12
| GT 2-dr Cpe 2 + 2 | 3900 | 11600 | 19500 | 39000 | 68500 | 97400 |

330 GTC/GTS, V-12
| GTC 2-dr Cpe | 5000 | 14850 | 25000 | 50000 | 87800 | 124800 |
| GTS 2-dr Conv Cpe | 17000 | 50500 | 85000 | 170000 | 298500 | 424400 |

365 GTC/GTS, V-12
| GTC 2-dr Cpe | 6900 | 20500 | 34500 | 69000 | 121200 | 172200 |
| GTS 2-dr Conv Cpe | 21000 | 62400 | 105000 | 210000 | 368700 | 524200 |

365 GT 2+2, V-12
| GT 2-dr Cpe | 4100 | 12200 | 20500 | 41000 | 72000 | 102300 |

365 GTB/4 Daytona, V-12
| GTB/4 2-dr Cpe | 11900 | 35350 | 59500 | 119000 | 209000 | 297000 |

1969-1971

206 Dino GT, 6-cyl.
| Dino 2-dr Cpe | 4500 | 13350 | 22500 | 45000 | 79000 | 112300 |

246 Dino GT, 6-cyl.
| Dino 2-dr Cpe | 3900 | 11600 | 19500 | 39000 | 68500 | 97400 |

365 GTC/GTS, V-12
| GTC 2-dr Cpe | 6900 | 20500 | 34500 | 69000 | 121200 | 172200 |
| GTS 2-dr Conv Cpe | 21000 | 62400 | 105000 | 210000 | 368700 | 524200 |

365 GT 2+2, V-12
| GT 2-dr Cpe 2 + 2 | 4100 | 12200 | 20500 | 41000 | 72000 | 102300 |

365 GTB/4 Daytona, V-12
| GTB/4 2-dr Cpe | 11900 | 35350 | 59500 | 119000 | 209000 | 297000 |
| GTS/4 2-dr Conv Cpe | 25000 | 74250 | 125000 | 250000 | 439000 | 624100 |

365 GTC/4 (1971), V-12
| GTC/4 2-dr Cpe | 4000 | 11900 | 20000 | 40000 | 70200 | 99800 |

1972

246 Dino, 6-cyl.
| GT 2-dr Cpe | 3900 | 11600 | 19500 | 39000 | 68500 | 97400 |
| GTS 2-dr Targa Cpe | 4900 | 14550 | 24500 | 49000 | 86000 | 122300 |

365 GTB/4 Daytona, V-12
| GTB/4 2-dr Cpe | 11900 | 35350 | 59500 | 119000 | 209000 | 297000 |
| GTS/4 2-dr Conv Cpe | 25000 | 74250 | 125000 | 250000 | 439000 | 624100 |

365 GTC/4, V-12
| GTC/4 2-dr Cpe | 4000 | 11900 | 20000 | 40000 | 70200 | 98800 |

365 GT4 2+2, V-12
| GT4 2-dr Cpe 2 + 2 | 2250 | 6550 | 11000 | 22000 | 38650 | 55000 |

1973

246 Dino, 6-cyl.
| GT 2-dr Cpe | 3900 | 11600 | 19500 | 39000 | 68500 | 97400 |
| GTS 2-dr Targa Cpe | 4900 | 14550 | 24500 | 49000 | 86000 | 122300 |

Dino 308 GT4, V-8
| GT4 2-dr Cpe 2 + 2 | 1700 | 5050 | 8500 | 17000 | 29900 | 42500 |

365 GTB/4 Daytona, V-12
| GTB/4 2-dr Cpe | 11900 | 35350 | 59500 | 119000 | 209000 | 297000 |
| GTS/4 2-dr Conv Cpe | 25000 | 74250 | 125000 | 250000 | 439000 | 624100 |

365 GT4 2+2, V-12
| GT4 2-dr Cpe | 2250 | 6550 | 11000 | 22000 | 38650 | 55000 |

	6	5	4	3	2	1

1974

Dino 308 GT4, V-8

GT4 2-dr Cpe	1700	5050	8500	17000	29900	42500

365 GTB/4 Daytona, V-12

GTB/4 2-dr Cpe	11900	35350	59500	119000	209000	297000
GTS/4 2-dr Conv Cpe	25000	74250	125000	250000	439000	624100

365 GT4 2+2, V-12

GT4 2-dr Cpe 2 + 2	2250	6550	11000	22000	38650	55000

365 GT4 BB, V-12

GT4 BB 2-dr Cpe	5900	17550	29500	59000	103600	147300

1975

Dino 308 GT4, V-8

GT4 2-dr Cpe 2 + 2	1700	5050	8500	17000	29900	42500

308 GTB, V-8

GTB 2-dr Cpe	3100	9200	15500	31000	54400	77400

365 GT4 BB, V-12

GTB BB 2-dr Cpe	5900	17550	29500	59000	103600	147300

1976-1979

Dino 308 GT4, V-8

GT4 2-dr Cpe 2 + 2	1700	5050	8500	17000	29900	42500

308 GTB/GTS, V-8

GTB 2-dr Cpe	3100	9200	15500	31000	54400	74400
GTS 2-dr Targa Cpe	3300	9800	16500	33000	57900	82400

365 GT4 BB, V-12

GT4 BB 2-dr Cpe	5900	17550	29500	59000	103600	147300

400i, V-12

2-dr Cpe 2 + 2	2250	6550	11000	22000	38650	55000

512 BB, V-12

BB 2-dr Cpe	5500	16350	27500	55000	96600	137300

1980-1981

Mondial 8, V-8

Mondial 8 2-dr Cpe 2 + 2	1500	4500	7500	15000	26400	37500

308 GTB/GTS, V-8

GTB 2-dr Cpe	3100	9200	15500	31000	54400	74400
GTS 2-dr Targa Cpe	3300	9800	16500	33000	57900	82400

400i, V-12

2-dr Cpe 2 + 2	2250	6550	11000	22000	38650	55000

512 BB, V-12

BB 2-dr Cpe	5500	16350	27500	55000	96600	137300

1982-1983

Mondial 8, V-8

Mondial 8 2-dr Cpe 2 + 2	1500	4500	7500	15000	26400	37500
Mondial 8 2-dr Cabrlt 2 + 2	1900	5650	9500	19000	33400	47500

308i GTB/GTS, V-8

GTB 2-dr Cpe	3500	10400	17500	35000	61500	87400
GTS 2-dr Targa Cpe	3800	11300	19000	38000	66700	94900

308 Quattrovalvole, V-8

GTB 2-dr Cpe	3900	11600	19500	39000	68500	97400
GTS 2-dr Targa Cpe	4200	12500	21000	42000	73700	104800

400i, V-12

2-dr Cpe	2250	6550	11000	22000	38650	55000

512 BBi, V-12

BBi 2-dr Cpe	5500	16350	27500	55000	96600	137300

	6	5	4	3	2	1

1984

Mondial Quattrovalvole, V-8

	6	5	4	3	2	1
Mondial 2-dr Cpe 2 + 2	2000	5950	10000	20000	35150	49900
Mondial 2-dr Cabrlt 2 + 2	2400	7100	12000	24000	42150	59900

GTO, V-8

GTO 2-dr Cpe	22500	66850	112500	225000	395100	561600

308 Quattrovalvole, V-8

GTB Berl 2-dr Cpe	3900	11600	19500	39000	68500	97400
GTS Spider 2-dr Targa	4200	12500	21000	42000	73700	10480

400i, V-12

2-dr Cpe 2 plus 2	2250	6550	11000	22000	38650	55500

512 BBi, V-12

BBi 2-dr Cpe	5500	16350	27500	55000	96600	137300

1985

Mondial Quattrovalvole, V-8

	6	5	4	3	2	1
Mondial 2-dr Cpe 2 + 2	2000	5950	10000	20000	35150	49900
Mondial 2-dr Cabrlt 2 + 2	2400	7100	12000	24000	42150	59900

GTO, V-8

GTO 2-dr Cpe	22500	66850	112500	225000	395100	561600

Testarossa, V-12

2-dr Cpe	4900	14550	24500	49000	86000	122300

328, V-8

GTB 2-dr Cpe	2900	8600	14500	29000	50900	72400
GTS 2-dr Targa Cpe	3300	9800	16500	33000	57900	82400

400i, V-12

2-dr Cpe 2 + 2	2250	6550	11000	22000	38650	55500

412i, V-12

2-dr Cpe 2 + 2	4500	13350	22500	45000	79000	112300

512 BBi, V-12

BBi 2-dr Cpe	5500	16350	27500	55000	96600	137300

1986

3.2 Mondial, V-8

	6	5	4	3	2	1
2-dr Cpe 2 + 2	2500	7400	12500	25000	43900	62400
2-dr Cabrlt 2 + 2	2900	8600	14500	29000	50900	72400

GTO, V-8

GTO 2-dr Cpe	22500	66850	112500	225000	395100	561600

Testarossa, V-12

2-dr Cpe	4900	14550	24500	49000	86000	122300

328, V-8

GTB 2-dr Cpe	2900	8600	14500	29000	50900	72400
GTS 2-dr Targa Cpe	3300	9800	16500	33000	57900	82400

400i, V-12

2-dr Cpe 2 + 2	2250	6550	11000	22000	38650	55500

412i, V-12

2-dr Cpe 2 + 2	4500	13350	22500	45000	79000	112300

512 BBi, V-12

BBi 2-dr Cpe	5500	16350	27500	55000	96600	137300

1987-1988

3.2 Mondial, V-8

	6	5	4	3	2	1
2-dr Cpe 2 + 2	2500	7400	12500	25000	43900	62400
2-dr Cabrlt 2 + 2	2900	8600	14500	29000	50900	72400

GTO, V-8

GTO 2-dr Cpe	22500	66800	112500	225000	395100	561600

Testarossa, V-12

2-dr Cpe	5300	15750	26500	53000	93100	132300

F40, V-8

2-dr Cpe	20000	59100	99500	199000	349400	496700

	6	5	4	3	2	1
328, V-8						
GTB 2-dr Cpe	3000	8900	15000	30000	52700	74900
GTS 2-dr Targa Cpe	3400	10100	17000	34000	59700	84900
412i, V-12						
2-dr Cpe 2 + 2	4700	13950	23500	47000	82500	117300

1989-1991

	6	5	4	3	2	1
Mondial, V-8						
2-dr Cpe 2 + 2	2900	8600	14500	29000	50900	72400
2-dr Cabrlt 2 + 2	3300	9800	16500	33000	57900	82400
Testarossa, V-12						
2-dr Cpe	5500	16350	27500	55000	96600	137300
F40, V-8						
2-dr Cpe	20100	5970	100500	201000	352900	501700
348, V-8						
GTB 2-dr Cpe	3500	10400	17500	35000	61500	87400
GTS 2-dr Targa Cpe	3900	11600	19500	39000	68500	97400

FORD-BRITISH
1948 – 1970

1952 Ford Consul

	6	5	4	3	2	1
1948-1952						
Anglia, 4-cyl., 90" wb						
2-dr Sdn	400	1050	1700	3400	5900	8500
Prefect, 4-cyl., 94" wb						
4-dr Sdn	350	1000	1600	3200	5700	8100
1949						
Anglia, 4-cyl., 90" wb						
2-dr Sdn	400	1050	1700	3400	5900	8500
Prefect, 4-cyl., 94" wb						
4-dr Sdn	350	1000	1600	3200	5700	8100
1950						
Anglia, 4-cyl., 90" wb						
2-dr Sdn	400	1050	1700	3400	5900	8500
Prefect, 4-cyl., 94" wb						
4-dr Sdn	350	1000	1600	3200	5700	8100
1951						
Anglia, 4-cyl., 90" wb						
2-dr Sdn	400	1050	1700	3400	5900	8500
Prefect, 4-cyl., 94" wb						
4-dr Sdn	350	1000	1600	3200	5700	8100
Consul, 4-cyl., 100" wb						
4-dr Sdn	400	1100	1800	3500	6100	8900

	6	5	4	3	2	1
1952						
Anglia, 4-cyl., 90" wb						
2-dr Sdn	400	1050	1700	3400	5900	8500
Prefect, 4-cyl., 94" wb						
4-dr Sdn	350	1000	1600	3200	5700	8100
Consul, 4-cyl., 100" wb						
4-dr Sdn	400	1100	1800	3500	6100	8900
Zephyr, 6-cyl., 104" wb						
4-dr Sdn	400	1200	1900	3800	6600	9600
1953-1954						
Anglia, 4-cyl., 90" wb						
2-dr Sdn	400	1050	1700	3400	5900	8500
Prefect, 4-cyl., 94" wb						
4-dr Sdn	350	1000	1600	3200	5700	8100
Consul, 4-cyl., 100" wb						
4-dr Sdn	400	1100	1800	3500	6100	8900
2-dr Conv	550	1450	2450	4900	8500	12000
Zephyr, 6-cyl., 104" wb						
4-dr Sdn	400	1200	1900	3800	6600	9600
2-dr Conv	600	1600	2750	5500	9500	13800
1955						
Anglia, 4-cyl., 87" wb						
2-dr Sdn	350	900	1500	3000	5300	7600
Prefect, 4-cyl., 87" wb						
4-dr Sdn	350	850	1400	2800	4900	7100
Consul, 4-cyl., 100" wb						
4-dr Sdn	400	1100	1800	3500	6100	8900
2-dr Conv	550	1450	2450	4900	8500	12000
Zephyr, 6-cyl., 104" wb						
4-dr Sdn	400	1200	1900	3800	6600	9600
1956-1957						
Anglia, 4-cyl., 87" wb						
2-dr Sdn (1956 only models)	350	900	1500	3000	5300	7600
2-dr Dlx Sdn	350	950	1550	3100	5500	7900
2-dr Escort Sta Wgn	350	1000	1600	3200	5700	8100
Prefect, 4-cyl., 87" wb						
4-dr Sdn*	350	850	1400	2800	4900	7100
4-dr Dlx Sdn	350	900	1500	2900	5200	7400
2-dr Squire Sta Wgn	400	1050	1700	3300	5900	8400
Consul, 4-cyl., 100" wb						
4-dr Sdn	400	1100	1800	3500	6100	8900
2-dr Conv	550	1450	2450	4900	8500	12000
Zephyr, 6-cyl., 104" wb						
4-dr Sdn	400	1200	1900	3800	6600	9600
4-dr Sdn (Zodiac)	450	1250	2050	4100	7100	10300
2-dr Conv	600	1600	2750	5500	9500	13800
1958-1959						
Anglia, 4-cyl., 87" wb						
2-dr Sdn	350	950	1550	3100	5500	7900
2-dr Escort Sta Wgn	350	1000	1600	3200	5700	8100
Prefect, 4-cyl., 87" wb						
4-dr Sdn	350	850	1400	2800	4900	7100
2-dr Squire Sta Wgn	400	1050	1700	3300	5900	8400
Consul Mark II, 4-cyl., 104" wb						
4-dr Sdn	400	1200	1900	3800	6600	9600
2-dr Conv	550	1450	2450	4900	8500	12000

	6	5	4	3	2	1
1960-1961						
Anglia, 4-cyl., 90.5"						
2-dr Sdn	350	850	1400	2800	4900	7100
Prefect, 4-cyl., 90.5" wb						
4-dr Sdn	300	800	1300	2600	4600	6600
Escort/Squire, 4-cyl., 87" wb						
2-dr Sta Wgn	350	950	1550	3100	5500	7900
Consul Mark II, 4-cyl., 104" wb						
4-dr Sdn	400	1200	1900	3800	6600	9600
2-dr Conv	550	1450	2450	4900	8500	12000
1962						
Anglia, 4-cyl., 90" wb						
2-dr Sdn	350	850	1400	2800	4900	7100
2-dr Dlx Sdn	350	900	1500	2900	5200	7400
2-dr Dlx Sta Wgn	350	900	1500	3000	5300	7600
Consul, 4-cyl., 99" wb						
2-dr Sdn	300	650	1100	2200	3800	5400
4-dr Dlx Sdn	300	650	1150	2300	3900	5700
Consul Capri, 4-cyl., 99" wb						
2-dr Hdtp Cpe	350	950	1550	3100	5500	7900
1963						
Anglia, 4-cyl., 90" wb						
2-dr Sdn	350	850	1400	2800	4900	7100
2-dr Dlx Sdn	350	900	1500	2900	5200	7400
2-dr Dlx Sta Wgn	350	900	1500	3000	5300	7600
Consul, 4-cyl., 99" wb						
2-dr Sdn	300	650	1100	2200	3800	5400
4-dr Dlx Sdn	300	650	1150	2300	3900	5700
Consul Capri, 4-cyl., 99" wb						
2-dr Hdtp Cpe	350	1950	1550	3100	5500	7900
Cortina, 4-cyl., 98" wb						
2-dr Sdn	300	800	1300	2600	4600	6600
4-dr Dlx Sdn	300	800	1350	2700	4700	6900
4-dr Sta Wgn	300	800	1350	2700	4700	6900
1964						
Anglia, 4-cyl., 90" wb						
2-dr Sdn	350	850	1400	2800	4900	7100
2-dr Dlx Sdn	350	900	1500	2900	5200	7400
2-dr Dlx Sta Wgn	350	900	1500	3000	5300	7600
Capri, 4-cyl., 99" wb						
2-dr Cpe	350	950	1550	3100	5500	7900
2-dr GT Hdtp Cpe	400	1100	1800	3500	6100	8900
Cortina, 4-cyl., 98" wb						
2-dr GT Sdn	350	900	1500	2900	5200	7400
2-dr Dlx Sdn	350	850	1400	2800	4900	7100
4-dr Dlx Sdn	300	800	1350	2700	4700	6900
4-dr Dlx Sta Wgn	300	800	1350	2700	4700	6900
Zodiac, 6-cyl., 107" wb						
4-dr Sdn	400	1100	1800	3500	6100	8900
1965-1967						
Cortina, 4-cyl., 98" wb						
2-dr GT Sdn	350	900	1500	2900	5200	7400
2-dr Dlx Sdn	350	850	1400	2800	4900	7100
4-dr Dlx Sdn	300	800	1350	2700	4700	6900
4-dr Dlx Sta Wgn	300	800	1350	2700	4700	6900

	6	5	4	3	2	1

1968-1970

Cortina, 4-cyl., 98" wb

	6	5	4	3	2	1
2-dr Sdn	300	800	1350	2700	4700	6900
4-dr Sdn	300	800	1300	2600	4600	6600
2-dr GT Sdn	350	900	1500	2900	5200	7400
4-dr GT Sdn	350	900	1500	2900	5200	7400
4-dr Sta Wgn	350	900	1500	2900	5200	7400

Lotus suspension pkg add 25%

FORD-CAPRI
1971 – 1977

Ford-Capri

	6	5	4	3	2	1
1971						
1600, 4-cyl., 100.8" wb, 1599cc						
2-dr Spt Cpe	300	650	1000	2000	3500	4900
1972						
1600, 4-cyl., 100.8" wb, 1599cc						
2-dr Spt Cpe	300	650	1000	2000	3500	4900
2000, 4-cyl., 100.8" wb, 1993cc						
2-dr Spt Cpe	300	700	1200	2400	4100	5900
2600, 6-cyl., 100.8" wb, 2548cc						
2-dr Spt Cpe	300	800	1350	2700	4700	6900
1973-1974						
2000, 4-cyl., 100.8" wb, 1993cc						
2-dr Spt Cpe	300	700	1200	2400	4100	5900
2600, 6-cyl., 100.8" wb, 2548cc						
2-dr Spt Cpe	300	800	1350	2700	4700	6900

FORD-CAPRI II

	6	5	4	3	2	1
1976-1977						
2300, 4-cyl., 100.9" wb, 2300cc						
3-dr Spt Cpe	300	650	1150	2300	3900	5700
2-dr Spt Ghia	300	700	1250	2500	4400	6200
2800, 6-cyl., 100.9" wb, 2795cc						
2-dr Spt Cpe	300	700	1250	2500	4400	6200
2-dr Spt Ghia	300	800	1350	2700	4700	6900

GEO
1989 – 1991

1990 Geo Prizm

1991 Geo Tracker LSi

	6	5	4	3	2	1
1989						
Metro						
2-dr Htch	200	300	450	900	1700	2700
2-dr LSi Htch	200	300	550	1050	1900	3000
4-dr LSi Sdn	200	350	500	1050	2000	3200
Spectrum						
4-dr Sedan	200	300	500	950	1900	3000
2-dr Htch	200	300	450	900	1800	2900
Prizm						
4-dr Sedan	300	600	950	1900	3250	5100
4-dr Htch	300	600	900	1800	3150	4900
1990						
Metro						
2-dr XFi Htch	200	400	600	1200	2100	3000
2-dr Htch	200	450	650	1300	2200	3200
4-dr Htch	250	500	750	1400	2400	3400
2-dr LSi Htch	250	500	750	1400	2400	3400
4-dr LSi Htch	250	500	750	1500	2600	3600
2-dr LSi Conv.	300	600	900	1800	3100	4400
Storm						
2-dr Cpe	300	650	1000	2000	3500	4900
2-dr GSi Cpe	300	700	1200	2400	4100	5900
Prizm						
4-dr Sedan	350	850	1400	2800	4900	7100
4-dr Htch	350	850	1400	2800	4900	7100
4-dr GSi Sedan	350	900	1500	3000	5300	7600
4-dr GSi Htch	350	950	1550	3100	5500	7900

	6	5	4	3	2	1

1991

Metro

	6	5	4	3	2	1
2-dr XFi Htch	200	450	650	1300	2200	3200
2-dr Htch	250	500	750	1400	2400	3400
4-dr Htch	250	500	750	1500	2600	3600
2-dr LSi Htch	250	500	750	1500	2600	3600
4-dr LSi Htch	300	550	800	1600	2800	3900
2-dr LSi Conv.	300	650	1000	2000	3500	4900

Storm

	6	5	4	3	2	1
2-dr Cpe	300	750	1250	2500	4400	6200
2-dr Htch Cpe	300	750	1250	2500	4400	6200
2-dr GSi Cpe	350	900	1500	2900	5200	7400

Prizm

	6	5	4	3	2	1
4-dr Sedan	400	1050	1700	3300	5800	8300
4-dr Htch	400	1050	1700	3300	5800	8300
4-dr GSi Sedan	400	1100	1800	3500	6100	8900
4-dr GSi Htch	400	1100	1800	3600	6200	9100

HILLMAN
1948 – 1967

1957 Hillman Minx

	6	5	4	3	2	1
1946-1948						
Minx Mark II, 4-cyl., 37.5 hp, 92" wb						
4-dr Sdn	300	700	1200	2400	4100	5900
2-dr Conv	400	1150	1850	3700	6400	9300
4-dr Estate Wgn	300	750	1250	2500	4400	6200
1949						
Minx Mark III, 4-cyl., 37.5 hp, 93" wb						
4-dr Sdn	300	700	1200	2400	4100	5900
2-dr Conv	400	1150	1850	3700	6400	9300
4-dr Estate Wgn	300	750	1250	2500	4400	6200
1950-1952						
Minx Mark IV, 4-cyl., 42 hp, 93" wb						
4-dr Sdn	300	700	1200	2400	4100	5900
2-dr Conv	400	1150	1850	3700	6400	9300
4-dr Estate Wgn	300	750	1250	2500	4400	6200
1952						
Minx Mark V, 4-cyl., 42 hp, 93" wb						
4-dr Sdn	300	700	1200	2400	4100	5900
2-dr Conv Cpe	400	1200	1900	3800	6600	9600
4-dr Estate Car	300	750	1250	2500	4400	6200
1953						
Minx Mark VI, 4-cyl., 42 hp, 93" wb						
4-dr Sdn	300	700	1200	2400	4100	5900

	6	5	4	3	2	1
2-dr Conv	400	1200	1900	3800	6600	9600
4-dr Estate Wgn	300	750	1250	2500	4400	6200

1954

Minx Mark VI, 4-cyl., 42 hp, 93" wb
4-dr Sdn	300	700	1200	2400	4100	5900
2-dr Hdtp	350	850	1400	2800	4900	7100
2-dr Conv	400	1200	1900	3800	6600	9600
4-dr Estate Wgn	300	750	1250	2500	4400	6200

1955-1956

Husky Mark I, 4-cyl., 37 hp, 93" wb
2-dr Sta Wgn	300	750	1250	2500	4400	6200

Minx Mark VIII, 4-cyl., 42 hp, 93" wb
4-dr Sdn	300	700	1200	2400	4100	5900
2-dr Hdtp Cpe	350	850	1400	2800	4900	7100
2-dr Conv	400	1200	1900	3800	6600	9600
4-dr Estate Wgn	300	800	1300	2600	4600	6600

1957

Husky Mark I, 4-cyl., 42 hp, 84" wb
2-dr Sta Wgn	300	750	1250	2500	4400	6200

Minx, Series I, 4-cyl., 51 hp, 96" wb
4-dr Sdn	300	700	1200	2400	4100	5900
2-dr Conv	400	1200	1900	3800	6600	9600
4-dr Estate Wgn	300	800	1300	2600	4600	6600

1958-1959

Husky, Series I, 4-cyl., 46 hp, 84" wb
2-dr Sta Wgn	300	750	1250	2500	4400	6200

Minx, Series II, 4-cyl., 51 hp, 96" wb
4-dr Spl Sdn	300	650	1150	2300	3900	5700
4-dr Dlx Sdn	300	700	1200	2400	4100	5900
2-dr Conv	400	1200	1900	3800	6600	9600
4-dr Estate Wgn	300	800	1350	2700	4700	6900

1960

Husky, Series II, 4-cyl., 51 hp, 86" wb
2-dr Sta Wgn	300	750	1250	2500	4400	6200

Minx Series III-A, 4-cyl., 57 hp, 96" wb
4-dr Spl Sdn	300	650	1150	2300	3900	5700
4-dr Dlx Sdn	300	700	1200	2400	4100	5900
2-dr Dlx Conv	400	1200	1900	3800	6600	9600
4-dr Dlx Estate Wgn	300	800	1350	2700	4700	6900

1961

Series II, Husky, 4-cyl., 51 hp, 86" wb
2-dr Sta Wgn	300	750	1250	2500	4400	6200

Minx Series III-B, 4-cyl., 57 hp, 96" wb
4-dr Spl Sdn	300	650	1150	2300	3900	5700
4-dr Dlx Sdn	300	700	1200	2400	4100	5900
2-dr Dlx Conv	400	1200	1900	3800	6600	9600
4-dr Dlx Estate Wgn	300	800	1350	2700	4700	6900

1962

Series II, Husky, 4-cyl., 46 hp, 86" wb
2-dr Sta Wgn	300	750	1250	2500	4400	6200

	6	5	4	3	2	1
Minx Series III-C, 4-cyl., 57 hp, 96" wb						
4-dr Dlx Sdn	300	700	1200	2400	4100	5900
2-dr Conv	400	1200	1900	3800	6600	9600
4-dr Dlx Estate Wgn	300	800	1350	2700	4700	6900
Super Minx, 4-cyl., 66 hp, 101" wb						
4-dr Sdn	300	700	1200	2400	4100	5900

1963

	6	5	4	3	2	1
Husky II, 4-cyl., 46 hp, 86" wb						
2-dr Sta Wgn	300	750	1250	2500	4400	6200
Minx Series III-C, 4-cyl., 57 hp, 96" wb						
1600 4-dr Dlx Sdn	300	700	1200	2400	4100	5900
Super Minx Mark I, 4-cyl., 66 hp, 101" wb						
4-dr Sdn	300	750	1250	2500	4400	6200
Super Minx Mark II Deluxe, 4-cyl., 66 hp, 101" wb						
4-dr Sdn	300	800	1350	2700	4700	6900
2-dr Conv	400	1200	1950	3900	6800	9900
4-dr Estate Wgn	300	800	1350	2700	4700	6900

1964

	6	5	4	3	2	1
Husky III, 4-cyl., 43.5 hp., 86" wb						
2-dr Sta Wgn	300	750	1250	2500	4400	6200
Minx Mark V, 4-cyl., 62 hp, 96" wb						
4-dr Sdn	300	700	1200	2400	4100	5900
Super Minx Mark II, 4-cyl., 66 hp, 101" wb						
4-dr Sdn	300	800	1300	2600	4600	6600
2-dr Conv	400	1200	1950	3900	6800	9900
4-dr Estate Wgn	300	800	1350	2700	4700	6900

1965

	6	5	4	3	2	1
Husky, Series III, 4-cyl., 62 hp, 86" wb						
2-dr Sta Wgn	300	750	1250	2500	4400	6200
Super Minx Mark II, 4-cyl., 101" wb						
2-dr Conv	400	1200	1950	3900	6800	9900
4-dr Sdn	300	800	1300	2600	4600	6600
4-dr Estate Wgn	300	800	1350	2700	4700	6900
Minx Deluxe, 4-cyl., 96" wb						
4-dr Sdn	300	700	1200	2400	4100	5900

1966-1967

	6	5	4	3	2	1
Husky III, 4-cyl., 62 hp, 86" wb						
2-dr Sta Wgn	300	750	1250	2500	4400	6200

JAGUAR
1946 – 1991

1956 Jaguar XK-140

1968 Jaguar E-Type

	6	5	4	3	2	1
1946-1948						
3.5 Litre, 6-cyl., 125 hp, 120" wb						
Cpe Conv	2600	7700	12950	25900	45500	64700
4-dr Saloon	1150	3600	5950	11900	21000	29700
1949						
Mark V, 3.5 Litre, 6-cyl., 120" wb						
4-dr Saloon	1000	3150	5300	10600	18700	26500
2-dr Cpe Conv	2400	7100	12000	24000	42150	59900
XK-120, 6-cyl., 102" wb						
2-dr Rdstr (alloy body)	5700	16950	28500	57000	100100	142300
1950						
Mark V, 6-cyl., 160 hp, 120" wb						
3.5 Litre Saloon	1000	3150	5300	10600	18700	142300
3.5 Litre Cpe Conv	2400	7100	12000	24000	42150	59900
XK-120, 6-cyl., 160 hp, 120" wb						
2-dr Rdstr	2800	8300	14000	28000	49200	69900

Alloy body add 75%   Competition pkg add 100%
Wire wheels add 10%

	6	5	4	3	2	1
1951						
Mark VII, 6-cyl., 160 hp, 120" wb						
4-dr Sdn	800	2350	3950	7900	13700	19700
XK-120, 6-cyl., 160 hp, 102" wb						
Spt Rdstr	2800	8300	14000	28000	49200	62100

	6	5	4	3	2	1
Cpe	2000	5900	9950	19900	35000	49700
		Competition pkg add 100%			*Wire wheels add 10%*	

1952

Mark VII, twin-cam, 6-cyl., 160 hp, 120" wb
	6	5	4	3	2	1
4-dr Saloon	800	2350	3950	7900	13700	19700

XK-120, 6-cyl., 160 hp, 102" wb
	6	5	4	3	2	1
Rdstr	2800	8300	14000	28000	49200	69900
Cpe	1900	5600	9950	19900	33200	47200
			120-M 180 hp pkg add 25%			

1953-1954

Mark VII, 6-cyl., 160 hp, 120" wb
	6	5	4	3	2	1
4-dr Saloon	800	2350	3950	7900	13700	19700

XK-120, 6-cyl., 160 hp, 102" wb
	6	5	4	3	2	1
Spt Rdstr	2800	8300	14000	28000	49200	69900
Cpe	2000	5900	9950	19900	35000	49700
Conv	2400	7100	12000	24000	42150	59900
			120-M 180 hp pkg add 25%			
			120-M 180 hp pkg with SE equip add 40%			

D-Type, 6-cyl., 250 hp., 90" wb
	6	5	4	3	2	1
Rdstr	30000	70000	175000	425000	650000	875000

1955-1956

Mark VII M, 6-cyl., 190 hp, 120" wb
	6	5	4	3	2	1
4-dr Saloon	1000	3100	5250	10500	18600	26200

XK-140, 6-cyl., 190 hp, 102" wb
	6	5	4	3	2	1
3-pass Cpe	1650	4900	8250	16500	29000	41200
Rdstr	3000	8900	15000	30000	52700	74900
2-pass Conv	2500	7400	12500	25000	43900	62400
			XK-140M pkg add 25%			
			XK-140MC 210 hp pkg add 40%			

D-Type, 6-cyl., 250 hp., 90" wb
	6	5	4	3	2	1
Rdstr	30000	70000	175000	425000	650000	875000

2.4 Litre, 6-cyl., 112 hp, 108" wb (1956 only)
	6	5	4	3	2	1
4-dr Sdn	700	2000	3450	6900	11900	17200

1957

Mark VIII, 6-cyl., 210 hp, 102" wb
	6	5	4	3	2	1
4-dr Saloon	850	2650	4450	8900	15700	22300

XK-140
	6	5	4	3	2	1
2-pass Cpe	1650	4900	8250	16500	29000	41200
2-pass Rdstr	3000	8900	15000	30000	52700	74900
2-pass Conv	2500	7400	12500	25000	43900	62400
			XK-140M pkg add 25%			
			XK-140MC 210 hp pkg add 40%			

D-Type/XK-SS, 6-cyl., 250 hp., 90" wb
	6	5	4	3	2	1
Rdstr	30000	70000	175000	425000	650000	875000

2.4 Litre, 6-cyl., 112 hp, 108" wb
	6	5	4	3	2	1
4-dr Sdn	700	2000	3450	6900	11900	17200

3.4 Litre, 6-cyl., 210 hp, 108" wb
	6	5	4	3	2	1
4-dr Sdn	800	2500	3950	7900	14800	20900

1958

3.4 Litre, 6-cyl., 210 hp, 108" wb
	6	5	4	3	2	1
4-dr Sdn	800	2350	3950	7900	13700	19700

XK-150, 6-cyl., 190 hp, 120" wb
	6	5	4	3	2	1
Hdtp Cpe	1900	5600	9450	18900	33200	47200
Rdstr	2900	8600	14500	29000	50900	72400

	6	5	4	3	2	1
Conv	2250	6550	11000	22000	38650	55000
			"SE" 210 hp pkg add 10%			
			"S" 250 hp pkg add 30%			

Mark VIII, 6-cyl., 210 hp, 120" wb

	6	5	4	3	2	1
4-dr Sdn	850	2650	4450	8900	15700	22300

1959-1960

XK-150, 6-cyl., 210 hp, 102" wb

	6	5	4	3	2	1
Cpe	1900	5600	9450	18900	33200	47200
Rdstr	2700	8000	13500	27000	47400	67400
Conv	2250	6550	11000	22000	38650	55000
			"SE" 210 hp pkg add 10%			
			S" 250 hp Roadster pkg add 30%			

3.4 Litre, 6-cyl., 210 hp, 108" wb

	6	5	4	3	2	1
4-dr Sdn	800	2350	3950	7900	13700	19700

Mark IX, 6-cyl., 220 hp, 120" wb

	6	5	4	3	2	1
4-dr Sdn	950	3050	5150	10300	18200	25700

1961

XK-150, 6-cyl., 210 hp, 102" wb

	6	5	4	3	2	1
Cpe	1900	5600	9450	18900	33200	47200
Conv	2250	6550	11000	22000	38650	55000

XKE (E-type), Series 1, 3.8 liter, 6-cyl., 265 hp, 96" wb

	6	5	4	3	2	1
Conv.	2750	8100	13700	27400	48000	68400
Cpe	1650	4950	8250	16500	29100	41250
			Bonnet-side latches add 10%			

Mark IX, 6-cyl., 265 hp, 120" wb

	6	5	4	3	2	1
4-dr Sdn	950	3050	5150	10300	18200	25700

Mark II 3.8 Litre, 6-cyl., 265 hp, 108" wb

	6	5	4	3	2	1
4-dr Sdn	850	2650	4450	8900	15700	22300

1962

XKE (E-type), Series 1, 3.8 liter 6-cyl., 265 hp, 96" wb

	6	5	4	3	2	1
Conv.	2750	8100	13700	27400	48000	68400
Cpe	1650	4950	8250	16500	29100	41250
			Bonnet-side latches add 10%			

Mark X, 6-cyl., 265 hp, 120" wb

	6	5	4	3	2	1
4-dr Sdn	750	2250	3750	7500	13000	18700

1963-1964

XKE (E-type), Series 1 3.8 litre 6-cyl., 265 hp, 96" wb

	6	5	4	3	2	1
Rdstr	2750	8000	13500	27000	47400	67350
Cpe	1600	4700	8000	15950	28000	39800

Mark II, 3.8 Litre, 6-cyl., 265 hp, 108" wb

	6	5	4	3	2	1
4-dr Sdn	850	2650	4450	8900	15700	22300

Mark X, 6-cyl., 265 hp, 120" wb

	6	5	4	3	2	1
4-dr Sdn	750	2250	3750	7500	13000	18700

1965-1966

XKE (E-type), Series 1.5, 4.2 Litre, 6-cyl., 265 hp, 96" wb

	6	5	4	3	2	1
Rdstr	2300	6800	11500	23000	40400	57500
Cpe	1500	4500	7500	15000	26400	37500

Mark II, 3.8 Litre, 108" wb

	6	5	4	3	2	1
4-dr Sdn	850	2650	4450	8900	15700	22300
4-dr Sdn S	900	2750	4650	9300	16400	23100

Mark X (4.5), 4.2 Litre, 6-cyl., 245 hp, 120" wb

	6	5	4	3	2	1
4-dr Sdn	750	2250	3750	7500	13000	18700

	6	5	4	3	2	1

1967

XKE (E-type), Series II, 4.2 Litre, 6-cyl., 265 hp, 96" wb (2+2 105" wb)
	6	5	4	3	2	1
Rdstr	2300	6800	11500	23000	40400	57500
Cpe	1500	4500	7500	15000	26400	37500
Cpe 2 + 2	1100	3450	5750	11500	20300	28700

Automatic deduct 10%

340, 6-cyl., 225 hp, 108" wb
4-dr Sdn	800	2350	3900	7800	13500	19500

420, 6-cyl., 255 hp, 108" wb
4-dr Sdn	750	2300	3800	7600	13100	18900

420G, 6-cyl., 245 hp, 120" wb
4-dr Sdn	800	2400	4000	8000	13900	19900

1968

XKE (E-type), Series II, 4.2 Litre, 6-cyl., 245 hp, 96" wb (2+2 105" wb)
Spt Conv	2050	6000	10100	20200	35500	50400
Cpe	1400	4250	7100	14200	25000	35400
Cpe 2 + 2	1100	3550	5900	11800	20800	29400

Automatic deduct 10%

1969-1970

XKE (E-type), Series II, 6-cyl., 246 hp, 96" wb (2+2 105" wb)
Rdstr	2050	6000	10100	20200	35500	50400
Cpe	1400	4250	7100	14200	25000	35400
Cpe 2 + 2	1100	3550	5900	11800	20800	29400

Automatic deduct 10%

XJ, 6-cyl., 246 hp, 96" wb
4-dr Sdn	400	1100	1800	3500	6100	8900

1971

XKE (E-type), Series II, 6-cyl., 246 hp, 96" wb
Rdstr	2050	6000	10100	20200	35500	50400
Cpe	1400	4250	7100	14200	25000	35400

XKE (E-type), Series III, V-12, 314 hp, 105" wb
Cpe 2 + 2 (12-cyl.)	1650	4900	8250	16500	29000	41200
Conv (12-cyl.)	2800	8300	14000	28000	49200	69900

Factory air cond add 10%   Wire wheels add 10%
Automatic deduct 10%

XJ, 246 hp, 96" wb
4-dr Sdn	400	1100	1800	3500	6100	8900

1972

XKE (E-type), Series III, 12-cyl., 272 hp, 105" wb
Conv	2800	8300	14000	28000	49200	69900
Cpe 2 + 2	1650	4900	8250	16500	29000	41200

XJ-6, 186 hp, 108.9" wb
4-dr Sdn	350	900	1500	3000	5300	7600

1973

XKE (E-type), Series III, 12-cyl., 241 hp, 105" wb
Conv	2800	8300	14000	28000	49200	69900
Cpe 2 + 2	1650	4900	8250	16500	29000	41200

XJ-6, 4.2 liter, 6-cyl, 150 hp, 108.8" wb
4-dr Sdn (6-cyl.)	350	900	1500	3000	5300	7600

XJ-12, 5.3 liter, V-12, 241 hp, 108.8" wb
4-dr Sdn (12-cyl.)	450	1250	2150	4300	7400	10700

	6	5	4	3	2	1
1974						
XKE (E-type), Series III, 12-cyl., 272 hp, 105" wb						
Conv	2800	8300	14000	28000	49200	69900
XJ-6, 4.2 liter, 6-cyl, 150 hp, 108.8" wb (LWB 112.8" wb)						
4-dr Sdn	350	900	1500	3000	5300	7600
4-dr (LWB) Sdn	350	1000	1600	3200	5700	8100
XJ-12, 5.3 liter, V-12, 241 hp, 108.8" wb (XJ-12L 112.8" wb)						
4-dr Sdn	450	1250	2150	4300	7400	10700
4-dr "L" Sdn	550	1400	2400	4750	8150	11750
1975						
XJ6, 6-cyl., 4.2 liter, 162 hp., 108.8" wb (4-dr 112.8" wb)						
2-dr Cpe	550	1450	2450	4900	8500	12000
4-dr Sdn	350	950	1550	3100	5500	7900
XJ12, 12-cyl., 5.3 liter, 244 hp., 108.8" (4-dr 112.8" wb)						
2-dr Cpe	700	1900	3350	6700	11500	16500
4-dr Sdn	450	1250	2150	4300	7400	10700
1976						
XJ6, 6-cyl., 4.2 liter, 162 hp., 108.8" wb (4-dr 112.8" wb)						
2-dr Cpe	550	1450	2450	4900	8500	12000
4-dr Sdn	350	950	1550	3100	5500	7900
XJ12, 12-cyl., 5.3 liter, 244 hp., 108.8" wb (4-dr 112.8" wb)						
2-dr Cpe	700	1900	3350	6700	11500	16500
4-dr Sdn	450	1250	2150	4300	7400	10700
XJS, 12-cyl., 5.3 liter, 244 hp., 102" wb						
GT Cpe 2 + 2	400	1200	1950	3900	6800	9900
1977						
XJ6, 6-cyl., 4.2 liter, 162 hp., 108.8" wb (4-dr 112.8" wb)						
2-dr Cpe	550	1450	2450	4900	8500	12000
4-dr Sdn	350	950	1550	3100	5500	7900
XJ12L, 12-cyl., 5.3 liter, 244 hp., 112.8" wb						
4-dr Sdn	450	1250	2150	4300	7400	10700
XJS, 12-cyl., 5.3 liter, 244 hp., 102" wb						
GT Cpe 2 + 2	400	1200	1950	3900	6800	9900
1978						
XJ6L, 6-cyl., 4.2 liter, 162 hp., 112.8" wb						
4-dr Sdn	350	950	1550	3100	5500	7900
XJ12L, 12-cyl., 5.3 liter, 244 hp., 112.8" wb						
4-dr Sdn	450	1250	2150	4300	7400	10700
XJS, 12-cyl., 5.3 liter, 244 hp., 102" wb						
GT Cpe	400	1200	1950	3900	6800	9900
1979						
XJ6-L, 6-cyl., 4.2 liter, 176 hp., 112.8" wb						
4-dr Sdn	350	1000	1600	3200	5700	8100
XJ12-L, 12-cyl., 5.3 liter, 244 hp., 112.8" wb						
4-dr Sdn	500	1300	2250	4500	7700	11000
XJS, 12-cyl., 5.3 liter, 244 hp., 102" wb						
GT Cpe 2 + 2	400	1200	1950	3900	6800	9900
1980-1981						
XJ6, 6-cyl., 4.2 liter, 176 hp., 112.8" wb						
4-dr Sdn	350	1000	1600	3200	5700	8100
XJS, 12-cyl., 5.3 liter, 244 hp., 102" wb						
2-dr GT Cpe 2 + 2	400	1200	1950	3900	6800	9900

	6	5	4	3	2	1

1982

XJ6, III, 6-cyl, 4.2 liter, 176 hp, 113" wb

	6	5	4	3	2	1
4-dr Sdn	350	1000	1600	3200	5700	8100
4-dr Sdn Vanden Plas	400	1050	1700	3400	5900	8500

XJS, HE, 12-cyl, 5.3 liter, 262 hp, 102" wb

	6	5	4	3	2	1
2-dr Cpe 2 + 2	400	1200	2000	4000	6900	10000

1983

XJ6, III, 6-cyl, 4.2 liter, 176 hp, 113" wb

	6	5	4	3	2	1
4-dr Sdn	400	1050	1700	3300	5800	8300
4-dr Sdn Vanden Plas	400	1100	1800	3500	6100	8900

XJS, HE, 12-cyl, 5.3 liter, 262 hp, 102" wb

	6	5	4	3	2	1
2-dr Cpe 2 + 2	450	1250	2050	4100	7100	10300

1984

XJ6, III, 6-cyl, 4.2 liter, 176 hp, 113" wb

	6	5	4	3	2	1
4-dr Sdn	400	1050	1700	3400	5900	8500
4-dr Sdn Vanden Plas	400	1100	1800	3600	6200	9100

XJS, HE, 12-cyl, 5.3 liter, 262 hp, 102" wb

	6	5	4	3	2	1
2-dr Cpe 2 + 2	450	1250	2100	4200	7200	10500

1985

XJ6, III, 6-cyl, 4.2 liter, 176 hp, 113" wb

	6	5	4	3	2	1
4-dr Sdn	400	1050	1700	3400	5900	8500
4-dr Sdn Vanden Plas	400	1100	1800	3600	6200	9100

XJS, HE, 12-cyl, 5.3 liter, 262 hp, 102" wb

	6	5	4	3	2	1
2-dr Cpe 2 + 2	450	1250	2100	4200	7200	10500

1986

XJ6, III, 6-cyl, 4.2 liter, 176 hp, 113" wb

	6	5	4	3	2	1
4-dr Sdn	400	1200	1950	3900	6800	9900
4-dr Sdn Vanden Plas	450	1250	2050	4100	7100	10300

XJS, HE, 12-cyl, 5.3 liter, 262 hp, 102" wb

	6	5	4	3	2	1
2-dr Cpe 2 + 2	500	1350	2350	4700	8100	11500

1987

XJ6, 6-cyl, 4.2 liter, 176 hp, 113" wb

	6	5	4	3	2	1
4-dr Sdn	500	1300	2250	4500	7700	11000
4-dr Sdn Vanden Plas	550	1450	2450	4900	8500	12000

XJS, 12-cyl, 5.3 liter, 262 hp, 102" wb

	6	5	4	3	2	1
2-dr Cpe 2 + 2	550	1500	2500	5000	8700	12300
2-dr Cabrlt	650	1800	3250	6500	11200	16100

1988

XJ6, 6-cyl, 3.6 liter, 161 hp, 113" wb

	6	5	4	3	2	1
4-dr Sdn	550	1550	2650	5300	9100	13000
4-dr Sdn Vanden Plas	600	1650	2900	5800	10000	14500

XJS, 12-cyl, 5.3 liter, 262 hp, 102" wb

	6	5	4	3	2	1
2-dr Cpe 2 + 2	600	1600	2750	5500	9500	13800
2-dr Cabrlt	750	2150	3600	7200	12400	18000
2-dr Conv 2 + 2	750	2200	3650	7300	12600	18200

1989

XJ6, 6-cyl, 3.6 liter, 195 hp, 113" wb

	6	5	4	3	2	1
4-dr Sdn	650	1750	3150	6300	10900	15700
4-dr Sdn Vanden Plas	700	2000	3450	6900	11900	17200

	6	5	4	3	2	1
XJS, 12-cyl, 5.3 liter, 262 hp, 102" wb						
2-dr Cpe 2 + 2	700	2000	3450	6900	11900	17200
2-dr Conv	1000	3200	5400	10800	19000	26900

1990

	6	5	4	3	2	1
XJ6, 6-cyl, 4.0 liter, 223 hp, 113" wb						
4-dr Sdn	750	2250	3750	7500	13000	18700
4-dr Sdn Sovereign	800	2500	4250	8500	15000	21200
4-dr Sdn Vanden Plas	900	2750	4600	9200	16200	22900
4-dr Sdn Vanden Plas M	900	2850	4750	9500	16700	23700
XJS, 12-cyl, 5.3 liter, 262 hp, 102" wb						
2-dr Cpe	700	2150	3600	7200	12500	17900
2-dr Rouge Cpe	800	2400	4000	8000	13900	19900
2-dr Conv	1100	3400	5700	11400	20150	28500

1991

	6	5	4	3	2	1
XJ6, 6-cyl, 4.0 liter, 223 hp, 113" wb						
4-dr Sdn	850	2650	4500	9000	15900	22500
4-dr Sdn Sovereign	950	3000	5050	10100	17900	25100
4-dr Sdn Vanden Plas	1000	3250	5450	10900	19100	27200
XJS, 12-cyl, 5.3 liter, 262 hp, 102" wb						
2-dr Cpe	900	2800	4700	9400	16500	23400
2-dr Conv	1450	4450	7450	14900	26200	37200

JENSEN
1950 – 1976

1956 Jensen

	6	5	4	3	2	1
1950-1953						
Interceptor, 6-cyl., 130 hp, 112.5" wb						
2-dr Cabrlt	700	2050	3500	7000	12100	17400
2-dr Saloon	400	1100	1800	3500	6100	8900
1954-1956						
Interceptor, 6-cyl., 130 hp, 112.5" wb						
2-dr Conv	750	2250	3750	7500	13000	18700
2-dr Saloon	400	1100	1800	3500	6100	8900
Add 10% for Deluxe interior and trim pkg						
(1955 and 1956 only)						
541, 6-cyl., 130 hp, 105" wb						
2-dr Saloon	600	1600	2750	5500	9500	13800
1957-1958						
Interceptor, 6-cyl., 130 hp 112.5" wb						
2-dr Conv	750	2250	3750	7500	13000	18700
2-dr Saloon	400	1100	1800	3500	6100	8900
541, 6-cyl., 105" wb						
2-dr Saloon	600	1600	2750	5500	9500	13800
541-Deluxe pkg add 10%						
541-R 140 hp pkg add 15% (1958)						
1959-1960						
541R, 6-cyl., 140 hp, 105" wb						
2-dr Saloon	650	1800	3250	6500	11200	16100

	6	5	4	3	2	1

1961-1962

541S, 6-cyl., 135 hp., 105" wb

| 2-dr Saloon | 750 | 2150 | 3600 | 7200 | 12400 | 18000 |

1963

C-V8, Mk I, V-8, 305 hp., 105" wb

| 2-dr Saloon | 850 | 2550 | 4350 | 8700 | 15300 | 21700 |

1964

C-V8, Mk II, V-8, 330 hp., 105" wb

| 2-dr Saloon | 850 | 2550 | 4350 | 8700 | 15300 | 21700 |

1965-1966

C-V8, V-8, 330 hp., 105" wb

Mk II 2-dr Saloon	850	2550	4350	8700	15300	21700
Mk III 2-dr Saloon	850	2700	4550	9100	16000	22700
FF 2-dr Saloon (109" wb)	950	2950	4950	9900	17500	24700

1967-1969

Interceptor, V-8, 330 hp., 105" wb

| Series I, 2-dr Saloon | 850 | 2700 | 4550 | 9100 | 16000 | 22700 |
| FF 2-dr Saloon (109" wb) | 1050 | 3300 | 5500 | 11000 | 19300 | 27500 |

1970-1971

Interceptor, V-8, 330 hp., 105" wb

| Series II 2-dr Saloon | 900 | 2750 | 4650 | 9300 | 16400 | 23100 |
| FF 2-dr Saloon (109" wb) | 1150 | 3600 | 5950 | 11900 | 21000 | 29700 |

1972-1973

Jensen-Healey, 4-cyl., 140 hp., 92" wb

| 2-dr Rdstr | 500 | 1350 | 2350 | 4700 | 8100 | 11500 |

Interceptor, V-8, 330 hp., 105" wb

| Series III 2-dr Saloon | 900 | 2750 | 4650 | 9300 | 16400 | 23100 |

Interceptor SP, V-8, 385 hp., 105" wb

| SP 2-dr Saloon | 950 | 3050 | 5150 | 10300 | 18200 | 25700 |

1974-1975

Jensen-Healey, 140 hp, 4-cyl., 92" wb

| 2-dr Rdstr | 550 | 1450 | 2450 | 4900 | 8500 | 12000 |

Interceptor, V-8, 385 hp., 105" wb

| 2-dr Saloon | 900 | 2850 | 4750 | 9500 | 16700 | 23700 |
| 2-dr Conv | 1800 | 5300 | 8950 | 17900 | 31500 | 44700 |

1976

GT, 4-cyl., 140 hp, 92" wb

| 2-dr Cpe | 550 | 1500 | 2500 | 5000 | 8700 | 12300 |

Interceptor, V-8, 385 hp, 105" wb

| 2-dr Saloon | 900 | 2850 | 4750 | 9500 | 16700 | 23700 |
| 2-dr Conv | 2000 | 5800 | 9750 | 19500 | 34300 | 48700 |

LAMBORGHINI
1964 – 1991

1989 Lamborghini Countach

	6	5	4	3	2	1
1964-1965						
350 GT, 12-cyl., 99.5" wb, 3464cc						
Cpe	5900	17550	29500	59000	103600	147300
1966-1967						
350 GT, 12-cyl., 99.5" wb, 3464cc						
2-dr Cpe	5900	17550	29500	59000	103600	147300
400 GT, 12-cyl., 99.5" wb, 3929cc						
2-dr Cpe	6100	18100	30500	61000	107100	152300
2-dr Cpe 2 + 2	4100	12150	20450	40900	71800	102100
Miura, 12-cyl., 98.4" wb						
P400 2-dr Cpe	7000	20750	349500	69900	122700	174500
1968-1969						
400 GT, 12-cyl., 99.5" wb, 3929cc						
2-dr Cpe 2 + 2	4100	12150	20450	40900	71800	102100
Miura, 12-cyl., 97.5" wb, 3929cc						
P400 Cpe	7000	20750	34950	69900	122700	174500
Espada Series I 400 GT, 12-cyl., 99.5" wb, 3929cc						
2-dr Cpe	2200	6500	10950	21900	38500	54700
Islero, 12-cyl., 99.5" wb, 3929cc						
400 GT 2-dr Cpe	3000	8900	14950	29900	52500	74600
Islero "S" pkg (1959) add 10%						
1970-1971						
Miura, 12-cyl., 97.5" wb, 3929cc						
P400 S 2-dr Cpe	8500	25250	42500	85000	149300	212200

	6	5	4	3	2	1
Espada Series II 400 GT, 12-cyl., 99.5" wb, 3929cc						
2-dr Cpe	2200	6500	10950	21900	38500	54700
Islero S, 12-cyl., 99.5" wb, 3929cc						
2-dr Cpe	3100	9200	15450	30900	54300	77100
Jarama 400 GTS, 12-cyl., 92.8" wb, 3929cc						
2-dr Cpe	2500	7350	12450	24900	43700	62100
1972						
Miura, 12-cyl., 97.5" wb, 3929cc						
P400 SV 2-dr Cpe	13900	41300	69500	139000	244100	347000
Espada Series II 400 GT, 12-cyl., 99.5" wb, 3929cc						
2-dr Cpe	2200	6500	10950	21900	38500	54700
Jarama 400 GT, 12-cyl., 92.8" wb, 3929cc						
2-dr Cpe	2500	7350	12450	24900	43700	62100
Urraco, 8-cyl., 95.5" wb, 2462cc						
P250 2-dr Cpe	1700	5050	8500	17000	29900	42500
1973						
Espada Series III 400 GT, 12-cyl., 99.5" wb, 3929cc						
2-dr Cpe	2400	7050	11950	23900	42000	59700
Jarama 400 GTS, 12-cyl., 92.8" wb, 3929cc						
2-dr Cpe	2700	8000	13450	26900	47200	67100
Urraco, 8-cyl., 95.5" wb, 2462cc						
P250 2-dr Cpe	1700	5050	8500	17000	29900	42500
1974-1975						
Espada Series III 400 GT, 12-cyl., 99.5" wb, 3929cc						
2-dr Cpe	2400	7050	11950	23900	42000	59700
Jarama 400 GTS, 12-cyl., 92.8" wb, 3929cc						
2-dr Cpe	2700	8000	13450	26900	47200	67100
Urraco, 8-cyl., 95.5" wb, 2462cc						
P250 2-dr Cpe	1700	5050	8500	17000	29900	42500
Countach, 12-cyl., 96.5" wb						
LP400 2-dr Cpe	5200	15450	26000	52000	91300	129800
1976						
Espada Series III 400 GT, 12-cyl., 99.5" wb, 3929cc						
2-dr Cpe	2400	7050	11950	23900	42000	59700
Jarama 400 GTS, 12-cyl., 92.8" wb, 3929cc						
2-dr Cpe	2700	8000	13450	26900	47200	67100
Urraco, 8-cyl., 95.5" wb, 1994cc						
P250 2-dr Cpe	1700	5050	8500	17000	29900	42500
P300 2-dr Cpe	2800	8300	13950	27900	49000	69600
Countach, 12-cyl., 95.5" wb, 3929cc						
LP400 2-dr Cpe	5200	15450	26000	52000	91300	129800
Silhouette, 8-cyl., 96.5" wb, 2996cc						
2-dr Cpe	3200	9500	15950	31900	56000	79600
1977						
Urraco, 8-cyl., 95.5" wb, 1994cc						
P300 2-dr Cpe	2800	8300	13950	27900	49000	69600
Countach, 12-cyl., 95.5" wb, 3929cc						
LP400S 2-dr Cpe	5300	15750	26500	53000	93100	132300
Silhouette, 8-cyl., 96.5" wb, 2996cc						
2-dr Cpe	3200	9500	15950	31900	56000	79600
1978-1981						
Countach, 12-cyl., 95.5" wb, 3929cc						
LP400S 2-dr Cpe	5800	16500	27500	54000	94500	137500

	6	5	4	3	2	1
1982						
Countach, 12-cyl., 95.5" wb, 4754cc						
LP400S 2-dr Cpe	5500	16350	27500	55000	96600	137300
LP500S 2-dr Cpe	5900	17550	29500	59000	103600	147300
Jalpa, 8-cyl., 95.5" wb, 3485cc						
P350 GTS 2-dr Cpe	2800	8300	13950	27900	49000	69600
1983-1984						
Countach, 12-cyl., 95.5" wb, 4754cc						
LP500S 2-dr Cpe	5900	17550	29500	59000	103600	147300
Jalpa, 8-cyl., 95.5" wb, 3485cc						
P350 GTS 2-dr Cpe	2900	8600	14450	28900	50700	72100
1985						
Countach, 12-cyl., 95.5" wb, 5167cc						
LP500S 2-dr Cpe	6300	18700	31500	63000	110600	157300
Countach, 12-cyl., 95.5" wb, 5167cc						
5000 Quattro 2-dr Cpe	7400	21950	36950	73900	129800	184500
Jalpa, 8-cyl., 95.5" wb, 3485cc						
P350 GTS 2-dr Cpe	3100	9200	15450	30900	54300	77100
1986-1988						
Countach, 12-cyl., 95.5" wb, 5167cc						
5000 Quattro 2-dr Cpe	8000	23750	39950	79900	140300	199400
Jalpa, 8-cyl., 95.5" wb, 3485cc						
P350 GTS 2-dr Cpe	3400	10050	16950	33900	59500	84600
LM002A Luxury Sport Utility						
4x4	5000	14800	24950	49900	87600	124600
1989						
Countach, 12-cyl., 95.5" wb, 5167cc						
Silver Ann 2-dr Cpe	9500	28200	47500	95000	166800	237100
LM002A Luxury Sport Utility						
4x4	5600	16600	27950	55900	98200	139500
1990						
LM002A Luxury Sport Utility						
4x4	6000	17800	29950	59900	105200	149500
Diablo, 12-cyl,, 104.3" wb 5707 cc						
2-dr Cpe	5300	15750	26500	53000	93100	132300
1991						
Diablo, 12-cyl,, 104.3" wb 5707 cc						
2-dr Cpe	5500	16350	27500	55000	96600	137300

LOTUS
1957 – 1991

1962 Lotus Seven

	6	5	4	3	2	1
1957						
Seven, S1, 4-cyl., 88" wb						
S1 2-dr Rdstr	1350	4150	6950	13900	24500	34700
Eleven (Competition), 4-cyl., 85" wb						
2-dr Spt Rdstr	3000	8900	14950	29900	52500	54600
2-dr Club Rdstr	3000	8900	14950	29900	52500	54600
2-dr LeMans 75 Rdstr	3200	9500	16000	32000	56200	79900
2-dr LeMans 100 Rdstr	3200	9500	16000	32000	56200	79900
1958						
Seven, S1, 4-cyl., 1172 cc, 36/40 hp., 88" wb						
2-dr Rdstr	1700	5050	8500	17000	29900	42500
Super Seven, 4-cyl, 1098 cc, 75 hp, 88" wb						
2-dr Rdstr	1900	5400	9200	18350	32300	45900
Super Seven America, 4-cyl, 948 cc, 37 hp, 88" wb						
2-dr Super America Rdstr	1550	4700	7850	15700	27600	39100
1959-1960						
Seven, S1, 4-cyl., 1172 cc, 36/40 hp., 88" wb						
2-dr Rdstr	1700	5050	8500	17000	29900	42500
Super Seven, 4-cyl, 1098 cc, 75 hp, 88" wb						
2-dr Rdstr	1900	5400	9200	18350	32300	45900
Super Seven America, 4-cyl, 948 cc, 37 hp, 88" wb						
2-dr Super America Rdstr	1550	4700	7850	15700	27600	39100
Elite, 4-cyl., 88.2" wb						
S1 2-dr Cpe	1900	5600	9450	18900	33200	47200

Add 10% for Super 95 pkg   *Add 20% for Super 105 pkg*

	6	5	4	3	2	1

1961

Seven, S2, 4-cyl., 1172 cc 40 hp., 88" wb

	6	5	4	3	2	1
2-dr Rdstr	1550	4650	7750	15500	27300	38700

Seven "A", 4-cyl, 997 cc, 39 hp., 88" wb

	6	5	4	3	2	1
2-dr Rdstr	1450	4400	7350	14700	25900	36700

Super Seven Cosworth, 4-cyl., 1340 cc, 80 hp., 88" wb

	6	5	4	3	2	1
2-dr Rdstr	1500	4550	7600	15200	26750	38000

Elite, 4-cyl., 88.2" wb

	6	5	4	3	2	1
S1 2-dr Cpe	1900	5600	9450	18900	33200	47200

1962-1963

Seven, S2, 4-cyl., 1172 cc 40 hp., 88" wb

	6	5	4	3	2	1
2-dr Rdstr	1500	4800	8000	16000	28150	40000

Seven "A", 4-cyl, 997 cc, 39 hp., 88" wb

	6	5	4	3	2	1
2-dr Rdstr	1500	4550	7600	15200	26750	38000

Super 1500, 4-cyl., 1498 cc, 85 hp., 88" wb

	6	5	4	3	2	1
2-dr Rdstr	1700	5050	8500	17000	29900	42500

Elite, 4-cyl., 88" wb

	6	5	4	3	2	1
S2 2-dr Cpe	2000	5900	9950	19900	35000	49700

Elan, 4-cyl., 84" wb

	6	5	4	3	2	1
S1 2-dr Conv	1000	3250	5450	10900	19100	27200

1964

Seven, S2, 4-cyl., 1172 cc 40 hp., 88" wb

	6	5	4	3	2	1
2-dr Rdstr	1500	4800	8000	16000	28150	40000

Seven "A", 4-cyl., 997 cc, 39 hp., 88" wb

	6	5	4	3	2	1
2-dr Rdstr	1500	4550	7600	15200	26750	38000

Super 1500, 4-cyl., 1498 cc, 85 hp., 88" wb

	6	5	4	3	2	1
2-dr Rdstr	1700	5050	8500	17000	29900	42500

Elan, 4-cyl., 1558 cc, 105 hp., 84" wb

	6	5	4	3	2	1
S1 2-dr Conv	1000	3250	5450	10900	19100	27200

1965-1966

Seven, S2, 4-cyl., 1172 cc 40 hp., 88" wb

	6	5	4	3	2	1
2-dr Rdstr	1500	4800	8000	16000	28150	40000

Seven "A", 4-cyl, 997 cc, 39 hp., 88" wb

	6	5	4	3	2	1
2-dr Rdstr	1500	4550	7600	15200	26750	38000

Super 1500, 4-cyl., 1498 cc, 85 hp., 88" wb

	6	5	4	3	2	1
2-dr Rdstr	1700	5050	8500	17000	29900	42500

Elan, 4-cyl., 1558 cc, 105 hp., 84" wb

	6	5	4	3	2	1
S2 2-dr Conv	950	3050	5150	10300	18200	25700
S3 2-dr Conv	950	3000	5050	10100	17900	25100

1966

Seven, S2, 4-cyl., 1172 cc 40 hp., 88" wb

	6	5	4	3	2	1
2-dr Rdstr	1500	4800	8000	16000	28150	40000

Seven "A", 4-cyl, 997 cc, 39 hp., 88" wb

	6	5	4	3	2	1
2-dr Rdstr	1500	4550	7600	15200	26750	38000

Super 1500, 4-cyl., 1498 cc, 85 hp., 88" wb

	6	5	4	3	2	1
2-dr Rdstr	1700	5050	8500	17000	29900	42500

Elan, 4-cyl., 1558 cc, 105 hp., 84" wb

	6	5	4	3	2	1
S2 2-dr Conv	950	3050	5150	10300	18200	25700
S3 2-dr Cpe	750	2150	3600	7200	12400	18000
S3 2-dr Conv	950	3000	5050	10100	17900	25100

Special Equipment 115 hp add 10%

	6	5	4	3	2	1
1967-1968						
Seven, S2, 4-cyl., 1558 cc, 105 hp., 88" wb						
2-dr A Rdstr	1700	5050	8500	17000	29900	42500
2-dr Super Rdstr	1550	4650	7750	15500	27300	38700
Elan, 4-cyl., 1558 cc, 105 hp., 84" wb						
S3 2-dr Cpe	750	2150	3600	7200	12400	18000
S3 2-dr Rdstr	950	3000	5050	10100	17900	25100
Elan Plus 2, 4-cyl., 1558 cc, 105 hp., 96" wb						
2-dr Cpe 2+2	550	1500	2500	5100	8800	12500
"S" pkg add 10%						
Europa, 4-cyl., 1470 cc, 78 hp., 91' wb						
S1 2-dr Cpe	400	1200	1950	3900	6800	9900
1969-1970						
Seven, S3, 4-cyl., 1298 cc, 78 hp, 90" wb						
1300 2-dr Rdstr	1450	4450	7400	14800	26050	36900
1600 2-dr Rdstr	1500	4500	7550	15100	26600	37700
Twin Cam 2-dr Rdstr	1700	5050	8500	17000	29900	42500
Holbay tuned 125 hp add 20%						
Elan, 4-cyl., 84" wb						
S4 2-dr Cpe	700	1900	3350	6700	11500	16500
S4 2-dr Rdstr	950	2950	4950	9900	17500	24700
Elan Plus 2, 4-cyl., 96" wb						
2-dr Cpe 2 plus 2	550	1500	2500	5100	8800	12500
2-dr Cpe 2 plus 2S	550	1550	2600	5200	9000	12800
Europa, 4-cyl., 91" wb						
S1 2-dr Cpe	400	1200	1950	3900	6800	9900
S2 2-dr Cpe	450	1250	2150	4300	7400	10700
1971 -1973						
Seven, S4, 4-cyl., 90" wb						
1300 2-dr Rdstr	1150	3600	6000	12000	21150	30000
1600 2-dr Rdstr	1200	3750	6250	12500	22000	31100
Elan, 4-cyl., 84" wb						
S4 2-dr Cpe	700	1900	3350	6700	11500	16500
S4 2-dr Rdstr	950	2950	4950	9900	17500	24700
2-dr Sprint Cpe	650	1750	3150	6300	10900	15700
2-dr Sprint Rdstr	900	2850	4750	9500	16700	23700
Elan Plus 2, 4-cyl., 96" wb						
2-dr Cpe 2 plus 2S	550	1500	2500	5100	8800	12500
2-dr Cpe 2 plus 2S 130	550	1550	2600	5200	9000	12800
Europa, 4-cyl., 91" wb						
2-dr S2 Cpe	450	1250	2150	4300	7400	10700
2-dr Twin-Cam Cpe	750	2100	3550	7100	12300	17700
2-dr Spl Cpe (92" wb)	650	1700	3000	6100	10600	15200
1974 -1975						
Elan, 4-cyl., 84" wb						
S4 2-dr Cpe	700	1900	3350	6700	11500	16500
S4 2-dr Rdstr	950	2950	4950	9900	17500	24700
2-dr Sprint Cpe	650	1750	3150	6300	10900	15700
2-dr Sprint Rdstr	900	2850	4750	9500	16700	23700
Elan Plus 2, 4-cyl., 96" wb						
2-dr Cpe 2 plus 2S	550	1500	2500	5100	8800	12500
2-dr Cpe 2 plus 2S 130	550	1550	2600	5200	9000	12800
Europa, 4-cyl., 91" wb						
2-dr S2 Cpe	450	1250	2150	4300	7400	10700
2-dr Twin-Cam Cpe	750	2100	3550	7100	12300	17700
2-dr Spl Cpe (92" wb)	650	1700	3000	6100	10600	15200

	6	5	4	3	2	1

1976-1979

Elite 501, 4-cyl., 97.6" wb

	6	5	4	3	2	1
2-dr Cpe 2 plus 2	400	1100	1800	3500	6100	8900

502 pkg add 10%   503 pkg add 10%
504 pkg add 15%

Eclat 520 (Sprint), 4-cyl., 97.8" wb

	6	5	4	3	2	1
520 2-dr Cpe 2 plus 2	400	1200	1950	3900	6800	9900

521 pkgs add 10%   522 pkg add 10%
523 pkg add 10%   524 pkg add 15%

Esprit, 4-cyl., 96" wb

	6	5	4	3	2	1
S1 2-dr Cpe	700	2000	3450	6900	11900	17200
S2 2-dr Cpe	750	2200	3650	7300	12600	18200

1980-1982

Esprit, 4-cyl., 96" wb

	6	5	4	3	2	1
S2.2 2-dr Cpe	850	2650	4450	8900	15700	22300
S3 2-dr Cpe	1150	3600	5950	11900	21000	29700
2-dr Cpe Turbo	1200	3800	6350	12700	22400	31700

1983-1985

Esprit, 4-cyl., 96" wb

	6	5	4	3	2	1
S2.2 2-dr Cpe	850	2650	4500	9000	15900	22500
S3 2-dr Cpe	1200	3850	6400	12800	22550	32000
2-dr Cpe Turbo	1400	4300	7150	14300	25200	35700

1986-1989

Esprit, 4-cyl., 96" wb

	6	5	4	3	2	1
S3 2-dr Cpe	1400	4350	7250	14500	25500	36200
2-dr Cpe Turbo	1600	4850	8100	16200	28500	40500

1988 model add 20% for Anniversary edition Esprit Turbo

1990-1991

Esprit, 4-cyl., 96" wb

	6	5	4	3	2	1
2-dr SE Turbo Cpe	1800	5300	8950	17900	31500	44700

Elan, 4-cyl., 88.6" wb

	6	5	4	3	2	1
2-dr Rdstr	1400	4350	7250	14500	25500	36200

MASERATI
1960 – 1991

1969 Maserati Ghibili

	6	5	4	3	2	1
1957-1961						
3500 GT, 6-cyl., 102.3" wb, 3485cc (Discontinued after 1960)						
2-dr Cpe	2000	5900	9950	19900	35000	49700
3500 GT Spider, 6-cyl., 98.4" wb, 3485cc						
2-dr Rdstr	6500	19300	32500	65000	114100	162300
		Frua body add 20%		*Zagato body add 25%*		
1962						
3500 GTI, 6-cyl., 102.3" wb, 3485cc						
2-dr Cpe (2+2)	2000	5900	9950	19900	35000	49700
3500 GTI, 6-cyl., 98.4" wb, 3485cc						
Spider 2-dr Rdstr	6500	19300	32500	65000	114100	162300
Sebring, 6-cyl., 98.4" wb, 3485cc						
2-dr Cpe (2+2)	2200	6500	10950	21900	38500	54700
1963						
3500 GTI, 6-cyl., 102.3" wb, 3485cc						
2-dr Cpe (2+2)	2000	5900	9950	19900	35000	49700
Spider 2-dr Conv	6500	19300	32500	65000	114100	162300
Sebring, 6-cyl., 102.3" wb, Early 3485cc, Later 3694cc						
2-dr Cpe 2+2	2200	6500	10950	21900	38500	54700
Quattroporte, 8-cyl., 108.3" wb, 4136cc						
4-dr Sdn	850	2650	4450	8900	15700	22300

	6	5	4	3	2	1

1964

3500 GTI, 6-cyl., 102.3" wb, 3485cc

	6	5	4	3	2	1
2-dr Cpe (2+2)	2000	5900	9950	19900	35000	49700
Spider 2-dr Conv	6500	19300	32500	65000	114100	162300

Mistral, 6-cyl., 94.5" wb, 3694cc

	6	5	4	3	2	1
2-dr Cpe	2150	6200	10500	21000	36900	52400
Spider 2-dr Conv	6000	17800	30000	60000	105400	149800

Sebring, 6-cyl., 102.3" wb, Early 3485cc, Later 3694cc

	6	5	4	3	2	1
2-dr Cpe 2+2	2200	6500	10950	21900	38500	54700

Quattroporte, 8-cyl., 108.3" wb, 4136cc

	6	5	4	3	2	1
4-dr Sdn	850	2650	4450	8900	15700	22300

1965

Sebring II, 6-cyl., 102.3" wb, 3694cc

	6	5	4	3	2	1
2-dr Cpe (2+2)	2300	6800	11450	22900	40200	57200

Mistral, 6-cyl., 94.5" wb, 3694cc

	6	5	4	3	2	1
2-dr Cpe	2150	6200	10500	21000	36900	52400
Spider 2-dr Conv	6000	17800	30000	60000	105400	149800

Mexico, 8-cyl., 103.9" wb, 4136cc

	6	5	4	3	2	1
2-dr Cpe	1450	4450	7450	14900	26200	37200

Quattroporte, 8-cyl., 108.3" wb, 4136cc

	6	5	4	3	2	1
4200 4-dr Sdn	850	2650	4450	8900	15700	22300

1966

Mistral, 6-cyl., 94.5" wb, 3694cc

	6	5	4	3	2	1
2-dr Cpe	2150	6200	10500	21000	36900	52400
Spider 2-dr Conv	6000	17800	30000	60000	105400	149800

Mexico, 8-cyl., 103.9" wb, 4136cc

	6	5	4	3	2	1
2-dr Cpe	1450	4450	7450	14900	26200	37200

1967-1968

Mistral, 6-cyl., 94.5" wb, 3694cc

	6	5	4	3	2	1
2-dr Cpe	2150	6200	10500	21000	36900	52400
Spider 2-dr Conv	6000	17800	30000	60000	105400	149800

Ghibli, 8-cyl., 100.4" wb, 4719cc

	6	5	4	3	2	1
2-dr Cpe	2600	7700	13000	26000	45650	65000

Mexico, 8-cyl., 103.9" wb, 4719cc

	6	5	4	3	2	1
2-dr Cpe	1450	4450	7450	14900	26200	37200

1969-1970

Mistral, 6-cyl., 94.5" wb, 3694cc

	6	5	4	3	2	1
2-dr Cpe	2150	6200	10500	21000	36900	52400
Spider 2-dr Conv	6000	17800	30000	60000	105400	149800

Ghibli, 8-cyl., 100.4" wb, 4719cc

	6	5	4	3	2	1
2-dr Cpe	2600	7700	13000	26000	45650	65000
Spider 2-dr Conv	6500	19300	32500	65000	114100	162300

Indy, 8-cyl., 102.5" wb, 4136cc

	6	5	4	3	2	1
2-dr Cpe (2+2)	1600	4750	7950	15900	28000	39700

1971

Bora, 8-cyl., 102.3" wb, 4719cc

	6	5	4	3	2	1
2-dr Cpe	2800	8300	13950	27900	49000	69600

Ghibli, 8-cyl., 100.4" wb, 4930cc

	6	5	4	3	2	1
2-dr Cpe	2600	7700	13000	26000	45650	65000
Spider 2-dr Conv	6500	19300	32500	65000	114100	162300

Indy, 8-cyl., 102.5" wb, 4136cc

	6	5	4	3	2	1
2-dr Cpe (2+2)	1600	4750	7950	15900	28000	39700

	6	5	4	3	2	1
1972-1973						
Merak, 6-cyl., 102.3" wb, 2965cc						
2-dr Cpe	1350	4150	6950	13900	24500	34700
Bora, 8-cyl., 102.3" wb, 4719cc						
2-dr Cpe	2800	8300	13950	27900	49000	69600
Ghibli, 8-cyl., 100.4" wb, 4930cc						
2-dr Cpe	2600	7700	13000	26000	45650	65000
Spider 2-dr Conv	6500	19300	32500	65000	114100	162300
Indy, 8-cyl., 102.5" wb, 4136cc						
2-dr Cpe (2+2)	1600	4750	7950	15900	28000	39700
1974						
Merak, 6-cyl., 102.3" wb, 2965cc						
2-dr Cpe	1350	4150	6950	13900	24500	34700
Bora, 8-cyl., 102.3" wb, 4930cc						
2-dr Cpe	2800	8300	13950	27900	49000	69600
Indy, 8-cyl., 102.5" wb, 4930cc						
2-dr Cpe	1600	4750	7950	15900	28000	39700
Khamsin, 8-cyl., 100.3" wb, 4930cc						
2-dr Cpe	2000	5900	9950	19900	35000	49700
1975-1976						
Merak, 6-cyl., 102.3" wb, 2965cc						
2-dr Cpe	1350	4150	6950	13900	24500	34700
Bora, 8-cyl., 102.3" wb, 4930cc						
2-dr Cpe	2800	8300	13950	27900	49000	69600
Khamsin, 8-cyl., 100.3" wb, 4930cc						
2-dr Cpe	2000	5900	9950	19900	35000	49700
1977-1978						
Merak SS, 102.3" wb, 2965cc						
2-dr Cpe (2+2)	1700	5050	8450	16900	29700	42200
Bora, 8-cyl., 102.3" wb, 4930cc						
2-dr Cpe	2800	8300	13950	27900	49000	69600
Khamsin, 8-cyl., 100.3" wb, 4930cc						
2-dr Cpe (2+2)	2000	5900	9950	19900	35000	49700
Kyalami, 8-cyl., 102.4" wb, 4930cc						
2-dr Cpe (2+2)	2200	6500	10950	21900	38500	54700
1979						
Merak SS, 102.3" wb, 2965cc						
2-dr Cpe (2+2)	1700	5050	8450	16900	29700	42200
Khamsin, 8-cyl., 100.3" wb, 4930cc						
2-dr Cpe (2+2)	2000	5900	9950	19900	35000	49700
Kyalami, 8-cyl., 102.4" wb, 4930cc						
2-dr Cpe (2+2)	2200	6500	10950	21900	38500	54700
1980-1981						
Khamsin, 8-cyl., 100.3" wb, 4930cc						
2-dr Cpe (2+2)	2000	5900	9950	19900	35000	49700
Kyalami, 8-cyl., 102.4" wb, 4930cc						
2-dr Cpe (2+2)	2200	6500	10950	21900	38500	54700
Quattroporte, 8-cyl., 110.2" wb, 4930cc						
4-dr Sdn	800	2500	4200	8400	14800	20900
1982-1983						
Quattroporte, 8-cyl., 110.2" wb, 4930cc						
4-dr Sdn	850	2550	4300	8600	15100	21500

	6	5	4	3	2	1

1984-1985

Biturbo, 6-cyl., 99" wb, 1996cc

2-dr Cpe	500	1300	2250	4500	7700	11000

Quattroporte, 8-cyl., 110.2" wb, 4930cc

4-dr Sdn	850	2700	4550	9100	16000	22700

1986

Biturbo, 6-cyl., 99" wb, 1996cc

2-dr Cpe	500	1350	2350	4700	8100	11500

Biturbo, 6-cyl., 94.5" wb, 2491cc

Spider 2-dr Conv	700	2000	3450	6900	11900	17200
425 4-dr Sdn	450	1250	2100	4200	7200	10500

Quattroporte, 8-cyl., 110.2" wb, 4930cc

4-dr Sdn	900	2850	4750	9500	16700	23700

1987

Biturbo, 6-cyl., 99" wb, 1996cc

2-dr Cpe	550	1400	2400	4800	8300	11800

Biturbo, 6-cyl., 94.5" wb, 2491cc

Spider 2-dr Conv	750	2100	3550	7100	12300	17700
425 4-dr Sdn	500	1300	2250	4500	7700	11000

1989-1990

228, V-6, 2790 cc., 102.4" wb

2-dr Cpe	1350	4200	7000	14000	24650	34900

430, V-6, 2790 cc, 102.4" wb

4-dr Sdn	1150	3600	6000	12000	21150	30000

Spyder by Zagato, V-6, 2790 cc, 94.5" wb

2-dr Conv	1400	4350	7250	14500	25500	36200

1991

Spyder by Zagato, V-6, 2790 cc, 94.5" wb

2-dr Conv	1450	4450	7450	14900	26200	37200

MAZDA
1971 – 1991

1990 Mazda MX-5 Miata

	6	5	4	3	2	1

1971

Conventional Engine
1200, 4-cyl., 88.9" wb, 1169cc

	6	5	4	3	2	1
2-dr Sdn	250	500	750	1500	2600	3600
2-dr Cpe	300	550	800	1600	2800	3900
2-dr Sta Wgn	300	550	800	1600	2800	3900

616, 4-cyl., 97" wb, 1587cc

	6	5	4	3	2	1
2-dr Cpe	300	600	850	1700	2900	4100
4-dr Sdn	300	550	800	1600	2800	3900

1800, 4-cyl., 98.4" wb, 1769cc

	6	5	4	3	2	1
4-dr Sdn	300	550	800	1600	2800	3900
4-dr Sta Wgn	300	600	850	1700	2900	4100

Wankel Rotary Engine
R100, 89.9" wb, 1146cc

	6	5	4	3	2	1
2-dr Spt Cpe 2 + 2	300	700	1200	2400	4100	5900

RX-2, 97" wb, 1146cc

	6	5	4	3	2	1
2-dr Cpe	300	550	800	1600	2800	3900
4-dr Sdn	250	500	750	1500	2600	3600

1972

Conventional Engine
808, 4-cyl., 91" wb, 1587cc

	6	5	4	3	2	1
2-dr Cpe	250	500	750	1500	2600	3600
4-dr Sdn	250	500	750	1400	2400	3400
4-dr Sta Wgn	250	500	750	1500	2600	3600

	6	5	4	3	2	1
618, 4-cyl., 97" wb, 1796cc						
2-dr Cpe	250	500	750	1500	2600	3600
4-dr Sdn	250	500	750	1400	2400	3400
Wankel Rotary Engine						
R100, 89.9" wb, 1146cc						
2-dr Cpe 2 + 2	300	700	1200	2400	4100	5900
RX2, 97" wb						
2-dr Cpe	300	550	800	1600	2800	3900
4-dr Sdn	250	500	750	1500	2600	3600
RX-3, 91" wb, 1146cc						
2-dr Cpe	300	550	800	1600	2800	3900
4-dr Sdn	250	500	750	1500	2600	3600
4-dr Sta Wgn	250	500	750	1500	2600	3600

1973

	6	5	4	3	2	1
Conventional Engine						
808, 4-cyl., 91" wb, 1587cc						
2-dr Cpe	250	500	750	1500	2600	3600
4-dr Sdn	250	500	750	1400	2400	3400
4-dr Sta Wgn	250	500	750	1500	2600	3600
Wankel Rotary Engine						
RX-2, 97" wb, 1146c						
2-dr Cpe	300	550	800	1600	2800	3900
4-dr Sdn	250	500	750	1500	2600	3600
RX-3, 91" wb, 1146cc						
2-dr Cpe	300	550	800	1600	2800	3900
4-dr Sdn	250	500	750	1500	2600	36000
RX-3, 91" wb, 1146cc						
4-dr Sta Wgn	250	500	750	1500	2600	3600

1974

	6	5	4	3	2	1
Conventional Engine						
808, 4-cyl., 91" wb, 1587cc						
2-dr Cpe	300	550	800	1600	2800	3900
4-dr Sdn	250	500	750	1500	2600	3600
4-dr Sta Wgn	300	550	800	1600	2800	3900
Wankel Rotary Engine						
RX-2, 97" wb, 1146cc						
2-dr Cpe	300	550	800	1600	2800	3900
4-dr Sdn	250	500	750	1500	2600	3600
RX-3, 91" wb, 1146cc						
2-dr Cpe	300	550	800	1600	2800	3900
4-dr Sta Wgn	250	500	750	1500	2600	3600
RX-4, 99" wb, 1308cc						
2-dr Hdtp Cpe	300	600	850	1700	2900	4100
4-dr Sdn	250	500	750	1500	2600	3600
4-dr Sta Wgn	250	500	750	1500	2600	3600

1975

	6	5	4	3	2	1
Conventional Engine						
808, 4-cyl., 91" wb, 1587cc						
2-dr Cpe	300	550	800	1600	2800	3900
4-dr Sdn	250	500	750	1500	2600	3600
4-dr Sta Wgn	300	550	800	1600	2800	3900

	6	5	4	3	2	1
Wankel Rotary Engine						
RX-3, 91" wb, 1146cc						
2-dr Cpe	300	550	800	1600	2800	3900
4-dr Sta Wgn	250	500	750	1500	2600	3600
RX-4, 99" wb, 1308cc						
2-dr Hdtp Cpe	300	600	850	1700	2900	4100
4-dr Sdn	250	500	750	1500	2600	3600
4-dr Sta Wgn	250	500	750	1500	2600	3600

1976

	6	5	4	3	2	1
Conventional Engine						
Mizer 808-1300, 4-cyl., 91" wb, 1272cc						
2-dr Cpe	300	550	800	1600	2800	3900
4-dr Sdn	250	500	750	1500	2600	3600
4-dr Sta Wgn	300	550	800	1600	2800	3900
808-1600, 4-cyl., 91" wb, 1587cc						
2-dr Cpe	300	600	850	1700	2900	4100
4-dr Sdn	300	550	800	1600	2800	3900
4-dr Sta Wgn	300	600	850	1700	2900	4100
Wankel Rotary Engine						
RX-3, 91" wb, 1146cc						
2-dr Cpe	300	550	800	1600	2800	3900
4-dr Sta Wgn	250	500	750	1500	2600	3600
RX-4, 99" wb, 1308cc						
2-dr Hdtp Cpe	300	600	850	1700	2900	4100
4-dr Sdn	250	500	750	1500	2600	3600
4-dr Sta Wgn	250	500	750	1500	2600	3600
Cosmo						
2-dr Hdtp Cpe	300	700	1200	2400	4100	5900

1977

	6	5	4	3	2	1
Mizer, 4-cyl., 1272cc						
2-dr Cpe	300	550	800	1600	2800	3900
4-dr Sdn	250	500	750	1500	2600	3600
4-dr Sta Wgn	300	550	800	1600	2800	3900
GLC, 4-cyl., 91.1" wb, 1272cc						
2-dr Htchbk	150	300	450	900	1800	2600
2-dr Dlx Htchbk	200	350	500	1000	1900	2700
808, 4-cyl., 91" wb, 1587cc						
2-dr Cpe	300	600	850	1700	2900	4100
4-dr Sdn	300	550	800	1600	2800	3900
4-dr Sta Wgn	300	600	850	1700	2900	4100
Wankel Rotary Engine						
RX-3SP, 91" wb, 1146cc						
2-dr Cpe	300	600	850	1700	2900	4100
RX-4, 99" wb, 1308cc						
4-dr Sdn	250	500	750	1500	2600	3600
4-dr Sta Wgn	250	500	750	1500	2600	3600
Cosmo						
2-dr Hdtp Cpe	300	750	1250	2500	4400	6200

1978

	6	5	4	3	2	1
GLC, 4-cyl., 91.1" wb, 1272cc						
3-dr Htchbk	150	300	450	900	1800	2600
3-dr Dlx Htchbk	200	350	500	1000	1900	2700
3-dr Spt Htchbk	200	400	550	1100	2000	2900
5-dr Dlx Htchbk	200	400	550	1100	2000	2900

	6	5	4	3	2	1
Wankel Rotary Engine						
RX-3SP, 91" wb, 1146cc						
2-dr Cpe	300	600	850	1700	2900	4100
RX-4, 99" wb, 1308cc						
4-dr Sdn	250	500	750	1500	2600	3600
4-dr Sta Wgn	250	500	750	1500	2600	3600
Cosmo						
2-dr Cpe	300	800	1300	2600	4600	6600

1979

	6	5	4	3	2	1
GLC, 4-cyl., 91" wb, 1415cc						
3-dr Htchbk	150	300	450	900	1800	2600
3-dr Dlx Htchbk	200	350	500	1000	1900	2700
3-dr Spt Htchbk	200	400	550	1100	2000	2900
5-dr Dlx Htchbk	200	400	550	1100	2000	2900
5-dr Sta Wgn	200	400	550	1100	2000	2900
5-dr Dlx Sta Wgn	200	400	550	1100	2000	2900
626, 4-cyl., 98.8" wb, 1970cc						
2-dr Spt Cpe	200	450	650	1300	2200	3200
4-dr Spt Sdn	200	450	650	1300	2200	3200
Wankel Rotary Engine						
RX-7, 95.3" wb, 1146cc						
2-dr S Cpe	250	500	750	1500	2600	3600
2-dr GS Cpe	250	500	750	1400	2400	3400

1980

	6	5	4	3	2	1
GLC, 4-cyl., 91" wb, 1415cc						
3-dr Htchbk	200	350	500	1000	1900	2700
3-dr Custom Htchbk	200	350	500	1000	1900	2700
3-dr Spt Htchbk	200	400	550	1100	2000	2900
5-dr Custom Htchbk	200	400	550	1100	2000	2900
5-dr Custom Sta Wgn	200	400	550	1100	2000	2900
626, 4-cyl., 98.8" wb, 1970cc						
2-dr Spt Cpe	200	450	650	1300	2200	3200
4-dr Spt Sdn	200	450	650	1300	2200	3200
Wankel Rotary Engine						
RX-7, 95.3" wb, 1146cc						
2-dr S Cpe	250	500	750	1500	2600	3600
2-dr GS Cpe	250	500	750	1400	2400	3400

1981

	6	5	4	3	2	1
GLC, 4-cyl., 93.1" wb, 1490cc						
3-dr Htchbk	200	350	500	1000	1900	2700
3-dr Custom Htchbk	200	350	500	1000	1900	2700
3-dr Custom L Htchbk	200	400	550	1100	2000	2900
3-dr Spt Htchbk	200	400	550	1100	2000	2900
5-dr Custom Htchbk	200	400	550	1100	2000	2900
4-dr Custom Sdn	200	400	550	1100	2000	2900
4-dr Custom L Sdn	200	400	550	1100	2000	2900
GLC, 4-cyl., 91" wb, 1490cc						
5-dr Sta Wgn	200	400	600	1200	2100	3000
626, 4-cyl., 98.8" wb, 1970cc						
2-dr Spt Cpe	250	500	750	1400	2400	3400
4-dr Spt Sdn	250	500	750	1400	2400	3400
2-dr Luxury Spt Cpe	250	500	750	1500	2600	3600
4-dr Luxury Spt Sdn	250	500	750	1500	2600	3600

	6	5	4	3	2	1
Wankel Rotary Engine						
RX-7, 95.3" wb, 1146cc						
2-dr S Cpe	250	500	750	1500	2600	3600
2-dr GS Cpe	250	500	750	1400	2400	3400
2-dr GSL Cpe	250	500	750	1500	2600	3600

1982

	6	5	4	3	2	1
GLC, 4-cyl., 93.1" wb, 1490cc						
3-dr Htchbk	200	350	500	1000	1900	2700
3-dr Custom Htchbk	200	350	500	1000	1900	2700
4-dr Custom Sdn	200	400	550	1100	2000	2900
3-dr Custom L Htchbk	200	400	550	1100	2000	2900
4-dr Custom L Sdn	200	400	550	1100	2000	2900
2-dr Spt Htchbk	200	400	550	1100	2000	2900
GLC, 4-cyl., 91" wb, 1490cc						
5-dr Custom Sta Wgn	200	400	550	1100	2000	2900
626, 4-cyl., 98.8" wb, 1970cc						
2-dr Spt Cpe	250	500	750	1400	2400	3400
4-dr Spt Sdn	250	500	750	1500	2600	3600
2-dr Luxury Spt Cpe	300	550	800	1600	2800	3900
4-dr Luxury Spt Sdn	300	550	800	1600	2800	3900
Wankel Rotary Engine						
RX-7, 95.3" wb, 1146cc						
2-dr S Cpe	250	500	750	1500	2600	3600
2-dr GS Cpe	250	500	750	1400	2400	3400
2-dr GSL Cpe	250	500	750	1500	2600	3600

1983

	6	5	4	3	2	1
GLC, 4-cyl., 93.1" wb, 1490cc						
3-dr Htchbk	200	350	500	1000	1900	2700
3-dr Custom Htchbk	200	350	500	1000	1900	2700
4-dr Custom Sdn	200	400	550	1100	2000	2900
3-dr Custom L Htchbk	200	400	550	1100	2000	2900
4-dr Custom L Sdn	200	400	550	1100	2000	2900
2-dr Spt Htchbk	200	400	600	1200	2100	3000
4-dr Sdn Spt	200	400	550	1100	2000	2900
5-dr Custom Sta Wgn	200	400	550	1100	2000	2900
626, 4-cyl., 98.8" wb, 1998cc						
2-dr Dlx Sdn	250	500	750	1500	2600	3600
4-dr Dlx Sdn	300	550	800	1600	2800	3900
2-dr Luxury Sdn	300	600	850	1700	2900	4100
4-dr Luxury Sdn	300	600	850	1700	2900	4100
5-dr Luxury Touring Sdn	300	600	850	1700	2900	4100
Wankel Rotary Engine						
RX-7, 95.3" wb, 1146cc						
2-dr S Cpe	250	500	750	1500	2600	3600
2-dr GS Cpe	250	500	750	1400	2400	3400
2-dr GSL Cpe	250	500	750	1500	2600	3600
2-dr GS Limited Cpe	250	500	750	1500	2600	3600

1984

	6	5	4	3	2	1
GLC, 4-cyl., 93.1" wb, 1490cc						
3-dr Htchbk	200	350	500	1000	1900	2700
3-dr Dlx Htchbk	200	350	500	1000	1900	2700
4-dr Dlx Sdn	200	400	550	1100	2000	2900
3-dr Luxury Htchbk	200	400	550	1100	2000	2900
4-dr Luxury Sdn	200	400	550	1100	2000	2900

	6	5	4	3	2	1

626, 4-cyl., 98.8" wb, 1998cc

	6	5	4	3	2	1
2-dr Dlx Sdn	300	550	800	1600	2800	3900
4-dr Dlx Sdn	300	600	850	1700	2900	4100
2-dr Luxury Sdn	300	600	900	1800	3100	4400
4-dr Luxury Sdn	300	600	900	1800	3100	4400
4-dr Luxury Touring Sdn	300	600	900	1800	3100	4400

Wankel Rotary Engine
RX-7, 95.3" wb, 1146cc

	6	5	4	3	2	1
2-dr S Cpe	250	500	750	1500	2600	3600
2-dr GS Cpe	250	500	750	1400	2400	3400
2-dr GSL Cpe	250	500	750	1500	2600	3600

RX-7, 95.3" wb, 1308cc

	6	5	4	3	2	1
2-dr GSL-SE Cpe	300	600	850	1700	2900	4100

1985

GLC, 4-cyl., 93.1" wb, 1490cc

	6	5	4	3	2	1
3-dr Htchbk	200	350	500	1000	1900	2700
3-dr Dlx Htchbk	200	350	500	1000	1900	2700
4-dr Dlx Sdn	200	400	550	1100	2000	2900
3-dr Luxury Htchbk	200	400	550	1100	2000	2900
4-dr Luxury Sdn	200	400	550	1100	2000	2900

626, 4-cyl., 98.8" wb, 1998cc

	6	5	4	3	2	1
2-dr Dlx Cpe	300	600	850	1700	2900	4100
4-dr Dlx Sdn	300	600	900	1800	3100	4400
2-dr Luxury Cpe	300	600	950	1900	3200	4600
4-dr Luxury Sdn	300	600	950	1900	3200	4600
4-dr Luxury Touring Sdn	300	650	1000	2000	3500	4900

Wankel Rotary Engine
RX-7, 95.3" wb, 1146cc

	6	5	4	3	2	1
2-dr S Cpe	300	550	800	1600	2800	3900
2-dr GS Cpe	250	500	750	1500	2600	3600
2-dr GSL Cpe	300	550	800	1600	2800	3900

RX-7, 95.3" wb, 1308cc

	6	5	4	3	2	1
2-dr GSL-SE Cpe	300	600	850	1700	2900	4100

1986

323, 4-cyl., 93.1" wb, 1490cc

	6	5	4	3	2	1
3-dr Htchbk	200	450	650	1300	2200	3200
3-dr Dlx Htchbk	250	500	750	1500	2600	3600
4-dr Dlx Sdn	250	500	750	1500	2600	3600
3-dr Luxury Htchbk	250	500	750	1500	2600	3600
4-dr Luxury Sdn	300	600	850	1700	2900	4100

626, 4-cyl., 98.8" wb, 1998cc

	6	5	4	3	2	1
2-dr Dlx Cpe	300	650	1000	2000	3500	4900
4-dr Dlx Sdn	300	650	1100	2100	3600	5100
2-dr Luxury Cpe	300	650	1100	2200	3800	5400
4-dr Luxury Sdn	300	650	1150	2300	3900	5700
5-dr Luxury Touring Htchbk	300	650	1150	2300	3900	5700
4-dr GT Turbo Sdn	300	700	1200	2400	4100	5900
2-dr GT Turbo Cpe	300	650	1150	2300	3900	5700
5-dr GT Turbo Touring Htchbk	300	700	1200	2400	4100	5900

Wankel Rotary Engine
RX-7, 95.7" wb, 1146cc

	6	5	4	3	2	1
2-dr Cpe	300	750	1250	2500	4400	6200
2-dr GXL Cpe	350	900	1500	3000	5300	7600

	6	5	4	3	2	1

1987

323, 4-cyl., 93.1" wb, 1490cc

	6	5	4	3	2	1
3-dr Htchbk	250	500	750	1400	2400	3400
3-dr Dlx Htchbk	300	600	850	1700	2900	4100
3-dr SE Htchbk	300	550	800	1600	2800	3900
4-dr Dlx Sdn	300	600	850	1700	2900	4100
4-dr Luxury Sdn	300	600	950	1900	3200	4600
5-dr Dlx Wgn	300	600	900	1800	3100	4400

626, 4-cyl., 98.8" wb, 1998cc

	6	5	4	3	2	1
2-dr Dlx Cpe	300	700	1200	2400	4100	5900
4-dr Dlx Sdn	300	700	1200	2400	4100	5900
2-dr Luxury Cpe	300	750	1250	2500	4400	6200
4-dr Luxury Sdn	300	800	1300	2600	4600	6600
5-dr Luxury Touring Htchbk	300	800	1300	2600	4600	6600
4-dr GT Sdn	300	800	1350	2700	4700	6900
2-dr GT Cpe	300	800	1350	2700	4700	6900
5-dr GT Touring Htchbk	350	850	1400	2800	4900	7100

Wankel Rotary Engine
RX-7, 95.7" wb, 1.3 liter

	6	5	4	3	2	1
2-dr Cpe	350	850	1400	2800	4900	7100
2-dr Luxury Cpe	350	1000	1600	3200	5700	8100
2-dr SE Cpe	350	1000	1600	3200	5700	8100
2-dr Spt Cpe	350	1000	1600	3200	5700	8100
2-dr GXL Cpe	400	1050	1700	3400	5900	8500
2-dr Turbo Cpe	400	1150	1850	3700	6400	9300

1988

323, 4-cyl., 93.1" wb, 1490cc

	6	5	4	3	2	1
3-dr Htchbk	250	500	750	1500	2600	3600
3-dr SE Htchbk	300	600	900	1800	3100	4400
3-dr GTX Htchbk	400	1050	1700	3300	5800	8300
4-dr Sdn	300	600	950	1900	3200	4600
4-dr SE Sdn	300	650	1000	2000	3500	4900
4-dr LX Sdn	300	650	1100	2200	3800	5400
4-dr GT Sdn	300	800	1300	2600	4600	6600
5-dr Sta Wgn	300	650	1000	2000	3500	4900

626, 4-cyl., 98.8" wb, 1998cc

	6	5	4	3	2	1
4-dr DX Sdn	350	850	1400	2800	4900	7100
4-dr LX Sdn	350	900	1500	2900	5200	7400
5-dr LX Touring Sdn	350	900	1500	3000	5300	7600
4-dr Turbo Sdn	350	950	1550	3100	5500	7900
4-dr 4WS Turbo Sdn	400	1200	1950	3900	6800	9900
5-dr Turbo Touring Sdn	350	1000	1600	3200	5700	8100

MX-6, 4-cyl.

	6	5	4	3	2	1
2-dr DX Cpe	300	800	1350	2700	4700	6900
2-dr LX Cpe	350	850	1400	2800	4900	7100
2-dr GT Cpe	350	900	1500	3000	5300	7600

929, 6-cyl.

	6	5	4	3	2	1
4-dr Sdn	400	1200	1950	3900	6800	9900

Wankel Rotary Engine
RX-7

	6	5	4	3	2	1
2-dr SE Cpe	400	1100	1800	3600	6200	9100
2-dr GTU Cpe	400	1100	1800	3600	6200	9100
2-dr GXL Cpe	400	1200	1900	3800	6600	9600
2-dr Conv	650	1700	3000	5900	10200	14700

RX-7 Turbo

	6	5	4	3	2	1
2-dr Cpe	450	1250	2100	4200	7200	10500
2-dr 10th Annv Cpe	500	1300	2250	4500	7700	11000

	6	5	4	3	2	1

1989

323, 4-cyl., 93.1" wb, 1490cc
	6	5	4	3	2	1
3-dr Htchbk	300	600	850	1700	2900	4100
3-dr SE Htchbk	300	650	1000	2000	3500	4900
3-dr GTX Htchbk	400	1100	1800	3600	6200	9100
4-dr SE Sdn	300	650	1150	2200	3800	5400
4-dr LX Sdn	300	750	1250	2500	4400	6200

626, 4-cyl., 98.8" wb, 1998cc
	6	5	4	3	2	1
4-dr DX Sdn	350	1000	1600	3200	5700	8100
4-dr LX Sdn	400	1050	1700	3400	5900	8500
5-dr LX Touring Sdn	400	1050	1700	3400	5900	8500
5-dr Turbo Touring Sdn	400	1100	1800	3600	6200	9100

MX-6, 4-cyl., 99.0" wb, 2.2 liter
	6	5	4	3	2	1
2-dr DX Cpe	350	950	1550	3100	5500	7900
2-dr LX Cpe	400	1050	1700	3300	5800	8300
2-dr GT Turbo Cpe	400	1100	1800	3500	6100	8900
2-dr 4WS GT Turbo Cpe	400	1100	1800	3600	6200	9100

929, 6-cyl., 106.7" wb, 3.0 liter
	6	5	4	3	2	1
4-dr Sdn	450	1250	2200	4400	7600	10900

Wankel Rotary Engine
RX-7, 95.3" wb, 1.3 liter
	6	5	4	3	2	1
2-dr GTU Cpe	450	1250	2050	4100	7100	10300
2-dr GXL Cpe	450	1250	2150	4300	7400	10700
2-dr Turbo Cpe	550	1400	2400	4800	8300	11800
2-dr Conv	700	1900	3350	6700	11500	16500

1990

323, 4-cyl., 96.5" wb, 1.6 liter
	6	5	4	3	2	1
3-dr Htchbk	300	650	1150	2300	3900	5700
3-dr SE Htchbk	300	800	1300	2600	4600	6600

Protege, 4-cyl., 98.4" wb, 1.8 liter
	6	5	4	3	2	1
4-dr SE Sdn	350	900	1500	3000	5300	7600
4-dr LX Sdn	350	1000	1600	3200	5700	8100
4-dr 4WD Sdn	400	1150	1850	3700	6400	9300

626, 4-cyl., 101.4" wb, 2.2 liter
	6	5	4	3	2	1
4-dr DX Sdn	450	1250	2050	4100	7100	10300
4-dr LX Sdn	450	1250	2100	4200	7200	10500
5-dr LX Touring Sdn	450	1250	2150	4300	7400	10700

626, 4-cyl. Turbo, 101.4" wb, 2.2 liter
	6	5	4	3	2	1
5-dr GT Touring Sdn	500	1300	2250	4500	7700	11000

MX-5 Miata, 4-cyl., 89.2" wb, 1.6 liter
	6	5	4	3	2	1
2-dr Conv	500	1350	2300	4600	8000	11300

MX-6, 4-cyl., 99" wb. 2.0 liter
	6	5	4	3	2	1
2-dr DX Cpe	400	1200	2000	4000	6900	10000
2-dr LX Cpe	450	1250	2100	4200	7200	10500
2-dr GT Turbo Cpe	500	1300	2250	4500	7700	11000
2-dr 4WS GT Turbo Cpe	500	1300	2250	4500	7700	11000

929, 6-cyl., 106.7" wb, 3.0 liter
	6	5	4	3	2	1
4-dr Sdn	550	1500	2500	5000	8700	12300
4-dr S Sdn	550	1550	2650	5300	9100	13000

Wankel Rotary Engine
RX-7, 95.7" wb, 1.3 liter
	6	5	4	3	2	1
2-dr GTU Cpe	550	1400	2400	4800	8300	11800
2-dr Conv	750	2300	3850	7700	13300	19200
2-dr GXL Cpe	550	1500	2500	5000	8700	12300
2-dr Turbo Cpe	600	1600	2750	5500	9500	13800

	6	5	4	3	2	1

1991

323, 4-cyl., 96.5" wb, 1.6 liter

	6	5	4	3	2	1
3-dr Htchbk	300	800	1350	2700	4700	6900
3-dr SE Htchbk	350	900	1500	3000	5300	7600

Protege, 4-cyl., 98.4" wb, 1.8 liter

4-dr DX Sdn	400	1050	1700	3400	5900	8500
4-dr LX Sdn	400	1150	1850	3700	6400	9300
4-dr 4WD Sdn	450	1250	2100	4200	7200	10500

626, 4-cyl., 101.4" wb, 2.2 liter

4-dr DX Sdn	500	1350	2350	4700	8100	11500
4-dr LX Sdn	550	1450	2450	4900	8500	12000
5-dr LX Touring Sdn	550	1450	2450	4900	8500	12000
4-dr LE Sedan	600	1600	2750	5500	9500	13800

626, 4-cyl. Turbo, 101.4" wb, 2.2 liter

5-dr GT Touring Sdn	550	1550	2600	5200	9000	12800

MX-5 Miata, 4-cyl., 89.2" wb, 1.6 liter

2-dr Conv	600	1600	2700	5400	9300	13500
2-dr SE Conv	650	1750	3100	6200	10700	15400

MX-6, 4-cyl., 99" wb. 2.0 liter

2-dr DX Cpe	500	1350	2300	4600	8000	11300
2-dr LX Cpe	550	1450	2450	4900	8500	12000
2-dr LE Cpe	500	1350	2350	4700	8100	11500
2-dr GT Turbo Cpe	550	1550	2600	5200	9000	12800

929, 6-cyl., 106.7" wb, 3.0 liter

4-dr Sdn	600	1650	2900	5800	10000	14500
4-dr S Sdn	650	1700	3000	6000	10400	14900

Wankel Rotary Engine

RX-7, 95.7" wb, 1.3 liter

2-dr Cpe	600	1600	2750	5500	9500	13800
2-dr Conv	850	2600	4400	8800	15500	21900
2-dr Turbo Cpe	700	1850	3300	6600	11300	16300

MERCEDES-BENZ
1946 – 1991

1963 Mercedes-Benz 230 SL

	6	5	4	3	2	1
1946-1948						
170V/170S Series, 4-cyl., 112" wb						
170V 4-dr Sdn	850	2650	4500	9000	15900	22500
170Va 4-dr Sdn	900	2750	4600	9200	16200	22900
170D 4-dr Sdn (Diesel)	850	2550	4300	8600	15100	21500
1949-1950						
170V/170S Series, 4-cyl., 112" wb						
170V 4-dr Sdn	850	2650	4500	9000	15900	22500
170Va 4-dr Sdn	900	2750	4600	9200	16200	22900
170S 4-dr Sdn	900	2800	4700	9400	16500	23400
170D 4-dr Sdn (Diesel)	850	2550	4300	8600	15100	21500
1951						
170 Series (Gasoline), 4-cyl., 112" wb						
170Va 4-dr Sdn	900	2750	4600	9200	16200	22900
170Vb 4-dr Sdn	900	2800	4700	9400	16500	23400
170S 4-dr Sdn	900	2800	4700	9400	16500	23400
170S-V 4-dr Sdn	1000	3100	5200	10400	18400	26000
170D Series (Diesel), 4-cyl., 112" wb						
170Da 4-dr Sdn	800	2500	4200	8400	14800	20900
170Db 4-dr Sdn	850	2550	4300	8600	15100	21500
180 Series, 4-cyl., 104.3" wb						
4-dr Sdn	700	2050	3500	7000	12100	17400

	6	5	4	3	2	1

1952-1953

170 Series (Gasoline), 4-cyl., 112" wb

	6	5	4	3	2	1
170Va 4-dr Sdn	900	2750	4600	9200	16200	22900
170Vb 4-dr Sdn	900	2800	4700	9400	16500	23400
170S 4-dr Sdn	900	2800	4700	9400	16500	23400
170Sb 4-dr Sdn	900	2800	4700	9400	16500	23400
170S-V 4-dr Sdn	1000	3100	5200	10400	18400	26000

170D Series (Diesel), 4-cyl., 112" wb

	6	5	4	3	2	1
170Da 4-dr Sdn	800	2500	4200	8400	14800	20900
170Db 4-dr Sdn	850	2550	4300	8600	15100	21500
170DS 4-dr Sdn	850	2550	4300	8600	15100	21500
170S-D 4-dr Sdn	800	2400	4050	8100	14200	20200

180 Series, 4-cyl., 104.3" wb

	6	5	4	3	2	1
4-dr Sdn	700	2050	3500	7000	12100	17400

220 Series, 6-cyl., 112" wb

	6	5	4	3	2	1
4-dr Sdn	1000	3150	5300	10600	18700	26500
2-dr Conv Sdn	2300	6800	11500	23000	40400	57500
2-dr Cpe	1350	4150	6900	13800	24300	34500

300 Series, 6-cyl., 120" wb

	6	5	4	3	2	1
4-dr Sdn	1250	3750	6250	12500	22000	31100
4-dr Cabrlt	4500	13350	22500	45000	79000	112300
2-dr Cpe	3900	11600	19500	39000	68500	89400

Fitted luggage add 10%

1954

170 Series, 4-cyl., 112" wb

	6	5	4	3	2	1
170S-V 4-dr Sdn	900	2850	4800	9600	16900	24000
170S-D 4-dr Sdn (Diesel)	800	2400	4050	8100	14200	20200

180 Series, 4-cyl., 104.3" wb

	6	5	4	3	2	1
4-dr Sdn	700	2000	3450	6900	11900	17200
180D 4-dr Sdn (Diesel)	600	1600	2700	5400	9300	13500

220A Series, 6-cyl., 111" wb

	6	5	4	3	2	1
4-dr Sdn	1000	3150	5300	10600	18700	26500
2-dr Conv Sdn	2300	6800	11500	23000	40400	57500
2-dr Cabrlt	3300	9800	16500	33000	57900	82400
2-dr Cpe	1700	5050	8450	16900	29700	42200

300 Series, 6-cyl., 120" wb

	6	5	4	3	2	1
4-dr Sdn	1200	3750	6250	12500	22000	31100
4-dr Cabrlt	3900	11600	19500	39000	68500	97400
2-dr Cpe	3200	9500	16000	32000	56200	79900

300B Series, 6-cyl., 120" wb

	6	5	4	3	2	1
4-dr Sdn	1150	3600	6000	12000	21150	30000
4-dr Cabrlt	4300	12700	21450	42900	75300	107100
2-dr Cpe	3350	9900	16700	33400	58600	83400

300S Series, 6-cyl., 114" wb

	6	5	4	3	2	1
4-dr Sdn	1550	4650	7750	15500	27300	38700
2-dr Cabrlt 2 + 2	5900	17550	29500	59000	103600	147300
2-dr Cpe 2 + 2	3800	11300	19000	38000	66700	94900
2-dr Rdstr 2 + 2	6500	19300	32500	65000	114100	162300

Fitted luggage add 10%

300SL Series, 6-cyl., 94.5" wb

	6	5	4	3	2	1
2-dr Gullwing Cpe	21500	41400	69750	139500	245000	350000

Aluminum body competition models add 75%

1955

170 Series, 4-cyl., 112" wb

	6	5	4	3	2	1
170SV 4-dr Sdn	950	2950	4950	9900	17500	24700
170SD 4-dr Sdn (Diesel)	800	2400	4050	8100	14200	20200

180 Series, 4-cyl., 104.3" wb

	6	5	4	3	2	1
180 4-dr Sdn	700	2000	3450	6500	11900	17200

	6	5	4	3	2	1
180D 4-dr Sdn (Diesel)	550	1450	2450	4900	8500	12000
190 Series, 4-cyl., 94.5" wb						
190SL 2-dr Rdstr	1800	5350	9000	18000	31650	45000
220A Series, 6-cyl., 111" wb						
4-dr Sdn	1000	3150	5300	10600	18700	26500
2-dr Conv	2300	6800	11500	23000	40400	57500
2-dr Cabrlt	3300	9800	16500	33000	57900	82400
2-dr Cpe	1900	5600	9450	18900	33200	47200
300B Series, 6-cyl., 120" wb						
4-dr Sdn	1150	3600	6000	12000	21150	30000
4-dr Cabrlt	4300	12700	21450	42900	75300	107100
2-dr Cpe	3350	9900	16700	33400	58600	83400
300S Series, 6-cyl., 114.2" wb						
4-dr Sdn	1650	4900	8200	16400	28850	41000
2-dr Cabrlt 2 + 2	5900	17550	29500	59000	103600	147300
2-dr Cpe 2 + 2	3800	11300	19000	38000	66700	94900
2-dr Rdstr 2 + 2	6500	19300	32500	65000	114100	162300
				Fitted luggage add 10%		
300SL Series, 6-cyl., 94.5" wb						
2-dr Gullwing Cpe	21500	41400	69750	139500	245000	350000
			Aluminum body competition models add 75%			

1956

	6	5	4	3	2	1
180 Series, 4-cyl., 104.3" wb						
4-dr Sdn	500	1300	2250	4500	7700	11000
180D Series, 4-cyl., 46 hp, 104.3" wb						
4-dr Sdn	400	1150	1850	3700	6400	9300
190 Series, 4-cyl., 104.3" wb						
4-dr Sdn	550	1450	2450	4900	8500	12000
SL Rdstr	1800	5350	9000	18000	31650	45000
SL Spt Cpe	1350	4200	7000	14000	24650	34900
219 Series, 6-cyl., 100 hp, 108.25" wb						
4-dr Sdn	500	1350	2300	4600	8000	11300
220S Series, 6-cyl., 100 hp, 111" wb						
4-dr Sdn	600	1600	2700	5400	9300	13500
Conv Cpe	2250	6550	11000	22000	38650	55000
300C Series, 6-cyl., 136 hp, 120" wb						
4-dr Sdn	1250	3900	6500	13000	22900	32500
4-dr Limo	1650	4950	8300	16600	29200	41500
300S Series, 6-cyl., 136 hp, 240 hp, 114.25" wb						
4-dr Sdn	1550	4700	7900	15800	27800	39400
2-dr Conv	6500	19300	32500	65000	114100	162300
2-dr Cpe	4200	12550	21100	42200	74100	105300
2-dr Rdstr	7700	22850	38500	77000	135200	192200
300SL Series, 6-cyl., 94.5" wb						
2-dr Gullwing Cpe	21500	41400	69750	139500	245000	350000
				Fitted luggage add 10%		

1957

	6	5	4	3	2	1
180 Series, 4-cyl., 104.3" wb						
4-dr Sdn	500	1300	2250	4500	7700	11000
180D Series, 4-cyl., 46 hp, 104.3" wb						
4-dr Sdn	400	1150	1850	3700	6400	9300
190 Series, 4-cyl., 104.3" wb						
4-dr Sdn	550	1450	2450	4900	8500	12000
SL Rdstr	1800	5350	9000	18000	31650	45000
SL Spt Cpe	1350	4200	7000	14000	24650	34900
219 Series, 6-cyl., 100 hp, 108.25" wb						
4-dr Sdn	500	1350	2300	4600	8000	11300

	6	5	4	3	2	1
220S Series, 6-cyl., 100 hp, 111" wb						
4-dr Sdn	600	1600	2700	5400	9300	13500
Conv Cpe	2250	6550	11000	22000	38650	55000
300C Series, 6-cyl., 136 hp, 120" wb						
4-dr Sdn	1250	3900	6500	13000	22900	32500
300S Series, 6-cyl., 136 hp, 114.25" wb						
4-dr Sdn	1550	4700	7900	15800	27800	39400
2-dr Conv	6500	19300	32500	65000	114100	162300
2-dr Cpe	4200	12550	21100	42200	74100	105300
2-dr Rdstr	7700	22850	38500	77000	135200	192200
300SL Series, 6-cyl., 240 hp, 94.5" wb						
2-dr Spt Cpe GW	21500	41400	69750	139500	245000	350000

Fitted luggage add 10%

1958-1959

	6	5	4	3	2	1
180a Series, 4-cyl., 104.3" wb						
4-dr Sdn	500	1300	2250	4500	7700	11000
190 Series, 4-cyl., 104.3" wb						
4-dr Sdn	550	1450	2450	4900	8500	12000
SL Rdstr (94.5" wb)	1800	5350	9000	18000	31650	45000
190D 4-dr Sdn (Diesel)	400	1200	2000	4000	6900	10000
190SL 2-dr Hdtp Cpe	1350	4200	7000	14000	24650	34900
219 Series, 6-cyl., 108.25" wb						
4-dr Sdn	500	1350	2300	4600	8000	11300
220S Series, 6-cyl., 111" wb						
2-dr Cpe	1250	3900	6500	13000	22900	32500
4-dr Sdn	550	1500	2500	5000	8700	12300
2-dr Conv (106.3" wb)	2250	6550	11000	22000	38650	55000
300D Series, 6-cyl., 124" wb						
4-dr Hdtp Sdn	1600	4800	8000	16000	28150	40000
4-dr Conv	6300	18700	31500	63000	110600	157300
300SL Series, 6-cyl., 94.5" wb						
2-dr Rdstr	8500	25250	42500	85000	149300	212200

Removable hardtop add 10%

1960-1961

	6	5	4	3	2	1
180 Series, 4-cyl.						
180 4-dr Sdn	400	1200	1900	3800	6600	9600
180D 4-dr Sdn (Diesel)	400	1100	1800	3600	6200	9100
190 Series, 4-cyl.						
190 4-dr Sdn	400	1200	2000	4000	6900	10000
190D 4-dr Sdn (Diesel)	400	1200	1900	3800	6600	9600
190SL Rdstr	1800	5350	9000	18000	23160	45000
190SL 2-dr Hdtp Cpe	1350	4200	7000	14000	24650	34900
220 Series, 6-cyl.						
220 4-dr Sdn	500	1350	2300	4600	8000	11300
220S 4-dr Sdn	600	1600	2700	5400	9300	13500
220SE 4-dr Sdn	650	1700	3000	5900	10200	14700
220SE Cpe	1000	3150	5300	10600	18700	26500
220SE Conv	2600	7700	13000	26000	45650	65000
300 Series, 6-cyl.						
300d 4-dr Hdtp	1600	4800	8000	16000	28150	40000
300d 4-dr Conv Sdn	6300	18700	31500	63000	110600	157300
300SE 2-dr Cpe	1200	3750	6300	12600	22200	31400
300SL Rdstr	9500	28200	47500	95000	166800	237100

Removable hardtop add 10%

	6	5	4	3	2	1

1962

180 Series, 4-cyl.
	6	5	4	3	2	1
180D 4-dr Sdn (Diesel)	400	1100	1800	3600	6200	9100

190 Series, 4-cyl.
	6	5	4	3	2	1
190 4-dr Sdn	400	1200	2000	4000	6900	10000
190D 4-dr Sdn (Diesel)	400	1200	1900	3800	6600	9600
190SL Rdstr	1800	5350	9000	18000	31650	45000
190SL 2-dr Hdtp Cpe	1350	4200	7000	14000	24650	34900

220 Series, 6-cyl.
	6	5	4	3	2	1
220 4-dr Sdn	500	1350	2300	4600	8000	11300
220S 4-dr Sdn	600	1600	2700	5400	9300	13500
220SE 4-dr Sdn	650	1700	3000	5900	10200	14700
220SE Cpe	1000	3150	5300	10600	18700	26500
220SE Conv	2300	6800	11500	23000	40400	57500

300 Series, 6-cyl.
	6	5	4	3	2	1
300d 4-dr Hdtp	1600	4800	8000	16000	28150	40000
300d 4-dr Conv Sdn	6300	18700	31500	63000	110600	157300
300SE 2-dr Cpe	1200	3750	6300	12600	22200	31400
300SL Rdstr	9500	28200	47500	95000	166800	237100

1963

180 Series, 4-cyl., 104.5" wb
	6	5	4	3	2	1
180D 4-dr Sdn (Diesel)	400	1100	1800	3600	6200	9100
180 4-dr Sdn	400	1200	1950	3900	6800	9900

190 Series, 4-cyl., 106.3" wb
	6	5	4	3	2	1
190 4-dr Sdn	400	1100	1800	3600	6200	9100
190D 4-dr Sdn (Diesel)	400	1050	1700	3400	5900	8500
190SL Rdstr (94.5" wb)	1800	5350	9000	18000	31650	45000

220 Series, 6-cyl., 108.3" wb
	6	5	4	3	2	1
220 4-dr Sdn	450	1250	2200	4400	7600	10900
220S 4-dr Sdn	550	1500	2500	5000	8700	12300
220SE 4-dr Sdn	550	1550	2600	5200	9000	12800
220SE Cpe	900	2900	4900	9800	17300	24500
220SE Conv	2300	6650	11250	22500	39500	56100

230SL, 6-cyl., 94.5" wb
	6	5	4	3	2	1
2-dr Rdstr	1300	4050	6750	13500	23800	33700
2-dr Cpe	850	2550	4300	8600	15100	21500

300 Series, 6-cyl., 108.3" wb
	6	5	4	3	2	1
300SE 4-dr Sdn	800	2450	4100	8200	14400	20500
300SE Cpe	1000	3100	5200	10400	18400	26000
300SE Cabrlt	3300	9800	16500	33000	57900	82400
300SL Rdstr (94.5" wb)	9500	28200	47500	95000	166800	237100

1964-1965

190 Series, 4-cyl., 106.3" wb
	6	5	4	3	2	1
190 4-dr Sdn	400	1100	1800	3600	6200	9100
190D 4-dr Sdn (Diesel)	400	1050	1700	3400	5900	8500

220 Series, 6-cyl., 108.3" wb
	6	5	4	3	2	1
220 4-dr Sdn	450	1250	2200	4400	7600	10900
220S 4-dr Sdn	550	1500	2500	5000	8700	12300
220SE 4-dr Sdn	550	1550	2600	5200	9000	12800
220SE Hdtp Cpe	900	2900	4900	9800	17300	24500
220SE Conv	2300	6650	11250	22500	39500	56100

230 Series, 6-cyl., 94.5" wb
	6	5	4	3	2	1
230SL 2-dr Cpe	850	2550	4300	8600	15100	21500
230SL 2-dr Rdstr	1300	4050	6750	13500	23800	33700

300 Series, 6-cyl., 108.3" wb
	6	5	4	3	2	1
300SE 4-dr Sdn	700	1900	3350	6700	11500	16500
300SEL 4-dr Sdn (112" wb)	750	2150	3600	7200	12400	18000
300SE Hdtp Cpe	1000	3200	5350	10700	18900	26700
300SE Conv	3700	11000	18500	37000	65000	92400

	6	5	4	3	2	1

1966

200 Series, 4-cyl., 106.3" wb

	6	5	4	3	2	1
200 4-dr Sdn	400	1050	1700	3400	5900	8500
200D 4-dr Sdn (Diesel)	350	900	1500	3000	5300	7600

230 Series, 6-cyl.

	6	5	4	3	2	1
230 4-dr Sdn (106.3" wb)	400	1100	1800	3600	6200	9100
230S 4-dr Sdn (108.3" wb)	400	1200	1900	3800	6600	9600
230SL Cpe (94.5" wb)	850	2650	4450	8900	15700	22300
230SL Rdstr (94.5" wb)	1300	4050	6750	13500	23800	33700

220SE Series, 6-cyl., 108.3" wb

	6	5	4	3	2	1
2-dr Cpe	950	3000	5000	10000	17700	24900
2-dr Conv	1800	5350	9000	18000	31650	45000

250 Series, 6-cyl., 108.3" wb

	6	5	4	3	2	1
250SE Hdtp Cpe	800	2500	4250	8500	15000	21200
250SE Conv	2000	5900	9950	19900	35000	49700

600 Series, 6-cyl., 153.3" wb

	6	5	4	3	2	1
4-dr sdn	2500	6900	11500	23800	33600	42000

1967

200 Series, 4-cyl., 106.3" wb

	6	5	4	3	2	1
200 4-dr Sdn	400	1050	1700	3400	5900	8500
200D 4-dr Sdn (Diesel)	350	900	1500	3000	5300	7600

230 Series, 6-cyl., 106.3" wb

	6	5	4	3	2	1
230 4-dr Sdn	400	1100	1800	3600	6200	9100
230S 4-dr Sdn (108.3" wb)	450	1250	2100	4200	7200	10500
230SL Cpe	850	2650	4450	8900	15700	22300
230SL Conv	1300	4050	6750	13500	23800	33700

250 Series, 6-cyl., 94.5" wb (SL); 108.3" wb (SE)

	6	5	4	3	2	1
250S 4-dr Sdn	400	1200	2000	4000	6900	10000
250SE 4-dr Sdn	450	1250	2200	4400	7600	10900
250SL Cpe	800	2400	4000	8000	13900	19900
250SL Cabrlt	950	3050	5100	10200	18000	25400
250SL Rdstr	1300	4050	6750	13500	23800	33700

1968

220 Series, 4-cyl., 108.3" wb

	6	5	4	3	2	1
220 4-dr Sdn	400	1050	1700	3400	5900	8500
220D 4-dr Sdn (Diesel)	350	900	1500	3000	5300	7600

230 Series, 6-cyl., 108.3" wb

	6	5	4	3	2	1
4-dr Sdn	400	1100	1800	3600	6200	9100

250 Series, 6-cyl., 108.3" wb

	6	5	4	3	2	1
250 4-dr Sdn	400	1200	1950	3900	6800	9900

280 Series, 6-cyl., 108.3" wb; 280SL (94.5" wb)

	6	5	4	3	2	1
280S 4-dr Sdn	400	1200	2000	4000	6900	10000
280SE 4-dr Sdn	450	1250	2200	4400	7600	10900
280SEL 4-dr Sdn	550	1400	2400	4800	8300	11800
280SE Cpe	900	2850	4750	9500	16700	23700
280SE Conv	1900	5650	9500	19000	33400	47500
280SL Cpe	1650	4900	8250	16500	29000	41200
280SL Rdstr	1700	5000	8350	16700	29400	41700

1969

220 Series, 4-cyl., 108.3" wb

	6	5	4	3	2	1
220 4-dr Sdn	400	1050	1700	3400	5900	8500
220D 4-dr Sdn (Diesel)	350	900	1500	3000	5300	7600

230 Series, 6-cyl., 108.3" wb

	6	5	4	3	2	1
230 4-dr Sdn	400	1100	1800	3500	6100	8900

250 Series, 6-cyl., 108.3" wb

	6	5	4	3	2	1
250 4-dr Sdn	400	1150	1850	3700	6400	9300

	6	5	4	3	2	1
280 Series, 6-cyl., 108.3" wb; 280SL (94.5" wb)						
280S 4-dr Sdn	400	1200	2000	4000	6900	10000
280SE 4-dr Sdn	450	1250	2100	4200	7200	10500
280SE Hdtp Cpe	750	2250	3750	7500	13000	18700
280SE Conv	2600	7700	13000	26000	45650	65000
280SL Cpe	1650	4900	8250	16500	29000	41200
280SL Rdstr	1700	5000	8350	16700	29400	41700
1970						
220 Series, 4-cyl., 108.3" wb						
220 4-dr Sdn	400	1050	1700	3400	5900	8500
220D 4-dr Sdn (Diesel)	350	900	1500	3000	5300	7600
250 Series, 6-cyl., 108.3" wb						
250 4-dr Sdn	400	1100	1800	3600	6200	9100
250C Cpe	500	1300	2250	4500	7700	11000
280 Series, 6-cyl., 280SE, 3.5, 8-cyl., 108.3" wb; 280SL, 94.5" wb						
280S 4-dr Sdn	450	1250	2050	4100	7100	10300
280SE 4-dr Sdn	450	1250	2150	4300	7400	10700
280SE 2-dr Cpe (3.5)	1350	4200	7000	14000	24650	34900
280SE 2-dr Conv (3.5)	3100	9200	15500	31000	54400	77400
280SL 2-dr Cpe	1650	4900	8250	16500	29000	41200
280SL 2-dr Rdstr	1700	5000	8350	16700	29400	41700
1971						
220 Series, 4-cyl., 108.3" wb						
220 4-dr Sdn	400	1050	1700	3400	5900	8500
220D 4-dr Sdn (Diesel)	350	900	1500	3000	5300	7600
250 Series, 6-cyl., 108.3" wb						
250 4-dr Sdn	400	1100	1800	3600	6200	9100
250C Cpe	450	1250	2150	4300	7400	10700
280 Series, 6-cyl., (3.5, 8-cyl.), 108.3" wb; 280SL, 94.5" wb						
280S 4-dr Sdn	450	1250	2050	4100	7100	10300
280SE 4-dr Sdn	450	1250	2150	4300	7400	10700
280SL 2-dr Cpe	1600	4850	8150	16300	28700	40800
280SL 2-dr Rdstr	1650	4900	8250	16500	29000	41200
1972						
220 Series, 4-cyl., 108.3" wb						
220 4-dr Sdn	400	1050	1700	3400	5900	8500
220D 4-dr Sdn (Diesel)	350	900	1500	3000	5300	7600
250 Series, 6-cyl., 108.3" wb						
250 4-dr Sdn	400	1200	1900	3800	6600	9600
250C Cpe	500	1300	2250	4500	7700	11000
280 Series, 6-cyl., 280SE, 4.5, 8-cyl., 108.3" wb						
280SE 4-dr Sdn	450	1250	2200	4400	7600	10900
280SE 4.5 4-dr Sdn	650	1700	3000	5900	10200	14700
350 Series, 8-cyl., 96.9" wb						
350SL Cpe	1200	3850	6400	12800	22550	32000
350SL Rdstr	1250	3900	6500	13000	22900	32500
1973						
220 Series, 4-cyl., 108.3" wb						
220 4-dr Sdn	400	1050	1700	3400	5900	8500
220D 4-dr Sdn (Diesel)	350	900	1500	3000	5300	7600
280 Series, 6-cyl., 108.3" wb						
280 4-dr Sdn	400	1200	2000	4000	6900	10000
280C Cpe	550	1500	2500	5100	8800	12500
280SE 4-dr Sdn	550	1450	2450	4900	8500	12000
280SEL 4-dr Sdn	600	1650	2850	5700	9800	13500
300SEL 4-dr Sdn	650	1800	3200	6100	10900	14200

	6	5	4	3	2	1
450 Series, 8-cyl.						
450SE 4-dr Sdn (112.8" wb)	550	1550	2650	5300	9100	13000
450SEL 4-dr Sdn (116.7" wb)	650	1800	3200	6100	10900	14200
450SL Rdstr (96.9" wb)	1200	3850	6400	12800	22550	32000
450SLC Cpe (111" wb)	850	2650	4500	9000	15900	22500
1974						
230 Series, 4-cyl., 108.3" wb						
230 4-dr Sdn	400	1150	1850	3700	6400	9300
240 Series, 4-cyl., 108.3" wb						
240D 4-dr Sdn (Diesel)	350	900	1500	3000	5300	7600
280 Series, 6-cyl.						
280 4-dr Sdn	450	1250	2050	4100	7100	10300
280C Cpe	550	1500	2500	5100	8800	12500
450 Series, 8-cyl.						
450SE 4-dr Sdn (112.8" wb)	600	1600	2750	5500	9500	13800
450SEL 4-dr Sdn (116.7" wb)	650	1750	3150	6300	10900	15700
450SL Rdstr (96.9" wb)	1100	3500	5800	11600	20450	28900
450SLC Cpe (111" wb)	850	2550	4350	8700	15300	21700
1975-1976						
230 Series, 4-cyl., 108.3" wb						
230 4-dr Sdn	400	1150	1850	3700	6400	9300
240 Series, 4-cyl., 108.3" wb						
240D 4-dr Sdn (Diesel)	350	900	1500	3000	5300	7600
280 Series, 6-cyl., 108.3" wb						
280 4-dr Sdn	500	1300	2250	4500	7700	11000
280C Cpe	550	1550	2600	5200	9000	12800
280S 4-dr Sdn (112.2" wb)	550	1450	2450	4900	8500	12000
300 Series, 5-cyl.						
300D 4-dr Sdn (Diesel)	350	1000	1600	3200	5700	8100
450 Series, 8-cyl.						
450SE 4-dr Sdn (112.8" wb)	650	1700	3000	5900	10200	14700
450SEL 4-dr Sdn (116.7" wb)	650	1750	3150	6300	10900	15700
450SL Rdstr (96.9" wb)	1050	3300	5500	11000	19300	27500
450SLC Cpe (111" wb)	850	2550	4350	8700	15300	21700
1977						
230 Series, 4-cyl., 110" wb						
230 4-dr Sdn	400	1200	2000	4000	6900	10000
240 Series, 4-cyl., 110" wb						
240D 4-dr Sdn (Diesel)	350	1000	1600	3200	5700	8100
280 Series, 6-cyl., 110" wb						
280E 4-dr Sdn	550	1450	2450	4900	8500	12000
280SE 4-dr Sdn (112.8" wb)	600	1600	2750	5500	9500	13800
300 Series, 5-cyl., 110" wb						
300D 4-dr Sdn (Diesel)	350	1000	1600	3200	5700	8100
450 Series, 8-cyl.						
450SEL 4-dr Sdn (116.7" wb)	750	2150	3600	7200	12400	18000
450SL Rdstr (96.9" wb)	1000	3100	5200	10400	18400	26000
450SLC Cpe (111" wb)	800	2500	4250	8500	15000	21200
1978						
230 Series, 4-cyl., 110" wb						
230 4-dr Sdn	400	1200	2000	4000	6900	10000
240 Series, 4-cyl., 110" wb						
240D 4-dr Sdn (Diesel)	400	1050	1700	3300	5800	8300
280 Series, 6-cyl., 110" wb						
280E 4-dr Sdn	550	1450	2450	4900	8500	12000

	6	5	4	3	2	1
280CE 2-dr Cpe	600	1650	2850	5700	9900	14200
280SE 4-dr Sdn (112.8" wb)	600	1600	2750	5500	9500	13800
300 Series, 5-cyl., 110" wb						
300SD 4-dr Sdn (Diesel)	350	1000	1600	3200	5700	8100
300CD 2-dr Cpe	400	1200	2000	4000	6900	10000
450 Series, 8-cyl.						
450SEL 4-dr Sdn (116.7" wb)	750	2200	3650	7300	1600	18200
450SL Rdstr (96.9" wb)	950	3050	5100	10200	18000	25400
450SLC Cpe (111" wb)	800	2450	4100	8200	14400	20500
6.9L 4-dr Sdn (116.5" wb)	900	2850	4750	9500	16700	23700

1979

	6	5	4	3	2	1
240 Series, 4-cyl., 110" wb						
240D 4-dr Sdn	350	950	1550	3100	5500	7900
280 Series, 6-cyl., 110" wb						
280E 4-dr Sdn	550	1450	2450	4900	8500	12000
280CE Cpe	600	1650	2850	5700	9900	14200
280SE 4-dr Sdn (112.8" wb)	650	1700	3000	5900	10200	14700
300 Series, 5-cyl., 110" wb						
300D 4-dr Sdn	350	1000	1600	3200	5700	8100
300CD Cpe (106.7" wb)	400	1200	2000	4000	6900	10000
300TD Sta Wgn (110" wb)	400	1200	1900	3800	6600	9600
450 Series, 8-cyl.						
450SEL 4-dr Sdn (116.7" wb)	750	2200	3650	7300	12600	18200
450SL Cpe (96.9" wb)	950	2950	4950	9900	17500	24700
450SL Rdstr (96.9" wb)	950	3050	5100	10200	18000	25400
450SLC Cpe (111" wb)	800	2450	4100	8200	14400	20500
6.9L 4-dr Sdn (116.5" wb)	900	2850	4750	9500	16700	23700

1980

	6	5	4	3	2	1
240 Series, 4-cyl., 110" wb						
240D 4-dr Sdn	350	1000	1600	3200	5700	8100
300 Series, 5-cyl., 110" wb						
300D 4-dr Sdn	350	1000	1600	3200	5700	8100
300CD 2-dr Cpe (106.7" wb)	400	1200	2000	4000	6900	10000
300TD 4-dr Sta Wgn (110" wb)	400	1200	1900	3800	6600	9600
300SD 4-dr Sdn Turbodiesel (112.8" wb)	600	1650	2850	5700	9900	14200
280 Series, 6-cyl., 110" wb						
280E 4-dr Sdn	550	1450	2450	4900	8500	12000
280CE 2-dr Cpe	600	1650	2850	5700	9900	14200
280SE 4-dr Sdn (112.8" wb)	650	1700	3000	5900	10200	14700
450 Series, 8-cyl.						
450SEL 4-dr Sdn (116.7" wb)	750	2200	3650	7300	12600	18200
450SL 2-dr Cpe (96.9" wb)	950	2950	4950	9900	17500	24700
450SL 2-dr Rdstr (96.9" wb)	950	3050	5100	10200	18000	25400
450SLC 2-dr Cpe (111" wb)	800	2450	4100	8200	14400	20500

1981

	6	5	4	3	2	1
240 Series, 4-cyl., 110" wb						
240D 4-dr Sdn (Diesel)	350	1000	1600	3200	5700	8100
300 Series, 5-cyl., Diesel/Turbodiesel						
300D 4-dr Sdn	400	1050	1700	3300	5800	8300
300CD 2-dr Cpe (106.7" wb)	450	1250	2100	4200	7200	10500
300TD 4-dr Sta Wgn	400	1200	1950	3900	6800	9900
300SD 4-dr Sdn (115.6" wb)	650	1700	3000	5900	10200	14700
280 Series, 6-cyl., 110" wb						
280E 4-dr Sdn (110" wb)	550	1450	2450	4900	8500	12000
280CE 2-dr Cpe (106.7" wb)	600	1650	2850	5700	9900	14200
380 Series, 8-cyl.						
380SL 2-dr Rdstr (96.9" wb)	850	2650	4450	8900	15700	22300

	6	5	4	3	2	1
380SEL 4-dr Sdn	750	2200	3650	7300	12600	18200
380SLC 2-dr Cpe (111" wb)	800	2450	4100	8200	14400	20500

1982

240 Series, 4-cyl., 110" wb
	6	5	4	3	2	1
240D 4-dr Sdn (Diesel)	350	1000	1600	3200	5700	8100

300 Series, 5-cyl., Diesel/Turbodiesel
	6	5	4	3	2	1
300D 4-dr Sdn	400	1100	1800	3600	6200	9100
300CD 2-dr Cpe (106.7" wb)	500	1300	2250	4500	7700	11000
300TD 4-dr Sta Wgn	450	1250	2100	4200	7200	10500
300SD 4-dr Sdn (115.6" wb)	650	1800	3250	6500	11200	16100

380 Series, 8-cyl.
	6	5	4	3	2	1
380SL 2-dr Rdstr (96.9" wb)	900	2750	4650	9300	16400	23100
380SEC 2-dr Cpe (112.2" wb)	850	2550	4350	8700	15300	21700
380SEL 4-dr Sdn	750	2300	3850	7700	13300	19200

1983

240 Series, 4-cyl., 110" wb
	6	5	4	3	2	1
240D 4-dr Sdn	400	1050	1700	3300	5800	8300

300 Series, 5-cyl., Turbodiesel
	6	5	4	3	2	1
300D-T 4-dr Sdn (110" wb)	400	1150	1850	3700	6400	9300
300CD-T 2-dr Cpe (106.7" wb)	500	1350	2350	4700	8100	11500
300TD-T 4-dr Sta Wgn (110" wb)	450	1250	2150	4300	7400	10700
300SD 4-dr Sdn (115.6" wb)	700	2050	3500	7000	12100	17400

380 Series, 8-cyl.
	6	5	4	3	2	1
380SL 2-dr Rdstr (96.9" wb)	900	2900	4850	9700	17100	24200
380SEC 2-dr Cpe (112.2" wb)	900	2750	4650	9300	16400	23100
380SEL 4-dr Sdn (121.1" wb)	800	2450	4150	8300	14600	20700

1984

190 Series, 4-cyl., 104.9" wb
	6	5	4	3	2	1
190E 4-dr Sdn	500	1350	2300	4600	8000	11300
190D 4-dr Sdn (Diesel)	400	1050	1700	3400	5900	8500

300 Series, 5-cyl., Turbodiesel
	6	5	4	3	2	1
300D 4-dr Sdn (110" wb)	400	1200	2000	4000	6900	10000
300CD 2-dr Cpe (106.7" wb)	550	1550	2600	5200	9000	12800
300TD 4-dr Sta Wgn (110" wb)	500	1350	2350	4700	8100	11500
300SD 4-dr Sdn (110" wb)	750	2300	3800	7600	13100	18900

380 Series, 8-cyl.
	6	5	4	3	2	1
380SE 4-dr Sdn (115.6" wb)	600	1600	2750	5500	9500	13800
380SL 2-dr Conv (96.9" wb)	1000	3200	5350	10700	18900	26700

500 Series, 8-cyl.
	6	5	4	3	2	1
500SEL 4-dr Sdn (120.9" wb)	750	2300	3850	7700	13300	19200
500SEC 2-dr Cpe (112" wb)	950	3000	5000	10000	17700	24900

1985

190 Series, 4-cyl.
	6	5	4	3	2	1
190E 4-dr Sdn (104.9" wb)	550	1500	2500	5000	8700	12300
190D 4-dr Sdn (Diesel 104.9" wb)	400	1200	1900	3800	6600	9600

300 Series, 5-cyl., Turbodiesel
	6	5	4	3	2	1
300D-T 4-dr Sdn (110" wb)	450	1250	2200	4400	7600	10900
300CD-T 2-dr Cpe (106.7" wb)	600	1650	2850	5700	9900	14200
300TD-T 4-dr Sta Wgn (110" wb)	550	1550	2600	5200	9000	12800
300SD 4-dr Sdn (110" wb)	800	2500	4200	8400	14800	20900

380 Series, 8-cyl.
	6	5	4	3	2	1
380SE 4-dr Sdn (115.6" wb)	650	1750	3150	6300	10900	15700
380SL 2-dr Conv (96.9" wb)	1100	3500	5850	11700	20600	29100

500 Series, 8-cyl.
	6	5	4	3	2	1
500SEL 4-dr Sdn (120.9" wb)	850	2550	4300	8600	15100	21500
500SEC 2-dr Cpe (112" wb)	1050	3350	5600	11200	19700	28000

	6	5	4	3	2	1

1986

190 Series, 5-cyl., 104.9" wb

	6	5	4	3	2	1
190E 4-dr Sdn	600	1650	2900	5800	10000	14500
190D 4-dr Sdn (Diesel)	450	1250	2150	4300	7400	10700
190E 4-dr Sdn (2.3-16V)	800	2500	4200	8400	14800	20900
300 Series, 6-cyl.						
300E 4-dr Sdn (110.2" wb)	800	2500	4200	8400	14800	20900
300SDL 4-dr Sdn (Diesel 121.1" wb)	950	3050	5100	10200	18000	25400
420 Series, 8-cyl., 121.1" wb						
420SEL 4-dr Sdn	1000	3200	5400	10800	19000	26900
560 Series, 8-cyl.						
560SEL 4-dr Sdn (120.9" wb)	1100	3550	5900	11800	20800	29400
560SEC 2-dr Cpe (112.0" wb)	1350	4150	6900	13800	24300	34500
560SL 2-dr Rdstr (96.7" wb)	1650	4950	8300	16600	29200	41500

1987

190 Series, Gas 4/6 Diesel, 6-cyl., 104.9" wb

	6	5	4	3	2	1
190DT 4-dr Sdn (Turbodiesel)	550	1550	2650	5300	9100	13000
190E 4-dr Sdn (2.3-16V)	900	2800	4700	9400	16500	23400
190D 2.5 4-dr Sdn (Diesel)	550	1500	2500	5000	8700	12300
190E 4-dr Sdn (2.6)	650	1800	3200	6400	11000	15900
260 Series, Gas/Turbodiesel, 6-cyl., 110.2" wb						
260E 4-dr Sdn	850	2550	4300	8600	15100	21500
300 Series, Turbodiesel, 6-cyl., 110.2" wb						
300E 4-dr Sdn	900	2900	4900	9800	17300	24500
300D 4-dr Sdn	950	3000	5000	10000	17700	24900
300TD 4-dr Sta Wgn	900	2900	4900	9800	17300	24500
300SDL 4-dr Sdn (121" wb)	1150	3600	6000	12000	21150	30000
420 Series, 8-cyl., 121" wb						
420SEL 4-dr Sdn	1100	3550	5900	11800	20800	29400
560 Series, 8-cyl.						
560SEL 4-dr Sdn (121" wb)	1250	3900	6500	13000	22900	32500
560SEC 2-dr Cpe (112" wb)	1500	4550	7600	15200	26750	38000
560SL 2-dr Rdstr (96.7" wb)	1900	5600	9400	18800	33050	47000

1988-1989

190 Series

	6	5	4	3	2	1
190E 4-dr Sdn (2.3)	750	2200	3650	7300	12600	18200
190D 4-dr Sdn (2.5)	600	1650	2850	5700	9900	14200
190E 4-dr Sdn (2.6)	800	2450	4100	8200	14400	20500
260 Series						
260E 4-dr Sdn	900	2900	4900	9800	17300	24500
300 Series						
300E 4-dr Sdn	1050	3350	5600	11200	19700	28000
300TE 4-dr Wgn	1250	3950	6550	13100	23100	32700
300CE 2-dr Cpe	1250	3950	6600	13200	23250	32900
300SE 4-dr Sdn	1200	3800	6350	12700	22400	31700
300SEL 4-dr Sdn	1300	4000	6650	13300	23400	33100
420 Series						
420 SEL 4-dr Sdn	1250	3950	6550	13100	23100	32700
560 Series						
560 SL 2-dr Rdstr	2150	6250	10600	21200	37250	53000
560SEL 4-dr Sdn	1400	4300	7200	14400	25350	35900
560 SEC 2-dr Cpe	1700	5000	8400	16800	29550	41900

1990

190 Series

	6	5	4	3	2	1
190E 4-dr Sdn (2.6)	1000	3200	5350	10700	18900	26700

	6	5	4	3	2	1
300 Series						
300E 4-dr Sdn (2.6)	1250	3950	6550	13100	23100	32700
300TE 4-dr Wgn	1700	5000	8350	16700	29400	41700
300TE 4WD4-dr Wgn	1850	5450	9150	18300	32200	45700
300E 4-dr Sdn (3.0)	1400	4300	7150	14300	25200	35700
300E 4-WD 4-dr Sdn	1650	4900	8200	16400	28850	41000
300CE 2-dr Cpe	1750	5100	8600	17200	30250	43000
300SE 4-dr Sdn	1600	4850	8100	16200	28500	40500
300SEL 4-dr Sdn	1700	5000	8400	16800	29550	41900
300SL 2-dr Rdstr	2900	8650	14600	29200	51300	72900
300D 4-dr Sdn	1400	4250	7100	14200	25000	35400
350 Series						
350 SDL 4-dr Sdn	1900	5600	9450	18900	33200	47200
420 Series						
420 SEL 4-dr Sdn	1800	5350	9000	18000	31650	45000
560 Series						
560 SEL 4-dr Sdn	2000	5800	9750	19500	34300	48700
560 SEC 2-dr Cpe	2250	6660	11100	22200	39000	55500
500 Series						
500SL 2-dr Rdstr	3550	10600	17800	35600	62500	88900
1991						
190 Series						
190E 4-dr Sch (2.3)	950	2950	4950	9900	17500	24700
190E 4-dr Sch (2.6)	1150	3650	6100	12200	21500	30500
300 Series						
300E 4-dr Sdn (2.6)	1450	4450	7450	14900	26200	37200
300TE 4-dr Wgn	1900	5550	9350	18700	32900	46700
300TE 4WD4-dr Wgn	2050	6050	10250	20500	36000	51200
300E 4-dr Sdn (3.0)	1600	4850	8100	16200	28500	40500
300E 4-WD 4-dr Sdn	1850	5450	9200	18400	32350	45900
300CE 2-dr Cpe	1950	5750	9700	19400	34100	48400
300SE 4-dr Sdn	1850	5400	9000	18100	31800	45200
300SEL 4-dr Sdn	1900	5600	9400	18800	33050	47000
300SL 2-dr Rdstr	3250	9700	16300	32600	57200	81400
300D 4-dr Sdn	1600	4750	7950	15900	28000	39700
350 Series						
350 SDL 4-dr Sdn	2150	6200	10450	20900	36700	52100
420 Series						
420 SEL 4-dr Sdn	2100	6100	10300	20600	36200	51500
560 Series						
560 SEL 4-dr Sdn	2250	6600	11100	22200	39000	55500
560 SEC 2-dr Cpe	2500	7400	12500	25000	43900	62400
500 Series						
500SL 2-dr Rdstr	3750	11100	18700	37400	65700	93400

METROPOLITAN
1954 – 1962

Nash Metropolitan

	6	5	4	3	2	1
1954						
(Marketed under Nash nameplate)						
4-cyl., 42 hp, 85" wb						
2-dr Conv	650	1750	3150	6300	10900	15700
2-dr Hdtp Cpe	450	1250	2100	4200	7200	10500
		(RHD versions sold in England by Austin)				
1955						
(Marketed under both Nash and Hudson nameplates)						
4-cyl., 42 hp, 85" wb						
2-dr Conv	650	1750	3150	6300	10900	15700
2-dr Hdtp Cpe	450	1250	2100	4200	7200	10500
		(RHD versions sold in England by Austin)				
1956-1958						
(1956-57 marketed as Metropolitan by both Nash and Hudson, 1958 by Rambler)						
Series 1500, 4-cyl., 52 hp, 85" wb						
2-dr Conv	600	1600	2750	5500	9500	13800
2-dr Hdtp Cpe	400	1200	1900	3800	6600	9600
		(RHD versions sold in England by Austin)				
1959-1962						
(Marketed as Metropolitan by AMC-Rambler)						
Series 1500, 4-cyl., 52 hp, 85" wb						
2-dr Conv	550	1550	2650	5300	9100	13000
2-dr Hdtp Cpe	400	1100	1800	3600	6200	9100
		(RHD versions sold in England by Austin)				

MG
1948 – 1980

1948 MG TC

1959 MGA Twin Cam

	6	5	4	3	2	1
1947-1949						
TC Series, 4-cyl., 54 hp, 92" wb						
Rdstr	1600	4800	8000	16000	28150	40000
Y Series, 4-cyl., 54 hp, 99" wb						
4-dr Sdn	850	2700	4550	9100	16000	22700
1950						
Midget TD Series, 4-cyl., 54 hp, 94" wb						
Rdstr	1100	3450	5750	11500	20300	28700
Y Series 1-1/4 Litre, 4-cyl., 54 hp, 99" wb						
4-dr Sdn	850	2700	4550	9100	16000	22700
1951-1953						
Midget TD Series, 4-cyl., 54 hp, 94" wb						
Rdstr	1100	3450	5750	11500	20300	28700
Mark II TD Series, 4-cyl., 60 hp, 94" wb						
Rdstr	1100	3500	5850	11700	20600	29100
Y Series, 4-cyl., 54 hp, 99" wb*						
4-dr Sdn	850	2700	4550	9100	16000	22700
*1951 model year only						
1954						
Midget TF Series, 4 cyl., 57 hp, 94" wb						
Rdstr	1150	3600	5950	11900	21000	29700
1955						
Midget TF Series, 4-cyl., 57 hp, 94" wb						
2-dr Rdstr	1150	3600	5950	11900	21000	29700

	6	5	4	3	2	1
Midget TF-1500 Series, 4-cyl., 72 hp, 94" wb						
2-dr Rdstr	1400	4350	7250	14500	25500	36200
Magnette, 4 cyl., 60 hp, 102" wb						
4-dr Spt Sdn	400	1200	2000	4000	6900	10000
_1956-1957_						
MGA, 4-cyl., 72 hp, 94" wb						
2-dr Rdstr	900	2750	4600	9200	16200	22900
Magnette, 4-cyl., 68 hp, 102" wb						
4-dr Spt Sdn	450	1250	2100	4200	7200	10500
_1958_						
MGA, 4-cyl., 72 hp, 94" wb						
2-dr Cpe	800	2350	3900	7800	13500	19500
2-dr Rdstr	900	2750	4600	9200	16200	22900
Magnette, 4-cyl., 68 hp, 102" wb						
4-dr Spt Sdn	450	1250	2100	4200	7200	10500
_1959_						
MGA, 4-cyl., 72 hp, 94" wb						
2-dr Cpe	800	2350	3900	7800	13500	19500
2-dr Rdstr	900	2750	4600	9200	16200	22900
MGA Twin Cam, 4-cyl, 107 hp., 94" wb						
2-dr Rdstr	1700	5050	8500	17000	29900	42500
2-dr Cpe	1200	3850	6400	12800	22550	32000
Magnette, 4-cyl., 68 hp, 102" wb						
4-dr Spt Sdn	500	1300	2250	4500	7700	11000
_1960_						
MGA 1600, 4 cyl., 79 hp, 94" wb						
2-dr Cpe	800	2350	3950	7900	13700	19700
2-dr Rdstr	1200	3750	6250	12500	22000	31100
MGA 1600 Twin Cam						
2-dr Cpe	1200	3850	6400	12800	22550	32000
2-dr Rdstr	1700	5050	8500	17000	29900	42500
Magnette Mark III, 4 cyl., 68 hp, 99.5" wb						
4-dr Sdn	350	900	1500	2900	5200	7400
_1961_						
MGA 1600. 4 cyl., 79 hp, 94" wb						
2-dr Cpe	800	2350	3950	7900	13700	19700
2-dr Rdstr	1200	3750	6250	12500	22000	31100
Magnette Mark III, 4 cyl., 66 hp, 99.5" wb						
4-dr Sdn	350	900	1500	2900	5200	7400
_1962_						
Midget, 4-cyl., 50 hp, 80" wb						
2-dr Rdstr	400	1150	1850	3700	6400	9300
MGA Mark II, 4-cyl., 93 hp, 94" wb						
1600 2-dr Cpe	800	2500	4250	8500	15000	21200
1600 2-dr Rdstr	1300	4050	6750	13500	23800	33700
_1963_						
Midget, 4-cyl., 55 hp, 80" wb						
2-dr Rdstr	400	1150	1850	3700	6400	9300
MGB, 4-cyl., 94 hp, 91" wb						
2-dr Conv	600	1600	2750	5500	9500	13800
MG 1100, 4-cyl., 55 hp, 93.5" wb						
2-dr Sdn	300	800	1300	2600	4600	6600
4-dr Sdn	300	800	1350	2700	4700	6900

	6	5	4	3	2	1

1964

Midget, 4-cyl., 55 hp, 80" wb

2-dr Rdstr	400	1100	1800	3500	6100	8900

MGB, 4-cyl., 94 hp, 91" wb

2-dr Conv	600	1600	2750	5500	9500	13800

MG 1100, 4-cyl., 55 hp, 93.5" wb

2-dr Sdn	300	800	1300	2600	4600	6600
4-dr Sdn	300	800	1350	2700	4700	6900

1965-1966

Midget Mark II, 4-cyl., 59 hp, 80" wb

2-dr Conv	400	1100	1800	3500	6100	8900

MGB, 4-cyl., 94 hp, 91" wb

2-dr Conv	600	1600	2750	5500	9500	13800

MG 1100, 4-cyl, 55 hp, 93.5" wb

2-dr Sdn	300	800	1300	2600	4600	6600
4-dr Sdn	300	800	1350	2700	4700	6900

1967

Midget Mark II, 4-cyl., 65 hp, 80" wb

2-dr Conv	400	1100	1800	3500	6100	8900

MGB, 4-cyl., 94 hp, 91" wb

2-dr GT Cpe	500	1300	2250	4500	7700	11000
2-dr Conv	600	1600	2750	5500	9500	13800

MG 1100, 4-cyl., 55 hp, 93.5" wb

2-dr Sdn	300	800	1300	2600	4600	6600
4-dr Sdn	300	800	1350	2700	4700	6900

1968

Midget Mark III, 4-cyl., 62 hp, 80" wb

2-dr Conv	400	1100	1800	3500	6100	8900

MGB, 4-cyl., 94 hp, 91" wb

2-dr GT Cpe	450	1250	2100	4200	7200	10500
2-dr Conv	600	1600	2750	5500	9500	13800

1969

Midget Mark III, 4-cyl., 62 hp, 80" wb

2-dr Conv	400	1100	1800	3500	6100	8900

MGB Mark III, 4-cyl., 94 hp, 91" wb

2-dr GT Cpe	450	1250	2100	4200	7200	10500
2-dr Conv	600	1600	2750	5500	9500	13800

MGC, 6-cyl., 145 hp, 91" wb

2-dr GT Cpe	600	1600	2750	5500	9500	13800
2-dr Conv	650	1800	3250	6500	11200	16100

1970-1975

Midget Mk III, 4-cyl., 62 hp, 80" wb

2-dr Conv	400	1100	1800	3500	6100	8900

MGB MK III, 4-cyl., 94 hp, 91" wb

2-dr GT Cpe	450	1250	2100	4200	7200	10500
2-dr Conv	600	1600	2750	5500	9500	13800

1976-1980

Midget MKIV, 4-cyl., 50 hp, 80" wb (Through 1979 only)

2-dr Conv	350	1000	1600	3200	5700	8100

MGB, 4-cyl., 62 hp, 91.1" wb

2-dr Conv	550	1500	2500	5100	8800	12500

MORGAN
1949 – 1985

1952 Morgan

1958 Morgan

	6	5	4	3	2	1
1949-1950						
4/4, Series I, 4-cyl., 92" wb, 1267cc						
2-dr Rdstr	2250	6650	11000	22000	38650	55000
2-dr Rdstr 2 + 2	1800	5350	9000	18000	31650	45000
2-dr Dhd Cpe	2400	7100	12000	24000	42150	59900
1951-1954						
Plus Four, 4-cyl., 96" wb, 2088cc						
2-dr Rdstr	1400	4350	7250	14500	25500	36200
2-dr Rdstr 2 + 2	1250	3900	6500	13000	22900	32500
2-dr Dhd Cpe	1600	4800	8000	16000	28150	40000
2-dr Dhd Cpe 2 + 2	1500	4500	7500	15000	26400	37500
1955-1957						
Plus Four, 4-cyl., 96" wb, 1991cc						
2-dr Rdstr	1550	4650	7750	15500	27300	38700
2-dr Rdstr 2 + 2	1300	4050	6750	13500	23800	33700
2-dr Dhd Cpe	1700	5050	8500	17000	29900	42500
Plus Four Super Sports, 4-cyl., 96" wb, 2138cc						
2-dr Rdstr	2400	7100	12000	24000	42150	59900
4/4 II, 4-cyl., 96" wb, 1172cc						
2-dr Rdstr	1350	4200	7000	14000	24650	34900
1958-1959						
Plus Four, 4-cyl., 96" wb, 1991cc						
2-dr Rdstr	1550	4650	7750	15500	27300	38700

	6	5	4	3	2	1
2-dr Rdstr 2 + 2	1300	4050	6750	13500	23800	33700
2-dr Dhd Cpe	1700	5050	8500	17000	29900	42500
Plus Four Super Sports, 4-cyl., 96" wb, 2138cc						
2-dr Rdstr	2400	7100	12000	24000	42150	59900
4/4 II, 4-cyl., 96" wb, 1172cc						
2-dr Rdstr	1400	4350	7250	14500	25500	36200

1960-1962

	6	5	4	3	2	1
Plus Four, 4-cyl., 96" wb, 1991cc						
2-dr Rdstr	1550	4650	7750	15500	27300	38700
2-dr Rdstr 2 + 2	1300	4050	6750	13500	23800	33700
2-dr Dhd Cpe	1700	5050	8500	17000	29900	42500
Plus Four I Super Sports, 4-cyl., 96" wb, 2138cc						
2-dr Rdstr	2400	7100	12000	24000	42150	59900
4/4 III, 4-cyl., 96" wb, 1172cc						
2-dr Rdstr	1400	4250	7100	14200	25000	35400
4/4 IV, 4-cyl.						
2-dr Rdstr	1600	4800	8000	16000	28150	40000

1963-1964

	6	5	4	3	2	1
Plus Four, 4-cyl., 96" wb, 1991cc						
2-dr Rdstr	1600	4800	8000	16000	28150	40000
2-dr Rdstr 2 + 2	1350	4200	7000	14000	24650	34900
2-dr Dhd Cpe	1750	5200	8750	17500	30800	43700
Plus Four Plus 2						
2-dr Cpe	2250	6550	11000	22000	38650	55000
Plus Four Super Sports						
2-dr Rdstr	2600	7700	13000	26000	45650	65000
4/4 IV, 4-cyl., 96" wb, 1172cc						
2-dr Rdstr	1600	4800	8000	16000	28150	40000
4/4 V, 4-cyl.						
2-dr Rdstr	1250	3900	6500	13000	22900	32500

1965-1967

	6	5	4	3	2	1
Plus Four, 4-cyl., 96" wb, 1991cc						
2-dr Rdstr	1600	4800	8000	16000	28150	40000
2-dr Rdstr 2 + 2	1350	4200	7000	14000	24650	34900
2-dr Dhd Cpe	1750	5200	8750	17500	30800	43700
Plus Four Plus 2						
2-dr Cpe	2250	6550	11000	22000	38650	55000
Plus Four Super Sports						
2-dr Rdstr	2600	7700	13000	26000	45650	65000
4/4 IV, 4-cyl., 96" wb, 1172cc						
2-dr Rdstr	1600	4800	8000	16000	28150	40000
4/4 V, 4-cyl.						
2-dr Rdstr	1250	3950	6500	13000	22900	32500

1968-1969

	6	5	4	3	2	1
Plus Four, 4-cyl., 96" wb, 1991cc						
2-dr Rdstr	1600	4800	8000	16000	28150	40000
2-dr Rdstr 2 + 2	1350	4200	7000	14000	24650	34900
2-dr Dhd Cpe	1750	5200	8750	17500	30800	43700
Plus Four Super Sports						
2-dr Rdstr	2600	7700	13000	26000	45650	65000
4/4 V, 4-cyl.						
2-dr Rdstr	1300	4050	6750	13500	23800	33700
4/4 1600						
2-dr Rdstr	1500	4500	7500	15000	26400	37500

	6	5	4	3	2	1
Plus 8						
2-dr Rdstr	2150	6200	10500	21000	36900	52400
1970-1971						
4/4 1600						
2-dr Rdstr	1500	4500	7500	15000	26400	37500
Plus 8						
2-dr Rdstr	2150	6200	10500	21000	36900	52400
1972-1973						
4/4 1600						
2-dr Rdstr	1600	4800	8000	16000	28150	40000
Plus 8						
2-dr Rdstr	2250	6650	11000	22000	38650	55000
1974-1975						
4/4 1600						
2-dr Rdstr	1650	4900	8250	16500	29000	41200
Plus 8						
2-dr Rdstr	2300	6650	11250	22500	39500	56100
1976-1978						
4/4 1600						
2-dr Rdstr	1700	5050	8500	17000	29900	42500
Plus 8						
2-dr Rdstr	2300	6800	11500	23000	40400	57500
1979-1981						
4/4 1600						
2-dr Rdstr	1800	5350	9000	18000	31650	45000
Plus 8						
2-dr Rdstr	2400	7100	12000	24000	42150	59900
1982-1985						
4/4 1600 (Through only to 1984)						
2-dr Rdstr	1900	5650	9500	19000	33400	47500
Plus 8						
2-dr Rdstr	2500	7400	12500	25000	43900	62400

Note: This marque was not officially imported into the U.S. market from 1972 to 1975.
To meet U.S. emissions standards, later models were converted to propane gas.

PORSCHE
1950 – 1991

1957 Porsche 356A speedster

1962 Porsche 356B coupe

	6	5	4	3	2	1
1948-1950						
356/2 4-cyl., 1086 cc, 46 hp., 82.7" wb						
2-dr Gmund Cpe	1500	4200	7100	14500	27500	35500
1951-1953						
356, 4-cyl., 1086 cc, 46 hp, 82.7" wb						
2-dr Cpe	1150	3600	6000	12000	21150	30000
2-dr Cabrlt	1700	5050	8450	16900	29700	42200
			1500 cc engine add 15%			
1954						
356, 4 cyl., 1.5 litre, 64 hp, 82.7" wb						
2-dr Cpe	1150	3600	6000	12000	21150	30000
2-dr Cabrlt	1700	5050	8450	16900	29700	42200
2-dr Spdstr	2500	7350	12400	24800	43550	61900
1500-Super, 1.5 litre, 70 hp, 82.7" wb						
2-dr Spdstr	2650	7950	13400	26800	47050	67000
2-dr Cpe	1350	4200	7000	14000	24650	34900
2-dr Cabrlt	1900	5600	9450	18900	33200	47200
1955						
356, 4-cyl., 1.5 litre, 70 hp, 82.7" wb, 70 hp						
2-dr Cabrlet	1700	5050	8450	16900	21150	30000
2-dr Cpe	1150	3600	6000	12000	21150	30000
2-dr Spstr	2500	7350	12400	24800	43550	61900
356 Super, 4-cyl., 1.5 litre, 88 hp., 82.7" wb, 88 hp						
2-dr Spdstr	2650	7950	13400	26800	47050	67000

	6	5	4	3	2	1
2-dr Cpe	1350	4200	7000	14000	24650	34900
2-dr Cabrlt	1900	5600	9450	18900	33200	47200

1956-1957

356A/1600, 4-cyl., 1.6 litre, 82.7" wb, 70 hp

	6	5	4	3	2	1
2-dr Spdstr	2550	7500	12700	25400	44600	63500
2-dr Coupe	1200	3750	6300	12600	22200	31400
2-dr Cbrlt	1750	5200	8750	17500	30800	43700

356A/1600 Super, 4-cyl., 1.6 litre, 82.7" wb, 88 hp

	6	5	4	3	2	1
2-dr Spdstr	2750	8150	13700	27400	48100	68400
2-dr Coupe	1450	4400	7300	14600	25700	36500
2-dr Cabrlt	2000	5800	9750	19500	34300	48700

1500 GS Carrera, 4-cyl., 1.6 litre, 82.7" wb, 115 hp

	6	5	4	3	2	1
2-dr Cpe	2900	8600	14500	29000	50900	72400
2-dr Spdstr	5700	16950	28500	57000	100100	142300
2-dr Cabrlt	3600	10650	17950	35900	63000	89600

1958-1959

356A/1600, 4-cyl., 1.6 litre, 82.7" wb, 70 hp

	6	5	4	3	2	1
2-dr Spdstr	2550	7500	12700	25400	44600	63500
2-dr Coupe	1200	3750	6300	12600	22200	31400
2-dr Cabrlt	1750	5200	8750	17500	30800	43700

356A/1600 Super, 4-cyl., 1.6 litre, 82.7" wb, 88 hp

	6	5	4	3	2	1
2-dr Spdstr	2750	8150	13700	27400	48100	68400
2-dr Cpe	1450	4400	7300	14600	25700	36500
2-dr Cabrlt	2000	5800	9750	19500	34300	48700

Carrera, 4-cyl., 1.6 litre, 82.7" wb, 115 hp

	6	5	4	3	2	1
2-dr Cpe	2900	8600	14500	29000	50900	72400
2-dr Spdstr	5700	16950	28500	57000	100100	142300
2-dr Cabrlt	3600	10650	17950	35900	63000	89600

1960-1961

356B/1600, 4-cyl., 1.6 litre, 82.7" wb, 70 hp

	6	5	4	3	2	1
2-dr Cpe	1150	3600	5950	11900	21000	29700
2-dr Cabrlt	1800	5350	9000	18000	31650	45000
2-dr Rdstr	2150	6200	10500	21000	36900	52400

356B/1600 Super, 4-cyl., 82.7" wb, 88 hp

	6	5	4	3	2	1
2-dr Cpe	1350	4150	6950	13900	24500	34700
2-dr Cabrlt	2000	5900	9950	19900	35000	49700
2-dr Rdstr	2300	6800	11500	23000	40400	57500

S90, 4-cyl., 1.6 litre, 82.7" wb, 102 hp

	6	5	4	3	2	1
2-dr Cpe	1450	4450	7450	14900	26200	37200
2-dr Rdstr	2400	7100	12000	24000	42150	59900
2-dr Cabrlt	2150	6200	10450	20900	36700	52100

1962

356B/1600, 4-cyl., 1.6 litre, 82.7" wb, 70 hp

	6	5	4	3	2	1
2-dr Cpe	1250	3900	6500	13000	22900	32500
2-dr Cabrlt	1900	5650	9500	19000	33400	47500
2-dr Rdstr	2200	6500	10950	21900	38500	54700

356B/1600 Super, 4-cyl., 82.7" wb, 88 hp

	6	5	4	3	2	1
2-dr Cpe	1500	4500	7500	15000	26400	37500
2-dr Cabrlt	2150	6200	10500	21000	36900	54200
2-dr Rdstr	2400	7050	11950	23900	42000	59700

S90, 4-cyl., 1.6 litre, 82.7" wb, 102 hp

	6	5	4	3	2	1
2-dr Cpe	1600	4800	8000	16000	28150	40000
2-dr Rdstr	2500	7350	12450	24900	43700	62100
2-dr Cabrlt	2250	6550	11000	22000	38650	55000

Carrera II

	6	5	4	3	2	1
2-dr Cpe	5000	14800	24950	49900	87600	124600

	6	5	4	3	2	1

1963

356B/1600, 4-cyl., 1.6 litre, 82.7" wb, 70 hp

	6	5	4	3	2	1
2-dr Cpe	1250	3900	6500	13000	22900	32500
2-dr Cabrlt	1900	5650	9500	19000	33400	47500

356B/1600 Super, 4-cyl., 82.7" wb, 88 hp

2-dr Cpe	1500	4500	7500	15000	26400	37500
2-dr Cabrlt	2150	6200	10500	21000	36900	52400

356C/1600, 4-cyl., 1.6 litre, 82.7" wb, 70 hp

2-dr Cpe	1250	3950	6600	13200	23250	32900
2-dr Cabrlt	1950	5700	9600	19200	33750	47900

356C/1600 Super, 4-cyl., 82.7" wb, 88 hp

2-dr Cpe	1500	4550	7600	15200	26750	38000
2-dr Cabrlt	2150	6250	10600	21200	37250	53000

S90, 4-cyl., 1.6 litre, 82.7" wb, 102 hp

2-dr Cpe	1600	4850	8100	16200	28500	40500
2-dr Cabrlt	2250	6600	11100	22200	39000	55500

356C, Carrera II, 4 cyl., 145 hp

2-dr Cpe	5000	14800	24950	49900	87600	124600

1964

356C/1600, 4-cyl., 1.6 litre, 82.7" wb, 88 hp

	6	5	4	3	2	1
2-dr Cpe	1250	3950	6600	13200	23250	32900
2-dr Cabrlt	1950	5700	9600	19200	33750	47900

356C/1600 Super, 4-cyl., 82.7" wb, 107 hp

2-dr Cpe	1500	4550	7600	15200	26750	38000
2-dr Cabrlt	2150	6250	10600	21200	37250	55500

356 C, Carrera II, 4 cyl., 145 hp

2-dr Cpe	5000	14800	24950	49900	87600	124600

Removable HT (for Cabrio) add 10%
Sunroof add 10%

1965

356C/1600, 4-cyl., 1.6 litre, 82.7" wb, 70 hp

	6	5	4	3	2	1
2-dr Cpe	1250	3950	6600	13200	23250	32900
2-dr Cabrlt	1950	5700	9600	19200	33750	47900

356C/1600 Super, 4-cyl., 82.7" wb, 88 hp

2-dr Cpe	1500	4550	7600	15200	26750	38000
2-dr Cabrlt	2150	6250	10600	21200	37250	55500

1966

911, 6-cyl., 87" wb, 148 hp

	6	5	4	3	2	1
2-dr Cpe	650	1800	3250	6500	11200	16100

912, 4-cyl., 87" wb, 102 hp

2-dr Cpe	600	1600	2750	5500	9500	13800

5-speed on 912 add 10%

1967-1968

912, 4-cyl., 87" wb, 102 hp

	6	5	4	3	2	1
2-dr Cpe	600	1600	2750	5500	9500	13800
2-dr Targa	600	1650	2850	5700	9900	14200

911, 6-cyl., 87" wb, 140 hp

2-dr Cpe	650	1800	3250	6500	11200	16100
2-dr Targa	700	2000	3450	6900	11900	17200

911S, 6-cyl., 87" wb, 180 hp

2-dr Targa	850	2650	4450	8900	15700	22300
2-dr Cpe	850	2550	4350	8700	15300	21700

Factory air cond add 10%
5-speed trans (1968) add 10%

	6	5	4	3	2	1

1969

912, 4-cyl., 87" wb, 102 hp
	6	5	4	3	2	1
2-dr Cpe	600	1600	2750	5500	9500	13800
2-dr Targa	600	1650	2850	5700	9900	14200

911T, 6-cyl., 87" wb, 125 hp
2-dr Targa	800	2400	4050	8100	14200	20200
2-dr Cpe	750	2300	3850	7700	13300	19200

911E, 6-cyl., 87" wb, 150 hp
2-dr Targa	800	2500	4250	8500	15000	21200
2-dr Cpe	800	2400	4050	8100	14200	20200

911S, 6-cyl., 87" wb, 190 hp
2-dr Targa	900	2850	4750	9500	16700	23700
2-dr Cpe	900	2750	4650	9300	16400	23100

Factory air cond add 10%
5-speed trans add 10%

1970-1971

911T, 6-cyl., 87" wb, 125 hp
	6	5	4	3	2	1
2-dr Targa	800	2400	4050	8100	14200	20200
2-dr Cpe	750	2300	3850	7700	13300	19200

911E, 6-cyl., 87" wb, 150 hp
2-dr Cpe	800	2400	4050	8100	14200	20200
2-dr Targa	800	2500	4250	8500	15000	21200

911S, 6-cyl., 87" wb, 190 hp
2-dr Targa	900	2850	4750	9500	16700	23700
2-dr Cpe	900	2750	4650	9300	16400	23100

914/4, 4-cyl., 96.5" wb, 85 hp
2-dr Targa	550	1450	2450	4900	8500	12000

914/6, 6-cyl., 96.5" wb, 125 hp
2-dr Targa	750	2150	3600	7200	12400	18000

Factory air cond add 10%   5-speed trans add 10%
Sunroof add 5%

1972

911T, 6-cyl., 87" wb, 125 hp
	6	5	4	3	2	1
2-dr Targa	800	2500	4250	8500	15000	21200
2-dr Coupe	800	2400	4050	8100	14200	20200

911E, 6-cyl., 87" wb, 150 hp
2-dr Coupe	800	2500	4250	8500	15000	21200
2-dr Targa	850	2650	4450	8900	15700	22300

911S, 6-cyl., 87" wb, 190 hp
2-dr Targa	100	3100	5250	10500	18600	26200
2-dr Coupe	950	3050	5150	10300	18200	25700

914, 4-cyl., 96.5" wb
2-dr Targa 1.7	550	1450	2450	4900	8500	12000
2-dr Targa 2.0	550	1550	2600	5200	9000	12800

Factory air cond add 10%   5-speed trans add 10%
Sunroof add 5%

1973

911T, 6-cyl., 87" wb, 125 hp
	6	5	4	3	2	1
2-dr Cpe	800	2400	4050	8100	14200	20200
2-dr Targa	800	2500	4250	8500	15000	21200

911E, 6-cyl., 87" wb, 150 hp
2-dr Cpe	800	2500	4250	8500	15000	21200
2-dr Targa	850	2650	4450	8900	15700	22300

911S, 6-cyl., 87" wb, 190 hp
2-dr Cpe	950	3050	5150	10300	18200	25700
2-dr Targa	1000	3100	5250	10500	18600	26200

	6	5	4	3	2	1
911 Carrera RS, 6-cyl.						
2-dr Cpe	3950	8800	14850	29700	52200	74100
914, 4-cyl., 96.5" wb						
2-dr Targa 1.8	550	1500	2500	5000	8700	12300
2-dr Targa 2.0	550	1550	2600	5200	9000	12800

Factory air cond add 10%   5-speed trans add 10%
Sunroof add 5%

1974

	6	5	4	3	2	1
911, 6-cyl., 87" wb, 190 hp						
2-dr Cpe	800	2400	4050	8100	14200	20200
2-dr Targa	800	2500	4250	8500	15000	21200
911S, 6-cyl., 87" wb, 190 hp						
2-dr Cpe	800	2500	4250	8500	15000	21200
2-dr Targa	850	2650	4450	8900	15700	22300
914, 4-cyl., 96.5" wb						
2-dr Targa 1.8	550	1500	2500	5000	8700	12300
2-dr Targa 2.0	550	1550	2600	5200	9000	12800
Carrera, 6-cyl.						
2-dr Cpe	1000	3250	5450	10900	19100	27200
2-dr Targa	1050	3350	5600	11200	19700	28000

Factory air cond add 10%   5-speed trans add 10%
Sunroof add 5%

1975

	6	5	4	3	2	1
911S, 6-cyl., 87" wb, 190 hp						
2-dr Targa	800	2500	4250	8500	15000	21200
2-dr Coupe	850	2650	4450	8900	15700	22300
914, 4-cyl., 96.5" wb						
2-dr Targa 1.8	550	1500	2500	5000	8700	12300
2-dr Targa 2.0	550	1550	2600	5200	9000	12800
Carrera, 6-cyl.						
2-dr Cpe	1000	3250	5450	10900	19100	27200
2-dr Targa	1050	3350	5600	11200	19700	28000

Factory air cond add 10%   5-speed trans add 10%
Sunroof add 5%

1976

	6	5	4	3	2	1
911S, 6-cyl., 87" wb, 190 hp						
2-dr Cpe	800	2500	4250	8500	15000	21200
2-dr Targa	850	2650	4450	8900	15700	22300
912E, 6-cyl., 89.4" wb, 86 hp						
2-dr Cpe	700	2000	3450	6900	11900	17200
914, 4-cyl., 96.5" wb						
2-dr Targa 2.0	550	1550	2600	5200	9000	12800
930 Turbo Carrera, 6-cyl. 89.4" wb 234 hp						
2-dr Cpe	1600	4750	7950	15900	28000	39700

Factory air cond add 10%   Sunroof add 10%

1977

	6	5	4	3	2	1
911S, 6-cyl., 87" wb, 190 hp						
2-dr Cpe	800	2500	4250	8500	15000	21200
2-dr Targa	850	2650	4450	8900	15700	22300
924, 4-cyl., 94.5" wb, 95 hp						
2-dr Cpe	350	900	1500	3000	5300	7600
930 Turbo Carrera, 6-cyl. 89.4" wb 234 hp						
2-dr Cpe	1600	4750	7950	15900	28000	39700

	6	5	4	3	2	1
1978						
911SC, 6-cyl., 89.4" wb, 172 hp						
2-dr Cpe	1000	3100	5250	10500	18600	26200
2-dr Targa	1000	3200	5400	10800	19000	26900
924, 4-cyl. ., 94.5" wb, 110 hp						
2-dr Cpe	350	900	1500	3000	5300	7600
928, 8-cyl., 98.3" wb, 219 hp						
2-dr Cpe	550	1550	2650	5300	9100	13000
930 Turbo Carrera, 6-cyl., 89.4" wb., 234 hp						
2-dr Cpe	1600	4850	8100	16200	28500	40500
1979						
924, 4-cyl. ., 94.5" wb, 110 hp						
2-dr Cpe	350	1000	1600	3200	5700	8100
911SC, 6-cyl. 89.4" wb, 165 hp						
2-dr Cpe	1050	3350	5600	11200	19700	28000
2-dr Targa	1100	3500	5800	11600	20450	28900
928, 8-cyl., 98.3" wb, 219 hp						
2-dr Cpe	550	1550	2650	5300	9100	13000
930 Turbo Carrera, 6-cyl., 89.4" wb, 234 hp						
2-dr Cpe	1650	4900	8250	16500	29000	41200
1980						
924, 4-cyl., ., 94.5" wb, 110 hp						
2-dr Htchbk	350	1000	1600	3200	5700	8100
924 Turbo, 4-cyl. 94.5" wb, 143 hp						
2-dr Cpe	400	1050	1700	3400	5900	8500
911SC, 6-cyl., 89.4" wb, 172 hp						
2-dr Cpe	1150	3600	6000	12000	21150	30000
2-dr Targa	1150	3700	6200	12400	21850	30900
928, 8-cyl., 98.3" wb, 219 hp						
2-dr Cpe	600	1600	2750	5500	9500	13800
1981						
924, 4-cyl. ., 94.5" wb, 110 hp						
2-dr Htchbk	400	1050	1700	3400	5900	8500
924 Turbo, 4-cyl., 94.5" wb, 143hp						
2-dr Cpe	400	1100	1800	3600	6200	9100
911SC, 6-cyl., 89.4" wb, 172 hp.						
2-dr Cpe	1200	3800	6350	12700	22400	31700
2-dr Targa	1250	3950	6550	13100	23100	32700
928, 8-cyl., 98.3" wb, 219 hp						
2-dr Cpe	600	1600	2750	5500	9500	13300
1982						
924, 4-cyl. ., 94.5" wb, 110 hp						
2-dr Htchbk	400	1100	1800	3500	6100	8900
924 Turbo, 4-cyl., 94.5" wb, 143hp						
2-dr Cpe	400	1150	1850	3700	6400	9300
911SC, 6-cyl., 89.4" wb, 172 hp						
2-dr Cpe	1300	4050	6750	13500	23800	33700
2-dr Targa	1350	4200	7000	14100	24800	35100
928, 8-cyl., 98.3" wb, 219 hp						
2-dr Cpe	600	1650	2850	5700	9900	14200
1983						
944, 4-cyl., 94.5" wb, 143 hp						
2-dr Cpe	400	1100	1800	3500	6100	8900

	6	5	4	3	2	1
911SC, 6-cyl., 89.4" wb, 172 hp						
2-dr Cpe	1400	4350	7250	14500	25500	36200
2-dr Targa	1500	4500	7550	15100	26600	37700
928S, 8-cyl., 98.4" wb, 234 hp						
2-dr Cpe	600	1650	2900	5800	10000	14500
1984-1985						
944, 4-cyl., 94.5" wb, 143 hp						
2-dr Cpe	450	1250	2050	4100	7100	10300
911 Carrera, 6-cyl., 89.5" wb., 200 hp						
2-dr Cpe	1850	5400	9100	18200	32000	45500
2-dr Targa	1800	5300	8950	17900	31500	44700
2-dr Cabrlt	2300	6800	11450	22900	40200	57200
928S, 8-cyl, 98.4" wb, 234 hp						
2-dr Cpe	850	2600	4400	8800	15500	21900

928-S optional 288 hp add 15%

1986						
944, 4-cyl., 94.5" wb, 143 hp						
2-dr Cpe	500	1350	2300	4600	8000	11300
944 Turbo, 4-cyl.						
2-dr Cpe	650	1750	3100	6200	10700	15400
911 Carrera, 6-cyl., 89.5" wb., 200 hp						
2-dr Cpe	2000	5850	9850	19700	34600	49200
2-dr Targa	1950	5700	9950	19300	33900	48100
2-dr Cabrlt	2450	7300	12350	24700	43400	61700
911 Carrera Turbo, 6-cyl., 89.5" wb, 282 hp						
2-dr Cpe	2450	7150	12100	24200	42500	60400
928S, 8-cyl., 98.4" wb, 288 hp						
2-dr Cpe	900	2850	4750	9500	16700	23700

1987-1988						
924, 4-cyl., 94.5" wb., 147 hp						
2-dr S Cpe	450	1250	2100	4200	7200	10500
944, 4-cyl., 94.5" wb., 147 hp (S-pkg 208 hp)						
2-dr Cpe	650	1700	3000	5900	10200	14700
2-dr S Cpe	700	1900	3350	6700	11500	16500
944 Turbo, 4-cyl., 94.5" wb., 217 hp						
2-dr Cpe	800	2400	4050	8100	14200	20200
2-dr S Cpe	800	2500	4250	8500	15000	21200
911 Carrera, 6-cyl., 89.5" wb, 214 hp						
2-dr Cpe	2300	6800	11450	22900	40200	57200
2-dr Targa	2300	6700	11300	22600	39700	56400
2-dr Cabrlt	2750	8450	13700	27400	48100	68400
911 Carrera Turbo, 6-cyl., 89.5" wb, 282 hp						
2-dr Cpe	2850	8450	14250	28500	50000	71100
2-dr Targa	2800	8300	13950	27900	49000	69600
2-dr Cabrlt	3450	10300	17350	34700	60900	86600
928S, 8-cyl., 98.4" wb, 316 hp						
2-dr Cpe	1350	4150	6950	13800	24300	34500

1989						
944, 4-cyl., 94.5" wb., 147 hp (S-pkg 208 hp)						
2-dr Cpe	700	1900	3350	6700	11500	16500
2-dr S2 Cpe	750	2300	3800	7600	13100	18900
944 Turbo, 4-cyl., 94.5" wb., 217 hp						
2-dr Cpe	850	2650	4500	9000	15900	22500
911 Carrera, 6-cyl., 89.5" wb, 214 hp						
2-dr Cpe	2500	7350	12450	24900	43700	62100
2-dr Targa	2450	7200	12200	24400	42850	61000

	6	5	4	3	2	1
2-dr Cabrlt	2900	8600	14500	29000	50900	72400
2-dr Spdstr	3850	11400	19200	38400	67400	95900
2-dr Cpe (4WD)	2600	7800	13150	26300	46200	65700
911 Carrera Turbo, 6-cyl., 89.5" wb, 282 hp						
2-dr Cpe	3050	9100	15350	30700	53900	76600
2-dr Targa	3050	9000	15150	30300	53200	75600
2-dr Cabrlt	3800	11250	18950	37900	66500	94600
928S, 8-cyl., 98.4" wb, 316 hp						
2-dr Cpe	1500	4500	7550	15100	26600	37700

1990-1991

	6	5	4	3	2	1
944, 4-cyl., 94.5" wb., 208 hp						
2-dr S2 Cabrlt	1450	4400	7350	14700	25900	36700
2-dr S2 Cpe	900	2750	4600	9200	16200	22900
911 Carrera 2, 6-cyl., 89.5" wb, 247 hp						
2-dr Cpe	2600	7750	13100	26200	46000	65500
2-dr Targa	2550	7600	12850	25700	45100	64100
2-dr Cabrlt	3000	8900	15000	30000	52700	74900
911 Carrera 4, 6-cyl.						
2-dr Cpe (AWD)	2750	8200	13800	27600	48500	68900
2-dr Targa (AWD)	2700	8100	13600	27200	47800	67900
2-dr Cabrlt (AWD)	3250	9700	16350	32700	57400	81600
928S, 8-cyl., 98.4" wb, 316 hp						
2-dr S4 Cpe	1700	5000	8400	16800	29550	41900

ROLLS-ROYCE
1947 – 1991

1955-1961 Rolls-Royce Silver Cloud

1966-1976 Rolls-Royce Silver Shadow

	6	5	4	3	2	1
1946-1948						
Silver Wraith, 6-cyl., 127" wb, 4257cc						
4-dr Sdn	2150	6200	10500	21000	36900	52400
4-dr Sdn James Young	1700	5050	8500	17000	29900	42500
1949-1950						
Silver Dawn, 6-cyl., 120" wb, 4257cc						
4-dr Sdn	2400	7050	11950	23900	42000	59700
Silver Wraith, 6-cyl., 127" wb, 4257cc						
4-dr Sdn	2150	6200	10500	21000	36900	52400
4-dr Sdn James Young	1700	5050	8500	17000	29900	42500
1951						
Silver Dawn, 6-cyl., 120" wb, 4566cc						
4-dr Sdn	2600	7650	12950	25900	45500	64700
Silver Wraith, 6-cyl., 133" wb, 4566cc						
4-dr Sdn	2250	6550	11000	22000	38650	55000
4-dr Sdn James Young	1800	5350	9000	18000	31650	45000
1952-1954						
Silver Dawn, 6-cyl., 120" wb, 4566cc						
2-dr Conv Park Ward	6000	17800	30000	60000	105400	149800
4-dr Sdn	2700	8000	13450	26900	47200	67100
Silver Wraith, 6-cyl., 133" wb, 4566cc						
4-dr Sdn	2250	6550	11000	22000	38650	55000
4-dr Sdn James Young	1800	5350	9000	18000	31650	45000

All models deduct 20% for RHD

	6	5	4	3	2	1

1955

Silver Cloud, 6-cyl., 123" wb, 4887cc

	6	5	4	3	2	1
4-dr Sdn	1700	5050	8500	17000	29900	42500
2-dr Conv Cpe Mulliner	5900	17550	29500	59000	103600	147300

Silver Dawn, 6-cyl., 120" wb, 4566cc

	6	5	4	3	2	1
2-dr Conv Park Ward	6000	17800	30000	60000	105400	149800
4-dr Sdn	2700	8000	13450	26900	47200	67100

All models deduct 20% for RHD

1956-1957

Silver Cloud I, 6-cyl., 123" wb, 4887cc

	6	5	4	3	2	1
4-dr Sdn	1700	5050	8500	17000	29900	42500
4-dr LWB Sdn	1900	5500	9250	18250	32500	47000
2-dr Conv Cpe Mulliner	5900	17550	29500	59000	103600	147300

Silver Wraith, 6-cyl., 133" wb, 4887cc

	6	5	4	3	2	1
4-dr Sdn	2300	6800	11500	23000	40400	57500
4-dr Sdn James Young	1900	5650	9500	19000	33400	47500

All models deduct 20% for RHD

1958-1959

Silver Cloud I, 6-cyl., 123" wb, 4887cc

	6	5	4	3	2	1
4-dr Sdn	1800	5350	9000	18000	31650	45000
4-dr LWB Sdn	2100	5700	9900	19250	35000	48500
2-dr Conv Cpe Mulliner	6200	18400	31000	62000	108900	154600

Silver Wraith, 6-cyl., 133" wb, 4887cc

	6	5	4	3	2	1
4-dr Sdn	2300	6800	11500	23000	40400	57500
4-dr Sdn James Young	1900	5650	9500	19000	33400	47500

All models deduct 20% for RHD

1960-1962

Silver Cloud II, 8-cyl., 127" wb, 6230cc

	6	5	4	3	2	1
4-dr Sdn	2200	6500	10950	21900	38500	54700
4-dr LWB Sdn	2500	6900	12400	24250	42500	58500
2-dr Conv Cp Mulliner	7200	21400	36000	72000	126400	179700

Phantom IV

	6	5	4	3	2	1
4-dr Limo James Young	4800	14250	24000	48000	84300	119800
4-dr Limo Park Ward	3800	11300	19000	38000	66700	94900

All models deduct 20% for RHD

1963-1965

Silver Cloud III, 8-cyl., 127" wb, 6230cc

	6	5	4	3	2	1
4-dr Sdn	2200	6400	10500	20900	37500	54500
4-dr LWB Sdn	2500	5700	10900	22250	39000	58500
2-dr Conv Mulliner	7500	22300	37500	75000	131700	187200

Phantom V

	6	5	4	3	2	1
4-dr Limo James Young	5600	16600	27950	55900	98200	139500
4-dr Limo Park Ward	4600	13650	22950	45900	80600	114600

1966-1968

Silver Shadow, 8-cyl., 119.5" or 123.5" wb, 6230cc

	6	5	4	3	2	1
4-dr Sdn	1700	5050	8450	16900	29700	42200
2-dr Dhd Cpe Mulliner	2900	8600	14450	28900	50700	72100

Phantom V

	6	5	4	3	2	1
4-dr Limo James Young	6000	16600	27950	55900	98200	139500
4-dr Limo Park Ward	4600	13650	22950	45900	80600	114600

	6	5	4	3	2	1

1969-1970

Silver Shadow, 8-cyl., 119.5" or 123.5" wb, 6230cc
	6	5	4	3	2	1
4-dr Sdn	1700	5050	8450	16900	29700	42200
2-dr Dhd Cpe Mulliner	2900	8600	14450	28900	50700	72100

Phantom VI
	6	5	4	3	2	1
4-dr Limousine	4000	11850	11950	39900	70100	99600

1971

Corniche, 8-cyl., 119" wb, 6750cc
	6	5	4	3	2	1
2-dr Conv	3000	8900	19450	29900	52500	74600
2-dr Cpe	2200	6500	10950	21900	38500	54700

Silver Shadow, 8-cyl., 119.5" or 123.5" wb, 6230cc
	6	5	4	3	2	1
4-dr Sdn	1750	5100	8600	17200	30250	43000

Phantom VI
	6	5	4	3	2	1
4-dr Limousine	4000	11850	11950	39900	70100	99600

1972-1974

Corniche, 8-cyl., 119" wb, 6750cc
	6	5	4	3	2	1
2-dr Conv	3000	8900	19450	29900	52500	74600
2-dr Cpe	2200	6500	10950	21900	38500	54700

Silver Shadow, 8-cyl., 119.5" or 123.5" wb, 6230cc
	6	5	4	3	2	1
4-dr Sdn	1750	5100	8600	15500	27500	38000

Phantom VI
	6	5	4	3	2	1
4-dr Limousine	4000	11850	11950	39900	70100	99600

1975

Camargue
	6	5	4	3	2	1
2-dr Cpe	2300	6800	11500	23000	40400	57500

Corniche, 8-cyl., 119" wb, 6750cc
	6	5	4	3	2	1
2-dr Conv	3450	10250	17250	34500	60600	86100
2-dr Cpe	2500	7350	12450	24900	43700	62100

Silver Shadow, 8-cyl., 119.5" or 123.5" wb, 6230cc
	6	5	4	3	2	1
4-dr Sdnr	1750	5100	8600	15500	27500	38000

Phantom VI
	6	5	4	3	2	1
4-dr Limousine	4200	12450	20950	41900	73600	104600

1976

Camargue
	6	5	4	3	2	1
2-dr Cpe	2400	7100	12000	24000	52150	59900

Corniche, 8-cyl., 119" wb, 6750cc
	6	5	4	3	2	1
2-dr Conv	3550	10550	17750	35500	62300	88600
2-dr Cpe	2600	7650	12950	25900	45500	64700

Silver Shadow II, 8-cyl., 119.5" or 123.5" wb, 6230cc
	6	5	4	3	2	1
4-dr Sdn	1750	5100	8600	15500	27500	38700

1977-1979

Camargue, 8-cyl., 120" wb, 6750 cc
	6	5	4	3	2	1
2-dr Cpe	2500	7400	12500	25000	43900	62400

Corniche, 8-cyl., 119.5" wb, 6750cc
	6	5	4	3	2	1
2-dr Conv	3550	10550	17750	35500	62300	88600
2-dr Cpe	2600	7650	12950	25900	45500	64700

Silver Shadow, 8-cyl., 119.5" wb, 6750cc
	6	5	4	3	2	1
4-dr Sdn	2250	6550	11000	22000	38650	55000

Silver Wraith II, 8-cyl., 123.5" wb, 6750 cc
	6	5	4	3	2	1
4-dr Sdn	2500	7400	12500	25000	43900	62400

	6	5	4	3	2	1

1980-1982

Camargue, 8-cyl, 120.5" wb 6750cc

| 2-dr Cpe | 2800 | 8300 | 14000 | 28000 | 49200 | 69900 |

Corniche, 8-cyl., 119.5" wb, 6750cc

| 2-dr Conv | 3850 | 11450 | 19250 | 38500 | 67600 | 96100 |
| 2-dr Cpe | 2900 | 8600 | 14450 | 28900 | 50700 | 72100 |

Silver Sprit, 8-cyl.,120.5" wb, 6750cc

| 4-dr Sdn | 2300 | 6800 | 11500 | 23000 | 40400 | 57500 |

Silver Spur, 8-cyl, 124.5" wb, 6750 cc

| 4-dr Sdn | 2600 | 7700 | 13000 | 26000 | 45650 | 65000 |

1983-1984

Camargue, 8-cyl, 120.5" wb 6750cc

| 2-dr Cpe | 3200 | 9550 | 16000 | 32000 | 56200 | 79900 |

Corniche, 8-cyl., 120" wb, 6750cc

| 2-dr Conv | 4150 | 12350 | 20750 | 41500 | 72900 | 103600 |

Silver Spirit, 8-cyl.,120.5" wb, 6750cc

| 4-dr Sdn | 2800 | 8300 | 13950 | 26900 | 47200 | 67100 |

Silver Spur, , 8-cyl, 124.5" wb, 6750 cc

| 4-dr Sdn | 2900 | 8600 | 14450 | 28900 | 50700 | 72100 |

1985-1986

Camargue, 8-cyl, 120.5" wb 6750cc

| 2-dr Cpe | 3700 | 11000 | 18500 | 37000 | 65000 | 92400 |

Corniche, 8-cyl., 120" wb, 6750cc

| 2-dr Conv | 4750 | 14100 | 23750 | 47500 | 83400 | 118600 |

Silver Spirit, 8-cyl.,120.5" wb, 6750cc

| 4-dr Sdn | 3000 | 8900 | 14950 | 29900 | 52500 | 74600 |

Silver Spur, 8-cyl, 124.5" wb, 6750 cc

| 4-dr Sdn | 3100 | 9200 | 15450 | 30900 | 54300 | 77100 |
| Limousine (36" or 42" stretch) | 5900 | 9400 | 19500 | 29000 | 47800 | 89000 |

Silver Spur Centenary Ed add 25%

1987-1988

Corniche, 8-cyl., 120" wb, 6750cc

| 2-dr Conv | 5350 | 15900 | 26750 | 53500 | 93900 | 133500 |

Silver Spirit, 8-cyl.,120.5" wb, 6750cc

| 4-dr Sdn | 3300 | 9750 | 16450 | 32900 | 57800 | 82100 |

Silver Spur, 8-cyl, 124.5" wb, 6750 cc

| 4-dr Sdn | 3400 | 10050 | 16950 | 33900 | 59500 | 84600 |
| Limousine (36" or 42" stretch) | 5900 | 9400 | 19500 | 29000 | 47800 | 89000 |

1989-1991

Corniche, 8-cyl., 120" wb, 6750cc

| 2-dr Conv | 6200 | 17500 | 29000 | 58000 | 105000 | 149700 |

Silver Spirit II, 8-cyl, 120.5" wb, 6750 cc

| 4-dr Sdn | 3000 | 9350 | 15950 | 29900 | 55100 | 79600 |

Silver Spur II, 8-cyl, 124" wb, 6750 cc

| 4-dr Sdn | 3300 | 10250 | 16450 | 32900 | 60300 | 87100 |
| Limousine (36" or 42" stretch) | 5900 | 9400 | 19500 | 29000 | 47800 | 89000 |

SUNBEAM
1949 – 1969

1966 Sunbeam Tiger

	6	5	4	3	2	1
1949-1952						
Talbot Series 90, 4-cyl., 64 hp, 97.5" wb						
4-dr Sdn	300	800	1350	2700	4700	6900
2-dr Conv	400	1050	1700	3300	5800	8300
1953						
Alpine Mark IIA, 4-cyl., 80 hp, 97.5" wb (Start March 1953)						
2-dr Spt Rdstr	550	1550	2650	5300	9100	13000
Talbot Series Mark IIA, 4-cyl., 70 hp, 97.5" wb						
4-dr Sdn	350	900	1500	2900	5200	7400
2-dr Conv	400	1100	1800	3500	6100	8900
1954						
Alpine Mark IIA, 4-cyl., 80 hp, 97.5" wb						
2-dr Spt Rdstr	550	1550	2650	5300	9100	13000
Talbot Mark IIA, 4-cyl., 70 hp, 97.5" wb						
4-dr Sdn	350	900	1500	2900	5200	7400
2-dr Conv	400	1100	1800	3500	6100	8900
1955						
Alpine Mark IIA, 4-cyl., 80 hp, 97.5" wb						
2-dr Spt Rdstr	550	1550	2650	5300	9100	13000
Talbot Mark II1 4-cyl., 70 hp, 97.5" wb						
4-dr Sdn	350	900	1500	2900	5200	7400
2-dr Conv	400	1100	1800	3500	6100	8900

	6	5	4	3	2	1

1956

Alpine Mark IIA, 4-cyl., 80 hp, 97.5" wb
| 2-dr Spt Rdstr | 550 | 1550 | 2650 | 5300 | 9100 | 13000 |

Rapier, 4-cyl., 67 hp, 96" wb
| 2-dr Hdtp | 300 | 700 | 1200 | 2400 | 4100 | 5900 |

Talbot Mark III, 4-cyl., 70 hp, 97.5" wb
| 4-dr Sdn | 350 | 900 | 1500 | 2900 | 5200 | 7400 |
| 2-dr Conv | 400 | 1100 | 1800 | 3500 | 6100 | 8900 |

1957-1959

Rapier, 4-cyl., 73 hp, 96" wb
| 2-dr Hdtp | 300 | 800 | 1300 | 2600 | 4600 | 6600 |
| 2-dr Conv | 400 | 1100 | 1800 | 3500 | 6100 | 8900 |

1960-1962

Alpine, 4-cyl., 84 hp, 86" wb
| 2-dr Conv | 550 | 1400 | 2400 | 4800 | 8300 | 11800 |

Rapier, 4-cyl., 73 hp, 96" wb
| 2-dr Hdtp | 300 | 800 | 1300 | 2600 | 4600 | 6600 |
| 2-dr Conv | 400 | 1100 | 1800 | 3500 | 6100 | 8900 |

1963-1964

Alpine II, 4-cyl., 84 hp, 86" wb
| 2-dr Conv | 550 | 1400 | 2400 | 4800 | 8300 | 11800 |
| 2-dr LeMans Fastback | 550 | 1550 | 2650 | 5300 | 9100 | 13000 |

Rapier, 4-cyl., 73 hp, 96" wb
| 2-dr Hdtp | 300 | 800 | 1300 | 2600 | 4600 | 6600 |
| 2-dr Conv | 400 | 1100 | 1800 | 3500 | 6100 | 8900 |

1965

Imp, 4-cyl., 42hp, 82" wb
| 2-dr Spt Sdn | 200 | 400 | 550 | 1100 | 2000 | 2900 |

Minx Deluxe, 4-cyl, 62 hp, 82" wb
| 4-dr Dlx Minx Sdn | 200 | 400 | 600 | 1200 | 2100 | 3000 |

Alpine IV, 4-cyl., 90 hp., 86" wb
| 2-dr Conv | 450 | 1250 | 2100 | 4200 | 7200 | 10500 |
| 2-dr GT Hdtp | 550 | 1400 | 2400 | 4800 | 8300 | 11800 |

Tiger, Mark I/IA8-cyl., 164 hp, 86" wb (Ford 260 V8)
| 2-dr Spt Conv | 1150 | 3600 | 5950 | 11900 | 21000 | 29700 |

1966

Imp, 4-cyl., 42 hp, 82" wb
| 2-dr Dlx Spt Sdn | 200 | 400 | 550 | 1100 | 2000 | 2900 |

Minx Deluxe, 4-cyl., 62 hp, 82" wb
| 4-dr Spt Sdn | 200 | 400 | 600 | 1200 | 2100 | 3000 |

Alpine V, 4-cyl., 100 hp, 86" wb
| 2-dr Conv | 450 | 1250 | 2200 | 4400 | 7600 | 10900 |

Tiger, Mark II, 8-cyl., 200 hp, 86" wb (Ford 289 cid V-8)
| 2-dr Conv | 1150 | 3600 | 5950 | 11900 | 21000 | 29700 |

1967

Imp, 4-cyl., 42 hp, 82" wb
| 2-dr Spt Sdn | 200 | 400 | 550 | 1100 | 2000 | 2900 |

Minx Deluxe, 4-cyl., 69.5 hp, 82" wb
| 4-dr Minx Dlx Sdn | 200 | 400 | 600 | 1200 | 2100 | 3000 |

Arrow, 4-cyl., 73 hp, 82" wb
| 4-dr Sdn | 200 | 350 | 500 | 1000 | 1900 | 2700 |
| 4-dr Wgn | 200 | 400 | 550 | 1100 | 2000 | 2900 |

	6	5	4	3	2	1
Alpine, 4-cyl., 100 hp, 86" wb						
2-dr Conv	450	1250	2200	4400	7600	10900
Tiger, Mark II 8-cyl., 200 hp, 86" wb (Ford 289 V8)						
2-dr Conv	1300	4050	6750	13500	23800	33700

1968

(These models were produced with the Rootes nameplate this year)

	6	5	4	3	2	1
Imp, 4-cyl., 42 hp, 82" wb						
2-dr Spt Sdn	200	400	550	1100	2000	2900
Minx Deluxe, 4-cyl., 69.5 hp, 82" wb						
4-dr Minx Dlx Sdn	200	400	600	1200	2100	3000
Arrow, 4-cyl., 73 hp, 82" wb						
4-dr Sdn	200	350	500	1000	1900	2700
4-dr Wgn	200	400	550	1100	2000	2900
Alpine, 4-cyl., 100 hp, 86" wb						
2-dr Conv	450	1250	2200	4400	7600	10900
Tiger, 8-cyl., 200 hp, 86" wb (Ford 289 V8)						
2-dr Mark II Conv	1300	4050	6750	13500	23800	33700

1969

	6	5	4	3	2	1
Arrow, 4-cyl., 73 hp, 98.5" wb						
4-dr Sdn	200	350	500	1000	1900	2700
Alpine, 4-cyl., 73 hp, 98.5" wb						
2-dr Fastback Cpe	300	600	950	1900	3200	4600
Alpine, 4-cyl., 94 hp, 98.5" wb						
2-dr GT Fastback Cpe	300	650	1000	2000	3500	4900

PRICE GUIDE CLASSIFICATIONS:

1. CONCOURS: Perfection. At or near 100 points on a 100-point judging scale. Trailered; never driven; pampered. Totally restored to the max and 100 percent stock.

2. SHOW: Professionally restored to high standards. No major flaws or deviations from stock. Consistent trophy winner that needs nothing to show. In 90 to 95 point range.

3. STREET/SHOW: Older restoration or extremely nice original showing some wear from age and use. Very presentable; occasional trophy winner; everything working properly. About 80 to 89 points.

4. DRIVER: A nice looking, fine running collector car needing little or nothing to drive, enjoy and show in local competition. Would need extensive restoration to be a show car, but completely usable as is.

5. RESTORABLE: Project car that is relatively complete and restorable within a reasonable effort and expense. Needs total restoration, but all major components present and rebuildable. May or may not be running.

6. PARTS CAR: Deteriorated or stripped to a point beyond reasonable restoration, but still complete and solid enough to donate valuable parts to a restoration. Likely not running, possibly missing its engine.

TOYOTA (TOYOPET)
1958 – 1991

1975 Toyota Celica GT

1975 Toyota Corona SR-5

	6	5	4	3	2	1
TOYOTA (TOYOPET)						
1958-1960						
Crown, 4-cyl., 99.6" wb						
4-dr Sdn	300	650	1000	2000	3500	4900
1961-1963						
Crown, 4-cyl., 100" wb						
4-dr Custom Sdn	300	650	1100	2100	3600	5100
4-dr Custom Sta Wgn	300	650	1100	2200	3800	5400
Tiara, 4-cyl., 94.5" wb						
4-dr Sdn	300	600	950	1900	3200	4600
1964-1966						
Crown, 4-cyl., 100" wb						
4-dr Custom Sdn	300	650	1100	2100	3600	5100
4-dr Custom Sta Wgn	300	650	1100	2200	3800	5400
Tiara, 4-cyl., 94.5" wb						
4-dr Sdn	300	600	950	1900	3200	4600
TOYOTA						
1967-1968						
Corona, 4-cyl., 95.3" wb						
4-dr Sdn	300	550	800	1600	2800	3900
2-dr Hdtp Cpe	300	650	1000	2000	3500	4900

	6	5	4	3	2	1
Crown, 6-cyl., 105.9" wb						
4-dr Sdn	250	500	750	1400	2400	3400
4-dr Sta Wgn	250	500	750	1500	2600	3600
2000 GT, 6-cyl., 91.7" wb						
2-dr GT Cpe	7300	21700	36500	73000	128200	182200

1969-1970

	6	5	4	3	2	1
Corolla, 4-cyl., 90" wb						
2-dr Cpe	250	500	750	1500	2600	3600
2-dr Sta Wgn	300	550	800	1600	2800	3900
Corona, 4-cyl., 95.3" wb						
4-dr Sdn	300	550	800	1600	2800	3900
2-dr Hdtp Cpe	300	650	1000	2000	3500	4900
Corona Mark II, 4-cyl., 98.8" wb						
4-dr Sdn	300	600	850	1700	2900	4100
2-dr Hdtp	300	650	1100	2100	3600	5100
4-dr Sta Wgn	300	600	900	1800	3100	4400
Crown, 6-cyl., 105.9" wb						
4-dr Sdn	250	500	750	1400	2400	3400
4-dr Sta Wgn	250	500	750	1500	2600	3600

1971

	6	5	4	3	2	1
Celica, 4-cyl.						
2-dr Cpe	250	500	750	1500	2600	3600
Corolla KE, 4-cyl., 91.9" wb						
2-dr Sdn	250	500	750	1400	2400	3400
2-dr Cpe	250	500	750	1500	2600	3600
2-dr Sta Wgn	250	500	750	1500	2600	3600
Corolla TE, 4-cyl., 91.9" wb						
2-dr Sdn	250	500	750	1400	2400	3400
2-dr Cpe	250	500	750	1500	2600	3600
4-dr Sdn	250	500	750	1400	2400	3400
2-dr Sta Wgn	250	500	750	1500	2600	3600
Corona, 4-cyl., 95.7" wb						
4-dr Sdn	300	550	800	1600	2800	3900
2-dr Hdtp	300	650	1000	2000	3500	4900
Corona Mark II, 4-cyl., 98.8" wb						
4-dr Sdn	300	600	850	1700	2900	4100
2-dr Hdtp	300	650	1000	2000	3500	4900
4-dr Sta Wgn	300	600	950	1900	3200	4600
Crown, 6-cyl., 105.9" wb						
4-dr Sdn	250	500	750	1400	2400	3400
4-dr Sta Wgn	250	500	750	1500	2600	3600

1972-1973

	6	5	4	3	2	1
Carina						
2-dr Sdn	200	450	650	1300	2200	3200
Celica, 4-cyl.						
2-dr Cpe	250	500	750	1500	2600	3600
Corolla KE, 4-cyl., 91.9" wb						
2-dr Sdn	250	500	750	1400	2400	3400
Corolla TE, 4-cyl., 91.9" wb						
2-dr Sdn	250	500	750	1400	2400	3400
2-dr Cpe	250	500	750	1500	2600	3600
4-dr Sdn	250	500	750	1400	2400	3400
2-dr Sta Wgn	250	500	750	1500	2600	3600
Corona, 4-cyl., 95.7" wb						
4-dr Sdn	300	550	800	1600	2800	3900
2-dr Hdtp	300	600	950	1900	3200	4600
4-dr Sta Wgn (1973 only)	300	600	950	1900	3200	4600

	6	5	4	3	2	1
Corona Mark II, 4-cyl., 98.8" wb						
4-dr Sdn	300	600	850	1700	2900	4100
2-dr Hdtp	300	650	1000	2000	3500	4900
4-dr Sta Wgn	300	600	950	1900	3200	4600

1974

	6	5	4	3	2	1
Celica, 4-cyl.						
2-dr Cpe	250	500	750	1500	2600	3600
Corolla KE, 4-cyl., 91.9" wb						
2-dr Sdn	250	500	750	1400	2400	3400
2-dr DLX Sdn	250	500	750	1500	2600	3600
Corolla TE, 4-cyl., 91.9" wb						
2-dr Sdn	250	500	750	1400	2400	3400
2-dr Cpe	250	500	750	1500	2600	3600
4-dr Sdn	250	500	750	1400	2400	3400
2-dr Sta Wgn	250	500	750	1500	2600	3600
Corona, 4-cyl., 95.7" wb						
2-dr Sdn	300	550	800	1600	2800	3900
4-dr Sdn	300	550	800	1600	2800	3900
2-dr Hdtp	300	600	950	1900	3200	4600
4-dr Sta Wgn	300	600	950	1900	3200	4600
Corona Mark II, 4-cyl., 98.8" wb						
4-dr Sdn	300	600	850	1700	2900	4100
2-dr Hdtp	300	650	1000	2000	3500	4900
4-dr Sta Wgn	300	600	950	1900	3200	4600

1975

	6	5	4	3	2	1
Celica, 4-cyl.						
2-dr GT Hdtp	300	600	850	1700	2900	4100
2-dr ST Hdtp	300	550	800	1600	2800	3900
Corolla, 4-cyl.						
2-dr Dlx Sdn	250	500	750	1500	2600	3600
4-dr Dlx Sdn	250	500	750	1400	2400	3400
4-dr Dlx Sta Wgn	250	500	750	1500	2600	3600
2-dr SR5 Cpe	300	550	800	1600	2800	3900
Corona, 4-cyl.						
2-dr Hdtp	300	600	950	1900	3200	4600
2-dr Sdn	300	550	800	1600	2800	3900
4-dr Sta Wgn	300	600	950	1900	3200	4600
4-dr Dlx Sdn	300	550	800	1600	2800	3900
Corona Mark II, 4-cyl.						
4-dr Sdn	300	600	850	1700	2900	4100
2-dr Hdtp	300	650	1000	2000	3500	4900
4-dr Sta Wgn	300	600	950	1900	3200	4600
2-dr SR5 Hdtp	300	600	950	1900	3200	4600

1976

	6	5	4	3	2	1
Celica, 4-cyl.						
2-dr GT Hdtp	300	600	850	1700	2900	4100
2-dr GT Liftbk	300	650	1000	2000	3500	4900
2-dr ST Hdtp	300	550	800	1600	2800	3900
Corolla, 4-cyl.						
2-dr Sdn	250	500	750	1400	2400	3400
2-dr Dlx Hdtp	250	500	750	1500	2600	3600
2-dr Dlx Liftbk	250	500	750	1400	2400	3400
2-dr Dlx Sdn	250	500	750	1500	2600	3600
2-dr Dlx Spt Cpe	250	500	750	1500	2600	3600
4-dr Dlx Sdn	250	500	750	1400	2400	3400
4-dr Dlx Sta Wgn	250	500	750	1500	2600	3600
2-dr SR5 Spt Cpe	300	550	800	1600	2800	3900

	6	5	4	3	2	1
2-dr SR5 Dlx Spt Cpe	250	500	750	1500	2600	3600
2-dr SR5 Dlx Liftbk	250	500	750	1500	2600	3600
Corona, 4-cyl.						
2-dr Sdn	300	550	800	1600	2800	3900
2-dr Dlx Hdtp	300	600	950	1900	3200	4600
4-dr Dlx Sdn	300	550	800	1600	2800	3900
4-dr Dlx Sta Wgn	300	600	950	1900	3200	4600
Corona Mark II, 4-cyl.						
4-dr Sdn	300	550	800	1600	2800	3900
4-dr Sta Wgn	300	600	900	1800	3100	4400
2-dr SR5 Hdtp	300	600	900	1800	3100	4400

1977

	6	5	4	3	2	1
Celica, 4-cyl.						
2-dr GT Hdtp	300	600	850	1700	2900	4100
2-dr GT Liftbk	300	650	1000	2000	3500	4900
2-dr ST Hdtp	300	550	800	1600	2800	3900
Corolla, 4-cyl.						
2-dr Sdn	250	500	750	1400	2400	3400
4-dr Custom Sdn	250	500	750	1400	2400	3400
2-dr Dlx Spt Cpe	250	500	750	1500	2600	3600
2-dr Dlx Liftbk	250	500	750	1400	2400	3400
2-dr Dlx Sdn	250	500	750	1500	2600	3600
4-dr Dlx Sdn	250	500	750	1400	2400	3400
4-dr Dlx Sta Wgn	250	500	750	1500	2600	3600
2-dr SR5 Spt Cpe	300	550	800	1600	2800	3900
2-dr SR5 Dlx Spt Cpe	250	500	750	1500	2600	3600
2-dr SR5 Dlx Liftbk	250	500	750	1500	2600	3600
Corona, 4-cyl.						
2-dr Cstm Sdn	300	550	800	1600	2800	3900
2-dr Dlx Hdtp	300	600	950	1900	3200	4600
4-dr Dlx Sdn	300	550	800	1600	2800	3900
4-dr Dlx Sta Wgn	300	600	950	1900	3200	4600

1978

	6	5	4	3	2	1
Celica, 4-cyl., 98.4" wb						
2-dr GT Hdtp	300	600	850	1700	2900	4100
2-dr GT Liftbk	300	650	1000	2000	3500	4900
2-dr ST Hdtp	300	550	800	1600	2800	3900
Corolla, 4-cyl., 94.5" wb						
2-dr Liftbk	250	500	750	1400	2400	3400
2-dr Sdn	250	500	750	1400	2400	3400
2-dr Spt Cpe	250	500	750	1500	2600	3600
4-dr Sdn	250	500	750	1400	2400	3400
2-dr Dlx Sdn	250	500	750	1500	2600	3600
4-dr Dlx Sdn	250	500	750	1400	2400	3400
4-dr Dlx Sta Wgn	250	500	750	1500	2600	3600
2-dr SR5 Spt Cpe	300	550	800	1600	2800	3900
2-dr SR5 Liftbk	250	500	750	1500	2600	3600
Corona, 4-cyl., 99.4" wb						
2-dr Cstm Sdn	300	550	800	1600	2800	3900
4-dr Dlx Sdn	300	550	800	1600	2800	3900
4-dr Dlx Sta Wgn	300	600	950	1900	3200	4600
Cressida, 6-cyl., 104.1" wb						
4-dr Sdn	300	600	900	1800	3100	4400
4-dr Sta Wgn	300	650	1000	2000	3500	4900

1979

	6	5	4	3	2	1
Celica, 4-cyl., 98.4" wb						
2-dr ST Spt Cpe	300	600	850	1700	2900	4100

	6	5	4	3	2	1
2-dr GT Spt Cpe	300	600	950	1900	3200	4600
2-dr GT Liftbk	300	650	1100	2100	3600	5100
2-dr Supra Liftbk	300	700	1200	2400	4100	5900
Corolla, 4-cyl., 94.5" wb						
2-dr Sdn	200	450	650	1300	2200	3200
4-dr Sdn	200	450	650	1300	2200	3200
2-dr Dlx Sdn	250	500	750	1400	2400	3400
4-dr Dlx Sdn	250	500	750	1400	2400	3400
4-dr Dlx Sta Wgn	250	500	750	1500	2600	3600
2-dr Spt Cpe	250	500	750	1500	2600	3600
2-dr Liftbk	250	500	750	1400	2400	3400
Corona, 4-cyl., 99.4" wb						
4-dr Dlx Sdn	300	550	800	1600	2800	3900
4-dr Dlx Liftbk	300	600	900	1800	3100	4400
4-dr Dlx Sta Wgn	300	600	900	1800	3100	4400
Cressida, 6-cyl., 104.1" wb						
4-dr Sdn	300	650	1000	2000	3500	4900
4-dr Sta Wgn	300	650	1100	2200	3800	5400

1980

	6	5	4	3	2	1
Celica, 4-cyl., 98.4" wb						
2-dr ST Spt Cpe	300	600	850	1700	2900	4100
2-dr GT Spt Cpe	300	600	950	1900	3200	4600
2-dr GT Liftbk	300	650	1100	2100	3600	5100
2-dr Supra Liftbk	300	700	1200	2400	4100	5900
Corolla Tercel, 4-cyl., 98.4" wb						
2-dr Sdn	200	400	550	1100	2000	2900
3-dr Liftbk	200	400	550	1100	2000	2900
Corolla, 4-cyl., 94.5" wb						
2-dr Sdn	200	450	650	1300	2200	3200
4-dr Sdn	200	450	650	1300	2200	3200
2-dr Liftbk	250	500	750	1400	2400	3400
2-dr Spt Cpe	250	500	750	1500	2600	3600
4-dr Sta Wgn	250	500	750	1500	2600	3600
Corona, 4-cyl., 99.4" wb						
4-dr Sdn	300	550	800	1600	2800	3900
4-dr Liftbk	300	600	900	1800	3100	4400
4-dr Sta Wgn	300	600	900	1800	3100	4400
Cressida, 6-cyl., 104.1" wb						
4-dr Luxury Sdn	300	650	1100	2200	3800	5400
4-dr Deluxe Sta Wgn	300	700	1200	2400	4100	5900

1981

	6	5	4	3	2	1
Starlet, 4-cyl., 90.6" wb						
3-dr Lbk	200	400	550	1100	2000	2900
Celica, 4-cyl., 98.4" wb						
2-dr ST Spt Cpe	300	600	900	1800	3100	4400
2-dr GT Spt Cpe	300	600	950	1900	3200	4600
2-dr GT Liftbk	300	650	1100	2200	3800	5400
2-dr Supra Liftbk	300	750	1250	2500	4400	6200
Corolla Tercel, 4-cyl., 98.4" wb						
2-dr Sdn	200	400	550	1100	2000	2900
2-dr Dlx Sdn	200	400	550	1100	2000	2900
4-dr Sdn	200	400	550	1100	2000	2900
3-dr Dlx Lbk	200	400	550	1100	2000	2900
3-dr SR5 Lbk	200	450	650	1300	2200	3200
Corolla, 4-cyl., 94.5" wb						
2-dr Sdn	200	450	650	1300	2200	3200
2-dr Dlx Sdn	200	450	650	1300	2200	3200
4-dr Dlx Sdn	250	500	750	1400	2400	3400

	6	5	4	3	2	1
2-dr Dlx Liftbk	250	500	750	1400	2400	3400
2-dr Dlx Spt Cpe	300	550	800	1600	2800	3900
4-dr Dlx Sta Wgn	300	550	800	1600	2800	3900
2-dr SR5 Spt Cpe	300	550	800	1600	2800	3900
2-dr SR5 Liftbk	300	550	800	1600	2800	3900
Corona, 4-cyl., 99.4" wb						
4-dr Dlx Sdn	300	550	800	1600	2800	3900
4-dr Dlx Sta Wgn	300	600	900	1800	3100	4400
4-dr LE Sdn	300	550	800	1600	2800	3900
4-dr LE Liftbk	300	600	900	1800	3100	4400
Cressida, 6-cyl., 104.1" wb						
4-dr Luxury Sdn	300	700	1200	2400	4100	5900
4-dr Dlx Sta Wgn	300	800	1300	2600	4600	6600

1982

	6	5	4	3	2	1
Starlet, 4-cyl., 90.6" wb						
3-dr Lbk	200	400	600	1200	2100	3000
Celica, 4-cyl., 98.4" wb						
2-dr ST Spt Cpe	300	600	950	1900	3200	4600
2-dr GT Spt Cpe	300	650	1000	2000	3500	4900
2-dr GT Liftbk	300	650	1150	2300	3900	5700
2-dr Supra Liftbk	300	800	1300	2600	4600	6600
2-dr Supra L Liftbk	300	700	1200	2400	4100	5900
Corolla Tercel, 4-cyl., 98.4" wb						
2-dr Sdn	200	400	550	1100	2000	2900
2-dr Dlx Sdn	200	400	550	1100	2000	2900
4-dr Dlx Sdn	200	400	550	1100	2000	2900
3-dr Dlx Lbk	200	400	600	1200	2100	3000
3-dr SR5 Lbk	200	450	650	1300	2200	3200
Corolla, 4-cyl., 94.5" wb						
2-dr Sdn	200	450	650	1300	2200	3200
2-dr Dlx Sdn	200	450	650	1300	2200	3200
4-dr Dlx Sdn	250	500	750	1400	2400	3400
2-dr Dlx Liftbk	250	500	750	1400	2400	3400
2-dr Dlx Spt Cpe	300	550	800	1600	2800	3900
4-dr Dlx Sta Wgn	300	550	800	1600	2800	3900
2-dr SR5 Spt Cpe	300	550	800	1600	2800	3900
2-dr SR5 Liftbk	300	550	800	1600	2800	3900
2-dr SR5 Hdtp	250	500	750	1500	2600	3600
Corona, 4-cyl., 99.4" wb						
4-dr Dlx Sta Wgn	300	600	900	1800	3100	4400
4-dr Luxury Sdn	300	550	800	1600	2800	3900
4-dr Luxury Liftbk	300	600	900	1800	3100	4400
Cressida, 6-cyl., 104.1" wb						
4-dr Luxury Sdn	300	800	1300	2600	4600	6600
4-dr Dlx Sta Wgn	350	850	1400	2800	4900	7100

1983

	6	5	4	3	2	1
Starlet, 4-cyl., 90.6" wb						
3-dr Liftbk	200	400	600	1200	2100	3000
Celica, 4-cyl., 98.4" wb						
2-dr ST Spt Cpe	300	600	950	1900	3200	4600
2-dr GT Spt Cpe	300	650	1000	2000	3500	4900
2-dr GT Liftbk	300	650	1150	2300	3900	5700
2-dr GT-S Spt Cpe	300	750	1250	2500	4400	6200
3-dr GT-S Liftbk	300	800	1350	2700	4700	6900
2-dr Supra	350	850	1400	2800	4900	7100
2-dr Supra L	300	800	1300	2600	4600	6600
Tercel, 4-cyl., 98.4" wb						
3-dr Liftbk	200	400	550	1100	2000	2900

	6	5	4	3	2	1
3-dr Dlx Liftbk	200	400	600	1200	2100	3000
5-dr Dlx Liftbk	200	450	650	1300	2200	3200
4-dr 4WD Dlx Wgn	300	600	850	1700	2900	4100
3-dr SR5 Liftbk	200	450	650	1300	2200	3200
4-dr SR5 4WD Wgn	300	600	900	1800	3100	4400
Corolla, 4-cyl., 94.5" wb						
2-dr Sdn	200	450	650	1300	2200	3200
2-dr Dlx Sdn	200	450	650	1300	2200	3200
4-dr Dlx Sdn	250	500	750	1400	2400	3400
4-dr Dlx Wgn	300	550	800	1600	2800	3900
3-dr Dlx Liftbk	250	500	750	1400	2400	3400
2-dr SR5 Hdtp	250	500	750	1500	2600	3600
3-dr SR5 Liftbk	300	550	800	1600	2800	3900
2-dr SR5 Spt Cpe	300	550	800	1600	2800	3900
Camry, 4-cyl.						
4-dr Dlx Sdn	300	650	1100	2100	3600	5100
5-dr Dlx Liftbk	300	650	1000	2000	3500	4900
4-dr LE Sdn	300	700	1200	2400	4100	5900
5-dr LE Liftbk	300	650	1150	2300	3900	5700
Cressida, 6-cyl., 104.1" wb						
4-dr Luxury Sdn	350	850	1400	2800	4900	7100
4-dr Dlx Sta Wgn	350	900	1500	3000	5300	7600

1984

	6	5	4	3	2	1
Starlet, 4-cyl.						
3-dr Liftbk	200	450	650	1300	2200	3200
Celica, 4-cyl.						
2-dr ST Spt Cpe	300	650	1000	2000	3500	4900
2-dr GT Spt Cpe	300	650	1100	2100	3600	5100
2-dr GT Liftbk	300	700	1200	2400	4100	5900
2-dr GT-S Spt Cpe	300	800	1300	2600	4600	6600
3-dr GT-S Liftbk	350	900	1500	2900	5200	7400
2-dr Supra	350	950	1550	3100	5500	7900
2-dr Supra L	350	850	1400	2800	4900	7100
Tercel, 4-cyl.						
3-dr Liftbk	200	400	600	1200	2100	3000
3-dr Dlx Liftbk	200	450	650	1300	2200	3200
5-dr Dlx Liftbk	250	500	750	1400	2400	3400
5-dr Dlx Wgn	250	500	750	1400	2400	3400
5-dr 4WD Dlx Wgn	300	600	900	1800	3100	4400
3-dr SR5 Liftbk	250	500	750	1400	2400	3400
4-dr SR5 4WD Wgn	300	600	950	1900	3200	4600
Corolla, 4-cyl.						
4-dr Dlx Sdn	250	500	750	1500	2600	3600
5-dr Dlx Liftbk	250	500	750	1500	2600	3600
4-dr LE Sdn	300	600	850	1700	2900	4100
2-dr SR5 Hdtp	300	550	800	1600	2800	3900
3-dr SR5 Liftbk	300	600	850	1700	2900	4100
Camry, 4-cyl.						
4-dr Dlx Sdn	300	650	1150	2300	3900	5700
5-dr Dlx Liftbk	300	650	1100	2200	3800	5400
4-dr LE Sdn	300	800	1300	2600	4600	6600
5-dr LE Liftbk	300	750	1250	2500	4400	6200
Cressida, 6-cyl., 104.1" wb						
4-dr Luxury Sdn	350	950	1550	3100	5500	7900
4-dr Dlx Sta Wgn	400	1050	1700	3300	5800	8300

1985

	6	5	4	3	2	1
Celica, 4-cyl.						
2-dr ST Spt Cpe	300	650	1100	2100	3600	5100

	6	5	4	3	2	1
2-dr GT Spt Cpe	300	650	1100	2200	3800	5400
2-dr GT Liftbk	300	750	1250	2500	4400	6200
2-dr GT-S Cpe	300	800	1350	2700	4700	6900
2-dr GT-S Conv	550	100	2500	5000	8700	12300
3-dr GT-S Liftbk	350	900	1500	3000	5300	7600
2-dr Supra	400	1050	1700	3300	5800	8300
2-dr Supra L	350	900	1500	2900	5200	7400
Tercel, 4-cyl.						
3-dr Liftbk	200	400	600	1200	2100	3000
3-dr Dlx Liftbk	200	450	650	1300	2200	3200
5-dr Dlx Liftbk	250	500	750	1400	2400	3400
5-dr Dlx Wgn	250	500	750	1400	2400	3400
5-dr 4WD Dlx Wgn	300	600	900	1800	3100	4400
4-dr SR5 4WD Wgn	300	600	950	1900	3200	4600
Corolla, 4-cyl.						
4-dr Dlx Sdn	300	550	800	1600	2800	3900
5-dr Dlx Liftbk	300	550	800	1600	2800	3900
4-dr LE Sdn	300	600	900	1800	3100	4400
5-dr LE Liftbk	300	600	900	1800	3100	4400
4-dr LE LTD Sdn	300	600	900	1800	3100	4400
2-dr GT-S Cpe	300	600	950	1900	3200	4600
3-dr GT-S Liftbk	300	600	950	1900	3200	4600
2-dr SR5 Cpe	300	600	850	1700	2900	4100
3-dr SR5 Liftbk	300	600	900	1800	3100	4400
Camry, 4-cyl.						
4-dr Dlx Sdn	300	800	1300	2600	4600	6600
5-dr Dlx Liftbk	300	750	1250	2500	4400	6200
4-dr LE Sdn	350	850	1400	2800	4900	7100
5-dr LE Liftbk	300	800	1350	2700	4700	6900
MR2						
2-dr Cpe	250	500	750	1500	2600	3600
Cressida, 6-cyl., 104.1" wb						
4-dr Luxury Sdn	350	1000	1600	3200	5700	8100
4-dr Dlx Sta Wgn	400	1050	1700	3400	5900	8500

1986

	6	5	4	3	2	1
Celica, 4-cyl.,						
2-dr ST Spt Cpe	300	650	1100	2200	3800	5400
2-dr GT Spt Cpe	300	650	1150	2300	3900	5700
2-dr GT Liftbk	300	800	1300	2600	4600	6600
2-dr GT-S Cpe	350	850	1400	2800	4900	7100
3-dr GT-S Liftbk	350	950	1550	3100	5500	7900
Supra						
3-dr Liftbk	400	1100	1800	3600	6200	9100
Tercel, 4-cyl.						
3-dr Liftbk	200	450	650	1300	2200	3200
3-dr Dlx Liftbk	250	500	750	1400	2400	3400
5-dr Dlx Liftbk	250	500	750	1500	2600	3600
5-dr Dlx Wgn	250	500	750	1500	2600	3600
4-dr 4WD Dlx Wgn	300	600	950	1900	3200	4600
4-dr SR5 4WD Wgn	300	650	1000	2000	3500	4900
Corolla, 4-cyl.						
4-dr Dlx Sdn	300	600	900	1800	3100	4400
5-dr Dlx Liftbk	300	600	900	1800	3100	4400
4-dr LE Sdn	300	600	950	1900	3200	4600
4-dr LE LTD Sdn	300	600	950	1900	3200	4600
2-dr GT-S Cpe	300	650	1000	2000	3500	4900
3-dr GT-S Liftbk	300	650	1000	2000	3500	4900
2-dr SR5 Cpe	300	600	900	1800	3100	4400
3-dr SR5 Liftbk	300	600	950	1900	3200	4600

	6	5	4	3	2	1
Camry, 4-cyl.						
4-dr Dlx Sdn	350	900	1500	3000	5300	7600
5-dr LE Liftbk	350	950	1550	3100	5500	7900
4-dr LE Sdn	400	1050	1700	3400	5800	8300
MR2						
2-dr Cpe	300	600	850	1700	2900	4100
Cressida, 6-cyl., 104.1" wb						
4-dr Luxury Sdn	400	1150	1850	3700	6400	9300
4-dr Dlx Sta Wgn	400	1200	1900	3800	6600	9600

1987

	6	5	4	3	2	1
Celica, 4-cyl.,						
2-dr ST Spt Cpe	300	650	1150	2300	3900	5700
2-dr GT Spt Cpe	300	750	1250	2500	4400	6200
3-dr GT Liftbk	300	800	1350	2700	4700	6900
2-dr GT Conv	450	1250	2200	4400	7600	10900
2-dr GT-S Cpe	350	900	1500	2900	5200	7400
3-dr GT-S Liftbk	350	1000	1600	3200	5700	8100
Supra						
3-dr Liftbk	400	1150	1850	3700	6400	9300
3-dr Turbo Liftbk	400	1200	1950	3900	6800	9900
Tercel, 4-cyl.						
3-dr Liftbk	250	500	750	1400	2400	3400
3-dr Dlx Liftbk	300	550	800	1600	2800	3900
5-dr Dlx Liftbk	300	600	900	1800	3100	4400
2-dr Cpe	250	500	750	1400	2400	3400
2-dr Dlx Cpe	300	600	900	1800	3100	4400
5-dr Dlx Wgn	300	600	900	1800	3100	4400
5-dr 4WD Dlx Wgn	300	650	1100	2200	3800	5400
4-dr SR5 4WD Wgn	300	650	1150	2300	3900	5700
Corolla, 4-cyl.						
4-dr Dlx Sdn	300	650	1100	2100	3600	5100
5-dr Dlx Liftbk	300	650	1100	2100	3600	5100
4-dr LE Sdn	300	650	1150	2300	3900	5700
2-dr GT-S Cpe	300	700	1200	2400	4100	5900
3-dr FX Liftbk	300	600	850	1700	2900	4100
3-dr FX16 Liftbk	300	600	950	1900	3200	4600
3-dr FX16 GT-S Liftbk	300	650	1100	2100	3600	5100
2-dr SR5 Cpe	300	650	1100	2200	3800	5400
Camry, 4-cyl.						
4-dr Sdn	350	1000	1600	3200	5700	8100
4-dr Dlx Sdn	400	1050	1700	3400	5800	8300
4-dr LE Sdn	400	1150	1850	3700	6400	9300
5-dr Dlx Sta Wgn	400	1100	1800	3600	6200	9100
5-dr LE Sta Wgn	400	1200	2000	4000	6900	10000
MR2						
2-dr Cpe	300	650	1000	2000	3500	4900
Cressida, 6-cyl., 104.1" wb						
4-dr Luxury Sdn	450	1250	2050	4100	7100	10300
5-dr Dlx Sta Wgn	450	1250	2100	4200	7200	10500

1988

	6	5	4	3	2	1
Celica, 4-cyl.						
2-dr ST Cpe	300	800	1300	2600	4600	6600
2-dr GT Cpe	350	850	1400	2800	4900	7100
3-dr GT Liftbk	350	900	1500	3000	5300	7600
2-dr GT Conv	550	1400	2400	4800	8300	11800
2-dr GT-S Cpe	350	950	1550	3100	5500	7900
3-dr GT-S Liftbk	400	1050	1700	3300	5800	8300
3-dr All-Trac Turbo Liftbk	450	1250	2100	4200	7200	10500

	6	5	4	3	2	1
Supra						
3-dr Liftbk	450	1250	2150	4300	7400	10700
3-dr Turbo Liftbk	450	1250	2200	4400	7600	10900
Tercel, 4-cyl.						
3-dr Liftbk	300	600	850	1700	2900	4100
3-dr EZ Liftbk	250	500	750	1500	2600	3600
3-dr Dlx Liftbk	300	600	950	1900	3200	4600
5-dr Dlx Liftbk	300	650	1100	2100	3600	5100
2-dr Cpe	300	600	850	1700	2900	4100
2-dr Dlx Cpe	300	650	1100	2100	3600	5100
5-dr 4WD Dlx Wgn	300	750	1250	2500	4400	6200
5-dr SR5 4WD Wgn	300	800	1300	2600	4600	6600
Corolla, 4-cyl.						
4-dr Dlx Sdn	300	750	1250	2500	4400	6200
4-dr LE Sdn	350	850	1400	2800	4900	7100
5-dr Dlx Sta Wgn	350	950	1550	3100	5500	7900
5-dr Dlx All-Trac Sta Wgn	350	1000	1600	3200	5700	8100
5-dr SR5 All-Trac Sta Wgn	350	950	1550	3100	5500	7900
2-dr SR5 Cpe	300	750	1250	2500	4400	6200
2-dr GT-S Cpe	350	850	1400	2800	4900	7100
3-dr FX Liftbk	300	650	1000	2000	3500	4900
3-dr FX16 Liftbk	300	700	1200	2400	4100	5900
3-dr FX16 GT-S Liftbk	300	750	1250	2500	4400	6200
Camry, 4-cyl.						
4-dr Sdn	400	1100	1800	3600	6200	9100
4-dr Dlx Sdn	400	1200	1900	3800	6600	9600
4-dr LE Sdn	450	1250	2100	4200	7200	10500
4-dr Dlx All-Trac Sdn	450	1250	2150	4300	7400	10700
4-dr LE All-Trac Sdn	500	1300	2250	4500	7700	11000
5-dr Dlx Sta Wgn	400	1200	2000	4000	6900	10000
5-dr LE Sta Wgn	500	1300	2250	4500	7700	11000
MR2						
2-dr Cpe	300	650	1150	2300	3900	5700
Cressida, 6-cyl., 104.1" wb						
4-dr Luxury Sdn	500	1350	2300	4600	8000	11300

1989

	6	5	4	3	2	1
Celica, 4-cyl.						
2-dr ST Cpe	350	900	1500	3000	5300	7600
2-dr GT Cpe	350	1000	1600	3200	5700	8100
3-dr GT Liftbk	400	1100	1800	3500	6100	8900
2-dr GT Conv	600	1600	2750	5400	9300	13500
2-dr GT-S Cpe	400	1100	1800	3500	6100	8900
3-dr GT-S Liftbk	400	1150	1850	3700	6400	9300
3-dr All-Trac Turbo Liftbk	500	1350	2350	4700	8100	11500
Supra						
3-dr Liftbk	550	1450	2450	4900	8500	12000
3-dr Turbo Liftbk	550	1500	2500	5100	8800	12500
Tercel, 4-cyl.						
3-dr Liftbk	300	650	1000	2000	3500	4900
3-dr EZ Liftbk	300	600	850	1700	2900	4100
3-dr Dlx Liftbk	300	650	1100	2200	3800	5400
5-dr Dlx Liftbk	300	750	1250	2500	4400	6200
2-dr Cpe	300	650	1000	2000	3500	4900
2-dr Dlx Cpe	300	700	1200	2400	4100	5900
Corolla, 4-cyl.						
4-dr Dlx Sdn	350	900	1500	2900	5200	7400
4-dr LE Sdn	350	1000	1600	3200	5700	8100
5-dr Dlx Sta Wgn	400	1100	1800	3600	6200	9100
4-dr Dlx All-Trac Sdn	350	950	1550	3100	5500	7900

	6	5	4	3	2	1
5-dr Dlx All-Trac Sta Wgn	400	1150	1850	3700	6400	9300
5-dr SR5 All-Trac Sta Wgn	400	1100	1800	3600	6200	9100
2-dr SR5 Cpe	350	900	1500	2900	5200	7400
2-dr GT-S Cpe	350	1000	1600	3200	5700	8100
Camry, 4-cyl.						
4-dr Sdn	450	1250	2100	4200	7200	10500
4-dr Dlx Sdn	450	1250	2200	4400	7600	10900
4-dr LE Sdn	500	1350	2350	4700	8100	11500
4-dr Dlx All-Trac Sdn	550	1450	2450	4900	8500	12000
4-dr LE All-Trac Sdn	550	1500	2500	5100	8800	12500
5-dr Dlx Sta Wgn	500	1350	2300	4600	8000	11300
5-dr LE Sta Wgn	550	1500	2500	5100	8800	12500
MR2						
2-dr Cpe	300	800	1350	2700	4700	6900
2-dr Turbo Cpe	400	1100	1800	3500	6100	8900
Cressida, 6-cyl.						
4-dr Luxury Sdn	650	1700	3000	6100	10600	15200

1990

Celica, 4-cyl.,						
2-dr ST Cpe	550	1550	2600	5200	9000	12800
2-dr GT Cpe	600	1600	2750	5500	9500	13800
3-dr GT Liftbk	600	1650	2850	5700	9900	14200
3-dr GT-S Liftbk	650	1700	3000	6000	10400	14900
3-dr All-Trac Turbo Liftbk	750	2100	3550	7100	12300	17700
Supra						
3-dr Liftbk	650	1750	3100	6200	10700	15400
3-dr Turbo Liftbk	750	2100	3550	7100	12300	17700
Tercel, 4-cyl.						
3-dr Liftbk	300	700	1200	2400	4100	5900
3-dr EZ Liftbk	300	650	1100	2100	3600	5100
2-dr Cpe	300	700	1200	2400	4100	5900
2-dr Dlx Cpe	350	850	1400	2800	4900	7100
Corolla, 4-cyl.						
4-dr Sdn	400	1050	1700	3300	5800	8300
4-dr Dlx Sdn	400	1200	1900	3800	6600	9600
4-dr LE Sdn	450	1250	2050	4100	7100	10300
5-dr Dlx Sta Wgn	500	1300	2250	4500	7700	11000
4-dr Dlx All-Trac Sdn	400	1200	1950	3900	6800	9900
5-dr Dlx All-Trac Sta Wgn	500	1350	2300	4600	8000	11800
5-dr SR5 All-Trac Sta Wgn	500	1300	2250	4500	7700	11000
2-dr SR5 Cpe	400	1150	1850	3700	6400	9300
2-dr GT-S Cpe	450	1250	2050	4100	7100	10300
Camry, 4-cyl.						
4-dr Sdn	500	1350	2350	4700	8100	11500
4-dr Dlx Sdn	550	1500	2500	5000	8700	12300
4-dr LE Sdn	550	1550	2650	5300	9100	13000
4-dr Dlx All-Trac Sdn	600	1600	2800	5600	9700	14000
4-dr LE All-Trac Sdn	600	1650	2850	5700	9900	14200
5-dr Dlx Sta Wgn	550	1550	2600	5200	9000	12800
5-dr LE Sta Wgn	650	1700	3000	6100	10600	15200
Cressida, 6-cyl.						
4-dr Luxury Sdn	700	1900	3400	6800	11700	16900

1991

Celica, 4-cyl.,						
2-dr ST Cpe	650	1700	3000	6000	10400	14900
2-dr GT Cpe	650	1750	3150	6300	10900	15700
2-dr GT Conv	850	2550	4350	8700	15300	21700
3-dr GT Liftbk	650	1800	3250	6500	11200	16100

	6	5	4	3	2	1
3-dr GT-S Liftbk	700	1900	3350	6700	11500	16500
3-dr All-Trac Turbo Liftbk	800	2400	4000	8000	13900	19900
Supra						
3-dr Liftbk	750	2150	3600	7200	12400	18000
3-dr Turbo Liftbk	800	2450	4100	8200	14400	20500
Tercel, 4-cyl.						
4-dr LE Sdn	400	1200	1900	3800	6600	9600
4-dr Dlx Sdn	400	1200	1900	3800	6600	9600
2-dr Sdn	350	900	1500	2900	5200	7400
2-dr Dlx Sdn	400	1100	1800	3500	6100	8900
Corolla, 4-cyl.						
4-dr Sdn	400	1150	1850	3700	6400	9300
4-dr Dlx Sdn	450	1250	2150	4300	7400	10700
4-dr LE Sdn	500	1350	2350	4700	8100	11500
5-dr Dlx Sta Wgn	550	1500	2500	5100	8800	12500
5-dr Dlx All-Trac Sta Wgn	550	1550	2600	5200	9000	12800
2-dr SR5 Cpe	450	1250	2100	4200	7200	10500
2-dr GT-S Cpe	500	1350	2300	4600	8000	11300
MR 2						
2-dr Cpe	650	1700	3000	6000	10400	14900
2-dr Turbo Cpe	750	2250	3700	7400	12800	18500
Camry, 4-cyl.						
4-dr Sdn	600	1600	2700	5400	9300	13500
4-dr Dlx Sdn	600	1600	2800	5600	9700	14000
4-dr LE Sdn	650	1700	3000	6100	10600	15200
4-dr Dlx All-Trac Sdn	650	1750	3150	6300	10900	15700
4-dr LE All-Trac Sdn	650	1800	3250	6500	11200	16100
5-dr Dlx Sta Wgn	650	1700	3000	5900	10200	14700
5-dr LE Sta Wgn (6-cyl.)	700	2000	3450	6900	11900	17200
Cressida, 6-cyl.						
4-dr Luxury Sdn	750	2300	3850	7700	13300	19200

TRIUMPH
1946 – 1981

1949 Triumph 2000

1967 Triumph TR4A

	6	5	4	3	2	1
1946-1948						
1800, 4-cyl., 63 hp, 108" wb						
4-dr Sdn	350	850	1400	2800	4900	7100
1800, 4-cyl., 63 hp, 100" wb						
2-dr Rdstr	800	2400	4050	8100	14200	20200
1949						
2000, 4-cyl., 68 hp, 108" wb						
4-dr Sdn	350	900	1500	2900	5200	7400
2000, 4-cyl., 68 hp, 100" wb						
2-dr Rdstr	800	2500	4200	8400	14800	20900
1950-1953						
2000 Renown, 4-cyl., 68 hp, 108" wb						
4-dr Sdn	300	750	1250	2500	4400	6200
Mayflower, 4-cyl., 38 hp, 84" wb						
2-dr Sdn	300	650	1100	2200	3800	5400
1954-1955						
TR-2, 4-cyl., 90 hp, 88" wb						
2-dr Rdstr	550	1550	2650	5300	9100	13000
2-dr Hdtp Cpe	650	1700	3000	5900	10200	14700
1956-1957						
TR-3, 4-cyl., 95/100 hp, 88" wb						
2-dr Rdstr	550	1500	2500	5100	8800	12500
2-dr Hdtp Cpe	600	1650	2850	5700	9900	14200

	6	5	4	3	2	1
1958-1959						
TR-3A, 4-cyl., 95 hp, 88" wb						
2-dr Rdstr	550	1500	2500	5100	8800	12500
2-dr Hdtp Cpe	600	1650	2850	5700	9900	14200
1960-1961						
Herald, 4-cyl, 40 hp, 91.5" wb						
2-dr Sdn	200	450	750	1100	2400	4500
2-dr Coupe	250	500	850	1300	2800	5100
2-dr Conv.	350	850	1400	2800	4900	7100
TR-3A, 4-cyl., 95 hp, 88" wb						
2-dr Rdstr	550	1500	2500	5100	8800	12500
2-dr Hdtp Cpe	600	1650	2850	5700	9900	14200
1962						
Herald, 4-cyl, 40 hp, 91.5" wb						
2-dr Sdn	200	450	750	1100	2400	4500
2-dr Coupe	250	500	850	1300	2800	5100
2-dr Conv	350	850	1400	2800	4900	7100
Spitfire MK I, 4-cyl., 100 hp, 83" wb						
2-dr Rdstr	350	900	1500	3000	5300	7600
TR3B, 4-cyl., 100 hp, 88" wb						
2-dr Rdstr	600	1600	2750	5500	9500	13800
TR4, 4-cyl., 105 hp, 88" wb						
2-dr Rdstr	500	1300	2250	4500	7700	11000
2-dr Hdtp Cpe	550	1450	2450	4900	8500	12000
1963						
1200						
2-dr Conv	350	850	1400	2800	4900	7100
2-dr Sdn	300	600	900	1800	3100	4400
Spitfire MK I, 4-cyl., 100 hp, 83" wb						
2-dr Rdstr	350	900	1500	3000	5300	7600
TR4, 4-cyl, 105 hp, 88" wb						
2-dr Rdstr	500	1300	2250	4500	7700	11000
2-dr Hdtp Cpe	550	1450	2450	4900	8500	12000
1964						
1200						
2-dr Conv	350	850	1400	2800	4900	7100
2-dr Sdn	300	600	900	1800	3100	4400
Spitfire MK I, 4-cyl., 100 hp, 83" wb						
2-dr Rdstr	350	900	1500	3000	5300	7600
2-dr Hdtp Cpe	350	950	1550	3100	5500	7900
TR4, 4-cyl, 105 hp, 88" wb						
2-dr Rdstr	500	1300	2250	4500	7700	11000
2-dr Hdtp Cpe	550	1450	2450	4900	8500	12000
1965						
1200						
2-dr Conv	350	850	1400	2800	4900	7100
2-dr Sdn	300	600	900	1800	3100	4400
Spitfire MK II, 4-cyl., 100 hp, 83" wb						
2-dr Rdstr	350	900	1500	3000	5300	7600
2-dr Hdtp Cpe	350	950	1550	3100	5500	7900
TR4A, 4-cyl, 105 hp, 88" wb						
2-dr Rdstr	550	1450	2450	4900	8500	12000
2-dr Hdtp Cpe	550	1550	2650	5300	9100	13000

	6	5	4	3	2	1
1966						
1200						
2-dr Conv	350	850	1400	2800	4900	7100
2-dr Sdn	300	600	900	1800	3100	4400
2000						
4-dr Sdn	300	650	1100	2200	3800	5400
Spitfire MK II, 4-cyl., 100 hp, 83" wb						
2-dr Rdstr	350	900	1500	3000	5300	7600
2-dr Hdtp Cpe	350	950	1550	3100	5500	7900
TR4A, 4-cyl, 105 hp, 88" wb						
2-dr Rdstr	550	1450	2450	4900	8500	12000
2-dr Hdtp Cpe	550	1550	2650	5300	9100	13000
1967						
1200						
2-dr Conv	350	850	1400	2800	4900	7100
2-dr Sdn	300	600	900	1800	3100	4400
2000						
4-dr Sdn	300	650	1100	2200	3800	5400
GT6, 6-cyl., 95 hp, 83" wb						
2-dr Fstbk Cpe	300	650	1150	2300	3900	5700
Spitfire MK II, 4-cyl., 100 hp, 83" wb						
2-dr Conv	350	900	1500	3000	5300	7600
2-dr Hdtp Cpe	350	950	1550	3100	5500	7900
TR4A, 4-cyl, 105 hp, 88" wb						
2-dr Conv	550	1450	2450	4900	8500	12000
2-dr Hdtp	550	1550	2650	5300	9100	13000
1968						
2000						
4-dr Sdn	300	650	1100	2200	3800	5400
GT6, 6-cyl., 95 hp, 83" wb						
2-dr Fstbk Cpe	300	650	1150	2300	3900	5700
Spitfire Mark III, 4-cyl, 68 hp, 83" wb						
2-dr Conv	350	900	1500	3000	5300	7600
2-dr Hdtp	350	950	1550	3100	5500	7900
TR250, 6-cyl., 104 hp, 88" wb						
2-dr Conv	550	1500	2500	5100	8800	12500
2-dr Hdtp	600	1600	2750	5500	9500	13800
TR4A, 4-cyl, 105 hp, 88" wb						
2-dr Conv	550	1450	2450	4900	8500	12000
2-dr Hdtp	550	1550	2650	5300	9100	13000
1969						
TR6, 6-cyl., 104 hp, 88" wb						
2-dr Conv	500	1300	2250	4500	7700	11000
Spitfire Mark III, 4-cyl., 68 hp, 83" wb						
2-dr Conv	350	900	1500	3000	5300	7600
GT6, 6-cyl., 95 hp, 83" wb						
2-dr Fstbk Cpe	300	700	1200	2400	4100	5900
1970						
TR6, 6-cyl., 104 hp, 88" wb						
2-dr Conv	500	1300	2250	4500	7700	11000
Spitfire Mark III, 4-cyl., 68 hp, 83" wb						
2-dr Conv	350	900	1500	3000	5300	7600
GT6, 6-cyl., 95 hp, 83" wb						
2-dr Fstbk Cpe	300	700	1200	2400	4100	5900

	6	5	4	3	2	1
1971						
TR6, 6-cyl., 104 hp, 88" wb						
2-dr Conv	500	1300	2250	4500	7700	11000
Spitfire Mark IV, 4-cyl., 48 hp, 83" wb						
2-dr Conv	300	800	1300	2600	4600	6600
GT6 MK III, 6-cyl., 79 hp, 83" wb						
2-dr Fstbk Cpe	300	650	1100	2100	3600	5100
Stag, 8-cyl., 127 hp, 100" wb						
2-dr Conv	550	1450	2450	4900	8500	12000
2-dr Hdtp	550	1500	2500	5000	8700	12300
1972						
TR6, 6-cyl., 104 hp, 88" wb						
2-dr Conv	500	1300	2250	4500	7700	11000
Spitfire Mark IV, 4-cyl., 48 hp, 83" wb						
2-dr Conv	300	800	1300	2600	4600	6600
GT6 MK III, 6-cyl., 79 hp, 83" wb						
2-dr Fstbk Cpe	300	650	1100	2100	3600	5100
Stag, 8-cyl., 127 hp, 100" wb						
2-dr Conv	550	1450	2450	4900	8500	12000
2-dr Hdtp	550	1500	2500	5000	8700	12300
1973						
TR6, 6-cyl., 106 hp, 88" wb						
2-dr Conv	500	1300	2250	4500	7700	11000
Spitfire Mark IV, 4-cyl., 57 hp, 83" wb						
2-dr Conv	300	800	1300	2600	4600	6600
GT6 MK III, 6-cyl., 79 hp, 83" wb						
2-dr Fstbk Cpe	300	650	1100	2100	3600	5100
Stag, 8-cyl., 127 hp, 100" wb						
2-dr Conv	550	1450	2450	4900	8500	12000
2-dr Hdtp	550	1550	2600	5200	9000	12800
1974						
TR6, 6-cyl., 106 hp, 88" wb						
2-dr Conv	450	1250	2200	4400	7600	10900
Spitfire Mark, 4-cyl., 57 hp, 83" wb						
2-dr Conv	300	800	1300	2600	4600	6600
1975						
TR6, 6-cyl., 106 hp, 88" wb						
2-dr Conv	450	1250	2200	4400	7600	10900
TR7, 4-cyl., 92 hp, 85" wb						
2-dr Cpe	300	800	1300	2600	4600	6600
Spitfire, 4-cyl, 57 hp, 83" wb						
2-dr Conv	300	800	1350	2700	4700	6900
1976						
TR6, 6-cyl., 106 hp, 88" wb						
2-dr Conv	500	1350	2300	4600	8000	11300
TR7, 4-cyl., 92 hp, 85" wb						
2-dr Cpe	300	800	1300	2600	4600	6600
Spitfire, 4-cyl, 57 hp, 83" wb						
2-dr Conv	300	800	1350	2700	4700	6900
1977						
TR7, 4-cyl., 92 hp, 85" wb						
2-dr Cpe	300	800	1300	2600	4600	6600

	6	5	4	3	2	1
Spitfire, 4-cyl., 57 hp, 83" wb						
2-dr Conv	300	800	1350	2700	4700	6900
1978						
TR7, 4-cyl., 92 hp, 85" wb						
2-dr Cpe	300	800	1300	2600	4600	6600
Spitfire, 4-cyl., 57 hp, 83" wb						
2-dr Conv	300	800	1350	2700	4700	6900
1979						
TR7, 4-cyl., 86 hp, 85" wb						
2-dr Conv	350	900	1500	3000	5300	7600
2-dr Cpe	300	800	1300	2600	4600	6600
Spitfire, 4-cyl., 53 hp, 83" wb						
2-dr Conv	300	800	1350	2700	4700	6900
1980						
TR7, 4-cyl., 86 hp, 85" wb						
2-dr Conv	350	900	1500	3000	5300	7600
2-dr Cpe	300	800	1300	2600	4600	6600
TR8, 8-cyl., 133 hp, 85" wb						
2-dr Conv	600	1650	2850	5700	9900	14200
2-dr Cpe	400	1200	1950	3900	6800	9900
1981						
TR7, 4-cyl., 89 hp, 85" wb						
2-dr Conv	350	900	1500	3000	5300	7600
TR8, 8-cyl., 148 hp, 85" wb						
2-dr Conv	600	1650	2850	5700	9900	14200

VOLKSWAGEN
1946 – 1991

1950 Volkswagen Beetle

1978 Volkswagen Scirocco TE

	6	5	4	3	2	1
1946						
Beetle, 4-cyl., 94.5" wb, 1131 cc, 24 hp.						
2-dr Sdn	650	1700	3000	6000	10400	14900
1947-1949,						
Beetle, 4-cyl. , 94.5" wb, 1131 cc, 30 hp.						
2-dr Sdn	600	1600	2700	5400	9300	13500
1950-1952						
Standard 1100 , 4-cyl. , 94.5" wb, 1131 cc, 30 hp.						
2-dr Sdn	450	1250	2100	4200	7200	10500
Sta Wgn	550	1550	2650	5300	9100	13000
Deluxe 1100 , 4-cyl., 94.5" wb, 1131 cc, 30 hp.						
2-dr Sdn	450	1250	2100	4200	7200	10500
2-dr Conv	600	1600	2750	5500	9500	13800
				Sunroof add 10%		
1953-1955						
Beetle, 4-cyl., 94.5" wb, 1192 cc, 36 hp.						
2-dr Sdn	550	1550	2650	5300	9100	13000
2-dr Conv	650	1750	3100	6200	10700	15400
				Sunroof add 10%		
1956-1957						
Beetle, 4-cyl., 94.5" wb, 1192 cc, 36 hp.						
2-dr Sdn	500	1350	2350	4700	8100	11500

	6	5	4	3	2	1
2-dr Conv	600	1650	2850	5700	9900	14200
			Sunroof add 10%			
Karmann Ghia, 4-cyl., 94.5" wb, 1192 cc, 36 hp						
2-dr Cpe	550	1500	2500	5100	8800	12500

1958-1960

	6	5	4	3	2	1
Beetle, 4-cyl., 94.5" wb, 1192 cc, 36 hp.						
2-dr Sdn	500	1350	2350	4700	8100	11500
2-dr Conv	600	1650	2850	5700	9900	14200
Karmann Ghia, 4-cyl., 94.5" wb, 1192 cc, 36 hp						
2-dr Cpe	550	1500	2500	5100	8800	12500
2-dr Conv	650	1700	3000	6100	10600	15200
			Sunroof add 10%			

1961-1963

	6	5	4	3	2	1
Beetle, 4-cyl., 94.5" wb, 1192 cc, 40 hp						
2-dr Sdn	450	1250	2150	4300	7400	10700
2-dr Conv	550	1550	2650	5300	9100	13000
Karmann Ghia, 4-cyl., 94.5" wb, 1192 cc, 40 hp						
2-dr Cpe	550	1500	2500	5100	8800	12500
2-dr Conv	650	1700	3000	6100	10600	15200
			Sunroof add 10%			

1964-1965

	6	5	4	3	2	1
Beetle, 4-cyl., 94.5" wb, 1192 cc, 40 hp						
2-dr Sdn	400	1200	2000	4000	6900	10000
2-dr Conv	550	1550	2650	5300	9100	13000
Karmann Ghia, 4-cyl., 94.5" wb, 1192 cc, 40 hp						
2-dr Cpe	550	1450	2450	4900	8500	12000
2-dr Conv	650	1700	3000	6100	10600	15200
			Sunroof add 10%			

1966

	6	5	4	3	2	1
Beetle, 4-cyl., 94.5" wb, 1285 cc, 50 hp						
2-dr Sdn	400	1200	1900	3800	6600	9600
2-dr Conv	550	1550	2650	5300	9100	13000
Karmann Ghia, 4-cyl., 94.5" wb, 1285 cc, 50 hp						
2-dr Cpe	500	1350	2350	4700	8100	11500
2-dr Conv	650	1700	3000	6100	10600	15200
1600, 4-cyl., 94.5" wb, 1585 cc, 65 hp, 94.5" wb, 1192 cc, 40 hp						
2-dr Sdn Fstbk	300	650	1100	2200	3800	5400
2-dr Sdn Sqrbck	300	650	1100	2100	3600	5100
			Sunroof add 10%			

1967

	6	5	4	3	2	1
Beetle, 4-cyl., 94.5" wb, 1493 cc, 53 hp						
2-dr Sdn	400	1150	1850	3700	6400	9300
2-dr Conv	550	1550	2650	5300	9100	13000
Karmann Ghia, 4-cyl., 94.5" wb, 1493 cc, 53 hp						
2-dr Cpe	500	1350	2350	4700	8100	11500
2-dr Conv	650	1700	3000	6100	10600	15200
1600, 94.5" wb, 1585 cc, 65 hp						
2-dr Sdn Fstbk	300	650	1100	2200	3800	5400
2-dr Sdn Sqrbck	300	650	1100	2100	3600	5100
2-dr Sdn	300	650	1100	2200	3800	5400
			Sunroof add 10%			

	6	5	4	3	2	1

1968

Beetle, 4-cyl., 94.5" wb, 1493 cc, 53 hp

	6	5	4	3	2	1
2-dr Sdn	400	1100	1800	3500	6100	8900
2-dr Conv	550	1500	2500	5100	8800	12500

Karmann Ghia, 4-cyl., 94.5" wb, 1493 cc, 53 hp

	6	5	4	3	2	1
2-dr Cpe	500	1300	2250	4500	7700	11000
2-dr Conv	650	1700	3000	5900	10200	14700

1600, 94.5" wb, 1585 cc, 65 hp

	6	5	4	3	2	1
2-dr Sdn Fstbk	300	650	1100	2200	3800	5400
2-dr Sdn Sqrbck	300	650	1100	2100	3600	5100
2-dr Sdn	300	650	1100	2200	3800	5400

Sunroof add 10%

1969

Beetle, 4-cyl., 94.5" wb, 1493 cc, 53 hp

	6	5	4	3	2	1
2-dr Sdn	400	1050	1700	3300	5800	8300
2-dr Conv	550	1450	2450	4900	8500	12000

Karmann Ghia, 4-cyl., 94.5" wb, 1493 cc, 53 hp

	6	5	4	3	2	1
2-dr Cpe	500	1300	2250	4500	7700	11000
2-dr Conv	650	1700	3000	5900	10200	14700

1600 , 4-cyl, 94.5" wb, 1585 cc, 65 hp

	6	5	4	3	2	1
2-dr Sdn Fstbk	300	650	1100	2100	3600	5100
2-dr Sdn Sqrbck	300	650	1000	2000	3500	4900
2-dr Sdn	300	650	1100	2100	3600	5100

Sunroof add 10%

1970

Beetle, 4-cyl.m 94.5" wb 1943 cc, 53 hp

	6	5	4	3	2	1
2-dr Sdn	350	950	1550	3100	5500	7900
2-dr Conv	500	1350	2350	4700	8100	11500

Karmann Ghia, 4-cyl., 94.5" wb, 1493 cc, 53 hp

	6	5	4	3	2	1
2-dr Cpe	500	1300	2250	4500	7700	11000
2-dr Conv	650	1700	3000	5900	10200	14700

1600, 4-cyl., 94.5" wb., 1585 cc, 65 hp

	6	5	4	3	2	1
2-dr Sdn Fstbk	300	650	1100	2100	3600	5100
2-dr Sdn Sqrbck	300	650	1000	2000	3500	4900

Sunroof add 10%

1971-1972

Beetle, 4-cyl., 1585 cc, 60 hp

	6	5	4	3	2	1
2-dr Sdn	350	900	1500	2900	5200	7400
2-dr Conv	500	1300	2250	4500	7700	11000

Beetle Super, 4-cyl., 1585 cc, 60 hp

	6	5	4	3	2	1
2-dr Sdn	400	1050	1700	3300	5800	8300
2-dr Conv.	550	1450	2500	5050	8600	12300

Karmann Ghia, 4-cyl., 1585 cc, 60 hp

	6	5	4	3	2	1
2-dr Cpe	500	1300	2250	4500	7700	11000
2-dr Conv	650	1700	3000	5900	10200	14700

Type 3 (formerly 1600), 4-cyl, 1585 cc, 65 hp

	6	5	4	3	2	1
2-dr Sdn Fstbk	300	650	1100	2100	3600	5100
2-dr Sdn Sqrbck	300	650	1000	2000	3500	4900

Type-4, 4-cyl., 94.5" wb., 1679 cc, 85 hp

	6	5	4	3	2	1
3-dr 411 Htchbk	300	650	1000	2000	3500	4900
4-dr 411 Sdn	300	650	1000	2000	3500	4900

Sunroof add 10%

1973

Beetle, 4-cyl., 94.5" wb, 1585 cc, 46 hp

	6	5	4	3	2	1
2-dr Sdn	350	900	1500	2900	5200	7400
2-dr Conv	500	1300	2250	4500	7700	11000

	6	5	4	3	2	1
Beetle Super, 2-dr., 4-cyl., 94.5" wb, 1585 cc, 46 hp						
2-dr Sdn	400	1050	1700	3300	5800	8300
2-dr Conv.	550	1450	2500	5050	8600	12300
Karmann Ghia, 4-cyl., 94.5" wb, 1585 cc, 46 hp						
2-dr Cpe	500	1300	2250	4500	7700	11000
2-dr Conv	650	1700	3000	5900	10200	14700
181 Thing, 4-cyl., 94.5" wb, 1585 cc, 46 hp						
4-dr Phae	350	1000	1600	3200	5700	8100
Type 3, 4-cyl., 94.5" wb, 1585 cc, 52 hp						
2-dr Sdn Fstbk	300	650	1100	2100	3600	5100
2-dr Sdn Sqrbck	300	650	1000	2000	3500	4900
412 Series, 4-cyl , 98.4" wb, 1679 cc, 76 hp						
2-dr 411 Sdn	300	650	1100	2100	3600	5100
4-dr 4211 Sdn	300	650	1100	2100	3600	5100
2-dr 4633 Sta Wgn	300	650	1100	2100	3600	5100

1974

	6	5	4	3	2	1
Beetle, 4-cyl., 94.5" wb, 1585 cc, 46 hp						
2-dr Sdn	350	900	1500	2900	5200	7400
2-dr Conv	500	1300	2250	4500	7700	11000
Beetle Super, 4-cyl., 95.3" wb, 1585 cc, 46 hp						
2-dr Sdn	350	950	1550	3100	5500	7900
Karmann Ghia, 4-cyl., 94.5" wb, 1585 cc, 46 hp						
2-dr Cpe	500	1300	2250	4500	7700	11000
2-dr Conv	650	1700	3000	5900	10200	14700
181 Thing, 4-cyl., 94.5" wb, 1585 cc, 46 hp						
2-dr Conv	400	1050	1700	3300	5800	8300
Type 412, 4-cyl., 94.5" wb, 1795 cc, 72 hp						
2-dr Sdn	300	650	1100	2100	3600	5100
4-dr Sdn	300	650	1100	2100	3600	5100
2-dr Sta Wgn	300	650	1100	2100	3600	5100
Dasher, 4-cyl., 97.2" wb, 1471 cc, 75 hp						
2-dr Htchbk	300	550	800	1600	2800	3900
4-dr Sdn	250	500	750	1500	2600	3600
4-dr Sta Wgn	300	600	850	1700	2900	4100

1975

	6	5	4	3	2	1
Beetle, , 4-cyl., 94.5" wb, 1585 cc, 48 hp						
2-dr Sdn	350	900	1500	2900	5200	7400
2-dr Conv	500	1350	2350	4700	8100	11500
2-dr Le Grande Bug Sdn	400	1050	1700	3300	5800	8300
Dasher, , 4-cyl., 97.2" wb, 1471 cc, 70 hp						
2-dr Htchbk	300	550	800	1600	2800	3900
2-dr Sdn	250	500	750	1500	2600	3600
4-dr Sdn	250	500	750	1500	2600	3600
4-dr Sta Wgn	300	600	850	1700	2900	4100
Rabbit, 4-cyl., 94.5" wb, 1471 cc, 70 hp						
2-dr Htchbk	200	350	500	1000	1900	2700
2-dr Cstm Htchbk	200	400	550	1100	2000	2900
4-dr Ctsm Htchbk	200	400	550	1100	2000	2900
2-dr Dlx Htchbk	200	400	600	1200	2100	3000
4-dr Dlx Htchbk	200	400	600	1200	2100	3000
Scirocco, 4-cyl., 94.5" wb, 1471 cc, 70 hp						
2-dr Cpe	200	400	550	1100	2000	2900

1976-1977

	6	5	4	3	2	1
Beetle, 4-cyl., 94.5" wb, 1585 cc, 48 hp						
2-dr Sdn	350	900	1500	2900	5200	7400
2-dr Conv	550	1450	2450	4900	8500	12000

	6	5	4	3	2	1
Dasher, 4-cyl., 97.2" wb, 1471 cc, 70 hp						
2-dr Htchbk	300	550	800	1600	2800	3900
4-dr Sdn	250	500	750	1500	2600	3600
4-dr Sta Wgn	300	600	850	1700	2900	4100
Rabbit, 4-cyl., 94.5" wb, 1471 cc, 70 hp						
2-dr Htchbk	200	350	500	1000	1900	2700
2-dr Cstm Htchbk	200	400	550	1100	2000	2900
4-dr Ctsm Htchbk	200	400	550	1100	2000	2900
2-dr Dlx Htchbk	200	400	600	1200	2100	3000
4-dr Dlx Htchbk	200	400	600	1200	2100	3000
Scirocco., 94.5" wb, 1471 cc, 70 hp						
2-dr Cpe	200	400	550	1100	2000	2900
Diesel deduct 30%						

1978-1979

	6	5	4	3	2	1
Beetle, 4-cyl., 94.5" wb, 1585 cc, 48 hp						
2-dr Conv	550	1550	2650	5300	9100	13000
Dasher, 4-cyl., 97.2" wb, 1588 cc, 78 hp						
2-dr Htchbk	250	500	750	1500	2600	3600
4-dr Sdn	250	500	750	1400	2400	3400
Rabbit, 4-cyl., 94.5" wb, 1457 cc, 71 hp						
2-dr Htchbk	200	400	550	1100	2000	2900
2-dr Cstm Htchbk	200	400	600	1200	2100	3000
4-dr Ctsm Htchbk	200	400	600	1200	2100	3000
2-dr Dlx Htchbk	200	400	600	1200	2100	3000
4-dr Dlx Htchbk	200	400	600	1200	2100	3000
4-dr Sta Wgn	200	450	650	1300	2200	3200
Scirocco, 4-cyl., 94.5" wb, 1457 cc, 71 hp						
2-dr Cpe	200	400	600	1200	2100	3000
Diesel deduct 30%						

1980-1981

	6	5	4	3	2	1
Dasher, 4-cyl., 97.2" wb, 1588 cc, 76 hp						
2-dr Htchbk	250	500	750	1500	2600	3600
4-dr Sdn	250	500	750	1400	2400	3400
Rabbit, 4-cyl., 94.4" wb, 1457 cc, 71 hp						
2-dr Htchbk	200	400	550	1100	2000	2900
2-dr Cstm Htchbk	200	400	600	1200	2100	3000
4-dr Ctsm Htchbk	200	400	600	1200	2100	3000
2-dr Dlx Htchbk	200	400	600	1200	2100	3000
4-dr Dlx Htchbk	200	400	600	1200	2100	3000
2-dr Conv	300	600	850	1700	2900	4100
Optional 1588 cc engine add 10%						
Scirocco, 4-cyl., 94.4" wb, 1588 cc, 76 hp						
2-dr Cpe	200	400	600	1200	2100	3000
2-dr S Cpe (5 spd)	200	450	650	1300	2200	3200
Jetta, 4-cyl., 94.4" wb, 1588 cc, 76 hp						
2-dr Sdn	250	500	750	1400	2400	3400
4-dr Sdn	250	500	750	1500	2600	3600
Diesel deduct 30%						

1982

	6	5	4	3	2	1
Rabbit, 4-cyl., 94.5" wb, 1715 cc, 74 hp						
2-dr Conv	300	600	850	1700	2900	4100
2-dr Htchbk	200	400	600	1200	2100	3000
2-dr L Htchbk	200	400	600	1200	2100	3000
4-dr L Htchbk	200	400	600	1200	2100	3000
2-dr LS Htchbk	200	400	600	1200	2100	3000
4-dr LS Htchbk	200	400	600	1200	2100	3000
2-dr S Htchbk	200	450	650	1300	2200	3200

	6	5	4	3	2	1
Jetta, 4-cyl., 94.5" wb, 1715 cc, 74 hp						
2-dr Sdn	250	500	750	1400	2400	3400
4-dr Sdn	250	500	750	1500	2600	3600
Scirocco, 4-cyl., 94.5" wb, 1715 cc, 74 hp						
2-dr Cpe	200	450	650	1300	2200	3200
Quantum, 4-cyl., 100.4" wb, 1715 cc, 74 hp						
2-dr Cpe	250	500	750	1400	2400	3400
4-dr Notchbk	250	500	750	1500	2600	3600
5-dr Wgn	200	450	650	1300	2200	3200
2-dr GL Cpe	300	550	800	1600	2800	3900
4-dr GL Notchbk	300	600	850	1700	2900	4100
5-dr GL Wgn	250	500	750	1400	2400	3400

Diesel deduct 30%

1983

	6	5	4	3	2	1
Rabbit (FWD), 4-cyl., 94.5" wb, 1715 cc, 65 hp (Optional fuel injection, 74 hp)						
2-dr Conv	300	600	850	1700	2900	4100
2-dr L Htchbk	200	400	600	1200	2100	3000
4-dr L Htchbk	250	500	750	1400	2400	3400
2-dr LS Htchbk	200	400	600	1200	2100	3000
4-dr LS Htchbk	200	400	600	1200	2100	3000
2-dr GL Htchbk	200	450	650	1300	2200	3200
4-dr GL Htchbk	200	450	650	1300	2200	3200
2-dr GTi Htchbk	250	500	750	1400	2400	3400
Jetta (FWD), 4-cyl., 94.5" wb, 1715 cc, 74 hp						
2-dr Sdn	250	500	750	1500	2600	3600
4-dr Sdn	300	550	800	1600	2800	3900
Scirocco (FWD), 4-cyl., 94.5" wb, 1715 cc, 71 hp						
2-dr Cpe	200	450	650	1300	2200	3200
Quantum (FWD), 4-cyl., 94.5" wb, 1715 cc, 74hp						
2-dr Cpe	250	500	750	1400	2400	3400
4-dr Notchbk	250	500	750	1500	2600	3600
5-dr Sta Wgn	200	450	650	1300	2200	3200

Diesel deduct 30%

1984

	6	5	4	3	2	1
Rabbit (FWD) 4-cyl, 94.5" wb, 1715 cc, 65 hp (optional F.I. 74 hp)						
2-dr Conv	300	600	950	1900	3200	4600
2-dr L Htchbk	200	450	650	1300	2200	3200
4-dr L Htchbk	200	450	650	1300	2200	3200
4-dr GL Htchbk	250	500	750	1400	2400	3400
4-dr GTi Htchbk	250	500	750	1500	2600	3600
Jetta (FWD) 4-cyl, 94.5" wb, 1715 cc, 74 hp						
2-dr Sdn	250	500	750	1500	2600	3600
4-dr Sdn	300	550	800	1600	2800	3900
4-dr GL Sdn	300	600	850	1700	2900	4100
4-dr GLi Sdn	300	600	950	1900	3200	4600
Scirocco (FWD) 4-cyl, 94.5" wb, 1715 cc, 74 hp						
2-dr Cpe	200	450	650	1300	2200	3200
Quantum (FWD) 5-cyl, 100.5" wb, 2144 cc, 100 hp						
4-dr GL Sdn	250	500	750	1500	2600	3600
5-dr GL Sta Wgn	200	450	650	1300	2200	3200

Diesel deduct 30%

1985- 1986

	6	5	4	3	2	1
Cabriolet (FWD) 4-cyl, 94.5" wb, 1786 cc, 90 hp						
2-dr Conv	350	850	1400	2800	4900	7100
Golf (FWD) 4-cyl, 97.3" wb, 1786 cc, 85 hp						
2-dr Htchbk	300	600	850	1700	2900	4100
4-dr Htchbk	300	600	900	1800	3100	4400
2-dr GTi Htchbk	300	650	1000	2000	3500	4900

	6	5	4	3	2	1
Jetta (FWD) 4-cyl, 97.3" wb, 1786 cc, 85 hp						
2-dr Sdn	300	600	900	1800	3100	4400
4-dr Sdn	300	600	950	1900	3200	4600
4-dr GL Sdn	300	650	1000	2000	3500	4900
4-dr GLi Sdn	300	650	1100	2200	3800	5400
Scirocco (FWD) 4-cyl, 94.5" wb, 1786 cc, 85 hp						
2-dr Cpe	250	500	750	1400	2400	3400
2-dr Cpe/16V	300	650	1000	2000	3500	4900
Quantum (FWD) 5-cyl, 100.4" wb, 2229 cc, 110 hp						
4-dr GL Sdn	300	600	900	1800	3100	4400
5-dr Sta Wgn	300	600	900	1800	3100	4400
5-dr Sta Wgn 4WD (Syncro)	300	650	1100	2200	3800	5400

Diesel deduct 30%
Quantum 4-cyl deduct 10%

1987-1988-1989

	6	5	4	3	2	1
Fox (FWD) 4-cyl., 92.8" wb., 1786 cc, 81 hp (optional F.I. 123 hp)						
2-dr Sdn	200	400	550	1100	2000	2900
4-dr GL Sdn	200	450	650	1300	2200	3200
2-dr GL Sta Wgn	200	450	650	1300	2200	3200
Cabriolet (FWD) 4-cyl., 94.5" wb., 1786 cc, 81 hp						
2-dr Conv	350	950	1550	3100	5500	7900
Golf (FWD) 4-cyl., 97.3" wb., 1786 cc, 81 hp (optional F.I 123 hp)						
2-dr GL Htchbk	300	600	950	1900	3200	4600
4-dr GL Htchbk	300	650	1000	2000	3500	4900
2-dr GT Htchbk	300	700	1200	2400	4100	5900
4-dr GT Htchbk	300	750	1250	2500	4400	6200
2-dr GTI Htchbk	300	650	1150	2300	3900	5700
2-dr GTI Htchbk (16V)	300	800	1300	2600	4600	6600
Jetta (FWD) 4-cyl., 97.3" wb., 1786 cc, 81 hp (optional F.I 123 hp)						
2-dr Sdn	300	650	1100	2100	3600	5100
4-dr Sdn	300	650	1150	2300	3900	5700
4-dr GL Sdn	300	700	1200	2400	4100	5900
4-dr GLi Sdn	300	800	1300	2600	4600	6600
4-dr GLi Sdn (16V)	350	900	1500	3000	5300	7600
Scirocco (FWD) 4-cyl., 94.5" wb., 1786 cc, 81 hp						
2-dr Cpe	300	550	800	1600	2800	3900
2-dr Cpe (16V)	300	650	1150	2300	3900	5700
Quantum (FWD) 5-cyl., 100.4" wb., 2229 cc, 110/115 hp (Discontinued 1988)						
4-dr GL Sdn	300	650	1150	2300	3900	5700
4-dr Sta Wgn	300	650	1100	2200	3800	5400
4-dr Sta Wgn 4WD (Syncro)	300	800	1350	2700	4700	6900

1990-1991

	6	5	4	3	2	1
Fox, 4-cyl.						
2-dr Sdn	250	500	750	1500	2600	3600
4-dr GL Sdn	300	600	850	1700	2900	4100
2-dr GL Wgn	300	600	850	1700	2900	4100
2-dr GL SpT Sdn	300	600	850	1700	2900	4100
Golf, 4-cyl.						
2-dr GL Htchbk	350	950	1550	3100	5500	7900
4-dr GL Htchbk	350	1000	1600	3200	5700	8100
GTi, 4-cyl.						
2-dr Htchbk	400	1050	1700	3300	5800	8300
Jetta, 4-cyl.						
2-dr GL Sdn	400	1150	1850	3700	6400	9300
4-dr GL Sdn	400	1200	1900	3800	6600	9600
4-dr GLi 16V Sdn	500	1350	2350	4700	8100	11500
4-dr Sdn Carat	400	1200	2000	4000	6900	10000

	6	5	4	3	2	1
Cabriolet, 4-cyl.						
2-dr Conv	550	1450	2450	4900	8500	12000
2-dr Bestseller Conv	550	1500	2500	5000	8700	12300
2-dr Boutique Conv	550	1500	2500	5100	8800	12500
Passat, 4-cyl.						
4-dr GL Sdn	450	1250	2100	4200	7200	10500
4-dr GL Wgn	500	1300	2250	4500	7700	11000
Corrado, 4-cyl. Supercharged						
2-dr Cpe	550	1550	2600	5200	9000	12800

1991

	6	5	4	3	2	1
Fox, 4-cyl.						
2-dr Sdn	300	600	850	1700	2900	4100
4-dr GL Sdn	300	650	1100	2100	3600	5100
Golf, 4-cyl.						
2-dr GL Htchbk	400	1100	1800	3600	6200	9100
4-dr GL Htchbk	400	1150	1850	3700	6400	9300
GTi, 4-cyl.						
2-dr Htchbk	400	1200	1900	3800	6600	9600
Jetta, 4-cyl.						
2-dr GL Sdn	450	1250	2100	4200	7200	10500
4-dr GL Sdn	450	1250	2100	4200	7200	10500
4-dr GLi 16V Sdn	550	1550	2600	5200	9000	12800
4-dr Sdn Carat	500	1300	2250	4500	7700	11000
Cabriolet, 4-cyl.						
2-dr Conv	600	1600	2700	5400	9300	13500
2-dr Carat Conv	600	1600	2800	5600	9700	14000
2-dr Aigner Conv	600	1650	2850	5700	9900	14200
Passat, 4-cyl.						
4-dr GL Sdn	550	1400	2400	4800	8300	11800
4-dr GL Wgn	550	1550	2600	5200	9000	12800
Corrado, 4-cyl. Supercharged						
2-dr Cpe	650	1700	3000	5900	10200	14700

VOLVO
1956 – 1991

1973 Volvo 164E

1973 Volvo 1800ES

	6	5	4	3	2	1
1956-1958						
PV Series, 4-cyl., 102.4" wb, 1414cc, 70 hp						
PV444 2-dr Sdn	500	1300	2250	4500	7700	11000
PV445 2-dr Sta Wgn	400	1050	1700	3300	5800	8300
1959						
PV Series, 4-cyl., 102.5" wb, 1580cc, 85 hp						
PV544 2-dr Sdn	450	1250	2150	4300	7400	10700
PV445 2-dr Sta Wgn	350	950	1550	3100	5500	7900
122S (Amazon) 4-dr Sdn	400	1100	1800	3500	6100	8900
1960						
PV Series, 4-cyl., 102.5" wb, 1580cc, 85 hp						
PV544 2-dr Sdn	450	1250	2150	4300	7400	10700
122S (Amazon) 4-dr Sdn	400	1100	1800	3500	6100	8900
1961						
PV Series, 4-cyl., 102.4" wb, 1580cc, 85 hp						
PV544 2-dr Sdn	450	1250	2150	4300	7400	10700
122S (Amazon) 4-dr Sdn	400	1100	1800	3500	6100	8900
P1800, 4-cyl., 96.5" wb, 1780cc, 100 hp						
2-dr Spt Cpe	650	1700	2900	5850	10100	14500
1962						
PV544, 4-cyl., 102.4" wb, 1780cc, 85 hp						
2-dr Sdn	450	1250	2100	4200	7200	10500

	6	5	4	3	2	1
122S 4-cyl., 102.4" wb, 1780cc, 85 hp						
2-dr Sdn	350	950	1550	3100	5500	7900
4-dr Sdn	350	900	1500	3000	5300	7600
4-dr Sta Wgn	400	1050	1700	3300	5800	8300
P1800, 4-cyl., 96.5" wb, 1780cc, 100 hp						
2-dr Spt Cpe	650	1700	2900	5850	10100	14500

1963

	6	5	4	3	2	1
PV544, 4-cyl., 102.4" wb, 1780cc, 85 hp						
2-dr Sdn	450	1250	2050	4100	7100	10300
122S, 4-cyl., 102.4" wb, 1780cc, 85 hp						
2-dr Sdn	350	950	1550	3100	5500	7900
4-dr Sdn	350	900	1500	3000	5300	7600
4-dr Sta Wgn	400	1050	1700	3300	5800	8300
1800, 4-cyl., 96.5" wb, 1780cc, 100 hp						
2-dr Spt Cpe	650	1700	2900	5850	10100	14500
2-dr "S" Spt Cpe	750	1900	3300	6700	11700	16500

1964

	6	5	4	3	2	1
PV544, 4-cyl., 102.4" wb, 1780cc, 85 hp						
2-dr Sdn	400	1200	2000	4000	6900	10000
122S, 4-cyl.,. 102.4" wb, 1780cc, 85 hp						
2-dr Sdn	350	950	1550	3100	5500	7900
4-dr Sdn	350	900	1500	3000	5300	7600
4-dr Sta Wgn	400	1050	1700	3300	5800	8300
1800S, 4-cyl., 96.5" wb, 1780cc, 100 hp						
Spt Cpe	650	1700	2900	5850	10100	14500

1965

	6	5	4	3	2	1
PV544, 4-cyl., 102.4" wb, 1780cc, 85 hp						
2-dr Sdn	400	1200	2000	4000	6900	10000
122S, 4-cyl., 102.4" wb, 1780cc, 85 hp						
2-dr Sdn	350	950	1550	3100	5500	7900
4-dr Sdn	350	900	1500	3000	5300	7600
4-dr Sta Wgn	400	1050	1700	3300	5800	8300
1800S, 4-cyl., 96.5" wb, 1780cc, 100 hp						
2-dr Spt Cpe	550	1450	2450	4900	8500	12000

1966

	6	5	4	3	2	1
PV544, 4-cyl., 102.4" wb, 1780cc, 85 hp						
2-dr Sdn	400	1200	2000	4000	6900	10000
122S, 4-cyl., 102.4" wb, 1780cc, 85 hp						
2-dr Sdn	350	950	1550	3100	5500	7900
4-dr Sdn	350	900	1500	3000	5300	7600
4-dr Sta Wgn	400	1050	1700	3300	5800	8300
1800S, 4-cyl., 96.5" wb, 1780cc, 100 hp						
2-dr Spt Cpe	550	1450	2450	4900	8500	12000

1967

	6	5	4	3	2	1
122S, 4-cyl., 102.4" wb, 1780cc, 85 hp						
2-dr Sdn	350	900	1500	3000	5300	7600
4-dr Sdn	350	900	1500	2900	5200	7400
4-dr Sta Wgn	350	1000	1600	3200	5700	8100
144S, 4-cyl., 102.4" wb, 1780cc, 115 hp						
4-dr Sdn	300	800	1300	2600	4600	6600
1800S, 4-cyl., 96.5" wb, 1780cc, 100 hp						
2-dr Spt Cpe	550	1450	2450	4900	8500	12000

	6	5	4	3	2	1

1968

122S, 4-cyl., 102.4" wb, 1780cc, 115 hp

	6	5	4	3	2	1
2-dr Sdn	350	900	1500	2900	5200	7400
4-dr Sta Wgn	350	950	1550	3100	5500	7900

140-Series , 4-cyl., 102.4" wb, 1780cc, 115 hp

	6	5	4	3	2	1
2-dr 142S Sdn	300	800	1350	2700	4700	6900
4-dr 144S Sdn	300	800	1300	2600	4600	6600
4-dr 145S Stn Wgn	300	750	1250	2500	4400	6200

1800S, 4-cyl., 96.5" wb, 1780cc, 115 hp

	6	5	4	3	2	1
2-dr Spt Cpe	550	1400	2400	4800	8300	11800

1969

140-Series , 4-cyl., 102.4" wb, 1780cc, 115 hp

	6	5	4	3	2	1
142S 2-dr Sdn	300	800	1300	2600	4600	6600
144S 4-dr Sdn	300	750	1250	2500	4400	6200
145S 4-dr Stn Wgn	300	750	1250	2500	4400	6200

1800E, 4-cyl., 96.5" wb, 1780cc, 115 hp

	6	5	4	3	2	1
2-dr Spt Cpe	450	1250	2150	4300	7400	10700

1970

140-Series, 4-cyl., 102.4" wb, 2000cc, 118 hp

	6	5	4	3	2	1
2-dr 142S Sdn	300	750	1250	2500	4400	6200
4-dr 144S Sdn	300	700	1200	2400	4100	5900
4-dr 145S Stn Wgn	300	750	1250	2500	4400	6200

160 Series, 6-cyl., 106.3" wb, 2978cc, 145 hp

	6	5	4	3	2	1
4-dr 164 Sdn	300	750	1250	2500	4400	6200

1800E, 4-cyl., 96.5" wb, 2000cc, 130 hp

	6	5	4	3	2	1
2-dr Spt Cpe	450	1250	2100	4200	7200	10500

1971

140 Series, 4-cyl., 102.4" wb, 2000cc, 118 hp

	6	5	4	3	2	1
2-dr 142 Sdn	300	700	1200	2400	4100	5900
4-dr 144 Sdn	300	650	1150	2300	3900	5700
4-dr 145 Stn Wgn	300	750	1250	2500	4400	6200

160 Series, 6-cyl., 106.3" wb, 2978cc, 145 hp

	6	5	4	3	2	1
4-dr 164 Sdn	300	700	1200	2400	4100	5900

1800E, 4-cyl., 96.5" wb, 2000cc, 130 hp

	6	5	4	3	2	1
2-dr Spt Cpe	450	1250	2050	4100	7100	10300

1972

140 Series , 4-cyl., 103.2" wb, 2.0 liter, 118 hp

	6	5	4	3	2	1
2-dr 142 Sdn	300	650	1150	2300	3900	5700
4-dr 144 Sdn	300	650	1100	2200	3800	5400
4-dr 145 Stn Wgn	300	700	1200	2400	4100	5900

"E" pkg add 10%

164E Series , 6-cyl., 107.1" wb, 3.0 liter, 145 hp

	6	5	4	3	2	1
4-dr 164E Sdn	300	650	1150	2300	3900	5700

1800E, 4-cyl., 103.1" wb, 2000cc, 130 hp

	6	5	4	3	2	1
2-dr Spt Cpe	400	1200	2000	4000	6900	10000
2-dr 1800 ES 2-dr Spt Wgn	500	1400	2400	4800	8500	13100

1973

140E Series, 4-cyl., 103" wb, 2.0 liter, 112 hp

	6	5	4	3	2	1
2-dr 142E Sdn	300	650	1100	2200	3800	5400
4-dr 144E Sdn	300	650	1100	2100	3600	5100
4-dr 145E Stn Wgn	300	650	1150	2300	3900	5700

164E Series, 6-cyl., 107.1" wb, 3.0 liter, 138 hp

	6	5	4	3	2	1
4-dr 164E Sdn	300	650	1100	2200	3800	5400

	6	5	4	3	2	1
1800ES, 4-cyl., 103" wb, 2.0 liter, 112 hp						
2-dr Spt Wgn	550	1500	2500	5100	8800	12500

1974

140 Series , 4-cyl., 103" wb, 2.0 liter, 112 hp

	6	5	4	3	2	1
142 2-dr Sdn	300	650	1100	2100	3600	5100
142GL 2-dr Sdn	300	650	1150	2300	3900	5700
144 4-dr Sdn	300	650	1000	2000	3500	4900
144GL 4-dr Sdn	300	650	1100	2200	3800	5400
145 4-dr Stn Wgn	300	650	1100	2200	3800	5400

160 Series , 6-cyl., 107.1" wb, 3.0 liter, 138 hp

	6	5	4	3	2	1
4-dr 164E Sdn	300	650	1100	2100	3600	7100

1975

240 Series, 4-cyl., 104" wb, 2.0 liter, 98 hp

	6	5	4	3	2	1
2-dr 242 Sdn	300	650	1000	2000	3500	4900
2-dr 242GL Sdn	300	650	1100	2200	3800	5400
4-dr 244 Sdn	300	600	950	1900	3200	4600
2-dr 244GL Sdn	300	650	1100	2100	3600	5100
4-dr 245 Stn Wgn	300	650	1000	2100	3600	5100

164E, 6-cyl., 107" wb, 3.0 liter, 130 hp

	6	5	4	3	2	1
4-dr Sdn	300	650	1000	2000	3500	4900

1976

240 Series, 4-cyl., 104" wb, 2.1 liter, 98 hp

	6	5	4	3	2	1
2-dr 242 Sdn	300	650	1000	2000	3500	4900
4-dr 244 Sdn	300	600	950	1900	3200	4600
4-dr 245 Stn Wgn	300	650	1000	2000	3500	4900

260 series , 6-cyl. 104 wb , 2.7 liter, 125 hp

	6	5	4	3	2	1
2-dr 262 GL Sdn	300	650	1100	2100	3600	5100
4-dr 264DL Sdn	300	650	1000	2000	3500	4900
4-dr 264GL Sdn	300	650	1000	2000	3500	4900
5-dr 265 Sta Wgn	300	650	1000	2000	3500	4900

1977

240 Series, 4-cyl., 104" wb, 2.1 liter, 98 hp

	6	5	4	3	2	1
2-dr 242DL Sdn	300	650	1000	2000	3500	4900
4-dr 244DL Sdn	300	600	950	1900	3200	4600
4-dr 245DL Stn Wgn	300	650	1100	2100	3600	5100

260 series , 6-cyl. 104 wb , 2.7 liter, 125 hp

	6	5	4	3	2	1
4-dr 264GL Sdn	300	650	1000	2000	3500	4900
5-dr 265 GL Sta Wgn	300	650	1000	2000	3500	4900

1978-1979

240 Series, 4-cyl., 104" wb, 2.1 liter, 98 hp .

	6	5	4	3	2	1
2-dr 242 Sdn	300	650	1000	2000	3500	4900
2-dr 242-GT Sdn	300	650	1100	2100	3600	5100
4-dr 244 Sdn	300	600	950	1900	3200	4600
5-dr 245 Stn Wgn	300	650	1100	2100	3600	5100

260 series , 6-cyl. 104 wb , 2.7 liter, 125 hp

	6	5	4	3	2	1
2-dr 262C Bertone Cpe	300	800	1350	2700	4700	6900
4-dr 264GL Sdn	300	650	1000	2000	3500	4900
5-dr 265L Sta Wgn	300	650	1000	2000	3500	4900

1980

240 Series, 4-cyl., 104" wb, 2.1 liter, 98 hp .

	6	5	4	3	2	1
2-dr 242DL Sdn	300	600	950	1900	3200	4600
2-dr 242GT Sdn	300	600	950	1900	3200	4600

	6	5	4	3	2	1
4-dr 244DL Sdn	300	600	950	1900	3200	4600
5-dr 245DL Stn Wgn	300	650	1100	2100	3600	5100
260 series , 6-cyl. 104 wb , 2.8 liter, 130 hp						
2-dr 262C Bertone Cpe	400	1200	1950	3900	6800	9900
4-dr 264GL Sdn	300	600	900	1800	3100	4400
4-dr 264GLE Sdn	300	600	900	1800	3100	4400
5-dr 265GLE Sta Wgn	300	600	950	1900	3200	4600

1981

	6	5	4	3	2	1
DL, 4-cyl. 104" wb., 2.1 liter, 98 hp.						
2-dr Sdn	300	600	950	1900	3200	4600
4-dr Sdn	300	600	950	1900	3200	4600
5-dr Sta Wgn	300	650	1100	2200	3800	5400
GL, 4-cyl., 104" wb., 2.1 liter, 98 hp.						
2-dr Sdn	300	650	1000	2000	3500	4900
4-dr Sdn	300	650	1100	2100	3600	5100
GLT, 4-cyl., 104" wb., 2.1 liter, Turbo, 127 hp.						
2-dr Sdn	300	600	950	1900	3200	4600
4-dr Sdn	300	650	1000	2000	3500	4900
2-dr Turbo Sdn	300	650	1000	2000	3500	4900
GLE, 6-cyl., 104" wb., 2.8 liter, 130 hp						
4-dr Sdn	300	600	900	1800	3100	4400
4-dr Sta Wgn	300	600	950	1900	3200	4600
2-dr Cpe	400	1100	1800	3500	6100	8900

1982

	6	5	4	3	2	1
DL,4-cyl., 104" wb., 2.1 liter, 98 hp.						
2-dr Sdn	300	600	950	1900	3200	4600
4-dr Sdn	300	650	1000	2000	3500	4900
5-dr Sta Wgn	300	650	1150	2300	3900	5700
GL, 4-cyl., 104" wb., 2.1 liter, 98 hp.						
4-dr Sdn	300	650	1100	2100	3600	5100
5-dr Sta Wgn	300	700	1200	2400	4100	5900
GLT, 4-cyl., 104" wb., 2.1 liter, Turbo, 127 hp.						
2-dr Sdn	300	650	1000	2000	3500	4900
4-dr Sdn	300	650	1000	2000	3500	4900
5-dr Sta Wgn	300	650	1150	2300	3900	5700
GLE, 6-cyl., 104" wb., 2.8 liter, 130 hp						
4-dr Sdn	300	600	900	1800	3100	4400

1983

	6	5	4	3	2	1
DL, 4-cyl., 104" wb., 2.1 liter, 111 hp.						
2-dr Sdn	300	650	1000	2000	3500	4900
4-dr Sdn	300	650	1100	2100	3600	5100
5-dr Sta Wgn	300	750	1250	2500	4400	6200
GL, 4-cyl., 104" wb., 2.1 liter, 111 hp.						
4-dr Sdn	300	650	1100	2200	3800	5400
5-dr Sta Wgn	300	750	1250	2500	4400	6200
GLT, 4-cyl., ., 104" wb., 2.1 liter, Turbo, 157 hp.						
2-dr Sdn	300	650	1100	2100	3600	5100
4-dr Sdn	300	650	1100	2100	3600	5100
5-dr Sta Wgn	300	700	1200	2400	4100	5900
760, 6-cyl., 104" wb 2.8 liter, 134 hp						
4-dr Sdn	300	600	950	1900	3200	4600

TD Turbo Diesel deduct 20%

1984

	6	5	4	3	2	1
DL, 4-cyl., 104" wb., 2.1 liter, 111 hp.						
2-dr Sdn	300	650	1100	2100	3600	5100

	6	5	4	3	2	1
4-dr Sdn	300	650	1100	2200	3800	5400
5-dr Sta Wgn	300	800	1300	2600	4600	6600
GL, 4-cyl., 104" wb., 2.1 liter, 111 hp.						
4-dr Sdn	300	650	1150	2300	3900	5700
5-dr Sta Wgn	300	800	1300	2600	4600	6600
GLT, 4-cyl., 104" wb., 2.1 liter, Turbo, 157 hp.						
2-dr Sdn	300	650	1150	2300	3900	5700
4-dr Sdn	300	650	1150	2300	3900	5700
5-dr Sta Wgn	300	800	1300	2600	4600	6600
760, 4 cyl., 104" wb., 2.1 liter, Turbo, 157 hp.						
2-dr Sdn	400	1100	1800	3600	6200	9100
760, 6-cyl., 104" wb 2.8 liter, 134 hp						
4-dr Sdn	300	650	1000	2000	3500	4900

Diesel/Turbo Diesel deduct 20%

1985

	6	5	4	3	2	1
240 , 4-cyl. 104" wb., 2.1 liter, 111 hp.						
GL 4-dr Sdn	300	700	1200	2400	4100	5900
DL 4-dr Sdn	300	650	1150	2300	3900	5700
DL 5-dr Sta Wgn	300	800	1350	2700	4700	6900
GL 5-dr Sta Wgn	300	800	1350	2700	4700	6900
740 GLE, 4-cyl. 104" wb., 2.1 liter, 111 hp.						
4-dr Sdn	400	1050	1700	3300	5800	8300
5-dr Sta Wgn	400	1150	1850	3700	6400	9300
740, 4-cyl. 104" wb, 2.3 liter Turbo 157 hp,						
4-dr Sdn	400	1100	1800	3600	6200	9100
5-dr Sta Wgn	400	1200	2000	4000	6900	10000
760, 6-cyl. 104" wb., 2.8 Liter, 134 hp.						
4-dr Sdn	400	1200	1950	3900	6800	9900
4-dr GLE Sdn	300	600	850	1700	2900	4100
5-dr Sta Wgn	500	1350	2350	4700	8100	11500
5-dr Gle Sta Wgn	300	600	900	1800	3100	4400

Diesel/Turbo Diesel deduct 20%

1986

	6	5	4	3	2	1
240 Series, 4-cyl. 104" wb., 2.1 liter, 111 hp.						
240 Dl 4-dr Sdn	300	750	1250	2500	4400	6200
240 DL 5-dr Sta Wgn	350	850	1400	2800	4900	7100
240 GL 4-dr Sdn	300	800	1300	2600	4600	6600
240 GL 5-dr Sta Wgn	350	850	1400	2800	4900	7100
740 Series, 4-cyl. 104" wb., 2.1 liter, 111 hp.						
740 GLE 4-dr Sdn	400	1200	1900	3800	6600	9600
740 GLE 5-dr Sta Wgn	450	1250	2100	4200	7200	10500
740 Series, 4-cyl., 104" wb., 2.3 liter Turbo 157 hp,						
740 GL 4-dr Sdn	450	1250	2100	4200	7200	10500
740 GL 5-dr Sta Wgn	500	1350	2300	4600	8000	11300
760 GLE 4-dr Sdn	450	1250	2200	4400	7600	10900
760 GLE 5-dr Sta Wgn	550	1550	2650	5300	9100	13000
760 Series, 6-cyl. 104" wb , 2.8 Liter, 134 hp.						
760 GLE 4-dr Sdn	300	600	950	1900	3200	4600

Diesel/Turbo Diesel deduct 20%

1987

	6	5	4	3	2	1
240 Series, 4-cyl. 104" wb., 2.1 liter, 111 hp.						
240 DL 4-dr Sdn	400	1050	1700	3300	5800	8300
240 DL 5-dr Sta Wgn	400	1200	1900	3800	6600	9600
240 GL 4-dr Sdn	400	1050	1700	3400	5900	8500
240 GL 5-dr Sta Wgn	400	1200	1900	3800	6600	9600

	6	5	4	3	2	1
740 Series, 4-cyl. 104" wb., 2.1 liter, 111 hp.						
740 GLE 4-dr Sdn	450	1250	2200	4400	7600	10900
740 GLE 5-dr Sta Wgn	550	1450	2450	4900	8500	12000
740 Series, 4-cyl. 104" wb., , 2.3 liter Turbo 157 hp,						
740 4-dr Sdn	550	1400	2400	4800	8300	11800
740 5-dr Sta Wgn	550	1550	2650	5300	9100	13000
760/780 Series, 6-cyl., 104" wb., 2.8 Liter, 134 hp.						
760 4-dr Sdn	550	1500	2500	5100	8800	12500
760 5-dr Sta Wgn	650	1700	3000	6100	10600	15200
760 GLE 4-dr Sdn	300	600	950	1900	3200	4600
780 GLE 2-dr Bertone Cpe	400	1200	1950	3900	6800	9900

1988

	6	5	4	3	2	1
240 Series, 4-cyl. 104" wb., 2.1 liter, 111 hp.						
240 DL 4-dr Sdn	450	1250	2100	4200	7200	10500
240 DL 5-dr Sta Wgn	550	1400	2400	4800	8300	11800
240 GL 4-dr Sdn	450	1250	2200	4400	7600	10900
240 GL 5-dr Sta Wgn	550	1400	2400	4800	8300	11800
740 Series, 4-cyl. 104" wb., 2.1 liter, 111 hp.						
740 GLE 4-dr Sdn	550	1500	2500	5100	8800	12500
740 GLE 5-dr Sta Wgn	600	1765	2850	5700	9900	14200
740 Series, 4-cyl., 104" wb., , 2.3 liter Turbo 157 hp,						
740 4-dr Sdn	600	1600	2750	5500	9500	13800
740 5-dr Sta Wgn	650	1700	3000	6100	10600	15200
760 4-dr Sdn	650	1700	3000	5900	10200	14700
760 5-dr Sta Wgn	700	1900	3400	6800	11700	16900
760/780 Series, 6-cyl., 104" wb., 2.8 Liter, 134 hp.						
760 GLE 4-dr Sdn	300	700	1200	2400	4100	5900
780 GLE 2-dr Bertone Cpe	500	1300	2250	4500	7700	11000

1989

	6	5	4	3	2	1
240 Series, 4-cyl. 104" wb., 2.1 liter, 111 hp.						
240 DL 4-dr Sdn	550	1550	2650	5300	9100	13000
240 DL 5-dr Sta Wgn	650	1700	3000	5900	10200	14700
240 GL 4-dr Sdn	600	1600	2700	5400	9300	13500
240 GL 5-dr Sta Wgn	650	1700	3000	5900	10200	14700
740 Series, 4-cyl. 104" wb., 2.1 liter, 111 hp.						
740 GL 4-dr Sdn	600	1650	2900	5800	10000	14500
740 GL 5-dr Sta Wgn	650	1800	3250	6500	11200	16100
740 GLE 4-dr Sdn	600	1650	2900	5800	10000	14500
740 GLE 5-dr Sta Wgn	650	1800	3250	6500	11200	16100
740 Series, 4-cyl., 104" wb., , 2.3 liter Turbo 157 hp						
740 4-dr Sdn	650	1750	3150	6300	10900	15700
740 5-dr Sta Wgn	700	2000	3450	6900	11900	17200
760/780 Series, 6-cyl., wb 104", 2.8 Liter, 134 hp.						
760 GLE 4-dr Sdn	350	900	1500	2900	5200	7400
780 GLE 2-dr Bertone Cpe	550	1500	2500	5100	8800	12500

1990

	6	5	4	3	2	1
240 Series, 4-cyl. 104" wb., 2.1 liter, 111 hp.						
240 4-dr Sdn	750	2150	3600	7200	12400	18000
240 5-dr Sta Wgn	800	2400	4000	8000	13900	19900
240 DL 4-dr Sdn	750	2250	3750	7500	13000	18700
240 DL 5-dr Sta Wgn	800	2450	4100	8200	14400	20500
740 Series, 4-cyl. 104" wb., 2.1 liter, 111 hp.						
740 4-dr Sdn	750	2250	3700	7400	12800	18500
740 5-dr Sta Wgn	800	2400	4050	8100	14200	20200
740 GL 4-dr Sdn	750	2250	3700	7400	12800	18500
740 GL 5-dr Sta Wgn	800	2400	4050	8100	14200	20200
740 GLE 4-dr Sdn	750	2250	3700	7400	12800	18500
740 GLE 5-dr Sta Wgn	800	2400	4050	8100	14200	20200

	6	5	4	3	2	1
760/780 Series, 6-cyl. 2.8 Liter, 134 hp.						
760 GLE 4-dr Sdn	500	1350	2350	4700	8100	11500
780 GLE 2-dr Bertone Cpe	750	2100	3550	7100	12300	17700
1991						
240 Series, 4-cyl. 104" wb., 2.1 liter, 111 hp.						
4-dr Sdn	850	2250	4300	8600	15100	21500
5-dr Sta Wgn	900	2750	4650	9300	16400	23100
SE 5-dr Sta Wgn	900	2850	4750	9500	16700	23700
740 Series, 4-cyl. 104" wb., 2.1 liter, 111 hp.						
GL 4-dr Sdn	800	2500	4250	8500	15000	21200
GL 5-dr Sta Wgn	900	2750	4650	9300	16400	23100
940 Series, 4-cyl., 104" wb., 2.1 liter, 111 hp.						
GLE 4-dr Sdn	850	2650	4450	8900	15700	22300
GLE 5-dr Sta Wgn	950	2950	4950	9900	17500	24700
940 Series, 4-cyl. 104" wb., , 2.3 liter Turbo 157 hp						
S 4-dr Sdn	950	3000	5000	10000	17700	24900
S 5-dr Sta Wgn	1050	3350	5600	11200	19700	28000
SE 4-dr Sdn	1000	3200	5350	10700	18900	26700
SE 5-dr Sta Wgn	1100	3500	5800	11600	20450	28900

CHEVY TRUCK
1935 – 1991

1972 Chevrolet El Camino

1972 Chevrolet

	6	5	4	3	2	1
1935						
Series EB						
Closed Cab Pickup	550	1500	2500	5100	8800	12500
Panel	550	1500	2500	5100	8800	12500
Spl Panel	600	1600	2750	5500	9500	13800
Series EC						
Sdn Del	650	1700	3000	5900	10200	14700
1936						
Series FC						
Sdn Del	650	1700	3000	5900	10200	14700
Cpe Pickup	650	1700	3000	6100	10600	15200
Series FB						
Pickup	550	1500	2500	5100	8800	12500
Panel Del	550	1500	2500	5100	8800	12500
1937						
Series GB						
Sdn Del	650	1700	3000	6100	10600	15200
Series GC						
Pickup	650	1700	3000	5900	10200	14700
Panel	600	1650	2850	5700	9900	14200
Canopy Exp	650	1700	3000	5900	10200	14700
Suburban	650	1700	3000	5900	10200	14700

	6	5	4	3	2	1
1938						
Series HB						
Cpe Pickup	650	1700	3000	6100	10600	15200
Sdn Del	650	1700	3000	6100	10600	15200
Series HC						
Pickup	650	1700	3000	5900	10200	14700
Panel	600	1650	2850	5700	9900	14200
Canopy Exp	650	1700	3000	5900	10200	14700
Suburban	650	1700	3000	5900	10200	14700
1939						
Series JB						
Cpe Pickup	650	1700	3000	6100	10600	15200
Sdn Del	650	1700	3000	6100	10600	15200
Series JC						
Pickup	650	1700	3000	5900	10200	14700
Panel	600	1650	2850	5700	9900	14200
Canopy Exp	650	1700	3000	5900	10200	14700
Suburban	650	1700	3000	5900	10200	14700
1940						
Series KB						
Cpe Pickup	650	1700	3000	6100	10600	15200
Sdn Del	650	1700	3000	6100	10600	15200
Series KH						
Sdn Del	650	1700	3000	6100	10600	15200
Cpe Pickup	650	1700	3000	6100	10600	15200
Series KC						
Pickup	650	1700	3000	5900	10200	14700
Panel	600	1650	2850	5700	9900	14200
Canopy Exp	650	1700	3000	5900	10200	14700
Suburban	650	1700	3000	5900	10200	14700
1941						
Series AG						
Cpe Pickup	650	1750	3100	6200	10700	15400
Sdn Del	650	1800	3250	6500	11200	16100
Series AJ, 1/2-ton						
Panel Del	600	1650	2900	5800	10000	14500
Series AK, 1/2-ton						
Pickup	650	1700	3000	6100	10600	15200
Panel	600	1650	2900	5800	10000	14500
Canopy	650	1700	3000	6100	10600	15200
Suburban	650	1750	3100	6200	10700	15400
1942						
Series BG						
Cpe Pickup	650	1750	3100	6200	10700	15400
Sdn Del	650	1800	3250	6500	11200	16100
Series BJ						
Panel	600	1650	2900	5800	10000	14500
Series BK						
Pickup	650	1700	3000	6100	10600	15200
Panel	600	1650	2900	5800	10000	14500
Canopy	650	1700	3000	6100	10600	15200
Suburban	650	1750	3100	6200	10700	15400

	6	5	4	3	2	1
1944-1945						
Series DJ						
Sdn Del	650	1800	3250	6500	11200	16100
Series BK/CK						
Pickup	650	1700	3000	6100	10600	15200
1946						
Series DJ						
Sdn Del	650	1800	3250	6500	11200	16100
Series DP						
Pickup	650	1700	3000	6100	10600	15200
Panel	600	1650	2900	5800	10000	14500
Canopy	650	1700	3000	6100	10600	15200
Suburban (Panel Dr)	650	1700	3000	6100	10600	15200
Suburban	650	1750	3100	6200	10700	15400
Series CK						
Pickup	650	1700	3000	5900	10200	14700
Panel	600	1600	2750	5500	9500	13800
Suburban (Panel Dr)	600	1600	2800	5600	9700	14000
Suburban	600	1650	2850	5700	9900	14200
Canopy	600	1650	2850	5700	9900	14200
1947-1949						
Series 1500						
Sdn Del	650	1800	3250	6500	11200	16100
Series 3100						
Pickup	650	1700	3000	6100	10600	15200
Panel	600	1650	2900	5800	10000	14500
Canopy Exp	650	1700	3000	6100	10600	15200
Suburban	650	1750	3100	6200	10700	15400
1950						
Series 1500						
Sdn Del	650	1750	3150	6300	10900	15700
Series 3100						
Pickup	750	2100	3550	7100	12300	17700
Panel	550	1500	2500	5100	8800	12500
Canopy Exp	550	1550	2650	5300	9100	13000
Suburban (Panel Dr)	600	1600	2800	5600	9700	14000
Suburban	600	1600	2750	5500	9500	13800
			Pickup w/Deluxe Cab pkg add 10%			
1951-1953						
Series 1500						
Sdn Del	650	1750	3150	6300	10900	15700
Series 3100						
Pickup	750	2100	3550	7100	12300	17700
Panel	550	1500	2500	5100	8800	12500
Canopy	550	1550	2650	5300	9100	13000
Suburban (Panel Dr)	600	1600	2800	5600	9700	14000
Suburban	600	1600	2750	5500	9500	13800
			Pickup w/Deluxe Cab pkg add 10%			
1954-1955 (First Series)						
Series 1500						
Sdn Del	700	1900	3350	6700	11500	16500
Series 3100						
Pickup	700	1850	3300	6600	11300	16300
Panel	600	1600	2750	5500	9500	13800

	6	5	4	3	2	1
Canopy	600	1600	2750	5500	9500	13800
Suburban (Panel Dr)	600	1650	2900	5800	10000	14500
Suburban	600	1650	2850	5700	9900	14200
		Pickup w/Deluxe Cab pkg add 10%				

1955-Second Series

Series 1500

	6	5	4	3	2	1
Sdn Del	700	1900	3350	6700	11500	16500

Series 3100

Pickup	700	1850	3300	6600	11300	16300
Panel	600	1600	2750	5500	9500	13800
Cameo	850	2550	4300	8600	15100	21500
Suburban (Panel Dr)	600	1650	2900	5800	10000	14500
Suburban	600	1650	2850	5700	9900	14200

Series 3200

Pickup	600	1600	2800	5600	9700	14000
V8 add 20%						

1956-1957

Series 1500

Sdn Del	700	1900	3350	6700	11500	16500

Series 3100

Pickup	700	1850	3300	6600	11300	16300
Panel	600	1600	2750	5500	9500	13800
Cameo	850	2550	4300	8600	15100	21500
Suburban (Panel Dr)	600	1650	2900	5800	10000	14500
Suburban	600	1650	2850	5700	9900	14200

Series 3200

Pickup	600	1600	2800	5600	9700	14000
V-8 add 20%						

1958

Series 1171

Sdn Del	650	1800	3250	6500	11200	16100

Series 3100

Pickup	650	1700	3000	6000	10400	14900
Smoothside Pickup	600	1650	2900	5800	10000	14500
Cameo Carrier	800	2500	4200	8400	14800	20900
Panel	550	1450	2450	4900	8500	12000
Suburban (Panel Dr)	600	1600	2750	5500	9500	13800
Suburban	600	1600	2700	5400	9300	13500

Series 3200

Pickup	550	1550	2600	5200	9000	12800
Smoothside Pickup	600	1600	2800	5600	9700	14000

1959

Series 1100

Sdn Del	600	1600	2700	5400	9300	13500

Series 1180

El Camino Del	650	1800	3250	6500	11200	16100

Series 3100

Pickup	600	1600	2800	5600	9700	14000
Pickup Fleetside	600	1650	2900	5800	10000	14500
Panel	550	1500	2500	5000	8700	12300
Suburban (Panel Dr)	600	1650	2850	5700	9900	14200
Suburban	600	1600	2800	5600	9700	14000

Series 3200

Pickup	500	1300	2250	4500	7700	11000
Pickup Fleetside	500	1350	2350	4700	8100	11500

	6	5	4	3	2	1

1960

Series 1100

	6	5	4	3	2	1
Sdn Del	550	1550	2600	5200	9000	12800
El Camino Del	700	1900	3350	6700	11500	16500

Series C14

	6	5	4	3	2	1
Pickup	550	1500	2500	5100	8800	12500
Pickup Fleetside	550	1550	2650	5300	9100	13000
Panel	500	1350	2350	4700	8100	11500
Suburban (Panel Dr)	550	1450	2450	4900	8500	12000
Suburban	500	1350	2350	4700	8100	11500

1961-1963

Corvair 95

	6	5	4	3	2	1
Loadside Pickup	500	1350	2350	4700	8100	11500
Rampside Pickup	550	1450	2450	4900	8500	12000
Corvan Panel	350	1000	1600	3200	5700	8100

Series C14 and C15

	6	5	4	3	2	1
Pickup Stepside	550	1400	2400	4800	8300	11800
Pickup Fleetside	550	1500	2500	5000	8700	12300
Panel	450	1250	2150	4300	7400	10700
Suburban (Panel Dr)	500	1350	2350	4700	8100	11500
Suburban	500	1300	2250	4500	7700	11000

1964

El Camino

	6	5	4	3	2	1
Sdn Pickup	700	1900	3350	6700	11500	16500
Custom Sdn Pickup	700	2000	3450	6900	11900	17200

6-cyl deduct 10%

Corvair 95

	6	5	4	3	2	1
Corvan Panel	400	1100	1800	3500	6100	8900
Rampside Pickup	550	1500	2500	5100	8800	12500

Series P10

	6	5	4	3	2	1
Walk-in Panel	350	950	1550	3100	5500	7900

Series C14 and C15

	6	5	4	3	2	1
Stepside Pickup	550	1400	2400	4800	8300	11800
Fleetside Pickup	550	1500	2500	5000	8700	12300
Panel	450	1250	2150	4300	7400	10700
Suburban (Panel Dr)	500	1350	2350	4700	8100	11500
Suburban	500	1300	2250	4500	7700	11000

1965-1966

El Camino

	6	5	4	3	2	1
Sdn Pickup	700	1900	3350	6700	11500	16500
Custom Sdn Pickup	700	2000	3450	6900	11900	17200

6-cyl deduct 10%

Series P10

	6	5	4	3	2	1
Panel Step-Van	350	950	1550	3100	5500	7900

Series C14 and C15

	6	5	4	3	2	1
Stepside Pickup	550	1400	2400	4800	8300	11800
Fleetside Pickup	550	1500	2500	5000	8700	12300
Panel	450	1250	2150	4300	7400	10700
Suburban (Panel Dr)	500	1350	2350	4700	8100	11500
Suburban	500	1300	2250	4500	7700	11000

1967

El Camino

	6	5	4	3	2	1
Sdn Pickup	650	1750	3100	6200	10700	15400
Custom Sdn Pickup	700	1850	3300	6600	11300	16300

SS-396 pkg add 30%   6-cyl deduct 10%

	6	5	4	3	2	1
Series P10						
Panel Step-Van	350	950	1550	3100	5500	7900
Series C10						
Stepside Pickup	550	1400	2400	4800	8300	11800
Fleetside Pickup	550	1500	2500	5000	8700	12300
Panel	400	1200	2000	4000	6900	10000
Suburban (Panel Dr)	550	1400	2400	4800	8300	11800
Suburban	500	1350	2300	4600	8000	11300
Factory air cond add 15%				*CST pkg add 10%*		

1968

	6	5	4	3	2	1
El Camino						
Pickup	650	1750	3100	6200	10700	15400
Custom Pickup	700	1850	3300	6600	11300	16300
SS 396 pkg add 30%						
Series P10						
Panel Step-Van	350	950	1550	3100	5500	7900
Series C10						
Stepside Pickup (6 1/2')	550	1450	2450	4900	8500	12000
Fleetside Pickup (6 1/2')	550	1500	2500	5100	8800	12500
Stepside Pickup (8')	500	1350	2350	4700	8100	11500
Fleetside Pickup (8')	550	1550	2650	5300	9100	13000
Panel	400	1200	2000	4000	6900	10000
Suburban	500	1350	2300	4600	8000	11300
Factory air cond add 15%				*CST pkg add 10%*		

1969

	6	5	4	3	2	1
El Camino						
Pickup	650	1700	3000	6000	10400	14900
Custom Pickup	650	1800	3200	6400	11000	15900
SS-396 pkg add 30%				*6-cyl deduct 10%*		
Blazer K10, 4WD						
Uty	600	1600	2750	5500	9500	13800
Series P10						
Panel Step-Van	400	1050	1700	3300	5800	8300
Series C10						
Stepside Pickup (6 1/2')	550	1500	2500	5100	8800	12500
Fleetside Pickup (6 1/2')	650	1700	3000	5900	10200	14700
Stepside Pickup (8')	550	1450	2450	4900	8500	12000
Fleetside Pickup (8')	650	1700	3000	6100	10600	15200
Panel	450	1250	2100	4200	7200	10500
Suburban	550	1400	2400	4800	8300	11800
Factory air cond add 10%				*CST pkg add 10%*		

1970

	6	5	4	3	2	1
El Camino						
Pickup	600	1650	2900	5800	10000	14500
Custom Pickup	650	1750	3100	6200	10700	15400
SS-396 pkg add 20%						
SS-454/LS-5 pkg add 30%				*SS-454/LS-6 add 50%*		
Blazer K10, 4WD						
Uty	550	1500	2500	5100	8800	12500
Series P10						
Panel Step-Van	400	1050	1700	3300	5800	8300
Series C10						
Stepside Pickup (6 1/2')	550	1500	2500	5100	8800	12500
Fleetside Pickup (6 1/2')	650	1700	3000	5900	10200	14700
Stepside Pickup (8')	550	1450	2450	4900	8500	12000
Fleetside Pickup (8')	650	1700	3000	6100	10600	15200
Panel	450	1250	2100	4200	7200	10500

	6	5	4	3	2	1
Suburban	550	1400	2400	4800	8300	11800

Factory air cond add 10%   CST pkg add 10%

1971

Vega

Panel Del Exp	300	650	1150	2300	3900	5700

El Camino, 8-cyl.

Pickup	600	1600	2700	5400	9300	13500
Custom Pickup	600	1650	2900	5800	10000	14500

SS-396 pkg add 20%
SS-454/LS-5 pkg add 30%   SS-454/LS-6 add 50%

Blazer K10, 4WD

Uty	550	1450	2450	4900	8500	12000

P10

Panel Step-Van	400	1050	1700	3300	5800	8300

C10

Stepside Pickup (6 1/2')	600	1600	2750	5500	9500	13800
Fleetside Pickup (6 1/2')	650	1700	3000	6100	10600	15200
Stepside Pickup (8')	550	1550	2650	5300	9100	13000
Fleetside Pickup (8')	650	1700	3000	5900	10200	14700
Suburban	500	1350	2300	4600	8000	11300

Factory air cond add 10%
Cheyenne pkg add 10%

1972

Vega

Panel Exp	300	650	1150	2300	3900	5700

El Camino, 8-cyl.

Pickup	550	1550	2600	5200	9000	12800
Custom Pickup	600	1600	2800	5600	9700	14000

SS pkg ad 20%   350 cid V8 add 20%
402 cid V8 add 25%   454 cid V8 add 30%
6-cyl deduct 10%

Blazer, K10

Uty	500	1350	2350	4700	8100	11500

Luv

Pickup	300	600	950	1900	3200	4600

P10

Panel Step-Van	400	1050	1700	3300	5800	8300

C10

Stepside Pickup (6 1/2')	600	1600	2750	5500	9500	13800
Fleetside Picku (6 1/2')	650	1700	3000	6100	10600	15200
Stepside Pickup (8')	550	1550	2650	5300	9100	13000
Fleetside Pickup (8')	650	1700	3000	5900	10200	14700
Suburban	450	1250	2150	4300	7400	10700

Factory air cond add 10%   Cheyenne pkg add 10%

1973

Vega

Panel Exp	300	650	1150	2300	3900	5700

El Camino

Sdn Pickup	450	1250	2200	4400	7600	10900
Custom Sdn Pickup	550	1400	2400	4800	8300	11800

350 V8 add 10%   454 V8 add 30%
Estate pkg add 10%

Blazer, K10

Uty	500	1300	2250	4500	7700	11000

Luv

Pickup	300	600	850	1700	2900	4100

	6	5	4	3	2	1
P10						
Steel Panel Step-Van	350	1000	1600	3200	5700	8100
C10						
Stepside Pickup (6 1/2')	400	1200	1950	3900	6800	9900
Fleetside Pickup (6 1/2')	450	1250	2150	4300	7400	10700
Stepside Pickup (8')	400	1150	1850	3700	6400	9300
Fleetside Pickup (8')	450	1250	2050	4100	7100	10300
Suburban	450	1250	2100	4200	7200	10500

Cheyenne pkg add 10%   Cheyenne Super pkg add 15%

1974

	6	5	4	3	2	1
Vega						
Panel Exp	300	650	1150	2300	3900	5700
El Camino						
Pickup	400	1200	1900	3800	6600	9600
Classic Pickup	450	1250	2100	4200	7200	10500

350 V8 add 10%   400 V8 add 20%
454 V8 add 30%   Estate pkg add 10%
Conquista pkg add 20%   SS pkg add 30%

	6	5	4	3	2	1
Blazer, K10						
Uty	450	1250	2150	4300	7400	10700
Luv						
Pickup	300	600	850	1700	2900	4100
P10						
Steel Panel Step-Van	350	1000	1600	3200	5700	8100
C10						
Stepside Pickup (6 1/2')	400	1150	1850	3700	6400	9300
Fleetside Pickup (6 1/2')	450	1250	2050	4100	7100	10300
Stepside Pickup (8')	400	1100	1800	3500	6100	8900
Fleetside Pickup (8')	400	1200	1950	3900	6800	9900
Suburban	450	1250	2100	4200	7200	10500

Cheyenne pkg add 10%   Cheyenne Super pkg add 15%

1975

	6	5	4	3	2	1
Vega						
Panel Exp	300	650	1100	2200	3800	5400
El Camino						
Pickup	400	1100	1800	3600	6200	9100
Classic Pickup	400	1200	2000	4000	6900	10000

Estate pkg add 10%   Conquista pkg add 20%
SS pkg add 30%

	6	5	4	3	2	1
Blazer, K10						
Uty (w/o top)	400	1200	1950	3900	6800	9900
Uty (w/top)	450	1250	2050	4100	7100	10300
C10						
Stepside Pickup (6 1/2')	400	1100	1800	3500	6100	8900
Stepside Pickup (8')	400	1150	1850	3700	6400	9300
Fleetside Pickup (6 1/2')	400	1150	1850	3700	6400	9300
Fleetside Pickup (8')	400	1100	1800	3500	6100	8900
Suburban	400	1200	1950	3900	6800	9900

Scottsdale pkg add 10%   Cheyenne pkg add 15%
Silverado pkg add 20%

	6	5	4	3	2	1
Luv						
Pickup	250	500	750	1500	2600	3600
P10						
Steel Panel Step-Van	350	1000	1600	3200	5700	8100

1976

	6	5	4	3	2	1
Luv, 4-cyl.						
Pickup	250	500	750	1400	2400	3400

	6	5	4	3	2	1
El Camino, 8-cyl.						
Pickup	400	1100	1800	3600	6200	9100
Classic Pickup	400	1200	2000	4000	6900	10000

Conquista pkg add 20%   SS pkg add 30%
350 V8 add 20%

	6	5	4	3	2	1
K10 Blazer, 4WD, 8-cyl.						
Uty (w/top)	400	1200	1950	3900	6800	9900
P10 Step Van, 6-cyl.						
Steel Panel (7')	400	1050	1700	3300	5800	8300
C10, 1/2-ton, 8-cyl.						
Pickup Step (6 1/2')	400	1050	1700	3400	5900	8500
Pickup Fleet (6 1/2')	400	1100	1800	3600	6200	9100
Pickup Step (8')	400	1100	1800	3600	6200	9100
Pickup Fleet (8')	400	1050	1700	3400	5900	8500
Suburban	400	1200	1950	3900	6800	9900

Scottsdale pkg add 10%   Cheyenne pkg add 15%
Silverado pkg add 20%

1977

	6	5	4	3	2	1
Luv, 4-cyl.						
Pickup	250	500	750	1400	2400	3400

Mikado pkg add 10%   Mighty Mike pkg add 10%

	6	5	4	3	2	1
El Camino, 8-cyl.						
Pickup	400	1050	1700	3400	5900	8500
Classic Pickup	400	1100	1800	3600	6200	9100

Conquista pkg add 20%   SS pkg add 30%
350 V8 add 20%

	6	5	4	3	2	1
K10 Blazer, 4WD, 8-cyl.						
Uty (Hdtp)	400	1150	1850	3700	6400	9300
Uty (Fld Tp)	400	1100	1800	3500	6100	8900
P10, 6-cyl.						
Steel Panel (7')	400	1050	1700	3300	5800	8300
C10, 1/2-ton, 8-cyl.						
Pickup Step (6 1/2')	400	1050	1700	3400	5900	8500
Pickup Fleet (6 1/2')	400	1100	1800	3600	6200	9100
Pickup Step (8')	400	1100	1800	3600	6200	9100
Pickup Fleet (8')	400	1050	1700	3400	5900	8500
Suburban	400	1200	1950	3900	6800	9900

Scottsdale pkg add 10%   Cheyenne pkg add 15%
Silverado pkg add 20%

1978

	6	5	4	3	2	1
Luv, 4-cyl.						
Pickup	250	500	750	1400	2400	3400

Mikado pkg add 10%   Mighty Mike pkg add 10%

	6	5	4	3	2	1
El Camino, 8-cyl.						
Pickup	350	1000	1600	3200	5700	8100
Pickup SS	400	1050	1700	3400	5900	8500

Royal Knight pkg add 10%   Conquista pkg add 20%
350 V8 add 10%

	6	5	4	3	2	1
K10 Blazer, 4WD, 8-cyl.						
Uty (Hdtp)	400	1100	1800	3500	6100	8900
Uty (Fldg Tp)	400	1050	1700	3300	5800	8300
P10, 6-cyl.						
Steel Panel (7')	400	1050	1700	3300	5800	8300
C10, 8-cyl.						
Pickup Step (6 1/2')	400	1050	1700	3400	5900	8500
Pickup Fleet (6 1/2')	400	1100	1800	3600	6200	9100
Pickup Step (8')	400	1100	1800	3600	6200	9100
Pickup Fleet (8')	400	1050	1700	3400	5900	8500

	6	5	4	3	2	1
Suburban	400	1200	1950	3900	6800	9900

Scottsdale pkg add 10%   Cheyenne pkg add 15%
Silverado pkg add 20%

1979

Luv, 4-cyl.

Pickup	200	450	650	1300	2200	3200

Mikado pkg add 10%

El Camino, 8-cyl.

Pickup	350	1000	1600	3200	5700	8100
SS Pickup	400	1050	1700	3400	5900	8500

Royal Knight pkg add 10%   Conquista pkg add 20%
350 V8 add 10%

K10 Blazer, 4WD, 8-cyl.

Uty (Hdtp)	400	1100	1800	3500	6100	8900
Uty (Fldg Tp)	400	1050	1700	3300	5800	8300

P10, 6-cyl.

Steel Panel (7')	400	1050	1700	3400	5900	8500

C10, 8-cyl.

Pickup (6 1/2')	400	1050	1700	3400	5900	8500
Pickup (8')	350	1000	1600	3200	5700	8100
Suburban	400	1200	1950	3900	6800	9900

Scottsdale pkg add 10%   Cheyenne pkg add 15%
Silverado pkg add 20%

1980

Luv, 4-cyl.

Pickup	200	450	650	1300	2200	3200

Mikado pkg add 10%

El Camino, 8-cyl.

Sdn Pickup	350	900	1500	2900	5200	7400
Sdn Pickup SS	350	1950	1550	3100	5500	7900

Royal Knight pkg add 10%   Conquista pkg add 20%
350 V8 add 10%

K10 Blazer, 4WD, 8-cyl.

Uty (Hdtp)	400	1050	1700	3300	5800	8300
Uty (Fldg Tp)	350	1950	1550	3100	5500	7900

P10, 6-cyl.

Steel Panel (7')	400	1050	1700	3400	5900	8500

C10, 1/2-ton, 8-cyl.

Pickup Fleet (6 1/2')	400	1050	1700	3400	5900	8500
Pickup Fleet (8')	350	1000	1600	3200	5700	8100
Suburban	400	1200	1950	3900	6800	9900

Scottsdale pkg add 10%   Cheyenne pkg add 15%
Silverado pkg add 20%

1981

Luv

Pickup	200	450	650	1300	2200	3200

Mikado pkg add 10%

El Camino

Pickup	350	900	1500	2900	5200	7400
Super Spt Pickup	350	1950	1550	3100	5500	7900

Royal Knight pkg add 10%   Conquista pkg add 20%
350 V8 add 10%

Blazer

Uty Hdtp	400	1050	1700	3300	5800	8300
Uty Folding Top	350	1950	1550	3100	5500	7900

C10

Pickup Fleet (6 1/2')	400	1100	1800	3500	6100	8900

	6	5	4	3	2	1
Pickup Fleet (8')	400	1050	1700	3300	5800	8300
Suburban	400	1200	2000	4000	6900	10000

Scottsdale pkg add 10%   Cheyenne pkg add 15%
Silverado pkg add 20%

1982

Luv, 4-cyl.

Pickup	200	450	650	1300	2200	3200

Mikado pkg add 10%

El Camino, 6-cyl.

Pickup	350	900	1500	3000	5300	7600
Super Spt Pickup	350	1000	1600	3200	5700	8100

Royal Knight pkg add 10%   Conquista pkg add 20%
350 V add 10%

Blazer, 4WD, 6-cyl.

Uty	400	1100	1800	3500	6100	8900

S10, 4-cyl.

Pickup Fleetside (6')	200	450	650	1300	2200	3200
Pickup Fleetside (6 1/2')	250	500	750	1400	2400	3400

C10, 6-cyl.

Pickup (6 1/2')	400	1100	1800	3500	6100	8900
Pickup Fleet (8')	400	1050	1700	3300	5800	8300
Suburban	400	1200	2000	4000	6900	10000

Scottsdale pkg add 10%   Silverado pkg add 15%

1983

El Camino, 8-cyl.

Pickup	350	1950	1550	3100	5500	7900
Super Spt Pickup	400	1050	1700	3300	5800	8300

Conquista pkg add 20%   350 V8 add 10%
Diesel deduct 10%

K10/K5 Blazer, 8-cyl.

Uty	400	1100	1800	3500	6100	8900

S10 Blazer, 6-cyl.

Tailgate	350	900	1500	2900	5200	7400

S10, 6-cyl.

Fleetside (6')	200	450	650	1300	2200	3200
Fleetside (7 1/2')	250	500	750	1400	2400	3400
Fleetside Bonus Cab	300	600	950	1900	3200	4600

C10, 8-cyl.

Pickup (6 1/2')	400	1100	1800	3600	6200	9100
Pickup Fleetside (8')	400	1050	1700	3400	5900	8500
Suburban	450	1250	2050	4100	7100	10300

Scottsdale pkg add 10%   Silverado pkg add 15%

1984

El Camino, 8-cyl.

Sdn Pickup	400	1050	1700	3300	5800	8300
Super Spt Pickup	400	1100	1800	3600	6200	9100

Conquista pkg add 20%   350 V8 add 10%
Diesel deduct 10%

K10/K5 Blazer, 4WD, 8-cyl.

Uty	400	1150	1850	3700	6400	9300

S10 Blazer, 4WD, 6-cyl.

Tailgate	4350	950	1550	3100	5500	7900

S10, 6-cyl.

Fleetside (6')	250	500	750	1400	2400	3400
Fleetside (7 1/2')	250	500	750	1500	2600	3600
Fleetside Bonus Cab	300	650	1000	2000	3500	4900

	6	5	4	3	2	1
C10, 8-cyl.						
Pickup (6 1/2')	400	1200	1950	3900	6800	9900
Pickup Fleetside (8')	400	1150	1850	3700	6400	9300
Suburban	450	1250	2150	4300	7400	10700

Scottsdale pkg add 10%   Silverado pkg add 15%

1985

	6	5	4	3	2	1
El Camino, 8-cyl.						
Sdn Pickup	400	1100	1800	3600	6200	9100
Sdn SS Spt	400	1200	2000	4000	6900	10000

Conquista pkg add 20%   350 V8 add 10%
Diesel deduct 10%

	6	5	4	3	2	1
K10/K5 Blazer, 8-cyl.						
Uty	400	1200	2000	4000	6900	10000
S10 Blazer, 4WD, 6-cyl.						
Tailgate	350	900	1500	3000	5300	7600
S10, 6-cyl.						
Fleetside (6')	250	500	750	1400	2400	3400
Fleetside (7 1/2')	250	500	750	1500	2600	3600
Fleetside Ext. Cab (6')	300	650	1000	2000	3500	4900
C10, 8-cyl.						
Pickup (6 1/2')	450	1250	2150	4300	7400	10700
Pickup Fleetside (8')	450	1250	2050	4100	7100	10300
Suburban	450	1250	2200	4400	7600	10900

Scottsdale pkg add 10%   Silverado pkg add 15%

1986

	6	5	4	3	2	1
El Camino, 8-cyl.						
Sdn Pickup	400	1200	2000	4000	6900	10000
Sdn SS Spt	450	1250	2200	4400	7600	10900

Conquista pkg add 20%   350 V8 add 10%
Diesel deduct 10%

	6	5	4	3	2	1
K10/K5 Blazer, 1/2-ton, 8-cyl.						
Uty	500	1300	2250	4500	7700	11000
S10 Blazer, 4WD, 6-cyl.						
Tailgate	400	1050	1700	3300	5800	8300
S10, 6-cyl.						
Fleetside EL (6')	250	500	750	1400	2400	3400
Fleetside (6')	300	550	800	1600	2800	3900
Fleetside (7 1/2')	300	600	850	1700	2900	4100
Fleetside Ext. Cab (6')	300	650	1150	2300	3900	5700
C10, 8-cyl.						
Pickup Fleetside (6 1/2')	500	1350	2350	4700	8100	11500
Pickup Fleetside (8')	500	1300	2250	4500	7700	11000
Suburban	550	1400	2400	4800	8300	11800

Scottsdale pkg add 10%   Silverado pkg add 15%

1987

	6	5	4	3	2	1
El Camino, 8-cyl.						
Pickup	500	1300	2250	4500	7700	11000
Super Spt Pickup	550	1450	2450	4900	8500	12000

Conquista pkg add 20%   350 V8 add 10%
Diesel deduct 10%

	6	5	4	3	2	1
V10 Blazer 4WD, 8-cyl.						
Uty	550	1500	2500	5000	8700	12300
S10 Blazer, 6-cyl.						
Uty	400	1150	1850	3700	6400	9300
S10, 6-cyl.						
Fleetside EL (6')	300	550	800	1600	2800	3900
Pickup Fleetside (6')	300	600	900	1800	3100	4400

	6	5	4	3	2	1
Pickup Fleetside (7 1/2')	300	600	950	1900	3200	4600
Pickup Fleetside Ext. Cab (6')	300	750	1250	2500	4400	6200
R10, 8-cyl.						
Pickup (6 1/2')	550	1500	2500	5000	8700	12300
Pickup Fleetside (8')	550	1400	2400	4800	8300	11800
Suburban	550	1550	2650	5300	9100	13000

1988

	6	5	4	3	2	1
V10 Blazer, 8-cyl.						
Uty	600	1600	2750	5500	9500	13800
S10 Blazer, 6-cyl.						
Tailgate	400	1200	1950	3900	6800	9900
Tailgate 4WD	500	1300	2250	4500	7700	11000
R10, 8-cyl.						
Suburban	650	1700	3000	6000	10400	14900
S10, 6-cyl.						
Fleetside EL (6')	300	600	900	1800	3100	4400
Pickup Fleetside (6')	300	650	1100	2100	3600	5100
Pickup Fleetside (7 1/2')	300	650	1100	2200	3800	5400
Pickup Fleetside Ext. Cab (6')	350	900	1500	2900	5200	7400
C1500, 8-cyl.						
Pickup Fleetside (6 1/2')	600	1600	2800	5600	9700	14000
Pickup Fleetside (8')	600	1600	2700	5400	9300	13500
Pickup Fleetside Ext. Cab (8')	650	1700	3000	5900	10200	14700

1989

	6	5	4	3	2	1
V1500 Blazer, 4WD, 8-cyl.						
Uty	650	1700	3000	6100	10600	15200
S10 Blazer, 6-cyl.						
Tailgate	450	1250	2200	4400	7600	10900
Tailgate 4WD	550	1500	2500	5000	8700	12300
R1500, 8-cyl.						
Suburban	700	1900	3350	6700	11500	16500
S10, 6-cyl.						
Fleetside EL (6')	300	650	1100	2100	3600	5100
Pickup Fleetside (6')	300	700	1200	2400	4100	5900
Pickup Fleetside (7 1/2')	300	750	1250	2500	4400	6200
Pickup Fleetside Ext. Cab (6')	350	1000	1600	3200	5700	8100
C1500, 8-cyl.						
Pickup (6 1/2')	650	1700	3000	6100	10600	15200
Pickup Fleetside (8')	650	1700	3000	5900	10200	14700
Pickup Fleetside Ext. Cab (6.5')	700	1900	3350	6700	11500	16500
Pickup Fleetside Ext. Cab (8')	700	1850	3300	6600	11300	16300

1990

	6	5	4	3	2	1
V1500 Blazer, 8-cyl.						
Uty	700	1900	3400	6800	11700	16900
S10 Blazer, 6-cyl.						
2-dr Tailgate	500	1350	2300	4600	8000	11300
2-dr Tailgate 4WD	550	1550	2600	5200	9000	12800
4-dr Tailgate 4WD	650	1750	3150	6300	10900	15700
R1500, 8-cyl.						
Suburban	750	2250	3750	7500	13000	18700
S10, 6-cyl.						
Fleetside EL (6')	300	750	1250	2500	4400	6200
Pickup Fleetside (6')	350	850	1400	2800	4900	7100
Pickup Fleetside (7 1/2')	350	900	1500	2900	5200	7400
Pickup Fleetside Ext. Cab (6')	400	1100	1800	3500	6100	8900
C1500, 8-cyl.						
Pickup Fleetside WT (8')	650	1700	3000	6100	10600	15200

	6	5	4	3	2	1
Pickup (6.5')	700	1850	3300	6600	11300	16300
Pickup Fleetside (8')	650	1800	3200	6400	11000	15900
Pickup Fleetside Ext. Cab (6.5')	750	2250	3700	7400	12800	18500
Pickup Fleetside Ext. Cab (8')	750	2200	3650	7300	12600	18200
Pickup Fleetside 454SS	800	2400	4000	8000	13900	19900

1991

V1500 Blazer, 4WD, 8-cyl.

	6	5	4	3	2	1
Uty	750	2300	3800	7600	13100	18900

S10 Blazer, 6-cyl.

	6	5	4	3	2	1
2-dr Tailgate	550	1550	2600	5200	9000	12800
2-dr Tailgate 4WD	600	1650	2900	5800	10000	14500
4-dr Tailgate 4WD	700	2000	3450	6900	11900	17200

R1500, 8-cyl.

	6	5	4	3	2	1
Suburban	800	2500	4250	8500	15000	21200

S10, 6-cyl.

	6	5	4	3	2	1
Fleetside EL (6')	350	850	1400	2800	4900	7100
Pickup Fleetside (6')	350	950	1550	3100	5500	7900
Pickup Fleetside (7 1/2')	350	1000	1600	3200	5700	8100
Pickup Fleetside Ext. Cab (6')	400	1200	1950	3900	6800	9900

C1500, 8-cyl.

	6	5	4	3	2	1
Pickup (6.5')	750	2100	3550	7100	12300	17700
Pickup Fleetside (8')	700	2000	3450	6900	11900	17200
Pickup Fleetside Ext. Cab (6.5')	800	2400	4050	8100	14200	20200
Pickup Fleetside Ext. Cab (8')	800	2400	4000	8000	13900	19900
Pickup Fleetside 454SS	850	2550	4350	8700	15300	21700

DODGE TRUCK
1929 – 1991

1934 Dodge

1977 Dodge D-100 Warlock

	6	5	4	3	2	1
1929-1930						
Merchants Express, 4-cyl., 109" wb						
Pickup	400	1200	2000	4000	6900	10000
Canopy Del	400	1050	1700	3400	5900	8500
Screen Del	400	1100	1800	3500	6100	8900
Panel	400	1050	1700	3400	5900	8500
Sdn Del	400	1100	1800	3500	6100	8900
SE-DE Series, 6-cyl., 110" wb						
Pickup	400	1200	1950	3900	6800	9900
Canopy Del	400	1050	1700	3300	5800	8300
Screen Del	400	1050	1700	3400	5900	8500
Panel	400	1050	1700	3300	5800	8300
Sdn Del	400	1050	1700	3400	5900	8500
1931-1932						
UF10 Series, 4-cyl., 109" wb						
Pickup	400	1200	2000	4000	6900	10000
Canopy Del	400	1050	1700	3400	5900	8500
Screen Del	400	1100	1800	3500	6100	8900
Panel	400	1050	1700	3400	5900	8500
Sdn Del	400	1100	1800	3500	6100	8900
F-10 Series, 6-cyl., 109" wb						
Pickup	400	1200	1950	3900	6800	9900
Canopy Del	400	1050	1700	3300	5800	8300
Screen Del	400	1050	1700	3400	5900	8500
Panel	400	1050	1700	3300	5800	8300
Sdn Del	400	1050	1700	3400	5900	8500

	6	5	4	3	2	1
E Series, 4-cyl., 124" wb (1932 only)						
Pickup	400	1200	1900	3800	6600	9600
Canopy Del	350	1000	1600	3200	5700	8100
Screen Del	400	1050	1700	3300	5800	8300
Panel	350	1000	1600	3200	5700	8100
Sdn Del	400	1050	1700	3300	5800	8300

1933-1934

	6	5	4	3	2	1
UF10 Series, 4-cyl., 109" wb						
Pickup	450	1250	2100	4200	7200	10500
Canopy Del	400	1100	1800	3600	6200	9100
Screen Del	400	1150	1850	3700	6400	9300
Panel	400	1100	1800	3600	6200	9100
Sdn Del	400	1100	1800	3600	6200	9100
F-10 Series, 6-cyl., 109" wb						
Pickup	450	1250	2200	4400	7600	10900
Canopy Del	400	1150	1850	3700	6400	9300
Screen Del	400	1200	1900	3800	6600	9600
Panel	400	1150	1850	3700	6400	9300
Sdn Del	400	1150	1850	3700	6400	9300
HC Series, 4-cyl., 111 1/4" wb						
Pickup	450	1250	2050	4100	7100	10300
Canopy Del	400	1100	1800	3500	6100	8900
Screen Del	400	1100	1800	3600	6200	9100
Panel	400	1100	1800	3500	6100	8900
Sdn Coml	400	1100	1800	3500	6100	8900
HCL Series, 6-cyl., 109" wb						
Pickup	450	1250	2050	4100	7100	10300
Canopy Del	400	1050	1700	3400	5900	8500
Screen Del	400	1100	1800	3500	6100	8900
Panel	400	1050	1700	3400	5900	8500
Sdn Coml	400	1050	1700	3400	5900	8500

1934-1935

	6	5	4	3	2	1
Series KC, 6-cyl., 114 1/2" wb						
Pickup	450	1250	2200	4400	7600	10900
Canopy	400	1200	1900	3800	6600	9600
Screen	400	1200	1950	3900	6800	9900
Cml Sdn	400	1150	1850	3700	6400	9300
Suburban Sdn	400	1200	2000	4000	6900	10000
Series KCL, 6-cyl., 23.44 hp, 119" wb						
Panel	450	1250	2100	4200	7200	10500
Express	450	1250	2100	4200	7200	10500

1936

	6	5	4	3	2	1
Series D2, 6-cyl., 116" wb						
Cml Sdn	550	1450	2450	4900	8500	12000
Series LC, 6-cyl., 116" wb						
Pickup	550	1550	2600	5200	9000	12800
Canopy	500	1300	2250	4500	7700	11000
Screen	500	1350	2350	4700	8100	11500
Cml Sdn	550	1450	2450	4900	8500	12000
Panel	500	1350	2300	4600	8000	11300

1937

	6	5	4	3	2	1
Series MC, 6-cyl., 116" wb						
Pickup	550	1550	2600	5200	9000	12800
Canopy	500	1300	2250	4500	7700	11000
Screen	500	1350	2350	4700	8100	11500

	6	5	4	3	2	1
Cml Sdn	550	1450	2450	4900	8500	12000
Panel	500	1350	2300	4600	8000	11300
Sta Wgn	950	2950	4950	9900	17500	24700

1938

Series RC, 6-cyl., 116" wb

	6	5	4	3	2	1
Pickup	550	1550	2600	5200	9000	12800
Canopy	500	1300	2250	4500	7700	11000
Exp Screen	500	1350	2350	4700	8100	11500
Cml Sdn	550	1450	2450	4900	8500	12000
Panel	500	1350	2300	4600	8000	11300

1939-1942

(1939 Series TC; 1940 Series VC; 1941-42 Series WC)
Series TC/VC/WC, 6-cyl., 116" wb

	6	5	4	3	2	1
Pickup	600	1600	2700	5400	9300	13500
Canopy	550	1400	2400	4800	8300	11800
Screen	550	1500	2500	5000	8700	12300
Panel	550	1400	2400	4800	8300	11800

1946-1947

Series WC, 6-cyl., 116" wb

	6	5	4	3	2	1
Express	600	1600	2700	5400	9300	13500
Canopy	550	1400	2400	4800	8300	11800
Panel	550	1400	2400	4800	8300	11800

1948-1949

Series B-1-B-108, 6-cyl., 108" wb

	6	5	4	3	2	1
Pickup	550	1550	2600	5200	9000	12800
Panel	500	1300	2250	4500	7700	11000

Custom Cab pkg add 10%

1950

Series B-2-B-108, 6-cyl., 108" wb

	6	5	4	3	2	1
Pickup	600	1600	2700	5400	9300	13500
Panel	500	1350	2300	4600	8000	11300

Custom Cab pkg add 10%

1951-1952

Series B-3-B-108, 6-cyl., 108" wb

	6	5	4	3	2	1
Pickup	600	1600	2700	5400	9300	13500
Panel	500	1350	2300	4600	8000	11300

Custom Cab pkg add 10%

1953

Series B-4-B-108, 6-cyl., 108" wb

	6	5	4	3	2	1
Pickup	600	1600	2750	5500	9500	13800
Panel	500	1350	2350	4700	8100	11500

Custom Cab pkg add 10%

1954-1955 First Series

Series C-1-B6-108, 6-cyl., 108" wb

	6	5	4	3	2	1
Pickup	600	1600	2750	5500	9500	13800
Panel	500	1350	2350	4700	8100	11500

Series C-1-B6-116, 6-cyl., 108" wb

	6	5	4	3	2	1
Express	600	1650	2900	5800	10000	14500

Custom Cab pkg add 10%   *V-8 add 20%*

	6	5	4	3	2	1

1955-1956

(Begin April 1955) (1956 models use C-4-B model designations.)
Series C-3-B6-108, 6-cyl., 108" wb

	6	5	4	3	2	1
Lowside Pickup	600	1600	2700	5400	9300	13500
Highside Pickup	600	1600	2750	5500	9500	13800
Town Panel	550	1400	2400	4800	8300	11800

Series C-3-B6-116, 6-cyl., 116" wb

Express Lowside	550	1550	2600	5200	9000	12800
Express Highside	550	1550	2650	5300	9100	13000
Platform	450	1250	2200	4400	7600	10900
Stake	500	1300	2250	4500	7700	11000

Custom Regal pkg add 10%   V-8 add 20%

1957

Series K6-D100, 1/2-ton, 108" wb

	6	5	4	3	2	1
Pickup	600	1650	2850	5700	9900	14200
Town Panel	500	1350	2300	4600	8000	11300
6-pass Town Wgn	450	1250	2050	4100	7100	10300
8-pass Town Wgn	450	1250	2100	4200	7200	10500

Series K6-D100, 1/2-ton, 116" wb

Pickup	600	1650	2900	5800	10000	14500
Sweptside Pickup	800	2200	3400	7600	13150	19000
Platform	450	1250	2200	4400	7600	10900
Stake	500	1300	2250	4500	7700	11000

Custom Cab pkg add 10%   V-8 add 15%
Push-button trans add 10%

1958

Series L6-D100, 6-cyl., 108" wb

	6	5	4	3	2	1
Pickup	500	1300	2250	4500	7700	11000
Town Panel	450	1250	2050	4100	7100	10300
6-pass Town Wgn	400	1200	1950	3900	6800	9900
8-pass Town Wgn	450	1250	2050	4100	7100	10300

Series L6-D100, 6-cyl., 116" wb

Pickup	500	1350	2350	4700	8100	11500
Sweptside Pickup	800	2200	3400	7600	13150	19000
Platform	400	1150	1850	3700	6400	9300
Stake	400	1200	1900	3800	6600	9600

Custom Cab pkg add 10%   V-8 add 15%
Push-button trans add 10%

1959-1960

(1960 models designated "P6")
Series M6/P6-D100, 6-cyl., 108" wb

	6	5	4	3	2	1
Utiline Pickup	500	1300	2250	4500	7700	11000
Sweptline Pickup	550	1500	2500	5000	8700	12300
Town Panel	450	1250	2050	4100	7100	10300
6-pass Town Wgn	400	1200	1900	3800	6600	9600
8-pass Town Wgn	400	1200	2000	4000	6900	10000

Series M6/P6-D100, 6-cyl., 116" wb

Utiline Pickup	500	1350	2350	4700	8100	11500
Sweptline Pickup	550	1450	2450	4900	8500	12000
Sweptside Pickup*	800	2200	3400	7600	13150	19000
Platform	400	1150	1850	3700	6400	9300
Stake	400	1200	1900	3800	6600	9600

*Offered until January 1959 only)

Custom Cab pkg add 10%   V-8 add 15%

	6	5	4	3	2	1

1961

R6-D100, 6-cyl., 114" wb
Pickup Dart Utiline	400	1050	1700	3300	5800	8300
Pickup Dart Sweptline	400	1100	1800	3500	6100	8900
Town Panel	400	1100	1800	3500	6100	8900
Town 6-pass Wgn	400	1150	1850	3700	6400	9300
Town 8-pass Wgn	400	1200	1950	3900	6800	9900

R6-D100, 6-cyl., 122" wb
Pickup Dart Utiline	350	950	1550	3100	5500	7900
Pickup Dart Sweptline	400	1050	1700	3300	5800	8300
Platform	300	800	1350	2700	4700	6900
Stake	350	850	1400	2800	4900	7100

V-8 add 10%   4WD add 20%

1962-1963

S6-D100, 6-cyl., 114" wb
Pickup Utiline	400	1050	1700	3300	5800	8300
Pickup Sweptline	400	1100	1800	3500	6100	8900
Town Panel	400	1100	1800	3500	6100	8900
Town 6-pass Wgn	400	1150	1850	3700	6400	9300
Town 8-pass Wgn	400	1200	1950	3900	6800	9900

S6-D100, 6-cyl., 122" wb
Pickup Utiline	350	950	1550	3100	5500	7900
Pickup Sweptline	400	1050	1700	3300	5800	8300
Platform	300	800	1350	2700	4700	6900
Stake	350	850	1400	2800	4900	7100

V-8 add 10%   4WD add 20%

1964

A-100, 6-cyl., 90" wb
Wgn	350	850	1400	2800	4900	7100

D100, 6-cyl., 114"-122" wb
Pickup Utiline	400	1050	1700	3300	5800	8300
Pickup Sweptline	400	1100	1800	3500	6100	8900
Town Panel	400	1100	1800	3500	6100	8900
Town 6-pass Wgn	400	1150	1850	3700	6400	9300
Town 8-pass Wgn	400	1200	1950	3900	6800	9900
Platform	350	850	1400	2800	4900	7100
Stake	350	900	1500	2900	5200	7400

V-8 add 10%   4WD add 20%

1965-1966

A100, 6-cyl., 90" wb
Sportsman Wgn	300	800	1300	2600	4600	6600
Cstm Sportsman Wgn	300	800	1350	2700	4700	6900
Pickup	400	1200	1900	3800	6600	9600
Panel	400	1100	1800	3500	6100	8900

D100, 6-cyl., 114"-128" wb
Pickup Utiline	400	1050	1700	3300	5800	8300
Pickup Sweptline	400	1100	1800	3500	6100	8900
Town Panel S	400	1150	1850	3700	6400	9300
Town S 6-pass Wgn	400	1150	1850	3700	6400	9300
Town S 8-pass Wgn	400	1200	1950	3900	6800	9900
Platform	350	850	1400	2800	4900	7100
Stake	350	900	1500	2900	5200	7400

V-8 add 10%   4WD add 20%

	6	5	4	3	2	1

1967-1969

A100, 6-cyl., 90-108" wb
	6	5	4	3	2	1
Sportsman Wgn	300	800	1300	2600	4600	6600
Cstm Sportsman Wgn	300	800	1350	2700	4700	6900
Pickup	400	1200	1900	3800	6600	9600
Panel	400	1050	1700	3400	5900	8500

D100, 6-cyl., 114"-128" wb
	6	5	4	3	2	1
Pickup Utiline	350	900	1500	3000	5300	7600
Pickup Sweptline	400	1150	1850	3700	6400	9300
Platform	350	850	1400	2800	4900	7100
Stake	350	900	1500	2900	5200	7400

V-8 add 10%   4WD add 20%
Custom Sport pkg add 10%

1970

A100, 8-cyl., 90-108" wb
	6	5	4	3	2	1
Sportsman Wgn	350	900	1500	2900	5200	7400
Cstm Sportsman Wgn	350	900	1500	3000	5300	7600
Pickup	400	1100	1800	3500	6100	8900
Panel	350	950	1550	3100	5500	7900

D100, 8-cyl., 114"-128" wb
	6	5	4	3	2	1
Pickup Utiline	350	900	1500	3000	5300	7600
Pickup Sweptline	400	1100	1800	3600	6200	9100
Town Panel S	400	1100	1800	3500	6100	8900
Town S 6-pass Wgn	400	1150	1850	3700	6400	9300
Town S 8-pass Wgn	400	1200	1950	3900	6800	9900
Platform	300	800	1350	2700	4700	6900
Stake	350	8500	1400	2800	4900	7100

Custom pkg add 10%   Adventurer pkg add 15%
V-8 add 10%   4WD add 20%

1971

B100, 8-cyl., 109-127" wb
	6	5	4	3	2	1
Sportsman Wgn	300	650	1000	2000	3500	4900
Cstm Sportsman Wgn	300	650	1100	2200	3800	5400
Royal Sportsman Wgn	300	650	1100	2200	3800	5400

D100, 8-cyl., 114"-128" wb
	6	5	4	3	2	1
Pickup Utiline	350	900	1500	3000	5300	7600
Pickup Sweptline	400	1100	1800	3500	6100	8900
Platform	300	800	1350	2700	4700	6900
Stake	350	8500	1400	2800	4900	7100

Custom pkg add 10%   Adventurer pkg add 15%
V-8 add 10%   4WD add 20%

1972-1973

B100, 8-cyl., 109-127" wb
	6	5	4	3	2	1
Sportsman Wgn	300	650	1000	2000	3500	4900
Cstm Sportsman Wgn	300	650	1100	2200	3800	5400
Royal Sportsman Wgn	300	650	1100	2200	3800	5400

D100 Custom, 8-cyl., 115"-131" wb
	6	5	4	3	2	1
Pickup Utiline	300	800	1300	2600	4600	6600
Pickup Sweptline	350	900	1500	2900	5200	7400
Pickup Utiline Club Cab	350	900	1500	2900	5200	7400

Adventurer pkg add 10%   Adventurer Sport pkg add 15%
Adventurer SE add 20%   V-8 add 10%
4WD add 20%   Club Cab add 10%

1974-1975

AW100 Ramcharger 4WD, 8-cyl., 106" wb
	6	5	4	3	2	1
Utility	350	8500	1400	2800	4900	7100

	6	5	4	3	2	1
B100, 8-cyl., 109-127" wb						
Sportsman Wgn	300	650	1000	2000	3500	4900
Cstm Sportsman Wgn	300	650	1100	2200	3800	5400
Royal Sportsman Wgn	300	650	1100	2200	3800	5400
D100 Custom, 8-cyl., 115"-149" wb						
Pickup Utiline	300	800	1300	2600	4600	6600
Pickup Sweptline	350	900	1500	3000	5300	7600
Pickup Sweptline Club Cab	350	900	1500	3000	5300	7600

Adventurer pkg add 10%   Adventurer Sport pkg add 15%
Adventurer SE add 20%   V-8 add 10%
4WD add 20%   Club Cab add 10%

1976

	6	5	4	3	2	1
AW100 Ramcharger 4WD, 8-cyl., 106" wb						
Utility	350	900	1500	2900	5200	7400
B100, 8-cyl., 109-127" wb						
Sportsman Wgn	300	650	1100	2100	3600	5100
D100 Custom, 8-cyl., 115"-149" wb						
Pickup Utiline	300	700	1200	2400	4100	5900
Pickup Sweptline	300	800	1300	2600	4600	6600
Pickup Sweptline Club Cab	300	800	1350	2700	4700	6900

Adventurer pkg add 10%   Adventurer Sport pkg add 15%
Adventurer SE add 20%   V-8 add 10%
4WD add 20%   Club Cab add 10%

1977

	6	5	4	3	2	1
AW100 Ramcharger 4WD, 8-cyl., 106" wb						
Utility	350	900	1500	2900	5200	7400
B100, 8-cyl., 109-127" wb						
Sportsman Wgn	300	650	1100	2100	3600	5100
D100 Custom, 8-cyl., 115"-149" wb						
Pickup Utiline	300	700	1200	2400	4100	5900
Pickup Sweptline	300	800	1300	2600	4600	6600
Pickup Sweptline Club Cab	300	800	1350	2700	4700	6900

Adventurer pkg add 10%   Adventurer SE add 15%
Warlock Edition add 25%   V-8 add 10%
4WD add 20%   Club Cab add 10%

1978

	6	5	4	3	2	1
AW100 Ramcharger 4WD, 8-cyl., 106" wb						
Utility	350	900	1500	2900	5200	7400
B100, 8-cyl., 109-127" wb						
Sportsman Wgn	300	650	1100	2100	3600	5100
D100 Custom, 8-cyl., 115"-149" wb						
Pickup Utiline	300	700	1200	2400	4100	5900
Pickup Sweptline	300	800	1300	2600	4600	6600
Pickup Sweptline Club Cab	300	800	1350	2700	4700	6900
D150 Custom, 8-cyl., 115-149" wb						
Pickup Utiline	300	750	1250	2500	4400	6200
Pickup Sweptline	300	800	1300	2600	4600	6600
Pickup Utiline Club Cab	300	800	1350	2700	4700	6900
Pickup Sweptline Club Cab	350	850	1400	2800	4900	7100

Adventurer pkg add 10%   Adventurer SE add 15%
Warlock Edition add 25%   Lil Red Express add 20%
Macho Power Wagon 4X4 add 20%   V-8 add 10%
4WD add 20%   Club Cab add 10%

1979

	6	5	4	3	2	1
D50, 4-cyl., 109" wb						
Sweptline Pickup	200	450	650	1300	2200	3200

	6	5	4	3	2	1
Spt Sweptline Pickup	250	500	750	1400	2400	3400
AW100 Ramcharger 4WD, 8-cyl., 106" wb						
Utility	350	900	1500	2900	5200	7400
B100, 8-cyl., 109-127" wb						
Sportsman Wgn	300	650	1100	2200	3800	5400
D100 Custom, 8-cyl., 115"-131" wb						
Pickup Utiline	300	700	1200	2400	4100	5900
Pickup Sweptline	300	800	1300	2600	4600	6600
D150 Custom, 8-cyl., 115-149" wb						
Pickup Utiline	300	800	1350	2700	4700	6900
Pickup Sweptline	350	850	1400	2800	4900	7100
Pickup Utiline Club Cab	350	900	1500	2900	5200	7400
Pickup Sweptline Club Cab	350	900	1500	3000	5300	7600

Adventurer pkg add 10%   Adventurer SE add 15%
Warlock Edition add 25%   Lil Red Express add 20%
Macho Power Wagon 4X4 add 20%   V-8 add 10%
4WD add 20%   Club Cab add 10%

1980

	6	5	4	3	2	1
D50, 4-cyl., 109" wb						
Pickup Sweptline	200	450	650	1300	2200	3200
Spt Pickup Sweptline	250	500	750	1400	2400	3400
AW100 Ramcharger 4WD, 8-cyl., 106" wb						
Utility	350	900	1500	2900	5200	7400
B100, 8-cyl., 109-127" wb						
Sportsman Wgn	300	650	1150	2300	3900	5700
D150 Custom, 8-cyl., 115-149" wb						
Pickup Utiline	300	800	1350	2700	4700	6900
Pickup Sweptline	350	850	1400	2800	4900	7100
Pickup Utiline Club Cab	350	900	1500	2900	5200	7400
Pickup Sweptline Club Cab	350	900	1500	3000	5300	7600

Adventurer pkg add 10%   Adventurer SE add 15%
Warlock Edition add 25%
Macho Power Wagon 4X4 add 20%
V-8 add 10%   4WD add 20%

1981

	6	5	4	3	2	1
Ram 50, 4-cyl., 109" wb						
Pickup Sweptline	200	450	650	1300	2200	3200
Pickup Sweptline Royal	250	500	750	1400	2400	3400
Pickup Sweptline Sport	250	500	750	1400	2400	3400
AW150 Ramcharger 4WD, 8-cyl., 106" wb						
Utility	350	900	1500	2900	5200	7400
B150, 6-cyl., 109-127" wb						
Sportsman Wgn	300	650	1150	2300	3900	5700
D150 Custom, 8-cyl., 115-149" wb						
Pickup Utiline	300	800	1350	2700	4700	6900
Pickup Sweptline	350	850	1400	2800	4900	7100
Pickup Utiline Club Cab	350	900	1500	2900	5200	7400
Pickup Sweptline Club Cab	350	900	1500	3000	5300	7600
Long Range Ram Pkg Sweptline	350	1000	1600	3200	5700	8100

Macho 4X4 pkg add 20%   V-8 add 10%
Club Cab add 10%

1982-1983

	6	5	4	3	2	1
Rampage, 4-cyl., 104" wb						
Pickup	200	450	650	1300	2200	3200
Pickup Sport	250	500	750	1500	2600	3600
Ram 50, 4-cyl., 109" wb						
Pickup	200	450	650	1300	2200	3200

	6	5	4	3	2	1
Pickup Custom	250	500	750	1400	2400	3400
Pickup Royal	250	500	750	1400	2400	3400
Pickup Sport	250	500	750	1400	2400	3400
AW150 Ramcharger 4WD, 8-cyl., 106" wb						
Utility	350	900	1500	2900	5200	7400
B150, 6-cyl., 109-127" wb						
Wgn	300	650	1150	2300	3900	5700
Mini-Ram Wgn	300	700	1200	2400	4100	5900
D150 Custom, 8-cyl., 115-149" wb						
Pickup Utiline	300	800	1350	2700	4700	6900
Pickup Sweptline	350	850	1400	2800	4900	7100
Pickup Sweptline Club Cab	350	900	1500	3000	5300	7600
Ram Miser Sweptline	350	900	1500	3000	5300	7600

Macho 4X4 pkg add 20%   V-8 add 10%
Club Cab add 10%

1984

	6	5	4	3	2	1
Rampage, 4-cyl., 104" wb						
Pickup	250	500	750	1400	2400	3400
Pickup 2.2	300	550	800	1600	2800	3900
Ram 50, 4-cyl., 109" wb						
Pickup Custom	250	500	750	1400	2400	3400
Pickup Royal	250	500	750	1500	2600	3600
Pickup Sport	250	500	750	1500	2600	3600
Ramcharger 4WD, 8-cyl., 106" wb						
Utility	350	1000	1600	3200	5700	8100
B150, 6-cyl., 109-127" wb						
Wgn	300	800	1300	2600	4600	6600
Value Wgn	300	800	1300	2600	4600	6600
D100, 8-cyl., 115-131" wb						
Pickup Sweptline	350	1000	1600	3200	5700	8100
D150, 8-cyl., 115-131" wb						
Pickup Utiline	350	1000	1600	3200	5700	8100
Pickup Sweptline	400	1050	1700	3300	5800	8300

Custom Ram pkg add 10%   V-8 add 10%
Club Cab add 10%

1985

	6	5	4	3	2	1
Ram 50, 4-cyl., 109" wb						
Pickup Custom	250	500	750	1400	2400	3400
Pickup Royal	250	500	750	1500	2600	3600
Pickup Sport	250	500	750	1500	2600	3600
Ramcharger 4WD, 8-cyl., 106" wb						
Utility	400	1100	1800	3600	6200	9100
B150, 6-cyl., 109-127" wb						
Wgn	350	900	1500	2900	5200	7400
Value Wgn	350	900	1500	2900	5200	7400
D100, 8-cyl., 115-131" wb						
Pickup Sweptline	400	1100	1800	3500	6100	8900
D150, 8-cyl., 115-131" wb						
Pickup Utiline	400	1100	1800	3500	6100	8900
Pickup Sweptline	400	1100	1800	3600	6200	9100

Royal SE pkg add 10%   Prospector pkg add 15%
V-8 add 10%   Club Cab add 10%

1986

	6	5	4	3	2	1
Ram 50, 4-cyl., 110" wb						
Pickup	300	550	800	1600	2800	3900
Pickup Sport	300	600	850	1700	2900	4100

	6	5	4	3	2	1
Ramcharger 4WD, 8-cyl., 106" wb						
Utility	400	1200	2000	4000	6900	10000
B150, 6-cyl., 109-127" wb						
Wgn	400	1050	1700	3300	5800	8300
Value Wgn	400	1050	1700	3300	5800	8300
D100, 8-cyl., 115-131" wb						
Pickup Sweptline	400	1200	1950	3900	6800	9900
D150, 8-cyl., 115-131" wb						
Pickup Utiline	400	1200	1950	3900	6800	9900
Pickup Sweptline	400	1200	2000	4000	6900	10000

Royal SE pkg add 10%   Prospector pkg add 15%
V-8 add 10%   Club Cab add 10%

1987

	6	5	4	3	2	1
Ram 50, 4-cyl., 105-116" wb						
Pickup	300	600	850	1700	2900	4100
Pickup LB	300	600	900	1800	3100	4400
Pickup Sport	300	650	1000	2000	3500	4900
Pickup Cstm LB	300	600	950	1900	3200	4600
Raider 4WD, 4-cyl., 92.5" wb						
Utility	350	950	1550	3100	5500	7900
Ramcharger 4WD, 8-cyl., 106" wb						
Utility	450	1250	2200	4400	7600	10900
B150, 6-cyl., 109-127" wb						
Wgn	400	1150	1850	3700	6400	9300
Value Wgn	400	1150	1850	3700	6400	9300
Dakota, 6-cyl., 112-124" wb						
Pickup Sweptline	300	650	1100	2100	3600	5100
Sweptline S	300	600	950	1900	3200	4600
D100, 8-cyl., 115-131" wb						
Pickup Sweptline	400	1200	2000	4000	6900	10000
D150, 8-cyl., 115-131" wb						
Pickup Utiline	450	1250	2050	4100	7100	10300
Pickup Sweptline	450	1250	2050	4100	7100	10300

1988

	6	5	4	3	2	1
Ram 50, 4-cyl., 105-116" wb						
Pickup	300	600	950	1900	3200	4600
Pickup LB	300	650	1000	2000	3500	4900
Pickup Sport	300	650	1100	2200	3800	5400
Pickup Cstm LB	300	650	1100	2100	3600	5100
Pickup Extended Cab	300	800	1350	2700	4700	6900
Pickup Spt Extended Cab	350	900	1500	2900	5200	7400
Pickup Cstm Ext Cab 4WD	400	1200	1950	3900	6800	9900
Raider 4WD, 4-cyl., 92.5" wb						
Utility	400	1050	1700	3400	5900	8500
Ramcharger 4WD, 8-cyl., 106" wb						
Utility 100	500	1300	2250	4500	7700	11000
Utility 150	550	1400	2400	4800	8300	11800
B150, 6-cyl., 109-127" wb						
Wgn	450	1250	2050	4100	7100	10300
Value Wgn	450	1250	2050	4100	7100	10300
Dakota, 6-cyl., 112-124" wb						
Pickup Sweptline	300	700	1200	2400	4100	5900
Sweptline S	300	650	1100	2200	3800	5400
Pickup Sweptline LB	300	800	1300	2600	4600	6600
Pickup Sweptline Spt	350	900	1500	2900	5200	7400
D100, 8-cyl., 115-131" wb						
Pickup Sweptline	450	1250	2100	4200	7200	10500

	6	5	4	3	2	1
D150, 8-cyl., 115-131" wb						
Pickup Utiline	450	1250	2150	4300	7400	10700
Pickup Sweptline	450	1250	2150	4300	7400	10700

1989

	6	5	4	3	2	1
Ram 50, 4-cyl., 105-116" wb						
Pickup	300	650	1100	2200	3800	5400
Pickup LB	300	650	1150	2300	3900	5700
Pickup Sport	300	750	1250	2500	4400	6200
Pickup Cstm LB	300	700	1200	2400	4100	5900
Pickup Extended Cab	350	900	1500	2900	5200	7400
Pickup Spt Extended Cab	350	950	1550	3100	5500	7900
Pickup Cstm Ext Cab 4WD	450	1250	2150	4300	7400	10700
Raider 4WD, 4-cyl., 92.5" wb						
Utility	450	1250	2200	4400	7600	10900
Ramcharger 4WD, 8-cyl., 106" wb						
Utility 100	550	1500	2500	5000	8700	12300
Utility 150	600	1600	2700	5400	9300	13500
B150, 6-cyl., 109-127" wb						
Wgn	500	1350	2300	4600	8000	11300
Value Wgn	500	1350	2300	4600	8000	11300
Dakota, 6-cyl., 112-124" wb						
Pickup Sweptline	300	800	1350	2700	4700	6900
Sweptline S	300	800	1300	2600	4600	6600
Pickup Sweptline LB	350	900	1500	2900	5200	7400
Pickup Sweptline Spt	350	1000	1600	3200	5700	8100
D100, 8-cyl., 115-131" wb						
Pickup Sweptline	450	1250	2200	4400	7600	10900
D150, 8-cyl., 115-131" wb						
Pickup Utiline	500	1300	2250	4500	7700	11000
Pickup Sweptline	500	1300	2250	4500	7700	11000

1990

	6	5	4	3	2	1
Ram 50, 4-cyl., 105-116" wb						
Pickup	300	750	1250	2500	4400	6200
Pickup LB	300	800	1300	2600	4600	6600
Pickup Sport	350	1000	1600	3200	5700	8100
Pickup Cstm LB	300	800	1350	2700	4700	6900
Pickup Extended Cab	350	1000	1600	3200	5700	8100
Pickup Spt Extended Cab	400	1050	1700	3400	5900	8500
Pickup Cstm Ext Cab 4WD	500	1300	2250	4500	7700	11000
Ramcharger 4WD, 8-cyl., 106" wb						
Utility 100	600	1600	2800	5600	9700	14000
Utility 150	650	1700	3000	6000	10400	14900
B150, 6-cyl., 109-127" wb						
Wgn	550	1550	2600	5200	9000	12800
Dakota, 6-cyl., 112-124" wb						
Pickup	350	950	1550	3100	5500	7900
Pickup S	350	900	1500	2900	5200	7400
Pickup LB	350	1000	1600	3200	5700	8100
Pickup Club Cab	450	1250	2150	4300	7400	10700
D150, 8-cyl., 115-131" wb						
Pickup SB	550	1400	2400	4800	8300	11800
Pickup LB	550	1400	2400	4800	8300	11800
Pickup S SB	500	1350	2350	4700	8100	11500
Pickup S LB	500	1350	2350	4700	8100	11500

1991

	6	5	4	3	2	1
Ram 50, 4-cyl., 105-116" wb						
Pickup	350	850	1400	2800	4900	7100

	6	5	4	3	2	1
Pickup LB	350	900	1500	2900	5200	7400
Pickup Sport	400	1100	1800	3500	6100	8900
Pickup Cstm LB	350	900	1500	3000	5300	7600
Pickup Extended Cab	350	950	1550	3100	5500	7900
Pickup Spt Extended Cab	400	1150	1850	3700	6400	9300
Pickup Cstm Ext Cab 4WD	550	1450	2450	4900	8500	12000
Ramcharger 4WD, 8-cyl., 106" wb						
Utility S 150	650	1750	3100	6200	10700	15400
Utility 150	700	1900	3350	6700	11500	16500
B150, 6-cyl., 109-127" wb						
Wgn	650	1700	3000	6000	10400	14900
Dakota, 6-cyl., 112-124" wb						
Pickup	400	1100	1800	3500	6100	8900
Pickup S	400	1050	1700	3300	5800	8300
Pickup LB	400	1100	1800	3600	6200	9100
Pickup Club Cab	550	1400	2400	4800	8300	11800
D150, 8-cyl., 115-131" wb						
Pickup SB	550	1550	2600	5200	9000	12800
Pickup LB	550	1550	2600	5200	9000	12800
Pickup S SB	550	1500	2500	5100	8800	12500
Pickup S LB	550	1500	2500	5100	8800	12500

PRICE GUIDE CLASSIFICATIONS:

1. CONCOURS: Perfection. At or near 100 points on a 100-point judging scale. Trailered; never driven; pampered. Totally restored to the max and 100 percent stock.

2. SHOW: Professionally restored to high standards. No major flaws or deviations from stock. Consistent trophy winner that needs nothing to show. In 90 to 95 point range.

3. STREET/SHOW: Older restoration or extremely nice original showing some wear from age and use. Very presentable; occasional trophy winner; everything working properly. About 80 to 89 points.

4. DRIVER: A nice looking, fine running collector car needing little or nothing to drive, enjoy and show in local competition. Would need extensive restoration to be a show car, but completely usable as is.

5. RESTORABLE: Project car that is relatively complete and restorable within a reasonable effort and expense. Needs total restoration, but all major components present and rebuildable. May or may not be running.

6. PARTS CAR: Deteriorated or stripped to a point beyond reasonable restoration, but still complete and solid enough to donate valuable parts to a restoration. Likely not running, possibly missing its engine.

FORD TRUCK
1928 – 1991

1950 Ford F-1

1970 Ford Ranchero GT

	6	5	4	3	2	1
1928-1929						
Model A, 4-cyl., 103" wb						
Sdn Del	650	1700	3000	6100	10600	15200
Open Cab Pickup	600	1650	2850	5700	9900	14200
Closed Cab Pickup	550	1450	2450	4900	8500	12000
Panel	600	1600	2750	5500	9500	13800
1930						
Model A, 4-cyl., 103" wb						
Town Car Del	1950	4950	12950	19900	27500	45000
Dlx Del	700	1900	3350	6700	11500	16500
Open Cab Pickup	650	1750	3150	6300	10900	15700
Closed Cab Pickup	550	1550	2650	5300	9100	13000
Panel Del	650	1700	3000	6100	10600	15200
1931						
Model A, 4-cyl., 103" wb						
Town Car Del	1950	4950	12950	19900	27500	45000
Dlx Del	700	1900	3350	6700	11500	16500
Open Cab Pickup	650	1750	3150	6300	10900	15700
Closed Cab Pickup	550	1550	2650	5300	9100	13000
Drop Floor Panel	550	1500	2500	5100	8800	12500
Panel	550	1550	2650	5300	9100	13000
Dlx Panel	650	1700	3000	6100	10600	15200

	6	5	4	3	2	1

1932

Model A & B, 4-cyl.,106" wb

	6	5	4	3	2	1
Sdn Del	700	1900	3350	6700	11500	16500
Open Cab Pickup	650	1750	3150	6300	10900	15700
Closed Cab Pickup	550	1550	2650	5300	9100	13000
Panel	600	1600	2750	5500	9500	13800
Dlx Panel	650	1700	3000	6100	10600	15200

V-8 add 15%

1933-1934

Model 46, 4-cyl. 112" wb

	6	5	4	3	2	1
Sdn Del	700	2000	3450	6900	11900	17200
Closed Cab Pickup	600	1650	2850	5700	9900	14200
Panel	600	1600	2750	5500	9500	13800
Dlx Panel	600	1650	2850	5700	9900	14200

V-8 add 15%

1935-1936

Model 67/68, 8-cyl., 112" wb

	6	5	4	3	2	1
Sdn Del	700	2000	3450	6900	11900	17200
Pickup	600	1600	2750	5500	9500	13800
Panel	600	1600	2750	5500	9500	13800
Dlx Panel	600	1650	2850	5700	9900	14200

60 hp V-8 deduct 10%

1937

Model 73/77/78, 8-cyl., 112" wb

	6	5	4	3	2	1
Sdn Del	650	1800	3200	6400	11000	15900
Pickup	650	1700	3000	5900	10200	14700
Panel Del	450	1250	2200	4400	7600	10900
Dlx Panel Del	550	1450	2450	4900	8500	12000

60 hp V-8 deduct 10%

1938-1939

Model 81-A/81-C/82-C, 8-cyl., 112" wb (1939 model 92D)

	6	5	4	3	2	1
Sdn Del	650	1800	3200	6400	11000	15900
Panel	450	1250	2200	4400	7600	10900
Pickup	650	1700	3000	5900	10200	14700
Dlx Panel	550	1450	2450	4900	8500	12000

60 hp V-8 deduct 10%

1940-1941

Model 01C, 8-cyl, 112" wb (1941 model 11C)

	6	5	4	3	2	1
Sdn Del	750	2100	3550	7100	12300	17700
Pickup	650	1700	3000	5900	10200	14700
Panel	550	1450	2450	4900	8500	12000

4-cyl deduct 20%
6-cyl deduct 10% (1941 only)

1942-1945

Model 78/21C, 8-cyl, 114" wb

	6	5	4	3	2	1
Sdn Del (1942 model year only)	700	1900	3350	6700	11500	16500
Pickup	600	1600	2700	5400	9300	13500
Panel (1942 model year only)	550	1450	2450	4900	8500	12000

4-cyl deduct 20%
6-cyl deduct 10% (1941 only)

	6	5	4	3	2	1

1946-1947

1/2-ton, 114" wb

Sdn Del	700	1900	3350	6700	11500	16500
Pickup	600	1650	2900	5800	10000	14500
Panel	550	1500	2500	5000	8700	12300

6-cyl deduct 15%

1948-1950

F-1, 1/2-ton

Pickup	650	1700	3000	5900	10200	14700
Panel	500	1350	2350	4700	8100	11500

Five Star Cab add 10%   6-cyl deduct 15%

1951-1952

Courier , 78A, 8-cyl, 115" wb

2-dr Sdn Del (1952 model only)	700	1900	3350	6700	11500	16500

F-1, 1/2-ton, 8-cyl., 114" wb

Pickup	600	1650	2850	5700	9900	14200
Panel	550	1500	2500	5100	8800	12500

Five Star Cab add 10%   6-cyl deduct 15%

1953-1954

Courier, 78A, 8-cyl, 115" wb

Sdn Del	600	1650	2850	5700	9900	14200

F-100, 1/2-ton, 8-cyl, 110" wb

Pickup	650	1700	3000	5900	10200	14700
Panel	550	1550	2650	5300	9100	13000

Five Star Cab add 10%   6-cyl deduct 15%

1955

Courier, 78A, 8-cyl, 115.5" wb

Sdn Del	650	1700	3000	5900	10200	14700

F-100, 1/2-ton, 8-cyl., 110" wb

Pickup	650	1750	3150	6300	10900	15700
Panel	550	1550	2650	5300	9100	13000

Custom Cab add 10%   6-cyl deduct 15%

1956

Courier, 78A, 115.5" wb

Sdn Del	650	1700	3000	5900	10200	14700

F-100, 1/2-ton, 8-cyl, 110" wb

Pickup	650	1750	3150	6300	10900	15700
Panel	550	1550	2650	5300	9100	13000

Custom Cab add 10%   Big Window add 10%
6-cyl deduct 15%

1957

Courier, 78A, 8-cyl., 116" wb

Sdn Del	600	1600	2750	5500	9500	13800

Ranchero, 66A/B, 8-cyl., 116" wb

Pickup	650	1750	3150	6300	10900	15700
Deluxe Pickup	700	1900	3350	6700	11500	16500

F-100, 1/2-ton, 8-cyl, 110" wb

Flareside Pickup	550	1500	2500	5100	8800	12500
Styleside Pickup	600	1600	2750	5500	9500	13800
Panel	550	1550	2650	5300	9100	13000

Custom Cab add 10%   Factory air cond add 25%
6-cyl deduct 10%
Courier w/glass windows deduct 10%

	6	5	4	3	2	1

1958

Courier, 78A, 8-cyl., 116" wb

	6	5	4	3	2	1
Panel Del	550	1550	2650	5300	9100	13000

Ranchero, 66A/B, 8-cyl., 116" wb

	6	5	4	3	2	1
Pickup	650	1750	3150	6300	10900	15700
Deluxe Pickup	700	1900	3350	6700	11500	16500

F-100, 1/2-ton, 8-cyl, 110" wb

	6	5	4	3	2	1
Pickup	550	1550	2650	5300	9100	13000
Panel	550	1550	2650	5300	9100	13000

Custom Cab add 10%   Factory air cond add 25%
6-cyl deduct 10%
Courier w/glass windows deduct 10%

1959

Courier, 59E, 8-cyl., 118" wb

	6	5	4	3	2	1
Comm Wgn	550	1550	2650	5300	9100	13000

Ranchero, 66C, 8-cyl., 116" wb

	6	5	4	3	2	1
Custom Pickup	650	1800	3250	6500	11200	16100

F-100, 1/2-ton, 8-cyl., 110" wb

	6	5	4	3	2	1
Flareside Pickup	550	1500	2500	5100	8800	12500
Styleside Pickup	600	1600	2700	5400	9300	13500
Panel	550	1500	2500	5100	8800	12500

Custom Cab add 10%   Factory air cond add 25%
6-cyl deduct 10%

1960

Courier, 59E, 8-cyl., 119" wb

	6	5	4	3	2	1
Comm Wgn	550	1500	2500	5100	8800	12500

Falcon Ranchero 66A, 6-cyl., 109.5" wb

	6	5	4	3	2	1
Pickup	500	1350	2350	4700	8100	11500

F-100, 1/2-ton, 8-cyl, 110" wb

	6	5	4	3	2	1
Flareside Pickup	550	1500	2500	5100	8800	12500
Styleside Pickup	550	1550	2650	5300	9100	13000
Panel	450	1250	2150	4300	7400	10700

1961-1962

Falcon, 6-cyl, 109.5" wb

	6	5	4	3	2	1
Ranchero	500	1300	2250	4500	7700	11000
Sdn Del	400	1200	1950	3900	6800	9900

F-100, 1/2-ton

	6	5	4	3	2	1
Flareside Pickup	500	1350	2350	4700	8100	11500
Styleside Pickup	550	1450	2450	4900	8500	12000

1963

Falcon, 6-cyl., 109.5" wb

	6	5	4	3	2	1
Ranchero	500	1300	2250	4500	7700	11000
Ranchero Dlx	600	1450	2550	4850	8200	11800
Sdn Del	400	1200	1950	3900	6800	9900
Sdn Del Dlx	500	1300	2250	4500	7700	11000

V-8 add 20%   Bucket seats add 10%

F-100, 1/2-ton

	6	5	4	3	2	1
Flareside Pickup	450	1250	2150	4300	7400	10700
Styleside Pickup	500	1350	2350	4700	8100	11500
Panel	400	1200	1950	3900	6800	9900

1964

Falcon,, 6-cyl., 109.5" wb

	6	5	4	3	2	1
Ranchero	500	1300	2250	4500	7700	11000
Ranchero Dlx	600	1450	2550	4850	8200	11800

	6	5	4	3	2	1
Sdn Del	400	1200	1950	3900	6800	9900
Sdn Del Dlx	500	1300	2250	4500	7700	11000
		V-8 add 20%		*Bucket seats add 10%*		
F-100, 1/2-ton						
Flareside Pickup	450	1250	2050	4100	7100	10300
Styleside Pickup	450	1250	2100	4200	7200	10500
Panel	400	1150	1850	3700	6400	9300

1965

	6	5	4	3	2	1
Falcon, 6-cyl., 109.5" wb						
Ranchero	500	1300	2250	4500	7700	11000
Dlx Pickup	600	1450	2550	4850	8200	11800
Sdn Del	400	1200	1950	3900	6800	9900
Sdn Del Dlx	500	1300	2250	4500	7700	11000
		V-8 add 20%		*Bucket seats add 10%*		
F-100, 1/2-ton						
Flareside Pickup	450	1250	2050	4100	7100	10300
Styleside Pickup	450	1250	2100	4200	7200	10500
Panel	400	1150	1850	3700	6400	9300

1966

	6	5	4	3	2	1
Falcon, 6-cyl., 113" wb						
Ranchero	400	1200	1950	3900	6800	9900
Ranchero Dlx	500	1350	2350	4700	8100	11500
		V-8 add 20%		*Bucket seats add 10%*		
Bronco, 6-cyl 4WD, 92" wb						
Rdstr	500	1350	2350	4700	8100	11500
Spt Uty	550	1400	2400	4800	8300	11800
Wgn	550	1450	2450	4900	8500	12000
F-100, 1/2-ton						
Flareside Pickup	400	1200	1950	3900	6800	9900
Styleside Pickup	400	1200	2000	4000	6900	10000

1967

	6	5	4	3	2	1
Fairlane Ranchero, 6-cyl, 113" wb						
Pickup	400	1200	1950	3900	6800	9900
500 Pickup	450	1250	2050	4100	7100	10300
500XL Pickup	500	1350	2350	4700	8100	11500
		289 V8 add 10%		*390 V8 add 25%*		
			4-spd add 10%			
Bronco, 6-cyl 4WD, 92" wb						
Rdstr	500	1300	2250	4500	7700	11000
Wgn	500	1350	2300	4600	8000	11300
Pickup	450	1250	2150	4300	7400	10700
F-100, 1/2-ton						
Flareside Pickup	400	1200	1950	3900	6800	9900
Styleside Pickup	400	1200	2000	4000	6900	10000

1968-1969

	6	5	4	3	2	1
Fairlane Ranchero, 6-cyl., 113" wb						
Pickup	450	1250	2050	4100	7100	10300
GT Pickup	500	1350	2350	4700	8100	11500
500 Pickup	500	1300	2250	4500	7700	11000
Bronco, 6-cyl 4WD, 90" wb						
Pickup	400	1200	1950	3900	6800	9900
Wgn	450	1250	2100	4200	7200	10500
F-100, 1/2-ton						
Flareside Pickup	400	1150	1850	3700	6400	9300
Styleside Pickup	400	1200	1900	3800	6600	9600

	6	5	4	3	2	1

1970-1971

Torino Ranchero, 6-cyl., 114" wb

	6	5	4	3	2	1
Pickup	450	1250	2050	4100	7100	10300
GT Pickup	500	1350	2350	4700	8100	11500
500 Pickup	450	1250	2150	4300	7400	10700
Squire Pickup	500	1350	2300	4600	8000	11300

Bronco, 6-cyl, 4WD, 90" wb

	6	5	4	3	2	1
Pickup	400	1150	1850	3700	6400	9300
Wgn	400	1200	2000	4000	6900	10000

Sport pkg add 10%   302 V-8 add 15%

F-100, 1/2-ton

	6	5	4	3	2	1
Flareside Pickup	400	1050	1700	3300	5800	8300
Styleside Pickup	400	1050	1700	3400	5900	8500

1972-1973

Courier

	6	5	4	3	2	1
Pickup	300	600	900	1900	3200	4600

Torino Ranchero, 6-cyl, 118" wb

	6	5	4	3	2	1
GT Pickup	500	1300	2250	4500	7700	11000
500 Pickup	450	1250	2150	4300	7400	10700
Squire Pickup	500	1350	2300	4600	8000	11300

Bronco, 6-cyl 4WD, 92" wb

	6	5	4	3	2	1
Pickup (1972 model year only)	400	1100	1800	3500	6100	8900
Wgn	400	1200	1900	3800	6600	9600

Sport pkg add 10%   302 V-8 add 15%

F-100, 1/2-ton

	6	5	4	3	2	1
Flareside Pickup	350	900	1500	3000	5300	7600
Styleside Pickup	350	950	1550	3100	5500	7900

1974

Courier

	6	5	4	3	2	1
Pickup	300	600	900	1900	3200	4600

Torino Ranchero, 6-cyl, 118" wb

	6	5	4	3	2	1
500 Pickup	400	1200	1950	3900	6800	9900
GT Pickup	450	1250	2050	4100	7100	10300
Squire Pickup	450	1250	2100	4200	7200	10500

Bronco, 6-cyl 4WD, 92" wb

	6	5	4	3	2	1
Wgn	400	1100	1800	3600	6200	9100

Sport pkg add 10%   302 V-8 add 15%

F-100, 1/2-ton

	6	5	4	3	2	1
Flareside Pickup	300	800	1300	2600	4600	6600
Styleside Pickup	300	800	1350	2700	4700	6900
Styleside Pickup Supercab	350	900	1500	2900	5200	7400

1975-1976

Courier

	6	5	4	3	2	1
Pickup	300	600	900	1900	3200	4600

Torino Ranchero, 6-cyl., 118" wb

	6	5	4	3	2	1
500 Pickup	400	1200	1950	3900	6800	9900
GT Pickup	450	1250	2050	4100	7100	10300
Squire Pickup	450	1250	2100	4200	7200	10500

Bronco, 6-cyl 4WD, 92" wb

	6	5	4	3	2	1
Wgn	400	1100	1800	3500	6100	8900

Sport pkg add 10%   302 V-8 add 15%

F100 Custom, 1/2-ton

	6	5	4	3	2	1
Flareside Pickup (6 3/4')	300	650	1150	2300	3900	5700
Styleside Pickup (8')	300	650	1150	2300	3900	5700
Styleside Pickup Supercab	300	750	1250	2500	4400	6200

	6	5	4	3	2	1
F150 Custom, 1/2-ton						
Flareside Pickup (8')	300	750	1250	2500	4400	6200
Styleside Pickup (8')	300	800	1300	2600	4600	6600
Styleside Pickup Supercab	350	850	1400	2800	4900	7100

1977

	6	5	4	3	2	1
Courier						
Pickup	300	600	900	1800	3100	4400
Torino Ranchero, 6-cyl, 118" wb						
500 Pickup	400	1200	1950	3900	6800	9900
GT Pickup	450	1250	2050	4100	7100	10300
Squire Pickup	450	1250	2100	4200	7200	10500
Bronco, 6-cyl 4WD, 90" wb						
Cus Wgn	400	1050	1700	3400	5900	8500
			Sport pkg add 10%		*302 V-8 add 15%*	
F100 Custom, 1/2-ton						
Styleside Pickup (6 3/4')	300	700	1200	2400	4100	5900
Flareside Pickup (8')	300	650	1150	2300	3900	5700
Styleside Pickup Supercab	300	750	1250	2500	4400	6200
F150 Custom, 1/2-ton						
Flareside Pickup (8')	300	700	1200	2400	4100	5900
Styleside Pickup (8')	300	750	1250	2500	4400	6200
Styleside Pickup Supercab	300	800	1300	2600	4600	6600

1978-1979

	6	5	4	3	2	1
Courier, 1/2-ton						
Pickup	300	600	900	1800	3100	4400
LTD II Ranchero, 6-cyl., 118" wb						
500 Pickup	400	1200	1900	3800	6600	9600
GT Pickup	450	1250	2150	4300	7400	10700
Squire Pickup	450	1250	2050	4100	7100	10300
Bronco, 8-cyl 4WD, 104" wb						
Cus Wgn	400	1050	1700	3400	5900	8500
		XLT pkg add 10%		*Free-Wheeling pkg add 10%*		
			Northland pkg add 10%			
F100 Custom, 1/2-ton						
Styleside Pickup (6 3/4')	300	750	1250	2500	4400	6200
Flareside Pickup (8')	300	700	1200	2400	4100	5900
Styleside Pickup Supercab	300	800	1300	2600	4600	6600
F150 Custom, 1/2-ton						
Flareside Pickup (8')	300	750	1250	2500	4400	6200
Styleside Pickup (8')	300	800	1300	2600	4600	6600
Styleside Pickup Supercab	300	800	1350	2700	4700	6900

1980

	6	5	4	3	2	1
Courier, 1/2-ton						
Pickup	300	600	950	1900	3200	4600
Bronco, 1/2-ton 6-cyl 4WD, 104" wb						
Cus Wgn	400	1050	1700	3400	5900	8500
		XLT pkg add 10%		*Free Wheeling pkg add 10%*		
			351 V8 add 10%			
F100 Custom, 1/2-ton						
Flareside Pickup	300	750	1250	2500	4400	6200
Styleside Pickup	300	800	1300	2600	4600	6600
F150 Custom, 1/2-ton						
Flareside Pickup	300	800	1300	2600	4600	6600
Styleside Pickup	300	800	1350	2700	4700	6900
Styleside Pickup Supercab	350	900	1500	2900	5200	7400

	6	5	4	3	2	1

1981

Courier, 1/2-ton
| Pickup | 300 | 600 | 950 | 1900 | 3200 | 4600 |

Bronco, 1/2-ton, 6-cyl 4WD, 104" wb
| Wgn | 400 | 1050 | 1700 | 3400 | 5900 | 8500 |

XLT pkg add 10%   Free-Wheeling pkg add 10%
351 V8 add 10%

F100 Custom, 1/2-ton
| Flareside Pickup | 300 | 800 | 1300 | 2600 | 4600 | 6600 |
| Styleside Pickup | 300 | 800 | 1300 | 2600 | 4600 | 6600 |

F150 Custom, 1/2-ton
Flareside Pickup	300	800	1350	2700	4700	6900
Styleside Pickup	300	800	1350	2700	4700	6900
Styleside Pickup Supercab	350	900	1500	3000	5300	7600

1982

Courier, 1/2-ton
| Pickup | 300 | 600 | 950 | 1900 | 3200 | 4600 |

Bronco, 1/2-ton, 6-cyl 4WD, 104.7" wb
| Wgn | 400 | 1050 | 1700 | 3400 | 5900 | 8500 |

XLT-Lariat pkg add 10%   XLS pkg add 15%
351 V8 add 10%

F100 Custom, 1/2-ton
| Flareside Pickup | 350 | 900 | 1500 | 2900 | 5200 | 7400 |
| Styleside Pickup | 350 | 900 | 1500 | 2900 | 5200 | 7400 |

F150 Custom, 1/2-ton
Pickup Flareside	350	900	1500	3000	5300	7600
Styleside Pickup	350	900	1500	3000	5300	7600
Styleside Pickup Supercab	350	1000	1600	3200	5700	8100

1983

Bronco, 1/2-ton, 6-cyl 4WD, 104.7" wb
| Wgn | 400 | 1100 | 1800 | 3600 | 6200 | 9100 |

XLT-Lariat pkg add 10%   XLS pkg add 15%
351 V8 add 10%

Ranger, 1/2-ton
| Styleside Pickup | 200 | 450 | 650 | 1300 | 2200 | 3200 |
| Styleside Pickup LB | 250 | 500 | 750 | 1400 | 2400 | 3400 |

F100, 1/2-ton
| Flareside Pickup (6 1/2') | 350 | 900 | 1500 | 3000 | 5300 | 7600 |
| Styleside Pickup (6 3/4') | 350 | 900 | 1500 | 3000 | 5300 | 7600 |

F150, 1/2-ton
Flareside Pickup (6 1/2')	350	950	1550	3100	5500	7900
Styleside Pickup (6 3/4')	350	950	1550	3100	5500	7900
Styleside Pickup (8')	350	950	1550	3100	5500	7900
Styleside Pickup Supercab	400	1050	1700	3300	5800	8300

1984-1985

Bronco II, 1/2-ton, 4WD, 6-cyl., 94" wb
| Wgn | 350 | 900 | 1500 | 3000 | 5300 | 7600 |

Eddie Bauer pkg add 15%   XLT pkg add 10%

Bronco, 1/2-ton, 6-cyl 4WD, 104.7" wb
| Wgn | 400 | 1200 | 2000 | 4000 | 6900 | 10000 |

XLT-Lariat pkg add 10%   XLS pkg add 15%
351 V8 add 10%

Ranger, 1/2-ton
Styleside S Pickup	200	450	650	1300	2200	3200
Styleside S LB Pickup	200	400	600	1200	2100	3000
Styleside Pickup	250	500	750	1400	2400	3400
Styleside LB Pickup	250	500	750	1500	2600	3600

	6	5	4	3	2	1
F150, 1/2-ton						
Flareside Pickup (6 1/2')	400	1050	1700	3400	5900	8500
Styleside Pickup (6 3/4')	400	1050	1700	3400	5900	8500
Styleside Pickup (8')	400	1050	1700	3400	5900	8500
Styleside P.U. Supercab (6 3/4')	400	1150	1850	3700	6400	9300
Styleside P.U. Supercab (8')	400	1100	1800	3600	6200	9100
1986						
Bronco II, 1/2-ton, 4WD, 6-cyl., 94" wb						
Wgn	400	1100	1800	3500	6100	8900

Eddie Bauer pkg add 15%   XLT pkg add 10%

	6	5	4	3	2	1
Bronco, 1/2-ton, 6-cyl 4WD, 104.7" wb						
Wgn	550	1450	2450	4900	8500	12000

Eddie Bauer pkg add 15%   XLT pkg add 10%
351 V8 add 10%

	6	5	4	3	2	1
Ranger, 1/2-ton						
Styleside S Pickup	250	500	750	1400	2400	3400
Styleside Pickup	250	500	750	1500	2600	3600
Styleside LB Pickup	300	550	800	1600	2800	3900
Styleside Pickup Supercab	300	650	1100	2200	3800	5400
F150, 1/2-ton						
Flareside Pickup (6 1/2')	450	1250	2150	4300	7400	10700
Styleside Pickup (6 3/4')	450	1250	2150	4300	7400	10700
Styleside Pickup (8')	450	1250	2100	4200	7200	10500
Styleside P.U. Supercab (6 3/4')	500	1300	2250	4500	7700	11000
Styleside P.U. Supercab (8')	450	1250	2200	4400	7600	10900
1987						
Bronco II, 1/2-ton, 4WD, 6-cyl., 94" wb						
Wgn	400	1200	1900	3800	6600	9600

Eddie Bauer pkg add 15%   XLT pkg add 10%

	6	5	4	3	2	1
Bronco, 1/2-ton, 6-cyl 4WD, 104.7" wb						
Wgn	550	1550	2650	5300	9100	13000

Eddie Bauer pkg add 15%   XLT pkg add 10%
351 V8 add 10%

	6	5	4	3	2	1
Ranger, 1/2-ton						
Styleside S Pickup	250	500	750	1500	2600	3600
Styleside Pickup	300	550	800	1600	2800	3900
Styleside LB Pickup	300	600	850	1700	2900	4100
Styleside Pickup Supercab	300	750	1250	2500	4400	6200
F150, 1/2-ton						
Fireside Pickup (6 1/2')	500	1350	2350	4700	8100	11500
Styleside Pickup (6 3/4')	500	1350	2350	4700	8100	11500
Styleside Pickup (8')	500	1350	2300	4600	8000	11300
Styleside P.U. Supercab (6 3/4')	550	1500	2500	5100	8800	12500
Styleside P.U. Supercab (8')	550	1500	2500	5000	8700	12300
1988						
Bronco II, 1/2-ton, 6-cyl., 94" wb						
Wgn	400	1100	1800	3500	6100	8900
4WD Wgn	450	1250	2050	4100	7100	10300
Bronco, 1/2-ton, 6-cyl 4WD, 104.7" wb						
Wgn	600	1650	2900	5800	10000	14500

Eddie Bauer pkg add 15%   XLT pkg add 10%
351 V8 add 10%

	6	5	4	3	2	1
Ranger, 1/2-ton						
Styleside S	300	600	850	1700	2900	4100
Styleside Pickup	300	600	900	1800	3100	4400
Styleside LB Pickup	300	600	950	1900	3200	4600
Styleside Pickup Supercab	300	800	1350	2700	4700	6900

	6	5	4	3	2	1
F150, 1/2-ton						
Styleside S (6 3/4', 6-cyl.)	500	1350	2300	4600	8000	11300
Styleside S (8', 6-cyl.)	500	1300	2250	4500	7700	11000
Styleside Pickup (6 3/4')	550	1500	2500	5100	8800	12500
Styleside Pickup (8')	550	1500	2500	5000	8700	12300
Styleside P.U. Supercab (6 3/4')	600	1600	2800	5600	9700	14000
Styleside P.U. Supercab (8')	600	1600	2750	5500	9500	13800

1989

	6	5	4	3	2	1
Bronco II, 1/2-ton, 6-cyl., 94" wb						
Wgn	400	1200	1950	3900	6800	9900
Wgn 4WD	500	1300	2250	4500	7700	11000
Bronco, 1/2-ton, 6-cyl 4WD, 104.7" wb						
Wgn	650	1800	3200	6400	11000	15900

Eddie Bauer pkg add 15%   XLT pkg add 10%
351 V8 add 10%

	6	5	4	3	2	1
Ranger, 1/2-ton						
Styleside S	300	600	950	1900	3200	4600
Styleside S LB	300	600	900	1800	3100	4400
Styleside Pickup	300	650	1100	2100	3600	5100
Styleside LB Pickup	300	650	1150	2300	3900	5700
Styleside Pickup Supercab	350	900	1500	3000	5300	7600
F150, 1/2-ton						
Styleside S (6 3/4', 6-cyl.)	550	1500	2500	5100	8800	12500
Styleside S (8', 6-cyl.)	550	1500	2500	5000	8700	12300
Styleside Pickup (6 3/4')	600	1600	2800	5600	9700	14000
Styleside Pickup (8')	600	1600	2750	5500	9500	13800
Styleside P.U. Supercab (6 3/4')	650	1750	3100	6200	10700	15400
Styleside P.U. Supercab (8')	650	1700	3000	6100	10600	15200

1990

	6	5	4	3	2	1
Bronco II, 1/2-ton, 6-cyl., 94" wb						
Wgn	450	1250	2150	4300	7400	10700
Wgn 4WD	550	1450	2450	4900	8500	12000
Bronco, 1/2-ton, 6-cyl 4WD, 104.7" wb						
Wgn	700	2050	3500	7000	12100	17400

Eddie Bauer pkg add 15%   XLT pkg add 10%

	6	5	4	3	2	1
Ranger, 1/2-ton						
Styleside S	300	650	1100	2200	3800	5400
Styleside S LB	300	650	1000	2000	3500	4900
Styleside Pickup	300	700	1200	2400	4100	5900
Styleside LB Pickup	300	800	1300	2600	4600	6600
Styleside Pickup Supercab	400	1050	1700	3300	5800	8300
F150, 1/2-ton						
Styleside S (6 3/4', 6-cyl.)	600	1600	2800	5600	9700	14000
Styleside S (8', 6-cyl.)	600	1600	2750	5500	9500	13800
Styleside Pickup (6 3/4')	650	1700	3000	6100	10600	15200
Styleside Pickup (8')	650	1700	3000	6000	10400	14900
Styleside P.U. Supercab (6 3/4')	700	2000	3450	6900	11900	17200
Styleside P.U. Supercab (8')	700	1900	3400	6800	11700	16900

1991

	6	5	4	3	2	1
Explorer, 4WD, V6,						
Utility 2-dr	700	2050	3500	7000	12100	17400
Utility 4-dr	800	2400	4050	8100	14200	20200
Bronco, 1/2-ton, 6-cyl 4WD, 104.7" wb						
Wgn	800	2350	3900	7800	13500	19500

Eddie Bauer pkg add 15%   XLT pkg add 10%

	6	5	4	3	2	1
Ranger, 1/2-ton						
Styleside S	300	800	1350	2700	4700	6900

	6	5	4	3	2	1
Styleside Sport SB	350	850	1400	2800	4900	7100
Styleside Custom SB	350	850	1400	2800	4900	7100
Styleside Sport LB	350	900	1500	3000	5300	7600
Styleside Custom LB	350	900	1500	3000	5300	7600
Styleside Pickup Supercab	350	900	1500	3000	5300	7600
F150, 1/2-ton						
Styleside S (6 3/4', 6-cyl.)	650	1700	3000	6000	10400	14900
Styleside S (8', 6-cyl.)	650	1700	3000	5900	10200	14700
Styleside Pickup (6 3/4')	700	1850	3300	6600	11300	16300
Styleside Pickup (8')	650	1800	3250	6500	11200	16100
Styleside P.U. Supercab (6 3/4')	750	2300	3800	7600	13100	18900
Styleside P.U. Supercab (8')	750	2250	3750	7500	13000	18700

GMC TRUCK
1936 – 1991

1955 GMC Suburban

1991 GMC Syclone LSR

	6	5	4	3	2	1
1936-1938						
Model T-14, 1/2-ton, 6-cyl., 108" wb						
"A" Pickup	650	1700	3000	5900	10200	14700
"L" Panel	600	1650	2850	5700	9900	14200
1939						
Series AC-100, 1/2-ton, 6-cyl., 113.5" wb						
Pickup	650	1700	3000	5900	10200	14700
Panel	600	1650	2850	5700	9900	14200
1940						
Series AC-100, 1/2-ton, 6-cyl., 13.5" wb						
Pickup	650	1700	3000	5900	10200	14700
Panel	600	1650	2850	5700	9900	14200
Canopy Del	650	1700	3000	5900	10200	14700
Screenside Del	650	1700	3000	6100	10600	15200
Suburban	650	1700	3000	5900	10200	14700
1941-1942						
Series CC-100, 1/2-ton, 6-cyl., 115" wb						
Pickup	650	1700	3000	6100	10600	15200
Panel	600	1650	2900	5800	10000	14500
Canopy Exp	650	1700	3000	6100	10600	15200
Screen	650	1750	3150	6300	10900	15700
Suburban	650	1750	3100	6200	10700	15400

	6	5	4	3	2	1

1945-1947 First Series

Series CC-101, 1/2-ton, 6-cyl., 115" wb

	6	5	4	3	2	1
Pickup	650	1700	3000	5900	10200	14700
Panel	600	1600	2750	5500	9500	13800

1947 Second Series

Series EC-101, 1/2-ton, 6-cyl., 115" wb

	6	5	4	3	2	1
Pickup	650	1700	3000	6100	10600	15200
Panel	600	1650	2900	5800	10000	14500
Canopy Exp	650	1700	3000	6100	10600	15200
Suburban	650	1750	3100	6200	10700	15400

1947- Third Series-1950

Series FC-101, 1/2-ton, 6-cyl., 115" wb

	6	5	4	3	2	1
Pickup	750	2100	3550	7100	12300	17700
Panel	550	1500	2500	5100	8800	12500
Canopy Exp	550	1550	2650	5300	9100	13000
Suburban	600	1600	2750	5500	9500	13800

1951-1953

Series 100-22, 1/2-ton, 6-cyl., 116" wb

	6	5	4	3	2	1
Pickup	750	2100	3550	7100	12300	17700
Panel	550	1500	2500	5100	8800	12500
Canopy Exp	550	1550	2650	5300	9100	13000
Suburban	600	1600	2750	5500	9500	13800

1954-1955 (First Series)

Series 100-22, 1/2-ton, 6-cyl., 116" wb

	6	5	4	3	2	1
Pickup	700	1850	3300	6600	11300	16300
Panel	600	1600	2750	5500	9500	13800
Canopy Exp	600	1600	2750	5500	9500	13800
Suburban	600	1650	2850	5700	9900	14200

1955 (Second Series)-1957

Series 100-22, 1/2-ton, 6-cyl., 114" wb

	6	5	4	3	2	1
Pickup	700	1850	3300	6600	11300	16300
Panel	600	1600	2750	5500	9500	13800
Canopy Exp	600	1600	2750	5500	9500	13800
Suburban pickup (offered only in 1955)	900	2400	4150	9900	16950	24500
Suburban Carryall	600	1650	2850	5700	9900	14200

V-8 add 10%

1958-1959

Series 100, 1/2-ton, 6-cyl., 114" wb

	6	5	4	3	2	1
Pickup	650	1700	3000	6000	10400	14900
Wide-side Pickup	600	1650	2900	5800	10000	14500
Panel	550	1450	2450	4900	8500	12000
Suburban Carryall	600	1600	2700	5400	9300	13500

V-8 add 10%   Factory 4X4 add 20%

1960-1961

Series 1000, 1/2-ton, 6-cyl., 115" wb

	6	5	4	3	2	1
Pickup	550	1500	2500	5100	8800	12500
Wide-Side Pickup	550	1550	2650	5300	9100	13000
Panel	500	1350	2350	4700	8100	11500
Suburban Carryall	500	1350	2350	4700	8100	11500

Series 1002, 1/2-ton, 127" wb

	6	5	4	3	2	1
Fender-side Pickup	500	1350	2300	4600	8000	11300

	6	5	4	3	2	1
Wide-side Pickup	550	1400	2400	4800	8300	11800
Panel	500	1300	2250	4500	7700	11000
Suburban Carryall	500	1300	2250	4500	7700	11000

V-6 add 10%   Factory 4X4 add 20%

1962

Series 1000, 1/2-ton, 115" wb

Fender-side Pickup	550	1400	2400	4800	8300	11800
Wide-side Pickup	550	1500	2500	5000	8700	12300
Panel	500	1350	2350	4700	8100	11500
Suburban Carryall	500	1350	2350	4700	8100	11500

Series 1002, 1/2-ton, 127" wb

Fender-side Pickup	500	1350	2300	4600	8000	11300
Wide-side Pickup	550	1400	2400	4800	8300	11800
Panel	450	1250	2150	4300	7400	10700
Suburban Carryall	500	1300	2250	4500	7700	11000

V-6 add 10%   Factory 4X4 add 20%

1963-1966

Series 1000, 1/2-ton, 6-cyl., 115" wb

Fender-side Pickup	550	1400	2400	4800	8300	11800
Wide-side Pickup	550	1500	2500	5000	8700	12300
Panel	500	1350	2350	4600	7800	11200
Suburban Carryall	550	1400	2450	4800	8100	11500

Series 1002, 1/2-ton, 127" wb

Fender-side Pickup	500	1350	2300	4600	8000	11300
Wide-side Pickup	550	1400	2400	4800	8300	11800
Panel	450	1250	2150	4300	7400	10700
Suburban Carryall	500	1300	2250	4500	7700	11000

Factory air cond add 10%   Factory 4X4 add 20%

1967 -1969

C-1500, 1/2-ton, 115" wb

Fender-side Pickup	550	1400	2400	4800	8300	11800
Wide-side Pickup	550	1500	2500	5000	8700	12300

C-1500, 1/2-ton, 127" wb

Fender-side Pickup	500	1350	2300	4600	8000	11300
Wide-side Pickup	550	1400	2400	4800	8300	11800
Panel	400	1200	2000	4000	6900	10000
Suburban	500	1350	2300	4600	8000	11300

1970

1/2-ton, 115" wb

Fender-side Pickup	550	1500	2500	5100	8800	12500
Wide-side Pickup	650	1700	3000	5900	10200	14700

1/2-ton, 127" wb

Fender-side Pickup	550	1450	2450	4900	8500	12000
Wide-side Pickup	650	1700	3000	6100	10600	15200
Panel	450	1250	2100	4200	7200	10500
Suburban	550	1400	2400	4800	8300	11800

Jimmy, 104" wb

Uty Open	550	1500	2500	5100	8800	12500

Factory air cond add 10%   Factory 4X4 add 20%

1971-1972

Sprint, 1/2-ton, 8-cyl, 116" wb

Pickup	600	1600	2700	5400	9300	13500
Custom Pickup	600	1650	2900	5800	10000	14500

Factory air cond add 10%   454 V8 add 20%
Sport pkg add 10%

	6	5	4	3	2	1
Jimmy, 1/2-ton, 104" wb						
Uty Open	550	1500	2500	5100	8800	12500
C-1500, 1/2-ton, 115" wb						
Fender-side Pickup	600	1600	2750	5500	9500	13800
Wide-side Pickup	650	1700	3000	6100	10600	15200
Jimmy Uty Open	550	1450	2450	4900	8500	12000
C-1500. 1/2-ton, 127" wb						
Fender-side Pickup	550	1550	2650	5300	9100	13000
Wide-side Pickup	650	1700	3000	5900	10200	14700
Panel	400	1200	2000	4000	6900	10000
Suburban	500	1350	2300	4600	8000	11300

Factory air cond add 10%   Factory 4X4 add 20%

1973-1974

Sprint, 1/2-ton, 8-cyl.						
Pickup	450	1250	2200	4400	7600	10900
Pickup Custom	550	1400	2400	4800	8300	11800

High Sierra pkg add 10%   Sport pkg add 10%
454 V8 add 15%

Jimmy, 1/2-ton, 4WD, 8-cyl.						
Uty Open	500	1300	2250	4500	7700	11000
C1500, 1/2-ton, 8-cyl.						
Pickup FS (6 1/2')	400	1200	1950	3900	6800	9900
Pickup WS (6 1/2')	450	1250	2150	4300	7400	10700
Pickup FS (8')	400	1150	1850	3700	6400	9300
Pickup WS (8')	450	1250	2050	4100	7100	10300
Suburban	450	1250	2100	4200	7200	10500

1975-1976

Sprint, 1/2-ton, 8-cyl.						
Pickup	400	1100	1800	3600	6200	9100
Pickup Classic	400	1200	2000	4000	6900	10000
Jimmy, 1/2-ton, 8-cyl.						
Uty Open	400	1200	1950	3900	6800	9900
Uty Open w/top*	450	1250	2050	4100	7100	10300
C1500, 1/2-ton, 8-cyl.						
Pickup FS (6 1/2')	400	1100	1800	3500	6100	8900
Pickup WS (6 1/2')	400	1150	1850	3700	6400	9300
Pickup FS (8')	400	1150	1850	3700	6400	9300
Pickup WS (8')	400	1100	1800	3500	6100	8900
Suburban	400	1200	1950	3900	6800	9900

1977

Sprint, 1/2-ton, 8-cyl.						
Pickup	400	1050	1700	3400	5900	8500
Pickup Classic	400	1100	1800	3600	6200	9100
Jimmy, 1/2-ton, 8-cyl.						
Uty Open (w/hdtp)	400	1150	1850	3700	6400	9300
Uty Open (w/con tp)	400	1100	1800	3500	6100	8900

Casa Grande camper pkg add 10%

C1500, 1/2-ton, 8-cyl.						
Pickup FS (6 1/2')	400	1050	1700	3400	5900	8500
Pickup WS (6 1/2')	400	1100	1800	3600	6200	9100
Pickup FS (8')	400	1100	1800	3600	6200	9100
Pickup WS (8')	400	1050	1700	3400	5900	8500
Suburban	400	1200	1950	3900	6800	9900

1978-1980

Caballero, 1/2-ton, 6-cyl.						
Pickup	350	1000	1600	3200	5700	8100

	6	5	4	3	2	1
Pickup (Diablo)	400	1050	1700	3400	5900	8500
Jimmy, 1/2-ton, 4WD, 8-cyl.						
Uty (w/hdtp)	400	1100	1800	3500	6100	8900
Uty (w/con tp)	400	1050	1700	3300	5800	8300
		Casa Grande camper pkg add 10%				
		Desert Fox pkg add 10% (1978 only)				
C1500, 1/2-ton, 8-cyl.						
Pickup FS (6 1/2')	400	1050	1700	3400	5900	8500
Pickup WS (6 1/2')	400	1100	1800	3600	6200	9100
Pickup FS (8')	400	1100	1800	3600	6200	9100
Pickup WS (8')	400	1050	1700	3400	5900	8500
Suburban	400	1200	1950	3900	6800	9900

1981

	6	5	4	3	2	1
Caballero, 1/2-ton, 6-cyl.						
Pickup	350	900	1500	2900	5200	7400
Pickup (Diablo)	350	950	1550	3100	5500	7900
Jimmy, 1/2-ton, 6-cyl.						
Uty (w/hdtp)	400	1050	1700	3300	5800	8300
Uty (w/con tp)	350	950	1550	3100	5500	7900
C1500, 1/2-ton, 6-cyl.						
Pickup (6 1/2')	400	1100	1800	3500	6100	8900
Pickup (8')	400	1050	1700	3300	5800	8300
Suburban	400	1200	2000	4000	6900	10000
			Indy Hauler pkg add 20%			

1982

	6	5	4	3	2	1
Caballero, 1/2-ton, 6-cyl.						
Pickup	350	900	1500	3000	5300	7600
Pickup (Diablo)	350	1000	1600	3200	5700	8100
Jimmy, 1/2-ton, 4WD, 6-cyl.						
Hdtp	400	1100	1800	3500	6100	8900
S15, 1/2-ton, 4-cyl.						
Pickup Wideside (6')	200	450	650	1300	2200	3200
Pickup Wideside (7 1/2')	250	500	750	1400	2400	3400
C1500, 1/2-ton, 6-cyl.						
Pickup (6 1/2')	400	1100	1800	3500	6100	8900
Pickup (8')	400	1050	1700	3300	5800	8300
Suburban	400	1200	2000	4000	6900	10000

1983-1984

	6	5	4	3	2	1
Caballero, 1/2-ton, 6-cyl.						
Pickup	350	950	1550	3100	5500	7900
Pickup SS Diablo	400	1050	1700	3300	5800	8300
K1500 Jimmy, 1/2-ton, 4WD, 8-cyl.						
Uty	400	1100	1800	3500	6100	8900
S15 Jimmy, 1/2-ton, 4WD, 6-cyl.						
Tailgate	350	900	1500	2900	5200	7400
S15, 1/2-ton, 6-cyl.						
Wideside (6')	200	450	650	1300	2200	3200
Wideside (7 1/2')	250	500	750	1400	2400	3400
Wideside Ext. Cab	300	600	950	1900	3200	4600
C1500, 1/2-ton, 8-cyl.						
Pickup (6 1/2')	400	1100	1800	3600	6200	9100
Pickup (8')	400	1050	1700	3400	5900	8500
Suburban	450	1250	2050	4100	7100	10300
Suburban	450	1250	2150	4300	7400	10700

	6	5	4	3	2	1

1985-1986

Caballero, 1/2-ton, 6-cyl.
| Sdn Pickup | 400 | 1100 | 1800 | 3600 | 6200 | 9100 |
| Sdn SS Diablo | 400 | 1200 | 2000 | 4000 | 6900 | 10000 |

K1500 Jimmy, 1/2-ton, 8-cyl.
| Uty | 400 | 1200 | 2000 | 4000 | 6900 | 10000 |

S15 Jimmy, 1/2-ton, 4WD, 6-cyl.
| Tailgate | 350 | 900 | 1500 | 3000 | 5300 | 7600 |

S15, 1/2-ton, 6-cyl.
Wideside (6')	250	500	750	1400	2400	3400
Wideside (7 1/2')	250	500	750	1500	2600	3600
Wideside Ext. Cab (6')	300	650	1000	2000	3500	4900

C1500, 1/2-ton, 8-cyl.
Pickup (6 1/2')	450	1250	2150	4300	7400	10700
Pickup (8')	450	1250	2050	4100	7100	10300
Suburban	450	1250	2200	4400	7600	10900

1987

Caballero, 1/2-ton, 8-cyl.
| Sdn Pickup | 500 | 1300 | 2250 | 4500 | 7700 | 11000 |
| Sdn Diablo | 550 | 1450 | 2450 | 4900 | 8500 | 12000 |

V1500 Jimmy, 1/2-ton, 8-cyl.
| Uty | 550 | 1500 | 2500 | 5000 | 8700 | 12300 |

S15 Jimmy, 1/2-ton, 6-cyl.
| Tailgate | 400 | 1150 | 1850 | 3700 | 6400 | 9300 |

S15, 1/2-ton, 6-cyl.
Wideside Spl (6')	300	550	800	1600	2800	3900
Wideside (6')	300	600	900	1800	3100	4400
Wideside (7 1/2')	300	600	950	1900	3200	4600
Wideside Ext. Cab (6')	300	750	1250	2500	4400	6200

R1500, 1/2-ton, 8-cyl.
Pickup Wideside (6 1/2')	550	1500	2500	5000	8700	12300
Pickup Wideside (8')	550	1400	2400	4800	8300	11800
Suburban	550	1550	2650	5300	9100	13000

1988-1989

V1500 Jimmy, 1/2-ton, 8-cyl.
| Uty | 600 | 1600 | 2750 | 5500 | 9500 | 13800 |

S15 Jimmy, 1/2-ton, 6-cyl.
| Tailgate | 400 | 1200 | 1950 | 3900 | 6800 | 9900 |
| Tailgate 4WD | 500 | 1300 | 2250 | 4500 | 7700 | 11000 |

Suburban R1500, 1/2-ton, 8-cyl.
| Suburban | 650 | 1700 | 3000 | 6000 | 10400 | 14900 |

S15, 1/2-ton, 6-cyl.
Wideside Spl (6')	300	600	900	1800	3100	4400
Pickup Wideside (6')	300	650	1100	2100	3600	5100
Pickup Wideside (7 1/2')	300	650	1100	2200	3800	5400
Pickup Wideside Club Cab (6')	350	900	1500	2900	5200	7400

C1500, 1/2-ton, 8-cyl.
Pickup (6 1/2')	600	1600	2800	5600	9700	14000
Pickup (8')	600	1600	2700	5400	9300	13500
Pickup Wideside Club Cab (8')	650	1700	3000	5900	10200	14700

1990

V1500 Jimmy, 1/2-ton, 8-cyl.
| Uty | 650 | 1700 | 3000 | 6100 | 10600 | 15200 |

S15 Jimmy, 1/2-ton, 6-cyl.
| Tailgate | 450 | 1250 | 2200 | 4400 | 7600 | 10900 |
| Tailgate 4WD | 550 | 1500 | 2500 | 5000 | 8700 | 12300 |

	6	5	4	3	2	1
Suburban R1500, 1/2-ton, 8-cyl.						
Suburban	700	1900	3350	6700	11500	16500
S15, 1/2-ton, 6-cyl.						
Wideside Spl (6')	300	650	1100	2100	3600	5100
Pickup Wideside (6')	300	700	1200	2400	4100	5900
Pickup Wideside (7 1/2')	300	750	1250	2500	4400	6200
C1500, 1/2-ton, 8-cyl.						
Pickup (6 1/2')	650	1700	3000	6100	10600	15200
Pickup Wideside (8')	650	1700	3000	5900	10200	14700
Pickup Wideside Club Cab (6.5')	700	1900	3350	6700	11500	16500
Pickup Wideside Club Cab (8')	700	1850	3300	6600	11300	16300

1991

	6	5	4	3	2	1
V1500 Jimmy, 1/2-ton, 4WD, 8-cyl.						
Uty	700	1900	3400	6800	11700	16900
S15 Jimmy, 1/2-ton, 6-cyl.						
2-dr Tailgate	500	1350	2300	4600	8000	11300
2-dr Tailgate 4WD	550	1550	2600	5200	9000	12800
S15, 1/2-ton, 6-cyl.						
Wideside Spl (6')	300	750	1250	2500	4400	6200
Pickup Wideside (6')	350	850	1400	2800	4900	7100
Pickup Wideside (7 1/2')	350	900	1500	2900	5200	7400
Pickup Wideside Club Cab (6')	400	1100	1800	3500	6100	8900
C1500, 1/2-ton, 8-cyl.						
Wideside Spl (8')	650	1700	3000	6100	10600	15200
Pickup (6 1/2')	700	1850	3300	6600	11300	16300
Pickup Wideside (8')	650	1800	3200	6400	11000	15900
Pickup Wideside Club Cab (6.5')	750	2250	3700	7400	12800	18500
Pickup Wideside Club Cab (8')	750	2200	3650	7300	12600	18200

HUDSON TRUCK
1929 – 1947

1934 Terraplane pickup

1947 Hudson pickup

From 1929 to 1933, classified as Essex

	6	5	4	3	2	1
1929						
Essex Dover Series, 6-cyl., 18.2 hp, 110.5" wb						
Panel Del	550	1500	2500	5100	8800	12500
Screenside Del	550	1450	2450	4900	8500	12000
Pickup	650	1750	3100	6200	10700	15400
Sdn Del	600	1600	2750	5500	9500	13800
1930						
Essex Series, 6-cyl., 18.2 hp, 110.5" wb						
Panel Del	550	1500	2500	5100	8800	12500
Pickup	600	1600	2750	5500	9500	13800
Screenside Exp	550	1450	2450	4900	8500	12000
Sdn Del	600	1600	2750	5500	9500	13800
1931						
Essex Series, 6-cyl., 18.2 hp, 110.5" wb						
Panel Del	550	1500	2500	5100	8800	12500
Pickup	600	1600	2750	5500	9500	13800
Screenside Exp	550	1450	2450	4900	8500	12000
Canopy Exp	550	1400	2400	4800	8300	11800
Sdn Del	600	1600	2750	5500	9500	13800
1932						

There were no trucks made this year.

	6	5	4	3	2	1

1933

Essex Series, 6-cyl., 20.7 hp, 106" wb

	6	5	4	3	2	1
Sdn Del	550	1500	2500	5100	8800	12500
Panel Del	550	1400	2400	4800	8300	11800
Pickup	550	1500	2500	5000	8700	12300
Screenside Del	500	1350	2350	4700	8100	11500
Canopied Del	500	1350	2300	4600	8000	11300

From 1934 to 1937, classified as Terraplane

1934

Series K, 6-cyl., 21.6 hp, 112" wb

	6	5	4	3	2	1
Cab Pickup	550	1500	2500	5000	8700	12300
Uty Coach	500	1350	2350	4700	8100	11500
Sdn Del	550	1500	2500	5100	8800	12500

1935

Series GU, 6-cyl., 21.6 hp, 112" wb

	6	5	4	3	2	1
Cab Pickup	550	1450	2450	4900	8500	12000
Uty Coach	500	1350	2350	4700	8100	11500
Sdn Del	550	1500	2500	5100	8800	12500

1936

Series 61, 6-cyl., 21.6 hp, 115" wb

	6	5	4	3	2	1
Cab Pickup	550	1450	2450	4900	8500	12000
Cstm Sta Wgn	950	2800	4700	9400	16250	23500
Uty coach	500	1350	2350	4700	8100	11500
Cstm Panel Del	600	1600	2700	5400	9300	13500

1937

Series 70, 6-cyl., 21.6 hp, 117" wb

	6	5	4	3	2	1
Uty Coach	500	1350	2350	4700	8100	11500
Uty Cpe Pickup	550	1500	2500	5100	8800	12500
Cab Pickup	550	1500	2500	5000	8700	12300
Panel Del	550	1550	2600	5200	9000	12800
Sta Wgn	950	2800	4700	9400	16250	23500

Big Boy Series 78, 21.6 hp, 124" wb

	6	5	4	3	2	1
Cab Pickup	500	1350	2350	4700	8100	11500
Custom Panel Del	550	1450	2450	4900	8500	12000

1938 and later models classified as Hudsons

1938

Terraplane 6, 6-cyl., 21.6 hp, 117" wb

	6	5	4	3	2	1
Cab Pickup	500	1350	2350	4700	8100	11500
Cstm Panel Del	550	1500	2500	5100	8800	12500
Sta Wgn	750	2200	3650	7300	12600	18200

Terraplane 6, 6-cyl., 21.6 hp, 124" wb

	6	5	4	3	2	1
Cab Pickup	550	1500	2500	5100	8800	12500
Custom Panel Del	550	1550	2650	5300	9100	13000

Hudson 112, Series 89, 6-cyl., 21.6 hp, 112" wb

	6	5	4	3	2	1
Cab Pickup	550	1450	2450	4900	8500	12000
Panel Del	550	1500	2500	5100	8800	12500

	6	5	4	3	2	1
1939						
Hudson Champion, Series 90, 6-cyl., 21.6 hp, 112" wb						
Pickup	450	1250	2050	4100	7100	10300
Custom Panel	450	1250	2150	4300	7400	10700
Hudson Big Boy, Series 98, 6-cyl., 21.6 hp, 119" wb						
Pickup	450	1250	2150	4300	7400	10700
Custom Panel	500	1300	2250	4500	7700	11000
Hudson Pacemaker, Series 91, 6-cyl., 21.6 hp, 118" wb						
Custom Panel	600	1600	2750	5500	9500	13800
1940						
Hudson Six, Series 40-C/40-T, 6-cyl., 21.6 hp, 113" wb						
Pickup	650	1750	3150	6300	10900	15700
Panel Del	650	1700	3000	6100	10600	15200
Hudson "Big Boy", Series 48, 6-cyl., 21.6 hp, 125" wb						
Pickup	650	1800	3250	6500	11200	16100
Panel Del	650	1750	3150	6300	10900	15700
1941						
Hudson Six, Series C10, 6-cyl., 21.6 hp, 116" wb						
Pickup	650	1700	3000	6100	10600	15200
All-Pupose Del	650	1700	3000	6100	10600	15200
Hudson Big Boy, Series C-18, 6-cyl., 21.6 hp, 128" wb						
Pickup	650	1750	3150	6300	10900	15700
Panel Del	650	1700	3000	6100	10600	15200
1942						
Hudson Six, Series C-20, 6-cyl., 21.6 hp, 116" wb						
Pickup	650	1700	3000	6100	10600	15200
Hudson Big Boy, Series C-28, 6-cyl., 21.6 hp, 128" wb						
Pickup	650	1750	3150	6300	10900	15700
1946-1947						
Cab Pickup, Series 58, 6-cyl., 21.6 hp, 128" wb						
Cab Pickup	650	1750	3150	6300	10900	15700
1947						
Cab Pickup, Series 178, 6-cyl., 21.6 hp, 128" wb						
Pickup	650	1750	3150	6300	10900	15700

PLYMOUTH TRUCK
1935 – 1942

1939 Plymouth pickup

	6	5	4	3	2	1
1935						
Series PJ, 6-cyl., 113" wb						
Sdn Comm	550	1550	2600	5200	9000	12800
1936						
Series P1, 6-cyl., 113" wb						
Sdn Comm	550	1550	2600	5200	9000	12800
1937						
Series PT-50, 6-cyl., 116" wb						
Pickup	600	1600	2750	5500	9500	13800
Sdn Del	550	1550	2600	5200	9000	12800
Sta Wgn	800	2350	3950	7900	13700	19700
1938						
Series PT-57, 6-cyl., 116" wb						
Pickup	600	1600	2750	5500	9500	13800
Sdn Del	550	1550	2600	5200	9000	12800
1939						
Series P-7, 6-cyl., 114" wb						
Panel Del	600	1650	2850	5700	9900	14200
Uty Sdn	500	1350	2350	4700	8100	11500
Series PT-81						
Sdn Del	550	1550	2600	5200	9000	12800
Pickup	600	1600	2750	5500	9500	13800

	6	5	4	3	2	1
1940						
Series PT-105, 6-cyl., 116" wb						
Pickup	600	1650	2850	5700	9900	14200
Series P-9, 6-cyl., 117" wb						
Panel Del	650	1700	3000	5900	10200	14700
1941						
Series PT-125, 6-cyl., 116" wb						
Pickup	600	1650	2850	5700	9900	14200
Series P-11, 6-cyl., 117" wb						
Panel Del	650	1700	3000	6100	10600	15200
1942						
Series P-14S, 6-cyl., 117" wb						
Uty Sdn	550	1550	2650	5300	9100	13000